聖書朝鮮

6

일러두기

○ 이 책은 《성서조선》 120~143호를 영인본으로 만든 것이다.

○ 131호에는 20면과 21면 사이, 〈성조통신(聖朝通信)〉 앞에 〈부록〉이 있다.

聖書朝鮮 6

김교신선생기념사업회

1939~1940

홍성사

『성서조선』 영인본 간행에 부쳐

이만열 (김교신선생기념사업회장)

김교신선생기념사업회는 『성서조선』 영인본 전체를 다시 간행한다. 최근 『성서조선』에 대한 학술적 수요가 증가함에 따라 영인본을 간행하되, 이번에는 그 영인본에 색인을 첨부하기로 했다. 7권으로 분류된 『성서조선』의 색인은 김철웅, 박상익, 양현혜, 전인수, 박찬규, 송승호 여섯 분이 맡아서 지난 몇 달 동안 수고했고, 송승호 님은 이 색인을 종합하는 최종적인 책임을 맡았다.

색인을 포함한 영인본 재간행 작업은 2017년부터 시작하여 2018년 초반에 출판하기로 했으나 간행 시기가 몇 번 미뤄졌다. 이유는 색인 작업의 지연 때문인데, 간행 당시 철자법이 통일되지 않은 상황이다 보니 색인 작업이 의외로 더디 이뤄질 수밖에 없었다. 이번에 색인집을 따로 내기는 하지만, 색인 작업이

4

완벽하게 이뤄졌다고는 할 수 없다. 그 정도로 색인 작업 자체가 어려웠다는 것을 이해해 주기 바란다. 이런 어려움에도 불구하고 영인본이 간행되어 독자 여러분과 함께 기뻐한다. 수익을 기약할 수 없는 『성서조선』 영인본 간행을 위해 노력해 주신 홍성사의 정애주 대표님을 비롯하여 출판사의 사우 여러분께 책머리에 먼저 감사의 말씀을 드린다.

『성서조선』 전권이 복사·간행된 것은 1982년 노평구 님에 의해 이뤄졌다. 해방 후 글다운 글이 없는 상황에서 『성서조선』에 게재된 글이 교과서에 등장하여 학생 지도에 응용되기도 했지만, 전권을 구하기가 매우 힘들었다. 복사판 간행을 맡았던 노평구 님과 동역자들은 고서점과 전국의 『성서조선』 독자들을 수소문하여 그 전질을 구해 재간행했다.

그동안 『성서조선』은 많은 사람들이 구해보려고 애썼지만 접하기가 쉽지 않았다. 완질의 복사판이 간행된 후에는 이를 이용하는 곳이 많아졌다. 해외에서도 수요가 있었다. 특히 신학을 전공하는 유학생들 사이에서는 그런 요구가 컸다. 필자 역시 해외여행을 하는 동안 유학생들의 집에서 『성서조선』을 소장하고 있는 경우를 더러 보았다. 소장한 이유는 한국 교회와 한국 신학에 대한 지도교수와 외국 학생들의 요청 때문인 것으로 들었다. 하여튼 각계의 이런 요청에 따라 김교신선생기념사업회는 이번에 『성서조선』을 다시 간행하기로 했다.

『성서조선』은 1927년 7월부터 간행된 동인지 형태의 신앙잡지다. 일본의 무교회주의자 우치무라 간조(內村鑑三) 선생의 감화를 받은 김교신(金敎臣), 송두용(宋斗用), 류석동(柳錫東), 양인성(梁仁性), 정상훈(鄭相勳), 함석헌(咸錫憲) 등 여섯 신앙 동지들이 1926년부터 도쿄에서 성서연구활동을 시작했다. 그들은 조국 조선에 줄 수 있는 최고의 선물을 성서로 보고, 〈조선을 성서 위에〉 세우기 위해 그들이 수행한 성서 연구의 결과물을 발표하는 동인지를 갖게 되었다. 그 이름을 〈성서조선〉이라 했다. 『성서조선』 창간사에는 간행 경위를 이렇게 시작한다.

걱정을 같이 하고 소망을 일궤(一軌)에 붙이는 우자(愚者) 5-6인이 동경 시외 스기나미촌(杉竝村)에 처음으로 회합하여 〈조선성서연구회〉를 시작하고 매주 때를 기(期)하여 조선을 생각하고 성서를 강(講)하면서 지내온 지 반세여(半歲餘)에 누가 동의하여 어간(於間)의 소원 연구의 일단을 세상에 공개하려 하니 그 이름을 〈성서조선〉이라 하게 되도다.

이어서 창간사는 이 동인지의 성격과 지향점을 다음과 같이 밝혔다.

명명(命名)의 우열과 시기의 적부(適否)는 우리의 불문(不問)하는 바라. 다만 우리 염두의 전폭(全幅)을 차지하는 것은 〈조선〉 두 자이고, 애인에게 보낼 최진(最珍)의 선물은 〈성서〉 한 권뿐이니 둘 중의 하나를 버리지 못하여 된 것이 그 이름이었다. 기원(祈願)은 이를 통하여 열애의 순정을 전하려 하고 지성(至誠)의 선

물을 그녀에게 드려야 함이로다. 〈성서조선〉아, 너는 우선 이스라엘 집집으로 가라. 소위 기성 신자의 손

을 거치지 말라. 그리스도보다 외인을 예배하고, 성서보다 회당을 중요시하는 자의 집에는 그 발의 먼지를

털지어다. 〈성서조선〉아, 너는 소위 기독신자보다도 조선혼을 소지(所持)한 조선 사람에게 가라. 시골로 가

라, 산촌으로 가라. 거기에 나무꾼 한 사람을 위로함으로 너의 사명으로 삼으라. 〈성서조선〉아, 네가 만일

그처럼 인내력을 가졌거든 너의 창간 일자 이후에 출생하는 조선 사람을 기다려 면담하라. 상론(相論)하라.

동지(同志)를 한 세기 후에 기(期)한들 무엇을 탓할손가.

창간사는 〈성서〉와 〈조선〉을 합하여 만든 동인지 명칭의 연유를 설명한다. 〈조선〉은 자기들의 마음 전

부를 차지하는 존재이고, 〈성서〉는 자기들이 가장 사랑하는 사람에게 보낼 제일 좋은 선물이기 때문에,

이 둘 중에 어느 하나도 버릴 수 없어 〈성서조선〉이라고 명명했다고 했다.

또 성서조선이 갈 곳은 〈이스라엘 집〉이지, 그리스도보다 사람을 예배하는 〈기성 신자〉나 성서보다 예배

당을 중요시하는 곳도 아니고 교회화·세속화되어 가고 있던 기존 조선교회도 아님을 강조한다. 또 〈성서

조선〉은 〈소위 기독교 신자〉에게 갈 것이 아니라 〈조선의 혼을 가진 조선 사람〉에게로 가라고 가르친다.

그곳은 아직 세속적인 교회의 때가 묻지 않은 영적인 〈시골〉이요 〈산골〉이다. 그들은 살찐 몸매와 번지

르르한 기름으로 치장한 도회인이 아니라 영적인 〈나무꾼 한 사람〉임을 의미한다. 여기에 『성서조선』이

지향하는 바가 있다. 기성 교회와 야합할 것이 아니라 그 비리를 비판하고 〈기독교라는 때〉가 묻지 않은 조선을 성서 위에 세우려는, 『성서조선』 동인들의 창간 의도라 할 것이다.

『성서조선』 간행 취지가 조선과 성서를 다 같이 사랑하는 〈동인들〉이 성서 위에 조선을 세우겠다는 공통된 일념에 있다는 점을 강조했지만, 김교신은 8년 뒤 〈성서조선의 간행 취지〉(1935년 10월)를 요약해서 다음 두 가지로 설명한 적이 있다. 하나는 〈유물주의자의 반종교운동에 항변〉하기 위함이고 또 하나는 〈순수한 조선산 기독교를 해설〉하기 위함이라고 했다. 그의 말이다. 『신앙이라고 하면 과학적 교양도 없고 근대 사조 특히 유물론적 사상을 호흡치 못한 우부(愚夫) 우부(愚婦)들이나 운위할 것인 줄로 아나 이는 대단히 천박한 인사들의 소행이다. 그러므로 소위 인텔리층의 경박과 유물주의자의 반종교운동에 대하여 신앙의 입장을 프로테스트(항변)하고자 함이 본지 발간의 일대 취지였다.』 이어서 그는 『조선의 기독교가 전래한 지 약 반세기에 이르렀으나 아직까지는 선진 구미 선교사 등의 유풍(遺風)을 모방하는 역(域)을 불탈(不脫)하였음을 유감으로 알아, 순수한 조선산 기독교를 해설하고자 하여 『성서조선』을 발간한 것이다.』라고 했다. 김교신이 쓴 발간 취지는 『성서조선』이 동인지 형태에서 김교신 1인 체제로 바뀐 뒤에 표현된 것이어서 주목되는 바다. 이는 8년 전 동인지 형태로 간행할 때보다는 훨씬 분명한 내용을 담고 있음을 알 수 있다. 그러면서도 그는 『조선에다 기독교의 능력적 교훈을 전달하고 성서적인 진리의 기반 위에 영구 불멸할 조선을 건립하고자 하는 소원』이라는, 창간 당시의 목적을 잊지 않았다.

『성서조선』은 창간 당시에는 도쿄에 있던 동인들이 편집하고 서울에서 인쇄했다. 김교신이 귀국한 1927년 4월 이후에도 대부분의 동인들은 도쿄에 머물러 있었다. 『성서조선』 창간호 판권에는 편집인 정상훈과 발행인 유석동은 도쿄에 거하는 것으로 되어 있고, 발행소인 〈성서조선사〉도 도쿄로 나와 있다. 그러나 인쇄인 김재섭(金在涉)의 주소는 서울 견지동 32이고, 인쇄소는 한성도서(주)다. 『성서조선』은 창간 후 초기에는 연 4차 계간 형식으로 발행되다가 1929년 8월(8호)부터는 월간이 되었다. 그러다가 제16호(1930년 5월)에는 다음과 같은 짤막한 사고(社告)가 실렸다. 『지금까지 6인의 합작으로 경영해 오던 〈성서조선사〉는 이번에 형편에 의하여 해산하였습니다. 이번 호까지 정상훈 명의로 발행되었으나, 금후의 경영은 김교신 단독히 당하겠습니다.』 그다음 17호(1930년 6월호)부터는 편집·발행 겸 인쇄인이 김교신으로 바뀌었다. 성서조선사의 발행소 주소도 〈경성부 외 용강면 공덕리 130〉으로 옮겨졌고, 인쇄소는 기독교창문사로 되었다. 김교신은 뒷날 동인제(同人制) 폐간이 일시적 사변에 의한 것이기 때문에 불원한 장래에 이 일을 전담할 자가 나오기를 기대하는 마음으로 맡았지만 성서조선이 폐간될 때까지 자기 책임하에 간행하였다.

『성서조선』 간행을 전담한 김교신은 함남 함흥 출신으로, 1919년 3월 일본으로 건너가 도쿄(東京) 세이소쿠(正則) 영어학교를 거쳐 도쿄 고등사범학교에 진학했는데, 1921년부터 7년간 우치무라 간조(內

9

村鑑三)의 문하에서 성경 강의를 들었다. 그는 학업을 마치고 1927년 4월 귀국, 함흥 영생여자고등

보통학교와 양정고등보통학교, 제일고등보통학교(경기중학)와 송도고등보통학교에서 교편을 잡았으나

1942년 3월 소위 〈성서조선 사건〉으로 구속되어 15년간의 교사생활을 끝냈다. 『성서조선』 16호

(1930년 5월호)부터 간행 책임을 맡게 된 김교신은 원고 집필과 편집, 인쇄는 물론 발송 사무와 수금

등 독자 관리의 허드렛일까지 혼자 다 맡았다. 그야말로 불철주야 『성서조선』에 매달린 것이다. 그는 삶의

전부라고 할 『성서조선』 출판에 모든 것을 바쳤지만 매호 적자를 면치 못했다. 그 무렵 그는 『의식의 여

분으로 잡지 출판을 한 것이 아니라 출판의 여분으로 생활을 해야 했다』고 술회했다. 1936년 1월 31

일(금)자 그의 일기에는 당시 짊어졌던 『성서조선』 일 등이 얼마나 그를 짓누르고 있었던가를 보여준다.

1월 31일(금) 청(晴). 영하 18도 7분으로 기온 점강(漸降). 등교 수업을 마친 후에 2월호 출래(出來)하

여 발송사무·피봉(皮封) 쓰는 일, 부치는 일, 우편국 및 경성역에 반출하는 일은 물론이요, 시내 서점에 배

달하여 수금하는 일까지 단독으로 하다. 서점에서는 「선생이 이처럼 친히 다니시느냐」고 하나 대체 위로의

말인지 조롱의 뜻인지 모르겠다. 주필 겸 발행자 겸 사무원 겸 배달부 겸 수금인 겸 교정계 겸 기자 일

요강사 등등, 그 외에 박물 교사 겸 영어·수학 교사(열등생도에게) 겸 가정교사(기숙 생도에게) 겸 농구

부장 겸 농구협회 간사 겸 박물학회 회원 겸 박물연구회 회원 겸 지력(地歷)학회 회원 겸 외국어학회 회원

겸 직원 운동선수 겸 호주(戶主) 겸 학부형 등등. 월광에 비추이는 가엾은 자아를 헤아리면서 귀댁(貴宅)한

때는 삼수(參宿)가 중천에 솟았다.[노평구 엮음, 『김교신 전집 6』(부·키, 2001, 17~18)]

이런 상황에서도 그는 『성서조선』 간행을 통해 감사했다. 『성서조선』 간행 만 10주년을 맞아 그는 오로지 주 예수의 무한한 은총으로 된 일임을 새롭게 감격했다. 또 만 14주년을 맞은 제150호(1941년 7월호)에서는 그동안 우리의 눈이 하늘을 향하여 주 예수 그리스도의 헤아릴 수 없는 기이한 섭리를 우러러보며 찬송과 감사가 넘친다고 하면서 「모든 영광은 주 예수께로. 욕된 것은 나에게로」라고 다짐했다.

그는 이날까지 『성서조선』이 버티어 온 것은 인력에 의해서가 아니라 하나님의 은총에 의한 것이라고 고백했다.

외국인 선교사들의 식양(式樣)으로 된 조선기독교회의 다대한 배척과 비방을 감수하면서 아무 단체의 배경도 찬조도 없이. 주필된 자의 굳은 의지나 뛰어난 필재에 의함도 없이. 적립된 자금으로 시작한 것도 아닌 잡지가. 창간호로부터 150호에 이르기까지 인쇄 실비에도 결손되는 잡지가 속간된 것은 아무리 보아도 인력으로 된 일은 아니다.

김교신에게는 원고 집필과 편집. 인쇄 등의 일상적인 일 외에 더 시달려야 하는 것이 있었다. 『성서조선』을 향한 호사가들의 시비는 물론 〈친애하는 형제들 중에서 『성서조선』의 사명과 태도 등을 두고 충고와

질의〉를 하는 경우도 있었고, 이 못지않게 기성 교회의 『성서조선』에 대한 비판이 있었다. 무엇보다 괴로

운 것은 일제 당국의 검열이었다. 검열을 위해 며칠씩 대기하다가 출판 기일을 넘겨야 하는 경우도 있었

고, 검열에 걸려 원고를 삭제해야 할 경우도 있어서 더욱 난감했다. 그런 상황에서 그는 종간호가 되는 줄

로 안 것이 한두 번이 아니었다. 그럴 때마다 의외로 원조를 주께서 예비해 주시사 오늘에 이르기까지 한

번도 휴간 없이 발간하게 되었다. 그런 수난적인 경험을 통해 〈내가 약함을 통탄할 때에 도리어 강한 것

을 발견케〉 되었으니 그는 모든 영광과 찬송을 주께 돌린다고 했다. (1937년 5월)

전시체제(戰時體制)가 강화되면 조선에서 간행하는 신문 잡지는 일본의 전승(戰勝)을 기원하는 글이나 시

국에 관한 표어를 실어야만 했다. 검열을 통과하기 위해서는 「황국신민(皇國臣民)의 서사(誓詞)」를 잡지

앞머리에 넣지 않으면 안 되었다. 경무국으로부터 전화로 신년호의 권두 한 페이지에는 「황국신민의 서

사」 1과 2를 게재하라는 지령을 받고 폐간을 결심하기도 했다. 그러나 『성서조선』이 조선에 유일한 성

서잡지라는 어떤 사명감 같은 것 때문에 결국 자신의 생각을 꺾고 일제의 지령대로 서사(誓詞)를 게재하

기로 했다. 이따금 게재하던 「황국신민의 서사」는 137호(1940년 6월)부터 아예 표지 혹은 표지 바

로 뒷면에 고정적으로 배치되어야 했고, 「총후(銃後) 국민생활」 같은 어용적인 칼럼들도 135호(1940

년 4월)부터는 표지 바로 뒷면에 자리잡게 되었다.

『성서조선』은 어떤 때는 검열을 의식해서 시국 소감 등을 직설(直說)하지 않고 비유나 묵시적으로 쓰기도

했다. 그래서였을 것이다. 김교신은 「본지 독자에 대한 요망」(1939년 9월)에서 다음과 같이 썼다.

본지 독자는 문자를 문자 그대로 읽는 외에 자간과 행간을 능히 읽는 도량이 있기를 요구하는 때가 종종 있다. 이는 학식의 문제가 아니요, 지혜의 문제이다. … 정도의 차는 있으나 본지도 일종의 묵시록이라 할 수 있다. 지금 세대는 비유나 상징이나 은어가 아니고는 진실한 말을 표현할 수 없는 세대이다 지혜의 자(子)만 지혜를 이해한다.

『성서조선』을 폐간시킨 「조와(弔蛙)」 사건은 일제 당국이 김교신이 사용한 바로 그 상징어나 은어의 본질을 알아차리고 겁박한 경우라고 할 것이다. 그런 상황이고 보니 『성서조선』에는 〈시국표어〉도 어쩔 수 없이 내걸어야 했던 것이다. 폐간도 고려해 보았지만, 하나님의 뜻에 의지하는 섭리신앙 때문에 고난 중에서도 간행을 계속했다. 이게 『성서조선』 간행을 억지로라도 계속하지 않을 수 없었던 발행자 김교신의 딱한 사정이었다.

일본은 1937년 중국 침략에 이어 미국에 대한 도발을 감행했다. 중국에 대한 침략 전쟁은 식민지 조선에 대한 전시체제 강화로 이어졌다. 한국의 언어와 문자를 통제하기 시작했고, 조선사 교육을 폐지했으며, 창씨개명(創氏改名)과 신사참배(神社參拜)를 강요했다. 1936년부터 천주교와 감리회가 신사참배에

굴복했고 1938년에는 장로회 총회가 신사참배를 결의했으나, 신사참배에 불복하는 신자들은 감옥으로 끌려갔다. 1937년에는 수양동우회 사건이, 그 이듬해에는 흥업구락부 사건이 터졌다. 1940년 10월에는 국민총력연맹을 조직하고 〈황국신민화운동〉을 본격화시켰다. 1941년 12월 초 하와이 공격으로 〈태평양전쟁〉을 일으킨 일본은 국민총동원 체제와 사상통제를 강화했다. 1942년의 〈조와(弔蛙) 사건〉과 〈조선어학회 사건〉은 국민총동원체제하에서 일어난 문화·사상 통제의 뚜렷한 실례다.

『성서조선』을 폐간으로 몰아간 〈조와(弔蛙) 사건〉의 전말은 이렇다. 1940년 3월 양정고등보통학교를 사임한 김교신은 그해 9월 제일고등보통학교(경기중학)에서 잠시 교편을 잡았으나 반년 만에 그만두었고, 1941년 10월에는 송도고등보통학교 교사로 부임하였다. 그러나 일제 당국은 그 이듬해 3월 1일자로 간행된 『성서조선』 제158호 권두언 「조와(弔蛙)」를 문제 삼아 〈성서조선 사건〉을 일으켜 『성서조선』을 폐간하고 김교신 등을 투옥시켰다.

사건의 발단이 된 「조와(弔蛙)」에는 이 글을 쓰게 된 경위가 나타나 있다. 김교신은 〈자신의 영혼과 민족의 죄를 위해〉 또 〈소리쳐 울고 싶은 대로 울 만한 장소〉를 구하기 위해 새벽기도처를 찾았다. 서울에서는 북한산록에서, 송도로 옮긴 후에는 자연 속에서 찾았다. 그는 송도 만월대 뒤편 송악산 깊은 골짜기 안에 폭포가 떨어지는 물웅덩이 가운데 작은 바위를 기도처로 정하고, 새벽에 냉수마찰을 하고 큰 소리로 기도하고 찬송을 불렀다. 이렇게 기도할 때는 웅덩이의 개구리들이 헤엄쳐 다니면서 모여들기도 했다. 「조와」는 새벽기도의 산물이었다. 유난히 추웠던 그해 겨울, 대부분의 개구리가 얼어 죽어서 물 위에

떠오른 것을 보고 슬퍼하면서도 요행히 살아남은 두세 마리를 보고 위로를 받았다. 「조와」의 전문이다.

작년 늦은 가을 이래로 새로운 기도터가 생겼었다. 층암이 병풍처럼 둘러싸고 가느다란 폭포 밑에 작은 담(潭)을 형성한 곳에 평탄한 반석 하나 담 속에 솟아나서 한 사람이 꿇어앉아서 기도하기에는 천성의 성전이다. / 이 반상(磐上)에서 혹은 가늘게 혹은 크게 기구(祈求)하며 또한 찬송하고 보면 전후좌우로 엉큼엉큼 기어오는 것은 담 속에서 암색(岩色)에 적응하여 보호색을 이룬 개구리들이다. 산중에 대변사(大變事)나 생겼다는 표정으로 신래(新來)의 객에 접근하는 친구 와군(蛙君)들, 때로는 5、6마리 때로는 7、8마리. / 늦은 가을도 지나서 담상(潭上)에 엷은 얼음이 붙기 시작함에 따라서 와군들의 기도와 찬송의 음파가 저들의 이막(耳膜)에 닿는지 안 닿는지 알 길이 없었다. 이렇게 격조(隔阻)하기 무릇 수개월여! / 봄비 쏟아지던 날 새벽, 이 바위틈의 빙괴(氷塊)도 드디어 풀리는 날이 왔다. 오래간만에 친구 와군들의 안부를 살피고자 담 속을 구부려 찾았더니 오호라, 개구리의 시체 두세 마리 담 꼬리에 부유하고 있지 않은가! / 짐작컨대 지난 겨울의 비상한 혹한에 작은 담수의 밑바닥까지 얼어서 이 참사가 생긴 모양이다. 예년에는 얼지 않았던 데까지 얼어붙은 까닭인 듯. 동사한 개구리 시체를 모아 매장하여 주고 보니, 담저(潭低)에 아직 두어 마리 기어다닌다. 아, 전멸은 면했나보다!─(『김교신 전집』 1권 38)

15

이 글은, 『성서조선』 제 158호에 〈부활의 봄〉이라는 제목으로 『드디어 봄은 돌아왔다. … 우리의 소망은 오직 부활의 봄에 있고 부활은 봄과 같이 확실히 임한다.』라는 글과 함께 실려 있다. 김교신은 「조와」와 「부활의 봄」이라는 글에서 다 같이 조선 민족의 봄을 고대하고 있었으며 은유를 통해 표현하고 있었다. 김교신은 『지금 세대는 비유나 상징이나 은어가 아니고는 진실한 말을 표현할 수 없는 세대이다. 지혜의 자(子)만 지혜를 이해한다.』고 말한 적이 있다. 그의 이런 말에 따라 「조와」를 추론해 보면 무슨 의미를 함의하고 있는지 금방 알 수 있다. 산전수전 다 겪은 일본 고등경찰 당국이 이를 간파하지 못할 리가 없다. 〈무서운 혹한에도 살아남은 개구리의 생명력을 보고 조선 민족의 생명력에 비유했다〉하여 꼬투리를 잡은 것은 정확히 보았다고 할 것이다.

1942년 3월 30일 김교신은 일제 경찰에 의해 서울로 압송되었다. 〈성서조선 사건〉이 터진 것이다. 이 사건으로 『성서조선』은 폐간되고 전국의 구독자들이 일제히 검거됐다. 며칠 만에 풀려난 독자도 있지만, 김교신·함석헌·송두용·류달영 등 13명은 서대문형무소에서 만 1년간 옥고를 치르고 1943년 3월 29일 밤 출옥했다. 취조에 나선 일본 경찰들이 이들에게 했다는 다음 말은 『성서조선』이 추구한 목표가 어디에 있었는지 그 정곡을 찌른다. 그리고 이 말은 일제가 〈성서조선 사건〉을 통해 꿰뚫어 보고 있는 사건의 본질이기도 하다.

너희 놈들은 우리가 지금까지 잡은 조선 놈들 가운데 가장 악질적인 부류들이다. 결사(結社)니 조국이니 해

가면서 파득파득 뛰어다니는 것들은 오히려 좋다. 그러나 너희들은 종교의 허울을 쓰고 조선민족의 정신을

깊이 심어서 100년 후에라도, 아니 500년 후에라도 독립이 될 수 있게 할 터전을 마련해 두려는 고약한

놈들이다. (『김교신 전집』 1권 11)

1927년 7월 동인지 형태로 제1호를 간행한 『성서조선』은 16호(1930년 5월호)부터 김교신이 발

행인이 되어 간행되다가 1942년 3월호(158호)로 폐간되었다. 158호까지 계속된 『성서조선』에는

가장 많이 게재된 것이 성서연구에 관한 것이다. 김교신은 「성서개요」라 하여 거의 대부분의 신구약 성서

개요를 게재했는데, 간결성과 명확성 때문에 구호(舊號)까지 독자들의 사랑을 받았다. 또 「성서연구」도

게재했는데, 산상수훈 연구를 비롯하여 주기도문 연구, 시편 강해와 골로새서 강의와 데살로니가전서 강

의 등은 『성서조선』을 통해 발표되었고, 산상수훈 연구는 단행본으로 출간되었다. 한국인이 쓴 성경 주

석서가 별로 없던 시기에 김교신의 연구는 목회자들과 일반 신자들에게도 큰 도움이 되었다.

7권으로 된 『김교신 전집』(노평구 엮음, 부·키)에는 위에서 언급한 「성서개요」와 「성서연구」 외에 『성

서조선』에 게재되었던 김교신의 글을 「인생론」과 「신앙론」으로 각각 묶었다. 이 두 권에는 김교신이 『성

서조선』에 게재한 글을 거의 망라하고 있다. 이 두 권에는 거의 400여 편의 글이 게재되어 있는데, 제

1권 『인생론』에는 조국·교육·학문과 직업·현실과 이상·믿음의 생활·사회시평·고백·선언·가정·위

대한 사람들·고인에 대한 추억·성서조선지의 행로·생활 주변·회고와 전망으로 분류하여 실었고, 2권

『신앙론』에는 하나님, 그리스도, 성서, 기독교, 신앙, 사랑, 부활, 기독교도, 전도, 교회, 무교회, 진리, 생

명, 자연, 찬미로 분류하여 묶었다.

『성서조선』에 게재된 김교신의 중요한 글은 그의 일기다. 그가 일기를 쓰기 시작한 것은 『10세 때부터』

라고 말하고 있는데 이는 1910년 국치(國恥)를 맞을, 아마도 함흥보통학교에 입학했을 무렵인 것으

로 보인다. 그의 일기는 30여 책이나 되었지만, 양정고보 교사 시절 한 생도의 일기가 문제가 되자 학교

에 미칠 화를 생각하여 담임교사(김교신)도 그의 30여 권의 일기를 소각해 버렸다.(1938년 2월 22

일자 일기) 그러나 김교신의 일기는 그 일부가 두 가지 형태로 남아 있다. 하나는 소각되지 않고 남아 있

는 2년 8개월분의 「일보(日步)」인데 이는 2016년 김교신선생기념사업회에서 『김교신일보(日步)』(홍

성사)라는 이름으로 간행했다. 또 하나는 『성서조선』에 게재한 그의 일기다. 『성서조선』에는 처음에 여

섯 동인들의 소식을 알리는 「독상여록(獨想餘錄)」・「독상편편(獨想片片)」・「여적(餘滴)」 등의 난이 있었는

데, 1929년 8월호부터는 「성서통신(城西通信)」 난으로 이름이 바뀌었다. 『성서조선』의 발행 책임자가

김교신으로 된 후 1930년 6월(제17호)호부터는 「성서통신」 난에 그의 일기를 간추려 게재하게 되었

다. 「성서통신」 난은 그 뒤 1936년 1월호부터 「성조통신(聖朝通信)」으로 이름이 바뀌어 1941년 1

월호까지 김교신의 일기를 계속 실었지만, 1941년 3월(제146호)호에 『당분간은 「성조통신」(난)을

폐지』한다고 알리고는 일기가 더 게재되지 않았다. 따라서 김교신의 일기는 소각되지 않은 2년 8개월치

의 「일보(日步)」와 『성서조선』에 게재된 그의 일기가 남아 있다고 할 것이다.

『성서조선』에 연재된 글 중에는 함석헌의 「성서적 입장에서 본 조선역사」가 있다. 이 글은 1934년 2월부터 1935년 12월까지 『성서조선』에 연재되었는데, 최초로 일정한 사관(史觀)을 가지고 조선역사를 관통한 책이라는 찬사(천관우)를 받을 정도로 큰 반향을 일으켰다. 함석헌은 이어서 그 자매편인 「성서적 입장에서 본 세계역사」도 『성서조선』 1936년 9월호부터 1938년 3월호까지 연재하여 호평을 받았다. 함석헌이 『성서조선』에 우리 역사를 연재하고 있을 때 김교신은 자신의 〈민족지리관〉의 관점에서 「조선지리 소고」라는 논문(제62호·1934년 3월)을 게재했다. 200자 원고지 80매 가량의 이 논문은 함석헌이 「성서적 입장에서 본 조선역사」에서 나타낸 섭리적 민족사관과 궤를 같이하는 것으로, 섭리적 민족지리관을 나타냈다는 평가를 받고 있다. 지리박물학 교사인 김교신이 신앙의 눈으로 차원 높은 민족지리관을 펴보인 것이다.

『성서조선』의 필자에는 김교신、 송두용、 유석동、 정상훈、 함석헌 등 〈조선성서연구회〉 회원들을 비롯하여 독자기고 형태로 김정식、 장도원、 김계화、 양능점、 윤일심、 김계화、 강제건、 이찬갑、 최홍종、 유달영、 김정옥、 박석현、 유영모 등의 이름들이 보인다. 특히 〈조선성서연구회〉 회원인 양인성과 이들과 노선을 같이 했던 이덕봉이 「성서동물학」과 「성서식물학」이라는 연구논문을 남긴 것은 매우 주목된다.

『성서조선』은 매월 250부 정도가 발행되었고 구독자는 200명 정도였다. 독자들 가운데는 일반 교역

19

자들도 있었지만, 이승훈, 장기려, 정태시같이 한국 기독교계와 교육계에 영향력을 미친 이들도 있었다. 『성서조선』에 게재된 내용으로 설교하다가 교단의 배척을 당한 손양원 같은 이도 있었다. 당시 한국 교단의 이 같은 탄압에도 불구하고 『성서조선』을 통해 깊은 감동을 받았다는 사람이 한둘이 아니었다. 한센병 환자들 중에도 『성서조선』으로 영적 감화와 위로를 받았다는 이들이 있었다.

끝으로 오늘날 『성서조선』을 복간하는 것이 무슨 의미를 갖는지를 언급하면서 이 글을 마무리하겠다. 그동안 『성서조선』이 복간된 적이 있지만, 현재 그것을 구해보기는 매우 어렵게 되었다. 김교신선생기념사업회로서는 미안한 생각을 갖지 않을 수 없다. 바로 이런 부채감이 『성서조선』 복간의 가장 큰 이유다. 한편 한국 기독교사 연구와 관련, 김교신 선생을 비롯한 소위 무교회주의자들이 당시 어떤 생각을 하고 있었는지 탐구할 필요가 있다. 성서 원어(히브리어와 희랍어)와 영어 독일어 일본어 성경을 대조해 가며 성경연구에 매진했던 이들이 한국 교회에 어떤 태도를 취했으며, 기성 한국 교회는 이들을 어떻게 생각하고 있었는지 살펴볼 필요가 있다는 것이다. 오늘날 한국 교회에 불거지고 있는 문제들은 이미 당시에도 일어나 자성과 비판의 대상이 되었다. 『성서조선』을 읽노라면 그때 한국 교회의 상황들이 오늘날의 상황들과 그렇게 멀리 떨어져 있지 않다는 것을 알 수 있다. 따라서 『성서조선』 복간은 한국 교회의 〈온고이지신(溫故而知新)〉의 의미를 되새기게 할 것이다.

『성서조선』 복간의 가장 중요한 이유는 현재 한국 교회 앞에 놓인, 한국 신학 수립의 당위적인 과제 때문이다. 한국 신학을 수립해야 한다는 과제는 어제오늘의 문제가 아니다. 이런 필요성은 해외에 가서 신학을 공부하는 이들이라면 더욱 뼈저리게 느껴왔던 것이다. 그들은 그곳 지도교수나 교회로부터 끊임없이 한국 교회를 성장시킨 한국 신학에 대한 질문과 도전을 받아왔다. 이제 한국 교회는 세계 교회의 그 같은 질문에 답하지 않을 수 없게 되었다. 이 같은 과제는 『성서조선』 간행을 처음 시작했던 〈조선성서연구회〉 동인들뿐만 아니라 오늘날에도 의식 있는 크리스천들에게 던져지는 요구다.

〈외국인 선교사들의 식양(式樣)으로 된 조선기독교회의 다대한 배척과 비방을 감수하면서 아무 단체의 배경도 찬조도 없이〉 간행했던 『성서조선』이 당시 지향했던 바는 〈조선산 기독교〉였다. 〈조선산 기독교〉는 하나님의 말씀이 〈조선의 토양과 기후〉 위에서 새롭게 열매 맺는, 그런 것이 아니었을까. 성서의 터 위에서 조선인의 땀과 피와 삶이 영적으로 응고되고 열매 맺는, 그런 기독교가 아닐까. 그것은 수입신학·번역신학일 수 없고, 그런 차원을 넘어서는 것이다. 조선인의 삶과 환경, 조선인의 고민과 사상, 그런 문제의식 위에서 하나님의 말씀인 성서를 기초로 한 신학과 교회가 이 땅에서 세워지는 것, 이것이 『성서조선』이 말하는 〈조선산 기독교〉가 아니었을까.

〈조선산 기독교〉는 수천 년 역사와 제도 위에 형성된 서구의 관념화된 신학이나, 비록 청교도적 바탕 위에서 출발했다고는 하나 〈동부〉의 황금에 대한 유혹과 세계를 향한 끝없는 전쟁의 유혹 속에서 자신을 정당화해 간 미국의 〈천박한 기독교〉일 수 없다. 『성서조선』이 조선이라는 특수한 상황 속에서 세계적

21

보편성을 지향해 간 〈조선산 기독교〉를 지향하며 간행된 것이라면, 『성서조선』의 복간은 그런 지향(指向)부터 다시 복원하고, 그 지향에 다가서는 것이어야 한다. 『성서조선』이 간행할 당시 요청되었던 〈조선산 기독교〉는 『성서조선』을 복간하는 이 시점에도 같은 공감대에 서 있다. 한국 신학에 바탕을 둔 한국 교회가 세워져야 한다는 바로 그 공감대다. 이것이 『성서조선』을 이 시점에 복간하는 진정한 이유다. 『성서조선』이 외쳤던 그 외침을 오늘날 다시 들려주면서, 조선의 토양과 땀, 고난과 생각을 담은 한국 신학을 수립해야 한다는 것, 바로 그런 〈조선산 기독교〉를 지향·착근하고 성장시켜 가는 것이 『성서조선』 복간의 중요한 이유일 것이다. (2019. 1. 9)

차 례

昭和五年一月二十八日（第三種郵便物認可）
昭和十四年一月一日發行（毎月一回一日發行）

金教臣 主筆

聖書朝鮮

第壹百貳拾號

昭和十四年（一九三九）一月一日發行

次 目

27

戰勝의 新年을마지면서

戰勝의 第三年의 新年을마지하며　世界의 平和와　東亞의

永遠한　安定을爲하야　第一線에서　奮戰하는　皇軍의

健闘와　萬福을　謹祝하는同時에　皇軍의　武運長久와

皇威의 宣揚을　아울너　祈願하며　銃後의　臣民으로서

現下의時局을　再認識할뿐안이라　傳道報國과文筆報國

으로써　우리의 義務를　다하기를誓願하는바이다

28

良善의 道

옳은뺨 때릴때에、 왼뺨을 마저向하야하라는敎訓으로써 弱者의 悲鳴으로만 알고、 힘은正義니라는哲學에 立脚하야야 한

갓强暴하고저 일삼는이들은、 말할것업거니와、「온유한자는福이잇나니 저의가 따를 차지할지니라」는(마태五·五)主예수

의宣言에 귀를기우려보앗고 「너의良善함을 모든사람에게알게하라 주께서 가까웟나니라」고

가슴이 뛰놀어본經驗을 가진사람은 어찌하여야 「온유」할수있으며 언제나 과연 良善한사람 노릇할수있을까고

타보앗을것이다。 短期間을局限하고 볼진대 自然淘汰니優勝劣敗니하는法則의힘이强大한듯하나 長久한時日──永遠한 저

편을 바라볼때엔 亦是 良善의道、 溫柔의길만이生存한다──歷史에있어서나、 自然에있어서나。

바울이 빌립보敎會에 보낸부탁、「에피아이케스」를 良善이라고 번역한것은 適當한譯字를發見치못해서、 그리했을것

이다。 單한字로서는原意를傳하기 어려우니 어질고도溫한것일것이다。「에피아이케

스」에는 溫柔 和順 寬容의 뜻도있다。 眞正한基督敎信仰에、 사는者라야 具現할수있는性格인故로譯하기어렵다。

그럼 그리스도의良善이란 어떻게 생긴것인가。 여기에 두가지要素가있었다。 첫째로 저는하나님께서받은바 過去의모든

恩寵의記憶이生々하여야한다。 主예수의恩惠의 사슬에 捕虜된者이오。 하나님의如山如海한恩寵의重量에눌리운者이다。 故로

저의게 넘치는것은感謝의爆發뿐이다。 둘째로저는 그리스도의날을待望하는者라야한다。 大小善惡을勿論하고、 그리스도再臨

의날에審判받을것을如實히믿어서、 그날審判에恩惠로通過되기를期望하는者는 寬大하지않을수없고 良善하지않을수없다。

이 두가지 基本信條를具備한이는 마치現在에百萬의富를 차지하면서 또한將來에百萬大金의遺産을約束받은長者가若

少한金額으로써 강퍅할수없는것처럼、 過去의恩寵에對한感謝가生々하며 未來審判에對한信賴待望이確然한者는 스스로良

善한性格을 가출수밖에없다。

크리스챤이라도 勿論惡은惡으로하야憎惡하고 善은善으로하야賛助한다。 그러나、 어듸까지던지 陰險凶惡한惡意는 저에

게 있을수없다。 實際에있어서、 信徒에게 이良善의德이缺乏함을發見할때에 우리는道德的修練의不足을慨嘆하기보다 먼

저 하나님의恩惠를忘却하여버리지않었나反省할것이며 將次올 그리스도의날을 待望하고있는가를檢討할것이다。 그리하

야 힘써 良善함을 모든世人에게·나타낼것이다。 웨？ 主께서 가까웟음으로！

此一事를

너의 속에 착한일을 시작하신이가 예수그리스도의날까지 그일을 일우실줄을 우리가 깊이믿노라

함은 빌립보(一·六)敎徒에게關한 바울의確信이었다。이바울의確信을 原文대로直譯하면 좀더 힘있게된다。

確信한다。이一事를。即너의 속에 착한일을 시작하신이가 예수그리스도의날까지 그일을成就하시리라。

고。即疑心치않고確信한다는字가 初頭에 나설것이며、이一事(auto touto)라는字가 있어야할것이다。다른일은 몰라도

이한가지만은 變通할수없이 確信不動한다 는뜻이다。數十年의信仰生活의結果로써 이한가지는 斷言할수있다。

이한가지일이란 무엇인가。「너의속에 착한일 시작하신이」── 即 悔改의福音을傳하게하고 이것을信受하게하신이가

그리스도再臨의날까지에救援의大業을完結成就하실것을 確信하노라는것이다。여기注意할것은 그리스도의救援은 이미完

成하였다는것이아니오(빌립三·一二)、오히려 표대를向하여 다름질하는者(同一四節)라는것이다。저의들속에는 착한일

이 시작되였을뿐이오 完成하기까지는 아직도 많은修練과指導가必要한것이다。

未來의完成에對하야 어떻게確信을 품을수있을까。우리는 자랑할만한德行이있어서가아니다。내가罪中에있었을때에

하나님이擇하신것이니 저가 다시 저바릴수없을것이며、내가探求해서 하나님을 찾은것이아니오 하나님이 逃避하는

나를 붙잡으셨으니 놓치실理萬無한것이다。律法의義로써 내가 하나님의子女라고自稱한것이아니오 하나님의永遠의

한사랑의사슬로써 나를捕虜하신것이니 내가避하려해도避할수없이된것이다。그런즉 그리스도의날까지에 우리의救援의

業이成就될수밖에없다。우리의罪가 크든크나 하나님의 사랑은 더욱크시다。그絕大한사랑에抱擁될때에 宇宙의아

그런즉 이일에對하야 우리가 무슨말하리오。故로 일러스되

하나님이 自己아들을 아끼지아니하시고 오직 우리 뭇사람을爲하야 바리셨으니 어찌 그아들과함께萬物을恩惠로

우리에게 주시지아니하시겠나뇨。……누가能히 우리를 그리스도의 사랑에서 끊으리오。患難이나困苦나逼迫이

나飢饉이나赤身이나危險이나칼이랴……그러나 이 모든일에 우리를 사랑하시는이로 말미아마 우리가 이김을

연고도 더욱남음이있나니라。고(로마八·三一以下)。우리가世上다른일은 넓이알수없어도 이한일만은確信하노라。

死活的인 信條

清水 譯

聖바울의書簡이나 使徒行傳을 읽는者는 누구든지、初代敎會가 그信仰을 지켜가든熱誠에 感銘없이는 읽을수없었다。 後世의 知識은 初代信者들이 信仰하든바를 다시解釋하고 또많이 敷衍하였다고는하지만、 그本質的인點에는 變함이 없었었다。 그들의 信仰의量이나 範圍는 問題라치드라도、 그質에關하여서는 疑心할餘地가없었다。

그들의 믿음은明確하고 또熱情의 이었다。 그것은 아무推測이나 躊躇가없이 確實한 諸事實우에 基礎를두었다。 이런信仰을 가진者들은 左右間 어떤事件이 일어났다고 確信하였었다——그것은 그들이 輕信者들이여서 그런것이아니라、 反駁할수없는 明確한 證據와 個人的體驗이 合하여、 그들의 懷疑를 屈服시키였기때문이다。 예수의主張이 正當하다는것、 그리고 그가 하나님의聖子이시라는것과、 또한 죽음에서 復活하심으로 復活節아침에그의 무덤이 뷔였다는事實을 그들은 確信하였다。 聖神이나려 人間들을 聖化시키며、 또超自然的인 힘으로써 人間들을 强하게 하였다는것을 그들은 또한 確信하였다。 그리고 이確信은 그들의 個人的生活과 또 目擊하는 光景에依하야 每日 更新되였었다。 그들생각에는 이모든 事實은

疑心할餘地없는眞理이기때문에 『아마도』라든가『十中八九』라든지같은말은聖바울의語彙속에는 자리를가질수없었다。 이로말미암아 무結果가생기였다。 그들은 全心專力으로 믿었기때문에 그들의信仰이 그들實生活의 모든部分을支配하지않어서는 안된다는것을 確信하였다。 信仰이 要求하는 모든條件은 斷乎하게 이를 履行치않어서는 아니되였다。 그들에게있어서는 基督敎에 代用될 宗敎도 있을수없었고、 基督敎의道德的 다른 諸宗敎의道德的要求사이에 妥協이 있을수도 없었다。 基督敎信者가 된다는것은 以前에가지고있던 道德的 或은 宗敎的 裝備우에 單純히 새로운 무엇이나 아름다운 무엇을 附加한다는것보다는 훨신 지나치는 일이였다。 信者가 된다는것은 바울의말에 依하면 『새사람이된다는것』이다。 또하나의 結果는 이信仰을 他人에게 傳하려는 熱烈한 熱心이였다。 다른사람들도 『예수안에서』사는것과 하나님의律法을 모든行動의 最高指導로 함으로 因하야오는 幸福의秘訣을 알수있도록——。

그信仰이야말로 古代에있어서나 그後에있어서나・世界를驚動시키고、 征服하였고、 變革시킨 참된信仰이였다。 宗敎의感化力은 무엇을믿느냐 하는것보다는 그것을 어떻게 믿느냐 하는데 달렸다。 初代信徒들이나 托鉢僧들이나 正敎信者들이나 메소지스트敎徒들이나 옥스포—드・

死活的인 信條

三

意味의世界

四

使徒바울이 捕囚의몸으로 羅馬에있었을때에 바울의反對派의人物들은 好機到來했다고 割禮主義를 힘써 宣傳하면서 바울이 傳道한各地福音主義教會를 荒廢케만들었다. 이卑劣한 行事의消息을 獄中에서들은바울이 萬一世上一般같은英雄豪傑이었다면 저는몹시心勞焦思함을 마지못하였을것이다. 그런데 바울은 그런 쓸데없는焦慮를 안가졌을뿐더러 그 모든行事中에서偉大한意味를發見하였다. 이르되 兄弟들아 내가當하는일이 도리어福音傳하는데 進步된줄을 너의가 알기를願하노라. ……루기와 분쟁으로, 그리스도를傳播하는이도있고 착한뜻으로 하는이도있나니, 이사람은福音을 발명하려고 나를세우신것을 아는故로 · 사랑함으로하고 저사람은 나의매임當함을 더괴롭게하려하야 다툼과 정성되지아닌마음으로하나 無論어떠하며던지傳播하는바는 그리스도니 이로써내가 즐거워하고 또한즐거워하리라(빌립보一·一二—二〇)

해서 自己處地의意味를正解하여였다. 意味를안때의勞働은享樂이오 모른때의것은苦役이다. 意味있는때의病床은道場이오 모른때의것은怨恨과發惡의굴엉이다. 致富하고도意味없는生活을 괴로워하는兄弟가있고 病苦의意味를解得하고 얼굴에 화상이남을우리가본다. 그리고 이意味의世界를解明하기에 舊新約聖書보다 더한文字가 또있거던 우리에게말하라.

무—브멘트主張者들은 熱烈한 信仰心을가지고 그信念을 固持한點에있어, 따라서 精神의偉力을 發揮할수있는點에 있어 一般이였다. 그反面에 樹立된信條가 明確치못하고 또 그것을 支持하는 個人的信念이 强烈치못할때엔 雄撑을 가지고도 學識을 가지고도 偉大한 信仰의復興을 招致하는데 成功치못했다. 이런事實을 생각해보는것은 基督教가 無能하다는 理由로 種種 非難이 일어나는同時에 『道德의再武裝』의必要가있다는 一般的意識이 濃厚할때엔特히重要하다. 失敗는基督教의失敗가아니라大部分基督教에代身할宗教를 세우려는데있고, 『道德의再武裝』도劣等한武器에信賴할때價値가없다. 眞實로物質主義의힘과싸워 成功하려면 單純히道德으로뿐아니라 또는精神的이라야 되고, 單純히 精神的인일뿐만아니라人格的이라야한다. 그러므로 思慮깊은사람은 自己信條의 要旨뿐만아니라 自己信仰의性質에도 關心을두지않어서는 아니된다. 웨그러냐하면 信條는 그內容이貧弱해짐에 比例하여 無力해지느냐. 萬一 基督教的信仰의 特殊한 어느部分만을 寬容한 態度로써 받어들일뿐이라면 그는 自己自身을爲하야 참滿足을 얻을수도없고 또他人에게 效果的인感化를 줄수도없다. 强烈한確信의原動的能力과 그리스도의充分한現顯은 今日世界의 懇切한要求이다. 곧 救援하며 聖化하며 征服하는것은 이熱血的性質의信仰이다.

요엘 書講義 (1)

咸　錫　憲

요엘의 時代에關하야는 直接으로나타나있는것은없고、本文의內容으로 밀우어서생각하는 두가지說이있다。하나는 매우일으게 이스라엘의 南北分離以前이라는것이오、또하나는매우늦게、 바빌론捕囚以後라는것이다。그렇게早晚두說이 對立하는 理由는 本書中에 王政에關한것이나、南北分立의 事實을보여주는것이 아모것도없고、바빌론、 앗시리아의 壓迫에因한 政治的苦悶의모양도 나타나있는것이없기때문이다。그리고 또一便으로 本書에는 다른豫言書와共通되는語句가많다。故로 저는 아모스・호세아・이사야・예레미야、 하는모든豫言者보다 앞서있었던지、그렇지않으면 그들보다훨신後가아니면 안된다는것이다。그러나本書의 要旨인 「여호와의날」이라는것을 생각하고보면 아무리하여도捕囚後 라할수밖에없었다。이「여호와의날」의 思想은 南北分立以前에는 볼수없고 아모스 호세아以後에 發達한것이기때문이다。 本書의內容으로써 밀우어 判斷한다면 저가 살던時代는 이사야・예레미야의때와같이 사람들이 切迫한危期空氣中 에사는 時代가아니었다。그보다 차라리極度의精神的弛緩狀 態에있었던듯하다。그가失望을하되 一般으로 「거륵히禁食 하라」할뿐이오 特別한罪目을指摘하지않은것을보면、當時 의人心이 어대라할수없이 一般的으로 沈滯하고 腐敗하 고 無元氣 無熱心하였던듯하다。그리고捕囚以後時代야말 로 그러한條件에 가장들어맞는時代라 할수밖에없었다。宗 教、道德은 그것이 어떤地上的幸福의可能性과 結托이될때는 許多熱心있는歸依者를 가질수있다。마는 그것이幻滅에돌아 갈때 사람들은 말할수없는 精神的弛緩에빠진다。이스라 엘民族이 宗教에依한 國家의發展 民族의大成을 꿈꾸었 을때는좋았다。그러나捕囚라는 悲慘한 事實에依하야 그러 한理想은 餘地없이破壞되여버리고말았다。그럴때大部分의 사람에있어서는 信仰까지도 그것과한가지로 부서지고말 수밖에없었을것이다。그러나少數의사람이있었다。그捕囚의 苦難가운데서와 捕囚로끌어다도라온後의 精神的假死狀態에 서도 여호와하나님을 바라보기를 잊지않는 몇個의눈이 있었다。그들에依하야 여호와하나님의信仰은 維持되였고 維持될뿐만 아니라 一段進步를하였다。物質的失敗에도不 拘하고 하나님의攝理는 살아있다는信仰、이스라엘에만아 니라 全人類全世界에 하나님의監視는 떠나지않는다는信 仰이 이悲慘한經驗中에서 자라났다。紫檀이찍히어서 香 氣를發하듯이 選民이스라엘이 政治的으로죽어서 信仰의 精이 피어올렀다。實로 가는一線이다。그러나또形容할수없

요엘書講義

五

요엘書 講義

이 굵은一線이다。 이一線에 世界의 精神的生命史는 달린다。

이一線을 저들은 「여호와의날」이라는말로써 把握하였다。

요엘은 이 信仰의줄을 붓든사람이오 이것을 굵게길은사람이 였다。 그의思想은 獨特한것은없었다。 그가왯친「여호와의날」 은 아모스•호세아가 이미布告한것이오、이사야•예레미 야•에스겔•다니엘이 다같이 크게부르짖은것이다。 그러나 獨特이아닌것이 그의偉大를 傷하는것은없다。 맛당히잡을 것을잡고 맛당히가르칠것을가르친 그는 그때문에偉大하다 함이옳다。 洗禮요한도 그의뒤에서서、예수도그뒤에서서、 가장빛나게 가장壯麗하게 그날을그리는 使徒요한도 그 뒤에선다。 아니다 創造있은以來、不義한갈날에찍히고 邪 惡한발아래짓밟힌 億萬々의靈魂이、暗淵속에 흐느적이는 海藻와같이 이歷史의狂波속에서 뒤흔들리면서 그줄을붓 들고있다。 죽지않는眞理를 붓는者는 偉大하다。

何如間 요엘은、 한마디로하면 나라가亡한때에 났다。國家 가없어지고 民族이부서지고 文化가없어지고 타고남은개 와조각만남은것같은時代에났었다。 그러나 그는그時代의偉 大한意味를 읽어냈다。

史上에 한獨特한 紀元前五六世紀의意味를 본사람이었다。 나라도없고 文化도없는그때에 그는 메뚝이의災難이라는 一個天然現象中에서 그것을읽어냈다。 그리하야 警醒을말 하고 希望을가르쳤다。

第一章 災難

六

늙은者여 너의는 들으며 이따의모든居民들아 귀를기우리라。 너의生前에나 너의列祖의生前에 이 런일이 있었느냐。 너의는맛당히이일을 너의子女에게 告하고 너의子女는그子女에게告하고 그子女는後時 代에 告하게하라。 왯충이가남긴것은 메뚝이가먹고 메뚝이가남긴것은 늣이먹고 늣이남긴것은 황충이 가 먹었도다。

늙은者를찾고 모든居民을부르는것은 그일이甚히 놀랍 기때문이오、子々孫々이傳하라함은 잊을수없는意味가 늘 어있기때문이다。 預言者는 前古없는 大蟲災를보고 맘에 甚히놀랐다。 이것은尋常한일이아니라고。 傾聽하야 銘心하 지않으면안되는 神의말슴이 들어있음을 알었다。 自然現 象이라하야 一時後에 잊어버리는者는 無心하기때문이다。 마음에 하나님을믿는者에게는 微々한어느事象하나가可驚할 것이아닌것이없었거던 하물며 이렇듯非常한일中에 非常히큰意味 가있지않을수없었다。 歷史없는民族은 信仰없는民族이다。 信仰이있으면 子孫에서子孫에게로 永遠히傳할일이 없이있었다。 （왯충이、메뚝이、늣、황충이 하는것은 原語로 는 各々다른버레가아니오 다같이메뚝이의 變態成長하는 時期를따라 다른名詞다。）

무릇너의醉한한者는 깨여울것이오 너의술을마시는者
는 새술을爲하야 부르짖을지니 이는술이너의입에
끊어짐이라.

預言者의가슴은 놀라는대만큼지지않고 슲어한다. 반드시
술을마시는者만을向하야 하는말이아니다. 술이란生의享樂
을代表한말이다. 그慘酷한害가 어떠한것을 六節以下에서 말한다.

그리고 그記錄이 決코誇張도아니오 虛言도아닌것은 오
늘날 이地方을實地로가보는사람은 넉넉히아는바라고한다.
너의는哀哭하기를 정절女가 어려서男便이 죽음애

하는것은 니의悲痛이 亡하였음을망정, 苟且한生活이라도
따에붙어서 하는줄알었는대 이제그마娑아 天災를마저,
國破山河在라, 나라는 굶은뇌띠를띠고 슲이우는것같이하라.

流離餓死하지않으면 안되게되였다. 그렇게 생각하고預言
者는斷腸의느낌은 不禁하였다. 그러나그의슲음은 物質的
缺乏에만있지않었다. 보다더큰것이있었었다. 그는精神的인哀
痛이다.

모든祭司長들아 굶은뇌띠를띠고 슲어하며 祭壇에
슈종드는者여 너의는부르짖을것이오 하나님께슈종
드는者들아 와서 밤이맞도록 굶은뇌옷을닙고 누을
시니 대개소제와면제를 너의하나님의聖殿에 들이

요엘書講義

지못함이라.
먹을것이없어 사람이길에꺼꾸러지고 山野가푸른빛을볼수
없이 소리없이울고 嘆息하고겻는그것도 견델수없이 悲
痛한일이거니와 그보다도더한것은 이스라엘사람이 自己
의生命보다더重하게아는 하나님의壇에 날마다들이는祭祀
찾아할수없이되였다는것이다. 苦難은무서운것이다.
더무서운것은 苦難에依하야 마음에서神의그림자가 떠나가
버림이다. 災難의끔직한것은여긔있다. 故로 저는 배가주

린것을爲하야 말할사이가없이
너의는거룩히禁食하라하고 한聖會를열고 長老와이
따모든居民을모와 너의하나님여호와의 聖殿에들어
가서 여호와께懇求하라.
고한다.

이것으로써 우리가 배우는것의 하나는 災難은爲先아며
하지않으면안된다는것이다. 요엘은甚히아퍼하였다. 哀痛이
極한그의눈앞에는 山그것이바로울고 나무그것이바로부르
짖으며 들집생즞아 主를向하야 헐떡거리는것이었다. 心
中에서 驚異念이없어 진사람은 다음은 아픈것에對하야도

感覺이없어진다. 現代人의特徵의하나는 아픔을모르는것이
다. 저들은洪水가나도, 地震이나도戰, 爭이나도, 그리하야
生地獄을眼前에보아도 暫時그때뿐이오 도라서면 곧 슲盡
울들고 嬉々談笑한다. 良心이 그렇게까지 痲痺된 그들은

七

요엘書講義

八

그들이얼마나 神에게서멀어젔는지 그들의生이얼마나浮萍化하였는지 그들의愛國心이얼마나거품같은것인지를 스스로證明하고있는것이다。하나님이萬一사라있다고믿으면、人生이萬一實인것을要求한다면、同類를참으로사랑한다면、言語에絕하는 그事實을經驗하고 그心臟에구멍이뚫리고 거기서鮮血이 흘러남을깨달고야말것이다。숨어 할줄을모르는時代 이는分明히 神에게바림을當한時代가아닌가。그러나重疊하는災難이 끊지않는것을보면 神이오히려 이時代를全然버리지않은證據가。흔들며도感覺이없는아들을안은慈父가 針으로그神經을찔러 刺戟하듯이 우리는 뾰뼈를비고 밤새도록 울어야한다。울어도 모자란다。

은現代를 끼집는듯하다。 요엘의말과같이 우리는 하나님다음에 또저에게서배우는것은 災難은精神的으로對함이다。洪水나면 治水를다시하고 地震나면 建築을改良하는것은 勿論할것이나 그보다도더잊지말것은 그안에있는 神의質問에 對答함이다。와싱톤은困難에닥칠때마다 恒常

그것을 鍛鍊의資料로삼아서 마침내亞米利加建國大事業의 責任있는地位를맞게되었다고한다。災難은그것을精神的으로對함이다。 解釋하는者에게는 도리어順境에서는불수없는 하나님의사랑의말슴이 들어있음을 알게된다。그리고그精神的態度의 究極은悔改다。一般으로말하면 災難은悔改에對한督促이

다。災難을아뎌함은 그안에있는神의말슴을 찾는態度요、

悔改는 그말슴의意味가알려진때에發하는、靈魂의對答이다。故로悔改는 恐怖의感情으로만되는것이아니오、밑에는또말할수없는 기쁨이있다。기쁨 ─神의말슴中에들어있는 無限의사랑을느끼는 기쁨없이는 悔改는不可能하다。悔改는嚴冬에떠는 枯柯의울음은아니다。첫봄陽氣에녹아서 얼음밑에흐르는 시내의소리다。故로第一章에서 아뎌하는預言者는 第二章에서 悔改를부르짖는다。

第二章　여호와의날

시온에서 라발을불며 나의聖山에서 호각을불어 그따 居民이 다떨게하라。이는여호와의날이 이름이니 그 날이臨迫함이라。이는어둡고캄캄한날이오 빽빽한구 름낀날이니 山꼭닥이에 새벽이덮힌갈이 많고强한 百姓이있으니 自古以來로 이런것이없었고 이後에도 이런것이없으리라。

１～２

요엘이精神的인態度로 災難의날을볼때 그는單純히地面 의一部分에이러나는 草蟲의所爲만이아니오 그대로곧 여호와의날을 뵈여주는것이였다。世上의不義를質責하는 무서운그날이다。三節以下는 直接肉眼으로는 메뚜기의모양 을模寫한것이이오、메뚝이文學으로는 古今에도불수없이 優秀한것이라하겠으나、발서이미이때에 요엘의눈에 메뚝이

36

는 메뚝이가아니오 여호와의命令대로 審判의執行을하는 그의軍隊였다。一幅壯嚴하고도 무서운活畵다。故로「여호와날이 크고심히두려우니 누가能히當하리오」한다。「어리석은者는 心中에 하나님이없다」한다 (詩十四篇一節)。 그러나 눈이있는 者에게는 모든天然現象은 하나님의말슴이다。

無神論者라는 許들의눈을

노래로는못버불던 셀리좇아

것친바람,

暗澹한구름을 밤새도록哀哭식히는

미친바람,

숲은눈물을 속절없이뿌리는

사나운風雨,

힐버슨수풀의 영성한가지,

깊은嗅, 陰沈한바다,ㅡ

이는다 世上의不正을 울부르짖는慟哭이런가!

라고불렀다。이世界에는 分明히잘못된곳이있다。꽃이웃고 새가노래하고 별이반짝이는데는 말할수없는 아름다움과 喜悅이있을것만、또어덴지不調和가있다。귀있는者는그것을든는다。天變地災는 分明히이를말한다。自然 現象으로서는 何等變이랄것도없고 災랄것도없다。自然學者는말할린지 모른다。그러나人生에對하야는 그렇지않다。空中에새한마리도 까닭없어는 아니떨어트리고 돌의풀도 그天性을다

요엘書講義

할때까지는 키우시는하나님이거던 넓은天地에 何必모진 風雨를 朝鮮咸鏡道의 가엾은사람우에 떠르칠것은무엇인가。네가萬一同類相愛하는맘이 없다면그만이다、마는그있다면 그들보고 怪異히여길것없는當然한現象이라고는 할수 없다。그러면 山이惡意있고 물이怒心있고 메뚝이가敵意 있었느냐、아니다、山은그創造當時에 네가命名한것이아니며 물은네가 알어본것아니며 萬物은네게屬한것으로 許諾받은것아니냐。그것들이 네원슈는아니다。그러나不正은分明 히있었다。하나님으로하여금 그모든것을 敵意있는듯이 이리게하는이世界에 不正은어듸인지 分明히있었다。正直한 良心이 그問題에 安穩하지못하고 두루煩惱할때、다윗의 코끝을가리치는 나단의손가락같이 무서운한손가락이 그 心臟을네찔으며,

네가 아니냐!

하고소리를친다。그소리를들은者는 禍있을진저、또福있을 진저、요엘은 그사람이었다。그는眼前에멸처지는 慘憺한光 景을보고 놀라고 煩悶하였다。그럴때、한빛어 살별같이 그의胸中을 스치고지나가며 이는이百姓의罪때 문이라고하였다。自然 現象으로서는 그눈앞에、 그럴때 그瞬間에天地는 그대로있으면서變 하였다。그눈앞에、百里의山川을 平面우에壓寫한 透視圖 같이 永遠의時間이壓縮되여 直時로「여호와의날」이되였다。 아, 무서운 여호와의날、悔改하지않으면 이것이다。問題

九

요엘書 講義

는 메뚝이에게 侵略된田地에 있었는것이아니오 여호와의軍隊에 怒염을當하는 人生에있었으며、糧食에주린창자에있는것이아니오 하나님의 말슴에 주린靈魂에있었다。맘에다、맘에다。여호와의軍隊는 발앞에있었다。一刻의猶餘가없었다。아、발서늦은것이아닌가。그때에 여호와의말슴이 臨하시기를、

「이제라도」다。여호와의날은 무섭다。그러나이제라도 늦지않었다。이제라도悔改하고도라오면容赦하신다。그는罰하기를 질겨하지는이는아니다。問題는너의마음아니다。悔改하는것은形式으로 옷을찢는것이아니다。너의게宗敎가없었다는것이아니다。穀食이나 짐생이나 問題가아니다。너의마음에不正이있는것을 痛悔하야 그心臟을찢어 내앞에놓으라 그것이 참祭物이다。그리고그祭祀는 언제나어대서나 들일수있다。깨달은그瞬間이 곧祭祀時間이오 깨달은그場所가곧聖殿이다。그代身一刻의遲滯도許할수없었다。「이제라도」다。

너의는이제라도、 내게도라오라、 너의는맘을찢고、 옷을찟지말고 너의하나님여호와께로 도라오라、 대개 그는恩惠로오시며 慈悲하시고 怒하기를더대하시며 궁휼이많으시고 스스로그災殃을 뉘우치는者시라。 도리켜뉘웃치사 그뒤에福을주실런지 누가 能히알겠느냐、 곧너의하나님께드릴 素祭와면제로다。

者의가슴밭에 어떻게福音的愛의 따뜻한빛이움직이고있었던것을 잘말하야준다。마치그가보는 거친들에 메뚝이가다까여먹고남은것속에 오히력來春을기다리는 生命의뿌리가 있었던것과같다。사랑의빛이있는곳에 悔改의싹이움직이고 悔改의새싹에 希望의熱心이있었다。

시온에서라발을붙어 거룩히禁食하라하고 한거룩한 聖會를열고 百姓을모와 그會를거룩하게하며 長老를모으며 어린아이와 모든젖먹는者를모으고 新郞을 그房에서나오게하며 新婦도그골방에서 나오게하고 여호와께臨從드는 제사장들은 行閣과祭壇사이에서 울며 니르기를 여호와여 主의百姓을容恕하야 主의 基業을욕뵈여 列國이관할하지 말게하옵소서 어찌하야萬民中에 니르기를 그하나님이어대있나뇨 하겠나이까 할지니라。

거룩히、거룩히禁食하고 거룩한聖會를열고 그會를거룩하게하고。 거룩히、거룩히、거룩히 라고反復하는것을보면 預言者가 마음에무엇을생각하는지 알수있다。 저가거룩히 여호와께가는者는 唯一의條件은거룩이다。 저는반드시많은선물을要求하지않는다。다만남김없이찢어서 거룩히區別한心臟을願한다。하라님만을생각하고 하나님만이있는곳을 거룩한곳이라한다。 저以外의一物이라도있어서는안된다。審判의자리에 이제라도라는 一語는 이荒凉한精神的假死의時代에있는 預言이라한다。

서 新生하는者의 唯一의길은 스스로自己를 거룩한것으로밧치는데에있다. 個人에게있어서는 個人의全生命을要求하는것이나 全體로서는 이舊約時代에 있어서는 民族그것을 全體로聖別함이必要하다. 故로悔改하는이禮拜에는 長老로부러, 어린아이, 첫먹이, 戰爭이나도 除하라고한 新婚夫婦까지 다恭與하지않으면안된다. 그리고 代表者인祭司長을식여 痛哭하야 여호와께懇求해야된다. 그렇게하면

(18) 그때에 여호와께서 그따를爲하야 中心이쓰거우시고 穀食을주시고 새술을주시고 기름을주시며, 即모든生活資料를 豊盛하게주시며, 列國의侵害를免케하시고 天災를除하신다고한다. 하나님의中心이 悔改者의祈禱로 뜨거워진다는것은 놀라운말이다. 아버지의눈초리는 蕩子의도라옴으로因하야 뜨거운눈물을피운다. 世上에感謝한일은 하나님이罰을하시다가도 뉘웃치는하나님이오, 秋霜같이怒하시다가도 우리가눈물흘리는것을 보시기만하면 또春陽같은 그가슴을 벌리시는 하나님이신것이다. 一陽이 來歸하야 萬物이光輝를發하듯이 神의心中에一溫이動하야 世上은藥園이된다. 二十一節以下는 悔改로 因하야 祝福받은後의 유다를 그린것이다.

요엘書 講義

天災가神怒라하고 사람의悔改에依하야 그災難을免할것 이라하면 사람들은迷信이라한다. 그러나萬一그렇지않다면 設或現象은 空氣나 水蒸氣나 地殼의 物理的化學的變動이라하더라도, 왜그事件이 何必그때에 그곳그 사람에게 그처럼 그보다더도아니오 들도아니오 그만큼 나타나느냐하는것을 우리는 合理的으로說明할길이었다. 내가子息을 사랑하지않는다면 모른다. 마는萬一사랑한다면 그것이 내무릎에서 빼앗겨갈때 거기神意를넘지않고야 무엇으로써 내靈魂의밑바닥에서일어나오는 理性의質問에 滿足한解答을줄수있는가. 내가萬一人生을 사랑하지않거던 天災를가지고 偶然이라하고 그는人類의永遠히免치못할것이라고, 알은듯이, 그러나殘酷히말하라. 마는내가萬一人生을사랑하거던 天災가神意에 依한것이라고 믿지않는者는 모르나 믿는者는 充分한實證을 歷史上에 가진다. 좋을것이다. 그러나 그들사이에 連帶關係가없다하고, 階級과階級間 民族과民族間에 血脈이 通하는것이 運命의惡戲에지나지않음을아는者는 天變은單純히 人生과自然間에 天災는決코無意味한것이아니오, 따라서우리取하는態度에따라 免할수없는것이아니다. 「天災를免한다」고하면, 곧「科學에依하야」라고생각한다. 그러나科學의源泉도, 價値도 다같이技術에있는것이아니오 精神에있었다. 科學이天災를防止함은 技術로因하야가아니오 正當한適用에

一一

謹賀新年

二二

온世上이 蕭然한때에 새해라고 慶賀할것도없고 物品節約의 時代에 消耗하지말고저하야 例와같이 年賀를廢止한대로지 났읍니다。 그러나 年年이記憶하고 賀意를보내주신여러분께 對하야는 年末年始에 걸처서 本人이旅行中에있었음으로 모처럼보내주신 年賀도 받들어뵈옵기 늦었고 또本誌新年號가 正月도半이나지난 今日에야 印刷되게되었음으로 人事가 매우 遲滯되었음을 여러紙面 의意外의 餘白을얻어 謝過합니다。
（本號를正規讀者以外에게보낸것은 答賀와近況을알리는뜻이올시다）

己卯一月十五日

聖書朝鮮社
金教臣

聖朝通信 의 續

十二月八日 （木）雨、雪。 昨日市內女子基督敎靑年會聯合會로부터 北漢學園에 關係한일로 不快한文字를받았으나 그委員長과 總務들께 應하지않으나 不得已文字로써答하기로決心하다。 우리가 붓을잡는武士가칼을 잘알것과마찬가지로 言人을 할수없는일인것을 文字로할수밖에 ○總督府農務課事務官姜元秀君 貞陵里矯風會員으로서 女子基督敎靑年會聯合會總務에게 文書를發送하다。 ○總督府農務課事務官姜元秀君 昨日午前에 別世하였다는 訃音。 惜哉！ 葬禮相到어 弔問하며 遺族을慰勞하며 終日지내다。 뛰어가 弔하니 더 薄情하여먼저것인데 萬事休로다。

十二月九日 （金）晴。 圓滿히解決하고저하야 그委員長과總務들께 應하지않으니 不得已文字로써答 하기로決心하다。 이렇게저렇게로 되어보아도 우리가 붓을잡는 武士가칼을 잘알것과마 찬가지로 ○總督府農務課事務官 十二月號에서「小鹿島와 聖誕節」을 읽고 보내는 振替貯入金等에 今番에送金하오니 今年부터는 小鹿島 에서는 聖意에可合한 使用을 하시기바라나이다。 今年부터는 貴社의恩惠 를感謝합니다』 의兄弟姉妹들을 멀리生覺하면서 聖誕節을맞게하여주신 貴社의恩惠

요엘書講義

依하여야서다。 이것은 오늘의科學이 幾多의災難을 이르키고 있는것을생각하면 알일이다。 故로科學에依한 天災의防止도、 結局은한 問題에 歸着하고만다。 適用으로만아니라 發達로、 研究者의마음이 하나님을믿을수있으리만큼 聖潔해진다 면 今日의것으로는 比할수없는 더욱놀라운發明發見이있을것 이다。 科學의發達을 妨害하는것은 어리석은科學者가 생 각하듯이 信仰이아니오 도리어神에게서떠러저나간 人心 의汚濁이다。 옛사람널러말하였다。──不貪夜識金銀氣라고。

그러나우리는 이것만아니라 더큰것을믿는다。 地球우에 서 罪가끊어지는날이면 世界그自體가 完全調和의地境에 가리라고。 心中에惡意를품으면 얼굴에殺氣가나타나고 思 慕하는사람을따라 容貌를닮는다고한다。 이미部分에있어서 事實인것을 宇宙全體에있어서 믿는다고하야서 不合理할 것이었다。 그러기때문에 오는날을 바라보는 預言者들이송 아지가獅子와같이눕고 아이가毒蛇의굴에서 놀것을말함 은반드시空想이아니다。

社告

이미休刊하기로通告하였던것인데 지금 이모양으로續刊 하게되었읍니다。 誌友諸君의懇切한祈望으로되는일인줄알어 感謝함을 마지못하나이다。 그러나 또 내달에 어떻게될 것은 하나님만이 아시나이다。 不安한이는誌代先金을 한 달치식만 보내시오。 過大한先金은 짐이되나이다。

하나님의사랑의놀라운힘

토마쓰·아·켐피쓰

葡萄園農夫 譯

오! 하늘에게시는 아버지시여、우리主예수그리스도의
아버지시여、내가 당신을 讚揚하옵나이다。당신은 賤한 勤
物인나같은것까지도 거룩하신 당신의마음속에 記憶하시
옵나이다。果然 慈悲하신 아버지시여、모든慰勞를주시는
하나님이시여、나는 아모慰勞도 받을만한價値가 도모지
없는데 늘당신의慰勞로써 나를 새롭게하여주심을 깊이
感謝하옵나이다。나는 당신의獨生子와 또保惠師이신 聖
靈과같이 永遠無窮토록 당신을祝福하며 頌榮하겠나이다。
나의靈魂의거룩한 慈愛者시여、당신만 나의마음에臨하신
다면 나의마음속의모든것은 全部가抃舞하리이다。당신은
나의榮光이로소이다。당신은 내마음의 기쁨이로소이다。
당신은 나의所望이로소이다。그리고 또 나의患難의날의
避難處로소이다。

오! 그런데 나는아즉도 愛情이不足하며 德이缺乏하
옵나이다。그래서 오히려 당신에게서 힘을얻으며 또慰
勞를받지 아니치못하겠나이다。그러하오니 당신은 매々
로 나에게臨하시옵소서。그리고 모든깨끗한 訓練으로써

하나님의사랑의놀라운힘

나를 啓導하시옵소서。傷處를加하는慾望에서 自由롭게하
시옵소서。道理아닌感情에서 나의마음을 고치시옵소서。
그래서 于先 內部가고쳐저서 全身이깨끗할수있게하시옵
소서。그러면 내가 사랑할수있는者가되며 苦痛함에도 勇
氣를갖고 忍耐함에 忠實할것이로소이다。

× ×

사랑! 사랑은 偉大한것이다。옳다、사랑은 偉大한것
의하나이면서 또至善한것이다。사랑에依하여서만 小事도
大事도 罪다 잘할수있으며 또容易하지않은것도 泰然하
게참을수있는것이다。사랑으로써 끄읏더면 무거운집도 무
겁지않으며 또쓴것도 變하여 珍味가되고 佳肴가되는것이
다。예수의高遠한사랑에接하고서는 사람은大事를아니하지
못하며 더나아가 完全한地境을 向하여서 前進
하는데까지 이르게된다。사랑은 高遠한地境에까지 達하
기를바라게하며 微賤한것에 잡히지않기를 願하게한다。
사랑은 自由를바라게하며 世俗的 모든情慾에서 떠나기
를願하게하며 따라서 마음의炯眼을 가리는것이없게되고
世上 滅亡할榮華에 얼키는일이없으며 또어떠한窮乏에도
屈하지아니한다。사랑보다 더아름다운것이없으며 사랑보다
더勇氣를주는것이없었으며 사랑보다 더高遠한 것이없으며
더廣大한것이없고 사랑보다더즐거운것이없으며 사랑보다
더完全하고 또 至善한것은

하늘에나 따에나 사랑보다

一三

하나님의사랑의놀라움함

決코없는것이다。大槪 사랑은 源泉을 하나님에게發하며 萬物에超然하신 하나님을信賴하지않고는 이것을完成할수 없기때문이다。

사랑을갖인者는 날고뛰며 그리고 또拚舞한다。또自在 力을갖어서 아모것에도 잡히는바가 없다。그가 가는곳은 萬事가亨通한다。大槪 萬物의本源이신 至高唯一의存在者 를依支하는까닭이다。이러한사람은 받은바의恩賜보다도 于先 이것을주신이에게 萬物을돌리며 그분을尊敬한다。

사랑은 恒常 束縛을느낌이없고 헤아릴수없는 熱誠이있 는것이다。사랑은 煩惱를感하지않고 또困難을生覺지않으 며 그힘에넘치는計劃을敢行하고 不可能이라하여 放擲하 는일이었다。大槪 萬事는 道理에適合하며 萬事에能하지 못함이었다고 思惟할수가있기때문이다。이것으로써 萬事 를企하며 또많이 이것을完成하는것이다。그래서 사랑없는 者가 中途에서 阻裂하고 挫折하는바도 最后까지 成就 함을얻는것이다。

사랑은 깨여있으며 또졸려도자지않고 疲困하여도衰하 지않으며 눌릴지라도 屈하지않고 威脅을받어도 놀나지 아니한다 그리고도 勢力있는불꽃같음 으로 나아갈길을찾어서 다름질하며 一切의것을通하여 泰 然하게지내는것이다。사랑이萬若사랑을갖으면 그喚聲을들 을수있는 것이니 大槪 그소리일진대 하나님의귀에까지

達할만치。高調일것이다。그래서 타오르는듯한靈性의 熱 情으로써 훼치는것이다。『나의 하나님이시여、나의 사랑 이시여、당신은全部가 나의것이로소이다。그리고 나는一 切가 당신의것이로소이다』라고。

× × ×

당신은 사랑에있어서 나를 偉大하게 하시옵소서。나 의마음의희로애로써 그사랑하심이 얼마나아름다운가를맞보며 또이것을消化하기爲하여 말이 당신의사랑에서 沐浴하는 것처럼 사랑할수있게하옵소서。타는듯한熱情과 欽仰으로 써自己를超越하면서 사랑속에完全히잠길수있게하옵소서。 나로하여금 사랑의노래를하게하시며 나로하여금 당신에 게順從하게하옵소서。눈은데게시는 나의사랑하는분이시여、 나의靈魂으로하여금 당신의讚美속에 날(日)을보내며 사랑 속에拚舞할수있게하옵소서。自己보다도 훨신깊이 당신을 사랑하며 당신을爲하여서만 自己를사랑하고 당신을 빛나는사랑의 律法의命하는대로 당신안에있어서 참으로 당신을사랑하는 모든사람을 사랑하게하시옵소서。

× ×

사랑을 活躍이다。誠實이다。熱情이다、歡樂이다、그리 고 欽仰이다。사랑은 勇氣있고 忍耐하며 忠誠하고 深 慮하며 剛毅하다。그래서 일측이 自己를爲하여行하는바 가없다。大槪 사람은 무슨일을만나면지 于先自己를爲하

一四

참으로사랑하는者의받는試鍊

나의아들아、너는 아즉도 勇氣와 深慮를다하여 나를
사랑하는者가아니로다。

오! 主여、무슨까닭에 이같이 말슴 하시옵나이가。
무슨까닭이냐고? 너는 조고마한反抗에도 卽時 너의
計劃을버리고 慰藉를 求하며 誘惑을만날지라도 움지기지않으며 仇
나를사랑하는者는 誘惑을만날지라도 움지기지않으며 仇
敵의老獪한勸誘를 信任하지아니한다。나는 그 榮華한때에
사람을기쁘게함과같이 그窮乏한동안에도 敢히사람을괴롭
게하지아니한다。

深慮로써 나를사랑하는者는 오즉 그恩惠들나리는者의
사랑에依한것으로알어 恩惠를주시는者만을사랑하고 敢히
그恩賜에는 마음을두지아니한다。저는 恩賜의價値를못기
보다는 于先 그厚意를貴하게녁이고 저가사랑하는者보다
더 모든恩賜를重히녁이는일이없다。高尙한마음에서 나를
사랑하는者는 恩賜에 關係하지아니하고 그보다더 훨신
나를사랑하는것이다。그럼으로 萬若 네가바라는것보다는
나 或은나의聖徒를生覺하는바가 적을지라도 完全히이것을
잃어버린까닭은아니다。네가때로늦기는善良하고아름다운
情緒는 恩寵의結果로 나타난것이여서 天界에있는家庭을
미리맛보는까닭이다。그러나 너무지나치게 이일에빠저서
는아니된다。大槪그온 모양과같이 또 갈것이기때문이다。

一五

여 피한다。그럼으로即時사랑을잃어버린다。사랑은莊嚴하
고謙遜하며 端正하다。柔弱에빠지지않고 輕薄하지않으며
無益한일에 뜻을두지아니한다。사랑은 嚴格하며節操가있
고 忠實하다。그래서 모든意味에있어서注意周到한것이다。
사랑은 奉仕이며長者에게對한服從이다。自己를낮이고 賤
히하며 하나님께對하여는 敬虔하고感恩의念이 敦篤하며
하나님에게서 아모것도받지도받지못하고 버림을當하는
때이라도 오히려 하나님을바라는것이다。大槪·悲哀가없
이는 아모사람도 사랑속에生活할수없는것이다。
무슨일을만날지라도 이에應하여 괴로워할準備가있고
사랑하는者의意思대로이틀받으랴고 願하는者가아니면 아
즉도 사랑을갖인者라고말할수없다。사랑을갖인者는그사랑
하는者를爲하여서는 困難하고 不快한바에도오히려기쁨으
로 이에當하며 어떠한逆境에있을지라도 사랑하는者들 決
코떠나서는아니되는것이다。

사랑하는자들아 우리가서로사랑하자、대개사랑을 하
나님께속한것이니 .사랑하는자마다 하나님께로나서 하
나님을알되 사랑하지아니하는자는 하나님을알지못하나
니 대개 하나님은 곳사랑이시니라。(요한一書四·七八)
너희가서로 사랑하기틀내가 너희틀사랑하듯하라。(요한
[五·一二]

참으로사랑하는者의받는試鍊

43

참으로 사랑하는 者의 받는 試鍊

도리혀 너에게 솟아오르는 惡念과싸우며 惡魔의指揮를 叱咤하여 이것을 물리치는것은 그德을增進하는 顯著한 徵兆이여서 반드시 偉大한報應을받기에 足한것이다.

그러면 奇怪한妄想에 스스로를 괴롭게하지말라。어떠한 種類의것이 너의마음에몰려올지라도 이것을괴로워하지말라。勇氣를이르켜 너의目標에驀進하라。그래서 하나님에게向하는 똑바른計劃를 把持하라。너는때로서 뜻하지아니한 高遠한境域에 逍遙하는수가있음은 이것이妄想이아니라하여도 너는 即時에 너의마음에 浸染하는 虛榮속에 도라가고만다。大槪 너는苦痛을만나면 나아가이것을堪當하지아니하고 다만 不得己하여 이것을當함으로 이것을 憂慮하면서 이로써괴롬을받는다。그러나 이것은 반드시 報應을받을 일이여서 決코 損失은아닌것이다。

老獪한 너의仇敵은 善에向하는 너의熱望을 妨害하고 너를 宗敎的修養에서 轉向하게하며 하나님의聖徒를敬慕하는至誠을 어지럽게하고 나의苦痛을삼가銘記하는마음을冷却하게하고 너의罪惡을 追懷하는貴한情을 흐터버리게하고 德에나아가려는 鞏固한決心을勤搖하게하려고 가진手段으로써 너를誘惑함을 알지못하여서는 아니된다。저는 너에게 困憊와憂愁의마음을이르켜서 너를祈禱 또는 神聖한讀書에서 피여내여 너에게여러가지惡念을주는것이다。謙遜한懺悔는 저의 가장슬혀하는바이여서

萬若‧할수만있다면 너를 하나님과의사괴임에서 絕緣하게되기를바란다。設令 저가 어떠한 巧妙한꾀을걸고서너를꾀일지라도 반드시 저들민지말라。또저에게 눈을돌리지도말라。저가 萬若 罪惡과汚穢의生覺을 너에게넣어오려하거던 그것과同時에 저自身을放逐하라。그리고 웨처말하여라。不潔한靈아, 나를떠나가라。너의可憐한墮落을北그러워하라。나의귀에 이러한것을 속사기는너는至極히더러운者이다。나에게서 速히떠나라。惡한誘惑者여, 네가 어찌 나에게 울수있으랴。戰士와같이 가장굿센예수께서 나와같이게신다。너는 다만 恐懼할것뿐이다。너는 입을다물고 沈默하라。네가 어떠한障碍로써 나를試驗할지라도 내가어찌 너에게 귀를기우리랴、主는 나의빛‧나의救援이다。나는이것을두려워한다。그러나 萬軍이어러나서나를威脅할지라도 나의마음은조금도怯내지아니한다。主예수는 나를 도음는者이시며 또救贖하시는主시니라고.

忠誠하고 善良한兵士와같이싸우라。네가 때에는敗하여 따에 업드러질지라도 나의 더욱豊盛한恩寵을信賴하면서 倍舊의英氣를 恢復하라。그래서 너는無益한快樂과驕慢함을 警戒하라。驕慢은많은사람을 罪過에떠러트리며 때때로는‧不治의盲人이되게한다。愚劣하게도 自己의能力을信賴하는 驕慢한者를 滅亡하게하라。그리고 너는 스스로警戒함에 게으르지말고 恒常 謙遜하기에 盡力하라。

一六

聖朝通信

十一月七日　（月）　晴。洞内에創立되는
北漢學園開學日이어서午前九時頃부터崔、
金두분先生이大掃除하며兒童의入學手續接
受하는일을을助力。養正學校에서는　今日
부터精神作興週間이시작되여　五時間授業
後에神宮參拜。○저녁七時半부터　北漢學
園의晝學夜學을聯合한開學式擧行。申込生
徒數合計四十名。學父兄及洞民多數恭席하
으나夜學婦人大部分은부끄러웁다고不恭。
余의開會式辭後에　學園經營의先輩인宋斗
用兄의祝辭있은것은　預期못했던幸福이었
다。○우리도持久戰의體制를整備하다。
○東京消息에『學校에가고오고하는　以外
에는　別로보는것이　없으나　그래두　只
今은　東京人即大和民族이　어떠한民族인
가를　알게된듯합니다。참으로　많이　그들
에게서　본받을것이있다고　생각합니다。
우리朝鮮사람다-한번식와서　볼　必要가
있지않나하고生覺하였읍니다。다만　배주
리는朝鮮땅의　돈을갖다가　배불은　東京

聖
朝
通
信

땅에다　떠러뜨리는것이　遺憾이올시다。自
己를　알려면　彼들을잘알아라　는말과같이
大和民族日常生活을　볼적에　우리朝鮮사
람缺點이　더욱더욱　많이나타납니다。渡
東처음에는　朝鮮사람　長短點과　比較해
보고　하였으나　只今은　너머失望할거갈
族이　團結하야　一旦厭起하니　全世界가
震動하는것은　奇異한일이안닌듯합니다。
要컨대　一國을　强하게하고　弱하게하는
것은　오로지敎育如何에　있다고　믿어집
니다。先生님門生도將來에先生任과같은훌
룡한　敎育家가되여　朝鮮에한사람이라도
더눈뜨게　하고싶은　希望이懇切합니다。

十一月八日　（火）　曇、後雨。立冬。午
前만授業하고　午後에　精神作興講演會。
저녁에嬌風會의幹部會議를열고　今後設備
할것을協議하다。○上海消息에『上海에서
切實히느끼바는우리朝鮮人에살곳이못된다
는것이올시다。훌륭한設備의　水道가있아
오나　冷水그대로　服飮하오면　곧病을生
하옵고　반드시　끄리여야만　마시게됩니다。
이러한　熱辯
을　醉然히듣는저는　언제나
우리朝鮮婦
人들　입에서도　저만한말이
나올가하고
고　때로는京城近方의　好景致를　마음속
에　想像할수도없아
고　山水그대로는
山水라고는
景致좋은
하옵고

一七

聖朝通信

에서 그리여보며 感傷的氣分을 맛보게
되는때도 적지안습니다。우리日本人의勢
力이라는것은 다시 말할것없읍니다。英
法租界에서나 日本租界에서나 흔히보는
것은「왕마차」支那人이끄는 人力車입니다。
어디를가든지 十錢이면고만입니다。때로
는支那人으로서 억울할것이나 어의不平
을말할처지가 됩니까。上海의少年은어찌
그리도 惡化했는지요。十一、二歲의 少
年群이 담배를되여물고 거리를潤步하오
니 그것하나로 可測할것입니다」

十一月九日 （水） 雨。北漢學園일로아
침에 北星堂書店을訪하고、또歸途에學園
用帳簿購入次로 本町에들리고저 했으나
交通巡査에게碍害되여 意를成치못하고
路博文書舘에서購入。鍾路에서도 넉넉히
볼일을 先本町으로 다름박질하려드는心
理를 悔恨할수없었다。○京城博物敎員會
의講演會열린다고해서 午後二時부터淸凉
里大學豫科에參席、滿蒙地方採集品陳列이
불만하였다。저녁에家庭禮拜는 列王記下第
十九章輪讀。北漢學園세분先生까지參席하
다。우리禮拜가 매우盛大하게되다。
十一月十日 （木） 晴、夜雨。氣溫急下

今年처음으로 몸무凍結하다。午前八時五
十分까지登校하야 精神作興詔書奉讀의式
을擧行。○아이들좋藥을求하기怠하야 장
안에有名한 한李明來藥局을 처음찾어보다。
○저녁에洞內安錫珽氏宅에모여 矯風會와
學園일協議。○오늘이少年第一八○○日。
東京孫基禎君으로부터 養正出身의定期總
會싸인을보내주어 반가웠다。

十一月十一日 （金） 曇、寒冷。새벽에
街路를疾走하야 午前六時에登校、精神作
興週報의早起會ㅅ날。朝會後에龍山練兵場
에勤勞報國行事次로 全校出動。練兵場東
편 開천을修築하다。심히 음산한날씨였
다。或이日 예전禁府大門은 往十里百姓이
맡어 修理했으니 現今練兵場개천은養正
學校의 목시로 登錄된심이라고。役事畢
한後에敎練을하고 午正가까워서解散。○
途次에東京으로부터 今朝에 도라온이가있
어서 새로운消息많이듣다。「嘉信」主筆矢
內原忠雄氏에게 重態이甚하다는 消息은
사람마다異口同音으로傳하니 寒心又傷心。
○病窓消息에『所爲 身患은月餘
룬다。○저녁엔徐氏宅에서漢北學園件으로會談。
건우기가 運動의「막시맘」이고 散步는小

하다。今朝는零下七度云하니 本格的추이
가當到함인가。自轉車에防寒裝備。○平壤
神學校는明春에 다시開學云云。○今夜에
도矯風會合。○內村鑑三全集을通讀했으
니 다음읽을冊을紹介해달라는편지왔다。
聖
書本文을읽는일이 急先務일것이나。할수
만있거면 希臘語 히브리語로써읽도록。

十一月十三日 （日） 晴。早朝에 矯風
會幹事數人과합께補土觀밀까지新道路開鑿
의코ー쓰를 踏査하다。○午前中은書齋
에籠城。오늘부터金順錦先生의指導로主日
學校가 始作되다。○午後의市內集會에서
고린도前書第十五章을 宋兄과함께 遂信
研究。開會後에技師平山溫氏와 面談하다。初
面에 오히려舊面같이情談할수있음은二。오
로地主예수로 末미암이었다。○燥急히
도라와洞內의 北漢學園問題會議에參列하
여서 새로운消息많이들는다。「嘉信」主筆矢
로地主예수로 末미암이었다。○燥急히
도라와洞內의 北漢學園問題會議에參列하
여서 새로운消息많이듣는다。
로서 附近의行客과車馬가 混沌天地를 이

十一月十二日 （土） 晴。몸무再次凍結

止。乳量은 日平均四合。現今中等學校것

朝鮮語가 廢止되매 中學生에게 朝鮮語敎授로서의 聖書講義의 意味重且大함을 痛感코。語學的으로도 滋味있게 가르치면 좋을듯、朝鮮語의 優美性을 알게하고저、爲先中學初入의 豚兒에게 試課中 成果가 疑問이외다。云云。

十一月十四日 (月) 曇。新土耳其의建設者케말・아타듈크(舊名파샤)의 訃音을 紙上에듣고 愛惜함을 不禁하다。○岳州入城의 報가 또紙上에보이다。○泰圖先生으로부터創作「사랑」의前編을보내주시다 다만 이와같은大家의 力作을 充分히吟味할만한 文學的素養이 貧乏한것을 스스로 嘆息할뿐이다。○五山短信에『主안에健在하시고今日集會恩惠中에 지나셨읍니까。우리는 其間數週에채陣容을 좀 다시整頓하였읍니다。主日午後에英語聖經班、火曜夕에 祈禱會、主日午前에는 如前、木曜夕에 漢文班을始作하기로 했읍니다。漢文은 爲先 大學으로定했읍니다。등넘어學校에서는 宏壯한落成宴、音樂會、活動寫眞會가 있었는데 여긔서는 혼자서戰鬪氣分으로「가난한者 福있나니 天國이저의

에이 오」하고있읍니다。神이萬一보시지않읍니다。神은 弟의속에 새로根本的인悔改를 이르키려는듯합니다。祈禱、祈禱、新禱』라고。果然 新禱아니고는 하루도 참 살수없는 時代를當하였다。

○저녁에 시골서珍客세분이 來訪하였는데 그 중한분은 數三日前부터 尋訪하랴마음이있었으나 土曜日과日曜日은 妨害안하기爲하야 月曜日저녁을擇한것이라고。自身은信者아니면서도 이처럼信者의 形便을諒解해주는 일이고마웠다。○今夜도洞內會議 오래病床에있던閔君이 來訪留宿하야 반가웠다。

十一月十五日 (火) 曇。北漢學園의黑板을修理시켰는데、그貰金을받으려온이가 學園의貧弱함을 살피고 賃金의一部分을 割引하고 旣定했던 配達料를免除했을뿐더러 黑板液을割引額으로주면서 今後돈들지않을方法까지가르켜주고갔다。넘어고마워서 그理由를물은즉 自己도寒村小塾에서 敎育받은사람인까닭이라고。부대盡力하시라는 付託까지하고 가다。○咸兄短信에『主는 貧者의 친구는 貧者만이다。○咸兄短信에『主의恩惠兄弟우에豊盛하시기바랍니다。이難關을 이기고넘는데 聖靈의일로 힘을을언

十一月十六日 (水) 半晴。午前中에北漢學園記念寫眞을 撮影하다。今日부터正孫이도就學하다。一九○○日을 지난지六日、아직學齡이못되어서 先生님들께피로움될까念慮스러워今日까지躊躇하고있는것인데、滿六歲못된아이도 벌서數人入學했을뿐더러 學力(?)으로보아도中以上은된

良心아니고는 할者없음을漸漸머느끼고있다고해서 當分間試驗的으로就學하게되다。○登校하니 다시第五學年乙組의擔任되라는命令。同僚의病患再發로 걱정이지마는 余의어깨에擔任의責任이 메워지는일은 실상 걱정이다。避할랴도避할수없는터이나 敎務主任의困難한立場이同情스러워서 힘써盡力하고저 自進決心은했다。決心은했다하나 今春卒業生의太半은 明春에再受驗하니 今番就職周旋할터인데 이제卒業할班을連다라擔任해가지고 그事務를 어찌能히敢當해나갈가疑問。이런無理를知悉하며 또 한聖朝發刊의 紛忙을同情하면서도 余에게

聖　朝　通　信

一九

聖朝通信

이 重荷를 돌리지아니치못하는 諸般事情！

○저녁엔家庭禮拜。歷代上第一章輪讀。

十一月十七日 (木) 晴。午前中授業。
午後는 年中行事의하나인 郊外마라손하
기爲하야 弘濟外里行。日氣도溫和하고生
徒들 뛰는것을보고 참기도어려워서 뒤
쫓아 함께뛰다。五百名出發한중에 四十
채로歸齊함일가。再昨年보다倍數나晚齊이니
서老衰함일가。○어떤官吏로부터『(前略)

다음에 ×圓×拾錢也는『聖朝』의朝鮮歷史號
代로 領收하여주시고 殘額×十錢也는저
××君의朝鮮歷史號購入件에對한殘額으
로除하여주시기 바랍니다。生이×××君
의 冊代殘額을 負擔하고저한動機는 이
러하옵니다。「聖書朝鮮」十一月號에서「朝
鮮歷史注文書」라는글을 읽고 곧生覺에
나의同生이다하는 느낌이 强해지는同時
에 그冊代殘額은 期必코負擔하려니 한
생각이 울어났었읍니다。어떻거나 生의
每月의收入은 그××君의 그것에 比
하면 優勢한便이나 그날그날의 經濟生
活으로서 恒時苦楚를 맞본者로서 그×君

의 一個月八圓의 收入으로써 物價騰騰
으로 因하여 甚히生活上苦痛을 받는다
는 消息을 들을때에 참으로 막한마음
아니느낄수없었읍니다。또그뿐아니라 今
年十八歲의 靑年이라는것이 生의마음을
感動케했읍니다。萬一같은 일이라도 十
八歲靑年이아니라면 如此한感激은 없었
을넌지도 모를것입니다。生은職務上 每
日別別스러운 우리同胞를 男女老少없이
接觸하고있읍니다마는 참으로 長太息아
니할수없고 恨嘆아니 할수없는 일뿐임
니다。또生의 十八歲時를 追憶해볼때에
이靑年을 正面으로는 對할수없을 만큼
何等의精神이며 何等의魂이 없었든者이
었읍니다。如此히 生覺할때에 그靑年을
고맙게 生覺아니할수없었읍니다。이러한
만큼 先生님께서도 그靑年에게 冊을發
送하실때에 발서 冊代殘金은 아니받으
도 좋으시다는 生覺을 하신것이었겠지요
然이나 그靑年으로서는 其後 冊代準備
에 애쓸줄모아오며 또그러한心志의所持
者라면 겨우 돈×十錢에 남의德아니보겠
다고强調할넌지도不知하오나 何如間그렇
返信用切手와便箋까지 同封하여 왔으나
沒收하고말었다。敎理에關한 私信解答은

는 사람은 젊은이이니까요。(中略)
戊寅年十一月十三日夜 ×××再拜』

이는 어떤警察官員의消息이다。

十一月十八日 (金) 晴。朝會時에擔任
生徒들出席을 부름에「하이」라고對答할즉
웨「하이」라고 對答안하느냐고 대채로때
리며監督하는야단이있었읍니다。○校正시작。
집에서는 김장하노라고 밤낮 總動員。
棟下를 知하게된者입니다。多忙하신中悚
悚하오나 現下基督敎界의 大勢에서 無
敎會主義를 高調치 아니할수없을줄 生
覺하오며 小生亦 何敎團에도 屬치아니하
고 基督에所望을 持하는者이나 聖經
은 좀더알기願하는者이오니默示錄十四章
九節에서 十一節이『獸와其偶像과其標를
不知中此를 拜나受하면 아니될바이갈
으오니 簡單明確이 數字下示를伏願하옵
나이다。不備拜白。十一月十四日 ×××上文』

○默示錄質問一枚『謹啓貴雜誌를 通하야

十一節에 『獸와其偶像과其標를
受함이……』何인지 生命을爲하야 下敎
하시기 伏願하옵니다。

게處理하우시옵기 바라나이다。德보일라
누구에게던지 안한다。

十一月十九日 (土) 晴。오늘로써 김
장을 大部分畢하다。○近來에配達夫가새
로오는까닭인가 外國郵便의 誤傳이많아서
그것符箋을혀廻送하기도 꽤 성가시다。
남의 것이 이렇게 잦우 誤造되여오매 우
리것도 얼마나 여긔저긔돌고있을까。配
達夫의 教育水準이向上하기까지 彼此符箋
廻送하는 수고를 아끼지말아야하겠다。

十一月二十日 (日) 快晴、温和。午前
小은金順錦先生引率로 主日學校第二回。
午後의明倫町集會에서 고린도前書第十六
章을工夫하다。附錄같은데서도 無盡藏의
眞理를 캐낼수있다。○오늘 앞시내에어
떤靑年들이와서 生石灰를 뿌리고小魚群
을 모주리잡어갔다해서 悲憤을制止치못
하다。아침이나, 저녁, 또는 달밤에, 銀
鱗을反射하며 오르락내리락하면 저慰安
의 親舊들이 不意의 災禍를 當했도다!
그렇게 이뿌고 生生躍動하는것이 小魚群
對하여 科學戰術을 使用했다는것이 더
욱 怨痛하다。○저녁엔矯風會의일로 자
정지나 도록 會談하고。

十一月二十一日 (月) 曇。昨夜에 늦
도록會談하고 도라오니 豫定했던 일은

검다 들어졌고 就床했어도 怒한마음에
잠을일우지못해서、就床했어도 山本有三著「戰爭と二
人の婦人」이라는・册을 자리에눕는대로
뒤저보다가 넘어도 자미스럽고 感激되
여 드디어 午前四時까지에 上半分을읽
고나니 感淚에 겨워 잦었음을發見하다。
○第五學年生徒들을 引率하고 京城地方法
院大法庭에서 裁判을 見學하다。마침偽
檢事事件의 裁判이어서 數三學校의 學
生團體와 一般男女傍聽客이 超滿員으로
들러선 中에서 余는昨夜에읽던「二人の
婦人」을畢讀하기에 多大한興味와 感激
을느끼다。읽고나니 한카치 一枚였었고
裁判은 거의끝나서 檢事가求刑하는場面。(三
年徵役) 것으로써休憩에들어가는場面。

十一月二十二日 (火) 晴。오늘이 舊
十月朔日이어서 從來 慣習대로 洞內에
致誠들이다。새벽、추렴모으는일 부터
저녁에 고사들이는일까지 甚히敬虔한中
에 行하여짐이 놀라웁다。오늘로써 洞
內委員滿期改選되니 行首王龍淳、所任孫
淳夭、색장金基奉 黃奉成諸氏가 新任되
다。○學校로부터 歸途에 三越、丁字屋
等百貨店에・여러달만에・들리니 余自身

이 서울과는 아무상관없는 시골사람인
것을 새삼스럽게 느끼다。○한가지 밑
음으로 서로扶助하야 걸어오면 同氣가
結婚問題로 信仰을 떠나려든姊와 이를
붙잡으랴고 勞心하는 同生의 편지에憐
憫을 不禁하다。그러나 結婚問題에當하
야는信仰을버리고라도勇進敢行하는것이靑
年男女의方程式이니 할수없는일이다。

十一月二十三日 (水) 晴。休日當直으
로登校、終日終夜蓬丘上을 지키다。○
東京에서檢事中에있는 某君을爲하야 某
辯護士와會談하다。○病床消息에「……門
下生의病勢는 惡化치도않고 良好한氣分
도나지않습니다。先生任、門下生의 靈魂
은 牧者잃고 彷徨하는 어린羊처럼 先
生任의 膝下를떠나 無慈悲하고 暴惡한
周圍環境으로 말미암아 넘너집니다。
○永遠無窮한 主任의眞理를 맞불까고
敎會에 叅列하였으나 先生任의 膝下에
서 集會에叅列하든 門下生으로서는 모
다 虛罪로되었습니다。
・進向力이없고 爭鬪力이 全無한敎會에
叅席하는것은 오로지 門下生같이弱體로
서는 靈的으로는、勿論이요・肉體的으로

聖朝通信

도 無味한 苦痛을引致할뿐입니다。云々」

十一月二十四日 (木) 晴。學校에서授
業後는 原稿와校正。今日부터燈火管制演
習이 시작되다。저녁에는 洞內靑年團과
함께 防空演習任務에 參加하다。○北方
소식에「……共間消息을 오래隔阻하온것은
生活難으로 或은나 滿洲로 移住라도할
作定으로 單獨徒步로通化近方을徘徊하면
서近一期을住留하였압기어郵便事務가不便
한此地方인지라 어찌할수없었습니다。
滿洲、渡(航)越時、住留間、朝鮮歷史를
筆寫豫定으로 持來하였압나이다。그리고逐
出令에依하여 只今은 집에 돌아와 무슨緣
故인지는 모르오나 病床에呻吟하는中이
올시다。어찌하야 이런薄命한 사람에게
는 歷史한卷 支持도摧理는許諾하지않으
리요、이프로레타리아에서 사는몸으로
마더욱이 悲憤함을 마지안나이다。滿洲
서取締를 한사람도 朝鮮사람이요取締를
받은사람도 朝鮮사람이였나이다。下略」

十一月二十五日 (金) 晴。소 이야기
는 언제하여도興味끝없다。오늘도農業時
間에 조선소 자랑。○저녁엔防空의 燈

火管制下에校正。

十一月二十六日 (土) 晴。市內街路의
구비구비에서 防空演習으로交通遮斷된데
많었다。○저녁에 燈火管制實施演習中에
있는 洞內靑年團에게 講話하고、밤참먹
은後解散하다。

十一月二十七日 (日) 曇。午後의市內
集會에서 빌립보書의火旨를講하다。조고
마한冊에 偉大한眞理의寶鑛이 더글더글한
데에 놀라면서 마음속으로滿悅。○藥水
庵에 M君을尋訪하고 저녁에는北漢學園
職員會에參席。

十一月二十八日 (月) 雨。오늘로써十
二月부터發送된 거의全部宋
斗用兄이擔任해주고、이번부터校正은 大
部分北漢學園先生님들께 助力을얻어 많
은時間을업었으나 그時間을聖書硏究에充
當하지못하고 大部分은矯風會에虛費한것
이遺憾스럽고도慳悚千萬。○海外消息에
『한하나
님과 한聖神안에서 純眞하온 사람이있을
적

과를 잊어지지안이하오이다。사라계시는
하나님 嚴前에서 自然히 記憶되나이다。
現世敎會形便卽基督者形便을 보오면 많은
「스테반」이가 일어날때이온데「스데반」의
넉시를 가진者가 몇사람이나 되는지요。
特히사랑하는 우리朝鮮基督者들中 몇명
이나 일어날까요。생각하오면 四方이라막
힌것같음이다。때가動하面 되오니 더
黑暗이휩싸고 있는것같읍니다。下略」

十一月二十九日 (火) 晴、後雨雪。○東
京某事件으로高辯護士와 朱醫師等歷訪。○
市內某百貨店에就職한 養正卒業生의消息
에『……店員生活은 一日十二時間乃至十
三時間勞務로 매우 苦단하옵나이다。더구
나 起立姿勢라는會社嚴規下에、무리의所
謂／お客さん／들을 接待하오며 時々刻
刻으로、客마다 變하는 感情을 이끌어
가며 그날그날을 過渡하오나 肉體의疲勞
는 더一말은할것이없어오며 精神上의打
擊은 더욱 忍耐가困難하옵나이다。참으
로 店員生活은고됩니다。지금은 入社한지도
滋味도 많삽나이다。職務에도 熟達하야겠압나이
다。店員中에도 商業校出身들과의 競爭

者諸兄妹 또三友堂時計舖 小鹿島親舊들

이종 初期에는 困難하였압나이다. 母校
出身도 數名잇아와 서로서로 慰勞하야
지내옵나이다. (下略)』

世上에 쉬운 職業은없는모양이다.

一十一月三十日 (水) 晴. 지난밤雪化에
北漢山의化粧의精彩色의妙는形言할수없이
아름답다. ○午後에北漢學園職員을 案內
하기爲하야 市外金周恒氏家庭을尋訪하다.
언제나 感激할것이많고 배울것이많다.
오늘은 養豚에關한것이 話題의中心이었
다. 歸途, 市內某處에夕飯의招請을받고
밤중에歸山하니 如下한嶺南消息이待하고
있다. 『××君의 消息에依하면, 先生님
德澤으로 君이柳永模先生님宅을 訪問하
야서, 就職은못되였지마는 좋은敎訓을담
아 드렸다고 합니다. 敎訓中「孔子님도三
十에立하고 七十而從心所欲不踰矩라 하
섰다하니 C君도좀더배워야....三十歲쯤
되거든 다시나를 찾어와서 議論해보자
고하신말슴이있다고합니다. 나이로나, 思
想, 信仰, 모든方面으로 不足한生이世上
이 어떻하며, 人生이어떻하니 숨으다 어
뿔다한것이 잠고대에 不過함을 배웠읍

聖 朝 通 信

니다. 以後로는 空想을 적게하고 實際
勞働으로 배우고저하는 마음이납니다.
이제는 달콤한호강은고만하고 出鄕을하
야 社會의첫階段부터 배울넌지도 모르겠으나....」하는前提로써
말슴을 시작한지 거의 한시간되여는때
에 결에서看護하며傍聽하던 그의夫人이
「아이 얼굴이 달라졌어! 그동안에和
色이 도는걸요!」하면서 놀란소리를 發
함으로 처다보니 果然姜君의 눈동자에
서 火氣가빠지고 부드러운 눈물이고
였으며 얼굴에서發怒이 감추어지고 光
彩가發하였으며 寢床우에 앉은것갈
던이가 이제寢褜에 安定하고 空中에뜬것갈
먼저보다는말슴을保
明하였다. 第二次로 먼저보다는말슴을保
病室을辭退하고 自轉車우에서
留하면서 우리가二十年來로힘써오는聖
書의眞理는果然힘이오 實體라는 느낌이
오, 絶望의人에게 單한시간이라도 人生
의意義를解答해주고 安定을回復시켜줄수
있었다면 나의一生은 虛行이아니라는 感
謝의感激이 앞길을 호리게하다.

十二月一日 (木) 曇, 一時雨雹. 意外
의일이突發하야 發送하려면雜誌를中止하
고 印刷所와官廳과明倫町으로 제비날음
으로 뛰여다니다. 午後엔北漢學園溫突에
불때고, 午後엔養正에授業. 歸路에宋兄의
店에 十二月號를 市內書
助力을얻어 發送事務를 再演習하다. ○
濟州島에서第十信착, 반가웠다.

十二月二日 (金) 晴. 早朝에登校.
一週하고, 北漢學園에불때고登校. 授業後
에市內書店에 十二月號配達과總督府往返
○歸途에 醫專病院入院中인 姜元秀君尋
訪. 重患에重患이라 그 瘦
한形像은 보는者로하여금 놀라게하다.
그마음에 화가날것은勿論. 「내가 오늘까
지 兄의 몸을傷할까 두려워서 내하고
싶은말슴을못하고 平凡한慰勞의말슴을, 면

十二月三日 (土) 晴. 早朝에 藥水庵에
가서 M君을尋訪하고 林間에서祈禱. ○
旨를解說한 聖朝誌第六十三號一冊을 姜

二二三

聖 朝 通 信

元秀君께서보내다。○登校授業後에 驚樂津
飛行場으로──第五學年生徒들의一週間連
積敎練의 最終日을。監視하라는校命에依
하야。戰鬪練習까지도야지國을
끌여서 陣中炊事까지 實演하고解散。但
여긔서도分配者의失手──라기보다慾心장
이몃사람때문에。生徒二人과余의分이不足
했다。空腹에黃昏길 한시간自轉車를달리
니 北漢山麓에 도라오다。○얼마前에絶
緣을宣言해보냈든 이로부터 封書가왔으
니。必然코謝過狀인듯하나 開封할생각이
나지 않어서 그대로返送하다。우리는容
易히絶緣을하고도싫지않고 받고도싫지않
나。一旦絶緣을宣言한以上은永遠히하고싶
다。人生을遊戱하려는者가第一可憎하다。

十二月四日 (日) 曇、後雨。午後의市
內集會에서 빌립보書第一章을講하다。작
은書籍이면서도 읽을수록實鑛의덩이인
대 놀라지않을수없다。○오래音信이끊어
졌든某牧者의消息반가웠다「金先生님 오
래동안 소식 杜絶되였읍니다。스스로 부끄러운
마음뿐이옵나이다。金先生님 소식을듣든지
오래이니만치 심히알고싶습니다。여러先

生님의 其後의소식 宋斗用兄의 지금生
活 先生님께서의 生活及聖朝誌의 經過
等늘마음에 알고싶고 듣고싶습니다。
그리고 이제先生님께 相議하옵는것은
小生의앞으로의進路을爲하야 先生님의意
向及좋은指導를 받기때문입니다。但
先生님 小生은×× 牧羊場에서나와 스
스로 이牛乳牧場을 買受引繼한후三年。
이제스스로서서 나가야할 境遇에있읍니
다。즉 三年間에 이牧場及現金××圓
의餘有를 얻게되였읍니다。
乳牛×頭와。種牝牛×頭二歲牛仔牛等合
×頭가 있읍니다。이제는나의갈길은 어
의든지 一生을바처 일할 場所를選擇해
야 이모든것을 移轉하여야 할듯합니다。
어찌하여야좋을지 그저좀더○○에留하야
資金의完成을圖할지요。實은이리하자면야
조○○에있게되지 않을듯합니다。
그런데 이곳은 모든것으로보아 나의
朝鮮이 先生님에게춘苦痛 그것은 理解하
는이가 적을것입니다。
그러나 佐藤先生님께서 十餘年間 朝
鮮에서 가르치심은 (人間的의 모양으로

여주시기를 바랍니다。이제나의所有의家
畜은乳牛×頭와白色雞種○○○羽와養蜂×
箱과養豚(牝)×頭가있을뿐이옵니다。先生님江原×
道鐵原에牧場이없다는데南下하면어떨가요
或은百年의計로滿洲로갈가요。(下略)」
우리 아브라함의 將來에多福할진저。

十二月五日 (月) 晴、夜雪。近日은볼
만한書信이連續不絶한다「佐藤先生님께서
一高로가심은十月末에S兄의書信과聖朝通
信으로 비로소 알었읍니다。가실때 뵈
옵지못함 끝없이 섭섭하오며이곳에계실동
안門生을사랑하야주심、때에 사뭇칩니다。
보기드믄스승의 사랑인가합니다。
못하는 先生의짐은 사랑과 참뜻을 嘲笑와 憎
惡로 잖은이곳 젊은이들이 第一·恨스
러우며 또가장不幸한者라 하겠읍니다。
先生님을 容納치
못함 이社會의어둠도恨스럽거니와先
生의 짐은 사랑과
生을사랑하야주심、때에 사뭇칩니다。
朝鮮이 先生에게춘苦痛 그것은
는이가 적을 것입니다。
그러나 佐藤先生님께서 十餘年間 朝
鮮에서 가르치심은 (人間的의 모양으로
는 或失敗라고 하는이가있을는지도 모
르나) 하나님께서 그의生涯中에서 가장

一二四

축복하실部分이라고 믿습니다。그러나저
곳一高에서도義人에게 쓴잔을마시우는일이
아즉도世上記憶에 새로우니 不義에게一
毫도安協을不許하는 先生의性格、果然世上
은、저를容納하고사랑할수있을는지疑心됩
니다。(下略)」또하나結婚問題에關한深刻
한편지。結局은信仰을버리고世慾을따라가
려는것이니痛心不己。

十二月六日 (火) 晴。昨夜의降雪은例
와反對로 平野에厚하게 쌓이고山頂에는
조금도 白色이 보이지않게 되었다。登
校途中에 氷繼우에서 顛伏되는自轉車群
들이 여거저거보이다。○「永遠의生命」誌
에서 「朝鮮傳道의二聖徒」라는 글을읽고
깊이感激하다。平壤에 갔으되聖書때문에
殉敎한 R·J도마스氏의 碑石을찾지못
했고 水原다녀스되 乘松氏의墓에 敬意
를 表치못했던 나의無識을 悔恨呼哭하
다。○信仰途上의消息一枚『今春卒業以後
로從此 近況을 알입고저하였아오나、一年의
成果를 보아알릴가하야 (저의惛息에도因
하지만) 上書치 못하였음니다。

村生活을 先生님께 알외여 貴重하신時
間을 虛費하실가함을 무려워하오나、이
못난 뿌리없는 浮萍草와같은마음、心中
에 不動하는信念을 把握하지못한者의失
敗의 記錄을 참으시고 읽어주시옵소서。
故鄉의 흙을밟은 當時엔 希望과野望
에 가득차고 넘쳤읍니다。弱하나마 싹트
는 信仰의힘으로 苦難을 除破해가면서
秦當늘에農業實修學校라고하는短期農事大
項을배우는學校가生겨서入學할까하였더니
中學卒業生이小學卒業生들과같이있으면焦
動하기쉽다하야一蹴을當했읍니다。
就職안하고、小學程度의 學校에서實
習하고 農事짓겠다、本心을말하랍
니다。一介中學卒業生에 對하야 如此할
때 宋斗用先生님의 困難은 如何하였을
까함은 推測키 어렵지안했읍니다。
次次로 昨日올꺼나갈수록「如何한困
難通迫을當할지라도…」하든저의조고만
信仰의불길을 꺼졌읍니다。信仰을지킬라
고 故鄕으로갔다가 先生님이 제가故鄕
그때에 얼마나 先生님이 제가故鄕
가겠다할때에 「自己의힘을 過大히訴
로 價하지마라 數三年工夫더하는것이 옳을
엔님치고 分에過한 農事일지나、一年의
成果를 보아 分에過한 (저의惛息에도因
業에 奮鬪하심을 通하야 先生님의 萬康과聖
罪값고 어리석은 저의近一年間의 農
聖朝誌를 通하야 先生님의 萬康과聖
듯하다。」하시든말슴이 옳음말슴이였고나

하고、暗澹한가슴을 쩌안어울었음니다。
聖書를읽고 聖朝誌들읽으면 限없는기쁨
과 希望이라올르면서、이내 식어저 버리
고마는 저올시다。(中略)。
眞理인줄알며 참人生의길인줄알면서、
썩어저버렸어질 눈에보이는불것을 섬길라
고는 저의마음을 先生님이여 다시 열
어주시옵소서云云」

十二月七日 (水) 曇。早朝藥水庵行。
M君을尋訪하고岩下에祈禱。嬌風會로因하
야余의家庭이孫哥場과清水洞까지넘어지고
이제M君으로因하야補土覬까지가余의庭內
로化하다。○少年의第五回生日 (第一八二
七日) 이어서 저녁에學園先生님들과함께
그健康을祝하다。○某專門校消息『지난
日曜日에는 近郊兄弟峰까지혼자단여왔아
온대 눈에띄이는것마다 아름답고感謝가
입으로부터 흘렀음니다。圖書館에서信仰에關
感激의文字이올시다。××心을鼓吹하는文句가보이
는곳마다젊은 篆을躍動시키는個所가보이
한冊其他산書籍을發見할때마다傍線
그어있아오니 우리先輩가 꿈꿈젔든바가對
이었아오니 우리先輩가 꿈꿈젔든바가對
的되오며二녀들의熱을推理하고오니赤面을不
禁합니다。또한現在의東寮!
餘는不備하옵나이다。』(以下第十二頁에續)

53

春園李光洙著 사랑 前編

四六版五〇頁
定價一圓二〇錢 送料十二錢
發行所京城鍾路博文書館
振替京城二〇二三番

「先生의 病勢를 恢復하야 健康을 回復하시고 完成해야 하겠다하는」

「무엇이 있었으면 좋겠습니까。」

「저도 예전에는 生의 病이 가장 危重한때에 어찌하면 살고 어찌하면 안죽나하고 그것만 願하든 일은 가한」

「답답하게 살고 싶으냐 살기를 願하느냐」

「어떻게 살까」

「무엇을 하겠다든지」

......

京城聖書研究會

講會日場

師　金教臣
費　第一章의 研究以来……每月二十錢
時　每日曜日午後二時부터 約三分
所　市内明倫町四丁目三三一宋斗用氏方
スペー로 東崇橋下車、約三分

一月一日（日曜日）은 休講
一月八日（日曜日）은 特別集會（午前十時）

一月十五日부터는 從前대로 市内明倫町에서……

前醫專病院「面會謝絶」의 春園의 病室에서

(1) 金教臣著 山上垂訓研究 全

四六版・二四五頁
定價七十錢・送料六錢

마태福音第五―七章의三章을解釋한것

新約聖書概要 題目

（但品切）

號數 ―――――― 七號〇〇〇

數	
四	新約聖書の意義 大旨
六	福音書の意義 大旨
七	四福音書の問題 大旨
九	馬太福音の大旨
一	馬可福音の大旨
三	路加福音の大旨
四	約翰福音の大旨
五	使徒行傳の大旨
六	共觀福音書の大旨
七	누가가 마가를 依한
八	마태가 마가를 依한
九	빌립보書 大旨

所賣販次取

復活社（京城府）
茂英堂（大邱府）
新聲閣（咸興府）
信一書館（平壤府）
北星堂（義州邑）
耶蘇教書館
東京市麴町區九段坂
向山堂書房
大東眞林（新義州）

本誌定價（自五月號改正）

一册　貳拾錢　前金一圓十錢
六册（送料共）
十二册（一年分）前金貳圓貳拾錢

要前金、直接注文은 京城
振替貯金口座京城一六五九四番（聖書朝鮮社）로。

昭和十四年一月一日發行
昭和十三年十二月二十九日印刷

編輯兼發行者　金教臣
京城府外崇仁面貞陵里三七八

印刷人　鄕敬德
京城府仁寺町一九ノ三

印刷所　大東印刷所
京城府仁寺町一九ノ三

發行所　聖書朝鮮社
京城府外崇仁面貞陵里三七八
振替口座京城一六五九四番

金教臣 主筆

聖書朝鮮

第壹百貳拾壹號

昭和十四年（一九三九）年二月一日發行

昭和五年一月二十八日（第三種郵便物認可）
昭和十四年二月一日發行（毎月一回一日發行）

目次

55

戰勝의 新春을마지면서

戰勝의第三年　新春을마지하며　世界의平和와　東亞의

永遠한　安定을爲하야　第一線에서　奮戰하는　皇軍의

健鬪와　萬福을　謹祝하는同時에　皇軍의　武運長久와

皇威의 宣揚을　아울너　祈願하며　銃後의　臣民으로서

現下의時局을　再認識할뿐안이라　傳道報國과文筆報國

으로써　우리의義務를　다하기를誓願하는바이다

聖徒의 資格

聖書에는 예수 믿는사람을 가르쳐서 聖徒라고 부른다。聖賢君子라는 東洋的思想에 慣習된 우리들은 聖字의 觀念과基督者들의 現狀과의사이에 넘어나 懸隔이巨大함을 보고서 스스로聖徒라고 自處하는信徒들을 嘲笑하기엽고 또한 自己스스로 聖徒인것을 告白하기를躊躇하고저한다。그러나 이것은 잘못이다。

聖書에 聖徒라고稱함은 道德的으로 完全無缺한聖賢을 가르친것이아니다。罪人의 괴수였을지라도 하나님의選別을 입어 十字架의예수를 믿음으로써 贖罪함을 얻은者면可하다。저聖徒에게 한가지要求되는資格이있으니 그것은「信實」하라는것뿐이다。

信實하기가 쉬운일이라할수는없으나 그러나 이것만은凡夫라도 할수있는것이다。聖徒는 말하되『聖徒곧 그리스도안에서信實한兄弟』라고(골로새一·二)하였고、聖徒곧道德的完全한者라고도 안하였고 聖徒곧雄辯家라거나 文章家라거나 藝術的天才라고도하지않았다。勿論 聖徒곧富者라고도 안하였다。萬一 聖徒곧 그리스도안는非凡한天才를 가진者라거나 또는道德的完全이나 物質的富裕를必要했다면 어쩔번하였으랴。마는「聖徒곧 그리스도안에信實한兄弟」라함은 이 얼마나한福音인가。모든 우리凡夫에게 이보다 기쁜消息이 어디있는가。

聖徒의 릴레이

히브리書의第十二章을 읽는이는 누구나 一大競技場을 聯想하지않을수없을것이다。競技中에도 最後의總括的勝負를 다투는「릴레이 레-스」에 恰似한것을 알ㅅ것이다。

스타-트를 말었든 아벨은「반드」를에녹에게주었고、에녹은노아에게 노아는아브라함과사라에게 아브라함은이삭에게 이삭에게 던「반드」를 다음選手에게 失手없이 넘겼다。이제는 우리가「반드」를 둘렀으니 마땅히 모든 거리끼는것과 얽매이기쉬운罪를 버서바리고 『……허다한 잔증자들이 구름같이 우리를 둘렀으니 믿음을 우장하사 온전케하시는 예수를 바라보자』는(一二·一、二)소리가 들린다。나의뒤에있는 뛸選手가 남었을런지 모르나 或은 내가「라스트」를 뛰는것인지도 알수없다。果然우리가 참음으로 우리앞에있는 다름박질마당에 달리며 믿음을 이重責을다해낼까。

이 勝負는 나종뛰는사람일수록 그責任이 더한法이다。오직 허다한 이 둘러서서 同情과應援의陣을 굳세게 벌렸으니 우리는 힘것 뛸수있으리라。

一

降誕節

降誕節

二

크리스마스祝賀가 不信社會에까지 年中行事의 하나로 됨이때에 世俗에 따르는 感까지도 없지않으나 그래도 생각 할수록 예수의 降誕은 고맙고 기쁘다。 時代의 暗黑이 甚할수록 降誕의 節은 慶祝하고싶다。 웨 기쁜가。

저(그리스도)는 근본 하나님의 형상이 있으나 하나님과 同等됨을 取할것으로 녀기지아니하시고、 오히려 自己 몸을 뷔여 종의 형상을 取하야 사람의 形體를 일우엇으니、 이미 사람의 모양이 있으매 自己를 낮후시고 죽기 까지 복종하셨으니 곧 十字架에 죽으심이라。

그럼으로 하나님이 높이 올리사 모든 이름우에 뛰어난 이름을 주사、 무릇 하늘에 있는 자와 따에있는 자와 따아래 있는 자로 하여금 다 예수의 이름을듣고 무릎을 꿀게하시고、 모든 입으로 하여금 예수 그리스도께서 주되다고 하야 하나님아바지께 영화를 돌리게하셨나니라。（빌립보二 · 六一一一）

聖誕節은 無限히 높앉던이가 自進하야 가장 낮은자리로 오신날이다。 世上의 兩班이라거나貴族 이라거나 帝王이라 는것이 아니오 實로 하나님과 同等의 분이었다。 人生이能히 헤아릴수있는 最高至尊의 분이시었다。 그이가 하늘로부터 따에 나려 오셨다。 當時의 羅馬帝國이나 今日의 英米法德같은 富武兼全한 나라에 오신것도아니오 이미 國威倒

襄하였던 유대에 나셨다。 유대中에도 貧寒한 木手요셉의 집에、 그도 客舍의 말구유에 誕降하셨다。 저가 長成하매 貴族 과 學者보다 漁夫와 農民이 그 친구였고、 道德家인 바리새教人보다 稅吏와 娼妓와 食卓을 함께하였다。 健壯한者는 請치않었 으되 病者와 寡孤에게는 慰勞를 아끼지않으셨다。 世上사람들은 미꾸라지처럼 上層으로 上層으로 遊泳術을 부려 社交를 넓히고 地位를 높이며 勢力을펴칠때에 예수만은 下水道로 下水道로만向하였다。 거기서 病傷한者와 敗退한者의 한숨을

들어주시고 눈물을 씻어주셨다。 거기서 일러주시되 「가난한者는 福이있나니 天國이 저의것이니라……溫柔한者 는 福이있나니 따를 차지할것이니라」 고。 그리고 나종에는 自身의 몸을 十字架에달어 卑賤과 恥辱의 極에까지 나려가셨다。

그리스도의 誕降은 萬物이 逆轉하기 시작한날로서 記念할날이오 반가운날이다。 하늘에서 따으로 貴族에서 平民으로 富에서 貧으로、 强에서 柔로。 우리에게果然 그리스도의 降誕을 慶祝할만한準備가 있나없나 스스로의 가슴에 손을얹고 생 각해 볼것이다。 （이글은 時期로말하면 十二月號에 실릴것이었으나 實感을써서 一月號에 실렸던것인데 不得已한 事情으로 本號에 밀리게되었다）

58

新約聖書槪要 （一三）

金敎臣

골로새書大旨

本書의動機及年代. 에베소書、빌립보書、빌레몬書와함께 로마獄中에서 쓴것인故로「獄中書翰」으로通稱한다。조고 마한植民地의百姓으로 武威 當時의全世界를壓到하는羅馬 大帝國首都에捕囚되여있는몸인것을 記憶하면서 읽을때에 죽엄을超脫한한바울의 넋이가果然「氣蓋世」의大丈夫인것을 엿볼것이며、그의信仰의本質이如何한種類의것인것도 可히 判斷할수있을것이다。

골로새信者들은 信仰의熱心은있었으나 그리스도를아는 知識과體驗이薄弱하였다。이弱點을利用하야 僞敎師들이活 躍한結果 골로새敎徒들은 一方으로律法主義 禁慾主義로 뒷걸음치는者가 생기는同時에 他方에는神秘主義 主觀主 義로突進하는 무리도 이러났다。이런 그릇된信仰을 바 루잡으며 虛妄한思想을矯正하고저하야 그리스도의本質을 明白히 드러내려는것이 本書의動機이다。

本書著述의年代에關하야는 紀元六十一、二年이라는說이 가장穩當한듯하다。

골로새書大旨

골로새敎會. 골로새는 小아세아의브르기아地方에있는 小邑 이였다。古代에는 東西交通의幹線이通하는곳에當하여있었음 으로 相當히重要한都市이었으나 後에 라오듸게아가發展 함에따라 골로새는 도리여衰退하였다。루고川流域에는 라오듸게아 와 히에라볼리의 두 고을도 있었다。前者는十六키로、 後者는二十키로餘를隔하였다。三邑이鼎坐하였다。朝鮮里數로 四十里五十里를隔한곳인故로 이골짝이는 傳道者한사람이 巡廻하면서牧會할수있는 한傳道區域의單位를構成하였다。

主로 골로새出生인 에바브라의傳道에依하야 일즉이 이 골짝이에 세敎會가 생겼던 모양이오、듸모데도 때때로 이곳敎會들을援助하였던듯하다（一 一）。이처럼하야 이골짝 이로傳道오는사람은 세敎會를巡回하게되며 이곳敎會로 지은것은 서로 돌려가면서 읽었던故로 때로는 세敎會 가 한敎會처럼取扱된일도 드믄일이아니였다。默示錄第一 章十一節과 同三章十四節에 라오듸게아敎會라고稱한것은 루고河畔의 세敎會의代表로 부른 이름일것이다。 골로새는 라오듸게아와함께 東部로마帝國의商業上重要 幹線에位置하였던故로 새로운思想과 새로운主義들도 敏 活하게 이곳에浸潤하였다。따라서 새宗敎인基督敎도 놀라 리만한急速度로서 이골짝이에發展되였었다。마는 그敎理 와信條에는 그時代思潮의不純한것도 多部分混雜되여있었

三

新約聖書槪要

음을 免치못하였다.

바울自身은 골로새를 尋訪한일이었었고 敎會의直接設立
者는 아니었다. 이 敎會員中에는 빌레몬같이 바울이 오란동안 에
베소에滯留하였을때에 맞나보았을것이다. 大部分은·바울
에게未知의人이었으나 少數의親近한信者들을通하야 저의
懇切한사랑을 이敎會에傾注할수있었고、유대人住民도 적
지않었었지마는 골로새敎人의大多數는異邦人(一·二七)이었
다는것이 異邦使徒인바울의關心을 크게 끌게하였다. 그
런데 바울이 로마에捕囚되었을때에 이敎會의憂慮할만한
報告가到達하였음으로 이書翰을 보내게되었다.

本書의特徵. 골로새書는 그리스도와宇宙와의關係를分明
히하야 基督者의참된生涯와實踐道德을 바루잡으라는데에
特色이있다.

골로새는 旣述한바와같이 商業的幹道에處하야 東西交
通이頻煩한곳이었음으로 새로운思潮의來往도 活潑하였고
새로운宗敎의感受도銳敏하였으나 如斯한都市의缺陷은 思
想으로나 信仰으로나 單一性 純粹性을잃고 混雜多
樣한形態를造成하는데에 있었었다.

基督敎가 골로새에傳道된以後로 一時는 매우生生한發
展을보였으나 未久에 두가지病患이 發生하였다. 그리고
이病患은 當時의 골로새敎人들께만限한것이아니라 今日

四

의朝鮮基督敎界에도 흔히볼수있는것인故로 本書가 特히
우리의 生生한注意를要求한다. 첫째病患은 골로새敎會에
유대主義의僞敎師가侵入하야 安息日을 지켜야하느니(二·
一六) 割禮를받아야하느니(二·一一)等等의 캐캐묵은律法主
義로써 比較的無知하고熱誠스러운 門前의敎人들을 뒷결음시
켜서 吐해버렸던것을 다시먹는 미련한자로서 墮落시킨
일이었다. 둘째病患은 當時의哲學思潮와福音을混雜시켜서
至聖하야可히親近할수없는 하나님과 우리人間과의사이에
鬼神或은天使的勢力으로써仲保者를 세워야한다하며 各種
神秘的思想과主觀的觀念遊戱에 빠저버렸으니 이는比較的
「인테리」層으로自處하여 篤信者로自任하는者들이 걸린病
이었다. 信仰은一瞬間에大成할수도있으나(누가二·四三)大體로
말하면長期戰中에 長期戰이오, 待望의生涯라야한다. 그런데
短期日間에熱狂的으로 날뛰든사람은 無識한者면 첫째病
에려지고 인테리層이면 둘째病으로飛躍하고야만다. 特히
可憐한것은 實踐의世界에서遊離하고서 한갓觀念의世界에
서宗敎를創作하며主觀에陶醉하는 「超聖徒」의輩라할것인데
今日朝鮮에도 적지않다.

바울은 이러한 골로새信徒들의 겨정할만한病狀의報告
에接하고서 그것을矯正하기爲하야 于先그리스도가 누구
인것과 그리스도를 따루는生涯의實踐이 如何한것임을明確
히指示한것이 이冊이다.

基督觀。 바울은 本書의 첫머리에서 『우리의 하나님
곧 우리의 主 예수 그리스도의 아버지……』라고（一・三）
해서 漠然하게 부르는「神」과는 嚴別하였다。一部골로새
人들과 같이 哲學的有神論 神秘主義的入神說 主觀的觀念
遊戱의神과는 判然히 다르다는것을 力說하려는 것이 本書
의 主題이기때문이다。하나님을 알려면 歷史的人物인 그
의 獨生子예수그리스도를 아는것이 가장捷徑이오 가장明
白히 알수있는 길이다。여기에 바울苦翰中에서도 가장獨特
한基督觀이 構成되였다。第一章十三節에서부터 第二章三節까
지가 이類例를 찾기여려운基督論의大文字이다。

저（그리스도）는 볼수없는 하나님의形像이오 造成하신
것보다 먼저나섰으니、대개萬物이 彼의 지음을 받은지
라。無論 하늘과 따에있는 것이나、나타나지않는 것中에、
或우에있는 것이나 主관하는 것이나、政事나權勢나 萬物
이다 저로 말미암고 저를爲하야 지음을 받은지라 萬物
저가또한萬物보다 먼저있었고 萬物이 저의안에共立하
였도다。

하는 것이다（一・一五─一七）바울이본 宇宙創造에對한 그리스
도의關係이다。예수그리스도는 永遠한眞理가 사람의形像
을쓰고完全히現顯한存在이오、「하나님의奧義」이시다（二・二）
그리스도의 안에 온갓智慧와知識의寶庫가 숨겨있다。
저（그리스도）는 머리오 敎會는 몸이랴。저가根本이오

죽엄가운데서 먼저 산者니、이는萬物의元首가되게하려
하심이라。

대개 아버지께서 기뻐하사 모든充滿함을 저의안에
居하게하시고、저의十字架의 피로써 和平함을 일우사
萬物로하여금 無論하늘에있는 것이나 따에 있는 것이나
저를信賴하야 自己와和睦하게하신지라。

고（一・一八─二○）가장尊貴한자리에서 가장卑賤한자리에人
間의가진辛苦와悲痛을 맛보시고 十字
架의苦難을通過한後에 죽은者가운데서、第一먼저復活하사
敎會의 머리가되시고、宇宙萬物의元首가되셨다。

그리스도의 이러한謙卑와完成으로因하야 아버지하나님
과人間의和平이恢復되였을뿐더러、그의十字架의피의연고로 하나님과人
間의和平이恢復되였을뿐더러、實로天上天下의萬物이 모다
하나님과의和睦을 연은것이다。

이러한 그리스도이신故로「저가 우리를暗黑의 권세에
서拯出하야 사랑하는 아들의나라에옮기셨으니、우리가그
아들의안에서救贖함을받어 罪赦함을 연었나니라」고（一・一
三、一四）하는 것이다。

이와같은 그리스도의本質이 밝아질때에 우리는律法主
義의蒙學에 뒷걸음질할必要도없고 虛妄한主觀에陶醉할念
慮도없을뿐더러 基督信者로서의天的生涯의準則도 스스로
밝아질것이다。

골로새書大旨

五

골로새書分解表

序言

인사。 (一•一─二)

감사──너의希望과信仰과愛에關하야。 (一•三─八)

祈願 智慧와聰明에成長하며、善果를맺기를 (一•九─一一)

本文

甲 그리스도의人格과事業

一、救主그리스도。 (一•一三─一四)

二、創造의主그리스도。 (一•一五─一七)

三、敎會의머리 萬物의和解者그리스도。 (一•一八─二〇)

四、그리스도와 우리의關係。 (一•二一─二三)

五、나 바울은 이 그리스도의役者。 (一•二四─二•三)

乙 異端排擊

一、異端者의巧言에 속지마라。堅實하라。 (二•四─七)

二、人間의遺傳、智慧、哲學等 曲學과虛妄에 로략되지 말고 完全히律法의支配에서釋放되라。 (二•八─一五)

三、그림으로飮食과祭日等迷信을 버리고 直接그리스도에게屬할것이다。 (二•一六─一九)

四、이미 그리스도와 함께죽었으니 人間的인規則•禮拜•禁慾等 官能의滿足을 圖謀해서는안된다。 (二•二〇─二三)

六

丙 實踐訓 （天的生活）

一、우에있는것을生각하라（天的生活의原則）。 (三•一─四•六)

二、新人되네의는 모든罪를벗어버리라（消極的）。 (三•五─一一)

三、모든德을 옷입듯하고、主께서 너의를 용서하신것처럼寬大하며、더욱 사랑을 옷입듯하며、 (三•一二─一七)

四、家庭關係에對한注意──凡事를主안에서行하라。 (三•一八─四•一)

五、對外關係──기도하기를恒常힘쓰라。 우리를爲하야는 그리스도의眞理를말하도록。 不信者에對하야는 智慧로行하라。 (四•二─六)

結尾

一、바울의使者紹介、인사。 (四•七─九)

二、同勞者들의 인사、勸勵。 (四•一〇─一七)

三、바울自筆의 인사、祝禱。 (四•一八)

요엘書講義 (2)

咸錫憲

解說다면、하나님의말씀하시려는것의 眞意를헤아려서하였다면 그런말이있을수없다。하나님의말씀하시려는것은 一時的인 것이아니다。이스라엘民族全體 或은世界歷史全體 永遠에 關한것이다。저가말슴하시는 言言句句에는、마치賢明한孟母의 個個의處事에 孟子一生의目的이 들어있었던것같이 그크신經綸의全部가 恒常들어있었다。故로二章二十七節까지 의말씀은 그말슴하시려는것의 前提에지나지않는다。말하자면 敎材를提示한것뿐이다。이제그提示된敎材를 理解시키는 것이二章二十八節以下다。그리기때문에 그두사이에 中斷되었다할수있다。그런것이 或은그런것이있을 조금도없었다。文體로하면 或그런것이있을넌지몰으나 적어도思想上으로는 그런것이아모것도없었다。그런것이아니라 요엘書의뜻으로는 아무支障이없었다。하나님은 두著者만아니라 億萬의 著者로合作을시켜서라도 頭尾一貫하야 그의말슴하실것을 말슴하실것이다。

하나님의뜻으로말할때 災難은報復이아니오 懲戒다。報復은미움에서나오는것이오 懲戒는사랑에서나온다。外樣으로는 다를것이없으나 속마음으로는다르다。그리고맘의다른것이 다른結果에 到達하게한다。報復이滅亡을가져오는것이면 懲戒는完成을가져온다。히부리書의著者가「懲戒가 當時에는 질거워보이지않고 슬어보이나 後에그로말매암아 練達한者에게는 義의平康한열매를맺는다」(十二章十一節)

以上에있어서 요엘은 메뚝이의災害의 어떻게慘酷한것과 그意味를指摘하였고 또거기對한悔改의必要와 그로因한神의祝福을말하였다。

는者에게 目下의事件은 單純히目下의事件에만 끔치는 것이아니오 同時에永遠的인것을 보여주는것이다。歷史의過程의各部分은 部分이면서 또直히全體를 그안에가지는것이다。故로 요엘의預言도 當時目下의問題였던 메뚝이災害에만 끔질수없었다。그메뚝이의일에關한限 預言은 二章二十七節로 다되였다할수있다。거기까지에있어서 저는이미 그災難이 이스라엘百姓의 不信때문인것、그를痛悔하기만하면 하나님이中心이드거우시어 모든罪를赦하시고 메뚝이의害하였던것을 다豊足하게갚아주실것을 다말하였다。그리기때문에 註釋學者中에는 一章첫머리에서붙어 여기까지와 이以下三章末까지를 나누어 서로意味가聯絡되지않는 두部分으로 想像하는이、두部分이서로 다른것이 다른目的에關한 딴著作이라는이가있고 甚至는 서로딴 딴題目에關한 딴著作이라고 想像하는이가있고 甚至는 서로딴著者의것이라고까지 主張하는이가있는모양이다。그러나 그는無用한疑惑이라고까지。모르는말이다。萬一預言者의心中을 理解하는

七

요 일書講義

八

고하였는데 그마음을가지고 이메뜩이의災難을當할때 將次
到達할結果를 미리말한것이 이預言書의二章二十八節以下
의말이다。지금우리잘못한것을。미워하시어서 하시는것이
아니오 우리로하여금 選民의使命을 다하도록하시기爲하
야서다。이不信을悔改한代償으로 目下에當한害를 報償하야
주실뿐아니라 더욱더精神的祝福을나리시고 自己의義를完
成하신다——하는것이그뜻이다。

이後에내가내聖神을 萬民에게부어주리니 너의女子
들이將來일을말할것이오 너의늙은者는꿈을꾸고 너
의젊은이는 異像을볼것이오 또그때에내가내聖神으
로男종과女종에게 부어줄것이오 내가異蹟을 하늘
과따에베푸대 피와불과烟氣기둥이라 해가어두어지
고 달이피빛같이變함이 여호와의 크고두려운날이
니르기前에있으리니 누구던지여호와의이름을 부르
는者는 救援을언을지니 온山과밎예루살렘에서
避하는者가있을것이오 또 남
은者中에서 여호와께서 부르실者도있음이니라。

이後에、即懲戒를받아 痛悔한後에다。저의가順從함으
로 하나님의敎育目的이 제대로達成되면말이다。하나
님이問題삼는것은 저의의어떤特定한罪惡만이아니다。그罪
因하야 하나님의敎育目的이 ——

惡만이處分되고 그로因한不幸만이 復舊되면 그만이라는

것이아니다。그보다도 그어떤特定의罪惡 不幸으로因하야 그
가 그것을契機로삼아 저의맘의淨潔이 일우어지느님일이다。그가
苦待하시는것은 그것이다。「이後에」하는말에는 그와같이
하나님의苦待가包含되였다。이말은또달리翻譯하면「끝날」이
라고된다。이句節을읽을때 누나구생각날것은 저有名한 베
드로의五旬節說敎일터인데 그가 그때에이句를引用할때는
이뜻으로하였다。그러나 끝날이라거나 이後라거나 根本
意味에있어서 變動은없었다。問題는時間에있는것이아니오 人間
의하나님에對한態度에있었다。마음이淨潔하야지는것이다。하
나님의經綸은 機械的으로。固定不變하는것이아니라。人間
의反應如何에따라 伸縮加減된다。여호와의날은 어떤未來
의한날에 固定한것이아니다。그렇게믿는대서 數字로計算을
하는 迷信이나오고 聖書를 占書보듯하는일이生긴다。여
호와의날은 멀다면永遠이오 가깝다면바로발앞이다。사람
의하는일을따라、곧오려면 이제선자리에서 臨할것이오
延期되려면 無限히延期될것이다。故로베드로가 五旬節의
일로써 이預言이 實現되었다고민은것은 잘못이아니었다
또그때에되였다하야서 今後에는 適用될餘地가없는것도아니
다。預言은讖書는아니다。恒常살아 適用될것이다。預言이다
우리는分明히 예수의오신데서 새時代의始作을보고 五旬
節에서 이크고놀라운날의 어떤部分을본다。그러나또 그
날이將次을것을 지금도기다린다。우리의取할態度는 그날

을 마처 불려할것이아니오 그날이오기를 우리 心的態度로써 促進하도록할것이다.

내聖神을 萬民에게부어주리니, 懲戒의意味를알어하면 物質的祝福을얻고 한時代의不幸을 回復할뿐만아니라 하나님의산生命의聖神을 받는다. 萬民（或은모든肉體）이다받는다고한다. 預言者같은 特定한사람만이받던그恩惠를 男女, 老少, 貴賤의差別이없이 다받는다고한다. 어떻게놀라운일인가. 그러나이것이놀라운일로보이는것은 罪에屬한 우리눈에요 하나님의눈에는아니다. 그에게는차라리 當然한일이다. 그의聖神을받는것보다 모든사람이 스스로맘을 頑固하게함으로 因하야 그聖神을 받지않는것이 도리여 놀라운일일것이다. 그恩惠를拒否하고 받지않는것이

「이後에」「이後에」하시며 「그날에」「그날에」하시면서 기다리신다.

그리고사람이 그聖神을받으면 어떻게되는가. 하나님의 聖神을주시는것은 하나님의心中을 理解시키기爲하야서다. 하나님의心中에는 무엇이있나 永遠의世界, 實在의世界가 그대로다. 過去와現在와未來가 한대녹아있는世界다. 善과惡이한대녹아 사랑으로있는世界다. 일우어질歷史가 일우어진것으로있는世界다. 그世界를본者는 生命의眞狀을본 者요 宇宙의意義를안者요 歷史의意味를안者다. 그것을본 것이 꿈이요 異像이요 그것을말한것이 將來일이다.

요엘書講義

九

은意味에서 預言이다. 預言이란다른것이아니오 歷史의意味를 讀破한것이다. 歷史의意味를안故로 創造의날에 하나 님결에서지않었으나 그萬物이무엇으로 어떻게되였는지를 알수있고 몸이時空에얽매여있으면서도 世界完成의 날을 보고있는것도아니오 이預言은 經驗에依한것도아니오 學識으로되는것도아니오 特別한素質로되는것도아니다. 다만하나 님이그聖神을 부어주심으로된다. 그리고그를爲한 唯一의 條件은 마음이淨潔한것이다. 歷史上에 이런預言者는 間間히있었다. 그러나여호와의날이 將次나타나려할때 믿는모 든사람이 다이러하리라고한다. 世界가完成되려할때 모든 靈魂이 그意味를理解하는것은 異常할것없는일이다. 말하 자면 이때까지 어지러히부는바람을따라 奔走히去來하는 陰雲밑에서 때때로그러진사이사이로 朦朧하게 暫間暫間 보이던 푸른하늘을 그구름이걷치는날에 제대로完全히보 는셈이오, 거기兼하야 距離로因하야 制限되지않는 超光 線的視力을가지고 億萬萬의宇宙가 無限空蒼에서 少女의 매처럼 춤추는것을 보는셈이다.

그것이 여호와의날이오는데 前行되는條件의 첫째다.

그둘째는 災難이크게나는일이다. 피와불과烟氣기둥으로하신다고한다. 아마이는戰爭을 表示한말이다. 이戰爭이 어느때 어데서나려나며 누구와누구가싸울것인지 그는우리 알바아니다. 또반드시戰爭이겠는지 아니겠는지도 알어보

요엘書講義

려苦心할必要없었다。다만分明한것은 따우에큰患難이 니러난다하는것이오 그로因하야 天地에大奇蹟이 나타난다는것이다。왜그러한일은必要하느냐。大掃除때문이다。嫉妬와不義와欺瞞과虛妄貪慾의 온가지罪로 더러워진 이世界가 어린羊의新裝을하려면、닥고 씻고 이릇고 짜내고 일고 휘저을을當하는苦痛이없이는 될수없다。聖神을받은者는 이것을알것이오、아는者는 惶하거나 迷惑하지않을것이다。患難이오는것은 아는者로하여금 確信하야救援을얻게하기爲하야、아지못하는者를 혼들어떠러트리기爲하야서다。故로 이患難날에 살어날者는 이預言者와 한가지「여호와의날」의줄을잡고 견대는者다。

一〇

셋째條件은 이스라엘의恢復이다。이스라엘은 本來하나님이 아부라함 이삭 야곱의信仰을 아름다이여겨 特히約束함으로써 니려난民族이오 모든나라中에 格別히빼여 自己百姓이라하야 눈동자처럼사랑한百姓이다。그런데그百姓이 지금은 나라는亡하고 文化는깨여지고 사람은四方으로流離하야 종노릇을하고있다。일즉히約束하야주신땅에라는데는 민지않는異邦人이들어와 맘대로짓밟고「모든族屬中에 내가 너만을알었노라」고 하나님이말슴하시던사람들은 큰길가에娼女모양으로 오고가는모든民族이 마음대로弄絡하고 虐待하고 蔑視한라。요엘의時代에 메뚝이의災害로居民이一時 四方으로흐터지던모양은 바로이스라엘의 그前後數千年間의歷史를表徵하는듯하였다。그린데 그러한悲慘이 비록저들의 不信때문이라고는하더라도 그들을불러「내아들」이라하고 「내안해」라하신하나님이 永久히그것을도오게하시기爲하야 온가지方法을쓰신다。敵國을侵入시킨것도 그때문이오 異國에헤매이게한것도 그때문이오 天災地變을 나리신것도 그사랑때문이다。이메뚝이의害도 이로써 저의가悔改하면 하나님이그害받은것을 다갚아주실뿐아니라 聖神으로 全民族에부어주시고 마지막날에救援을얻어라올것이다。——이것이저들의信仰이었다。그리고이信仰이 그들의歷史의脊柱였었다。埃及의壓迫밑에서도 죽지않고살어난것은 이信仰때문이오 바빌론사람의侮辱밑에서 거문고를 시냇가 버드나무에달고 애끈는생각을하면서도 滅亡하지않고남은것은 이信仰때문이다。故로 이預言은 實現될것을 우리는믿는다。오늘날世界에서 가장 不可思議한것이라면 유대人이다。그렇게愛國心이있으면서도 나라는못일우고 그렇게 虐待받으면서도滅種되지는않고 한편으로하면 分明히詛呪받은民族이나 또한편으로하면 무엇인지보이지않는 어떤손이支持함을받는다고 할수밖에없는民族이다。不可思議의原因은 이보이지않는손에었다。그손은 무슨손이냐。하나님의 손이라고할것이다。그러나 거기까지는 또말고라도 적어도 모세、

엘리야로부어 요한 바울에까지 니르는 歷代의 모든 預言者들이 電柱같이벌려서서 渾身의힘을 두팔에올려가지고서는것은事實이다. 偉大한信仰을가진民族은 福있도다!

그러나이스라엘이반드시恢復된다는預言의眞意는 거기있지않다. 우리는유대民族의復興을 迷信的으로밀으려는사람아니다. 이제라도유대人이悔改하면 復興할러이오 이보다몇倍되는歲月을지나고라도 終乃悔改치않으면 別수없다. 우리는이歲月을지나고라도 無限한同情을한다. 더구나 우리自身인것같아서그런다. 그러나그럼에도不拘하고 저들에게 하나님의義를굽히게하는 特權까지를 許하고싶지는않다. 肉인以上그것도 아무特別할것없었다. 이스라엘은 아부라함의肉을받은것이 그意味가아니오 神의約束을연은것이 그것이다. 故로유대人이반드시 이스라엘이아니오 믿음으로約束을받아 아부라함의 靈的으로連結한者가 참이스라엘이다. 유대人의시온運動이 이預言의完成되려는 始作인지아닌지 우리는모른다. 或은그럴수도있을것이다, 또或그렇지않을수도있을것이다. 그러나 그와는다른, 보다眞實한意味에서 시온運動이進行되고있는것은 確實한일이다──하나님을밑는者가 世上不義의迫害에서救援되고 그의義가完成되는날이 오는일이다.

服從

服從

服從

淸水譯

基督敎的倫理는 自由를壓制하고、進取性을 破滅케하는 壓迫과抑制를包含하는 奴隷心性을 含蓄하고있다고 때때로論議된다。그러므로 이倫理는 强한者보다도弱者에게 더 適當한「메쎄─지」이라한다。이말에는 틀림없이 어떤眞理가 있다。勿論 一般的으로推測할수있다싶이 均衡을잃은眞理지만。基督敎는 어느程度의服從 더높은意志에對한 自發的 屈服을 要求하는것은 事實이다。그러나 律法과福音의差 異는 如前하다。그리고 基督敎가命令하는種類의服從은 奴隷根性같은種類의服從과는 大端히다르다。사람이 하나 님의뜻을 行하고、그의指導에 服從하도록 되였다는것은 奴隷로서가아니라、하나님의 아들로서이다。律法아래서는 사람은 恐怖心에서 即이以上더 좋지못한일이 있을을가하 야 服從하는것이다。福音아래서는 完全한自由인 奉仕를 爲하여 사랑과感謝의마음으로부러 服從한다。

사람은 그生命自體를爲하여 物質的遊境에對한 正當한順 應에依據한다。그리고 그의幸福、安寧과 乃至心靈上健康까 지라도 우리가 하나님이라고 부르는 그靈的遊境에對한

一一

服從

正當한 順應에 依據한다는 事實을 表示할證據는 얼마던지 있다。니ㅡ취가 말하는「超人」이나、 또는 헨리ㅡ가 말하는 自己運命의 主人 或은 自己靈魂의 指揮者라는것은 저의들의 造物主를 想像하는것밖에는 아무것도 存在치않었다。世上에는 이런따위 完全히 獨立한 또는 自己充足的인 人間이란것은없다。

自然的世界와 心靈的世界사이에는 어떠한 類似가있다。 萬一 사람이 自然의 秘義를 알랴면 다만 自然에 服從하므로써만、 則、 하스리ㅡ가 말한것같이 어린애처럼 自然앞에 꿀어앉어 그의 音聲에 귀를 기우려서만可能하다。그러므로 「主의秘密은 그를 두려워하는者와함께있다」 이것은 決코 主를 무서워하는 사람들과 함께 있다는것이 아니라 謙遜과敬虔한服從가운데 主를 우러러보는 사람들과 같이있다는말이다。이러한服從——主의뜻을 行하려하는 意志는 靈的生活의 가장아름다운 꽃이다。이意志가 宗敎的意識안에서 맛당히 行하여야할 役割이다 이것은 틀림없는事實이기때문이다。 感情과理知도 똑같이 重要는하지마는、 그것은 자칫하면 過大視되기가쉽다。單純한氣分的宗敎와 單純한敎義的宗敎사이에는 別段優劣이었다。둘다、 一面의이기때문에、 完全한 活動을 하랴면 行動的宗敎안에서 調和될必要가있다。믿으려는 意志와 느끼려는 意志는 行하려는意志에서

一二

結實되어야한다。이러한것이 제사를 들어는것보다、 순종하는것이 낫다 는말슴의 眞意이다。

그러면 여기에 服從——即 完全한自由인 하나님에게 對한 한가지奉仕가 있다。그러나 또、全然이 奴隸的인 다른形式의服從이 있다。사람이 自己慾望을 爲하여서만 다른사람에게 服從하여야되는 사람이 그의實務에對하야 全精神을 빼앗기며 獨立性의抛棄를主張할때 或은 所屬된團體에對하야 그는 識業에對하야 或은 所屬된團體에對하야 그는 그들에게對한 奴隸가 될수있다。우리는、하나님이 우리마음가운데 永遠性을 심어주셨기때문에、사람보다는 하나님께 服從하여야된다。다만 하나님의 뜻을 行하는가운데서만 우리는 우리의 더높고 더善한情性을 얻는다。充分한機會를 가질수있다。하나님에게對한 服從에는 우리의性品을拘束하고 우리의視野를 좁게하는아모것도 없기때문에 그의뜻을 行하기를 즐겨한다。차라리 우리가 갖이고있는 가장 훌륭한性質을 充分한活動餘地를 주고、 우리로 하여금 더욱더욱奮鬪努力하도록 激勵한다。宗敎는 우리가 다만 가장높은것을 볼때 그것을 사랑한다는問題가 아니라、우리가 사랑하니까 그高은것을 언으라고 힘쓴다는問題이기 때문이다。

크리스챤에게 있어서는 하나님의뜻을 行하려는意志는 예수그리스도의 生涯와 敎訓에서 闡明된바와 같이、靈的事

68

物에對한 明敏한洞察의 길을 열어준다。하나님과 사람 사이에 어떤 親近性을 만들어내고 따라서 하나님이 하시는일을 더理解할수있도록 하여주는 까닭에 하나님의 的知識의 器官이다。服從을通하야 사람은 靈的知識에 더가까히 오며、이眞理는 그들을 自由롭게 할것이다

聖朝通信의 續

一月十六日 (月) 晴。오늘부터登校。第三學期始業。新館쪽으로事務室이移轉하는同時에 余의座席은博物準備室로移轉하게되나。

○三友堂에 들리니 시골婦人한분이 掛鍾하나들 사가는데 치는鍾소리 듣기좋은것을보고「女子란 무엇인가」하는 解答의 一을얻은듯하였다。製作工場도、機械의種別도、時間의正確性도 알것같을수 없었다。소리 은은한놈만 골라잡는데에 無限한敬意를 表하지않을수 없었다。○今夜에成兄退京。

一月十七日 (火) 曇、夜雨。○저녁에北漢學園職員舍에來席。

○佳信一枚 『(前略)저는 이제까지도 先生任을 퍽怨望합니다。그러나 怨望하면서도 無條件하고 先生任을 찾고싶고 부르고싶어요 아마 그것이 참다운 사랑인 貌樣이에요。(中略) 先生任을믿습니다。다만한사람이라도 더先生任의思想에化하야야 最善을다하시고 感謝합니다。愚昧한朝鮮同胞를 爲하야 聖朝誌에도 記載됐든 박테리아繁殖과同一히하와 싸와추시기 千萬伏望하옵니다。그래도 養正學校에서 많이宜傳하시는게 第一上策입니다。宜傳이라는것이 效果無한것도 有하건만 反하야 놀라울만큼實績을나타내는것도 非一非再니 種類가달지안습니까。글을씁때마

一月十八日 (水) 雨、雪。늦어도昨日까지는 發送되었을 터이었던 新年號가 印刷所의 非常한好景氣로 오늘 겨우一部分만 먼저製本하야 發送하다。○저녁에家族禮拜。歷代下第三十五章輪讀。主日學校아이들의 아브라함 링컨略傳을 빌려읽다가感淚로 옷깃을 적히다。偉大하고眞實한生涯의記錄은 비록그生涯의極小한一部分일지라도 사람을깊이感動시키는힘이 어찼다。

一月十九日 (木) 晴。芍히 춥다。日間 日氣不順한것을 불수록 지난一週間集會때의 豫定行事가 아무것도 없었으매憤 토끼사영 가노라고 全校가驚蟄津건너로出動하다。但나는博物室整理次로學校에出勤。○一月號全部製本出來。에스라三・一二의感懷。

一月二十日 (金) 晴。寒氣날로 더한듯하다。쓰무를凍結시켜버려서 오늘부터개천물을使用中。○저녁에矯風會에나가니 余의不在中의一期에는 豫定된것이 없었으매 進涉된것이 없었다。會長이란名義만 빌리면 實務는自己들끼리 다하겠노라든것인데、不過半歲에 슬금슬금避해버리고 지금은避할수없는사람 나홀로만 남은심이다。聖朝誌創刊以來로 이와同軌의處地에빠졌

聖朝通信

聖朝通信

一四

먼일 빠지는일을 생각할수록 나自身의 미련한것이 憤해서 못견디다。十一時에 散退하다。바뻐서 못자고 憤해서도 못자고.

一月二十一日 (土) 雪。昨夜는 나스스로의 愚昧한것에 發憤하야 새벽四時頃까지 잠을 일우지못하다。내가 다시는 사람과 責任을 分擔하는일에 加擔하지않으리라고 맹세맹세하다。○登校授業。市內市外의 道路가 完全히 氷盤化하리라고 하였다。오늘도 몸푹凍結된대로 있다。歸宅하야 除雪治道의일。○東京으로부터 內村鑑三先生의 著書及全集의 讀譯을 承諾한다는 通知를接하다。會務整理하다。

一月二十二日 (日) 晴。아침에 除雪治道工事를 完畢하다。主日學校는 今年度처음으로 午前中에열리다。崔、金斗憲先生이 引導해주시다。○午後의 市內集會에서 골로새書의第一講으로 第一章八節까지 講하다。오늘부터 聖句暗誦을課겠더니 朝鮮語로써 요한福音第三章二十六節 其他어느一節식暗誦하는이도있고、英文으로써 고린도前書 第十三章、또는馬太福音第五章一─十二節을暗誦하는이 各人各樣인것도 었다。 一興이

『拜復。主님사랑가운데 金先生님常體萬康하옵심을 新禱하옵나이다。下送하옵신惠書와聖書朝鮮十一月、十二月號、合參拾冊은 참으로 感謝히받어 金先生님뜻에合意하도록 配布하겠나이다。擔任先生님께서 每月聖書朝鮮을 愛讀하시며 다른書籍도읽어주시는中 그中에도 聖書朝鮮記事를小生들이알기容易하게 說明하여주십니다。擔任先生任은 自己야름을 이같은일에 알리는것을 滋味없게 生覺하십니다。그럼으로 이뜻을幇守하겠나이다。바른손이하는일을 왼손이모르게하라하신 主님의뜻을 따르기 願합니다。滿洲에서나서서 朝鮮을보지못한 小生들이오며 事變을 滿洲에서 겪으고고보니 오직예수님의 크신 恩惠를더욱느끼게됩니다。奔忙하옵신 金先生任과는 아모連絡이앞으로없는것같을지라도 小生들은 金先生任을中心하고 언제나 움지기겠나이다。예수님께서 小生들의先生任이시며 길너주시니 기쁨으로 지내고 있읍니다。
己卯壹月拾六日第六學年生 一同拜上』

이奇特한少年들의 擔任先生이 누구신지알고저했더니 이回答이다 直接讀者안인故로 저가누구인지알길이없으나、이런일로 因하야 天國光景이 더욱思慕되는것만 事實이다。
(一月三日記事恭照)。

一月二十三日 (月) 晴。四溫이 돌아옴인가 오늘 낮동안은 다소 따뜻하야 길이 녹이다。但우리집 몸푹은 오늘도 解氷되지않다。○原稿의一部를 먼저印刷所에傳하고 登校授業。어면招待宴을 억지로避脫하기에 成功하고 일즉 도라와執筆。○小鹿島便紙에

『牧師님前上書。主恩中天恩으로牧師님氣體候一向萬康하옵시며 主님의 事業을 메고 朝鮮半島의 靑少年을 많이 養成하여주시니 대단感謝함을 無識한小人으로서 어뿔다고 말을 다—할수없읍니다。이곳에 우리勉勵會를 조직하고 恩惠를 받고저하나이다。우리의生命은 聖經을晝夜로 읽고있는일이올시다。그러나 다른읽을만한書籍은 한권도없어서孤寂함을 느끼오니 信仰을敎篤하게하며 勉勵會靑年들을 愛護해주시기를 업드려빌고顚하나이다。牧師님前에書籍을懇求하오니 도아주심을 바라나이다。云云』하였다。大體로小鹿島안의 形便은 잘알수없으나、또 보아도 理解할수없을程度인듯하다。엇쩻면 牧師라는稱號받기는 이번이처음인가한다。

早天祈禱會의感想

(其一) 歸 鄉

星 泉 生

1
내 故鄉 떠나온지 이미 아득한 예人날
원수 너의 꾀임이 甚히 巧妙하야
나의 팔과 다리와 또 그밖에 모든것이
鐵보다 더 굳은사슬로 얽히움을 알았노라

2
깊은꿈에서 깨여 너의 正體를 이윽히 보는刹那
아ー 나의靈魂의 그 焦燥함이여
돌아갈뜻은 살보다 오히려 빨은데
내 몸에 감기운 사슬은 너머도 굳고나

3
내 가슴에 번쩍이는 數없는 勳章을
떼여 네 발앞에 던지노니 받으라
죽엄 磁石에 끌림에 그 銳敏함이여
錯覺의 朋鏡 벗을때 몸서리 치노라

4
내 머리에 燦然한 金冠을 벗어
따우에 던이노니 사란아 걷우라

早天祈禱會의感想

너의 준 安全冠은 죽엄나라의 부름표
이미 사슬 끊었나니 너의종이 아니라

5
나는 가노라 그리운 本鄉으로
어버이 朝夕으로 사리門 依持하야
이마에 손얹고 이子息 기다리오리
다리는 왜 이다지도 무겁고 또 느리뇨

6
그리운 故鄉 예人追憶은 秒마다 새롭나니
버들 그늘에 水仙花피여 香氣롭고
白馬 自由로이 물우에 헤이난 곳
내 이제 어둔숲을 뚫고 本鄉으로 가노라

7
그리운 故鄉 예人 追憶은 秒마다 새롭나니
달과 해 恒常웃으며 바람도 부드러워
獅子와 아이들 함께 遊戱하는 마을
내 이제 깊은 골짝이 지나 本鄉으로 가노라

8
그리운 故鄉 예人 追憶은 秒마다 새롭나니
葡萄 송이송이 느러진 그늘에
젊은 靈魂들 讚美하며 북돋는마을

一五

早天祈禱會의感想

　　9

내 이제　長城을 넘어　本鄕으로　가노라

너의 華麗한 宮殿을 뛰여 나온後

險한길 끝임없이 한곳으로 달릴때

온 몸에 傷處는 헤일수도 없어라

그의 가슴에 푹은이 안기울땐 痕跡도 없으리

　　10

사란의 죽엄恐怖 그威嚇 巧妙커니

우리님 주신 홰人불 높이 들때에

한 카락 터럭도 네 엃지못하리

노래 노래하며 내本鄕 돌아가노라

敬慕하는 先生님께

（前略）原稿「歸鄕」은 貞陵里片想으로 쓴것의 一部입니다 紙面이 整頓되지못하야 이만보냅니다 二月號編輯이 急하실것을알므로 거의草案 그대로입니다 이나마 반가히읽어줄 親故가 있음을믿고 보내옴이니 下燭하소서 忽忽不備上書

一月十六日

　　　○○○ 上書

든恩惠자리에 올라본感이切實하오며 아버지의사랑은 달듸단사랑을줄때만이아니오 쓰라린채직을나릴때 더욱깊고 간절한사랑이나타날을 分明이깨달었읍니다。또한 主님의 따뜻한慈愛의손길이 사람의손이밎이지못하는마음속깊은곳까지 어르만저주심을實感할때는 남부끄러울만큼 눈물이나와서 견들수없었었읍니다。特別이主께서先生님들을 세우셔서 그깊은사랑과오묘한眞理를 밝히나타내여주시는 큰恩惠는 날이갈수록더욱더感激함이中心에사뭇처집니다。더욱이 저는이번集會中 부역간에서 숨을奉仕에誠意를다하시는분들에게 크다란 산敎訓을받었아오며 모든感謝와榮光과讚訟은 하나님아버지와主예수께 들이옵나이다。

一月十六日

　　　○○○ 上

（其二）

（前略）集會에 對하여는 이미感話會가있어오며 다시더 드릴말슴도없을듯하오나 집에와서곰곰이生覺할수록 別스런世上에 갔다온것만같습니다。저는 白雲臺만치높은山에는 生前처음을올라본것처럼、靈으로서도 지금까지體驗하지못했

（其三）

時間에맞도록 대갈랴고全力을다했으니 이는時間에餘裕를두지않은故이라。이는다시말하면集會에對해서熱이없었든故인가? 怠慢이主될原因이였을것이다。

모두初面인故로 처음엔 어찐지 뒤숭숭했다。입입마다 찬송가를부르는데 나혼자 가만히있었으라니 괴로웠다。그러나 배와볼랴는생각은 간절한바있었으며 그생각은只今도不變。밤에 찬송가공부하노라고 애쓰고앉은나를 내自身이異常히여기다。왜? 代々로儒敎의家庭에서태여난余가 예수敎를왜공부하느냐 더군다나 數日前에 아버지로부터 예수敎를왜공부하느냐

一六

고叱責을받은余가 이렇듯 찬송가를배우고있다니 모두가 하나님의攝理밖에 아무것도아니다.

이瞬間에 이목숨이 끊어지지말라는法은 어듸있나. 그렁다. 우리는現在에充實할것이며 또한 이現在만이 우리의自由로할수있는때이다.

우리가 우리後事를爲하야 애쓸들 무슨所用이랴. 父母妻子를 어디까지든지 葬事케하라. 그리고 너는날따르라! 그는 죽은者로써葬事케하라. 그리고 너는날따르라! 그렁다. 모든것을 하나님祭壇에바치고 그의獨生子를 따르리라.

„The world to come is at hand.'' 나는이事實을믿으리라. 예수를 앞장세우고 우리는 곧 다음을世上에 들어간다. 抵抗없는生涯는向上이없었다. 圓滑. 圓滿主義는余의非위에 안맞어!

예수를따르는무리가 그에게世上的인것을求하는데 예수께서는永遠한生命을가르키셨다. 이와같이 余가이集會에恭加한動機도 永遠한生命을爲해서보다 오히려現實에對한것을 爲함이컸었다. 그러나結局받은것이 예수의홀리신피의값을 안것이컸었다.

添加한各사람의 찬송을 하나님께 올릴진저.

素에輕率한余도 얼마간慎重해진感이不少.

咸先生은 나도 親狎할수있는이였다. 平素부터余에게는 큰人物大先生을敬而遠之하는惡習이있었어서 咸先生도敬遠할 번한것을 이번機會에좀더親近할수있는이임을發見하고 혼자깃뻤다. 히브리書講解만이라도 이번集會는 훌륭하다고 본다.

願컨대 이번集會에서 얻은바가 一時의興奮이아니오 내 一生을通하는 기둥이되고 柱礎가되여지기를.

聖書朝鮮과聖書朝鮮社의事業에祝福을더하시기를!

巳卯年一月十七日

○○○略記

우 리 집

金 正 玉

우리집은 북한산 아래 있읍니다. 집 앞에 개천이있읍니다. 우리집 식구는 모다 아홉 분인데 어른은 할머니와 아버지와 어머니와 모다세분이고, 아이들은 자근언니 하고 正惠언니하고 正孫이하고 正福이하고 나하고 다섯이고、 보배는 심부름하는 아이오.

우리집은 절반은 개와집이고 절반은 함석집이오.

개도 있고 닭도 있는데, 개는 세마리고 닭은 스물네마리오.

큰언니는 시집갔소. 우리는 언니가 보고싶소 아ㅡ멘)

몸가집 맘씨 모다본받을바많었다. 平

編者曰 이것은 今年小學校一年生인 우리집 넷째딸의作文인데 北漢山麓의光景이 보이는듯함으로 이餘白에 실는다.

一七

小鹿島의報告

小鹿島의報告

金先生前

그리스도의恩寵中에

先生님道體萬康하심을 仰祝합니다。 일즉이 듣지도보지도
못하든 隱陽間놀라운同情을받사오며 아즉까지다른곳에서
맛보지못한 恩惠를받사오면서도 不得已한形便으로 이곳

兄姉의消息傳해들이긴커냥 問安엿줍지못하오니 眞實로罪
悚함을禁할수없읍니다。 再昨日엔意外에 聖朝休刊通知書를
받잡고 悲痛한맘比할곳없사오며 只今의小生으로서는 아

마도 兩親의計音이나接하면 이만큼이나 깜作할가? 하
나님께서는 至極히弱한子息을 가시밭에세워놀시고 親友
交君을다려가시고 이제最愛의聖朝마저 거두어가시는가?

하오니 일즉느껴보지못한 心懷감당키어렵습니다。 저이들
마음이 이렇게悲痛커늘 先生님 마음 얼마나 아프십니까 다만聖靈의

先生님 마음 모든 증조를 미루어生覺하옵고 스스로慰勞하심을
오며 기뻐하옵는것은 主의再臨이 이제는確實이切迫한줄
믿는까닭이외다。 就白 크리스마쓰善物 別紙와같이拜領하였

아오나 今年에交兄도없고 저혼자는어찌할줄몰라 漠然할
뿐 어떻게尊意의萬分之一이나마 헤아려 가장有效하게 그
리스도의사랑을 證據할수있을까 生覺다못해 이를三分하

一八

와 其一은西部金珍珠姉에게付託하여 西北兩病舍에난워들
이기로하고 其一은新生里金鳳姬妹에게付託하여 新生里東
部에난워들이기로하옵고 남은一은小生負擔하와 中央里南

里에난워들였읍니다。 그런데 學用品만은 主로어린生徒
(學院)에게주고 冊가방만은 小生保管하와

書籍만은 小生保管하와 읽고싶은者들에게 빌려들이고있
읍니다。 헨레라傳은 特히中央里兄弟들中 大人氣오

며 읽지못하는兄弟들이 譯讀을願하오나 아직바뻐서實行
치못하고있사오며 『リンカン物語』는 제가사랑하는少年하

나(聖朝讀者)사흘만에 再讀을하고 눈이붉어지도록 울었으
며 저는발서 よい友達、クロームエル傳精神更生、다一讀

破하고크롬웰傳을再讀中입니다。 그동안일즉이上書치
못하와 罪悚합니다。 以上으로써不足하나마 저의誠意를다하

여 善物을난워들이고 大略이나마報告次로于先數字 上書합
니다。 多忙하옵신데 書面이길어저서 罪悚하옵니다 餘不備白

一月十一日

小鹿島中央里 ○○○拜上

記

一、曲調讚頌歌 三冊　　　一、消ゴム 二匣
一、小讚頌歌 二○冊　　　一、鉛筆 四○打
一、新約 二○冊　　　　　一、學習帳 一五○冊
一、양말 一○打　　　　　一、聖畵 一三個
一、筆入 二○個　　　　　一、가방 六個
一、石鹼 三打　　　　　　以上

聖朝通信

十二月十日 (土) 曇。때아닌雨雪이찾
어서 薪炭의困窮을 呼訴하는소리
이들리나, 시내스물소리 처량해진것은
뜻하지못했던 기쁨이다。○京城府貞陵里
라고만쓴편지가 配達된것도 神奇하다。
江原道地方에서不便한旅行中에 朝鮮어린
이들을爲하야 勞力하고다니는 某女宣敎
師의消息을듣고 고마우마음不禁하다。
다 우리할일이오 내가할일이것만。○某
招待宴을辭退하고도라다 빌립보書工夫。

十二月十一日 (日) 晴。宋斗用兄이歸
鄕中이어서 市內集會의司會와講話를 모
다獨擔으로하다。빌립보書第二章의工夫。
特히第一節乃至十一節의偉大한 眞理를解
說하기에。自我의無力을切感하다。오늘은
意外의珍客이參席하야 閉會後에 오래歡談
의機를얻어 불전後에야散退하다。○저녁

十二月十二日 (月) 晴。登校 授業後

聖朝通信

에當直。○어떤牧者의短信에『先生님昨日

聖朝誌를받고 참으로 반가웠으며 새로
운光明의빛이 빛우워주더이다。그래昨夜
에도今集集會에恭席을申請하오니 今日先
生
님의書函을받고 아주決定하였음으로 이제
急히集集會에恭席을申請하오니 許諾하여주
심을 바라옵나이다。先生님小生의今番上
京은事業의計劃次가아니라 온전히靈에줄
임과先生님들의 힘있는 중거를듣고보
고만저보려고합니다。그리하야 이제岐
路에선 나의앞길입니다。確定하야前進하기爲
함입니다。咸先生의「結婚의意義」는 未婚
者에게 또는旣婚者에게 새光明을 새靈
化와 새힘을 주는줄아옵니다。오\모다
감사합니다」라고。

十二月十三日 (火) 晴。오늘부터第二
學期考査시작。○東京에서檢束된學生을爲
하야市內某辯護士와會談。○歸山하야 北
漢學園敎室移轉하는件추선함과、저녁에는矯
風會幹部와함께 洞內有志歷訪의일等。

十二月十四日 (水) 晴。登校監試後에
市內某
矯風會幹事와相對해볼수록 嘆息뿐이다。
洞內사람을相對해볼수록 嘆息뿐이다。
風會幹部와함께 洞內有志歷訪의일等。
十二月十四日 (水) 晴。登校監試後에
富者宅을尋訪했으며 門前에서拒絶當하다。
이로써矯風會長으로서의 余의任務는免刑

聖朝誌를받고 참으로 반가웠으며 새로
으나\富者人집子女에 不良者많은까닭의一
은 確實히 저들이 사람대접 모르는데
서 받은天罰인출 깨달다。途次에回春堂
醫院孫斗玉長老를 그病席에尋訪하다。○
저녁에家庭禮拜。歷代上第二十九章輪讀。

十二月十五日 (木) 曇。새벽에山上에
기도할새「푸러리」가 例와같이 따라와守
直하여주다。나의祈禱에恭罰하며 그場所
에接近하기는 現在「푸러리」뿐인듯하다。○
登校執務하고 又執務途中에蕭然歸去하으
長男함은北漢골작이를向하야 獨步의길을
但함은北漢골작이를向하야 獨步의길을
떠나려할때에 敎務主任의車가門前에닿으
니 亦是「락시」는余의自轉車보다速함을깨
닫다。校務處理의顚末을듣고 事件不擴大
의懇談에應하야再次登校。오늘일을平和中
에畢하고黃昏에歸宅。是非를 가리는일은
피로운일이나 그러나避할수없는일이다。

十二月十六日 (金) 半晴。새벽山上에
기도할새「푸러리」가 끝까지侍立하고서서
甚히靜肅하다。멀리서盜伐樵夫의 도끼질
소리 들려도 한마디 짖지않고 있다。개
도 이렇게되면敬愛의情을禁할수없다。隣
家에「록키」라는개는多大한訓練의結果에英

聖朝通信

語로四十餘語를解得하는探偵犬이라고해서
그時價一千圓云하는데、우리「푸러리」는한
번 가로킨일도없이 靈長의最高의行事인祈
禱을侍立하니 그時價야 無價(invaluable)
라고할까。可히計算하야 말할수없다。○
登校監試。歸宅하야 장재기패기、北漢學
園의薪炭準備等。○저녁에는北漢學園의夜學部授業을恭觀。그사이의 틈틈이校正。

무엇보다安心。적은일같으나 正確한發音까지는
ツ字와ザ行의發音이기는
마찬가지이다。서울近方에는 이發音바루
못하는이病이 많어서 兒童들의發音까지지病的
이病身이 수두룩하다。特히訓導中에
이化시기는일은 慨嘆非。日前에崇仁公立小學
校長이北漢學園先生들의 不正確한發音으
로써 兒童에게惡習을 불러줄까念慮한다
고했으나 우리로서말하라면 모든公立小
學校訓導들을모이고 講習會라도開催해줄
準發音으로써 必要
를切感한다。萬若必要하다면 英語에對하
야도 마찬가지였을 確音할수있다는것이
우리北漢學園이다。

十二月十七日 (土) 雨、雪。校正을印
刷所에傳하고登校。오늘로써第二學期考査

終了。○歸途에某未亡人을訪하니 主人生
前에는 門前에市를成하듯이 親戚과外人
의別이없이出入하던것이 一朝에人影이杜
絕했을뿐머러 悲嘆을 나누고 患難을補
助해주려는者 一人도없다고人生의冷情薄待
를怨恨不己。○夕陽에朴君이慶北으로부터上京
辭退。

十二月十八日 (日) 快晴。午後二時半
부러市內明倫町에서 빌립보書의第三、四
章을講하다。이로써今年度의集會를 마추
다。이런世代에 處하야 公共然하게 扁
할수있었던 一年을回顧하며 바울이
이스라엘百姓을 爲하려던 熱情으로써 半島
의救靈의業을展望하려니 感激을制禦할수
없었다。○集會에恭席하였던 S孃이來宅
하야 江原道와忠清道地方에 巡廻하며幼
稚園事業하던 報告에 興味多大한바있었다。
○누가 廻傳해준 小鹿島消息如下。

　　　　『感激한
마음으로 惠書를奉讀하였읍니다。便箋紙
한장이 그다지 貴한거시안이옵건만
先生님惠書는 저에겐 너무나 貴한것
이였읍니다。癩病은 主께서 저에게주신
명에요 試練의채찍이올시다。저는 이癩
病을通하여서 二千年前에 갈보리에못박히신

主예수를 알었아오며 救贖의福音안에살
게되았아오니 自己가癩患者임을 秋毫도
恨嘆치않았습니다。癩안이였든들？ 제가예
主의恩惠를 받지못하였을것같이 癩患
者를 믿는다구해두 癩患者안이였든들 여
수를 얻어 볼수없었을것이오매 癩患
러先生님들이 살고 게시는 산信仰의別
天地를 하여주시오니 참으로알고 感謝하지않
을수없읍니다。이번下書엔 信仰으로서남
은念慮를 至上의기쁨으로알고 感謝하옵니
다。主예수의 놀라우신 恩寵나리시기만
간구합니다。同封하여보네주신 郵券고맙
습니다。故鄉에게신 어머님에게 郵券의
때에만 쓰고저합니다。郵券의由來를 들
으시는 어머님 主예수께나아오기를 간구
하는心情이외다。末筆이나마
貴宅에 聖恩充滿하심을빕니다。

　　　　　　　　　　小鹿島中央里
　　　　　　　　○○○拜上』

또 그이의聖誕선물記如下『多忙中安候를
비오며 弟는數日來微恙으로調養中에 別
로小鹿島奇信을 承接하였읍니다。이信仰
의大覺諸位게 貴誌크리스마스프레센트를
보내는데 다른것이있겠읍니까 다만聖書
朝鮮이있을뿐일것으로 思料하고 尹文雨

病을通하여 二千年前에 갈보리에못박히신

　　　　　　　　　　　　　　二〇

氏와다른婦人한분의　貴誌讀者의明年分誌
代를代納코저　六圓六十錢送呈하오니　惠
諒하시압。만일　이보다다른方法이　계시면
裁量措處하시기바라며　이만。

十二月十一日夕　弟　○○○拜上』

十二月十九日　(月)　晴。새벽에　달과
金星이　함께솟은東天이　찬란하다。○朴
君이午前六時頃부터　勞働을시작해서온
집안이　緊張해지다。北漢學園에　불도때
다。○登校하야採點交附。

十二月二十日　(火)　曇。아침에印刷所
에서校正。○登校하야　雜務數時間。歸途에
또印刷所。○저녁에　北漢學園夜學의　朝
鮮語授業恭觀。朝鮮語教授法에　배운것이
많다。우리洞內의幸福을　집이느끼다。

十二月二十一日　(水)　曇。呼出되여新
年號記事에關한　여러가지新方針을듣다。
聖朝誌도十數年에亘하야　一百二十號까지
編輯하였으니　나의할바는다하였다。○登
校하야　雜務數時間。○約束하였던대로午

後에龍山陸軍官舍에某教友를尋訪。밤九時
지나도록　時間의흐름을不覺하다。山麓에
歸着한때는　十一時지났다。

十二月二十二日　(木)　晴。새벽山上에
祈禱。聖書朝鮮을今日까지　十餘年間發刊
하게　許諾해주신일을　깊이感謝하다。明
年以後의일은　全然알수없다。하나님만이
能히處理하시리니　하나님에게
將來일을懇切이　부탁하다。○登校授業後
에　某高官에게　面會를請해보았으나　未
得하다。○歸途에印刷所에서校正。○저녁에
矯風會幹事會로　자정지나도록參與
이런일에깊이參與할것이아님을漸覺漸悔。

十二月二十三日　(金)　雪。새벽에山골
짝이서祈禱。聖朝의存廢가中心問題。○午
前中은總督府에갔으나　面會不得。雪中에
學校로다녀서　午後에　다시總督府行。○
某招待宴을辭退하고　印刷所에서校正하듯
某氏家事整理하고　雜涉周旋하듯。○
某氏家에서도○洞內矯
風會에서　學園先生님들慰勞會를　天香園
別莊에　열었다하나　此亦不恭하다。○오
래念慮中에있던　金雲虎君이不遠에東京을
떠나온다는　消息있어　安心하다。○小鹿
島로　聖誕節선물發送을　마친때인데　文

信活氏가　지난十三日午後三時에　別世하
였다는計告오다。

十二月二十四日　(土)　曇。급작히東京
갈일이　생겨서　아침에　東大門警察署에
들려　渡航證明件交涉。○聖朝誌臨時休刊의通知書를
學期休業式。○登校하야　第二
藥書에　謄寫하야　三友堂에　그發送을부
탁하고　밤九時四十五分　京城驛發車로東
京을向하다。○마침各學校生徒들의　歸省期
여서　驛頭의雜踏함이　形言할수없는中에
오직　한사람의　餞送裏에登程。

十二月二十五日　(日)　晴。列車中에크
리스마스　새벽을　感謝하면서　골목골목
도라다닐　讚양대를　상상하다。○午前九
時에　釜山驛下車。鄭相勳兄을맞나　잠시
이야기할・方會를얻다。○朴熙淑君도呼出
야面談。聯絡船에　오른後에　누가呼出함
으로　또渡航關係의取調인가고　놀랐더니
이도亦是養正出身者의來訪이었다。風波도
甚했거니와　船中에서는　例와같이人事도
不省의態이었고　聯絡船의超滿員大延着
으로午後八時의急行車는놓치고十時下關
發さくら로山陽線숨은車에　몸을덮이다。

十二月二十六日　(月)　曇。車窓에　白

聖朝通信

二一

聖朝通信

雪を戴した富士山이隱現하다。午後四時半에
東京驛着。同五時半에　西荻窪의　黎明塾
인伊藤祐之氏宅을　訪問하고　金雲虎君의　情
況을　듣은後　여긔留宿하다。바로今夜에黎
明熟의　主日學校크리스마스祝賀式이있어
서　約十名의兒童과함께　參列하다。

十二月二十七日　(火)　晴。午前中은A
先生과Y君을　尋訪하고、午後는渡鮮할때
마다　尋訪해주는友人들게　인사키爲하야
遞信省을訪問하고。　再刊된「義人의子孫이
여긔서　故藤井　武氏의遺兒로이미大學
생되는洋君을　맞난것은意外의기쁨이였다。
藤井家의健存을　보는것은意外의기쁨이었다。
先生과Y君을　尋訪하고、午後는渡鮮할때
이되는　까닭이다。再刊된　藤井武全集의
朝鮮讀者名簿를一覽하니　거의　全部우리
友人인것이　유쾌하였다。

十二月二十八日　(水)　晴。아침에　養
正出身四五人來訪。○午後에芝區虎ノ門에
福田澄男辯護士를尋訪하고　金雲虎君에關
한일을　協議하다。途次에霞ヶ關의官衙街
를通過하려니　文部省正面에는「國民精
神總動員　盡忠報國」이라는　大長布旗가
붙었고　外務　海軍　陸軍各省에는　아무

것도　보이지않었다。○저녁五時부터三鷹
村　望星學塾에　青年教友十餘人이　모여
晩餐을　같이하고　聖朝誌를爲한　祈禱會
를　열어준것은　심히　고마운일이었다。

十二月二十九日　(木)　晴。時局에關하
야들은消息이있음으로滿蘇國境에있든同氣
에게　航空郵便을　날리다。○むさしの學
園을訪問하고　佐藤校長先生을맞나　宋錫珍
君의　學業에關한　意見을듣다。○午後에
T先生을訪하니　저녁에A先生宅에　부름을
받고　晩餐後懷舊의情談。늦도록時間흐름
을不覺하다。○短信一枚『御ハガキ頂い
た日は用事のため終日留守にしましたので
つひお伺の機なく、本日午後西荻窪の伊藤
さん方を訪ねましたら既に御出かけの後で
殘念乍ら互魚をにがしてしまひました。
(中略)　貴誌の廢刊のこと、多分皆樣の
お祈りと御盡力とに依り最善の道が示され
ることと信じます。私はこの際月刊誌發行
の劇務を捨ててボンヤリ暮されるのも良か
らうといふ以前からの考を捨てません。む
しろ大兄のために大なる飛躍の準備期の來
たものとして私かに慶賀したい位です。色

々お話したい事あり、御無沙汰のお詫も申
したいのですが、その機を得ず、只一葉に
思を托します。失禮』

十二月三十日　(金)　晴。午前中은井口
村에誌友T氏를訪하야野田圓中에서한時間남
어지懇談하고、그길로第一高等學校官舍에
佐藤兄을찾고저했으나　집을찾지못하다。
저녁에는　일즉이寄宿하고있었던　N翁宅
을찾으니　當時의友人들中에누구든지로는
余가第一이라는證明을얻어　고마웠다。이
宅에는八男妹가있어　男兒는　모두出
征入營또는警備隊로外地에　눈물　十
餘年前에　막낸발이　數日後면二十二歲되
는것을後陣으로　발　빗만이늙은아버지를
모시고가　有名하면　米國留學으로　도
라온後　信仰의慰勵의말을試하고　辭退한대
하야　近一年間病床에누었는　맏발을爲
는　밤十時도　훨신지났다。우리家庭禮拜
는　이집에서　본보기됐다고　할만한來
歷이있는데　이집家庭禮拜는　발서中止된
지　오란모양이었다。但老人의信仰은　더
욱健實成熟해지는듯　보이다。

十二月三十一日　(土)　晴。午前中에屬

二二一

田辯護士를 다시 맞나보고 金君本宅의 回
電도 받었음으로 東京을 떠나도 可하게 되
었으나 주인의 간절한 만류에 못이겨
서 新年을 이곳에서 맞우기로 하다。○
平生에 職線구경 한일없는 우리로서는
東京서 省線電車라는 様을 보면「오냐突
擊戰이란 이런것인가보다!」하며、中村
屋에서 菓子사는것을 보면「아 이게졸回
戰인가보다!」하게된다。新宿中村屋은 顧
客에게 언제나 二重三重으로包圍되여있
었다。여기서 菓子얼마치 사는일이 오
늘의 大事였다。저녁에 黎明塾에서 家庭禮拜。
第一三七三日도 갔다。

一月一日 (日) 晴。아침에 黎明塾食卓
에 둘러앉아서 年初의 禮拜를들이고 年
始의 賀辭를 交換하다。塾則으로 每日黎明에
起床하며 每日聖句暗誦이있어서 主人伊藤
先生을비롯하야 小學生인아이들과 寄宿
中인朝鮮과臺灣學生들까지 유창하게 聖句
暗誦하였다。至誠것차려주는 歲饌에도 손
대접하기에 極盡한 基督者살림에感激하다。
○이날 聖日禮拜를 受洗한敎會에서 지키
라고 牛込區矢來町ホ-リ子ス敎會를찾었
더니 그看板이「聖」敎會라고 고쳐쓰인것

聖朝通信

은敎派分爭의 痕跡인가 또는時代色을띠인
것인가。마침聯合禮拜로因하야 敎人이모
다淀橋聖經學院으로가고 쓰였음으로
로感謝기도하고 나오다。○
最初의下宿이었던 喜久井町三十五番地를
찾으니 古屋은 그대로남었으나 사람은
들어있지않었다。正初라 因하야 知人의
多數가旅行中에있음으로 銀座通을 一巡하
고저 구경나서니거의戶戶에「喪中に付缺
禮仕候」라는紙札밖에 볼것이없었다。東
日會舘屋上에서 풀라타름(天象儀)을 구
경한것이 收獲이었었다。○주인宅挽留는
진하나 東京서의 볼일은一段落되었고 맛
날이는맛날수없고 聖朝出版과冬季集會의일
은 서울서待함이切迫하였음으로 途次
고 저녁十時에東京을떠나歸路에登하다。

一月二日 (月) 處處降雨。車中에깨고
車中에。저물다。沿線山川과田畓과村落과
都市가 우리朝鮮에비하면 果然富饒豊盛
해보인다。歸心如矢라할까 沿道誌友의
懇切한招請에도 應하지못하고 三等船室
에 聯絡船으로 大陸을向하다。그리는中
것은 괄세가 大端하나 大部分이朝鮮人
혼돈八圓二十錢을 聖書朝鮮社를通해 小

働者들인데서 所聞所見과所感이 적지않
었다。

一月三日 (火) 晴。午前六時에釜山上
陸。氣溫이甚히冷寒。誌友B君의出迎을받
어 人生經驗을 이야기。同五十分發特急
으로 서울向發。途中에急行列車顚伏現
場을通過하면서 往復平安한恩寵을 다시
금感謝。延着되여午後二時에到着。서울은
매우춥다。山麓에도라오기는 三時지난때
였다。다다미房에生活하다가 다다미만이
鮮傳道旅行을마치고 돌아온今日의山麓의
라도 고마워서 얼굴을 다다미에 만진
다 했거니와 東京서도라온今日의 山麓의
고요한맛은各別하다。松林속에 안기고싶
고 꼴짝이바위틈으로 쪼개고 들어가고
싶다。○몇일동안 묵은書信을 閱讀하는
外에疲困해서아무일도못하다。某小學生들
의편지에「主님의鴻恩을높이讚頌하나이다
하나님이지키시는 金先生님 受苦많이하
심을 感謝합니다。小生들班한學級生徒와
部는勿論 다른班同伴들까지 예수님마음

一二三

聖朝通信

鹿島兄弟에게 보내드리고저 同封하오니 期限이늦어서서 念慮莫甚합니다。先生님께서 容恕하시고 聖朝鮮第壹〇九號小鹿島의報告에 依하야 傳해주소서。이미늦었아오면 先生님께서 어떻게하던지 傳해주시길伏願하나이다。戊寅年十二月二十日 滿洲國××省××縣第六區××子公立×× 國民優秀學校第六學年生 十四名一同拜上

一月四日（水）雪、後晴。午前은除雪하다。○午後入市하야 三友堂과京城驛에들리고、聖朝誌를 빌려가지고 歸宅하다。休刊中인聖朝誌를 다시續刊하고저苦勞力해보기로 決心하다。○저녁엔家庭禮拜。歷代下第二十一章輪讀。○短信一枚에『이렇다할通奇도없이 歸鄕의길을들고 先生님을 찾어뵈옵지 못하였음을 千萬惶悚과 罪悚함을 느끼옵 나이다。過去 不過數個月이연만 聖書研究會를찾어 先生님을 人間들의 眞理의길을 깨다랐고 말아서 先生님의 聖志를 배웠압나이다。쓰라린 世上中에 久遠의 榮光이나 華草介갈이 녁이시고

라 向하시는 先生님의 자최를 나홀로 그려보며 나의앞길 험하고 위태하여도 先輩의 거러가신 그길을 톱아 거러가고저 마음속 깊이 盟誓 하옵나이다。한가한 시골 고요히 눈나리는밤 合掌의 손길로 앉어 애타는사랑의 불길로 十字架지신 님의 얼골을 그려보며 主시오며 萬事에 主님으로 늘 앞날의 조선의 예수敎界를 생각하여보옵니다。賤者에게 사랑의 가르치심을끊임없이 주시오며 萬事에 主님으로 늘 勝利하시옵소서 忽忽不備』。

一月五日（木）晴、寒。昨夜추이에앞 시내가 완전히 凍結하다。印刷所에가서 新年號의 一部分原稿를變改하야校了。聖朝社에 밀린諸務整理。書信의負債에 五 六處答書쓰는일等。○初年生의消息에『主님께서 주신 거룩하신 今年度 罪많은 人間들의 不義속에서 가엾시도 終을告하려고합니다。先生님! 얼마나 哀痛하시나이까、눈에 보이는것이나 귀에들리는것이나 어느것하나 哀痛의材料아니되는것 없아오니 別道理없 先生님은 哀痛할수밖에 別道理없으시겠지요。『哀痛하는者는 福이있나니 저의가 慰勞함을 받을것이오』하신 主

님의말슴을 秋毫도 에누리없이 믿을진대 無哀痛 樂天的으로 지내는者等보담도 多幸 多福이라 大言壯語할수있을터이지요。世上에는 鼻下의 一穴을爲해서 五尺上下의肉塊를爲해서 哀痛하는者 오히려不義가 大道上橫行闊步하는것보고 哀痛하는 者없고 正義가窒息蹂躪되는것보고哀痛하는者없습니다그려。先生님! 學校及家庭間의、來往途中의 自轉車上에서나 教壇上에서나 그밑에굼주리는 젊은 넋이들을 내려다보실때나 聖書朝鮮을 爲해서 熱筆對案하실때에나 몇번이고 熱淚를 남모르게흘리시나이까。그러면 先生님은 哀痛의 結晶體이신것이 正體이실것입니다。또 그만큼 一面에는 主님의 慰勞도 獨占하실것갈읍니다。世上에 多幸多福하신분도 先生님이신것 갈습니다。여기에서 小生은 先生님을 羨望아니 할수없읍니다。그러므로 主님을 羨望하옵니다。先生님의 總指揮監督下에서 先生님의 經營하신「聖書朝鮮」이라는 終身大學에 入學後一大歡喜裡에서一年修業을 하고 第二年生이되려는 小生이 無試驗制度이므로 落第할念慮는 올시다。無試驗制度이므로 落第할念慮는

二四

없을줄밀고 기때합니다。(下略)」

一月六日 (金) 晴。明日에臨迫한集會
의準備로 이일저일。저녁에 開城서 柳
君이 來叅하니 第一著이다。

一月七日 (土) 朝雪。 아침에洞口까지
除雪掃淸하니 우리의貴賓을 맞우기爲한
準備。午後二時부터集會시작ᄂ本集會의精
神」을 述하야基礎를 確固히하고저힘쓰다。
저녁엔自己紹介가있었으나 情懷 가슴에사
모찻고 할말슴이 입술에넘처서 會員의半
數도다하지못해서定規의時間이다하매一旦
割愛하고此就床。午後九時에 本集會의
同十時에는 絕對靜肅安眠하기를宣言하다。

一月八日 (日) 晴。 새벽六時부터早天
祈禱會를司會하다。同十時부터主日禮拜。
누가福音第九章末에依한咸兄의說敎는 우
리의모임을 온전히靈化하고야말았으니 「너
는 나를따르라」는 主예수의말슴을 우
리各自가 오늘받었었다。○午後는會員一同
을 藥水庵과 큰골로引導하야 우리의祈
도의 골방이오安息의殿閣인곳을案內逍遙
하다。○저녁에自己紹介의績。感興不盡。

一月九日 (月) 曇。午前六부터 早天
祈禱會。同十時부터 咸先生의 허브리書
第一講。 허브리書가 매우親近할만한冊인
것을 느끼다。○午後에入市하야 聖朝誌
刊의件으로 奔忙하다。○저녁에는 찬송가
연습하다。

一月十日 (火) 曇、後晴。 새벽六時부
터 二時間祈禱會。 同十時부터 허브리
書第二講으로 第一章四——四章十六節까
지배우다。날카로운 말슴의銳利한칼날
에 우리靈이 千쪼각萬쪼각이되다。

一月十一日 (水) 快晴。 黎明의祈禱會
如昨。午前의 허브리書工夫는第五章에서
七章까지。저녁七時부터 二時間餘를 다
시허브리書工夫。

一月十二日 (木) 晴。 早天祈禱會를一
時間半으로 끝내고 登山準備。午前九時
에出發하야 北漢山으로오르다。日氣多少
에도 一行이白雲臺上峯에 오른때는午正
지난後半時間。歸路에는祥雲寺에서溫水를
얻어午飯을먹고 太古寺를지나 輔國門으
로서貞陵里에 歸還하니 日没項이었다。險
路에 一行無故한것 感謝했으나「푸러리」원

第一講。 허브리書가 매우親近할만한冊인
쪽뒷발傷해서 雪上에 붉은피 흘린것은
애처러웠다。저녁七時부터 感話의밤。짚
은感激의交換이 밤짚도록交流되다。

一月十三日 (金) 晴。一週間集會의最
終日이라 새벽기도會도熱心히않을수없
다。朝飯後의休憩時間을利用하야 印刷所
에往返。午前十時부터 허브리書의 第十
二、三章工夫。허브리書가 이처럼親近할
만한책인것은 처음알었다。午飯後午後三
時頃에 허브리書工夫。손님들을보내고 다시印
刷所에가서一部分補充한것까지校了。明年
에萬一다시集會하게된다면미리承諾한사람
外에는絕對로入叅시기지않기를宣言하다。

一月十四日 (土) 雪、後晴。 새벽에허
브리書通讀。매우알음직하게되었다。學校
에呼出받고往返。新築된 事務室로移轉하
다。咸兄은昨日舊基里에 갔었다가 今日
貞陵里로歸避하다。

一月十五日 (日) 曇。午後에咸兄과合
해市內集會로。今年最初의모임이다。余의
司會로 咸兄의 음아記야書講義。이조금
한一章에 이와같은偉大하고도今日現在의
切迫한산問題가들어있음에놀라다。오늘은
遠地의誌友들도보이다(以下第十三頁에續)

本誌休刊(廢刊)의 境遇

聖書朝鮮誌가 長期休刊 或은 廢刊되는일 이 있을境遇에라도 聖書朝鮮社는 當分間 그대로 存續하야두고 本誌의 舊號及本社出 版物의注文에 應하게될것이다。本誌의舊號 도 그대로두고 廣告할機關도 없겠음으로 지금미리 몇 가지를 알리고저한다。

本誌舊號의定價統一

本誌創刊當初에는 一冊定價二十錢이었고 最近에第一一二號以後로 다시定價二十錢 이되었다。그中間에는 定價十五錢이大部 分이었으나 暫間몇號에는 定價十錢이라는時 期도있었다。其外에臨時로々々로特價提供한 일도있었다。그러나 이제는舊號의殘品도 얼마남지않았거니와 注文을받을때마다그 定價의計算과特價有無의照會等이 귀찮기 그지없다。主筆로부터校正係發送配達收金 까지지單獨으로하는處地에 事務를簡易化 하기爲하야서도 그렇고、本誌의性質上時 間的古新이없는 點으로보아서도 今後로 는舊號의減價를廢止할뿐더러 創刊號로今 月號까지 모두定價一冊二十 錢으로 統一한다。休刊하고 안하고에關 係없이 이것은 實行할것이다。但 今年四月一日부터實施。

本誌의特價提供期間

右와如히實施함에際하야 或은前例에期 待하는바있었던이도无하지않았을것이므 로 今秊然間右와같이變更하는기를猶豫 하야 今日부터來三月三十一日까지左記대 로特價로써提供하기로한다。

① 自一〇八號至一一九號 每一冊十錢 定價대로
② 自六〇號至一〇七號 每一冊十錢
③ 自一號至五六號 每一冊十二錢 定價五圓
④ 一號至一〇七號二一一號 二十冊以上一時注文의特價五圓
⑤ 山上垂訓研究 定價一·七〇(送六錢)
⑥ 무로테스탄트의精神 定價一·一〇(送三錢)
⑦ 定價〇·四〇(送三錢)
⑧ 定價〇·一〇(送三錢)

以上三種의單行本은 右特價期間內에限 하야 二割引함。但送料는 定價대로요함。

其他 傳道用으로同一號여러책所用하 야는 이게는特別히計算할수도있으니 마 루 照會하라。

本誌合本(洋製布皮)

第十卷 至一〇八號一一九號 定價二·五〇送〇·二〇

第一卷 第一卷以下第九卷까지의殘品若干식 있다。第七卷은品切。이殘品에限하야特
합本으로意味있을것이다。이品切된 各卷二圓 送〇·二〇
價提供期間만이定價의二割引함。但 特價期間지난後는合品 古新의差別없이 統一할것은合品 古新의差別없이統一 한一월것이다。

昭和十四年一月三十一日印刷
昭和十四年二月一日發行

所賣販次取
新聲閣(咸興府)
北星堂
向山堂書房 東京市麴町區九段坂
博 文 書 舘 京城府鐘路二丁目八九
耶蘇敎書舘 京城府鐘路二丁目九一
茂 英 堂(大邱府)
信 一 書 舘(平壤府)

編輯兼發行者 金 敎 臣 京城府外崇仁面貞陵里三七八

印刷者 鄭 敬 德 京城府仁寺町一九ノ三

印刷所 大東印刷所 京城府仁寺町二九ノ三

發行所 聖書朝鮮社 京城府外崇仁面貞陵里三七八 振替口座京城一六五九四番

本誌定價(自五月號改正)
貳拾錢
一冊 (送料共)
六冊 前金一圓十錢
十二冊 (一年分)前金貳圓貳拾錢
直接注文은(聖書朝鮮社)로。
振替貯金口座京城一六五九四番

【聖書朝鮮】第一百二十一號 昭和五年一月二十八日 第三種郵便物認可 昭和十四年二月一日發行 每月一回一日發行

【本誌定價二十錢】(送料五厘)

聖書朝鮮

第壹百貳拾貳號

昭和五年一月二十八日（第三種郵便物認可）
昭和十四年三月一日發行（毎月一回一日發行）

―――――― 目 次 ――――――

하나님......主筆

鮮矣仁......主筆

心境의變化......金教臣

골로새書講義(一)......金教臣

인사감사

小鹿島에서

主의길......咸錫憲

거룩한像......清水譯

聖朝通信......金教臣

하 나 님 (HANANIM)

예수그리스도의 아버지이신神의 이름을 히브리文字로서는「ㄱㄱㄱ」라는 四字(Tetragrammaton)로써 表示하였다。이는 이스라엘神의固有名인데 처음에는 發音하야 부르기爲하야 長久한동안 이四字는發音하지않았으나 神의 이름을 함부로 입밖에내여 부르지말라는 모세 律法을文字대로 지키기爲하야 이四字는發音하지않았다。그렇게지나가는동안 드디어 그發音을 잊어버렸다。即

이스라엘百姓들은 自己들의神의 어름을 잊어버렸다。自己들의神의 이름을 잊어버렸다면 可憐한百姓들은「여호와」라고도 할것이지마는 그러나 이는 님의敬虔한탓이었다。 第十六世紀以後로 學者들의 研究에依하야 이四字는「여호와」라고 發音할것이라고했으

나 다시研究한結果는「여호와」가 아니라「야ー웨ー」이고 뿌르는것이 本然의發音일것이라고 多數學者가一致하였다。우리先輩들은 이「야ー웨ー」의神을 朝鮮말로 約半世紀前에。 예수敎가朝鮮에傳來한以來로 우리先輩들은 이「야ー웨ー」의神을 朝鮮말로「하나님」이라고 譯해서 우

리에게傳해주었다。그後에 아래ㅅㄴ字를使用하야「하나님」으로 表記하는이들이甚히많음을보고 우리는基督敎徒의一考를促하지아니치못하는바있다。 表記하는이들이甚히많음을보고 우리는基督敎徒의一考를促하지아니치못하는바있다。

나 다시研究한結果는「여호와」가 아니라「야ー웨ー」이고 뿌르는것이 本然의發音일것이라고 하나님을 하느님으로表記하기시작하기는大槪한글學者들의 誤區區하나 우리信仰의 對像은 對하야保守的인固執을 부리기로 짝없는基督敎會가 그민는神의稱號를變改하기에는 어찌 約半世紀前에。 그内容의變改를意味한다。 不信者인語學者들이 무엇이라고說明하건말건 우리가 敏捷한지 놀라지않을수

없다。 名稱의變更은 그研究發表의結果에있어서 우리는人後에 떠러지고저하는者가아니 미 그機關紙나 찬송가 또는敎會名稱까지 하느님으로變改한이들은 그 未及한所致일뿐이다。그러나 한글學者의所說로써 하나님을하느님으로

하나님을 하느님으로表記하기시작하기는 그理由를明示할義務가있을것이다。全然無意識中에 된일인가 或은意識하고서 愼重한研究에變改한것인가。 空間이나位置를表示한「하늘」은 變改하여야하는듯이主唱한다면 우리는斷然코反對한다。「하나님」은唯一神을表示하는말로써 로

天空을 가르처「하늘」或은「한을」「하늘」等의學者의說明에基因한것일줄로 짐작되는데 事實그렇다면 한글採用에 우리가믿는것이아니다。萬一그렇다면 木石을 믿을것이다。 歐米諸國의語彙에도 받어記 入된 文字이오、世界에類例없이 貴重한말인데 信仰의領域을 侵犯하려는者는 누구인가。半世紀의信仰歷史를 까닭없이 埋

아니다。 青色의「하늘」에다「님」字를붙일것을。 우리가믿는것이아니다。 한글學者들의學說에傾聽하며 그研究發表의結果에있어서 우리는 그는 未及한所致일뿐이다。그러나 한글學者의所說로써 하나님을하느님으

다。本誌에 한글學說과 어그러진것이 있다면 우리는斷然코反對한다。「하나님」은唯一神을表示하는말로써 歐米諸國의語彙에도 받어記 葬하려는者! 누구냐。

鮮矣仁

巧冒令色의 人間에는 仁者가 絕無하다는 孔夫子의 말슴은 누구나 잘아는有名한句節이다。여긔 놀라운것은 이句節을 註解하여 가르되「聖人 辭不迫切 專言鮮則絕無 可知 學者 所當深戒也」라는 것이다。絕無한줄은 번연이알면서도 聖賢君子의 言辭는 그렇게 싹금어말하는 法이아니니 「鮮」字를 썼다한다。여긔에確實이儒敎的特色이있고 一長이있다。果然완완하고 숨쉴餘裕를 주는듯하야 東洋的이며儒敎的인 그무엇이 잘나타났다。

이렇게보면 基督敎는 確實히 君子의敎가아니다。聖人의敎는勿論아니다 그言辭의迫切하고急激함을 보라。

義人은 었나니 하나도 었나니라고(로마書三·一〇)。東洋的君子人은 이한마디만하여도 基督敎가 비워에 맞을수었을것이다。그뿐만아니라。

（一） 已所不欲 勿施於人　　（二） 已所欲 施於人

을比較해보라。一은孔夫子一生의代表的敎訓이오 二는山上垂訓의黃金律(마태七·一二)이다。論語가 이미 萬古에 빛나는 經典이매 그중의代表的인敎訓에 흠될것이 있을理가萬無하다。그러나 그現著한對照를看過할수는없다。前者가 점잖은 선배가 拱手傍觀하는 것을聯想케한다면 後者는救濟하며征服하지않고는 마지않으려는基督敎의傳道者를 생각하게한다。

一은安全을 주는듯하나 二는冒險을 무릅쓰는뜻이이다。靜止한데는安全律이多大하나 動하는데는不安이恒常따른다。冷灰같은 죽엄에 다시不安이있을수없으나 生命있는곳에는 恒常勤합이있고 生命이潑々할수록危險律은 더욱크다。壯年과 老人에게보다 少年과靑年에게 生理的으로는 心靈의 生命의危險이많은것은 後者가 더욱生氣있는生命인까닭이다。

（一） 熱하거나 두가지중에 하나를擇하라는것이 基督敎(묵시三·一五)이다。미지근한中庸의道를崇高하는儒敎와는 天壞의差가있다。히거나 검거나 左하거나右하거나 義에屬하거나 惡에屬하거나 天에屬하거나 地에屬하거나 旗色을確然히하기를要求한다。人間世上에서는 圓滿한것이 損害없다하나 天國에서는 꼭꼭 모난것만이 存在價值가있다。儒敎의聖賢이라할지라도 코로숨쉬는人間임을免치못젔으니 그言辭에는 스스로限度가있고 煙幕이가리웠다。오직하나님의生命의 말슴은 銳悧한칼날같이露出하야 能히事物의眞相에까지 極度로表現되었다。

一

教師心境의變化

教師心境의變化

教師의初期에는 教壇우에 볼때에 生徒의順良한者와不良한者가 確然히 갈라저 보였었다。 그리고 順良한者가貴엽

게보이는反面에 不良한者는甚히可憎해보였었다。 그러나 오늘날當해서는 善良한者와不良한者가 모다 이

보이며 사랑스러워보여서 가르키기보다 먼저 어르만지고싶어지니 이제 비로소敎師資格이 생겼다할것인가 또는 이

젠 발서 敎師資格을喪失하였다할것인가 우리가스스로判斷키어려우나 審判的態度가 자취를 감추고 同情憐憫의情이露

出하게된變化의痕跡만은 숨길수없다。

教師의初期에는 不良生徒를斷然코逐出하는것이 善良한者를爲하는길이오敎育愛라云云의理論도 없지않었으나 이제當

해서는 가르킬수없는人間이라고 發見할수있으니 社會와生徒의質이向上하였음인가 또는 우리의判斷力에 무슨缺陷이

생긴所以인지는未確하여도 心裏에變化생긴것만은事實이다。 이른바不良少年、 할수없는 익살군들의속에서 속사람

람을 發見할때의 기쁨에比할진대 善良한生徒의教育은 도리어無味乾燥한것이라 할수있다。 내가 이미 果然文字대로罪

人의괴수어든 나보다 더한罪人이 어듸있다고逐出할까。

教師의初期에 學識의輕重을 試驗하는듯한 種類의質問은 教師를甚히怒發케하였다。 그러나敎師十餘年에 徹底히깨다

른것은 無識하다는것을 스스로認識한것이다。 教師로서 알어야할것의千分의一萬分의一도 알지못한것인것을 深刻하게

깨다랐으니 이제는 無識하다는탓으로 아무런少年에게서 아무런 괄세를當한다하드라도 怒發할氣力이 喪失된者이니

質問을制限하지않는다。 오직 아는것은 아노라고、 모르는것은 모르노라고 대답할뿐이다。 이것도 教師로서不當한일인

지알수없으나 속 마음은極히 편하다。

敎師의初期에는 生徒들이敬意를表하나 안하나가 매우 마음에 걸렸었으나 只今은全혀無關心이다。 聖書朝鮮을發刊함

으로받은 當치않은 모든恥辱일 생각하면 生徒들의無禮와괄세쯤은 오히려奇特한感을禁할수없는일이다。 예수믿기爲하야

이미받은 창피와 앞에當할侮辱을 헤아리면 철나지못한 어린이들의 실수쯤은 問題가 될수없다。 또한 생각하기에따

라서는 괄세받을資格가진人間이 어듸있다면 그는敎師요 나自身이라고 안할수도없는일인데 사람의尊敬을期待하는일

같은것은 自己를分別치못함도亦甚한일이다。 이도亦是敎師道에서어그러진일인지 알수없으나 心境의變化인것만은事實이다。

二

골로새書講義 (一)

金教臣

인사 (一·一-二)

（一） 하나님의 뜻으로 말미아마 그리스도예수의 사도된바울과 형제되모데는

[사도] 바울은 그리스도의 十二弟子는 아니였으나 스스로 使徒로自稱하였다. 여긔서는 使徒의權威를 主張하는것은 아니고 하나님의聖旨에依한回心을 생각하면서 奇異한恩寵을感謝하며 福音의使徒된것을名譽스러워했다. 但이편지 쓸때는 그福音을爲하야 로마에監禁된몸이였다.

[되모데] 바울의弟子였으나 종종 「형제」라고記錄하였다 (고린도后 1·1 빌레몬 1 節叅照)

（말미아마） 라는字(dia)는 英語의 through의 意인데 「그것에依하야」 라던지 「그것의手段에依하야」라는 强한意味가들어있었다. 바울은 어떤 굉장한建物을가진敎會에依하야 使徒되였다는것도 아니오, 組織이完備한憲章을가진 어느敎派에依하야 使徒로任命되였다는것도아니다. 또는世界情勢라던가 近東의變轉에感한바있어서 自進해서 使徒되였다 라면가 使徒로任命되였다는것도아니다.

하드면 저도虛人된人間임을免치못했을것이오, 同胞를爲해 서러거나 國家百年之計를爲해서 內心에決한바있어 使徒되였다고했대도 그말은壯하나 무릇眞實된者의擧動은 될수없었다.

普通人間으로서 世俗의事業을 할때에도 自己의口辯을 믿거나 手腕을依賴하는自矜하는마음으로 着手하는者에게 큰일을期待할수는없다. 三顧의禮를 가춘後에 마지못해서 出師表를 남기지않었다 하더라도 그出發에서부터 使徒되였으며 避하랴고하다못해 억지로 붙잡혀서 使徒職에 被任되였노라는 뜻으로 말미아마」할수없이 使徒되였다한다.

舞臺에登場한諸葛孔明같은이는 發서一擧一動이 하나님의 意要에 못이겨서 自我를꺾고 服從하 였다한다. 이 하나님의强制에 降服한經驗이없이 露界의일 에恭與하는者는 無益할뿐아니라 가장有害한일이다. 그리고 自古及今에 偉大한人間은 모주리 하나님 의强制에 못이겨서 勤하기 시작한 人物들이었다. 보라

아브라함은 어떻으며 모세는 어떻으며 (出三, 四章) 예레 미야와(一·六) 요나는(一, 二章) 또한 예수昇天後 어떻게 힘을얻어 (使二章) 勤했으며 루터의 크롬웰의 린컨大統領의事業은 어듸서發源하였던가. 하나님의 强制로勤한者中에 스스로勤해서 큰者가없었고, 하나님의 强制로勤한者中에

골로새書講義

三

골로·새書 講美

四

弱한者없이었다。精銳를 자랑하는 獨逸군들機에는 發動機四基를 裝備함으로써 威力을 加하고 故障을 妨止하려했으나 그래도 人造發動機를 쓰는날 까지는 不安이 全혀할수없고 機能에限度가 스스로있다。마는 하나님을 發動機로 裝備하고 動하는 人物은 補助發動機를 마련함이 없을지라도 無限히 動하되 疲勞치않는다。

(二) 골로새에있는 성도들 곧 그리스도안에서 신실한 형제들에게 편지하노니 우리 아버지 하나님으로부터 은혜와 평강이 너의게 있을지어다。

[골로새] 브르기아地方루고스河畔에 臨한小邑。附近一帶는 羊毛의産地。에베소에서 다소를通하야 東方諸邑에 交通하는 大路에沿한곳이어서 예전에는 繁盛한大都였으나 漸次로 衰退하야 예수當時에는 변변치않은 村落으로化하였고 現在에는 그本來의位置도 찾기어렵다한다（其他本誌前月號골로새書大旨恭照）

[성도] 聖徒＝hagiois는「聖別된者」即信徒。거룩한故로 聖別된것이아니라 用途와使用者가거룩한故로 選別을 받은者도 거룩하지않을수없다。

[곧 그리스도안에] 聖徒＝「신실한형제들」이라고했으니 이것이 「성도」의內容이 오資格이다。政治的手腕이라던지 戰略的武勇이라던지 藝術的天才라던지 其他이世上에서貴히보는 外貌나口辯이나 富貴같은것은 天國에서는 何等價値가없

는모양이다。勝하면官軍이오 敗하면賊軍이라 世上의功勳과 榮譽는 時와所를따라 그標準이甚히動搖한다。이세상에서 變함없는價値를 가진것은 오직 美術이나 文學의天才는 先天的으로받은少數者外에 努力으로써能히 達할수있는것이나 信實한것만은 아모런凡夫라도 能히獲得할수있는 德이오 또

한今生來生에變할수없는 高貴한德이라한다。우리衆生에게 기쁜消息이아닌가。使徒바울의人生觀은 곰곰 생각할수록 배울自身부터도 稀貴한天才의人이아니었고 信實한凡夫이었던가 하노라。

그마운消息인故로「福音」이라고 일카르는것이다。장차 우리가 天國에서맞나볼聖徒들의 그얼굴을 分明하며 눈에보이는듯、 진정 그리운것은 信實한무리들의 모인곳이로다。없어도無妨한金과金剛石은 稀貴하게 두었으되 하루도 없어서는안될鐵과石炭과日光과空氣와 물은到處에 넉넉하게豫備하여주신것처럼、一身의자랑거리되는才能은 千에한사람萬에한사람식 두었으되 聖徒의必備條件인信實만은 하고저하는 마음만가질진대 億萬蒼生에게 한갈같이禀興하였으니 創造의主여호와하나님은 찬송하리로다。

[그리스도 안에서] en Christo, 그리스도와의結合을意味하는 同時에 사랑이신 하나님과의結合을表示하는 術語이다（데살前一·一,로마一·七,고前一·二,고後一·一恭照）

（은혜와 평강） 前者는希臘的 後者는猶太的 인사이다。

감사——골로새教會의 信·愛·望에 對하야(一·三—八)

(三) 우리가 너의를 爲하야 기도할때마다 하나님 곧 우리主예수그리스도의아바지께 감사하노라。

[우리]는 바울과 듸모데를 가르쳐한말이다。

[기도할때마다]의 「마다」는 不斷、恒常이란字。

[하나님 곧우리主예수그리스도의아바지] 이 形容詞의 길고 重復된데에 누구나 注意할것이다。바울은 그저神께感謝한다거나 다만 主께感謝한다는것만으로서는 滿足할수없었다。世上사람 特히 知識階級의人은 말하기를 다만神이라고하면足할뿐더러 普偏的이오包容的이어서 누구나 다 認識할수있으려니와 「우리主 예수 그리스도의아바지」 하나님이라고 制限해놓으면 누가 그런偏俠한神을 믿느냐고한다。그러나 바울은 그렇지않다。哲學的理論上으로認識한有神論쯤으로써、또는 宇宙萬物을觀察한結果에認定하지않을수없다는 創造者쯤으로써 바울은滿足할수도없었고, 기뻐할수는 더욱不可能하였다。萬物보다먼저있었고 萬物이 저로말미아마 創造되였고 저의안에 萬物이 함께서있는 그리스도(一·一五—二〇)의 아바지신 하나님인故로 바울의理性과感情이 아울러滿足할수있었다。길고긴形容詞가불은것은 神의內容이、性品이、다른바있는까닭이다。基督教의神은 예수그리스도로써完全히現顯된神이오 또한 그로야 現世에서의信과愛도完全할수있는것이 基督教의不變確써만充分히表現할수있는 神이시다。이 하나님은 그獨生子를世上에 주시사 人類의罪를贖하게하기까지 慈悲하신神이시오 百頭의羊中에서 한필을잃으시면 九十九頭를 두시고도 그한필을 오히려 찾지않고는 견디지못하시는 矜恤이넘치시는 한나님이시다。本書第一章의 十三節以下를 熟讀吟味하야 그리스도가 누구인것을 잘알면 바울의이 文章을 理解하기 어렵지 않을것이다。

(四) 이는 그리스도 예수안에 너의믿음과 모든성도에대한 사랑을 드름이오

믿음과 사랑을 말한다。사랑만 있을진대 믿음은 없어도可하다는者는 虛된理論을戱弄하는것이다。깊은 믿음이없는곳에 眞正한사랑은없다。信과愛는 緊密不可離의相關이있는故로 바울이 골로새信徒들을爲하야感謝하는劈頭에 密接하게 연다라 나오는것이다。

(五) 너의가 天에 쌓아둔 소망을 因함이니 곧 너의를위하야 하늘에 쌓아둔 소망을 因함이니

[소망] 까지合하면 前節의信、愛와 아울러 基督教의 三德이다。바울은 고린도前書 에베소書 빌립보書 데살前書等에서도 언제던지 信·望·愛를連結하야 가르쳤다(데살前一·三)。信과愛의量은「소망」의高와大에 依하야決定된다(고전一三·一三)。復活함과天國에對한所望이確實한者라

골로새書 講義

五

골로새書講義

六

固한敎訓이다。世上學者들은 無私無慾한사랑이라야 참사랑이라고하나 이는理論上으로는高遠한듯하나 其實은空虛한思想에 지나지않는다。아무 바라는바없이同胞와人類를 사랑할수있으며 希望없는者가萬物을사랑할수있을까。冷灰같은에게 사랑의 울렁거림이 있을까。萬一있다한들 그것이 基督敎에서 말하는바 生氣있는사랑이 될수있을까。우리는到底히 그러한사랑의 存在를 믿을수없는者이다。

바라는바가 있어서의사랑이라면 甚히低級의思想인듯하나 基督敎聖書에根據하는限 어데까지던지 來世의所望우에서는 그所望으로因하야發動하는 사랑인것은 否定할수없다。來世의所望이明瞭한때에 現世의사랑도純全해지는것이오 來世의希望이堅固한때에 現世의사랑도熱烈해지는것이다。故로 소망은 사랑의「바로메-터」이다。이는人生實驗에依하야서만 能히判別할수는地域이다。

强히說明을 붙이려면 바라는일自體가低劣한것이아니라 무엇을欲求하는가함이問題된다。그때그때의政權에認識을얻으려거나 또는時代民衆의稱讚에所望을 붙였다면 그는確實히低級의思想임을免치못할것이다。세베대의 두아들처럼 한갓 그리스도의左右편에 앉기를求한다면 그들의사랑에 참것을期待할수는 없을것이다。그러나 死後의審判과肉體의復活과 그리스도意志의完全한支配下에서 하나님으로부터의 是認을 希望하는 「소망」에는 낮은것이 있을수없으며

[하늘에 쌓아둔] 쌓아둔 (apokeimenon) 이란것은 本來 바사宮廷에서 國家의功勞者의氏名을 年鑑에記錄하는慣例가 있었는데 거기關聯되어 생긴字인듯하다한다。主觀的인感想과客觀的인現實과의 사이를徃來하면서 더높게하기爲하야 좀 도먹지않고 도적도 도적질할수없는 하늘에쌓아들必要가 있는것이다(베드前 一・三~四參照)。

[복음 진리] [福音에서宣傳한眞理]라고도 읽을수있다。異端에對하야福音을 말하는것이다(에베소一・一三,갈二・五,一四,同五・七,고後四・二,同六・七參照)。世上에는 純粹한抽象的眞理라는 것이있다。智者는 모다 이것을찾고 이것으로써滿足한다。그러나 바울은 그런空虛한槪念으로써滿足할수는없는人間이있었다。바울은具體的인眞理를要求했다。即罪에빠진 모든人類를 그대로滅할수없이 人類救濟의方途를 열으셨나니라는眞理가 저에게는唯一의眞理오 그것이 곧福音의眞理이다。

(전에) [現在侵入한異端보다 먼저]인지、「眞理의成就하기前」인지 確然치않다。어느편으로던지 解釋할수있다。

（六） 이 복음이 이미 너희게 이르매 너희가 듣고 참으로 하나님의 은혜를 깨다른날부터 서와같이 또한 온천하에서도 열매를 맺어 자라 는도다。

[참으로] 眞理 그대로。

[열매를 맺어 자라는도다] 結實하고는 枯死하는 풀과같지 않고 福音은 안으로 充實하는 同時에 밖으로 發達한다（띠모 대前三·一六）。 普遍的이오 永遠性을 가진것이 福音이오 邪敎는 部分的이오 一時的이지마는 基督敎는 今當해서는 世界的宗敎라고하면 福音이眞理인證據가된다。 只 이敎가宣布된지不過三十年인當時에 基督敎는 小아세아와 東南歐洲의 一部에 數處있었다。 基督敎의眞價라고 하나 그總數가 트락數臺에 分載할것밖에 못되였을그때에 바울의眞理把持의握 力이얼마나確固한것을。 二千年의世界歷史를 通過한實驗으로 써거의文化世界를完全히征服해놓은 오늘날에處해서도 오히 려福音의文化的眞理性을 못믿어하며 黃金의萬能을主唱하면서基 督敎의衰退를歎息하는 現代敎徒들과比較해보라 바울이얼 마나偉大한가。

（七） 이와같이 우리와 함께종된 사랑하는 에바브라 에게 너희가 배웠나니 그는 너희를위하야 그리 스도의 신실한일군이오

[일군] 服從하야 勞役하는者。 福音傳道를爲하야 하나 님께 使役되는勞働者이다。 雇傭人이라며 卑賤한듯하나 하나 님의雇傭人故로 거긔 더할데없는特權과榮譽를 지니는것 이다。

[에바브라] 골로새人。 바울이 에베소에 滯在한동안에 福 音을믿고 저를代身하야 골로새地方에 傳道하였다。 只今은 바울과함께 로마에監禁되였다（四·一二、빌레몬二三）。 에바브 라의 報告가 이편지를 쓰게만든것이다。

[함께종된] 바울과함께 같은主께使役되며 同一한聖業― 그리스도의福音을異邦에宣傳하는任務가 바울의所任인同時 에 에바브라의聖職이라한다。 使徒바울의同僚로稱함을받은 에바브라의榮譽도 크다할것이다。

[배웠나니] 에바브라의傳한福音은 異端이아니오 信賴할 만한眞正한 福音이니라는 裏書하는뜻이 含蓄되여있다。

（八） 성령안에서 너희사랑을 우리에게 고한자니라 （성령안에사랑） 聖靈속에 참겨서 그안에 몸을닦인結果로 單히天然의至情을 이름이아니다。 사랑의 가장 淸潔하고濃厚한것이다（갈五·二二、로마一五·三〇）

京城聖書硏究會의休講

三月二十六日、四月二日 의二回는休講。四月九日（第 二日曜日）부터 從前대로 續講하겠다。

골로새書講義

七

小鹿島에서

小鹿島에서

그리스도의聖號를讚頌하오며
先生님尊體平康하심을仰祝합니다。千萬意外에聖書朝鮮이
配達되여 잃었었든寶物을 다시찾은感의반가움 比할곳없읍
니다。

世上에서 다시맛나지못하리라고生覺했든知己之友를 뜻밖
에맞날때기쁨이이만하리라고生覺하오며 『다시맛남』의기쁨
이란如干큰것이아니라는것을알었습니다。

이제世上모ㅣ진狂風으로因하여 꺼지려든燈불이 말로다할수
없고人間이헤아릴수없는偉大한힘으로狂風가운데 오히려그
빛을發射하오니 眞實로萬難을헤치고 그逼迫과 그虐殺가
운데傳播하오며 그리스도福音의偉大한能力있음을 새삼스럽게
切實이覺醒하오며 따라서聖書朝鮮은 金先生님의祝福받은
偉大한使命과犧牲的超人間的! 血汗의結晶이라 恒常生覺하
오니 이偉大한小冊子는智慧있는者에겐手紙에不過하고 어
리석은者에겐 참된親友이오니 聖潔함을받은者라야 읽을수
있는 읽어 그眞價를알수있는는神의啓示이오니 小生은聖朝誌를
읽을때마다自責과 부끄러움을禁할수없아오며 冊을 여러
讀者의손에 配達하는것까지 小生의힘에는 너무나惶悚하온
무거운짐이외다。
先生님의 그ㅣ크고넓으신사랑을 깨닫지못하는것같사오나

八

이제後로는 小生에게下送하시는十四冊은 發送을中止해주
시압기仰望합니다。이小生의어리석은生覺에는 小鹿島에는이
제眞正한意味에서 聖朝誌의그中心에熱中하여 참愛讀하는
者하나도없아오며 或있다면 그들은 사랑의負債의重壓을
이기지못하오며 읽기를두려워하고 眞珠를도야지에게줬이
는것을 不合當이生覺하는者임니다。小生亦時聖朝誌를읽기
에不合當한者이오며 도야지오니 좀더祈禱하며 特別한恩
惠를받어야겠사오니 언제든지 견델수없는愛讀心으로써 부
그러움과 두려움없이 다시보내주시라고 엿줄때까지中止해
주시옵기伏望합니다。

이제過去四個年동안小生을慰勞하여주고 깨우쳐주고 힘도
아주든唯一에親友는 自己에게는 넘으나距離가먼 高尙하
고嚴格한存在임을알게될때 小生은 그벗되기를부끄러워하
기보담 오히려두려워하는바입니다。이親友를 何等의反應
이없는世上에 여기저기紹介하든것을生覺하니 寒心할뿐이
외다。그러나 過去四五個年동안에 先生님께서 이땅에베
프러놓으신福音의種子 가마음속에움트는者도 없
아오며 또는펴놓으신사랑의重荷는 지고일어나기에감당치못하는者도 없
있는 이러 그眞價를알수있는는神의啓示
읽을때마다自責과 부끄러움을禁할수없아오며 冊을 여러
지않사오니 이로써빚봄을받으시옵소서。只今突然이이런말
슴을엿줍게되니 甚이罪悚하오나 오래동안生覺하였든바이
오니 十分下諒하압시기伏望합니다。亂筆을容納하시옵소서。
其上白합니다。　　　　　○○○上

主의길

咸錫憲

그때에 洗禮요한이니르러 유대광야에서 전파하야 갈아대 회개하라 天國이가까왔나니라 하였으니 저는先知者이사야로 말슴하신者라 닐렀으매 「광야에웨치는者의 소래가있어갈아대 너의는主의길을 예비하라 그의쳡경을평탄케하라」 하였나니라. 이요한은 약대털옷을닙고 허리에가죽띄를띄고 음식은 메뚝이와石淸이었더라. (馬太三章一—四節)

소리가있어 웨처갈아대 너의는광야에서 여호와의길을예비 하며 沙漠에서 우리하나님의大路를 평탄케하라. 모든골짝이 가메이고 모든山과뫼뿌리가나자지고 고로지아니한곳이 평탄 케되고 험한곳이平地가되매 여호와의榮光이나타나 모든肉體 가진者가함께보리니 大概여호와의입이 말슴하셨나니라. (이사야四十章三—五節)

現代人의特色은 所謂問題를많이 가지는대있다. 무슨問題 가그리많은지、國家大臣으로부터 巷村匹夫에 이르기까지 그問題의解決에만 날을보내고있다. 그리고解決하노라고하 여도 또오고또오고하는問題다. 「生活」이란 미처생각해볼 결울도없고 그저그問題를解決하려 머리를쓰고 맘을쓰고 애를쓰고 손발을쓰는동안에 人生이 지나가고 時代가지나 가고만다.

主
의
길

九

그러면그러한 우리現代人의所願이무엇일가。그와같이問 題를解決하노라고 좁다란이가슴을 恒常못靈의 싸움터로 내말끼고 한숨만을쉬고있는 이 우리個人들의 第一緊한 所願은무엇이며、六七月금음밤에 쏟아붓는暴風雨밑에 내 여놓인벌판처럼 自己自身을 勤亂속에 들어내놓고 있는 이社會 이世上의 정말로 그아픔 바랄것은무엇일가。무엇이있으면 足히우리가슴속에서 그아픔 슬픔 疑心 두려움을주는 모든問題를 除해버릴수가있고、이世上을 어둠과 더러움 과 不安과 破壞에서 진질수있을가。그런어면무엇이있 기는한가。여기對한 世上의모든智者의努力이 無用한것인 것은 現代의世相가 말을하고있다。그러나그런境遇 에 산敎訓을 쉬지않고 부르짖어오는것은 聖書다.

여호와의榮光이 나타나 모든肉體가진者가 함께보리니。

이것은二千七百年前에 이사야가 苦惱하는이스라엘의맘을 向하야 웨친말이었다. 그러나그말은 오늘날도如前히 살 어있다. 果然모든問題의原因은 여호와의얼굴이 가리어진 대있는것이오、그榮光이나타나는날이면 모든問題가 대된다. 우리所願은 하나님이그榮光의얼굴그대로 우리 이머려운마에 나타나시는 일이다.

우리는잃어진眞珠를찾노라고 밤새도록 더듬어헤매는者

主의 길

들이다。或은찾는다기보다도 잃고落心하야 미처울부르짖는者라할수도있다。하는말이 서로連絡이었다。或발거름을같이하다가 서로결켜넘어가기도하고 或손을一時잡았다가 서로싸우기도한다。그러나한번 먼동이환하게를때는 어떠할가。「바로요기있는것을모르고 밤샛것그랬네。」하고 모든손이한대合하야 놀이드는眞珠를 가운대우러러보고 이때것의일을 다버리고 다잇고 기쁨으로웃을것이아닌가。그때는 다른아모것도 있을것없었고 오직 첫光線으로빛나는구실만이

우리살림도그와같다。文化人이로라는 現代사람의모양을보면 머리는머리대로 가슴은가슴대로 배는배대로 손발은제가끔이어서 本能과理性이衝突이되고 情과意志가서로모조서고 知識과信仰이서로反對되며、政治와道德、經濟와宗敎、藝術과哲學、하는格으로 온갖活動이各各손과발대로 제가끔제대로인故로 일홈귀신이들린 막달나마리아모양으로 제가끔中間에서 그個個로는 쓸데한것이 없는것이아니것만

가엾은靈魂만 얼굴이해멀끔해지고만다。그러나 그가운대 하나님의靈光이 나타나기만한다면 일은全然달러질수밖에 없다。사람의맘속의王座에 하나님이그榮光으로 臨하실때 에 거긔어둠이있을理없고 衝突이있을理없고 矛盾이있을 理없다。있기야 모든것이 前과다름없이있을것이나 모든 것은이미제대로가아니오 가운데서四方으로放射되는 無限

二〇

한榮光中에녹아들어 靈魂의산統一을이룰것이다。故로거긔 는자지못하는밤이있을理없고 居하지못할世上이있을理없다。 우리는모진暴風밑에 온밤을시달리는者는있을떠러 잊은떠러 지고 가지는부러지고 밑둥까지뒤흔들려 뿌리조차빠질듯 하며 왼들판이다바다속에 들어갈듯하다。그러나한번아침 해가을라와 검은구름을몰아내고 빛나는光線을 萬物우에 던질때어떠할가。따에는 며러진 늙은낙새기 흘어졌을망 一點띄끌없는空中에는 푸른한늘이더욱푸를터이오、眞珠의 눈물을머금은새싹에서는 生命의새로운자람이 香氣를發하 며 분주히나올것이다。우리의世上도그럴것아닐가。人類의 자랑이라고 쌓아놓았던文化의塔들이 하루아침狂風에 餘 地없이문허지고 濁流속에들어가버릴때 사람들은 文明의힘이란이런것이냐 고 失色할것外에 아무것도었었다。그러나그가운대 하나님 이그榮光으로 나타나시며 그가그絶對愛의얼굴로 나타나실때 世 上은一變할수밖에없다。거긔個人道德과 團體道德의 다름 이있을理없고、物質文明과 精神文明이 따로있을理없다。 階級과階級間에 民族과民族間에 서로어긋남이있을理없다。 故로거긔는、하나님이直接나타나시는거긔는 다시피를흘려 祭祀함이 있을理없다。

問題는오직하나다。所願이란 오직하나있을뿐이다――

하나님의榮光이나타남。빌립이「主여 아바지를우리에게보여주옵소서 그리하면足하겠나이다。」한것은 所願으로서 分明히옳은所願이다。그저그것이면足하다。自殺을하려는者가있는가。그에게하나님의얼굴을 보여주면그만이다。世上을爲해 憤을참지못하는者가있는가、그에게하나님의榮光을 보여주면그만이다。反目하는 두戰線사이에 하나님의榮光이나타난다고 想像하여보라。對立하는두戰線사이에 하나님의榮光이나타 淫婦의寢床에、社會의下水道에、정말하나님의榮光이 가림없이나타났다고하여보라。毒한술에 精神없이醉한者의面前에、의모든問題의原因은 그저하나님의얼굴이 감초인데있다。

이意味에서 이스라엘의歷史는 人類歷史의 한標本的인것이다。여호와의榮光이 그陣營안에나타날때 저들은 이겼고、거기서살아질때 敗하였다。故로그들의詩人은 患難때마다 여호와하나님에게 그얼굴을 가리우지말라고 哀願하였다。

그런데、우리의가장緊한問題는 오직하나님이그榮光을들어내시어 우리모든눈이 함께보는것인데、그런데 事實은 어떠한가。하나님의榮光은 地球어느구석에도 나타나지않었다。하나님은分明히 現代人에對하여 그얼굴을가리우셨다。萬一그렇지않다면、世上이이러하지는않을것이다。적어도 이는 朝鮮에서는 事實이다。이렇게말하면 基督教徒들

主의 길

은 이우에 말한빌립의물음에對한 예수의對答을 引用하여야 가지고、이러한말을 不信이라고 非難할넌지도모르겠다。果然예수는 아버지를그대로어내신이요 그를본者는 하나님의榮光을본것이라할수있다。따라서世上에는 이미하나님의榮光이 完全히나타나셨다 할수있다。그러나果然오늘날 사람은 예수를보았나、보고있는가。예수를보았다할수는없다。記錄을보는것만으로는 예수를보았나。歷史上에이미왔고 그 낮이된것이 무슨意味가있나。해가낮이되었 어도 내門을닫고자면 나는亦是밤의사람이오 낮의사람이아니다。二千年前에 예수는分明오셨다。그러나그가오늘우리맘에오시지않는限 그는오시지않았으나 마천가지요 하나님의榮光은 우리게나타나지않었다。朝鮮안에도 數十萬基督教徒가있다。教會는主日마다 禮拜저녁에도 數十리고 風琴을울려 하나님의榮光을 讚頌한다。그러나그사람들이 정말 다하나님의榮光을 目親한사람들인가。정말主를보았다면 어찌그리世上이답답하기만한가。어찌그리사람들이苟且하기만한가。어찌그리卑陋하기만하고 어찌그리 하고 陰冷하기만하고 無生氣하기만한가。아침해가올러왔다면 왜그리컴컴할가。새벽바람이분다면 왜그리숨이답답할가。雷雨가다쫓겨갔다면 왜그리더러울가、따뜻한별이났다면、왜그리새싹이아니나올가。정말靈魂을蘇盛케하는 하나님아버지의 榮光의얼굴이 환하게나타났다면 人心이이

一一

主 의 길

대로있을理는 없을것이다。

果然우리中에어떤者의얼굴에는 多少의光彩가없는것아

요、어떤者의말에는 얼마쯤의맑은힘이 들어있지않는것아

니다。그러나그것으로는아직 榮光을直視하였다할수는없다。

亦是막킨것이있고 가린데가있고 不自由한것이있고 꺼리

는것이있다。그들은닭의우는소리를듣고、或은어떤直感에依

하야 낮이온것을알었을넌지모르고 門틈으로새는反射光線

쯤을보았는지모른다。그러나直感이나들은것은 어대까지直

感이나들음에 멈춧한다。본것이아니요 反射는어대까지直

射일뿐이오 直射가아니다。우리가率直히告白한다면 우

리는아직 하나님아버지의榮光을、그直線射光을 直視하지

못한者들이다。하나님의榮光을 直視한者는 그瞬間에 靈

魂안에一大變革이이러난다。變質을하야버린다。시내山에서

하나님을본後의모세는 보기前의모세와 한가지사람이아니

었고、다메섹途上에서 예수를본以後의바울은 그前의사울

이아니였다。그와같이 永遠한나라에들어간모든사람은 다

一個瞬間을가진다。그것이다。

는世上으로 건너뛰는 死亡이다스리는世上에서 生命이다스리

는가。우리는果然確信을가지고「死亡아네쏘는權勢가 어대

있느냐」할수가있는가。그런말이나 知識이아니라 그런實

力이있는가。있다면 우리살림이 이렇지는않을것이다。

그러면問題가있다 ──하나님의榮光이 왜우리눈에뵈지않

느냐。이미예수가 왜우리마음안에完全히들어오지못하는

왜그가아직門까지 門밖에서서 우

리를向하야 손짓만을하고 머뭇거리고있느냐。그가우리를

바려서그런가。避하여서 그러시냐。勿論아니다。그의便에

서는 들어오지않을 아모理由가없다。問題는우리게있다。

그의길을 예비하지않었기때문이다。

너의는主의길을예비하라、그의첩경을평란케하라。

榮光의王저는 그의길이없는이는 오지않는다。아름다운愛人

은 담을넘어 侵入하지는않는다。그사랑하는者가 깨여門

을열어맞을때까지 담밖에귀를대고 기다린다。主는强盜처

럼 門을넘어 良心안에突入하지는않는다。어린나귀를타는

이純潔하고 溫柔하고 平和로운王은 眞實한良心이 棕櫚

가지를펴서 길을열어놓은後에야 그殿에오르신다。故로그

길을닦지않고 저를오시라하는것은 그를臆志하는일이오

侮辱하는일이고 苦롭게하는일이다。그의길을예비하지않고

그의臨하시기를 기다리는우리는 分明히잘못이다。

或은말할것이다、우리는그를믿지않느냐고。우리는믿음으

로써 그를만날수있지않으냐고。果然우리는믿는다、그를하

나님의아들로믿고 우리救主로믿는다。그러나정말믿었나。

그는말하기를 아버지의뜻대로하는것이 나를믿는것이라고

하셨다。그런데 그를世上에보내면서 하나님의한말슴이

二一

主의길

모든꿇짝이가메이고 모든山과뫼뿌리가나자지고 고로지아니하였다。이대로우리는하였는가。主의길은直線이다。一直線이오 조금도굽은것이있어서는안된다。로만進行하는것이같이 하나님의榮光도 直線으로만빛인다。地球의百萬倍나되는太陽으로도 한터럭만가로막아도 그것을돌지못하야 그림자가친다。이것이하나님의弱點이다。꾸부린다면 어떤一部에는 便宜할는지모르나 그榮光의光線을 루비최는 絶對의하나님이될수는없다。하나님은 누구에게 온宇宙를두루 占領되기를許하지않는다。그리하야 우리各사람을向하야 自己와의사이에 直線을예비하기를 命한다。二点間의最短距離는 直線이다。하나님과人間사이에는 直線路가열려야한다。하나님이自己얼굴을 보여주시기爲하야 우리게要求하시는것은 이것이다。우리맘에있는 모든驕慢의뫼뿌리는 나자지않으면안되고 모든憂鬱의골짝이는 메워지지않으면안된다。모든社會的不平均의凹凸、모든利己的罪惡의陰險한것을 다없애지않으면안된다。광야같은이世上에 一直線으로 그의길을열어야하며 沙漠같은우리良心에 그의큰길을열어야한다。信仰은쉽다는사람은누군가。이런모든것은 그대로두고 敎會名簿에이름이오른것으로 信者가다된줄아는사람은누군가。新舊約聖書한卷을 사들기만하면 예수를

안줄로아는사람은누군가。二三의慈善事業을行하고 天國百姓인줄로自信하는사람은누구며 하루에몇번祈禱를할고 하나님의榮光을 直視켰노라는사람은누군가。 오히려네맘속에는 숨은대가있지않으며 陰影이있지않나。그陰을한그늘밑에서 네良心은 光線不足의 蒼白한얼굴을 하고있지않나。그때문에 外界의風波를 무서워하지않나。네가萬一 하나님의榮光을보았다면 예수가메맘안에들어왔다면 네앞가슴에서 뒷가슴까지 횡하게뚫닌구멍이있어야 할것이다。네맘속에는 曲路가없는가。크一크가너는데武裝을 完全히解除하였는가。너혼자만 보는暗室이果然없는가。秘密寫眞을 너혼자만 보는暗室이없는가。이들問隙에對하야 確信을가지고 「그렇다」하는사람이있다면 나는저를爲하야 또朝鮮을爲하야 感淚로써 하나님에게感謝할것이다。

하나님이直線을行하시는代身에 사람은曲線을좋와한다。人間이智慧가자란다함은 曲線을잘쓴단말이오 世上이發達한다는것은 社會에 曲線과伏線이 많아진다함이다。하나님은眞實하시고 公明正大하신故로 直線우에 自己義를들어내고 따라서眞理란것은 率直簡明한것인데 사람은婉曲을美德이라하고 修飾을複雜하게하는것을 有能하다한다。그哲學은얼마나難澁을자랑하며 그藝術은얼마나無用한裝飾을좋아하나、그리고그敎育

主의 길

一四

은얼마나手腕있는人物의養成을目的하며 그政治는얼마나策略이많은가. 그런故로 或가다가 하나님에게直接하기를힘쓰는者있으면 저를愚直하다하며 偏狹하다하고 그를가르처現實을모르는 理想主義者라하며 人間을理解하지못하는無敎會主義者라한다. 저의願하는바가 어찌 現實無視에있고 人間沒却에있을가. 저는다만 될수있기만하면 하나님과두사이에 直線路를열어보자고 애쓰는者다. 벗은몸으로神앞에서보자는者다. 저는垂直을爲하야 平面을생각하기를결을하지못하는者라. 언제던지地上에살고싶은사람들은 或左傾或右傾이 問題될는지모른다. 마는永遠한나라를바라는그들은 올라가느냐 내려가느냐하는것이 問題다. 故로저들은 垂直을重要視한다. 平面을重要視하는 人間의社會는左右로運動한다. 故로歷史는 振子運動의過程을 밟는다. 그안에若干의 理想主義者가있지않었다면 歷史는 永遠히同一經路를 反覆하였을것이다. 그러나多幸히그間에 하나님에게 그줄을매는 少數者가있어서 遲遲한之字行路나마取하고있다. 그리면서도 이直線運動者는 恒常그몸을危險한데 내놓지않으면안된다. 安協을모르고 混合을싫여하는그들은 現實主義者의눈에는 恒常人間을無視하는者로만보이기때문이다. 山을올라가는때는 直上하는者를 勇士라하며 七折八折의綏行路를取하는者는 弱者요怯者라하는데道德과信仰에있어서만은 直行하는者는 可憎한者라한다!

예수의生活原理는 直線的이라는것이다. 하늘과땅을 一直線으로連絡하는것 이것이예수다. 예수를믿는다함은 自己를 이直線에合하는일이다. 故로사람은自己안에 이天來의直線光이・걸림없이 들어오게하기爲하야 曲線을좋아하는本來의性質을 根本에서變하지않으면안된다. 이것이悔改다.

悔改하라 天國이가까웠느니라

라고 그는웨쳤다. 그리고그것없이 福音을安價로얻으려오는者를向하야 「毒蛇의種類」라고 怒하였다. 오늘날基督敎者라는사람은 요한을誤解한다. 「天國에서는 至極히적은者라도 요한보다더크니라」한예수의말슴을 形式的으로取하야가지고 스스로는요한우에선줄로 알고있다. 그러나 現代人을定罪하는 도리어요한이다. 저들은그의가르침을 듣지않었기때문이다. 두더쥐의구멍같은 꼬부러진길이 가슴속에뒤서리어있는 現代人을보고 요한은오히려도웨친다.──

「毒蛇의種類들아」하고.

爲先요한에게배우라. 저는한갓妖婦의毒手에 죽기爲하야온사람이아니었다. 네가슴안에 하나님이오시는 直線路를예비하기爲하야왔던것이다. 故로文化의都市의 꼬부러진길을버리고 요단江가에直行路를만들고. 그럴옷입은敎師에게나가라. 그리하야모든옷을다벗고 요단江에뛰여들라. 그리한뒤에主는네맘에오시고네집에오시고네나라에오실것이다.

거룩한 像

清水 譯

創世記第一章에「하나님이自己형상대로사람을創造하시다」라고 써워있다。사람들이 이 語句를解釋하는方法이 아모리多種多樣하였다하드라도 有史以來 大部分을通하여 이記事는字義대로 承認되여왔다。더일쪽이는말고라도 中世紀만되여도 생각있는사람들은 이觀念에서難點을 發見하기始作하였다。그러나一般大衆에게있어서는 이것은根本的信仰이되였었다。美術家가운데서 이敎義는 그대로 描寫되였었다。베니스에있는 聖마가寺院中庭에깔려있는 有名한모자이크는 아직生命이었는 全能의神을表示하고있다。或은 돌에서 或은繪畵에서、或은모자이크가운데서 우에와같은素樸한槪念이 發見될것이다。

昨今에와서는 사람은하나님의형상대로創造되였다는敎義가운데서 初代思想家들것보다는 몇倍나되는困難이늘었고、따라서 여러번試驗되였다。이古代의天地創造說 例를祖述하라고 局限된 天國、地球、地獄、蒼空및天國의窓과더부러 描寫된 古代宇宙說은 사라지고 그와함께컨대밀론에依하야 『물우에앉은神』이라는觀念도 없어지고말었다。이제는하

나님이『肉體的諸部分과情熱』을가지고老大化한人間이라生覺되지않고 또사람도自己自身을 옛날생각대로 하나님의조그마한複寫라고 여길수없어졌다。創世記에있는創造說은 傳說이나神人同形同性說로認定되고말었다。則神을사람의형상대로만들라는것이다。

사람의品性의가장善한要素는 神의性品의反映이라고믿는것은、비단基督敎信者만이아니다。모든世代를通하여 가장훌륭한사람들이異口同音으로『善』이라부르는特性은 사람自身의發見物도아니요、單純히無意識的進化過程의産物도아니다。사람이正義、慈悲、愛、平和같은德을實行할때 그는하나님의意志와一致하야行하는것이다。善한사람은 그렇게믿고疑心치않는다。그는自己의信仰을知識的으로證明하기容易치않은것을 깨다를지는모르나、이러한主義와一致하게사는生活안에서 가장眞實한뜻으로써 그는『하나님의형상대로創造되였다』는事實을證明하고있다는것을確信하게된다。

그러나現代의많은思想家들에게있어서는 그重要點은다른데있다。그들은歷史의黎明期를回顧하야、人間의精神가운데서神의槪念이發達되여온자최를 살펴다。許多한나라와사람과世代가 많은貢獻을해왔다。우―리、埃及、希臘、羅馬、中世紀現代까지도적지않게貢獻하는 長久한歷史의經過를硏究하는가운데서 그들은하나님이 사람의형상대로지여쳤다는것을發見한다。宇宙의秘密을洞察하고 그創造者를發見하라고 모

一五。

聖朝通信

든先知者와 豫言者와 男女의聖徒들이 冥想하고 祈禱하였다。그리하여 議論이進行되어 그들은無意識中에 漸漸神을崇出해냈다고한다。사람의마음이次次로넓어갈수록 하나님에게 對한槪念도 깊어지고淨化되었다。粗雜한神人同形同性說에서 사람을創造하시고 사랑하시는 靈化된幻影으로지나와、한 歷史的時期에 그것은예수의敎訓、그中에도 모든사람이일킨는것같이 山上垂訓의 꽃으로피었다。

하나님과사람의關係에對하여 이두種類의歷史的觀察은 兩立할수없는說이라고 生覺되는것이普通이다。또今日에있어서는 後說을主唱하고 前說을排斥하는것이極히普通이다。

그러나 이두說이 結局에있어선同一하다고보는것이 더깊은眞理가아닐까? 사람은그가第一훌륭한敎師、그中에도예수그리스도의 訓戒에忠實한以上 그를創造하시고사랑하시는하나님의品性을 적게나마나타낸다。그가溫柔하고、平和할진대 그의안에居하시는하나님의永遠한生命을가진다。

數千年을通하여 사람의靈魂이 全宇宙의生命을 거듭生覺하야 永遠한主하나님에對하야 언제나더높은眞理를發見하나님의品性을 적게나마나타낸다。그는宇宙와 宇宙의創造者의品性을次次로鮮明하게깨달아왔다。그러면서도 또그는적어도가장崇高한瞬間에있어서 그가하나님아버지의眞實한像이신「그리스도의充滿하심의키의標準」에 到達하라고 애쓰고있다는것을發見한다。하나님은啓示하시고 사람은깨닫는다。

二月二十一日 (火) 晴。午前中은 北漢學園夜學部生徒들의 消息記念撮影의技師노릇하다。○學校로부터歸途에 明倫町에서友人崔容音敎會監督崔泰瑢牧師를만나 彼此의立場에對하야意見疏通한바 없지않았으나。○但 저녁에 矯風會幹部數人과 十一時頃까지 座談하다。

二月二十二日 (水) 晴。○夕陽에 丁若鏞先生의文集「與猶堂全集」近世의 朝鮮은貧乏한해에 이르러서도 사람은過分의讀者二百部식하는 第五百部印刷됐었는 바 讀者는적고 朝鮮에 글읽는 사람은 當家庭禮拜에發表한者 最初刊에 이르러 할것으로써였다。

二月二十三日 (木) 晴。○入學受驗生을맞우라니 발도못오며써보아도 이편에서一加之에感氣도찾아 아이들을 손에걸리지않는다。몸은괴롭고 功勞없이 受苦하고 家內의突發問題까지도 하루를보내다。

二月二十四日 (金) 晴。北漢學園의朝禮體操치기는 三月號의原稿는여러날동안에 얼골도다못成하는數日前에 두어줄씀으로、저녁에一筆쓰다가 職業을完結치못하고 一頁쓰다가 勞力對案에 아니나 身勢가부럽지않다。

二月二十五日 (土) 晴。午前中은登校授業。午後는 하날도오라와 金力올다。○原稿쓰는일은 집會의準備。두가지일이겹치니 할수없어遺憾이다。

二月二十六日 (日) 晴。登山군들이날로 많어지는듯、藥師寺앞 來往의客이매 빈번하다。○午前中은受驗生처럼 第六講으로第二章八∣十五節 오늘날講習다。○길工夫도 에리屢의信徒에게도 그대로 適合한말슴이다。곧로새書앞 집會에서 골로새町集會의인떼리屢에對한 바울의晉告는 오늘날

聖朝通信

一月二十四日 （火） 晴、夜曇。午後에登校하야 卒業生의入學과 就職書類 두어장調製。○東京事件의未畢한일로市外에某辯護士尋訪。歸途에印刷所에서校正。밤에는原稿。

一月二十五日 （水） 雪。登校授業後에 博物室에서原稿及校正。夕陽에除雪로써保健運動한外 저녁家庭禮拜에도不參하고原稿。禮拜는學園先生두분이 인도해주시다。

一月二十六日 （木） 快晴。지난밤까지 畢한原稿를印刷所에傳하고 淸凉里에열린 校內氷上大會에參列。例年대로一年하루의 스켓팅。昨年보다退步된것갈더니 約十分後부터昨年만치나 한것갈았다。午正에閉會하고 다시入市하야校正。近來에는 國內國外에 집이移轉된것發見。다른事件이 있는것갈지않다。○이보다 里門설렁탕 振替됐등에『聖書朝鮮二月號代金二十錢을 送金하나이다。聖意에合하시면 우리에게 對한來月分의 糧食으로써配當될줄로믿습니다』라고。다음달일을 헤아릴수없으니 이처럼 한달식送金하는것이니다。○初

校도畢하고 暫時숨쉴만하게되였음으로 入院患者尋訪의길로떠나려했더니 赤十字病院서는再昨日、세부란스病院서는昨日、各各退院했으더라고。우리의世上인사는不敏함이每樣此如하다고。○저녁에宋楊두분이來訪。

一月二十七日 （金） 晴。午前登校時에도印刷所에서校正、午後歸途에도校正하다。○정성스러운來信一枚『（前略）。肉身이虛弱하옴갈이 靈魂은 한껏微弱하와 先生님을뵈오매 한마디 입을열수없었음갈이 펜을드오니 한字도써지지가않사옵니다。

中間의四時間은登校授業。○정성스러운來信『（前略）。

嚴然한道德律이 가슴속에있는故로 宇宙의森羅萬象도嚴然히보이는것이다。

一月二十八日 （土） 快晴。晝間은 길이多少녹이다。印刷所에서校正하고 登校授業後에 北漢學園의臨時緊急職員會에恭席。○短信一枚에『下送하신聖朝誌舊號二十四冊拜受했으니 餘裕있는대로餘部를購讀하겠읍니다。創刊號의創刊辭는힘있었읍니다。오늘아침의東역하늘의 셋별은유난히 찬란했읍니다。찬송할것입니다。二十六日』웬일인지近來에는本誌舊號를찾는이가많고 創刊號以下로再讀한다는消息도不絕○또湖南消息에『（前略）先生님！今一月號聖朝誌를拜讀하고久속으로「（前略）」，

一月十五日에宋斗用氏宅에서── 聖書硏究會에서── 받은짐은感銘이 몇時間은 제生命에 기름을부어 거름거리가 바른길로 드는듯하옵더니、날이갈수록 다시흐려여 저가는 이昏昧한몸을 어찌하겠읍니까。

그는 이昏昧한몸을 어찌하겠읍니까。저가는 이 世俗의道德이「支離滅裂한데비겨──참道理의 표양이신 先生님의日記를삼가읽어 마음을 가다듬고 거듭기도하오나 誘惑은 이리도많이 괴롭혀주고 거름이恒常어그로울뿐이옵니다。伏願하옵건대 부디不純하온 小生의靈魂을 先生님引導하

統一된『聖書朝鮮』을 끄내들고「勇敢한高尙한」、몇번이나 참、참、하시면서 입맛을다시시었는고。 ── 한生覺이 났읍니다。읽는

여주시옵소서。 내내安寧하심 伏祝하오며 이만上書하옵나이다。 一月二十四日 ○○○拜上』

지는恩惠를입어 바른道理를 알어 건게하여주시옵소서。

別紙에小生의略歷을 적으오니보아주시옵서。 以下는넘우嚴肅하여 記載할수없다。

每次아침의 셋별은유난히 찬란했읍니다。 찬송할것입니다。二十六日』웬일인지近來에는本誌舊號를찾는이가많고 創刊號以下로再讀한다는消息도不絕。

月號聖朝誌를拜讀하고久속으로「（前略）」先生님! 今一月號의

제가菜紙二面을보고입맛이다시어졌으므로 이런生覺을한것이옵니다（中略）。今月號의

聖朝通信

「良善의道」라던지 「此一節를」한것이던지 「死活的인信條」며 「意味의世界」等各書가 다. 讀者의心靈의저밑바닥을꽉꽉아니맛치지는않지마는 特히 咸先生님의 「요엘書講義」는 참으로 卒든心靈의판닥개이지않을수었을줄로믿습니다. 特히結婚後八年만에 加之에入信後로 처음得男을한生으로서는 하나님께서 주신出로確信하고 그저主님께 당신의종삼어주시기만빌면서 길우진지六個月만에急性胃腸加答兒로一日內外間에肉的으로는永遠히作別을當하고 도오직욥의態度그대로지내오며이것이 聖意에合하시다는데對해서야 더욱榮光스럽지않으냐고하며 無限히哀痛한家人을慰勞하면서 新禱하온가운데 甚히微溫的이 民家人을 主님께서 倍前의熱을加해주시 사當身을 主님께서 倍前의熱을加해주시 거룩하신恩惠와사랑을 나타내 주섰읍니다. 그래이웃사람들은우리夫婦를不可解의人物이라고하고 或者는 毒物이라고도稱합니다. 우리눈에는이런사람들이도리혀異常스럽게보입니다. 아조 쓴집에生死의日字를記합니다. 戊寅年一月十四日早朝出生而同年六月二十三日午後으 死去했읍니다. 以上의境遇에逢着해본生으

로서는 참으로 今月號의「意味의世界」며 「요엘書講義」는 맛있게읽었읍니다. 特히. 남같은 健康을못가진者로서는 많이느끼었읍니다. 〔下略〕

一月二十九日 (日) 半晴. 午後에市內 集會에 골로새書第二講으로 第一章九—十二節을講하다. 新禱의內容으로보아서 도使徒바울이란人物이果然非凡한偉才이었 먼것을알수있다. 昨年겨울에一旦集會를解散하고 場所를變更하는等 일있은後로 集會全體가 수선스럽 기만하더니 이제겨우整頓되었다. 聖句暗誦과其他에우리모임本然의眞摯한空氣가돌 기시작한다. 亦是우리는 門을좁게하고少數와相對하게생긴者이다. ○어떤信賴할만 한이에게聖朝二月號의校正한것을 오늘아 침에印刷所에傳하기를不可했던것인데 그이의無心한失手로午后五時頃에야滿一日 遲延된심이다. 五時半에는工場이쉬는故로滿一日 遲延된심이다.

一月三十日 (月) 晴. 寒氣매우풀리 다. 새벽五時에깨니 먼저시작된일은 聖 句暗誦이다. 工夫、特히聖經工夫는舊式으로暗誦하는것이第一인듯하다. 亦是「讀書百番意自通」이다「日曜集會의會員들의流暢 한暗誦에激勵되여 敎師自身이부지런해지 는일感謝. ○먼저 아침에印刷所에가 校正 하다가 다시印刷所와家庭의時間이簡車 가돌듯이 서로물고도라가니 바쁘다면 바쁘지만은 재미스럽기도하다. ○校正室에 서 「聖書朝鮮」을校正하는것을보니 김선생 이안이냐」고 인사하는兄弟있어서 듣고보 니 思慕하는兄姉들과 함께일하는친구여

았거니와 하루의遲滯는印刷機의形便如何 에따라 數日乃至一週日이라도遲延하는原 因을짓기쉽다. 聖朝發刊、그早晩이讀者의 마음苦痛을反射해서影響주는余의心境을살 피는이는 人間世上에하나없나보다. 寂寞! 이니라는敎訓을 分秒를다투는일은 손수할것 但所重한일、分秒를다투는일은 손수할것 이니라는敎訓을 때에서사겨배우다. ○或이가 르되 聖朝一月號는 일히의 가죽을쓴양 이라고하더라고. 아무리變裝했을지라도智 慧는智慧의아들에게認識된다.

로서는 참으로 今月號의「意味의世界」며 「요엘書講義」는 맛있게읽었읍니다. 特히 남같은 健康을못가진者로서는 많이느끼

外間에 五時半에는工場이쉬는故로 滿一日 遲延된심이다. 우리눈에는이런사 그래 이웃사람들은 우리 부 五時半에는工場이쉬는故로滿一日 休刊했던일을 다시시작 해서 겨우一月十八日에 一月號를發送해놓 고 二月號를定期日에 發行하기爲하야分秒 를 다루는中인데 오늘 이 失策을한셈이다. 이遲延된심이다. 우리눈에는이런사 이 이제는二月一日發行은到底히 바랄수없이되 니 도리혀異常스럽게보입니다. 아조 니 生死의日字를記합니다. 戊寅年一

서 반가웠다。 또 矢內原氏의 紹介로써 校正室까지 찾아온 兄弟있어서 紛忙한 中이라도 胸襟을열어놓고 淸談數刻。 에 矢內原忠雄氏같은이를 알만한 사람이면 于先이야기할 興味있는가닭이다。

一月三十一日 (火) 晴。 山麓을 아침에떠나 印刷所—總督府—養正學校—印刷所—北漢山麓、 이렇게뛰여다녔다。 二月號의 定期日發送은 기어이 어그러지게되었다。 ○雜誌發送用의 皮封을 쓰랴니 어게가 매우 오그러지는듯 아펐다。 疲勞가積滯된가닭인가。 ○사람의卑劣이다。 醜雜한 一面을보고 心火를이르키다。 故로밤十時頃부터 洞內 움집에나가 자정넘도록 閑談하는것으로 時間을浪費하고 다시月夜에 눈을밟으면서 午前二時넘도록 시내스가를 오르네리다。 朔風은 나무꼴에불고 明月은 눈속에찬데 내손에 一長劍집은것이아니라 내 靈이 벼들을向하야 진과탐른한 소리아니치고못하다。 건다리 도리어 豪遊하듯이 紛忙한 오늘밤에 時間的으로크게 豪遊한심이다。

二月一日 (水) 晴。 먼저印刷所에가서 다校正하고 總督府와 養正學校에다녀서 다시印刷所로。

○五山消息에 『하나님이 兄의 靈은 勿論이어니와 身體의健康을 特히도아 주시기懇願합니다。 今後原稿를新約으로한 中으로不逢하는 學校와 밀禮拜堂을보았으나 名啣두고왔으나。 四里外出 氏를찾었으나 不在이어섰읍니다。 徒步로四里나가서 故崔氏아우가 經營하는 學校와 밀禮拜堂을보았으나 春光에 家家戶戶에全部鷄舍 에서 主로活動했다고합니다。 洞中을 一瞥함애 그럴듯합니다。』 다면 爲先前番히뵈리書를 그대로發表하여도 좋겠는지요。 또分量이... 工夫의不足。

聖朝通信

二月二日 (木) 晴。 어젯밤부터 오늘종일 매우추웠다。 ○二月號는 昨日까지에 校了되었고 許可도되었으나 이번은 印刷機 그룹—會社、 學校、 官廳等等에서 이만한 特殊取扱을받는일이 容許되기는 容易한일이 아니다。 ○水原消息받으니 尋訪하고싶은생각이 간절하다。 『오늘 野牧里에가서 崔

二月三日 (金) 晴。 日氣 多少溫和해지다。 ○學校에서는 明日視學官이來校한다고 大掃除로 야단법석。 德澤에 博物室도 매우깨끗하게되었다。 ○視學官存在의理由를비로소이해하다。 ○某氏의明月館招待 실이있다는 廻覽紙를接할때에 「金先生은의레히缺字를쓴다」고 同僚諸氏가異口同調로 말함으로 謝絶하기도 無難하였거니와 「今後로는 이런일에는 置之度外하자」와 「缺席할것은 不問可知야」 하는 提議도있어서 甚히고마웠다。 무릇 어떠한社會、 京城市內에서 店房을 讓渡할때에 建物보증地設備代金外에 「權利金」이란것을多

一九

聖朝通信

二○

大히 授受한다하거니와 余의 宴會缺席의 「權利金」을 金額으로 換算한다면 얼마나될까。 적어도 百萬圓안에는 안될게야。생각할수록 養正學校는 世上좋은 學校다。나와같이 非社交的 人間을 十數年間시비없이 두어둔것만해도 그度量의 넓음이 바다같다。○저녁에 一하나님의 사랑을 背反하고 眞理를 그릇非罪人이 牧者의가르치심을 듣고자왔나이다」라고 씨名縅으로써 面會를 請하는 大學生이 있어서 接見하다。山麓의雪路에 오늘세번째찾어와서 저녁찬바람에 門外에서待하는 誠意만하여도 可히 敬愛할만한靑年이었다。밤열시가까워辭退하려할때에靑年은『한가지놀란것이 있읍니다、信仰이란 單번에 되는줄로만 알었었는데 三四年間의 聖書硏究가必要하다하시니⋯』라고。大學까지다니는 인테리한사람이 참된크리스찬되기까지는 적어서三四年이오않으면十年은착실히硏究해야할것이니라고確答하다

二月四日 （土） 晴、夜雨。登校授業時에 總督府朴視學官來校、授業恭觀과新任인사。○大東印刷所의 모ー타故障으로二月號의印刷途中에停止되고있다。修理하며면 十日間을要한다하며 새것을購入하려

니 統制政策下에 살수없다한다。多難한 二月號는 그대로 버려두고 三月號의原稿나쓰는수밖에別道理없다。○山에올라聖句暗誦、書齋에도라와 골ㅅ새書工夫。○歸去來辭에『先生님安寧하십니까 門下生은 昨日（二月二日）에 金融組合을辭職해버렸읍니다。암만생각해야 素質이經濟방면으로아갈素質이 아닌것갈읍니다。社交術에는 零點이고 이社會人과는調和가안되고 이 社會와는因緣이먼것갈읍니다。이제부터는 信仰을확執할것을 切感했읍니다。信仰아니고는 이惡에消化될것갈읍니다。上京하야저의過去一年報告드리고將次 ○○에先生님과여러議論도할作定입니다。門下生○○○上書』

二月五日 （日） 晴、立春。아침에洞口까지눈치기。○市內集會에司會까지兼하야 골로새第一章一三ー二三節을講하다。實로 偉大한大文字이다。아무리說明해도 다할수없는文字로다。○저녁에 무룩을먹음으로써 立春을記念하다。○十餘年間쓰던 귀우비개（竹製）를 몇일전에잃으므로 不便을느낀뿐더러 心境이매우寂寞한感도不無하다。

수없는愛情이 생겼던모양이다。

二月六日 （月） 晴。昨今兩日非常히春다。南鮮北鮮에는積雪이 一尺以上四五尺에達했다고報導되다。○아침에印刷所에들러니 모ー터새것을購入하였다고印刷機가運轉되는中이었다。○登校授業後에日本精神發揚週間에關한職員會。官公立學校에서는監督官廳의指示대로의行事만하면足하다는데 私立學校에서는 指示事項以外의일까지行하야賞馬하기에苦心하려하니 私立이官公立보다 一層忠誠스럽다할것이다。○歸途日沒後에印刷所에드리 二月號의一部分만인저送發하다。

二月七日 （火） 晴。酷寒이 아직 풀리지않는다。○登校하야昨年度卒業生徒의上級學校受驗의書類몇일을作成發送하고 ○초상집을尋訪키爲하야龍仁郡까지往返하다 往路엔京城서水原까지歸路엔新葛서水原까지乘合自動車를탔음으로地理의見學을兼하다。但까슬린 넘새에 멀미가甚하였다。○五山소식에『兄의길을主게서 몸소맡으시기비웁니다。弟昨日은詩三十七篇을읽고살어났읍니다云云』。죽었다 삶이참사는일。

二月八日 （水） 晴。아침에矯風會幹事

비록二錢짜리물건이라할지라도 내손내귀에는잘맞는것이어서 다른것으로는 바꿀

聖朝通信

들과 함께 北漢學園授業을 恭觀하다。○登校
授業後에 宿直。蓬萊丘上이 매우고요하다。○
편지答書의 負債를 힘써갚고져 五六枚썼으
나 아직도 淸濟못된것이많다。○濟州島
소식 一枚『一月號聖朝誌받고여 간반가운게
아니었읍니다。表紙裏面보고서 저와같은
鈍感으로써도 今般問題視되게무엇이었음을
大綱斟酌할수있었읍니다。先生님의 苦心도
萬分之一이나마 저로서도맛보는것과도갈
었읍니다。世上에는 제良心을고대로맛못
하는其督教가 얼마나많을가를生覺해보았
읍니다。世界에서는 가장不遇에處해있는
데를갖다두어도 도모지容納못할무리가많
은데는 寒心할수밖에없읍니다。언젠가先生
님께서하신말슴가온데 참偉人은現朝鮮人
의處地야말로 가장有望한機會라는意味의
말슴이記憶되옵는데 現朝鮮에서는 事實基
督教徒中에 참스데반이排出할 어떤意
味로보아서 좋은機會일가하옵니다。本來
믿음의家庭에태여난저로서도 남달리教篤
라스트에 꿇인을 向하리이다。世上사람
이 나에게『반드』를 줄여고하나 그것
안歸集해서 지내는동안 信仰的으로는 많
은깨달음을 느꼈아온데 이에反하야良心的

畔地야말로 가장有望한機會라는
下『（初略）聖朝二月號는 오늘感激깊게읽었
나이다。先生님의 그恩愛늘이가슴속에사모
치나이다。『聖徒의밀레이』이靈音은두줄
기의눈물을자아내고도 남음이 있읍니다。
진정코 小僕（저）에게 밀레이의 「반드」
를줄者는果然누구인가。
　　사랑의 임이 널으사대
「눈물을거두라世上사람이 준「반드」는나
와상관없고 내가준것 이래야만 사랑
의膳物을 얻으리라」
오ー사랑의임이여 지금곧 밀레이의「반드」
를 나에게 주옵소서 죽음을 뿌리치고
揚의 行列을지어 倭城臺ー若草町ー鍾路
三丁目ー光化門通에서 解散하다。○湖
南消息에 『（前略）

二月九日（木）晴。여러날만에寒氣조
곰풀린듯 낮동안은街路가녹였다。○歸途
에市內書店몇군데를들려收金하다。店主의말
에『다른雜誌같으면 한달만지나도 所用
없는것이지마는 이것은特殊한것이니 묵
은것도 찾는이가 종종있읍니다』고해서昨
年度의 殘品도 그대로두다。○短信一枚如
下（初略）

聖書朝鮮一〇六號부터一一八號까지 一一
九號는다섯冊 如右히願하오니 來○○××
町에서 代金과交換하게하여주시면 感謝
惶悚하겠압니다。先生님의 平康과아울러
貴社의 임께榮光돌리심을仰祝하나이다』

二月十日（金）晴。아침에閨君이여 北漢
學園授業을恭觀次로왔음으로 案內하여함
께恭觀。○養正에서는午後에日本精神發揚
의講演會。○東京短信에『拜啓先日은御目
にかゝれて誠に嬉しくありました。其後雜
誌は如何なりましたか。心配してゐます。
御地基督教の壓迫に關して小誌に何か書き
たいと思ひますが、御迷惑をかける様な事
があってはと差ひかへてゐます。むやみに
官憲を怒らせるより靜かに福音を說いてゐ
て、開かれる時に「イエス」「ノー」をはつき
り言ふ方が善いと思ひます。神の御護りを
熱心に祈つてゐます。』

二月十一日（土）晴。午前十時半에登
校榮式。午後 零時五十分부터 朝鮮神宮
廣場에 市內 中等學校모여 日本精神發
揚의 行列을지어 倭城臺ー若草町ー鍾路

安苦憫은正比例로高潮해지오니 딱할뿐이

二二

聖朝通信

就伏白 昨日今月號의 聖書朝鮮은 반가히 받어읽었읍니다。그래그冊을손에들자그瞬間內心에表紙裏面에 그무엇이또실리지나 않었었나하고 퍼본즉 아이고 나보아라 ㅡ는듯이 나볼거진놈이 퍼였었읍니다(中略)。先生님! 今月號는어쩐일인지 形言할수없는悲調를띠고있는것같읍니다。後面表紙의上、中兩段의記事가그렇고 사랑하시는 넷째따님의作文「우리집」이라는것이揭載된意味가 或은尊宅의狀況을最後로우리讀者等에게 알려주시려는것에 있지않나하는生覺으로 一種의哀氣가떠도는感이없지않읍니다。참으로 聖書朝鮮을바라볼때에 두눈에눈물이 핑돌고 몸에소름이쩍쩍끼침니다。特히 小生과의關係를一考해볼때 더욱 그렇습니다。그러나 그러나 우리一片丹心을挫折시킬者는 그누구일까요。萬邦들으로지聖意에맞기을마틈이겠지요。저矢內原先生의말씀과같이 우리가末世에 있어서 宗敎生活은 못할지라도 信仰生活은할수있으니 조곰도念慮할것없겠지요。先生님! 우에서내리신 거룩하신慰勞 많이받으오시기 비옵나이다。溫暖라는이南鮮地方에서도 机上에 잉크는 別로안어러도 손은굽는데 그京城의毒寒裡에서지내시기어려우시겠습니까。더욱히 土幕民等의生活거리에헤매이는 可憐한兄弟들 참으로生覺만해도 끔직합니다。

先生님來來安寧하옵시고尊宅에恒時저거룩하신恩惠豊盛히내리시기비옵고 餘不備上書하나이다。己卯年二月八日夜○○○再拜』

이였음은聖朝誌百五號에揭載된『非常時局에處한信仰態度』의글을보아 先生의聖朝誌刊行하는 그무엇인가 一面을 銳視할수있는 關係로 그리差誤된 生覺을가진것이였었읍니다。故로 近頃은 聖朝誌舊號를보며 一次 刊行如否를 問議하려든次 東亞日報新刊紹介를通하야 續을보고 實로 반가움을 이기지못하야至急 보려는慾求에故에 代金壹圓을同送하오니 一月號부터二月號까지 時急付送하여주심을바라며 失禮합니다。二月九日 ×× 港 ○○○ 拜上』。近日은 休刊인지 하나님만이 아실것이다。

二二一

二月十二日 (日) 曇、後晴。午前中은 聖書硏究'아직 冬節이라 아무遊興客이 妨害도없고 山麓의半日이매우고요하다。但藥師寺에서 재을한다고 종종요란한소리들려오다。○午後의市內集會에서 골로새書第三講으로第一章二十四節부터第二章三節까지講하다。캐면캐면수록無盡藏의寶庫이다。會員中에 미리通知못하고缺席하게됨이는 오늘은速達郵便으로 前日에는電報로써缺席함을屆出하였으니 이것도우리集會의一面일것이다。暗誦은골로새第一章十三ㅡ二十三節의그리스도論을朝鮮語或은獨逸語로써流暢하게하는이도있었읍니다。○注文書一枚如下『鴻恩中先生님貴體淸康하옵기祈願하나이다。敎生은前부터先生님께서刊行하옵시는聖朝誌의讀者올시다。先生님의聖朝誌를愛讀하면서 때로는聖朝誌讀者의資格을 잦우지못한無誠意極에達하는者인同時上記와같이 熱熱한愛讀者라는것도告白하야부끄럽지않은者임도自處합니다。近一年間이나聖朝誌와는訣別하지않으면안될境遇에處한關係上只今에至하여서는 訣別하지않고있지않을가하는生覺으로注文을斷念한것

二月十三日 (月) 曇後晴。아침에山野와草木에 서리맺혀銀裝한風景이甚히아름다웠다。오늘부터 봄날같은日氣되였다。

凍結하야 오래ㅅ동안 使用치못하던 품
푸물을 개스불로녹여배기시작하고、겨울내
로 數朔間담。혀두었던書齋를開放하고 大掃除
하다。○養正에는 地理授業時間에孔子의
教訓을力説하다。○北支의資源全部보다도曲
阜産孔子가 더른것인가닭이다。○午後에

二月十四日 (火) 晴。오늘아침부터품
푸물을使用하다。물의貴合을今冬에 절실
히깨달었다。겨울래로 얼어붙었던便所를
大掃除하기에 땀을흘리다。○午後에原稿
를印刷所로傳하고 登校。저녁에는北漢學
園夜學部에臨時代理教師노릇하다。二部教授도
어려운일인지을發見하다。先生한
분이病席에누어계신까닭이다。小學校讀本一、
二卷가르키기에 大端한技術을要하는일임
을알고 무엇이던지初步、入門을가르키는
이에게 甚深한敎意를要하게되다。

二月十五日 (水) 晴。오래만에 쓰게
된 돔무물이 넘어고마워서 두번세번물
을갈어머놓고 새물로세수하다。우리우
물하나만해도 다하지못할感謝의材料어늘
어찌不滿不平이 내속에 남을소인가。京·
城驛에서小荷物便으로聖朝誌合本을發送하

聖朝通信

고登校。授業後에生徒處罰에關한職員會。
大體로 젊은이와 늙은이의意見이對立하
였으며 늙은이까지도少壯派의先
鋒에나서서强硬論을主張하기로─手이다던
의性味가 이제매우變化된것을發見하었으
니 더욱奇異하다。두시간 지나서도會議
가 끝나지못했는데 이미黃昏이되여서無
燈自轉車通行의의是非를받게되었음으로 會
席을早退하고自轉車를 달리다。黃昏의街
路에危險을 不顧하면서 自轉車를제비날음
으로 날리는光景은 亦是自轉車ㅅ군끼리
라야 그心情를洞察한다。○數日來로海
南島占領。新聞紙上에 요란하다。○저녁
에家庭禮拜。에스더第四章을輪讀하다。

二月十六日 (木) 晴。百年大計로平生의
永住地를 擇定하라는問議書가 때를같이
하야 邊方두곳에서 날어들다。그중하나
는『先生님下書는 奉見하였읍니다。事實
은 저亦複雜多恨하야 오늘은이리해야
짔다하다가도 또어찌生覺하면 안이라고
하고합니다。先生님 문제는 나의一生을발
혀살만한곳과 할만한일이문제인줄압니다
어되서살아야 조선사람답게 또聖徒다울
명하여주십시오 따라가리다。시몬이모든
것을배에두고 예수를따르드시」믿고 따르

달릴지가 문제입니다。先生님告白하거니
와 나의지금의生活은 全部가거짓으로되
였으며 혹은方法或은手段 或은形便을따
라 속이며 미워하며 게으르며 기도안하며
성경도안읽고 그저그날그날을 아츰부터
밤까지 거즛으로달리여 되곤한몸을 자
고깨달다합니다。先生님咸先生님께도말슴을
드립니다 나의마음은先生님의가르침
을믿고 따라참다운사람답眞實
實한聖徒의길을거러가려합니다。그래先生
님의가르침에 服從하려합니다。家庭 子息
父母 兄弟 어느것이 평화와즐거움이며
어느것이 眞實한父親으로 男便으로 살
수있을는지 오직主예수그리스도만을 꽃
으라 現在의이몸은 도저히감당치 못할말
以上의말슴을올린바와如히 거즛과게으름과
기도도안하며 성경도안읽고 家庭禮拜도
없으며 子息에게基督의眞理의말슴도 가
르치지못합니다。그러나先生님 이러한저
라도 할만하다고보시면 先生님引導하여주
시옵소서 하게하여주십시오 命令으로呼
令하여주십시오 시온이모든

一二三

聖朝通信

一二四

價値가 매우 薄弱하지마는 偉大한 人物이 足跡을남긴點으로보아서는 다른아무大陸에도 못하지않을줄로보아서는 理學이아닌것은 勿論이니 上級學校受驗과 就職職線만을念頭에두는人間에게는 何等 有益이없을것이다。○嶺南에서 千里王이라는이로부터 「하나님의사람」이라는題目으로便箋十枚의原稿가飛來하였는데 그文體는古代豫言者를模倣한것같애서 읽기에 不快하나 끝에가서『그러면末世에牧師된 우리들은每日第一種은淸晨의數三時間을하나님께바처서 密室에서熱心으로新禱하사 사는伏羲, 이要求가늘다不遜하고 주제넘은것같아 몇번躊躇하였사오나 先生님은 「主안에서 굳게서신분」이라는믿음 이믿음에勇氣를얻었습니다。先生님을爲하야新禱를 드립겠으오니 容恕하시옵소서。

己卯年二、一七　○○○　再拜』

이무고간편지에 『拜啓、先生님、갈갈못 찾는靈魂을불상히녀기사 感謝너무어니 몇일을두고 便紙를쓸랴하 이내쓸말을 찾지못하야 너루지 生覺타못하야 日記帳을가지고있음 못하고 生覺타못하야 저를念慮하노라고 잠들기前 最後의생각에도 저요、꿈절에도 저를생각, 잠잴때에 第一먼저 생각에오

任上發表할수없다。○不在中에某大學生君 名으로造作한것인지도 알수없음으로 責 千氏가누구인지必然이것이人名或은匿 敎訓이었다。大體로雜誌上에公開할만도하나 저들은自己意見에符合하거나利用될만한 라고 배〻심을 내민다。信從의提議는 달

이如此히하야 한장의便紙로思想을通하기不能한마큼이요, 또한이日記는先生님에게있어始作한것이요 但이것도正統地 先生님께對한懺悔라해도過言이아님으로 便紙代身必覺마라면 感 입니다。本是 제가便紙를드리고자함은感謝를表하랴함도아니오 禮儀를찾으랴함도아닙니다。저는 아즉信仰이굳지못하고 所聖이確實치못하와 이대로가다가는어찌될지 겁이납니다。그래서先生님께 指導하야주시옵고 新禱하야주실사를附託, 또한 가지 좀더저를알아주시고 사랑하야야新禱를 드릴것같어 이글을爲하야 드

二月十八日 (土) 曇。어제밤늦게ー라기보다 오늘새벽 일즉이 校正과原稿의일을畢한後에 某大學生君의日記를읽고 저의現在의處地를 생각하며 將來의變轉을念慮하노라고 오래 잠들지 못하다。잠들기前 最後의생각에도 저요、꿈절에도 저를생각, 잠잴때에 第一먼저 생각에오

리이다。眞實한조선人이되기위하야 聖徒가되기위하야……(下略)』이렇게指導하라는督促받기가 한두번뿐이아니오 이런種類의熱烈한指導를請하는이가 이兄弟뿐이아니나우리가容易히「命令으로號令을」나리지않는것은 成案이없어서가 아니라 사람을信任할수없어서다。일직이 모든敎派를 남을하고 오직無敎會라야하겠다고 따러오며 先生님말슴이라면 죽기까지絕對服從할터이니 때려줍소서 죽여줍소서 하고 좇어오던이들도 一旦實際問題에부닿지고보면 皆日 先生보다自己만常態며 하나님보다自己의口腹을崇拜하였다。저들은自己意見에符合하거나利用될만한지 先生을따르는것이오, 한번相違되는날에는 의례히先生은皆日 라고 배〻심을 내민다。信從의提議는 달다。그러나 背逆의주먹은 쓴다。

二月十七日 (金) 雪。 第二學年地理時間에 阿洲의講義完結되는 故로 「아브리까洲에關係된偉人十名以上을列擧하고簡單한說明을附하라는課題를提出하여보았다。어면人物을記錄하는가가 매우興味있는問題이다。이大陸은利用厚生의見地로보아서는 니다。그理由는 저의 요사이生活의混亂함

른것이 또한 저렀였다。

○登校授業後에 今日까지卒業試驗을 맞훈第五學年生徒들이 卒業에臨하야訓話 한번 듣기를請하는것을拒絶하다。지난第 三學期동안은余의授業時間이없었고 오늘 卒業式날에도 余에게 言權이 없젔음으로 이렇게特講하는것이니 余에게 그心事가 노상 득하지않은것도아니나 余의最善을傾注하 야 하고싶은것도있도아니다 余의소름量을말할수있 는자리는 每主日의 聖書研究會있을뿐이 다。값있는 眞理는 分配할수있는까닭이다。

○某商人에게만 選別되고訓練된 聽衆을 기다리노라고 二四十分만 待한다면것이 이력저럭 四五時間을 虛費하고 午後五 時지나서야歸宅하니 明日의準備에 多大 한支障이생겼다。저녁에 늦도록 끌로새 書研究。解釋의 必要로 論語도工夫하다。

二月十九日 (日) 晴。舊正月一日。
曆설을廢止하라고 官邊의 야단이甚한 모 양이었으나 그래도洞內에 떠치는 소리連 日不絶하였고、오늘은 울긋불긋한歲拜군 의行列이 街路에 개암이陣처럼 느러졌다。

모든統制時代에도 二重過歲만은 손멜수 없는듯하다。○午前中에歲拜客두어차례있 었으나 禮를 돌보겨를도없이 끌로새書 를工夫합에서 學生들의試驗工夫모양。市內 集會에서 끌로새書第五講으로 第二章四 ─七節을講하다。○小說「常綠樹」를讀了하 다。學園經營에恭考될까하야 大多한犧牲 이나하듯이 아까운時間을들여 通讀하였 다。끝이될수록感動이 깊었다。崔孃같은 先生이 있다면 學園經營도 매우쉬운일 일듯하다。그러나 小說의女主人推容信孃 의信仰이 그程度에지나치못이 或은作者沈 氏의思想이 그程度에지나치친것이 없었는 지는알수 없으나 要컨대「일하라가세」라는 찬송가以外에 아무짐은것도 높은것도없 어보이다。여기 比하면 春園의「사랑」은 文章으로보면지 思想의짐이로보면지 果 然巨匠의솜써인것이 分明하다。一部文士 들은「사랑」上編까지도 넘어宗敎的이라느 니 時代遲의作品이라느니 하고評한다거 니와 우리로써 말하라면「사랑」下編에는 좀더深奧한信仰의世界와 더욱高遠한思想 의나래가展開되어서 市井의文學靑年들로 하여금 開卷할興味를 얻지못하게하는同

眞價의批評을 百年二百年後에 待하는 作品이되고기를 은근히期待한다。朝鮮文壇 에서누구나 한사람은 이러한犧牲의祭物 을 받처야할것이다。

二月二十日 (月) 晴。連日 따뜻해서 解氷의물이 시내에 소리치며 흐르기시 작한다。一年中에도 解氷期의山麓景槪가特 異하다。○登校授業二時間後에 北漢學園 學藝會의일로 一卽寫眞두어장 박고 岩下 에서함께 新編。집에서는 今年度의 메주 를 쑤느라고 더웁다。溫突이 불같이
○어떤信仰의友人으로부터 『......併し一行 たりとも 貴意を 反對の 節を 良心にさへ 其かれるなら 何卒新つてよく 御考察下さいませ それは 主を 否む事になり ますから 何卒新つてよく 御考察下さいま せ 云々』의懇曲한付托이 있었고、또한 『金先生 に 御賛同を 得る 事は 如何んとも 出来ない事と 思ひ』 云々의短信이 또다시 드리니고있다。○M君의寫眞두어장 까지散步。집에서는 今年度의
たり 御考察下 生을 찾아줄때先生 님의 피와結品 그것임을 直覺하게되옵 表题로부터 廣告欄까지即讀하고 무슨奇 跡을보는것과같은感懷와驚異로써 만지고 또만집니다。이時代에 이冊 또한집니다。그렇습니다。이時代에 이冊 의出世는 큰奇跡이안일수없읍니다。이것 은하나님이 이百姓을 버리지않으시는씀불 입니다。先으여기에서다시시금에메아의 좀더深奧한信仰의世界와 더욱高遠한思想 「조단행」을 보나이다。이「조단행」으로흐르 는하나님의生命이 흐르는날에야 左右를次 「조단행」背後에 確然히 알려 나에게주실줄믿는 다。(十六頁續)

【聖書朝鮮】第一百二十二號　昭和五年 一月二十八日 第三種郵便物認可　昭和十四年 三月一日發行　每月一回一日發行

本誌休刊（廢刊）의境遇

聖書朝鮮誌가 長期休刊 或은廢刊되는 일이 있을 境遇에라도 聖書朝鮮社는 當分間 그대로 存續하야 두고 本誌의 舊號及本社出版物의 注文에 應하게될것이다. 廣告할機關도 없겠음으로 지금미리 가지를 알리고저한다.

本誌舊號의定價統一

本誌創刊當初에는 一冊定價二十錢이었고 最近에 第一一二號以後로 다시定價二十錢이 되었다. 그中間에는 定價十五錢이 大部分이었으나 暫間몇號는 定價十錢이라는 時期도 있었다. 其外에 臨時로々々 特價提供한 일도 있었다. 그러나 이제는 舊號의殘品도 얼마 남지않았거니와 定價의計算과特價有無의照會等이 귀찮기 定價와 特價를 統一로만 하야 一册二十錢으로 統一한다. 休刊하고 안하고에 關係없이 이것은 實行할터이다. 但 今年四月一日부터實施.

本誌의特價提供期間

右와 如히 實施함에 際하야 或은 前例에 期待하는 바 있을지도 모르나 全無하지않을것이므로 只今卒然間 右와같이 變更하기를 猶豫하야 今日부터來三月三十一日까지左記대로 特價로써 提供하야기로 하였다.

① 自創刊號至五九號　每一册十錢
② 自六〇號至一〇七號　每一册十二錢
③ 自一〇八號以下　定價대로
④ 基督教의精神　定價一〇〇（送料二〇）
⑤ 山上垂訓研究　七〇（送料六錢）
⑥ 푸로테스탄트의精神　一〇〇（送料三錢）
⑦ 無教會　一〇（送料三錢）
⑧ 以上三種의單行本도 右特價期間內에限하야 二割引함. 但 送料는 右에依함.
⑨ 其他 傳道用으로同一號여러책所用이게는 特別計算할수도있으니 따루照會하라.

本誌合本（洋製布皮）

第一卷 自一號至一九號 定價二·五〇送〇·二〇
第十卷 定價二·五〇送〇·二〇

興品으로 意味있음이다. 永的保存하기에 便하며 贈與品으로도 意味있음이다. 合本第一卷以下 第九卷까지의殘品若干식 있다. 第六七卷은品切. 이殘品에限하야는 舊新의差別없이 統一一割로 할것이다.

本誌定價（自五月號改正）

一册　貳拾錢
六册（送料共）前金一圓十錢
十二册（一年分）前金貳圓貳拾錢。直接注文은 前金貳圓貳拾錢要前金。振替貯金口座京城一六五九四番（聖書朝鮮社）로。

取次販賣所
京城府鍾路二丁目八六　博文書舘
京城府鍾路二丁目九一　耶穌教書舘
東京市麴町區九段坂 向山堂書房
新聲閣（咸興府）　茂英堂（大邱府）　北星堂（平壤府）　信一書舘（平壤府）

昭和十四年 二月二十八日 印刷
昭和十四年 三月 一日 發行

編輯兼發行者　金教臣
京城府外崇仁面貞陵里三七八
印刷者　鄭敬德
京城府仁寺町一九ノ三
印刷所　大東印刷所
京城府仁寺町一九ノ三

發行所　聖書朝鮮社
京城府外崇仁面貞陵里三七八
振替口座京城一六五九四番

【本誌定價二十錢】（送料五厘）

110

金教臣 主筆

聖書朝鮮

第壹百貳拾參號

昭和十四年（一九三九）四月一日發行

昭和五年一月二十八日第三種郵便物認可
昭和十四年四月一日發行（每月一回一日發行）

目次

111

復活節

凍結하였던大地가 어느덧 부드럽게 녹었고 枯凋하였던草木이 이미 生命에넘친 싹으로 뛰여솟는다. 年々歲々에늘 보는 일이라면 그렇기도 하려니와 보는눈으로본다면 이보다神奇로운일이 또어듸있으랴. 世上에暗雲이低迷하거던하라. 우리의事業을妨害하려거던하라. 우리의失敗도 成功도 우리가 크게보지않노니 우리의所望은 復活以下의것에 있지아니한까닭이다. 復活의所望이있으매萬事成이오 없으매萬事休이다.

萬若復活이없다면 크리스챤보다 더 가엾은者없다(고전一五·一九).

그런고로 우리가 락심하지아니하노니 겉사람은 후패하나 우리의속은 날로 새롭도다. 우리의 잠시받는 환난의 경한것이 지극히 크고 영원한 영광의 중한것을 우리에게 이루우게함이니 우리의 도라보는것은 보이는것이아니오 보이지않는것이니 보이는것은 잠간이오 보이지않는것은 영원함이니라(고후四·一六―一八).

그안에서 발견되려함이니 내가 가진 의는 률법에서난것이아니오 오직 그리스도를 믿음으로 말미암은 것이니 곧 믿음으로 하나님께로서 난의라. 내가 그리스도와 그 부활의 권능과 그 고난의 참예함을 알력하야 그의죽으심을 본받아 어찌하던지 죽은자 가운데서 부활에 이르려하노니, 내가 이미 얻었다함도아니오 온전히 이루었다함도아니라 오직 내가 그리스도예수께 잡힌바된 그것을 잡으라고 좇아가노라. 형제들아 나는 아직 내가 잡은줄로 녀기지아니하고 오직 한일 즉 뒤에있는것은 잊어버리고 앞에있는것을 잡으라고 표대를향하야 그리스도예수안에서 하나님이 우에서 부르신부름의 상을위하야 좇아가노라. ……오직 우리의市民權은 하늘에있는지라 거긔로서 구원하는자 곧 주예수그리스도를 기다리노니, 그가 만물을 자기에게 복종케하실수있는자의 역사로 우리의 낮은몸을 자기 영의몸의 형체와 같이 변케하시리라(빌립보三·九―二一).

보라 아바지께서 어떠한사랑을 우리에게 주사 하나님의子女라 일카름을 얻게하셨는고 우리가 그러하도다、 그럼으로 세상이 우리를 아지못함은 그를 아지못함이니라. 사랑하는자들아 우리가 지금은 하나님의 자녀라 장래에 어떻게될것은 아직 나타나지아니하였으나 그가나타내심이되면 우리가 그와같을줄을아는것은 그의계신 그대로 볼것을 인함이니라. 주를 향하야 이소망을 가진자마다 그의 깨끗하심같이 자기를 깨끗하게하나니라. (요한一활三·一―三)

限없는 興味

健康을 잃고도 口味를 잃지않은患者는 오히려恢復의 希望이多大하거니와、口味까지 잃어서 滋養攝取의길이 貧弱해진病者처럼 가엾은사람은없다。珍味를 두고도 口味없어 못먹는情況도 確實히同情의材料이다。이와마찬가지로 學窓에있는學生이나 學究에半生을바친學徒가 그課工의趣味를 알지못하며、大學에籍을 두었으되 그選擇한科目의意義를把持하지못했으며、스스로他人의師長으로處했것마는 眞理에對해서는 屍體化한人間이 적지않음이 어찌痛嘆할일이랴。

그런데 이러한 者에게도 復活의 所望이 全無한것은아니니 基督教信仰에 살어사는者의 한가지特色은 凡百事에興味津津하야 끝없는趣味를 자아내여 달콤한生活을 到處에서 發見하는일이다。저가萬一・學窓에서 工夫하는者일진대 草食動物의胃腸과 寄生虫의生活史를 배움으로써 能히 여호와神을、믿는信仰의復興을 연을것이며、顯微鏡下의細胞를 엿보고 望遠鏡저편의天體를 바라봄은 저로하여금 詩篇記者와 같은詩人이 되게할것이며、遺傳의法則으로創造의神秘를 더듬고 百千萬年前岩石속에秘藏된化石으로써 進化의事實을目擊할진대 저도 욥과함께 參宿을이끄러내며 昴宿을運行케하시는 여호와앞에 復活의所望을 굳게가질것이다。그러나 이는 모다 하나님의直接創造에關聯한部門이니 그렇지、다른乾燥無味한學課는 亦是興味없다고。

그리스도를 마음속에迎接한者에게 無味乾燥한學問이 무엇일까。數學인가? 證明함이없어도自明한公理있음을 배울때에 證明할수없어도永遠부터永遠까지實在者이신여호와를 믿는믿음이躍動하지않던가。定理、方程式의簡明하고도 無盡한變化는 우리로하여금 蒼空의星辰을感歎케하며 子부려 가슴속의道德律에 놀라게 하지않던가。數의正確함이여 理의無窮함이여! 外國語가無味한가? 單只商用語 學術語로서만工夫하려면 無味할것이다。그러나 한民族 한나라의言語와文學은 하나님의 사랑이 그百姓에게 나타난記錄이다。이렇게볼때에 外國語의研究는 實로戀文의解讀이다。特히 無味難解하다는古典語學일수록 이런見地의興味는 倍加하다。또한 地理學이乾燥한가? 모세의出埃及、리빙스톤의探險地、아브라함・링컨의 生命을바쳐 싸운黑奴의故郷、간디의修練地、슈와이첼博士의傳道地로、볼때에 아프리카大陸의興味야 말해 무엇하랴。福音의生命을暗黑大陸 沙漠大陸도 우리의百푸로센트의 興味를 도두어마지아니하니 其他大陸의興味야 말해 무엇하랴。福音의生命을속에두고 歷史를繼續하라 論語를吟味하라。果然새로운意味로써 學而時習之不亦說乎인저。

一

限 없 는 興 味

無數한職場

無數한職場

二

法學을專攻하는學徒로서 本來부터法律經濟學의無味乾燥함을 느꼈을뿐더러 基督教信仰을 가지게된後로는 참아將來에 사람을審判하는判事나檢事도 될수없으며 現代의辯護士노릇도 아무興味를 깨다를수없으니 차라리若干한 資産을 통트러가지고 시골가서 農事나 짓고살겠노라는 青年에게 殘忍한듯하나 反對하지아니치못하다.

첫째로 田園生活이不可한것은아니나 그것이唯一한基督者의職業이오 가장神聖한産業인줄로 알었다면 크게 잘못이다. 田園에서도罪짓는生活을 할수있을은 말할것도없거니와 農事를 아무나할수있는일인줄로아는것도 驕慢한생각이다. 近代式工場일이 고달프다해도 農事에比기면 問題가못된다. 農事는亦是勤勞의王이다. 萬一信仰의見地로안한다면 이마에 땀흘리면서 雜草茂盛한 땅뙈기는일은 確實히樂園에서쫓겨난者의 詛呪의象徵이다. 農事가 어려운것은 그勞苦가 견絶大하다는外에 그收益이極히薄하다는點이다. 教育받은者가農事하기어려운것은 勤勞에못이긴다기보다 利害打算에 견딜수없는까닭이다. 田園生活의詩趣를 맛보려는青年의 꿈으로는 안된다.

法學을研究하라거든 文明各國의法典의根源되는 모세五經을詳考할것이다. 列國法律의基本은 여기있다. 秋霜같은法律條目의 저편反面에 雙類에 눈물흘리고앉었는 늙은아버지의像이 뚜렷하게 보이기까지 저는法律을 알었다할수없었다. 여호와의神이, 이스라엘百姓을教育하고저하야制定하신法律의動機를 더듬을때에 法律의條目條目은 軟文學보다도 달콤하여야할것이다. 물을 마시려거든 샘솟는源泉에마실것이오 學問하려거든 또한源泉을 더듬을것이다.

判事를審判者로만보는것은 山垂上訓의誤讀이다. 裁判을하되 證據에 나타난것으로만 하지말고 솔로몬大王과같이人心의 속의속까지透視하는判決을네리고저해보라. 이는 가장賢明한人間이最大의精誠을다하야할聖職이다. 列王記上第三章을 읽고서 名判事되고저希望하지않을基督者는 없을것이다. 檢事와辯護士도 그렇다. 社會의正義를爲하야權勢를꺾고 抑울한怨魂을爲하야 當然한事理를 밝히는일 이보다더基督者의專心을期待하는일이 어디있을가. 링컨도 짼듸도辯護士였다. 바울도一種의辯護者요 예수는最大의辯護者였다. 罪없는者를辯護할뿐더러 罪의動機를分析해서同情으로辯護하며 내종은罪를 내몸에지고十字架에 걸려서 永遠히辯護하신다.

무릇健康한者에게는 珍味가없어서겪정이아니오 過食이겪정인것처럼 基督者에게는凡百學問과職業이興味過해서겪정이다. 그리스도의生命이 속에 一日一生할진대世上살림이 날로새롭고 緊張하지않을수없다. 當해서도可히하지않을은일이없다.

히브리書講義 〔一〕

第一講 히브리書大意

咸錫憲

히브리書는 新約中에서 꽤코적은册이아니다。 그순으로도 書簡中에서 로마書 고린도前書 둘을내놓고는 第一큰 것이오、 그 思想으로도 共觀福音、 요한文書、 바울文書와아울러 極히뛰어나게 뺴난性質을가지고 聖書라는全山을이루는 한큰봉오리다。 그런데 그러면서도 이때것 이글은 많은사람에게 그리親한것이되지못하였다。 사람들은 이靈的 高峯을 멀리서바라볼뿐이오 올려가려하지않았다。 그리고 그理由는、 그自身이말하는것과같이、 大端히굳은食物이어서 理解하기어렵다는것이다。 참말 첫머리에 따뜻한人事한마디도였고、 누가누구게보낸것인지도알수없으며、 오늘우리게는 別로興味없는 유대넷날祭祀儀式에關한 길다란討論을하는 이글을 알어보기섭다할수는없다。 그러나 다시 생각해보면 이글이넓혀지지않은것은 알어보기가어렵다는것보다는 사람들이 이글을넓을境遇에 있지않었기때문이다。 或은있으면서도 그것을깨닫지 못하였기때문이다。 理解하기어렵다는것도 글自體에 그랫이있다기보다는 넓는사람이自己를 適當한자리에 두지않기때문이다。 히브리書는 平和의글이

히브리書講義

아니다。 平安한가운데있는 사람을보고 하는말이아니다。 이는싸움에 얼굴을맞대인사람을보고、 激勵하는말이다。 그런고로 이글은 띠끌과烟氣가자옥한 第一線에서 미치는 敵軍의고함소리를들으며 떨리는손으로 들고넓을것이오、 決코맘의安全을느끼는사람이 册床우에서넓을것이아니다。 册床우에서넓는限은 언제까지던지 아무興味없는 册일수밖에없다。 그려나 한번 싸움터에내다놓으면 이는산불길이다。 그런데 宗敎改革以來 이책의 基督敎는世上과두사이에 平和狀態를느려왔다。 올케말하면、 基督敎는世上과 이미 分明히싸움을 宣言하였고 따라서 그가이싸움판을 完全히뒤거둘때까지는、 싸움이끊지지않을것은 定한일이지만、 사람들은 그렇게생각을않하였다。 또思想的으로하면 띠운主義와의 사나운싸움이있기도하였다。 그러나思想的으로하는싸움인限 아무리하여도 그는一身의安全을 느끼면서하는싸움이었다。 精神이 重하니 肉體는輕하니 말은많어도 實地로 이한목숨이 며러질危險을느끼는것과 느끼지않는것은 그하는일에 大端히 다른結果를준다。 좀甚하게말하면 一命의危殆를 느끼지않으면서하는일은 한갓遊戲에지나지 않는일이많다。 遊戲를하는 아해에게 軍歌의意味가 알려질理가없다。 近來의사람들이 히브리書를넓으려하지않고 넓어도맛을알지못한것은 저들이 平和의장터에 앉었었기때문이었다。 그러나 이제時代가바뀌여 싸움의世上이되였다。 이제사

三

히브리書講義

四

람들은 自己섰는곳이 싸움하인것을 차차알게되였다、 싸
워이기느냐 降伏하느냐 둘中에 어느하나를 擇할수밖에없
고、 이以上더中性的인存在를 너여갈수없음을 漸漸더느끼
게되였다。 이렇게되고、 戰鬪의글인 히브리書를 넘지않을고
다。 사람들은 이때까지 올을수없는 險한것인줄만알고 바
라만보고있든것을 쑥쑥올라가게되였다。 올라간結果는어떠
냐。 그것이高흠돌의쌍인것만이아니오 우에는하늘을向하야
입을벌린 噴火口가있어 산불길을吐하고있는 산火山임을
안것이다。 멀리는말고 最近의 無教會系信者間에서만으로도
三四곳에서 이글의講義가있었다。 이것이 이冊이 어떤冊이
며 이時代가어떤時代임을 잘말하는事實이다。

何如間이제우리는 히브리書를 우리들의書簡으로 넘을
수있고 넘지않으면 않되게되였다。 또이것을 우리들의書
簡으로 넘음에依하야 從來에理解하기어려웠던 여러가지
어려운問題를 스스로풀리게할수있다。 聖書를넘을때에 가
장警戒하지않으면 안되는일은 第三者의地位에서는일이다。
學問은冷靜하게 第三者의자리에선後에야 될수있다고들하
나 聖書는 그렇지않다。 다른것은몰라도 聖書만은 第三者
의맘을가지고는 到底히알수없는冊이다。 이는 生活의手段
이되는것을 理性에呼訴하야 傳하야주는 學問과는다르다。
直接내心情에向하야 내靈魂에向하야 應答을要求하는 말
습이다。 故로보는者는恒常 어떤누가어떤누구에게하는말을

넓에서듣는態度로 볼것아니오 나와聖書가마주설것이다。
嚴正하게말하면 學問도純全한第三者의態度로는 알수있는
것이아니다。 소크라테스의辯明을 넓엣사람의귀로만들어서
어떻게 그참듯을알며 함렡의悲劇을 정말求景만하야서야
어떻게 그깊이를 참느낄수가있을가。 뉴톤은宇宙의景色만에서
傍観한사람이아니었고 에듸슨은物理의世界를 冷靜히
하는 世界가 그것을사랑하는者에向하야 그가슴을내놓
이되는 聖書도 그것을내게對한 사랑의말슴으로받으려
는것같이 聖書를 知識探究의態度로對할때 疑
問또疑問、 수수꺽기도수수꺽기、 얼마못하야곧 興味를잃어버
고 뜨거운사랑의視線을던질때 어김없이 그깊
은殿의門을열어준다。 聖書를
리게되나 이를靈의糧食으로取할때 쉽게먹을수있는 맛나
는食物이다。 히브리書도 學問的研究의對象으로는 難問題
많은冊이다。 爲先그히브리라는 題目이問題요、
이냐 하는것이問題요 著者는누구며 受信者는누구며 알렉
산드리아學派와의 關係는어떠하며 바울思想과의異同은어
떠한가等 여러가지다。 그러나아는 다 누가누구에게보낸글인가
하는態度로對하는때의일이다。 한번 우리들께온書簡이라하
고 손에잡을때 이들모든問題는 다스스로없어진다。 그때
에는 이問題들은 알어도좋고 몰러도支障될것없는것들이

기때문이다。이들은다學問的好奇心에 關係되는것이요 靈
의糧食에 關한것이아니다。

히브리라는題目이 어찌하야붙게되었느냐 하는것을 確
實히說明할사람은없다。本書의內容으로하면 히브리말하는
사람에게보냈은 아닌듯하다。그證據는 本書안에引用된
舊約의句는 다希臘語譯本에서 나온것이요 히브리原本의
것이아니다、그런데 히브리書라한것은 웬일일가 그疑問을
풀기爲하야 여러가지推測을한다。그러나어데까지 推測에
멈출뿐이오 事實은알수없다。그러나 그當時에 그글을받
은사람들은 누군지몰은다하더라도 다시생각하면 히브리
書는히브리書그대로 좋은題目이다。히브리人이란、반드시
아브라함의 血肉에서나온것만이 아니오、하나님이約束하
야 뻰百姓을가르치는이름이다。오늘날 내가 하나님에게불
린사람이면 나는깊은意味의 히브리人이오 내게온片紙는
히브리書다。그리고 히브리書의 聖書文獻으로서의 存在價値
는 數千年前에 그것을받었던 그어떤사람들 까닭에있는
것보다는 永遠히繼續되는 信仰的히브리人을爲하야 있는
것이다。

히브리書講義

에보낸글로 넘는사람에게 片紙아닌것없었다。깊은意味에서는
모든 眞實한文字는 다片紙다。魂에서魂으로 人格에서人
格으로보이는 音信이다。길가에아해들이 어지러히부르는
노래가 지나가는行客에게는 알수없는말이라도 戰線에서는
軍人에게는 自己를爲하야보내는 激勵의말이아닌가。
著者가누군지는 永遠의수수꺽기다。바울이라는 傳說이
아무價値없는것임은 이미決定的인事實이요 그밖에 누구
누구하는말은 要컨대 아무確實한 根據는없는 推測뿐이
다。그리하야 이글은 永遠히 그人間的代筆者의이름을알
리는일없이 하나님이 그사랑하는 軍卒에게 보내신말슴만
으로 通하게되었다、멜기세덱을말하는 이글自身이 이리
하야 一種의멜기세덱이되고만것은 偶然만이아닌듯하다。
이글을받은 사람이누구냐하는것도 或은히브리人이라 或
은異邦人이라 或은예루살렘에있는사람 或은로마에있는사
람 또或은알렉산드리아에있는 사람하야 一定키어려우나
여러學者들이 다같이認定하는것같이 다만한가지만은 確
實하니 即그것이 어떤조고마한 家庭的信仰모임의 團體
였다고 하는것이다。그理由는 글의內容으로 미루어보아
서 그러한말을 여러가지 狀態의사람으로되는 敎會의一
般公衆을向하야 하였을수는없고 반드시質을같이하는 그
리고 個個人의 事情을잘아는 極히조고마한 團體에向하
야만 할수있었을것이기때문이다。그리고 이것은 著者와

이것이書簡인것은 조곰注意하야 넘는者에게는 疑心할
餘地없다。本書의特色의하나는 間間히勸勉의句節이많은
것인데 그것이 그證據다。一段의論이있은後는 반드시‥
段의勸勉이뒤따라서 참으로理와情을다한 書信이다。또내

五

히브리書 講義

受信者의이름이 傳치않었다는 事實과도 드러맞는일이다.
그러한 큰文獻으로서 萬一敎會에 公公然하게 보내였다
면 그이름이뻐러질理가 萬無한데、그런데 그것이 傳하지
않었다면 그것은쓰지않었었기때문이오、쓰지않은것은 이름
없는적은모임에 보냈기때문이었다. 그러고이것은 이글을
오늘우리들에게온 書簡으로넘으려는우리게는 實로與味많은
일이다. 우리는두가지 事實에 注意할必要가있다. 하나는
當時敎會內에 그러한 조고막식한 私集會가있었다는것이
오、또하나는 우리의이書簡이 그러한 私集會에서 생겨
나온것이라는것이다.

큰敎會안에、또몇사람이 私事로히모히는 小數의모임이
있었다면 （그리고 初代敎會에 그러한것이 많이있었다.）
그것은 무었을意味하는것일가. 敎會의公公한集會外에 또
그런모임을할必要는 어대있었을가. 이境遇에 그存在理由
는 두가지밖에있을것없다. （一）은過去大敎會되기前의習慣
이 그냥殘存해있었다는것이오 （二）는敎會大生活에서 어떤缺
陷을느껴서 그것을보태기爲하야 있다는것이다. 그러나
로하면 （一）의境遇가事實일것이다. 그러나萬一敎會가 信
者의靈的生活의 모든要求를 遺憾없이滿足식여준다면 아
무리過去에 小數로모이는 일이있었다하더라도 無用한그
일을 繼續할理가없다. 故로 그것이 繼續되는限은 모이는
者에게는 반드시敎會의 公的集會만으로는 얻어볼수없는

어떤무엇이 거긔있었다고 느껴졌기때문일것이다. 簡單히말
하면 敎會以上의 어떤것이있기때문이다. 故로對答으로는
（二）가正當하다. 할수밖에없다. 그렇다면 거긔 信仰史上에
서 어떤重要한事實을 말하는것이있지않을가. 當時에그런
私集會를하는사람의 勿論敎會를否認하는지는 않었을것이다.
그러나 敎會以上으로는 滿足하지못하는것은 무슨일인가.
그眞實한 會員에게 敎會以上을 私集會에서 느끼게하는
그敎會는 어떤것일가、本書의著者도 十三章十七節에서보
면 受信者에對하야 敎會의敎權者보다는 스스로좀더親近
하고 깊이사귐있는것을 自信하면서 말하고있다. 그런것은
다무엇인가. 敎會以上의것이란무엇일가. 敎會에서 느끼는
缺陷이란 무엇일가. 다른것이널것이다. 敎會以上의것이란 祭
壇이멀어졌다는것 밖에없다. 眞理의空氣가 稀薄하야졌다는
것밖에없다. 그리스도가 조곰멀어진것이다. 私集會에서 滿
足되는것은 이것以外의다른것아니다. 이런集會를 名稱은
부를대로부르라. 祈禱會라도좋고 懇談會라도좋다、本來無
名의集會다. 그러나 그性質은 이른바無敎會的이다. 敎會
의公集會外에서 그리스도를 보기때문이다. 敎會
그러한集會의是非에關하야는 여긔서 말할것이아니다. 그
러나何如間 우리의 이便치가 그러한集會에서나온것은 事
實이다. 그集會가 반드시 聖人의모임이어서는아니다. 하
나님의말슴은 반드시聖人에 臨하는것은아니다. 罪人에게

六

서도리여 하나님의眞理는 들어난다。히브리書를 받었던
사람들도 決코完全한 크리스챤이아니었다。反對로著者로
부터兒孩待接을받으며 侮辱이라까지할만치 責望을받는사
람들이었다。그러나 그럼에도 不拘하고 이 永遠의大文字
는 그사이에서나왔다。또 그나오던動機도 決코큰것이아
니었다。極히私的인것이었다。우에말한바와같이 그들은內
部의조고마한 親密한團體를 이루어가지고있었는데 著者
는아마그들사이에 법兼指導者格으로 오래있었다。그런데
어떤事情으로말미암아世上에이어려워져서信仰에對한逼迫이
나或은國家의무슨問題로患難이닥쳐올때 그들間에는발서退
步의傾向이보이었다。그消息을들을때著者는견데지못하는가슴을안고 붓
그리하야 사랑과 怒여움에 견데지못하는가슴을안고 붓
을든것이 이글이다。故로著者는 첨부터 大文章을쓰자는
것이 아니었다。基督敎의大敎理를 넓이敎會에가르치는것
이아니오、大敎師然 大宗敎家然하야 大著述을公開하자는것
이아니었다。다만弱해지는 몇사람의親友가아까워서「簡單
한말로」勸勉을 하자는것이 그目的이다。그러나 그럼에도
不拘하고 그글은가장公的인眞理의文字로 人類안에길었다。
그러면 그까닭은 무엇일가。그렇게적은것이 그렇게큰
것이되고、그렇게私的인것이 그렇게公的인것이된原因은
무엇일가? 世上에 眞理는敎會에만 있다는사람은 對答하
기를 바란다。히브리書는敎會의所産인가。히브리書自身으

로 하여금對答게하는限 아니다。或이말할것이다、히브리
書가 私的의集會에서나온것은 事實이라하더라도 그들의信
仰그것은 母敎會안에서 받은것이라고。果然그런가。아니
다。그들은信仰의 가장緊切하고 깊은것을 敎會에서는아
니오 自己네의「우리모임」에서 얻고있었다。그렇지않다
면 그런集會는 있었을理가없다。中心에서더가깝기를 願
치않는다면 圈內에또圈을 그릴理가없었을것이다。多數반드
시 큰것이아니고 少數반드시 적은것이아니며。公論이반
드시 公理를얻는것이아니오 私事반드시 私事에떨어지는것아
니다。眞理들어있었지않으면 大道小요、眞理들어있으면 私
道小公이다。大小 公私는 하나님만이 決定한다。그의슴
지않으면 十字軍遠征을하야도 小事며私慾이요 그의뜻에
合하면 아체모세를 숨겨길러도 大事요公義다。아모스는
저처럼 個人的인者가있었어도 그의말처럼 公義的인것이없
고、카도릭은 저처럼密親的인人格이있어도 또그것처럼 私
心의化身인것도있었다。히브리書를낳은 그들의信仰의
것이었어도 著者로서代表되는 그들의信仰의 根本特色은
하나님에對하야 直接的인이자는것이었다。이것이 이偉大한
文字를낳은 源泉이다。
　다음 가장重要한: 히브리書의根本要旨는 무엇이냐。하
는것에對하야 한말하기로하자。著者는本來文筆에能하였던
모양으로、原語에밝은 批評學者들의 말을들으면 文章의

히
브
리
書
講
義

七

119

히 브 리 書 講 義

미끈하고 아름답기가 新約全體中에 比할者없다하며、또
論法이 緻密하야 緊討論과 자주하는 勸勉에 實例、引用을
豊富히 하면서도 恒常根本論旨를 넣는일은없어서 條理가
整然하다。더구나 著者는 婉曲을 꾸미는 社交人이나 簡單
한것도 複雜한옷을 넙혀놓는 衒學者가아니어서 率直하게
말함으로 全篇은마치 듣어내놓은 土金脈모양으로 根本
要旨의 金文字가 곳곳에들어나있다。爲先 第一章첫머리가
이것을보여준다。

넷적에 하나님이 여러部分으로 또여러모양으로 預言
者를 通하야 祖上들에게 말슴하시었더니 이모든날마
지막에는 아들을通하야 우리게말슴하시었다。
보면알대로 이말슴하는 著者의눈앞에는 두世界가 놓여
있다。그하나는 지나가는 것이오 하나는將次오는것이다、그
는 그하나 即지나가는 世界를 背景으로삼아가지고 다
른하나 即將次오는 새世界를 빛나게 그려내려하였다。
이것이 그의究竟目的이다。같은것을 그는 二章五節에서
는「將次오는世界」라 하였다。그外의다른곳에서는 或「安息」
이라고도하고 或은「하늘우의 예루살렘」이라
하기도 하였다。故로우리는 그中에 그意味를 가장힘있
「러가있는城」이라 「시온山」이라
게 表示하는것인 둘쨋것을擇하야 히브리書의 基語로할
수있다。

將次오는世界！

우에말한대로 이書簡의受信者들은 닥쳐오는患難을보고
물러가기始作하여、 이書簡의受信者들은 닥쳐오는患難을보고
로 그患難이어떤것인지 그들의實地行動이 어떠하였던지
는알수없다。聖徒를 사랑함이 남아있다하고・救援에가깝
다하는것을보면 반드시無宗敎의狀態에 빠진것은아닌듯하
다。그러나 그들이前에 믿음을爲하야 굳세히싸우고 困
難을견대던것을 回想을식이며責望하는것을보면 아모려나
그들이 弱해진것은 事實이다。或은그弱해짐이라하는것이
어면註釋者의말과같이、로마人의壓迫에서 祖國을건지기爲
하야 大同團結을일우려 祖上傳來의猶太의
가려하는데서 나온것인지도 모른다。그런危險은 當時에
多分으로있었다。오늘우리가 敎會에屬하지 않는것을 因
하야도 種種듣는責望이 그것이다。그는 數百年來痼疾인
派爭心에서 나온것이라하며 大同一致가 必要한朝鮮에서
제各기 그럴것이 무엇이냐하는것이다。그럴때마다 우리
는分明이그렇닿다고 自信은하면서도 或이나하고 三思
四思하게된다。當時本書의受信者들도 그問題였는지 아니
였는지는모르나・바로그것은 아니라하더라도 無엇으로變
態하였거나 究竟에있어서는 그와같은 어떤것이었을것이
다。그렇다면 그들은 매우 同情할處地에 있었다할수있
그러나 아무리同情스러워도 眞理아닌것은 容恕할수는없

다。故로著者는　責望의붓을들었었다。그리고　그것을爲하야　내세운것이　將次오는世界　라는것이다。그理由는　그는그들의弱해진原因을　診斷하야서　將次오는　世界에對한忠誠이　식었었기때문이라고　하였기때문이었다。그리고　그診斷은　틀린것이아니다。將次오는世界에對한忠誠이　식었다함은지나가는　이世界에對한　愛着이　늘었다함이오、그리고　모든不信의原因은　要컨대　이世界에對한　愛着以外에있지않기때문이다。

信仰이란　무엇일가、예수를　主로告白함은　무슨意味일가。單히宗敎形式을　變하는일이아니오、思想轉換을하는것만이아니오、道德行爲를　改善하는것만이아니다。實로사는世界를　바꾸는일이다。한世界에서　다른世界로　옮겨가는일이다。적어도　그새世界의　百姓이되겠다고　約束하는일이다。믿는다함은　世界的事件以下의　일이아니다。信仰에　이만치른　意味가있는줄　알지못하는者는　宗敎를遊戲하는者에　지나지않는다。信仰의反面은　苦難이다。苦難인理由는　그것이將次오는世界에　옮겨가기爲하야　이世界를　지나가는것으로　斷定하고　거기對하야　싸움을開始하는일이기때문이다。두世界가　並立하는　일은없다。하나가지나나여야　하나가온다。故로싸움이　끝질수는없다。싸움이없는것은　내편에서　休戰을請한때만이다。그리고　그以外의일이아니다。

히브리書講義

그런故로著者는　힘써서　그들앞에　將次오는　그世界를　그리려하였다。

그世界가　얼마나　確實한것인지

그世界의榮光이　얼마나　偉大한것인지

그世界에、　가는길이　어대있는지

이것을말하야　軟弱해지려는　受信者의눈앞에　그새世界의　모양을　生生하게그려　그印象을　그들의心臟에　못갈이박아　戰鬪意志를　激發케하려는것이다。天使에關한것을　말하고　然司　關한것을　說明하는것은　要컨대　이것을爲한것이다。그러나　반드시　注意할것은　그의　將次오는世界는　決코抽象的인　單히理法의인것이　아니였다고하는것이다。哲學에서　그리는　精神的世界같은　類의것이아니였다。그는　곧한個人格이였다。그리스도自身이였다。故로將次오는世界를　가진다함은　곧그리스도를가짐이다。故로將次오는　그世界에　絶對必要한것은　十字架다。그리스도는十字架를通해서만　그리스도일수있었다。十字架는　그리스도의生涯에이러난　한偶發的事件이아니다。그것은　그의人格에本質的必然的要求다。將次오는世界는　그리스도의榮光化는　十字架에만있다。勿論永遠한　世界에서하면　將次오는　世界는本來붙어있는世界다。그러나　罪의人間의現實의歷史에있어서는　이는十字架에依하야만　열린다。어떤사

九

히브리書講義

람은 히브리書에는 來世에關한信仰만이있고 十字架의信
仰이나타나있지 않는다하나 모르는말이다。果然十字架라는文
句는없다。그러나 文句가없다하야 眞理그自體가없는것은아
니다、"十字架는 홀로 예수肉體가 끝고 그대에세운나무우에
달리는것만이아니다。그人間的出生에서부터 十字架다。그
렇다면 受肉에依한 苦難의그리스도를 가장힘써主張하는
本書에 十字架眞理가없다는것은 큰無知라할수밖에없다。
將次오는世界! 이는思想으로도 얼마나큰가。눈에뵈는
이世界外에、그안에、或은그우에、새로오고있는 永遠한世
界를 내집으로바라는 그思想은、이世界는 그世界의 그
림자 或은象徵으로 밖에보지않는 그思想은、그리고 우
리의모든 喜悲劇을 그世界를爲한 解産하는苦痛이라하는
그思想은、人類의到達할수있는 最大限度의思想이다。一世
의英雄나폴레온은 埃及을征服하려할때 兵卒에向하야 채
찍으로 金字塔을 가르치며 三千年의歷史가 너의들을굽
어보고 있다하야 勇氣를 鼓舞하였다고한다。저도 같을굽
들고 軍士의등뒤에서 威脅을하며 한두個功牌나 몇마디
말로써 달래려하는 群小丈夫에比하면 果然英雄이라 할
수있다。마는 千萬天使와 구름같이둘러싸는 許多한干
證者들이 굽어보고있는 새예루살렘을 손가락질하야 怯
하는 靈魂을 추어세우는者는 얼마나壯하고 얼마나큰가。
將次오는世界를 말하는 그는 또 그直接性을 主張하

一〇

셨다。그世界는 떠러저있는것이아니오 내손끝에있는것이
며 거긔들어가려가지 手段이必要한것이아니
오 몸으로써 直接當할것이다。그世界와 나와의사이에는
아모런것도、끼어있어서는 안된다。우리는 그리스도의뒤
에 直따려야된다。그리스도만이 唯一의길의오
그以外의 아무것도、天使나 律法이나 祭司나
其他一切被造物인 아무것도 우리信仰의對象이 되여서는
안된다。故로 그는 一切의祭司無用 儀式無用을 主張한다。
그는 全혀理想主義의눈으로 世界를본다。一切의나타나는
現象을 다 그림字요 符號에지나지않는다하고 精神만을、靈
만을 唯一의本體라하고 實存하는것이라한다、그게게있어
서 모든外形的인것 이世界에屬한것은 다어떤「하나」에對
한 暗號요 象徵이었다。이스리엘의 宗教그自體、教會그
自體가 한개 지나갈 그림字밖에되지않았다。그런故로 그
것들은 實體그것이 나타날때까지만 있을것이다。놀랄만
한信仰이다。우리는넷날에있어서나 이제있어서나 저보
다더徹底한 理想主義를 보지못한다。그리고信仰의理想主
義、그것은무엇이냐 無教會以外의 아무것도아니다。저는
二千年前의 無教會信仰의 先達이었다。
信仰에있어서도 저世界와 이世界의並立을 認定하는思
想이없지않으며 靈的인것이世界以外에 自然的인것을許하는 思
想이없지않다。카도릭이그것이요 教會主義가 그것이다。

이世界에 무엇이 아까워할것이있는듯이、이人間에 무엇이 쓸만한것이 있는듯이 그들은 「이世上살림을 아니하면 몰라도……」 「人間이아니면 몰라도……」 한다。 하나 우리著者에게는 그것은 全然없었다。 저는 여긔는 우리가 永住할城이아니라하며 信仰의競走場에서는 입을옷이 아무것도없다 한다。 그의 主張의要點은 「그리스도만」「將次오는世界만」「믿음만」이다。 그는 우리救援에 있어서 儀式、傳統의必要를 조금도 말치않는다。 그것은 하나님을 爲하야 存在하는것이 아니오 人間을爲하야 存在하는것이기때문이다。

우리는그에게 「鈍하야젓다」고 責望을들으면서도 이글을 우리들에게 온전히로 불수있는일을 感謝한다。

出帆

星泉生

1

마흔남은 적은배를 비바람에 보내오니

어진어미 흰돛을 끝까지 굳게달게

出　帆

2

蒼波에 가는배야 너 어이 無心하리

거레의 사는길이 이뿐인가 하오니

暗礁많은 바다에 상어며 잦으오니

헐은듯 낡은닻이 모도다 恨이로다

미친 바람 큰물결에 네힘으로 어이가리

믿고 가는 키에는 큰힘있어 이끌리

3

마흔남은 적은배를 어둠에 보내오니

님이주신 별 달고 疑心없이 가거라

거레의 사는길이 이뿐인가 하오니

언덕에 보내는마음 피 흘러 젖노라

追而

別紙노래는 門生이 教鞭을잡은後 첫사랑을 부은 但任 班生徒들을 社會로 보내든날의 所感의 一斷이올시다。

一一

基督教의 本質

基督教의 本質 (一)

宋斗用

『基督教의本質』이라고하면 其意味가 너무도 廣汎하여서 그것을簡單히말하기는 大端히어려운일이다。그러나 지금은 그것을仔細히說明하려고는것이아니다。다만 其一部分아니, 其要旨 或은其骨子를 生覺하여보려는것뿐이다。그리하여서 우리는 基督教의內容 或은其正體를 多少間이나마 다시한번 밝혀보고저하는바이다。이변변치못한 글이 그러한重任을 다할수있을넌지는 커다란疑問이다。그러나 多幸히 眞理는其自體가 스스로證明하는法이니 文章이나 言語의不足한것은 그다지問題가되지아니한다。取히 筆者가붓을들게된理由와勇氣는 다만 여긔에있다。

다음에 이글을쓰게된 動機를 簡單히말하고저한다。筆者는 近者에 某集會에서 갈라듸아書를 工夫하는中이다。그런데 웬일인지 第二章十一節부터以下는 도모지 一步도前進할수없어 몹시괴로웠다。더구나 其까닭을알지못하여 二重의苦痛을感하였다。數次나回數를거듭하여 몇번읽고 몇번說明하여보아도 도저 시원하지않었다。그러는中에 最近에와서 겨우 其理由를흐미하게나마 알게되였다。即 이러하다。나는 平地로만알고 다름질하려고하였던것인데 알고보니 峻嶺泰山이였기때문이다。적어도

崑崙山脈이나 不然이면 히마라야山峯임을 알게되였다。따라서 나와같은 懦弱者가 올라가지못하고 山기슬에서만 머뭇머뭇하며 이리저리彷徨하면서 苦生만한것도 無理가아니다。차라리 當然한일이라할것이다。

이에 비로소 나는 이數節이 얼마나重大하며 얼마나 緊要한것을 깊이알었다。그래서 나의배워깨달은바와 切實히느낀바를記錄하고저함이다。이짤막한事實과 말슴가운데 基督教가무엇인가하는 福音眞理가들어있음을 發見하였기때문이다。우리가萬若 보는눈을갖이고본다면 여긔서 確實히 基督教의本質을 깨달게될것이다。이節句에서 別로 배울것이없었다고苦生하는이가있다면 多少間의參考될가하는 所願이 이글을쓰게한動機이다。

자! 그러면 우리는 于先 갈라듸아書二章十一節以下의 樂經本文을 十四節까지 읽기로하자。

게바가 앤듸옥에 나르렀을때에 내가面責하였노니 야고보의보낸 두어사람이 너르기前에 게바가異邦사람으로더브러다가 저의가오매 그가 割禮받은者를두려워 저의를떠나물러가매 그남은 유대人들도 저와같이 거짓善한체합으로 바나바도 저의의거짓善하는일에 誘惑한지라。내가 저의들이 福音의眞理를따러 바로行하지아니함을보고 모든사람앞에서 게바다려니르대 네가 유대人으로 異邦을 좇고유대風俗을지키지아니하면서 어찌하야異邦사람으로 유대 風俗을억지로지키게하라느냐。

一二二

읽어보아야 무슨 特別한것이 눈에띠이지도아니하며 또 이렇다는 느낌을주는것도 하나도없다。卽 新奇한것은아모것도없었다。차라리 不快한感이 남을뿐이다。바울先生이 自己의先輩인 大使徒베드로를 몹시꾸지진것이니 아모리 眞理의使者 바울의일이라할지라도 先輩를責望한을 그리잘한일이라고는 할수없을것이다。그나마 『모든사람 앞에서』 公公然하게 面責함에있어서랴? 이런일이야말로 言語道斷이라할가? 正히 非常識的이오 果然 沒人情한일이라고할수밖에없다。더구나 基督者의立場에서 又況基督敎를 世界的宗敎로 進出시키며 基礎를 確立하여놓은 大傳道者 바울같은人物이 웨이렇게함였나하는疑心도不無하다。

다음에 우리는 相對方이누구인가를 生覺할때 一層더 놀라지않을수없다。그는 예수님의直弟子요、그리고 十二使徒의首班、또 天國열쇠를말은 地上全敎會의主長인 시몬· 베드로이다。人間以上 어느程度까지 體面도보아야하지 않나。그뿐인가。主님께서『너의는 나를뉘라하느냐』고무르실때에 서슴지않고主님의 그리스도시오、살어계신하나님의 아들이시니이다(太一六의一五─一六)라고 對答한것은 이베드로가아닌가? 이것은 決코 베드로個人의일만은아니다。 적어도 全人類를代表한 最初最大의信仰告白이다。主님이 이말을들으시고 참 適確한唯一의答이라할것이다。果然가장 으로滿足하신것을보아서도 可히베드로의答이 어떠한가를 對的할수있다(太二六의一六以下參照)。말은簡單하나 其意味와價値는 決코적은것이아니다。거기는 無限性과永遠性이들어있음을否定할수없다。

그리고 우리는 베드로를通하여 얼마나많은眞理를 배우고있는가? 使徒行傳에서몇가지代表될만한 偉大한 信仰의말슴을들어보기로하자。『이스라엘』온집이정녕히알지 너의가十字架에못박은 이예수를 하나님이 이미主와그리스도가되게하셨나니라(二의三六)。『예수는 너의가 十字架에못박은者인데 하나님이 죽은者가운데서 다시살리셨으니 ……天下人間에 다른이름을받은바없고 우리가救援을얻지 못하리니 이밖에 다른이로말미암아 救援을얻을수없나니라(四의一0─一二)。『하나님을 사람에게 順從하는것보다 맛당할것이니라(五의二九)』。等等이 모다 하나님의사람 베드로의말이다。그뿐인가, 우리가 베드로前後書를 읽어본다면 놀랄만한 眞理의寶貨가 가득 차있음을알것이다。더구나 베드로는 一般信徒에게 다음 과같이말하여서 가장깊은親切을베프러 바울을誤解하지아니하도록 辯護까지하였다。卽『우리사랑하는 兄弟바울도 其 받은智慧대로 너의에게보낸便紙가이와같고……其中에알 기어려운것이 더러있으니 無識한者와믿음이굳세지못한者가 다른聖經을푸는것같이 그것도억지로풀다가 스스로滅亡을 取하나니라(베后三의一五─一六)云云。이러한 베드로의些

基督敎의本質

一三

基督敎의 本質

少한 過失을 그다지 苛酷하게 責望할것이무엇인가。이렇게
生覺할때에 우리는 차라리 이部分만은 聖經에記錄되지
않었더면하고 섭섭한感이없을수없다。이는正히 恥辱이고
醜態이기때문이다。

그런데 聖書에는 이外에 두어군데 이러한 滋味없게
生覺되는 記事가있다。하나는 바울과바나바가 마가라고
하는 요한때문에 言爭한것인데 『서로 甚히다토와 彼此
갈려서니(行一五의三六以下)』한것을보면 그것도 웬만한싸
움은 아니였던모양이다。그리고 또하나는 세베대의아들
야고보와요한이 『主께서 榮光으로계실때에 우리를 하나
는 主의右便에 앉치시고 하나는 主의左便에 앉혀주옵
소서』하고 主님께付託한것을 남어지열使徒가듣고 大端
히 憤慨하였던일이다。이것은 너무도有名한逸話가듣고 아
마 열弟子들은 퍽忿히녁여 거의是非하였던모양이다(可一
○의三五以下參照)。如何間 이러한事件은 聖經記者들이좀
눈을덮어두었더면하고 生覺된다。그러나 聖書에는 이러
한일일수록 더明確히 더詳細히 記載되여있으니 아마도
決斷코 理由없지아니하리라。이일도 바울이 가장絕對最
善의意味에서 베드로를 面責하지않을수없었었던일과 아울
러 우리는 漸次理解하게될것이다。
그러면 大體 이事件이發生된理由는 무엇일가? 먼저
本文에서본바와같이 어느때 게바가(即베드로)바울과바나

바等의忠實한傳道로因하여 異邦傳道의根據地로 有名하게
된 안듸옥을訪問한일이있다。이것은 아마 예루살렘에서
열린 使徒會議의直後일것이라고 學者들은推測한다(行一五의
一以下)。게바가 안듸옥에간以上 의레히 바울과바나바等
兄弟들을 먼저찾었을것이며 또 저의努力과熱心에對하여
眞情으로 致賀와慰勞를해였을것은 想像하기어렵지않은일
이다。그래서 그야말로 胸襟을헤치고 같이기뻐하고 같
이感謝하며 또같이祈禱하였을것이다。勿論 異邦信徒들도
다같이한자리에서 즐거워하였을것이다。얼마나아름다운光
景이였나? 그러는동안에 게바는 異邦信徒들의 招待를받
어 몇번이나 晩餐의밤、愛餐의機會를갖었던것이다。그런
때마다 게바는 主님만을依支하는 純粹한믿음으로 조금
도꺼리낌없이 割禮니 無割禮니 選民이니 異邦人이니하
나님이 外貌로사람을取하지아니하시고 다만 『내가참으로하
나님이 外貌로사람을取하지아니하시고 여러나라中(어느나
라百姓이거나)하나님을恭敬하야 義를行하는사람은 하나님
이기뻐하사 드리시는줄깨다렸노라。하나님이 예수그리스
도로 平和의福音을傳하사 이스라엘百姓에게 其말슴을주
셨으니 예수는萬有의主시니라(行一○의三四-三六)』고 말하
여 異邦人을慰勞하고 勸勉하였을뿐이였다。但 여기 義라
고한것은 勿論律法의義即人間의義가아니고 信仰의義 即
하나님의義를意味한것이다。또『이스라엘百姓에게』라고한것

一四

도 이스라엘百姓에게만이라는것이아니오 이스라엘百姓을 通하여서라는뜻으로 取하여無關할것이다.

그런데 이와같은 게바가 意外에도너머지고말었다. 果然 놀라운일이다. 도모지믿기어려운 거짓말같은일이다. 그러나事實을 누가否定할수있을가?

안듸옥의靈界는 春風을맞은 花園과같이 아름다웠고 平和로웠다. 그런데 하로는 예루살렘에서 야고보의보낸두어대人이 안듸옥을찾어왔다. 그들도 勿論基督敎徒이였다. 그러나아측도 舊約思想을버서나지못한 律法主義者들이였다. 그래서 그들은 아모리같은信仰者라할지라도 割禮를받은사람이아니면 決코異邦사람과같이 食事를하지아니할뿐더러 異邦人은 예수를救主로믿는信仰만으로서는 不足하다고生覺하였다. 따라서 信仰外에割禮를받어야 聖潔하게되며 同時에完全한救援을얻을수있다고主張하였다. 이러한分子가 안듸옥에와서 게바의態度들보고 놀란것은 當然한일이다. 그들은 다만마음속으로만 게바를怨望하였을뿐아니라 直接게바를向하여 是非하였을것은 酌對이너머진것이있다. 이에 베드로는 可憐하게도 弱한人間의 한사람이다. 인그는 베드로도 예루살렘母敎會에서 온사람들의 是非나怨望보다도 차라리 그들의얼굴만보고도 차마못하는마음이 가슴속에며오른것이다. 이模樣을 바울은 게바가割禮받은者를 두려워하였다고말한다.

何如間 베드로는 슬그머니 異邦사람을떠나 물러가고말었다. 그렇게되니 다른유대人들도 게바를따러 이일에誘惑을받고말었다. 바나바는 異邦使徒바나바 바울을傳道의길로 引導한사람이다. 말하자면 이意味에있어서 바나바도 바울의先輩이다. 그런데 바나바가마저너머지고마니 남은것은 오즉바울한사람뿐이되고말었다. 바울의心情은 어떠하였을가? 다만孤獨과悲憤이 바울의全身을삼키고말었을것은 疑心할餘地도없는일이다.

자! 이러고보니 안듸옥의靈界는黑雲이가리고말었다. 아니、突然히 狂風暴雨를맞난 꽃밭이되여버렸다. 其平和、其美麗、모다간곳이없고. 다만 修羅場으로變하였다. 昨日까지의기쁨과感謝、所望과慰勞、其모든것은 한때의꿈에不過하였다. 안듸옥의異邦信仰들은 猝地에까닭도모르고 靑天霹靂을맞난듯이 그저 어리둥절하고만있을뿐이였다. 아! 歷史는언제까지 이러한일을거듭할것인가?!

異邦人의食事를같이하고 割禮받은者即유대人과 割禮받고아니받는일、그러한일自體는 그다지問題될것이었다. 아모렇게하여도 좋은일이다. 割禮받는일이 반드시犯罪가아니며 割禮받지아니하면 絶對로救援도차지못하는것도아니다. 더구나 유대人과異邦人이 食事를같이하면어떠하며 같이하지아니하면 무슨일이있으랴? 그

基督教의 本質

러면 이일때문에 바울이베드로를面責한것은 무슨까닭인가? 바울이야말로 神經質이거나 好事者이던가? 아니다、아니다。 그런것은決코아니다。 적어도바울이다。 그리고 바울은 이일에있어서 얼마나眞實하였으며 또얼마나 眞情이였던가는 生覺있는者는 곧알수있을것이다。 果然바울은 全心全力을願한다면 하였던것이다。 萬若或者가있어 바울의肉體의 生命을願한다면 그것은 許諾할지언정 이일만은 아모런일이있어도 단·一步를讓步할수가없었던것이다。 그만치 바울에게는 重大한일이며 絕對的의의事件이였다。 舊約時代에 이스라엘百姓이 하나님의法櫃에對하야 生覺하던것과비슷한일이다。 아니實相其以上의일이다。 그리고 이일은 決斷코바울個人에關한일만은아니다。 우리는 理解하기쉽게하기爲하여 이事件을두어條目으로난우어서 生覺하기로하자。

一、信仰이냐? 割禮냐?

베드로가 異邦人들과의 交際를斷絕한理由는 割禮가問題의中心이다。 萬若 基督信者도割禮를받어야 救援을얻을수있다면 救援을얻기爲하야는信仰보다도 割禮가더必要한것이되고만다。 萬若 그렇다면基督敎는律法의宗敎이지 決코福音의宗敎는아니다。 福音의宗敎는 卽恩惠의宗敎이다。 恩惠는 決코 報酬를要求하는것이아니다。 무슨理由나 條件이나 또 아모런資格도없는者를 사랑하고 祝福하고 矜恤을베프는것을 恩惠라한다。 하나님의恩惠는 正히이러한것이다。 하나님의恩惠는絕對的이다。恩惠가恩惠인所以는 여긔에있었다。基督敎를恩惠의宗敎라함은 이意味에서이다。 聖書는「모든사람이 죄의罪를犯하였음으로 하나님의榮光을 能히얻지못하더니 예수그리스도의贖罪를因하여 하나님의恩惠로 功勞없이 義롭다하심을얻었나니라、로마三의二三ㅣ二四」고 말하여 基督敎의原理를 남김없이들어내였다。 사람이 救援얻는일은 人間便의理由가있어서가아니다。 人間便을본다면 차라리滅亡할것밖에없다。 不義、不法、不正、不信、奸邪、邪慝、憍慢、猜忌、詭譎等 … 히말할수없는罪惡의人間에게 永遠한 硫黃불구뎅이도 오히려 輕少한刑罰이라할것이다。 이러한人間에게 어느程度의熱心이나努力、 또는修養이나道德같은것이있은들 그것이무엇일가? 더구나學問이나 富貴나 名譽나 地位나 設使 어떤國結이니 統制니 事業이니 活動이니하는것이 大體 滅亡할人間에게 무엇을할수있는가? 그러기에「여호와는 우리의罪대로 우리를待接지아니하시고 우리의不義대로 우리에게갚지아니하셨도다」하고 하나님을讚頌한 옛詩人의말은 果然 不動의事實이며 永遠한眞理일것이다(詩一〇三의一〇)。 예수는 더明白하고 더確實하게 恩惠와사랑의하나님을 證據하셨다。 누가福音第十五章은 이事實을 如實히 說明하신것이다。 百머리의羊를所有한 牧者가 單한머리만잃어버려도 九十九四를남겨두

一六

고 其길잃은한머리羊을찾일때까지 온갖受苦와 가진努力을
다함과같이 하나님은 全人類가 모다義人이라할지라도
其中에 一人의罪人만있어도 其一人을 決斷코救援하시
시고 어떤한手段이나 方法으로서라도 그여코救援하시고
야마실것이다。이것이 예수께서 우리에게보여주신 하나
님이시다。하나님다운하나님이아니신가? 信仰의根據는여
그에있는것이다。

아! 그러나 우리는誤解하여서는 아니된다。하나님은
全知全能하시니 무엇이고 容易하게 또 아모렇게나하실
것이라고。따라서 人類의救援도 아모受苦도없이하실것이
라고。하나님이 全知全能하신것은 事實이다。그뿐이랴?
至聖至善至愛하신분이시다。그러나 우리가生覺하는바와같
이 人類의救援도 機械的으로 가장容易한方法으로하실수
없을것은아니다。그러나 하나님은 그러한無責任하신실수
아니시다。또그러한 無意味한일은 決코아니하신다。더구
나 萬物之中에서最貴하며 被造物中에 꽃(最高의榮光)이라
고하는 人間의救援을 眞實하시고 사랑이신하나님이 그
와같이 無責任、無意味하게하실理는없다。

그러면 大體하나님은 萬物의靈長이며 自己의形像대로
創造하신 人間을 그러나 自己에게反逆하고 暗黑에빠져
滅亡을自取하는 罪惡의人間을 어떤한方法으로 救援하시
랴하셨나? 오! 놀랍지어다。이意外의方法에는、피와죽

基督敎의本質

엄。! 무슨手段 무슨方法이없어서 何必 피흘림과죽엄으
로하셨을가? 더구나 自己의獨生子인 예수。피와죽엄으
로하셨을가? 그나마도 十字架라는 最惡의極刑을通하여。
그런데 聖父(하나님)와 聖子(예수)는하나이시니 結局하
나님은 自己自身을 十字架에못박어 其피와죽엄으로하신
것이다。生覺하면 果然놀라운일이다。아니놀랍다기보다는
甚히두려운일이다。

罪惡의人生、滅亡할人類、이것을救援하시려고 하나님은
自己自身의피를 흘리셨다。人間의價値의無限함이여。그러
나 人間에게 이러한價値가있는것은아니다。實相은 人間
의價値를 最高에까지높이시고 無限에까지이르게하신 하
나님自身의價値가 最高最大永遠無限하심을 나타내심에不
過하다。如何間 人間이救援받음에는 예수그리스도의十字
架가必要하다。하나님은其以外의것 其以下의것으로는 하
시지아니하셨다。

그러면 이것은무슨까닭인가? 勿論 다른方法이 없어
서가아니다。그러나 이것으로 하나님의사랑과 恩惠를남
김없이 全部들어내신것이다。우리는 人間사이에도 父母
와子息、男便과안해、其他眞正한사랑、眞心의사랑을갖인사
이에는 凡事에直接的이다。決코間接的이아니다。사랑은直
接的인까닭이다。보라! 病兒를안고있는 其어버이의態度
를。차라리 할수만있다면 自己가알코 또自己가죽기를願

一七

基督教의 本質

하지안는가? 自己의할수있는일로서아니할것이무엇인가?

孝子는 斷指를怯내지아니하며 烈女는 죽엄을악기지아니한다. 사랑에는 上下가없는것이다. 하믈며 絕對的의사랑이신하나님에 있어서랴? 이얼마나 福되고 아름다운消息인가. 基督教를福音이라하며 嘉信이라함은 이까닭이다.

十字架! 하나님의獨生子 예수그리스도의十字架. 救援의길은 오즉이것밖에없다. 그러기에 예수는「내가 곧길이오 眞理요 生命이니 나로말미암지아니하면 아버지께로올사람이없나니라(요한一四의六)」고말슴하신것은 이것을 意味하신것이다. 아버지 卽하나님께로오는것은 救援받음을意味함이다.

자! 그러면, 우리는어찌할것인가? 말할것도없이 이事實을믿어야하며 이사랑을甘受하여야할것이다. 信仰의必要는여기에있다. 信仰에信仰以上 信仰만의信仰이여야한다. 信仰에信仰以外의것을加하면 結局참信仰은아니다. 信仰加律法、信仰加道德、信仰加學問、信仰加藝術、信仰加무엇무엇하면 그것은벌서信仰이아니다. 그것은 律法、道德 學問、藝術 또무엇무엇이지 決信仰이아니다. 말이물에술 을타든지 벌서그것은물만의물은아니라. 그것은술이거나 그 런즉그것은물만의물은아니다. 信仰이信仰일진 대 信仰만의信仰이여야할것은 分明한事實이다.

그런데 안듸옥을訪問한 게바는 어찌하였나 처음에는 單純한信仰으로 勇敢하게 異邦人과같이 食事하였다. 그러다가 예루살넴에서 유대人信者가오 매 게바는 異邦人을떠나갔다. 유대人의排斥을 怯낸까닭이다. 적어도 그是非를避하려는心情이다. 아니 一步를讓步하여 至今까지는 異邦人과같이 지내였으니 인제는 유대人을기쁘게함도可하지아니한가하는 그럴듯한生覺으로하였다고推測하자. 排斥을怯내고 是非를避하려는것은 말할것도없이 不信이다. 그러나 그런意味가아니고 아모리조흔生覺으로 그리하였다하더라도 異邦人을떠난것은 事實이니 더구나 律法을固執하는 유대人들이온后에일어나 即「아모래도割禮가 必要하며 結局律法을지키지아니하여서는 信仰도所用없고 救援도받을수없너나보다」하고 그들이生覺하였을것은 勿論이다. 그렇다면 게바는 分明히잘못한것이다. 無言中律法의必要性을主張한까닭이다. 적어도 그것을 是認한것으로 볼수밖에없다. 다시말하면 이일은 곧信仰加律法이다. 그런즉畢竟은 예수의十字架를否定하는일이다. 十字架의否定은 福音의破壞다. 結果는하나님否定外에 아모것도아니다. 아! 얼마나重大한事件인가? 이야말로 基督教의中心問題이며 根本問題인까닭이다.

設使 베드로가 여기까지問題가 重大化할것을認識하지

一八

못하였다 할지라도 決코 其責任이적다 할수는업는 일이다.

이러한 重大問題의 發生에對하여 바울은 암만하여도 忍耐할수업섯다. 하는수업시 先輩임에만치 面責한것이다. 그리고 問題가問題인만치 私的으로도不拘하고 面責한것이다. 兩人間의個人問題라면아마도 바울은 決코 들어내지아니하엿을뿐더러 처음부터말도하지아니하엿을것이다. 그러나 이일만은 公公然하게 숨길수는업섯다. 萬不得已 全命을가운데에서 斷然코숨길수는업섯다. 말하는 바울自身도 不快는勿論이고苦痛스러웟을것이다. 그래서 웬만하면 참으라고 여러번生覺하엿을것이다. 그러나 바울亦是 自己뜻대로는하지못한것이다. 이것을 바울에게하게한것은 決코 바울自身이아니고 其實은 하나님自身이엇던것이다. 그히聖靈으로役事하신것이다. 그러나 聖意에만 順從한바울도 偉大하다할것이다.

바울은 聖靈의啓示를받어 福音眞理를말하엿다. 이것은 基督敎의根本原理다. 「우리는 사람이믿음으로義롭다하심을얻는줄헤아리노니 律法을行함으로됨이아니라(로마三의二八)」고. (그런데 朝鮮文聖經은 翻譯이甚히不充分하다.

게되면 그리스도께서 헛되히죽으섯나니라(同二一)고도하엿다. 우리는 끝으로 바울의웨침을한번더 謹聽하자. 曰 「내게는 오즉 우리主예수그리스도의 十字架밖에자랑할것이 決코업스니 … 大概 割禮를받으나 또한 그러하되 오즉 새로지음받지아니함도 또한 그러하되 오즉 새로지음받은者뿐이니라. (갈六의一四ㅣ一五)」 이것을 凱旋歌라할가 勝利의讚頌이라할까? 이眞理를말한 바울의名譽도 크거니와 이것을 바울에게말하게하신 하나님의權能은 더욱讚美할것이다. 그리고 베드로와같은 責望을 받으면서도 바울을通하여 이偉大한眞理의말슴을 배을수있는 우리도 또한甚히幸福하다할것이다. 感謝또感謝.

여긔에 「새로지음신者」라함은 信仰으로因하여 靈으로거듭난者 即新生한者라는뜻이다. 信者를 新生한者라 한다. 主예수로말미암아 靈으로再生한者이다. 生來의肉의人間은 一旦죽어버리고 主예수로말미암아 靈으로再生한者이다. 過去의사람은말고 全然히 새사람이된것이다. 肉의人間이 道德이나修養으로 多少間向上되엿다는것과는 아조딴意味이다. 靈으로 새創造를받은者에게는 肉의사람과같이 割禮니 無割禮니하는것은 조금도問題가아니다. 저에게必要한것은 오즉信仰뿐이다. 十字架의信仰뿐이다. 예수그리스도의十字架以外에아모것도업섯다. 이러한사람을向하여 洗禮니 聖餐이以外에아모것도업섯다.

基督敎의本質

二의一六末)」하엿고 또 「萬一 律法으로말미암아 義를얻을 것이면 그리스도께서 헛되히죽으섯나니라」 『律法의일을行함으로 義를얻는것이니라』는것이다.)바울은 말을박구어 原意는 「사람은 律法을行함으로가아니고 믿음으로말미암아 義를얻니 敎訓이니 無敎訓이니하고 是非하는者누구인가?

一九

131

聖朝通信

聖朝通信

二月二十七日 (月) 晴。登校授業外에
校正。밤에는 午前二時까지原稿쓰기。○
今日 與猶堂全集한질購入。代金一百十四
圓은 가벼운집이아니나數萬金을들여出版
된것임을알던 決코 비싼것이아니다。

二月二十八日 (火) 晴。印刷所에 들
리고 午前十時車로水原行。高農K君의案
內를받어 泉谷에故崔容信孃의事跡을尋訪
하고저함이다。發車時間을待할동안 華肛
門까지暫時보고。午後一時에泉谷着。丘上
에 덩그런學園은 故崔孃이 창자가꼬여
지도록 애써 지은建物이라하매 넓은쪽
高한줄도 무슨神聖한물건걸같해보인다。兄
의犠牲이된자리에。그동생이授業하고서는
態도 눈물겨움이 없이는 볼수없는光景
이다。學園바라볼수있는丘上에 故崔孃의
墳墓와碑石이 보이는것은事實이나「常綠
樹」의記事와事實과는 매우差異있음을알
다。當時의光景을目睹한老婆한분이 故崔
孃의事跡을말하려하매 感嘆과눈물이 係
理를混亂케하는様을보면 崔孃의感化가얼
마나深刻하였던것을 짐작하기 어렵지않

다。十數年지난 옛날이야기였마는 듣는
者로하여금 어제까지도 崔孃이 그고개
를 오르나렸고 그冊褓에서鍾첬던것같은
느낌을준다。참으로산者는 하루를 살었
어도 永生한것이다。同生인崔先生께서 그
兄님의事蹟片片을 얻어듣고 不遠에上京
하리라는 그의 오빠와合談할수있기를 부탁
하고辭退。이學園도認可問題로因하야 한
달後에는 閉鎖하게되리라하니 寒心뿐이랴。
○卒業生의成績調製次로 늦게登校執務。
英佛政府들은 無條件으로 프랑코政權을承
認하였다고報道。

三月一日 (水) 晴。今番卒業班生徒들
의懇請에 못이겨서 約一時間「訣別의辭」를
述하다。正式의卒業式은明後日에 있을터
이나 이로써非公式의式을 한번 치룬심
이다。○授業後에印刷所에서校正。山麓에
도라와原稿。家庭禮拜。○記第九章輪讀。

三月二日 (木) 晴後曇。印刷所에서校
正하고登校。明日의卒業式準備로二時間만
授業하다。다시印刷所에와서校正하고다시
登校하야宿直。感氣들린듯하야일즉쉬다。

三月三日 (金) 雨後曇。養正의第二十
三回卒業式。式할동안에 高等學校入學志

願者의成績性行證明書類四五件調製하다。
歸途에印刷所에서校正。○某官廳에서本人
이오라는命令을받고 이제는不得已廢刊됨
을覺悟하고臨하였으나 最後의應度를覺悟
하고 祈禱하는마음으로 「廢刊의辭」까지
생각하면서 다름질하여갔드니 意外千萬
의問題였다。○어떤富을藥權하고山麓에
도라오니 물소리 잔잔하다。

三月四日 (土) 晴。지난밤은 자정되
어서 就床하였으나 午前一時되여도 잠
들지못함으로 오라는때에 오지않는잠을
處罰하기爲하야 다시起床하야工夫。달밖
은새벽山麓에 닭의소리 찬하늘 울리는景
槪는 잠오지않는밤아니고는 맛볼수없는
感謝의曲이었다。새로 네시 지난때에降
服한잠이 肉身의疲勞를 이르킴으로 잠
들기를許하였었다。○아침 일즉이印刷所
에가서 三月號를校了하고나니午正。登校
하야第三學期試驗監督두어시간하다。歸途
에 鍾路에서約束대로 兒童會館建設案의
童話界의大家인某君을맞나 兒童運動에는 多
大한興味를끼다。더욱兒童運動에는 信
仰生活의動力을얻어야할것을 깨다렀노라
仰告白은眞實된사람의 當然한歸結임이分明

二〇

하다。저녁엔 日曜集合의 準備。〇간밤에
잠을 徵罰한 結果로 얼마간讀書했을뿐더러
感氣까지飛散退却하고말았으니 一擧兩得
이었다。잠잘자도 감사요、못자도 감사。

聖朝通信

三月五日 (日) 晴。새벽에山上에서新
禱。午前中은 골로새書의 工夫。캄캄하면
文句에서 限없는眞理의光明을發見하는興
味는 다른 아무것으로도 比하야形容할
수없다。聖書研究는 確實히 남을가르키
기爲한것이아니라 나自身의興味로하는일
이다。〇午後二時半부터 明倫町集合에서
골로새第七講으로 第二章十六—二十三節
을講하다。聖句暗誦에、골로새書第一、二章
을 단번에 외이는이가있었다。大槩男子편
에서는 길고어려운것을暗誦했어도 婦人
편에서는 一節或은二節을외여서 그場面
의責任만을 간신히免하는感이不無하더니
오늘은 그와反對現像이었다。우리가 하나
님앞에居하매 어린아이처럼天眞해야할것
이다。〇오늘은珍客이다。某金融機關의
有利한자리를辭退하고온靑年하나、멀리가
있던靑年木手洪君이 드디어聖朝社를찾
어온일等。〇저녁에來客또한組。中等學校

卒業式까지畢했는데 前途方向을定치못해
서 찾어왔다는父子。約三十分間이야기로
써 數個月間잠긴무지못하고 煩勞하면問
題가解決되었다고欣喜雀躍하면서 도라가
는老人의姿態를보매나의마음까지便했다。

三月六日 (月) 曇。午前中은 배나무
剪枝하고 午後에登校하야監試세시간。〇
印刷所에督促해보았으나 三月號의工程이
遲遲不進。〇저녁에 北漢學園의代理授業
한시간。스스로생각하기에는 먼저스번보
다 多少낫은授業인듯했으나 배운이들生
각如何는 알수없는일。

三月七日 (火) 曇。午前中은 北漢學
園에서 臨時代理敎員노릇하다。算術敎授
法도 알수없어서 敎師用敎科書로써 一便
研究해가면서 가르키랴니 어려웠거니와
아이들의整頓이안되여서 그場面
止하고 天井을바라보고 앉었었다。
이런敎室에서 이어려운아이들을 가르키랴면
우리는一週日도 견디지못할것갈은데 四
五個月間이나 잇이어운일擔當해주신 두
분先生께 짐이感謝하지아니치못하다。〇
午後에養正에登校監試。三月號製本되었음

으로 博物室에서發送하고 歸途에市內書
店에配達。〇장재기 여섯馬車購入했는데
값이昨年보다倍나된것과 모두리朝鮮在來
의말(馬)을使用하는것이 짐이 느껴지다。

三月八日 (水) 晴。養正에서는 試驗
을 하루쉬고 午後한시부터軍事講演會。
〇某君의短信에『今朝까지에「常綠樹」를
讀고말았읍니다。어서速히 故崔氏의傳記가
나왔으면합니다。』라고했는데 마침同時에
泉谷學園에서 現在가르키고있는 故崔容信
孃의동생崔先生으로부터來信。故崔孃의傳
記材料와寫眞等을 보내주어서 짐이고마
웠다。閉鎖하리라던泉谷學園도 今年一年
만 더延長하게된다니 반가운소식이오

저녁에家庭禮拜。마태복음第六章十九節
以下를輪讀。〇大學生君의日記帳에 저의生活
에『拜啓、先生님을아온지月餘에 저의生活
은말할수없는큰變動을하였아오니 이것이
모다그리스도안에서 先生님과함께 것는다
문이라는것을 切實히느끼나이다。動搖와
不安의時期는 이미지났으며 生覺되오며
이제는 세움을입기바라옵고 비옵나이다。
네가 하나님과 그리스도를 믿느냐안밑
느냐는問題가아니요 어떻게하면더굳게밑
고 어떻게하면 더純粹히밑고 어떻게하

二一

면 참되게살까가마음을차지합니다。最後의목숨까지라도바치라하시면바치겠아오니先生님이시여 저를그릇가지않도록引導하야주십시오。三月十日(金)午後七時半에日記帳찾으라오겠읍니다。하나님의사랑이先生님안에넘처흐르고先生님사랑이그리스도안에있어서 主의사랑의 證據되심을 新禱하옵나이다。늦도록 이日記읽기에多大한興味를느끼다。

聖朝通信

三月九日 (木) 晴。 빨래ㅅ군들이 개암이 진치듯이 모여드니 더러운것은모주리 이골목에씻어버리고 가느냐고 생각하면 분하기도하나、呼吸기관이약한이는 이골목空氣와光線으로써 회복해가고、胃腸이 약한사람은 이동네水土로써 낫아가고、서울장안의 모든더러운것은 이川菏맑은늘로써 깨끗이 해간다면 이도또한 一日一生이欽慕되나이다。主님을사랑한다

는 이끌음이대로 大學生은 日記帳을끼고 나를찾는데 일즉이每週檢閱하면서日記쓰는習慣을불혀주고저 애써보았던余의擔任生徒들中에는 果然오늘까지繼續하는者 몇이될까。

다。그러나請치않은大家의傑作이라도 꿈보다興味倍大하다。事實보다더한藝術이없고 꾸임없는筆記인故로 아무런靑年의日記라도 一介靑年의日記읽기에多大한興味를느끼다。

三月十日 (金) 曇、夜小雨。陸軍記念
日이어서市內男女中等學校가午前十時부터朝鮮神宮에集合。養正學校도學年試驗을中斷하고羅列하야南大門、蓬萊町、西大門까지樂隊先頭로提旗行列하다。○저녁에約束대로 日記찾으려는大學生이있어 밤열시지나도록 信仰을 말하며 人生을 이야기하다。

三月十一日 (土) 雨。 오늘로써第三學期考査監督을畢하다。○答案探點外에日曜集會의準備。○嶺南消息에『聖恩中에貴社가날로빛나시옵소서。聖朝의曙光이東天에빛이니惡魔의殺氣는西쪽으로사라짐을믿고主앞에感謝하오며 貴社앞에절한나이다……』云云。또短信一枚 『主님의뜨거운 사랑의불꽃가운데 先生님玉體萬康하시음을仰祝하나이다 聖朝三月號를손에드니 無量의感慨를禁할수없나이다。先生님의信仰日誌

三月十二日 (日) 曇、風。 새벽부터午前中은聖書工夫。午後의市內集合에서올로새書第八講으로第三章一一四節을講解하다基督敎道德生活의基本原理를解明하고저滿二時間동안을力說하고나니 눈이회ㅣ둘어가는듯하다。내속에있던것은 모다쏟힌것갈음을느끼다。○滿蘇國境에風雲이急함을報하는消息飛來。○저녁에는試驗成績의採點에甚히바쁘다。○來信一枚『拜啓、어제는밤도록도失禮하였읍니다。先生님의말슴이오늘까지의다른「敎訓」과달라서 한마듸한

고盟誓하고 眞理를배우는小僕으로서 참다운一日一生을일우지못함을 나의主님에수그리스도도앞에 너머나罪悚함을느끼고깨달나이다。 그러나이것이一朝一夕에일우워지는것이아니고 信仰의長時戰임을또한번默想할때 主님의十字架의길을 우러러하소하고싶읍니다。小僕은學徒의하나입니다。거지에게나 狂人에게나 妓生에게나 누구들을가리지않고 배워야할學徒입니다。사랑의채쩍을 애끼지마시고 가르처주소서。明倫町集會에많은恩惠를받는까닭입니다。小僕은恩惠의바다깊은곳에잠겨야되겠나이다。』

二三三

마듸마음깊이슴여들어감에는 오히려奇異
한生覺이날따름입니다。 조곰치도거역할길이없아오
을수없아오며 이를是肯하는따문인가합
니다。 저의金靈이
으시니 先生님의사랑이 저를完全히사로잡
한것같습니다。
또읽으매感謝의눈물이옷깃을적시나이다。
그리스도안에서豐盛한新禱하옵나이
다。己卯年 三、一一日○○○再拜『이는
히려奇異한생각이날따름입니다。』

先生님의사랑이 저를完全히사로잡
사랑의無邊大하고無限强함을體驗
二月十八日聖朝通信을읽고
直히솟았고 또無限强함을體驗

지난金曜日저녁에 이야기틀고간靑年이다。
저에게말할때는 現代인데리靑年으로서納
得順從키 어려우리라는念慮도不無한것을
다시우리門前에出入안해도可하다는決心으
로放射해놓고 默默히돌아가는저틀보낸것
인데 이제이消息을接하니 그야말로「오
히려奇異한생각이날따름입니다。」

三月十三日 (月) 曇、冷寒。 어제부터
氣溫이急降하야 執筆한손이곱다。○登校
하야授業外에探點交附、上級學校入學手續
書類七八件調製해보내고 某友人의請에못
이겨서 某校入學受驗生을爲한紹介편지一
枚放送하다。 但昨日부터入學受驗生中에있는
家兒物틀篤하야는 余스스로도請하지않고 他

聖
朝
通
信

人의紹介틀請치않기로하다。 自然陶汰에말
겨서 入學되면工夫시키고 안되면 그만두
기틀沇心。 ○저녁엔原稿쓰기。

三月十四日 (火) 晴。 새벽南天에는 火
星과下弦달이 나라니하여있고 金星은아
직地平線우에 솟을락말락한데 北漢은嚴
蕭히솟았고 宇宙는靜蕭히沈默하다。 다섯
時틀지나매 藥師寺스님의 木鐸소리시작
하니 山麓의寂滅은一段더짖어간다。 고마
운 스님! ○原稿가急한생각으로焦燥히
對案하여보았으나 一行의글도 써지지않
어서 붓을덨이고山골로向하다。 앞서
가는「푸러리」의案內하는대로祈禱의터틀잡
고「主예수여당신을사랑하기보다더사랑하
는것이있을진대 내입에서說敎틀옮으시옵
소서。 그나라보다 더戀慕하는生活이따우
에있을진대 한출原稿도일우지못하게하옵
소서。 마에스것을생각지말고 우엣것을생
각함이切하옵거든 쓰게許諾해주옵소서」하고 新
禱。 生活과分離해서는 原稿가안되며 된다
해도 그런것을世上에 보낼必要가 없는
까닭에。 속準備가 되기까지는山페미같은
恭考書틀 座右에쌓고앉어서도 그것은한

事業을東京에移轉하겠다는이의來訪이있어
그前途틀心祝하다。 世上일은 풀과같고풀
의꽃과 같아서 때가오면 찬란하되 또
한 얼마못되어서凋落한다。 우리聖朝發刊
의일만은 하나님의扮付틀입어 浮沈盛衰
의變轉없이 가늘지라도 길고길게 꾸준
히 견고저한다。 ○原稿틀印刷所에傳하고
登校授業。

三月十五日 (水) 晴。 登校授業。 學年
成績會議에서 各學級擔任先生의熱誠으로
落第가極히적게된일을慶幸였다。
○某雜誌社에서「女性의幸福」이라는題로
原稿쓰기틀督促하나、 첫째로聖朝原稿가未
畢한것。 둘째로 내가쓴대로一字도變通
없이誤植없이印刷하고서 그原稿틀틀
返還할만한誠實이보이지않는것。 셋째로
十餘年來로 팔리지않는글만써
오던사람이 불연간 팔릴만한文章을 쓸
수는없으니 우리意見그대로 印刷한다면
雜誌의人氣가떠러질것等을 생각하고斷念。
○저녁에는今春 小學校卒業生二人과各其

星과下弦달이 겨서 入學되면工夫시키고 안되면 그만두
운 소식닿이듣고、잇다라 不遠한將來에 새로
東京에서歸省途中인K君이來訪하야
人의紹介틀請치않기로하다。 自然陶汰에말
갖物件에 지나지못하는것이다。 ○아침에

聖朝通信

父兄까지 五六人손님을맞우어 晚餐을나누고、우리집小學校卒業生까지 卒業生三人을中心으로한感謝의禮拜。家庭禮拜의順次대로 邑記第二十三章을輪讀한後에 余의卒業送別禮拜에某校長先生이읽어준일있었던 馬太福音第六章十九節以下를朗讀하고、小學卒業까지靈肉에 베퍼주신恩寵을感謝하는同時에 지나보낸길보다 더어려울前途를爲하야 主恩수의加護를 부탁함이懇切하다。洞口까지 손님을餞送하고 일즉就床。

三月十六日 (木) 晴、風。全校가汝炎島에나가 軍事敎練하게되었음으로 一時間以上自轉車를 달려서出勤하다。汝炎島의넘은沙原에서漢局을바라보는趣與도 各別한맛이있다。〇午後一時에山麓에도라오니 아래와같은 아름다운消息이待하고있다。「就伏白 聖意에合하야 今月分의靈의糧食으로서 주옴신 聖書朝鮮은반갑게 받었읍니다。今月號에서 울게배우고 알게된것은 「하나님」이올시다。참으로小生은至今것 하느님이옳고 하나님이린줄로 알어왔읍니다。참으로 今番에赤面紅顏을어디다。둘둘수없읍니다。實에있어서 小生의生覺에는 저 人格的이시고永遠實在的이신 唯一神을 우리의말로 稱呼하는데에 하날(높으다는뜻으로)이라는 名詞를引用해서 하나님이라고 表示한줄로 獨斷한然故로 한글學者의說明대로하느님이라고 稱呼한것이 可한줄로알어왔읍니다。그래 信仰家庭에서 生於長한同志에게對해서까지도 뻔뻔스럽게 이제부터서는 하나님이아니고 하느님이라해야 옳다고 아조識者然하고말한일을 想起하니 참이러한 滑稽가 없읍니다。事實로 우리맘의基督敎徒中에서 小生같은類가 極小타고는難言일줄 斟酌되옵니다。참으로 今月號의「하나님」이라는 글월은 時機에最適한것이고 生覺하고있읍니다。무엇을배우고 알고나서 生覺이 이렇게 시원해본적은 처음이올시다。先生님께 衷心深謝하나이다。다음 今月號에서 또하나異彩를 나타내고있는것은 聖朝通信欄의去二月三日저녁에 主님께서某大學生으로 하여금 先生님을尋訪케하신것이올시다。小生은 이大學生을읽고 主님을 爲해서기뻐하고 新禱했읍니다。主님께서 이大學生에게對해서 始作하옵신一部를 끝까지하사도록 빌었읍니다。그大學生이 未久에 高官大爵의榮譽를獲得할것이오。그만 主님께 잡히여 世所謂非科學的이오 不學無識의愚夫賤輩의信仰인 十字架道를 걷게되었다는것 참으로 主님을爲해서 그本人을爲해서 우리땅과백성을爲해서 開花結實되기를 아니빌수없었읍니다。基督敎信仰엔 有無識이無關타고云하지만도 그래도 昔日의使徒들은 보드라도 博識하신바의先生은 다른 無識한弟子들보다는 좀더大器노릇한것을全然否認할수는 없는줄로思料되옵니다。참으로 우리맘의 知識階級의靑年들이 主님께 꽉락붙잡힌者 많어지기를 아니빌수없읍니다。그大學生의두고 온 先生님을 發見하고 믿음에勇氣를얻었다니 저十字架에걸리신 主님을 仰觀하고 얻은勇氣야말로 凡人들의 生覺에 지나치는것이있을줄로압니다。先生님께서 「主안에서굳게서신분」이 前者에 흔히들려보신經驗에比照하야 크게嘱望은 못두신다할지라도 이러한兄弟를 맞나실때에는 不快之念이야 아니느게할것입니다。기실줄로믿습니다。先生님!부디主안에서

二四

그大學生 닮이사랑하시고 善導하옵시기 伏望하나이다。所感의 一端을 올리오며 先生님 來來安寧하시옵기만빌고餘不備白하나이다。己卯年三月十三日夜 ○○○再拜」

三月十七日 (金) 晴、風寒。새벽에 山上에 祈禱。○登校하야 入學試驗準備。○東京서 石河光哉畵伯이 入京次訪하얏다는 電話를받고 明倫町에뛰어와 初對面。매우快活한분이오、推測했던것보다 젊은이다。當代에 名聲높은 藝術家들 이렇게對할수있음도 온전히 主예수에對한 信仰의 一致로써이다。東京과北京소식많이듣다。○約束이가려욱甚하다。

村行、某辯護士를 恭訪하다。午後四時半軍로新京에依하야K君과함께 訪問하다。○約分이 밀지않었는데 逆轉하는 모양이다。○江戸消息에 氣候는 ...... 日沒頃부터

拜啓「聖書朝鮮」三月號有難이拜受致しました、先月號とは全く違つた編輯を見まして、或は我等の祈りが きかれて 歴迫が なくなつたのかと喜んでゐます。神様が御地における此の唯一最高の福音雑誌を護り 增增御自身の御榮光を之を以て上げ給はむ 事を祈ります。小生の爲にも御加禱下さいませむ。云云。

三月十八日 (土) 晴。印刷所에校正하 傳하고登校。第四學年以下의 成績發表。이번에 入學試驗에 請托받은것은 이 두어사람되는데 그중의 一人은 余의 이름字를 「信」字로써서 던지하였으며 親分을誰解하여가르되 十四五年前에 東京서 相從한일이있었다。云云했다。自己에게要緊한때를當하면 大概한親分이 蘇生하는것이人情이다。大端히런親分이 不知하는 이들이나 余에게入學請을하였지 잘아는이로서는 한사람도없으니、이는 余가養正學校에 있어서 何等實權이없는 末席敎員인것을 知悉하는까닭이다。○獨逸의一自治地方 國은 기어이解體하고 獨立二十年에 强코 ...... 化했다고報導。

三月十九日 (日) 晴、寒風。養正學校 入學試驗의 準備召集日로 午前十時부터出勤。午後一時에 受驗生徒全部一千百五十餘名을모여 注意시키는일을 다하고、도망하듯이明倫町集會로 다름질하다。골로새書第九講으로 第三章五-十一節을講했으나 紛忙中이어서充實치못하다。閉會後에도 神學生其他의 相議에應하노라고 數多히말하였었고、歸宅後에도來客이있어 一時

間가一히 말하고 나니 오늘은終日토록 말안한時間이 別로없이살었다。말하는일처럼 精力의根底까지 消盡하는일이없으매 어디 말안하고살았는데 하고싶은생각이 간절하다。루바삐移住하고싶은생각이나는나가있다면 하......

三月二十日 (月) 晴、後曇。午前八時 ...... 入學試驗시작。午前中은 身體檢查와人物考查。今日突然히新入學될 一學年擔任을被命。人物考查의 責任을메고 꼭入學시키고싶은 놈은甲、기어이願치않는놈은丙、學力其他의 資料를恭酌하야決할것은 乙의上中下로 採決하면서 人間의判力이 얼마나正確할가하고 생각하매 두려운생각도 적지않다。○學級擔任말을順番이아닌데 青天霹靂같이 任命되었음으로 여러가지로 理由를述하며 情을盡하여 避하고저하는데 도無效였다。學級擔任을廻避코저하는 三大理由가있으나 아직文字로 公表할수없다。가슴엔憎慎을 가리우고 終日 말로 疲勞한몸을運搬하야 日沒頃에 山麓에도 ...... 라오니 누가果圃를 갈어주었다。

本誌舊號의定價統一

本誌創刊當初에는 一冊定價二十錢이었고 最近에第一一二號以後로 다시定價二十五錢이었고, 그中間에第一一五號까지는 一冊二十五錢이었으나, 今四月一日以後로는 定價二十錢으로統一한다. 또注文冊數의 多少에따라割引을 두지않는다. 또本誌舊號의定價는 一冊二十錢으로統一한다. 但 어떤號의 品切된것은 左記十五冊이오 其他의 現在品切된것은 左記의 것이다. 이一二號로부터지금까지의 것도있다. 는創刊號로부터지금까지의

82號
61
63
63
63
69
70
71
72
73
74
75
73
79
80

南岡 李承薰先生記念號
本誌第十七號　南岡先生寫眞入、
一冊二十錢(送料並)

姜濟建先生記念號
本誌第百十二號　一冊二十錢(送料並)

內村鑑三先生論에答하야
本誌第十九、二十號　各冊二十錢
本誌主筆의「無敎會主義」의 由來를알수있다.

朝鮮地理小考
本誌第六十二號　一冊二十錢
地理學的으로朝鮮의使命을論함. 專攻인咸錫憲先生의 「地理的으로決定된 朝鮮史的性質」(第六十九號)의結論과는 매우相違되는듯하다. 朝鮮에興味가진이 의一讀을要함.

京城聖書研究會

場所　市內明倫町四丁目三三宋斗用氏方
日時　每日曜日午後二時半早러二時間
會費　一個月五十錢以上、每一回二十錢式
講師　金敎臣。四月第二日曜日에는
市內애스東崇橋下車、約三分。運刻嚴禁、市內宋斗用의第三章의研究시작될터이다。
四月二日(日曜)은休講。
四月九日(日曜)早러始講。
四月九日부러新學年度시작될터이다. 지

金眞擧熱한會員이 每週熱心히工夫하고있다。眞理의探求에 참으로渴急한限이가있 다면、아직少數의座席이남어있으니來叅하라。但 미리承諾얻고서來叅함이可함。

新約聖書槪要

目題　(但品切)　號數

마가福音의大旨　七九
요한福音의大旨　一〇〇
로마書의大旨
마태福音의大旨　一七六
고린도前書의大旨　一三
고린도後書의大旨　一四
갈라듸아書의大旨　一五
에베소書의大旨　一六
빌립보書의大旨　一七
골로새書의大旨　一八
使徒行傳의大旨　一九
使徒傳道大旨
共觀福音問題　一二
누가福音의大旨　九

本誌定價

壹 拾 錢

一冊　(送料共)　前金一圓十錢
六冊　(半年分)　前金六十二錢
十二冊(一年分)　前金貳圓貳拾錢
要前金。直接注文은
振替貯金口座京城一六五九四番(聖書朝鮮社)로。

取次販賣所

京城府鍾路二丁目八六　博文書舘
京城府鍾路二丁目九一　耶鮮敎書舘
東京市麴町區九段坂向山堂書房
新聲閣(咸興府)
茂英堂(大邱府)
北星堂
信一書舘(平壤府)

編輯兼發行者　金敎臣
京城府外崇仁面貞陵里三七八
印刷者　鄭敬德
京城府仁寺町一九ノ三
印刷所　大東印刷所
京城府仁寺町一九ノ三
發行所　聖書朝鮮社
京城府外崇仁面貞陵里三七八
振替口座京城一六五九四番

昭和十四年 三月二十八日 印刷
昭和十四年 四月一日 發行

【聖書朝鮮】第一百二十三號
昭和五年 一月二十八日 第三種郵便物認可
昭和十四年 四月一日發行 每月一回一日發行
【本誌定價二十錢】(送料五厘)

昭和五年一月二十八日（第三種郵便物認可）
昭和十四年五月一日發行（每月一回一日發行）

金教臣 主筆

聖書朝鮮

第壹百貳拾四號

昭和十四年（一九三九）五月一日發行

―――――――――――――

目 次

精進 또 進精

基督教는他力宗이다。信者의自力으로 되는것이아니라 예수그리스도의功勞를힘입어서 救援얻는다는것이다。유대敎人들이律法을力行하고서도 얻지못하던것을 예수의十字架만믿음으로써 얻을수있다는것을 가르친다。그런故로 예수를 一名「福音」이라고 일카른다。異敎에서崇仰하는 難業苦行과積德을 쌓은것이없이라도 悔改하고 예수의이름을 믿기만하면 된다는것이다。人間의 무거운 짐을 지고가는者에게 이보다더한 기쁜소식은 없을것이다。

그러나 「福音」은 決코 無爲의生活과放縱의生涯를肯定하는것은아니다。舊約時代의先人들과佛徒儒家의先哲들이 애타고 힘써서 容易히到達할수었던자리까지 比較的쉽게達할수있다는것이오 그와같은努力이 아주不必要하다는것은아니다。故로 예수께서 말슴하시기를「내가律法이나 先知者나 폐하려온줄로 생각지말라 폐하려온것이아니오 完全케하려함이로라……내가 너의게 이르노니 너의가 서기관과 바리새인보다 더낫지못하면 결단코 천국에 드러가지못하리라」고 (마태五·一七~二〇) 하셨다。福音이니信仰이니云謂하면서 佛徒의規模도 좋지못하며 儒家의力行도 본받지못하고 한갓放縱安逸의生涯를 일삼음으로써 福音의眞髓를把持한듯이 自辯自慰하는무리가 적지않은것은 實로寒心할일이라 안할수없다。特히 젊은이들中에까지 이病이蔓延된것은痛嘆事이다。

信仰生活에忠實한 어떤이는 말하였다 「예수믿으랴면 每日새벽 한잠식을 잃어버려야 되는니라」고。또 누구는 말하되 『北漢山을 헐어서漢江에 채우라면 차라리쉬우려니와 예수믿는일은 세상못할일이라』고。새벽잠은 달콤하다。그 달콤한 한잠을損失하고서라도 淸晨의 가장맑고 고요한時間을 祈禱에 써야만 된다는것이다。祈禱는必要한것을祈求하는일이아니다。그보다도 聖靈의소금으로써 生生한自我를 저려죽이는役事이다。소금으로써 김장을 저리듯이 夢寐中에 更生한自我를 새벽 첫시간에 또한번埋葬하는일이다。예수믿는일의最大事는 이自我를죽이는일인故로 實로北漢山을 옮기기보다 더어려운일이다。

聖句暗誦의일이 또한重且大하다。故로一日一句 或은 數日에 一節식이라도 聖句를暗誦하도록 努力을 다해볼것이다。暗記하게되는것이第一捷徑이다。信仰生活의豊盛與否는 하나님의말슴의豊盛함에比例하는法인데、말슴은夢寐中에라도 其他 信仰精進의方法이 한두가지뿐이아닐터이나 兄弟여姉妹여 願컨대 하루라도 精進없는죽은날을 두지마사이다。

信仰生活

信仰生活

活動 事業으로 무엇이던지 눈에 現著히보이는 飛躍이었으나 碍害或은 안의 解弛로서 한번蹉跌이 생기는날에는

信仰生活의一은 無爲에있다。스스로의手腕을 부리는것이아니라 하나님自身의 經綸이 成就되여가는것을 기다리는生活

다。그리고 보는눈으로 볼진대 人爲보다 神爲가健實할뿐더러 또한迅速果敢하기도 比할데없었다。

故로信仰의人은 靜肅하다。저는『웨치지 아니하고 소리를 높이지아니하야 거리에 들리지아니하며』함으로 活動과飛躍을 사랑하는 世上과世上敎會의 칭찬을받으며

꺼지아니하며 꺼지는燈불을 끄지아니하야 그가 깊은것같이 깊어서 하나님의 칭찬을받는生活이다。『저는

振動하는者는 못된다。그러나 하나님의靜한것같이 靜하며 世上에公義를세우기에이르리니 섭들이 그公義를仰望』하게되는

襄하지도아니하며 落膽하지도아니하야 世上에公義를세우기에이르리니 그公義를仰望 하게되는 眞正한大事業

을하되 심히靜肅한中에 한다。

信仰生涯의大部分은 忍從이다。大學傳道로써 大衆을敎化하지못할지라도可하며 大異蹟으로써 世上을 놀래지못하여

도足하다。오직神命이면無條件으로順服하고 하나님의 보내신獨生子를믿는일이 곧平生의事業인

출로알고 無爲에類似한生涯를 보내는것이다。知識으로 理解못할問題라도 믿음으로順從할뿐더러 暗黑한世代에 억울한

다른아무것을 받지않을지라도 人間의小量의正義感으로써 靈肉을 아울러燒盡하지말고 公義의根源이오 權能의主宰者이신 하

나님을믿어서 다시動搖함이없고 焦燥함이 色에 나타나지않는生涯이다。

信仰生涯는 自己에充足한生活이다。놀랄만한事業을 남긴것이 없어도 敢히不滿을 느끼지않으며, 자랑할만한 學識을

가지지못했을지라도 부끄러워안하며、依支할만한健康을 누리지못할지라도 다시發惡함이없이、하나님自身을喝하신以上

다른아무것을 받지않을지라도 하나님의뜻에 居하야 自己의心靈을 그獨生子의支配에從屬시킴

으로써 無上의榮光을感하는生活이다。그리하야 肉體의病弱함도 知足의材料가되고 自랑의根據가될것이며

（고후一二·五—一〇）、『근심하는者같으나 항상기뻐하고 가난한자같으나 많은사람을 부요하게하고 아모것도없는者같으

나 모든것을 가진자로다』라는（고후六·一〇） 地境에處하는것이다。五尺短身이 足함을앎으로써 차고넘치며 찬송의명

어리로化하는일이 信仰의道인저。

雲柱 와 火柱

雲柱와 火柱

二

近來에 읽은文字中에 本號에실린「湖岩 文一平兄이 먼저가시는데」라는文字처럼 우리毛髮을 고추서게하며 우리

肝膽을 서늘하게한것을 없었다。柳永模先生의 앞뒤에섰는雲柱와火柱가 또한 읽는者의前後에出現하지않고는마지않는

까닭인가한다。雲柱와火柱를 平生토록認識못하고사는사람은 차라리幸福——그幸福은 도야지의幸福과類似하다하더라도

—— 한者라할것이며、앞뒤의雲柱 火柱를보고서도 끔벅動함이없는者는 禍를免치못할진저。

湖岩先生이「古로 佛敎文化와 近으로 基督敎文化를 딿이입은 朝鮮에서 兩敎의 깊은造詣가없이 本史를學究한다

는것이 妄이였다」고 告白하셨다하며、信仰없는生涯를「虛生하는것이 큰일났다」고 痛歎하셨다는 消息을傳하야 듣고、

우리는「眞正한學究의人은 드디어 찾을데까지 찾고야 마는구나」하는感歎을 마지못하는同時에 咸錫憲兄의著「聖書

的立場에서본 朝鮮歷史」한절을 보내들이면서 期必코 先生의史眼에多大한變革이 이러날것을 은근히期待하야 마지못

하던터인데、이제 先生의 새로운史論을 읽기前에 먼저 그計音을接했으니 哀惜한일이오、커다란囑望과 적지않은思慕

를품고서 한都市에 十數年을 살면서도 眞人의聲咳에接하지못하고 永別했으니 怨痛。

湖岩氏는 五十二歲——一八五四五日——로 가셨으니 朝鮮人의平均年齡「人間三十古來稀」라는데比하면 決코短命은

아니었다。그러나「내살이 하루살인걸 밝히뵈고 가시네」라고 부르신바로이다。回甲을 지나 七旬을 넘고간대도 人

間은 하루살인것 變通할수없다。生은瞬間이오 死는永續한다。生은醉生할수도 있거니와 死는嚴然하게臨한다。避할

듯싶으면서도 避할수없는길이오 먼듯먼듯하면서도 이마우에 다다른形勢이다。앞에선雲柱와 뒤에빨힌火柱를 누가能

히 안보인다 핑게할소인가。이生을 어떻게 살고갈까。

生鮮같은 一平生에 머리토막 가운데토막 다부서지고 꾀릴 잡고 뉘우친다」는 老人도 계시거니와 가운데토막인中年

들은 主님께 받치긴 아직도 아까울까。머리토막인靑年들은「맛없이 쩍여버린」後에 저老人의嘆息을 返復해야할것인

가。때 바야흐로 世界의動함은 크고 나라들의要求는絶大하다。單히人生의終幕이아니라 全世界의一大淸算期가切迫한

感을 누가否認하려는가。이때에 永遠한나라恒久한眞理를爲하야 그리스도께 성한 덩어리全體를 들이려는兄弟는없나

姉妹는없나。兄姉여 들이사이다 받치사이다。

（第一二八一日 第三十八回의生日 四月十八日記）

히브리書講義 [二]

咸錫憲

第二講　히브리書의 構造

本文의 研究에 들어가기 前에 한가지 더 그 理解를 쉽게하기 爲하야 이글의 構造가 어떠한가를 보기로한다。勿論 어떤 글이나 그글의 構造는 그것을 다넘어 理解하기 前에는 알수 없는 일이다。白頭山에 올라가보기前에는 그山이 어떻게생겼는지 알수없는것과 마천가지다。그러나 또 白頭山을 참으로 잘보기는 案內者의 說明이나 地圖로써 그山規模가 어떠한것임을 미리알지않고는 不能한일이다。그와같이 이글을 理解하는데 있어서도 이것이 어떤 構造를가졌는지 規模의 大體가 어떠하며한지를 미리아는것이 必要하다。

極히 簡單히 한다면 全文을 豫論、本論、結論의 三部로 갈수있다。大體로 第一章에서 第四章까지가 豫論이오、第五章에서 第十章前半까지가 本論이오、그以下가 結論이다。著者가 結局에 있어서 말하고싶은것은 結論에 있다。거기서 그는 믿으라하고 견듸라하고 所望을 가지라하고 實地道德을 힘써지키라한다。그리하야 患難을 무서워말고 避하지말고 그意味를알아 달게받으며 이겨서將次오는世界에 들어가도록하라한다、

그러나 그는 그렇게만 말하여가지고 信仰的으로 弱해진 受信者들을 이르켜세울수없는줄을 안다。이미 믿은지오래여 先生이되였을 者들로서 아직도 굳세게서지못하는 그들을 이러서거라 싸우라하는 말만으로는 어떻게할수가없다。그깊은 靈魂을 震動시킬만한 眞理의 理解가 있지않으면 안된다。그主旨는 예수는 하나님의 永遠하신 아들로서 우리를 爲하야 永遠한 贖罪의 大祭司가되여 하나님앞에나아가는 直通路를열고 옛날에있었던 모든 不完全한 中間的인 것 影像的인것을 完全히 廢하야 우리로하여금 自己를따라 膽大히 하나님의 至聖所에 直接들어갈수있게하였다。故로이제우리는 꺼릴것이 없었고 다시 더 猶餘를얻을수도없고 다시 더 옛날의 낡어진世界와 그宗敎안으로 물러들어갈수가 없다。

그리고 그主張에、예수는 永遠한 大祭司 라는데에 根據를짓기爲하야 처음四章에、아들과 天使의 比較、아들과 모세의 比較、舊約의 安息等을 말하는것은 이때문이다。그러나 以上의것은 極히 大體로본말이오、이것을좀더 仔細히본다면 實로 그構造가 더욱妙하고 더욱堅固하고 더욱 아름다운것을 깨닫는다。論法에 緻密한 著者는 建築家가 建築을하듯이 그論旨를 順序있게 산關聯밑에서 펴간다。故로우리는 本書全體를 한게 石塔의 建築에 譬하야 說明할수 있다.

히 브 리 書 講議

建築의材料는 돌과콩크리트요、그돌은시내山에서 떠낸
것이다。著者의論說의材料는 모두다舊約과 歷史事實에서
가저온 군고굳은것들이다。著者처럼 聖書의引用을 豊富
히하는사람은없다。그러나 그것만아니다。그군은돌만을쌓
는것이아니다。한둘을놓은後는 반드시 그것을連結하야부치
는 콩크리트가있다。懇切한勸勉이 곧 그것이다。花岡岩같
이오는것、이것이 著者의 建築材料요 建築方法이다。勸勉
物의壽命은 그材料의性質과 建築材料요 建築方法에依하야 決定된다。建築
우리는 시내山에서떠낸 信仰의花岡岩으로된 이塔이 永
遠한壽命을가질것을안다。

建築은 몬저 基礎로써始作한다。材料가 아모리좋와도 基
礎가 든든치못하면 큰建築을할수없다。굳은磐石우에서서만
萬歲不變일수있다。히브리書가 서는 基礎는무엇이냐。冊을
펼처드는 처음에 이를알수있다、曰、

「여러部分으로 여러모양으로 옛적에 하나님이……」
하나님이다。原語의順序로하면 하나님이란말은 第四位에
있다。그러나意味로할때 「하나님」이그첫머리인것은 勿論이
다。「하나님이……」다。以下에 무슨말을하겠는지 무
슨主張이있겠는지 그것은말할것없이 위선 하나님의일로써
出發한다。사람도아니오、國家의일도아니오、宇宙좋아도아

니다。하나님으로부터다。이萬歲磐石、이永遠의盤石、이우
에 히브리書는선다。輪奐의美를자랑하던 얼마나많은建築
이 문허젓나、그基礎가 거짓것이였던탓으로。어면意味로하
면 사람은廢墟속에산다고할수있다。埃及文明의문허진우에、
메소보다미아文化의깨여진가운데、印度宗教의해여진속에있
것이 오늘날에 서있는 學問의殿堂、藝術의宮殿의타다。그
다。象牙塔이쌓이어서는 문허지고 쌓이어서는、또문허진
리고그것도 같은運命에도라갈것이다。웨그러냐。하나님이
라는 산盤石우에 서지않기때문이다。그런데 「두어字로記
錄하야 勸勉한」이조고마한文獻이 지금까지 살었고 以後
도 길이살것은 그드더고 서는 터때문이다。

著者에따라 우리가 이 산盤石、얼마나두려운지 어대까지
끌인지알수없는 永遠의盤石우에섰을때 갑작이한그루鐵柱
가 地表를뚫고 나오는 竹筍모양으로 하늘을向하여 쑥
솟아오느는것을본다。이것이 이제쌓는 이塔의 中心기둥이
되는 永遠의鐵柱인데 그이름을 예수그리스도라한다。처음
에 우리는 이鐵柱를보고 暫間놀라지않을수없다。그힘이너
무세차기때문이다。히브리書는 다른편지모양으로 平安을
비는 人事말로始作하지않는다。緒論도없다。그리고는첫머
리에서부터 鋼鐵같이굳고 하늘같이높은것이 眼前에우뚝
솟아올은다。아모리보아도 이편지는 愛嬌있는글이아니다。
그러나 이것은 著者가 사랑이不足하야서가아니다。너의게平

四

安이있을지어다하기에는心境이 이를許諾지않기때문이었다. 그는지금 第一線에서 물러서려는 戰友를보는사람이다. 故로너머가려는大廈를 버티려는듯이 위선 이鐵柱를 들어 세우는것이다.

그와같이 本書의첫머리三節은 그根本思想 中心眞理를 나타내는말이다. 이것은魚雷모양으로 著者의가슴안에있는 壓力에몰려 發射되여나온것이다. 어두운가운데 갑작이횃 불을들면 暫間은物件을區別할수없는것같이 本書첫머리를 읽고 우리는 그너무强한光線에 눈이어둡는것을느낀다. 그 리하야顏回모양으로「仰之彌高 鑽之彌堅」, 처다볼수록 더 높고 뚤러볼수록 더굳다고 嘆息을하고싶어진다. 그러나 횃불밑에서 周圍의모양이 徐々히밝어지는것같이 一旦 이 中心鐵柱를 세워놓고는 著者는우리를 이끌고 밑에서부터 차근차근 塔을쌓어 올라가게한다.

塔은三部로되여있다. 맨밑에基臺가있고 그우에가장主되 는 塔身이있고 그우에서當한 豫論、本論 結論의三部分은 곧여기該當하는것이라할수있다. 그러나그 모든것은 다中心의기둥인 예수그리스도를 싸고도는것이 다. 各部分은 이中軸에連絡이되여서만 든든할수있다. 著 者가 勸勉의 콩크리트를쓰는것은 三段으로되여있다. 第一部의基臺는 三段으로되여있다、이것을 爲하야서다. 第二章四節까지가 第一段인데 거기서 著者는 아들과天使

를比하야 아들의높은것 따라서 아들에依한福音은 天使 의손을거친 律法보다도더偉大한것임을말한다. 그런데그中에 一章四節로 그章末까지는 舊約을引用하야야하는 論證이요、 第二章初의四節은 「그런故로云々……」하야 勸勉하는말이 다.

第二段은 第二章第五節에서 第三章첫머리까지로되는것 인데 二章末까지에서 예수의受難은 大祭司의資格을爲하 야 絕對必要한것임을말하고 第三章一二節에서 거기對한 勸勉을한다.

第三段은 第三章과 第四章이다. 모세와 예수를比하고 여호수아가 安息을주지못한것을말하야 舊約의不完全、따 라서 참安息의約束이 남아있고 그것은 우리의弱點을體恤 하신 永遠의大祭司예수로만 可能하다고한다. 其中第四章 十四節以下는 本段에對한勸勉인同時에 또 다음에오는 本 論을끄집어내는 실머리가된다. 이것도著者의 妙한論法의 하나인데 있다가말할것을 一旦 簡單한말로豫告하야 準備 를 시켜놓고 그後에 仔細 히풀어 말을한다.

그와같이 三層의基臺를다쌓아 드디어本書의主體가되는塔 身을 놓인다. 論據가確實하야진後 예수가永遠한大祭司인것 을主張할 塔身이 確實하야진後 塔은三枚의큰돌도된다 할수있는데 그第一枚는 第四章五節에서 第十節까지요 第二枚는 第五章第一節에서 第七章全部요 第三枚는 第八章以下 第十章 第十八節까지다.

히브리書 講義

第五章第一節에서「大祭司마다……」하고 말을끄집어내여 예수는 永遠한大祭司임을말한다。그리고그것을說明하기爲하야 舊約中에奇異한存在인 멜기세덱을 말해놓고 그著者는論斷한다。나。一旦 멜기세덱을 말해놓고 그著者는論斷한다。그것은受信者의 理解力의不足때문이다。이제부터들어다놓을 그런돌을 弱한者들이 堪當할것갈지않었다。그리하야 너의가 그런것이나먹고 굳은飮食을먹지못하는者라고 責望을하게되였다。그러나怒하기가만하자는것이 그의目的은아니다。怒하며 한편으로는「너의가 이보다더낫은것이있고 救援에가까운줄을안다云々」하야 激勵도하야 굳은것을 消化할수있도록 準備를시켜준다。이리하야 第五章第十一節以下第六章全部에까지밎는 기—ㄴ 勸勉이 本論의中가운데 들어오게된다。그리고第六章末에서 激勵의말을끝막으며 어느덧 멜기세덱을 다시끄집어내여 다시本論으로 돌아오는솜씨는 實로能하고妙하다할수밖에없다。

그와같이 튼튼한準備를다한後 第七章에서 멜기세덱이라는 第二의 큰돌을놓고、

第八章以下에서는 最後의巨石을놓는다。예수의大祭司의意味、그것이。 아론系統의祭司보다 낫은理由、新約과舊約의比較、따라서新約이最後的인 最完全한啓示요 이以上다른것이있을수없는것을말한다。

第十章第十八節까지에서 論說的인部分이 다되고 이제남

六

은것은 이塔의가장美觀이되는 勸勉의部分이다。위선第十章後半에서 將次오는世界의 멀지않은것을말하야 울려놓을塔갓에對한準備를하고、그우에八面玲瓏한것이 울려앉는데 그것은 네部分으로 되여있다。

처음에는 信仰의一枚石으로되는 第十一章의큰갓이놓이고 그우에 구름같이둘러싸는 過去信仰의英雄들의 勇戰과새예루살렘의 壯麗한것을彫刻한 第十二章의裝飾이있고、그우에는 크리스챤의實際道德을表示하는 第十三章의球石이놓이고、그리고 나종에 맨첨에세웠던 中心鐵柱의끝에여 金色으로燦然히빛난고 尖針이서는데（第十三章第二十節以下）이것도亦是 그리스도다。

이리하야本書는 하나님의아들 예수그리스도로 始作하야 하나님의아들 예수그리스도로 끝난다。하늘을어루만지는 이높은塔은 이鐵柱로因하야만 可能하다。어떤學問도 어떤議論도 이盤石、이中軸에依하지않고 永遠한價値를가질수없다。人類歷史있은以來 사람의精神的産物이 어찌汗牛充棟만이리오마는 그中에聖書가홀로 獨特한權威를가지는것은 다만그原因이 이것이 하나님을말하고 그아들예수그리스도를 가르치는것이기때문이다。이편지의偉大함도 그의文筆의能함에있는것도아니오 알렉산드리아哲學知識에있는것도아니오 예수의直弟子나使徒이어서 까닭도아니다。그는分明 第二世信者다（第二章第三節）。그런것아니오 오직

146

저의 信仰이 바른것이 있었기때문이다。 하나님의아들 예수를
그中軸으로로삼기때문이다。 우리信仰은 그리스도에서 그리
스도로 이르지않으면안된다。 바울의말로하면 믿음에서 믿
음으로 이르는것이다。

그러나 이렇게分析하는것은 勿論 한方便에 지나지않는다。
著者는처음부터 分解表를짜가지고 편지를쓴것은 아닐것이
다、 그는다만 샘이그물을吐하듯이 산生命의말을 自然스러
히쏠은것뿐이다。 그러나 산것인故로 關聯이있
다。 眞理는石材니 두부모같은것이아니오 산生鮮처럼生體
다。 머리가있고 꼬리가있고 骨骼이있고 內臟이있다。
故로眞理는 通으로 삶길것이아니오 한편에서 모조리먹는式으
로할것도아니다。 그리하야서 그참맛을 알지못한다。主旨는
무엇이며 說明은 어떻게되고 結論은 어데있는것을 分明히
썹어吟味하지않으면안된다。 分解는이때문에必要하다。 그러
나 또다시 그分解가機械的으로만 되어서는 모처럼의生命의
말슴도 죽은것으로化하고만다。 그리고 다른사람의解析을
그대로 받어들이는것은 機械的學習에 지나지안는다。必要한
것은 生鮮을 먹고또먹어 그構造를 잘알듯이 各自가이글
을 읽고 또읽어 自然한가운데 스스로 환하야지는것이 있
게하는것이다。

湖岩文一平兄이먼저가시는데

우에서 아버지께서 나의 訣別人事하는것을
구버드리시는듯하다。

柳　永　模

四月四日 內資町 湖岩宅을 찾다。 門柱에 吊燈이 걸
렸다。 무른즉、 昨朝 主人別世란다。

氏、年前에 重病後感으로 말슴하시기를「古로 佛教文
化와 近으로 基督教文化를 많이 입은 朝鮮에서 兩教
의 깊은 造詣가 없이 本史를 學究한다는것이 妄이었
다」고。 인제부터는 教學을 좀더 알어가지고야 史學을
말하겠다 하시고、 또 날더러「兄은 傳道에라도 忠實하
라! 우리가 虛生하는것이 큰일났다」하시던 氏는 드
디어 가시도다。

昨年四月十九日에는 五十歲를 一期로 別世한 분이 있
었는데 그의 一生을 計日하니 一七七○二日이오 나보
다 一三二日을 먼저 出生한 분이었다。 그러하야 그뒤
一三二日을 지나서 나의 一七七○一日에는 故人을 생각
하였었고、 그의 一八○○○日에는 나의 萬八千日의 漸近함
을 注意케되었었다。

湖岩氏는 五十二歲——一八五四五日——로 가시니、 나

七

湖岩文一平兄이먼저가시는데

보다六二七日　先出生이시었다.

今年으로써 나에게 知命의年을 주신 하나님께서 前
後에 雲柱火柱를 세우시니、이어찌하신 處分이실가 虛
生의 愛를 堅持케하시는 채사죽이실가.

近年來에 病을 모르고 오든 몸이 一月九日頃에는 闘
病을 하였다. 이라기보다 闘人生의 期會를 갖었었다.
健康이 人生의 太陽인것을 보았다. 乾行健的인 健康을
보았다. 永生을 힘써 빼앗으려는 健康이다. ──食色을
享樂할수있는(달빛비슷한)健康따위가 아니었다. ──食色
을 天然그대로 等閑視하려는(햇빛같은)健康이다.

일즉이 闘病을 因果로 口味를 爲한 食事에서는 떠나게
하신 恩惠가 있었는데 晩年에 또한 恩惠를 더하심일
가? 이 訣別人事를 할수있는 準備시켰었나? 이人事로
새로 삐프시는恩惠를 굳게하심인가?

無常

永遠에다 비겨보면 萬八千歲ㄴ 덧있뗄가?
萬八千日── 大關嶺에 두분벗이 이런저런
내살이 하루살인걸 밝히뵈고 가시네

無私

목숨바퀴 늘도라가니 자국하나 아니뵈네
바퀴라고 나선것이 사람이란 노릇인데
무엇을 제살인양해 뒤를걸려 할가나

至公　　八

벗이여 살려는가 어엿이 살을것이
벗이여 죽을라나 으젓이 죽을것이
덧덧이 도라가옴을 어늬누가 란하리

自感 (一生鮮)

한머리면 몇토막에、한토막은 몇접인가
하루하루 점여내니 어늬덧 끝점하루
하루는 죽는날인데 萬날壽만 녁이네

님께는 무얼맞이나 꼬릴잡고 뉘웆네
世間살이 한답시고 간대로막 녹았으니
맛없이도 머리토막 쩌여내여 없이했고

국거리는 못되어도 쩌개라도 하시려니
찌개감도 채못되면 고명에는 씨울거니
성키만 하올것이면 님께드려 보고저

五十구빌 도라드니 큰토막은 다썼고나
人間의 도마우에서는 쓸데없는 적거이나
님께서 벌너주시면 배부르게 五千人!

第一七九二○日

（四、五）

基督敎의 本質 （二）

二、 하나님本位냐? 人間中心이냐?

宋　斗　用

우리는 以上에서 甚히 不充分하나마 基督敎는 信仰이냐 割禮냐하는 問題에 對하여 生覺하였다。그래서 俙微하게나마 信仰의 絶對必要性을 알게되였다。그런데 割禮는 곧 行爲다。그리고 行爲는 律法의 後裔이며 信仰은 福音의 子息이다。그러니 信仰이냐 割禮냐함은 結局 福音이냐 律法이냐에 歸着한다。그럼으로 지금까지의 우리는 福音나라의 主人을 찾어야할것이냐 律法이냐 우리는 지금부터 이나라의 主人을 찾어야할것이다。그리고 事實은 이것이 信仰이 因하여 알수잇게되는 처음目的이다。그러면 우리는 福音나라의 港口에 到達한것이다。그리고 지금 明히 알수잇게되는것은 이것이 信仰이 더깊이 더分明히 알수잇게되는 處音目的이다。

우리는 지금부터 이나라의 主人을 찾어야할것이다。그리고 事實은 이것이 信仰이 더깊이 더分明히 알수잇게되는 問題와 決코 딴것이아니다。表裏 或은 兩輪이라 할것이다。左右間 旅程을떠나기로하자、우리의 希望과 抱負와 理想은 實로 크고 넓고 또 높다 할것이다。本文으로돌아가야한다。問題의 發端은 異邦人과 食事까지같이하려던 게바가 割禮받은者들을 보고서 『異邦人을떠나물러간』데있다。그리고 割禮 其原因은 게바가 유대人을『두려워』한데있다。사람이 사람을두려워함은 반

듯이 잘못은아니다。勿論 이것을罪라고만할수는없다。子息된者 父母를두려워할것이며 百姓된者 國王을두려워할것이고 弟子된者 스승을두려워할것이다。그뿐만아니라 안해가男便을 종이主人을 下官이 上官을 年少者가年長者를 두려워할것이다。이러한일은 人間道德으로보아 當然한일이며 차라리 必要한것이다。그러면 크리스찬도 人間인以上 決斷코 이法則을 벗어날수는 아니된다。그는 基督信者되는일은 決코 倫理나道德을 解脫하는일도아니오 超越하는일도아니다。도리혀 이러한것을 더明白하게하며 더熱心히行할責任이잇다。基督者된理由는 무엇보다도먼저 참人間、人間다운人間이 되자는것이며、基督者된일은 現代所謂 그리스찬이란이들과 世上의빛과 世上의소금이된까닭이다。

그런데 現代所謂 그리스찬이란이들을볼때 普通人間으로서도 大體어디 그들이 人間된所致가잇는지 疑心하지않을수없다。그야말로 『중도아니고 俗人도아니다』。萬若 그들이 그리스찬을 主張하며 世上에서。그들을 그리스찬으로 認定한다면 우리는 조금도 躊躇하지아니하고 그리스찬됨을 棄權하리라。그러한 그리스찬된일을後悔하며 그이름을 부끄러워 하는 까닭이다。

그러나 게바가 割禮받은者들을 두려워한것은 이러한 道德的立場에서가아니다。그것은 卑怯한까닭이다。두려워

基督敎의 本質

할必要가없을뿐더러 두려워하여서는 아니될것을 두려워하는것은 곧卑怯이다。이것은 勇氣가없는까닭이며 無勇은 不信에서生하는것이다。不信은 하나님을 떠나는일이다。게바의態度는 틀림없이 이것이었다。더구나 먼저도 生覺한바와같이 게바는 普通意味의 그리스찬만도아니다。그는 確實히 聖靈을받은者이며 따라서 眞理의사람이다。그리고 原始基督敎의首領이오 當時 그리스찬의代表라할것이다。더구나 福音의使徒로서 黑白을鮮明하게하지아니하면아니될 重大한자리에서 基督敎의根本原理 或은其本質에對한問題를 等閑視或은無視한것은 決코失手나過失이라고만볼수는없다。

基督敎는 信仰만의宗敎인同時에 하나님만의 宗敎이다。이것은 決코 딴것이아니다。即 信仰만이라는 말속에는하나님만을 信仰한다는것을 意味함이包含된까닭이다。그러기에 信仰加무엇은 하나님加무엇을 意味하는것이다。基督敎는 처음도하나님이오 마지막도하나님이다。目的도方法도結果도 一切가하나님이시다。『主外에 하늘에 누가내게있으리오、 따에서 나의기뻐할者는 主밖에 없나이다(詩七三·二五)』하면서 하나님을思慕한詩人은 人生의眞髓를 把握한者이며 福音의眞理를 喝破하였다할것이다。예수께서는 曠野에서試驗받으실때 『사단아 물너가라……主너의 하나님께 敬拜하고 홀로 그를섬기라 (太四·一〇)』하셨다。『홀로』는 다、만하나 或은 오즉하나라는뜻이니 다시말하면 하나님만을섬기라는말씀이다。또 富한靑年이 主님을向하여 『착한先生님이여』 라고 한때에도 예수는 『네가 어찌 나를 착하다일컸느냐 하나님外에는 착한이가 하나도없느니라 (可一〇·一七以下參照)』고 말슴하셨다。이것도 至善은 하나님만이라는뜻이다。이말슴속에 예수의 하나님에게對한 思想과 態度가들어있다。『네마음을다하며 性品을다하며 뜻을다하며 힘을다하여 主 너의 하나님(만)을 사랑하라 (可一二·三〇)』고하신 말슴을 記憶할것이다。

이와같이 基督敎는 하나님本位다。그럼으로 眞正한基督敎는 하나님加 무엇은 다른아모것일지라도 벌써 眞正한基督敎는아니다。

設使 베드로의行動이 意識的이아니라할지라도 하나님加不信이다。하나님을떠나서 사람을보고두려워하였기때문이다。當事者의意識如何를 不問하고 不信은 不信이다。不信을 말하여 背敎라하며 隋落이라한다。얼마나 무서운일인가。그러면 웨사람은 다른사람을 두려워하는가? 其理由는 簡單할것이다。即 다른사람을기쁘게하려는것이며 또는 自己를잘보이려는것이다。그래서自己에게 平安과榮光을 돌리랴는것이다。얼마나 可憎한일인가? 何如間 이일은 結局 人間中心이다。人間以上의것을 否定하려는일이다。그런데 게바는 이일을 敢行하였다。아모리 베드로라할지라도 이일만은 容納할수없다。아니、 베드로이기때문

一〇

에 問題는 더욱 크게된것이다。하나님앞에 게바는무엇
이냐? 造物主앞에 被造物이아닌가? 地位는무엇이며 權
勢는무엇이냐? 使徒는무엇이며 直弟子는무엇이냐? 이
자리에는 過去의信仰告白도 쓸데없고 聖靈을받었던經驗도
아모效果가 없는것이다。이에 바울은 眞理를 破滅 아니
하나님의 蹂躪를 그대로 보고있을수없었다。先輩? 體面?
게바를 面責하였다。嚴肅한態度로
다。이런것을 生覺할境遇가아니다。人間이
무엇이며 天使는무엇이냐? 敎權도職分도 其他아모것도
쓸데없다。더구나 地位나學問같은것은 말할것도아니다。
設使 父母라할지라도 하는수없는일이다。倫理나道德의問
題가아닌까닭이다。眞理問題이다。人生의最高問題며 宇宙
의究竟問題다。科學眞理나 哲學眞理가아니다。하늘나라의
根本眞理 아니 하나님自身에對한 일이기때문이다。그러니
雨水一滴도 重하거니와 大洋으로말할것도 없지아니한가? ─
滴의물은 모름즉이 大洋에 讓步할것이다。베드로로하여금
하나님에게 讓步하게하라! 當然한일이다。아니 必然
의일이다。바울은非難할者누구이냐? 바울은 決코 게바를
蔑視한것도아니오 侮辱한것도아니다。차라리 베드로를爲
하여서도 큰일을한것이다。바울이 神經質이나 好事者가
아닌것은 말할것도없는일이다。

「이제 내가 사람에게좋게하랴、 하나님께좋게하랴 사람에
게 기쁨을求하랴、 내가지금도 사람에게기쁘게하면 그리
스도의종이아니라」고。 바울은 또 말하였다。
「우리가 살어도 主를爲하여살고 죽어도 主를爲하여 죽나
니 그런故로 사나죽으나 우리가主의것이니라(로마一四·八)」
「살던지죽던지 내몸에서 그리스도로하여금 尊貴케하랴함
이라。(그런故로)내게(는)사는것이 그리스도요 (그리스도
를爲하야) 죽는것도 有益함이되나니라(빌닙보一·二○─二一)」
『내가 그리스도와함께 十字架에못박혔으니 그런즉 내가
산것이아니오 내안에 그리스도께서 산것이라。이제 내가
肉體가운데사는것이 하나님의아들을 믿음으로사는것이니
그는 나를사랑하사 나를爲하여몸을버리신지라(갈二·二○)』
이것은 'ㅂ'을안에 그리스도 가사시고 그리스도안에 바
울이 있었던까닭이다。이일을말하여 信仰生命이라하며 이
러한 生活을말하여 信仰生活이라한다。

바울에게있어서는 믿는일이 곧사는일이다。信仰과生活
이 決코別個의것이아니었다。信仰이生活이며 生活이信仰
이었다。이것이謂之信仰만의信仰이다。이것을主張하는것을
말하여 純福音이라한다。純福音아닌것은 그것이무엇이거
나 絶對로基督敎가아니다。이것을말하지아니하면 그것이
거니 監督이거니 牧師거니 長老거니 神學博士거니 法王이 聖
書學者거니 其他무엇이라할지라도 基督者는아니다。이것

예수의眞實한종 眞理의人 使徒바울은 絶叫하지않었나?

基督教의 本質

一一

基督敎의本質

을말하면 캐소릭이거니 프로레스탄트거니 敎會거니 無敎會거니 其他아모것이거니 그것은참基督敎이며 바른敎會이며 좋은그리스찬이다。오거스틴과 칼빈이나루터를 敎會主義라고 非難하며 排斥할것인가? 內村과藤井을 無敎會者라고 嘲弄하려는가? 萬若 그러한者가있거던 우리는 그들을爲하여 싸우기를辭讓하지않으리라。우리는 그들을 屍體를좇아가서 遺族도알지못하게 그며 리에물을찍어바르고「인제는洗禮를받었으니 天國에가리라」고하면서 기뻐하는 現代캐소릭敎徒들이여! 天國百姓인줄알고 無敎會라면 蛇蝎視하며 敎會만가면 에억매여서 一에도敎會 二에도敎會하는 現代프로레스탄드信者들아! 敎會를까닭없이 無視하며・함부로 부르짖어 倫理와道德을蹂躪하고 敎會에가지아니하면 그것이無敎會者인줄로만生覺하는 所謂新進無敎會者들이여! 부끄러워할것이며 反省할것이다。오거스틴、 루-터、內村等은 그러한카소릭、그러한프로레스탄트、그러한無敎會가아니었다。그들은 바울에게서배우고 바울을 본받은것이다。다만 表現이다른것뿐이다。그들이야말로 하나님만 그리스도만 信仰만의 크리스찬들이다。우리도 어서 速히 敎會라는偶像 또는傳統이나 統制니 바울에게돌 아가 信仰만의純福音을배우며 그리스도만의生活을할것이 不然이면 無敎會라는偶像 信仰만의虛榮을배우며 그리스도만의生活을할것이

다。「凡事에믿음으로 아니하는것은罪니라(로마一四·二三)」。우리는 다시한번 主님의말씀을 들어서 우리의靈魂을 現代의 似而非基督敎에서 또 모든誘惑과거짓꿈에서 벗어나기를힘쓰며 祈禱하지아니하랴는가? 귀있어들을者는 들을지어다。「나다려 主여 主여하는者마다 天國에 다 들어가리라(太七·二一)」。行이라함은 아니오 信仰의順從을意味함은 勿論이다。「아비나 어미사랑하기를 나보다더하는者는 내게合當아니하고・아들이나 딸・사랑하기를 나보다더하는者도 내게合當아니하니라 (太一〇·三七)」。「손에장기를잡고 뒤를돌아보는者는 하님나라에 合當치아니하니라(누가九·六二)」。基督敎는 이以外의 아모것도아니며 以以下의 무엇일수도없는것이다。 몹시 不完全하지만 以上말한것으로 基督敎의 本質을 大略對的할수있으리라고生覺한다。그런데 우리는 基督敎에 또한가지 必要한것을잊어서는아니된다。그것은 基督敎는 하나님本位의宗敎 信仰만의宗敎인同時에 靈의宗敎라는 것이다。그런데 우리는 靈에對한說明을 試하기보다 聖書의말슴에서 直接배우고저한다。于先 예수님의말슴에서 부려始作하자。

「하나님은 靈이신故로 禮拜하는者가 靈과眞理로禮拜할지니라(요한四·二四)」。우리는 무엇보다도먼저 하나님께서

二二

靈이신것을알어야한다。이것을 알기前에는 基督敎를絶對

로 理解하지못하는 까닭이다。『살려주시는이는 靈이시니

肉身은無益하니라 내가너의게일은말이靈이오 또生命이니

라(요한六·六三)。『肉身으로난것은肉身이오 靈으로난것은

靈이니 거듭나야하겠다하는말을 奇異히역이지말라。바람

이 이미로불매 소리를들어도 어디서오며 어디로가는지

알지못하나니 靈으로난사람은 다이러하니라(요한三·六-八)。

基督者의新生을말슴하신것이다。

다음에 우리는 바울에게서배우자。『大槪 肉身을좇는者

는 肉身의일을生覺하고 靈을좇는者는 靈의일을生覺하나니

肉身의生覺은 死亡이오 靈의生覺은 生命과平安이니라。

肉身의生覺은 하나님과더부러 怨讎가되여 하나님의法

을 屈伏하지아니할뿐아니라 또한能히屈伏할수도없나니라

肉身에있는者는 能히하나님을기쁘시게못하나니 萬一너의

속에 하나님의靈이居하시면 너의가肉身에있지아니하고

오즉靈에있나니라 무릇 그리스도의靈이없는사람은 그리스도

의사람이아니니라(로마八·五-一○)。靈과肉의區別을말하며

同時에、하나님과사람 그리스도와信者의關係를 說明한것

이다。『血氣(肉) 에屬한사람은 하나님의靈의일을 받지아

니하나니。……이런일은 사람이 靈의感動을받어야 分辨하

나니라。靈에屬한사람은 모든것을分辨하것마는 다른사람

은 그를分辨하지못하나니라(고前二·一四-一五)。靈의性質

基督敎의本質

을말한것이다。果然그렇다。그러기에 靈을받지못한사람은

世上에 基督敎처럼疑問이없었다。처음에서 끝까지 모조리

수수꺽기에 不過한것이오。基督敎야말로 人生의疑問이오

宇宙의 수수꺽기를푸는일처럼 滋味스러운일이

렴痛快한일이없고 수수꺽기라할것이다。그러나 疑問을解決하는것처

또 어디있으라? 사람아! 이일을하고저하는 거룩한野

心이 그대에게있는가? 없는가? 그리고 비록 그리스

찬이라할지라도 『靈의일을等閑히하는것이 곧靈을消滅하

(데살前五·一九)。『靈의感化하심을 消滅하여서는아니된다

는일이다。『祈禱하지아니하고서는……할수없나니라(可九·

二九)고 主께서도 말슴하신바와같이 靈의일은·다만祈禱

하는일 한가지外에는 다른아모方法도없는것이다。그러기에

바울도 『쉬지않고祈禱하라(데살前五·一七)。고 勸勉하였다。

『福音眞理를따러 바로걷는일 即 福音과律法을能히區別

할수있는者는 幸福하다。나自身도 誘惑에빠질때는 가끔

가끔 스스로어찌할지모르는때가있음을 自白하지아니할수

없다。이두가지를、即 福音의義를天的 律法의義를

따에두는일 區別하는方法은 福音을하늘에 律法을

부르며 이두가지의區別을 하늘과따、빛과어둠、낮과밤의

差異와같이함에있다。아니、다시 이區別을分明히 할수있

도록 하나님에게 祈禱하고저하는바이다』하고 루티러가

말한것은 果然깊은體驗에서나온 名言이라할수밖에없었다。

基督敎의 本質

靈의 宗敎인 基督敎는 또한 祈禱의 宗敎이다。主여、祈禱의 靈을 不信의 종에게 끊임없이 주시옵소서!

우리는 「안되옥事件、即 바울이 게바를 面責한 事件에서 基督敎의 最高最大最善의 眞理를 배운것이니 眞實로 놀라운 일이다。오! 이것을 轉禍爲福이라 할가? 『罪많은곳에 恩惠도 더옥 豐盛하니라 (로마五·二〇)함은 이러한것을말함인가? 『아! 깊도다、하나님의 知慧와 知識의 富饒함이어、其判斷하시는것을 可히 測量치못하며 蹤跡도可히 찾지못하겠도다 (로마一一·三三)』함은 그대로가事實이다。

안되옥事件에 對한 記事가 聖書中에 記錄되었음은 決코恥辱도아니며 醜態도아니다。도리혀 消極的으로는 基督敎는 잘잘못間에 조금도 속이거나 감추는일이없이 正正堂堂하고 더다는것을 證據함이오 積極的으로는 하나님의더크고 많은 사랑을 사람에게알리력는것이다。于先 우리는 이事件때문에 基督敎의 가장깊은敎理를 배운 게生覺되는 이事件때문에 基督敎의 가장깊은敎理를 배운 것이아닌가? 참으로感謝한 일이다。

자! 그러면 우리는 지금까지에 大略 眞理의 穀食단을 거두어들린것같다。그러나 아즉도眞理의이삭이 드문드문 있으니 우리는 受苦스럽지마는 될수있는대로 그이삭도 勿論 이삭이라고 반듯이없우히녀겨서는 아니된다。아모리 이삭일지라도 眞理인以上 亦是必要한 주어보기로하자。것이다。

一、舊敎에서는 베드로를말미암지아니하면 天國에 갈수 없다고 主張한다。그가 天國열쇠를맡은까닭이라한다。그럼으로 其後繼者로 法王은 베드로의後繼이니 法王은 그리스도 代表이고 法王은 베드로는 必要하다하며 무엇에고잘못이없다한다。即 法王至上權、法王無謬說을固執한다。그러나 이것이얼마나 어리석은일인가?

件에서 充分히알수있지않은가? 우리는 이것을非是非하기보다 차라리 可憐하다할것이다。베드로 自身이 犯罪하기쉬운 弱한人間의한사람이다。又況 그의後繼者가무엇이냐? 우리에게는 그리스도만이다。바울은 어디까지던지 코로 숨쉬는사람에게 依支하지아니하고 다만聖靈의指導대로만 움지기었다。이러한사람에게 法王이나 監督이무슨 必要가 있을가? 勿論 우리도 그러하여야만한다。더구나 主님께서信者 各自에게『무엇이던지 너의가따에서매면 하늘에서도매일것 이오 무엇이던지 너의가따에서풀면 하늘에서도풀리라(太一八·一八)』 고 約束하여 無雙한特權을주심이아니하랴? 그것은『너의가하나 님의聖殿이된것과 하나님의靈이 너의안에居하심을알지못 하느냐(고前三·一六)고함과같이 信者가거룩하다함은 決코 그사람自身이 거룩하다는것이아니라 그안에그리스도가게 시니 거룩하다는것이다。그런데 누가人間自身을主張하는 者이냐? 하물며 人間에게잘못即 罪가없다함은 其生覺

一四

自體가自己撞着이며 가장큰罪라 할것이다。『萬一 우리가罪가 없다하면 스스로속임이니 眞理가우리마음에 있지아니하니라(요한一•二八)』함과같다。그럼으로罪의意識 即罪로因하여 苦痛하며煩悶함이없는 聖者를 우리는 生覺할수도없고。또 믿을수도없었다。聖者일수록 罪의苦悶은 더욱 甚한것이다。 良心이 銳敏한때문이다。 그러기에 聖者가 아닌가?

『嗚呼라! 나는괴로운사람이로다 누가이死亡(罪)의몸에서 나를救援하랴(로마七•二四)』함은 眞理의사람 하나님의使者 聖바울의歎息이아닌가? 바울은또말하였다。 그리스도도예수께서 罪人을救援하려하심으로 世上에臨하심은 其(罪人)中에 내가魁首니라(딤모前一•一五)』고 果然 良心의人間이다。『믿브다, 모든사람들이 받을만한이말이어!

罪의認識은 救援받은일의證據이다。

二、다음에 우리는 無智와僞善에對하여. 生覺할必要가있다。사람은 弱한것이다。따러서信仰도弱하다。弱한程度는 사람을따러 差異가있으나 어쨌던지사람은弱한것이다。其中에 愚鈍한사람은더욱弱하다。그래서福音의眞理와 그리스도안에있는自由를 完全히認識하지못함으로 여러가지잘못이많다。 或은飮食物에對하여 또는祭祀、節期、月朔、安息日等 其他여러가지로 苦悶하며彷徨하는 일이 또躓踏하는일이많다(로마一四•一六,고前八章,골노새二•一六以下衆照) 이것은 不知或은無智로因함이니 不知나無智를 勿論可하다함은아

니다。그러나僞善은아니다。無智로因한固陋도 할수있는데까지 避하여야할것이나 忌嫌할것이다。예수께서 가장 可憎하게녀기신것은 말할것도없이 僞善이다。『禍있을진저 外飾(僞善) 하는書記官과 바리새敎人이여(太二三章衆照)』하심을보아알수있다。現代말로한다면 『不幸하도다 學者와宗敎家여!』 라는意味다。自古及今에 學者와宗敎家처럼 僞善하는者가었다。分明히非眞理임을알면서도 그것을敢行하는까닭이다。그런데 게비가異邦人을대한것은 決코無智가아니다。틀림없는僞善이다。福音眞理(信仰)는 律法에서自由하는일임을 베드로는잘알고있다。 아니 그는聖靈의 啓示를通하여 確信을 갖인것이다(行一○•九─一六)。그뿐아니라 베드로는이일에對하여 여러번證據한者이다(行一○•二八,三四─三五,一一•五─一八,一五•七─一一)。이러한 베드로이니 어찌僞善이아니랴? 얼마나汲한일인가? 바울의面責은 當然한일이다。그러나 이것은 조금도羞恥나侮辱이아니다。차라리 眞理를爲하여 또自己自身을爲하여말하여주는 眞實한親舊 親切한同志 바울을 갖인 게비는幸福하다할것이다。바른말하여주는벗을갖인者는 참恩惠받은者이다。眞理로써 勸勉하지못할사이라면 무슨親舊무슨同志랴? 同志의眞價는 여기에있지 않은가?

三、大使徒베드로가? 同志랴?하고 聖徒의犯罪를疑心하는者있는가? 이에對하여 議論하는일은 無意味한일이다。아니、愚

基督教의本質

一五

基督敎의 本質

의極致라할것이다。그것은 사람이면서 사람을 모르는까닭이다。그리고우리는 아모리 베드로일지라도 其罪에對하여서 決코 實際보다 輕하게生覺하여서는아니된다。先知者、使徒、聖徒等 뭇靈의사람들도 犯罪한例가얼마던지있었다。그러나 이러한事實은 犯罪하기쉬운 가장 弱한우리에게얼마나 慰勞가 되는가？ 그런데或者들은 聖靈을받은者는 犯罪함이없었다고말하여 우리에게서 이러한慰勞를奪取하랴한다。얼마나 미련한일인가？그럼으로 「어떠한사람이다시일어날수없을만한 그렇게큰罪에빠진例는 도모지없었다。그와같이 또어떠며한사람이던지 決코犯罪함이없었을만치 굳게서있는者도없었다」고한 누구터의말은 甚히意味깊은말이다。이것이 良心이銳敏한者。그러나 弱한者에게 얼마나 慰勞의말인가。

四、우리는 끝으로 한가지만 더 生覺하여보기로하자。그리고 남어지식삭은 空中의새와 들의즘생을위하여버려두자。유대人이 무엇이라고 辯明할지라도 異邦人을罪人視한것은 또한부로慶視한것으로잘못이다。이것은곧人種別이다。그들은아측까지나일을實行한다하며 또어느나라國民이나 어느程度까지는 이일이있음도事實이다。더구나 同族間에도 階級差別이있음은놀나운일이다。白人種은有色人種을排斥한다。文明國百姓은 未開人을侮辱한다。歐洲老大國들의 殖民政策을보라。領土의百姓은 거의人間의待接을

하지아니한다함은 決코그들을非難하려함이아니고 事實인模樣이다。人種差別의根據는 自尊心에있다。自己만이特히尊重한것으로生覺될때 他人을賤히역이며 排斥하는것이다。自己의價値를참으로알기까지는 決코 남을尊敬하지못한다。그러나 自己以外의自己를發見할때 即各自가同一한標準으로。自己와他人을헤아릴때 비로소人種差別과 階級差別이없어지고 人間의平等을안배이다。그것은自己가罪人임을깨닫고 예수앞에나간때이다。다같이 하나님의아들임을안때다。白、黃、黑、紅의區別이없고 모다 兄弟며、姉妹다。그런데유대人은選民의特權을 固執하였다。그러나 바울은예수를믿음으로 東西洋도없고 富貴貧賤도없고 오즉 한 하나님의子女임을 主張하였다。『이제우리는 유대사람이나 헬라사람이나 종이나 自由하는者나 男子나 女子나이 다 그리스도 예수안에 하나（一體）가된지라（갈三、二八）고함과같다。바울은 世界萬民을爲하여 끝까지變하지도아니하고 勤하지도아니하였다。안듸옥의 對게바와의 問題가아니었다。實로 世界的人類의 最大問題이었다。얼마나큰싸움이며 또값있는싸움이랴？『世上에있을제 너의가患難을받으나 安心하라、내가世上을기였노라（요한一六、三二）고하신 主예수는이 일에도勝利하셨다。호사나、主예수여、당신은 小事에忠한者가 大事에도忠하다（路一六、一○）고 하섰나이다。모든榮光과尊貴는 永遠히主님에게만ㅡ아ㅡ멘。

一六

聖朝通信

園經營의 辛酸苦楚를 이야기할수있었음은 多大한學問이었다.

워 오래苦憫하옵다가 生覺하는바있어 小鹿島를 去十三日에 떠나 五日만에釜山에着했읍니다。이곳에서 보고들은것 二찐것 筆舌로다할수없어 그저눈물과寒心뿐입니다。主許諾하시는 날까지 이곳에있다가 蔚山 慶州 大邱(癩患者들있는곳)에들려 沙里院 平壤까지갈 豫定입니다。아직確定치않었었으나 出生地인京城을 그대로지나치지는못할것같습니다。小生이 섬을떠나게된 理由는 釜山에서보고들은것 途中에서느낀것 實로여쭙고싶은말슴많사오나 客中에서 마음놓고 쓸만한곳없어 그저한말슴問安이나엿줍고저亂筆로서울에 가게되면 반가이운聖朝를읽수있으리라生覺하니 불타듯가고싶습니다。다만 모-든것을 主예수남께 실어맡기고 같아는곳이면 어데라도 갈作定뿐입니다。只今이라도 小鹿島로다시가라시면 가는수밖에 없읍니다。爲하야新禱하여주십시요。亂筆용서하십시요。안녕이계시압소서。己卯年三月二十日 멀-리釜山港보이는언덕에서 ○○○拜上 脫出인듯하니 甚히 念慮된다.

三月二十二日 (水) 曇. 간밤동안 降雨. 入試第三日. 오늘로써 人物考査의苦땀을 畢하다. 前生에 무슨罪가많어서連日말만하는罰을받었는고 하는嘆聲을禁치못하다. 나에게 萬一詩聖단데의雄筆이있다면, 地獄最大惡刑에는 人物考査를連하고앉었는 敎師들을 그리고싶었다. ○故崔容信孃의 오빠崔時恒氏의 來訪을얻어 故崔孃의 幼時로부터臨終까지의 的確詳細한 事實을 많이알게되다. 崔孃의傳記資料가 漸次形成되여지는일感謝. 故人의傳記刊行이 大體로贊同하였음으로 先生님들과 折衝하듯, 緊急矯風會를召集하고 協議하듯하야 오늘도 疲勞하다. ○小鹿島消息 二項三項으로 疲勞하다. 밤十一時지나 先生님 그동안 平安하십니까. 그救主예수그리스도의 聖號를讚頌합니다. 先生님 聖朝는 ○北漢學園先生님들이 辭表를提出하였음으로 에對하야도.

三月二十一日 (火) 晴。春分。간밤동안小雨。入學試驗第二日로 午前八時부터 出勤하야 人物考查。갈은말을 午後四時까지 繼續하야 묻고나니 心身이 녹초되다。○小學校卒業生은 모주리中學校에入學시키는것이原則인데 原則을拒逆하고一千五百五十餘名志願者——中에서一千餘名을 比等한者——中에서一千餘名을 造作하랴니 敎師들의勞心도 여간이아니다。○오늘은文字대로忙殺의一日이었다。○試驗以外에 成績及性行證明書類數通調製한것、博物室에서 來客數組接待한일、電話五六通받고 某호텔에 遠來의 손님을訪하니 賴의 講托이懇切한일、鍾路에서某地方의學園敎師招聘의 부탁받은일、印刷所에들린일、東大門市場에 들렀일、明倫町에들린일、電光갈이 날뛰었다。○水原샘스골學園의 故崔容信氏의 妹氏崔先生이 北漢學園을 來訪하야 밤十一時지나도록學오시는손님을 案內하면서 그리스도에게 바림當할것이 甚히 두려니.

聖朝通信

三月二十三日　（木）　半晴。入學試驗第
四日。오늘은口述試驗○틈틈이博物室에서
校正。

三月二十四日　（金）　曇、後晴。간밤降
雨에　北漢山腹以上은白雪로써蹈白化粧을하
여서　있는듯싶은한雪景이될것이며　形容해말
할수없이아릿답고　山嶺의눈섶以上은　구
름속에잠겼으니　永遠의神秘와恒久한嚴肅
은　우리러보는者의　가슴속을占據한다。門
을　나설때에　北漢을우러러보고　想覩를님
을때에　또한밤車를멈추고　北漢을向하야
佇立數刻。○登校하야入試第五日、口述試
驗의績。○結婚後에入學者許可判定會議。但
月餘前부터許可되다면學級增設認可가나오
지않어서　많은時間과努力을虛費하다。○
今夜宿直。約婚問題로二個年間이나勞心中
에있으면서　서울장안의　그럴듯한處女는
거의全部調査해보아도　決斷을못하고　煩
勞한다는靑年이博物室로來訪。其體的으로
들고보면　解決策이發見될까해서　그동안辛
萬苦한由來를　들을지음에　余自身도　어
느덧　그煩勞에빠져서　頭痛을　이르키게
됨으로　斷案몇가지를네려가로되一、四柱

三月二十五日　（土）　半晴。午前八時에
合格者發表、同九時에合格者와父兄을講堂
에모이고注意說明。이役割을畢하고、歸途
印刷所에들리다。○저녁에北漢學園學藝會
强勸에못이겨서開會辭를

보기를廢止할것。二、職業的仲媒者不可。
三、「見合ひ」結婚할바에×町出入이可。四、
門閥班常을가밀것없다。五、但優生學的原
理는尊重할것。六、彼此가指定하는醫師에
게徹底한身體檢查를받을만한誠實이있을것
七、페스탈롯지의結婚같은것이最善。八、
雙方이信賴할만한人格者의命令에絶對服從
하야되는結婚이次善或은最善。九、一卷
書籍과益友한사람이라도　하나님이許與하
음에撮理없이되라。그런즉人力을다한外에
하면天使를下降시기시리라。十、눈에보아
는美貌는　겨우三四年、오라도十年을保存
키어렵다。外形에보이지않는美를透視하는
眼力을얻기爲하야　君自身이　속生命의配偶
를시작하라。君의눈이高貴하고보면高貴한配偶
를發見하리라。이렇게말하고보니余의頭痛
도消散하다。其他學問과職業問題도多論。

述하다。四五個月동안의進就現著함에놀라
다。○閉會後에矯風會幹事會。十一時지나
서閉會하다。○도라오는蕩子의消息에○(前
略)小生은如前한몸으로課工에努力하와벌
서專門一年生活을맞우고　奉期休暇를맞어
서忠南地方으로　旅行을하는中입니다。
昨三月二十三日에百濟古都扶餘를　求景하
옵고　今日公州에到着하였읍니다。扶餘에
서얻은所感은많습니다마는　이것을言語와
拙筆을가지고　複雜한感情을表現하기는
매우困難합니다。그리고落花岩에올라서서
門生의昨年一年間의生活을回顧하여보았
읍니다。그리고懺悔의눈물을禁치못하였
읍니다。門生은　少한일을가지고先生님게
對하여誤解를가졌읍니다。近來로와서는先
生님의音聲이그리워졌읍니다。모든것이昨
年一年間은惡魔夢死에게魅惑된것과같고
夢死에惡魔에게魅惑된것과같고
깨달기에늦지않다면　先生님의敎鞭下의一
니다。門下生이지금에라도　예수의眞理를
人이되고싶습니다。앞으로갈수록生活의安
定은없고悲觀의길이廣大하여질뿐입니다。
門下生의前途에光明을얻어주시압기伏望하
나이다。할말은많습니다마는　이만擱筆합
나이다。

一八

니다。餘不備自上書 己未年三·二四 門下生 ○○○上書」 가슴속에 품겨있어야 할가가 뛰어나갈때의 苦痛은深刻하였다。어서돌아오라 내가슴의문은 밤중에도 너를爲하야 열려있다。

三月二十六日 (日) 曇、時時雨滴。學級增設認可問題로遲延되었던合格者追加發表로因하야今日도登校。卒業生의成績調製의苦役이 아직도끝나지않어서 今日도數通作成하다。○歸途에明倫町에서恭考書若干얻어오다。○午後에北漢學園學藝會關係者의懇談會에參席。○學問과職業을相議하고간靑年으로부터「先生님、마치막다란골목으로기여드는者를 鍾路네거리에내놓아주신것갈읍니다。自由한나라、意味의世界、無數한職場이눈앞에展開되오니 無에서無限이生成함을보겠읍니다。그리스찬이란世上을등지고 神仙生活할랴는者가아니고、이世上職場에서 그리스도를長옷삽고 꿈꾼이 싸워 나갈랴는者임을 明瞭히깨다랐읍니다。하나님이救贖하신恩惠의참뜻을모르고 그릇되게驕慢하던自己가부끄럽습니다。새尺度로서 現實社會에서의自己의職業을새로히考量하겠읍니다。先生님을

聖朝通信

通하야 하나님의뜻을알때마다 저의生命이一世紀식어는느것같습니다。忿코誇張이아니요、切切한感激입니다。아멘。己卯年三月二十五日 ○○○再拜」그리스도를마음에모실진대 興味없는學科가없을것이오凡百職業이 모다聖職일것이다。

三月二十七日 (月) 快晴。休暇의第一日。萬事를물리치고 억지로 終日在宅。日曜日까지市內集合있는故로 一年三百六十五日에 完全히하루終日書齋를 지킬수있는날은거의全無하다。그리운것은北漢山麓의내집내방이다。但終日토록來客이連續不絶하고 煩多한洞內일에恭于하지아니치못하야 北漢山城안으로逃避하고싶은생각도간절하다。來客中에도故崔容信孃의傳記資料蒐集의旅程에오르는柳君의來訪은甚히반가웠다。○今日任女入院하게되여 休暇中의부르로그람은 모주리顚伏되고말다。○저녁에矯風會幹事會。北漢學園의崔、金두분先生의辭職을受理하기로하고、今後의學園일에對하야 余는깊이干涉하지않기로言明하다。○湖南소식에「요지음 入學試驗에얼마나奔忙하십니가 勿論今春에는다시先生님께선 擔任말으시겠지요。

一九

올봄에새로 入學하고서 先生님의門下에서輩을生徒들이야말로 참으로幸運兒들입니다。지금의저로서는되려 이런境遇의生徒들이부러워집니다。先生님도벌서養正十五年의 마즈막五個年敎務에着手하시랴는現在의抱負야말로 얼마나 遠大하시올일이옵겠나이가。지난初하룻날 그렇게버려고버르읍던一年만의 先生님께拜謁이어찌도 그리도저의拜謁중게되온本意와는딴판으로 形式的인拜謁에不過해졌는고하는 저自身이疑心스러웠읍니다。勿論찾어뵈오려갈때까지도 여러가지 저自身의懷抱을날날이 모두披瀝하려들고 先生님의指示를伏期하올일도많었어서 先生님前에저의個人生活에있어서 不敏하고 不足스러운點도 大綱은 先生님前에서 날날이씻여버리고싶은欲望도 不無했었읍니다。또信仰上으로도 到底히저로서는 不可思議스럽고 오즉先生님만이아실듯한몇가지의質問──勿論이것만큼은聖書研究會席에恭列하여서야비로소解得할수있을權利가있는것이겠어오나──等도시원히分別할수있을能力을얻고자했었읍니다。그러나 실상先生님前에니른즉 어쩐지 그어떤힘이저로하

聖朝通信

여금이런것을發音할수있는勇氣를抑制하는 듯이끔과 또는 그대보온즉 마침先生끠 선 성경全書를冊床우에두시고서서 大端奔忙 하시게 聖朝誌原稿인듯執筆하이와서 勿 論先生님께선寸時가貴하시다는것을잘알고 있던저로서 되려 쓸대없는閑談類에屬할 해 나와졌던것이옵나이다。 下略」

三月二十八日 （火） 晴。午前中은書齋 의半日을享樂할수있었으나 午後는不得已 入市。印刷所에서校正하고 兒科에다녀오다。○저녁엔 달물이둘리고 參宿의半分이가리워졌다。

三月二十九日 （水） 晴。아침부터印刷 所에가서校正。○與猶堂全集이 單한질만 남었다니 사달라는 부탁이 와서 至急注文。但발서品切。

三月三十日 （木） 曇、夜雨。아침부터 宋兄의援助를語하여 印刷所에서校正。그 동안에余는 航空郵便으로卒業成績性行證 明을請求한卒業生에게 發送기爲하야 登 校。病院에들리니入院中의姪女는九死에一 生을保存할듯하야安心。總督府에午前午後 二次出入。某氏의就業紹介를爲하야入京 中인某校教務主任과會談하노라고 數處찾 에는畵家、劇作家、俳優、한글學者、音樂 家、斷層同人、彫刻家、哲學家、博物研究 家、佛教研究家、醫師、科學者、野談家、 勞한몸으로 黃昏에歸宅하다。

三月三十一日 （金） 晴。또航空郵便으 로學業成績請求가있어서登校。이런즉一週 間도못되는休暇는 하루도 온전한休暇는 없이지나다。○印刷所에들려서校正了。校正 까지畢하고나니 緊張이 풀려집인가 疲勞 가一時에나타나는듯하야 入浴하고도라와 臥床休養하려할때에 千里外에서補缺入學 件으로上京한손님이있어서 接待하노라고 疲勞에또疲勞。어의로던지轉地避身의必要 만感切하다。○近來의快事―― 생각할수록 感謝합을 마지못할일하나있으니 그는朝 鮮最初의、出版이라는「朝鮮文藝年鑑」中에 「文筆家住所錄」이라는것이있는데 聖朝主 筆의이름은 그안에없더라는 事實이다。 每月三萬三千餘부의雜誌를主幹하여十數年 間에一百二十餘號까지繼續하였으되 朝鮮 에서의文筆家의住所錄에班列되지못했으니 이보다神奇한일은어듸있으며 이보다名譽 스러운일은어듸있는가。저는徹頭徹尾文筆 家는아닌것이證明되였다。그文筆家라는것 이小說이나詩를쓰는사람만이아니오 그안 에는畵家、劇作家、俳優、한글學者、音樂 家、斷層同人、彫刻家、哲學家、博物研究 家、佛教研究家、醫師、科學者、野談家、 歷史家等별것이 다있는데「聖書的立場에 서본朝鮮歷史」와 同「世界歷史를論咸錫憲 이라는名字는불수없으니 이것이 하나남이 감추어두신證據가아닌고무엇일가。소의겐 닭이、범에겐조이가보이지않는다하거니와 京鄕書店과和信店頭에까지 聖朝誌를버려 놓았으되 못보는이에게는 보이지않는모 양。 聖朝誌는「公開한秘密結社員」이오、그 讀者는「公開한親展書信」이라할수밖 에없다。여호와를 찬송할진저。

四月一日 （土） 晴。新學年度시작하는 날새벽에山上에서新禱。드듸어今朝에北漢 學園의崔金두先生이떠나가시다。金洞內명 버인것같이寂寞하다하는이는夜學生들뿐이아 닌듯하다。學園의今後가어떻게될것인지念 慮不己。○登校始業式。今日異動辭令狀을 받으니在職滿十一年에增俸一金七圓也。○ 歸途에印刷所

二〇

에督促。○發送事務一切는宋兄이擔當해주어서일즉山麓에도라오다。○入院中이던任女요행으로一命을얻어 今夜退院歸宅。한겨정이덜려서 어깨 가벼워짐을깨달다。

四月二日 (日) 曇。午前中은四月號의發送事務의一部分處理。午後는市內書店에配達。○어떤友人의懇曲한忠告에依하야市內의交通이輻輳하는곳은自轉車를타지않기로한지數日인데 뼈스나電車가多少安全하다할지라도 늙은이、어린이、부인들을제차며 매밀면서 伔先하는光景은 참아볼수없으며、 그렇다고 체면차리고섰으면 볼일은죄다틀어지고마니 京城府의交通機關이좀더整理되여老幼와婦女들까지 順次대로라게되는날까지 危險과辛苦를 무릇쓰고라도自轉車를굴리는수밖에없는듯하다

○어떤女學校職員會의光景을傳하는말에女先生들은 茶菓의サービス하면서 굽실굽실하는것이 그들의任務인것갈드라고。그렇게까지안하고선教師노릇못할까고。또小學校教師의말에 그러한弊風은 小學校에서머疊만하고있슬수없이되여온다。公人으로서의自疊없이ᄀᄂ하고卑屈하게處하는女教師도女教師려니와 그런光景을조금도怪異하게느끼지

못할뿐더러 차라리當然한일이출로慣習되어먹은은男教師들에게 그責任의三分之二는에서結婚을爲하야結婚하고退場。용記끝章을輪讀。主日學校는閉止되고隣家徐氏宅에서는告여별나났고、쓸쓸한情懷만넘치게남았다。離別의苦痛은 떠난者보다 남은者에게더크다함은暫別永別이 다마찬가지다。

四月三日 (月) 晴。終日洞外에나가지않고하루지나다。庭樹二本을 옴겨심은것과苗圃의側栢을移床한것이 今年度의植樹○嶺南에서三千町步의大農場經營에奔走하는이의來訪이있어서 小作人들福利增進과教育問題等을相議하다。참된사람만있다면事業은意外에많은듯하다。○저녁엔 北漢學園問題로會議。

四月四日 (火) 晴。登校하야新學年度最初의授業으로 農業을두어時間가르키다。○시골서三月末日까지에代金을拂込하여두고聖朝創刊號부터今四月號까지에求하려은神學生이있었어서 그발벗고 찾어들어오는意氣에깊이感激하다。○北漢學園의일이아모래도傍觀만하고있을수없이되여온다。

四月五日 (水) 曇。登校授業。午後一時부터某結婚式이있다고請하는데로 市內

某大講堂에參列했더니 正刻보다三十分지나서도新郞新婦가到着치않음으로 한편구석에서結婚을爲하야結婚하고退場。용記끝結婚式에 正刻出席하는것은現代人이아니라는듯해서 時代遲의人間인自我가多少부끄럽지아닌것도아니었다。○寄宿中이던學生은오늘市內로移舍가고 楊先生은某地方으로赴任한다고作別人事로來訪。몇일後엔任女마저北滿을向하여떠나고저하니 今春은어쩌다가只離別이잦은고。이럴바엔 웨아초부터月世界에홀로낫더냐。홀로죽지못했을까고嘆息하고싶을지경이다。○北漢學園의일이待하고待하여도 아모進涉이없을뿐더러 開學日字가지났어도 教師도作定되지못하고 閉止되었다는 風說바지流布되었다함으로 今夜에矯風會紹介로余의責하고다시繼續하는同時에教師紹介會를召集任으로하기로하다。聖朝誌를爲하야서는干涉말이야할일이출을알면서도 할수없이또責任을雙肩에지게되다。十一時餘에閉會하고時間消費된것만이怨痛하다。

四月六日 (木) 晴。小鹿島소식닮이든다。「風流솜」란것이생겼다는奇聞도있었다。人間의驕慢의큼과罪過의깊음은 어디나一

聖朝通信

二一

聖朝通信

殷人인듯하니 可嘆事이다。○英波軍非同盟과
伊太利의 動員 소식이 同時에 報導되다。

四月七日 (金) 快晴。朝陽을 받은 北漢
山의 맑고 뚜렸한 景槪에 풀려서 想觀을 넘
기까지 몇번이나 車를 세우고 두러서보며 보
며 登校。山光悅鳥性이라고 忱人性이라안
한것은루 무슨 까닭일가 고 疑訝不己。○洋服
을짓는데도 今四月부터 稅金받는다는 것을
처음듣다。○邊域 소식에 『(前略)過般선생
님께拜受하였던압던 聖朝를 軍中에서 一讀하
였나이다。그리고 ××邑에서 留宿時當地一
信者를맞나와「내가그리스도를믿은지近十
年에이린眞理와○○○의雜誌란처음이오、
未安하나 幾號勿論하고 一冊을팔으시오하는
것을보온後에야새삼스러이 聖朝誌의價値를
高貴하오것과 至今껏 이런것을無感覺的
으로 읽기만하던것이 부끄럽게生覺하였
나이다。그래서聖朝誌昨年十一月號를無價
로그信徒에게드렸나이다 (그것은昨年先生
님께서十一月號를下送하여주신것이있기
에그랬읍니다)。그리고 그날저녁에 우리이
朝鮮三千里疆域에基督信徒가하로바삐많어
지기를新禱하였나이다(下略)』

四月八日 (土) 晴。與猶堂全集을先金

注文한이에게도金秋이品切되었다해서 아
직發送치못하고 求得해주기를書店에부탁
하고있는중인데 近日에至하야야本社에까지
도求得해주시기를請하는이가 한둘뿐이아
니다。이제는 求할道理가없다。豫約募集當
初에 一冊一圓으로 配付하려던것을金秋七十六
卷이完成된後로 一冊一圓五十錢으로代金
을引上하매 世人은그 出版者의愚를嘲笑한
일도있었다。殘品을處分할生覺은안하고언
제까지던지倉庫에두고만불러이나고。그러
나發米品切의報를傳하야 眞理를思慕하는
선배가半島에二百名은넘는것이證明된일이
愉快하다。○疲勞의四月인가 年年이이때
가第一疲困한듯、오늘은午後에두어時間을
낮잠자다。○嘉信一枚如下『日前에도×君
과이야기하였읍니다마는 제가그렇게咯血
을함으로부터 退職을하고 그後또하나님의
사랑안에서 나온무슨뜻인것같읍니다。오
늘正式으로「依願免本官」이라는조의쪽을×
道廳에서받었읍니다。생각하면저의하는
일이모도無謀하고、節없는冒險의길이아닌
가합니다。무슨成算이있고確立한計劃이있
었던것이아니오、다만 그瞬間瞬間에서한

일입니다。그저제깐에는믿는다고하며 이
자리까지온것이이렇습니다。이때까지믿게
하시느라고 오는날도또믿음으로살기만바
라고있으며 또모든일을主께맡기고主께依
支하야 마음이平安합니다。先生님께서제
가모르는동안에얼마나저를사랑하시고、또
저의××의일에關하여 걱정하신것을×君에
게들잡고 고다만눈물을흘릴다름이었습니다。

(中略) 보내주신聖書朝鮮은잘받었읍니다。
아직다읽지않었습니다。두고두고잘씹어서
읽고정말消化가되여滋養分이있는靈의糧食
이되게하려며는、普通小說을읽는것같이一
二時間에通讀하야버리서는안될것이라고
生覺하였읍니다。(下略)四月七日○○○』

四月九日 (日) 快晴。藥師寺스님의木
鐸소리에깨나 午前四時半。新學年度의主
日集會를篤하야야新도하며準備。○午前十時
에主日學校를始作하다。요한복음第十一章
으로써 라사로의復活이야기。主日學校生
徒는全혀 우리아이들인데 前에가르켜주시
던學園先生님들보다 자미었다는評判이다。
훌륭한先任者의뒤를引繼하는늘처럼困難한
일이없고、좋은사람들을 날이갈수록 더
욱그리웁다。主日學生들은先生님들을찾으

려가자고야단들이다。學圃은繼續되고主日
學校는待가야하겠고 몇사람分의일이나兼
할수있나불것뿐이다。
新學年度시작。

一人이 고린도前書第十三章과 오바듸야
書를、 또山上垂訓의三分一을（以上英文으
로〉、 또곧로새書第三、四章을靑山流水갈
히크다。今日은곧로새書를休講하고「復活
의敎義」를講하다。仁川、龍仁、開城에서
도茶席한이있어復活의아침의意外의기쁨을
미리맛보다。合니中우리의木工洪君이羅津
方面을向하야 工事場으로出發하다。三四
年間은滯留하야야 하게되매
우리木手에게主함께합소서。

이暗誦하는이、其他詩두세篇을 또는지난
學期동안每週暗誦했던것을 한번에通誦하
는이等等。敎師된者가도리어鞭撻받음이甚

聖句暗誦은一大奇觀이다。 ○午後의市內集合、
衆拜합으로써入學式이끝나다。南山에올라 神宮
시고先生의貴하신몸도보시옵소서。敎弟
書를、 또곧로새書第十三篇을 또는지난
에게勸酒하고저혹시는이가있었으나 오래간만에余
구석에서 수군수군하더니。正面衝突까지
이르기前에解消되고말었다。 참작건대 한편
에는新榮軍에게解消를講話해주며 人
形을썼을뿐이지社交도모르고禮儀도不辨하
는野人이니 人間으로相對할者되못되느니라
고鎭撫시겨주는親切한이가 곁에앉았던모
양이다。如何間「不戰一勝」을得했으니 常
幸이라아닐할수없다。 ○今日부터光化門局私
書函第十八號를使用하기로되다。郵便物이
淸凉里로 돌아오기보다 一日乃至三日은
速達될것이다。

四月十日（月） 晴。午後一時부터今年
度第一學年新入生徒의入學式擧行。六年前
의入學式과는天壤之差이다。그때는擔任敎
師인余輩가親히登壇하야敎育方針을演說하
였다。오늘은余輩에게生徒를點名하는外에
一言半句의言權도許與되지않었다。따라서

前번에는 余自身의敎育을하고저힘썼으나
이번은傍觀的敎育이될수밖에없다。생각할
수록 아이들이가없다。 ○저녁에는
多數人士와함께宴席에茶列。 오래간만에余
（下略）

四月十一日（火） 晴。가무리甚해서草
木은말할것없었고 人畜까지도시드는듯하
다。 아침부터右편가슴이매우절리다。 ○嶺
南消息에 曰… 類다른先
生의우에 十字架의光彩는
는余의險路와鍾路雜踏地域도無事通過하였으
매余의自轉車타기도自信이들었을때 心中에자못自慢하면서南大門에이르렀을매
交通巡査에게停止를當하니、 曰「雨傘들고
片로自轉車탄다는것은法規違反이니라」고
大體언제까지支配하야알겠을까고嘆息。
但余의앞에도違反者續出인데 余만
是非받으니 余의技術이拙劣한탓인가 또
는余의人相이만만하여보였던탓인가。필경
두가지兼했을것이다。 ○山麓에돌아오너시
내에맑은물이괄々흘러서 오랫동안市內洗

四月十二日（水） 雨。새벽부터甘雨沛
然。萬物이蘇生하고宇宙가기뻐뛰는듯하
다。 ○雨傘을받처들고自轉車로登校。이런技術
은生來첫試驗이라不安히不無했으나 고개
넘는險路와鍾路雜踏地域도無事通過하였으

않사오며 主께感謝하나이다。이하늘이따
는先生의하늘마이오니 獨步의자최만은뚜
렸하오리다。長長終日이오니 攝理에말기
시고先生의貴하신몸도보시옵소서。敎弟
（下略）」 ○非常時局에 까슬린節約物資
節約의 소리만높은데 某某別莊地帶를向하
는遊興客의自動車들은 새벽까지 文字대
로連絡不絕이다。

聖
朝
通
信

聖朝通信

一、濯군들로말미아마汚穢를極했던川邊이一新해졌다。○저녁엔자정지나도록原稿整理。

四月十三日 (木) 雨、後晴。 오늘은佺女가北滿을向하게되여서 朝飯을눈물로써삼키다。冷血動物이라고自他가共認했고 特히骨肉의情에無關心하다고怨聲이높은余輩의心性이 웨이처럼感傷的으로變化했는지스스로難題이다。○學校에서는授業보다擔任으로서의事務가더많다。五學年生徒一人이道岑에서落傷「昨日드디여絕命。痛惜한일。물에산에以來로겨우確立된山岳部의前途者何。○조고마한手苦로써폼푸修理되여서 집안에기쁨이회복되다。○水原泉谷學院에서枾苗보내준것이今日着荷하야即日로植付하다。감나무도貴하거니와이苗木이成長된由來를생각함이더욱意義깊은일이다。

四月十四日 (金) 晴。 未知의젊은女性一人이學校에來訪하야受付口에서第一學年一組擔任敎師를찾는다기로面會한즉、첫째로推測했던學父兄이아니오、學生下宿을하려는데 信用할수없어 그러니 先生님성화닭이들었고 先生님擔任班生徒면 좋겠다하며 初面에죄송하지마는「同志로서」찾어왔노라云云。넘어不意의事件이어이서 들기만하고보낸後에 아무리생각해도「同志」云云의句가알수었다。或은어느敎會에서余의說敎들을은일이있었는지 알수없고 或은聖朝誌몇권을 읽었는지 알수없으나 그러기로서紹介도없이「同志」云云하고 찾어올수있으랴。물라尖端걷는이들의時代는 이렇게膽大하고 이렇게進步했는데 나홀로만舊式인탓일까。그러나舊式觀念으로헤아리는限까지 彼女는病的인것으로判斷하는수밖에別途없는듯하다。○女學校에敎師를紹介하려면 女先生은未婚者라야좋고 男先生은旣婚者라야 되는法이있다。○女學校에이것이 박귀져서는 덜중거니와 特히總角인以上 더考慮할餘地없이女學校先生으로는絕對不可하다하니 바로總角受難時代라할것이다。여기도時代의逆轉이보인다。職業職線을爲하여서라도괴婚獎勵가焦眉의急務인가싶다。因하야敎員就職志望者인某君에게 至急結婚하라는督促狀을發하다。○昨夜에어두운山에 우리집까지 찾어왔었으나 書齋에서 工夫하는中인것을보고 妨害가기어려워서 돌아가고 오늘博物室로來訪하야 主日集會泰席을 承諾받고간다하며 初面에죄송하지마는

四月十五日 (土) 快晴。 새벽에山上에서新禱。시내ㅅ물소리金洞에찻고 거의滿開한 진달래꽃은 新禱터遠近에 찾방석을둘렀으니 「솔로몬의榮華」云云의主님말슴이귀에쟁쟁하는듯。人跡에놀라나대치는평등의소리는 사람의靈을하늘까지 용솟음치게한다。다만姙娠中의안해의「푸러티리」가滿朔가까워 祭禮에參列키篤하야 第一學年生徒를引率하고午前九時부터經學院에出勤。但余는儀式의時間을빌어서附近의知友두서집訪하다。○半日의閒을 傲悙으로 山麓에일즉돌아와 앞山의울긋불긋한 진달래꽃을 바라보면서 執筆할즈음에 用達社便으로써今夕五時半부터宴會있으니 萬障를除却하고出席하라는呼出狀이왔으나「例와如히缺席」하기로答하고原稿쓰기。○어떤섬에서기쁜소식如下『(前略)그러나이곳에와보니 어텐지모르게 人心이浮動하고不眞實한氣分이떠돕니다。貞陵里에있을때의그믿음이 마치溫室에서나온꽃모양으로 사람이있었습니다。世上에아직도이런古人이남어있었으니 황송한일이 오찬송할일인저。○昌慶苑―東小門間(約八百米)의電車今日부터開通。

生의 弱함을 切感합니다。아모리하여도 이대로 또다시 不信社會에나 가오면 背敎까지는안될지라도 적어도信仰이꽉薄弱해질것갈습니다。그도 또하고하나이다。이번에처음으로 家族에게수말슴傳하옵고、家庭禮拜도보았읍니다。生의 家族은아모反對도없이너무쉽게믿어보겠다는데는 되려 질색입니다。그만큼無關心이고 熱이없읍니다。그럼으로지금믿는다고들은하나 또언제시시부시말이버릴지모르는사람들입니다 헛심만키는感이不無합니다。차지도않고덥지도않은者는이제와서切實히 알겠나이다。〈下略〉。우리傳道는이렇게된다、信賴하는친구한사람、다음에그家族。

四月十六日 (日) 晴。오늘새벽은「무러닝」와 그二仇도 따려오다。새끼개들은 기도하는사람에게 작난하여서 패씸하다。○午前十時에主日學校。누가福音第五章上半을說明하였으나 자미있는이야기는못되였다。○午後의市內集會에는골로새第十講으로第三章十二一十七節을講解하다。○茶宴席은薬權하고 일즉歸藶하다。○數多한登山客들이 사람마다 진달래꽃을꺾어들고가는양이 내몸내살人점이나 찢어들고 가는것같이 아픔을준다。北漢山에와서보고 香氣말음으로써滿足하지못하고 꺾어 自己의所有를만들고저하니 貯藏한「만나」처럼 하루밥동안에 썩을것을。○午後로저녁까지來客三四組。信仰으로學問을더하며信仰立場에서結婚問題를解決하려는相談에 어머님의님처흐르는感謝新禱로써午餐는眞摯하였고、다짜고짜로 補缺入學시켜달라는强請은 성가시었다。

四月十七日 (月) 晴。새벽山麓은 맑고香氣롭고 고요하다。無知無情한登山客들에게 그렇게 뜯기고 꺾이고서도 진달래꽃은 아직도 남은것이 담을알뜰머리傷한痕跡도없이아렷답게 되고있다。自然은繁富하다。周圍環境의景槪로서는 天國도北漢山麓보다 더좋기를바라지않는다。오직問題는 너마음속에있다。○登校授業。不時에櫻花滿發。新任先生의時間配當關係로因하야今週부터農業을안가르키고博物과地理만專擔하게되다。一週二十時間은 마찬가지로。擔任課別이簡單化된것은多幸이나 農畜生活을宣傳하는機會직게된것은遺憾千萬。○今夜宿直。宿直室에까지 入學請書人이 꽃아와줄라서 今夜의늦기까지 原稿쓰기。○獨伊兩國에對한米國루스벨트大統領의「멧세지」發表되다。群難中에 鶴의一擊인저。

四月十八日 (火) 晴。宿直室에서 깨니第一三八一日。이날에 盛大한宴會를辭退하고 일즉歸宅하매 第三十八回의生日을紀念해주시고저 家人의 손수지은料理보다더한營養(滋養)이었다。○이날을記憶하야祝賀보내준이의글에『옳은者의 길은아침해와같이 더욱더욱光輝를發하야 낮의正午에 이르나니라』이는 先生님의誕生의聖句온늘이。하나님이 先生님의健康을 돌보시옵기를。靈戰에있어서 先生님의靈이 恒常새힘을얻어 독수리같이 날개톨치며올라가고 다틀박질하여도 도困憊치아니하고 걸어도 疲困치아니하는强健을더하시기를新願합니다。여호와여 先生의걸음을 살펴시옵소서。限없는祝福을 더하시옵소서』云云。 分에 넘치는文字이다。그러나 나스스로까지도詛呪하기 한두번뿐이아닌生日을 記憶해 주기는 이것이瞬矢이매 깊이感激。○午后로부터 저녁臨까지 原稿쓰기。

京城、光化門局 私書函第一八號 聖書朝鮮社 金教臣

지난四月十日부터
右와같이私書函을使
用하게되었으로
貞陵里는淸凉里郵便所의配
達區域인故로
地方서오는郵便이라도
市內보다도一日或은二日間遲滯되며、市內에서
發送한郵便도三日만에야着하는形便이
다。이一日乃至三日이라는時間을短縮하기
爲하야 私書函을使用케되었으니 要急한일
은 이것을利用하라。但、左記數項을注意하시않는
대가있을것。

一、通常日은 午前午后二回式開函하나、
土曜日午后로부터日曜日은 開函하지않는
때가있을것。

二、休暇中에는規則的으로開函하지못할터
이니 貞陵里住所로發信하는것이 도리
어安全하다。

三、小邑과 달라서、私書函番號를明記한
것만이私書函으로오고、不然한郵便物은
從前대로京城局──淸凉里局經由로
貞陵里에配達된다。

四、振替口座의拂入은 住所記入의有無에
關係업시 모다오게되었다。

五、受信人名은 聖書朝鮮社或은金敎臣
이라는印을 찍어보내고、急하면私書函
으로만 오게하다。

六、地方書店의取引과、 時々히回答을要하
는는 한편만이라도 私書函을利用하기를바란
한것은貞陵里로보내기를바란다。

京城聖書研究會

會 場	市內明倫町四丁目三三宋斗用氏方
日 時	毎日曜日午後二時半부터約二時間
會 費	一個月五十錢以上、毎一回二十錢식
講 師	金敎臣

市內뻐스東崇橋下車、約三分。 遲刻謝絶

五月第一日曜日부터 곧로새書第四章의
硏究시작될것이다。 지금 眞摯熱烈한 會員
의 毎週熱心히 工夫하고있다。
眞理의 探求에 참으로滿足한이가있다면、
아직少數의 座席이남어있으니 來參하라。 但
미리承諾연고서 來會할일。

社告

一、住所變更通知는新舊住所를 번々이並
記하여주시오。 休暇或은新學年度로 歸
省 就職等으로 移動된때에도 迅速히알
리시오。 늦어도 前月二十五日까지 到
着하도록 보내지않으면 新刊號의配達
이 잘못되기쉽다。

二、本誌가休刊된줄로 아는이들이 많은
모양이나 近十年間에 아직 한번도休刊
된일이없다。 意外의일로 今日까지 繼
刊되었다。

三、先金切되이에게는 最終號에「先金切」
이라는 印을 찍어보내고、親疎이別없이
發送을中止한다。

四、本誌의取次販賣所는市內에左와같이잇
다。

京城 鍾路 和信商會書籍部 (四階)

本誌定價

一冊	貳拾錢
六冊 (送料共)	前金一圓十錢
十二冊 (一年分)	前金貳圓貳拾錢

要前金。直接注文은
振替貯金口座京城 一六五九四番
(聖書朝鮮社)로。

取次販賣所

北星堂 (大邱府)	
新聲閣 (咸興府)	
茂英堂 (大邱府)	
泰川邑	
信一書舘 (平壤府)	
京城府鍾路二丁目八六 博文書舘	
京城府鍾路二丁目九一 耶蘇敎書會	
東京市神田區九段坂 向山堂書房	

發行所 聖書朝鮮社

京城府外崇仁面貞陵里三七八

振替口座京城 一六五九四番

編輯兼
發行者 金 敎 臣
京城府仁寺町一一九ノ三

印刷者 鄭 敬 德
京城府仁寺町一一九ノ三

印刷所 大東印刷所
京城府仁寺町一一九ノ三

昭和十四年 四月二十八日 印刷
昭和十四年 五月一日 發行

京城府外崇仁面貞陵里三七八

【聖書朝鮮】 第一百二十四號
昭和五年 一月二十八日
昭和十四年 五月一日發行
第三種郵便物認可 每月一回一日發行

【本誌定價二十錢】 (送料五厘)

昭和五年一月二十八日(第三種郵便物認可)
昭和十四年六月一日發行(毎月一回一日發行)

主筆 金教臣

聖書朝鮮

第壹百貳拾五號

昭和十四年(一九三九)六月一日發行

目 次

167

讚頌歌 의 註文

바울書翰의 끝에는 大槪그의友人錄같은것이 있다。그書翰을 가지고 가는이는 누구인데 어떠어떠한人物이라던가、

또 그書翰쓸때에 自己와함께있는이들이 問安을傳하는데 어떠한信仰經歷을 가졌으며 書翰받는 너의와는 어떠한關係를 가진者이라는것을 詳細히記錄하야 그들의 友情을 따뜻하게하고저하는것이 例이다。그런때마다 바울은 自己 親舊들의信實을 讚揚하며 그變함없는友誼에對한 깊은感謝를 表明하였다。골로새書의末端을보라。

그러나 바울의友人錄을注意해읽는이는 누구나看過할수없는事實이 두어가지있다。天下의大使徒바울先生의末年에隨從하는弟子友人의 數量이 甚히적은것이其一이오、 바울의明哲偉大함에比하야 그友人들의 庸劣한對照가其二이다。바울은 그 友人들의信實을 칭찬하였으나、有爲한人物과 賢哲한秀才들은 일쯕이背敎하고 떠나갔었음으로 信實하다는것밖에는 더稱讚할資料없는者들만이 그周圍에 머물러있었다고 볼수도 있을것이다。바울의同族인 유대人으로서는 아리스다고와 마가와 예수等三人이 남어있었음을因하야「이들만하나님나라를爲하야 함께役事하는자들이니 이런사람이 나의 위로가 되였나니라」고 (골로새四・一一)기쁨을表明하였으나、本來바울은、自己同族의救援을爲하여서는 그리스도에게서 버림을當함도 오히려願하노라는사람이다(로마九・二) 남어있는三四人으로因한 기쁨이冠岳山만한것이있었다면 잃어바린 이스라엘을內한悲哀는白頭山보다더큰것이 있었을것이며、十指에 꼽을만한友人으로써 기뻐하는기쁨이黃海만한것이있었 다면 無數히背敎落伍한秀才를內한寂寞은太平洋보다 더큰것이 마음의 저편을 가리웠을것이다。그러나救援의權能에對한 信念은 날로確固하고、將次나타날榮光의所望은 날날이 밝어졌을것이다。이늙은傳道者의 가슴속을──形容할수없는孤寂 과 헤아릴수없는悲哀、 그러나確固한希望에 빛나는瞳子、이矛盾을 노래한讚頌이 있거던 가르키라 없었던 지어내라。

찬송가第二四二章의「세월이 여류하는데 이나그네되는 괴로운세월가는것 금할것아조없네」하고 불러보아도 이는 넘어神仙같다。

> はなちりうせては なにゝかたよらん、いへまつしけれど あいのともあり
> たれをかたのみて なにゝかたよらん、たゞ神のむすぶ ひとにすてゝら れをかたのみて

第二節以下는 더욱深刻하다。그러나 이찬미도 傳道者特有의悲哀와孤寂을 노래한것은못된다。누구던지 이深刻한孤寂 과確固한希望을 如實히痛快히 불러줄 사람은 없는가。울어줄 音樂家는 없는가。

많은 榮光 보여주며

讚頌歌第三百五十章을 부르랴면 第一章의

어듸던지 주를따러 주와 같이같이 가려네

에서 발서 우리 목소리가 떨리기 시작한다. 다만歌詞를 오이는것이아니라 참말 내信仰의告白으로 心靈의振動에서나오는 소리로

卷雲이峯起함을 否認할수없다. 「果然、果然어듸던지 가낼까」고 생각함에 晴快했던 가슴속에 積雲

써 이 찬송을 불러보라. 누가果然 장담코 「어듸던지 주를따라」 같이 가기를 期約해내랴.

第二節에 至하야는 베드로의痛哭이 드디어爆發할것이다

하셨으나 「간들 무엇하나、겟세마네동산까지 간들 무엇하리、피땀 흘리는 결에가서 잘잘바인」하고 생각하매 「마

옴에는 願이로되 肉身이弱하고나」하시며 同情하시는主님의音聲이 只今내귀에 들리는듯하니 닭을기前에 세번主를否

定하고 눈물로써臟腑를 씨처내던 베드로의痛哭이 우리의讚頌曲調를 삼켜버리고야 만다. 蹂躙하고야 만다. 故로 구

태여 아름다운 찬송을 부르고말고 한바탕放聲呼哭하는것이 더욱自然스럽다.

그러나 第四節에 至하야는 울음도 막혀버린다. 우리가슴에 數없는斷層과地裂이 생기는것같다. 보라

주가 크신 恩惠나며 나를 항상 도라보고

많은 榮光 보여주며 나와 함께하셨네

라고. 「많은榮光 보여주며」함께가신구. 주께서 우리를引導하심이 智慧로운 어머니가 보채는 아기를 달래듯이하신다.

命슴一下에 能히우리의殺生을左右하실 어른이시것마는 恒常우리를 달래며 우리에게 맛있는것으로 먹이며 좋은 노

래를 들려주시며 아름다운 그림을 보여주시면서 天國길을向하게 하신다.

우리가 예수믿음으로因하야 難治의固疾이 낫은이도 있을것이다. 그러나 不治의病床에서 그대로呻吟을繼續하는兄

弟도 적지않다. 또한 예수믿은後로 生活의節制를 두어 艱難을免하며治産에까지 이른이도 적지않을것이다. 그러나

義人을 부끄럽게하려는貧乏中에서 아직것嘆息을놓지못한 친구들도 드물다할수없다.

그런데 예수믿는이로서 榮光을 보지못한이가 있을까. 우리의 믿음이 軟弱함을 아시는主님은 朝夕으로 내손목을

잡으시고 或은높은봉오리 或은낮은골자기로 이끄시면서 이榮光을보라 저榮光은어며냐고 하시것만 내마음 아직도

깨달음이不足하네. 아ー 주는 날마다 榮光을보여주며 인도하시는데 내가 이榮光못봤노라 할소인가.

一

家庭生活

家庭生活

二

修身齊家治國平天下라고하니、平天下보다治國、治國보다齊家가 더어려운일인듯하다。壇上에서 高明한敎師노릇하기는 차라리 쉬우나 家庭에서善한主人되기는 實로 어려운일이다。故로篤實한信徒中에도 家庭살림을解体하여버리고 홀로 山中에隱居하기를願하는이들이 적지않음은 家庭에서聖徒의生活하기가 얼마나重荷되는것을 말함이다。

最近에 우리는 篤信者인 젊은姉妹의게서 如何한意味의呼訴를듣고 男子된者 一家庭의主人로서의 깊은反省을 禁할수없었다。彼女는 우리가 깊이敬慕하는 聖徒의女息이오 專門敎育까지의敎養을받은 健實한女性이다。

學窓生活에서 不然間出嫁한以來 家庭生活十年에 五男妹를出産하야 길러내노라고 家庭以外의世界는 도모지 알지못하고 지나왔읍니다。心身까지虛弱해지고보니 現在、제所願은 數日間이라도좋고 一週間이라도可하며 家庭以外의世界에서呼吸해보았으면 살사것같읍니다。親庭父母도仁慈하셨고 如宅父母도溫柔하신 어른들이오 男便으로말하면 그信仰으로보면지學識으로말하면지 저보다十倍百倍의어른이오、그職務中에도 聖經과聖書에關한書籍雜誌等읽기를 부즈런히하며 또 저를極盡히 사랑해줍니다。그럼에도不拘하고 恒常 속에 차지못한것이있으니 이것이分에 지나치는 생각일까요。家庭밖에 몇일이라도 나가보고싶다는것이…聖朝社의 지난冬季集會같을때는 眞情恭席하고싶었던 懇切했읍니다云々。

이런呼訴를 들었어도 以前에는 우리에게 別班返響을 이르킨일이없었는데 이번은 다른바있었다。그것은 우리도出嫁한딸의 어버이의心情을 그동안에 切實히經驗하였으매 내딸의出嫁로因하야 비로소 남의 딸들의 시집사리를 헤아리게된까닭이다。또하나는 내가書齋에多少의書籍을整頓하여놓았으되 日曜日까지市內集會를 가졌는故로 一年三百六十五日中에 完全히終日을書籍과함께呼吸하며사는날이 거의全無하매 나에게는 하루終日書齋에 들앉고싶은것이絕大한欲望이다。因하야推測컨대 十年을 하루같이 지키는主婦에게 나가보고싶은생각이 어찌없으랴。已所不欲勿施於人이라는句가 내가슴에 蘇生하였음으로 남의家庭은 할수없으나 먼저우리집四十넘은主婦에게 「가고싶은때에 가고싶은데로가라」는것을宣言하다。 親庭으로도좋고 査經會로도하고。

힐티先生의家庭訓에 「主人은外에對하야獅子같고內에對하야羊과같으라」했것마는 우리는妻子를對할때만獅子같지않은가。夫婦된以上 財産의處分權에있어서도同權이라야한다했것마는 우리는主婦의靈的修養의旅費에까지 꾕게를대지않았던가。組織된國家는三權分立하야 서로侵犯하지못하듯이 부엌간은主婦의王國이어늘 書齋도 못다스리는主人이 日夜로 부엌간恭干까지 안했던가。權利없어보이는者의權利를尊重하며 弱한者의抗議에 몸소리끼치어 순종하기까지 우리信仰의途程은 아직前途遙遠하다할수밖에없다。가장 弱한者의 正當한意志가碍害됨없이 이루어지는곳이 天國일까한다。우리의 家庭에 天國을投射시키기라。

골로새書講義 (二)

金 敎 臣

祈禱——골로새敎會를爲하야(一·九-一二)

(九) 이로써 우리도 듣던날부터 너의들위하야 기도하기를 끄치지아니하고 구하노니、너의로 하여금 모든 신령한 지혜와 총명에 하나님의 뜻을 아는것으로 채우게하시고

第二節에「너의를爲하야 기도할때마다」라는 句가있다。

그 [代願]의 內容이 이部分(九-一二節)이다。에베소書의 第一章一五-一九節恭照。

[이로써] 第三節以下에述한바를 全部받는字이다。「골로새信者들이 信·望·愛의福音에 接하였다함을 들었으로써」以下의 일을 끔지지 않었다한다。

[우리도] 우리도 라는 「도」字는 kai인데 二樣의解釋이 있다。一은 우리譯文처럼 代名詞에 붙여서「우리도——即『우리편에서도』라고읽어서、골로새信徒들의信仰과 사랑 소망 에 對立한다고 보는說이오、二는 代名詞에 붙치지않고 動詞에붙여서「다시 또」祈禱하며 求하야 마지않는다 고 읽는수도 있다。바울의文章에는 第二說의用例가많다(로마三·七、五·三、八·一一、二四、九·二四、一五·一四、一九、고後六·一、에베소六·二一、데살前二·一三、三·五恭照)。

골로새書講義

그러나 本節의解釋에는 第一說이普通이다。「우리」라는것은 바울과듸모데이다。그런즉 골로새敎會를爲하야祈求하는사람이 他에도있는中에——例컨대 그敎會의設立者이오 가장親密한關係에있는——에바브라——우리도 한몫이擔當하고祈求함을中止하지않노라고한것이다。聖徒의交際는 肉身이여이어있는때에 祈禱로써交通하는것이라야 할것이다。

[기도] 一般的祈禱인데 그內容은 所願을祈求하는것뿐만아니라 讚頌도있고 感謝도있다。마음에感恩의 생각이 넘처흐르는것이 基督敎徒의祈禱를 成한다。

[구하노니] 求한다함은 特別한問題、個個의所願이다。

[지혜와총명에] 지혜(Sophia)는 最高의智的賜物이다。「신령한지혜」는 知識과意志와感情의綜合的能力을 이른것이다。人間最高의目的을達成하는데助力을주며 調和를提供하는힘이다。이에反하야「肉的인智慧」란것이있다。이는 그目的으로보던지 方便으로보던지、하나님께屬한것이아니오 人間의게서 나온것을 이름이다(고后一·一二、야곱三·一五)。

총명(Sunesis)은 眼識이라던지 洞察이라고도譯할만한實際的이오應用的인智慧를 말한다。이와反對인「肉的인聰明」은 고린도前書一章十九節을 「채우게하시고」라는字가 우리聖書에는 九節끝에있으나 原文에는本節中間에位置하야 上半下半이 갈라지게하는字이다。祈求하야 마지않는다는 그祈求의內容이 이字以下

三

골로새書講義

四

에 列擧되었다。

[것으로] 는(en) 가운데、있어서、라는뜻이다。신령한 智慧와 聰明에 充滿해서、그안에 包圍되여서、浸潤되여서 聖意를 分別하라는 祈願이다。

[하나님의뜻을 아는] 것이 哲學的探究의目的點일것이오 宗敎的思索의終極이·안될수없다。이렇게至大한所願으로써 곧새 信徒들을 爲하야代願한 바울의人品은 至極히高潔하고 偉大한 사람이었다。사람의高下는 그所願의高低로써測量 할수있는까닭이다。但 [하나님의뜻] 이라는것은意譯이오原文에는 [저의뜻] 이다。[저] 라는것이 기도를 드리는對像者인 하나님인것은 勿論이다。

(十) 주께합당히 범사에 기뻐시게하고 모든선한일에 열매를맺게하시며 하나님을아는것에 자라게하시고 [행하야] 實踐의뜻이있게된것은 漢字의 [行] 字는 걷는다는뜻으로부터 道德의實踐 라는(Peripatesai) 字는 걷는다는뜻으로부터 가지다。바울의、祈願의 둘째題目으로 實踐을 말한데에 크게注意할바가있다。第一所願인 [하나님의뜻을 앎] 은前者에 對應하는 基督者生涯의實踐行爲이다。倫理道德의高遠한原理와信仰의深奧한敎義만을 千萬語句로써論述할지라도 實踐의結實이없으면 空虛한일이오危險한일이다。當時 골로새 敎會의病患은 實로 煩多한理論만盛하고 堅實한實踐이伴行

되지못한데있었다。故로바울은 [하나님의뜻을·알어지다] 는 人間最高의所願을 골로새敎人들을爲하야 祈求하는同時에 [행하여지다] 는所願을 間髮의隔을 두지않고 잇다라。알외인것이다。

[주께 합당하게]。行하되 그리스도에게屬한者답게 道德的으로行하라。[주께 합당하게] 라함은 主의뜻에合하게라 던지、主의 이름을辱되지않게 할으로解할것이다。로마書 第十六章二節의 [너의가 主안에서 聖徒들의合當한禮節로 써……] 한것、에베소第四章一節에 [너의가 부르심을입은 부름에 합당하게行하야] 한것、또 빌립보第一章二十七節에 [그리스도福音에 合當하게生活하라] 한것、데살로니가前書第二章十二節에 [이는 너의를 부르사自己나라와榮光에 이르게하라] 한것은 모다같은意義이다。사람은各自의身分과地位를따라 거기合當하게行動하여야한다。最高의學府까지敎育받은사람 은 不學無識한사람같은行動하여서는 안된다。最高의學府처럼行하 高貴한사람은 스스로高貴한者답게處身하여야한다。그와마 찬가지로 基督者는 [빛의子] 이니 暗黑에屬한者처럼行하 여서는안될것이며、하늘나라를本鄕으로生活하는者이니 저 의는 따의것보다 우엣것을重히여기는者일것이며、하나님 아바지의完全하심같이完全하기를要求받는者이니 저의言行 에庸劣한것 汚穢한것 浮虛한것이 있어서는·안될것이다。

[기쁘시게하고] eis areskeian 라는字는 新約全書에 오 用例이다。直한번만 쓰인字이다。서로 戀慕하는사이에는 온갖手段方法을 다해서라도 그마음을 기쁘게해주고저하며 그비위를 마추어주고저勞心焦思하는法인데、그心思로써 그熱情으로 宇宙의主宰者이신 여호와하나님의 비위를 마추고저 힘쓰라는것이다。사랑하는者가 기뻐하는일은 自己의 기쁨보다도 더願하고싶은일이다。故로 그리스도를 사랑하는者는 自己自身의 기쁨보다도 먼저主그리스도의기쁨을切實히所願하야 마지못한다。그리스도의 비위를마추기爲하야 저의嗜好가決定되고 저의趣興이變化한다。基督敎의道德은 律法으로規定하야 얽매인것이아니라 사랑의熱情으로써出發하게된것이다。이리하야 그리스도의名義에合當하게行하며 그리스도의 마음을 기쁘게하도록 살고저하는基督信者의生涯에는 다른細則이없이라도 스스로高潔하고溫柔하여질수밖에 없을것이다。

[모든] 선한일에 열매를 맺히게] [모든] 이란字는 바울이特히 잘쓰는字이다。한두가지善한것으로써滿足하지못하고 무릇善行하라한다。第三節에 [매마다]라고 번역된字와、第九節의 [모든신령한]이라는것과 第十一節의 [모든能力]이라는字가 다같이 [모든]이오、에베소書에 「만물안에서 만물을 충만케하시는者의 충만이니라」한것도(一•二三) 모든 이라는字의

善한일에 열매를 맺음은 『좋은 나무마다 아름다운 열매를 맺고』라는(마태七•一七)대로요、아름다운열매는 聖靈의열매이니 『사랑과 희락과 화평과 오래참음과 자비와 良善과 忠誠과 溫柔와 節制니』라(갈五•二二、二三) 이러한 善한열매는 感恩의생각에서 自然히湧出한것이다。한가지 두가지 善行으로써 세상의稱讚을 받으랴는것이아니라 善行의環境中에居하며 善한雰圍氣中에處하야 信仰으로躍進하려는것이다。

[하나님을 아는것에 자라게하시고] 이句는 우리譯文이 잘되었다。틀린것은없다。그러나 原文의뜻을 좀더強烈하게나타내려면 [하나님에關한知識에向하야成長하게하시고]라고하면 一層 直譯이 된다。그리고 이句는 別個獨立의祈願이아니라 前句──모든善한일에 열매를맺히게──에從屬한祈願이다。善한行實은 世上에서 아무報酬나稱讚을 받음이없을지라도 하나님을 아는 知識에 缺할수없는要素이다。하나님에關한知識으로써 分辨하야善한열매를 맺을수있는것처럼 그와 꼭마찬가지로 道德의實踐을通하야 하나님의生命(에베소四•一八)을 속에經驗함으로써 漸漸더明確하게 하나님自身이 사람에게啓示된다。그리고 基督徒의卒生의所願은 「그때에는 주께서 나를아신것같이 내가온전히(하나님을)알리라」는(고前一三•一二)것이다。

골로새書講義

五

골로새書講義

（十一） 그 영광의 힘을 좇아 모든 능력으로 능하게 하시며 기쁨으로 모든 견딤과 오래 참음에 이르게 하시고

[그영광의 힘을 좇아] 그 榮光이라 함은 하나님의 性質이 外部에 나타난 것인데、 一은自然界에 나타난 것이니 例컨대 『하늘이 하나님의 榮光을 宣布하고 穹蒼이 그 손으로하신 일을 나타내는도다』 라는(詩十九·一)것이오、 二는人間에게 나타난 것이니 하나님의 形像에 좇아 創造된 人間에게 하나님의 榮光이 나타나 있음은 一一히 擧證할 것도 없으나 聖別에 그 例를 들면 『이는 너의가 그 안에서 모든일 곧 모든 口辯과 모든 知識에 풍족함으로……』 라는(고前一·五)것도 其하나이다。

[모든 能力으로 能하게 하시며] 自然界와 人間에게 나타난 바 하나님의 榮光에 具備한 能力으로써 힘을 얻어 그 能力에 相應하도록 군세여지라 함이다。『그 榮光의 豊盛을따라 그의 聖靈으로 말미아마 너의 속사람을 能力으로强健하게 하사……』

[견딤] 은 困難 逼迫 試惑 殉教에當하야 꺼꾸러지지않고 確固히되었는 것이다 (로마五·三、 고后一·六、 同六·四、 야곱一·三、 누가八·一五、 로마二·七)。

[오래 참음] 부드러운듯하면서도 오래오래信仰을持續하는 것이니 嘲笑와 虐待中에서도 오래오래信仰에 屈하지않는 것 그 特色이다 (三·一二、 갈五·二二、 로마二·四、 에베소四·二、 히브리六·一二、 야곱五·一○)。 이는 鋼鐵의 靭性에 比할것이다。 견딤과 참음이 合하야 굽혀지지않고 꺾어지지않는 强靭의 兩性이 具備하게될 것이다。

[기쁨으로] 라는字는 뜻으로 보아서는 十一節에 붙을것이나 文法上으로는 十二節에 屬할 것이라고 學說이 二分되는問題의 句이다。

六

（十二） 우리로하여금 빛가운데서 聖徒의 기업의 부분을 얻기에 合當하게하신 아바지께 感謝케하시기를願하노라

[우리로] 는 「너의로」라고 읽을 것이다。

[빛 가운데서] 크리스챤은 빛의 아들이다(에베五·八、 데살前五·五、 누가一六·八)。 聖潔을 받은 者들이다。 聖徒라 함은 救援받은 罪人을 가르침이다。

[기업]은 分깃。 即第五節의 「하늘에 쌓아둔所望」을 이름이다(에베소一·一八參照)。

[감사케하시기를] 召命을 감사하라함이다。 前節의 「기쁨으로」를 여기 붙혀서 「기쁨으로 감사케」라고 읽을수도있다。 代願의 끝마디가 感謝로써 마추었다。 實로 偉大한 祈禱라 할수밖에없다。 이 祈願을分解하면如左하다。

祈禱——代願

第一願
第二願

第一願 하나님의 뜻을 아는것으로 채우게하시고 主께 합당히行하야 범사에 기쁘시게하고

第二願의 具體的內容
1、 모든善行에 結實하며 하나님을 아는것에 자랄것
2、 그 榮光의 힘을좇아 군세여서 견디고 참을것
3、 기쁨으로 聖徒의 基業받을召命을 感謝할것

히브리書講義 〔三〕

咸錫憲

第三講 하나님이그아들로말슴하심

（第一章一節──三節）

1 하나님이 옛날에는 여러部分으로 또여러模樣으로 豫言者들로 祖上들에게 말슴하시었더니, 2이모든날 마지막에는 우리에게 아들로 말슴하시었는데、 그 （아들）는 그가萬有의後嗣로세우신이요 그에依하야 世界를을지으신이다。 3그는 그의榮光의光彩시요 本體의形像이신者로서、 또그의能力의말슴으로 萬有를 支持하시는者로서、罪를淨潔케하는일을行하신後 높은곳에서 威嚴의右便에 앉으셨으니, 4天使들보다도 그와같이그들 은이를을 繼承하야 얻으신것같이 그보다도 더좋은이가되셨다。

1 네와지금

著者는말을、 네와이제의對照로써 始作한다。 옛적에는 이 러이러헀더니 지금은이러이러하다。──그렇게말하는 意味는 무엇인가。 옛날에는 옛날의일이있었었거니와 지금은 지금의일이있단말이다。 지금사람은 옛날일을하고있을수없 다。 生命은現在에있다。 現在를無視한것은 살림이아니다。 歷史는恒常 그時代의아들들에게 現在속에들어있는 그意 味를 理解하고 거기合하게살기를 命令한다。 「이모든날마 지막에는……」 하는著者는 現在의緊急한命令을 分明 히들은사람이오 그絕對의價値를 꼭붓잡은사람이다。 이렇 게아니할수없다。 이外에다른것이없었다。 ──하는 그생각이 著者로하여금 붓을들게한動機요、 思想의邊子리 에서붙어 徐徐히들어가자고 어물거릴사이없이 直히그中 心을 첫춤에붓들어내여놓게한 原因이다。 누가忠實하고勇 敢한軍人일가。 歷史의목소리를 明確히알어들은사람이다。 「이모든날마지막에는 우리에게……」 「우리에게」다。 過去는 祖上의것이오、 未來는子孫의것이다。 마는 지금은 우리의것이다。 우리할일을 眞實히하지않으면안된다。

2 말슴하시는하나님

過去와現在는 무엇으로갈리느냐。 時計의振子에依하야는 아니다。 太陽의運行에依하야도아니다。 그러면 歷史의意味는 어메서나오느냐。 그包含하는 意味로 써다。 하나님의말 슴에서다。 王侯의生死로 時代를가르려하는者는 어리석은 者다。 國朝의바뀐날로 世代를區別하려는史家는 俗된史家

七

히브리書講義

八

다。참으로 時代를 區劃할수있는 者는 하나님의말슴을 알어들은者만이다。언제가 옛날이냐。신사랑을 部分的으로밖에 말슴하시지않은때다。그때에 人間은 어렸고 알어들을性이없었다。故로 하나님은 그의 사랑眞理를 여러토막에잘러서 或은그「義」라는토막을 또或은그「慈悲」라는토막을 주시었다。그주시는 그「義」라는方法도 또或은그「거룩」이라는토막을 주시었다。이렇게하면 어들을가 저렇게하면 나을가 하시는듯이 어떤때는 잘 어떤때는 饑饉으로 或어떤때는 戰爭으로 어떤때는 洪水로 어떤때는 새時代가 하시었다。그러나지금은왜 다른時代라하느냐。무엇으로 새時代가열렸느냐。「그아들로」 完全히 말슴하신것으로 써라。

歷史는 죽은것이아니요 산것이다。옛적을옛적이라하고 지금을지금이라함은 지나간날을 分離하야 죽이는일이아니다。歷史에意味를붙혀 산것으로하는일이다。그리고 그열은 하나님이 말슴하시는 事實에依하야서만된다。歷史가萬一 하나님의입에서나오는 흐름이아니요 그意味

孫이되는것도 이하나님의말슴때문이다。이말슴때문에 이宇宙는 우리집이되고 生命은이天地에 主人이된다。하나님이 말슴하신다! 얼마나 놀라운思想인가。볼수도 없고 만질수도없는 하나님이 말슴을하신다는 생각은 어찌하야 사람의子息의머리에 떠오르게되였는가。이것은누가發明한것인가。果然이 일自體가 하나님의말슴해주신것으로 된일이오 따라서 하나님이 말슴을하시는 證據라할수밖에없다。『말』 이것처럼 異常하고 이것처럼偉大한것은없다。이는 뵈지않는世界를 나타내는일이다。하나님的인것이다。이것처럼 人間의인것을 靈의나라를 物質의나라로 飜譯하는일이다。

말슴이肉이되여 우리사이에居하셨다는 요한의말은 果然 眞理다。하나님이 自己를말슴하시고 말슴이肉이되여 人間이 하나님을보게되였다。하나님은 自己를말슴하시는하나님이다。自己를自己로 私有하시는 하나님이아니오 말슴으로 나타내시는 하나님이다。다른宗敎의神을 우리는모른다。萬物의根源이여거있다。은分明히 말슴하시는 하나님이다。예수가 가르치신하나님은 威嚴만을뵈는 하나님이아니오 泰然히입을다물고앉어서 神祕莫測의 威嚴만을뵈는 하나님도아니다。사람에게向하야 自己편에서 먼저말슴하시는하나님이다。사람이自己를알고 自己와같은것을 가슴속에 품기를 바라시면서。

聯絡이있다。祖上이祖上이되여 「사랑」을들어내는 한文章이되여 祖上이祖上이되는것도 이때문이오、子孫이子 와이제는 아무關係가없다。그둘이다合하야 한單語가되고 가 하나님의입에서나오는 말슴으로되는것이아니라면 네 하나님의입에서나오는 말슴으로되는것이아니라면 네 그둘이다合하야 한單語가되고 서로산 한文章이되여 「사랑」을들어내는 말슴이되는故로 서로산

3　豫言者와　아들

그하나님은 말씀으로 自己를들어내시는데 無限한기쁨을가지신다。故로그말씀은 甚히豊盛하다。여러가지에서、萬有에서 우리는그말씀을 들을수있다。반짝이는별、속삭이는시냇물 淪々한바다 늘 푸른荖오리가다 하나님의말씀이다。그러나詩人끠례가말한것같이 自然은 하나님의입으로는 들어낼수가없다。人格에依해서만 可能하다。사람으로는 들어낼수가없다。그의깊은가슴속은 自然이 신웃을나타내는데 지나지않는다。

이 하나님의形像대로 지음을받었다함은 이것이다。故로하나님은 自己의 맘성을 들어내려하실때에 반드시人事를빌어하신다。더구나人格中에 가장高潔한者를要하신다。豫言者란 人間中의人間이다。豫言者의資格은 다른것보다 위선 高潔한良心이 第一이다。東西古今에 아름다운人格을가저 人類의師表가되었다는이들은 다。하나님의豫言者였다。좁은 意味로하면 豫言者란 엘리야나 삼우엘이나 이사야、예레미야、아모스、호세아 하는 이스라엘에낫던豫言者라할 것이나、넓게말한다면 이석을 넝을뿐만아니라 釋迦、孔子、孟子、老子、소크라테쓰 하는모든이를 다녕어말할것이다。그들은 다 하나님의말씀을 傳한人格들이었다。그들에게서 우리는 하나님의어떤面을 반드시보는것이었다。그들은 다 하나님의말씀의 한토막이었다。

히브리書講義

自己낫던時代에 웨쳤다。우리祖上들은 그것으로 죽음을免하고 살었다。

그러나 豫言者는 아무리偉大하야도 亦是罪의人間이었다。그들은흐린렌즈요 傷한樂器였다。故로그들은 다같이 옛時代에屬한다。「여러部分으로 여러모양으로」말씀하시었다는대는 이들代言者와 듣는人間의不足이 包含되여있다。

그러나또한편 하나님의 아버지的인 無限한慈愛도 들어나았다。故로 그하나님의 맘성은 드디어豫言者의 不充分한 傳言과 人間의頑惡에 견댈수없어 自己가슴을 단번에 들을보내섰다는것이오 새時代의始作이라는것이다。

父子는 一體다。아들은아바지를 全的으로表示하는者다。하나님이 그아들로말슴하였다는것은 이以上더할수없이 最終的으로 完全히말슴하시었다는말이다。著者의말의要點은 여기있다。即이제는 아들로말슴하신時代라는대。그리고 그아들이란勿論예수다。이리하야 그아들은누구냐。하나님의「萬有의後嗣로서세우신이요 그의主張勸勉은 萬歲不動、確乎不變의、永遠의磐石우에선다。萬有의後嗣란 宇宙萬有、世界들을지으신이라。 아버지의 모든活動에依하야 創造하신것全部를 所有할者란말이다。아버지의 모든經綸은 全혀아들에게 물려주는데있었다。그와같이 하나님의 모든經綸은 全혀아들에게 주시기爲하야하

九

시는것이다。이것은 예수 自身이 分明히말슴하신것이다。또아들은 萬有의所有者가 되는것이다。하나님은 그말슴인、即그의가슴의 如實한表示인 아들에 依하야서 모든것을지으섯다。지을을일은것이 말슴없이는 하나도 된것이업다고하였다。故로아들은 萬有의原因이요 萬有의原因이요 된目的이다。萬有의權이 統히그에게있다。아들은 그런아들 目的이다。故로 그아들의하는말은 責任있을수밖에없다。主人의 말을傳하는 家臣의것과 · 同日의이야기가아니다。著者의뜻은 그런故로 注意하야 · 들으란말이다。故로文脈으로하면 二節다음에 第二章一節을 끌어보는것이 明瞭하다。

4 啓示와 救援

그러나 「아들」이란말을하고 著者의가슴은 簡單히그저 지나가버릴수없었는가。그아들의일에關하야는 이아래仔細히 말하려하는것이것만도、하나님이 그아들로 이末世에와서 우리게말슴하섯다는말을해놓고 거기따라 솟아오르는 詩와 讚頌을 抑制할수없었다。그리하야 三節의말을 單숨에하야 이아래말하려는 全文의뜻이、壓縮된形式으로 여기들어나게되었다。이節은 하나님이 아들 예수그리스도로 어떻게 말슴하섯다는 그內容을말하는것이다。

아들로말슴했다는것은 예수의입을빌어 말슴하섯다는말

間이아니다。勿論예수가 가르치신것은 하나님의生命의말슴이다。그러나、말슴은 音聲으로만하는것이아니오、또音聲으로하는말이 最高의말도아니다。至極한地境은 音聲으로 말할수있는것이아니다。最高의地境은 行動으로야만、生涯로야만 할수있다。예수의말슴은 山上垂訓만이아니다。그出生이말슴이오、그試驗받고、洗禮받으심이 말슴이오 그傳道 그十字架 그復活 그聖神이 말슴이다。그리스도의受肉 苦難、이것이 하나님의 至極하신말슴이다。

그러면 그말슴의뜻은 무엇이냐、한마디로하면 [사랑]이다。

「하나님이 世上을 이처럼사랑하사 獨生子를주섯으니 누구던지 저를믿으면 滅亡치않고 永生을얻으리라」

한 그대로다。그러나이것을 仔細하게 풀어말한다면 三節의말을빌여 세가지로나누어말할수있다。

一 그는그의榮光이요 本體의形像이신者다。即예수그리스도는 하나님에對하야말한다면 그의榮光을들어내는이요 그本體를表示하는이다。光彩란말은 [放射]라或은 [反射]라 翻譯할수있는말이다。即예수는、太陽光線이 太陽을들어내듯이 하나님을들어내신단말이다。太陽直接、太陽自體는 우리가알수없다。거기서無限히 흘러나오는 光線으로 이것을

一〇

안다。그와같이우리는 하나님을直接보는눈을 가지지못하
였다。예수의地上生涯를通하여서 이것을본다。前의모든豫
言者들이 行燈、石油燈、電氣燈이였다면 아들은太陽光線
그것이다。그렇게말한다고해서 豫言者와그리스도는 分量
의差만이라고 생각하여서는안된다。分量의差異의생기는原
因은 質의差異에있다。이것이우리가 저를向하여
지아니치못하는 理由다。本體의形像이란말은 本體를如實
하게 고대로表示하는것이란뜻이다。칸트가「物그自體」는
알수없다고한것같이 하나님自體는 우리肉眼으로는 볼
수없다。그러나 그가 우리눈앞에 하나님의形像그대로를 나타
내여 우리로보게하셨다。다른말로하면 그리스도는 靈的
하나님의 肉的飜譯者다。

「本來하나님을 본사람이없으되、아바지의품안에있는
獨生子가 나타나게하셨나니라。」

이眞理는 말하기어려운眞理다。그리스도가 하나님을如
實하게나타냈다는것은 네主觀이다。——이렇게反對함을듣
고 辯明할말이없었다。다만 두가지가있다。이렇게主張하는
本書와그外의 聖經의말이。生命의말슴으로 歷史上에實하는
되여온것이하나요、또그렇게믿었던사람들이야말로 가장眞
實하게살았고 산事業을 史上에길이고간것으로 公認함을
받는것이 그들째다。

二 그는그의能力의말슴으로 萬有를支持하신다。그는創造

히브리書講義

主를 言表할뿐만아니라、創造된것의意味를 또들어낸다。그
의能力의말슴이란 文法上으로는 아들의말슴이라고解釋할
수도있고 하나님의말슴이라고解釋할수도있어 問題가있는
모양이아… 事實에있어서는 마찬가지다。何如間그리스도는
能力의말슴으로 萬有를支持한다고한다。萬有는偉大하다。
그러나그는그自身 自立하는것은아니다。이意味에서 基督
敎는 自然그것을 自存하는것으로생각하는 自然主義思想
과는다르다。聖經의思想으로서만 萬有는 하나님의사신말
슴의 ·끊임없는支持를받어서만 서갈수있는것이다。그리고
이것도 前條와마찬가지로 많이疑心할수있는 眞理다。二千
年前에 猶太에 예수로낫던그이가 萬有의支持者냐——이
렇게생각하고 大端히어리석은말인듯한感을 禁할수없다。
그러나 우리는이것을 이렇게생각해보면 理解할수가있다。
即、萬物의存在理由는 어떻게說明이될것이냐고。許多한哲
學은 萬有의存在의意味를 說明해보려고 많은애를썼고 지
금도쓰고있다。그러나 果然成功한者가있느냐。왜하늘이있
고 왜땅이있느냐。왜生이있고死가있느냐。왜善이있고惡이
있느냐、等等。이것을說明하는것은 하나님의아들 예수그
리스도의信仰만이다。이것없이宇宙는混沌이요 이것이있어
서明瞭하고 整然하다。故로우리는 그가萬有의支持者인줄
을믿는다。

以上에서 우리가알것은 眞理는 하나님의啓示인것이다。

一一

히브리書講義

眞理는根本에서 사람의만들어낸것이아니다。내가太陽光線을 찾어낸것찾아도아니다。내가太陽의形像을 찾어낸것도아닌것같이 宗敎를發明發見한것이 아니다。眞理에서 하나님이 產出한것이아니요 하나님이主신이다。聖神으로孕胎하였다는것은 이것이다。

慧가 하나님을만들어낸것을 아니다。人類文明이 타나고싶어서 그렇게하시는것은 이다。예수가나실때에 人間의智慧를代表한 東方博士가 그를만난것은 찾어서얻은것이아니었다。별의나타남을보고、聖經의記錄의 가르침을받어서한것이었다。그와같이 예수그리스도로하신 하나님의말슴은。

宗敎는究竟에있어서 啓示로된다。人間이생각해낸 宗敎란 것은없다。燭불이 슬어지는것같이 人爲로뫳던宗敎의 타고 남은貧弱한등걸이 歷史上에 點々이있다。

그리고그啓示는 예수요、또예수만이다。太陽은光線에依하야서만—볼수있는 것은 예수요、또예수만이다。다른福音이 또있을수없다。그리고萬一그렇다면 우리의福音에對하야 收할態度는 自然히明瞭하다。맨마지막길을들어 선사람은 제할일이무엇인지를 잘안다。

三、罪를淨潔케하는일을行하시고 높은곳에서 威嚴의右便

에앉으셨다。眞理는啓示되였다。人間편에서 하나님을發見할能力이없는故로 하나님편에서 몸소人間앞에、나타나셨다。그러나사람은 하나님을볼能力이없을뿐아니라、보면그 에게로 나가여야할터인데 나갈能力도없다。故로眞理를보 여주실뿐만아니라、거러나가는것까지도 하나님편에서하실 수밖에없었다。罪를淨潔케하는일은 이때문에必要하였다。하나님에게서 하나님에게나가는能力을 없에버린것은 이罪 이기때문이다。故로그리스도의事業의主되는일은 이救援이 다。예수의生涯의目的이 十字架에있었고 十字架를中心으로 살고야만 그의生涯의意味는 理解할수있는것은 이때문이 다。예수를祭司로 說明하는것은 이것을밝히자는것이다。

그러나 예수의生涯에 主되는것이 罪를淨潔케하시는데 있었고 그것을行하시기爲한것이 十字架라하더라도 十字 架에서 죽으시는것만으로 그일이다되는것은아니다。그는犧 牲인同時에 또그犧牲을바치는 祭司다。故로그는하나님의 永遠하신至聖所에들어가 계실必要가있다。하나님의右便하 신右便에앉으시는것은 이때문이다。그리고 오늘날우리가일 威嚴의右便에 앉으시는 永遠하신다。그리고 오늘날우리가일 그리스도가만일 살아 하나님의右便에 앉으시지않는다면 그 의죽음은 一個義俠인 죽음에 지내지않는다。예수 그리스도의 以上에말한、이것이 예수그리스도의 生涯가말하는 하나님 의말슴이다。著者의 하려는 모든말의論據는 여기있다。

一二

그리스도를 배워

도마쓰·아·켐피쓰

葡萄園農夫 譯

一의一　그리스도를 배우며　또世上의 모든 虛人된 것을 賤히녁일 것

『나를 따르는 者는』라고 主님은 말슴하셨다. 이것이 그리스도의 말슴이다. 우리는 이것으로 말미암아 참으로 마음의 迷惑이 열리고 救援을얻으면 그리스도의 生涯와 믿其行하심을 배울수있는 것이다. 그런故로 우리는 그리스도의 生涯를·最大의 努力으로 冥想하지아니하면아니된다.

그리스도의 敎訓은 어떤聖賢의 敎訓보다도 高貴하여서 그리스도의 靈을갖인者는 其속에 『감초인만나(默二·一七)』가 있음을알것이다. 그러나 그리스도의 福音을들어도 오히려 그것을 思慕하는데 니르지못하고 失敗하는者가 많은것은 그리스도의 靈을 갖지못한까닭이다. 적어도 그리스도의 靈을 感激하면서·또完全히 理解하기를願하면·其生活을 完全히 그리스도의 生涯와一致하기를努力하지아니하면 아니된다.

이미 謙遜의德이 缺하고 이때문에 그리스도의 神性을기·뻐하지아니하는마음이있는가? 그렇다면 아모리이에對한

그리스도를 배워

深遠한敎理를 硏究할지라도 무슨效果가있을것인가·아모리 입으로豪言壯語할지라도 그것은 決코사람을 聖潔하게하지못하고 또義롭게도하지못한다·그러나 德을세우는 生活은 하나님을 깊이사괴게한다·나는 三位一體의敎理를 알기보다 차라리 悔改하는마음이야말로 願하는바이다.

設令聖書全部를通達하며 모든學說을남김없이안다할지라도 萬若하나님의 慈愛와其恩寵을잃으면 무엇이有益하리요·하나님을사랑하며 또하나님을섬기는外에는 『虛人되고 虛人되고 虛人되여 一切가虛人된데 屬하였도다(傳一·二)』 하늘에있는나라를所望하기爲하야 이世上을 賤히녁이는일이야말로 最高의知識이로다.

그런故로 消滅할富貴를求하며 이것을信賴함은 虛人된일이다·또名譽를渴望하고 높은地位를憧憬함도 또한虛人되도다·肉의慾心을따러 結局에는 慘憺한刑罰로苦痛받을物質을 思慕함도虛事다·오래살기를바라고 尊貴한生活하기에 뜻을두지아니함도 虛人되며 이世上生活에만마음을쓰고 將次올것에對하여 準備하지아니함도 虛人된것이다·가없어질것을愛着하고 永遠히기쁨이기다리는곳에 마음을 쓰지아니함도 亦是虛事다.

『눈은보기에배부르지아니하고 귀는듣기에차지아니하나니라(傳一·八)』는 箴言을 끊임없이生覺할것이다·그리하여 보이는것을·愛着하는마음을옮겨 보이지아니하는것을 思慕

一三

그리스도를 배워
하기에 努力하라。肉慾을따르는者는 其良心을부끄럽게할
것이며 하나님의恩寵을 잊어버리나니라。

一의二 自己를生覺하는謙遜

누구나 다 知識을求하지아니하는者는없다。그러나 하나님을두려워하는마음이없으면 知識이무슨効가있으랴。實로 하나님을섬기는 賤한農夫가 스스로靈性을等閑히하고 天體의運行을研究하는 驕慢한學者보다 나으니라。自己를잘아는 사람은 스스로 卑賤한것을깨닫고 남에게서받는讚辭를 기뻐할수없다。假使 내가世上의모든것에 能通할지라도 萬若사랑이없으면 나의行한대로審判하실 하나님앞에설몸에 무슨有益됨이있으리요(고前一三•二恭照)。

쓸데없이 知識에卓越하기를 渴望하지말라。그것은甚한 墮落과虛僞의根源이되나니라。學識있는者는 自己의學識이 사람앞에나타나 君子라는稱讚을받으랴고 한곳에를쓴다。世上에는 其靈性에 아모有益이없는知識이 無數히많다。그런故로 自己의救援에 何等의必要도없는일에 마음을쏠는것은 가장어리석은일이다。아모리 言論이豊富할지라도 그것이 靈魂을滿足하게하는 理由는아니된다。오직善良한 生活만이 其마음에慰安을주고 純潔한良心만이 하나님에게對한 敦篤한信念을주는것이니라。

知識이많을수록 그것을 잘行하지아니하면 더嚴肅하게審判을받을것이다。그런故로 學術이나 技藝에 得意揚々하지말라。萬若 아지못하는 바가 깨다른바와는바가 一層더많은바가많다고 스스로生覺하라。지나치게 怡惻하기를願하지말라。오직 自己의無智를認定하라。自己보다 훨신더 많은것을아는 通達한사람들이 많은것을알고 그래도오히려 自己를나타내랴고 願하는가。萬若어떤有益한것을알고 또배웠거던 그것이 들어나지않으며 알려지지않기를 바랄것이다。

高遠하고도 價値있는知識은 自己를참으로알어 自身을 賤히녁이는일이다。남의貴하고 卓越한것을 끔임없이마음에生覺하는것은 最高의知識이며 性格의圓滿한證據다。남의들어난過失 或은 犯罪하는것을보더라도 너를스스로 그보다낫다고生覺하지말라。너自身도또한 스스로믿지말라。우리는모다弱하다。다같이넘어지기쉬운者이기때문이다。그러니 自己보다 더弱한사람이있다고는 生覺하지말지니라。

一의四 行動에關한謹愼

사람의말과 가르침에信賴하지말고 하나님의聖意를따러 깊이考慮할것이다。슯으다! 우리는남의善한것을말하거나 或은믿기보다도 恒常 남의惡한것을믿는 弱點을갖었다。그러나 高尚하고圓滿한사람들은 남의惡한것을 듣는일이있더라도 함부로 이것을믿지아니한 이또한 漸々純潔하여지아니하며 其審判받을도 漸々嚴肅

다。이는 사람은 누구나 過失이 있기쉬우며 또 말을잘못하기가 쉬운것을 아는 까닭이다。輕擧妄動하지아니하고 自信에確立하지아니하며 듣는바를 容易하게 믿지아니하고 또 듣고서 自己가믿는일을 直時 남에게 傳하지아니할은 가장깊은 思慮라할것이다。自己生覺에만 맞지말고 차라리 賢明하고 判斷에確實한사람에게 相議하라。善良한生活은 사람으로하여금 經驗을얻는 賢良한사람이되게하고 또凡事에對하여 하나님을찾게한다。自己를낮추기를 漸々深刻하게하고 하나님을찾기를 더욱더욱敦篤하게하여서 사람은漸々賢明하게되고 또한 더욱더욱和平을얻는것이다。

一의六　過度한情慾에對하여

무슨일에나 사람이 그것을過度히熱望하면 直時 마음에 平和를잊어버리게된다。驕慢하고 貪婪한者에게는 決코平安이없다。다만 마음이가난하고 謙卑한者에게만 끊임없는平和가있다。自己를完全히버리지못하는者는 直時誘惑에빠지며 些少한일에도 錯亂하고 또征服을當한다。精神이薄弱하야 情慾에빠지며 物質에愛着하는者는 決코이世上의欲望에서 벗어나지못한다。이에서 벗어나고저하여도 煩惱에견듸지못하고 이것에거슬리는일이있으면 直時에憤情慾을좇고야만한다。

그리스도를배워 當場에 良心의呵責을받어 煩悶하게된다。

一의十二　逆境의有益

때로 患難과十字架를 만나게되는일은 우리에게有益하다。그때문에 사람은 自己의마음을反省하고 刑罰을當하는理由를 生覺하며 따의아모것에도 所望을둘수없는것을깨닫게되는 까닭이다。때로는 攻擊을當하고 其行한바나 生覺하는바에 아모잘못이없는데도 或은非難을받으며 或은誤解를받는일은 도리어 幸福이다。이런때마다 우리는 謙遜의德을完成하며 虛名을貪하는 마음을 버리는 便宜를얻는다。그리고 우리는 사람에게 非難을받고 또 아모도 도라보는 사람이없게되면 스스로 其가슴속을 하나님이 알어주시기를 바라는 生覺이 一層더懇切하게되는 때문이다。

그런까닭에 사람은 남에게 慰勞받을 必要가없게하기爲하여 自己를完全히 하나님께맡기고 安心할것이다。善한사람은 萬若 惡念에 피로움을받고 誘惑을當하며 또攻擊이오는때에는 하나님을 依支하지아니하고는 到底히 아모착한일을할 能力이없는故로 하나님을 信賴함이 얼마나緊急하고 切迫한가를 깨닫게된다。저에게 아직도 悲哀와 歎息이있으면 그

그 리 스 도 를 배 워

것때문에 하나님에게 祈禱하기를 더욱 더욱 懇切하게되고
야만다。그래서·이미 이世上의生活에 고달피게되면〈世上을
며나서 그리스도와함께있기를 (빌립보一·二三)』眞心으로 願
하기에이르는것이다。따라서·이世上에서는 完全한慰勞나平
和를 絕對로바라지 못할것인것을 깊이깨닫게되는것이다。

三의一、篤信의靈魂에게속삭이는 그리스도의音聲

나는 내속에 속삭이는 主이신하나님의목소리를 들고저한
다。自己에게속삭이는 主님의 목소리를들으며 또 主님의입
설에서 慰勞의말슴을 받는靈魂은 幸福하도다。하나님의 속
삭이는音聲을 기쁨으로들으면서 이世上에서오는 모든雜된
속삭임에 뜻을두지아니하는귀는 福이있도다。外界의物質에
는 꽉닫히고 內的事件에만돌리는눈은 福이있도다。內的事件
에 마음을 기우리면서 날마다마음을닦아 天界의秘義를받어
들이기에 더욱더욱 힘쓰는사람은 幸福하도다。하나님을 爲
하여 時間使用하기를 기뻐하면서 一切世俗的障害를 排除할
수있는 사람들은 眞實로幸福하니라。

이것을 沈思默考하라。아! 나의靈魂이여、그리고 主이
신하나님이 너의깊은속에 속삭이시는것을 듣기爲하여 너의
內的慾望의門戶를 굳게굳게닫히라。너의사랑하시는 主님은
이렇게 말슴하신다。이르시기를『나는 너의救援이다。너의
平和다。너의 生命이다。그러니 나와같이 있으라。그러면
비로소 너는 너의 平安하리라。썩을것에마음을끄을리지말라。다

만 永遠한것을 求하라。一切의거짓것 (假者것)은 畢竟덧이
될뿐 아니냐。造物主에게 放逐을當한다면 結局萬物도 너에
게 무슨 效가있으랴。그러나萬物을 다버여버리고 너의創造
主를 기쁘시게하기爲하여 참된幸福을 얻기에 適合하기爲하
여 創造主께 부즈러니 忠誠할지니라고。

三의二、音聲없는 말슴으로 속에 속삭이는
眞理의소리

『主여、말슴하시옵소서、종이듣겠나이다(삼우엘上三·一○)』

나는 당신의종이로소이다。당신의入설에서 흘러나오는말슴에 나
에게 智慧를주옵소서。당신의證據를알수있기爲하여 나
의마음을 기우리게하시고 당신의속삭임을 이슬같이 나리시
옵소서。

옛날 이스라엘百姓들은 모세에게 말하였나이다。『당신은
우리에게 말하소서、우리가들으리이다。다만 하나님이우리
에게 말슴하지 마시게하소서、우리가 죽을가 두려워하나이
다(出埃及二○·一九)』라고。그러나 아니로소이다。나는 당신
自身을 求하옵나이다。차라리 先知者삼우엘과같이 나는 謙
遜하게 또熱心으로 당신에게 즐으옵나이다。『主여、말슴하
시옵소서、종이듣겠나이다』하고。모세로하여금 내게말하지
말게하옵소서。또 先知者中의 아모에게도 말하지말게 하옵
소서。오직 당신만이 말슴하시옵소서。아! 모든 先知者를
感動하게하시고 또啓發하옵신 萬有主하나님이시여、저의가

一六

아니고 당신만이 나를 完全히 가르치실수있나이다。또 당신

이었으면 저의는 아모 有益도 줄수었나이다。

저의는 能히 말할수는있나이다。그러나 聖靈을줄수는없

이다。저의의 말이야 洪히아름답삽나이다。그러나 당신이 沈默

하시면 저의는사람의 마음속에 불을켜지 못할것이옵나이다。

저의는 文字를 가르치나이다。그런데 당신은 사람의 聰明

을 여시나이다。저의는 神秘를提供하나이다。그런데 당신은

封하여진 事物의意義를 밝히시나이다。저의는 당신의 誠命

을宣傳하나이다。그런데 당신은 이것을 完成하도록 도으시

나이다。저의는 길을가르치나이다。그런데 당신은 길을걷

도록 힘을주시나이다。저의는 形式을整理할뿐이옵나이다。

그런데 당신은 사람의마음을 啓發하시고 또開發하시나이다。

저의는 물을 주나이다。그런데 당신은 이것을 자라게하

시나이다(고前三·六)。저의는 높은소리로 웨치나이다。그런

데 당신은 들을수있는 智慧를 주시나이다。

그러하오니 모세로 하여금 말하지말게 하시옵소서。오즉

당신만이 말슴하시옵소서。아！ 永遠의 眞理이신 나의主

나의하나님이시여、 그렇지않으면 나는쓸데없이 形式에만 끌

려 마음에 勸勉받지못하고 畢竟죽을것이며 또아모效果를걷

우지 못할것이옵나이다。그럴뿐아니라 나는 그것을 實行하지못하며

것이옵나이다。나는 말슴을 들어도 그것을 實行하지못하며

알고도 오히려 사랑하지 못하나이다。믿으면서도 이것을 分

그리스도를 배워

別하지 못하나이다。그럼으로 말슴하시옵소서、主여、당신

의 종은 듣기만하려 하나이다。당신은 永遠한生命의말슴을

갖이 섰나이다(요한六·六八)당신은 나에게 말슴하시옵소서。

비록 나의靈魂이 完全하지못하오나 願하옵건대 慰勞를 주시

옵소서。당신의 讚頌과 榮光을 永遠하게하기爲하여서 말슴하

시옵소서。

三의十、 世上을 버리고 하나님을 奉仕하는 幸福

종은 지금 당신에게 다시 말하고저하옵나이다。아！主여、

나는 나의하나님의귀에 속삭이려고 하옵나이다。높은데계

시는 나의主 나의王이시여。『主를두려워하는사람을 爲하여

쌓어둔恩惠가 無限함이여(詩三一·一九)』그려면 당신을 사랑

하는者에게對하여 당신은어떻게 하시옵나이까。全心을다하

여 당신에게 忠誠하는者에게 당신은 어떻게 하시옵

나이까。당신을사랑하는者에게 許諾하신바 당신을 冥想하는

기쁨이야말로 말로써 다할수없나이다。特別히 당신은 당신

의사랑의樂을 나에게보여주셨나이다。내가있기前에 당신은

나를 創造하셨나이다。내가 漂浪할때에 당신은 나를

섬기도록 나틀도라오게 하셨나이다。그리고 나에게 당신을

사랑하기를 命하셨나이다。

아！ 솟아남처서 다함이없는 사랑의샘이어、내가 果然무

엇이라고 말하오리까。設使 내가 排斥을받고 滅亡을當하는

일이 있을지라도 나를이같이 生覺하시는 당신을어떻게잊을수

一七

그 리 스 도 를 배 워

있겠나이까。당신의종에게 分數에넘치는 恩寵을나리시고 아모功勞없겠건마는 無限한慈悲와 恩惠豊盛하신 厚意를 表하셨나이다。아직까지도 萬物을버리지못하고 完全히 世上을떠나지못하며 또宗敎的敬虔한 生活을하지못하는종인나, 아！무엇으로 이恩惠를(秋毫만치라도)갚으오리까？ 萬物이모다 당신을섬기오니 내가당신을섬긴다하기로 무엇이거나 크다고말하지말게 하옵소서。나로하여금 당신을섬기는것을 스스로크다고生覺하지말게 하옵소서。차라리 이可憐하고 아모價値없는몸이 당신을섬길수있게許諾받고 당신의사랑하시는 종中의하나로될수있게하심을 奇異하고도 偉大한事實인줄알게하옵소서。보소서、내가 갓인것、또그것으로 말미암아 당신을 섬기는일、全部가 당신의것이 안니옵나이까。그런데 내가 당신을섬기는것보다도 오히려 당신은 나를섬기시나이다。당신은 사람을섬기게하시랴고 天地를지으시고(申命記四·一九) 손수 이것을지탱하시며 其作定하신바를 完成하시나이다。그런데 이것은적은이옵나이다。더나아가 당신은 사람을섬기게하시랴고 天使를보내셨나이다(詩九一·二一 히브리一·一四)。萬物을 주셨을뿐아니라 그보다도더당신몸소 사람을섬기시고 또 당신自身을주시기로 約束하셨나이다(可一〇·四五)。이같은. 無限한恩賜에 對하여 내가무엇으로 答할수있사오리까。나는 나의生涯의守陰이라도 아껴서 당신을섬기기를 願하옵나이다。果然당신은 全力을다하여奉仕함과 無限한榮光

一八

과 永遠한 讚頌을 받으실만한價値를 갓이 셨나이다。당신은 참으로 나의主로소이다。나는 全力을다하여 당신을 섬기며 또끝임없이 당신을讚頌하여야할 당신의賤한종이로소이다。그리고 이것이 나의비라는것이요 나의願하는종이로소이다。나의窮困한것은 무엇이거나 모조리주시는 당신에게 求하옵기를 懇切히 願하옵나이다。당신을섬기고 당신을讚頌하여 一切의것을 버리는것은 最大의榮光이며 또最高의名譽로소이다。大槪 가장깨끗함으로 당신을 섬기는者에게 당신은. 無限大한恩寵을 주시기때문으로소이다。당신을사랑하기爲하여 모든肉身의 快樂을버리는者에게는 당신이聖靈의 더할수없이 아름다운 恩賜를나리시나이다。당신의이름을爲하여 좁은길을擇하고 이世上의모든煩惱를벗어나는 사람들은 마음에 無限한自由가 있나이다。하나님을 섬기는기쁨과 아름다움은 참으로 限이없도소이다。이로말미암아 사람은 참된自由를얻고 또 至極히聖潔함을받나이다。아！ 宗敎的奉仕의 神秘한境域의貴함이어、사람을 天使와같은 地位에올리고 하나님을기쁘시게하며 惡魔를屈服하게하고 眞實無雙한것으로 稱讚받을만한 價値를 얻게하는도다。最高至大의恩賜한것으로써 갚음을받을것이며 永遠無窮한기쁨을 우리에게갖어오는 하나님에게對한奉仕를、아！반가히 맞어서 언제까지던지 이것을 渴望하리로소이다。

聖朝通信

하나님의 化學實驗을 正確히 分析하기에는
너머나 智慧가 不足합니다。 始作하야쓰기五
六次、 오늘다시쓰던것을 全部찢어버리고
祈禱합니다』。 傳記쓰는일처럼
爲하야新禱하다。

四月十九日 (水) 晴。 새벽東天에 金
星과木星이 찬란하게보이다。 날마다接近
하는중。 南窓에는 火星이비추이다。 ○午前
八時에 生徒들과함께軍隊迎送次로京城驛
에。 ○印刷所에들리고 登校。 歸途에印刷
所에서校正。 도라와 밤 자정가지校正。
五月號의 聖朝通信을 短縮하야 二十四頁內
에들게하기에 애쓰다。

四月二十日 (木) 曇、 時時小雨。 새벽
하늘이 흐리하여 별들이 보이지않다。 새벽
에도校正의續。 印刷所에校正을傳하고
登校。 漢江××亭宴會를缺席하고 校正次
로印刷所로갓으나 組版된 聖朝通信을短
縮하노라고 여러군데 뜯어고치게한것이
感情을 傷함인가 聖朝誌의 工程은 全
혀 中止狀態에 빠졌다。 ○故崔容信孃의
傳記쓰는이의 短信에 『前日明倫町集會의
記의案에 沒頭하고있읍니다。 近日晝夜로傳
는 現代의奇蹟인가합니다。 泉谷에생긴

四月二十一日 (金) 雨。 어제 오늘連
日호리어서 明朝五時頃東天에는 金 木 兩
星이 가장接近하는날、 또明日을期하다。
○藥師寺스님의木鐸소리漸漸일즉 시작하
야 오늘은午前四時十分頃부터。 저렇게힘
찬소리로念佛하니 現世以外의生命을待望
하는人間이아니고는 할수없는일일것이다。
스님의木鐸소리 내靈으로하여금 『우에스
것』을 思慕하게하여 마지않는다。 우리
스님께 多福할진저。 ○洋服한벌注文한즉
「어떤型으로하랴、 最新流行型이냐」고。 數
年前流行型으로命한즉 「何故냐」고 返問。
不遠에 그것이 또最新流行이되어너니라고
答。 무슨豫言이나 한것같으나 其實인즉
最新流行型이 어떤것인지 不辨하는故로
如是注文한것뿐。 ○줄였던 「通信」記事를
다시復活시켜서 印刷工程을進行하게하다。

四月二十二日 (土) 曇、 後晴。 오늘새
벽도 까맣게 호리어서 金星과木星의接
近한光景을 보려면期待가 水泡로 돌아
가다。 ○午前中은登校授業。 午後는印刷所
에서校正。 ○저녁에 盛大한宴會와略小한
宴會가 겹쳤음으로 前者를棄權하고 晩餐
者를擇하야晩餐。 ○午後九時四十五分發車
로慶南을向하다。

四月二十三日 (日) 晴。 甚히接近된金
木兩星이 軍窓으로보이다。 午前五時로부
터約五分間、 구름장 틈으로 暫時보여주
매、 더욱 고마웠다。 ○大邱驛頭에서 아직
새벽인데 誌友K氏의迎送을받어 반가웠
다。 ○午前十時近해서 進永農場에客이되
다。 午後一時부터 故愼鏞翼長老의小葬式
에感想을述하고、 남어지時間에 馬山서까
지來參한誌友諸氏와淸談의機를얻었음은當
幸이었다。 오늘 夏季에는 南鮮에서 聖書
集會를 열자는意見이有力하다。 三千町步
의土地를 한명어리로經營하는農場은 이
번에 처음보았다。 經營方針을 善하게하면
意義있는일도 많을듯하다。 저녁八時지나
서 進永을辭하고歸鞭。

聖朝通信

四月二十四日 （月） 晴。午前七時半에
京城着。誌友의 선물인 無窮花를 花壇에 植
付하고 登校。○午後에 印刷所에서 五月號校
了。○저녁에는 面協議員選擧에 關한일로
面吏員의 講演會있다。○前

나 旅行의 疲勞로因하야 일즉就床。○前
高峴中學校長金宗洽氏가 우리洞內로 移舍
오다。하나님이 이山麓을 저바리지않는
證據인가한다。

四月二十五日 （火） 晴。오늘 새벽에
푸러리解産하니 貴여운 강아지 아홉마리
낳다。數가많아서 이번에는 希望者에게
一一히 配付할수있을까하매 마음이튼튼한
다。○오늘은 靖國神社祭로 全校休業이
나 休日當直으로登校。日曜日마다集會있
는故로 이런機會에 當直이 오히려 가법
다。○新聞紙는 歐洲政局의 危期到來를急報
한다。○南鮮旅行의 疲勞 아직남어서 別
로 한일없이 入浴하고 일즉就床。○小
鹿島消息一枚如下『金牧師座下。小

護中貴體萬康하옵심을仰祝하옵나이다。敎
生은天祐中靈肉이如前하옵나이다。就伏白
황송스럽고도未安하오나 貴聖書朝鮮을此
處에서 數餘人이 惠讀하옵난中 小生도얼

마前부터願합이有하오나 참아開口치못
였압다가 염치를不顧하옵고 數字를上書
하오니 無禮함을 분分容想하시옵고 랑자의
하나로얼고 羞愧함이역여주시옵소서。代金을
付送치못하고 無禮한말슴을하옵는것은아
시는바와같이 此處에있는者로서 無禮之心
을下蒙하옵고愛願하오니 各處에配給하시
고餘在가有하오면 道德의廣潤하옵신牧師
任께옵서 敎生에게도 願賜施惠를待望하
옵나이다。사룰말슴은忽忽하오니餘不備上
書하옵나이다。

己卯年三月廿七日　小鹿島
〇〇〇上書』
또한번牧師님이되었다。

四月二十六日 （水） 晴。登校授業。○三月
녁에는 北漢學園夜學部의 授業參觀。저
號의返響如下『謹啓 先生님안녕하십니까
小生은 聖朝誌三月號만본

朝鮮의基督敎는 腐敗하여젔나봅니다。此道
에도 天主敎會와 監理派敎會가有합니다。
小生의 恒常품든不平은 基督界의 가르침이
正道를밝지못하는데있있습니다。我主의眞理
는이宇宙의唯一한敎道일것인데 所謂世上
의各種의宗敎나마찬가지로 말하면 佛敎、
儒敎의中에 하나로서 其中의一宗敎라는
느낌을갖게합니다。直言하면 佛敎은 我基
督의光밀에서는 아무것도아니요、一個主밀
에서我等의一個와맞찬가지로 審判을받을
人이라고믿습니다。眞正한意味의宗敎는基
督敎뿐이라야합니다。그런데 牧師나 모

든敎役者들의 指導는그렇지않고 基督敎
도 佛敎、儒敎、回敎나맞찬가지로 世上이
을救하는道라합니다。小生은絶對로不平이
어서 先生님께나 上書하는것이옵니다。其
例를二三左에들면……（中略）
先生님의 聖朝三月號의「鮮은仁」의記事、
主의眞理와 孔子의敎의比較批判은 先生
님의講義하시는主唱은 우리基督敎界의
鍾처럼 마치獨逸듯러ㅡ처럼 新正하고새
點을가르침을깨달고 朝鮮에도이만하신先
生이계시고나하는 安心의生覺이나서 希望
를裝하야마지않는는處입니다。또、많은牧師
가、「하나님」을 「하느님」이라부릅니다。
님 참으로先生님의 가르침으로衷心의感謝

자신敎師가계신것을生覺하고
朝鮮에先生님과같은 純正하신가르침을가
이넘치는것입니다。先生님淺見不學의如此
한片紙를 잠간 더보아주소서。

二〇

聖朝通信

였고。聖朝誌가 今後도 存續하야주시고指導하야주시면 하는希望이 넘치는것갓슴니다。下略』

四月二十七日 （木） 晴。今日 五月號의製本出來。近來에드물게일즉되였으니、一月號以來로 밀려오던일이 이번에原狀回復된심이다。○오래ㅅ동안 藥水庵에起居하던閔炳來君이 今日부터 우리집에寄宿하게되다。저녁에는 洞內에移舍온金宗洽兄이 말로와서 늦도록 이야기하다。하나님아바지께서 나의軟弱함을 가엽이보시사 眞友金兄을 이웃에보내시며 純眞熱烈한閔君을 한장막안에 두시사 나의天城向한길의先鋒과後陣을 이처럼 굳게굳게 지키시면서 나를慰勞하시며 또한激勵하시니 내 어찌逃避할수있으랴。北漢山麓의陣地가 一時에崩壞하는感이不無하더니 이제 비로소 不然의軍配가完備한感이確實하다。今年도 우리가前進하야오리다。

四月二十八日 （金） 晴、强風。金校가 牛耳洞으로野外遠足。午前九時에敦岩町集合、午後三時餘에同所에歸來解散。白雲臺 우에서보면 버리桶갈이보이면것이 「번갈로—」文化村이라는것이오 그貰貰이相當히 비싼것임을 今日처음알다。正孫이도 同伴하다。途次에崇仁小學校를來訪하다。歸途에는風廩이甚하다。

四月二十九日 （土） 晴。登校雜式。途次에 市內書店에五月號配達。

四月三十日 …서祈禱。합박꽃이 滿發이다。○午前十時에 主日學校。누가福音第五章一七―二六節에依하야 中風患者이야기。午後의市內集會에서 골로새第十一講으로 第三・一八―四・一을講하다。오늘午前이야기가 길어졌음으로 午後에는疲勞를感하야 充分히하지못하였다。

五月一日 （月） 小雨。오늘부터三十分 일즉이始業。○무러리의 새끼 分配를請하는誌友가있다。前回에 希望者가 넘어 많어서 願하는대로 들이지못하매 울고 간婦人도있었음으로 今番은 聖朝誌에廣告하고서 金一圓式添하야 申込한이에게順序대로配付하고저 提議하여보았으나 「개새끼를 돈받고 파는법이어되있느냐」는 어머님 책망으로 斷念하였다。貧者에게도 同一한機會를提供할수있게된것은 좋은일이나 발서遠近의希望者의數가 定員을超過하였으니 府會議員選擧戰과 마찬가지로 이번도 相當한混戰을 難免일듯하매 지금부러頭痛거리다。○誌友某氏의日記에『다시한번自我를 살피게되였고、나의信仰은 意志로判斷함에不過하며、나의 기도는 마음에 있는것을 기도한다。마음 그명어리를 아버지께告하고 맡기지는않었다。歲月이 갈수록 나이 많어질수록 不信이 들어난다。마음도 막히고 기도도 나오지않는다。貧寒하게사나 貧寒의맛을 잃었고 信者라하나信의맛을 아지못하는도다。金先生님宅「무러리」가 甚히부럽다。개도 기도하는사람을 도아주거던！ 차라리乞人의生活이寄生虫의生活보다 훨신낫지안할까―以上은近來弟의日記의一節이올시다。先生님前에도 제마음을告하옵나이다。때때로 金先生님！ 하고 크게부르고싶어요『무러리』순산하거던 새끼 하나 주시오、불고염치합니다』云云。

五月二日 （火） 晴。金宗洽氏도自轉車通學하게되였음으로 同途로 想觀을 넘다。自轉車군끼리라야 맞날수있고 伴行할수도 있었다。○어떤學校에서 敎師를招聘할터

聖 朝 通 信

인데　信仰篤實한基督信者를紹介하라하였
다。節操없는男便도　그안해만은篤實한信
者이기를所願하며、不信의學校에서도　그
敎員만은篤信者로求하려하며、甚至於우리
貞陵里住民들까지도　北漢學園先生은「퍽
인」이라야　되겠다고한다。信實한맛을안
까닭이다。이런現象은　그리스도를崇尙하
는일이니　고마워해야할일같으나　부락받
는常者로서는憤懣의情을不禁。自己스스로
는　그리스도의蟬殼만쓰고서　온갖融通性
있는手腕家로　살고저하면서
不通하는人間이기를要求하는者들에게嚮없
그리스도도의質質을要求하야　被庸人만은
지않을진저。

五月三日　（水）　晴。새벽東天에　木星
과金星은　찬란하게보이나　水星과土星은
찾어볼수없었다。저녁엔月食。○일즉山麓
에도라와對案하여보았으나　原稿의構想이
아직未熟하여　한장도　이루지못하다。○
저녁에矯風會幹部會를召集하고　　矯風會長
辭任을通告하다。○嶺南短信에「잘막하였
으나 驪頭拜讀이나　小生으로서는無上한榮光
이였압고　그리스도안에서만　있슬직한일
인것을 다시금느꼈옵니다。　形式으로야　이

世上엔일을없을것이아니오나　內的으로는主
의사랑이連續된時間이였옵니다。
先生님이 바리시지않으니　또한主께서도
바리시지않을것을　믿고든든하였옵니다。
世上에서解得치못할空然한눈물이없지않었
然히함께嘆息을發하지않을수없었습니다。
人들의登山은　單只「流行」의一種일뿐이다。
다。平安이단여가셨을것을믿고　요사히도
틈틈이聖朝로ببط하야　世上이모르는滋味를
봄니다。其後各地로巡廻中　今日에야葉書를
올리게되어罪悚합니다」

五月四日　（木）　曇、小雨。登校授業後
에　某宴會에恭席하니　余의出席을 甚히
稀貴한일이라고　各別한　인사를 많이받
었다。나보다地位높은이와　나많은이들보
다 더貴賓노릇한심이다。

五月五日　（金）　雨。간밤에驟雨있었고
낮동안도　조곰식降雨있었으나　아직解旱
에未洽한程度。○심은지三年만에　藤蔓한
송이되다。

五月六日　（土）　後雨。午後에　다시降
雨계속하야　시내人물이　매우 부렀다。
雨中에歸宅하야　聖書를工夫하다。

五月七日　（日）　晴。雨後의　맑은새벽

內로부터 빨래스군들이　모여나와 시내
를　더럽히기시작하고、百貨店과各工
場의男女店員職工들이大量으로藥師寺뒤ㅅ
峯에올라　流行雜歌를부르기시작하매　自
然히함께嘆息을發하지않을수없었다。都市
세들은　自然속에왔으되　自然의美를느
낄줄모르고　自然의고요한소리를드를줄
모르고　自然의嚴肅함에　自己靈魂을가
다듬을줄도모르고　自然의품에　自己를안
길줄도모르고　오직攀躋野行　狂態醉態로
써　自然을跳躍하며混亂케함으로　快哉를
부르니、果然바울과先生의喝破한대로　大自
然의祈願도　썩어짐의종노릇한데서解放되
여　하나님의子女들의榮光의自由에이르
는것이오、萬物이모다詛呪받은人類로因하
야 함께嘆息하며苦痛하는것을　果然우리
가아는도다（로마八・二一、二二）。南窓에
커ㅡ틴을치고 골로새書의工夫。○오늘부
터 午前의主日學校는　寄宿中인學生들이
擔任引導하기로하다。午後의市內集會에골
로새書第十二講으로第四章初頭를講解하다
第一日曜日이어서　먼地方에서來參한敎友
도있고　座席의狹窄을느끼다。

은　淸淨　爽快의自體인듯하다。그러나市

聖朝通信

五月八日 (月) 晴。每日一章식읽는舊約聖經順次가 오늘아침은 詩篇第三十七篇에이르렀다。朗讀할새 句一句 節一節로 나의感激이르렀다。흔히高潮또高潮。드디어篇을덮어놓고울다。흔히灌腸의快感을말하는者있으되 우리는灌腸의經驗이없거나와 눈물로써五腸六腑를洗濯한때의淸爽한感은 世上에比길바없는일인듯하다。主여 나에게金錢마르는날은있어도 이눈물마르는날은두시지마음소서。오늘도 새롭게낫으니 第一三九

○一日。○東小門外의新三仙僑가 터一般通行케되다。○地方에서온學生의下宿을求해주노라고阿峴一帶로數三時間찾어다니다。

五月十日 (火) 晴。想峴에五六家戶가 今春에建築되는中이다。○登校授業後에宿直。○某法官과會談。

五月十日 (水) 雨。宿直室에서 强한 雨雹에 놀라깨니 午前一時었다。○授業

五月十一日 (木) 雨。밤새도록오신비가 또終日繼續하야 장마비갈이깊水되다○自轉車를 쉬고 電車로登校。○授業後

五月十二日 (金) 晴。學校로부터 도라와서 藥水庵뒤의 큰골로 野外禮拜場 綠蔭芳草무르녹은데 맑은물소리 滿洞을震動하니 可히 여호와를讚頌禮拜하기에 足한터이다。물소리에 說敎가妨害받지않을만한 樹陰에場所를指定하야 靑年에게指示하여주고 來主日의기쁨을豫想하면서下山하다。○小鹿島消息에

金在豊牧師로부터 年會에參席하였으면 途次인데 崔容信孃의消息에關하야 일러주고싶은것이있으니 面談하자는電話있어서 鍾路靑年會舘에서面會。氏는崔孃과함께 二個年남어泉谷에서敎役하였고 崔孃의葬事까지 손수치른後 數年間他地方에牧會中이다가 今番에다시泉谷으로 派送을받어赴任할터이라하매 有益한資料를 얻다。

小生은今年에들어와 身上에여러가지 일에참피로운數月을지냈읍니다。그러나只今生覺하니 그동안이比較的 小生으로는 하나님便에가까이하였던것같습니다。在京數日에쪽한번만이라도 先生님을뵙고싶은마음간절했지만 病이病인만큼 그리구 先生님께서 가장바쁘신時期였던만큼、쪽뵈여야할큰일도없고해서 그만도라왔읍니다。그동안不過四十餘日의島外生活이었지만 참으로여러가지를보았고 또體驗하였읍니다。이제는 하나님께서 小生의게교만과자궁함과여러가지의 쓴뿌리를뽑아주신줄믿습니다。그동안끈바본바들은바 여러줄고싶은것이 많있으나 이것곳여러가지形便으로 그만두는便이령리한것같습니다。明倫町宋先生님께는 잠간뵙고대강여쭈었읍니다。聖朝二月號、三月號、四月號數冊식얻어가지고 그동안길동모를삼았읍니다 果然아니읽고는견딜수없는冊이올시다。그래서 只今別便振替로 小生의一箇年間收入을全部보냅니다。이것은決코誌代로보내는것이나 또는代價를돈으로들이자는것이 아니올시다。이돈은衣食住外에手苦하고얻은 即없어도 살수있는收入이오매 十一

『先生님聖朝日 學校일일마나바쁘십니까』

恒常 道體安寧하시기만그저祈禱할뿐입니

聖朝通信

條를들이는밤으로보냅니다。十四年度十二
個月동안　歸省日字를除한將次일을收入의
十分之一이올시다。앞으로五月號부터每月
一冊式만보내주십소。必要한境遇엔더보내
주시라고였줄겠읍니다。그리고　宋先生께
그때二月號는　一冊밖에없어서못얻었읍니
다。『小鹿島의報告』가있으니　不可不두어
분兄姉에게들여야겠아오니　二月號三冊만
보내주십쇼、그리구昨年크리스마스에많은
선물을받는중에『프릴』一個가왔는데　包裝
이숲部破損되여　出荷人을알수가없고　또
러發送通知書도없어서、어데서누가보낸것인
지、또여러가지　敎會로오는것、寶店으로오
는것等이있어서　어떤種類로온것인지를몰
라　할수없이發送人이나슬동안　保管해두
었드니、日前에中學町崔學基運動具店에서
金先生님께서　보내라구해서야알었는데　받
었거던　알려들이라는通知와서야보냈읍니
다。이제이『프릴』은感謝한마음으로　使用
하겠읍니다。『공』一個紐中袋共였고五號인
대　品質이大段이좋은것인듯합니다。그동
안通知못해들여　罪悚합니다。神經痛으로붓
을잡기難하여　알어보시기도어려운글을길
게늘어놓와　大段罪悚합니다。여러가지形

便으로　자조上書치못하옵는것　짐이용서
하시옵소서。五月六日　小鹿島　○○○上。

五月十三日　（土）曇、小雨。第一、二
學年의遠足會。生徒三百名과함께午前八時
半에開城向發。沿線의鐵道複線工事가動하
는牛島를象徵하는듯하다。아침에快晴이면
日氣가　開城에到着한때부터　흐리였고　때
로小雨。人蔘舘、南大門、滿月臺、善竹
橋、博物舘等을恭觀하고　午後五時二十分
軍로開城發。誌友諸氏와親戚과卒業生等여
러知人을　맞난것이　반가웠다。留宿하고
내일가라　모래가라하는　부탁도많었으나
내일은野外禮拜의說敎、모래저녁은講演의
重責이있으니　心中은퍽焦燥한것만　아
니이누구라。○軍中에서「奉天三十年」을
읽으랴니　制止할수없는　눈물이　處置할
수없이　흘러서　一學年어린生徒들이　부끄
러웠다。二十六歲로써　支那를篤하야一生
을마춘　博士겪손의生과死에　크게感激
하다。○歸宅하니　明日午餐으로　인절미
송괴떡　쑥떡　힌떡等을準備하기에　온식
구녹초되도록疲勞했다。늦도록書齋에서
山麓에도라온때는　心身이極度로疲勞。

五月十五日　（月）晴。오늘아침에　日

도　떡을치고있읍니다」고대답。但　降雨
는漸漸豪勢로變化한다。

五月十四日　（日）雨。깨니　비시밤。
오늘集會를篤하야　新禱。비오시기도하나
或은깨일듯도하다。一悲一喜하면서　하늘
에　구름달리는方向만注觀하다。먼地方에
서誌友二人이來恭하였으나　오늘野外禮拜
는中止하지아니치못하다。○詩篇第四十二
三篇을註解하고저　精讀할동안에　눈물로
써　한게치二枚를　다젖혀버리다。○午後
二時半부터　明倫町集會에서　詩篇講解。
初入者에게는　無味한時間이었을것이다。
오늘은集會場所에　超滿員이었다。場所를
擴張하기까지는　正會員을　優待키篤해서
臨時會員을制限하는수밖에없을듯하다。閉
會後에　오늘野外禮拜用으로　準備하였던
飮食으로써晚餐을　나누다。○順和病院에
入院中인　某敎友의어린이를尋訪하고、地
方으로　某敎友의어린이篤하야　京城驛까지往返
하다。저녁十一時가까워서　물소리요란한
山麓에도라온때는　心身이極度로疲勞。

二四

렌데　어서자라고、母親님책망이시나「저
이는人間의慾心이다。生각건대　主께서나
氣晴해져진것이　도리어怨痛하게생각되니

192

여新題을 應答해주시지않은것은 昨日降雨께한것外에 하나도없었다。다 여호와!。○登校하니 午前中三時間만授業하고는 金校가練兵場에나가 敎練하다。○午後七時半부터 市內協成神學校에就하야 「有望한人生企業」이라는題로써 講演하다。四十五分間約束이었던것이 三十分間이나 股線되였던것은 雜說에危懼할것은 아모것도없다는듯이握手를請하야주었음은 昔說에危懼할것은 아모것도없다는듯이握

有志數十名이나 答辯할것은 반가웠다。閉會後에 有志數十名으로된 茶菓會兼質疑室에 豫定했던三十分이 지나매 「선생님十分만더……五分만」 용서하십시오… 玄關을나서 충충대로 나려서 挽留하면서 「선생님 잠깐만」하면서 神學上重大한問題를質疑하는女學生들의 熱誠에는 驚愕하기도했고 當惑하기도했다。○歸途에明倫町에서 누구의 하루가 더有益한하루였던

五月十六日 (火) 晴。登校하야 授業
시작하려는때에 電話로呼出받고 일즉 가
해서와 福音傳播하는일에對하신말슴
은 저의過去信仰生活에비최어 큰刺戟과
鞭韃을받었읍니다。

期待는達하였으니 모인場所의分圍氣로부
터 말슴하시는 句句節節이 때와살과되
化하지않은것이없아옵고 特히그이에서도
남음(卽내自身以外)爲하여 祈禱하는 일에對
해서와 福音傳播하는일에對해서 하신말슴

五月十七日 (水) 晴。登校하야 午前
三時間授業하다。○歸宅後의 부스러기時間
으로原稿。 저녁 家庭禮拜에 詩篇第四十六
篇을輪讀하다。○集會感想如下『(前略)

人生七十年이라는 긴긴歲月을儒敎의思想
下에서떨치나 福音의사슬에매임을當한저
로서 그頑固한父母님을 悔改하시게하기
爲하여 祈禱하는일을 게을리하였음을생각
할때 저의쩔립은적지않었읍니다。「좋지못
한것, 卽非眞理와不義의일일지라도 힘써
宣傳할때에 傳播되거든 하물며眞理일까
보냐」云云의말슴, 깊이깨다렀아옵고 또
이것을듣고보는일에서 어떤느낌만을갖는
일에지나지못한다면 亦是無生物에지나지
않는출압니다。그리하여 默默한가운데
復音하는것보다 祈禱하며하나하나
가 몸에서實現되기를爲하여 祈禱하며 務
力하겠읍니다。(下略)』亦是 時勢가利롭
거나 不利롭거나 傳할것은福音의眞理로다。

【聖書朝鮮】第一百二十五號　昭和五年一月二十八日　第三種郵便物認可　昭和十四年六月一日發行　毎月一回一日發行　【本誌定價二十錢】（送料五厘）

金教臣著

(1) 山上垂訓研究
四六版・二四五頁
定價七十錢・送料六錢

基督敎의根義心을把握하려거던마태福音第五─七章을읽을것이다。釋義의萬一를得할수있슬것이다。此章은基督敎의要綱이며新約聖書의精華로써聖書中의聖書라도할수있는것이다。求道者가가장簡單明瞭하게基督敎의眞髓에接할수있는文字며……宗敎學生과解를求하는이에게要緊하거니와와異邦人에게도紹介할수있는간單한文이다。

(2) 聖朝文庫第一輯
咸錫憲著
푸로테스탄트의精神
菊版半三十二頁
定價金十錢・送料三錢二

人間은岩石灰質殼衣로부터生하면서그殼을깨트리고고나온다。그릇된慣習과頑迷로써發生되는數億萬의殼衣를깨트리고自由에向하여苦闘함은人間의本性이다。宗敎改革이라는것도이安定된殻을깨트리고그眞源泉인人間의生命을蘇生하고改革한當時의精神이다。

(3) 聖朝文庫第二輯
咸錫憲著
無敎會
菊版半三十二頁
定價金十錢・送料三錢二

와設敎理的論真을加하자면簡單明瞭하여게하였거니와無敎會主義라는消極的이論으로써아니라그에所有者의過去나現在建設的건설論을가장簡易充分하게表現한것이며積極的敎會論이다。그러나敎會의實際建設論을攻擊論하는게아니다。

京城聖書研究會

場所　市内明倫町四丁三三宋斗用氏方
日時　毎日曜日午後二時半早터約二時間
會費　一個月金十錢以上、每一回二十錢式
講師　金教臣

講解가있음을더라고한다。第一日曜日（四日）에는빌렘몬書의한書翰을研究하고저한다。第二日曜日以後로는한書翰을研究하고저한다。

特別集會

日時　六月二十五日（第四日曜）午前十一時
場所　彰義門外舊基里溪谷
注意　本誌讀者에限함。午飯各自持參할것

萬八千日의大關嶺님의新想想과決心을둔다。午飯各自持參할것。本誌五月號의「湖岩文」一平兄이라는글을읽고오라。案内者가가먼저가시는데다시한번柳先生宅을찾고저한다。아침일즉키孝子町電車終點으로오면된다。但土曜日午后와日曜日은規則的으로每日開函치못할있고、休暇中은規則的으로每日開函안하니그리아라。

要忽한書信은私書函을利用하시오。

本誌定價

一冊　貳拾錢
六冊（送料共）前金一圓十錢
十二冊（一年分）前金貳圓貳拾錢
要前金。直接注文은前金貳圓貳拾錢（聖書朝鮮社）로。
振替貯金口座京城一六五九四番

取次販賣所

北星堂（咸興府）
新聲閣（咸興府）
博文書館　京城府鍾路二丁目八六
耶蘇敎書館　京城府鍾路二丁目九一
向山堂書房　東京市麹町區九段坂
茂英堂（大邱府）
信一書館（平壤府）泰川邑

昭和十四年五月二十八日印刷
昭和十四年六月一日發行

編輯兼發行者
金教臣
京城府外崇仁面貞陵里三七八
（京城、光化門局私書函第一八號）

印刷者
金顯道
京城府仁寺町二一九ノ三

印刷所
大東印刷所
京城府仁寺町二一九ノ三

發行所
聖書朝鮮社
振替口座京城一六五九四番
京城府外崇仁面貞陵里三七八
（京城、光化門局私書函第一八號）

194

金教臣 主筆

聖書朝鮮

第壹百貳拾六號

昭和十四年（一九三九）七月一日發行

昭和五年一月二十八日（第三種郵便物認可）
昭和十四年七月一日發行（毎月一回一日發行）

目 次

195

우리의 할 일이 무엇이냐

우리 基督信者가 이世上에서 하고가야할일이 무엇이냐。 때로는 重大한使命이 있는것같기도해서 自負自尊하기도 하나、 때로는 有害無益한廢物인것같기도해서 焦燥한心思와 憂鬱한感懷도 없지못하다。 果然 基督信徒로서의 할일이 있는가 없는가。 있다면 무엇인가。 近日 어떤聖徒가 就職하기를 勸誘받은데對한 左記回答文은 이問題에對한 確固하고 適切한解決을 우리에게 보여주었다。 와보라 여기 基督信者의 實物이 하나있다。

『前略』冊을보라시면볼것이요 땅을파라시면팔것이오 다른길을갈것입니다。 教師를하게되면 教壇에있다가 農事를해야되겠다면 밭으로가고 無職이야겠다면 또손을묶고 앉어보고 오라시는날이면 네그림가졌읍니다하고 선뜻닐어설것이 우리들의일인데、 무엇이내속에 아까운것이있는듯해서 무엇이내손으로할 만한것을 못하는것이있는듯해서 이런가저런가 고개틀기웃거리는것이 自身으로도부끄럽고 罪悚스럽습니다。(中略) 아무러나虛生은해서 안되겠는데! 主님보시기에 貴속에있게살어야겠는 日間의所感――우리할일이무엇이냐。 證거할것、主님의證人이되는것、 마즐까지가서그의證人이되는것、사람의할일은이것만인듯합니다。 하나님이계신것、그가사랑이신것、예수가거짓말쟁이아닌것을世上에對하야證거해야하겠는데 또그것을하기만하면 어데에있든지좋은데、무엇을하든지말쟁이 主의證人이겨 念慮를하는지모르겠습니다。 福音을傳하는것 예수를證거하는것――이것을못하면 우리는말쟁이요 主와世上에 兩便에다忠實치못한 가장더럽고惡한것들입니다。 몇날이못가서썩어서至親者도가까이아니하려는 이것을가지고 왜좀아까웁읍니 시원하게 빛나게쓰지못하고、―― 이렇게생각고뇌웁습니다。 農事를一生하겠다고決心한것은아닙니다。 지금은이것을하는도록形便이되니 그것이命하시는뜻인줄믿어서하고있는것입니다。 가다가 다른무엇을해야된다는命이나리시는날이면 내놓고이러설 맘의準備는지금도있읍니다。다만硏究의길로가라는것이 반드시고命令이신지아닌지 確然히알지못하겠지요。(中略)故로明確한命令이있기前 爆急히弟를求하는 弟는信仰에依다。 그代身 兄들이라도確信되시는것이있으면 躊躇없이忌憚없이分明히말슴하야주시기바랍니다。 事業理想으로한다면 弟는信仰에依한村塾教育을第一많이생각하고있읍니다。 모든條件을許諾하야주시면 한번試驗해볼생각입니다。 마는지금의일로는 主님이제게命하시는것은篤先獨立인것같습니다。 信仰으로獨立、 生活로獨立、 事業으로獨立。 다른사람을依賴하야늘까지가는일이있다하며도할수가없읍니다。 이時代에있어서 하나님만을依支하는獨立의사람이되여봅시다。 그것을爲하야 버리라면 모든것을 다버리고라도。 아이구무 이사람을 月給으로써誘引하려면計劃은 다틀어지고 말었다。 저에게――또한 모든基督者에게――해야할事業이 없다。 는것이아니냐 모든事業보다도 信從하는것이 저에게는 第一큰事業이다。

有望한 人生企業

有望한 人生企業

古人도 惜寸陰이라 했으나 聖書에도 『歲月을 앗기라』고 (골로새四·五)하셨다。歲月을 앗기라 함은 歲月이 덧없이 흘러버리고 마는 까닭이다。 統計의 指數에 依하면 우리 朝鮮人의 平均壽命은 三十에 未滿이니 三十未滿의 歲月이 하르사리갈은 人生인것은 말할것도없으며、人間七十古來稀라 했으니 이는 文字대로 「古來稀」이다。너나없이 바랄수없는 자리요、回甲에도 設宴祝賀하니 이亦是 드문福일뿐더러 이世上할일은 거의畢하였다는 區別짓는날이라고 볼수밖에없는 우리社會의 現狀이다。 그런즉 五十으로써 人生行路의 絶頂을 넘는 大關嶺으로 보는見解가 자못無理가 아닌듯하다。滿五十年이면 一八二五○日。그러나 이一萬八千日의 大關嶺上에 達한이의 懷抱는 이러하다。

넘께는 　무얼받히나 　꼬릴잡고 　늬웃네
맛없이도 　머리로막 　젹여내여 　없이했고
世間살이 　한답시고 　간대로막 　녹았는가

라고。이리하야 『五十구빌 도라드니 人間의 도마우은 다썼고나 人間의 도마우에선 쓸메없는 찍겨이라』고 嘆息이다。

그런즉 이 大關嶺넘어선後에는 人間의 도마우에선 쓸메없이되는 하르사리갈은 人生의 길지못한歲月을 어떻게앗겨 써야 後悔없는 一生을 보낼수있으랴。 앗기는 方法보다 「어떠다 쓰느냐」가 더욱 른問題이다。다같이二十世紀에 살어도 꼭같은世界에서 사는것이아니다。그러나 사는世界는千差萬別이다。虛人된世界도있고 實人된世界도 있으며 어두운世界도있고 밝은世界도있으며、煙滅하는世界도있고 永存하는世界도있으며、死亡의世界도있고 生命의世界도있다。그中 어느편을 골라잡는가에 따라서 우리一生은 天折도되며 長壽할수도있다。

스코트란드의 靑年크리스티가 大望을 품고 當時의 暗黑한世界인 滿洲로 向하려했을때에 저의 親戚과故友들은 모다 그 無謀한企圖를 諫止하고저 힘썼으나 靑年크리스티의 가슴속에는 制止할수없는 한가지 好奇心이 있었다。가르되 滿洲 曠野에 예수그리스도의 福音을傳하는일은 一生을 받힐만한價値있는 일이 못될까 고。其後 三十年間의 獻身傳道에 危地死境의 가진苦楚를 격고나서 老를故山에 養할때에 저는 結論을 얻었다 「한번 해볼만한價値있는일이었다」고。하물며 朝鮮사람이 朝鮮救靈의 일에 一生을 받힌다 하면 어며할까。有望한 企業이 아니라 할소인가。

一

怒發의 可否

怒發의 可否

二

아마 카―라일先生의 偉人評論에 있었던가 한다, 마호멜라는 人間은 怒發한즉 이마에 피스줄이 이러섰는데 이렇게 怒發하는것이 眞實性의所致라고. 저에게 아무 取할것이 없다할지라도 이렇게 피스줄 이르키기까지 怒發하는 그 眞實性만은 是認하여줄것이라는 뜻이었든듯하다. 마호멜의 偉大는 가지지못했으나 저의 怒發만은 近似한天稟으로 타고난 人間은 이런消息알려진後로 일부러 怒發하려고 힘쓰기까지는 못했으나 自己의 燥急한天性을 스스로 辯護하기에는 多大한 힘을 저 偉人마氏에게서 借用한일도 非一非再이었던것은 차라리 同情할만한事實이었다.

그런데 滿洲에서 오랜동안 支那人의 性格을 周到하게 硏究한이의 親切한報告를 듣고 우리는 우리의人生觀에 一大修正을加하지않으면 안될것을 發見하고 놀라지않을수없었다. 即 支那人은 어떠한境遇에던지―外人, 家族, 婢僕이나 家畜家禽에對하여서까지라도―怒發하는것은 人格未完成한者로 알어서 君子의 德에 大缺陷으로 녀긴다는 일이다. 勿論 怒發하지않는것에도 缺陷은있다. 一般的으로 鈍感이라고하면 支那人의 代名詞같이 通用되는것도 그 神經遲緩한데由來할것이다. 그러나 燥急한것보다 遲緩한것이 무슨宇宙的인 大法則에 共通하는바 있는듯한것은事實이다.

支那人은 家畜을 몰되 禦者나 牧者의意에 反한方向으로 行하고저할지라도 한참동안은 禽畜의意志가 돌려서 그 意志를 滿足시켜주다가 機를보아 徐徐히圓周로 돌려몬다는데 日本人은直角으로나 百八十度로 번개같이 듣지않으면 膺懲한다. 故로 前者의것은柔順하고 後者의것은猛烈한것이 되고만다. 萬一그家畜을 서로交換하여 數三個月間飼育하면 그性格이 또한 서로反對로變化하여버린다고한다. 무슨大法則에 合해야만 되는듯하다.

이에聯想되는것은 日本歷史上에 現著한三傑의 性格이다. (1)鳴かねば殺す ほと〳〵ぎす(信長) (2)鳴かねば 鳴かす ほと〳〵ぎす(秀吉) (3)鳴かねば 鳴くまで待たう ほと〳〵ぎす(家康) 家康三百年天下는 다른 要素도있었겠지마는 저의性格上에 다른競爭者가所有할수없었던것―偉大한宇宙的大法則에符合한것이 있었던것이 가장 큰 素因이었던것은 우리先生님들이 累累히 說明해주던바이다. 人爲도 可하려니와 天成을 待하는마음은 確實히 大人 君子의德性이다. 이에 加하야 하나님의 攝理의 實現을 確固히 믿으면서 고요히 여호와를 바라보며 잠잠하게 待望하는 生涯에 들어가면 그는 더할데없는 明哲에 達할것이다. 사람마다 境遇는 다를것이다. 그러나 우리같은 아 性格者로서는, 또 이런世代에 處하여서는 怒發은 決코 장한일이아니다. 急性은버릴것이다. 膺懲은 내손으로할일이 아니다. 怒發을 스스로 制止하며 膺懲을 여호와께 부탁하면서 우리도 君子 大人되고저 힘껏努力해보리라.

히브리書講義 [四]

咸　錫　憲

히브리書講義

第四講　아들과 天使　(第一章四節——第二章四節)

4 天使들보다도 더좋은이름을 繼承하야얻으신것같이 그와같이 그들보다도 더욱勝하신이가되였다。5 왜그러냐하면、어느때 어느天使를보시고 말슴하시기를 『너는내아들이다 내가오늘날 너를낳았다』 하셨으며、또다시 『나는그에게 아비가되고、그는내아들이되리라』 하셨던가。6 그보다도 맛아들을 이끌어 다시世上에 들어오게하실때에는 말슴하시기를 『또、하나님의모든天使는 그에게敬拜하라。』 하셨다。7 또、天使들에關하야는 『그이는 그天使들을 바람으로만드시며 그使役者들을 불꽃으로 하신다。』 하셨으되、8 아들에關하야는 『당신의寶座는 永遠히하나님이시오、또 그의나라의홀은 公平한홀입니다。9 당신이 義를사랑하시고

히브리書講義

不法을미워하셨으니 그러므로 하나님 곧 당신의하나님이 당신을 당신의모든同類보다 以上이되게 10 질거움의 기름으로 부으셨읍니다』 하셨고、또 『主여、당신이太初부터 따의터를놓으셨고、하늘들은 당신손의 지으신바옵니다。그것들은 滅亡할것이나 당신은 永存하실것입니다。11 또모든것이 옷처럼낡아질것이니 12 당신이 周衣처럼말으실것이 오 그것들이 옷과같이變할터이나 당신은그대로 계시고、당신年代가 다함이없을것입니다。』 하셨다。그러나天使들에게야 어느때 누구를보시고 13 『내가네원수로 네발등상이되게할때까지 너는내 옳은편에 앉었으라。』 14 고말슴하신일이있었던가。 그것들은 다、救援을얻을後嗣 들을爲하야 섬기라고보내신 부리는靈들이아닌가。

二、그런고로 우리가 들은바에 더욱더緊切한注意를 하야 或흘러지나가버리는일이 있지않도록하여야한 다。2 그것은、萬一天使들로말슴하신말슴도 堅固한것 이되여서 모든犯罪함과 順從치아니함이 公正한 의홀은 公平한홀입니다。 3 우리가이렇게큰救援을 等閑視한다면

히브리書講義

三

히브리書講義

어떻게避할수가있을가。이것은처음에 主님에依하야 말슴되였고 들으者들에 依하야 우리게確實한것이 되였고 하나님으로부터도 표적과 奇事와 여러가 지能力과 自己뜻대로 聖靈을 나누어주신것으로써 함께證據하시는바가된것이다。

前講에서본 첫머리 세節에서 著者가目的하는것은 그리 스도의福音은 絶對的이라는것을 알리자는것이다。그는그 것으로써、軟弱해진靈魂앞에 놀라깨는 一大問題를내놓 으려하였다。아마 誘惑과疲困에、눈까풀이무거워졌던저 들이라도 그가 손가락질하는 그永遠의鐵柱――하나님의 唯一完全한啓示者로、萬物의支持者로、救援의根源이신 그리스도、하늘과따를連絡하는 그永遠의鐵柱를 바라보 靈魂우에네리려는 一大震動을 느끼지않을수없었을것이다。 그러나著者가願하는것은 單純히驚嘆하는것만이아니라、 바로그기둥을 올라가는것이 眞理에놀랄뿐만아니라、 그것을理解하고 生活하는것이 必要한일이다。故로四節以 下에서 그는 깨다름이鈍해진讀者가 알어들을수있도록 쉬 운데서부터 順序를뾰아 說明하고 證明하고 勸勉한다。 本段에서그는 爲先그리스도는 天使보다 偉大하시다는것으 로써 始作한다。그리하야 將次말하려는、그리스도는 우 리가 絶對信從하고 完全한忠誠을 다하지않으면 안되는

永遠한大祭司長이라는主張의 第壹재根據를 하나님의啓示 에依하야 分明한것을 말하려한다。

四

1　좋은 이름

四節은 文法으로하면 三節에붙는 말이다。거기서 아들 의 하나님과 自然과 人間에對한 三格을 말하였는故로 그어떻게偉大하신것을 形容하기爲하야 天使보다도놓으시 다고 하였다고 볼수이아 닌요 分明히 그아래하려는말의始作이다。天使를 끌어온 것은 單히人間보다도 더뛰어난者라하는 意味에서만아니다。 이것은오 늘우리게는 조금알기어려운말이나 當時유대人의事情으 로는 그렇지않었다。그들의一般信仰으로하면 律法은 天使 의손에서받은것이었다。(第二章二節、갈라듸아第三章十九節 使徒行傳第七章五十三節恭照)。따라서그律法을 生活原理로 하는、이世界의對立을 마음가운데두고 말하는著者가 天 使를내세워 그리스도와比할때는 그러한目的으로한것이다。 아들과天使의比較는、福音과律法의比較요、다시떠나가 것이아니라、福音과律法의比較요、兩格의優劣을論하자는 와將次오는새世界의比較다。著者의생각에 福音은宇宙的 事件이요 信仰은宇宙史的行動이다。

그리스도는 어찌하야 天使보다 勝하시냐。첫재로 더좋은이름을 繼承하야 얻으셨기때문이다。하나님은 그를 가르처 아들이라하셨다。律法은 天使에게서 받었다하나 그 律法은도리어 무엇을말하느냐하면 하나님이「내아들」이라부르눈 한人格이 올것을 말하였다。詩篇第二篇의 作者가

　　너는 내아들이라

고할때 直接으로는 유태의 列王中의 어떤누구를 가르친 말이였다。그러나 그가、또人間中에아모도、그名稱에 合當치않은 것은 너무나도分明한일이다。

　　나는그에게 아비가되고 그는내게 아들이되리라。

한 삼우엘下第七章十四節의말도 마찬가지다。그러나그렇다고해서 이것이天使를두고한말이냐하면 아니다。그러면 이는 歷史上에 將次올 어떤이를두고 미리한말이요 當時에이말을 받었던者들은 그한個象徵에 지나지않는다。그리고그어떤이는누구냐。나사렛예수가 아닌가、하는것이 著者의생각이시다。그가、「天使보다 勝하시다」하지않고「勝하신이가되였다」하며、「더좋은이름을 가지셨다」하지않고「繼承하야얻으셨다」고한것은 受肉의그리스도 예수를두고말하기때문이다。예수는 舊約中에 豫言하야 約束되여있던 아름다운이름、「아들」이라는稱號를얻으셨다。果然그는 將次올世界를爲하야 맛아들이되시었다。그리고그가 自己의나라를完全히일우어 믿음으로因하야 나는 뭇아들을 모으려

世上에再臨하시는때를 豫言시켜 그때는 모든天使가 禮拜하라고하시었다。거기따라 하나는實된世界요、하나는豫表의世界요 그림字의世界인것이 判明된다。

2　둘의 地位

그러기때문에 天使는 이物質的으로 構造되여있는 이世界를支配하는 한큰勢力인것은 틀림없는일이나 그以上은 아니다。그들은 아바지의아들로 모든것을 遺業으로얻는 그이에對하야는 使役하는 바람이요 불꽃이다。아들은그렇지않다。그는 永遠의王者다。하나님의 永遠이신대로 그나라는 永遠不動이다。그것은 그나라는物質的能力같은 것을 基礎로한것이아니요 道義를 基礎로한것이기때문이다。그것은公平의나라요 義의나라다。그때문에그리스도는 모든被造物에 뛰어나시는이다。하나님이

　　너는내사랑하는아들이오 내 기뻐하는者라

하야 질거움의 기름으로부으시어 永遠한王의자리에앉게하신것은 이때문이다。

3　있는것과　將次올것

아들이다스리는그나라는 將次오는것이요 있는이世界는 아니다。이世界도偉大하지않은것아니나、그는다만 그의손의所作에지나지않는다。더구나永遠히있을運命을 가진것도

히브리書講義

五.

히브리書 講義

아니다。 낡은옷을버리고 새것을가라입듯이 그는이世界를
廢하시고 보다完全한것을입으실것이다。 짓는者가 지음을
받은 物件보다 偉大하신것은 말할必要도없다。 永遠하신
著만이 時間的인存在를 낮을수가있고、지나갈것이 지나
간後에 오는것이야말로 實된것이다。하나님이 저를向하야
하신것은 그나라가 永遠한나라기때문이었다。

네원수로 네발등상이 되게할때까지 너는내옳은편
에앉았었으라

4　天使的인것과　아들的인것

永遠한나라가오는데 絕對必要한條件은 人間의救援이다。
宇宙歷史의 모든事件은 다이것을中軸으로삼고 돌아간다。
그리스도와 天使의地位는 여기따라 判然해진다。저는救
援의主掌이시오 이는그것을爲하야 심부름하는者다。天使
崇拜같은것은 어림도없는無知요、그리스도의福音이야말로
絕對的인 하나님의말슴이다。

天使에對하야 別로 큰關心을가지지않는 오늘우리에게는
天使와아들의比較論은 그리큰敎訓을 주지않는듯이도뵈인
다。그러나 그렇지않다。아무러함에게나타나고 모세에게
律法을傳해주었던 天使에는 우리興味가 끌리지않을넌지
모르나 天使的인것을求하는마음은 오늘날사람에게도 依然
히있었다。이는人間에 遺傳的으로들어있는 한버릇이다。天

六

使란무엇인가。 主에게 부리는바되는 바람이요 불꽃아닌가。
使役者아닌가。 그는한勢力이요 技術이다。 天使를崇拜함은
이 技術的인것을崇拜하는 일이다。 그런데사람에게는 얼마나도뿌리깊
이技術을崇拜하는가。 生命보다는
生命의勢力을、精神보다는 精神의所産인技術을、人格보다
는 地位를、道德보다는 政界을 重要視하는것이 사람의일이다。
이미 技術인以上 그世界는힘의世界요 그힘의世界를成立

시키는 連絡의줄은 恐怖라는것이다。恐怖에依한 階級의
世界、이것이技術崇拜의 世界의構造이다。 天使崇拜의宗敎가
恐怖의宗敎인것은 이때문이다。恐怖의傾向은 天使崇拜의

우리에게는 奴隸의버릇이라하면 大端히不美하게들리나 其實人
間에게는 奴隸의버릇이 들어있다。 그들은甚한恐怖가운데
一種快感을 느끼고있다。 이것이옛사람으로하여금 天使를
崇拜케한 原因이다。 하나님앞에 敢히갈수없어서 天使를
中間에세우고 그天使에게도 나같價値가없어서 그보다아

렛層의天使를세우고、그리하야 階
級이불어나간다。 이것은一見 매우謙遜한듯하다。그러나아
니다。謙遜인듯하면서 其實은甚한驕慢이다。두려워하는者

는 驕慢하기爲하야、또驕慢한故로 두려워한다。上官에게
諂을하는者는 반드시下官에게驕慢한者다。옛사람이하나님
앞에 될수록많은階級을두었을때 그는結局 하나님이되고

싶은것이있어서한것이다。

技術崇拜가 가장알기쉽게 들어나는것은 所謂政治界다。

그러나 政治官僚의 世界만아니라 宗敎界에도 있다。宗敎界에 가장甚히 깊이 들어있다。天使의 階級을 設定한것은 옛사람만아니다。카도럭도 그것이다。法皇이 自稱하야 하나님의 종의 종이라할때 大端謙遜한듯하나 그것이 恐怖主義의 뒤질러나온것인것을 實地史實을 보면알수있다。

이 지나가는 世界의 特色은 힘과 恐怖에 依하야 되여있다는 것이다。다시말하면 奴隷버릇이 왜 人間에게 있느냐하는것은 創世記첫머리 說明한다。그런버릇이 慢에 因한다고한다。故로사람들은 하나님을 自己보다 技術的으로 勝한者가아니라고 생각한다。技術的으로 생각하는限 비록無限이 강하신이라도 하나님은 그것을 容赦할수없는 驕慢이라하며 그대로둘수없는 종의心情이라하신다。이것은 지나갈것이다。그대로있을수없는것이다。故로낡은 世界요 낡은宗敎라한다。

사람이萬一 人格的으로、良心的으로 自覺한다면 그때에要求하는것은 技術이아니요 精神이다。힘이아니요 生命이다。恐怖가아니요 사랑이다。하나님과 나는 技術의 差異關係에있는것이아니요 質의差異關係에있다。故로變質을要求한다。저와우리는 먼距離에있는것이아니라、다른地境에있다。저는안에。 우리는밖에 우리는어둠속에。故로우리를 그리로移住시키기는 中介者를要求한다。

그리고밖에선者를 이끌어 아바지의방에들어갈者는 아들밖에있다。예수가世上에서하신것은 이새宗敎의主唱이다。그를爲하야 人間은大端히 膽大하여지여야한다。그러나膽大는驕慢은아니다。絕對의謙遜이있어서만 絕對의膽大를가질수있다。絕對로信賴하는 謙遜이다。이것이아들的인宗敎、將次오는새世界의宗敎다。새世界의特色은 사랑과感謝에있다。

· 　5　들 으 라

第一章四節以下에서 舊約의引證에依하야 그리스도의偉大를말한著者는 十四節에서 天使의職能은 우리들救援얻을 後嗣들의일을爲하야 아들을섬기는대있다고 斷定을내린後 第二章初에서 거기對한勸勉을한다。첫머리에 「그런故로」한것은 一章四節以下에서한말 全部에對하야는말이다。이「그런故로」는 이아래第三章一節、第四章十四節、第十章十九節에나오는 「그런故로」或은「그러면」과아울러 매우 힘있는말이다。그안에는 그렇게하지않어서는안된다、할수밖에없다 하는 必然性을主張하는 뜻이있다。그리스도는 天使보다더욱옳으시다、그런故로……다。

그러면 무엇을반드시하라느냐、우리가들은바 即福音에 對하야 더욱緊切한注意를加하란말이다。

이節을 一章二節或은 四節밑에 끌여보면 簡單하게된다。하나님이 이모든날마지막에는 우리게 아들로말슴하셨다。

히브리書講義

八

그런故로 우리는그말을 注意하야 듣지않으면안된다。天使들로말슴하신말슴이란 律法을가르친것이요、公正한 가罰을받었다는것은 이스라엘人이 不信으로因하야 받은 種種의懲戒를 意味한것이다。그天使로말슴했던 不完全한律法도 犯할수없는것이거던 이絕對的인 福音을 等閑視하야 모처럼받었던것을 若干한世上困難으로因하야 바린다면 그야말로 免할수없는 무서운값을 받을수밖에없다、는것이다。信仰은 언덕에서내놓을걸음이다。

이救援의福音이 그처럼重大한理由는、그것은主그리스도 예수가 몸소그입으로、生涯로말슴하신것이요 直接그에게서들었던 使徒들이 우리게確實히證據하야傳한것이요、또 그證據가거짓이아닌것을 保證하시기爲하야、하나님이그들을 通하야 표적과 奇事와 여러가지能力을 行케하셨고 五 句節같은데에 聖靈을부어주시기까지 하였기때문이다。

여기서우리는또한개偉大한眞理를맞난다。――듣는다는것。

이말은 一章二節에 「말슴하시었다」는말에 呼應하는말이다。하나님이 말슴하시는하나님이라면、眞理는根本에있어 啓示된것이라면、우리할일은 듣는것밖에없다。하나님은무엇이냐、말슴에依하야 自己를들어내시는存在이다。人生이란무엇이냐、듣는存在다。저는 하나님의말슴을 들어서만 살수있는存在다。그러기때문에 사람이 떡으로만 살것이아니오 오직 하나님의 입

으로 나오는 말슴으로 살것이니라。

예는예라하고 아니는아니라하라、이에서지나치는것은罪니라。

듣는者는 對答한다。「예」라하던지、「아니」라하던지。이란하나님의말슴에對하야 「예」라하는일에서 다른것아니다。必要한것은 하나님의말슴을 分明히알어듣는것과 알어듣거던 그것을듣는것（聽從）이다。技術的인宗敎는 우리로하여금어떤妙한方法을行하야서、하나님이좋아할수있도록祭祀를하여서 하나님앞에나가려하였다。마는예수의宗敎는 아니그렇다。저는 들을뿐이다。예수自身이 自己뜻대로하는것은 하나도없고 아버지의命하시는대로 하시노라하셨고 變化山上에서 어쩔줄을모르는 使徒들을보고 우에서나신말슴은

이는내아들이요 내擇한바니 너의는저의말을들으라。

하시었다。예수만이아니라 古來의偉大한이들이 다 들은이들이였다。佛經의말들은 「내가이렇게 들었노라」는것으로 始作하는것이요 쏘크라테쓰도 良心에가는소리를 들노라 했고、孔子도 「述而不作」이라、「學」이라하야서 들은이 였다。이것은 現代의學者識者들이 이것만은내獨特한創見이라고 自己것을 主張하는것과는 잘對照되는일이다。

信仰의態度는 듣는態度다。들은것좋아 내가들은것이아

니로라는 態度다。 내가믿었노라할때 그것은벌서 믿은것
이아니다。 우리의모든잘못은 듣지안는데있고 모든답슴、
모든苟且는 하나님의말슴을 分明히알어듣지못하는데있다。
그리고 알어듣지못하는것도 結局은 들으려는 우리誠意
의不足에있다。 다른말로하면 罪가 커못으로 박혀있다는말
이다。

ㄱ듣고나면우리일이 얼마나달러지나、이때까지 내집인줄
알었던것이 내집이아니요 監獄이며、이때까지 나인줄알
었던것이 나아니요 껍질이며、이때까지生인줄알던것이
듣고보니 生아니요 死다。이것이大悟라는것이며 알었다
는것이요 이것이新生이라는것이다。

驕慢한人間의哲學은말하기를 人生은眞理를追求한다고한
다。어리석은 舊世界의宗敎는 人間이神을찾는다고한다。

그러나 정말 追求한것이 人生이요 찾은것이 人間인가。
아들의心情에 돌아가서볼때、眞理야말로 우리를追求했고
神이야말로 우리를두루찾지않었나。우리한일은 逃亡이요
廻避였다。人間數萬年의歷史는 搜探當해온歷史다。그리고
頑强히對抗하여온歷史다。그때문에 드디어 듣는能力을잃
어버린歷史다。그러나神自身이 우리앞에나타나 우리가알
어들을수있는말로 그말슴을 翻譯해야주시는날이왔다。그
리하야 귀가있어傾聽하는者는 알어들을수있는날이왔다。
새世界의始作은 듣는瞬間에있다。

感　銘

盧榮

感　銘 ──敬愛하는○先生任께올림──

우리主예수그리스도의恩惠와平康이 恒常같이하시기를誠祝하옵나이
다。先生任을한번도뵈온일이없는저로서 이글월을들이옴은甚히罪
悚하온줄을아나오나、先生任께對하와敬慕의情意와 感謝의一念의불
길을制禦할수가없어서 頭尾없이글월이나마上書하옵나이다。過去
二個年동안每月한결같이찾어오는顧音의使者! 聖朝誌를通하야받은
바感銘도이로測量할바없고 또한저의無價한半生의跟跡을懺悔와
改心의눈물로써 씻어바리고 좀머人間다웁게 生을보넬가하는군은
信念을준것도亦是聖朝誌여서 이를 主筆하시는先生任께對하야感謝
의말슴을 아니드릴수없어서 늘不安하와 訪問하올機會를얻을가
하였으나 如意치못하고、또한書信으로라도하려하오나、이亦是肋膜炎
으로因하야 健康을極度로害한後로 힘과思考力을얻지못한체 이제
껏왔읍니다。그러나 이것은口質에지나지않사옵고 다만저의 誠
意가不足한탓이옵지오。저의家庭은幼時부터 基督을依支하고 또한
저도그分圍氣에서 잘아왔으나、二十의고개를넘도록 基督敎의眞髓
를把握하지못하고 그저남이다니니까 저도따라가는! 이런程度에서
所謂信者生活이란假面을뒤집어쓰고 敎會로出入했읍니다。그러면
서本來音樂을生活이 깊은저는 이길을精進해볼가하야 近十年間音
樂藝術을爲해서 모든것도犧牲해가며 오즉
이길만을 꾸준히努力해왔읍니다。 果然
참된藝術을爲해서 산다느니보다 藝術을商品化하려는 野心에서
盧榮、享樂、名譽、이러한쪽지를붙이고 貴한情熱과努力을다하며

九

感

銘

受苦하고 있지않은가 이러한 그릇된 慾望을가진自身으로서 사람의 心琴을 울릴만한 藝術을짜아내지는못하옵니다. 果然저는眞、義、美、愛를떠난 藝術의길을밟었고 또한十年이란 긴光陰을 이로써 淚費했으니 저갈이 어리석은人間이 또어데있으니까——。

저는 限없이 울었읍니다. 貴한聖朝誌가 十個年을 맞는다는 報道를볼때 再昨年 五月號로서 聖朝誌가이땅우에 福音의使者로君臨한지 十年의 歲月이 흐르는동안에 이百姓에게 빛인業績이 그얼마나偉大한가——이로서 자든이百姓의마음에 문을두다리고얼마나깨웠는고. 聖朝號를 運轉하신先生任의 信仰과忍耐와意志는 이마民族에게 反射鏡이 되었지요. 그러나 저의十年間生活은 너무利己主義며個人主義였음애 이어쩌어리석은者안일가요、 맞이砂土우에집을짓는사 람과같읍니다. 그러나 이뒤우천도 慾望이強한저로서는瞬間의야 一時的이었읍니다. 그러나 主任께서는主의뜻을叛逆하고 世上으로 돌아가 바람을잡는것과같은 虛된榮光을依支하려는 저들불상하보 시고 聖愛와信仰所聖의生活로서 ××社會아니이百姓에게 거 록한빛이되시 ○○○先生을通하야 말할수없는이罪人에게眞理의 使者인 聖朝誌를超介해주신것은、 참으로主任의至極하신 無限한 사랑임을 아옵는同時에 聖朝誌를通해주신 B先生任의 거룩하신뜻에感激하와 熱淚를 不禁입니다. 每月갈이 잊지않으시고 誠意껏보내주신지도벌서一年 八個月의 歲月이 흘렀읍니다. 제가前부터B先生任께서 金先生任을 眞實로 聲敎하시는줄은알었으나 그要點이那邊에있었음은 不知이였 먼데 이제聖朝誌를通해서 先生任의信仰生活을엿볼때 비로소B 先生任의 眞意도알고 先生任의信仰生活을엿볼때 비로소B 이제 제가懺悔의눈물로써 참된生을開拓하려는느낌을 撤底하게준

一〇

첫은、오로지聖朝誌입니다. 이제느끼옵기는 사람의 目的은 社會生活을 營爲하는데있어서 信仰과所望을갖운聖愛를 實行함으로써 個的人格을 限定없이 向上發展시키는데있다고 切實히믿습니다. 換言하으면 人間生活의全幅은 天國을 이따우에建設하기에努力하는데있다고하고싶습니다. 果然先生任은 이百姓에게 가장貴한 存在이십니다. 眞理의使徒、聖愛의使徒、믿음과福音의使徒이심을 저는짚이아옵나이다. 새벽마다北漢山麓에서이百姓 아니、이罪人을 爲하야 더운눈물을흘리시지요. 그한방울한방울의熱淚가 이罪人의 뇌를무딘心靈을 고요히적시나니 心臟은高度로鼓動합 과 이罪人과함께울고웃으럽니다. 이제 저는主任뜻을이루기爲하야 天國을瞑想하고 十字架를 지고 이百姓과함께 몸은罪의法을섬기고있읍니다! 그러나저는피류습니다. 마음으로는主任을섬기고 의功勞로 主任의뜻을이루어야 每月찾어오는聖朝誌는 마치砂漠을橫斷하는사람들에게 물이生命이요、힘이요、慰安을주는것같 이 되나른저의心靈에는 生命과 힘과 慰勞이요 源泉이됩니다. 이제끝으로聖朝誌를爲하야 앞으로많은指導가계시읍기를삼가빕니다. B先生께 感謝의念을갖는同時에 聖朝誌를爲하야 앗낌없는心血과精力을삼가하시는 先生任께敬意를 表하고 앞으로많은指導가계시옵기를삼가빕니다. 너무頭尾없는글 로重言復言하야 貴한時間을虛費해들이여서 惶悚不已이오니 惠諒하시옵소서 餘不備上書.

己卯年 六月 八日

黃昏의 ××島農村에서

○○○拜上

206

하 나 님 의 後 嗣

宋 斗 用

그리스챤을 하나님의 子女라한다（羅八·一六、요한一의三二）。또하나님을 遺業으로받어 所有할者라는뜻이다。即 하나님의創造하신萬物을 遺業으로받어 所有할者라는뜻이다。그러나『그리스도로머부러後嗣가된다』고한다（羅八·一七）。即 그리스도와함께後嗣가된다는말이다。다시말하면 그리스챤은그리스도와똑같은하나님의子女이며 또그리스도와한가지로 하나님의後嗣라는意味이다。

그런데 그리스도는 하나님과하나이시다（요한一〇·三〇）。그리고 아버지는 萬物을 아들에게주셨다（요한三·三五）。그래서 아버지하나님의所有는 모다 아들 예수그리스도의것이다（요한一六·一五）。이와같이 그리스도의것은 그리스도와하나이고（요한一五·一五、一七·二一）또 그리스도의것은 또한 그리스챤의것이라한다（創一·二八，羅八·三二恭照）。이말슴을듣고 基督者로서 누가기뻐하지않을者이며 또 어찌感謝하지않을수있으랴？ 果然놀라운일이다。그러나當然한일이다。基督者가 하나님의참子女이라면。그러나 아! 슲으다。一旦 눈을들어 世上을보며 몸소

現實에接할때에 우리는到底히 이말슴을믿을수없었으며 또 받어들일勇氣좇아없었다。눈에보이는世上은 너무도顯著히 이말슴과는正反對이기때문이다。

보라！ 따를차지한者 반드시 溫柔한크리스챤이아니며 萬物을다스리는者 반드시 하나님에게順從하는 其子女들이아니다。地位와名譽、富貴와榮華、幸福과安樂、其中에 어느것하나를 예수믿는者의所有라할수있는가？ 아니다。全世界와 그안에있는萬物이 모조리 不信者의손에있으며 現實의世界이다。

이에問題가百出하며 理論이粉粉하다。

甲曰、基督敎는靈의宗敎이니 基督者를 하나님의後嗣라할도 靈에關한말이다。宇宙萬物은 하나님이創造하신것이다。따라서 萬物은 하나님에게屬한것이다。그러니 萬物은 하나님의子女인 基督者의것이라할수있다。原理上그러하니 우리는 그것으로足하지않은가？ 實際를問題로할必要도없거니와 萬若問題로한다면 그것은 틀림없는現實問題로된다。基督敎와는背馳가된다。即非基督敎이다。

乙曰、基督敎가靈의宗敎임은事實이나 觀念만의宗敎가아니다。다만 思想이나 觀念만의宗敎가아니고 實生活이기때문이다。信仰은理想만이아니고 實際的이며 現實的이다。現世 그렇다고基督敎는

『天國은힘쓰는者가빼앗나니라 （太一一·一二）』고 하시지않었

하나님의 後嗣

하나님의 後嗣

나? 힘써서 빼앗을것은 반드시 天國뿐이 아닐것이다。더구
나 『求하라、찾으라、門을두다리라(太七・七)』하심이 있어서
랴? 아모리 信仰은靈의 일이라하나 모든信者가 두손을 마
조잡고 있기만하여서는 아니된다。우리는努力하고 受苦하여
萬物을 우리손에 옴겨야한다。힘써 일하자! 일이다、事業
이다、運動이다。

丙日、甲論을排斥함도아니요、乙說을無視함도아니다。
理想도좋거니와 精神事業은더욱可하다。
의일이요文化事業도金錢이있어야아니하는가? 結局物質이第
一이다、돈이가장貴하다。오즉一切가돈이다。『콰라다이스』
의回復『유—토피아』의建設、勿論좋은일이며 또願하는바이
다。社會改良、第二國民의養成、貧者와不具者의救濟等等。
世上을좀더아름답을 살기좋은 樂園으로만들기爲하여 于先
必要하고 緊急한것은 生產事業이다。即 돈을버려야만한
다。吾人은돈벌기爲하여 鑛山도하고 取引도하고 貸金業도

하며 또『부로—커』도할것이다 云々。
자! 그러면 우리는 하나님의 後嗣되기爲하여 아니
하나님의後嗣인立場에서 어찌할것이며 어느길을取할것인
가? 甲의理想을좇을것인가 乙의事業을배울것인가、또는
丙의生產을本받을것인가? 理想은貴한것이며 事業도必要하
고 生產도決코 等閑히할것이아니다。하나도 버릴수는없
는것뿐이다。

一二

이에 丙은말한다。때는 金錢萬能時代이다。物質本位의世
上이다。現代에있어서 金錢을모르는者가있는가? 그는不出
이다。그런人間을말하여 認識不足或은時代錯誤라할것이다。
더구나아모리基督者라할지라도 또한 먹어야하며 입어야
하고 또무엇에고 金錢이아니면 할수없는것이다。그러니
우리는 그저 돈버리하자。金錢은萬事의基礎가되고 萬物
의根源인까닭이다。모든基督者여、金錢은좀더 貴重히녁이
며 돈버리에對하야 좀더銳敏할지어다。그럴듯한말이다。

그러나 우리는 于先 聖書가 무엇이라고 우리에게 가
리치는가를 살펴보기로하자。저有名한 山上垂訓中에있는
『空中에나는새와 들에피는百合花』에對한 主님의말슴을 다
만理論이라하여 否定할者는없을것이다(太六・二五以下參照)。
『한사람이 두主人을 섬기지못할것이니 或이를미워하고
저를사랑하거나 或이를重히녁이고 저를輕히녁여김이라(太
六・二四)』하심도 主예수의 가리치심이요、『駱駝가 바늘
구멍으로 나가는것이 富者가 하나님의나라에 들어가는것
보다 쉬우리라(可一○・二五)』고 하심도 그리스도가警戒하
신 말슴이다。

그러면 主안에있는 兄弟들아! 그대들은 以上의말슴
을眞理라하는가、아니하는가? 萬若옳다고하거든 苟且히
辯明하기를 그만두라。千의口實이나 萬의핑게도 모다쓸
데없다。『하나님은 慢忽히녁여기지못하나니라(갈라듸아六・七)』

『몸을죽여도 靈魂을 能히죽이지못하는者를 두려워하지말
고 오즉 몸과 靈魂을能히 地獄에滅하시는者를 더욱두려워
하라(太一○·二八)』이 嚴肅한말슴을 귀있는者는 들을지어다.
우리는 끝으로 바울의 懇曲한訓戒를들어보자.『우리는

먹고입을것이있거던 足한줄로알것이다. 富者되려하는사람
은 試驗과 誘惑과 여러가지 어리석고 害로운情慾에떠러지
나니 곳사람으로 沈淪과滅亡에빠지게하는것이라、 돈을貪함
이 萬惡의뿌리가되나니 이것을 思慕하는사람이 迷惑하
야 信仰에서떠나 많은괴로움으로因하야 自己를찔렀도다
(되모데前六·八-一○)』果然그렇다. 우리는 大使徒의 眞理
把握과 深遠한人生觀에 놀라지않을수없다.

이에 乙은말한다. 그러나 우리는 到底히 丙과는 一
致할수없다. 그러나 公益事業 또는 文化事業等 精神事
業은 아니할수없다. 이것은 他人을爲하야 奉事하는일이
니 얼마나 貴重하며 또人間다운 노릇이라할것인가? 主께
서도『이웃사랑하기를 네몸같이하라(路一○·二七)』하셨다.
더구나『무엇이던지 남에게對接을받고저하는대로 너도남을
對接하여라(太七·一二)』하심은 基督敎의黃金律이아닌가?

同情과慈善은 사랑의發露이며 犧牲과奉仕는 사랑의結
實이다. 人間社會의 不義와罪惡의大部分이 利己思想의所産
이다. 利己主義는 個人의敵인同時에 社會나國家에도 禍根
이라하여도 過言이아닐것이다. 그러나基督敎가人類社會를

爲하야 얼마나많은 貢獻을하셨으며·또얼마나 偉大한役割
을하여 왔나? 이것은 歷史가公正하게證明하는바이니 더말
할必要가없다. 그러나 兄弟여 네가基督者인가? 그러면 말
일하라. 國家를爲하여, 人類를爲하며· 더구나 弱者、貧者、
不具者 그리고 逆境에놓고있는 數많은네이웃을爲하여.

그러나 兄弟들아、基督敎는 靈의宗敎임을 또한번 말
한다. 靈이라하여 理解하기困難하다면 靈을眞理라고하면
多少間理解를도울가한다(요한八·三二參照). 예수께서『나는길
이요、眞理요、生命이니(約一四·六)』하신其眞理를意味한다.
가장알기쉽지 靈을說明한다면 最善의意味의良心、或은最
高의意味의道德이라고나하여볼가? (勿論適合한說明이아니
나 臨時로이렇게말하여둔다).

그러면 現代基督者의事業은 果然 純良心的、(或은純
道德的) 이라할수있을가? 우리는 또다시聖書로가자.

『남에게보이려고 사람앞에서 義를行하지말라(太六·一)』고
하신 主예수는『너는救濟할때에 옳은손이하는것을 왼
손이모르게하라(太六·五)』고付託하셨다. 그런데 現代基督
들은『남에게 榮光을얻으라고 會堂과街路에서 喇叭을붐
(太六·二)은무슨일인가? 이것은結局『宴會의上座와會堂의
높은자리와 市場에서 問安받는것과 先生이라稱하는것을
기뻐하(太二三·六-七)는까닭이아닐가? 그럼으로 지금도
예수께서는『크리스찬아、크리스찬아、네가많은일(事業)때

하나님의後嗣

二一

하나님의 後嗣

一四

문에 念慮하고 煩勞하나 그러나 不足한것이하나있도다
（路一○·四二）하시고 不絶히웨치신다。不足한것의하나는
무엇일까？ 曰、信仰이다。信仰만의信仰、아브라함의信仰、
욥의信仰、또바울의信仰、오즉信仰만을 하나님께서는 기
뻐하시고 또要求하신다。미구나『大槪너의寶物있는곳에는
너의마음도 또한있으리라（路一二·三四）고 主는말슴하셨
다。寶物은勿論 物質만意味하신것이아니다。學問、技術、
事業其他무엇이고 自己의 가장貴重히녀기는것은 모다 寶
物일것이다。그러니 一에도事業、二에도事業하고 쓸데없
이 固執하는것은 도리혀 不信이며 不忠이다。삼갈지어다。

아！ 우리는 人生의 意味도 價値도 여기에만있다고
기뻐하고 努力하던事業도 果然不純이아니고는（特히現代
에있어서） 到底히 할수없음을알게되었다。그러면 우리는
乙과도協力할수없다。그러니 우리는 끝으로 甲에게갈수
밖에없어이되었다。

그런데 甲은말한다。基督敎는 理想主義다。靈外의것은
問題하지아니한다。特히物質에關한것은 말할것도아니다。그
러기에 基督者를 하나님의後嗣라함은 靈的意味이며 原理上
그러하다는것이지 實際에있어서는 現實그대로이다。어찌
萬物이 信者의所有일수있으며 또그러할必要는무엇인가？
우리는 하나님과 그리스도와 聖靈을所有하였으니 萬物
以上을 所有한것이아닌가？ 果然옳다。하나님을갖인者가

다시무엇을더바랄것이냐？ 萬一 우리가 하나님外의것을
바란다면 그것은 虛榮이거나 貪慾이다。아니、그것은隋
落이요。滅亡이요、죽엄이다。理由는自明하다。即하나님에
게對한 叛逆인까닭에（創三章參照）。

그러므로 바울은『내가저（예수）를爲하야 모든（世上의）
것을잃어버리고 糞土로녀기고 그리스도를얻（빌三·八）은
까닭이라함여『우리가 주리고 목마르며 헐벗고 매를맞으
며 있을곳도없고、지금까지 世上의더러운것과 萬物의때
（고前四·一一、一三）같이녀김을 받음도 또한그리스도예수는
緣故라한다。그러니 크리스찬에게對하야 그리스도예수는
萬物以上이다。아니、宇宙以上이다。그리고 事實에있어서
그리스도안에있는者는『무슨일에던지 自足하기를배웠나
니 卑賤함에 處할줄도알고 豐備함에處할줄도알어 모든 일
에배부르며 배곱흠과 豐備하며 不足한것에（對한）一切秘
訣을』얻다。그것은『우리에게 能力을주시는者안에서 우리
가能치못함이없는 （빌四·一一—一三參照）까닭이다。

그러니 바울이『내게는 오즉 우리主예수그리스도의
三』하며 『자랑하는者는 主로써자랑하라（고前一·
外에 자랑할것이 決斷코없（갈六·一四）다고함은 至當한
말이다。

아！ 그러나 그런데도不拘하고 聖書는 그영고 基督者를
가리처『世上을너을後嗣（羅四·一三） 即 世界를갖을者라하며

또 『萬有의後嗣（히브리一·二）』 卽 萬物을所有할者라한다。
그러면 그것은 大體무엇을意味하며 또어느때 그러하다
는말인가?

基督敎가 靈의宗敎이며 理想主義라함은 甲이말하는그
대로이다。 그러나 基督敎는 墮落한人生과 罪惡의世上을
反對하는것이지 決코 人間自體나 萬物自體를 否定하는
것은아니다。 그러기에 우리가罪에서벗어나 하나님에게로
도라가기만하면 墮落前의아담과같이 無限한祝福을받을것
이며 또萬物을所有하야 우리는自由로萬物을支配할수있다。
그런데 지금은 아즉도 人生과萬物과宇宙는 모다未完
成의狀態에있는것이다。 完成할때가온다。 그때가「반드시
온다。 其때에 그리스도를믿고 하나님에게順從하는者들은
其靈魂이永生할뿐아니라 身體까지復活하여 永遠無窮토록
無限한榮光을누리며 主님을섬길것이다。 아모妨害도 苦痛
도 받지아니하고。 또 苦痛도悲哀도、 患難도疾病도없이、誘惑

（獸七·一四─一六、同二一·三─四叅照）。 우리에게 이보다 더
큰期待와 『그러니 其世界들어서오기爲하여 또는 그러한
希望과所願이있을가?
그러나 其世界를어서오기爲하여 우리는受苦하고 努力하여야한다」
함은 乙의그릇된速斷이다。 人間의努力으로 그때를速히오
게할수도없는것이며 그나라를 받
을수있는것도아니다。 그것은 하나님의權能과恩惠로만되는

하나님의後嗣

것이다。 卽 하나님의聖意에만 依하는것이다。 그러나 그
때가언제인것은 우리가알수있는바이다。 우리에게約束하신바이다。
卽、 그리스도의再臨하시는때이다。 그때에 一切가完成되며
同時에 크리스챤은 그리스도안에 萬物을所有하고 또支
配하게된다。

그러면 우리는 크리스챤이 하나님의後嗣라함은 靈的
만이라던가 原理上만으로라던가 언제까지던지 다만
理想으로써만 生覺하는 甲의思想도아니요、 地上天國建設
云云하야 人力으로하나님의後嗣가되려고하는 自力信仰者
인 乙의態度도아니다。 兩에對하야는 다시할말은없음을勿論
이다。 이에우리는 『主께서 許諾하시면 우리가살기도하고
이것或은저것을하리라（야고보四·一五）』고 야고보의말을바와
같이 우리는一切에對하여 主의뜻에만順從하고 眞實한信
仰生活을할것뿐이다。 그리하면 하나님의後嗣로서의生活을
하게되는것이다。 最後의勝利는 오즉 基督者에게만있다、果
然크리찬萬歲라할것이다。

볼지어다、 아버지께서 어떠한 사랑으로 우리에게 주사 하
나님의子女라 稱함을 얻게하셨나뇨、우리가 그러하도다、世
上이 우리를 아지 못하는것은 그 （아버지）를 아지못함이니
라。사랑 하는者들아、 우리가 지금은 하나님의子女라、 그（그
리스도）가 나타나시면 우리가 그와 같을줄을아는것은 其참
模樣을볼것을 因함이니 主를向하여 이所望을 가진者마다
自己를 깨끗하게 하기를 그의 깨끗하심과 같이하나니라（約一의三·一
─三）羅八·一六─一七·加四·六─七叅照。

一五

純福音에對하야

純福音에對하야

宋　斗　用

一六

基督敎를가르처 福音이라한다。基督敎는 確實히 福音이다。基督敎以上의 福音이업고 基督敎以外에 福音이업다。참 福音은 오즉 基督敎가 잇을뿐이다。

그러나 基督敎에는 舊敎가잇고 또新敎가잇다。舊敎도 新敎도아닌 即 其中間이라고나할 英國聖公會가잇다。더구나 羅馬天主敎가잇고 希臘正敎會가잇으며 또

新敎에는 長老敎、監理敎、聖潔敎、救世軍、兄弟團、유니테리안等々 其外에도 所謂 敎派의數가 甚히만타。

그러면 이모든敎派가 全部 純福音的인가? 不然이면 其어느것이 더福音的인가? 이에對하야 우리는『聖書本位의敎派 或은敎會만이 純福音의基督敎이다』하고 말할수잇다。그러나 그것이 舊敎이거나 新敎이거나 또 어떤敎派 或은 어떤敎會를不問하고 基督敎라고 名稱하는者이 우리는 어느것을 非聖書的이라고 할수잇는가? 다各其『우리敎派만이 聖書本位다』하며『우리敎會야말로 純福音主義다』하고 主張하기는 一般이다。然則 眞正한意味의 純福音은 어떤것인가? 이것을 簡單히 말하고저한다。

基督敎는 福音이다。그런데 基督敎는 聖書에立脚하니만치 基督敎가 福音이라함은 말할것도업시 聖書가 福音임을 意味하는것이다。即 聖書는福音이다。그러면 果然 聖書는 其全體가 純福音인가?聖書는 하나님의말슴이라는 意味에있어서 創世記첫음부터 默示錄끝까지 모주리 福音이다。그러나 絶對의意味에있어서는 聖書全體를福音이라고말할수업다。舊新約聖書 六十六卷이 모다福音的이며 或은 福音에關係한것은 勿論이다。그렇다고 其全體를 純福音이라 할수는업다。이것은 聖書自身이 明白히證據하는바이다。聖書를읽은者면 누구던지 알수잇다。于先 모세의十誡命을 비롯하야 舊約聖書全部를 누가

萬若 純福音이라고 말할수있는가?

能히 純福音이라고 말할수있는가? 萬若 舊約이 純福音이라면 新約의必要도없거니와 新約이生할까닭도 萬無하다。그러면 新約은 全部가 純福音인가하면 그런것도아니다。루—터가 야고보書를가리처『이것은 북때기書簡이다』하고 말한것을보아도 對酌할수있는는일이다。그러나이말은 야고보書는 全然 非福音이라는意味는 決코아니다。그리고 何必 야고보書만에 限할필요도없는것이다。그런즉 純福音은 무엇인가? 純福音은 法律이아니다。道德이아니다。倫理가아니다。그러나純福音은 刑罰이아니다。宗判이아니다。滅亡할人間、永遠히死亡할 悖逆의罪人을 何等의理由도 資格도없는데 全然 無條件으로 救援하시랴는 하나님의 거룩하신 經綸의實現! 이消息을 말하

여 福音이라한다。이것이 純福音이다。萬若 人間便에 무엇이 있다면 또는 人間에게서 무엇을 要求한다면（그것이 무엇이거나 또는 아모리적은것이고 아모리 無價値한 것일지라도）그것은 功勞로된것이며 不然이면 報酬이지 決斷코 恩惠가아니다。純恩惠는 恩惠만의 恩惠이다。純福音은 罪의 赦免이요。하나님의 無限한사랑으로 말미암은 完全한 恩惠의 宣言이다。하나님은 其獨生子이신 우리救主 예수그리스도를通하야 이일을 斷行하셨다。다만 예수로因하여서만 罪를消滅하시고 律法을完全히 廢하셨다。이리하야 律法은 恩惠로變하고 道德은 信仰으로 化하였다。人間의 必然的運命인 死亡은退却하고其뒤를따러 永遠의生命이登場하였다。하나님의恩惠、그리스도의사랑、聖靈의自由。이것만이宇宙에넘치며 世上을삼켜버렸다。罪! 사단의忠僕인罪、아! 무엇보다도 가장무섭고 가장싫은罪。이罪에서하나님은 우리를救援하셨다。罪의赦免의消息! 이것을말하여 純福音이라한다。純福音은天來의 嘉信이다。하나님만이 能히傳할수있는消息이며 또行할수 있는일이다。그러기에 이것을가리처『하나님의恩惠의福音』이라고 稱한다（行二〇・二四）。福音을說明하야 바울은 다음과같이 말하였다。

純福音에 對하야

예수 그리스도의 贖罪하심을因하야 하나님의恩惠로 功勞없이 義롭다하심을 얻었나니云々（羅三・二四）。

사람은 하나님앞에 義롭다하심을얻었었다。우리는分明히 罪에서救援받은者이다。이일은 確實히 恩惠外의일이다。하나님의恩惠이다。無限無窮한恩惠、永遠不變의恩惠、完全無缺한恩惠。하나님의恩惠는 이러한恩惠이다。

贖罪의恩惠! 하나님의恩惠는 예수의十字架에서 如實히 나타났다。우리가 救援받은일은 이恩惠外에 아모것도아니다。決코 功勞가아니다。勿論 行爲가아니다。自己修養이 自己努力이아니다。又況 儀式이나制度나 組織같은 入山修道도아니고 禁慾生活도아니다。傳道때문인것처럼 生覺한다면 이러한 것을 福音인것같이 或은 生覺한다면 그것은 大端한誤解이다。오즉恩惠뿐이다。恩惠뿐이다。

사람은 나면서『카소릭』이라한다。그것은 사람은 누구던지 自己의義를 나타내랴고하는까닭이다。아마 人間은自己의무엇을 조금이라도 내세워야 마음이便한模樣이다。그렇지못하면 人間味나없는듯이 世上에生出한 보람이나 없는듯이 도모지배쌀이 펴지지못하는 무슨充分한理由나 있는것처럼生覺한다。참으로 웃으운일이다。甚히어리석은 生覺이다。아니、가장可憐한일이다。모든人生悲劇의原因의 大部分이 여기에있는것을 사람들은 아는지모르는지? 사람이 自己의義를固執하는것은 萬事의禍根이다。一例를든다면 黨派心이곳그것이다。人間의罪惡의禍의大部分은 이

一七

純福音에 對하야

黨派心에서 發生된다고하여도 決코 過言이아니다。아！ 그런데基督者에게도 이罪가있다면 모든사람은 大驚失色할 것이다。그러나 敎派의分裂、敎命의分離、一敎會內의分爭 等々 모다 무엇을意味하는가？

吾人은 純福音을가리처 하나님의純恩惠라고말하였다。 그러면 이恩惠에對하야 取할態度는 무엇인가？『律法은恩惠로、道德은信仰으로』라는말은 무슨意味인가？이것도 또한 바울로하여금 說明하게하자。

사람이(하나님앞에)義롭다하심을얻음은 信仰으로말미암아된것이요、律法을行함으로됨이아니라(羅三·二八)。

그러나이것은 決코 人間의功勞를 肯定하는말이아니다。 다만 罪에서 救援받은것은 信仰으로 되였다는意味이다。 萬若 그렇다면 蕩子의歸還도 一種의功勞라할것이다。그러나 아버지가 蕩子를歡迎한것은 다만、恩惠이다、사랑이다。決코 蕩子에게資格이있어서가아니다。따러서 아모 功勞도없다。그런데 아들에게는 아버지의사랑을받을 아모資格이나 功勞가없으면서도 萬若도라오지아니하면 사랑을받을수없다。이와同一한理由로 우리는信仰없이는救援받을수없다。그러나 信仰은 決코 조금도 資格이나 功勞가되지못한다。그러니 바울은『우리가罪의救免을받은것은 하나님의 恩惠로된것이다。그러나 그것을不信하면 恩惠가 恩惠일 수없다。그래서 우리는믿는다。또믿어야만한다고云々。이에 우리는 信仰은 原因이되는同時에 結果도되는것을알수있다。信仰은手段이면서 또 目的이다。사람便에는 오즉信仰 할것밖에없다。信仰만의信仰이있을뿐이다。

『하나님의보내신者를 믿는것이 하나님(에게)對하야行 할사람)의일이니라 （요한六·二九）』고하신 主님의말슴도 또한信仰主張이다。

『信仰에서 信仰에이르게하나니（羅一·一七）』 함도 같은意味의말이다。

純福音은 하나님의絕對恩惠（純恩惠）와 이에對한사람의 絕對信仰（純信仰）에 歸着하고만다。얼마나單純한가？ 恩惠와信仰！ 얼마나純粹한가？ 얼마나純粹한가？福音이다。그러나 其內容은 宇宙보다도크 고높으며 또넓고깊은것이다。그러나 얼마나기쁜 또반가운消 息인가？ 果然消息中에 第一은오즉純福音이있을뿐이다。 이얼마나 놀라운消息인가？

오！ 純福音、우리에게 가장 要求되는것은 다만 이것 뿐이다。 純福音이아니면 사람은죽고 亡할것밖에없다。그러나 純福音이아니면 사람은산다。永遠히산다。그러나 純福音이아니면 사람은 力說함은 이까닭이다。우리 아！ 偉大하도다、純福音！ 우리 가 恩惠를 高調하며 信仰을 力說함은 이까닭이다。우리 는 徹頭徹尾 恩惠와信仰만을 主張하는바이다。

一八

聖朝通信

五月十八日 (木) 雷雨。오늘은午前九時부터 練兵場에全校總出動하야外의練。正午가까워서부터 雷雨甚하야 일즉解散되매 도라와原稿整理。○振替뒤ㅅ등에「冠省 小鹿島에서는 衣食住세가지를녁녁히 해주는外에 受苦(作業)하는대로 錢으로最高一八○錢까지를支給하는바 이 제 과부의한푼을본받아 獻金하는맘으로 보내오니 小鹿島로보내시는冊의 郵稅로 使用해주십쇼」云々。심히罪悚한일。

五月十九日 (金) 曇、먼저印刷所에들리고 龍山練兵場에全校集合。敎練가르키는데 學級擔任의任務를 대강맡고일즉 도라와 原稿쓰려했으나 連日練兵場다니는疲勞인가 일즉 쓰러지듯이 잠들다。

五月二十日 (土) 曇。後晴。잠깨니 午前三時。시내에 몸씻고 잠깨니 午네시十分에 藥師寺스님의 木鐸소리。들려오고、다섯시에는 발서 앞밭에 老農이와서、앉었다。○市內男子中等學校以上大學까지 全部午前九時에練兵場에 모여 分列式의最後練習을 하노라고 往返交通機關의混亂은形言할수없었다。自轉車타는自由로움을 짐이끼다。練兵場까지出勤했으나 오늘은敎練敎師以外의敎師는 妨害될뿐이오 할役割이없다는故로 求景하는權利만抛棄하고 書齋로 일즉 도라오다。

五月二十一日 (日) 曇、後晴。새벽에 골로새書結末의 바울의友人錄을工夫하니 老傳道者의末年의孤寂함이 내일같이 마음을 누르다。이老使徒의心境을 노래할만한 讚頌歌를 찾고저 第二四二章을 불러보아도 質感과相距가 멀다。讚頌歌의 缺乏을切感하다。○主日學校는中學生君이 引導해주고 午後市內集會에서 골로새書 第十三講으로「골로새書의人物」이란題로써 바울의友人綠을講解하다。

五月二十二日 (月) 晴。配屬將校制度를創始하야 學校敎練을가르킨十週年紀念이라고 오늘은市內男子中等學校以上各學校의聯合分列式이있어 午前八時에集合、同十時부터始式、午正에式을마추고 午假。午後一時부터 行陣에하야 朝鮮神宮參拜로써 오늘일을 畢하다。○구경하는時間을 利用하야 陸軍官舍에岡村法務部長을訪하오고、電車 떼쓰어 決死的이아닌者는 탈수없음과、府會議員選擧의開票速報板밀마다 群衆이 모여선것이 오늘 서울의風景이다。

五月二十三日 (火) 雨、曇。午前中은 覆審法院에서某事件의判決을傍聽하다。法律은알지못하나 常識으로判斷하여도 매우慈悲짧은判決이었다。저檢事와判事들의子女에게 多福하라고 祝願하지아니치못하다。이以上은代身贖罪해주는수밖에別道理없것이다。그러나 누가贖罪해줄수있으랴。嗚呼。○來往二回印刷所에들려 工程을加鞭하다。○小鹿島에서「(前略)感謝萬極하옵게도 日前에聖書朝鮮을二封에十五冊을下送하셨기○往返二回印刷所에 들리고 校正시작되매 練兵場으로總出動勤務때문에 電車、아직「出頭」못하고있는中이다。오늘까지一週間은連日敎練때문에眼鼻莫開의狀이오、生徒들中에는 相當히지친者도 적지않다。

니 轉任聯合을받고 今日午後三時發 新京으로向한다하며 그리스도안에있는善良하고溫溫한士一人을 멀리여이게되는哀漠과 또 그突然한일임에 놀랍나深刻하다。

聖朝通信

로 小生은 숨은寶貝를찾은듯이 사슴이 시내물을 찾은듯이 每日耽讀하오며 近隣兄弟에게도주어서 宣道도하였아옵나이다. 先生님의恩惠는 不遠千里하고가서謝禮를드려야할터이오나 一字로올리옵나이다. 예수께서 말슴하시기를 右手가 하는것을左手가 모르게하라하셨아온즉 先生님의 면류관은 예수님께서豫備하셨을줄로 믿고 感謝의 新禱를 들일뿐이올시다. 此生에서는 先生님의玉顏을 面對치못하였아오나 後世上의無窮한天國에서 病없고 슬픔없는 하나님나라에가서 신령한몸으로 福樂을누리시기를 天父님께仰祝하옵나이다.

己卯年五月十日

　　　　　〇〇〇拜上』

五月二十四日 (水) 曇、一時雨。○學校授業外에印刷所에 가서校正、또 가지고와서도 늦도록校正。○東京短信에 또 た。いろ〳〵御厚意を有難御座いました。ことに感謝に堪えぬ事は拙著六十號三十七頁に記しました「キリストの馨ばしき香」の置土産で御座います。よく御噂して反省さ〜れて居ります』云々。그節의前半이 나에게當한것인줄로알고 悚懼했는데 後半은 어디까지던지他人을善意로解하며美化하여보는 辭이있는듯하다.

五月二十五日 (木) 曇。擔任生徒中에 極度로不良한者있으니 저를譴責하는中에 아모래도遷善할希望이 보이지않는듯해서 울었다。責하는敎師의눈물이 웃김과床板 우에흘렀으되 저의 눈에는 改悛의빛이 보이지않었다。退學시키기를 決心하고도, 先年卒業班에 第一不良했던生徒가 第一 고마워하며 또余에게 다시學級擔任하기를熱誠으로勸請했던일을 생각하고 마음을도리키다。○印刷所에서校正하고、同僚의十週年勤續祝賀宴에 參列하고、某敎友의 送別新禱會件으로 幹事노릇하고 늦게歸宅하다。○강아지 아직도어린것을 오늘 다집어가고 두마리만남었다。

五月二十六日 (金) 晴。昨日京城府廳으로부터 兒童의月謝金을 再徵收하고저 財産差押하려왔다함으로 저들이發行한領收證을 찾아내기에 여러時間虛費하다. 이일로因하야 小學校로부터專門學校까지의「敎育領收證」이具備함을알었으니 줄고 앉었든 官員들이 如何히無理한課稅를하고 저할지라도 念慮없이되었다。○登校授業 往返二回 印刷所에들려校正。밤에도 늦 도록校正。

五月二十七日 (土) 晴。登校授業外에 印刷所에서 六月號校了。○저녁七時부터 京城호텔에서 某敎友의途別新禱會。主客 合하야十餘人。晩餐을함께한後 感話와新 禱로써 十時지나기까지歡談。호텔이 恒常이렇게利用되고 이렇게意味있게된다면 우리도實會가 언제던지 이렇게意味있게利用되고 우리도實會가

五月二十八日 (日) 晴。午前中외主日 學校는 學生君들이引導해주고、午後의市 內集會에는 골로새書第十四講으로「通觀」을말하다. 적은冊이나 珠玉의文字인것에

風爽な頃となりました。心ならずも筆不精 致して只今に至り 失禮致しました。いつ ぢやは折角の御光來をも失禮のみ致しまし

새롭게 놀라다. 오늘 集會에 遲刻한이의 名刺
에 『略禮. 遲刻의 쓴맛을 느끼며 하옵없
이 도로가나이다. 넓이 容恕하심을 바랄
뿐이외다. 咸兄의 글
에 追加校正할것이있어 印刷所에간즉 발
서 本文印刷는畢하였음으로 校正할수없
었고, 表紙用의 模造紙가 全京城에品切되
었을뿐더러 今後는 製造하지않는다함으
로 本文用紙그대로 表紙까지 박을까 말
까하고 여러가지로議論끝에 이번까지는
市內小賣紙物店에찾어서라도 前樣의 雜誌
를 만들기로하고 七月號부터는 本文과表
紙까지 全혀變更하는수밖에 없을듯하다
○今夜南山莊에모이는 會費十圓인同窓會
에는 勢不足으로 缺席.

五月二十九日 （月） 晴. 오늘도 表紙用
模造紙를購入치못했다고 本文印刷는 昨日
끝났으면서도 또 하루를虛送하다. ○寄宿
中의 閔炯來君이 就職하여 江華島로向發하
다. 健康을恢復하고就職되여가는일은 반
가운일이나 離別의 쓰라림은 마찬가지다.

五月三十日 （火） 晴. 이번은 印刷機가째여서
紙를求得해놓은즉 午後에야 겨우 表紙까지印
半日을待하고

刷를畢하다. ○授業後에歸宅하야 고구마
밭을뒤짐으로써保健運動. ○近來에 本誌
의 見本을 無代로請求하는이들이 種々있으나
應치못하며, 舊號販賣에關하야는 本誌의
取次店에對하여서까지도 先金이아니면發
送치않는다고했더니 매우 不平을表示한書
店도있었다. 그래도 · 할수없는일이다.

五月三十一日 （水） 快晴. 하늘 맑고
山닭은 하루. 登校授業後에 일즉돌아와
寢床을修理하노라고 저녁까지木手노릇하
다. ○六月號의 印刷中에 表紙品切이라機
械故障이라해서 數日來로午前午後二回式
들려督促해서 오늘이 獨擔해주어서 한결便
發送事務는 宋兄이 獨擔해주어서
아서 잠들기 아까워못견디다.
○저녁에는 달빛이 넘어 밝

六月一日 （木） 晴. 雜誌의表紙用模造
紙가全京城中에서品切일뿐더러 製造元工場
에서 制限되었다고해서 本文用紙로써表
紙까지印刷하려면것이, 小規模의紙物商을
뒤진結果에 今月號까지는表紙불은雜誌가
되여서반가운다. 다른때같으면 模造紙의
斤數가不足하니過하니하고 是非도해볼터
인데 이번은本文用紙보다 두꺼운것 으로
라는것이다. 現在이抗議書의筆者는 現世

六月二日 （金） 晴、風塵. 學校에서는
中間考査시작되다. 當直으로 蓬萊丘上에
留宿. ○우리 친구에게 편지해도 回答
안주더라는忿푸리로余에게『……基督敎信
者도 或可하지않을는지오?』하는抗議가왔
는데 이抗議를 읽고 놀란것은 ①人事
차리기에熱心한사람. 禮儀凡節을極力主唱
하는이는 大槪自己가 받을일있는때편이

表紙된것만이 고마워지다. ○市內書店에
配達하면서登校. ○私書函으로 郵稅不足
（金八錢）郵便이왔는데 五月十九日發信을
오늘에야 받었다. 今後로는 不足或은未
納郵便은 누구에게서오던지不問하고 받
지않을러이나. 돌려보내라고 局員에게부
탁하다. 私書函所持者中에도 다른이들은
不足, 未納郵便이 相當히 많은모양이나
우리는 始用以來二個月間에 이번이처음이
다. 찾어놓고보니 八錢불은郵便인데 그
래도 一枚不足했었다. 그內容은 참아읽을
수없는長篇이다. 十二錢式이나郵稅불도록
長文편지쓰는일은 自他의勞力과時間과物
資節約을 寫하야 善한일은아니다.

聖朝通信

에서는 余輩를兄으로呼하여야할者이어늘
저의畫翰에 兄字를 불수없고 尊敬辭를
찾을수없다。②「人事」에밝은이는 靈界의
일에甚히 沒理解하다는것이다。大小의 擧措
에 恒常우에ㅅ 소리를듣고 動하려는 人物
보이지않는이의 決裁가
은 利로써打算하는人間처럼 하루밤사이
에 敏速하게態度를決하지못하는때가많다。
하는者는「數日」을끼고 「英說하기로作定이라」하
一週日도可하고 數旬도可히 나리기까지 저는
산에서 맴돌리게된다。이秘義를分別치못
「不快」를느끼고 「數日」을待하여도應答이없음으로
였으니 이와같은 職權者의手下에 모일篤
人들의種類는不問可知일것이나 ③現在에，
信仰으로 살고있느냐 죽었느냐 그가
다。④누구에게서 傳道받을었나 잘盞明된
信仰의 人에게對한 尊敬의 高下된
고 함부로告白할것이아니다。눈동자까지
은 人間的으로만 보아도 「人事」가아닐
뿐더러 一大醜態임을 免치못한다。○六月
號의 反響에 「아침郵便으로 聖書朝鮮을 拜受
하였읍니다。「讚頌歌의 註文」과 「많은榮光
보여주며」는 全身의 震動이 없었느니 읽을수

없었읍니다」云云。

六月三日 (土) 晴。風塵이 오늘도 끝
치지않다。旱魃이 農作에大害인듯하다。
○歐洲에서는「울란드島」武裝化問題가、極
東에서는外蒙古軍의葡哈河(노몬한)越境事
件과 蘇浪嶼問題가 지난一週間의新事態이
었든모양이나 넘어도重大事態가 逼迫하니
어느것이더큰問題요 더새로운事件이어면
지 精神을收拾하기어려워졌다。○東京石河
畵伯으로부터『旅人寄寓者』第二號를보내었
다。그中에余에關한過分한記事에 놀랐거
니와 그一節에『たゞ自轉車に乗られる勢
かモダーンなズボンが氣になった。朝鮮の
人が一體にスポーツに關心があり非常に優
秀で日本人を凌駕していると云ふ他の話を
想起した』라고있다。우리도「스포ーツ」에
余然無關心한것은아니나 이定價六圓짜리
綿布製의「골프」바지만은「스포ーツ」人으로
서 입은것도아니오 오직自轉車타기에便하기

六月四日 (日) 快晴。간밤 꿈에 恩師
를 맞나뵙고 生前보다 더많은 이야기를

二二一

自由롭게하였더라。○새벽에 빌레몬書를工
夫할지음에 몇일을두고 註釋冊을 보왔
어도 갈래를 잡을수없던第五節의解釋이
油然이라고할까。電光같이라고形容할까 나
에게臨現하였었다。이解釋의鍵이 數日前에
받은나의畵信에서、暗示받은것이니
午前中에는學生君의引導로主日學校。午後
의市內集會는 빌레몬書講義。적어도三
四回는 걸렸을것을 一回에 다마라니充分
치못했으나 배울眞理가 많음이다。
第一日曜日이라 遠地方에서 일부러出席
하니도數人되었었고 聖句暗誦에 또한熱誠
이非常해서 서로勉勵함이 甚히크다。골
로새書全篇을暗誦한이도있고 또거의이와
갈은分量을暗誦한이도 한들뿐이아니라。

六月五日 (月) 晴。
北漢學園用의電燈
料金이未納되었다고해서 矯風會長의집電
燈의配電中止處分을當하야 一時는 감감
하였다。이를交涉키爲하야 빠스로市內에
往返하랴니 敎岩町빠스가六月一日以後로
一區로取扱케되었대서 京城驛까지五錢에

聖朝通信

通行되는것、乘客場所가 많이移動된것等 交通系統上에 多大한見學을하다。또六月一日부터「國民登錄」이 始作되었더고。

六月六日 (火) 晴。 오늘까지 中間考查를畢하다。〇聖朝社隣接地의果園를 友人이 買收하었음으로 오늘人夫를드려서 果樹를 캐내기 始作하다。일즉歸宅하야 이일에協力하다。이로써 우리領域이 約 一千五百坪이되었다。 아직도聖朝社의隣接地에放賣地있었지만 누가와서 聯合國을建設할친구는없을까 몰다。

六月七日 (水) 後驟雨。 첫時間授業中에市外電話로 그해서急히앝으니誌友某氏의 急患에關한前後處理의相議。〇急한일로市外에往返하다가 顯雨를맞나白轉車를市內에 맡기고超滿員된電車속에서悲壯한「一生在籤爭」끝에 간신히生命體의 分裂을免하고下車하니 甚히頭痛을 깨닫다。 오늘같은날 婦女老弱의乘車는 單只道德問題가아니라 實로生死의問題였다。〇讚頌歌의反響如下

『聖恩中 全體萬安하옵시며 賞聖誌에하나하나 紹介드리겠읍니다。貴聖誌에 하나의 頌歌第三十四章입니다。이것은H、F、L、Y의지은노래로서 三十에不過한靑年、英國의牧師이었는데 肺患으로 더敎役을할수

없이 敎友들과 故別을하려 할때입니다。 平時에 說敎를準備하려면 나가서앉든湖水를 가있었음니다。이때도亦是 마지막說敎를 準備하려 湖水가로나갔읍니다。마침 해는 西山으로 거침없이 떠러저드러가고 마치 自己의 모든親舊 넘어가는 태와같았으며 周圍의모든親舊 나 父母兄弟를 다볼지라도 自己를붙잡어 줄사람이없고 世上에있는 다른무엇으로서는 慰勞을얻지못하고 無限한悲哀와孤寂을느꼈으나 다만한분 生命이되시고 所望이되시고 기쁨과慰勞가 되시는 분이계시니 오직예수! 예수로 因하여 自己肉身은 衰해넘어지나 自己靈魂은 確實한기쁨과 希望에서 勝利하였던것입니다。歌詞들記錄 하겠읍니다 그曲調도매우悲壯합니다。 願하신뜻에適合하시다면 한번힘차게불러 보옵소서。己卯年六月五日敎生〇〇〇上書』(歌詞略)

六月八日 (木) 晴。 雨後의山麓아침景 槪는 모든친구에게 보여주고싶다。높은하 늘 生生한草木 맑은시내 鳥歌水聲、 이런 것을 홀로차지하기가 지극히 황송해서。 〇近來의京城市內交通機關은 무슨理由로

보내주신 聖誌를반가히받었읍니다「많은

聖朝通信

이다。지急작히雜踏을極하게되었는지까닭을
알수없다。市內의停留所마다 待하는群衆을

六月九日 (金) 晴。登校授業後에 病
床에 누어있는誌友두어집尋訪하다。慢性
患者에게는 빌레몬書의大意를 이야기하
야듣기고、急性患者에게는 雙和湯두어貼
지어드리다。○寫眞「道樂」을 시작한後로
種板과 되름 印畵紙等 相當數量에達하야
지금整頓하지않으면 到底히 손댈수없을
地境에達할듯함으로 차츰整理하다。但多
大한日時를要할듯하니 이것도後悔되는일。

六月十日 (土) 曇。藥師寺스님의木鐸
소리 午前세시 지나면 시작된다。日出
의時刻에比例해서 점점 일즉해지는듯。
○登校授業後에 일즉돌아오니 佳信一枚
기다리고있다。『謹啓 보리가릇누릇하야
지고 어지러히 들에서는 소모는소리와
모내는소리가 우렁차게들려옵니다。어쩐
지 저전로 배가불러지는것갈사외다。어찌
其間先生님氣體候萬安하옵시나이까。集會
는 回를거듭할수록 받는恩惠無限하옵고
心臟에까지 뭍히는듯한 先生님의周到하신教

訓은 實로저의實生活의 피와살이되는듯
한感이있었읍니다。저의生活에있어서無心
코지나온것이 其實은重한過課를傳하는
責임이다。何
等「至急」될까닭없는消息을傳하는責임이다。그럼에도 不
拘하고「至急」「親展」이라고皮封에있었으니

六月十一日 (日) 晴。農牛가貴하여 몇
일을 두고 求하려해도 없더니 별안간오
늘主日아침인데 人夫五人과함께오다。멀
리쬤里에서왔으니 도루보낼수도없어 그
대로 일하게하다。밭갈고 공심으는일을
指示監督하면서 午後集會를準備하라니 한
가지도忠實할수없었다。加之에隣家에서 길
막는是非 地境다룸으로로싸움이 이러나게
되니 安息日犯한값이即日로나타난듯하다。
○요한第一書가 이렇게까지 難解의書인
것은비로소깨다랐다。午後의市內集會에서
同書第一章一|四節에依하야 序論을述하
다。요한文書가本來어려운文章인데 오늘
은 마음이散亂하여서 甚히不足한講話이
었다。○夕陽에協力하야야甘諸썼을심다。

六月十二日 (月) 晴。授業을畢하고歸
宅한즉 封書三通이 待하고있었는데「至急
親展」이라는것을 第一먼저開封하매 入

學試驗에 數次失敗하고 只今은 浪人生活하고
있노라는 消息인데 別로「親展」이랄것도
없거니와 過去의消息을 傳한것뿐이라 何
等「至急」될까닭없는責임이다。그럼에도 不
拘하고「至急」「親展」이라고皮封이니
이사람이이렇듯無意味한文句를使用할진대
明春의成功도可望있다하기 어려울듯하니
念慮요。둘재로 病席에있는이의便紙를開
封하니 果然少差있어 登校授業을노라는消
息이라 甚히반가웠다。—먼저 묻지않아도
消息을알려주는일、이는 부질없는일같기도
하나 實은 매우友誼스러운일이다。셋재로未知의人의便
紙를開封하다。이는肋膜炎으로 어떤 섬
中에서 療養하고있는이의오 十八個月前부터
누가聖朝誌를 달달이보내주어서읽고 그
感銘을記錄한것이다。(第九頁「感銘」參照)
心靈의속까지 肺腑에젖는것이니이말로
「親展」이라면 親展書信이될것이다。枚一枚
로읽을동안 눈물로써 主그리스도제自
하지아니치못하다——山을넘고 바다를건
너서라도 主님을避하려다고 밤낮企圖中에있
었어나 나므로는동안에 이와같은役事
를 당신이經營하신다할진대 어찌 내가

二四

광계대고 도망하오리까. 당신은 危機一
髮인데마다 이러한 未知의 事件으로써 저
를 다시금 捕虜하시나이다 라고.

六月十三日 (火) 晴、後曇。 간밤에 모
기軍의 空襲을 當하야 安眠을 못하고
授業도 유쾌히 못하고 일즉 돌아와 午睡。
○矯風會長은 辭任했건마는 洞內에 重要
緊急한 事件이 籤出하여 도處理하는이 없음
을 傍觀할수없어서 저녁에 幹事會를 召集하
고. 자정지나도록 協議하다.

六月十四日 (水) 晴。 登校授業。 저녁
에 洞內일로 十時지나도록 出勤하고、
저녁家庭禮拜에 詩篇第七十五篇을 輪讀。

六月十五日 (木) 晴。 登校授業。 途次
에는 天津租界問題로 排英市民大會가 오
늘저녁 神宮廣場에서 열린다는 「비라」
와 新聞號外가 돌다。 또 鍾路二丁目에서 四
丁目까지 電車軌道修理工事시작되여 東
行片道의 交通遮斷된것이 一大事變이었다.
○저녁에는 京城帝大敎授들의 座談會記
事실린 雜誌를 가지고 質疑次로 來訪한 學生
이 있어 十時지나도록 多談多辯하다.

六月十六日 (金) 一時雷雨。 暑氣漸盛。

市內에서 숙능길은 水道물로 씻으며 그
것을 마시다가 山麓에돌아와 몸무물로
全身을 씻고 또한 마시니 七十萬서울
市民들에게 미안하기 짝이없고 市內의
友人들이 마음에 記憶되지 않을수없다.
설랑안넣고도 꿀속이갈이 달고 어름안
넣고도 이스발이 절여 못다마실지경이
니 이물 어찌 홀로 다마시랴。○咸兄
原稿에 添한短書에 『未安未安。 하나님이
弟의不眞質을 怒하시어서 붓을무겁게하
시었읍니다. 겨우인제야 보내오나 잘읽
어보지도못하고 보냅니다. 連十日을 명
하게않으나 속으로 알키만하다가 今日正
午부터야 겨우 運筆때 成했읍니다. 不足하
시면 任意로削除、改刪、或은 全廢하십
시오、 健在하시기비오며 이만』

六月十七日 (土) 快晴。 詩人은가르되
『내가 입을 열고譬喩를베프러서 옛秘密
한말을發表하오리니、 이는 우리가드른바
아는바요 우리列祖가 우리에게傳한바라』
고。 돋는귀만이 듣고 보는눈만이 보는
故로 「公然한秘密」이다。 ○校內水泳大會
의 날인故로 조校가 京城運動場「풀」에
出勤하다. 水泳大會를畢한後에 陸上競技

場에서 戰力增進體操大會가 있어 第一學
年生徒와함께 恭列.

六月十八日 (日) 晴。 午前中은主日學
校. 午後市內集會에서는 요한一書의第二
講으로第一章五-二章十一節을 講하다。○
다음과같은 편지를添하야 日記帳을 보
넌이가있어 多大한學問을하다 『懷疑와迷
巡에서 헤매고 있는 저에게 具體的
問題를 明快하게 判斷하야 주시옵고、
우리의갈 길을힘있게 指示하야주시오니
自信과勇氣가 생솟듯합니다. 저의感激과
感謝를 日記를通하야 推測하야주시옵소
서。 兼하야 近況알아옵나이다.』

六月十九日 (月) 晴。學校에서는 聖旨
奉體週間이 시작되나。 午前만授業하고 午
後는神宮恭拜。 ○歸省人事一枚如下 『(略)
禮』지난날의 일을 追想하매 오로지感
謝하옵나다 하는 言辭밖에 찾을길이없나
이다. 그동안의所懷와文을쓴다면 가심에담
긴느낌을 이루描筆로써 쓸수없고 아
름답게 그려낼수없음이 마음속죄이恨이
될뿐이로소이다. 멀리戀慕의線은 늘先
生님의教訓을쌓고돌고 모임 가운데차고
넘칠것입니다. 放學은二十三日이고 二十
四日에곧 歸鄕하겠읍니다. 한번다시先生님
을찾아뵈옵지못할것같애 亂筆로써몇字을
리나이다. 餘不備上書』

221

【聖書朝鮮】第一百二十六號　昭和五年　一月二十八日　第三種郵便物認可　昭和十四年　七月一日發行　每月一回一日發行

(1) 金教臣著 山上垂訓研究 全

마태복음 第五─七章까지를 詳細히 講解한 것이다. 簡明한 文字中에 基督敎의 精髓를 把握할 수 있는 것으로 宗敎家는 勿論 一般 求道者에게 必要할 것이다. 基督敎가 아니라 普遍的 眞理로서 가장 近代人의 心琴에 울리는 것이다. 神學生에게도 敎役者에게도 좋은 第一書다.

四六版・二四五頁
定價七十五錢・送料六錢

(2) 聖朝文庫第一輯 咸錫憲著 푸로테스탄트의 精神

人間은 出生하면서부터 石灰質殼衣를 分泌하고 그것으로 自己를 硬化시키고 死殼化시키는 傾向이 있다. 그러나 또한 그를 蘇生케 하고 改革하고 警醒하고 安定하게 하는 源泉이 있으니 이것이 곧 푸로테스탄트의 精神이다. 그 死殼化한 人間들을 警醒하고 蘇生케 하려는 것이 이 册子다.

菊版半・三十二頁
定價金十錢・送料三錢

(3) 聖朝文庫第二輯 咸錫憲著 無教會

難解하기로 消極的으로 簡單하고 簡明할 것이며 또 가장 簡明充足이 아니면 아니 될 것이다. 그러면서 積極的으로 眞理를 가장 簡明充足히 가르치는 것이라야 할 것이다. 無敎會主義라는 簡單히 說明하기 어려운 它理를 簡明하게 表現한 敎理의 眞髓를 그 實際建設論에 있어서 가장 簡明히 說明한 것이라. 그 簡單한 頭腦細胞에 過不足없이 納得케 하려는 것이 無敎會라는 册子이다. 理論的 眞理 를 설명한다. 와 設理論을 가장 簡明充足게 表現한 것이다.

定價金十錢・送料三錢　菊版半・三十二頁

京城聖書研究會

講師　金教臣。

日時　每日曜日 午後二時半부터 約二時間.

場所　市內明倫町四丁目三三三宋斗用氏方. 市內明倫스東京橋下車, 約三分、運剝謝絕.

會費　一個月二十錢以上、每一回二十錢式.

七月第一日曜日(二日)에는 第二章下半의 講解가 있을터이다. 七月第一日曜日(二日)에는 요한第一書의 第二章下半의 講解가 있을터이다.

休講及開講

七月第三日曜日(十六日)까지 集會 있겠고、七月第四日曜日(二十三日)부터 八月中은 休講하겠나이다.

九月第一日曜日(十日)부터 從前대로 明倫町에서 聖書研究會을 繼續하야 고지하나이다. 勤勞報國其他 行事로 因하야 今年度에는 夏季休暇 없어질는지도 모르나 하나 休暇의 有無에 關係없이 우리 集會만은 쉬게 되었고、盛夏의 大自然中에서 배우며 鍛鍊하고저 하나이다. 自由를 求하야 八月中에는 許諾하옵시면 從前대로 明倫 町에서 聖書研究會을 繼續하야 고지하나이다. 許諾하옵시면.

京城、光化門局私書函第一八號
金教臣
聖書朝鮮社

右書書函은 開函안하는 때가 있으므로 每日 開函치 못할는지 모르나 便이 安全함.

七月二十一日부터 八月二十日까지 夏季休暇

但 土曜日 午后와 日曜日은 規則대로 오나 貞陵里로 보내는 편이 安全함.

要急한 書信은 左記로 하시오.
京城 貞陵里로.

本誌의 取次販賣所는 左와 如히 設하얏다.
京城 鍾路 和信商會書籍部 (四階)

本誌定價

一冊　貳拾錢
六冊（送料共）前金一圓十錢
十二冊（一年分）前金貳圓貳拾錢

要前金。直接注文은振替貯金口座京城一六五九四番（聖書朝鮮社）로。

所賣販次取

京城府鍾路二丁目八六　博文書館
京城府鍾路二丁目九一　耶蘇教書館
東京市麴町區九段坂　向山堂書房
新堅閣（咸興府）
北星堂　春川邑
茂英堂（大邱府）
信一書舘（平壤府）

昭和十四年　六月二十八日　印刷
昭和十四年　七月一日　發行

編輯兼發行者　金教臣　（京城府外崇仁面貞陵里三七八）
印刷者　金顯道　（京城府仁寺町二九ノ三）
印刷所　大東印刷所

發行所　聖書朝鮮社　（京城、光化門局私書函第一八號）
振替口座京城一六五九四番

【本誌定價二十錢】（送料五厘）

222

筆 主 臣 教 金

鮮 朝 書 聖

號 七 拾 貳 百 壹 第

行 發 日 一 月 八 (九 三 九 一) 年 四 十 和 昭

昭和五年一月二十八日(第三種郵便物認可)
昭和十四年八月一日發行(每月一回一日發行)

目 次

되푸리하는 眞理

高貴한藥은 再蕩하는 것이나처럼 貴重한人生眞理는 종종 되푸리하여야한다。再吟味하여야하며 再服膺하여야한다。

우리가博物學의 修業을 마치고 教育界를 向하야 出門하려할때에 우리恩師 丘 淺次郞博士의 부탁은 이러하였다。

只今내가 諸君의 卒業을 視하면서 부탁하는말은 三四十年間 反復하야 逸別謝恩會때마다 되푸리하는것은 무릇 가장緊要한부탁、重大한眞理란

것은 그렇게 여러가지가 있을수없다。故로 年年歲歲에 같은말로 되푸리한다。

도 새로운것이아니다。이렇게 快快묵은 말로써 되푸리해서 부탁하는것은 조금

つみたむる ことの かたきは うぐいすの こゑする のべの わかななりけり。

諸君이 出世하여 視學官이되여 남을 任免하는 職權을 잡아 보다라도

그것은 물건품같은 일이다。校長된後에라도 博物가르키는 일을 中止하지않으리만큼 無窮無盡한天然界의 研究에 精進하

여야만 人生의 末年에 寂寞을 느끼지않고 恒常새로운 興味에 日就月將하리라

는뜻이였다。左편도右편도 돌보지않고 眞理探求의 一生을 突進하신老先生의 貴重한말슴이다。

우리가 요한 一書를 읽어보면 거기무엇가 둘이 있음을알것이다。처음은「하나님은 빛이라」는것이오, 다음은「하나님

은 사랑이라」는것이다。하나님은 빛이시니 어떻다는 말인가。요한은 가르되

……빛가운데있다하며 그兄弟를 미워하는자는 지금까지 어두운가운데 있는자요 그의兄弟를 사랑하는자는 빛

가운데居하여 자기속에.거리낌이없나니라

고(二·九一十)。또 하나님은 사랑이시니 어떠하다는 말인가。늙은使徒요한은 힘을 가다듬어 말하되

兄弟들아 세상이 너의를 미워하거든 이상히 녀기지말라。우리가 兄弟사랑함으로死亡에서 옮겨 生命으로 드

러간줄을 알거니와 사랑치아니하는자는 死亡에居하나니라

고(三·一三一一四)。使徒요한의 百千語句가 要컨대「兄弟를사랑하라」는 넷誡命을 새로운背景에서 되푸리한것이다。그

리고 저의說敎도 이簡單한意味만을 되푸리하여서 그單調에 못견디는聽衆이 不滿한質疑를 말한즉「이것만 履行되면

足하니라」고答함으로써 泰然하였다고한다。두고두고 되푸리할만한簡單한眞理、實로貴한것은 이것이다。

多少 의 興奮

얼마前에 우리 親舊中 한사람을 敎師로 招聘할터이니 條件을 提示하라 하였다。 招聘하려거든 이러한 條件으로하라고。 余輩는 이 一句에 至하야 意致않았다」는 意味였다。 學歷으로보아서도 저편이 後輩인 處地인데 이 發覺된까닭이다。

① 이런先生님은 世上에 勿論 世上의 普通一様으로하는 紹介法은 아니었다。 摘發되고보니 果然「多少의 興奮」만이아니라 多大한 興奮이었다。

② 食口가많으니 生活費는 넉넉히드리고、

③ 讀書할時間을 드리기爲하야 授業時間은적게

④ 다른敎師와의 均衡이問題되거든 校長의地位를 賭하고라도 이先生을 擁護하기를覺悟하라。

⑤ 基督敎學校의 特色을 發揮하야 一大靈的根源地되기를 힘쓰라云云。

하였으니 이는勿論 世上에 둘도없는줄알라。

丁抹國寫眞携帶로 왔을때의 일이었다。同窓學友인 某中學校長에게 이 講演들기를勸한때에 電話통에서 即答하는 初一語가 「學務局認可있느 講演이냐」는것이었다。 이 어름같은 一句에「生徒들에게有益하냐안하냐」하는것으로만 判斷하려는 余輩의 「興奮」을 意識하지않을수없었다。 學校長쯤되려는 人間은 개천의 미꾸라지 같이 그 一身의 安全을保持하기爲하여는 極히微弱한普波나影子에對하야서까지도 至極히怜悧하게冷靜하게敏活하게避身하여야 되는모양이다。

그러나 우리가 興奮하기는 昨今에 시작된 일이아니다。 幼時에 무지개를 바라보았을때에 興奮하였고 只今이라도 興奮 ——即 驚異와讚歎이 무지개를 불수없으며、 느낌없이 풀닢에 맺힌이슬을 보고지나치지못하는것이 우리의 爲人 이다。 學窓時代에 學課보다 聖書工夫를爲主로하였음도、 十數年來로 本誌를發刊함도 亦是長久한「興奮」이아 니고는 될일이아니다。 對人對社에「靈的意義가 무엇이냐」고 먼저생각하니 일마다 興奮아닌 것이없었다。

打算的이 오怜悧하고冷靜한친구들을보고서는 興奮한自我가 부끄럽기 짝이없으나 눈을新約聖書에向할때에 興奮된 친구가 거기는 적지않어서 安慰를얻는다。 보라 예수의 一聲에 父母와漁船漁具를 죄버리고 따라나선 시몬의兄弟와 야고보의兄弟며、 예수믿은날 잔치를차렸던 稅吏마태며、 其他스데반 바울等 어느뉘가 興奮치않은사람이었던고。 主여願 건대 우리의 平生에 興奮치못할진대 차라리心臟의 鼓動을 먼저中止시키시옵소서。

多少의 興奮

多少의 平生에

一

家族傳道의問題

家族傳道의問題

二

夏季休暇에 歸省하는 學生이있어 父母兄弟의 不信을歎하며 그傳道의方法을 가르키라함으로 答하여 가르되

첫재로 君自身의信仰이 永續性이 있나없나가 問題이다。傳道하고서 自信이信仰을 버리고 만다면 世上에 이보

다可笑可憎한일이없고 이보다虛無맹랑한일이없으니않은가。學生들의信仰은 信用하기 어렵다。君自身의信仰식 相當한試

鍊을通過하고 相當한年齡을經하기까지 함부로 傳道의慾心을 부리지말라。

둘재로 君自身의信仰生涯가 날로 새롭고 달큼하고 힘나서、보는일 듣는일 배우는일에 行하는일에 信仰으로因한

意味의解得 歡喜의躍動이 있나없나 스스로反省해보라。이런特異한生涯의結實이 天國의生活를 이미地上

에서도 一部分식 맛볼수있는生涯가 못될진대 그따위信仰을 近親者에게傳해서는 무엇하랴。君 하나만 버린것도可

惜한데 또君의父母까지 버리고 兄弟까지 못쓰게만들必要가 어디있으랴。萬一 君의속에서 솟고 또솟아도 끝없이

흘러나리는生命水의體驗을 가진바있고、그리스도를 通해서본世界의 아름답고恒久한것과 그生涯의實되고生生한것을 진

정코 맛본바가 있어서、信仰의길을 알지못하는近親故友가 가엾어서 못견디게될때──憐憫의情이 君의心臟에動하기를

解氷後의草木이 움트듯이 發動할때──그때에 傳道해도 決코 늦지않을것이다。

셋재로 아무리骨肉의近親이라도 眞理의世界에는 私情을容納치않음을 알라。燥急이 억지로 信仰에 끄러더리려고

하지말고 不信의世界에 그대로 한동안放任해두라。數年 或은數十年 또는一平生이라도放任해두라。그래서不信하는 저

들이 信仰하는君의生涯를 보고서 받을것을못받는損失을 느끼고 影子같은 人生의虛人된것에 못견디여할때 그때에傳

道하여도 늦지않다。萬一 信仰生涯에 부러우리만한實된것이 없고、不信生涯에 焦心할만한虛된것이없어 그것이나 이

것이나 每一般이라할진대 구태여 近親까지 번거럽게할것은 무엇이랴。

信仰의世界는 實된世界이다。알곡과 쭉정이 갈라지는世界이다。故로實驗으로써證據할것이오 事實로써傳道할것이다。

부러운것이 있거던 믿으라。없거던 말라。그러나 骨肉之親에對한 君의愛情이 오래放任하기를 참지못하겠거든 祈

願하라 하나님께 부탁하라。가르되「우리父母 或은兄弟의 눈을뜨게 합소서。그래서 事物의眞相을 如實히보게합소

서」라고。

히브리書講義 [五]

咸錫憲

第五講
苦難의예수（第二章五節──第三章一節）

그것은、（하나님이） 우리가말하는 將次오는世界를 天使들에게는 服從케하시지를않었다。[5] 어디 證據하야말하기를 [6]그보다 누가

『사람이무엇인관대 저를생각하옵시며 사람의아들은무엇이관대 저를돌아보시옵나이까。[7]당신이저를 暫間 天使보다못하게하시였아오며、榮光과尊貴로 冠을씨우시어、[8]당신손으로지으신것우에 저를세우시었고、萬物을 저의발아래 服從케하시였아옵나이까』 당신이저를 萬物을 그발아래 服從케하시였다면 服從치않게 남겨두신것이라고는 하나도없다。 그러나 이제우리는 萬物이저에게 服從하는것을 아직 보지못하고、[9]다만 天使보다 暫間못하게하심을입은 者 곧예수가 죽음의苦難으로因하야 榮光과尊貴로 冠써우심을입은것을본다。 그리하심은 하나님의恩惠에依하야 모든人間을爲하야 죽음을맛보시기爲하신 것이다。[10]그것은、그들을爲하야 萬物이있고 그로말미암아 萬物이있는 그이에게는、 뭇아들을 榮光으로 이끌어들어가게하실때에、 그들의救援의主帥을 苦難으로써完全케하시는것이 合當하신일이기때문이다。 [11]그는、거룩케하시는者나 거룩케하심을 입는者들이나 다하나에서나왔다、 그런고로 兄弟라부르시기를 부끄러워아니하시고 [12]말슴하시기를

『내가당신의이름을 내兄弟中에서 傳播하고 모임가운대서 내가당신을 讃美하오리다。』

하였고 또[13]

『내가그를 依支하리라』

하였으며 또다시[14]

『보라、나와 하나님이 내게주신子女들』

이라하셨다。 그리고子女들은 같이血肉을가진者들인 故로 그도또한 한가지로 같은모양을 取하야、 그리하야 죽음으로써 죽음의 權勢가진者 곧惡魔를 滅하시고 또[15]죽음을두려워하므로 一生을매여 종노릇하는者들을 놓아주시려 하셨다。 이는、實로저가 [16]天使를 붙들어주시지않고 아브라함의 子孫을 붙드러주시기때문이다。 [17]그러기때문에 그가 모든點에 있어 兄弟들과같이되신것은 百姓의罪를代贖하시기 爲하야、하나님의일에關한 慈悲하고忠信한 大祭司

三

히브리書講義

長이되시는데있어 맛당한일이였다。그는自己가試驗 을받아 苦難을當하셨기때문에 試驗받는者를 能히 도으실수가있다。三、그러면、같이하늘에 부르심을 입은 거룩한兄弟들아 우리가告白하는信仰의 使徒 시요 大祭司長이신 예수를、깊이생각하라。

아들이天使보다더偉大하신이란말은 律法을 하나님의 啓 示로 믿는사람에게는 반드시알어듣기 어려운말이아니다。 天使崇拜를하는 유메사람들도 將次모든問題를解決할者로 서의 約束된메시아를 熱望하기는하였다。그러나 이는 어 디까지던지 理想에屬한일이오、即永遠한天界에계시는아들 의일이오、實地歷史上의일은 그와다르다。全能하신하나님 의 기름부으신아들 오신다는것은믿는다、마는 나사렛 의 예수가 그아들이라는것은 알수없었다。사람들은메시아를날 개돋은天使의列中에서 찾으려할뿐이오。거칠돌이 여기있었다── 歷 史的예수의性格、即人間예수、人間中에서도 그맨밑바닥에 나신 苦難의예수。그러기때문에 第一段에서 律法에對한 尊信이있는 受信者들에게 聖經을引用하야 天使보다偉大 하신아들이 約束되여있는것을 몬저理解시켜놓고는 다음 本段에서 强盜의 틈에끼여 十字架에 달리는 苦難의예수야 말로 그아들임을말한다。榮光의寶座앞에서부터 急轉直下

人間의世界로내려온다。사람들은 그리스도가 人間界에나 타났는故로 저를否定하고 疑心하고 瀆神者로 排斥하였 다。그들은 그리스도가 人間에 가깝기보다 멀수록 멀기를 期待하였다。그러나 著者의信仰은 그리스도의苦難이야말로 人間性이야말로 그根本性格이요 그것때문에 바로 우리救 援의大祭司長이된다고한다。

四

1 將次오는世界

五節은 우리公定飜譯에서는 우에와아무連絡이없이 『우 리가말하는바……』 하는말로始作이되여서 第一段과第二 段은 意味上아무脈絡없는、全然別立한것인것처럼보인다。 그러나 이는 飜譯上 重要한單語를 뽑겠기때문에 이러난 잘못이요。本來는 그렇지않다。原文에 五節은 가르(또는)라 는接續辭로 始作이된다。이것은 어미말한것에對한 理由 를說明하려할때 或은어떤말의意味를 强하게하려할때에쓰 이는말로서 飜譯한다면 『그것은』이라、或은 『왜그런고하 니』라、또或은 『實로』라할수있다。그런데 語法의 構造上이것 을一一히그대로直譯하면 너무過한때가많아서 우리말에서 는 大槪畧되여있다。그러나그것으로는 原文固有의맛을잃 는것인데 더구나 이節의境遇에는 그렇다。여기서는 分明히 우에말한것의 理由說明을 끄집어내는것으로 불것이다。 그러지않으면 第一段에서 永遠하신아들을말하고 第二段

에서 受肉苦難의아들을말하는데 兩者는 아무關聯없는 孤立한것이되여버리고만다。그렇다면著者의말은 支離滅裂이다。

또이것을 上文에 連絡시키는대있어서도 그見解는반드시하나가아니다。或 하나님이같이證據하셨다는대붙어서기도하고 或 이같이큰救援이라는대 붙어기기도하고、또 들은바에 緊切한注意를加하란말에붙이기기도할수있다。그어느것으로도意味가通치않는것은아니다、그러나 가장穩當한것은第一章末節에連結하는것이다。그章四節以下에서 舊約을끌어아들이天使보다높다는것을 證明한著者는 이節에서 사람의뜻밖에버서서나는 놀라운말로結末을맺었다。即、天使는 救援을언을後嗣들을爲하야 섬기는者라는것이다。섬기는것은勿論 主님을섬기는것이지만 救援얻을後嗣란 人間인데 天使가 人間을爲해서 섬긴다는것은 알기어려운말이다。이것은반드시 說明이있어야할말이다。우에서 말하기를 第一段에서 第二段에들어갈때 著者는 天上界에서 人間界로急轉直下했다 했지만 그急轉의一步가곧 이救援언을 後嗣라는말이다。여기서 이미 苦難의예수를말할 準備를하였다。그러기때문에 第二章五節의「그것은」은 이救援얻을後嗣를爲하야 天使가主님을섬기는것은 이다。그렇게볼때第一段의永遠하신아들과 第二段의 苦難의예수와는 한개의統一속에있다。그리고그連絡을시키는것이무엇이냐하면、將

次오는世界라는것이다。將次오는世界라는觀念은 예수를하나님의아들로理解하는데 반드시必要한條件이다。或은꺼꾸로말하면 將次오는것은 苦難의예수를通해서만 可能하다。故로著者가 여기서將次오는世界라는말을決코突然히한것이아니다。外樣으로그러하다。그는첨부그러나著者의가슴속을 더듬는다면 그렇지않다。그는러나종까지 心中에對立되는 두世界를 바라보면서말한다。「하나님이 옛날에는 여러部分으로 또여러모양으로 豫言者들로 祖上들에게 말슴하시었더니 이모든날 마지막에는우리게 아들로 말슴하시었는데」할때부터 心中의目標는 늘將次오는世界에있었다。이를 알지못하고 本書는 바로알수없다。

將次온다는것은 時間的으로 未來라는뜻만이아니다。現存한 이秩序에對한 새로운秩序라는말이다。그는반드시後에오는것이아니요 도리어깊은意味로하면 이秩序의世界보다먼저있는秩序의世界라할수있다。마치 예수가大衛의後孫이면서도 自己가大衛보다먼저계셨노라하시고、요한이그보다먼저왔어도 그는自己보다 먼저계시다。한것과같다。歷史的으로하면 이것은 예수의오신것으로써 始作되였다할수있다。그러나 그렇다고해서 예수의前에 그世界가없었던것도아니요 예수後에 남은世界가 없는것도아니다。예수는이世界를 人間의歷史안에일

히브리書 講義

五。

히브리書講義

六

우시기爲하야오시었었다。이는自然物과같이 時間에屬하는世界가아니오 精神에、良心에屬하는世界다。「이에있다 저에있다」할수있는것이아니오、어느때에을지도 알수없는것이다。그代身 어대서도可能하고 어느때도可能하다。예레미야가 七十年後에 보았고 다니엘이數百年後에 보았던것을 예수는 바로 눈앞에보았고 다니엘이數百年後에도可能하다。故로 우리가말한다기보다、意味로하면 차라리「우리가」라고하셨다。그것은 그것이自己에게있는것이기때문이다。「때가將次오려니와 지금도그때」라고하셨다。그러기때문에 그世界는 사람의 예수에對한마음에달린世界다。그에向하야 마음의「스윗치」를틀면 지금도있는世界다。

요한과예수의傳道를 一言으로要約하야 「悔改하라 天國이가까우니라」한것은 決코偶然이아니다。故로福音의記者가 洗禮로「世上사람과合할수없다。서로 바라는目的이 다르기때문이라。基督敎를가지고 이秩序의世界에 功獻을할수도없고 이世上의 發達에依하야 基督의나라를 發展시킬수도없다。

그러기때문에 이世界는 이른바世上의思想家들이 漠然하게그리는것같은 單純한一個可能性이아니오 確實한實在다。다만그것을認定하느냐 아니하느냐는差異가있을뿐이다。거기使用된 單語의뜻이 그것을 잘 表示한다。그世界라는字는 一般으로 宇宙라 世界라 하는뜻의 것이아니오 「사람사는땅」이라는말이다。著者에게는 이將次오는世界는、 現存하는눈에뵈는世界보다못하지않게 그보다도더 確實한것이었다。이世界는 한個그림字에지나지않으나 그것은實體였다。그리고 이는 著者만아니라 眞正한基督信者의 누구나가지는信仰이다。基督敎란 예수의宣布

한새나라를承認하고 스스로그나라의百姓임을告白하고 거기對하야 忠誠을表하는일이다。「우리가말하는」이라는말은 그런意味에서 解釋할것이다。

이것은著者가 써보내는 이片紙만을 가르치는것이아니오 基督者의하는 傳道全體를 가르치는말이라함이 맛당하다。「우리가關心하는」或은「우리가말한다기보다、意味로하면 차라리「우리가 일이있는」이라고할말이다。基督者는 무엇을말하고 무엇을行했던지 그結局 그意味는 將次오는世界에있다는말이다。이意味에서 基督者는 根本的으로 世上사람과合할수없다。서로 바라는目的이 다르기때문이다。基督敎를가지고 이秩序의世界에 功獻을할수도없고 이世上의 發達에依하야 基督의나라를 發展시킬수도없다。

將次오는世界를바라는것은 이時代에있어서는 매우空漠한思想을가지는것으로、或은人生과社會에對하야 아모精極的意志를가지지않는 隱遁的人生觀을가지는것으로 解釋이된다。基督者가 거기만專心하고 이社會의일에 干涉하지않는限 世上은 저를 無害한物件으로 容認하야두려한다。그러나本來의意味는 그렇지않었다。初代基督徒에게 이는 戰鬪標語였다。當時의世上은 이것때문에 저들을「染病갈은놈」이라하며 排斥하였고 저들은 이것때문에 辱을먹고 피를흘렸다。그때에는 基督을믿는者나 反對하는者나 둘에 對하야 다같이 이말은 生命있는말이었다。믿는者는 그 世界가 確實이 올것을 確信하고 傳播했고 逼迫하는者도 그 世界가오면 아니되겠다고 생각해서 反對하였다。지금은 兩者에게 다 이것은 死語에지나지않는다。일즉이 싸움에쓰던 武士의갈이 지금은 그 模型만이 길어서 裝飾品으로되었다。지금은 『將次오는 世界』는 基督敎徒의 無害를 證明하는 한紋章에 지나지않는다。그 證據는 그들이 萬一 그바란다는 將次오는 世界를 海外에서난移民의子息이 그祖國을생각하는 것만치라도 確實性을 믿었다면 그들의 살림이 그러했을수는 없고 世上도 이대로는 있지않었을것이기때문이다。

그렇게된것은 兩者에 對하야 다不幸이었다。實된것을實었는것처럼取扱하는데서 저들은人生을遊戲하고 僞辱하고 _虛僞를살었기때문이다。_ 『將次오는世界는』決코一片의空想이 아니다。思想으로만도 人類가가지는 最高의思想이다。基督敎의立場을떠나서 생각한다하더라도 人類의歷史에서 功績을끼쳤다는사람은 다 將次오는것을바라고 그때문에努力한사람이었다。우리는 現今主義黨안에 人類의恩人있음을 듣지못하였다。그들은 다 다른사람이보지못하는 어떤 한世界에 人間을이끌고가려고 힘을썼고 그때문에 미친者라는 말을들었다。그런故로 이實된世界를否認하는 現代는 스스로 虛空에떠 空中에權勢잡은者의손에빠졌다。오늘날世相은 이 큰잘못의結果로온것이다。列强의政治責任者로서 萬一얼마 쯤이라도 이將次오는世界에對한 誠意가있다면 世界의일은 훨신 나아갈수 있다고 믿는다。

『너의는寶物을 하늘에쌓으라』

『너의는 몬저 그나라와 그義를 求하라』

히브리書講義

七

正誤表 〔히브리書講義의〕

頁	段	行	誤	正
一〇〇	下	二	輪奐의美	輪奐의美
一〇一	上	七	장작이혰	갑작이혰
一〇一	下	二	……全部로	……全部요
一〇二	上	四	著者는論斷한다。	그論이中斷된다。
一〇三	上	八	……빛나고	……빛나는
同	下	一〇	조차도	까지도……
同	上	八	脈絡이……	脈絡이……
一二八	上	五	얼은	일은
同	下	八	『말』 이것	『말』, 이것처럼
一三一	上	四	모양이다。	모양이나
一三二	上	六	주신이다	주신것이다
同	上	八	좋으셔서	주신것이다
同	同		좋으셔서	좋으셔서
同	下	末六	오늘날우리가일	우리게일

基督教는무엇인가

基督教는 무엇인가

宋斗用

緒言

어느틈에 朝鮮에서도 基督教는 不信社會에까지 常識化하고말었다。그래서 基督教를 異邦宗教이니 西洋宗教이니 基督教人을 忌嫌하거나 特殊取扱하는일은 불수없게되였다。萬若 이것이 基督教가 朝鮮에서 長足의 速步로發展한까닭이라면 깊이慶賀할바이다。

그러나 이現象은 果然 朝鮮사람이 基督教를깊이理解한證據일가? 차라리 朝鮮사람은 一般的으로 基督教에 對하여 無關心이거나 不然이면 等閑視하는傾向이있기때문이아닐가? 아니, 所謂 基督教人中에도 其多大數는基督教에對하여 理解가淺薄하고 熱心이不足한것이事實이아닐가? 『남이場에가니 나도간다』는式의基督者가 大部分이아니라면 多幸일까한다。우리는 于先 基督教가 무엇인가를 깊이 理解하여야한다。其內容을밝히認識하여야한다。其眞髓를 確實히 把握하여야한다。

그러면 우리는時代에 뒤떠러진일같으나 다시한번 基督教가무엇인가를 生覺할必要가있다。더구나、求道者或은 初心者에게있어서는 말할것도없다。길은가기만하면 되는 것이아니다。때때로 方向을찾어야한다。全心全力하여 다 름질할지라도 方向이틀리면 最初의目的地에 到達하지못 할뿐더러 모든受苦는虛事가되고만다。우리는 가끔自己의 걸어온길을反省하며 또前進하려는길을 想考할必要가있다。 이것이旅行者의 健全한態度이다。

基督教는무엇인가? 우리는 基督教는 무엇인가를生覺 하기前에 무엇이아닌것을 먼저 生覺하기로하자。그것이 더便利하고 또理解를 돕는까닭이다。

一、道德이아니다。

누구나 基督教를一種의道德으로 生覺하는傾向이있다。 그야基督教가 道德을낳고 또道德을가르치는것은 事實이 다。더구나 山上垂訓과같은것은 最高의道德律임에 틀림없 다。

그러나 基督教는 道德이아니다。基督教가 忠孝만을特 히 重要視하라고 하지아니한이까닭이다。더높고 더貴한 것이있다。道德은 一種의律法이다。基督教가무엇일지라도 決코 律法만은아니다。道德은 機械的이다。사람을拘束한 다。壓迫한다。道德은良心의桎梏(手押과鋸鋼)이기때문이다。

그러나 基督教는 사람에게自由를준다。罪의奴隷인人間

八

基督敎는무엇인가

을解放하여 道德（或은律法）의명에를벗어나게한다。道德은
外部에서 內部를制御하려하나 基督敎는內部로
向하여 活躍한다。道德과基督敎는 外部로
正反對이다。基督敎를 儒敎에서 多少間進步한것、或은一
般宗敎中에 가장偉大한것으로안다면 그것은 큰誤解이다。
基督敎는 儒敎와本質的差異가있으며 世上의宗敎와는 根
本的相違가있다。마에對한하늘과같이。

二、學問이아니다。

世上에는 基督敎를 一種의學問으로녀기며 또 그렇게
取扱하는사람들이있다。그러나 基督敎는學問이아니다。哲
學、科學、文學、歷史、地理等 其外의 아무學問도아니다。
勿論 神學도아니고 宗敎哲學도아니다。（但 基督敎에는
이런모든學問이包含되여있음은事實이다。）그야學問을하여서
基督敎에關한知識을넓힐수가있다。또神學이나 宗敎哲學같
은것은 基督敎에關한學問이다。

그러나 基督敎는 學問이아니다。따러서 基督敎는學問
研究로써 理解할수있는것이아니다。그러기에 學者가 반
드시基督敎信者가아니다。神學博士나 聖書學者라고하여 꼭
基督敎信者라고할수없음은 이까닭이다。宗敎學者와基督者
와는 全然딴것이다。

三、思想이아니다。

基督敎는學問이아닌것처럼 思想도아니다。基督敎를 머리
만으로理解하지못함이이까닭이다。그러니 天才반드시 基
督敎徒가되는것이아니다。基督敎는 哲學研究로는알수없다。
萬卷의書籍을耽讀할지라도 結局基督敎는 不可知의것이고
만다。思索하여서 알수는 觀念이아니고
承認하는일도아니다。基督敎的人生觀、社會觀、宇宙觀을배워
서 基督敎를 理解하는것이아니다。多數의政治家나學者들
（神學、哲學、科學等）이基督敎를 如干하여 理解하지못하
는理由는여기에있다。저들은 基督敎를 머리로或은學問으
로알려는까닭이다。

四、儀式이아니다。

사람은 宗敎라면 벌서 儀式을聯想한다。그만치 宗敎
는儀式과不可分離의關係에있다。그러니 사람들이 基督敎라
면 于先 洗禮나聖餐等의儀式을 生覺함은 無理가없다。그
러나 基督敎는洗禮나聖餐이아니다。

그런데 이點에對하여는 所謂 基督者中에도 種々誤解
하는이가있다。特히 眞實한篤信者中에도있음은可歎可歎이
다。그러기에 基督敎는 儀式을爲하여서의 組織이나制度가
不必要하다。萬若 宗敎가基督敎라면 基督敎가아
니라할수있다。또 萬若 基督敎가 宗敎라면 基督敎는 宗敎가아
닌까닭이다。또 萬若 宗敎가基督敎라면 基督敎는 宗敎가아
닌까닭이다。宗敎라할것이다。基督敎가世上에와서 世上에

九

基督教는무엇인가

는 비로소 儀式없는 宗敎가 있게된것이다。 이 얼마나 놀라운 事實이냐?

五、敎會가아니다。

基督敎가 儀式의宗敎가아니라면 儀式을爲하야 制度와 組織이具備한敎會가아닐것은 自明한일이다。基督敎가 敎會로나타날수도있으며 또敎會에서. 成長하는인은있을수있다。 그러나 基督敎는 敎會가아니다。基督敎의實體는敎會以上이다。 敎會보다 偉大한것이다。 靈魂이肉體以上이며 또더偉大한것과찬가지다。 實로 貴한것은 肉體가아니고靈魂이다。肉體가죽어도靈魂은죽지아니하는것과같이、基督敎는 敎會없이 充分히 存在할수있다。 참 基督敎는 決코敎會에 억매이지아니하는法이다。

그런데 사람들은 世上에있는 所謂敎會를보고 基督敎나본것처럼 生覺한다。 그것은 마치 얼굴을보고 마음을보았다는것과같다。 어리석다할수밖에없다、基督敎는 決코人間이左右할수있는것이아니다、 그가 (法皇이거나監督이거나또는長老이거나牧師이거나) 누구이던지、基督敎는 天的이고地的이아닌까닭이다。 그러기에 사람은 세울수도없고 헐수도없으며 興하게할수도없고 亡하게할수도없다。基督敎와敎會와의區別을 明白히하는것은 基督敎가무엇인가를 理解하는데 가장必要한일이다。

一〇

六、主義가아니다。

우리는 끝으로 하나더注意할것이있다。 世上에는 主義가많다。 國家主義가있나하면 無政府主義도있고 資本主義가있나하면 共産主義가있으며 個人主義가있나하면 社會主義도있다。 그뿐인가、軍國主義니 民族主義니 勞働主義니 享樂主義니 其他무슨主義니～하여 무엇이고 主義가아니면 아니되는모양이다。 그래서 世上에는 基督敎도무슨 한主義인것처럼 生覺하는사람이있다。 그러나 基督敎는아무런主義도아니다。 近者에基督敎社會主義 또그런種類의무슨主義하는것이있는모양이나 그것은 다만 自意로基督敎의名稱을 갖다붙인것에不過하다。 우리는이러한 似而非의基督敎 또는僞基督敎에 迷惑하여서는 아니된다。基督敎는本質上그런것일수없기때문이다。

七、事實이다。

우리는 지금까지 基督敎가 무엇이아닌것을 生覺하여왔다。 그래서 基督敎는道德도學問도思想도아니며 또儀式도敎會도아니고 아무런主義도아닌것을 알았다。 그러면大體 基督敎는무엇인가? 其正體는무엇인가?

基督敎는 于先 무엇보다도事實이다。 우리가 實際로實驗(或은體驗)할수있는 산事實이다(요한一의一·一參照)。 聖書는 一個의歷史書가아니고 산事實의記錄이다。 옛날에있었

던그대로 現在에도 있는 事實이다。自然과같이 사람은 基督
敎를 觀察하며、實驗하여서만알수있다。過去二千年間 無
數한 反對와 非常한 排斥을 받었으며 現在에도 또한 그러
하나 조금도 衰退하지아니하고 오히려 生氣潑剌하게 長生하
고있음은 事實인까닭이다。消極的(죽은)事實이아니고 積
極的(산)事實이기때문이다。그러기에 傳道는 이 事實의 證明
이다。說明이나 敎授가아니고 實驗을 證明하는일이다。이 산
事實을 『와서보라』하고 (요한一·四六)。

八、能力(힘)이다。

다음에 基督敎는 能力이다。아모힘도없는 事實이아니고
能力있는 事實이다 (로一·一六、고前四·二〇、골一·二九參照)。
이힘은 하나님의힘이다。그러기에 산힘이다。破壞의 힘
이아니고 建設의힘이다。滅亡의힘이아니고 創造의힘이다。
죽이는힘이아니고 살리는힘이다。이힘이야말로 岩石과같
이굳은 人間의마음을 깨트리고 生命의씨를심어 그것을
生長하게하는 唯一의힘이다。絕對의힘이다。

九、生命이다。

基督敎는 事實이고힘인同時에 生命이다。其實은 生命
이기때문에 事實이며能力인것이다。基督敎는 힘으로나타
나고 生命으로자라난다。其能力은 機械와같이 죽은힘이
아니고 自由로活動하는산힘이다。其生命은 一時的生命이

基督敎는무엇인가

아니고 永遠의산生命이다。基督敎는 다만其自體가 生命
일뿐아니라 生命의源泉이다。또 生命의供給者이다。이意
味에서 傳道는 힘의分配이며 生命의提供이다。이生命의힘
은 敎授의힘이다(고前一·一八)。

一〇、基督敎는 그리스도이다。

우리는以上에서 基督敎가 事實이고 能力이며 또生命
인것을 알었다。그러면 基督敎가 이러한事實이고 能力
이며 또生命이기爲해서는 抽象的理論이여서는 아니된다。
具體的實體이여야한다。적어도산人格이여야한다。그것을우
리는 알고저하는바이다。
이 산事實、산힘、산生命의本體는 무엇인가? 그것은
곧 하나님의말슴(Logos)이다。이말슴은 太初부터 하나님
과같이계시며 말슴이 곧하나님이시다。萬物은 말슴으로
말미암아 創造를받었고 被造物中에 말슴없이지음을받은
것은하나도없다。이말슴에 生命이있으니 生命은 곧사람
의빛이다(요한一·一~四)。그런데 이사람의 빛인生命、生
命인말슴은 肉體가되여 우리中에 오시었다(요한一·四六)。
그가 곧 하나님의 獨生子이신 예수그리스도이시다。
그런즉 우리가 지금까지探求한 眞正한基督敎란 其實
은 이 그리스도이시다。聖書는 이事實을 證明한다。이힘

一一

그리스도를배워

은 『에크레샤』에서 나타나고 이生命은 그리스챤의 各靈
魂속에서자라고있다。 그리스도야말로 이生命自體이시고도
一切生命의本源이시다。그래서 그리스도에게만 참生命、산生命、
永遠한生命을供給하신다。 그리스도는 『내가生命』이라하셨고(요한
一四·六) 또生命의糧食이라고도하심은(요한六·四八)이것을意
味하신것이다。

그렇다。 그리스도는 果然 우리의生命이시다(골三·四)。
그리고 하나님의能力이시다。 即救援의힘이시다。 그러니基
督敎에 이能力과生命이있다면 그것은곧그리스도일수밖에
없다。 참基督敎는오즉 그리스도이다。 그리스도以外에基督
敎가없고 基督敎는 그리스도만이다。 그리스도以外에基督
우리는거듭말한다。 基督敎는 산에수그리스도이라고。

(五月三十一日議政府에서한靑年兄弟에게말한것에加筆한것)。

（第十五頁의續）

斷을기쁨으로들어야한다。 自己의意見이適當할지라도 오히
려 하나님을爲하여 그것을버리고 다른사람의意見에좇는
다면 그便이 얼마나 自己에게 더큰有益인지알수없다。 우
리는 때때로듣는다。 自己의意見을 남에게取하도록하는것
보다는 他人의忠告를듣는것이 더욱安全하다는말을。 自己의
品은意見이모다可하다할지라도 그것을너무固執하고남과같
이하기를 기뻐하지아니하면畢竟傲慢과偏狹을證據할뿐이다。

그 리 스 도 를 배 워

二二

토마쓰·아·켐피쓰
葡萄園農夫譯

의三、眞理로말미암아 배우는일

變하기쉬운 것模樣이나 言語에依하지아니하고 眞理로말
미암아 引導받는者는 幸福하도다。우리의意見과 感覺
과는 往往히 스스로欺瞞한다。大槪 우리는 其見識이極
히 淺源한때문이다。審判날에는 無智는 決코刑罰의理由
가되지아니하는것이아닌데 쓸데없이 깨닫기어려우며 감추어
진事實을 論究討議한들 무슨效가있으랴。 異常야릇하고 또
몸에害가되는것을 空然히 考慮探求하면서 도리어옳지아니
하고 또 有益한것을 等閑히하는것은 愚의極致라할것이
아닌가? 우리는눈이있으나 能히 보지못하는者이다。
理論의技葉에 매달린들 무엇을成就하랴? 永遠한말슴
에 指導받는者는 論爭하는일에서 救援을얻을수있다。이한
말슴에서 萬物이生하고 萬物이 모다 이에屬한다。 이는萬
物의처음인데 또우리에게말슴하신다。이로말미암지아니하
고는 아모도 事理를理解하며 判斷하는 能力이었다。다
만萬事를 이 하나에두고 萬物을한根源에돌리며 萬事를

이한 見地에서 觀察하는者는 오래 참어 오즉 하나님안에
和平한 平安을 어들것이다. 아! 眞理이신하나님이시여,
永遠無窮한 慈悲속에 당신과하나가되게하시옵소서. 좋은
땀은事實을見聞하여 疲勞하엿나이다. 나의所願하는것, 나
의찾고求하는바는 一切가 당신안에있나이다. 모든學者의
입을막으며 당신의발아래에있는 하늘과따를 고요하게하사
다만 당신만이 나에게 말슴하시옵소서.

사람은 其目的이 하나가되고 其마음이 漸次單純하여짐
을따러 힘을쓰지아니하고도 漸漸高遠深奧한것을 깨닫게되
나니 이것은 하늘에서오는 知識의빛을받는까닭이다. 淳潔
하고單純하며 鞏固한精神을갖인者는 아모리 여러가지事
業에當面할지라도 迷惑함이없다. 이는 萬事를對함에 홀
로하나님의榮光만을 生覺하나니 따러서마음이 平和하고
事物에 억매이지아니하는때문이다. 自己心中의 情慾을抑制
하지못하는일以上의妨害와困難은 또다시없다. 敬虔善良한
사람은 일을함에當하여 于先 其마음을整理한다. 그러므
로 그릇하기쉬운 自己의情慾에 쓸리는일이없이 正確한
道理의指導대로處理한다. 自己를 이기는일以上의 苦鬪가
없다. 그러므로 克己의힘을길르면서 날마다 强健히 또
淳潔하게靈으로 發達하지아니하면아니된다.

아모리 圓滿한사람이라할지라도 缺點이없을수없으며 또
우리의知識은 하나도透徹한것이었다. 奧妙한學術의研究보

그리스도를배워

다는 네가갖인貧寒한 知識이야말로 오히려 하나님에게到
達하는들림없는길일것이다. 그러나 어떠한知識 卽學術도
本是이것을 排斥할것이아니다. 이것은모다 하나님께서주
신바이니 決코 輕視할것이아니다. 다만眞實한良心과謙
遜한生涯를 더 먼저 求할것을말할뿐이다. 世上의많은사람
은 善良한生을 보내기보다는 學者가되려고 盡力함으로써
結局 欺瞞을當하며 受苦한도 아모效果가없게된다.

아! 사람들이 萬若 疑心을解決하기에努力하는것같이
其缺點을뽑아내고 德行을심는데 熱心한다면 世上에있는
諸種의罪惡과 破廉恥는 完全히其痕跡을없이하게될것이다.
眞實로 審判날에있어서 訊問받는것은 其읽는것의 如何
가아니고 其行한바의 如何가아니
고 어떻게生活을보내였는가에있다. 請컨대 너의아는智者
나學者로하여금 其生前의學識에富하였던것을 나에게보이
라. 그러나 보냐, 後進이 곧 그자리를바꾸어 그들을記
憶하는일좇아 드물게됨아! 生前에 그들은 多少間
世上에서 무엇이고 認定받는것같다. 그런데 지금은 사람의
입에좋아 오르지아니하는도다.

아! 世上名譽의 사러짐은 어찌 그리速한지? 그들의
生涯는 其學識으로말미암아 갚음을받었는가? 그들도 畢
竟무엇이고연으랴고 讀書硏讚하였것마는! 하나님을 섬기
는데 뜻을두지아니하고 이世上의無益한學識에 마음을 잠

三

그리스도 를 배워

그러면서 滅亡하여가는사람이 世上에 其數가果然얼마인가？
그들의 求하는것은 謙遜한德이아니고 차라리 偉大한名聲
을얻으려는데에있다。그래서 其妄想과함께 空虛에돌아간
다。偉大한慈愛를갖이는것이야말로 眞正한偉人이다。名譽를
뜻에두지아니하고 自己의賤한것을아는일이야말로 참聖者
이다。그리스도를얻기爲하여 이世上의것은 모다糞土와같
이녀김이야말로 정말智者이다。自己의意志를버리고 하나님
의聖意를行하는者야말로 참으로學者이다。

一의五、 聖書를읽는일에對하여

聖書안에서求할것은 雄辯이아니고眞理이다。聖書는 어
디거나 그것을쓴精神과같은 精神으로읽지않으면 아니된
다。어려운運理論은남겨두고 다만有益한데만을 求하지않으
면 아니된다。마치 우리가深選奧妙한書籍에 對하는것처
럼 기쁨으로 이平凡하고도 敬虔한冊을읽어야만한다。著者
의學識如何로써 其權威를侮蔑하지말라。다만眞理를사랑하
는마음으로읽기를努力하라。其著者如何를 묻지말라。다만
其記錄된바에만 마음을두라。

人生은 사러진다。그러나 『여호와의眞實하심은 永遠토
록 있나니라(詩一一七·二)』하나님은 人間의如何를不顧하
시고 여러가지方法으로써 우리에게말슴하신다。謹愼함으
로 單純히받을것을 쓸데없이 論難하고 硏究하면 往往히

一의七、 無益한所望과傲慢을避할일

人間 或은 物質에信賴하는것은 無益한일이다。그리스
도를사랑하는까닭에 사람을섬기는것을 羞恥로녁이지말라。
또 世上에서 賤待받음을 부끄러워말라。自己를依支하지
말라。다만 所望을 하나님에게두라。너의있는힘을다하면
하나님께서 너의좋은뜻을 도으실것이다。自己의知識을依
支하지말라。또 산人間(코로숨쉬는人間)의手腕을 依賴하
지말라。다만 謙遜한者를도으시고 傲慢한者를 물리치시
는 하나님의恩惠만을 依支할것이다。假借 財産이있을지
라도 그것을尊重히녁이지말라。或은 또 權勢있는親家가
있을지래도 그를尊崇하지말라。自己까지내여주신 하나님보
더한 萬物을주시고 그를尊崇하지말라。風采와容貌를
자랑하지말라。조그마한病만들려도 곧 其形相을깨트려變
하게한다。天賦의才能을 生覺하면서 스스로기뻐하지말라。
이런일들은 모다 타고난天品을 모조리 너에게주신하나님
을等閑히하게하는데 니르는까닭이다。

自己의好奇心에妨害받을것이다。萬若聖書에서 有益을얻기
를願하면 謙遜과單純과忠誠으로읽을것이지 決코知識을얻
으라고求하지말라。聖徒의말을 기쁨으로求하며 沈默中에들
을것이다。長老들이 論爭한것을읽고 마음을傷하지말라。이
런것이 記載된것도 또한 반드시 理由없지아니할것이다。

一四

自己가 다른사람보다 卓越하다고 認定하지말라。사람의 全體를 洞察하시는 하나님의눈에는 네가 남보다못한것도 드러나기때문이다。

말라。하나님의審判은 사람의制斷과는 크게달러서 사람의기뻐하는바는 도리혀 하나님이기뻐하지아니하시기때문이다。萬若 너에게善行이있거던 남에게는 그보다더른것이많은것을믿으라。그리하여야 비로소 참으로謙遜할수있다。모든사람에게 服從할지라도 너에게害가없다。그러나 한사람에게라도 남에게自矜하는일은 너를傷하는것이다。謙遜하면 따라서 恒常安心할수있으나 마음이傲慢한者는 嫉妬와憤怒가 끝날틈이없을것이다。

一의八、度外의親密을避할일

아모에게나 其마음속을 들어내지말라。다민하나님을두려워하는 智慧있는사람에게만 일을相議하라。富者에게阿諂하거나 或은 잘난사람中에서 知己를求하지말라。敬虔하고 謙德하여 마음이가난하며 또 單純한사람들을 親舊로하고 德을세울만한題目에 對하여 會談하라。決코婦人과親하지말라。다만一般으로 善良한婦人을 하나님에게 引導하기를 努力하라。하나님과其天使만을愛慕하고 사람과親하기를 避하라。

모든사람을사랑하지아니하면 아니된다。그러나 누구하

그리스도를배워

고던지 너무親하지아니함이 可하다。쓸데없이 남의稱讚을믿고 보지못한사람을 尊敬하며 漸漸接近하여 其意見을 들고는 失望하는일이 種種있다。或은 또사람과親交를맺어 其사랑을얻으랴다가 오히려 弱點이發見되여 狎地에 友情을 잃게되는것이 우리의普通이다。

一의九、順從의利益

自己가 다스리기보다는 支配밑에서 順從하는 生活을하는것은 一層더큰事業이다。支配하기보다는 남에게 服從하는便이 훨씬安全하다。많은사람은 自進하여야섬기랴고하지 아니하고 不得已하여 順從하는 까닭에 恒常不滿을품으며 또些少한일에도 怨望하게되는것이다。하나님을 사랑하는 까닭에 自己의意思를버리고 참으로服從하는것이아니면 그 사람의마음에 自由가있을수없다。너의 즐기는데로하여서 決코平安이없었다。다만 어른의支配밑에 謙遜하게 服從하는때 에 비로소 平安이있다。支配하는일의幸福을꿈꾸어 많은 사람은 正路에서 벗어나는수가많다。

사람은 各各自己의意見과같기를求하고 이에贊同하는者를 기뻐하는것은 自然이다。그러나우리가萬若하나님과같이있으면 우리는正當한平和를維持하기爲하여 自己意見을버리지 아니하면아니된다。누가萬事에 通하는 知識을갖었으랴？그런

故로 너의制斷을固執하지말고他人의制（以下十二頁에續）

一五

多島海를지나면서

多島海를지나면서

都 克 突

先生님께 拜別하온지 於焉間 한週日이지났읍니다。 그동
안 漸々 甚하여저가는 더위에 우리主님의 鴻恩中氣體候一
向萬康하옵시며 閤內諸節이 均安하시옵는지 伏禱區々之至
로소이다。 門下生은 去三日夜車로 離京하와 四日午前에
無故히光州着하여 그곳 親知의宅에 數日間留宿타가 七
日午後에거기를떠나 저녁때에 麗水着하였읍니다。光州를
中心으로한地域의 降雨量이 最近에 第一적었든모양이오며
凉風이불고 구름만왔다갔다하면서 旱天이지금도 繼續되
고있어서 部分的으로 同一치는않사오나、 大暑五割或은其
以上의移秧이되였을뿐이라고합니다。 順天、 麗水地方도 五割
以下의移秧이되오니 지금도 모심기에奔忙합니다。 一家總動員
車窓으로보오니 이즉도 모심기에奔忙합니다。 一家總動員
或은 이單位의聯合軍으로써된 移秧隊가 이골작 저들판에
數없이일하고있읍니다。 特히 눈에띄이는것은 허북다리（大
腿部） 까지나온 婦女들의 細脚이 기우려
저가는 해빛에 더욱검붉게 타고있읍니다。
고있는 두少女가 그들 머리우에 이고있는것은 빈막걸리동우
고있는 두少女가 그들 머리우에 이고있는것은 빈막걸리동우
논두렁길에서서 우리의타고가는汽車를 우두허니 바라보

（濁酒녕은盆）임에 들림없읍니다。 그동우表面에濁酒가 흘러
나려 말은자최가 힌줄이되여 歷々히 남어있음으로써입니
다。移秧隊員들의中餐은 막걸리인것이確實합니다。 그들은
一時的인興奮劑、 不遠間오히려 病的形態로 그을어넣는술을 무슨좋은强
으키게할뿐아니라 그것이쌓이고쌓여 漸々 그들의몸에일
體에危險을갖어올 病的形態로 그을어넣는술을 무슨좋은强
壯劑인것처럼 嗜好한다는것은 우리겨레를爲하야 悲歎치
않을수없는일입니다。

어디로가도 술이氾濫하고있읍니다。 特히港口는 더한것같
읍니다。 三千浦에上陸하여 晋州行自動車를타고 오면서보
오니 要所要所、 좀크게잘지은집은 大多數가釀造所입니다。
이런것들은 一時的인것 亨樂的인것을 貪求하는生活傾
向의表現이아닌가합니다。 이것은眞質된永遠한、 生命을알고
도 있겠지마는 그러나 이런사람들일지라도 「이世上도
람도 그情慾도가되 오직하나님의뜻을 行하는이는 永遠
가고 그러나 이런사람들일지라도 「이世上도 無限
히留하리라」는것을 깊이 確實히깨닫게하면 그들도無限
한喜悅을 마음깊이 感覺하면서 그길로 나아올것같기도합니
다。 이에聖朝誌七月號「有望한人生企業」의마즈막에쓰신 先
生님激勵의말슴이 새로운感銘으로써 마음을衝擊합니다。
八日朝出帆의太平丸으로 閑麗水道上의
麗水서一泊하고 碧絲의 정말 거울같은고요한 바다우
一旅客이되였읍니다。 碧絲의 정말 거울같은고요한 바다우

一六

로白波를이르키며 淸新한海風을 呼吸하면서
은 참으로 爽快하였읍니다。大宇宙의끝까지 透徹하여보일
상싶은 푸르고 푸른한울、片々의白雲、크고적은섬들、그우
에軍메군메놓인 조개껍질 엎어놓은것같은民家、海上에點
在한돌대단漁船、이러한還境이 만드러내는 雰圍氣는 悠々
하고도 그윽한 朝鮮의多島海만이 갖일수있는것이 아닐
가생각됩니다。詳細한歷史와地理를몰라
他數三人의旅客에게물었드니 그들亦是 仔細히모르는모양
임으로 다만 이天賦의好地形을利用하야 옛날將軍快勝하
였음을 追憶하면서 지나왔읍니다。
南海島를지나면서 옛날將軍의墓閣을 右便에바라볼수있
었읍니다。××浦에無事到着。午後二前頃에××에다였읍니
다。이곳에서도 宅內諸節이均吉하오니 是幸이로소이
다。明十日에는×와같이海雲臺로向하야 떠나려고합니다。
거기가서 約二週日가량 있을가합니다。
오늘은主日、지금쯤은、서울宋先生님宅에서 聖書硏究會
가始作되었을것입니다。恭禮치못하옴을 甚히遺憾으로 생
각합니다。先生님께서는 저의恭席치못한者들을 爲하여서
도 祝禱하여주실줄밉사오며 聖經읽고默想하옵나이다。暗
誦한聖句、요한一書二章15—17節을別紙에暗記하겠읍니다。
이句節은 너무도좋고 또한警戒의 말슴입니다。

앞으로 先生님貴重하신몸 더욱康旺하셔서서 이黑暗의世界

속에서 눈멀은者들에게빛、참빛을빛우게 하시기에不足함
이없으시고、썩어저가는이社會를防腐할 짠소금의役割을尤
分히堪當할수있사오며기를 삼가 비옵나이다。
오늘은 이만을리옵고 또다음에上書 하겠읍니다。
己卯年七月九日
門下生
×××上書。

15 Habt nicht lieb die Welt noch was in der Welt ist.
So jemand die Welt liebhat, in dem ist nicht die Liebe
des Vaters.

16 Denn alles, was in der Welt ist, des Fleisches Lust und
der Augen Lust und hoffärtiges Leben, ist nicht vom
Vater, sondern von der Welt.

17 Und die Welt vergehet mit ihrer Lust; wer aber den
Willen Gottes tut, der bleibt in Ewigkeit.

編者曰。湖南地方의農況이 눈에 보이는듯하다。證明하지
않고는 마지못하는醫師의科學的精神이 이러한一枚의書翰에
도躍如히 나타나서 읽는者로하여금微笑를禁치못하게한다。
일즉閑麗水道를 지났던經驗이 蘇生하야 白波를 이르키며
快走하는 多島海의光景이 눈에 보이는듯 부러웁기 限없다。
本號를發送한後 古人이 「삭풍은 나무끝
에불고 명월은 눈속에찬데 만리 병성에
서 긴화람 큰한소리에 걸릴것이없세라」고 불렀던 豆滿
江畔까지 다녀오려한다。

多島海를지나면서

一七

聖朝通信

聖朝通信

六月二十日 （火） 晴。學校에서는 聖
旨奉體週間의第二日行事로 勅語奉讀式과
防空展覽會參觀。○저녁에는 矯風會總會
를召集하고洞內料理業者에게對한反對陳情
書를決議하다。자정 가까워서解散。

六月二十一日 （水） 小雨。行事第三日
로 아침부터余校가龍山練兵場에出勤하야
勤勞作業으로 練兵場內에 散在한馬糞도
치우고 개천도 修理하다。阿村法務官宅
이移舍떠난後의龍山은 매우 쓸쓸하다。
○이런때에 보기드문 通信欄의記事는先生
에서도 그대로 『그어느雜誌
의日常生活 그대로의記錄이겠읍니다。
聖靈의感勤이 더깊이 先生의靈魂을解放하
야주시기를新願합니다。前年에喜談格으로
普通學校信仰이라하옵더니 日常生活을土
臺한普通學校信仰이 盤石우에지은집이겠
읍니다。등불은 등경우에둘것이며 山우
에세운城은 숨기지못하리라。聖朝通信은

얼핏보면 사람앞에나팔을부는것갈사오
나 그리스도예수앞에 赤裸體의無垢한靈魂이
感勤되는대로 받는恩惠그대로 假飾없이
傳達되는것은、前後左右를살펴가며 體面形式
을가추인、人造公園보다는 大空에반작이
는 세벽별自然스러운榮光이겠읍니다。한
둘우에 세이름을색였었으니 받는者밖에는
알者가없으리다。더구나 洞事에까지參與
하심은 精力좋은先生이라고도하겠사오나
그리스도의사랑이 眞理로先生우에움직이
심을보겠읍니다。時代를批判하며 國事를
輿論함은 偉大한일이겠아오나 洞事에村
事에 主께받은召命대로 忠誠을바침이여
空想者의想像이 不及하는사랑의調和외다。
和世者는 天下之達道라하며 和而不流하
나니 强哉驕라는 孔夫子의道德의讚美는
罪많고軟弱하며 自身을自身이堪當치못하
는그리스도人의 至微한生活에서 其本源
的律呂을 發見하겠읍니다」云云。

六月二十二日 （木） 晴。간밤에 小雨
있어서 아침景槪는淸爽해졌으나 오란부
에 四時間授業外는 校正의일。○저녁에
야 四時間授業外는 不足또不足。○登校하
勉의渴을免하기에는不足또不足。○登校하
있어서 아침景槪는淸爽해졌으나 오란부

間이飛散하다。자정지나도록原稿。○우리
의精兵하나가 寄宿하겠다는來信에『先生
님惠書感謝한中에 拜讀하였습니다。先生
님께 받고있는恩惠는 보이는것으로나 보
이지안는것으로나 참 무엇이라고말슴할
수없읍니다。항상 선생님께 걱정과근심을
끼처드리고 그러면서도 철없는짓만하고
있는저를 그처럼돌아보아주시오니 저는
눈물을 흘릴따름이로소이다。
先生님결에있아오면 그야말로 제에겐
分에넘치는幸福입니다。그러나 저까지 가
서 분내질을치면 先生께끼치는괴로움인
들 얼마나하랴하야 甚히罪悚합니다。그
렇지만罪悚한마음보다도 先生님결에 가
까이있는 기쁨이더하야 先生님의사랑하
심에 딸아갈까하였나이다。도모지 제自
身에겐少毫만치도 自信이없는者로소이다。
二十五日集會에는 定한場所에서 뵈옵겠
나이다。그때에 남어지이야기는하겠읍기
로 이만그치나이다。

一八

르 이만그치나이다。農家에선 비 기다림
이 懇切합니다。오늘은 저이집 보리를
는 矯風會일로會談하노라고 十時前의時
收穫하였읍니다。

六月十九日夜

〇〇〇再拜」

六月二十三日　（金）　晴。
○印刷所에들르고　登校。　奉體週間의第五
日로　講演會와　校內各部運動會等。　運動部長
의責任이없는것을奇貨로　博物室에서도執
筆하며　빠저나와　印刷所에서　校正하랴니
時間을　도적하는피로움이　甚히피롭다。

六月二十四日　（土）　曇、后雨。　새벽에
叢林속에서新禱하랴니　蚊軍의空襲이　성
가시다。○聖旨奉體週間의最終日行事로오
늘은暑中行軍。　午前八時에鷺梁津에集合하
기爲하야　四時前부터起床準備。　明水臺住
宅地를通過하야　漢江南岸으로　奉恩寺까
지行軍하고　午飯。　最近火災에本建物의大
部分을잃고、　新築密附金芳名錄의　새널판
만이높이보이다。　漢江을건너纛島遊園地에
到着한때는午后三時。　降雨시작。行軍解散。
여긔서부터少數의有志生徒들과함께　往十
里까지冒雨强行軍。○印刷所에들려校正、
未畢한校正을攜帶歸宅하였으나　疲勞로困하
야　아무일도못하다。　豪雨不息、　來日集會

聖朝通信

又慮念
六月二十五日　（日）　雨、　後曇。　當幸히
아침부터雨勢漸衰、　雨傘든채로彰義門外集
會로向하다。　雨後의彰義門外의　水石의景
槪는奇怪할뿐더러　또한嚴壯하다。　但昨
夜來의出水에　越川困難한　個所가있어서
豫定보다　늦게　午前十一時半에나　舊基
里柳永模先生宅에會合。　地方에서　일부러
參席하니　여러분이었다。　柳先生은第一萬八千
日의所感을　滿二時二十分間述하시다。　生
命을　빛으로써解하는일같은것은　西洋
人의註釋冊에서는　불수없는思索型일것이
다。　貴重한體驗의報告에、　空腹도　잊었다
가　午后三時餘에야　各自의持參한「벤또」
와　主人宅牛乳로써午餐。　四時餘에閉會하고
또　찾어오다。○往返二次　印刷所에
校正을傳하고　昨日行軍의影響도있음인가
매우疲困하다。

六月二十六日　（月）　曇。　連日雨水에　앞
시내의　越川이　어렵게되다。　맑고　넉넉한시
내스물이　온갓生命의根底를保養해주는듯
하다。○印刷所에서校正하고　登校하야授
業。　歸途에도校正。　雜誌의用紙가具備못해

六月二十七日　（火）　曇。　登校。　午前中

서　多日間求하는中에있으며、　價格의高騰
은勿論이나　高價를주고도　物品대로求할
수없다。
○歲兄短信에　『……夏休에는　어떻게
지나시렵니까』고　했으나　『年々歲々休
서　허덕허덕하는　自我가　可憐하기
도하고　慇痛하기도해서　今年은獨往獨駐로
自由롭게簡便하게　지나보겠다』는　뜻을回
答。　사람과約束하고서　履行하는일、　特히
一個集會를廣告하고서　主催者로서　그일
을　完結하기까지의勞心焦思라는것은　當
해보지못한者의　到底히想像할수없는바가
있다。　그런데　聖書에關한한靈的會合뿐아니
라　公休日에「물에　산에」갈때에도　반
드시學生들을引率하고　이를속에서　活
師처럼　미련한者가　世上에　또있으랴。
余輩는처럼　自身의趣興을爲하야　休日을使
用할權利가없었더냐。「나도　다른敎
生의文章에　눈을던지니　그　힘찬文章에
나自身의　글월같이　平凡한것
을쓰고앉었음을欲望이　消散하여지고만다。
○오래간만에　카ー리라일先
生의文章에……

二四三

一九

聖　朝　通　信

授業하고 午后에總督府를거쳐서 印刷所에
가서 七月號校了。從前대로의用紙를 求
하기어려운由來를詳細히듣고 이제는聖朝
紙의紙質을維持하기를斷念하고 全國的으
로教科書와雜誌用紙로指定되었다는紙質로
써 七月號붙어 印刷하기로하다。○某小學
校訓導로붙어『……이곳門生은別로變함없
이兒童들과 날마다 놀기에奔走하옵니다。
각금 밤에는 누어서 先生님의教訓을 생
각하고 다시研究합니다。先生님께 바라
옵는것은 願컨대 지금現在生徒들에게
무엇하나 뿌리박힌教訓을 잊지마시고 추
시기를 바랍니다』云々。이런激勵의聲援
을 接할때마다「또한번」하는생각이 없는
것이아니나 時代는甚히달라졌다。저들이
있었을때까지는 高普校中에養正이있었고
養正안에 學級의特色이있었다。그러나只
今은 學級의存在가없어지고 養正하나가
있으며 養正의特色이褪去하고 中學校가
있을뿐이다。全體의따름이오 個體를무
시지않는 世代가왔다。褊은 저들이 받었었
고 가없기는 在學生들이다。○閔訓導의留
宿하던房으로 李訓導오늘저녁부터 寄宿
하게되다。學校에서 自己의깊은곳을露出
免한것은 主예수께서붙드러주신恩惠임을

할수없는 世代일망정 우리 이처럼 한갖科
아래「合宿」하려는 少數者와함께 깊이眞理
들배우며 人生을論하리라。

六月二十八日 （水） 曇。모네는時節인
가 連日흐릿하다。○校正은畢했으나 印
刷機形便으로 今日은印刷못하고待하다。
○登校授業하고歸途에防空練習으로市內數
處에서交通遮斷當하면서간신이歸宅하다。
○夕陽에庭内除草하고 저녁
에家庭禮拜。詩篇第八十九篇을輪讀하다。
○지난主日舊基里集會의感想一枚如下『（前
略）人家가調密한 벽글속에서만살든사람
에게는 그先生님宅位置붙어가 人間俗界
들떠나 勝地에나 들어간것처럼生覺되었
아오며、俗世에서듣기어려운 先生님말슴
은 그리스도께對한 그先生님信仰이어며
제가알수없었어아오나 先生님의眞
녁엔 맑은 달빛이 황송하리만치 흘러
든다、机邊으로。

六月二十九日 （木） 晴。天津 英國租
界를檢鎖한지二週日餘에 外交的으로平和
解決의曙光이 보인다고報道。○授業後에
도라와庭内의除草。肉體의保健과 思考의
清淨에 아울러 좋은것은 이일이다。○저

六月二十七日
○○○上書』

한번더깊이깨닫고 감사하였삽나이다。앞
으로는 아모것도할수없고 努力같은것뿐으
로는 아모것도할수없고 오직主예수께서
行할힘을주셔야만 아버지의뜻대로 살수
있는줄민사오나 저의민음과 열기를求하
는誠意가 不足함이옵니다。
하나님뜻대로만 사시기를 힘쓰시는숨은
聖徒들通하여 아버지말슴을 또한번더
게하여주신 恩惠를 主앞에 感謝들이옵
나이다。

六月三十日 （金） 晴。今年度 上半이
다가는도다。○登校授業後에當直。午后에暫
時印刷所에 들리니 七月號의製本이되었
다。非常時局이니 할수없는일이나 表紙
와本文의紙質이 넘어도貧弱하여보이다。

聖朝通信

그런대로라도 이번까지는 雜誌發刊되는일
만이 感謝한일。다음달은 이만한用紙라
도 얻을수있을넌지 또알수없다。一般發送
은 朱兄께부탁하고 市內書店에 配達하면서
歸校宿直。○日本植物學界뿐아니라世界的
植物學大家인 理學博士牧野富太郎氏가四
十七年間東京帝大에 講師로奉職하였는데
今番에免職當할때의最終月給이一金七五
圓也라고。斯學界의功績이偉大하였으면서
도萬年講師로만 늙었고 如此한薄待를甘
受하지아니치못하였음은 氏가帝大出身인
「學士」가못되었던탓이라고한다。어쨋든지
이런大家의待接받은것에比할진대 우리는
分에넘치는厚待를받고있는일을 고마워해
야할處地인것이分明하다。

七月一日 （土） 晴。아침에愛國式舉行。
授業後에歸宅하야 雜誌發送事務의整理。
○歸省한學生의短書에『보이지 아니하는
사랑의 細線이 나의마음을 이끄러가고
나의가슴을 얼거매는듯한 느낌을 感觸
하나이다。귀를 기우리면 들릴듯한 先
生님의音聲, 그러나 五百余里를 隔어둔
아득함을 깨달을때 흐터지는心歌은 것
잡을길이 漠然합니다。몸은비록 고요한
시골에 와있으나 마음만은 쉴틈없이 （主
日마다） 明倫町洋屋二層으로 달리고있읍
니다。시간만되면 혼자이지마는 聖經暗
誦을하며 하늘로 나려오는 靈音에귀를
기우리고 마음을 가다듬고 있읍니다。하
소할데없는 이情緖를 한갓 님（예수）으
로더브러 交換하기를 애쓰고 戀慕하고
있읍니다。
한 여름동안 故鄕에서 默想과 瞑想으로
消日할가 하나이다。開學은 九月五日입
니다。그때에야 先生님을 뵈겠읍니다。
에도라와 품무물에 씻고 마시니 別天地
順序없는 亂筆로써 드리게됨을 罪悚스
럽게 생각하는동시에 寬容하심을 바라
나이다。

　　　　　　　忽忽」

七月二日 （日） 晴。요한第一書 一章읽고공부。
神經衰弱에 걸릴지경이다。○午前中主日學校
에 相議하고 汗蒸갈이長安을通過하야 집
章을 쓰는사람이다。○午前中主日學校
的競爭者가 적은때라고。호르는 시내에
맘대로 빨래하며 限없이이슷
나는 어름같은 품무물을 마시고또마시니
우리살님의感謝의잔이 오늘도 넘치도다。
○저녁에 天氣흐리기시작함으로 때일나
무를 메어드리기에 한참 땀흘리다。但
거의裸體로 일하고서 또한번沐浴。이처
럼숲身을씻기가 거의每日數三次。禮節發

○登校授業
外에答信三四枚쓰다。某氏의婚談으로某處
에相議하고 汗蒸갈이長安을通過하야 집
에도라와 품무물에 씻고 마시니 別天地
갈다。市內소식에 水道마다數十或은數百
名물지게軍이 班列지어서서順番을 기
다리며 우물에는 二重三重으로包圍하고
한술갈만식도 드레박질하는데
의南天은奇觀이오壯觀이다。滿月이先鋒이
오 火、木、土의諸遊星이 릴레이選手처
럼 따라섯고 金星은東便地平線이가리워
서보이지않으나 「라스트」의「반드」를잡고
나선것은 疑心할餘地없다。그중에 火星
은 今月二十八日로써・地球에 가장接近
（約十五週年에一回의機會）한다하니 日間

午后의市內集會에서
要한第一書第二章十二節以下를講解하다。
閉會後에 朱兄慈堂進甲宴에있어서 會員一
同이 盛大한 대접을 받었다。○저녁엔
十五夜滿月의 밝은빛이 自由롭게 흘러들
도록 窓의「카―튼」을 열어제처놓고就床。

七月三日 （月） 晴、后曇。午前四時頃

聖朝通信

生以前의 에덴동산을 찾는이가있거면 北
漢山麓을 가르킬것이다。○저녁에矯風會
總會。崇仁面長權寧壽氏의時局講話가있다。
閉會後에面長曰「우리同窓××氏의時局
에 金先生의時間을矯風會일을갈은데盧風캐
하는것은 全鮮의損失을招致하는 結果가
되는것이니 某條條特別取扱해드리라고해
서 先生님時間은分秒가千金같은줄 잘알
고있읍니다」云々。

奇異한일이다。하나도自進해서求한것이아
니오、本誌를通하야 直接으로 或은讀者
를通하야 間接으로 나自身모르는동안에
일우어지는일인故로 더욱놀란다。오늘날
天主敎는 말할것도없거니와 長老敎 監
理敎等基督敎會內보다도 敎會外의不信者
中에知己의友가더많은것도 敎會外의不信者
星은 달과함께南窓에빛우이고 木星은東窓
밖에 달과함께南窓에빛우이고 木星은東窓
솔의松林우에 걸린데——새로한시에 달
빛에沐浴하리면서就床。

七月四日 (火) 暫雨。어제밤에도 조
곰식、오늘午后에도 조곰식降雨있었으나 조
解渴할만한程度에不至하다。○日間急激한

더위에 부엌간受苦가甚한듯해서 午前五
時부터 아침솥에 불때어 主婦의困苦의
師範學校에서修學中에있는는學生來信에 여
一部分을分擔하고저했으나 불땐成績이良
好치못하야 칭찬받지못하다。더위가甚한
러世呼出되여 學校當局으로부터 基督敎信
仰을버리라는 說諭를받었다하며、우리洞內
의北漢學園에 視學이親察하고갔는데 敎室
內에서찬송禮拜하지말라고 당부하며라고。

七月五日 (水) 小雨。더위로 因하야
잠을充分히못자기는 간밤이今年度의처음。
○五十分授業은 깨어퍼어젔다。歸路에培材
中學校에 들리다。○午后에音樂先生께서
新訂讚頌歌第三十四章을배우다。約한시간
練習한後에 先生曰「매우잘합니다」고。칭
찬받고 도라와 홀로하라니 조곰도안되
였다。잘됐다는것은 내가잘한것이 아닌
것을깨달았다。○國民精神總動員聯盟에서
「파ー마넨트」結髮을 禁止한다는데對하야
新聞或은雜誌上에 識者의議論이분々하다
고。一國內에서「파ー마넨트」는 모주리
없이할수도있으련마는「파」로써表現되면었

少女心情을 무엇으로抑壓해내랴。」○저녁
에家庭禮拜。詩第九十七篇輪讀。○南鮮某
時局의차는 공이 넘어올듯해서 발서부
더 성가시다。그러나 孟母三遷之敎를一
遷도안하고서 닥하게된다。○신정찬
면 이야말로感謝해야할일이다。○신정찬
송가第三十四章(新編第十八章)이 아무리
보아도 뜻은있을듯한데 신통치않어서 英文
찬송가에 이것을찾어본즉果然原著의作
意는深刻하고熱烈한바있음을發見하고 큰
感激을制止하지못하다。原作에比할진대朝
鮮文飜譯은本意의十分의一도傳했다할수없
다。「겐소서」라는等 不自然한言辭를안쓰

七月六日 (木) 曇。第一學期考査시작
되여 三時同監督。○午后에山麓으로散策。
洞內의老少男女의話題는 모다 이問題로歸
一。聖朝社와 아조 隣接하게되었음으로生
徒들의 차는 공이 넘어올듯해서 발서부
○基地도大部分買收하였다고해서 確定
되여 이미基地도大部分買收하였다고해서
僞新學園이 우리洞內로 移轉하기로確定

聖朝通信

고 번역해줄이는 없을까몰라.

七月七日（金） 小雨。七夕인탓인가 아침에 暫雨。○學校에서는 學期考査도 中止하고 學課는 勿論쉬고서 午前八時에 支那事變二週年式을擧行하고 校舍와校庭과學校近隣을淸掃하고 正午에 一分間默禱하고 午后一時에朝鮮神宮에参拜함으로써 學校로서의 品進呈하고 出征軍人遺族에게慰問 今日一般行事를擧하다。生徒代表三十名과 職員五六名이 京城運動場에모이는 다른式에参列하게되었다。

○政池仁君主筆「聖書의日本」誌七月號의「天沼より」의一節에明星學園 上田先生의 말슴을傳하기를『理想はあつても實行は出來ぬ。府と兄と攻められてね。此邊のおかさんは駄目なんだ。インテリ夫人だものだから成績の事ばかり心配して、』

○오늘은一菜主義의날이라고 市內飮食店과料理業者等이 一齊休業됐다더니그까닭인가 神宮廣場에도 特等「콰ーマ녠」인가

드,와 極度로化粧한類다른女性들이 斷崖 過半數를 차지한듯이보이다。○저녁에는 牽牛와織女가 別로도 빛나보이는듯하다。

七月八日（土） 晴。登校監試三時間。教室內에서 生徒의懷中時計紛失되여 이것을取調하기에 多時間걸렸으나 虛人手苦였다。○鍾路에서 米國出身某氏를맞나 米國留學生界의消息을듣기에 두어時間걸리다。○余輩의分數에지나치리만한身邊唯一의物品은 월삼金時計와金鎖인데 國策에順應하도록 크롬까지와 人造絹끈으로 交換하여버리다。外形은 아무런것이라도 견딜수있으나 內容機械만은 信賴할만한正確한高級品이안이면안된다。

○書齋의 硝子窓한겹을 떼고서 麻布를 바르고 또 모기장을치다。이로써 鬪蟲의 作戰計劃이萬端遺憾없이된심이다。오늘도 親戚一人이와서 이室內를 힘써드려다보았다。小數의書籍以外에 아모물것이없는 房이것마는 이안에別것이나있는줄로好奇心을가지고 보고저하는이가 적지않은일이異常하다。

七月九日（日） 晴、酷暑、夜雷雨。午前主日學校는 李訓導가引導해주다。禮拜中에 遊山客들이炊事器具빌라와서 一時 설레々々하다。午后市內集會에는 요한第一書의第三章을講할새 暑氣酷甚하야 앉었기만하여도 流汗이처處理할수없는中에서 滿二時間의工夫는 지나고보니 多少無理한일같았다。○저녁에 電光과雷聲이요란했으나 雨量은極小하여서 待雨의 情에失望을주다。

七月十日（月） 曇、後雨。昨日雨沛然。三十五度二分이었던것을알고 다시놀라다。暑氣에昨夜安眠을얻지못하고 過度의밤을 림으로 皮膚가傷해저서 全身이 가라워 못견디게되다。고만한더위에 이처럼影響을 받는것을생각하매 平素의鍛錬不足이 부끄러움다。○登校監試。일즉도라와서 몸 부꼬러움다。○저녁부터甘雨沛然。故崔容信 嬢의 맛오빠 時豐氏의電話를받고 高麗號

七月十一日（火） 雨、後晴。 沐浴數三回。저녁부터甘雨沛然。故崔容信 氏를尋訪。神戶로부터歸省途次이오 텔에 氏를尋訪。神戶로부터歸省途次이오 또病床의몸임에不拘하고 우리의傳記發刊의企圖를贊同하야 일부러이面談의機會를 만들어준것이어서 고마웠다。故人에關한

二一三

聖朝通信

有力한實話를 며을을수있었고 또今夏季休
眼中에 釋王寺에모여서傳記編纂을完結하
자는議論도있었다。○降雨로囚하야往返에
빼스、電車를탓더니 카솔린냄새에頭痛이
甚함을깨달다。이로써보아도 우리는 카솔
린節約하도록 非常時局의國策的으로된忠
良한國民인것이證明되었다。○洞口에들
어서 滿洞의물소리와 굽실々々호르는 시
내를 굽어볼때에 ○어머님指導下에堤防의
荒蕪地를開墾하기四五坪。但洞口에들
浴하기數回。저녁에 물소리 듣고앉았으
니 赴戰高原의 遮日峰下에 간것같기도
하고 가고싶기도하다。Mountain calls
sea calls를「山戀し海戀し」라고譯하기에
數十年걸렸다거니와 이것을 朝鮮語로는어
떻게譯할고.夏節을當한 내가슴의質感을。

七月十二日 (水) 晴。새벽四時頭의 물
소리(시내의)와 木鐸소리는 山麓으로하여
금 仙境化하고야만다。○오늘로써第一學
期考查完結。○職員身體檢査있어 身長一
七〇糎、胸圍九一糎、體重六四斤、脊柱正
胸廓O.B.、視力左一・二、右〇・九、色神G 槪
評可、榮養 可、等々인것을 알다。但 視

力에右〇・九는 日間睡眠不足으로 右眼에
充血한까닭인것이分明하니 不遠에左眼同
樣은될것이다。○降雨로自家產北布로써洋
服한벌注文하고、午后에 딸기數十苗移植
하다。○몸푸에서 한번、시내에서 또한번
하니 새벽冷水마찰까지 沐浴三回。○東
京消息에 住谷天來氏主筆『聖化』誌가廢刊
되었다고。 時代에逆行한다고해서廢刊命令
○우리聖書硏究會員으
로서 夏季休暇中多島海를旅行하는消息一
節에『……오늘은主日、지금쯤은 서울倫
敦에『……오늘은主日、지금쯤은 서울倫
詩第一〇四篇輪讀。○저녁에 家庭禮拜。
○거의저녁마다佛法僧(솔적다)의노래가들
리며 반디불은 우리 마루와寢室에까지
들락날락하는데、今夜에도 이노래에귀를
기우리며 이光彩에 눈을慰勞하면서 初
잠을었을때에 藥師寺松林속에서 遊興客
의放歌인듯한高聲에 安眠을妨害받고 다
시잠을지못해 애쓰다。十一時 지났어도
歐曲은끊지지않고 잠은싫었음으로 드디
어「怒發」하고 憤然히起床。松林속에游興
客을찾어 一喝을試한즉 意外千萬으로、
即時에低頭謝過하고 지나친恭遜으로 退却
하였다。이렇게 만々한靑年일줄알었더면
이다지「怒發」하지않았을것이다라도될 것은
생각함에 中折된歐曲이나 마저하
고 가라고 勸勵하고 싶었으나 靑年들
은 발서어두움속에 자최도없이 도망해
고 말었다。相當히反抗할것을豫期했던일인

七月十三日 (木) 晴。오늘부터 다시
授業시작하다。敎室에서工夫하는일은 工
場이나農場에서 일하는데比길것은 못되지
마는 그래도昨今炎熱에는 가르키는이
우는이가 모다全然쉬운일은아니다。特히
七〇糎、胸圍九一糎、이 靑年의 意氣를 꺾은
것이 可惜하며 中折된歐曲이나 後悔莫及。
成績探點의일은 그일自體가어려운것이야
니라 맞지않는性格을 操縱하기가困難하

데 全然破興이다。 嬌風會長인줄알고서 도망했다기보다 余의決心의程度가 態度에 나타났던것으로解釋하는것이 穩當할것이다。 寢床에도라와서도 神經의鎭靜은容易치않어서 新英洲의 퓨리탄祖上들의生活을 그려보면서 우리洞內도 淸敎徒들처럼 만들어보고싶어서 이친구 저친구를 생각에 오루내리다。

七月十四日 (金) 晴。 盆栽의 石榴가 꽃피기 시작하였다。 우리집에는 처음피는 꽃이라 아이들까지도一大慶事。 ○登校授業、採点。 ○東大門警察署에呼出되여取調받다。 定州에서照會온까닭이라하며、知人을물는故로 五山에同窓三人이있음을答하고、團體所屬과職任을 말하라함으로 嬌風會長이오 朝鮮博物研究會員인것을答。

七月十五日 (土) 晴。 授業外에 第一學期成績採點交附日이라 甚히紛忙하다。 ○養正籠球部員出身者諸君이 夏季休暇로 歸省中에來訪하여 반가웠다。 或은貨社會에就職中이며 或은 外地에留學中이어서 새로운消息도많었거니와 무엇보다懷舊의 情이 그윽하다。 學校의名譽를雙肩에지고 一心一體되여서 辛酸苦楚를 함께하였던故로 一般學生과는比할수없는情誼가 생겼던것이다。 ○慶南誌友의接붙여준無窮花가 피기시작하다。 좋은記念이생겼다。

七月十六日 (日) 晴。 市內의炎暑을避하야 우리洞內로 밀려드는 老少男女의 떼가 물결처럼 한떼또한떼로 松林또溪邊에 吸收되는날에 우리는市內明倫町에 聖書集會를 例와같이열다。 요한第一書의 第五講으로 第四、五章의大意를講하다。 지난主日과 마찬가지로 앉었기만하여도 流汗이瀑布를成할듯한 盛暑中에서 午后二時半正刻에시작한集會가 同五時正刻에 끝났어도 오늘豫定했던바의五分之三밖에 講하지못한대로 今學期의聖書集會는畢한것으로하다。 今年은六月中까지는 그다지 더웁지않었음으로安心하고 今日까지의集會를豫告했었던것인데 突變한酷暑에 혼나서 後年부터는七月도完全히休講하는것이可할듯하다。 ○集會도 끝나서放心한탓인가 疲勞가發露될機會를 얻은까닭인가 身熱이나고頭痛 이甚해서 일즉就床하다。

七月十七日 (月) 晴。 한울은 날로 맑아져서 銀河가 매우 뚜렷하게 흐르며 火星은眞理의 횃불을 들고 地球人들의 覺醒을 재촉하는듯이 붉은빛을 南天에 도두고섰다。 저녁엔 반디불속에서 생각하며 아침엔 꿩의 나래치는소리에 깨고、 陽光을讚美하는 꾀꼬리 노래는 現世를 못잊게하나 夜暗을뚫고오는 佛法僧의 소리는 저나라를 그윽히 사모하게한다。 ○오늘은 全校가 午前九時에淸凉里에集合。 氷徽園에參拜하고 林間에서 納凉。 十一時半에解散。 附近에京春鐵道가 運轉되는일、 高商과 女師가建築되는일、 河川敷地에 無數한 土幕이 생긴일等을 見學하다。 ○今日도 身熱과頭痛이不退。 淸凉寺의野宴을棄權하고 도라와就床。

七月十八日 (火) 晴。 二時間만授業하고 남어지時間에 全校가孝子町終點에모여서 菜展覽會를 구경하다。 但이展覽會는 禮儀端正한衣服이라야 入場한다는데 余輩는自轉車군服裝이라 參列할資格이없어서 일즉山麓으로 도라오다。 ○自轉車탄사람의 가슴에 술불이나 뛰인것같이 炎熱이甚하다。 더위에 견디다못해冊床을 地下室로臨時옮기다。 地下室은防空에만有用한것이안이라避暑에도功効가大端한것을 發見하니 우리집의價値가倍加한것같다。

取次販賣所

京城府鍾路二丁目八六　博文書館
京城府鍾路二丁目九一　敎文書館
東京市麹町區九段坂　向山堂書房
新聖閣（咸興府）
北星堂（泰川邑）
茂英堂（大邱府）
信一書舘（平壤府）

本誌定價

一冊（送料共）　拾錢
六冊（送料共）前金一圓十錢
十二冊（一年分）前金貳圓貳拾錢
要前金直接注文은
振替貯金口座京城一六五九四番（聖書朝鮮社）로

昭和十四年七月二十八日　印刷
昭和十四年八月一日　發行
編輯兼發行者　金教臣（京城、光化門局私書函第一八號）
印刷者　李相五　京城府仁寺町一二九ノ三
印刷所　大東印刷所　京城府仁寺町一二九ノ三
發行所　聖書朝鮮社　京城府外崇仁面貞陵里三七八（京城、光化門局私書函第一八號）
振替口座京城一六五九四番

「聖書朝鮮」第一百二十七號
昭和十四年 八月一日發行
昭和五年 一月二十八日 第三種郵便物認可
每月一回一日發行

【本誌定價二十錢】（送料五厘）

250

金教臣　主筆

聖書朝鮮

第壹百貳拾八號

昭和十四年（一九三九）年九月一日發行

昭和五年一月二十八日（第三種郵便物認可）
昭和十四年九月一日發行（每月一回一日發行）

目　次

本誌讀者에게 對한 要望

一、本誌를 읽는이는 小學校敎科書에 能通할만한 讀書力을 가진이이기를 期待한다。最低限度까지 쉽게써서 無識한사람이라도 諺文만 알면 읽을수있도록 글쓰고저하던欲望은 于先當分間斷念하였다。小學校敎科書에 나오는文字와 그類似한文字로써 理解할수있는程度、거기를目標로하고 知識的水準線을 그었다。그러나 實際에있어서는 中學校上級 生徒로서도 本誌를理解하기困難하다는呼訴를 찾우든는데 그것은 다른要素가缺陷된 까닭인줄안다。

二、本誌讀者는 무엇보다도 먼저 舊新約聖書를通讀한 사람일것을要望한다。本誌의使命은 누구나 聖書本文을 잘 읽도록 補助하려는데있으니、그聖書自體에對하야 全然無識하고서는 中學校卒業者라도 本誌가 어려운冊이라는이들은 大槪 文字는 읽을줄알되 聖書가取扱하는 眞理와生命의世界에는 泰觀해보지못한이들이다。

三、本誌讀者는 文字를 文字고대로 읽는外에 字間과行間을 能히읽는度量이있기를 要求하는때가 중중있다。이는 學識의問題가아니오 智慧의問題이다。不學無識한老農과樵夫라도 이智慧를 가진이는 豊富히 가진다。옛날부터 참된 것 옳은일 바른말들은 赤裸體로 드러내지못하고 무슨表衣를 쓰고 나타나는수가 많다。新約聖書의默示錄은 그런 種類의文字中에 가장現著한것이다。程度의差는있으나 本誌도一種의默示錄이라할수있다。지금世代는 譬喩나象徵이나隱語가 아니고는 眞實한말을 表現할수없는世代이다。智慧의子만 智慧를理解한다。

四、本誌는 옛날에記錄된舊新約聖書를註解하는것으로써 主된目的으로함으로 現世와는 아무相關도없는듯하나 그解釋의資料는 今日現在의것에서取하는것이많다。쾌쾌묵은聖書를 읽는同時에 宇宙自然의進化와 世界歷史의 進展에까지 細密한關心을 가지기를要望함은 이까닭이다。

五、主그리스도를 사랑하는마음에서 本誌를爲하여서도 祈禱하는마음으로 開卷하는때는 利함을이 없지않을것이나 自他에게害만 남을것이오 疑惑과 시기의 구름만 濃厚해질것이다。純粹한善心으로써 事物에對한經驗이없고 單純한好意로써 他人을 理解하려는 習性을 못가진이에게는 本誌가 아무善한結果도 맺지못할것이다。무슨 참것이 이속에있다면 單只無害無益할분더러或은 살리는香氣도되며 或은 죽이는냄새도될것이다(고后二・一六)。

宇宙의 新秩序

『내가 불을 짜에 던이러왔노라』는 主예수그리스도의 말슴은 다만 一個人의心靈上問題뿐이아니오 實로全宇宙의 秩序를 새롭게 整齊하는데까지 包含된말슴이다。그리스도의 말슴이 一個人의心靈속에臨할때에 거기는必然코 激烈한鬪爭이 이러나고야 만다。新人과舊人의對立、靈과肉의對立으로부터오는鬪爭이다。로마書第七章에記錄된使徒바울의體驗은 저의心靈속에 이러났던 이鬪爭의實記이다。生來의舊人間과 靈으로된新人間의싸움이다。그리하야 새것이 옛것을 制御하고 靈이肉을 삼킬때에 同書第八章에 보이는것같은 新秩序가 나타난다。이 새로운秩序 卽 救援이 나타나기爲하야는 한人格의內部에서 激烈한戰鬪가 이러나지않을수없는것이다。

이와 마찬가지로 한家庭에 그리스도의 말슴이臨한때는 그리스도의 불이 붙는다。『아들은 그아비에게 며느리는 그 시어미에게 말은 어머니에게……』서로 對立하는 싸움의불이 붙기시작한다。前에貴하게보이던것은 賤하게、利롭게보이던것은 害롭게 보여서 모든價値의顚倒가 이루어지고、모든肉된것은 靈化하여저서 重生된 새로운秩序가出現하게된다。

이처럼 國家와民族의 在來의文化와道德과人情等은 그중에 값있는것이 全無하지않으나 大體로 더러운것이 그本質을 이루었고、썩을것、肉된것이 그中心勢力을占據하였다。故로 한번 뜰어곧처서 새로운秩序로 만드러야할것이다。그리스도의 닷이신 불로因하야 모든肉에屬한것은 불타없어지고 靈化된永遠한것이되여야한다。

뿐만아니라 봄날의 웃는꽃、여름의 욱어지는綠陰、가을 하늘、겨울 봉오리세까지도 그 아름다움은 表面의것이오 그깊은속에는 亦是 悲哀의色彩가 잠겨있어 『그바라는것은 被造物의 종노릇한데서 解放되여 하나님의子女들의榮光의自由에 이르는것이니라。被造物도 이제까지 다 함께 탄식하며 함께苦痛하는것을 우리가 아나니라』는 (로마八·二一—二二) 事實대로이다。植物과動物 地球와天體가 모다 新秩序를 渴望하고있다。

이 새로운天地가 一個人의속에 일우어지며 한家庭과 한百姓에 나타날것뿐이아니라 實로全宇宙에成就되는것、이 일을 基督者는 바라는것이오 또한 이目標를向하야 싸우는者는 存在이다。이精神 이自覺을 잃은戰友들을向하야 聖書는 다시금 깨우치며 激勵하여준다。——우리들의일은 將次오는世界에있다고。事業을하는것도 學問을하는것도 成功을하는것도 그래失敗를하는것도 이將次올世界를 爲하여서 하여야만한다。

宇宙의 新秩序

一

協同事業의 提議

協同事業의 提議

二

이번에　崔容信孃의 傳記發刊이 具體化함을따라　그 出版事業을　聖書朝鮮社의 一般會計와分離하야　全然別個의獨立한機關으로樹立하자는提議가　友人中에서　이러낫다。卽右記崔孃의傳記發刊만하여도　數百圓의資金을要할터인데　이것을贊同하는友人의共同出資――一圓以上이면可하고　小額이라도　可하니　될수있는대로　多數兄弟의共同事業으로하야　利害나苦樂을　함께하자는것이오、　또　이結果를　보아서　第二第三의出版을　企圖하려는것이다。內村鑑三先生의著作을飜譯出版할것承認을얻은자　이미오랏고　또한一部分完結된原稿도있으면서　發刊치못했던것과　其他에도　單行本으로出版코저準備되였던것을

차침　이機關을通하야　여러兄姊의共同關心으로　世上에　내보내고저하는것이다。

但　聖書朝鮮社는　事業하기爲하야　이러한일을企圖하는것이아니다。그　할일은　貧弱하나마　스스로　다할것이다。그러나　이번出版에當하야　右와같은　友誼의提言을無視할수없으며　또善한일行하는亨樂을　獨占하기괴로움으로　參興할機會를　널리提供하는것이니　誌友中에　希望하는이는　金額의多少에不拘하고　參加함이若何乎。

二

誌友中에　地方에있어서　牛乳牧場을經營하는이가있다。五六千圓의資本으로써　年純益金二千圓以上에達한다하매　現在그대로라도　有益한事業인듯하나　그牧場의餘裕있는放牧草場과　附近工業地域一帶의急激한發展에　따르는　牛乳需要量의倍加에　步調를　맞추어　擴張할餘地는　얼마던지있으나　資力의制限이　이를許하지않는다한다。

또　京城附近에서　牛乳牧場을經營함도　매우有望함을　말하며　이일에有能하고　經驗쌓은友人이있으나　이는前者보다四五倍의資金을要하는일인故로　더욱協同의必要를　느낀다한다。

巨大한勢力으로써　놀랄만한事業을成就하는것도快事임에틀림없을것이나、弱小한것을聯合하야　大를成하는길은없을까。營利事業에關하야는　余輩는門外漢이다。그러나　부스러기時間을　모아서　큰일을　일울수있는것처럼　小資를合하야大事를　일을수있을것을確信할뿐더러　信仰을　같이하고　人生의目標를　함께하려는者들끼리　利害와苦樂을　함께하는「우리의일」을　經營하는일은　한번試驗해볼만한일인줄　안다。이런方面에　뜻있는이는　한번留意해볼진저。

히브리書講義 [六]

咸錫憲

第五講 苦難의예수 (續)

2 人間의 理想

을 것은, 分明한 일인데、그림에도 不拘하고 歷史는 지금까지 繼續하여 온다。그런 故로 이 奇異한 事實로써 보아 人類의 歷史 우에는 어떤 特別한 保護의 손이 있어 왔다고 認定할 수밖에 없다。그래서 우리는 그와 한가지로「사람이 무엇이관대 저를 생각하옵시며、사람의 아들은 무엇이관대 저를 돌아 보시옵니까」하고 感歎하지 않을 수 없게 된다。

그러나 그보다도 그 中에 存在하는 高貴한 魂들의 일을 생각하면 더욱 그 事實을 承認할 수밖에 없었다。歷史를 살펴 보면 一般의 그 醜惡한 것과는 反對로 淤泥 中에서 피는 蓮꽃 같은 맑고 香氣로운 生命들이 電柱처럼 서 있어 眞正한 王的인 것들을 어내며、그러면서도 그들은 하나 같이 慘酷한 運命을 當하는 것을 본다。이 事實 앞에서 우리는、마치 難攻不落의 砲臺의 攻擊에서 꺼꾸러지고 꺼꾸러지고 하는 肉彈에 뒤너여 勇敢한 軍士가 오이려 繼續하는 것을 보고 그 陷落이 終乃 오고야 말 것을 믿는 것같이、人間은 마침내 榮光과 尊貴의 王冠을 쓰는 날이 있을 것을 믿을 수밖에 없다。

여기서 우리는 基督敎의 가장 基礎的인 眞理를 보고 있다。基督敎의 모든 福音的 眞理는 이 事實、하나님이 그 將次 오는 世界를 人間에게 服從케 하신다는 이 事實을 土臺로 하고서는 것이다。이것을 모르고 예수의 生涯도、그 事業도 理解할 수 없고 贖罪의 敎理도 預言도 알 수 없다。聖經의 모든 말슴의 뿌리는 다 이 한 點으로 모이인다。著者가 基督敎의 中心

그런데 著者는 이 將次 오는 世界에 關하여 놀라운 말을 한다、하나님이 그 世界를 天使들에게는 服從케 하시지 않고 우리 人間에게 服從케 하시었다고 한다。이 將次 오는 世界란 예수가 傳播하신「하나님의 나라」인데 그것을 이 人間에게 服從케 하신다는 것은 얼는 보기에는 알 수 없는 말이다。그러나 이는 決코 著者의 私意에서 나온 것이 아니오 事實을 보고 하는 말이다。詩 第八篇의 作者가 노래한 것과 같이 이 人間을 그 둘러싸고 있는 大自然의 宏大에 比하야 보면 實로 渺漠한 存在에서、冷情한 自然法則의 威壓 밑에 내바려 둔다면 人類는 발서 이마우에서 자최를 잃었을 것이 맛당한 일인데 오늘날까지 사람은 繁盛하고、그 性質로 보면 집생 中의 어느 집생보다도 더 毒하고 더 더러운 것이 있으니 사람의 歷史가 萬고 그가 가는 대로 放任하야 두면 自然의 暴威를 기다릴 것 없이 人類社會가 제 스스로가 自腐自滅의 길을 밟고 말었

히브리書講義

三

히브리書 講義

四

眞理인 예수의 苦難을 說明하려하여 몬저이事實을 들어 말하는것은 이때문이다。天使가아들을섬기는것은 그의人間救授事業을爲하여서요 그가十字架에달려서까지 人間을 救하는것은 저들은 오는世界를 遺業으로얻을 後嗣이기때문이다。하나님이그의아들을 犧牲으로삼어서까지 人間을 사랑하신다는것은 이러한 重大한일을爲하여서하시는것이라 고하여서만 알일이다。

그러면하나님은왜 그일을하시나。왜오는世界를 꼭人間에게服從시켜 萬物을그발아래두신다고하나。그것을알기爲하야 우리는 人間의特質은무엇인가 하는데서부터 생각하여야 할 必要가있다。그것은 하나님이萬一 將次오는世界를爲하야 人間을빼섰다면 그는바로그들이萬物에서區別되는 人間으로서의特質 그것까닭이아니면아니되기때문이다。그리고사람의사람된特質이 어대있느냐하면 그靈性에있고 그道德에있다。그物質의人間은 어대있느냐하면 다른萬物과 다를것없는 한 被造物로서 그모든것들과 比할것없어서 다른萬物과 다를것없는 것이다。그까닭이 오직여기있다。故로 하나님이人間을 떼여 萬物의王者로세우시는것은 그道德的인것이오 그靈性的인것때문이다。그러고이것은 무엇을意味하는냐하면 하나님은 이世界를 靈的으로 道德的으로 完成하신다는말이다。여기가問題의核心이다。將次오는世界는 靈的으로 道德的으로 完成된 世界는 靈的으로 道德的으로 完成된 世界다。單히 生物學的으로 進步된世界가아니다。技術的으로 機能的으로 發達한世界가아니다。將次오는世界라는 意味가 包含되여있는데 그缺陷이잘못은 魂에있고 良心에있다。『하나님은 靈이신故로 神靈과眞理로 禮拜할것이라』하나님의 나라는 그의靈이充滿하는곳이오 그의義가다스리는곳이다。그리고 靈이요 義요 眞理이기때문에 그는어대까지던지 自由와自覺에依하야되지않으면안된다。이것이人間을。萬物의代表者로 擇하신理由요 十字架의길이라는 어려운길을 取하신듯이다。萬一 世界를物質的 技術的으로 完成하신다면 그의許多한天使의무리에命하야 一氣에만들어놓으시면 그만이다。그러나 그는 完全한機械를 願하시는것아니요 物質이아니라 自己의形像같은 靈을要求하시는것이오 그人間은 自己에게까지 반드시 向上되지않으면안된다。故로그새世界를爲하야 溫順한집생과 巧妙한本能을 目的하시지는않는다。物質이아니라 靈을要求하시는것이오 技能이아니라 生活하는人格을 바라시는것이다。

人間의歷史에는 奇異한 두思想이있다。어떤새世界를바라는思想과 自己에게는 萬物의靈長이 되타는생각이다。古代人의心情을 反映하는 神話傳說을보면 어느民族의것에나 거기이思想이 무슨形式으로던지 들어있지않는데없고、이것이恒常 動機가되고 刺戟이되여 歷史의 바퀴를 굴려온것을본다。그러면 사람이란本來 生物의

하나로 現實의世界에서 一步를내놓을수없이 생긴것인데 아지도못하는새世界를希求하는생각은 어찌하야났으며 殘酷한 自然法則의暴威下에 戰々競々의存在를 직혀왔다면 제가萬物의靈長이로라는奇想은 어느때에찌하야 일어났을가。이것이理性과 學問의境界線을 발서 훨신버서난것은 勿論이다。造物主의攝理다。事實은 意味의表示다。오늘世界를바라고 萬物의長이라는생각을하는 事實이있었으면 이는그러케만드시는 神의뜻이다。사람을迷惑하라고하야서가 아니라、거기가여하하겠는故로 그世界를希求하는맘을주시었고、驕慢하라고가아니라 萬物을爲하야 責任을저야하겠는故로 그生각을이르키신것이다。그러기때문에 將次오는 世界를바라는思想은 반드시基督敎獨有의것이라할수없다。도리어 基督敎는 歷史的遺産을 相續하였다함이맛당하다。그러나相續과共히 그內容에는 根本的인變化가 일어났다。다른民族의境遇는 말할것도없고 이스라엘人의 舊約時代에있어서도 이將次오는世界는 物質的인性質을 벗지못하였다。 말라기以後 예수의오시는때까지의 四世紀間에 이 思想은 漸漸發達했고 그들의政治的의破産의事實이 이것을 더욱刺戟하야 사람들은 그새나라를가저올 메시아를 日夜로渴望하였으나 그까이世界의延長에지나지않았었다。그러기에歷史的으로하면 基督敎는 이雰圍氣속에서나온것이라 더할수있으나 그러나 나온것은 그雰圍氣와는다른 八面玲瓏

한結晶體다。예수의 『하나님의나라』『하늘나라』가 어떻게 獨特한것임은 福音書를읽는사람은안다。그는 純靈的이요 純良心的이다。人間이悠久한歲月을두고。찾으되찾지못한것을저가말하였다。모든預言者들이 듣기를願하되 듣지못하던것을 사람들은듣게되었다。그것이福音이다。

그나라의內容이어떠한것인을 著者는말하려하지않는다。信仰에들어온지年久하야 敎師가될만한 經歷을가진 受信者들은 거기對하야는 充分한知識이있다。故로다만한가지 警醒만을준다。그새나라는 우리責任에있다는것이다。萬物을人間에게服從케하신것은 저로하여금 萬物을代表하게하신것이다。故로그나라가오고아니오는것은 全혀人間에달렸다。오랫동안사람들이 空中에서찾면問題가 人間自身의가슴속으로 들어오게되었다。그러기 바울은 萬物이嘆息하면서 하나님의뭇子女들이나타나기를 기다린다고하였다。世界의完成이 天使에게있지않고 人間에게있다한다。超自然的인 神通力으로 올것아니오 眞實한良心으로 온다한다。『하늘나라는 여기있다 저기있다 할것이요 네의속에있느냐』이것이基督敎의 人間理想이다。우리는이에서 더깊은眞理를 보지못한다、이에서더높은理想을、사람을萬物의王者로세우는 이것보다더高尙한理想을 듣지못한다。

히브리書講義

五

히브리書講義

3 人間의 代表예수

六

그러나한번 現實에눈을들때 그高尙한理想은 餘地없이 부서지고만다。 詩人은 榮光과尊貴로 人間에冠을씌우시고 萬物을그발아래두시어 服從케하시었다고하였지만 現實의 人間에서 우리는그런것을보지못한다。 그들의얼굴에는 가인의子孫이라는烙印이 永遠히찍혀있는듯하다。 그러나여기 한가지놀랄만한事實이있다。 한사람의人間이 우리의代表가 되여 이미榮光의王冠을썼다는일이다。 나사렛예수 그사람이다。 그는우리와다름이없는 한人間이다。 그러니그에게서 우리는 우리와마찬가지로 罪의烙印을맞은것을 볼수없다。 그의魂에接할때 우리는그야말로 本來、天使보다도높으신 하나님의의아들이라고말할수없는 榮光을가진것을본다。 그런데 그 그가 까닭없이 强盜의틈에끼여 十字架에달렸다。 그리고우리가 그十字架에달린 그를바라볼때 世上에 서는불수없는 어떤至極한榮光과 尊貴함이 거기있는것을 본다。 그뿐아니라 그는거기서다시살어나 하나님의右便에 앉으시는것을본다。 그야말로 참王이되였다。 이奇異하고놀 라운事實을볼때 그는 우리를榮光의나라로부르시려는 하 나님이 우리를至極히 사랑하시는恩惠로써 우리를爲하야 길을열어 引導者가되기爲하야 집곳보내시었던 永遠하신아 들이라고할수밖에없었다。 그는果然우리를爲하야죽으셨다。죽

음이없는이로뫼 죽는人間의代表가되기爲하야 죽음을맞보 았다。 故로우리일은 그를믿는대있다。

4 苦難의 意味

人間中의한사람이 하나님의榮光의나라에들어갔다! 이 런일이歷史上에있었던가。 저는맛아들이오。 첫이삭이오 主 人되심이다。 한사람의勇士가 肉彈이되여 敵의城柵에 길을열 어놓은것은 戰局을一變시킨다。 世上을이미이긴 저로因하 야 將次오는世界는 우리것이되였다。

그러나많은사람이 이것을믿으려하지않는다。 무엇때문인 가。 死다、苦難이다。 이죽음의苦難때문에 저를疑心하려하 고 슬혀바린다。 저가萬一 全能하신하나님의아들이었다면 웨 十字架에서 自己를救援하지못했나。 웨 自己를逼迫하는 惡한者들을 이기지못하고 그손에죽었나。 그는失敗者가아 닌가。 그를믿어서 一身을세울수있을가。 祖國을건지고 社 會를도을수있을가。 이렇게世上사람만이아니라 저를믿던사람 도 疑心하고 물러선다。 果然하나님의아들로서 十字架에 죽었다는것이 그른듯도하다。 그러나 도리어 하나님의아 들인故로 그苦難의길을 밟으셨다。 하나님은 萬物의根源 이요 萬物의目的이요 能치못하신것이없었다 그하나님으로 서 避하시려면 얼마던지 하실수있는일이나 이어려운길

을取하신것은 그것이 그의뭇아들인 이人間을救하시는데
必要한일이기때문이다。그길을取해서만 救援事業은 完成
될수있었기때문이다。何故인가。

第一은 弱한人間의 完全한同情者가되기爲하여서다。그
리스도는 눈갈이희고 어린羊갈이착하고、人間은피와갈이
붉고 毒蛇갈이惡하나 本來는그와갈이 아바지에게서 나온
兄弟다。다만저는榮光을잃지않었고 우리는우리罪로破産하
야 榮光을잃고 더러움에떠러졌을뿐이다。그러기에그는우
리를 兄弟라고하신다。人間의생각으로려면 부끄러울일이
것만 至極한사랑이 이를이기신다。그리하야

『내가당신의이름을 네兄弟中에서 傳播하고 모임가운
대서 내가당신을 讚美하오리라。』

하시기도하고

『보라、나와 하나님이 내게주신子女들』

하고 豫言者의입을빌어 말슴하시였고、또自己에게 그럴
必要가 아모것도었었건만 마치弱한우리人間인것처럼

히브리書講義

그人生의 아무간지러운데를 完全히알어 同情하시기爲
하야 苦難의人生속에들어와 人生으로서맛볼수있는 最深
最酷의苦痛을맛보시였다。

七

第二는 죽음을이기기爲하여서다。사람이 萬物의王者일
運命을가지면서도 되지못하는것은 原因이밖에있는것아니
오 안에있다。스스로王者의魂을가지지못하고 奴隷의習慣
을지키기때문이다。世別의缺陷은 自然法則의不完全에있는
것아니며 人間의不幸은 物質의不足이나 技術의不完全에
있는것아니다。人間의 良心에있다。良心에 世界의秩序를
어지러히하는 惡魔의손에 奴隷로되여있기때문이다。그리
고 그惡魔의呪文이곧죽음이다。그는이죽음의恐怖로써 人
間의靈魂을 永遠히奴隷로매여둠에依하야 하나님의創造事
業을妨害하려한다。그러나그에게 死亡의實權이있는것은아
니오 다만하나님으로부러 肉體의死亡의權을 委託받은것
뿐이다。그런데그는本來 詐欺漢인故로 그말은肉體의死의
權을 휘둘러 마치人間의魂을 참죽일수있는듯이 威嚇하
야 그들을 自己명에下에둔다。生物學者는 死를어떻게說
明하며 心理學者는 死에對하여그릇된觀念을어떻게생긴다하는지모르나
人間이이날것 死에對하여그릇된觀念을가진것은事實이다。
有心해그리는지 無心해그리는지 父母가子息을 무릅에놓
고 先生이그弟子를 敎場에놓고 하는말이『너 그렇게하면
죽는다』、『죽을레나』、『죽일子息』。이리하야 죽음은더러
놓고무서운것、죽음은무슨方法으로던지 避害야하는것
으면 人生은ᅳ라는것을 머리에만아니라 心臟에까지 骨
髓에까지 사모치게하였다。그리하야 人間은 萬物中에 죽

히브리書講義

음의恐怖를가지는 唯一의動物이되였다。勿論이렇게되는데
는 하나님의뜻이있었지않다。그가 罪를犯하고 나가는人間에
게 肉體의죽음을주신것은 저를미워서보다는 教育的인意
味로하신것이다。肉體그것이 一個表徵인것같이 肉體의死
도 一個表徵에지나지않는다。참死를象徵하는 이肉體의죽음
를逃亡하는人間의앞에덮여 그로하여금 스스로깨닷는것 眞理에對한
도있게하신것이다。그런데理性의誤用에依하여 眞理에對한
눈이어두운人間은 이를깨닷지못하고 詐欺者의밑에 一生
靈感을얻는教師들이 그惡한主人에게抗拒하기를가르치는者
가있어도 이死의恐怖때문에 敢히손을내밀려하지않었다。
故로이제唯一의길은 實力을가지는者가 그죽음이아무것도
아님을 實地로實驗하야 보여주는것밖에없다。이것을한것
이예수다。저는死亡으로써 死亡의權勢를 깨트렸다。저가
十字架에달릴때 무덤이열리고 聖人이나왔다는것은 이것
이다。死亡이 十字架以後로는 人間의靈魂을 잡아가둘實
力을잃어버렸다。무덤은열릴것이다。自由의第一日이다。

第三은。 人間을生命的으로 完成하기爲하야서다。苦難이
란무엇인가。靈이物質에對하야 良心이慾에對하야 生命이
死亡에對하야 抗爭하는일이다。生命이그反對物을 完全히
克服하는때까지 苦難은없을수없다。苦難이란 살었다는말
이오 生命이자란다는말이다。道德的으로 眞理的으로 자

란다는말이다。苦難없이 魂의完成은있을수없다。罪때문에
이는必要하다。人間이萬一罪의人間이아니라면 그런일은必
要치않다。만은罪가있는故로 不可避다。人間은天使의助力
을빌어서 將次오는世界에 갈수는없다。眞理의나라에 助
力이나 代身은없다。스스로거기까지 자랄수밖에없다。故
로苦難은必要하다。하늘나라에들어가기爲하야 人間은無數
하게 너머지면서 步行의實力을 얻어야만한다。그리스도
는이것때문에 몸소苦難을걸으신것이다。開拓者의발자최를
後人은걷는다。人類가그길을걸어서야만 生命의王者가되겠
는故로 그리스도는 苦難의人間이되신것이다。
이리하야 苦難의예수는 人間教授에필요한 모든資格을
가지게되었다。저는다른教師와같이 말로만 하는者아니오
몸소 試驗을받는苦難의人生이되여 그들의어려운곳을 남
김없이 經驗하였다。人類는그唯一의完全한同情者 引導者
를 예수에서發見한다。

八

5 깊이생각하라

그리하야그는 우리를、都市의뒷거리 貧民窟의 더러운
끝목에 彷徨하는거러지같은、도야지의먹는 밥껍질로 배를
채우는 바리고나잔子息같은、사슬에매이는奴隷같은、우리
를 하늘나라에불렀다。하늘나라의榮光에對하야 恐怖를느

끼고 憎惡까지를 품으리만큼 墮落하야 아버지의 아들의 風
骨을 거이다잃고 더러워진 同生을 救하기爲하야
저自身이 榮光을 一時바려 그와 한모양을 取하야가지고
저를 慰勞하고 저를 가르치고 아버지에게 가서 謝罪할것을
代身다말으마하고 손목을 이끌었다. 그리하야 昨日의 사탄의
奴隸는 今日의 하나님의 子女가 되였다. 거룩한 家族이 되였다.
그런故로 우리는 새決心을 할必要가 있다.

三章一節의 『그러면』은 二章一節에 뒤넛는 第二段의 勸勉
의말의 始作이다. 그리고 그勸勉에도 一段의 올라감이 있는것
을본다. 第一段에서는 예수는 하나님의 사신말슴이였다. 故
로 거기서는 『들은바에 緊切한注意를』하라고하였다. 여기
서는 예수는 救援을爲하야 몸소苦難의 집을지신이다. 故
로 그는 한편으로는 아버지의 부르시는뜻을 傳達하는者
요 또한편으로는 아버지와 바린子息사이에서서 同生을
爲하야 代言하는者다. 그러기때문에 使徒요 大祭司長이
라고한다. 그래서 그를깊이생각하라고한다. 깊이생각하라
는것은 心的努力을命하는 말이다. 福音은들을것이나, 들님
만으로 信仰은이러나지않는다. 人生은 心的努力을要한다.

食物을 씹듯이 眞理는 씹지않으면안된다. 故로 예수를 깊이
생각할必要가 있다. 깊이생각할수록 그리스도는 漸々 더 우
리靈魂을 征服하시게된다. (編者曰 八月號 「히브리書講義」글에
本號第一頁의글 「宇宙의新秩序」를 補添하야 읽어보라)

히브리書 講義

聖朝通信

錄을 주며 紹介하여 주시니 余에게는 博物採集보다 더 가슴 울렁
거리는 일인것은 勿論이다. 直接讀者아닌故로 存在與否도 몰랐거니
와 卓頭에서 初對面할터이나 「얼굴은 이렇게생긴靑年과, 머리는
이모양으로 쪽진夫人」이라는等으로 가르킴을받으면서 午前九時
에 仁川港을 出帆. 그이름이 北漢山丸인것도
奇緣이라할것이다. 快速度로 八尾島를지나 正午에 德積島鎭里海
岸에닿으니. 꿈에가 그리던곳이라. 中學生仁鎬君이 먼저
나를 發見했고 다음에 그의姉氏와 當地婦人會長金善德女史、또
×先生의長男仁鎬君等 여러분의 出迎을接하니 初行걸음이나 마치
故山에도라온感이나다. ○海岸의 「礎探集과 地引網」等의 行事를畢
한後에 當島唯一인 小學校에모여 京畿道水産技手某氏의 水産講話
를 들을새 啓發된바가 많었다. 特히 굴조개의 産卵과 養殖에關한
神秘로운 事實은 듣는이들로하여금 造物主여호와의 無窮한智慧를 우
러러 讚頌하게하지않고는 마지않었다. 但 講義에 能란치못하고 한
갓 지리하여서 졸고앉었는이가 太牛에達하였으니 「드로아」에서 바
울의 說敎듣든 少年유두고 (使二〇·七—一二)를 聯想케하야 微笑를 禁
하다. ○講義도 憊怠를 느끼게되였을때에 宋宗鎬君宅
에 客이되다. 振興會를 召集하고 널리傳道講演會를 할까 或은少數의
敎人만모여서 깊이배울까하는 問議인故로 後者를擇하게하야 十人
未滿의 兄姉가 한방에모여서 九時半부터 聖經集會. 먼저 柳君의信
仰간중이있은後에 余는 곧로마第三章初頭에依하야 聖書의 勸勉을
고 함께받다. 閉會後에 連하야 茶果會中에 많은質疑에 對하야 答함이있
고 자정 지난後에 退散하다.

九

洗禮와 聖餐問題

洗禮와 聖餐問題

宋斗用

「人間은 나면서 카토릭이라」고 누가 말하였다하거니와 果然 사람은 누구나 카토릭이다. 不信者는 形式으로 信者는 儀式으로 다같이外貌를 裝飾하려한다. 사람들은 外形을 具備하게하는것으로 禮儀도 道德도 宗敎까지도 完成할것인줄로 아는 貌樣이다. 特히 現代人이 그러하다.

人間社會에는 形式도 儀式도 必要한때가 있다. 그리고 아모리 精神的의일이라할지라도 結局 行爲로서 나타날때는 形式 또는 儀式을取하게된다. 이意味에서 人間인者로서는 카토릭이아닌者가없다.

그러나 形式에 二種이있다. 精神을 外部에 顯現하기爲한形式과 아모內容도없이 形式에만 그치는 形式이있다. 前者를 산形式이라고한다면 後者는 죽은形式이라하겠다. 그런데 아모리精神의顯現인 形式이라할지라도 그것이 風俗化 或은習慣化가되어버리면 結局 原來의精神을 喪失하거나 不然이면 內容이薄弱하게 되고마는것이다. 그렇게되면 벌서 意味도 價値도없는 形式을 爲한 形式만의形式과 何等의差別이없다.

이에 우리는 그러한 죽은形式을 언제까지고 固執하여서는아니된다. 그것은 頑固와 孤陋에 不過하다. 眞理를 思慕하며 眞理안에 살고저하는者는 크게 謹愼할바이다.

筆者는 最近에 意外의機會로 가장 尊敬하고 信賴하는 眞實한 兄弟中의 一人인 某氏와 洗禮와 聖餐에 對하여 簡單히 問答한일이있다. 그런데 氏가萬若 이름만의信者이거나, 또는 敎會信者라면 그다지 問題할것도없다. (우리는洗禮와聖餐을 거의 生命視하니 敎會의信者가 此를論함은何等의異常할것이 없기때문이다.)

그러나 이兄弟는 信者中의信者라고할만치 眞實하고熱心이며 眞理를爲하여서는 生命이라도 提供하려는 참된 主예수의忠僕이다. 그리고 氏는 아모敎派에도 아모敎會에도 屬하지아니하고 孤立單身으로 赤貧과싸우면서 東奔西走로 自轉車를 굴리면서 不絶히 福音傳道에 全心全力하는 獨立傳道者이다. (氏는 本來 某敎派의 敎役者로서 多年間 心血을다하여 牧會하였으나 氏가 俗化한 敎會에 견디지못하였다기보다는 敎會가 氏와같은信仰의 人을 堪當하지못함으로 不得已 無敎派, 無敎會의人이되여버린 朝鮮에 稀少한 그리스도人의하나이다.)

자! 이러한분이 筆者를向하여 問曰「다른사람이라면 알수없거니와 兄님과같은 徹底한信仰家 더구나 知識으로던지 人格으로던지 一般信者보다 높으신분이 洗禮와

聖餐에 對하여 너무 無視하는 傾向이 보이니 大體 무슨 根據
에서 그렇게 하시나뇨? 萬若 웬만한이가 그렇게한다면 △△△
是非도 할수있겠고 또는 忠告도 할수있을터인데……云々。
兄弟의 말슴中에 筆者에 對한 讚辭는 氏의 謙遜이 그렇
게 말하게한것이지 事實이 아닌것은 勿論이다。 그러니 過
分한 稱頌이라기 보다는 全然히 不當한 表言이다。 筆者는 다
만 凡平한 一個의 平信徒 더구나 「本來 不學無識한」 人
間에 不過하다。 「徹底한 信仰家」가 아닌것은 勿論이고 「知
識」이 淺薄하며 「人格」이 全無함도 事實이다。 그러나 그런
것은 別問題로 하고 筆者가 洗禮나 聖餐을 「無視」까지는
알수없거니와 等閑視하여 온것은 事實이다。 그렇다고 確實
한 「무슨根據」나 또는 깊은理由가 있어서가 아니다。一言
蔽之하면 그것은 나의信仰이 그렇게하게함에 不過하다。
聖靈의 啓示에 依한 나의 靈的體驗이며 確信일뿐이다。 即
나의 靈魂의 奧義이고 信仰의 秘訣이라 할것이다。

그러나 다시 生覺하면 全然 無根據 無理由라고만할수
도없다。 그뿐더러 이러한 問題로 兄弟間에 誤解를받거나
一般의 거리낌이되게할 必要도없거니와 決코 그러한일을
願하는 바도아니다。 그래서 이에 나의 洗禮와 聖餐에 對한 鄙
見의 一端을 記錄하여 于先敬愛하는 兄弟의 疑惑을풀도록하
고 또 이問題로 因하여 우리를 異端視하는 多數의 基督

洗禮와 聖餐問題

教徒앞에 吾人의 態度를 鮮明히하고저한다。 이것은 決코
다만 自己辯明이나 또는 吾人의 態度만을 最善이라고主
張하는 驕慢에서가아니라 차라리 主안에서 靈交하는 兄
弟들과의 사랑과 理解를 좀더 깊이하고저하는 心情의 發露
에 不過한 것이다。

그런데 여기 마침 筆者의 恩師 內村鑑三先生의 이問
題에 對한 意見深長하고 內容이 確實하며 健全한 信仰의 立
場에서 論한 意味發表가 있기로 吾人의 不充分한 答을 代身
하여 左에 記錄하는바이다。 도무지 飜譯의 經驗도없고 더
구나 그러한 才能도 없음을 모르는바가아니나 그런데도 不
拘하고 이일을 敢行함은 이問題——적은問題이면서도 함
부로할수없는 아니、그래서는아니되는 重要한問題——에 對
한 大先生의 高貴한 意見을 謹聽하려는것은 勿論이어니와
一便으로는 吾人의 다하지못하는 思想을 補充하려는 生覺
에서이다。

그러나 誤解하여서는 아니된다。 이것은 決코 吾人의
生覺하는바와 全然 不同한 것이 아님은 更論할 必要도없거
니와 이렇게하여서 吾人은 自己의先生을 자랑하고저함도
아닌것은 勿論이다。 더구나 先生을通하여 吾人의 面目을
나타버리려는 卑劣한 生覺에서랴? 다만 最初부터 先生을
通하여 基督教를배우고 또알게된吾人에게있어서는 「弟子가
先生보다높지못」한 意味에서——이말슴은 吾人에게는 全幅

一一

洗禮와 聖餐 問題

的으로 文字그대로임을슱어라한다——또는「大槪 나무마다
其열매로써아나니」하섰으니 反對로「나무를보아其열매로알
지니」하는 意味에서 以下 先生의全集에서 飜譯轉載한다。

洗禮聖餐廢止論

二十年前에 내가 建設하는 特權에參與한 札幌(사뽀로)
獨立敎會에서 今般 洗禮와聖餐 兩式의存廢問題가 發生
되여 이일에關한 나의意見을 무럿기로 나는 大畧 다
음과같이 答하였다。

第一에 나自身은 敎會問題에 깊이關係하기를 기뻐하
지아니한다。나는 나믿는다。나의天職은 福音宣傳에있고 敎
會設立에있지아니함을。나는 나의天職以外의일에 關係하
여 많은兄弟를 거리끼게하고 그때문에 世上의많은反抗
을받으며 따러서 나의福音宣傳事業에 障害가될가 두려
워한다。나는 勿論 反抗其自體를무서워하는者가 아니다。
그러나 基督敎徒로서 不必要한反抗은 全部 이것을避하고
저한다。 洗禮聖餐兩式의 存廢는 나의今日의事業에 何等
의 關係가없는것이다。

第二에 나는 洗禮聖餐의兩式을 반드시 救靈上 必要
하다고는 믿을수없다。나自身 過去十五年間 아즉까지한
번도 聖餐式에叅與한일이없다。그러나 나는 그랬다고 나

의信仰의冷却함을 깨닫지못할뿐아니라 하나님의特別하신
恩惠로因하여 日就月將(날로달로)하나님에게 接近함을感
한다。그리고 이와反對로 正式의 洗禮聖餐을받고 또는
이것을 投與한人士로서 지금은 完全히 宗敎에서떠난사
람이 不少하다。나무는 其果實로써알려진다。洗禮와聖餐
의兩式이 반드시 信徒의信仰을 維持하는能力을갖지못한
다。또 其敎師의마음을 그리스도의마음과같이 柔順溫和
하게하지못하는以上 나는 이것으로써 救靈上 반드시必
要하다고 認定할수없는바이다。

第三、그러나 아兩式을 蔑視하는者는아니다。아니、오
히려 나는 이것에對하여 大端한尊敬을 表하는바이다。
洗禮는 基督自身이 洗禮요한에게서 받으신 禮式으로서
聖餐은 基督受難의 記念으로서 나는 그것이甚히아름다
운式인줄로안다。그런故로 나는 이것으로써 救靈上 必
要하다고는불수없으나 이것을받어서 우리의信仰養成上不
少한利益이 있음을疑心하지아니한다。그래서 萬若나로하
여금 兄弟를 거리끼게하지아니하고 이것을 배풀고저한
다면 나는이것을 베풀고저한다。 또 萬若 나의尊敬하는
敎師가있어서 이것을 나에게준다고하면 나는 感謝함으
로 이것을 받으려고한다。

그러나 萬若 누가 물의洗禮를받지아니하고 敎會의聖
餐式에叅與하지아니하면 나는 救援받지못한다고 말하는

一二

者가있다면 나는 나의 聖書를따러서 나의 精神的自由를부르지저 其와같은說에는 服從하지아니하려고한다。 우리는 信仰으로말미암어 救援받는것이지 行爲(儀式的)로말미암어 救援받는것이아니다。 이에參與하여도可하고 參與하지아니하여도可하다。

들의贖罪를믿는데있다。 要點은 十字架에 걸리신 하나님의아 아니하여도可하다。 其他의 것은 些少한일에不過하다。

第四、 그러면 札幌獨立敎會와같은 아모敎派에도 關係가없는 敎會에있어서는 이것을어떻게 處理할것인가하면 나의 生覺하는바는 如左하다。

萬若 다른敎會全禮가 기쁨으로 獨立敎會의 撰定하는 敎師를認識하고 兄弟的好意로써 그를歡迎하며 其行하는 바(兩式의執行도包含함)에 아모故障도 말하지아니함에이른다면 나는 敎會가 이런聖式을 保存하고 適當하게이것을 베푸러서 信徒의信仰養成을 圖謀하기를勸한다。

그러나 今日과같이 이러한일이 到底히行하여지지못하는 境遇에있어서는 敎會는全然히 此等의兩式을 廢하여可하는 것이은 될수있는데까지 모든사람과平和를지키며 福音의進步에妨害를加하지아니하도록 勞力하지아니하면아 니되는까닭이다。 일이 萬若敎理上의 大問題이라면 吾人은 基督의人格에關한것같은 大問題이라면 吾人은 누구하고 假令 福音의確信을 固守할것이다。 그러나 이일은 싸워서라도 吾人의確信을 固守할것이다。 이것은 外形上의儀式에關한것이다。 이것은 兄弟와다토기까지하여

洗禮와聖餐問題

一三

서 吾人의主張을 維持할일이아니다。 吾人은기쁨으로 洗禮其他의式은 現在 諸敎會에一任하고 그들로써 洗禮를 授與하는者(baptizers)로하고 그리고 우리는 福音宣傳者 (evangelists)의 職으로써 滿足하고 感謝하며 熱心히 이에 從事할것뿐이다。

第五、 그러나 或은 누가 말하리라。 洗禮聖餐은 基督이定하신 聖式이다。 이것을 지키지아니함은 信者이면서 信者가아니다하고。 그래서 그들은 馬太福音第二十八章十九節과 또 路加福音第二十二章十九節을 引用하여 그들의說을 維持할것이다。 그러나 이것이 그들과余輩와의說이 不同한바이여서 이點에對하여도 다른點에關한것처럼 余輩도 그들과같이 自身의判斷力을 使用할特權을가졌다。

余輩도 사람을救援함에 洗禮를베풀고저한다。 그러나 이것이 敎會에서하는 물의洗禮이냐아니냐는 余輩의疑心하는바이다。 洗禮라고 飜譯된 希臘語는 其안에잠근다거나 추긴다거나하는 意味가있음으로 물의洗禮라고말하며 事實은 救援함에足한洗禮는 물의洗禮가아닌것을 表示하여 明白하다。 或은 물의洗禮라고말하며 구름과바다에서 洗禮를 받고 모세에게屬하였다 (고前一〇:二)고 말한다。 洗라는것

은 마음의더러운것을 씻는다는뜻이다。 그래서 設令 요단江의물이라할지라도 마음을씻어 깨끗하게하는能力은없다。 洗禮가救靈上必要하다함은 이것은말할것도없이

洗禮와 聖餐問題

하나님의靈으로써하는 靈魂의洗禮를意味한것임은 너무도確實明瞭하여서 余輩의辯論을 要하지아니한다。聖餐에있어서도 또한그러하다。余輩는 基督의말슴을따러 人子의肉을먹지아니하고 其피를마시지아니하면 우리에게 生命이없음을 믿는다(요한六·五三)。그러나 이것이 吾人의 其選擇하는바에 조차서可하다。그래서 其表彰의 方法에있어서는 余輩는 聖餐이라는것이 基督의救濟에 어며한意味에있어서 그러한가는 나의心中의實驗의表彰에不過함을안다。余輩는 聖餐이라는것이 만이아는것이다。이것을 敎會에서 會衆과같이 敎師의손에서 떡과葡萄酒를 받어서먹고·또마셔도可하다。或은 마음에깊이 그리스도의贖罪의恩惠를感하는때에 親友二三名과같이 深林속 사람없는곳에이르러 거기서 떡을떼며淸水를마셔도可하다。그러나 그리스도의 聖意에適合한 最善의聖餐은 貧者와같이 飮食을 난우어 그리스도의마음을 기쁘게하는데에있다。聖餐의方法은 한가지로서는 不足하다。何畢 銀盤에담은 聖餐의 떡을먹으며 銀盞에부은 葡萄酒를마시는일만을 聖餐式이라고稱할것이냐?

第六、이렇게論하여도 世上에는 둘의洗禮를 받지아니하면 信徒가된心情이 되지아니하고 會堂에서 聖餐式에 恭與하지아니하면 마음에不足을늣기는信徒도 있을것이다。그럼으로 余輩는 이러한兄弟姉妹에게 對하여서는 그들의마음을 滿足하게하기爲하여 모든援助를이바지하여 余輩自身은 今日 이聖式에 恭與할必要를 感하지아니하나 余輩는 그들에게 길게 이를施行하는敎會를 紹介하고 이에轉會를 勸當하며 그들의信仰을 維持하도록 努力할것이다。余輩는 스스로此式을 擔當하여 現在 諸敎會와論爭을 開始할을 기뻐하지아니한다。그렇다고 이것에恭與하고저하는者를 强히 余輩와行爲를 같이하게하려고함도 기뻐하지아니한다。그런故로 今日에있어서는 平和를重히 녁이고저하면 敎會一部의 分離를敢行할뿐이다。

第七, 或者는말할것이다。洗禮聖餐은 적은일이다。그런故로 敎會의分離를 斷行하여서까지 其存廢를決할것은아니다라고。그러나 이것은 적은일이아니다。余輩는이것은 적은일로녁이다。그러나 現在敎會全體는 이것을敎會存在上 最大事로生覺한다。그들은 이것을 施行하는特權을容易히 남에게 附與하지않을것으로하여서 그들의어떤一定한 宗敎儀式에服從하지아니하는以上은 아모에게도 이洗禮聖餐을 分與하려고아니한다。그래서 이러한境遇에있어서 余輩가 福音의自由로 믿는것을 否定하는일이기때문에 余輩에게對하여서는 重大事이다。余輩는 現在의敎會에 基督信徒로녁김을받지아니하여도可하다。또余輩의敎會를 基督의敎會가아니라고 指名받어도可하다。그러나 余輩의信仰의自由를 犧牲하는 特權을 그들에게依賴하는것은

一四

일은 余輩의 죽어도 할수없는바이다。 그런故로 洗禮聖餐
을 그들에게依賴하면 그들은 余輩의 獨立을 認定하지아
니할것이고 또依賴할必要가있다면 아즉 余輩는 完全히
獨立하엿다고할수없는것이다。

第八、 敎會라는 名稱을받어도可하고 받지아니하여도可하
다。 要點은 마음에 主예수그리스도를 믿는데에있다。 洗
禮를 받지아니하고 그리스도를믿는 사람이있고 聖餐式에
參列하고도 그리스도의 거룩한이름을 冒瀆하는 사람도
있다。 그러나 兩人中에 어느便을 擇하겠느냐고하면 余輩
는 勿論 前者를 擇한다。 이것이 聖餐式에 參與
할危險을 느끼는者는 이것을 斷然히 拒絶
하라。 그러나 吾人으로하여금 聖餐式에 參與
그런故로 아니하여도 主님의恩惠를 漸漸豊盛한
恭與와 故로 이것을 實行하여서 其靈의 實力의 表彰
式의 形式을자랑하고 迷信을排斥하고 其靈의 實力을 廢
眞正한效果를 드리나니 그런後 獨立敎會의 天職이
하고 의 힘만에 依賴하여 或은이런데있지아니할
알게하는데에있다。 가?

主님이擇하신者는 이에 反對로
信仰을 維持할者는 이에
信仰을 必要論을 實行하게
于先한번이다시 其輩
로써 믿는것을 다시
余輩는 믿는것을
가?

(一九〇一年一月) [譯者曰 但聖餐은 原文의 晚餐을 改譯한것]
(內村鑑三全集第三全集第九卷第一九九頁ㅣ第二〇三頁)

信仰生活의 動機

信仰生活의 動機

宋斗用

凡事에 理由가있고 動機가있다。 우리가 信仰生活을 하
게된것도 決코 偶然이아니다。 그러나 同一한事件에있어
서도 各人의個性을따러 理由가不同하며 或은 때와場所
를따러 動機에差異가있다。 그러기에 갈은基督信者이면서
도 入信의動機가 各人各樣이며 千差萬別이다。

그런데 「始作이半」이라는 俗言도있거니와 萬若 그것이
事實이며 眞理라면 우리는 凡事에있어서 于先 始作이
重要하며 또한 甚히困難한것을 알것이다。 即 무슨일을
始作하엿다가 萬若 그것이못쓸일이라면 그야말로큰일이
기때문이다。 그러나 그보다 더큰일은 아모리 좋은일
이라할지라도 萬若 처음始作할때의 動機가바르지못하면
其結果는 決코 期待에應하지못할뿐더러 차라리 其害毒
이 莫大할것이다。 動機의重大性을 斟酌할수있다。

그러기에 나는 于先 君이지금 基督敎信仰生活을 始作함에
있어서 君은 于先 무엇보다도 基督敎信仰生活을 始作할것인가를 알
어야할것이며 또 어떠한動機로 信仰生活을 始作할것인
가에對하여 再考三思할必要가있다고 生覺한다。 그러면 基
督敎가무엇인가에對하여서는 (本誌第百二十七號恭照) 後日로

信仰生活의動機

一五

信仰生活의動機

미루고 오늘은 먼저 入信의動機에對하여 몇가지 生覺하기로한다.

一、社交와戀愛

希臘의 어떤哲人은 사람을가리처 「社交的動物」이라고 말하였다하거니와 事實에있어서 人間은 單獨으로서는 生活하기 困難하리만치 이웃을要求한다. 人間이 相互扶助하며 이웃이 朝夕相交하는것은 甚히아름다운일이다. 더구나 基督敎의博愛精神은 畢竟 四海同胞의意識에서 彼此間에 相愛相助의美德을 完成하려는 努力과 또한 그러한能力을 우리에게供給한다. 그래서 世上에는 基督敎를 一種의社交術로 利用하려는 사람까지있음도 無理가아니다. 그러나 基督敎는 決斷코 社交術이아니다. 따러서 信仰은、勿論 社交를爲하여서가나니라. 그러한信仰이 있을수도없거니와 萬若 있다하여도 그것은 으레히 참信仰일수없을것이다. 그런데 現代의敎會나 基督敎靑年會가 一種의社交俱樂部로 變함을볼때 吾人은 痛哭不已하는바이다.

그뿐인가? 甚至於 戀愛하기爲하여 敎會에出入하는靑年男女가 不少하다하니 이야말로 言語道斷이라아니할수없다. 우리는 함부로 戀愛至上主義를 主張하는病的人間을 옳다할수없거니와 그렇다고 無條件으로 戀愛를 排斥하는바도아니다. 그러나 아모리 神聖한戀愛（假令 배스타로치와안나兩人의 戀愛와같은것）이라할지라도 信仰과 戀愛는 別個의것이다.

오! 信者여、不信者여、아니다、決코아니다. 基督敎는 絕對로 그러한것이아니다. 너무도 認識不足이다. 따라서 社交나戀愛는 決斷코 信仰生活의 動機가될수없는것이다.

（可三·三一~三四叅照）

二、幸福과成功

人間은 理性의動物이다. 意志의動物이다. 自己滿足을求하며 一身의幸福을얻으랴는것은 當然한일이라할것이다. 그러기에 世上에는 個人의利益을爲한 宗敎가許多하다. 그래서 幸福을求하며 成功을期待하여 基督敎의信仰生活을 始作하는사람도 不少한貌樣이다. 아닌게아니라、入信後에 難治의病이 意外에도完快하는일도있고 無秩序한家庭이 整頓되여 圓滿하게되는일도있으며 家業이繁昌하거나 其外에도여러가지 그러한種類의事實이있음은 種種見聞하는바이다. 信者가 上官에게 信任을받어 地位가높아지고 一般에게서 信用을얻어 人望이있게되는것도 그다지드문일은아니다.

그러나 信仰生活의目標는 그러한幸福이나 成功에있지아니하다. 다른宗敎는 알수없거니와 基督敎는 그러한것들

一六

即 神癒、理想的家庭、家業繁昌、立身揚名、富貴榮華等의 幸福과成功을 約束하지아니한다。따러서 幸福과 成功은 決斷코 基督教의 最高理想이나 最後目的이아니다。萬若 信者에게 多少라도 그러한일이있다면 그것은眞實한生活의結果이지 그것을爲한信仰生活은 아닌것이다。그런즉 리는 幸福과成功도 또한 信仰의動機가될수없는것과 또는되여서는 아니될것을알수있다。

(太六·一九～二一、同三一～三四叅照)

三、活動과事業

基督敎는 多方面으로 活動하며 各種의事業을經營한다。于先 天國建設運動、다음에社會改良運動、迷信打破運動、禁酒斷煙運動等等 大槩 아름다운運動은 거의. 基督敎가關係하지아니함이었다。그뿐인가？ 小、中、大學에 이르기까지諸種의建設 幼稚園 을비롯하여 孤兒院、養老院、療養所 等의建設 慈善事業과育英事業 其他모든거룩한事業은 으례히 基督教徒의일인것처럼 되여있음은 實로慶賀하지아니할수없는일이다。(나는 여기서 傳道事業을 말하지아니한다。그것은 信仰과傳道는 一體의兩面이기때문이다。信仰없는傳道 或은信仰없는信仰은 生覺할수없는것이다。)따라서 우리는 以上의運動이나事業은 信仰生活을 決코 沒認識하거나 더구나 그것이不必要하다고 生覺할 理는萬無이다。萬若 그러한運動이나事業을하는사람이 全然없다면 우리社會나國家는 얼마나 暗黑할것이며 또沈鬱할것인가？! 그리고 基督敎徒가 이러한일을아니한다면 누가할것인가？! 예수의사랑은 우리로하여금 自己만을爲하여 生活하는일을 許諾하지아니하는까닭이다。예수의사랑은 信者의生命이고 能力인故로。

사랑은 生命이다。生命은 活動한다。참사랑、참生命은 自己를爲하여서보다도 他人을爲하여서만 奉仕하고 犧牲하는것이다。그것을기뻐할뿐더러 그렇게하여서 奉仕하고 滿足을얻는緣故이다。그러나 하나님은 運動이나 事業을 (勿論傳道事業까지도) 가장 必要한것으로녘이사 信仰生活의 第一條件으로 하여 우리에게 要求하시는것이아닌까닭이다。信仰生活에는 더重大하고 더緊急하며 더根本的인것이있기때문이다。運動이나 事業이 반드시 入信의動機일수는없다。

(太七·二一～二三叅照)

四、道德과修養

人間이 萬物의靈長인所致는 五倫三綱을 嚴守하는데에 있다。다시말하면 道德生活을하는까닭이다。그런故로萬若 우리가 良心生活을하지아니한다면 禽獸보다난것이 조금도없을것이다。그런데 사람은 宗敎를가지고 信仰生活을 하면 좀더 道德的 또는 良心的生活을하게되는것도 確

信仰生活의 動機

實한事實이다。그러기에 道德生活을하기爲하여 信仰을要
求하는사람이 許多한貌樣인데 그것은 決코잘못이아닐뿐
더러 稱頌할일이며 또한獎勵할바이다。

그리고 人間은 其實은 敎育보다도 修養이一層더必要한
것이다。敎育은 大部分이 受動的이며 感情的이나 修養
은 能動的이며 理性的이기때문이다。即敎育은 追從的이
고 修養은 意志的인까닭이다。그래서 많은사람들은 (特
히眞實한部類의사람들은) 或은 修道院生活을하며 또는 入
山修養하고 或은 難行苦業이나 獨身生活等의 禁慾主義
를固執한다。勿論 容易한일이아니니먼치 아모나할수없는
일이다。그러기에 世人들은 이러한生活을 欽慕하며 讚
嘆함도 無理가아니다。어느意味에서는 其亦尊貴한生活이
라고도할수있는것이다。

그러나 人間으로서는 이러한高貴한生活도 異常하게
도 하나님便에서는 강혀要求하지아니하실뿐며러 도리어
道德과修養에 억매인生活을 가장憎惡하시며 忌嫌하시는
바이다。無神論的인 道德과修養의 無價値함은 更言할必
要도없거니와 所謂信仰的道德이나 修養이라할지라도 그
것은 大體로 驕慢과偽善이 生하기쉬운것이다。그런데 하나
님은 무엇보다도 驕慢과偽善을 가장 排斥하시고 또詛
呪하시는바이다。그러니 道德이나 修養이라할지라도 또

一八

한 信仰生活의動機로서는 何等의 價値가없는것이다。

(路一八・九―一四、太二三・二三―二八參照)

五、贖罪와救援

그런즉 結局 社交와戀愛나 幸福과成功이 入信의動機
가되여서는 아니될것은勿論이고 活動과事業이나 道德과
修養까지도 또한 信仰生活의理由가될수없는것이다。그러
면 大體 入信의動機로서 가장 適切하고緊要하며 또가
장 高貴하고眞實한것은 무엇인가? 그것을알기爲하여서
는 于先 基督敎의本質을알必요가있었다。(本誌第百貳拾參、
四兩號參照)

原來 基督敎는 人間의宗敎가아니고 하나님의宗敎이다。
即 人爲的宗敎가아니고 하나님이주신宗敎이다。換言하면
地的宗敎가아니고 天的宗敎이다。그러기에 基督敎는 하
나님의말슴이신 聖書를매나서는 生覺할수도없거니와 또
한生覺할때마야 그것은 偽 或은 非基督敎에不過한것이다。
그런데 聖書에이르기를 「하나님은 世上을 이처럼 사
랑하사 獨生子를주셨으니 누구던지 저를믿으면 滅亡하
지아니하고 永生을얻으리라(요한三・一六)하였다。即 하나님은 예수
함은 곳 「나사렛木手이신 예수이다。그런데 하나님은 예수
를 우리의 그리스도(救主)로주셨다。그런데 바로 그 에
수는 世上을向하여 웨치셨다。「受苦하고 무거운짐진사람

은 모두 내게로 오라 내가 너의를 便히쉬게하리라(太一一・二八」고。 또 말슴하시기를 「健康한사람은 醫師가所用없고 病人이라야必要하거니 내가 義人을부르러온것이아니고 罪人을부르러왔노라(可二・一七)」고。

이에 우리는 더說明하지아니하고도 基督敎를 充分히 理解할수있다。 하나님은 自己에게 反逆함으로 隨落하여 滅亡할수밖에없는 人間을사랑하사 救援하시라고 獨生子 예수를 우리의 贖罪의 祭物로주신것이다。 人間은 罪에苦悶하는者이며 罪의 重荷를 到底히堪當하지못하리만치지고 있는것이다。 即 病人이며 救主이신예수(예수는 靈的醫師이시다)가 必要하다。 하나님에게 犯罪한 아담의子孫인 全人類 萬百姓은 누구나할것없이 예수가必要하다。 絕對로 必要하다。

그러나 世上에는 病者로서 醫師를찾지아니하는者가있는것처럼 罪에쌓인人間이면서도 예수를찾지아니하는사람이 不知其數이다。 異常한듯하나 事實이다。 예수는 이러한사람을가리처 「健康한사람」 或은 「義人」이라고・假稱「健康者」또는 「僞「義人」이」 얼마나많은가? 이보다 더 怪現象은없을것이다。 아! 人生悲劇의 모든 原因은 여기있었던 만은! 그러면 信仰은 무엇인가? 別것이아니다。 決코 複雜하거나 어려운것이아니다。 信仰은 即 하나님의사랑을甘

信仰生活의 動機

受하여 其獨生子예수를 그리스도로믿는일이다。 얼마나簡單明瞭한일인가? 信仰은 이以外의아모것도아니다。 그러니 信仰의 動機는 말할것도없이 自己의罪를認識하고 滅亡에서벗어나 救援받자는데있는것이다。 即 自己가眞正한 病人이며 罪人인것을 깊이깨달어 참醫師이시고 또救主이신 예수를믿는데있다。 이일로써 贖罪와救援과 또永生이있다。 그런즉 다시말할것없이 入信의動機는 이었다。 罪의意識에는 반드시悔改가따른다。 悔改없는 은 信仰이면서 信仰이아니다。

그리고보니 結局信仰生活은 罪를意識하고悔改함으로부터始作되는것이다。 入信의動機는 罪를意識하는 蕩子의心理에 以外의것이나 以下의것으로서는 決코眞正한 信仰生活을 할수도없거니와 한대야 그것은 無意味 無價値하기가 不信者의生活보다 別로 差異가없을것이다。 아! 貴하다, 罪의意識이여。 아름답다, 悔改로다! 사람아! 너의 罪를意識하는가? 못하는가? (可一〇・四五、에베소一・七叅照)「一九三九・三・二九・議政府兄弟에게말한것」

筆者曰、「偶然」이란말에 生覺된다。 「人生는……偶然한것이라고는하나도없다」 本誌第八號에 「偶然과延期」라는題目下에 金敎臣兄의文章이있다。 또本誌第六、第九兩號에걸처 痛快無雙한咸錫憲兄의文章이있다。 筆者의 金敎臣兄의「入信의動機」라는深刻無比한信仰告白이있다。 글은 一般的原理를말한것이고 金兄의글은個人的實地體驗談이다。 舊號所持者는再讀을勤한다。 多大한收獲이있을것을確信한다。

一九

聖朝通信

二○

七月十九日 (水) 晴。登校하야勤勞報國의唱歌한시간만하고서 大掃除。○第一學期成績調製의일이 나홀로第一週鈍하여서 同僚들이 珠絃놓아주며助力하여서 간신히定한時間대로報告할수있었다。擔任教師는校務에 이렇게魯鈍한데 生徒들은그와反對의現象이어어서 第一學年의三學級一百七十九人中에 第一號로부터三號까지、第五一七까지와 第九號가 모다第一組生徒의占한바되였다。即第十番까지에 七人이 第一組生徒이었다。詩篇第一一一篇輪讀。○저녁에家庭禮拜。

七月二十日 (木) 晴。지난밤동안雷雨있었으나 極小量。○東京留學生來訪。明年夏季에는 矢內原忠雄氏 渡鮮할터이니 集會準備하라는快消息傳來。또 南洋傳道開拓者 大久保忠臣氏가 今夏季에京城을便으로到着。 集會의機會를얻으라는紹介書도別로있는것을보니 그도 또한쉬운職業은 아니로다。○今日로써 第一學期學業을式。第一學期學業成績發表。○今夜에主婦와아이들이元山海岸으로向發。寄宿中의學生도歸省。○業務의苦와樂을가지고써 自己職業에不滿을 가질수는없는것을 배우다。에 들리니 汗蒸屋같은속에서 海産物特有한 넘세를 말으며 終日終夜 거기있우리들 休暇中에 勤勞報國이있다 할지라도 우리들

七月二十一日 (金) 晴、酷暑。오늘부터夏季勤勞報國의行事시작되다。第一、二學年은 校內에서運土及除草하고 第三學年은 龍山練兵場으로가다。勤勞作業을監督하면서 때때로博物室에서校正。○勤勞를 마치고 午后二時頃에 歸宅하랴니는 자정넘도록 校正。火星은南天에 木星은天에 솟은때에就床。

七月二十二日 (土) 晴。中伏。昨日暑氣는三十七度七分(華氏로九十九度九分)라해서 三十年來의酷暑요、京城測候所생긴後로記錄을지었다더니 今日도 못하지않은 더워다。○印刷所에서校正하다가官廳出勤時間을待하야 道廳과總督府에 다녀서登校。○勤勞報國의第二日。오늘過度로 힘써일하면 來日할일없어져도 걱정이라하면서 運動場한모퉁이 풀은 남겨두면서 일하다。○今夜에도 자정 가까이까지校正。右眼充血이漸甚。蓬萊町街路上에는 馬車굴고가면 말이暑氣에 꺼구러저서 冷水를 마시우며 끼엾으며 야단이었고、石材로 까러놓은道路는 불ㅅ돌같이 뜨거워서 行人의얼굴이 타는듯하며、아스팔트道路는 녹어나려서 진량처럼 질적々々하다。○校正하기爲하야 印刷所에들러니 이런苦熱에도忠誠스럽게 일해주는이들의受苦 적지않을

七月二十三日 (日) 曇、小雨。印刷에들린後에 登校。勤勞報國의第三日。今日로써校內서勤勞하면 第一、二學年은

畢業하고 休暇가되다。○오늘은當直이었
으나 宿直室을滋渡하고歸宅。○十一人식구中에서
宿直室에서留宿하여야할이가있어서
火大多數가 떠나가고 네식구만 남었으니
진안이 왜 쓸々하다。○오늘저녁은 第
三回校正을代身해주는이가 있어서 편하
게일즉으시다。

七月二十四日 (月) 雨。 오늘부터第三
學年以上生徒들의 勤勞報國隊에出勤키為
하야 龍山練兵場으로。이날아침에 自轉
車로써練兵場까지四十三分의記錄을지었다
오늘은東風이었으나 萬一좀더强한東北風
이불고 街路에行衍이雜踏하기前에 出發
하였드면 時間을 좀더短縮시길수있었을것
이라는等생각。世上에 재미없는일이라고
무엇이있을가。그러스도와 함께할진대
무엇이든지 재미있는일이리라고
즉龍山下야 正孫의 동무로여주다。○某新
開社에서 題目「放學이되면 特히 무슨
工夫를 어대서 어떻게하시렵니까。枚數
[四百字原稿紙로二枚가량] 또「先生의 近
影一枚도同封하옵기를仰望합니다」라고要
…」 어디서 무엇을 하겠다고 放言해내랴

聖朝通信

請하였으나 例에依하야 反信料切手는 沒收
하고 不答하기로하다。不答의理由如下。①
무릇 이런問答은 知名의士의것이라야 興味
있는것인데 余輩에게 무른것은 新聞記
者의不敏을 曝露시기는結果만생긴다。②
이런데 答을써보내고 寫眞까지添하다면
久에余輩도「名士」가되어버릴 危險律이多大
하다〔名士라되면 또排泳大會長도된다〕。
③答은極히簡單하다。보라 場所는「地下
室」、무엇은「聖書」、어떻게는「왔어서」。
④우리는現在每日龍山原頭
即 聖朝誌記者의筆法으로 쓰자면 單一
行에不滿할것을 四百字原稿二枚에쓰라했
으니 이는 글을 지어내는 所謂文章家는
못하지않을뿐더리 꿈이라는것이
다。없는글을 지어만드는 所謂文章家는
안이니까不答。

오늘은當直이었으나 오늘로足하였으니 來日일은
來日보아야 알것이다。休暇되기前부터「休
暇되면……」 云々하는것은 統制國家의忠
誠치못한臣民이될것이매不答。

七月二十五日 (火) 曇。友人中에牧場
經營의議가있어 某銀行에資金交涉次로 往
返。金融機關에서 서르른곳이라躊躇하기
한두가계뿐이아니었는데 實相當해본產
業金融關係의主任되는이가 昨年에作故하신
叔父의知遇를받던이라고 監査役영감의情
分을생각하며라도 그족하의일을 極力周
旋하겠다고 自進提言하여서 일의成否는
두고보아야 알것이지마는 于先괄세나免한
것이아님을알고 追憶의情懷더욱懇切하는
건대偉大한〔子侄에게는〕父兄의德澤은 限
없이넓고크다。遺產은有形의것에만限하는
것이아님을알고 印刷所
에서 校了했던것을再校了하여 歸途에
山麓에도도오니 待하는答이있다。今夜某
事件의結末을告지어 心身이아울러輕快。
님의加護에感激。

七月二十六日 (水) 晴。午前八時부터
午后二時까지 練兵場에서 勤勞報國하기

聖朝通信

는 오늘도 마찬가지。○歸路에印刷所에들리다。印刷機械형편으로 아직도待하고있는중이다。○歸宅後에 除草。○北滿短信에『門生은 異域의 感懷에사로잡혀 默想의 실마리를타고 나날이感激으로 더브러 消日하고 사옵니이다。意外에 異域을 찾게되었읍니다。아부님이 ○○계신데 異域을 찾게되었읍니다。싶어 以前의所感치못하든 言不及의느낌을 感得하며 異域에到着하였음니다。先生님 밤의거리(이곳의)는 黑暗과罪惡그대로입니다。白衣人을 만날때마다 相逢之喜가 끌어올으지마는 그들의 짓을 볼때 忿怒의마음 또한 禁할길이없읍니다。到着한지不過 二日이 되었으매 이렇다할 確實한探知는 없아오나 九月初旬에 上京하겠음으로 그동안은 異域의社會眞想을 알어보고 싶읍니다。한一個月余에있어 보이고 칭찬받도록만 애써々々 일하다。總員이一齊히숨쉴새도없이 일하는樣을보이고、上半體는一齊히裸體로 레뷰ー。勤勞하기를敢當치못하는病弱者가 十餘名식樹蔭에서「見學」하고앉았었으되「患者나發生하지않았느냐」고 問下가 무르면「아니 始作以來로 한사람患者도 나지않았읍니다」라고 校長이答하였다。여러學校中에서 作業한成績이 눈에띄어보이는 일해놓은學校는 閣下의視閱을받는榮光에 浴하였으되 實業學校와같이 죽도록 힘써일했어도(아까시야나무採根作業) 일한痕跡이얼를하게 남아보이지않는學校는 閣下巡視時間中他處에避하야 숨겨있으라고해서 視閱의榮光에서 빠젔으니 不平이嘖々했다。

하옵니다。韡體萬安하시옵을 心祝 하나 答게해볼까? 農村事業이란 可能한가? 農軍으로써 農業專門家로서 저야할「苦離의집」은 무엇인가? 어떻게해야 바로보는것일까? 等々의생각은 나오나 解決策은없읍니다。다만믿는것뿐이더라! 果然 그럴까요?』○저녁에 火星의빛이燦然!

七月二十七日 (木) 晴。 오늘은南總督閣下가 우리勤勞報國隊의 作業狀況을巡視한다고해서 凡事에 變更을加하야 잘 겠읍니다。順序없는 亂筆이되여 심히罪悚이다 餘不備上書』

七月二十八日 (金) 晴、夜曇。 勤勞報國隊를指揮하는職員中에 自初부터熱誠껏 하든이들은 오늘즘은 지치고 지처서 缺勤한이도있고 天幕에서 出勤하였어도 作業場에 나서、平日에忠實히勤勞하지않던 余輩가 오늘은 아주存在를 나타내게되었다。○晝食休憩時間에 喜몰로西氷庫에나가 漢江에서 游泳하다。○어제더워가、오늘도오늘더위가 今年第一이라고하는데、오늘은저녁까지도 机邊에앉은몸에서瀑布같이流汗。因하야冷水沐浴四五回。○기다리고기다렸던二十八日저녁인데 火星은無光에서 빠젔으니 不平이嘖々했다。

○學窓消息一枚如下 『聖朝舊號에서內村先生의「農學耶神學耶」라는 글월을읽고 크게慰安받었읍니다。예수믿는데는 思索이必要치않고나하고 스스로 慰撫했읍니다。다。어떻게하면 農業으로써 江山을아름念키도 구름속에 숨기고 말었다。

二二一

聖朝通信

七月二十九日 (土)。晴。午前中은登校
하야 卒業生의證明書類調製
場勤勞報國隊로。但今日은 勤勞는午前中
으로끄치고 午后는地雷砲水雷砲의爆發見
學이있어서 西氷庫砂場에서 曝陽에쏘이
기數時間。漢江에沐浴하고歸宅。○八月號의
雜誌의製本이出來하야 一部分만져發送。
○隣家의建築工事場에서일하는 人夫들이
밥늦게까지 放歐喧嘩함으로 이것을制止
하기에 적지않게 애쓰다。累々히說論한結果에「우
리는主人도없소、어른도없소、제各其監督
이오ㅣ」하면서 빨리던저이들도 現著히恭
遜한빛을보이다。

七月三十日 (日)。晴。勤勞報國作業이
오늘午前으로써 끝나서、修了證書授與式
까지畢하다。午后一時에神宮參拜함으로完
結。午后五時부터龍鳳亭에서職員慰勞宴이
있었다하나 藥權。○午后四時二十五分發急
行車로北向。同九時餘에元山下車。銘石洞
동생의집에 先發隊식구와合하야 午前一
時지나도록 情懷의談은 끝없다。

七月三十一日 (月)ー八月五日 (土)
北鮮旅行。

八月六日 (日)。晴。午前中에 暫時市
內에往返。旅行의疲勞不退하야 낮잠자다
○午后에風琴의初步를 배우고、신정찬
송 第三十四章과其他讚頌 두어장 배우다。
「만세 반석 열리니……」들、어리운音符
로 들는일은 多大한 기쁨이었다。○答
信두어장쓰다。○北滿短信에「어제 聖朝
誌八月號를 받었읍니다。異域에 설레이
는心緖에잠기게 해 주셨음을 든心情한끝
진정코感사드리나이다。戀主든 애타든
心魂 聖朝의靈音을 듣고나니 恩主의細
線을 난즈시 잡을 힘이 心池에서 소사
올으고있읍니다。끝없이달리고싶은마음
主님에게 꽉 맞어고싶읍니다。그리하여
살든지 죽든지 입든지헐벗든지 그저에
수로써 한숨을 맞이고 싶읍니다。매달
찾어주는聖朝의眞理 先生님의周旋하신
느낌心魂에숨여들고 가슴우에서서리는
마다 無言의使者로 久遠히 이따우에 살
어지이다하고 빌뿐입니다。서투른 아스
팔트우를걷는 마음은 漢陽의거리가憧憬
되옵니다。亂筆이되여 惶悚의心緖不禁이
로소이다。聖朝社에 限없는 惠惠의줄이
나리사 임게 榮光에 돌리며 先生님

體平康하시음을 心祝하나이다。餘不備上
書 門下生 ×××올림」

八月七日 (月)。晴。私事公事를合처서
面事務所에往返。○甚한旱魃에川邊雜草까
지枯死하는樣은 참아볼수없다。누구에겐
가 큰허물이있어서 山川草木이 모다塗炭
에빠저 아우성치는것만같다。夕陽에 우
되 요란했으나 義理의 비人방울 두어
번 머리고 말었다。○湖南消息에「日
去月來數月間을 問安못살고보니 怒罪
하야 恒時主思中 先生님과 堂宅諸節의
두루平康하옵심을 拜察할때마다 感謝하
나이다。每月聖書朝鮮을 通
이것은 印刷에부치실때나 또發送하실때
나 全部가血淚흘리신新禱로써 終始하옵
신 聖書朝鮮、이것을拜受할때 亦是小生
은新禱로써 精讀하나이다。今日우리망에
한奇蹟이있다면 每月나오는聖書朝鮮일것
입니다。이것을黙考할때 참으로 主님恩
惠입니다。따라서 先生님、또이
謝합수없으며 謝할수없나이다。
에助力하옵신威先生님 宋先生님에게 感
謝않을수없나이다。聖書朝鮮은 盛夏엔淸
凉作用 嚴冬엔保溫作用을이르키며 氣盡力

二一

聖朝通信

退한 때말은 靈에게는 無限의 興奮劑가 되나 이다。永遠不變한 眞理의 結晶인마큼 新舊 의 別도없으며 吟味할수록 新味가 울어 남을 깨달게되니 中毒性이 絶無한靈의 補 藥으로 우리망 뭇靈界에 推奬할마음 懇 切하나이다。云々。

八月八日 (火) 晴。 가물이 甚하야 洞 內우물이 거의 全部말렀는데 우리 쫌푸 도 水量이 多少減小된듯하야 節用令이나리 다。 개천물도 거의 全涸되었는데 우리집앞 에만 多少흐르는물이 있다고 遠近빨랫군 들이 總集中。○明日旅行떠나는 準備로 地 圖를 整理하기에 多時間 준비하다。

八月九日 (水) 晴。 某友人의 일을 周旋 하기爲하야 京元線某地까지伴行。友人과 作別한後에 元山와서 一泊。

八月十日 (木) 曇。 아무리하여도 鐘 城까지 다녀와야될듯해서 드디어 北行을決 心하고 저녁에 羅津行急行車의 客이되다。

八月十一日 (金) 庭々小雨。 朱乙溫泉 이 가까을매부터 車窓으로 山野의 景致 가 보이기 시작하여서 初行의 길인이地 方에 느끼는것도 많었다。 會寧을지나서 上三峰과 鍾城까지 豆滿江을 左편에 부터

끼고 北進하였으나 國境線을짓는 豆滿江

城驛에 下車하였을때에 警官의取調가시작 되려는것을 該地方屈指의大資業家인金鳳 氏는 한마디對答잘못했던탓으로 三日間 留置를當했다하니 오늘余의 寬遇는「運數」 가좋았다할것이다。○主人의先導로 日出 牧場의放牧地인畓山林에 오르니 延々四十 町步의貸附山林이라 京城附近서는 꿈꿀수 도없는 貴한資源이다。 豆滿江을 굽으려보 는 山頂에。 끌어엎디어 新禱를 함께하 고 用務가 쉽게 끝났음으로 夕陽車로 歸鞍을 끌이다。 鍾城附近의豆滿江은 日間 降雨에 潛水하야 黃물이흐르는데도 徒涉可 能하고 저待할동안、軍中에서 親하게된이의 案內로서 會寧市街를警見한것은 意外의所 得이엇고、乘車時에 또한憲兵의審問을 받은것은 國境맛을 一層强하게하였다。

八月十二日 (土) 晴。 車窓外의景槩가

보일때는 발서列車가前津(咸南)附近을다 름박질하고있으니 이번旅行에도 來往에모 다 朱乙附近으로부터前津까지의咸南北道 界一帶의 沿線景槩는 余에게 未知의世界로 남어있게되었다。 興南驛에下車하야 鵲島 里海水浴場에서 游泳할새 亦是우리에게는 넓은바다라야性味에맞음을깨달다。都市의 무르녹는 고래를金色魚병에 넣은感에못견 딘다。 하루에二萬人모인다는大海水浴場과 築港과各種工場等西湖津一帶의急激한變遷 고 그윽히 놀라고、動하는工場都市興南 邑과雲南面을지나 馳馬舊基에이르니 만 나려는先發隊의家族들은鵲島舊里로向하였다 하매 떠난자리로 서로 찾어다니는樣이 先山에 떠나신지 一週年되는 篇의「에반젤린」같기도하다。○經龍山麓의 作은아버지 산소에 이르러痛哭이爆發하 야 制止하려고도안하고 힘껏 소리질러 실컷울다。 孤兒처럼 울다。 이재 슬픔 과 아픔은 本格的으로 내가슴에 사모찾 마는 떠나신지 발서 一週年。 어제스일갈것 같이 가리워줄곳도없는 孤寂感은 나날이쌍 여지고、弟侄을 거느리고家名을扶持할者

二四

로서의 幼弱함과 庸劣함은 날이 갈수록 밝어
지니、半은 도라가신이를 생각하야
은 나 自身을 爲하야　痛哭 또 痛哭。一은 사
悔의 痛哭。山堂에 나려와서서야　雙眼에 쌍
모찻던 悲痛의 울음、二는 爆發口를 찾던 懺
特異한 充血을 發見하였으니 「피눈물」이란
이것인갑다고 納得하야。
말하기도했으나　怪物의「피눈물」은　이번
이처음이니 이일지난後三日에 人生의 第一
四〇〇日을 맞으려한다。

八月十三 (日) 晴、京城暫雨。先山下
에　하루더　그날기도싶고、故友와 親戚을
尋訪하기도싶으나　登山服行裝이 초초하
야 正式尋訪의 禮를　갓출수없고、앞에쌍
인일들이 마음을 燥急하게함으로 午后
二時頃에 淸凉里에서 서울까지直行하다。午后
半發急行車로서　骤雨가있었
으나　그것도 極히局限된一小地域에 不過한
降雨였다。○直路로登校하야　夏季休暇中
의 當直任務를 다하다。○眼球의 充血이아직도不退。
入浴하고就床。

八月十四日 (月) 晴。아침에 일즉歸
宅。이번은 집앞 시내ㅅ물이 흐르지못
하고 우리 大門앞에 잡은물이 조곰 남었

을뿐이다。 關北에比較的 푸른빛이 山野에 남
어있었으나 京畿以南의 旱災는 그 程度가
어듸까지 深刻하게 갈것인가 헤아밀수도없
다。○泰川서初對面의 誌友 一人이 來訪하야
그곳에도少數의 友人의 떼가 形成되여있음
을알고 갑작이 京奉鐵道라고 보고싶은생각
이 간절해지다。 誌上만으로는 알수없더
라는 여러가지質問에 應答하다。

八月十五日 (火) 晴。第一四〇〇日
甚히平凡한 하루。午前中은 入市하야 金融
機關두어군데 들리고、午后는 原稿。○從
來로警察署高等係 或은警察官派出所를 經
하야 傳達되면 出版許可狀이 先月號부터
郵便으로 直接配送되니 이는 甚히적은일인
듯하나 달ㅅ이出版하는者에게는 一大劃期
的事件이라 안할수없다。 이제는出版業者의
쓸데없는 勞心과 헛된時間의 浪費를 크게
防止할수있게되었으니 非常時局下의 邦
家물爲하여서도 크게慶賀할일。

八月十六日 (水) 晴。柳達永君이 脫稿
된 推容信孃의 傳記를 뜸고 來訪하야 반
가움을 측량할수없다。지난冬季集會때에
그 傳記出現의 懇切한 要求를 柳君에게 附托

마침後에도 이미 썼던原稿를 찢어버리
기五六次、 激烈한校務도 一段落된今八月一
日以後로는 때로 새벽二、三時까지 거
의日夜를 連하야 펜을 달린結果로 이一
篇三百餘枚를 成하였다고한다。君은 마치
大患을 치른사람처럼 참白한얼굴로서
이 原稿뭉떼를 携来하였다。붓을 弄格함
으로써 業을삼는 文士들에게는 原稿三
百枚라하면 可笑로울런지 모르나 君
과같이 農學을專攻하고 博物學을 가르
키는 「文筆界의 素人」에게는 이일이決코
적지않은大事業이었던것을 우리가 잘아
는터이다。 그러나 故椎孃도 그一生의
장重要한点을看過치않은傳記々者를 얻었
음을 못내滿足해할것이다。○저녁에새벽旅
行發程을 爲하야 일즉 도라와 就床하다。

八月十七日 (木) 晴。未明에起床하야
旅行準備。自轉車를달려 仁川行 첫車를타
는 일은 꽤 바뿐일이었다。仁川博物敎員
會主催의 德積島博物講習會에 參加하고
저합이다。仁川棧橋에 모여서니 講習會
一行이約四十名。誌友×氏는 驛까지出迎
하야 德積島의誌友敎人들의 名(九頁繼續)

【聖書朝鮮】 第一百二十八號　昭和五年一月二十八日　第三種郵便物認可　昭和十四年九月一日發行　每月一回一日發行

(1) 金教臣著

上山垂訓研究　全

四六版・二四五頁
定價七十五錢・送料六錢

마태복음第五章으로부터第七章까지를詳細히文字中에의釋義와및心靈의根柢를把握하려하는것으로서新精神을解得하며基督教의入門으로하고또宗教의本旨를看取할수있는것이다。文은簡明하다。求道者는勿論基督信者들은基督教를研究하려는泰西의一讀을要하는것이다。宗教哲學者는勿論新神學者는거의近來에차음읽을수있는우리들의誇斗라。

(2) 聖書朝鮮文庫第一輯

咸錫憲著

푸로테스탄트의 精神

菊版・三十二頁
定價半・三十二錢
送料三錢

카도릭信者라할지라도읽을만한冊이다。그러나이는死殺나를죽이는精神이다。안에로死殺하고밖으로改革한다。敎慶의頑迷로부터醒生하려는人間에게死殺하는게生의源泉이다。人間은出生하면부터石灰質殼衣를입고死滅에向하게쓰러지고마는것들이라땅이갈수록그둘레에들어서

(3) 聖書朝鮮文庫第二輯

咸錫憲著

無教會

菊版・三十二頁
定價金十錢・送料三錢

無教會主義의消極的論理와그보다도單純한簡明한頭腦主義의所有者가아니고서는그게簡明하게한胞理가장그簡明으로先足하는게아니다。다만無敎會旣成敎會의無能에對한攻擊論과설란理的論眞이다。그러나旣成敎會도그實際建設에有積의의誇張할게있고무그게無敎會義의消極的論理라하면和化眞理의充足하게表現

와設란理的論眞이아니고先足하지못한게아니다。實際建設會의無能할게아니다。

日曜集會에關하야

從來로市內明倫町에모이던日曜集會는지난學期까지로써一旦解體한것으로하고、다시廣告있기까지當分間集會를中止하겠나이다。

先金拂込에關하야

本誌의先金이今年內로끝나는이는于今年十二月號까지만拂込하고、新年度의分은新年一月號가發刊되거던拂込하라。從來의例로보면每年新年號에當하야休刊廢刊의問題가일어났다。그理由는過去數年의新年號를보신이는잘納得하였을것이다。오는해의一月號는더욱어려울法은하여도休刊廢刊은하지는않다。웬일인지患難의날이臨迫한豫感이漸漸强해질것뿐이니한동안急템포로勤하는休刊하고서世界의變轉을고요히展望하는것도또한한길인듯하다。

本誌定價

一册
（送料共）前金一圓十錢

六册（送料共）
十二册（一年分）前金貳圓貳拾錢
要前金直接注文은
振替貯金口座京城一六五九四番（聖書朝鮮社）로

所賣販次取

新聲閣（咸興府）
北星堂（秦川邑）
京城府鍾路二丁目八六博文書舘
京城府鍾路二丁目九一敎文書舘
東京市麴町區九段坂向山堂書房
茂英堂（大邱府）
信一書舘（平壌府）

昭和十四年八月二十八日印刷
昭和十四年九月一日發行

編輯兼發行者　金教臣
（京城府仁寺町一九ノ三）

印刷者　李相五
（京城府外崇仁面貞陵里三七八）
（京城、光化門局私書函第一八號）

印刷所　大東印刷所
（京城、光化門局私書函第一八號）

發行所　聖書朝鮮社
振替口座京城一六五九四番

【本誌定價二十錢】　（送料五厘）

金教臣 主筆

聖書朝鮮

第壹百貳拾九號

昭和十四年（一九三九）年十月一日發行

昭和五年一月二十八日（第三種郵便物認可）
昭和十四年十一月一日發行（毎月一回一日發行）

目次

279

提訴와 敗訴

하나님의 聖意의 措處如何는 아직 알수없어도 人知로 헤아릴수있는 限度까지 本誌의 發刊은 本年末로써 一段落지을듯

함으로 어떤날 左와같은 問答이 하나님앞에 提出되였다.

呼訴。 하나님아버지 당신은 나를 속이셨읍니다。나의 愚蠢한것을 奇貨로하야 당신은 온갖甘言利說로써 또는威脅과

책망으로써 나를 모라내여 十數年間이런雜誌를 發刊하게하셨읍니다。그러나 누가 이雜誌를 읽는이가 있읍디까。한사람 單

한사람이나 어듸있었읍니까。당신은 아실메니 있었거든 있었다 하십시오.

審問。 네가 損害본것은 얼마나되느냐。計算해오라。

答申。 내것 損害본것은 한푼도없었읍니다。

審問。 그럼 또 무슨말이냐。

答申。 ……。

어떤이는 비웃습니다「내가 그費用을 治財했드면 子女敎育에 念慮없을뿐더러 老後의 安定을 이미얻었으리라」고。또

어떤이는 놀려먹습니다「내가 그精力을 다른硏究에바쳤드면 발서몇번이나 博士가되였으리라」고。그러나 아무것도

못되였건말건 眞情한讀者 한사람만있었다면 나는 당신을怨恨하지않겠읍니다……。먹고 입고 남은부스러기 열두광주리 올시다。

第二訴。 한사람분의 職務를가진者가 一週의六日間을 勤勞하고서 週末休暇를 가질것은 生命扶持上 絶對로 必要한일인 것을 당신도 아시는바일뿐이오리까。여호와 당신께서 制定하신法則이아니오니까。週間六日을 발서 힘에넘치게 疲勞하 고서 또主日을 쉬지못한지도 大略十有餘年。그동안 우리의 웨침을 들은사람이 몇사람있었읍니까。한사람 單한사 람이나 있었읍니까。당신은 나의 못난것을 장터에나가 피리불라하셨으나 어디 춤추는人間하나나 있

審問。 週間을通하야 連日講壇에서던者가 日曜日에까지講話하는것은 그內容의如何는論할것없이 그行爲自體가 피를 뽑아 주는일이오 살人點을 分配하는일이아니오니까。그런데 누가 들으러 왔댓읍니까。

審問。 네가 나를 믿기前보다 지금은 얼마나弱해졌느냐。疲勞로因하야 얼마나減壽된듯하냐。

答申。 저와同年輩中에는 虛弱해서 藥병만 차고다니던것이 近二十年來로 큰病에누어본일없고、짐작컨대 어떤社會에가면

지 저와同年輩中에는 가장健壯한편일까합니다。

審問。 그럼 또 무슨말이냐。

答申。 ……。

再臨을 渴望함

다소사람 바울은 부르짖었다。眞實히부르짖었다。——나의 行하는것을 내가 아지못하노니 곧 願하는 이것은 行하지아니하고 도리어 미워하는 그것을行함이라。……내속 곧 내肉身에 善한것이居하지아니하는줄을아노니 願함은 내게있으나 그것을行하는것은없노라。내가 願하는바善은 하지아니하고 도리어 願치아니하는바惡은行하는도다。萬一‥내가 願치아니하는 그것을行하면 이를行하는者가 내가아니오 내속에居하는罪니라。그러므로 내가 한법을 깨다랐노니 곧 善을行하기願하는나에게 惡이함께있는것이로다。내 속사람으로는 하나님의法을 질거워하되 내肢體속에서 한 다른 法이 내마음의法과 싸워 내肢體에있는罪의法아래로 나를 사로잡어 오는것을 보는도다。오호라 나는 곤고한사람이로다、이死亡의몸에서 누가 나를 건저내랴——고。

將來二千年! 人間의一世代를三十年으로計算한다면 바울以後에 約七十世代에 亘하야 이苦惱의 부르짖음을 거듭하여왔다。宇宙의天然界에進化의現象이있듯이 人間性에도進化의事實이 多少라도 있다라면 現代에生을 이받은 우리들에게는 이다소人의苦惱가 거의痕跡까지 갖추어졌어야 할것이다。

그런데 우리는 한갓古人의名句를 앵무새처럼 싱겁게反復할것을 두려워할뿐이지 實相은 時時刻刻으로 그의叫呼가 나의입술을뚫고 솟으려함을 制止할수없으니 웬일인가。

平和이냐 戰爭이냐는且置하고 近年의歐洲人들처럼 平和를希求하고 戰爭을廻避하려는 사람들은 前例드물었을것이다。저들의指導者와主權者들의連發하는聲明과 거듭 모이는會議는 거의全部 戰爭안하두록한다는것이며 平和를招來한다는工作이였다。적어도 世界大戰을 치룬지 四半世紀도 못다지나간歐羅巴人으로서는 知識으로보던지 意欲으로보면지 眞正코 그렇게 보였던모양이다。그런데도不拘하고 지난九月一日 獨逸軍의波蘭侵入으로부터 英佛兩國의對獨宣戰布告와 蘇聯軍의波蘭進駐에까지 於間에弱小國家의各派加擔과 伊太利와合衆國의動靜이 오직時時日間題만남었다하니 이것은世界大戰以外의 아무것도아니다。허물며長期戰은雙方이 다覺悟했다하며 降伏은서로 안하겠다하니 그結果는不問 可知이다。嗚呼라白哲人種의知識은어되있으며 그意志는무었인가。그린즉 個人의內心에 돌보아 안할이오 世界의政局을 살펴보아도絶望이다。人間의知識과意志는 絶頂의文化를자랑하면서도 그願하는바를 일우는能力이없다。오직主예수그리스도의再臨에만 우리의生의所望은 달렸다。내靈이主를 待望하기에, 渴念하지않는다면 거즛이다。

再臨을 渴望함

一

不可能과信仰

不可能과信仰

二

理智의不可能에서부터信仰은시작된다、우리가 主그리스도의再臨을 믿는다。웃는者는 웃으라。무엇이 나타나는가。첫재로 根本的審判이있어서 알곡과 쭉정이를 갈라내는일이 있을것을 믿고 우리는 두려움을禁치못한다。사람이 한번나서 죽고 審判받을것은 定한理致인까닭이다(히브리九·二七)。그러나 그뿐만으로 끝치지않을것을 또한믿는다。그리스도를面對해봄으로써 그와類似하게化할것을 우리가 믿는다。

主는靈이시니 主의靈이 계신곳에는 自由함이있나니라。우리가 다 수건을벗은 얼굴로 거울을 보는것같이 主의榮光을보매 저와같은形像으로化하야 榮光으로榮光에이르니、곧主의靈으로 말미암음이니라。는(고后三·一七、一八)대로 이醜한것도 變化될것을 믿는다。人間性의 裏面을注視하며 또世界歷史의展開를透視하면서 現實의悲哀에失心한靈은 모름직이 將次올것을 다시한번待望하라『우리의關心하는것은 보이는것이아니오 보이지않는것이니 보이는것은 暫間이오 보이지않는것은永遠함이니라』고(고后四·一八)聖經은 가르킨다。또한

보라 아버지께서 어떠한 사랑을 우리에게주사 하나님의子女라 일카름을 얻게하셨는고 우리가 그러하도다 그럼으로 世上이 우리를 아지못함은 그를 아지못하나니라。사랑하는者들아 우리가 지금은 하나님의子女라 將來에 떻게될것은 아직 나타나지아니하였으나 그가 나타내심이되면 우리가 그와같을줄을 아는것은 그의계신대로 볼것을因함이니라。

고(요한一書三·一二)老使徒의 말한대로 우리의希望을 거긔둔다。그리고 個體의聖化뿐아니라 世界의新秩序도 文字대로 우리가 기다리나니 무릇 새것 옳은것 平和한것은 主예수만이 주실수있는까닭이다。보라

또 내가 새하늘과 새따를 보니 처음 하늘과 처음따이 없어졌고 바다도 다시 있지않더라。또 내가 보매 거룩한城 새에루살렘이 하나님께로부터 하늘에서 나려오니 그預備한것이 新婦가 남편을爲하야 단장한것갈머라。내가 드르니 寶座에서 큰音聲이나서 가르되 보라 하나님의 장막이 사람들과 함께있으매 하나님이 저의와함께居하시리니 저의는 하나님의百姓이되고 하나님은 親히 저의와함께게셔 모든 눈물을 그눈에서 씻기시매 다시 死亡이없고 哀痛하는것이나 哭하는것이나 앞픈것이 다시있지아니하리니 처음것들이 다 지나갔음이러라。

했으니(묵二一·一—四)이것만이 우리의全生存의理由가된다。內的으로外的으로 現實에倦怠를느끼며 失望에빠지려는眞實한이들아。未久에나타나려는 이榮光의날을 待望하사이다。힘을 가다듬어 不可能한자리를 믿어 突進하사이다。네靈魂아 오직主를渴望하라。목마른사슴이 시내물을 渴念해하듯이 네靈아 主를渴望할진저。

히브리書講義 〔七〕

咸錫憲

第六講　安息과 그리스도 （第三章一節—第四章十六節）

브리히書講義

그런故로 같이하늘에부르심을입은 거룩한兄弟들아1 우리가告白하는信仰의 使徒시요大祭司長이신 예수를 깊이생각하라。2그는自己를세우신이에게 忠誠하기를 모세가 그의온집에서한것같이하셨다。집3을세운者가 그집보다높은것같이 그는果然모세보다 더욱 榮光을 받을만하시다。집4마다 다 지은者가있지만 萬物을 지으신이는 하나님이시다。또5모세는 將次말할것을 證據하기爲하야 그의온집에서 使喚으로 忠誠하였으나 그리스도는 그의6집을차지하시는아들로 忠誠하셨다。우리가萬一膽大함과 所望의자랑을 끝까지 굳세이붙들기만하면、그의집은우리라。그런故로7 聖靈이 말슴하신것과같다。

『오늘 너의가萬一 그의音聲을듣거던8 너의마음을剛愎케하기를 怒하심을激動케하던때처 럼 曠野에서 試驗하던날처럼9 하지말라、거기서너의列祖가 나를試驗하야 證驗했고

四十年동안 내行한일을 보았느니라。그런故로내가 이世代를怒하야、10 너의가恒常 마음이迷惑한다하였다。그러나11 저의가 내길을 알지못하였고 내가怒하야 盟誓한것같이 저의가 내安息에 들어오지못할것이다。

兄弟들아12 삼가라、너의中에 누가或 믿지않는惡한맘을품고 살아계신하나님에게서 떨어저나가지않게하라。오늘이라 일컫는동안에 날마다13 彼此勸勉하야 너의中에누가 罪의誘惑으로 마음을剛愎하지않도록할것이다。우리가萬一14 始作할때의確信을 끝까지굳게하면 우리는果然 그리스도와같이 參與한者가될것이다。말슴하시기를15

『오늘날 너의가萬一 그의音聲을듣거던 너의마음을剛愎케하기를 怒하심을激動케하던때처럼 하지말라16。』하셨으니 그러면듣고도怒하심을激動케하던者가누군가。모세를따라 埃及에서나온 모든사람이아닌가。 또四十年동안을17 누구를對하야 怒하셨나。罪를犯하고 그리고 그屍體가 曠野에엎더진者를對하야서가

三

히브리書 講義

아닌가。또그의安息[18]에들어오지못하리라고 盟誓하신 것이、그順從치아니한者들에對한것이아니라면 누구를對하야하신것인가。그럼[19] 이로써보면 저의가들어가지못한것은 믿지아니함으로써다。

四、그런[1]故로우리는두려워할것이니、그의安息에들어 갈約束이 남어있으면서도 或너의中의누가 및지못 할가함이다。그[2]것은 우리도저의와같이 福音傳함을 받은者들이다。그러나저들에게 그들은말이無益했던 것은 듣는者가 믿음으로和合하지않었는가때문이다。 믿[3]는우리들은 그러기에 安息에들어간다。말슴하신

『내가怒로우아 盟誓한것이같이 저의가 내安息에들어오지못할것이다。』 하셨다。그러나 일들은 世上創造하실때부터 일우어 저있었다。그러기때문에[4] 第七日에關하야 어대말슴 하시기를、그리하야 하나님이 第七日에 모든일을 쉬셨다 하였다。그리고는 여기또말슴하야

『저의가 내安息에 들어오지못할것이다。』 하셨다。그러고보면[6] 거기 들어갈者가 오이려남아있 다。그리고 먼저福音을들은者들은[7] 順從치아니함을 因하야 들어가지못하였음으로 다시어떤날을「오늘」

이라고定하야 그렇듯오란後에 다윗에依하야말슴하 시기를 이미말슴하셨던것과같이하야 『오늘 너의가萬一 그의音聲을듣거던 너의마음을剛愎케하지말라。』 하시었다。萬[8]一여호수아저들에게 이미安息을주었 더라면 그後에 다른날을말슴하시지않었을것이다。그[9] 런즉安息할때가 하나님의百姓에게 남어있다。果然[10] 그의安息에들어간者는 제일을쉬기를 하나님이自己 일을 쉬시는것같이하였다。그러기에 우리는 熱心[11] 으로 그安息에들어가기를함써 누구나 저順從치아니 하는本을따라 빠지지않도록해야할것이다。참말하[12] 나님의말슴은살었고 能力이있고 날카롭기 左右에 날선어떤劍보다도더하야 魂과靈、關節과骨髓를꿰[13] 어쪽이고 가슴속의생각이며뜻을 鑑察하신다。또어 면被造物이라도 그의앞에서 감초인것이었고、萬物[14] 이 그의앞에서 버슨채로드러난다。우리는 그이로더 부러關係가있다。

그러면우리게는 모든하늘들을지나올라가신 偉大[15] 하신大祭司長、하나님의아들예수가있으니 그信仰을 굳게잡을것이다。그는、우리의大祭司長은、우리의弱

四

함을 體恤하지못하시는이가아니오、모든것에서 우
16리와한결같이 試驗을받으시면서 罪만없으신이다。
그런故로우리는 불상히녀기심을 받고 때에합한도음
이되는恩惠를얻기爲하야 膽大히恩惠의寶座로 나갈것
이다。

豫論의第三段 卽 最終段이다。第一段에서著者는 하나
님의啓示에서 예수는우리救援의主인것을 證明하였고、第
二段에서는 그의歷史的存在의性格에서、이것을說明하였고、
이제 이第三段에서는 다시금 그의이루신事業에서 이것을
證言하려한다。

舊約의思想으로하면 歷史의目標는 하나님의安息에들어
가는데있었다。유대人의歷史는 安息追求의歷史였다。아부
라함이이를理想으로했고、모세이를約束했고、여호수아이때
문에싸워왔다。그러나거기기到達하지못했다。그래서 다윗이다
시이것을豫言하고 이사야가壯麗한文字로써 이것을宣布했
고 예레미야가 悲痛한목소리로 이것을渴求했다。그뿐아
니라其外에 多數한預言者 許多한詩人들이 이것을꿈꾸고
哀願하고 憧憬하고 읊조렸다。그러나그런데도 不拘하고
그安息은終乃얻을수없었다。그失敗의原因은 두가지로있다。
하나는저들의不信이요 또하나는그것을約束한律法그自體의
不完全이다。그리하야그理想은、보다完全한福音을 믿는者
에게 주어질것으로 걸어있었다。이제그것을일운것이 곧

히
브
리
書
講
義

예수그리스도의 事業이다。우리는 그를믿음으로말미암아罪
의苦痛을完全히버서나 하나님의安息안에있는 그聖所안에直
接들어갈수가있다。故로그는、우리가絶對의信賴와 完全한
服從을 들여야하는 永遠한大祭司長이시다。

여기서말하는『安息』은 勿論前段에서말한『將次오는世界』
와다른것이아니다。第一段에서본 『天使들을바람으로만드
시는』世界와도 다른것이아니다。따라서아들이永遠한天上界
에있어서、萬有우에뛰어나시고 天使의섬김을받으시는 主
이시라하는것이나、苦難의여수가 이世界에있어서 人類를
將次오는世界로이끄시는 救援의主宰이시라하는것이나、復
活하신그리스도가 하늘우의安息의나라에들어가 우리를爲
하야豫備하고 우리로하여금 恩惠의寶座에 直接나아가게하
는 大祭司長이라는것은 서로같은事實을가르치는말이다。
그러나 이는또 單純한反復이아니다。螺線울러가는것같이 같
은것을反復하는듯한中에 眞理의向上이있다。이三段의說明
은 그리스도의生涯의 三階段에當하는것이다。第一段은 永
遠한形態의그리스도에 對한것이오、第二段은 受肉의그리
스도의生涯에 對한것이오、第三段은 復活의그리스도그리
스도에 對한것이다。그리스도가 永
遠에서 肉으로、肉에서 다시永遠한하늘나라로 階段을밟으
그各階段間에는 恒常道德的向上이들어있다。그리스도가
시는동안에 아버지의얼골은 段一段더밝히보여지는것이있
었고、眞理는恒一層높이들어나는것이있었다。著者의三段의

五

285

히브리書講義

說明은 이때문에있는것이다。故로 이제우리가 그를따라 이마지막段에 올라설때 우리는예수의大祭司長이신것을 最高의意味에서 把握하게된다。

1 모세 와 예수

三章一、二節은 前段의끝을맺는말인同時에 새段의始作이다。우에서 예수에게는完全한大祭司長의資格이 充分히있는것을말하였던故로 거기너여、『그런고로』그예수를깊이 생각하라고한다。그러나그는同時에 새로하려는말의실머리를 거기석거 끄집어낸다。讀者를불으는데 特히『같이하늘에부르심을입은兄弟』라하는것이나、二節에서 그가모세와같이 忠誠했다는말을加하는것은 이때문이다。原文에는 이兩節은 한文章이어서 直譯한다면

『……使徒시오大祭司長이신예수를、自己를지으신 이에게忠誠하기를 모세가그의온집에서한것같이한 그이를깊이생각하라。』

이렇게된다。即 생각하라 는것은 그의하나님에對하야忠誠한事實을 생각하란말이다。이것을다시한번二章末에連絡을시켜 大意를말한다면、예수는大祭司長의資格이 完全히있는이다 그러기때문에 그가事實에있어서 어떻게忠誠했나 그것을깊이생각하여라、하는말이다。다시말하면 예수는性格으로도完全히大祭司長의資格이있지만 事實로도完全히그러하시다는말이다。著者가 本段에서 말하려는것은 예수의 일우신事實에關한것이다。

그러기때문에 一、二節의重點은 『忠誠』에있다。우리는 왜예수를깊이생각하며 또그의무엇을깊이생각할것이냐하면 그의하나님에對한忠誠이다。그가忠誠했는故로 우리가그를 믿을수있었고믿지않으면안된다。우리信仰의根據는 예수의忠誠에있었다。그가萬一曠野의試驗에서 眞實하게싸/우신것이없었다면、最後의祈禱에서『그러나 제가하고저하는대로마옵시고 오직아버지의뜻대로하시옵소서』하신것이없었더라면、저가눈에보기에 如何히놀랍고偉大한일을하였다하더라도 우리가저에게忠誠치않으면、이는 저를저바리는일이오 따라서하나님을저바리는일이다。世界와人類를爲하야 저가하나님으로부터 保障을얻은것은 全혀이一點忠誠에있었다。故로모든存在가 저에게忠誠해야된다。忠誠이곧信仰이다。믿는다함은 忠誠을約束함이다。여기忠誠이라譯한原語피스토스 (πιστος)란말은 信仰、피스티스(πιστις)、믿는다、피스튜오(πιστευω)라는말들과 다같은語源에서 나온말이다。

그러면예수는 무엇을爲하야 그처럼忠誠하였나。메시야로서의職任을 다하기爲하야서다。即 人類에게 安息의새나라를 주기爲하야서다。이點에서 가장 잘예수를豫表한

六

人物은모세다。

모세는유대人이잘안다。 저는하나님이 이스라엘民族을埃及의壓迫의苦痛에서빼내여 가나안으로들어가게하시기爲하야 그指導者로모세운者였다。 그리고 그는마지막까지 自己使命에忠實하야 하나님께忠誠을다하였다。모든 이스라엘人이다頑惡하게背叛하고 믿지않는때에도 저만은忠誠하였다。

그리하야 하나님으로부터

「내종모세는 그렇지아니하니 그는나의온집에서 忠誠되니라」(民數記一二의七)

하시는稱讚을들었다。 이제예수의忠誠도 그와마찬가지다。

모세가이스라엘民族을 自由와安息의따로 引導하기爲하야 盡瘁한것같이 예수는人類를將次오는참安息의나라로 이끌어가기爲하야 十字架를질지라도 忠誠하였다。故로모세를 尊敬할줄아는사람은 또예수를恭敬할줄을알어야한다。

그러나모세와예수는 같으면서서다르다。모세가예수와彷彿하다는것은 그外形에서하는말이요 그眞意에서 예수는底히예수와같을수없는者다。 저를萬一建築物이라면 예수는그것을지은이다。 모세는一個지음을입은存在者로서 偉大했거니와 예수는 하나님이그에依하여萬物을지으신 바로그 말슴自體이시다。 저는 忠誠하기는했으되 다만命하는것을 機械처럼實行한 종이었고、이는아버지의뜻을아시는아들로서、모든것을아버지에게서 遺業으로받아 다스리시는아들

로서 忠誠한것이라하여도 그價値가다르다。 果然모세는 그의한預表였다。저는저스스로도알지못하고 命하시는대로 將次을福音、將次을安息의나라를證據한것뿐이었다。故로그모세의말도믿지않은者는罰을免치못하였다면、이아들을든더구나도깊이생각하야든지않으면안된다。

2. 하나님의家族

그예수의말을들을사람은누구냐。 그가爲하야서、죽기까지忠誠했다는 그『하나님의집』이란누구냐。 우리다、우리들그리스도를믿는者다。 믿는者는 그의家族이다。 모세때에하나님의집이라한것은 이스라엘民族을가르친말이었다。 그러나저들이참하나님의집이되지못하였다。 저들은한個表徵이었다。 모세가예수를나타낸것같이 저들은참神靈한意味의이스라엘을나타낸 한表徵이었다。 믿는者가 그의참家族이다。다만膽大할것과 所望의자랑을가질것이 그條件이다。

著者가 이두條件을말한것은 時勢를보고한것이다。저들은患難에 直面하야 怯하려는者들이었다。 故로膽大하라하고 所望을자랑하라한다。 그러나참意味에서 크리스챤에게 患難의時代아닌때없었고 더구나오늘에는 들어맞는말이다。『膽大』라한말은 確信이라고도譯할말이다。이膽大하란말은 世上에對하야도하란말보다도 하나님에對하야 그러하란말이다。 하나님의아버지다운사랑에 確信을가지고 全的으로信賴하

히브리書講義

七

허 브 라 書 講 義

고 膽大하게 그를아버지라부르고 우리몸을그의가슴안에떳
여 아들노릇을할것이다。두려워하는것은 아직奴隷의버릇
이다。그런것을버려야 하나님의 家族이다。

그리고하나님의사랑에對하야膽大한者가
大할수있다。膽大한故로자랑한다。
慾心으로부터오는願慢이아니오
自己가진것을榮光으로생
각한다。世上에對하야膽大할수있다。
正義인것을自信하
크리스챤은 저가世上에對하야
所望이없고 將次오는安息의나라에
籍을둔것을 끝까지자
랑하는者여야한다。

그리나우리가하나님의家族이란말은 듣기에만좋은말이아
니다。至大한責任이있는말이다。家族된者에게는 집全體의
責任이지여진다。하나님의집의和平은 그家族에달려있다。
내가萬一 아들되우면 하나님은그가득하신安息속에게시는것
이오 내가萬一 아들답지못하면 그의가슴은不安을느끼신다。

이사야는말한다。우리가安息을잃으면 저도安息을잃
으신다、故로우리가믿는것은 根本에있어서 저를爲하야믿
는것이여야한다。우리가安息을바라는것은 幸福을追求하는
本能의變態여서는안된다、하나님당신의安息을 깨티리지않
기爲하야서 하는것이어야한다。父母게심을알뿐이오 自己있
음을 알지못하는것이 孝다。우리가萬一 하나님의家族이라면
그를爲하야 그의나라가臨하기를 求하고힘써야할것이다。

「저의모든患難에同泰하사 ……」（이사야六三九。）

3 이스라엘의 失敗

이스라엘民族이 失敗한것은 이때문이였다。저들은가나안
으로 들어가려힘쓴것이아니오 自己네享樂
을 하나님을爲하야 들어가려힘쓴것이아니오 自己네享樂
을爲하야하려하였다。故로하나님에對하야는 恒常試驗하는態度
에서있었다。하나님이果然우리게 約束한것을주시나, 모세
가참말우리를 福地로引導하는것인가——— 이런心情으로
있었다。四十年동안 曠野의歷史는 結局하나님을試驗한歷
史였다。其他무엇을한것도, 다 하나님을試驗하야보고 證驗해본
일에지나지않는다。不信이다。마음의根本이틀린것이다。하
나님은저들을 自己百姓으로 뽑았건만 저들의마음은依然히
埃及에있었던그대로 奴隷의心情이였다。疑心하고, 두려워하
고 私慾的이고。

먹은것도, 입은것도 子息을낳은것도 싸움을한것
도。

저들이萬一 埃及을脫出한것이나, 曠野에나온것이나、가
나안에들어가려는것이 自己네를爲한것이아니오。하나님을
爲한것인줄을알었더라면, 即 참하나님의百姓이되여 그를
믿었더라면 安息은첩부러있것이였다。曠野그것이곧安
息의나라다。발갈지않고 산양하지않고
하늘에서나려오는 만나만을바라보고사는그生活은 安息의
生活이다。人間社會의 모든制度施設에서 完全히떠난曠野
는 하나님의安息의나라의象徵外에 아무것도아니다。그러

八

나이스라엘人에게 그것을 깨닫는 맘이 없었었다. 迷惑했다. 迷惑하는 것은 『나』때문이다. 『나』인 故로 무엇이 있어야하고 무엇을 하여야 한다. 그리하야 고기가마를 생각하고 우물없는 것을 걱정하고 敵國의 强한 것을 두려워하였다. 하나님의 사람 모세를 信賴하는 마음은 조금도 없었다. 그때문에 드디어 曠野에서 亡하고 말았다.

故로 이스라엘의 失敗는 原因이 不信에 있다. 모세의 指導를 그대로 信從하지 않은데 있다. 安息은 하나님의 손안에 있다. 하 나님이 저들을 埃及에서 끌어내신 것은 저들을 完全히 自己 品안에 두시기 爲한 것이었다. 그러나 저들은 安息이 오히려 品안에 두시기 爲한 것이었다. 그러나 저들은 安息이 오히려 物質에 있고 人間的努力에 있는 줄알았다. 하나님의 道를 理 解치 못하였다.

四十年 동안에 저들은 얻는 것이 있었을 것이다. 그러나 아무 것 도 없는 것은 安息은 全혀 信從하는 靈魂에 있다는 것을 證據하 는 것이다. 저들이 믿지 않은은 故로 그것이 全혀 人間的이 아닌, 地上 的인 이 아닌 것을 말한 것이다.

그러면 모세로 因하야 주셨던말을 信從치 아니한것도 그 러한 神怒를 免치 못했다면 그보다 더욱 忠誠하신 아들의 말 슴은 더욱 믿어야 할것이다. 믿지않는 마음이 惡한 마음이다. 살아계신 하나님은 그러한 自己를 산것인가 죽은것인가 試驗하 는 心情을 그대로 두시지않는다. 그러기 때문에 오늘이라는 生命이 내게 許諾되어 있는동안에 힘써믿어야 한다. 우리가 참 始作하던 때를 생각하면 참信賴하는 信仰에 볼끝넣었다. 埃及 에서나 오는 이스라엘人 모양으로 우리靈魂을 酷使하던 世上의

히
브
리
書
講
義

모든 것을 떨다바리고 예수만을 보고 그저 그만을 따라나섰던 것 이다. 그런데 이제 조고마한 시내 曠野 같은 若干 患難을 보 고 疑心하고 다시 埃及의 生活 같은 옛 宗敎 옛 哲學을 생각하 는 것은 무엇인가. 마지막까지, 굳게잡아 그리스도와 같이 安 息의 새나라에 參與한 者가 되어야 할 것이다. 埃及에서 나왔던 사 람들도 信仰을 버린즉 하나님의 怒를 免할수 없었었고 보기싫 은 滅亡의 屍體를 曠野에 들어 내놓지 않으면 안되었다. 信仰에 는 特權도 없고 마지막까지, 一刹那前에 끊어저 도所用 없다, 마지막까지 볼잡는 것이 信仰이다. 하나님의 眞 實과 그리스도의 忠誠에 絶對의 信賴를 두고.

聖朝通信의 續 （表紙第三頁에서）

를 圖謀하야 海東旅舘에 投宿. 저녁에 開城 R君이 뒤따러오다. 市內의 誌友 C氏의 深刻한 人生問題에 答하고・鳳儀山下의 첫꿈을 맺다.

九月十七日（日）霧、后晴。아침 七時에 出發하야 市外 十二키로 北 方에 있는 申氏 宅山林까지 피크닉. 昭陽江과 昭陽亭、牛頭峯과 黃熟 한 田園等 佳絶한 景槪속에 한걸음 한걸음 더듬어서 山腹까지 이 르니 이는 우리 北漢山과는 全然 異型의 山이라 바위하나 볼수없 이 金山이 錦繡같은 草木으로 웃옷듯이 密立된 成林. 안개 개일때는 春 川 盆地의 全景이 一目에 展開되는 터이다. 여기서 牧育이 나와고살았으 면 百歳는 더살겠다는 것이 異口同調로 나오는말. 歸路를 督勵하야 午后一時 軍으로 奉川을 發하다. 週末에 이처럼 山野에 그리는 일은 保 健上에도 絶對必要한 일이라고 너나없이 主唱인데、생각전내 過去 十數年間 血肉을 찍어주는 생각으로 日曜集會를 하였을 것이라는 그줄 알고 들어간이 몇사람있었을까. ○東京孫基楨君來信①電力不足

② 牛肉配給制度 ③ 味의 素品切 ④ 毛物課税等々 非常時 뉴쓰滿載.

九

福音書工夫에 臨하야

宋　斗　用

우리는 全能하신 하나님의 秩序있는 創造의 法을따러 그렇게 몹시더웁던 여름파는 덧없이 作別하고 不知中에 天高馬肥의 好時節을 맞이하였다.

가을은 왔다. 山에도오고 들에도 왔다. 그러나 가을은 何必 山이나들、또는밭이나논、그리고 草木이나 百穀等의 自然界에만 온것이아니다. 맑고 시원하며 아름답고 깨끗 한 가을은 또한 사람에게도 臨하였다. 우리는 손곱아 기다리던 四時中의 女王인 가을맞은것이다.

가을이다! 가을밤! 가을달! 아! 아름 답지않은것이 하나도없스며 보이고들리는一切가 우리의 마음을 誘惑하여마지않는다. 肉體健康을爲하야 登山이나 「하이킹」도좋고 精神修養을爲하야 讀書나 瞑想도可하거니 와 吾人은 이凉秋佳節을當하야 靈的生命을 保存하고저 于先 모든것의 根源이시며 萬物의本體이신 하나님의말 슴을배우려한다. 따려서 그深奧하신經綸과 至聖하신攝理 도 더깊이알고저한다. 때는가을이다. 秋收에、奔忙한때이 다。 그런데 今年은 말할수없는 旱炎로因하야 港한凶作 이니 饑饉을免할수없을것이다. 아! 그러나 그보다더한

真理의 旱災、靈魂의 凶作、말슴의 饑饉을 어찌할것인가! 그 러면 吾人의 計畫을 適時適事라하여 不可함이없으리라! 今番에、우리가 工夫하려는것은 馬可福音書이다. 이것 을擇한理由는 이冊이 四福音書中에서、가장分量이적으니 別로支離할念慮도없거니와 그보다도 福音書中에 第一먼 저된著書인만치 거의다른福音書의——特히 馬太와路加의 ——基礎資料가되였음으로 馬可福音을研究함은 小勞大得 의便益이있는까닭이다.

그러나 우리는 馬可福音의工夫를始作하기前에 四音福 書와 共觀福音書에對하야 多少間 生覺하고저한다. 그것 은어떤意味로서는 豫備知識도되려니와 또한 그것이正當 한順序이기때문이다.

一、四福音書에對하야

基督敎의經典을 聖書라고稱한다. 英語의Holy Bible의翻 譯인데 Bible은希臘語의 βιβλος 에서온것이다. 그리고 또 βιβλος 는 書籍을만드는 종이(紙)의原料인 Papyrus(파피 러스)라는풀의줄거리속을 말하는것이다. 聖書를 英語로는 Scripture, 或은 Testament 라고도하나니 前者는經典이라는 意味가있고 後者는 遺言이라는 希臘語 διαθηκη 의 字譯이 다. 또西洋에서는 聖書를가리처 一般으로 The greatest Book of the world 「世界的最大의書籍」이라고말한다. 其感

一〇

化力의 偉大함과 其頒布及範圍의 廣大함
과 그뿐인가 內容에있어서 價値에있어서 其他모든點에
있어서 人類가가진書籍中에 絕對唯一의册이라는意味일것
이다.

聖書는 單只一卷으로된것이아니다.其中에 舊約이있고 또
新約이있다. 舊約은 三十九卷으로되였고 新約은二十七卷
으로되였다. 總計六十六卷을合한것이 우리가말하는 聖書이
다. 朝鮮에서 舊約全書或은 新約全書라고부르는것은 그
까닭이다. 그런데 우리가 지금말하려는福音書는 新約에
屬한것이다. 福音書에는 馬太, 馬可, 路加, 約翰(마태,
마가, 누가, 요한)等四福音書가있다.

福音書는 예수의傳記 或은言行錄이라할것이다. 宇宙萬
物의 創造者, 主宰者, 또支配者이신 主여호와하나
님의 獨生子, 救主예수그리스도를 네方面에서 各各說明
한것이 四福音書다. 以下 四福音書를簡單히말하려한다.

1. 馬太福音

예수를 이스라엘(猶太百姓)의理想、選民의메시야
스도「救主」로본것이馬太傳이다. 그러기에 第一章第一節에
「아브라함과다윗의子孫 예수그리스도」라함을보아 本書의內
容을斟酌할수있다. 舊約의全理想을몸에지고 世上에出現한
者가 예수라고한다. 따라서 예수에게對한一切事는 모조
리「이러한모든것은 主께서(하나님을가리침)先知者로하신
말슴을이루려하심」이라고하였다(一·二二, 二·一七, 其他)。
그래서 예수는 舊約의律法이나先知者를 廢하러오신것이
아니다. 廢하기커녕 그것을完成하시기爲하여 오신것이다
(太五·一七)。 예수를 아브라함以後(其實아담以後)의 모든
古人의最高理想을 實現한者로보는것이 馬太福音이다. 이
意味에서 馬太福音은 말할것도없이 特別히 예수를猶太人
에게紹介하고저하여 記錄한 예수의言行錄이다.

2. 馬可福音

예수를 全能하신 하나님의아들로본것이 馬可傳이다.
그러기에 第一章第一節劈頭에 「하나님의아들 예수그리스
도의福音」이라고하였다. 따라서 全知全能하신 하나님의
아들이신 예수그리스도의生涯는 全部가奇蹟의連續이다.
그래서 馬可福音에는 第一章에서부터 奇蹟이始作되였다.
가버나움會堂에서 더러운鬼神들린사람을고치시고 시몬의
집에서 其丈母를고치시며 또癩病患者들깨끗하게하셨다. 그뿐
인가 「예수께서 各色病든 許多한사람을고치시며 많은邪鬼
들내쫓으」셨다고한다(一·三四)。 예수의生涯는 마치 勇者가
無人地境을突進하는것같이 敵陣을通過하신感이不無하다.
예수를接하는當時 사람들이 예수의가리치심을「權威있는새
道」라고말한것은 至當한일이다. 馬可福音은 格別히 예수를
能力의實現에努力하는 힘의나라百姓 羅馬人에게紹介하기爲
하야씨여진 예수의傳記라고할것이다.

福音書工夫에臨하야

二一一

福音書工夫에臨하야

3. 路加福音

예수를 사람의아들을(卽人子) 人類의 理想으로본것이 路加傳이다。 그러기에 누가는第一章最初에「붓을드러 우리(人類)中에서 完成한일(卽理想實現한일)을……確實히아게함이로라(一一四)」고하였다。 따러서 예수의祖上을 馬太와같이 猶太人의先祖 아브라함에그치지아니하고 더나아가 人類의祖宗 처음사람아담으로하였다(三·三八)。 人子로서의예수는 凡事에祈禱하셨다(五·一六、六·一二、九·八、二八、一一·一等々)。 또貧者、賤者、病者、弱者、稅吏、娼女、異邦人等에對한 慈悲와同情、兒童과婦女에게對한 愛情과尊敬도 人間예수의眞實한表情이다 (七·一三、四七、八·二一三、九·四二、一○·三三、四三、一四·一三、一五·一、一六·二二、一八·一三、其他)。 그러니 예수는 猶太人의救主아니시고 또한異邦人(全人類)의 救主이시라고 主張한것이路加福音이다。 路加福音은 예수를 情、愛、慈悲를重히녀긴 希臘(헬라)人에게紹介하려고 編纂한 예수一生의實記이다。

4. 約翰福音

예수를 宇宙의原理、人間의良心으로본것이 約翰福音이다。 요한은 第一章初頭에「太初에道(或은말슴)이 있으니……그안에生命이있고 生命은사람의빛(良心) 卽原理)가있으니……」고하였다。 約翰福音은 宇宙의原理로서 活動하며 人間의良心으로서빛이는者가 人間으로나타난것이에

一二

수 그리스도라고 主唱한다。「말슴이 肉身이되여 우리가운데 居하야……(一·一四)云々한것이 卽그것이다。 요한은 예수를宇宙의實在者로본다。 예수는 馬太福音이傳하는바와같이 猶太人의 메시야만도아니시고 馬可福音이말하는바와같은 羅馬人의理想인 能力의實現者만도아니시고 또한路加福音이가리치는바와같이 希臘人의要求를充足하게하는 人類의벗(親舊)만도아니시다。 예수는 實로、宇宙의太初부터 其造化의原理로서 役事하신者이며 良心의빛으로서 萬百姓을 마음속에 계시는者이다。 約翰福音은 예수를 天下萬民을勿論이고 全宇宙萬物에게紹介한 예수의 訓話集이다。

以上과같이 예수를各方面으로 全宇宙와全世界人類에게 또其代表的인 三大國民에게 如實히 紹介하였다。 回顧的인猶太人은、宗敎的으로、現實的인羅馬人은 生活的으로、前進的인希臘人은 文化的으로人類를代表하나니 이三大國民과 永存의인全人類는 各々其要求에 適應한 예수의言行錄인 四福音書를갖게되였다。 이것을 어찌 偶然이라할고?。 各方面으로 四大傳記가있어 예수는 永遠無窮토록 人類와萬物中에서 決코忘却될수없다。 四福音書는 結局 不義와罪惡의世上을變化식혀 거룩하고아름다운天國、卽하나님의아들이시고 우리의救主이신 예수그리스도의나라로만들고야 말것이다。 하나님의知慧를보라! 其福音書의價値는 無窮無盡하며 永遠不變

한것이다。偉大하도다、福音書여! 빛나도다、人類의前途!

二、共觀福音書에 對하야

新約聖書의 四福音書는 各各 예수그리스도의 敎訓과 言行等 其生涯의 事實의 記錄이다。그러나 前三福音書(卽馬太、馬可、路加)는 最初에 쓰게된 動機와 傳하는 方法과 또讀者인相對者는 相異하나 其究竟의 目的이 하나인것은 勿論이요(예수가 하나님의 아들이신同時에 우리의 救主이신것을 紹介하며 또예수를믿는者는 決코滅亡하지아니하고 永生을얻을것을證據하자는目的은 四福音書가꼭같다)其內容도 大同小異하나 第四福音書(卽約翰)는 事實에있어서나 또 一般的特色에있어서나 大端히相違한바가있다。따러서 거의같은 趣旨의內容을傳하는前三福音書를가리처 學者들은 所謂 共觀福音書(Synoptic Gospels)라고稱한다。

그러나 共觀福音書間에도 大體로는 其內容에 類似한 部分이많으나 亦是 其細密한部分은 相異한點도 相當히있다。그래서 여긔에問題가發生하는것이다。三福音書는 內容에있어서 共通한部分이많을뿐아니라 用語와輪廓은勿論이고 記事의排列順序까지도 거의一致하면서도 他面에있어서는 相互不同한一面이있으니 其類似와差異의理由는어디있는가? 이것을解決하여 說明하고저하는 研究가 生起되엿으니 이것을말하여 共觀福音書問題(Synoptic Problem)라고한다。

福音書工夫에 臨하야

共觀福音書問題는 말할것도없이 한學說이다。學問의研究를專門으로하는 學者의取扱할問題이다。그러니 學者가아닌 우리로서는 그런것을硏究할만한 아모 能力도없는거니와 一便 그런것에對한興味도 또한感하지아니한다。聖書를 學問的으로硏究하여 聖書知識을 넓히는것은 勿論貴重한일이며 우리도願하는바이다。마는 우리는 그보다도 하나님의말슴을 우리의靈魂의糧食과 生命의빛으로하여 貴生活의原動力으로하기를 더크게願한다。이런意味에서 우리는 聖書를硏究나工夫한다기보다는 生命의말슴을思慕하고 渴急하여 주린者와같이 먹고마시여 靈的生命을養成하며 保障하려는 것뿐이다。

그런데 이미 共觀福音書問題를云云하엿으니 大體로 보아 여긔에對한 重要한學說을 몇가지 簡單히列擧할가한다。共觀福音書間의文學的關係에 對하여 最初의說明을始作한 것은 聖오거스틴이라고 한다。其后의諸學說은 如左하다。

(一) 原始福音說 一個의原始福音書를假定하고 各各 그것을材料로 하였다는것。

(二) 依據說 三福音書를記錄的史料로依認하고 他史料는없다는것。

(三) 口傳說 三福音書가서로依據한것이고 唯一의史料는口傳만이라는것。

(四) 說話集說 예수의言行에對한記錄이 談話集으로여러가지存在하였었는데 그것을材料로하였다는것。

(五) 二文書說 現存하는 馬可前의原馬可와、馬太와路加의共通史料인Q의 二文書라는것。

(六) 四文書說 馬可와Q外에 路加의史料는L、또馬太의史料는M 이있었다고想定하고 四文書라고主張하는것等이다。

一三

馬可福音講解

馬可福音講解 (一)

宋 斗 用

緒言

(一) 著者　書名과같이 마가의 著作이다。마가는 一名 요한은 猶太的 名稱이다(行 一二・二五、一五・三七)。마가는 有名한 使徒바나바의 甥姪이고(골로새四・一○) 其母親은 마리아라는 篤信者인 때예루살렘에 居住하였던 女聖徒이라고 한다。其집은 베드로의 宿所이였고 또當時 基督者들의 集會所로 使用된 모양이다(行一二・二二ー一三)。그런關係上 베드로는 마가를 格別히 사랑하여 「내아들마가」라고까지불렀다 (베드로前五・一三)。그리고 예수가 昇天하신直後에 弟子들이 예루살렘다락房에모여 祈禱에힘썼다고한其집이 바로마가의집인듯하다고學者들은 말한다(行一・二二ー一四)。예수의受難當時에는 매우年少하였던마가가 其後長成하여서 베드로의通譯者로서活動한듯하다。따라서마가는 信仰을배운것은勿論 베드로에게서 羅馬에까지간일도있는것같다 (베드로前五・一三)、一時는 바울과 바나바와같이 其後바울과 바나바의論爭의原因도 된 있었으나(行十三・十三)、일이있다(行 一五・三七)。그러나 勿論 其後 곧和解하였을뿐더러 바울이 羅馬에서 獄中生活하는때에 결에있어서 手從 들면서 老使徒바울을 慰勞하였다고 한다(골로새四・一○ー一一 빌레몬二四)。

마가의 晩年에對한 確實한資料는없으나 傳說에依한다면 알렉산드리아에 敎會를建設하고 傳道하다가 殉敎한듯하다고한다。

(二) 著作의 史料　베드로의 說敎와 또其口述한것이 事實인것같다。따라서 馬可福音을、「베드로의 福音書」라고하기도한다。或說에依하면 마가는七十人弟子中의 一人이라하며 또예수가 最後에晩餐을取하신집도 바가의 집인듯하다고한다。그래서 「물동이를가진者(一四・一三)」또 「벗은몸에 베홑이불을두루고 예수들따르던靑年도 마가로라고推測한다(一四・五一)。左右間 마가는直接或은間接으로 各方面에서 正確한材料를갖었던것을 疑心할수없는일이다。

(三) 特徵　마가는 예수의 生涯를 敍述함에있어서 年代順을따르기보다는 차라리 事實의正確을 期한것같다。讀者의印象을 깊고鮮明하게하기爲하여 主의言行이 어떻게사 람들을 놀라게하고 또두렵게하였나、또는 主가 어떻게 弟子들의마음을 興奮하게하였나等을 如實히 描寫하였다。또예수의人性的方面을 特히 잘表現하였다。예수께서 슁 異常히生覺하시고 矜恤히녀기시며 때로는怒하시

一四

며
또는 얼마나 사랑하셨나 그리고 人間的弱함을 感하시어 시

장하셨는것、休息하신것、또주무신것같은것을 記載하였다。
即 主의 容貌와 態度等에關한 記錄이 詳細하다。教訓보다는 奇
蹟의 記事가 大部分인것이 顯著하며 主의 生涯의 客觀的 事

實을 精確히 記錄한것이 異
邦信徒 羅馬人을爲하여 記錄한것이니까 猶太의 習慣과 風俗、
或은 地名같은것을 解說하였고(七・二、一四・一二、一五・四二
等)律法이나 預言等을 舊約聖書의 引用이 적은것도 特徵의하나
이라할수있다。더구나 目擊者인 베드로의 口述이 材料인만
치 가장微妙한點에있어서 其特性을볼수있음도事實이다。

(四)用語 一般的으로는 처음부터 希臘語(헬라말)로쓴
것이라고 生覺한다。그런데 學者中에는 一本是는 아람語로
서쓴것인데 後에 著者가 希臘語로 飜譯하였다고도하나
이說을取하는者가적을뿐더러 믿을만한根據를볼수없다。예
수께서 때때로 「보아에게Βοανηγές(三・一七)、달니다・구
미「Ταλ θάκουμ(五・四一)、에바다 Ἐφφαθά(七・三四)、아바
Ἀββά(一四・三六)等 自己의母國語인 아람語(Aram)를使用
하신것을 傳하여준다。또用語와文體에注目할바있으니 곧
(直時)εὐθέως라는字를 四十一回나 使用하였으며 現在動詞
를 많이 利用하였고 力說하기爲하여서는 反覆이나同意異
語의並用도 避하지아니하였다고한다。

(五)目的과地位 베드로의 在世中에 主예수의 確實한史
實을남기고저한所願이 本書著作의 動機의하나이다。그래서
베드로와마가는 同心合力하여(하나는입으로 하나는손으로)
예수의 傳記著述에着手한듯하다。(但 本書가世上에出來한것
은 베드로의 死後인듯이하다。) 그러나 그보다는 本書劈頭
에 「하나님의아들 예수그리스도의福音」이라고한것처럼
예수는 하나님의아들이시고 人類에게는救主(그리스도)이
신것과 또其예수를通하여서만 하나님나라의 眞理인 最善의
福音을 當時 羅馬人을中心으로한 天下萬民에게 證據하고
完成된다는 天來의 嘉信이며 하나님나라의 眞理의 實現되고
또傳播하려는것이 最大最高의目的이였던것이다。
그리고 本書의地位는 近來에이르러 本書가 馬太와路加
의 基礎材料가되였다고하는것이 거의定說인듯하다。

(六)年代와場所 年代에對한學說은 매우混雜하여 決定
하기困難하다。或者는 紀元四十五頃이라고하나 그것은 여
러가지形便으로보아 너무이른것같다。그렇다고 或者는 甚
至於 百三十年頃이라고하나 그것은全然無理의抑說이다。
大槪는 六十年乃至七十年頃이라고하는데 大體로 예루살렘
陷落(七○年)前으로보는것이 穩當할가한다。그러면 六十年
前後 或은 六十四五年頃(아모리늦어도 六十七八年頃)으
로볼수밖에없다。著述의場所는 차라리 알수없다고하는것이 正當하나 初

馬可福音講解

二五

馬可福音講解

代教父들은　大體로　羅馬라고　生覺하였다。그리고　現代에도

少數의　異見이　있으나　多數의　學者는　羅馬說을　支持하고　있다。

(七) 追加問題

本書의　十六章九節以下는　最古의　寫書에
도보이지아니하며　文章上으로　보아　前節에　繼續되지아니하
는것과　또重復되는것等에　對하여　學者間에　여러가지問題가
있다。그리고　거의모든　學者들은　이部分은　마가의　直筆이
아니고　後世의　加筆이라고하는　意見에　一致하는　모양이다。
마가福音書가　完結되지못한理由,　或은　紛失되였는지　알수없
는本文等에　對하여서는　學者間에　多種多樣의　臆測이　있어서
一定한　學說을　取하기　困難하다。

그러면　本書의　十六章九節以下의　存在說을　한둘記錄하면
서　吾人의　意見도　말하여볼가한다。그러나　彼此가　想像에
不過하니　誰知烏之雌雄이랴?

1、 紛失說

最初에는　現在의　追加된것말고　本是부터
의結論이있었는데　其後　어떤偶然한일로　紛失된듯하다는
것이다。그러나　其部分에對한　아모런斷片도　남은것이없을
뿐더러　紛失되였다는것을　暗示하는　傳說좋아들을수없다。
그러니　偶然을理由로하는說明은　가장容易한일이나　其反
面에　가장信用하기어려운것이다。

2、 抹殺說

처음에는　結論인部分이있었는데　其內容
이弟子들(特히베드로)에게對하여　滋味없는記事인까닭에　其部分.

을抹殺한듯하다고　想像하는것이다。그러나　이것도　勿論
何等의　根據가없는　想像說에　不過하다。

初代教會에있어서

(第十八頁에서繼續)

餘
地없이　暴露되였지아니한가? (九•三四、一四•五〇、同六六
ー七•二)又況,　過失、醜態、庸劣、아니•不義、不法、不信、
反逆等의　罪惡덩어리인人間이　예수그리스도의　十字架의功
勞로말미암아　救援을받을수있다는것이　使徒들의　傳한福音
의眞髓임에　있어서랴?

하나님은　聖바울이말한바와같이　우리가　試練에　忍耐할수있
게하기爲하여　試驗과同時에　避할길도　準備하신다(고前一〇•一
三)。그러기에　自己를　딸기지아니하려하면아니된다。하나님은　마음이
謙遜한者를　救援하시고　또이것을　높이친다(彼前五•五、六)。
誘惑과患難을　맞나는것은　其힘을　試驗하는것이여서　이
것을이기면　其報應이　漸漸大할것이며　其偉德이　더욱밝히
發揮할수있는것이다。患難없이는　敬虔篤信할지라도　의레히
偉大하다고는　하지말라。患難中에　堅忍함은　德性의發展'이
며욱顯著할것을바랄수있는것이다。或은　또顯著한誘惑을免
할수도있는것이다。이는　小事에弱한者가　大事를當하여
스스로信賴할수없
다。이는　날로當하는　小事에敗하는일이있
을을깨달고　모름지기　謙遜하기爲하여서다。

使徒의權威을　維持하기爲하여　其部分.

을抹殺한듯하다고　想像하는것이다。그러나　이것도

그리스도를배워

토마쓰・아・켐피쓰

葡萄園農夫 譯

一의一○、多辯을避할일

할수있는대로 世上의騷擾에서 隱遁하라(太一四・二三・約六・一五)。世俗일에 關係하는것은 設令 其目的이 眞實하다할지라도 不利益을免치못할것이며 이로말미암아 섭게 自己를 더럽히며 虛榮에 떠러지는일을 免치못하는까닭이다。내년사람과 말하지아니하고 其모인場所에 參加하지아니하기를 차라리願하는바이다。입을열면 반드시 良心을傷하게되니 어찌 함부로 말하기를 즐길것이냐? 사람과말하기를 좋아하는것은 結局 困憊한마음에 慰安을 언으려는것임으로 其품고있는 愛着과憎惡의思念을 不絶히發表코자한다。그러나 畢竟 達하지못함이 普通이다。所期와는 全然反對로 其目的은 大槪 이와같이 外來의慰安을 마음속에찾어오는 天來의慰安을 막는 機會가될뿐이다。그런故로 우리는 깨여 祈禱하지아니하면아니된다。萬若 談話하는것을 삼가며 마음을 다하여 謹愼하며 不得已입을열게된다면 彼此間에 德을세우는데 有益한것만을 말할것이다。우리가 恩寵中에 發達하는것을 妨害하는것은 實로 입을삼가지아니하는惡習과 靈的發展의 怠慢과같은것이 다시없다。오즉 靈性에關하는談話、靈的發展에 關하는談話、格別히 하나님과같은것、마음을가진사람들과 會談하는것은 말할것없이 靈的發展에 多大한效果가있는것이다。

一의一二、誘惑과싸우는일

적어도 이世上에있는限 試鍊과 誘惑을免할수없었다。욥記에記錄한바와같이 사람이世上에있는동안은 戰鬪이다(욥七・一)。그러면 사람은各各誘惑에對하여 스스로警誡하고「謹愼하야祈禱」하지아니하면 아니된다(베드로前四・七) 보라、惡魔는자지아니하고「두루다니며 삼킬者를찾나니라」(베드로前五・八)。이것의攻擊을받지아니하고 또誘惑을當하지아니하도록 깨끗하며 完全한사람은 決斷코 없을수없다。

그러나 設令 誘惑은싸우기에困難하고 또悲慘할지라도 其利益은 眞實로多大하다。이로말미암아 사람은謙遜하여지고 純潔하여지고 또訓練받는것이다。聖徒는 모두 人間으로서 許多한災殃과誘惑을通過하여 많은有益을얻었다。그리고 이에견디지못한者는 自暴自棄에빠저서 墮落하였다。그러니 아무데로逃亡할지라도 誘惑과逆境이 襲來하지못하는 聖地가없고 이것을避하여 숨을잡이었다。그러나 誘惑을免할者는 한사람도없다。其生命이있는限 誘惑을免할者는 한사람도없다。其誘惑

一七

그리스도를배워

의뿌리는 元來우리속에있으니 우리는 이미 더러워진性情을받어가지고 出生하였기때문이다。한가지 災害와誘惑이 겨우지나가면 또한 다른災害와誘惑이 苦痛이끊질때가 없는것이다。우리는 모두 隨落한處地에서 욕慘慘한苦痛에 빠지는것이다。많은사람은 誘惑을避하려다가 더

逃亡함으로써 誘惑을克服하려는것은 大端한잘못이다。다만 忍耐와참된謙遜으로말미암어서만 이敵을이기는힘을 얻을것이다。誘惑만을避하고 其根源을除하지아니하면 些少한効果밖에없을것이다。그렇다, 誘惑은 또다시 即席에 襲來하여 其暴力을더욱加할것이다。

면서 徐徐히忍耐克己하여 이것을堪當하는것은 스스로의輕率함으로써 對하는것보다는 이것을 좀더容易할것이다。誘惑中에있는사람들과는 하라。그리고 過激하게待接하지말라。 네가 남에게待接하고저하는 方法으로써

誘惑이오는것은 結局 하나님을믿는意志가弱하여 기쉬운緣故이다。마치 키없는배가波濤칠때마다 것과같이 其意志가堅固하지못한者는 여러가지誘惑을맞나 는것이다。鐵을 鍛鍊하는것은 불이고 사람을바로잡는것은 誘惑이다。때때로 우리는 어찌할줄을모르다가 誘惑으로 因하여 비로소自己의狀態를알수있게된다。그런故로 우리

는 特히誘惑의最初에있어서 깊이注意하지아니하면아니된다。그때는 敵의勢力을꺾기가 매우容易하다。萬若 誘惑이 마음門에侵入함을막으려면 반드시門前에왔을때에 이것을防止하지아니하면아니된다。그러기에 或말하기를「初期에있어서막으라。空然히오래되면 醫藥도其効가없느니라」고。처음에는 마음에떠오르고 다음에强한想像이되며 더나아가 이것을기뻐하는情이되여 다시罪의情慾이不絕히動하고 마침내 이것을즐기는데이르나니 이렇게하여 兇暴한敵은 其最初에妨害없기까닭에 이미 마음을完全히占領하고其妨害가疎遠하게되면 사람은날로 薄弱하게되여 敵은漸漸 其힘을 드러내게될것이다。

悔改할當初에있어서 誘惑의激烈함에苦痛하는者가있다。조금 때가지난后에 誘惑을맞나는者가있다。或은 其全生涯를通하여 不絕히로말미암아 괴로움을받는者가있다。더나아가或은「또智慧와正義로써 遺憾없이 사람을擇하셔서 救援하시는하나님은 各各 其性情을考察하사 다만些少한誘惑外에는 아니주시는일도있다。

그런故로 우리는誘惑을當할지라도 失望할것이아니다。如何한難事를맞날지라도 우리를 도아주시는하나님에게 더욱熱心히 祈禱하지아니하면아니된다。

（第十六頁下段에續）

一八

聖朝通信

八月十八日 (金) 晴。小學校教室을宿舍로하고 團體留宿하는 諸大家의不便이 甚하였을터이나 拘하지않고、우리는 저녁과 아침의盛饌으로부터寢具에이르기까지 天使의대접을받았으니 主예수께對한慊恐한마음은 도리어 內心을 괴롭게할지경이다。이번 우리宿舍의雜務를 主任格으로負擔해준이는B先生의 족하딸×孃인데 梨花女專家事科出身이매、果東한잔 저는 반찬한접시에도 格式이 달랐을뿐더러 信仰的精誠의流路로 모든것을 甘化하고美化하고聖化하지않고는 마지않었다。저는 看護學을工夫하는이、이는 余輩도長女에게實現하려며다가 어머님의激烈한失望으로挫折된일이오、우리誌友中某妹妹도高女卒業後에 이일을志願하였다가 一家門中의反對로 斷念하지아니치못했다、其他善良한信仰少女들이 願하기는하되 우리社會의現狀이容許치않어서 達하지못하는일을 敢然히行하되 又況專門學校卒業後에 悠연히取行하니 그志가肚하다다아할수없다。

家事科에看護學을加하면 信仰奉仕의女性으로서는 「범에게 날개」라는格이오 「鬼에金棒」이라는格이다。孃一人을爲하여서라 그리고 우리의 인터헤스트(關心)가 끝러 仁川上陸。R君과B先生의 迎送을받으니 적은功績으로도 큰賞받는者의 괴로움을切히 느끼게하다。○午前中은 客室에서 三四人青年들과座談。昨夜에 끝나지못했던實際問題에關하야 問且答。거울같은仁川灣에點々이 솟은島嶼들은 一幅의蠶畵같이窓前에展開되였고、歸帆은 一葉에 실어들인凉風은 몸과 震을 아울러 살리는듯하야 德積은 며나고싶지않었으나 約束했던 北漢山丸이灣口에 이르러 團體의歸路를督促하니 不得已섬을떠나 一行과함께 歸帆을 달다。半里가울天한阜頭까지 나와 惜別의情을못넣어하는 教女들의影子가 眼界에서 사라질때까지 바라보다가 德積島全體에 눈을떲이니 이섬全體가 여러가지로奇異한存在인것을 다시한번 느끼다。德積이란 이름自體가奇의 一。動植物分布上으로暖寒兩地의接續地點을成하는것이 奇의二。적은섬中의生徒들 今朝에上京하다。

八月十九日 (土) 晴。요사이 같으면 日記에도 天候를記入할必要돟아 없는듯하다。如昨炎且晴。一樣이오單調로다。언제나 旅行의疲勞로因하야 아모일도못하고 終日休息하다。비나 나리실까。○드디어 原稿傳하기爲하야 日記整理。○어떤教役者의 聖書朝鮮으로부터오는힘을 때놓으면 거의零에 가까울가보옵나이다。언제나 主예수님의 信仰이 振替로印刷所까지 다녀오다。「‥‥ 生의信仰生活에서 恒常계시기를祈願하여 마지않나이다云々」

八月二十日 (日) 晴。疲勞조금식 덜며지다。○海水浴하려갓다면第三女와 寄宿中의生徒들 今朝에上京하다。○오늘은 公休日이라고 藥이되여왔다。師寺松林속에 「에야 데야」하고 狂唱하는 低級의人間들이 松虫처럼모여들어서 洞

一九

聖朝通信

内의 靜寂을 깨트렸음으로 견디다못해서 午后에 郵便發送次로 市內에 다녀오기로하다。精確한 數字는 알수없으나 저런 人間들이 天然을天然답게 享樂하기까지 進化하랴면 大略五億萬年은 걸려야 될것같이보이다。但 이렇게 慎恤하면서 市內로 世發하려는 途次에 松林에들어서서 試驗的으로 저들에게 說論하여본즉 後로 驚 不過五分未滿에 自己들의非를 百拜謝過하면서 조심스럽게 놀다가 未久에 退却할것을 誓約하였다。생각했던것보다 世上에는 善人이많어보이다。

八月二十一日 (月) 晴。오늘부터 新學期始業。登校雜式。도라와花壇에 물주다。○또다시 牧場經營資金運動의督促을 받다。

八月二十二日 (火) 晴。授業은 시작되었으나 暑氣는 아직甚하다。○某氏에게 好意의忠告를試하여보았으나 自初至終疑惑으로만解하는데는 놀라지않을수없었다。한번도眞情한好意로써 사람을爲하야圖謀해본經驗이없는爲人임을알고 더努力하기를斷念하다。善心을못가진사람의所判받음은 발서 現世에서 넘치게 받고 어찌 主님의恩惠가 아니겠읍니까。先生님의 健康을仰祝하면서 이만上達합니다」云云。우리의精誠은 몇푼어치 아니었으나 그것을 깊기爲하야 살어온것만은 實

八月二十三日 (水) 晴。殘暑도되어젔다가 어리움다。○獨蘇不可侵條約이란것이公表되었다고 英佛國側에뿐만아니라 온世界가 놀란모양이다。히틀러의 役者는 可謂當代一流의俳優인가보다。世上은 요란한데 우리花壇의無窮花는 灌水한後로 빛나지 더욱生々하게 피인다。언제까지 필넌지 無窮無窮。

八月二十四日 (木) 晴。産業資金運動의 일이 遲遲不涉。오늘도 授業外의 時間은 그일로 허비하다。○어떤不遇의姉妹로부터『(前略)우리父親께서는 先生님께 一字 편지도 올리지못하음은 小生의不遇에對하야形容못할 느낌이 있으시니만큼 沈默하고계신다고합니다。小生은 先生님宅의愛撫에對하야 感激에넘처 있을다름입니다。先生님宅의 붉은精誠과 厚意를病床에서 눈물로써 어머님하고 이야기하였읍니다。어머님께서 제가 죽을가두려워하시면서 『回復하여서 金先生宅誠意도 알어보지않겠나、먹기싫건만 한목음더먹어라』하시드니 回復하여 이곳에왔으니 알외나이다。結婚이란 저만이 밝는過程

八月二十五日 (金) 曇、雨。하나님이 비를 아껴하시는것이 마지聖賢이寸陰을 아까워하시는듯하다。모든物資에 豐足함을 알지못하는現代人에게 徹底한敎育을 베푸시려는듯하다。

八月二十六日 (土) 晴、后雨。오늘비까지에 地氣가多少通한듯、무 배추播種에着手하는農夫들이 여기저기보이다。○新京서北支를向하노라는 孫基禎君의短信來。마라손選手이아니라旅行도잘다니는듯。

八月二十七日 (日) 晴。安息의一日。○日曜集會會員中에서 未久에結婚한다는 請牒에添한消息에『(前略)九月둘째主日! 멀지않은開講을 流暢히暗誦할會員들의 各各準備 한聖經을 緊張한 얼골을 想像하옵고 기뻐하오며 또한편 저만이 落伍하는것같읍니다。從容히 拜進하여 알외려고 하였아오나 如意치못할것같아옵기 頭序없는 글월로 무어라 알외나이다。結婚이란 저만이 밝는過程

二〇

이아니고 世上의 許多한 女性이 걷는 길
이겠아오나 그래도저만은 個人的（神學
을志望으로）으로나 家庭的 立場으로나 獨
立된 生活을하고 一平生 제義務를爲해
忠誠하리라고 內心으로 굳게 마음먹었
든것입니다. 제가 神學을志望한 主된目
的은 버레같은 제生命이 끝치기前 이
둔한腦髓로라도 저十字架의道理（秘密）를
解得할수있어어 저의肉親에게나 겨레에게
조고마한 기쁨이라도提供할수있다면 이
것은 저의所願의 最後이었읍니다. 이것
이 거의 주제넘은 空想이었아오리까? 이
일우워질길없는 헛된新願이오리까! 이
제는 天爲만 기다리는 集會에도 새學期부
터는 恭席치못할것 같읍니다. 다만 바
라옵기는 主님이 加護하심으로 내내氣
體康旺하시와 二千萬시든靈의 生命이되
옵소서! 그래서 聖朝誌는 二千萬의心
臟을 連結하는 마음의 血管치못할것
窮土록 빛나소서!

　　　　聖朝通信

八月二十八日 （月） 曇, 雨。東京서平
沼內閣總辭職이라고報道。多郭多難。○本
町書店街에 들며서 新刊書두어卷사고、
印刷所에가서校正。

八月二十九日 （火） 雨。登校授業外에
印刷所에서校正。○鑛山業에從事하는未信
者인讀者의來信에『（前略）「聖書朝鮮」은無
月大端히 고맙게拜讀하였읍니다. 다만이
깨다를것이오.

八月三十日 （水） 雨。東京서는阿部內
閣이成立되었다고報하는데 서울서는授業
하고 校正하는일如昨。○家庭生活의複雜
한實際問題에對한余의意見을들은書狀이來
到하였음으로 그答案을 집안식구와討議
滿한답이란것은平凡한답이오 平凡한답일
진대 일부러 서울에까지 묻지않고라도
물은사람自身이 발서 알고있을터이니 그
런答은答할必要도없는答이된다. 故로勇을

九月三日 （日） 晴。蓬萊丘上이閑寂하
여서 午前中은宿直室에서讀書하고、午后
에歸宅。來客두어차례接待。

九月四日 （月） 后雨。登校授業。○英

「聖書朝鮮」을 받어 不幸일가多幸일가 하
나님을 믿지안하는 門下生으로서는 聖
朝通信을 읽는 數三日이 緊張된生活을할
뿐이며 刺戟을줍니다. 過去五箇年의 敎
訓은 머리로불어 이미사리진지 오란지
하나도 篤行하는것없고 行할생각좇아안
납니다。門下生의 意志와勇氣없는 青
年은 둘도없을줄압니다。云々』

八月三十一日 （木） 曇。九月號雜誌가
오늘로는製本될수없어서 내일을待하기로
하다。○새學期를向하는 學徒의意氣如下
『方今 一個月余의異域探訪을마치고 고요
한 시골고향에到着하였읍니다。（中略）
새로운學期를앞둔小生은 새맘 새心靈새
생각 새信仰으로勇進하고싶을뿐입니다。』

九月一日 （金） 晴。學校에서는 여러
가지儀式을擧行하다。○저녁에 聖朝第一
二八號發送。發送事務는 例와如히
一日은史上에 또한가지 더記念하여야할
날이되었다。○當直으로蓬萊丘上에서留宿。

九月二日 （土） 晴。昨日부터 獨逸이
波蘭에對하야開戰하였다고報導되니 九月
鼓舞하야 모난答 極히非圓滿한答을發送
하다。이만한答狀일새 쓰는時間과紙筆도
아까움지않고、받어行하면 한家庭이整理
될것이오 行치못하면 自己의弱한줄이나

聖朝通信

國이 對獨宣戰布告햇다고하니 第二次世界
大戰이 드디어 開幕된모양。○天國을 戀慕
하는 消息에 『今番上京은 專혀 家事를 凶
함이엇사오나 先生님 보인지 오래이기
꼭拜顔코저 하엿더것이올시다。무슨緊히
여쭐말슴이 잇던것도아니오나 그대신平
素의 퍽이나많은듯싶던 이야기。거리도
제대루 못여쭙고 忽忽拜退하오니 다시
금 한層의 空虛와 孤獨을 느낍니다。
然이나 이번길에 先生님의 聖朝에對한
不絶하신사랑과、柳兄의崔孃傳記脫稿、其
他여러誌友들의 眞摯한 生活態度를 듣
삽고、또이제 聖朝九月號를 받아읽으며
이것저것 모두가 저自身을 鞭韃하는材
料가되엇읍니다。오랜 逆境生活中에 거
志가꺾이므로 말미아마、자칫하면 每事
에 無氣力하고 無感覺하기쉬운 近來의
虛스럼과 하나님의 永遠하심을 切感하
고天國그리움이 날로懇切하여가오나、다
른한편、몟番努力이 거품같이꺼지고 素
志가꺾이므로 말미아마、자칫하면 每事
小乘的인 生活態度를 크게反省하게됩니
다。于先只今生活環境中에서만이라도 좀
며 價値있게 무엇을 하야보았으면 하는

九月五日 (火) 曇。佛國도英國에좇아
對獨宣戰布告한다고報道되니 아무리보아
도 現代우리들처럼 낫선보담있는世上을
보고가는사람들은 前無後無할것이다。○
登校授業하고 도라와서 고추밭除草。○
來信一枚『即時 先生님肖顔을 가서뵈옵
고싶으나 몟일後에 聖書集會에서 뵈오
랴고 하엿으니 今月號에 『日曜集會에關
하야』라고 쓰신 글월을 拜讀하옵고 암
만해도 제가읽못본것만 갈아서再三살펴
보았으나 亦是誤見은아니엇옵니다。오히
려 이런때에는 錯視됨이얼마나幸일까요。
先生님·저는 聖書朝鮮誌를 읽기에도
매우不足한人間이외다。그런데 더욱直接
集會에까지 敢히 당돌이參席하게되와 저
는 늘 부끄러움과罪悚함을禁지못하와그
어느主日에는 고만두려고하다가 다시新
禱하고 勇氣를얻어 時間이늦었음에도 염
치를不顧하고 다시參席하였나이다。그날

이 바로遲刻하든날입니다。그러나集會에
서 돌아온저는 前에맞보지못하든기쁨을
느끼엇나이다。마치 시험을이긴勇士와도
같이 爽快하엿나이다。때때로 저는 스스
로 믿음이弱함을느끼나이다。이런때마다
저는 新禱을드리고 힘을엽음니다。그리고聖
書朝鮮을읽고나면 無限이
씩씩해집니다。다시한번읽고나면 더욱이
더욱새로웁나이다。眞理는 되무러하도록 더욱
唯一의親友요 스승이고 힘이외다。
先生님 저一個月號『協同事業의提議』
라고쓰신 글월을拜讀하였나이다。崔容信
孃 그生涯自體가 저의寫眞이며戀慕하옵
는中 그傳記著者 特히 저의寫敎하옵는
恩師柳先生임을 저는奇緣이라고 生覺함
니다。저는崔容信孃의傳記가 하로바삐世
上에出版됨을 기다리고잇읍니다。한사람이아
勿論저뿐만이아니외다。저의同窓生中
에도 몹시 기다리고잇는사람이 많음을저
는믿읍니다。비록 제가貧寒한家庭에서學
資金에困難을받으나 小費의若干을 師恩
約해야 參加코저하오니 憧悚하오나마期

日을 가르처주옵소서』云々。
九月六日 (水) 晴。登校授業。○午後

二二一

에 고추밭 除草를 畢하다。 욱어진 雜草를 뽑아 제치는 일은 惡人을 制裁하고 善人을 助長하는 일과 같은 感이 있어서 疲勞를 깨닫지 못하리만큼 慾心차서 일하게 된다。 또는 이런일만하고 있으면 사람들의 是非評判을 들을 念慮없으니 진실로 좋은 일이다。

○今週 月曜日부터 一週間 實施한다는 朝鮮中部地方 燈火管制의 行事가 前보다 變更된바 가많아서 一般市民들에게 問題가 많이 생기던중, 우리동네에도 靑年團과의 衝突이 일어나서 急報를받고 이일을 鎭定하며, 矯風會幹事會를 召集하는 等으로 자정 가까이까지 出動하다。

九月七日 （木） 後雨。 登校授業。 歐洲戰雲은 漸次擴大되기만하는 모양。 ○牧者의 消息에 『（前略）이곳에 있어 일잘하며 獨立한 信仰을 가질수있다면 얼마나 좋을까요。 金鑛의 餘有가 있으면 도을대도 으며 일할 수있으며 스스로 獨立하야 살수있으면 추와같이 살아。 하늘위로 돌려받을수있다면 얼마나 좋을까요。 오직 답々한 것이 스스로 미그러져머리지며 마음은 끝칠힘없음이다。 그리고 崔容信孃傳記發刊에 對한 出

資方法을 下敎하야주십시요』 九月六日。 의 無人開放한 樣이 에 멘동산을 聯想케 하다。 ○山路案內 兼助力의 人夫二人을 先頭로 採集하면서 悠々히登山。 絶頂가까워질수록 樓木이 걱정이 없으며 加之에 數日來의 降雨로因하야 발끝이 기어려움으로 一行中

九月八日 （金） 雨。 萬人이 기다리면 비가 장마처럼 오기시작한다。 旅行者에게는 걱정싫다할수도 없으랴마는 明智山을向한 一行四人에 안되는 일도아니다。 이 京春鐵道加平驛에서 乘合自動車에갈 明智山麓의 道大里까지 갈대까지 가노라고 雨勢에 一喜一悲하면서 갈대까지 沐洞里까지가서下車。 앞길은 徒步以外에 交通機關이 없으니 明智山麓의 道大里를 쓰고 行軍。 日沒頃에 明智山麓의 道大里에 짐을 내리고 한잠 하나남德分에明日의 快晴을 바라면서 假宿。

九月九日 （土） 快晴。 朝鮮博物研究會의 그룹에서 明智山植物採集을 企圖한지 이미 오랬으니 前二回는 山麓까지 왔다가 가 豪雨不止해서 山雲만恨하고 도라갔었고、 第三回인 이번까지 山神이 작란하는가 하면서 자못不安한 하룻밤을 꿈결에지났는데 깨여보니 구름一點도 없이 맑숙한 하늘이다。 淸晨에 시내에 몸닦고 구름一點도 없이 맑숙한 하늘이다。

이번은 『그란빌』이라는 佛蘭西술이다。 京畿名山 明智山上에 佛國名酒 『그란빌』！ 爽快浩然의 氣를 歸路에 案內者가 길을잃어 싫건마셨으나 當惶했다。 山下最初의 草屋에서 옥수수를 얻어 초기를免하고 또 種子도 얻어 가지고 下山。 道大里의 旅舍에 歸

碧翠의 봉오리, 짐이흐르는 맑은시내가 를 쓰고 行軍。 雨勢에 沐洞里까지가서下車。 앞길은 沐浴하야 名山에 오르는 齋戒準備를하다。 水溫이 매우미웃한 것이 特色이다。

雨는 하야까지하는 소리가 連다라 나오는 것이 常例이었다。 이는 一行四人中에 三對一의 比例이기때문이다。 例와 같이 諸先生은 新奇한 것만 찾고 余輩는 平凡한 것으로 採集하면서 午正 지난후에 上峯에 오르니 京畿道內의 最高峯이라 北漢山 저편까지 眼界의 막을 는대로 모두늬眼下에 展開되니 亦是三對一의 世界가展開되니 山麓까지 왔다가 허 약주도 안마시는 히야까시하는 『어디는 내가 미그러질대마다 『어디는 數次식 危殆히顚倒하지않는이가 없었으되 오직 내가 미그러질대마다 『어

邊栗林속에서 感謝祈禱하랴니 높이솟은

聖朝通信

聖朝通信

着하야 夕飯後에 採集品整理。

九月十日 （日） 晴。淸晨에 溪邊에 나가니 차라리 이 楽林一帶를 所有하고싶은 慾心이 솟아나다。七日耕이라하나 約二萬餘坪인대 一千五百圓이라고。 밤을 까고 살 마시고 山을 向하야 별을 우러러보며 감 저 조 옥수수를삶고 고싶은생각懇切。○午前中은 採集한 植物의名稱을記入하야整理。이일의 採集携는 老大家인 C先生이어서 數百種植物을 十 指를分別하듯이判別하여 整理하였으니 大 家를따라다니는者의幸屬을感銘함이切實。 然意表의幸이다。自身이第一線에 메고나 또 이번探集으로써 주목（イチヤ）과 분 비나무（タウシラベ）의 分布區域이 새로밝 혀히되어 學界에功献함이 적지않게되었 다하매 素人으로서 이와같은學究的意義 重大한일에 恭劃하는榮譽물지게된것은全 然意義있는일에 贊助恭劃하 서지못할지라도 意義있는것을・깨달 는일이 또한無價値한일이아닌것을 로할것입니다」云々。

九月十一日 （月） 曇。登校授業。措薬製作。○월소陷落의報가있으나 眞偽未詳 다。○數年間苦生하시다가 이렇게파리하게 ○저녁에矯風會總會召集。洞內의致誠堂移 轉問題에 矯風會幹部의誠意가不足하다는 病苦로歸省할줄이야 나하고 彼此에우리는뜨거 是非일어나서 幹部一同이引責辭職하고 운 눈물이지흘렀읍니다。作別을哀惜하며 任員改選이되어서 이에名實具備한會長 釋王寺까지라도 全校模範生으로있더니만卒 의任을免함을얻었다。雜誌도。市內集會中止라면아 業生××이란해가 釋王寺에서갈려질때 주그만두신것인지、宋兄이그것을專撥하시 하도울갈내 同行하자고하니 彼此後에갔此此眼물 는지。宋兄이앞으로傳道에必作定인자。弟의工 렀다」하고 同行은사양하고 彼此눈물 夫말들을으니 말이지 今秋에入學하여 弟의 을禁치못하였읍니다。六日朝××에갔 快報거니와 어떻게하실作定이신지。兄의工 렀읍니다。○또東京서보낸 振替裏面 所感이 우리들이工夫實답게하여야겠다는것 에『先金拂込에關하何か書いてある様です 입니다。所謂無敎會主義者라는것 강아지 がそんな取りこし苦勞せずに、堂々と百年 처럼 상걸거리는입만되여버릴가두렵습니 も千年も永遠につゞく氣持であつて下さい 다。雜誌件은그렇게말만듣고도 가슴의울 神様の御仕事だから』라고하면서 또一個 링거릴뿐아니라 아무러나眞理의命대 年分을拂込하였다。격정격정。

九月十二日 （火） 晴。어떤 조고마한 학원에서忠誠스럽게일하면敎師로부터그 양。○湖南消息에『謹啓 때는가을氣分이 當함을보면 余輩도大端好人으로보였든모 時間以上기다렸으나 虛行이었다。이런일 돕니다。무엇보다도 기뿐것은 先生님께서

九月十三日 （水） 晴。登校授業。某氏의面會申込을받고 約束한時所에가서 半

乘合自働車로 加平까지오는沿途도 田圍 지못하고와서 퍽도섭섭합니다。散々히호 더저있든卒業生이 一日間으로 어찌아웠 는많어졌으나 亦是山水의造化가可賞하다。 京春線으로夕八時餘에城東驛에歸着하다。

석의奇妙함이 萬瀑洞에는 比길수없으나 荒川上流의長瀞보다는 못하지않은바있다。

304

主님의 善한일을하시기에 퍽이나좋으시겠다는것입니다. 여를보나 몇倍나머하실줄로 믿읍니다. 就伏白 聖書朝鮮九月號에依한즉 先生님께서는 저의들의 善한일을하는享樂에參與할機會들 聖書朝鮮誌는 꼭꼭받아읽읍니다. 先生님의 글은 嚴肅한眞理들 아르키시는것같고신다고하셨으니 참으로無上의榮光으로感謝하나이다. 特히貧困한讀者들을爲해서金額의多少를不拘하고저하오니 如何한手續이고欣然히參加하고저하오니 安心하必要하시온지알고저합니다。(下略)」

九月十四日 (木) 雨。오늘은古蹟愛護의行事로 四五學年生徒는南漢山城으로, 一二三學年生徒는洗劍亭을經하야 碑峯으로見學行軍。余는碑峯꼭대기에屬하여 途次에 舊基里柳先生宅에들러 暫時 이야기할수 있은것이所得이었다。○嶺南消息에 『(前略) 그러한것이여서先生님의「利巧」라는責望은 너무過한것으로들려지지 아니했으나 지금와서는 門生의마음이郡業에마음을빼찌것을 알았고 結局人間主義가 참은弱한생각이었다는것을 알게되었음니다。예수敎라는것은 저世上것이아닌것을좀깨달았음니다。門生은아직바탈에흘리는갈대와같애서 것半의半主義의것이아닌것을좀깨달았음니다。

他에 될수있는대로回答하여보려고 連日務力해보았으나, 前에 믿었던것도 接치고접치어서 前에 새로오는것이 一이허答狀하야 세우려면大聖은 또한번抛棄하다。이러므로 答狀받는이가 못받는이가 週期的으로 생길터이다。○集會督促의소리如下로 『이제는 재법 소슬한 秋風이 불어오는지음에 先生님 尊體萬安하시오며 宅內諸節이 均安하시온지 伏慕하옵고 또伏祝하옵기를 마지아니하옵나이다。小生은 나날이戀戀한心緒로써 새로운眞理를 찾기에 애태고있아오니伏幸이로소이다。그러하오나 새教訓 새講話를 기다리다가 (日曜集會에)문득 헛됨이 되고마니

九月十五日 (金) 曇。旅行中의舊信共에 될수있는데로回答하여보려고 連日努力해보았으나, 前에 믿었던것도 接치고접치어서 새로오는것이 一이허答狀하야 君子의德에새로오는것이 雜誌의일을本格的으로 急하게되니 一으로答狀하야 또한번抛棄하다。이러므로 答狀받는이가 못받는이가 週期的으로 세우려면大聖은 또한번抛棄하다。老長을 모시고다니는것은 意外의일인 恒常安全하고有益하다。

九月十六日 (土) 晴。植物採藥製作으로因하여 每日직지않은時間을 빼앗긴다。○午後零時半車로 다시京奉鐵道의客이되어 春川구경發。一行에數輩이爆發함은 春川中學校崔先生을맞나니 舊面의博物敎師들끼리인故로 于先春川中學校에引導받어 申君宅에吊問한後에 申君의好意를强히謝退하고 一行의便宜(第九頁에續)

伏慌하옵기 그지없읍니다。한번先生님을 찾어뵈옵고 싶은 마음 가르침을받고저하오나 先生님의 貴한時間을 홀로차지함이 懷悚스러이 느끼여 다만 亂筆로써 上達하나이다。主님의뜻이여든 至急히 會가 繼續되기를바랄뿐입니다。」

本誌舊號에關하야

本誌創刊以來十三年間 가장苦心한것은 그原稿보다도校正보다도 配給하는일에苦心이있섯다。그저받은것이니 그저주자는 생각과 眞珠를도야지에게던지말자는조심이었섯다。그後에도 本誌는 더욱用心하였고 또實行하여왔다。聖書에關한것은貴한것이오 信仰에關한일은高價를支拂하고라야獲得할것이라는것만이라도 이百姓의腦裏에 깊이印치고저한까닭이었섯다。

그런데 이제本誌가 或은年末로써中斷되고말듯하며、또 그와同時에本誌主筆의身上에도多少의變動이있겠음으로、萬一今年末로써廢刊될경우에는 年末까지本誌舊號의販賣取扱을하겠고 明年度로넘겨는一切販賣가없을것이다(但 新年號가續刊될時는別問題)。그런데舊號를읽고저하나 定價가引上되었을뿐더러 一百數十冊을一時에購入하기는 넘어巨額이어서意를達치못한이들이있었음으로 左와如한期間內에特價로써提供하기로한다。但 이特價는 이期間內에 先金으로本社에直接注文함에限한이로써提供하기로한다。但 이特價는 이期間內에 先金으로本社에直接注文함에限한期間이라함은第一——一一九號까지를稱함。

期間　自十月一日　至十二月末日

① 五冊未滿은　　　各冊二十錢(送料共)。
② 六冊以上　　　　一割引　(送料共)
③ 十二冊以上　　　二割引　(送料共)
④ 二十四冊以上　　三割引　(送料共)
⑤ 三十六冊以上　　四割引　(送料共)
⑥ 五十冊以上　　　五割引　(送料共)

또特히貧者 教役者 神學生其他事由있는이는 主筆에게 直接傳지하라。될수있는대로顧하는바에應하려니와 可成이면 本誌讀者의紹介를添함이可。

또傳道用으로 舊號를使用하고저하는이는 特히其旨를添하야照會하라。餘殘이있는대로 特別한規例로써協力하고저한다。本誌의 이미品切된號如左하여려號이니。其他도一二部식밖에남지않은것도여러號이다。

61 63 65 66 68 69 70 71 72 73 74 75 76 77 78 79 80 81 82

本誌의合本(布製洋裝)特價로。(送料並)
第三——三十卷(昨年度)까지 各一冊二·〇〇
(但、第六、七卷은이미品切되었다。)

取次販賣中止

新聲閣(咸興府)、大東書林(新義州府)에는 從來의委托販賣를中止하였다。

崔容信孃傳記發刊에協力하여照會한이 또는 이미金額을拂込한이에게는 方法確定되는대로 各々通知하여드릴터이다。

本誌定價

一冊　　　　　　　貳　拾　錢
六冊(送料共)　　　前金一圓十錢
十二冊(一年分)　　前金貳圓貳拾錢
要前金　直接注文은
振替貯金口座京城一六五九四番(聖書朝鮮社)로

取次販賣所

京城府鍾路二丁目八六　博文書舘
京城府鍾路二丁目九一　教文書舘
東京市麴町區九段坂　向山堂書房
和信(大邱府)
北星堂(平壤府)　信一書舘
京城府　茂英堂

昭和十四年九月二十八日　印刷
昭和十四年十月一日　發行

編輯兼發行者　金　教　臣
(京城、光化門局私書函第一八號)
(京城府外崇仁面貞陵里三七八)

印刷者　李　一　相
(京城府 仁寺町一九ノ三)

印刷所　大東印刷所
(京城府仁寺町一九ノ三)

發行所　聖書朝鮮社
(京城、光化門局私書函第一八號)
振替口座京城一六五九四番

【本誌定價二十錢】(送料五厘)

昭和五年十二月二十八日(第三種郵便物認可)
昭和十四年十一月一日發行(每月一回一日發行)

金教臣 主筆

聖書朝鮮

第壹百參拾號

昭和十四年(一九三九)十一月一日發行

目次

眞理體得의道

예수께서 天國의成長을 비유로 가르키시되 마치 種子가 싹이 트고 자라서 이삭이 맺히는것과같애서 어느틈에成熟하는지 알수없으나 그節候와順次를따라 되는것을 말슴하셨다。느린듯하나速하고 速한듯하나 느리게。

眞理體得의道가 또한 마찬가지다。自然의成長을 기다려야 되는것이지 人爲的速成만으로는 안될뿐더러 도리어 그릇되게 만드는수도 없지않다。그런데現代人、特히 才智있다는靑年들은 凡事를 스피ー드로만解決하라는風潮에 물드러서 眞理體得의일도 速成이아니면 못견디어하니 이는 實로 어려운注文이오 不可能事이다。世上萬事가 모다 스피ー드化하야 速成만을 貴하게 녀기게된다할지라도 眞理――特히 人生의礎石이되며能力이되는 信仰의眞理는 宇宙가悠久한것처럼 悠久한心情으로써探求하지않고는 될수없는일이다。보라 菜蔬를栽培하는農夫가 時間과努力을節約하고저 스피ー드를貴히여겨 배추 한폭이나 무 한뿌리가 成熟하기까지에要하는肥料를計量하야 이것을 發芽當初에 한꺼번에施肥했다면 그結果가 어떻게될것인가。처음發芽한 모종은 걸음에 저려죽는것밖에 다른道理가 없을것이다。故로 老農이 오즘 한통에 數十倍數百倍의물을加하야 아주稀薄한것으로써 一回또二回에分하야數十回를 같은일 거듭하는것은 決코 저가 어리석은者인 까닭은 아니다。저는宇宙의法則에通達한때문이다。

近來에 우리日曜集會에參席하는靑年으로부터「……矢內原式土曜學校（具體的問題를 自由로討議하고 自發的으로 배울수있는スクール）가實現된다면 萬難을 제치고率先參加하겠으나 現集會는 云々」의 注文이있었는데 이에는 다른意義도 있는것이지마는 如何間「自由討議」云々의句가 只今여기서考慮하려는點이다。矢內原氏의土曜學校에서 어떻게가르키는지는 우리가 잘알지못하나 大體로 自由討議로써 深遠한眞理를把持하게되리라고는 우리는 믿지않는다。現代人은 眞理를배우는데 이自由討議로써 第一큰武器로알며 가장「스피ー드업」의方途인줄로信仰하나 우리는 그렇게 믿지않는다。

옛날사람은 無言中에眞理를透得하였다。孔子가 사랑하든弟子顔淵을보라「不違如愚 退而省其私 亦足以發 回也不愚」라고。如愚라야한다。默々한中에서 깨다러야한다。眞理의世界에는 스피ー드도 쓸데없고 條理맞는能辯도貴한것이아니다。落々長松은 하루나一年에 되는것이아니다。같은年輪을數十數百을加하야悠々히成長한다。大器晚成이라하거든 무릇深遠한眞理를體得하려는이는 스스로 어리석은者같이處할진저。

愚人의 忌憚없는 妄靈

다음 한號로써 本誌의 끝을막을듯하다하매 사랑하는友人의眞情한念慮도 있거니와 冷情한外人들의·嘲弄절반 是

非절반의評論도 차츰 들려온다. 이때에 우리는 바울에게本받어서（고后十一章叅照）어리석은者의 거리낌없는자랑을 해볼

터이니 讀者는 哲時 『나로 하여금 조금 자랑하게、어리석은자로 容納하라.』

過去十數年間 聖書朝鮮을 發刊하야 今月로써 第一百三十號에 達하였고、그동안 冬季

或은夏季에는 特別集會를 主催하며 또한講師되여 그리스도信仰을 證據하여왔다. 이로써 나는 朝鮮에서의 一個基督信

者로서의 다할바를 넉넉히 다했다고自衿한다（人間을對해서는）. 내한일을 적게보는사람은 한번特別集會의 主催者만이

라도 되여보라── 講師는 못될지라도. 한번集會의 主催者의 責任만이라도 分擔해주는友人이 있다면── 十數年을 하루같이

얼마나 가벼워지랴. 쉽사리 녀기는이는 一人分의 職務를 다하면서 每主日에 聖書講義를繼續해보라──十數年을 하루같이

聖書朝鮮의 出版에 이르러서는 모든難問題는 제처놓고서 單只그出版費만으로말하여도 나는 적지않은일을 하였다

고自矜한다. 十餘年을 하루같이 缺損이라는雜誌를發刊함에當하야 나는祖上의遺産이라고 한푼도 이에充當할것을가지지못

하였다. 다만 나의月給이 그資源이었다. 月給이라면 이는所謂「勤勞所得」이라는것이오 稅務署의第三種所得稅에도 이

는特別取扱을받는收入이다. 即 糊口의糧食이다. 그리고 나는 아들딸六男妹에 十人食口를扶支해야하는살림이다. 쉽게보

이거든 어서實行해보라. 그리고 願컨대 五十萬人을算한다는 朝鮮基督信徒가 各人一雜誌식主幹하야 五十萬種의聖書雜

誌로써 달달이 福音眞理를證據했으면. 世上이 오늘처럼單調롭지못한 眞理運動의戰線이 그얼마나 씩씩하랴.

聖書朝鮮이 創刊될때쯤은 雨後의竹筍같은過去를回顧하매 感慨實로無量하다. 現下時局같은 統制政策도 없었었고

던思想團體의蜂起、反宗敎運動의先鋒으로 날뛰든某君々々들은 어디갔 自由의風潮에 左衝右突하

으며 意志鐵石같은某黨員은 어디있는가. 思想은流動하고 主義는變轉되여 昔日에獅子같든彼等도 이제는 너나없이「轉

向」하야 思想報國의第一線에나서서邦家를爲하야奮鬪하게되였다하니 이는實로慶賀할일이다. 이렇게右便에千人 左便에萬人이

꺼꾸러지는동안 本誌는自創刊號로至一百三十號까지 始終一貫하야 主그리스도와 그十字架의福音을證據하고 있으니 이는思

想遊戲는아닌것이分明하다. 十年이 한뉘라하거든十有餘年을變함없이 한가지만을외친것만으로도 無意義한일은아니었다.

愚人의 忌憚없는 妄靈

一

經濟生活과信仰

經濟生活과信仰

二

나의 오늘날까지의 生涯에 맞나본사람中에 가장 간교하고 사特하고 卑劣한人物이 常用하는말（標語라할만하게）은

이것이다。「이사람아 내가 돈에關해서는 이렇지마는 其餘他에는 실상信實한사람일세」하면서 自己의信用없는行爲를

辨明하려였다。이사람은 一家와親戚과友人의財産을 害낼수있는데까지害내고서 自己는念慮없이 살고있다。

또한사람 내가 맞나보던中에 가장敬畏함을 마지못하는先輩의 經濟生活上標語는 이러하다。「주어야할돈을 못가진사람은서

에따라고 줄것을 못가진사람은 보잘것 없너니라」고。即값아주어야할 所와時를當했어도 支拂할돈을 못가진사람은

사람노릇할수없다는 뜻이였다。넘어 돈에만 치우친듯하다고할런지모르나 이것이信仰生活의極致라고 나는믿는다고하

면 놀랄사람도 적지않을것이다。또 이어른이 가르되『내가 才操없어서 才操부리지못하는줄을으로、實相은 하나님

이 두려워서 그렇지……』라고。사람이 아무리魯鈍할지라도 二年齒가四十內外에達하면 남을속이고 돈버리할才操

만은 發動하는法이다。特히 서울 장안 鍾路市井에서長成한사람에게있어서 才操만은類달리豐富하다。조금만才操부리

면。돈버리할 구멍이 여기도보이고 저기도있으되 敢히못하는것은「하나님侍下」에 살기때문이라한다。보라 이것은

有神論이아니다。하나님을믿으되 이처럼「믿어사는人間」을 우리는 보지못했다。이러한 標語로사 저의生活의特色이다。

自己를爲하야는 언제던지 待機體制下에 있음의 저의生活의特色이다。

우리信仰을贊同하고憧憬하며 우리는 놀랄만한反擊을當해보았다。하나님을믿으되 남을爲하야는 經濟的豫算生活의原則을세워놓고 새生活을造成하기를指導하려다가

고。이는 永生을求하던 富者青年의 律法을實行하라는 대목까지는 마려오다가 네所有를 다팔어貧者에게

주고 나를따르라는데이르러 斷然코 自己의人生觀을固執했던것과 마찬가지의「我流信仰」이다。

스스로定했거나 或은必要에依하야制限된 豫算範圍에서 一錢이라도超過하는것은 累를他人에게끼칠뿐만아니라 收入의

門을廣潤케하고서 淸濁을함께삼키는才操를부려야만될것은 定한理致이다。聖書朝鮮이來月號로써中斷된다할지라도 오늘

날까지 그 主筆과家族은嚴格한豫算生活의탈을쓰고살어온것과、그印刷費其他에 一錢도他人에게累를끼치지않은것과、誌代의

先金拂込을返濟할積立金準備된것等은 決코 적은일이아닌줄알고서力行하여온바이다。無形한信仰이 가장具體的으로 가

장實質的으로 가장頻繁하게 나타나는經濟生活을 除外例로하려는이들과 信仰을論하는일에 우리는興味를못가진다。

히브리書講義 [八]

咸錫憲

第六講　安息과그리스도 (續)

4　舊約과安息

이스라엘人이 安息에 들어가지못한것은 우리게大端히두려운일이다。그것은 그들의失敗原因이 不信에있는것이分明하다면 우리게도그린危險性이 充分히있기때문이다。우리게나 저의게나 하나님의信實하신約束이있는것이 一般인以上에는 失敗되는일이있을때 그責任이 우리의믿지않는대있는것은 一定한일이다。

그러나이스라엘의失敗는 두려운前鑑이되는同時에 다른한편으로 그보다더깊은意味가있는일이다。그것은・그로因하야 우리게더욱 確信이생긴다는것이다。그들의失敗가 不信으로因하야된것이 分明히 不信으로因하야된것이면 우리게는 믿음으로써그 安息에들어갈約束이 疑心할餘地없이 確實한것이다。이스라엘의歷史가 그出發에서부터 安息을目標로한것이오、또 그安息이準備되지못하였던것도아니오 『第七日에 모든일을 쉬셨다』하신것같이 太初부터일우어저있었던것인대 그런 대도不拘하고 그들이거긔들어가지못한것은 全혀그들의不 信때문이었다。우리들、即믿는우리들은 이미이生活에서 믿음으로 하다。더구나 그것은 우리經驗에依하야 더욱分明 하다。우리들、即믿는우리들은 이미經驗하고 그安息을맛보고있다。安息은將來일만이아니오 이미經驗하 는事實이다。

들어가는것은 勿論우리가 하나님의永遠하신安息에 完全히 들어가는事實이다。安息은將來일만이아니오 아직은있는일이아니다、그 러나또우리所望은 마르다의것과같이 멀리멀리『마지막날』復活할때에』만있는것이아니오(요한十一의二十四) 그리스도에對한 信仰안에서 이미가지고있는것이다。그럼으로 이事實에빛우 어볼때 믄첫사람들의失敗의原因은 不信인것이 틀림없는것 이오、그것이들림없음애 人類가 하나님의 安息에들어갈 約束이 아직所望으로 남어있는것이 疑心없다。

그러나 우리所望이確實하다할때에 그것이우리信仰이 저 의信仰보다나았다는意味에서는안된다。『믿는우리들은 그러 기에 安息에들어간다』할때 그깊은뜻은 저의와우리의 信 仰의比較에있지않다。勿論 우리가그리스도를信從할때 믿 지않고曠野에 꺼구러지던 저의보다 膝한것이있다할수있다。 그러나그는 人間的으로하는말이다。人間的으로말할때 이의 信仰은 저의不信보다나았다할수있다。그러나하나님의義앞에 설때 자랑할만한信仰은 한個도없다。하나님에對하야설자 로서의資格으로하면 우리가舊約時代의사람보다勝하다할무

三

히브리書講義

히브리書講義

四

엇이 아무것도없다。人間은그때나이제나마찬가지로 一人
의義人도없는 마찬가지人間이다。그들이우리보다 보다惡
할것도없고、우리가그보다究竟에 善하다할것도없
다。故로우리의勝한것은 우리信仰에있어서 우리가偉大했
다。우리가偉大한것이아니오 우리信仰이偉大하여졌다。
偉大함으로 우리信仰이偉大한것을 우리가들어가는것은 우리
仰의對像에있다。우리가偉大한것이아니오 우리信
이스라엘人이들어가지못한것을 하나님이그때보다더낫은信仰의
가저보다義로워서가아니오 하나님이예수에있다。
길을열어주시어서되는일이다。故로「믿는우리들은 그러기
에 安息에들어간다」할때에는 第一章첫머리의 「이모든날
마지막에는 우리에게 아들로말슴하시었다。」하는말을記憶
할것이다。

사람들이예수그리스도를믿게된것은、嚴正한意味에서하면
舊約時代人의 不信의結果를보고 悔改하여서된것은아니다。
悔改하기보다는、그것을보고도悔改하지않었는故로 우으로
부러自己便에서 예수를보내셨기때문에된일이다。人間의意
志에依한것이아니오 하나님의强要에依한것이다。사람이要
求한것이아니오 하나님의恩惠로나리신것이다。이스라엘人
이失敗할때 하나님의計劃은 失敗에도라갔다할수있다。그
러나그럼에도不拘하고 하나님은그經綸의進度를쑥쑥나위어
모세、여호수아時代의일에 踏步하고있게하시지않고 最高
究竟의敎課에까지내밀었다。 八九月이되면 부지런한者나게

으른者나 말할것없이 가을의일이 저들을기다리고있을뿐
이다。게으른者라고하여서 누른들에있어 봄의일을하고있
을수는없다。하나님의그리스도에선敎授밑에서 人類는苦難의예
수라는課程을말을것이다。그를치루는者는 救援을얻을것이
오、못하는者는떠려질것이다。그러기때문에 오늘날에와서
는 이信仰의對像이되는 예수그리스도의偉大한때문에、그의完
全性全性에 그를믿는者는 安息에들어간다。著者가四章에
서말하는根本뜻은、一見에그러한듯이뵈이는、이스라엘의不
信을 거울삼으라는데있는것이아니오 舊約에對한新約의・絶
對完全性에있다。

우리가아니고 예수다、하나님이다。오늘날의偉大한 오
늘날사람에있는것이아니오 오늘의福音에있다。옛사람의失敗
는 原因이그不信에있는것이아니오 또더깊이말하
면 그들이받았던 律法그事實은事實이나、모세와이스
라엘人을갈러놓을때、하나는傳한者요 하나는믿지아니한者
였다。그러나統틀어하나로볼때、저이는다같이「옛날」에屬
한사람들이다。그때는하나님이 사람들의「마음이頑惡함을
因하야」（마가十의五）部分的으로、豫備的으로밖
에말슴하실수없으시던때다。그때저들에게보여주신것은 모
든世界的으로 이世界的으로翻譯된것이었다。그러
나이제는 참것그身體、完全그自體가왔다。그것이그렇지않
다고생각되는가。그러면舊約그自體가 무엇이라말하나 들어

보라。모세가約束했고 여호수아가가그대로 實現하야 이스라엘後孫을引率하고 가나안에 들어갔는데도不拘하고 그後에 許久한歲月이지나간後에 오히려「오늘」이라는날을 다시定하야 다윗에依하야말슴을하시였으니、그러면 여호수아의준安息이참安息이었으면 그러하실必要가어데있을가。이것은 그것으로써 참安息의約束이 完成되지않은것임을말하는일이다。故로참安息의約束은 아직하나님의百姓에게남아있다。그리고그約束을얻게하는것이 이예수그리스도의福音이다。그러기때문에、完全한것그自體、最終的인것그自體가 우리눈앞에、 열려있기때문에、애써들어가야 한다。

5　하나님의 安息

여호수아는果然 이스라엘에安息을주지못하였다。저의가 가나안에들어갈때는 거기는젖과꿀이흐르는땅이오 거기서 질거이하나님을길이섬길줄알었으나、들어간後는 決코그런 것은아니어서、戰爭이끊지지않었고 政治로經濟로 忠難이 쉬지않었다。期待했던대로 가나안에서 異族을다모라배지 도못하였고、다윗、솔로몬의榮華도一時요 未久에一族이南 北으로分立하야 反目嫉視하며、敵國의强壓과侵入에 苟且 한生活을면듯기에 겨를이없었다。그러나著者가. 여호수아 가 참安息을주지못하였다할때는 그것만을意味한것은아니었

다。設或이스라엘人이가나안에서 泰平한 祭政一致의 理想的國家生活을하였다 假定하더라도 그것이安息일수는없었다。安息은 그런것이아니다。참安息은 여호수아의才能上에있다。이스라엘人이安息을얻기에失敗한것은 여호수아의才能의不足을말하는것도아니오 其他누구의不足을말하는것도아니오、安息은地上에는있지않다는것、物質에는있지않다는것이世界에는 있지않는다는것을 表示하는말이다。安息이이世界의生活에 投影되는것은 있을것이다、그러나 그것이安息 그것은아니다。이스라엘사람들이안것은 이安息의이世界的 그림자에지나지않었다。故로그들은참安息에들어갈수없었을 뿐이니라、그림자그것좋아도얻지못하였다。

「그 安息에들어간者는 제일을쉬기를 하나님이自己일을 쉬는것같이하였다。」위선、「그 安息」이다。하나님의安息이다。참安息은 하나님의安息이다。人間의研究努力으로 人間끼리만든것이아니오 하나님이계신곳에있는安息이다。 하나님이萬一神靈한하나님이라면 安息도靈에있을것이요 眞理에있을것이다。 다음은、「自己일을 쉬」는것이 安息이다。人間이自己일을 쉬어야한다。人間苦를免하여야한다。國家生活이아무리向上이되여도、文化가아무리發達이되여도、宗敎가旺盛하여도 人生에게는 人生苦를빼주지못하는限 그것이安息은아니다。

히브리書講義

五

히브리書講義

알렉산더의나라가없어지고 로마大帝國이없어저도 人生은
길었었다。人生의事實과그苦痛은 生活資料의向上(變更)과그
를爲한技術의發達이나、거기對한 解釋의如何에따라 없어
지는것이아니다。사람들은 或은享樂에醉함으로、或은事業
에熱中함으로、或은學問으로解說함으로、或은意志로써鍛鍊
함으로、或은宗敎속에避함으로 이것을免해보려하나 그것
으로써 決코되는것이아니다。그렇게하야서 다된줄로알고
좋와하는때에、칼로찍은그림자모양으로 依然히살어있어 힘
있는독소리로『아니、거짓말이다。』하고니러난다。내목을
적지않는限、그림字의목은찍히는일이없을것이다。人生苦도
根本的인 어떤것을行하기前까지는 아니없어진다。

人生은 일하는者다。일하는것이人生이다。짐을진것이人生
이다。天地間에 일을하는 저만이다。개암이는 제
몸보다 몇倍되는것을 입으로물어옴겨도 그것을勞苦로생각
하지는않는것이며 기력이는먹을것을찾어 南洋에서北洋으
로날어도 그것을遠征이라고는아니한다。그러나사람에게는
勞働이있고 苦痛이있다。일을가지는것이아니라 저自身이곧
일이다。몸은上下의引力안에있고 마음은左右의善惡속에있
다。먹을것을지고、입을것을지고、家庭을지고、國家를젊을
뿐아니라、宇宙보다도무거운 제自身을지고있다。코끼리나
河馬도 제몸이집이라는말은없는데 萬物의靈長이로라는 이
人間은 제自我를집이라하야 벗기를애쓰고있다。그리고自

我가이미집이되였는故로 저는모든것을 일로보고、집으로
解釋한다。나비가 제멋대로날고 새가 제멋대로소리하건만
或춤을춘다하고 或운다하며、개고리제대로루르고 자벌레
제대로빼쳤건만 或保護色이니 或擬態니한다。曰生存競爭
曰相互扶助、저의눈에勞働은 世界의核心에까지 먹어들어
갔다。저의아는生命은 짐진生命이요 저의아는世界는喘息
하는世界다。저의아는生命은 저는여기서
것이安息이다。安息은 꿈이는것이어서는안된다。그렇게생
각하도록解說하는것이어서는 안된다。事實이어야한다、實
在어야한다。

故로그것은 하나님이安息하시듯이하는것이어야한다。絕
對安息이다。다른사람보다좀더富하게하는것이아니라、좀더
貴하게하는것이아니다。옛날보다좀더便宜하게하는것이아니
다。比較的安心되게하는것이아니다。國際間에平和條約을맺
는것이아니다。敎會의勢力을擴張하고 敎育事業을振興하는
것이아니다。우리靈魂이 아버지의품안에 아버지와한가지
로平安하지않으면안된다。이런故로 모든人間的努力은 免
職을賞하지않으면안된다。사람은아무런일을하며도 自己
라는 이世界의어데서도 安息의나
라는 發見할수없다。그理由는 人生이지는그집은 人生自
已가집어서진것이아니기때문이다。人生은 이마에땀을흘려
야먹는그運命을 自己스스로만든것아니다。苦痛하는良心을

六

체스스로지어 가진것이아니다。自己를죽을者로만든것이 自己 힘으로써한것이아니다。저는죽지움을받은者다。人生苦를지 움當當한者다。그러면 이미제힘으로진것아니오 남에게지움을 當했다면 그것을벗을能力이 제게없을것이

다。스스로제머리털을 검게한것이아니어던 또그것을희게 할수가있을理없다。創世紀는가리킨다――人生苦를 것이 하나님의所爲이라고。저의肉身이마의法則에屬 매이게된것도 하나님의뜻이시다。故로저에게安息이오는것은 오직한길밖에없다。사람에게서平安을빼앗았던 하나님自身 이、勞働을주시고집을지여주셨던 바로그이가、몸소이를벗 기고、다시주시는일이다。하나님이주시는絕對安息外에 다

시 다른安息이었다。
『그러기에우리는 熱心으로 그安息에들어가기를힘써 從치아니하는本을따라 빠지지않도록 해야할것이다。』人生 에게勞苦를주고 安息을빼앗은 權能은 하나님께있을지라 도 그原因은 人間에게있다。人間이罪를犯한故로 하나님은 그良心우에 부끄럼을느끼시고 恐怖를느르키시고 疑惑 을느끼게하시고 憎惡를느르키셨다。그리고人間이집을지게되 였는故로 世界는 苦의世界가되게되였다。라스킨은말하기 를 『勞働이란 生命이그反對物에對하야 抗爭하는일이』라 고하였다。（이乃終者에게도） 生命이反對物을가지는것은

하나님의世界의이야기는아니다。이人間을代表者로삼는世界 의이야기다。罪가곧地獄이다、하나님에對한反抗이다。人間 이反抗을느르켰는故로 하나님이저에게對하야 反對物을니 르키셨다。故로安息을爲하야 人間의할일은 하나님게로돌 이키를얻기爲하야 스스로順從에돌아가는 한가지일外에없 다。即罪의自我에對하야죽는일이다。무덤밑에들어간肉體가 平安에있는것같이 死의휘장을通過한 저짝의人間만이 安 息을얻는다。

그리고 『熱心으로』하라고한다。사람은하나님의安息에들 어가기를、熱心으로힘써야한다는것이니、이는現代人에게는 꾀이배울만合이다。現代文明에 가장缺乏된것은 安息이다。 不安과 焦燥와 疑惑이리 世界戰爭이어러 나서가가아니다。이것이있어서 戰爭이일어난것이다。世界戰 爭같은것은 그밑에비지않는熱과瓦斯에지나지않는것이 다。實로무려운것은 火山口밖에나온 烟氣와音響은 그밑에끼지않는熱과瓦斯에 世人心이다。世界의일을爲하야 熱과瓦斯가된것은 近 世人心이다。世界의일을爲하야 큰말을할것이였으 사람들이 參 安息의意味를알고 安息을理想으로돌아온 安息의理想을잃은 다면 世界는얼마나낫어질런지모른다。苦痛을肯定하는思想 은 一見매우壯한듯하면서 무서운害毒을가지는邪說이다。 人間은活動해야한다。安息이란것은없다。苦痛과싸우면서일 하다가 일터에꺼꾸러지는것이 人類의理想이다。

히
브
리
書
講
義

七

허브리書講義

完全에 到達되여 平安히쉰다는世界는 을수도없고 온다하
야도 價值가없다。人類의生活을價值잇게하는것은 오직일
이오 苦痛이다。──이런따위말들을들을때 大端히莊快하
게들리고 젊은맘을征服하려는 魅力이있는것은事實이다。
그러나아니다。現代人을몰아 機械와冒險의 종으로만들고
犧牲으로만든것은 이思想이다。億萬의生靈을몰아 野獸로
만든것도 이思想이다。이것은 埃及의奴隸가되여 苦役이
習性으로된 이스라엘人모양으로 사단에게잡힌現代人의心
裡에 變態的으로니러난思想이다。끝없는活動 끝없는苦役
에價值가있다는思想은 奴隸의心情에서만 나올것이아니다。
오、아바지를아는 아들의心情에서 나올것이아니다。사람
으로하여금 사람제대로있게하라、그럴때저의理想은 저의
平生의所願은 安息에있다。서는때보다 앉는때가좋고、일
하는것보다 쉬는것이快하고、죽는것보다 사는것이질거우
며、근심있는때보다 없는때가좋은것은 속일수없는事實이
다。일을免하고 平安히쉬기를要求하는것은 本能인데、하
나님이이本能을 사람의生命에넣어주신것은 저네게安息의
나라를 課題로주신 證據다。

아니다。쉬는자리에가는것이 옳다는말이다。일을回避하야
서安息은오지않는다。진심은忠實히지는것이 그벗는方法이
다。우리는安息을얻기爲하야 勇敢히집을질것이다。最後까
지질것이다。그러나永遠히지지는않는다。벗기爲하야진다。

벗기願하는故로 忠實히일한다。끝없는苦痛을肯定하는者는
도리어그때문에 回避하고 속인다。世界人類間의一切不
合理한일은 이집을속이려는不合理를犯한대서나온다。사단
이人類를誘惑하야 樂園을내놓고나오게할때에 그앞에세운
깃발에쓴것은 하나님과같이되도록努力하라는것이었다。그
러고그努力은 奸詐한努力이었다。故로하나님이 이安息의價
值를모르는者를 가르쳐깨닫게하기爲하야 勞働의집을지우
섰다。저가萬一그집을忠質하게진다면 勞働의意味를지우
이오 勞働의意味를깨닫는날이 安息의意味를깨닫는날이다。
그날에저는信仰에돌아올것이다。勞働의意味를깨닫는것이
至極히깊은問
題다。勞働問題의變形된것이 經濟問題요、植民地問題요、
外交問題요、戰爭이다。勞働問題를解決하는者가 世界人類
問題를解決하는者다。그리고그것은 安息의理想을가진者
만이 할수있는일이다。

八

社　告

① 咸錫憲先生의講話 【十一月十二日午后二時半 京城明倫町에서。】

② 崔容信孃傳記發刊에協力하려는이는

一、十一月末日以內로金一圓以上을拂込하라。
二、協助者에게는傳記出版되는대로一部식贈呈함。
三、協助者에게는傳記頒布의助力을부탁하는일이있
겠나이다。

罪는 무엇인가

宋 斗 用

우리는 前番에 「入信의 動機는 罪意識에 있다」고 말하였다。그러면 其罪라고 하는것은 무엇인가? 오늘은 그것을 말하려고한다。即 罪에 對하여 生覺하려는것이다。人間의 말(言語)가운데서 「罪」라는 말처럼 우리귀에 거리끼는것이 다시없으며 또文字中에 「罪」라는字처럼 싫은것이 어디있으랴? 그뿐인가 罪의意識처럼 괴로운것이 또무엇일가? 우리는 罪라고하면 于先 刑務所의赤衣同胞를 聯想하게된다。

자! 그러면 이같이 싫고 무서운罪는 大體 무엇인가? 그리고 果然 罪는 監獄生活하는者에게만 있는것일까? 아니다、決斷코 그렇지아니하다。基督教는 全人類에게 모주리 有罪를 宣言한다。「모든사람이 이미 罪를 犯하였다고 聖書는말한다(羅三·二三)。勿論世上사람은 抗議할것이다。「그것은 過激한말이라」고。「아니、無理의暴言이라」고。或者는 또 말하리라。「그것은 너무 抑鬱하다」고。그래서 慎恚하고 悲痛할지도알수없다。그러나 人間에게 罪가있는것이 事實인以上에는。그러니 우리는各各 罪人임을 自認할수밖에없다。

罪는 무엇인가

一般으로 罪는 法律上의罪와 道德上의罪의 二種으로 區分할수있다。그리고 大體로보아 法律上의罪는 外部에 드러나는것이니 殺害、歐打、盜賊等이며 道德上의罪는 內部에 감추인것이니 猜忌、憎惡、虛言等이 그것이다。勿論 外部的이거나 內部的이거나 或은間接이거나 直接이거나 不問하고 그것이罪인點에 있어서는 꼭 같은것이다。

그리고 이以外에 또한가지 罪가있으니 宗教上의罪가 그것이다。그리고 그것은 말할것도없이 不信을가리처말하는것이다。그러나 道德上의罪가 반드시 法律上의罪가 되는것은아니다。그와같이 宗教上의罪가 반드시 道德上의罪거나 法律上의罪거나를 不問하고 罪라는罪는 모두宗教上의罪가 되는것이다。다시말하면 不信은 宗教上에서는 罪라고하지아니하며 또 孝는 百行之本이라하여 道德上으로는 不孝처럼 큰罪가없으나 具體로나타난事件이없는以上 法律은 이것을 是非하지아니한다。

그런데 殺人이나 强盜같은것은 法律上의罪인것은 勿論이고 道德上으로나宗教上으로도 罪가되며 不孝는道德上으로도 罪가되며 또한宗教上의罪이다。그러나 結局罪는 모두宗教上의罪가되고만다。그리고 아모리 法律을아지못하

九

罪는 무엇인가

는者라도 法律에 違反한때는罪人이다。그와같이道德的觀念
이없는者라도 道德은 不孝者를 容納하지아니하며 不信
者라고해서 宗敎上의罪는 犯하여도 無關하다고는할수없
는것이다。이意味에있어서 人類中에 罪人아닌者가없다。

罪! 犯罪! 罪人! 吾人이 아무리 이렇게不絕히외친
다할지라도 世上의大部分은 聽而不聞할뿐이다。그리고는
나에게는 何等의罪가없노라고 泰然自若하면서 가을하늘
과같이맑고 羊의털과같이희며 水晶과같이 깨끗한나를보
라는듯이 驕態를부리는사람이 果然얼마나많은가? 이런
部類의人間中에는 自稱基督信者 所謂耶蘇敎徒가多數임에
는 一層더놀라지 않을수없다。吾人은 그러한사람들을 은
근히 부러워함을 率直하게告白한다。그러나 나의마음을
王座로하고 君臨한罪의實在를 어찌否定할것인가? 아!
나를占領하고 나를支配하는 罪의威嚴과 權勢의偉大함이
여! 그뿐인가、누가무엇이라하거나 이罪는 모든사람을
捕房로하였으며 全人類는 罪를섬기고있으니 어찌하랴?

그러기에 이미 말한바와같이 罪는 모든사람을 罪
人이라고 宣言한다。그리고 聖書는
各處에罪의 目錄이列記되여있다。舊約에는 出埃及記二十章
二二節以下 二三章一九節까지에있는 가장 기나긴罪의目錄을
비롯하여 同三四章一四一二六節、레위記一九章、申命記二
七章一五一二六節、호세아四章一一二節等이며 新約에는 馬

一〇

可七·二一一二二、羅馬一·二九一三一、갈라되아五·一九一
二一等이三大目錄이고 또 고린도前五·一〇一一一、同後
二·二〇一二一、에비소四·三一、골로새三·五、八、되모
데前一·九一一〇、同後三·二一五等이있다。

지금 馬可福音에記錄된 罪의目錄을 찾어보면
惡念、淫亂、盜賊、殺人、姦淫、貪欲、惡毒、詭騙、
淫蕩、妬忌、毁謗、驕慢、狂悖이라고 하였다。이에
或者는 自己는其中의 한두가지를犯하였으니 罪人이로라
할것이며 또 或者는 自己는其中의하나도 犯하지아니하
였으니 罪가없다고할는지도알수없다。果然그러나 이中에
서 하나도犯하지아니한人間이 地球上에있을수있을까?
一言而蔽之하고 聖書는 우리를向하여 以上에列擧한罪
中에 하나도 남기지아니하고 우리가 모주리犯하였다고
한다。그래서 「너는罪人이다。强盜이다。殺人犯이다」고餘
地없이 審判한다。아! 이것이 무슨理由일까? 우리는
이에對한答을 듣기爲하여서 亦是 聖書로 가지아니하면
아니된다。算術이나 幾何、代數만이數學이아니다。그以上의
微分、積分等의高等數學은 數學이아니라고하는것은
初等數學으로 解答하지못
하는것은 數學만이아니다。우리가 生覺하는 罪問題도 또한그
러하다。사람의知識이나 經驗으로 理解할수없는것을 非
眞理라하는것은 愚者의生覺이다。따의法外에 하늘에法이

있다。 마의 初等數學으로 解決할수없는것도。 하늘의 高等數學으로는可能하다。 그러면 聖書가 모든사람을對하여 罪人이라하는것은「兄弟를미워하는者는 (요한一書一・一五)」니라는 意味에서이다。 미워하는일도 罪가아닌것은아니나 사람들은 輕히녁인다。 그러나 聖書는미워하는것은 殺人하는것이라고한다。 罪中에 가장 큰罪인殺人! 이웃을미워하는것은 殺人이다。 네가비록 사람을미워한일이있다면 너는 殺人犯이다。 그러면 네 兄弟를 或은 이웃을미워한일이없는가? 사람아! 萬若 단한사람이라도 또단한번이라도 네가 미워한일이있다면 너는틀림없는 殺人犯이다。 그러면 네가 어찌 罪人이아니라고할수있는가?

옳다、 사람은 누구나모두 罪人이다。 그런데 聖書는 또말한다。「누구던지 姦淫하지말라하신이가 또殺人하지말라하셨으니 萬若他人을미워하였으면 姦淫하지아니하였으나 强盜、姦淫等其他 모든 律法을犯한者가되나니 네가비록 姦淫하지아니하였으나 萬若殺人하면 律法(全體)을犯한者가되나니라(야고브二・一〇-一一)고。 한가지罪를犯하면 모든罪를犯한것과一般이라는뜻이다。 그런즉 사람이 다지키다가 其中에하나만이라도犯하면 모든罪를犯한者라고말한다。 過激하다면 過激하다。 苛酷한判斷을 갈기도하다。 그러나 決코그렇지아니하다。

罪는 무엇인가

聖書가말하는罪는 우리가生覺하는바와같이 이罪 저罪 個個의罪를 가리치는것이아니다。 罪의根本을 意味하는것이다。 그러기에 Sins(여러가지罪)가아니고 The Sin(罪그것)을 意味하는것이다。 世上에서말하는 殺人、强盜、姦淫等의 所謂 罪라는것은。 모두罪의 枝葉에 不過하다。 罪의어미、即罪中에罪가있으니 그것은 오즉하나이다。 그것은 하나넘에게對한 人間의 그릇된마음의態度이다。 即不信仰이다。 하나님을 하나님으로待接하지아니하는 우리의 不信仰이다。 하나님에게 順從하지아니하고 其聖意에거스리는일이다。 다시말하면 驕慢이다。 大慢心이다。 即反逆이다。

反逆! 하나님에게對한反逆、 이것이 罪中에罪이다。 其外의것은 그것이무슨罪이거나 모두罪가맺는열매들이다。 이 反逆의罪는 人類의始祖 아담에게서부터 흘러나온것이다。 아담은하나님에게 反逆함으로 하나님과 親子의關係에서 나고말았다。 이悲慘한絶緣을말하여 人類의墮落이라고한다。 이悲慘한때에 벌서人間의善性은 大部分消滅되고말았다。 이에 罪의뿌리는 가지를내며잎을피였다。 마러서뭇 人類가 墮落하여 人間의善性은 大部分消滅되고말았다。 反逆의罪는 雨後의竹筍처럼 一齊히 솟아난것이다。 그러니 反逆罪는 最大의罪이며 最惡의罪이다。 아! 무서운罪이다。 反逆罪의根本은 逆反이다。 하나님에게 反逆한人間은 그때부터 하나님과怨讐가되였다。 그래서人間은 可憐하게도 하나님의사랑의품을 떠나고말았다。 그러기에 先知者들이 其百姓을 責望한것은 이罪이다。

一一

罪는무엇인가

여호와 하나님은 其百姓을向하여 소리높여왜쳐치섯다。

反逆하는 이스라엘아 도라오라! (예레미야三·一二)

고。또 말슴하시기를「其罪가큰것은 背逆(反逆)한것이

別히 甚한까닭이라(同五·六)」고하섯고 또「내百姓이 至心

으로 나를물러가나(反逆하니)……우에게신에게도라오라

(호세아一一·七)고하섯다。그리고 하나님은 畢竟 슬픈語

調로 蕩子의어버이와같이 其百姓을달래섯다。

（一）내가 너의의 물러가는마음(反逆하는마음을)고처

　　주고 즐겨 너의를 사랑할지니 나의震怒가 너의에

　　게서 떠낫도다(同四節)라고。

하나님과 百姓과의和睦이 先知者들의 唯一한 目的이

였다。傳道의使命도 또한이일外에 아모것도아니다。

先知者들의絕叫를 몯는체하고 罪의罪인 이反逆을 거듭하

여마지아니한 이스라엘 百姓과같이 現代人도 또한 하나님

의獨生子가 十字架를지셨거니 말었었거니 罪의罪인 하나님

거니없거니 背恩에背恩을 거듭하며 反逆에反逆을 더할뿐이

로다。人類의歷史는 結局罪惡의歷史이다。創造主이신하나님

께對한 反逆의歷史이다。이것을슬프다할가、두렵다할가?

오! 사람아、그래도 너는 너의罪를 否定하려는것가?

아니다。우리는 아무것을 否定할지라도 罪만은 決코否

가? 不然이면 아무리 罪가있어도 無關하다는말인가?

定할수없을뿐더러 우리의心靈은 이罪로말미암아 얼마나

苦惱하는가? 사람을따러서 其程度에 差異는 多少間있을

것이나 人間으로서 罪로말미암은苦痛을 體驗하지아니하

는者는 全然히없을것이다。

사람은 萬物中에서 하나님과가장特別한關係가있는者이

다。사람은 하나님의形像대로 創造받은者이다。이意味에

서 사람을 萬物의靈長이라한다。하나님과 親子라는特別한

地位가높은것이다。하나님과 親子라는特權을가진者이다。其

다른 被造物과는 斷然

그런데 사람은 사람을 誘惑하여 犯罪하게되였다。하나

님에게 反逆하며 하나님을 떠나게하였다。本是하

나님의子息인 人間은 絕對로 하나님과의 關係를 끊어

버리라고 는아니한다。그러면서도 一便으로는 사단의誘

惑과 威脅에 견디지못하여 기여이 늘犯罪한다。그래서人

間은 不連續의連續인 反逆의生活을 免하지못한다。누가

사람을가리처 「天使도아니고 사단의子息도 아니다」라고

말한것은 至言인가한다。「내가願하는善은 行하지아니하고

도리어 願하지아니하는其惡은 行하는도다」한 嘆息은 聖

바울만이할것이아니다。그러면 우리는各各罪人인것을아렀

다。그런데 罪는 하나님에게對한罪이다。그러기에人間

의最大急先務는 말할것도없이 이反逆을떠나 하나님에게

도라가서 順從하는일이다。歸順이야말로 人間의絕對義務

이고責任이다。

(己卯·四·五 於議政府)

一二

罪에서의 解放

宋　斗　用

사람은 罪를犯한다。죽을때까지 犯罪한다。「萬若 우리 가罪가없다하면 스스로속임이니(요한一書一·八)하고 聖書 가말한바와같다。사람은 其一生을 罪에서 어느때나 또어떤貌樣으로서나 사람은 罪와共同生活을하고 있다。아니, 사람은 罪의종이되여 不絕히其支配를받고 있다。예수께서「罪를犯하는사람은 다 罪의종이니라(요한八 三四)」고말슴하신바와같다。따라서 人間의一生은 罪의連續일뿐이다。 이것은 人類存在의裏面에 罪의原理가깊이뿌리를밖고있는 까닭이다。 人類의始祖아담이創造主이신 하나님의命令을 反逆한일이 곧 그것이다。

아담의피를받은 全人類는 한사람이 하나도없었다。「罪는 한사람으로말미암아 世上에 들어오고(로―五·一二)」、「한사람의不順從으로因하여 뭇사람 이罪人(同五·一九)이되였다고 聖書에말한바와같다。 그런데 罪의根柢에는 慾心(或은貪慾)이들어있으며 罪 의終極은死亡이다。이것을말하여 聖書에는「慾心이孕胎한 즉罪를낳고 罪가長成한즉 死亡을낳느니라(야고보一·一五)고

罪에서의 解放

하였으며 또「大槪罪의값(代價)은死亡이니라」(로―六·二三)」고 도하였다。그러기에「死亡은 罪로말미암아왔으니 이와같 이死亡이모든사람에게 이르렀음은 모든사람이 罪를犯하 였음이니라(羅五·一二)」고號叫한 聖使徒바울은「아! 나는 괴로운사람이로다。누가이死亡(罪)의몸에서 나를救援하랴 (同七·二四)」고 告白하였다。其理由는「내가願하는 善은行 하지아니하고 도리혀 願하지아니하는 其惡을行하는도다 (同七·一九)함이、곧 그것이다。

사람에게는 罪가있다。누구에게나 모두罪가있다。사람 이 罪를犯함은本能이라고하여도 過言이아닐만치, 사람과 罪와의 關係는甚히깊고 가장密接하다。그러나 그것은決 코 사람의本意도아니며 또人間의最初부터의 自然性도아 니다。卽사람이犯罪함은不自然한일이다。그래서 사람은罪 를기뻐하지아니할뿐더러 또한 決코 罪를願하지도아니하 는것이事實이다。(우리의良心은分明히 이것을證明한다)。 아니、罪에서 떠나기를懇求하고努力하는것이 人間의本心 이다。人間은罪를벗어나려고努力한다。罪의王인 惡魔의支 配에서 解放을받어 自由를얻으려는것이 人類의共通한所 願이며 目前의急先務이다。

人類의罪는 어제나 昨年에始作된것이아니다。百年前이 나 千年前에 생겨난일도아니다。果然 罪의歷史는長久하 며 深遠하다。其根據가 確實하며 其地盤이 堅固하다。

一三

罪에서의 解放

一四

사람은 이러한罪에게 잡힌者이다。사람은그대로가 罪덩어리라고말하여 決코過言도아니며 잘못도아니다。「발바닥부터 머리끝까지 (조금도)完全한데가없이(이샤야一・六)」罪가 가득하다。사람은罪속에서산다。即사람은 罪를먹고마시며 또罪를입고居사는것이다。이것이 人間의眞狀이다。아! 可憐한人間、慘憺한人生、이러한人生에 무슨所望이있으며 이러한人間에게 무슨기쁨이있으랴。罪惡의人生은 絶望이고 暗黑이다。그러기에 우리는 무엇보다도먼저 罪에서벗어나야한다。即 罪를處分하여야한다。다시말하면 罪에서救援을받어야한다。그러나 罪는不絶히 사람을罪에서罪로이끌어간다。그래서 罪는 우리를罪死에까지다려간다。罪는 사람을滅亡의구렁이에 집어넣고야만다。罪의深淵에서 허덕이는人生은 거기서헤치고나오라하나 努力하면할수록 受苦하면할수록 漸々더罪에깊이빠질뿐이다。맗이 수령에빠진것과같다。나오라고 버둥거리면 그럴수록 漸々몸은 수령에들어갈뿐이다。사람은 罪의深淵에서 目前에놓인죽엄과滅亡을 分明히바라보면서 놀라고무서워하며 떨고있을뿐이다。

死亡! 말만듣고도 소름이끼치는죽엄이다。죽엄을싫여하지하니하는者가 누구인가? 人生凡百事中에 그것이무엇이거나 一切를참고견디고 또堪當하려니와 오즉죽엄만은免하려는것이 사람의最大의慾望이며 所願이다。이것이곧 救援의要求이다。救援의要求는 死亡을避하려는데있다。死亡을避하려면 罪에서벗어나야만한다。結局 問題는罪의處分이다。罪에서의解放이다。

罪에서의解放! 이것이야말로 罪속에 파묻힌人間에게 가장 重大하고緊要하며 또 切迫한問題이다。一時一刻도 遲推할수없는일이다。그러면 우리는어찌하면 罪에서벗어날수있는가? 即罪의處分을 어떻게할것인가?

于先 過去의罪의處分이問題이다。어떻게하면 이미 犯한罪를 없이할수있는가? 設令무슨方法으로現在는 犯罪하지아니한다하더라도 至今까지 犯한罪는 아무리도할수없는것이다。그렇다면 우리는 完全히罪에서 떠난것이되지못하는것이다。過去의罪를處分하지못한以上 우리는아직 罪의支配를떠났다고할수없다。그러면 過去의罪의處分이 우리에게 第一問題이다。

다음에는 가장 實際問題로 우리는 어떻게하여야 現在 罪를犯하지않을수있나 하는것이며 끌으로는 우리는 어찌하면 將次(未來)絶對로犯罪하지않을수있을까가問題이다。假令過去의罪를 모두處分하였었고・또現在에도完全히犯罪하지아니한다하더라도 將來가問題이라면 우리는決코安心할수없지아니한가? 이와같이 過去、現在、將來에對하여 完全히罪에서벗어나지못하면 참으로 罪에서벗어났다고할수없는것이다。그러면 우리는 果然이러한過去、現在、未來의罪에서 벗어날길이있는가 없는가?

一、過去의罪를 處分하는法으로는 善行、告白、忘却、否定等을生覺한다。

1、善行、善行으로말미암아 罪가消滅된다는生覺이다。그것이 過去의罪를벗어나게하지는못한다。그는公은公이요 私는私라는말과같이 그것은그것이요 이것은이것이다。公私를混同하여서는 아니된다。따러서 善行、功德、慈善等으로 罪를減할수는없는것이다。(佛敎에서는 그렇게生覺하는貌樣이나)。事實은 嚴然히남어있다。지나간날의 犯罪의事實은 百萬年이지날지라도 조금도變하지아니한다。

2、告白、罪의告白이다。그러나 天主敎에서는 懺悔僧에게 罪를告白한다고한다。그러나 아무리告白할지라도 罪그것은 도무지 消滅되지아니할뿐더러 또한같은罪人에게告白한들 무엇하리? 或者는一般社會에 公公然하게懺悔한다。오기스틴、루쏘ー、톨스토이等의 三大懺悔錄이그것이다。이것이 우리에게많은有益을주며 또世人의同情을받는다。그러나그것은 決코그들의罪를 消滅하는일은되지못한다。改心도 貴한일이다。그러나亦是改心하였다고 過去의罪가없어질理는없다는것이다。그러면 어찌할것인가?

3、忘却、自己의過去의罪를忘却하고 記憶하지아니한다는것이다。世人의大部分(所謂一般大衆)은 이길을取한다。그러나 勿論 될수없는일이다。이것은다만自己瞞著에不過한일이다。罪의그림자는어디까지나 우리를따러온다。잊으라면 잊으랴할수록 罪의記憶은漸々더鮮明하여질뿐이다。甚히답々한일이나 事實이니 하는수없지아니한가?

4、否定、罪의存在를否定하는일이다。罪云々하는것은有閑한宗敎家나 道德家들의 病的思想이다。過敏한神經의所産이다。人間은弱하다。차라리人間은犯罪하도록 지음을받은것이다。都大體罪라는것은 本來없는것이다云々한다。이것은 所謂 知識階級에屬한理知的人間들의思想이다。이러한生覺을 할수있는者는 幸福이다。罪의存在를 否定하는者는 自由로하라。그러나 아무리萬有引力을否定하여도 집웅에서떠러지면 身體를傷하고야만다。空氣를否定하여도 生活할수있는가? 누가 空氣를否定하고야生活할수가있는가? 그러나 우리는 人間으로서는 罪가分明히있다。아! 그러니 우리는 人間에서는 무슨手段、무슨方法을取할지라도 畢竟、過去의罪에

二、다음에는 現在의罪는 勿論貴한일이다。現在의犯罪를免하려는苦心은 修養이나努力으로 禁慾主義者의生活이 곧그것이다。그러나 結局은自己의無力과 새로운罪를發見함에不過한것이다。그러나 罪에서 完全히벗어났다고 新生覺될때

罪에서의 解放

에 벌서 바로 其瞬間에 罪는 自己를 삼키고 있음을 깨닫게 된다。

眞正으로 罪와 싸워본 사람、 또 싸우고 있는 사람은 모두 바울과 같은 歎息이 없을수 없다。그러한 悲鳴과 絶叫에 가면는 聖者나 道德者를 우리는 生覺할수 없다。萬若 있다면 그것은 道德的 가장 鈍感者에 不過할 것이다。

三、끝으로 未來의 罪이다。假使 過去의 罪를 處分하고 또 現在의 罪를 征服한다 할지라도 來日 아니、다음瞬間부터 絶對로 犯치 않지 아니 할수 있다는 保證이 없었다。그것은 決코 完全히 罪에서 解放되었다고 할수 없는 것이다。一片의 憎惡나 貪心이 있는 以上 無罪라고는 到底히 할수 없다。秋毫만한 罪도 없다는 保證이 없는限、우리의 畢生의 努力도 水泡에 不過할 뿐이다。結局은 도루 아미타불이다。

아! 그러면 人類에게는 오즉 滅亡!과 죽엄이 있을뿐인가? 救授의 길 即罪의 處分의 길은 全然없는가? 그렇다면 차라리 우리는 지금 自殺을 하거나 不然이면 醉生夢死의 生活을 하는 便이 훨신 意味가 있을 것이다。다시 말하면 마시며 춤추고 노래하는 것밖에 人生의 最大快樂이 없을 것이다。그러나 아니다。決코 아니다。聖書는 「노ー」하고 말한다。即. 罪에서 벗어나는 길이 確實히 있다고 한다。罪의 處分의 길을 分明히 가리처준다。

그러면 罪에서 解放할수 있는 길은 大體무슷 잇인가? 聖書는 말한다。罪라는 것은 사람이 하나님에게서 떠난 일이라

一六

고。即. 反逆이 罪의 原因이며 根本이고 또 罪其自體이라고 한다。그러면 反逆이 罪일진대 歸順은 그 反對일 것은 明白하다。義는 即歸順이다。도라가서 順從하는 일이다。오즉 그것 뿐이다。그런故로 우리가 萬若 지금이라도 하나님께로 라 간다면 其時에 一切의 罪는 우리에게서 사라지고 마는 것이다。그러면 우리는 지금곧 하나님께 도라가야만 한다。얼마나 반가운 消息이며 또 容易한 일인가? 돌아가기만 하면 된다고 한다。자! 그러면 어서 도라가자! 우리는 一時一刻이라도 遲滯말고서 지금곧 하나님께 도라가자。그러나 그것이 問題이다。

웨! 問題인가? 그것은 하나님께서 義이신 까닭이다。萬若 하나님이 사랑만이시라면 누구나 懺悔하고 하나님께 도라가기만 하면 그뿐이다。即 하나님은 받어주실 것이다。그러나 하나님은 사랑이신 同時에 또義이시다。그래서 義이신 하나님은 罪의 處分이 없었으는 即 罪그대로는 決코 우리를 받어주시지 아니 하신다。

이에 우리는 한譬喩를 生覺하여 보자。우리는 一時도 罪를 떠며 나서는 살지못하는 者이라 하였으니 每日每日 罪를 借務로 바꾸어 生覺하자。우리는 極貧者이여서 每日 借務로서 僅僅히 生計를 세워나간다。그래서 借務없이 살고저 하나 그것은 全然히 不可能한 일이다。그러면 더구나 어찌 過去의 借務를 返濟할 道理가 있을까? 따러서 將來의 借務도

勿論없을수없는일이다。그러니 結局 우리는 借務없이는 生活하지못하는者이다。借務를떠났다면 그것은死亡以外에는 借務를淸算할뿐이다。그렇다면畢竟 우리는죽엄以外에는 借務없이 살고저하는것이여 貧할길이없을것인가? 그러나 借務없이 살고저하는것이 貧者의 가장큰所願이다。그러나 借務없이 生活하려면 若干의財産을갖어고는 到底히할수없는일이다。그러나人間은 다같이 貧者의長者이면서도 이일을할者가없었다。한사람도없다。하나님만이 하실수있는일이다。하나님만이 참意味의富者이신때문이다。宇宙萬有의 所有者이신까닭에。

이것은다만 하나님만이 하실수있는일이다。한사람도없다。하나님만이 참意味의富者이신때문이다。

이와같이 人間은 罪를免하기커녕 漸漸 罪구령이에깊이 빠질뿐이다。우리에게는 義가없다。조금도없다。義는 오즉 하나님에게만있다。그러니 우리의救援은 오즉 하나님에게만 可能性이있다。萬若하고자만하신다면。

아! 그런데 하나님은 우리以上으로 人間의救援을要求하신다。期待하신다。그래서 이것을完成하셨다。이것이 하나님의獨生子 예수그리스도의十字架의길이다。十字架는 代刑、代罰、代償、代贖의길이다。그것은 罪없는사람에게만 可能한일이다。罪없는人間? 그것은人間이면서 人間이아니고 人間이아니면서 罪없는人間? 그러한人間이 있을까? 聖書는 예수가 바로그러한人間이라고 우리에게

罪에서의 解放

말한다。하나님의 獨生子、罪없는人間! 사람이면서 하나님、하나님이면서사람、그에게 巨萬의富가있다。그는 곧 義自體이다。그의피만이 우리를救援한다。

「모든사람이 이미 犯罪하였으매 하나님의榮光을얻지못하더니 예수그리스도의 贖罪하심을因하야 하나님의恩惠로 功勞없이 義롭다하심을얻었나니라(羅三・二三―二四)」한것이 곧그것이다。

罪함으로 죽은者가되였더니 지금은 하나님께서 우리의 罪를 赦하사 너희로하여금 그리스도와같이살리시고 우리를拒逆하며 對敵하는儀文에쓴律法을 塗抹하시고除去하사 十字架에 못박으셨고 저의를世上에보이시고 十字架로 勝戰歌를부르짖었나니라(골로새二・一三―一五)」고.

이에 우리의罪의處分이 비로소 成就된것이다。그야말로「사람에게는 能치못하나 하나님께는 能치못하신일이없다」고 主께서 말슴하신 그대로이다(太一九・二六)。우리는 이事實을믿고 받어드리면 그뿐이다。이것이 信仰의길이다。하나님의아들 예수그리스도가 우리의罪를代贖하셨다。十字架에달려서우리의罪에對한 一切의責任을벗어났다。우리는安心하여서可하다。참平安을얻었기때문이다。

罪에서의 解放의길은 오즉 信仰이있을뿐이다。十字架의信仰이다。내靈魂아、主예수의十字架를믿을진저!

(己卯・四・一九・於議政府)

一七

발등에 떠러진 불

발등에 떠러진 불

花의봄, 綠陰의여름도
鳳明月黃菊丹楓의가을이
惠안에서 氣體候萬康하시읍기를

先生님! 참으로이맑은가을이어쩐지情답습니다. 하늘도맑고 山
도맑고 바탕도맑고 宇宙가맑은것같습니다. 오ー全能하신主님이시여 이가을도 당신
으로말미암아 이罪人의마음도 좀맑게하시읍소서 그리하야 당신
님을보게하십소서하고 부르짖기도하나이다. 저가空中의變遷無常한
의맑음은本보지않고 마치저맑은하늘에 睿眠間난대없는黑雲이
있었으니 참恨嘆되나이다. 그模樣만을본보고

덮어온것같이 이罪生의마음도 꼭그模樣으로, 온갖雜念의黑雲이
난대없이 늘덮어지나이다. 그럴때마다. 가만히 그黑雲이지내가기
만을 기다리고 있읍니다.

先生님! 今月號의『聖朝誌』에 『再臨을渴望함』이며 『허부리晝講
義』며 『그리스도를배워』하는글들은 참으로所感의深切한것이있읍니
다. 小生은近年來의世界의動亂함을보고 東西洋의各國家가 다各其
의安全과平和를獲得保存하려고 各가지模樣으로 貴찬스럽게도야단
법석을떨면서 나대는것을볼때마다 左記의漢詩를不知中흥얼거리고
있읍니다.

先生님! 이××地方은 極老人도처음이라는大旱災가들었읍니다
參凶年이라고야단들입니다. 그러나 各種의酒類販賣業界는 雖塞村
의一間斗屋의酒幕까지라도 前無의大繁昌이랍니다. 비가안와서移
秧을못하고고보니 引水를할까, 除草를할까, 참閑暇하니까 모도가어
이는데가 묘이는데가 酒舍요 마시는것이술이랍니다. 小生의
이웃旅舘에서는 每日처럼이렇다는紳士靑年들이모이어서
고圖坐하야 개야, 걸이야하고 高喊을지르면서 술마시기 고기먹

기의옷을놀고있읍니다. 이것娛樂이라고해서 取締官吏도옆에서 求
景할따름이랍니다. 그러면서도 같은娛樂들이옷을놀
고있으면 아조꼬집어가지고와서 끓나라 옆어라하면서 뭇숙의時
局이 어떤때라고 勞働은하지않고 무슨옷을놀으냐고大責々々。참
으로 이놈의世上 어찐란지요?

早災틈박이에 참으로불상하지요. 可憐한것 農村婦女子들입니다。
月餘前旱이에 三冬먹고살려고 도토리열매를따고굿으러 이山저山
에 婦女子들이 거미떼같이붙어가지고있읍니다. 그도토리열매를따
가지고와서 보리人겨와함끼찌어서 떡을만들어가지고 이것으로連
命을保持하는답니다. 只今農村細民으로서는 一人도 제얼굴을갖고있
는者는 없습니다. 例年같으면 뒤에는굼을망정 풋나락꽃아 없읍니다구려。

이와같이 이땅의百姓들의 肉의凶年까지들었읍니다구려.
靈의凶年이정되여서 靈의問題며 眞理의말을할려면 肉의凶年까지에
러진불만치나 緊急한줄을알고 靈이니眞理가必要한줄
다고。참으로 長太息아니할수없읍니다。먹을것없는것만이
러진불 먼저꺼야지』하면서 배부른뒤에라야 靈이나眞理니

그리스도도가 누구이신지 全혀無心히있는것이 발등에떠러진불인줄
은모르고있읍니다。心臟이뛰고 코로呼吸이繼續될동안 飮食物이必
要한것이며 숨이끊진뒤에는 山海의珍味도 無用의長物化하는줄은모
르는人生들。참으로可憐합니다。靈과眞理를모르는동안에 우리의숨
을마지막으로거두우시면 그건우신뒤에야 알어볼라는지요. 오ー主님
이시여 우리同胞에게 발등에떠러진불이 무엇인가를 알게해주십
소서。마음을도리키십소서。믿음을 주십소서하고 내自身이 굶어엎
저서 빌수밖에 더좋은일은 없을것같습니다。（下畧）

己卯年十月三日夜
×××再拜

一八

聖朝通信

九月十八日（月）晴。朝鮮監理教會總理師金鍾宇氏의別世의報에놀라다。病原이「水蟲」이라는데 더욱 놀라다。어떻게選擧된監理師를 오래오래누리시지못하고가시는일哀惜。○蘇聯軍隊가波蘭으로進擊한다고。그理由는弱小民族保護라고。嗚呼。○光化門通에서失物。○全京城안에糧米不足으로。야단들이다。한사람에게一時에一斗以上은 팔지않으며、그것도 貞陵里에서鍾路近處까지가서徘徊하다가 사지못하고。도라온이도 한둘뿐이아니라한다。馬鈴薯甘藷농사를 지었음으로 于先新穀날때까지糧米騷動은免할듯하니感謝。

九月十九日（火）晴。東京서濱田成德氏來訪。信仰一致의緣故로初面이나舊面처럼 約二時間이야기하다。有朋自遠方來로다。○感氣들려서漢藥두첩 마시다。○午后에小便桶을修理하다。廢物을利用하는일은 國策順應과는別問題로하여도 實相자미있는일이다。○저녁에늦도록原稿쓰기。

九月二十日（水）晴。來土曜日에擧行되는全京城學生軍分列式을準備하기爲하야오늘부터全校가龍山練兵場으로出動。敬禮는十五度로 最敬禮는三十度를加하야四十五度 굽히는法이라는데 그角度가過하였다不足하였다는것이로써 親切熱誠스런教師들이 教練教官의怒염을사는等、모도다國家와職務에忠誠한아름다운불꽃愛이떠러졌다。但 余翟는 멀리樹陰에避하여校正에沒頭하고있었음으로 이런事實도事後의뉴쓰로만 알었다。○歸宅後에도校正과原稿。

九月二十一日（木）晴。練兵場에 나갔어도 余翟는別로 음이없는故로 오늘은學校에出勤하여植物標本도整理하며 校正도하다。○옛날 선배들은 深奧한學理를 배우며、難行의德性을 닦이에日夜로勞心하였는데 只今學徒들은 連日하는일이건는일과 목을돌리는일뿐이오 뜨고것만잘하면 教育이다된줄아니 人類의退化가아닌가。강아지訓練과別로다를것이없다。想像했던것보다 더甚한모양。

九月二十二日（金）晴。登校授業。第四五學年生徒들은今夜八時半登校하야 밤새면서野外教練하게되다。○歸途에印刷所에서校正하고、또市內에서米國留學生某氏를맞나 그곳消息을많이듣다。○山覺에도라와 苗圃를 김매고 걸음주다。○저녁엔 새로무시까지原稿쓰기。이번十月號의卷頭文은 눈물의點綴로 이루어졌다。特히「提訴와敗訴」를쓸동안은 數次펜을던지고呼哭하다。人間이나로서는 怨恨이骨髓에맺쳤다고도形容할것이나 信仰眼으든때의나는 恩寵이 내잔에넘처서 멀리軍歌가들려오니 밤새면서行軍하는 京城中等學校生徒聯合教練隊가東部京城을攻略함인듯。

九月二十三日（土）晴、后曇。午前五時半에起床。同七時까지에龍山集合。中等學校의聯合大練習을恭觀하기爲함이다。午前八時부터 東西兩軍이練兵場에接近하야乃終에白兵戰까지하고 休戰라팔소리。南總督의戰線巡視。某長官의講評。青少年에게下賜하신勅語奉讀式으로 끝마추니 때는午正지나서二十分。그동안丘上樹陰에서 ○午后에 도라와 菜圈에施肥하다。저녁에는月色이매우밝나다。달과 火星 木星 土星等이 릴레이選手들처럼 거의相等距離로 西天에서부터東天에까지 나라니하였을뿐으로就床。

聖朝通信

十月號의校正多量。○往返二回印刷所에들
리고、歸宅하야茱圃에施肥。○疲勞래서낮
잠자는中에 金周恒氏來訪。米國遊學에關
한것이中心話題이었으나 또信仰經驗에
關하야도貴重한看證談을듣다。휴매니즘으
로만說明할수없는領域이 漸々밝아진다
는것。例컨대聖朝誌主幹者에게도
過去十餘年間의經驗이니加해서야만된다
는것。果然「그의能力」이니加
하지않으면 知識도없고 信仰도없고 健
康도依支할것이었다。談論에時間흐름을잊
었다가 十時지난後에 달빛을 밟으면서
새로한시에到着할廻路에登하다。밤길 두
려워안하는氣慨만하여도、電車끊어진後에
는 끔작못할줄로「信仰」하는市內人士들과
市外居住者사이에 多大한差異있음을 볼
수있다。

九月二十四日。(日) 晴。午前中은在宅
來客무어치레 치르고、校正次로入市。途
中에某中學校先生을맞나니 意外千萬으로
聖朝誌의校正을自己에게도시켜달라는自請
이었다。 그렇게까지 小誌를認識해주는가
함애 感激。但聖朝誌를校正하는者의責格

은 매우까다롭다。自願하는이는 今日까
지여러번보았으나 果然발길만한이는드믈
었다。校正하고도 눈물뿌린이가한둘이아
니었다。일은 축도록하고 犬馬갈이구지람
들기를覺悟해야되니 難事이다。○印刷所
關한相議로多時間會談。○籤言을 읽으
면「다토기를 좋아하는女人과함께 큰집
에서校正하는틈에聯合敎會에出席해보다。
남을가르키기만하지말고 남에게서배워
라는것이었다。○侯爵朴泳孝氏數日前에別
世했다고報導되다。

九月二十五日 (月) 晴。登校途中에自
轉車빵크나서 困難하다。○往返二回印刷所
에들려校正。○午后에 일즉도라와 川邊
雜草를버이다。내가버이면 正孫이運搬하
여들이고。이렇게父子가 일하는데 金洙
喆牧師의案內로 어떤有產學父兄이來訪하
야 한끼대접한다고市內料亭으로 이끌고
나서려했으나 勿論저는成功치못했다。오
직「笑而不答心自閑」이라고 口吟할따름。

二〇

야한다。또무엇을 더食해서料亭을찾으랴。
九月二十六日 (火) 晴。午前午后에印
刷所行。登校授業。當直으로學校에留宿。
卒業生白君이父兄과함께와서 牛乳牧場에
關한相議로多時間會談。○籤言을 읽으
면「다토기를 좋아하는女人과함께 큰집
에서사는것이낫다 움막에서사는것이낫으니
라는뜻의句節이 相當히 다루기를잘
했던모양이나 箴言記者가 萬一現代人인
리女性살림을보았더면 좀더 여러번 이
런句를揷入하였을뿐머리「큰집」과「움막」
의比로서는 到底히形容할수없는바있음을
發見하였을것이다。○秋蠶도本意에었든일
로써斷定을받고 誤解에包圍되는일은。實
로苦痛이다。그러나誤解를 풀고저努力하
는일은 一層苦痛되는일이오 또不可能한
일이다。이런때는 스스로慰安하는수밖에
고 先哲의句로써 誤解는誤解대로放任하
았다。「To be great is to be misunder
stood」라고。그리고「偉大」하다는것은 所
謂英雄豪傑을稱함이아니라。다만 眞實한
것 眞情스런것 그것이 곧偉
大함이다。무릇 깊은心情의人은 誤解를

일을 끝한後에 몸푸물에 발씻고 食卓
에둘러앉았으니 풋콩밥에 감자와 고구마
삶아놓고、또닭알과 근머나물 연무김치
모두自家產이아닌것이없었다。加之에 고개
넘어 柳先生宅에서分配하여온牛乳까지있으
니 장부의살림사리 이만하면足한줄알어

받었으니 淺狹한人生에게 一々히理解濟될
만한살림을살진대 차라리 살지않는것이
可할것이다.

聖朝通信

九月二十七日 (水) 晴。
前中만授業。○歸途에丁子屋에서「大京城
都市計劃展覽會」를다시보니 어제한번보
았으나 사람들이많어서 자세이볼수없었
던故로. 都市는魔鬼가建設한다고했으나 地
理學的으로 한都市의過去와現在를보고五
十年百年後의發展을想像하며設計하는일은
심히興味있는일이다。五十年後에六百萬人
口를超過하리라는大京城을 어떻게하면幸
福하고健康한住居地로만들수있을가。온갖
優秀한사람들의知慧를綜合하여야解決될
題이다。只今은府外僻地라는貞陵里도 五
十年後에는所謂「都心地區」에들어갈터이라
니可笑。○싸우는使徒(Fighting Angel.)
를읽고 所得이많었다。밭이 그아버지인支
那宣教師의一生을記錄한것。이런밭 하나
둔것은 열남은아들보다 낫다할것이다。
○中秋明月이 구름에가리워서 섭々한듯
도하나 또한可한듯도하다。

九月二十八日 (木) 曇、小雨。食前에
무밭에施肥하고登校。往返二次 印刷所에
走馬加鞭하야 오늘저녁에十月號를發送할

들며서校正。오늘로써 十月號를校了하니
어깨가 가벼워지는듯。疲勞가 쌓인듯해
서 十時半에 일즉就床。

九月二十九日 (金) 后風雨。새벽에殘
月을밟으면서 山上에올라禱。妊娠初期
인 푸러리例와같이 따라서다。아직도蚊
軍이 성가시게군다。○登校授業。歸途에
總督府에들려 許可된十月號의原稿를받고
京畿道外事警察課長을面會하다。○身熱이
甚해서 漢藥두첩 마시고 일즉就床。但
그동안에 來客三四組를치르노라고 多辯
多慮하다。○傳道者가가로되「萬物이疲困
함을사람이 말로다할수없나니 눈은보아
도足함이없고 귀는들어도차지아니하는도
다。이미있든것이 後에다시있겠고 이미한
일을後에다시할지라 해아래는 새것이없
나니、무엇을가리처일아기를 보라이것이
새것이라할것이있으랴。우리 오래前世代
에도 이미있었나니라」고.

九月三十日 (土) 快晴。身熱도 내리
고快差하야 登校。어제風雨에 空中있떤
塵埃는 모주리 씻어버렸는지 실상天高
(馬肥)의節이다。○途次에印刷所에들려서
한다고했다。뻔々한녀석!

수있도록 부탁하다。○午后엔 울타리 아
까사施枝도하고 배추발 거름도주다。○
誌代先金拂込에關하야廣告함에도不拘
하고 半年或은一年分以上式보내는이가적
지않으니 아모래도繼續해야한다는一種示
威運動乎。○옛날詩人은「낮에해와밤에달
이 너를傷치않겠네」라고불렀거니와 오늘
저녁달빛은 정말 사람을傷할듯도하다。

十月一日 (日) 快晴。하늘이맑아서北
漢山우의天界線(sky line)이 甚히아름답
다。午正가까워서鴨綠江畔의誌友來訪。
는대로 信仰問題世界問題를對答。이렇게
遠路를不顧하고 찾어온 한사람과 무릎
을마조대고 이야기하는것이나 여러사람
相對로講話하는것이나 하나님앞에서의絶
對값은 마찬가지일것이나。○午后에入市
하야 市內書店에 十月號를配達하고 聯
合教會에出席하다。오늘說教者는 매우雄
辯이었다.

十月二日 (月) 快晴。지난 한달동안
에 히들리는 波蘭을 잃이하고서 只今
은英佛을向하야宣戰布告하라고要求
한다고했다。○歐洲서오든
新聞은八月三十日附로부터、雜誌는九月一

二一

聖朝通信

日부터 杜絶되여서 郵便機關에照會해본즉
加奈陀經由로올라면 約一個月餘를要하니
數日며 待코라는것이다。只今은世界의一國
이라도 動亂하면 萬國이모다 秩序를잃게된
다。西伯利亞經由로올때는二週日이면足하
던것이 滿一朔을지났서도 받어볼確實性
이漠하다。○十月號 가間題생겨서 한책
수々訂正하다。○夕陽에 무발에 거름을
주노라고 多少勞働하다。○여름동안 차
신비를 가을에나 주실줄 알었더니 모두죽
라리。김장까지 모주리 깨끗이 말려죽
이실意向인모양。

十月三日 (火) 快晴。새벽殘月을밟으
며 山골작이에 올러가祈禱。나自身의知
識分別과意欲衝動以外의힘에 自我가完全
히征服됨을發見하고感激。○登校授業。柳
君이崔容信孃傳記의一部分을 뒤저보니
「싸구려々々々」로만든것은 怜悧하고手腕
있는듯이自信하면서活動하는女子의父兄들
이同生들맞났을때처럼 딩정히도록 흘다。요섭
이도授業。柳君의文章은 文章도 훌륭하
고 또崔孃은 崔孃傳記는 아무리拙筆로 썼을
지라도 사람의눈물을 짜내고야말것이
다。生涯自體가 눈물 자아내는生涯이었
다。그러나 그것도 우리에게는愛惜히
기때문에。○어떤大學生君이 自己日記를
기대문에。

가지고來訪。저녁에는 그日記 三四個月
치를通讀하면서 抱腹絶倒하도록 웃은데
도 여러곳이었고、端坐正襟하여야할데도
많었다。亦是우리에게 第一興味있는것은
知識보다도 思索보다도 生涯인듯하。
또今日大學生의生涯의幅과 깊이를 엿볼
수있어서 多大한學問도 되었다。병아리
아서 싸움하고야 마는것처럼 大學生끼리
끼리 부릅치면 의레이 찌어보고 차보
는 맞나면論戰또討論인것이 우수었다。
結婚問題──라기보다 女子側으로서오는
請婚問題를接受、審査、拒絶하기에 거의
力의大部分이消耗되는모양인데、學生다운
學問의일에專心致力하려면 오늘날大學生
들은 그身邊에 結婚이라는事務員한둘식두
어야될지정見인듯한다。그리고女子를賤하게
여기는듯이自信하고手腕

十月四日 (水) 快晴、後曇、夜雷雨。
새벽山上新禱。○洞內에사는 退俗한 중들
끼리 金錢問題로分爭이생겼다고 食前에
와서合掌告訴하는事件을裁判하여보내다。
중들도退俗한놈 卽背敎者는人間질할놈이
적은듯하다。○登校授業。李王殿下卒迎準
備에關한職員會。○最近에第三種敎員試驗
에及第되여 某農村小學校에赴任한지一個
年도 못다된訓導로보오 아주
僻村입니다。朝鮮農民의生活을實際로보오
는 寒心밖에 남은것이없읍니다。金部가良心
에꺼리끼는것뿐입니다」云々。이時代에緊
要한것은 良心을除去하는일일것이다。그
것을두고서야敎員노릇을할소인가 官吏인들
할소인가 또무엇이可能하랴。寒心한世代인
저──良心없는人物만이活躍할수있는代世
는。○저녁에家庭禮拜。傳道書第六章輪讀。

十月五日 (木) 雨。어제밤부터 오시
는비에 오래만에 시내에서 묻흐로는소
리를늣기다。○軟弱한波蘭國을强한獨蘇兩國
이犯하야 東西로分割해먹고선 이제英佛
兩國의面目을세우기爲하야 새로協定한國
境線附近에、小波蘭國을殘置云々하니 天

二一

聖
朝
通
信

地를 蹂躪함이 어찌 이다지 甚할고。○어떤
巡査의 來信을읽고感激(別項「밭듬에머리진
불느쯣照)。○催容信孃의傳記에關하야意見
을말했더니 著者로부터「下書로깨달은바답
습니다。下敎하신바모다至當하오며 肺腑
에사못침니다。世上에살어 가르침을받는
幸福의큼을느낍니다。가르치신部分만은多少
推藏하야精書했으면합니다。完全히推藏改
稿할략면 여러해後에라도出版할勇氣가날
것같지않습니다。精書할략면(臨時考査있음
으로) 늦어도今月中에끝내겠음니다。
하서서命하시면 그대로行하겠읍니다。下燭
月四日上書」이러하야 우리의힘을合하야
조곰이라도 純全한것으로하고저한다。
또이出版費를佛人或은會社가負擔하겠노라
는데도있으나 이假記出版社는純全히信仰의
힘으로하자。 不信者의신세를지지말고
일이니 聖朝社가貧弱할지라도이出版
은外人에게신세지게안하리라도決定한다。

十月六日 (金) 爲。后晴。무 배추판
아니라 山川草木이모다一時에生命으로躍
動하는듯。大旱後이라야 降雨도感謝찬송의
資料된다。○登校授業。午后에全校가神宮
參拜。銃後々撈强調週間의行事로。○저녁에

오ー구스티누스를읽으랴니興味津々하다。

十月七日 (土) 快晴。后暫時雷雨。學
校에 다녀와서 午后는勞働하고 저녁에
三谷氏著アウグスチヌス讀」。○來信一枚「先生님곁을떠나온지가벌
써한여름이지나고 가을이점점짚어가건만
이때까지 한번도글월을려드리지않었사
오니 罪悚타고하올지 無禮얼을켜드리지않었사
이라고여쭈어야옳을지도모르겠읍니다。다
만容恕하야주시기바라고있아우나이다。先
生님 如前히紅體候萬安하시옵실줄믿사옵나이다
敎官을 새로 팽키칠하며 通路에흙을펴
며 驚官이臨檢하며 야단이다。

그ー지에 先生님의피를吐하시는듯한 呼訴
의 저의心琴을울리고도 오히려남음이있
었읍니다。그러나 저와같은淺薄한者는 先
生님의그말슴의참뜻을 萬分之一도깨달지
못하는것같하야 充分히깨닫지못하는것이슬
深刻한悲哀를 늦었읍니다。이世上에屬한者는悲哀
都大體 이世上에屬한者는悲哀
가있을수없는가봅니다。先生님 이번號를
듣고 저는일즉이經驗치못하든異常한感激
을느꼈읍니다。休刊의愛慮가濃厚함을勝聖
朝에對한愛着心 二年餘歲月을찾어와주든
그따뜻한情이 한層그리운것같었읍니다。

同時에 넓은바다에서배를머내보내는듯한
孤寂感을어찌할수없었읍니다。아직 이럴까
닭이없을것마는。先生님의慰勞하실과 澁勵
의말슴을듣고집으로온後 每日單調한그러
나緊張한生活을繼續하야오왔아옵니다。이제저
의實力을試驗하야볼날도몇날남지않었사오
나不足한저의힘을恨歎하고있읍니다云々。

十月八日 (日) 晴。當直으로 아침부
터學校에가서留宿。李王殿下奉迎送準備로

十月九日 (月) 晴。오늘은授業을全廢
하고 奉迎送準備로唱歌와行列練習과大
掃除等。生徒들보낸后에는 職員會를열고
바늘같은問題와 털끝같은行動까지議決하
노라고 多時間을要한다。○歸宅하니 이
런嘉信이待하하고있다。『主님恩寵이先生
님께 온宅內에恒常豊盛하시옵기를비옵
하오며 特別히聖朝社율오늘날까지지키시
고 保護하여주신恩惠를 깊이感謝하옵나이
다。每朝그믐이가까와오면 어서速히初하로
가되기를苦待하는마음은 저하나뿐아니요
聖朝誌讀者로는 대개가다共通되는心理일
듯합니다。우리에게 하나님말슴을들리워

二二二

聖朝通信

쥬며 眞理의빛을빛외여쥬며 生命의糧食을供給하여주는 聖朝誌는 하나님께서이 百姓들을사랑하심으로 特別히주신貴한선물이라고 믿지않을수없는데, 지나간九月號에 京城集會도 中止되고 聖朝誌도今年十二月號로는 休刊될듯하다는通知가 있음을볼때 人間의生覺으로하면 한갓섭섭하다는데만꽃칠문데가아니오나 聖書朝鮮 十餘年續刊이 人爲的으로됨일이絕對로아닌만큼 앞으로도續刊이나休刊이全部 主의經綸과攝理가온대서될것인줄믿고 우리는謙遜히 그하시는일을바라보며 顧從할것뿐이라고生覺하였읍니다。 先生님께서 德積다녀오신後 저의姪女나德積에관하여 過分讚詞를쓰셨음은 참으로罪悚합니다。 其中에도 事實로 德積人으로罪役된이는現在神學校와 聖經學院在學生까지 十四人인듯합니다。 何如間德積島民이하나님 앞에 特異한恩惠를靈肉間兼하여받았음이 事實이오나 特擇하신 이스라엘이하나님뜻을거스리고 不義한罪惡에빠진것과같은狀態에있아온대 生覺하면 모다가몬저믿는다는우리에게 잘못된責任이있음을懺悔하지안을수없읍니다。（中略）무엇보다도 그

리스도의이름아래서 敎育한다는機關에서 員이信仰의自由를얻기爲하야 一致可決로 純眞한信者들로 神의在在들의心的다가結 國否認하게까지만드는일은참으로기막힙니다。하나님의사랑과十字架屬音이참으로기막히고바라며괴로울뿐입니다。十月七日上書』。

十月十日 (火) 晴。 오늘도學業은全廢하고 練習또練習。 生徒들이精誠껏지어온 奉迎交을 敎師의뜻대로添削하는것이 自然할뿐더러 아까워보이다。○都會人의 不幸은 저들이 바위틈에서 솟아나는샘물을 맛보지못하고、 貯水池와配水池를通하여서 固有한것은 빼앗기고 없먼것過하면서 ⋯ 鐵管과土管을 구비々々 지나오는 水道물을 마실수밖에없는 運命에 놓여있는일이다。 한목음冷水일지라도 大地에서솟아나는 그대로마시는幸福은 그 일마나한지 알수없다。

十月十一日 (水) 晴。 오늘도學業은全廢하고 李王殿下奉迎送의 練習과設費。○ 午后歸宅하야 日沒하기까지의 남은時間에 배추발 기음매기。○저녁에家庭禮拜○ 아가第一章輪讀。○어떤冊에서 和蘭에宗敎的壓制甚했음을때에 한敎會의三百餘名會

十月十二日 (木) 晴。 찬이슬이 비온 뒤이나렸다。○오늘로써李王殿下奉迎送의 練習과設費와掃淸等을 一段落。勿論學業은 練習과設費로 盡々이 博物室에숨어서讀書 는數日間은 들々이 박죽。 上下가 야단법석하였었다。○滿洲로부터 『過去의모든잘못을 主예수님의사랑으로 恕하여주시옵고 貴重하신時間을虛費하시더라도 이글월을읽어주시기바랍니다 ⋯⋯』라는 머리人말로써 진편지가왔다。

이번까지 읽지않고返送하면 저의靈을傷할것같애서 끝까지읽었다（또 읽지않고返還할까바 저는封筒表面에記名치않고投函 했다）。 이제도 저를容恕치않으면 내主 예수께서도 나를容恕치않을실듯해서 저를容恕하고, 中止했면雜誌를 다시發送하

기로하다。내마음의 慣한것으로말하면 平生토록 容恕치말것으로斷定코決心했었으나 나自身이 每日每時에 主그리스도의 容恕를바라는者인故로 不得已저를容恕했다。本意가아니면서 容恕했으니 怨痛한일이다。그러나愉快한일이다。

十月十三日 (金) 快晴。登校하야 李王殿下臺臨을奉迎送。午前十一時半부터四十八分間에 職員謁見 授業敎室과成績品陳列式場巡覧 分列式과奉迎辭奉讀等。感激함이ㅁ다。奉迎後에職員들의紀念寫眞여러장 박다。○東京친구의注意에依하야 午后二時半부터 若草劇場에서映畵구경。「女의敎室」을 보라는것이었으나 그보다먼저나온 「赤ちゃん敎育」이라는것이頭痛은덜하였다。東西洋人의情緒表現의型이 다른것에對照가들라웠다。午后六時지나서退場하야 宴會에出席。李王殿下奉迎送을爲하야 校職員全部가近近日間甚衣氣行으로勞力하였다고 奉祝兼慰勞宴이열릴것이다。宴場인羽衣館을찾기에 滇波舘附近을半時間이나徘徊하였으니 京城市內의料亭地理에通達하라면 아직도前途遙遠코。어쩌다金선생이出席하느ㅁ고 同僚의歡迎은大端했으나 和式料理는 먹을것이없어서 缺席者의分까지二人分을먹어도 空腹感이甚하다。早退하고歸宅하야 우거지국 된장찌개로써飽腹한後에 就床。君子는食不求飽라는데, 理보다 實質的인雜穀밥 우거지국으로써 相當한飽腹感을 느낀後에라야足함을알게되니 君子되기까지, 前途또한遙遠함을 長嘆息。○오늘은 午前中은奉迎送의일로 끄넜다한수도있으려니와 午后는映畵구경으로 日没頃까지, 저녁은 宴會로虛費했으니 時間的의大豪遊의一日이었다。이것도 李王后께謁見의榮을얻은날이매 一生에一日은 許할수밖에없다고 스스로安慰。

十月十四日 (土) 晴。직이登校하였다가 敦化門앞길에全校行列。午前十時二十分에 서울을 떠나시는李王殿下奉迎을爲하다。오늘까지滿一週間은한時間도授業없이 全心專力으로써 李王殿下奉迎送이었다。○歸宅하야 콩牧穫의勞作。저녁에金宗洽兄과會談。信仰은積極的으로證據해야할것, 朝鮮研究와古典研究의讀書會를始作하자는것等에意見一致。

十月十五日 (日) 曇, 后雨。午前中은 大豆收穫의續。○午后에市內로出發하려는때에 意外에某中學校先生來訪。우리洞內로移舍를올랴고 집사러왔던次이라는데 그移舍의動機가 「金先生이 계신곳」인까닭이라하며 同志數人도 같은動機로誘引한다는데는 冷汗을不禁하다。但 우리洞內에는金宗洽이라는篤信篤學의人이있으니 어서오시라고答하다。무릇好學의士는 그의近隣에 살만하다고 누구에게나紹介하고 싶은까닭이다。○途中情話에時間을보내고 教會出席의時間에 아마도 늦을수없어서 光化門에서도라서다。나의集會에 遲刻者를謝絶하면서 남의禮拜에遲刻할수없는故。己所不欲勿施於人。

十月十六日 (月) 曇。食前에 무밭에施肥。날마다 자라는光景을보는일만해도 感謝。○印刷所에原稿를傳하고登校、任務다한後 도라와서大豆收穫의助力。○저녁에 求道青年의 지난夏季以來의生活報告를듣고 몸과靈을 아울러念慮하지아니치못하다。初期信者에게는 亦是 主日마다 모임이必要가 있음을알다。○父子가同時에感氣들린듯해서各其漢藥한첩식마시고就床。

【本誌定價二十錢】（送料五厘）

新刊豫告

一、柳達永著
農村啓蒙의　先驅女性
崔容信孃小傳
이미 本誌에 詳細히 山來景發表한바어니와、今十一月內로는 出版을 豫定이다。

二、金教臣著
信仰과 人生
聖書朝鮮誌 發刊의 記念이랄것이 도아니겠지마는、今後는 月刊의 일도 되었을음으로 聖朝誌의 卷頭短文、署頭 二百餘篇을 모아 一卷으로 만들것. 大槪크리스마스前으로는 發刊을 準備中이다。

讀者住所調査

本誌讀者의 한가지 特色은 定規대로 本社에 直接購讀하는外에、숨은讀者가 相當히 있는 일이나. 平素에는 일부러 그 住所姓名을 찾어내라고도 안했으나、이제 月刊이 되어 住所調査를 特別히 하려 한다가、或은 때々로 單行本出版이라면지 特別 集會라든지、다시 續刊하는 境遇갈은 때는 迅速히 連絡할길이 있게되겠음으로、無妨한이는 今年末前으로、그住所氏名을 通知해주면 定規讀者의 分과는 別로 名簿를 作成해두고저 한다. 右와 갈은 必要에 充當하고저 한다.

京城聖書研究會

場所　市內明倫町四丁目三三宋斗用氏方
日時　每日曜日午後二時半부터約二時間
會費　一個月十錢以上、每一回二十錢식
講師　金教臣。

市內뻐스東崇橋下車「約三分、運刻謝絕。十一月第二日曜日（十二日）부터加腓音研究를始作한다。早矢眞理探求에眞摯한이의來參을期待한다。但十一月十二日에는咸錫憲先生을請하야特別集會를開催할터이니京城附近誌友는來參하라。

本誌舊號에關하야　（特價販賣）

期間內에先金으로本社에直接注文에限함 舊號라함은第一一一九號까지를稱함。
期間　自十月一日　至十二月末日

舊號를使用하고저하는이는 또特道用으로 舊號量使用하고저하는이는

① 五冊未滿은　　　各冊二十錢（送料共）
② 五冊以上　　　　一割引（送料共）
③ 十二冊以上　　　二割引（送料共）
④ 二十四冊以上　　三割引（送料共）
⑤ 三十六冊以上　　四割引（送料共）
⑥ 五十冊以上　　　五割引（送料共）

本誌定價

一冊　　　　　　貳拾錢
六冊（送料共）　前金一圓十錢
十二冊（一年分）前金貳圓貳拾錢

要前金　直接注文은　振替貯金口座京城一六五九四番（聖書朝鮮社）로

所賣販次取

和信（京城府）
北星堂（春川邑）
信一書館（平壤府）
茂英堂（大邱府）
博文書館（京城府鍾路二丁目八六）
教文書館（京城府鍾路二丁目九一）
向山堂書房（東京市麴町區九段坂）

發行所　聖書朝鮮社

京城府外崇仁面貞陵里三七八
振替口座京城一六五九四番

發行兼編輯者　金教臣（京城府仁寺町一九ノ三）
印刷人　李相五（京城府仁寺町一九ノ三）
印刷所　大東印刷所（京城、光化門局私書函第一八號）

昭和十四年十月二十八日印刷
昭和十四年十一月一日發行

61
63
63
63
69
70
71
73
73
74
75
76
79
80
82

昭和五年十二月二十八日(第三種郵便物認可)
昭和十四年十二月一日發行(每月一回一日發行)

金教臣 主筆

聖書朝鮮

第壹百參拾壹號

昭和十四年(一九三九)十二月一日發行

目次

335

序 [崔容信孃小傳에]

今 己卯年正初에 冬季聖書講習會로 北漢山麓에 모였을때에 談論이 故崔容信孃의 生涯에 밎은일이있었다. 그貴한生涯와 토막토막을 들은 우리들은 그一生을 詳細히 正確하게 記錄하여두는것이 맒은有益을後世에 傳하는바될것이며 또한同時代에 갈던마에 살던同胞의 다해야할義務로切實히 느낀다는데에 意見이一致하였다.

그傳記出版을 聖書朝鮮社에 期待받게되매 余輩는 그執筆者로 柳達永君을薦擇하였다. 그것은 同君이水原高等農林學校에 배웠으매 故崔孃의일러. 泉谷과는 地理的으로 가장距離가 가까웠다할뿐만아니라 水原高農內의朝鮮人學生團體의일을通하야 崔容信孃의生前에 적지않을交涉을 가졌던것도 우리中에는 柳君이 오직 그一人者인까닭이다. 더욱柳君은 現在 好壽敦高等女學校에 在職하야 朝鮮女性敎育의第一線에 나서서 碎骨盡力하는熱誠을가진敎育者이오、그好壽敦高等女學校는 이미世人이 넓이아는 故方愛仁孃의母校인關係로하야 方孃의小傳이重版될때마다 그新版에 가장많은 關心을가지고 가장큰努力으로써 그小傳을知友間에 傳播하여오던것도 우리가 잘아는바이다.

文章은 中學時代로부터試驗濟이며 그性格이 또한 傳記執筆과같은重大한責任을負擔하기에는 가장適任者인故이었었다.

果然柳君은 이重責을맡은후로는 數次 故崔孃의事業地인 水原泉谷地方을踏査하였을뿐더러 그의故鄕인元山과 그의母校인樓氏高等女學校를訪問하야 事實과逸話를蒐集하며 處處에散在한 그의親友들을歷訪하고는 그生涯의秘義를 찾고저努力하였다. 一方에 余輩도 泉谷을尋訪하야 老人들의憑證과 故崔孃의同生容璟孃이 處女답게 또한同生답게、故崔孃의 오빠時恒兄님의記事——新聞도린것、雜誌쪼각寫眞等 貴重한材料를 讓渡받어서는 이것을柳君에게傳했고、故崔孃의 오빠時恒氏——時豐氏의兄弟분께서 傳記出版의承諾을얻을뿐더러 骨肉之親으로서記憶하는事實을聽取筆記하여서는 이를柳君에게傳達하여그材料를補添케하였다.

이리하야 우리의힘것을 다하야 故崔容信孃一生의事實을 正確하게詳細하게 그러나簡潔하고容易하야 누구나 그의一生에서하나님의榮光을 불수있도록 하고저해서 必死的努力으로急速히된것이 이책이다. 柳君自身도말한바와같이 故崔孃의全貌를 그린것으로서는 아직도完璧이라할수없으나 그러나 가장要緊한骨子는 傳하고남었다할것이며 特히「그의生活의열쇠니」라는一篇같은것은 傳記記者의銳敏한第六感의活動이였이는 찾아별수없는 貴한文字이다. 이미天國의安息에 있는崔孃도 이와같은洞察의힘을얻은일을 깊이滿足해할줄로 우리는 믿는다.

이傳記되기까지의由來를略記하야 序에代하노라.

己卯(昭和十四)年 菊秋

北漢山麓에서 金 敎 臣 識

天下에 新奇한 것 (聖誕節을 待하면서)

英傑이 오고는 英傑이 갔었다。알렉산더 왔다갔고、成吉斯汗이 그렇고、시―자―가 그렇고、나폴레온이 그렇고、저 비스맑이 그렇고、윌손大統領이 또한 다녀갔었다。저들이 世上에 왔으매 사람들은 크게 新奇한것을 期待하였었으나 저들이 떠난後에는 오직 荒漠한 뿐들에 그 있었었던 자최를찾어도 다시 踵跡을 알人길이없다。歷史가 興盛한데도 그렇고 偉人이出現한데도 그렇고、果然 傳道者의 喝破한데로

혓되고헛되며 혓되고헛되니 모든것이헛되도다。……한世代는가고 한世代는오되 따는永遠히있도다。해는뗫다가지며 그뗫던곳으로 빨리도라가고 …… 모든江물은 다 바다로 흐르되 바다를채우지못하며 …… 萬物의疲困함을 사람이 말로다할수없나니 눈은보아도足함이없고 귀는들어도차지아니하는도다。이미있던것이後에다시있겠고 이미한일을後에다시할지라。해아래 새것이없나니 무엇을가리처 이르기를 보라이것이새것이라할것이있으랴。우리 오래前世代에도 이미있었나니라。이前世代를記憶함이없으니 將來世代도 그後世代가記憶함이없으리라。

實相그렇다 무릇 코로숨쉬는人間들의 企圖하는일에 어느하나에도 希望을불일만한新奇한일을 찾어볼수없다。다만 지금부터二千年前예루살렘客舍의 구유에서 나사렛木手의아들이 고고의 첫소리를發하였을때에 새것이왔다。

따에서는 기뻐하심을입은사람들중에平和로다! 지극히높은곳에서는 하나님께榮光이오 라는天軍天使의찬송소리震動한後로 따우에 비로소 새것이왔나 보라「가난한자는 福音을 듣게되고、장님은 보고 벙어리는 혀가풀리고 앉은방이는 걷게되었」으며、마음에 가난한者는 도리어福된것을感謝할줄알게되였고 悲痛한者는 慰勞받어 넘침을깨닫게되였다。이날以後에 하늘아래에 처음으로平和가臨하였나니 예수를迎接한곳이면 오막사리에도 찬송이흘러나오고 人間社會에서廢物같이된固疾의患者에게도 人生에出生했던意義가發見되여서 歡喜에爆發하였고 못나고溫柔한者들도 마틀차지하고 平和를 누리게되였다。

·世上의變轉無常함에 마음傷했고靈臺흐려진兄弟여 暫時눈을 우으로向하야 그리스도로부터 나리는平和가 君의가슴을占領하게하라。생각하라 聖誕의날을。讚頌하라 크리스마스를。宇宙의支柱 그리스도와함께서서 새날을 맞으라。

天下에 新奇한 것　一

市內聖書集會再開辭

市內聖書集會再開辭

二

우리가 이자리에서 聖書硏究會를 始作하기는 本來咸錫憲先生이 五山學校를 辭職하고서 專心으로 傳道에 나서게된때에 咸先生의 集會로서 始作되었다. 나는 司會나 하면서 助力할터이었던데 咸先生의 上京이 하루이틀 한달두달 延期되매 그동안 오늘일까 내일일까 하면서 臨時代理로 내가 講話하여온것이었다. 咸先生의 豫定이 지난번休講이었고 나의 집은 나날이 머무거워졌다. 故로 于先나는 나自身의 責務에서 脫出하려고 企圖한것이 그런데 咸先生은 近日을 當하야 五山을 떠날수없는일이 明白하여 젔고, 서울市內集會는 繼續해야할것도 하여젔다. 를 먼저말하리라. 休講한동안에 分明

① 이미 社會의 一員된 職務를 가졌으니 그일만充實히 하면 社會나 國家의 한分子된 責務는 다한것이매 日曜集會를 안한들 누가 나를是非하랴. 機械아닌 人間의 休養과 溫故知新의 自己修養으로보아서도 쉬는것이 可하다. 뿐만아니라

② 先生노릇하는 일은 야끔의 말을 待하지않고라도 가장最後에 擇할일이다. 많은 誤解를 사는일이오 적찮은 損失을 받는일 이다. 誤解의 最大한것은 聖者로 崇仰받는일이오 損失의 第一은 친구를잃는일이다. —— 師弟로稱하는날은 友情이 消散하는날

인것이다. 그래서 이번도 아무도 損害의 第一은 故로 첫째로는 가르키지않는것이오, 둘째로는 萬不得已한境遇에極少數만 이러하다.

③ 이미 足함을아는 生活의 收入이있으니 其外에 웨自進해서 「先生」稱號를 받으랴. 웨集會를繼續하느냐의答은 이러하다. 웨 學校敎師는 避 한수없다면 오늘 出席者만을 今後의 會員으로하고 以後缺席者마다 除名하다가 一人도없을때에集會解散을할作 定이다. 日曜日에까지 勤勞할必要를 느끼지않는 까닭이다.

시작은 어찌되였던지 이集會에 靈的 糧食을 期待하는이 하나라도 있는以上 내가 먼저 저들을저바리고 떠날수는 없는까닭이다. 單한사람이라도 진정渴急히求하는者있을진대 나의 피를뿌려주기는 일도所願. 日曜의休暇뿐아니라

② 사람을相對하는것이아니라 그리스도의 福音을證據하는 意味로볼때에 모세의 祈禱의팔처럼 基督徒는 누구나十字軍 의戰隊旗를恒常들고서야할것이다. 軍兵들戰鬪의精神은 銃劍의使用에있는것이아니라 聯隊旗에集中되였다한다. 우리十字軍 의戰鬪도마찬가지다. 여기에 예수쟁이있다는것을 表示하는 旗幟으로볼때에 두세사람의集會도 大端重要한意義가들어있다.

그럼으로 誤解를甘受하며 損失을참으면서라도 도우리는十字架의 旗ㅅ발을 붙잡고서리라.

（十一月十九日明倫町에서）

히브리書講義【九】

咸錫憲

第六講 安息과그리스도 (續)

6 하나님의 사신말슴

安息은人類의理想이다。理想인故로 우리가 거기들어가는 것은 義務다。理想이란것은 거기갈사람은가고、아니갈사 람은아니가고 自由選擇으로할수있는地境이아니오、사람인 담에는 누구나다가지않으면안되는곳이다。하나님의安息은 人生이들어가지않으면안되는곳이다。하나님은그것을사람에 게命하셨다。命하신것만아니라 約束하셨다。約束이란 묶 는일이다、붓들어매는일이다。그로因하야 그것을지은두사 람은 義務로붓들어매는일이다。하나님이人類에게 그의 安息을約束하심으로因하야 하나님과우리는 安息에붓들어 매여졌다。하나님은自己를爲하야、人類에서 그것을成就하 실일에、우리는그거긔順從하야 들어갈일에。故로그約束을어 기는날에는 하나님은우리를 그저두시지않는다。하나님을 믿고안믿는것은 내自由라고 人間은말하나、그것은人間의

어리석은말이오 하나님은그렇게생각하시지안는다。모든사 람이 반드시믿기를 要求하신다。그리하야 듣지안는者를 滅하야버리신다。無限의恩寵을나리신다。그러나 그代身에 지않는者는 그의震怒로써 消滅하야버리신다。저의앞에는 아들이냐 그렇지않으면 원수가있을뿐이오、中性的인他人 이란것은없다。故로『安息할때가 하나님의百姓에게 남어 있다』할때에 잘거운賞給이남어있을뿐아니라 또무서운義 務가남어있다。著者가 熱心으로 그安息에들어가라고 勸 하는말에뒤이어「順從치아니하는者는本을따라 빠지지않도록해 야할것」이라고 警告를하는것은 이때문이다。

十二、三節은 거긔對한理由를 說明하는말이다。왜 하나 님의安息의約束에 順從치아니하는일은 두려운일이냐。그 것은『하나님의말은 살었고 能力이있고 날카롭기 左右 에날선어떤劒보다도더하야 魂과靈、關節과骨髓를 꿰뚫어 쪽이고 가슴속의생각이며뜻을 鑑察하시어、어떤被造物이 라도 그의앞에서 감초인것이없고 萬物이그의앞에서 벗 은채로 드러나기때문이다。』

하나님의말슴은살었다。죽은것이아니다。사람의말은 生 命이 말러죽어버린 껍질에지나지않으나、하나님의말슴은 永遠히사러있음이다。예수는單히歷史上의人物만이아니오、 聖書는單히歷史的의文書만이아니다。恒常살어있는人格이다。 故로그말슴은 死物로、一片의敎訓으로、一個의思想으로、

히브리書講義

三

히브리書講義

四

取扱할수업섯다。死物은 容易히無視할수가잇고 속일수가잇다。그리한다하야도 何等의反抗을하는것이업섯다。마는하나님의約束을 그럿케待接할수는업섯다。모세로通하야주신말슴을 人間의말로알어 無視하고속엿던 이스라엘人은 曠野에엎더짐을 免치못하엿다。하나님의말슴이萬一아무生命업는것이라면 우리는安息의要求를無視할수도잇고 或온形式的宗教로 應對할수잇슬것이다。가나안에들어간것으로、安息日에敎會에出席하는것으로、修道院에潛伏하는것으로、或說敎를하고、泰然自若하는 意志를鍛鍊하는것으로 安息에들어간것이라고 속일수가잇슬것이다。그러나하나님의말슴은살어잇기때문에 生命以外의 아무런假裝物을가지고도 속알수업다。아나니아와마찬가지로 다퇴로아는때에 大喝一聲、靈魂의根抵에서불어 가루를만들어버리고만다。個人의良心에만아니라 歷史的으로도 事實이다。宗敎를心理學的으로取扱하고 道德을進化論的으로說明하는、그리하야끝업는奮鬪競爭으로 하늘에닿는 바벨塔을쌓아 하나님을죽은것으로待接하는 二十世紀人類에對하야 하나님의하신對答은爆擊機와 水雷와 戰車의『晋聲과 번개와 우뢰와 雨電과』飢饉이엇다。

살엇기때문에 能力이잇다。權能이잇고 運動力이잇다。아무런것을가지고도 良心안에부르짖는 하나님의말슴앞에求의말슴을 否定하고 업눌러버릴수는업다。하나님은恒常

사람의良心우에、너와나사이에 安息이잇게하라고 約束의履行을要求하신다。어떤者는 宴席에서라는 歌舞의소리로 눌러버리려하고、어떤者는 事業의暴風속에 날려버리려하고 或어떤者는 硏究의試驗管속에 幽閉해버리려하나 無用이다。하나님의말슴은 無限한能力이잇다。不能을모르노라고 億萬의民衆을 채찍끝으로몰아내면 大佛蘭西大皇帝나폴레온으로도 이良心에臨하는 하나님의말슴의能力을 終乃抗拒할수는업서서 孤島속에 悲鳴을發하면서죽지않으면안되엇다。힘이강하면 外界의모든것을 내게聽志로 服從시킬수잇고 다른사람에게 내主張을 說得시킬수잇스나 하나님의말슴만은 어떻게할수가업다。잘하면一世를속일수잇고 하나님의말슴의審判은길을속일수잇슬지모르나 하나님의말슴은 막어버릴수가업다。헤롯이洗禮요한을 목버혓스나 죽은것은 요한이아니오 헤롯이엇다。

또그말슴은 能力잇슬뿐아니라 날카롭다。左右에날선銳利한칼이 關節과骨髓의 얼크러지고複雜한것과 깊고細微한것을 一一히쪽이는것보다도 머날카롭게 사람의魂과靈의깊고깊은데 생각의微妙細微한것을 쪽인다。强한電流같이細胞에서細胞까지 通치않는데가업고、×光線처럼 구석에서구석까지 비최지않는곳이업다。사람이하나님의말슴앞에서는 꿈일아무것이업섯고 감추아무것이업섯다。속사람그대로

聖書朝鮮

가 事實 그대로가 白日下에 暴露된다。사람이 하나님의 말슴에 接하야서 經驗하는것은 自己의 自我가 쪽이어진것이다。祭壇우에 놓은犧牲같이 그人格의 복판이 쭉쭉이어저서 어찌할수없이 그面前에 놓여있는것이다。하나님은 우리를 그대로 如實하게보신다。내아버지에게도아니 보였던것、내안해 내親故에게도아니 보였던것、내敎會敎友에게도아니보였던것이 그의눈앞에는 그대로들어날수밖에없었다。날카로운그말슴은 우리생각의 至極히些小한一片이라도 그대로두시는것이없다。그根本이무엇인지 그結局이어떠한지를 그대로爆露하시고 解剖하시고 分析하시고 判斷하신다。거기는一毫의 어물쩍함이있을수없고 一分의假借가있을수없고 一言의撑明이있을餘地없다。禮儀와學問과地位와才操의 一切꾸밈、一切外衣가 아무効能을發하지못한다。人間의눈은그렇게잘 가렸고 내自身의눈까지도 그럴듯이속였던 모든假裝修飾이 다떠러지고만다。果然우리는 벗은채로 들어난다。두려운일이다。人間에게있어 무서운것中에 벗는것처럼甚한것이 어디있을가。사람의하는온갖일이 結局나란것을잘뵈도록 옷입히자는것인데 그모든것을벗겨버린다는것은 저에게 죽는것보다더한일이다。人類가經驗한 最初의審判은 이벗은채

로들어난일이라고한다。그만아니라 사람이 그中間에사는동안 날마다經驗하는것도 벌거벗기우는일이다。우리가하나님의安息을犯할때마다 . 그는우리를벌거벗겨 自己앞에내세우신다。그무서운 左右에날선劒보다더銳利한 그의眼光을 避하려하여도 無用이다。내가山에가면 山에도그것이있고 바다밑에들어가면 바다밑에도있고 골방에숨으면 골방에도있다。뜬눈이나 감은눈이나 내벗은꼴을보시는 하나님의眼光에 마조치지않을눈은없다。

우리는 그러한하나님으로더부러 關係가있다。우리가더부러約束한하나님은 눈이있어도 보지못하고 귀가있어도 듣지못하는 人造하나님이아니다。우리思想으로人造하나님이라면 그이와의約束은 우리便宜에따라 措處할수있을것이다。그러나하나님은 사신하나님이오 쪽이시는하나님이오 爆露하시는하나님이시다。故로우리는저와 方便宗敎를가지고는 去來할수가없다。儀式宗敎를가지고 그를섬길수없다。오직眞實로만、至誠으로만可能하다。저의完全하신것같이우리도完全하야서만 安息의約束은 일우어질수있다。

7 굳게잡으라

그러나그런하나님에 우리는果然 견딜수있을가。하나님이 하나님의音聲을듣고 두려워숨은것은 自己의벗은것때문이었다。그리고默示錄의記者는 最后의審判도 이벗은채 이그러하신하나님인것을알때 누구나느껴지는것은 自己의

히브리書講義

五

히브리書講義

徹底的無力이라는것이다。그런하나님앞에 어떤人間이나설
수없다。저가完全하신것같이 누가完全해낼가。저가至誠이
신것같이 누가至誠일수있을가。여기른悲哀가있다。人間은
발서生命의本相을 잃어버렸다。저는眞實하려하야도 眞實
할수가없고 하나님에게直進하자하야도 다리가無力하여진
者다。暴風雨의大河를隔하고 부르짖는늙은아버지같이 하
나님은創造以來 人間을向하야 그품으로도라오라고 부르
짖으셨다。마는人間에게 그리出發하야이러설힘이없어졌다。
그런故로이제救援의길은 저짝에서오는것外에 있을수없다。
十四節에 『그러면』하는것은 이것이다。人間이이렇게 徹
底히無力한것이라면、우리는한사람의人格이 어떤모양으로
믿는일이다。우리는 이제저짝에서보내신 예수를 大河의
저짝에서건너왔는지를모른다。그러나우리가한번눈이띄여본
것은 우리게서는 낫을수없는듯한 한人格이 우리게서떠나
서濁流를뚫고건너가는것이오、그리고모든人間에向하야 自
己를따라오라는것이다。『모든하늘을질나올라가신 偉大하
신大祭司長 하나님의아들예수!』이때까지試驗해오던모
든機械를 다집어덯이고 이대로、이벗은채로、이破産當한
人格이데로 저를따라나서라는것이다。저를따라나서면 저
가 힘을주고、부끄럼을 가릴옷을주신다는것이다。故로 偉
大하신大祭司長이다。
그런故로우리할일은 『그信仰을 굳게잡는것이다。第一

六

段에서우리는 그의말슴을 注意하야 들을必要가있었고、第
二段에서 그의人格을 깊이생각할必要가있었다。이제이第
三最終段에서는 우리는그의일우신일을 굳게잡을 必要가있
다。굳게잡는것은 全身을맡기는일이다。듣는것이나 생각
하는데 멈출것이아니라 全身全力으로 거기매여달리지않
으면안된다。信仰은生涯다。산사람외에 또다시사람이없고
믿어사는生涯外에 또다시生涯가있을수없다。
저는弱한人間이되여 그하잘수없는모양을 하나님의날카
로운眼光下에 爆露하야본다。故로人間의어디弱點이있고
어디아픔이있고 어디가부끄럽고 어떻게떨리는지를 날날
이經驗하야얻은이다。故로저는 人間을改造할수있는이다。
人間이하나님의寶座에 膽大히恩惠의寶座에 나갈수있다。
가지는朝鮮사람이 하나님의寶座에直進한다。이數千年더러운歷史를
結晶으로나온 이내가 하나님의얼굴앞에서 그를直視할
수가있다! 그러나있을수없는일이다。
고 眞實하신저가 約束하시는故로 믿을수밖에없었다。있을
수없는일이 어찌하야可能하냐。恩惠로써다。恩惠
로써다。우리가그를疑心하고받지않으면 저는우리를 微塵
으로뿌스신다。마는信受하는者는 그의光明의大海邊에 검
은고를들고설것이다。

골로새書講義 (三)

金　教　臣

그리스도의人格과事業 (一・一三~二・四)

以上에解說한部分은 第一二二號의人事 感謝、第一二五號의祈禱 叅照〔本誌第一二二號〕은「本誌第一二二號의概要、本書의 序言이라할것이오, 이제第十三節以下가 가장重要한本文에 들어가는것인데 特히 지금講解하려는 이部分은所謂「基 督論」이라는部分이어서 本書의核心일뿐더러 바울의基 督觀을 가장簡明하고充足하게表明한個所이다. 理解를 쉽게 하기爲하야 덧으로막으로 나누어說明하면如左하다.

一、救主그리스도 (一・一三~一・四)

(十三) 그가 우리를 혹암의 권세에서 건져내사 그의 사 랑의아들의 나라로 옮기셨으니

〔그가〕 그 라는것은 前節의「아바지」를 받는다. 이關 係代名詞로써 前節의意味를擴大하는同時에、以下새로운場 面을展開한다.

〔우리를〕 우리 라 함은 크리스찬全體를 이름이다.

골로새書講義

七

〔혹암〕 모든惡을行하는者는 어두운밤을擇한다. 主예수 를 유다가 잡어준것도 밤이었다. 그럼으로 夜暗은 마 귀의勢力과 地獄의特性을 나타내는것으로 되였다.

〔권세에서〕 사단의總合的勢力圈內를 말함이다. 個個의힘 을 이름이아니오 모든不義가橫行하는領域을總稱함이다.

〔건져내사〕 $ἐρρύσατο……εἰς$는 主祈禱文中에「惡에서 건 저내사시험에들지말게云云」의 건져내사와 마찬가지字인데 여기는마귀가 붙어서 뜻이 더욱强하다. 마귀의손아귀에 붙 잡허서 꺼려하고 黑暗을 나올힘이 없을뿐더러 우리本性이 光 明은 꺼려하고 黑暗을 기뻐하야 그黑暗의權勢에서 脫出 하려는意思도없었든것을 하나님의사랑이 견딜수없어 우 리意思에 反함에도不拘하고 우리를惡魔의손에서 억지로빼 앗아내였다는뜻이다. 우리가 救援받었음은 스스로希望해서 된것도아니오 힘써서 된것도아니고、主그리스도의사랑의 絶大한힘이 우리를 救援받지않고는 마지못하게・만들었 다는것이다.

〔그의 사랑의아들의〕 第十二節의 「아바지」가 여기서로 應하였다. 勿論그리스도를 가리친말이다. 아들과天使와의 區別에關하야는 히브리書第一、二章에詳細하다 (本誌一二 六號 咸錫憲君의 히브리書講義「아들과天使」叅照。)

〔나라〕 그리스도의統治하시는王國。

〔옮기셨으니〕 $μετέστησεν$ 먼저나온 「건져내사」와 相對

골로새書講義

八

하야 解釋할字이다。다만危險中에서 전껴내였을뿐만아니라
다시安全한地域으로 옮겨놓아주셔야만 우리의救援이 完
成된다。故로 이 두字를 이節에서 가장强調하야 읽어
야한다。

（十四） 그아들안에서 우리가 구속 곧 죄사함을 얻었도
다。

［그아들안에서］ 아들 이란字는 譯할때에補添한字인故로
原文에는「그 안에서」이다。勿論「그리스도 안에서」를 意
味한다。안에서 ἐν 라 함은 靈的이오 實質的으로 그리
스도와 結合함을 이른다。即 肢體의部分이오 實質的으로 그
포도나무의 가지（요한 一五·四）이다。

［구속］ τὴν ἀπολύτρωσιν은 原來「도루 산다」는듯이
다。奴隷를贖錢주고 사서 自由롭게한다는뜻이다 （로마三·
二四、에베소一·七、히브리九·一五、더모前二·六等）。그것이 宗
敎의「救援」의 뜻으로 쓰인다（누가二一·二八、로마八·二三、고
前一·三〇、에베一·一四、히브二一·三五等）。

［죄사함］「사함」이라는 τὴν ἄφεσιν은 本來 負債나
또는 納稅를免除해준다는데 쓰던字이다。主祈禱에「우리
가 우리에게 죄지은者를 사함같이……」의·「사함」도
한가지字이다。바울의書翰中에는 여기外에 에베소第一章
七節에 또한번 使用되였을뿐이다。
罪사함을 받음은 救援받는內容의第一步인同時에 救援

받은後의 모든靈的恩賜도 이 첫걸음에包含되여있다。그
리고 罪 사함을 받기爲하여서는 「구속」함이없어는 안
되며、구속함에는 贖罪의 피흘림이없이는 안된다（히브리
九·二二）。이는 基督敎의根本的教理이다。事實을實驗해본자
는 알기 어렵지않은眞理이다。

以上 十三、十四節로써 그리스도와 우리와의關係·即
救主그리스도를 말하였으니、이는 第十五節以下의基督論
의本體에 들어가는 序言이되였다。

二、基督論 （一·一五—二〇）

이部分처럼 簡潔하고도充足하고 組織的인「基督論」은
바울의書翰中에 다시없을뿐더러 全新約聖書中에도 類例
가 없을것이다。요한福音初頭의 로고스論을聯想케함이 간
절하나 그보다도 一層具體的이다。여기에 바울의高遠한宇
宙觀이 遺憾없이壓縮되여있다。이基督論은 前後二段으로
되여서 前段（一五—一七）에는 宇宙創造에關한 그리스도의
地位를論하고 後段（一八—二〇）에는 第二의創造인教會에關
한 그리스도의地位를述하였다。前段은創造論、後段은救濟
論이라고도 할수있다。

（十五） 그는 보이지아니하시는 하나님의 형상이오 모든
창조물보다 먼저나신자니。

［그는］勿論그리스도를 가르친다。그의나라로 옮김을
받어 우리가 救援에 奈與하였는데 그는 누구인가 그가
어떠한이인가 以下에 明白히하고저한다。

［하나님의 形像］하나님은 人間의눈에 보이지않는다。
보이지아니하는 하나님이 보이도록形像을取한것이 예수
그리스도이다。故로 예수 스스로 말슴하시기를『나를본
자는 아바지를 보았다』고（요한傳一四•九）하셨고、히브리
書記者도 『이는 하나님의榮光의光彩시오 그本體의形像이
시라』고（一•三）證據하였다。그리스도 없이 하나님을보았
다는것은幻影이오（요한一•一八）、그리스도를보고서도 하나
님을못본자는 靈的盲人이다（요한一四•九）。

［모든 창조물보다 먼저나신자］「몬저나신자」란것이 原文
에는 πρωτότοκος 인데 冠詞가없다。冠詞가없는것은 長
子와 하나님과의關係를 一層密接한것으로表現한것인데 우
리譯文에는 나라별수없다。形像 εἰκών 이라는字에도 冠詞가
없어서 하나님의 더할데없이 近似함을表示한것마는 譯文
에는 옮길수없는것이다。

［모든 창조물보다 먼저나신자］ 即長子는 하나님이 낳으신것이오、萬物은
만드신것이므로 그本質的差異가있음을 알수있다。
또長子는 萬物에對한支配權을가진것도 用語上으로分明
하다。

（十六）萬物이 그의게 창조되었대、하늘과따에서 보이는것

들과 보이지않는것과 혹은 보좌들이나 주관들이나 정사
들이나 권세들이나 만물이 다 그로말미암고 그를 위하여
창조되었고

［대개］舊譯에는 第十六節처음에 「대개」라는字가있는
데 改譯에는없어졌다。原文에는本節初頭에 ὅτι 라는字가
있다。「웨……까닭이다」라는뜻의字이다。即 十五節끝에
「모든창조물보다 몬저난자」라했는데 지금十六節은그理由
를說明하는것이다。

［그의게］그리스도의 안에있어서（ἐν αὐτῷ）이다。「저의
손으로」라든지 「저로 말미아마」라기보다强하다。萬物을
創造하실때에 아바지는單獨으로創造하시지않고 그아들에
게能力을 옮겨서 아들로써萬物을創造하게하였다。아바지
는 아들에있어서萬物을 지었고、萬物은 그아들 그리스
도를通하야 하나님께連結한다。

［하늘과따에서 보이는것들과 보이지않는것들］ 이로써 地球
와 그하늘에있는無生物과 그表面에사는生物과 日月星辰은
勿論이오、限없이넓은宇宙와 그속을채운 空氣 에밀 또는
電氣 光線等等 存在한物件은 肉的이나 靈的이나 하나例外
없이 예수그리스도의 손으로 지은것이라한다。實로놀라
운思想이다。

［혹은보좌들이나 주관들이나 정사들이나 권세들］ 이는空中
의天使와人事百般의權勢를 말함이다。다만自然物뿐아니라

　　　　　（十六）
　　골로새書講義

九

345

골로새書 講義

天使의 勢力과 社會의 秩序와 政治의 權勢까지도 그리스도안
에있어서 지은것이라한다.

[만물이 다 그로 말미암고 그를위하야]

英語의 through이니 「通하야」라던지 「媒介로써」라는뜻이
다. 「위하야」는 εἰς 英語의 for 이니 目的을 말함이다.

實로 그리스도만을 爲하야 나라를 爲하여 있는것이아니오
度權威가 어느 인군이나 나라를 爲하여 있다한다.

（十七） 또한 그가 만물보다 몬저계시고 만물이 그안에
함께섯나니라.

[계시고]는 ἐστιν 인데 過去에계셨다는것이아니오、未來
에 계시리라는것도아니고、現在에 계시다는것이다.第十
五節에도 이字가使用되여 重要한意義를 傳하고있으나 譯
文에는 나타나지못하고말었다. 「아브라함이있기前에 내가
있나니라」고（요한八・五八）해서 永遠前부터 언제던지現在이
시다.

[함께섯나니라]는 συνέστηκεν 인데 「聯結」이라던지 「相
依라」는뜻인데 이한자가 實로含蓄이많은 要緊한 글자이
다. 사람에게脊椎가없으면 四肢가 붙을수없고、大建物에中
軸되는 용마루가없으면 세울수없으며、宇宙天體에萬有引
力이없이는 軌道대로 運行할수없는것과같이、그리스도를中軸
로하지않고는 宇宙萬有가 一時라도 存立할수없다는 것이다.

故로 宇宙의 萬物은 크나적으나 눈에보이거나 안보이거
나、마치 太陽이中心에있어서 太陽系의諸天體가 存立하듯이
그리스도에있어서만 萬有가整體를 이루워서 서로存立할
수있다. 그리스도는 單只一個人의 敎主라거나 一宗派의 敎
主에 끌이는것이아니라 全宇宙萬象의 瓦解壞滅을妨止하며
萬有를整然한秩序에 存立케하는 中心能力이라한다.

以上이 바울의 基督論中의 前段 卽創造論이오宇宙觀이라.
따라서 이것이곧基督觀이다. 그想의宏大함과 그發表에膽
大함은 듣는者의 意表에 넘침이多大하나 바울의論述하는
모양이 조금도常識을超脫하거나 混亂케함이없이 前後의條
理 整然하다. 그리스도를 본人間이 하나있었다는일은 크게注意
할일이다. 하물며 바울은博學의士요 敎會에熱心이있어서
基督의徒를逼迫하야 마지않던사람이다. 저가、이처럼 그
리스도를 본것은 저의本意가아니오 저의造作이아니오、實
로萬古의秘義가 저에게顯現된것이었다. 그리고 그리스도 또한
萬古創造의關係에있어서 이와같은어른이시기에 또한
朱紅같이붉은 罪人의救贖도 그를通하여야能히 이루어질수있
는것이다. 以下後段에있는 敎會와의關係는 前段에서나오
는 自然스러운結論이라고할것이다.

一〇

「리레이」競走와信仰生活

宋斗用

運動競技中에 「리레이 레이쓰(Relay race)」처럼 興味津津한것은 다시없다。따라서 運動會에서 가장 人氣를 끄는것도 「리레이」이다。사람들이 이競技를 重要視하는것은 自然이다。그것은 運動自體가 滋味스럽기도하려니와 그보다도 其內容과性質에있어서 選手自身은勿論이요 第三者까지도 나는모른다는 態度와心情을 가질수없이 되였기때문이다。其理由의第一은 競技者가 多數人中에서 選○함받은일이요 理由의第二는 出征選手가 各各連帶責任을 가진일이다。그것은 마치 基督信者와 비슷한일이다。

吾人은 基督敎人을 「리레이」選手라고 生覺할수있다。크리스챤은 한國民 或은全人類中에서 特히 擇함을받은者이다。그리고 信仰生活은確實히連帶責任이있는것이다。다시말하면 信仰生活은私의것이아니고 公的이라는것이다。

「리레이」選手는 連帶的責任을가지고있으니만큼 一層더 其責任이 重大하다。全軍의勝敗는오로지 選手한사람한사람의 努力如何에있다。이얼마나 두려운일이냐? 그러나 其反面에는 自己에게는 分明히 어떠한失手와不足이있음에도不拘하고 다른選手의 實力如何를따려 勝利할수도있으니 이어찌 責任이가벼웁다아니할것이냐? 自己로서는 할수있는 最大最善의努力을 다함에도不拘하고 敗戰하는 抑鬱한일두었거니와 一便自己는 全然失敗하였음에도 不拘하고 勝利의榮譽를 얻을수있는 그마운일두었는것이「리레이」競技이다。

그런데 信仰生活도 또한그러하다。信仰의終極은 하나님 나라의建設에있다。하나님의 나라는 自己個人만으로서는 到底히 建設할수없는同時에 또한 擇함을받은者는 한사람도빠져서는 決斷코 아니되는것이다。即 나一個人의存在나功勞나 實力이나 熱心이나 努力으로서는 하나님의나라를 建設할수없는것이니 아무리受苦하였을지라도 조금도 자랑할것이 없었다。그러나 反對로나 한사람이라도 없어서는完全한 하나님의나라를 建設할수없으니 아무리 적고不足한人間일지라도 그가擇함을받은以上 絶對로「나같은者가무엇을?」하고 自暴自棄하거나 落心失望하여서는 아니된다。

그러니 우리는 各各自己말은 코스를 專心全力하여 뛸것뿐이다。自己의最大努力을 다하면그만이다。自己보다 휠신 實力있는 一流選手가 이미뛰었고 또앞으로도뛸터이니까! 그런즉 其中間에 서있는나는 참으로幸福한者이다。크게 安心하여서 可하다。前後에는 사람을 놀랠만한技能을가진 精兵같은選手가 얼마던지 있을뿐만아니라

競走와 信仰生活

（一二）

左右에는 無數한 應援群이 熱狂的으로 聲援하며 歡呼中
에 迎接하고있다。 내 어찌아니뛸수있으며 또한 못뛸理由
가무엇이냐? 이아니 人間으로서 한번할만한일이아닐까?
그러나 아니다。 그러한 理由만으로서는 決斷코 나와같
이弱하고 卑怯한 人間에게 뛰여볼 勇氣가날수없다。 아무

리前後에는 天才的인偉大한選手가있으며 또左右에는 熱
心無雙한應援軍이있다하여도 그것은 모두 人間들이다。
即 有限한者들이다。 才能에도、 熱心에도。 그러니 내어찌
그들綠故로 或은 그들을依賴하고 敢히 出發할수있으랴?
아무런 保證과確信과實力이있다할지라도 그것은 도무지
나를뛰게할 何等의條件도될수없으며 나로하여금 뛸수있
는勇氣도 주지못한다。 그것은·都大體무슨까닭일까? 其

理由는 이러하다。
나는 道德的 破産者이다。 良心의절둑발이다。 아니、 그
보다도 차라리 나는 精神的앉은뱅이다。 나에게는善도없
고 義도없다。 人生을眞實하게살려는 熱心도없거니와 그러
한努力도하지 못하는者이다。 먼저「우리는各各自己」말은코
1 스를專心全力하여 뛸것이다。 自己의 最大의努力을다
하면 그만이다」云々하고 나는말하였다、 그러나 그것이
問題이다。 以上말한바같은내가 專心全力할 무슨勇氣가있
으며 또最大의努力을다한들 그것이 무엇이랴? 그런즉
나매로의나는 人生의落伍者이다。 墮落者이다。 아! 나는

얼마나 可憐한 또悲慘한者이랴? 나에게는 人生에게對
한 恐怖와悲哀와苦惱이남어있을뿐이다。 犯罪者의恐怖와赤
貧者의悲哀와 重病者의苦惱만이! 오! 이것을 當事者
아닌누가能히 理解할者이며 이貌樣된者를 받어줄者는누
구인가?

果然 世上이 이다지 冷情한줄을 나는 도무지알지못
하였다。 참으로砂漠과같은 世上이다。 寂寞하고쓸々하기짝
이없다。 世上에 사랑과同情과慰勞가 全然히 없다는것은아
니다。 그러나 미지근한사랑! 몃푼어치의同情! 시답지
않은慰勞! 그것이무엇이랴? 도리혀 無力한나를 氣盡
脈盡한나를 一層더괴롭게할뿐이다。 結局나는 캉캄한밤중
에 모진 暴風雨에몰녀서 暗礁에부디처 慘酷하게破船을

當한 一葉片舟에, 몸을실은者이다。
보라! 洶湧한 波濤는 無心한듯이 또는有心한듯이 不
絕히 밀려온다。 威脅함인가? 嘲弄함인가? 나의熱心과
努力은 空然한受苦일뿐이다。 날뛰면날뛸수록 死線이앞을
가리울뿐이다。 울어도할수없고 웨쳐도할수없으며 또한참
어도할수없다。 다시살길은 漠然하다。 暗黑은 나의뒤에서
死亡은앞에서 기다리고있을뿐이다。 이것이나 이것이나
채찍질하며 나를基督信者라고。 이것이나
의心靈狀態 그대로이다。 나를基督信者라고? 「리레이」選
手의한사람이라고? 내가어찌 信仰生活을한다할수있으며
나를보고 어찌 뛰는者라고할것이냐?

그러나 아! 그러나 그럼에도 不拘하고 나는 膽大하게 아니, 當突하게 말한다。나도 信仰生活을 하노라고。即 나도 뛰는者의 한사람이라고。이것이 矛盾인지 또는 愚論인지 나는 알수없다。或은 逆說일런지도 모른다。아무러거니 나는「리레이」選手의 一人으로서 뛰고저 作定하였다。아니, 이미뛰기 始作한지도 오래되였다。그리고 結果야어찌되거니 나는 一生을 뛰려고 한다。이렇게함에는 勿論나도 나대로는 生覺이 있어서 하는일이다。남이야 是非를하거니 辱을하거니 나는 그것을 不顧하고 뛰고저 하리라。나에게는 그러할充分한理由가있다、그까닭은이러하다。

놀라지말라! 나는 能力에나 熱心에나 無限不變하신분과 같이있다。그분은全知全能하시다。또 至善 至愛하시다。곧 萬有主여호와하나님이시다。그하나님은 自己의獨生子 예수그리스도를 나에게 보내셨다。아주주셨다。나를爲하여 其生命까지도 버리게하셨다。예수는 하나님과하나이시다。即 一切의權能을가지신者이다。그런데 바로 그에게 내가할일은 모두 예수가 하시는것이다。完全無缺하신 그예수가! 오! 내어찌勝利하지못하랴?

그러면 나는 잘뛰거나 못뛰거나 다름질 하려고 한다。勿論 매대로, 疲困하기도하며 或은 脈症이 나기도하리라。人生의 航路는 平坦하지못하다。더구나 나自身은 게으른者이며 危險한 絕壁도 있으리라。陰沈한골짝이도 있을것이며 熱心도없고 眞實도없다。그러나 그것이무엇이냐? 主님은나와같이계신다。主예수는 나를代身하여 사신다。나의愚鈍、나의懦弱、아니、나의罪、宇宙보다도 큰 罪、下水道보다더러운罪、나를 滅亡과죽엄으로 모라내는其罪、그것두。나는두려워하지아니한다。主의 寶血은 그러한나의罪를 代贖하시고도 남음이있다。그뿐인가? 世上에는 迫害、非難、誤解、嘲笑、또는 煩惱、苦痛、患難 悲哀等等이 恒常뛸듯한다。그러나 그것무엇이랴? 主님의 사랑은 無限大하며 永遠不變한것이다。나의눈물을 씨서주시는분도 主예수시오、나를慰勞하시고 祝福하시는 이도 또한 그리스도이시다。오즉 예수만이나의힘、나의 빛、나의生命이시다。砂漠의「오아시스」、大海의燈臺! 오! 主여、主님의十字架에만 나의所望과나의榮光이빛나도소이다。砂漠에서彷徨하는 人生아! 罪中에서 呻吟하는 나의靈이여! 救援의길은열렸다。나는믿는다。끝까지 믿으려한다。十字架의믿음! 이것은나의全財産全生命이다。

예수께서 나와같이계신다。아니、다만 같이계실뿐만아니라 내안에서 예수가 사신다。그래서、내가할일은 모두 예수가하신다。

競走와 信仰生活

따라서 예수는 나를 爲하여뛰신다。예수는 지금 내가뛸코-스를 뛰시면서계신다。그러기에 말로는 或은 形式으로는 내가살고 또내가뛰는 것같으나 其實狀은 하나님의아들 主예수가 사시며 또뛰신다。

一三

그리스도를 배워

그리스도를 배워

토마쓰·아·켐피쓰

葡萄園農夫 譯

一의二二、安心을求하는길과靈的進步를 熱望하는일

他人의言語動作이나 或은自己에게 何等關係없는일에 쓸데없이나서기를避하면 늘安心을얻을것이다。空然히 사람에게依賴하고 自己는無爲徒食하며 다만 間或바께올수없는 機會를 기다리는者는 到底히 安心을얻을수없다。單純한마음을가진者야말로 幸福하도다。平安은 이러한사람의마음속에 恒常 있는것이기때문이다。

어느 聖者는 어떻게하여서 이러한圓滿에 또는 冥想에耽할수있었던가! 大槪 그들은 世俗의慾望을 完全히버리기에 努力하였다。그런故로 自己의全靈을 오즉 하나님에게맡기고 숨어서 齊潔할수있음을 얻음으로말미암은것뿐이다。우리는 肉慾에이끌리기가 甚히빠르며 變하기쉬운일을 追求하기에 汲汲한다。其缺點의 一畫이나마 完全히 고치려는生覺이없을뿐、날마다發達하려는熱望좇아 조음도없다。이렇게하고서는 늘冷靜하며 超越의域에達할수

없다。萬若우리가스스로 反省하기를嚴格하게하고 物質에迷惑하는일이없었다면 하나님에게關한 事件의香氣를맛보며 天界를考察하는經驗을얻지못할道理가없을것이다。이에對하여 最大의障碍가되는것은 오즉하나이니 曰、情과慾의羈絆을벗지못하고 聖徒의熱心한것같은 其完全에나아가려는努力을缺한일、即이것뿐이다。따라서 些少한苦難을만나도 그만意氣를沮喪하고 사람에게서慰勞받기를求하면서 避할길을 講究한다。勇敢한戰士와같이 奮鬪努力한다면 어찌 하나님이 天上에서 우리를도으심을 發見치못하랴? 우리에게試練을주시는 하나님은 이것을征服하기爲하여 其恩寵을確信하고 奮鬪하는者에게 힘을주시려고 기다리고계신다。外觀的儀式만으로써 宗敎에나아가려고企圖하는者는 直時에 其靈의生命이枯死할것이다。肉慾을벗어나서 心靈의平安을얻고저願하면 도끼를 나무뿌리에두지아니하면아니된다。

每年 한惡習을根絶하려고努力하면 容易하게 完全한사람이될수있을것이다。그런데 우리는 이와反對로 信仰을告白한後에 數年지난今日보다는 차라리回心當時가 오이려淳潔하고 더善良하였던것을感한다。우리의熱心은 날로더많어지지아니하면 날마다增加하고 修養의便宜는 날로더멀어지지아니하면 아니될것인데 도리어最初의熱心을持續함을 異常한事實로生覺하며 萬若 最初부터 自己反省을 嚴格히하였

一四

더면 歲月이지날수록 萬事를改良하는일이 좀더容易하였을뿐더러 또기쁨으로 이일에努力함이야말로 當然한것이아닌가?

習慣이되여나려오는것을 고치는일은 容易하지아니하다。그러나 意思에反하여行하는것은 一層더困難하다。이미小事를克服하기가容易하지아니하더라면 어느날에나 屑더한難事를遂行함에 이를수있을것인가? 너의傾向을 其當初부터阻止하라。惡習에물들지말라。不然이면 너는徐徐히深淵에빠질것이다。아! 萬若 네가其마음에있는 平安히 善行으로말미암아 남에게盡力하기를考察하기에 게으르지아니하면 너는의靈的進步에 더깊이뜻을쓸것이라는것을 나는確信하는바이다。

一의一四、輕率한判斷을避할일

그눈을 自己에게돌리라。그리하면 他人의行爲를審判함을 謹愼할수있을것이다。他人을 審判하는것은 아무有益이없을뿐더러 잘못하면 過失에빠지며 即時 犯罪하게된다。그러나 自己를 反省하는것은 其效가 極히 顯著하다。吾人의判斷은 往往히 自己의뜻에치우치며 私情에끌려서 正當한解釋을 그릇하기쉽다。우리의所望이 오즉 하나님에게만있으면 其情欲에妨害받을 憂慮가없을것이다。

그런데 吾人은 自己마음속에 潛伏한것 或은他人으로부터와서서 우리를誘惑하는것에걸려 多部分은 自己의行爲에따러 은근히理論을세우면서 오히려 이것을깨닫지못한다。그래서 自己의意見대로 萬事를處置하는동안은 平和한것같으나 一旦所期에 違反하는事情이生起하면 即時 情緖를錯亂하며 憤怒를發하게된다。그리하여 其判斷과意見의相異함으로因하여 朋友나同胞 或은宗敎的敬虔한團體間에까지 軋轢을이르키게된다。

因習에젖은것은 그것을廢하기困難하며 또 사람으로서自己의所論을 버리기를즐겨하는者가없는것이다。그런故로 예수그리스도의 順從을배우지아니하고 함부로 自己의理性과能力을믿는者는 其發展의到達이 急速할수없는것이다。이는 大槪 하나님은 우리가 完全히 自我를버리는것을기뻐하시고 우리의理性도 또한 오즉 하나님을사랑하는生覺에 基礎를두지아니하면· 決코 啓發할수없는까닭이다。

一의一五、사랑으로行하는事業

世上의如何한일이거나 或은또 아무리 사람을사랑하기爲하여서라도 惡한일을 斷然코 行하여서는아니된다。그러나 艱難한者를 有益하게하기爲하여서는 行하고있는善業도 或은中止하고 다시 其代身에 一層더한善業을하기에 躊躇하여서는아니된다。假使 其事業을 中止할지라도

그리스도를배워

一五

그리스도를 배워

이미行한善業은　其效를잃어버리는것이아니다。그뿐더러一層더한事業을行하면　其結果는　漸漸顯著할수있을것이다。

사랑없는　表面의行爲는　아무有益한바가없었다。사랑으로하는것은　設或　些少한것일지라도　其效果는　顯著할것이다。그것은　하나님께서　事業의多寡를　보지아니하시고오즉　質의如何를　測量하시는까닭이다。사랑이깊으면　따러서其行하는바도　또한　큰것이다。

事業을忠實하게　處置하는것은　結局　大業을하는것이기때문이다。또自己의意思를行하기보다는　차라리　一般의福祉를爲하여서　努力하는것은　善業을行하는　所致이다。사랑으로行하는것갈으면　其實은　私慾을爲하여서　行하는行勤이甚히많다。사람은自己意思、自己利益、自己快感을其動機에서　떠나기가甚히稀少한緣故이다。

純潔하고　完全한사랑을　갖인者는　自己를　爲하여서는何等　求하는바가없고　오즉　하나님의榮光이　드러나기만을바란다。自己만幸福하기를　바라는마음이없기때문에　사람을　妬忌하지아니하고　또　凡事에있어서　하나님의祝福하시는바를　하고저하지아니한다。오즉　自己의기쁨을　조금도求하지아니한다。萬物의根源이시며　聖徒가　모두其目的과　所望으로한　하나님에게만　모든　善한일을돌리고　사람에게　돌리지아니한다。아！　사람이萬若　其眞正한사.랑의一片이라도갖었다면　地上의어떤것이나　其눈에虛事로

보이지아니하는것이　있을것인가？

一六

一의一六、他人의缺點을참는일

自他를不問하고　大槪　改善하기困難한일이있거던　그것을　하나님께서　고치실때까지는　그대로참고기다리지아니하면아니된다。萬若　그렇지못하면　其善行도　아무것도아니다。가장貴한忍耐의德을　訓練涵養하는　有益있음을生覺하라。이러한　患難을當하면　順從하여참으면서　잘못되으시는일이없는　하나님에게祈禱하기를　게을러서는아니된다。一二次諫하여서　그래도　듣지아니하는사람과는　關係하지말라。오즉　凡事를　하나님에게　맡기라。그러면　하나님께서는　반드시　其聖意를成就하시며　聖徒사이에　其거특하신이름을　높이게하실것이다。하나님은　轉惡爲善의道理를아시는까닭이다。他人의缺點短處는　그것이　무엇이거나　참지아니하면아니된다。大槪自己도　또한他人에게　容赦받어야할　많은缺點을갖었기때문이다。自己가　이미　其願하는바와갈지못하거던　어찌　他人으로하여금　自己의願하는대로　되기를바랄수있으랴？　他人에게는　完全하기를바라면서　自己는　오이려　其缺點을고치지못함이아닌가？

吾人은　他人을是非하는힘은　甚히　嚴格하다。他人의己를　是非하는힘은　도무지없다。그러나　自自己는　他人의　함부로하는것은싫여하면서　오이려自己의　行爲는制御하지못한다。他人에

게는 苛酷한律法을 强要하면서 自己는아무것도 遵守하는것이없으며 他人을測量하는標準으로 自己를 測量하는 일은 한번도없다. 萬若 모든사람이 모두 完全할수있다면 우리는 하나님을爲하여 무엇을他人에게對하여 忍耐할必要가있으랴?

그런데 하나님은 지금 우리가彼此 重荷를지고 忍耐하기를 命하셨다. 또 질머질重荷를갖지아니한者가없고 스로 自己에게滿足하는者가없으며 또自己를完全히알수있는者가없다. 오즉 우리는 彼此참고 서로慰勞하며 서로扶助하며 彼此가리치고 彼此敎訓하지아니하면 아니된다. 사람이 各各 가지고있는儉德의程度는 其失望한때에 가장 分明히 드러나는것이니 이는 患難이 사람을弱하게 하는것이아니고 사람의實質은 患難을當한때에 비로소明白히 發露되는까닭이다.

二의二, 謙遜한服從

他人의好意를얻고못얻는것을 念頭에 깊이두지말라. 다만 하나님께서 너와같이계시는것을 마음에두고 凡事를 行하려고만. 또 注意하라. 그리고 무엇보다 于先 善良한 良心을갖으라. 그러면 하나님께서는 遺憾없이 너를 保護하시리라. 하나님이 도으시는 사람에게 對하여는 如何한者의奸計도 傷處를줄 道理가없다. 네가萬 若 默默히 忍耐할수있다면 하나님이 너를 도으실것은 疑心할것이없다. 하나님은 能히 너를救援하실時期와方法을 아신다. 그런故로 너는 完全히 自己를 하나님께 맡기지아니하면아니된다. 사람을 도으시며 모든患難에서 救援하심은 하나님의權能에 屬한다. 그리고 他人이 우리의 缺點을알고 그것을 攻擊함에當하여 우리는 ‥屛더 謙遜하게 自己를 持撑하는것은 其利益이 甚히 많은것이 常例이다.

失敗한때에 스스로 謙遜한사람은 攻擊하는사람들로하여곰 容易하게和睦하며 또이것을 滿足하게하기를 迅速히한다. 하나님은 謙遜한사람을 保護하시고 救援하시며 또사랑하시고 慰勞하시며 깊이 도라보사 莫大한恩惠를 주셔서 其謙遜의德에따러 榮光을 입히신다. 謙遜한者에게 하나님은 奧妙한것을 나타내시며 기쁨으로부르시고 또 迎接하신다. 謙遜하면 設令 患難을만날지라도 오히려많은平和를갖는다. 大槪 이러한사람은 하나님안에 安息하고 世上情慾에 마음을傷하게하는일이있었기때문이다. 네가 스스로 모든사람보다 못났다고 生覺되지아니하면 아즉도 아무 進步를한것으로 스스로生覺하지말라.

療養의하로하로하로

療養의하로하로

小鹿島　尹　一　心

冥想。立秋도處暑도 지나갔으나 넘어가는해ㅅ빛은 불갈이ㅇ겹
다。하날엔 구름한点없고 大地엔 바람한点없이 宇宙는 沈默그것과
갈이 고요한어느날午后 뒷東山그늘나무밑에 冥想에잠기여있었었다。

病든지十余年 故鄕에서쫓긴지도 발서七介年 世上萬事다잇고서
예수나믿어 天國에나가보자고 洗禮를받은지도 六年이나되엿것만
말많고病많은 드집많은世上사리 天國으로가는길은 뒷거름을하는엿
든가 世上은漸々무서워진다。『자라 이놈에소』 별안간들리는 거세
고우악한音聲은 沈默과冥想을깨친다。어느틈에왓는지 발밑의발에
서는 金××이 장기질을始作했다。三月以來로 비맛을못본 빈발
발은 돌갈이단々한데 보습은걸리어 먼지만풀삭 나가지않는다。
다하야 順從하려哀쓰지만 네발목은꼬랑속에 짐이무처고 허벅다
리에筋肉은 발々떨리며 불거저나온두눈에는 한소연이나하려는듯
人情없는主人은 벼락갈은소리로 『이라이놈에소야』 소는죽을힘을

人生아、너는어디까지나頑惡하랴느냐。叛逆者의피는 只今 네血
管을 흐르고잇고나。너는언제나 이스라엘의根性을 떼여버리고애
급을斷念하랴느냐。내가確實하말하노니 보라! 저소와갈이못하면
결단코 天國에오지못하리라。그리스도의慈悲하신靈音이! 그런고로 베ㄴ字架를지고나를따르
로오라、내가너이를便히쉬게하리라 나는마음이溫柔하니 나의명에
틀메고나를따르라。곳너이마음은便히쉬기틀얻으리니 내명에는쉽고
내짐은 가벼울다。(馬太十一章末) 九月二日 (土)

또먹이。또먹이는十五才의 年少한病友다。째낀빈을間思케하는그
에걸음거리 나리멀은거적눈 일은왼쪽으로틀어지고 코는바른족
아—웬일일가? 이不出의또먹이
이」이말은 바보 못난이 白痴의代名詞로 小鹿島流行語의 最高峯을
占領하였다。철없는惡童 일없는건달들의 흥々한작난감인 또먹이
어며한嘲弄에도 철없는사람을못보았다。우슴의王者또먹이는
自作댄스와 自作作曲의 獨唱으로 남의배ㅅ살을굴린다。百이면百
千이면千 않웃는사람없다。남이늘리면흥이나
줄모로고 猜忌할줄도모르며 그자리를떠날뿐 苦痛도근심도 勿論있
어 보이지않는다。거루만한신(그나마한쪽발에만신었다)궁둥이가
나온찌저진옷 부끄럼조차없는
아—이不出의또먹이! 오—너는나의憧憬의南極!
그리나때로는 吐葉의北極이니 어찌하리오。九月十一日 (月)
反省。나는한때ㅅ불리ㅣ이다。그도 가시덤불과 영경퀴만이 욱어진
메마른묵정발 가을밤소리없이나리는이슬 나의발에도나렷고 봄날

이 눈물이고여있고 구부린진등에
력무럭나온다。게다가배는 사정없이푹꺼졌으니 아—불상한소!
이넙고陰險한발을 너어이다갈거나! 목은드릴데로니며 땅에달듯달
듯한코 헤를내밀은압에선 水飴와갈은춤이 질々흐르고 풀넷트홈
에들어오는 機關車를聯想케하는 숨소리 어디서몰며왔는지 쉬과
리는 누릅등에 접엇토룩영기였다。

一八

따뜻한해ㅅ님 나의발에도쪼였것만 꽃도열매도 맺어본일없고 아
ㅣ 모所用없는 世上이버린묵정밭 아ㅣ나의발 이발에農夫는나이다。
이발에 거름줄者도나이오、지심멜者도나이다。 나以外에이발을 갓
굴者없고 나바게이발을 貴重히녀일者도없다。
롤면진지도 벌서六年되였것마는 느저구없이노란싹 영경퀴에시달
려 雜草만욱어지니 아ㅣ게으른農夫야!
아꾸고 거듭합줌주었든가! 오ㅣ地主님 용서합소서、게으른農夫
이제確實히깨였었소이다。 그렇소이다、나의할일은 이발을 갓구는것
外에 아무것도없는줄 이제겨우알었소이다。只今나의발에 雜草를
다ㅣ 뽑아버리고 거름을주겠아오니 恩惠의비 只今 洽足히나리사
百倍千倍結實케하옵소서。 낫을들고 거두실날 멀지않었아오매。

九月二十九日 (金)

여는듯 한줄기붉은빛은 물속에잠겨 金波에뛰는고기、生命을자랑
한다。
　　예루살렘새扁된집　寶玉으로진天城門
　　네이틈은높도다　늘보고싶으다
　　이受苦언제끝니고　그높은땅과黃金길
　　나언제올라가 （舊讃二四一）

흰듯단 배몇척이 갈매기동무삼아 仙境으로날라간다。
아ㅣ 오날의十字峯 왜이리얄고! 三層天뜰는 다우에없
을진데 오ㅣ主여 여기서그곳까지 구름다리를 놓아주소서。不然
이면 이몸이 化石이되여 常綠의十字峯에 不變의망두석이되게하
소서。

十月七日 (月)

十字峯。 十字峯은 小鹿島西便에位置한 常綠의最高峯이다。 今春
에 自轉車로蔚山까지 旅行햇으나 沿道에서는 이렇게흏흏한松林
을 볼수없었다。 겨울이나 여름이나 四時蒼々十字峯은 病旅의마
음 安息의聖所이다。 海岸으로面한 絕壁 中허리엔 所謂敎會全盛의
過度期信徒들의 新禱慕이 아즉도자최를 남기고있다。 아ㅣ常綠의
十字峯은 갈수록푸르것만 二週日三週日 食飮을全廢하고 밤새여
新禱하든 聖徒여? 只今어디있난고ㅣ 자는가쉬는가 나드리를갔
는가! 다쓰러저가는 土幕은 옛꿈을그리워하며 그대를기다리는줄
아는가 모른는가!

×

十月七日 (月)　　　　（오래만에十字峯에올라와）

小鹿島兄弟를爲하야

또 한번聖誕節을 맞우려합니다。 小鹿島의靈族을記憶하고
新禱를 쉬지않었던兄第들은 聖誕節을맞우려 는感謝와기쁨
도 또한저곳不自由한兄弟들과 나누고저願할줄 아나이다。
그러나沈코 억지로 외지로 외모로 하지마사이다。 輕快한마음
으로 꼼직한眞情으로 할수있는이는하시오。 各自가單獨으
로하여도可하나 協同하여하려 는이는 其旨를添하야例와같
이 本社로보내시오。 適當히周旋하리다。 但 十二月十五日
까지本社에 到着하도록送金할것。

療養의 하로 하로

多島海저녁해는 유난이도 붉고크다。 落照의西天에는 三層天을
그리였고 바다ㅅ속깊이 造物主쌓아두신 千古의神祕를 보여나주

一九

聖書朝鮮을 餞別함

聖書朝鮮을 餞別함

先生님! 過勞로 身熱이나나시지않으신가요? 或時 感寒氣나 없으신가요? 勿論 일군없는 이時代인줄 當身님의 聖業遂行上 必然코 先生님을 聖意대로 使役하실줄로 믿습니다마는.

昨日午後에「여보세요 當身의 기다리고바라든『聖書朝鮮』 왔소」하고 밖에서 家人이 配達夫의게서 받어가지고房으로드려주었으므로 두손合掌하고 받어읽었읍니다. 그때 前表紙를 슬―한번본뒤에 後表紙의上段에 눈이멈치어 『信仰과人生』이라는新刊 豫告와 『讀者住所調査』란것이며 또內容本文의 『愚人의忌憚없는妄靈』의글월을읽고나서니 반가히 찾어오는『聖書朝鮮』도 인자한번뿐이오 또이를기뻐게 두손合掌하고 맞어드리기도 인자한번뿐이로구나 한生覺을 하게되니 참으로 虛妄하기도작이나 섭々하니슬프기하는 領域은 훨신넘어선것같사옵니다. 여안이벙々하고 모든것이 虛스러고虛스럽된것같사옵니다. 참웃읍지도않습니다. 그朝鮮』! 人類의一百姓의一分子로서 分秒라도忘却할수없는것『聖書』일것이며 또이땅의 이百姓의一分子일것이니 寸刻이라도 머리에서 사라질수없는것은『聖書』밑에두글자일것이니 이것이웨? 아니어쩨서 그形跡을감추려는고, 참알수없읍니다. 음다. 小生은모다도 저하나님께서는 잘알고계실것입니다. 그러면 小生도알게될것입니다. 그때 알게만된다면 足하지않을의료.

그러나 小生으로서는 두가지의막한일이 있읍니다. 第一에는맛있는고기국없이 밥먹게되것이올시다. 靈魂의糧食인 하나님의말슴을 聖書를通하여먹을때 唯一의맛있오 食慾을增進하든고 기국은『聖書朝鮮』이였읍니다. 아닌게아니라 『聖書朝鮮』은 좀別味를가진것같이날

계먹어 왔었든가 합니다. 第二에는 武勇의左領將을 惜別한것이올시다. 前面에는 『新舊約聖書』가 先鋒大將이되고 右便에는 『永遠의生命』左便에는 『聖書朝鮮』後面에는 『嘉信』이와같이 前後左右로勇猛果敢한將帥들의 물샐틈없는 至嚴한護衛틈을입고 간꾜無雙한魔鬼의侵畧과襲擊을擊退해가면서 今日까지의 『聖書朝鮮』의 自體를保가는途中인데 고만左領將인 『聖書朝鮮』이 突然히 하나님께서의 歸還命令을받고 第一線에서도라서게되였으니 『聖書朝鮮』의自體를 爲해서는 極히慶賀할일이로되 앞으로無數의大激戰이展開될것을豫想하는者의一人으로서는 참으로 힘부듸지나이다.

그러나 無에서有케하시고 弱할때에强하시사 最後의勝利權을 創世前부터 把握하시온 우리主님예수그리스도, 오직하나님 계시니 구태여落膽할必要는없을것이오 生覺할뿐이지요.

또다시 出征을하실때까지 기다릴뿐이겠지요.

回顧컨대 『聖書朝鮮』이 第一線을받고 第一線으로出征한그날은 只今부터滿 第十二星霜前의 即一九二七年七月一日이었읍니다구려 길다면길고 짜르다면짜를것입니다. 그동안 百戰百勝 참으로善戰해주었을뿐입니다. 戀々한職跡을남겨놓고 그러위에 여기저기忠靈塔세워놓았을줄로 믿습니다.

生覺할수록 『聖書朝鮮』과의 惜別의情 禁할수없읍니다. 一九二七年七月은 마침 小生이一個巡査로 이社會에 第一步를印치든그달이올시다. 그랬으면서도 『聖書朝鮮』의 小生을찾어온것이나 小生이 그를찾어간것이나 參으로 作々되는것은 選晩히였든고. 그러면서도小別은 웨이렇게 빠른지 參으로 섭섭하지아니고 再會의好機가와 어오르고있읍니다. 그러나 永別이아니요 暫時惜別이아니할것을 굳게誓約하고 熱淚뿌리면서 嚴然한 餞送하사이다. 이땅의山아, 江아, 白衣의뭇靈들아 先生의心中에도, 참으로 形言할수없는 先生님! 갓다하실줄로 恐察되나이다. 그러나 우리의힘으로는 갰읍니다, 主님께서 가라래도못가고 小生은, 主님께서 가라해도못가고 말라해도말지도못하고 있는 物件이올시다. (下畧)

己卯年十一月五日朝

×　×　×　再拜

二〇

『聖書朝鮮』第壹百三十一號　附錄

昭和十四年十二月一日　發行
昭和五年一月二十八日　第三種郵便物認可

聖書朝鮮一九三九年度　自一二〇號　至一三〇號　總目錄

『聖書朝鮮』第壹百三十二號 附錄

昭和五年十二月一日發行（毎月一回一日發行）昭和五年一月二六日第三種郵便物認可

編輯發行兼印刷人　高陽郡崇仁面貞陵里三七八　金　教　臣

聖朝通信

十月十七日 （火） 曇、后晴。淸農에山上新禱。神嘗祭의休日이어서 午前中은原稿。○午后는 住宅찾는來客두어차례接待。○착한降人들이 모여울듯해서 기쁨을不禁。○저녁엔 金宗治兄과 聖書工夫의分擔配定도하고 住宅을接近地에 모일計劃도하다。

十月十八日 （水） 晴、后雨。印刷所에들리고 登校授業。午后로부터降雨시작。○歐洲戰況은 獨潛水艇에게英船艦被襲의程度以外에 別로進展이없는듯、支那事變은 第九戰區殘滅戰이進涉中이라고。○저녁에 家庭禮拜。아가第八章輪讀。○김장무 배추 爲해서 시름없이오시는 가을비스소리들으면서 原稿의붓을 달리다。○火豆秋收하노라고 손가락 발가락 절린것이 기어히化膿할듯하니 한사람農夫되기까지는 多大한修養을 쌓어야하겠다。○咸兄으로부터重要한來信。卽日答狀。

十月十九日。（木） 晴。印刷所에 들리고、登校授業。當直으로蓬萊丘上에留宿。

十月二十日 （金） 快晴。오늘은神社에關한일로臨時休業。早朝에歸宅하야。原稿하다。亦是 主日마다 兄弟姉妹 함께모여찬송하는일이 有益한듯하다。○오늘은 빌고싶은말이많어서 題目을擇하기에 今朝까지도 망서리다가 詩第三十七篇을解說쓰기。日氣漸冷。

十月二十一日 （土） 快晴。初霜。간밤에氣溫이急降하야 고구마삯 코스모스等은 아주결단이오 무 배추도 상당이 상하여졌다。○崔容信小傳의推敲도完結되었음으로 今朝에出版許可願提出次로逝鬮에갔었으니。○著作者의印章을要하게되여서接受못되다。○登校授業。고구마 初校正。十日附近倫敎을發한郵便物이 戰爭事品에도 캐고、詩稿工夫도 약간하다。○八月三十日附로 倫敎을發한郵便物이 九月二十日附로 이리저리 굴려다니다가 九月二十九日附에함께 오늘에야配達되니 읽었으면銀錢을찾는것같이 반가웁다。○今夜모기장을걷우고 寢床에 불들을使用。

十月二十二日 （日） 快晴。새벽에 잠을깨니 床우에눕는대로 아름다운 靈感이臨하여 이틀잡어記入하다。感謝한일。○서리를 밟으며 山谷에올라新禱。氣候추어지니 新禱의靈感은一層더한듯하다。○朝假後에 고구마캐기一時間。主日學校登校監試。○午后二時半에臨時로明倫町에集會。오래간만에모이니、하

十月二十三日 （月） 快晴。印刷所에들리고 登校。오늘부터中間考査。監試하면서校正。○歸途에 다시印刷所에들려서初校正을畢하다。○原稿도 끝났고 校正도第一回가 끝났음으로 오늘夕陽은 神仙에노이는듯한感이다。○聖朝誌卷頭의感想短文을 모여 單行本으로하려고 整理하려해보니 그分量이意外에 많음에 놀라다。○月刊雜誌가 中斷되면 單行本으로整理하는것도 한일이될듯하다。○歐洲戰亂에紛失된줄알었던 엑스포지토리타임쓰誌九月一日號가 오늘에야漂着하였다。그戰亂의洗禮를通하여온客이니 더욱반갑다。

十月二十四日 （火） 曇。새벽에山上新禱。간밤은 이슬이비온듯이 맺혔다。○出版二件으로道廳과總督府로登校監試。○出版二件으로道廳과總督府로다녀서、印刷所에서校正。○저녁은聖朝卷

聖朝通信

頭短文의整理。

十月二十五日 （水） 晴。 새벽에山上新禱。○登校監試하면서校正。往返二次印刷所行。○感氣에 드디어咽喉를傷해서 또漢藥세첩지어오다。○來信一枚如下「京城集會에서 先生님말슴을들은뒤로 지금까지 마음이이상한中에 루터先生의일화가 련상되여집니다。其婦人이喪服을입고 하나님돌아가셨다고 하기까지 落望하고누어있든 루터先生의 쓰라린心境은 오늘날도 그義와 그眞理를위해서 粉骨碎身의精神으로 忠誠을다하시는聖徒들이 때때로體驗하시는苦盃인줄로깨달아집니다。이일을人間의肉眼으로만볼때에는 하나님도없고 그公義도없는것갈사오나 루터先生을 다시이르키시든 살어계신 하나님은 오늘날도 生存하여서…

害打笒의見地로보아 實行할수없는일을하시는분들이계신 其事實이 信仰이幼稚한저이들에게는 하나님의實在를確實케하는한가지른件이됩니다。그렇다고해서 저가먹는밥을 제손으로못먹고 언제나 며먹여주는것은 밥도 제대로못먹는 저이들의幼稚함이 너머도부고럽습니다。

其生命으로움직이기신일이었아오니 其生命은永遠하오며 永遠히… 늘날까지하신일이… 新願하오며 또한믿읍니다。先生님께서 오늘날도… 第三의「반드」를받을者가繼出하기를 恒常… 發育되지는못한것갈애요。앞으로는 第二 朝誌에對해서나 암만해도아직能動的으로… 를 指導해주심이요。集會에對해서나 聖…

사람의理智로生覺해서 헤아릴수없고 利호를뿐입니다。… 주심을 生覺하오니 오직感激한 눈물이라도 또다시위로하시고、또다시 시험을… 의종을 不義의波濤가협쓰는世上가운데서… 이없는… 先生님宅內에 主께서 特別한恩惠베프시기를 懇求하옵고 先生님으로因해서 아버지께서 더큰영광받으실줄믿고 기도하나이다。十月二十四日 ××× 上書」

○저녁에家庭禮拜。이사야書第七章輪讀。

十月二十六日 （木） 快晴。어제漢藥두첩마신것이 副作用을이르킨까닭인가 밤中부터머리頭痛이甚해서 몇차례 꺼꾸러진후。登校監視中에校正。未明에山上新禱。급작이原稿追加를 써가지고 總督府를經하야 印刷所에가서 採字組版 校正。먼저된部分까지合하야 來月号校了。이로써 이달에할일 한가지는 시름을었었다。너머紛忙한탓인가 한가지는頭痛이消散해졌다。夕陽에는頭痛이消散해졌다。

十月二十七日 （金） 快晴。門앞 시내 鐵條에 糞木하기爲하야 오늘새벽鐵條를 막는工事始作。○登校授業。○저녁에靑年三人來訪。여러가지이야기많다。

十月二十八日 （土） 晴。집에선 시내 工事繼行中。○登校途次에 明倫町에 들린즉 意外千萬에咸兄이上京하였다。오늘 豫定한일이많은故로 于先 出勤時間을遲刻하기로電話하고서會談。主日集會、聖朝刊行件、其他要談數件。○午後에漢江畔에서某講話傍聽。다음에京釜線을 잡어타고 저녁에는關釜聯絡船의客이되다。到處에 많은것은人間！

十月二十九日──十一月十一日까지 廣島、京都、東京等地로 所謂「學事視察」의

二二一

出張旅行。

聖朝通信

十一月十二日 （日） 晴。午前六時에釜山上陸。한걸음 늦어서特急車를 놓진故로 오늘午后의 明倫町集會에 遲參。咸先生의 說敎를 들은뒤에 暫時, 所感을 述하다。遠近諸友가 多數參席되였는데 그中에도 城서의遠征軍이 壓倒的이었다。閉會後에 開雜談時餘。오늘저녁은 賀川豊彦氏의講演이 貞洞禮拜堂에있다고 靑年들 一部分은 그리로 傍聽하러가고 남은有志十五人과 함께 咸先生을中心으로 晩餐을共卓하면서 이야기繼續。나종解散한것은十時半。北漢山麓에 도라온때는 자정가까웠다。○누가무르되 ×先生을 맞났났더냐고。答曰안맞났다고。또 ×先生을 맞났더냐고。答曰안맞났고、그럼누구를 맞났더냐고。答曰 아무도 안맞났다고。못맞난것이아니라「안맞난것이다」。우리는 有名한先生宅마다歷訪하고 다니는 巡禮者가아니오、일을處決하는데 코로숨쉬는人間에게 決裁를求하지안한다。萬一必要하다면 朝鮮안에도相議할만한사람이있다。○農村情況如下『……歲月이如流水함을 늘들어왔거니와 오늘은오래간만에 뒷山에올라가 시골서볼수있는

더욱맑고 높은하늘을 바라보옵고 비로소 지금이느진가을인것을깨닫사옵고 다시光陰의 迅速함에놀라오며「光陰을앗기라」는 聖句와 지난번神學校에서 말슴하시던 산說敎가 石火갈이 聯想되옵니다。밤열 恩惠中 敎體侯康旺하옵시고 玉胤들도充實하오며 宅內가均安하옵시온지 伏慕區々願間이오며 또主日集會에서 英才들로머부러 眞理를探索하시는 貌樣이 지금 도눈에방불하오며 無限히憧憬되옵니다。또主日集會에서 侵害를當할때가많사옵니다。下弱

제가農村을憧憬한여러가지理由가운데 한가지理由로 讀書할조용한時間을가지리라고 은근히기다렸아오나 農家에서閑眼 도저히바라볼수없는것갈읍니다。밤열한時부터한時間 新禱와 硏經時間으로定하고 있아오나 그것도周圍에서 여러가지로 侵害를當할때가많사옵니다。下弱

十一月十三日 （月） 晴。발서몸뚜凍結한다。○별안간 오늘은 國民精神作興週間의 最終日로 學校에서는 早起會로하야 午前七時에朝會한다고해서 寄宿中의生徒는午前五時에出發함으로 어찔할수없이 통잠자고 通常時間대로出勤하려는때에 咸、宋兩兄이來訪。다시意見을交換하고 午后에 함께入市。冬季特別集會、聖朝刊行件等에關하야 種々貴한말슴을 交換하고。○간밤에 푸러리 第三回의妙案。○學窓消息에『……더욱이 兄은歸北、余는學校로。

제가農村을憧憬한여러가지理由가운데 큰萬一必要하다면 朝鮮안에도相議할만한사람이있다。○農村情況如下『……歲月이如流水함을 늘들어왔거니와 오늘은오래간만에 뒷山에올라가 시골서볼수있는

코로숨쉬는人間에게 決裁를求하지안한다。農事를 세우려하는집으로 더욱히秋期를當하야는 눈들사이없이바쁜가운데 百事에 불敏한生을잊지않으시고 下送하여주셔서 참으로무어라고말슴들일 수가없나이다。先生님의事業은永遠이繼續하올줄압고 넷날에는 朝鮮砂器所産으로 三百戶內外가盛되는村으로 ××이라 名하였든듯하오나 지금은없아옵고 지금 저있는곳은 서울서約七十里되는곳에 特有하였든듯하오나 지금은없아옵고 實의奇異한現象을 津々한興味로보고 希望하였아오기 如意치못하옵고 今日에까지지나오니 愧한마음을무엇이라고形言할수없아오이다。元來田園에사는것을 希望하였아오기 年末로써中止하올수있는는지모르겠다고하십니까。또한先生님의事業은 如何한理由로 年末로써中止하올수있는는지모르겠다고하십니까。또한先

〔三二三〕

聖 朝 通 信

生님의 轉業을 意味하는것같사오나　如何한
길로 進行하시려는지요　매우궁금합니다。
小生은 德分으로平安히學業을繼續하고있는
中입니다。 그러고 明春에는 卒業이오나 아
직確定한決心은없고 흔히말하는就職의거
정이아니나 如何한길로나가야만할　나의
使命을完履할수있으며 當然히나가야만할
길이 어느것인가 確然히나서지않고 다
만膠膝하게抽象的希望뿐이니 근심입니다。
先生님, 우리朝鮮學生으로서 (特히大學敎
育을받은朝鮮學生立場에서) 나갈일이무엇
이며 싸워야만할것이무엇인지요, 自己의
배와오든方面으로硏究를繼續하와 少志라
도 朝鮮의後日을爲하여서 努力할것이나
或은急先務로서 農業敎育을爲하야指導獻
身하는것이 첫재인지 農業國인데나가서
精神으로敎育에힘
쓸가하는 兩立의絕壁에當하여서 어느谿谷
으로빠저나갈지 알수가없읍니다。 下敎하
여주심을바랍니다。
業。〇발서印刷거의끝났을터이니이것면崔容信

孃의傳記가余의旅行中事務聯絡에差誤가생
겨서遲延中에있었음으로 오늘大東印刷所
에附托하다。〇「信仰과人生」을 博文文庫
版으로發刊하기를請합으로、이를承諾하다。
〇主婦가臨産하였음으로 오늘 東大門婦
人病院에入院。〇小鹿島에서「金先生님前
誼未審秋節에先生님道體候萬安하압심을우
리主님께感謝합니다。罪人과病者에게 갑
없이主님의恩惠와사랑은 나날이深刻하여
가는 反面 魔鬼의活動은더욱猖獗하오니 確
實이只今은末世가臨迫하였아오며 聖書朝
鮮의役事는 그重한責任이며더욱거룩진출
믿습니다。 下送하시는 聖朝는每月끊임없이
拜讀하오며 十月分五冊과、九月號追送하
신四冊도拜領했으니 이렇게變함없이넘
치는恩惠를 받자오면서도 한여름이다지
나도록 도모지問安한번엿줍지못하와 罪悚
합니다。世上人間名簿에서 삭
제받은지오래오며 기외 사람노릇못할바에
야 徹頭徹尾하여야겠삽는데 아즉도未安
하온生覺禁할수없는것이보니 修養이不足한
것같읍니다。 허다한허물을가리우시는 우
리主님사랑은 小生의不敏을 감추어주실

줄믿습니다。

十一月十四日 (火) 曇、小雨。登校授

世上에서는 물고뜻고때리고차고싸움의活
劇과殺戮의慘劇이야열리거나말거나 우리
小鹿島에는 今年에도一千二百名兄弟姉妹
를맞이할準備에 한여름동안上下손을잡고
글字그대로 불철주야勞働한結果 이제
는收容도時日問題로臨迫하였아오니 어떻
게恩과 當局者의超時局的菲業에感謝하
게될가 다만主의榮光을讚頌할뿐입니다
이제六千名收容의世界的療養園을 名實이
함께 完成의날을헤이며기다리게되
靈의 늘라우신役事로 肉의更生園도될것
안이라 靈의延生園도되여지길간구합니다。
世苦와疾苦란人間世上에서 떠날수없는것
갈사오니 小鹿島에오는兄姉가 모―다主
틀믿게된다면 우리는病든것이얼마나幸福
하겠읍니가만 이렇게苦役을當하면서도主
님의恩惠틀(數層)내것삼지못하는것불때마
으로谷谷할뿐입니다。小鹿島의모―든設
備는 나날이美化되고普大케됩니다。이에
따라 主님의役事틀일발믿을뿐입니다。
나 先生님授禱하여주시옵기仰望하옵나
不備止白합니다 十月十九日 ××上書」

十一月十五日 (水) 晴、一時雨、雹。
早朝에順産得男의報를接하다。昨十四日午

二四

十一月十五日後半(이전)

後十時半에出生하였다고。○金宗洽兄이病床에있음을듣고尋訪하니　直腸炎이라고。病苦도　많은世上乎。○登校授業。○某巡查의便紙(別項第二十頁)에感激。

十一月十六日　(木)　晴。午前十時에東大門婦人病院에　돌려서　次男을初對面。婦人病院의光景은　처음見學。臥床에누어있는　여러産母들의容貌는　마치凱旋將軍갈기도하니　그도　그럴듯한일。乳兒室에　班列지어　늘힌　數十名기들은　軍器工場의寫眞列같갈하니　어젯면盛哉織造工場의織造器列갈기도하다。여기서는爆彈列갈기도하고그렇고그렇게하여서아무리빨리한대도一個月은要할것같았으나아직一二年기대려야겠나니다。모세의曠野時代를聯想하면서。(下界)

○登校授業。○滿洲消息에『金先生님上書。전번드린글월보신지오매　우回答오기를기다리고있엇슴니다。마음에사뢰구심은말슴은많읍니다만　입이열려지지아니합니다。아무리옳다好다主張하여도　오늘來廳이失敗의生活임을잘아내여주고있으니外에說明을不要합니다。아직까지信仰의길이　참길인것을朝夕으로生覺하면서도　어떨게된일인지　어떤만것이　맘음세들占領하고있는것을볼때에　醫師의진단을期待리지아니할수없읍니다。今年一年을　다시回顧할때에　金錢의종노릇한것밖에없으면서도얻은것은하나도없읍니다。그런고로中間길을그만두고　두길가운데　한길을거리보려하나이다。今年에는　무슨핑게를家庭에하고고라도　冬期集會에는恭席하려하옵니다。

通知가없으시드라도　十二月二十日께해서　여긔서準備하여가지고떠나려하나이다。마음세대로하면　今日이라도가고싶으나農家에일도그렇고　今年生의軟金도났었습니다。(下界)

十一月十七日　(金)　曇、夜一時雨。○泰川申君婦人病院에牛乳를配達하고登校。○歸途에印刷所에들러니。○帝大病院小川外科에入院中인崔泰瑞牧師를尋訪하니大手術後인데도不拘하고　매우元氣旺盛하여世界政局에關한談論이病狀에關한것보다몇倍나많었다。崔兄의再起를確信하면서辭退。그러나左右前后에患苦中의친구가어지많은지알수없으니무슨까닭일가。○學生々活의一面如下『오래동안消息을傳해드리지못해서罪悚하옵나이다。聖書・朝鮮十一月號는拜受했읍니다。서운한말슴이실려있어憂鬱한情難禁이올시다。聖書나려續刊되기를비나이다。門生은去四日부터昨七日까지學校野外敎練으로龍山七十九聯隊兵營에서宿食했읍니다。短期日이였으나所得이多大합니다。平時에는每끼三十分以上걸려서먹든밥을僅六七分以內에먹어야되오니처음엔快치났었음니다。그리나精神의緊張과過度의運動으로完全히消化해내였읍니다。이번經驗으로모ーー든病은精神의解弛로말미암음을確知했읍니다。寄宿舍生活을하다가放學에歸家한즉번々이病앓든緣故도짐작되옵니다。兵隊內에선죽이는일밖에다른것은볼수없고들을수없읍니다。이것은悲痛한것이였읍니다。罪에빠진人類의가는길이이것이옵니다。밥은實로끼니마다달렸읍니다。米麥混合한것、고구마에쌀、쌀에馬鈴薯、수々밥등이였읍니다。門生은前부터집에서먹든것이오니不平없었아온데馬鈴薯섞은밥을처음보는이、수々밥을처음입에대는이들의不平은可觀이옵니다。其他느끼바許多하오나一々이아뢰지않겠나이다。』

新刊豫告

一、柳達永著
農村啓蒙의
先驅女性
崔容信孃小傳
定價五十錢送料六錢。이미發賣中。

二、金教臣著
信仰과人生

博文々庫로發刊하게되었다
크리스마스까지는
出版될터。

第八回 冬季聖書講習會

本誌讀者 一同

題 詩篇解說、山上垂訓研究、金教臣
毎日새벽祈禱會、午前午後聖書研究、金宗洽

日時、自十二月三十日(土)午後二時
至明年一月五日(金)午前十時

場所、本社。聽講料、一圓。或은宿泊費六圓。

[注意]本誌一個年以上直接讀者에限하야
聽講資格을認하나、聽席할念이이있는듯이
보이면十二月二十日以前으로會場主筆에게
申請願할것이오、이로二十名限의承諾限이있으므
宿泊會場에準備에限이있으므
毎日새벽마다二十名限이라거나承諾이
承諾한日의一切認定치아니하고一切認定
着席할것이라。毛布와寢具는持參할것이오
宿食은三十日夕飯부터五日夕飯까지準備될것
이니이通知되면準備하겠다。

講師 金教臣

會費 一個月平拾錢以上、毎一回二十錢式

市內삑스東崇橋下車、約三分遲刻謝絶。
十二月十七日(第三日曜)로써今年度集會
를마치고明年一月마주부터明年度第一
月十四日까지四回는休講、主筆旅行이며
一月二十一日부터다시開講할터이니
許하야許한이에.시

本社舊號에關하야 (特價販賣)

詳細한것은 本誌先月號及前々月號의本欄
을參照하라。

本社出版物의定價改定

1、金教臣著 山上垂訓研究
定價、七〇 送料、〇九

2、咸錫憲著 드의 精神란
定價、一〇 送料、〇一

3、咸錫憲著 無教會
定價、一〇 送料、〇三

右記三種書籍은 明年一月一日부터
各々①은十五錢으로②은 ③은
改定定價대로販賣함。但今年末의舊號
改定定價期間은本誌가舊號
號도改定定價毎一冊①〇錢으로復舊함。

本誌의續刊에關하야

本誌의休刊或은廢刊問題로써
誌友諸君께걱정을끼치나、實로未安千萬이며
年編輯中이려하書임은雜誌刊行되리면
一個年은繼續될것으로斟酌하노라。
為하여더욱新禧하여주기를바란다。

所賣次取

和信 (京城府)
北星堂 (京城府)

博文書館 京城府鍾路二丁目八六
信一書館 京城府鍾路二丁目九一
茂英堂 (大邱府)
向山堂書房 東京市麴町區九段坂
教文書館

本誌定價

一冊 拾錢
六冊 前金一圓十錢 (送料共)
十二冊 (一年分)前金貳圓貳拾錢
要前金直接注文은
振替貯金口座京城一六五九四番(聖書朝鮮社)로

發行所 聖書朝鮮社
振替口座京城一六五九四番

印刷所 大東印刷所
京城府仁寺町二一九ノ三

印刷人 李相五
京城府仁寺町二一九ノ三

編輯兼發行者 金教臣
京城府外崇仁面貞陵里三七八
(京城、光化門局私書函第一八號)

昭和十四年十二月一日發行
昭和十四年十一月二十八日印刷

京城聖書研究會
市內敦巖町四丁目三三三朱斗用氏方
每日曜日午後二時半부터約二時間

【聖書朝鮮】第一百三十一號
昭和五年一月二十八日
昭和十四年十二月一日發行
第三種郵便物認可 毎月一回一日發行

【本誌定價二十錢】 (送料五厘)

金教臣 主筆

聖書朝鮮

第壹百參拾貳號

昭和十五年(一九四〇)一月一日發行

昭和五年一月二十八日（第三種郵便物認可）
昭和拾五年一月一日發行（每月一回一日發行）

目次

聖戰 第四年、皇紀二千六百年의
新春을 맞이하며 一億民草의 一
心祈願하옴은 오직
天長
地久
東海와 함께 하사 國威 八紘의
日月이 되여지이다。

皇國臣民ノ誓詞

一 我等ハ皇國臣民ナリ忠誠以テ君
國ニ報セン

二 我等皇國臣民ハ互ニ信愛協力シ
以テ團結ヲ固クセン

三 我等皇國臣民ハ忍苦鍛錬力ヲ養
ヒ以テ皇道ヲ宣揚セン

內 鮮 一 體

天空海闊、東海의물은 기리 맑고 거기서 솟는 아침해는 언제던지
新鮮하다。曠漠한 大陸南北에 蜿蜒히 나부끼는 日章旗는 新亞細亞의
아침을 花園으로 裝飾할것이다。
聖戰奮鬪三個星霜、皇軍의 至誠한 犧牲뒤에는 新文化의씨가 뿌리여
지는 아침이오、皇紀二千六百年、萬萬世一系의 炫然한 御稜威는 東邦
을 덮고 남는 갸륵한 新世代의 아침이다、一億民草 오직 雲上의 御泰
安을빌며 그慈雨潤露에 젖는 幸福을 敲頭感謝하을뿐이다。
皇紀二千六百年。이는 한世紀에 한번식 밖에는 안오는 紀念年이다。
이 貴한 紀念年을 맞는것만해도 오늘 우리의 幸福은 큰것이다。그럼에
또한 이 皇紀二千六百年은 東亞의 大革新 나아가선 世界의 一大轉換期
임에 틀리지 않는다。새 世代를 向해 新生活을 獲得해나갈수 있게된
것은 이昭和聖代에 사는 우리들의 얼마나 큰 기쁨인가。
新東亞의 建設 한편에는 第二次世界大戰이 展開되며 있다。우리가
即時回想할수 있는 事實은 지금으로부터 二十年前 第一次世界大戰의
結果이다。그大戰의 鮮明한 結果로는 歐洲의 衰退、米國의 强大、日本
의 勃興、이제 가저다。이제 第二次世界大戰은 以上의 三大事實을 加速
度로 確實化、擴大化하는 結果에 이르는 外에 다른것 아모것도 아닐것
이라는것이 有眼者들의 定評이다。
過去數百年間 世界는 오로지 歐洲人의 世界였을뿐이다。그 無意味한
아니 不自然한 現狀은 世界의 表皮에서 整形되며 있는것이다。東洋人
은 東洋人의손으로。東洋에 東洋文化가 있다。東洋文化는 東洋文化以
外에 가장 適宜한 文化는 없는것이다。帝國은 東洋文化의 守護神으로
이제 適好한 時機를 얻어 日月과 더부러 久遠한 理想을 實現하며 있
는것이다。 鋭後의 臣民 內鮮一體로 一層奮發할 新世代의 元旦이다。

皇紀二千六百年元旦。

一年의 計

어떤 크리스챤商人은 十二月二十四日로써 大晦日로定하고、모든商務取引을 그날에 끝막은後에 一週間은 고요히居하여 心身을 가다듬고 섣달 그믐날 저녁에는 全家族과 雇傭人들까지 特히 일찍就床하였다가 일찍起床하여 除夜의 鍾소리를 들으면서 元旦禮拜祈禱會로써 新年을 出發한다고한다。除夜의 鍾소리를 들은後에 就床하여 正月初하루날부터 늦잠자기 시작함은 「一年失敗」의 첫거름이라 하니 果然 一理있는 살림이라할것이다。

一年의 計를 元旦에 세우려함은 벌써 失時의感을 免치못한다。一年의 計는 舊臘의一週餘를 떼여 바쳐서 완완히 綿密히 確固히 樹立하고서 元旦부터는 計劃의實施에 들어가야 할것이다。一年의 計는 저녁에 있다。

마찬가지로 一日의 計를 아침에 企圖하려함도 벌써 늦었었다。一日의 計는 前日 저녁에 이미 세워 두었다가、새벽에 起床하면서부터 實踐의武步를 내디디어야 할것이다。每日새벽四時起床을 實踐하는이가 그秘訣을 대답하여가르되 「저녁 十時就床을 쇠人소리나게 實行해야 됩니다」라고。저녁 就床時間을 嚴守해야만 새벽起床이可能하며 自由롭고 오래持續되는法이라고。아무리 非凡한人物이라도 徹夜에 자정 넘도록 닭이 울도록 遊興에 精力을 消耗하고서 그리고 每晨에 일찍起床하여 一日의 計를 實踐하는일은 極難事이나、그러나 아무리 凡夫라도 規模있고節制있는 저녁을 가진者는 그翌日의 計에 軌道가있을수있다。果然 一日의 計는 안날 저녁에 있다。

一年의 計가 이렇고 一日의 計가 이렇거든 一生의 計는 어떠할까。來世에 希望을 가지는 基督徒에 있어서는 一生은 一日과 같고 一日은 一生과 같다。葬事지난後에 天國의 計를 樹立코저한들 때가 벌써 늦었음을 嘆息할것이다。一日의 計가 안날 저녁에 있었던것처럼 來世의 生涯에서 이미 樹立되여야 할것이다。

理論은 어찌되였던지 信仰生活에 日曜日을 聖別할것은 此世의生涯에서 絕對必要한일이다。이는死守해야할것이다。信仰에서 墮落하는者의 十中八九는 日曜日의 俗化가 그出發點이다。그런데 日曜日을 聖別하기는 어려운일이나 그래도 土曜日을 遊興社交의日인줄로通用하는 우리不信社會에서 이것을聖別하기에는 土曜日의 聖別이 꼭必要條件이다。라야 日曜日이 살어나고 日曜日이 살어야 一週間이 살고 一生이 살어나고 土曜日이 聖別되고

보라 春萠은 이미 昨秋의 落葉과 함께 準備되였다。우리의 心靈에 一年의 計는 如何하며 來生의 計는 準備되였을까。

一年의 計

一

우리를 利用하라

우리를 利用하라

世上에는 남을 利用하라고 밤낮 策畧을 꾸미며 애쓰는 사람들이 적지않다。그런데 여기는 남에게 利用되여

드리려고 晝夜願心인 사람들이 멫이있다。但 그리스도에 있어서 利用되려는것이니 詳考한後에 利用하라。

咸錫憲君。君은 일즉 東京高等師範學校 倫理歷史科를 卒業하고서 五山中學校에 在職滿十年만에 敎育界에 對하여

신발의 몬지를 털고 只今은 定州五山에서 小規模의 農事를 짓고있다。農事는 한다고하나 그는 이를테면 姜太公

의 낙시질이다。農事하기爲한農事가 아니라 待機하기爲한農事이다。언제던지 主그리스도를爲하야 援兵을

請하는데 있다면 저의田畓을 荒蕪에 맡기고라도 뛰어갈 「待機體制下」에 起居하고있다。信仰 數十年이라던지 敎

役 長歲月에 基督敎思想에 混迷하고 信仰에 말기고라도 저의게 들어보라。白頭山 天池가 潰裂됐다싫

이 基督本然의 生命泉이 네 가슴에 汎濫함을 느끼고야말리라。또 基督의 이름에 關係되여 設立된敎育機關에 主任되는이들

은 咸君과같은이를 때때로請하여 工學校設立의 本然의趣旨를 宣明케하기에 贍大할것이며 主그리스도에게忠實할것이다。

宋斗用君。君은 財産되였고 技能도있어서 오늘날까지 多種多樣의 事業을試驗해보았으나 餘生을福音傳道에 바치기

로作定한것이 모든試驗을 지난後의結論이다。그의住宅도 큼직해서 우리의京城聖書研究會場所도 그二層의一室이다。

君은 「小事에忠誠하라」는것을 生涯의標語같이 되푸리하며 冷水한잔이라도 따뜻한 마음으로 떠주기를 힘써한다。

故로 오랜病苦에 시달린이 苦한貧困에 부닥인이 人生의悲嘆에 한숨짓는이들은 君의個人傳道에서 信仰에 蘇生하는

기쁨을 恢復하는 例가 非一非再하다。京城을中心으로한 個人傳道에 特히注力하는듯하다。

金敎臣君。君은 十數年來로 養正中學校敎師인故로 月給이 豐裕해서 쓰고남은것을處分하기爲하여 다달이 基督敎書類

를發刊한것이많으니 이것이利用할것의一。또 君은 乘車割引券을使用함으로 遠距離로 갈수록 큰利나 보는듯이 기

뻐遠征을希望하며、生活이 넉넉한故로 車費나宿食을自擔하면서 傳道하는일을 한가지 자랑으로 알고있으니 利用하

기는 알맞기 짝이없는人物이다。이제 우리속에는 「말슴」의火災일어났다。누구던지 利用하라。

【附】矢內原忠雄氏。『嘉信』主筆。元東京帝大敎授。氏는今年八月下旬頃에 渡鮮。各地에서 請하는대로 基督敎講演할豫

定이다。敎會나 미숀系統學校나 官公立學校內基督靑年會에서 氏를利用하라。希望者는・聖書朝鮮社로 미리申込하라。

二

如 是 我 信

如
是
我
信

年歲의 轉換期를當한關係도 있음인가 近來에 至하여
스스로 하나님을無視하고 眞理를拒逆하는生活에서떠나
서 親히體得한眞理를告白하여 自己를否定하고 하나님을
높이는 소리를 듣기가 非一非再인것은一大奇觀이다。저
이들도 相當히 驕慢하고 有識하고 頑固하였건마는 그
래도 하나님편이 더 上手였고 眞理편이 더 硬固하였던
모양이어서 기어이 背逆하는者들을 粉碎하고야 마시니
自他를爲하여 果然 痛快한일이라 안할수없다。

前日에 어떤이는 일부러 찾아와서 告白하는말이「나
는 이제 自殺할것밖에 世上에서 할일이 남지않은 사
람이오。나의過去生活을 묻지마시오。聖經에서 罪라 罪
라 하고 읽기는 했어도 그것이 抽象的이오譬喩的인 一
種그림에 지나지 못하는것인줄로만 짐작했더니 罪라는
實體가 果然있거든요。罪의結果는 時間과 에넬기가無
限消耗되는일, 即 時間과精力!
된時間과精力! 인제는 그生活에서 아주 진저리났읍
다。이제까지도 들었던福音의 힘으로써 하나님이 찾으
시는것을 때때로 느꼈으나 只今 精神을 차리지않으면
아주 버리실것만 갈습니다。나의罪에 居한生活로 말미

마 나의周圍의無辜한 사람들에게까지 波及된罪의結實의
慘狀을 생각하면서 저는 全身을 떨었다。
이와前後하여 다음과같은 긴書翰을接하였으니 이도
또한 意外의時에 意外의人에게서 받은것이다。意外라함
은 저들의固執이 萬里長城보다 더욱 튼튼한듯이 보이
던것인데 不過瞬時에 眞理의爆擊에 餘地없이 粉碎되여
落城投降하는 일이다。以下 몇條項으로써 이런體驗을通
한 眞理證據를 밝키고저한다。

『先生님! 先生님 저를잘아시다싶이 저는늘우도 꾀만
한者이었어요。저亦是 自我의결점을 全然모르는바는아
니었어요。몇분의몇치라도 意識하고 이것을고처볼려고애
도써보았지요 그러나不知中, 무슨事件에서던지 突發하
고하니 (勿論다른點도결점이二三가아니지만)그런後에 一
種의 『自暴自棄』에이르는 心理로傾向하지요。이런行動
이 于今것 先生님께 좀더…侍從치못한所以이였고 또
는 『放縱에가까운 『我流信仰』의態度를 갖게되였더면 所致
였었나이다。이런교만한心理에서 미끄러저 자포자기랄
까 오만방종한걸음이 지난××集會以後로×期까지이르
도록 先生님들과 相從을끊다싶이한것이였지요。
그동안의 제心靈의暗黑은 이루形言할수없는 悲慘이였
어요。無時로 내靈의호소는「이런것들은 다―교만스런
罪이니 어서虛心으로 聖徒들의交通에參列하여… 枯死되

三

如是我信

여가는 「내生命을살리라는」 부르짖음이 不絕했지만 一
向코집도해보았고 · 또는約間의으거운눈물로 참회도해보
았으나 이내決行할勇氣는 얻지못하고있었다가 겨우지난
夏期에 限이없이 矜恤히녀기시는 主님의强하신채쭉에
죽어가든 心靈에힘을얻어 數句間 참회의눈물을흘리며
기도할수있는기회를얻어 雜草亂滿한心田을 十分除草함
였다는 歡感을느껴저서 가벼운마음으로 비인마음으로
다시集會하시는 총중에 一分子로서나갈수있는氣운을갖
있던것이였읍니다. 그때에 저는 아무것도없이 오직기
뿜으로恭列하였던것이였읍니다。 不絕이 마음고막을울리
는것은. 先生님이 그一悲壯하신宣言하신바와같이 모나
와같은. 결점덩어리가 失手를해서 聖會를모욕하는일이
있으면 어찌하나하는 두려운生覺이 한큰不安이였을뿐이
였어요。 先生님의 기도에는 꼭 저만을爲하여하시는것같
이만 느껴저서 아멘〜하여 뼈人속깊이〜저도함께 마귀의
유혹에서免케하여주소서 모든시험과유혹에빠지기쉬웁지
의들을 불상에보새 「전지주소서」 等等의意味로 기도하
시면말슴은 제 폐부에찌름이였음을感激해서 견딜수없었
나이다。 기도 句節〜마다 제 간장에서일어나는〜
〜을連呼하는 저의心靈은 하나님을直示하옵고 心祝
하옵기를 오一慈悲하신아버지! 이연약한것 無力해빠

진이것을불상이녀기사 제힘아닌無所不能하신 당신權能
이 이것을부뜨사 요번會는 이聖會를모욱치않게 끝
까지 이會員이될수있게 모든유혹과試驗과 실수와나태
와 연약에서구원하소서 하고 祈願하여마지않었답니다。
이런마음 제만으로는 꽤眞實한生覺 懇切한마음으로계
속했었지요。 겨우三週日에 아一 울고싶어요。 土曜夜에
突發事件으로 不得已出他하게되었었지요。 미리通知할餘
裕도없었기때문에 來主日에는 가서 말슴으로事由를드
릴랴고 울고싶도록원통한일이지만 不得已한연유를말슴
할랴고하고 自慰하는一週를 보넸었지요。 웬일인지 마
귀의試驗은 多方面으로 連폭격하는군요。 희미하게나마
제게느껴지는것은、 勿論 제의不信의모든罪惡을 달초하
시려는 아버님께서는 이런類의多種의患難으로 매처서
至當하옴을 甘受할려는바이옵니다。 初가을부
터로군요 兒孩들이 모도알어누었읍니다。 病으로부
병×××兒孩들이 幼兒하고만 내놓고
였답니다。 이웃에 여름에 그病들이流行했답니다。學校
다니는 큰년은 月餘를苦痛하다가 요새서야 겨우病
에는 꼭 제의不信의罪過로因해 · 兒孩들을代身하려 이
愚둔한者를 보이시는것만같아서 두눈뜨거운때도 不少
했였어요。 지난主日에도 이력저력하다가 빨리간다고간

四

것이 正刻에 三分이 遲延되였지요。 염치없이 어찌물란을 敢行하리까? 울며도로섰지요。 오며 곰곰생각할수록 저갈은不足이星性이가 어찌 그一거룩한會員의 一員이될 수있나? 그야말로 全然資格不足이란것만 痛感되여요。

그래서 애당초일측이 털쳐나오든것이 聖意인것만같어 서 저는 아주斷念했어요。 勿論 會則上벌서 내가무슨 斷念이니 무엇이니할必要까지었었지요만。 그래서 하나님 이 許諾하시는대로 잠잠한中 아주잠잠한中 집사람들 과나같이 기도하며 禮拜하는中 主日을들길사이지낼수있 을까? 하는生覺뿐이옵니다。 한가지 恭列못하오나 부스럭이를 개도주서먹을수 있는것갈어 俞에는 恭列못하지마시옵기를 敢히伏望하나이다。 그리하옵고 不 바리시지마시옵기를 敢히伏望하나이다。 그리하옵고 不 足한것이오나 聖朝誌는 一大端이 愛讀하는者이랍니다。 聖朝誌와 인연을끊을수는 었었던者이여서 보내주시지 않은후에 늘書店에서 계속購讀했어요。 한절독바리讀者 같은것이오니 한讀者로看做해주서서 續刊못하는此이라 도 關聞의 뉴丨쓰가있삼거든 잊지마러주셨으면 大端 感謝不已하겠나이다。 （下略） 十二月十三日 ×××再拜丨

一、하나님의 사랑은 深刻하고 한번探하신者는 容易 히 放任하시지 않는다。 一時는 怜憫한人間에게 侮蔑을 當하는듯、 實在者가 아닌듯이 보이나、 結局은 自己사랑 外의 가장貴한것을 하나님께 獻納하였던것처럼 우리도

二、罪의 結果는 淸算없이抹消된번이없다。 罪란 果然實 在하다。 그것을犯한者를 어데까지던지追窮하여 降伏하기 까지急追하지않고는 마지않는것이 여호와의性格이신듯하 다。 犯罪者自身에게 그淸算을强要하실때는 오히려 참을 수도있으나 無辜한家族 親戚 故友中에 사로잡힌罪人의 눈에서라도 懷悔의 눈물이 없을수없다。 그리고 하나님 가臨한것을 늘때에 아무리暗黑의 權勢에 그代贖의要求 은질거 그런方法을取하시는듯하다──一家戶主의 放縱을 責하실때에 軟弱하고 可憐한妻子들에게 大患을 나리시는 일같은일、 또는 一國一民族의 柱礎갈은이를

三、믿진않으면 차라리 모르거와 믿으려거든 信仰 第一主義로 믿어 살어야하겠다는것이 實際에證明된다。 信仰은信仰의法대로 장사는商利의法대로 한다고해서 信 仰으로써 商業或은其他職業을 삼키지못할진대 空然한苦 悶이 저에게서 떠나지않을뿐더러、 도리어 저에게 禍가 밋는듯하다。 故로 이스라엘百姓들이 맛아들 첫秋收 其

올 부으신者를 어르만지며 주물르며 따리며 달래며하 여 찾아내고 이르켜서 여호와 自己스스로를 나 타내시여서 侮蔑하던者自身의 입으로서 하나님의 嚴存을 證擧시키고야 만다。 누가 여호와보다 더 現存者일소냐。 누가 하나님보다 더 强한者일소냐。

如是我信

五

如是我信　　　　　六

크나 적은일에 모주리 信仰第一、、、主義의 生活體制가 確立되여저야 하겠다。

主日에 聖書研究會에 參席못한 原因이 土曜日저녁의 俗務에 있었거든、적어도 土曜日午后로부터는 聖域으로定해놓고 축기를限하고라도 物들지말기를 警備할 것이다。日曜日을 아모렇게나 보내고도——大部分은 遊興氣分에醉해서 보내고도 世上에 없느니라는 價値있는 일이라고 世上에 없느니라는것은 單只 靑少年의思想이오 꿈이다。犧牲이 없이되는 것은 自由信仰이 成立되는줄로 아는 것은 單只 靑少年의思想이오 꿈이다。信仰으로世上을 걷고 저하리만한選擇을하였을진대 俗된流行은 斷絶하여 버리지않고는 안된다。日曜日을 靈의일에 生命의일에 永遠한일에 聖別코저하려면 土曜日을 警備하여야하겠고 土曜日의警備를完全히하려면 日日의生活이 全혀 信仰第一主義로 突進함이 있어야된다。

四、우리의集會를 매우 거룩한것으로 알고서 조금만 失手해도 다시 參席할수없는 자리인줄로 알어주는것은 한편으로는 매우 고마운일이다。우리는 嚴格한規約을定해놓고서 그것을 지키기에 적잖은勞力을 하여왔다。뭏기 어려운것도 拒絶했고 行하기 괴로운일도 斷行했었다。그럼으로 이集會를 함부로 하지못할것으로 안것은 眞理의價値를、保全하기爲하여 眞理에對하여 오만한者 羊群에對한 狼狽者輩를 除却하고 들지말게하옵시고 다만惡에서 救하옵소서」하고。

서 참된羊떼를 擁護하고저하여 마지못해 施行한일이오、우리의眞心은 그렇게 苛酷한사람도아니오 그렇게 거룩한사람도아니다。그 마음에 固執이있었고 그行爲에 傍若無人을敢行코저하는者를 對하여서는 우리도 어디까지던지 願强硬하게 苛酷하게 當하지않을수없으나「그 마음에는 願이로되 肉身의惰弱으로因하여」一時刻에 늦었고 法度에 그러지고서 그心中에 苦痛과悔恨을 禁치못하는者인것이 確實하거든 그는 언제던지 우리에게로 다시오라。스스우리에게는 强한者와 義人들은 오지않어도可하다。스스로 弱한者 알고서 悲嘆하는者、스스로 추한줄알고서 부끄러워하는者、스스로「할수없는者 修繕할餘地없는破器인 것」을알고서 自殺에까지 決心이 믿은者 그들은 꼭한번 만나고싶다。우리集會는 願컨대 이러한 人生行路에서 疲困한者들의 숨쉬는곳이 되고저한다。

五、誘惑이란 確實이있고 또危險한것이다。千萬意外의 사람들이 信仰의勇者로써 自他가承認하던이들이 섭사리 꺼구러지며 自暴自棄에까지 이르는事實이 한둘만이 아닌것을 알때에「시험에 들지 말게하옵소서」라는 一間를 主祈禱文中에 넣어주신 主예수의 綿密하심과 周到하심과 慈愛하심에 感泣하지않을수없다。가장 篤信者인 兄姉여 第一군센十字軍弟妹여 오늘도 비사이다「시험에 들지말게하옵시고 다만惡에서 救하옵소서」하고。

聖靈이 臨하시면

咸　錫　憲

저의가 모였을때에 예수께 묻자와같이대 主께서 이스라엘 나라를 회복하심이 이때니이까 하니 갈아사대 때와 기한은 아버지께서 自己의 權限에 두셨으니 너의가 알바 아니오 오직 聖靈이 너의게 臨하시면 너의가 權能을 받고 예루살렘과 온유대와 사마리아와 따끝까지 이르러 내 證人이 되리라。(使徒行傳一章六―八節)

그 말을 받는사람들은 洗禮를 받음애 이날에 弟子의 數가 三千이나 더하더라。(仝上二章四一節)

사람은 다 偉大하야지기를 願한다。精神的不具者아니면 이생각은 누구나 어느때나 가지고있다。이것은 사람이 本來의 慾求다。基督敎徒를 虛殺한것으로 서부터 가지는 로마의 暴君네로는 그亂政의 結果 內亂이이러 마지 막에 逃亡하다가 죽게됨애 從者를 돌아보고 『누구 내게 죽는것을 보여다고』하였다하며 거기應하는者가 없음에 終乃自刎을하며 하는말이 『이러한藝術家가 죽고만다고야 可惜하지않느냐』했다고한다。저는 自己를 偉大한 詩人으로 自

認했고 雄大한 詩를 짓기爲하야 로마市에 불을질렀다는 사람이다。그러나 저만아니라、自己를 偉大한것으로 만들자는 것은 누구나 一生의 目標로 가지고있다。이것은 基督敎思想으로하면 不當한듯이보인다。基督敎는 사람에게 온갖慾心을 버리기를要求하고 어떻게 적고 낮은대라도 하나님이 주시는대로 安分知足하라고 어떻게 르치는것이다。그러기때문에 이러한 스스로 偉大하여지자 는慾心은버리는것이 마땅하다고 생각할수있다。事實 이렇게 생각하기때문에 學校를卒業하는 眞實한靑年이 往往 煩悶을 하는일이있다。그런煩悶을 하게되는것은 아니하는 것보다 貴하다。그러나 거기形式的으로 얽매여서는안된다。 聖書는 決코 사람을 적게 만드는 冊이아니다。도리어 크 게 無限히크게 사람을 만드는 冊이다。偉大해지자는 要求는 먹기 를要求하는本能과 마찬가지로 그自身惡한것은아니오 問 題는 그것을 어떻게 善用하느냐 어떻게 淨化하느냐 하 는대있다。聖書의眞理에 形式的으로 거리끼여 幾多靑年 이 無爲中에 生命을虛費하는것은 그야말로 事實可惜한 일이다。우리는 이本文에서 베드로가 歷史上空前絶後의 偉大한일을 한 實例를본다。이것을 두가지點에서 생각 하여서 배우는것이 있을수있다。

　1，무엇이 참으로 偉大한것이냐。

　2，어떻게 그것을 實現할수있느냐。

七

聖靈이 臨하시면

聖靈이 臨하시면

八

1

사람들이 偉大하여지기爲하여서 爲先하는것은 偉大한 所有者가 되여보자는것이다。即 偉大한것을所有함으로 제가 偉大해지자는것이다。그偉大한것이란 或富도될수있고 或貴도될수있고 또或學問도될수있다。事實그런實例는없지않다。人格으로하면 아모것도아니 되 어떤이들에게는 巨大한富나地位를가질수있게된故로 世에 이름이들레는사람이라도 頭腦가聰明하야 넓은知識을가진則 저를先生으로待接하고 名士로써 부른다。

그러나 그것은 참으로 사람을 偉大케할수없다。사람의손으로써 所有할수있는物件이면 그것이 어떤것이던지 사람보다 적은것이다。故로사람을偉大케 만들수없다。사람은 그것으로 自己人間이라는範圍를 버서날수없다。그리고참偉大란것은 人間을 人間的範圍에서 超人間的이게하는 것이다。故로偉大한것을形容할때는 超人間的이라고한다。그

그다음 사람들이 하는것은 偉大한事業을 成就해보자는것이다。이것은 人間의能力을 最高度로發揮하야、말하자면 完全燃燒를시켜서、偉大한것이되랴는일이다。그리고 事實여기는 驚歎할만한것이있다。或은國家를 建設하는데 或은敎育을普及시키는데 或은敎團을組織하는데 一生을받히는것은 確實히 偉大해지는 한方法이라 할수있다。亞米利加에는 펜실바니아라는洲가 있는데 이것은 當初에 윌리암・펜이라는 사람이 開拓하야 세운 나라였다。故로 그이름을 따라 펜실바니아라고 한다。南阿弗利加에는 로데시아라는地方이있는데 이것은그곳을征服開拓한 怪傑세실・로―즈의 이름에 依한것이다。펜과 로―즈의 이름은같을것이다。英語學者齋藤秀三郎氏는 一生에家族과談話함에十分以上을費하는일이 없이 工夫하였다는데 그때문에 그는日本英語學界에 偉大한功績을 끼쳤다。

그와같이 偉大한事業을成就하는것은 한가지偉大해지는 일이다。그러나 그것으로도 사람이 自己의範圍을 버서날수는없다。로―즈는 臨終에말이 『한것은적고、할것은많았다』라고했다고한다。大事業을成就한 로―즈로도 自己가 眞實로偉大해졌다고는 생각할수없었던故로 그嘆息이

베드로도 『무엇을 얻으리이까』（太十九・二十七）하는때는 그 린사람이었다。그때에도 그는 『모든것을 다버리고 主를 좃았다』。그러나 베드로도 예수의昇天하시는것은 할수는 없었다。

그다음 사람들이 하는것은 偉大한事業을 成就해보자는것이다。이것은 人間의能力을 最高度로發揮하야、말하 리고 이것은 決코 적은理想이아니었다。이것은 이사야、 한것은 그恢復運動에 一大猛活動을 하자는것이다。그 『主께서 이스라엘나라를恢復하심이 이때니이까』 저가願

예레미야 以來 이스라엘人이 晝夜渴望하는 民族的大理想이
있다. 예레미야가 七十年後면 메시야가 오신다고하야 기
다렸더니 아니오시어서 다니엘은 七週年式七十年이라고
解釋하야 四百九十年을 기다렸더니 그래도 아니오셨고
마가비家의 運動으로 되는가 했더니 그도 되지않어서 예수
의 오시던때쯤은 사람들의 맘이 미칠듯한形便이었다. 그렇
기때문에 덥비는 群衆이 예수를 臆志로 임금을삼으려 하
였던것이다. 그러면 가장 가까이 예수를 뫼시고 熱心
있는베드로가 큰期待를 가지고있었던것은 그럴만한일이
오 이제 떠나시는 마당에서 이때인가고 무렀던것이다.
그때 萬一예수가 그렇다 이때로다 하고 一言만 하셨더
라면 베드로는 勇躍하야 나섰을것이다.

그러나 萬一 그렇다면 무엇일까. 마가비兄弟들과같이 悲
壯한活動後에 한줄기碧血을 뿌리고말었을것이다. 그것으
로도 偉아닌것아니다. 그러나 五旬節날
에 보는것같은 그런베드로는 될수없었을것이다. 事業에
몸을바처도 사람은 그런베드로가 되지못한다.
그런대 그런베드로가 五旬節날에 잡작이偉大하여졌다
그 偉大는 어떤偉大인가.

聖靈이 臨하시면

『저의가 이말을듣고 맘에찔려 베드로와 다른使徒들
에게 물어가르되 兄弟들아 우리가 어찌할고……
이날에 弟子의數가 三千이나 더하더라。』

이런것을 大體 歷史上에서 볼수있었던가。누가 겨우一
二時間內의 一場演說을 가지고 三千名 사람의 마음을
完全히 征服하고 그들의 生活을 一變시켜 놓을수있을까。
스스로大政治家라는 사람은 한번試驗해 볼것이다。스스
로大思想家라는 사람은 한번試驗해 볼것이다。그러나 아
모의 마음을 숭내낼人間은 없다。一時間內에 爆彈으로
全世界를 占領하는 때는 있을넌지 모르겠다。그러나 三千名
의 마음을 征服하는 일은 저도할것이오 또한 이보다 더
큰것도하리니』(요한十四・十二)하신것은 이것이다。

그러면 그는 무엇으로 그렇게되었나。그事質을 저自
身더러 말하라면 이것이다。

『이 예수를 하나님이 살리신지라、우리가 다 이일에
證人이로다.』(二・三十二)

다른것 아니오 예수의 證人이된것이다。예수의 復活하신것
을證據하야 그가 하나님의 아들인것을 말한것이다。三千
名사람의 良心을 찌른것이오 그들을 悔改시켜 新生에 나
서게한 原動力이다。참으로 偉大한것은 眞理의 證人이 되
는일이다。故로 그것의 證人이될때 사람은 조고마한人間
의範圍를 超出하야 偉大한存在가된다。眞理는 物件보다도、사람보다도、世界보다도 偉
大한것이다。내가 征服하는것이
大한것이아니오 나를征服하는者가 참으로 偉大한者다。나

九

聖靈이 臨하시면

를發揮하는事業이 偉大한것이아니오、나로써自己發揮의器 具로삼는 그것이果然偉大한것이다。眞理가 이것이다。예 수가 이것이다。베드로는五旬節날로부터 이眞理의證人이 되었다。예수의종이되었다。그때에偉大하여졌다。사람으로 서도 能히 이런일을 할수있을까 할만한일을 實地로行 하였다。眞理는 모든것이 依存依生하는 原動力、原理、 源泉이기때문에 그것을證據하는者、即 몸으로써 그것을 證驗하는者는 偉大한結果를 낳을수밖에없다。

이런實例는 自然界에서도 볼수있다。큐-리-夫人은 라 디움의證據에 一生을바쳐서 偉大한 사람이 되었고、뉴 ―톤은 萬有引力의 證人이되어서 그 이름이 기리 길게 되었다。宗敎家에서보다도 아무宗敎도가지지않는 科學者 中에 도리어偉大한人物이 많이있는것은 그原因이 그들 이謙遜한無我의態度로 오직自然속에있는 眞理그것의證據 에 忠實한대있다。

自然界에서 그렇다면 道德世界에는 더욱그렇다。天地 를 꿰뚫는 公義公道의證人이될때 人格은偉大한빛을發한다 圍隱의偉大는 그의義의證據때문이오、나이팅겔의偉大는그 의愛의證據때문이다。

그러나 그런部分的인 自物界 或은道德界의 한가지或두 가지의 證人이되는것보다 예수의證人이되는것은 더욱큰 일이다。 저는 한部分이 아니오 單純한 原理만이아니오

道그自體、眞理그自體、生命그自體며、산完全者이기때문이 다。偉大를 바라는者는 저에게 갈것이다。

2

그러나 그것을 하지못한다。偉大한것이 예수에있고 못 의證人이 되자하면서도 사람은 그것을 하지못한다。못 하는까닭은、

① 은 예수를證據하는것으로 所得이없다고 생각하기때 문이다。우에서말한대로 예수의所願은 얻는대있다。그런 대·一個失敗家、一個死刑囚인 예수를辯護하여서 所得이아 모것도 있을것이었다。所得이 없을뿐아니라 도리어危險이 있다。當時의베드로에게만 아니라 오늘 우리게도 있다。 참眞情코 예수의證人으로 나서면 그瞬間에 이때까지 내 게屬했던 모든것이 다 떨어져나가고 四方에서부터 危 險이 몰려 들어온다。傳道를하면서 아직도 安全이 保 障되는것은 오히려 예수의忠誠한證人이 되지않은대 限 해서다。

② 는 人間의自尊性을 잃는다고 생각하기때문이다。예 수의證人이됨은 예수의 종이됨이다。그를爲해 삶이다。 예수를爲해 삶이다。사람의貴한것은 自由、自主에있는데 그것을 바림은 人間으로서 價値를 잃는일이다。사람이 그것은 스스로自己價値를、높이 고 모든것을 自己안에 統一한때가아니면안된다。――이렇

一〇

게 생각한다。辭行이있고 敎養이있는사람이 그리스도를 받기 어려운것은 이때문이다。

그런故로 사람이 그대로있는限은 예수의證人이 될수 없다。남을속에 根本的인人變化가 생기지않는限 絶對로不 可能한일이다。이것을 말하는것이 ──章八節이다。

『오직聖靈이 너의게臨하시면 너의가權能을받고…… 내證人이 되리라。』

『聖靈이臨하시면』이다。이것이 예수의證人이되는데 絶對 必要條件이다。聖靈을 받지않고 아모도 예수를 證據하 는것으로 生活의目的을 삼을수없다야 웨그러냐。하나님의 靈의權能이아니고는 이길수없는勢力이 사람의맘을支配 하고있기때문이다。가야바의公廷에까지 예수를따라가서 證據를하고싶은생각은 베드로의것이나、그의良心의實行力 을支配하고있는것은 그自身이아니오 딴것이었다。이것이 聖靈에 對敵하는 惡靈이다。이惡靈은 사람을속여 그의支 配下에 두는者다。그는사람에게 가장 반갑게 들리는『自 主』『自尊』이라는것을 가지고 人類를 속인다。저는아담 에게 하나님과같이 偉大해지는것을 約束하였다。그때문 에 그는 속았으나、그結果는 도리어 하잘수없이 墮落 한것이다。그는 사람더러 말하기를 偉大는 富를所有하 는데 있다고한다。그러나事實로 富를所有한때에 어찌되

聖靈이 臨하시면

였느냐하면 人格은 모래 한알보다 金剛石이 라 할런지모른다 (그모래를 金剛石이 偉大하여진다 約束하지마는、事實로 勢力을 잡으면 서 보면 사람의값은 한조각 종이보다 가비엽은것이되 고만다。저는 그러한詐欺漢이다。

그誘惑에 넘어가서 사람이 한번 自己를 저에게·내 맡기면 그後는 다시 거기고 自由로운몸이되여 나올수 없다。저가 이날것 糞土를들어 眞珠라하며 내게주었고 鐵鎖를 가저 勳章이라하며 내목에걸었고 그리고는 손 벽을치며 皮肉的인 우숨을웃고 앉었는들을 깨달게되었다 하여도 거기서 벗어저나올힘은 없다。그것은 하나님의 聖靈만이 할수있는일이다。故로 聖靈이 臨하시어야 우리 이 權能을 받는다는것이다。絶對의權能을 가지는 聖靈 이 내우에臨하는때 나는 새사람이된다。예수를 질거 워하는사람이된다。生命에 불타는사람이된다。사랑의 샘 물이 솟음처서 내 조고마한 人格의輪廓을넘치는사람이 된다。五旬節의베드로는 그것이다。이미베드로로 가아니오 聖靈의器具다。그런故로 偉大한것이되었다。 예수를 따라다니는 사람이면 다聖靈의베드로를받은사람은 아니다。使徒들까지도 五旬節을 지나기까지는 聖靈의사 람은 아니였다。故로 예수는 그들을 自己의權能있는 證 人으로아시지않었다。그리고 聖靈이臨하면 될수있다고 하

一一

聖靈이 臨하시면

셨다。教會나 聖經研究會의 名簿에 이름을 실어도 그것으로 聖靈의 사람은아니다。道德的으로努力하는것 좋아도 아직 聖靈의사람이 된것은아니다。예수께서 요한의 洗禮를 不足한것으로 말슴한것은 이것이다。

『요한은 물로 洗禮를 베푸렀으나 너의는 몇날이못되여 聖靈으로 洗禮를 받으리라。』(一·五)

道德的으로反省을하고 決心을하는것이 無用한일은아니다。 그러나 그것으로는 새사람은 아니다。그것이 어떻게弱한것이었던것은 그洗禮를 베풀었던 당신이오니까 다시 새로운疑惑에빠저서 『마땅히 오실이가 다른사람을 기다리오리까』했던것으로 알수있다。

聖靈은 새롭게하는靈이다。사람을變質시키는靈이다。聖靈을 받는다함은 거기征服을當하는일이다。엣날 내가 全혀無力해지는일이다。죽는일이다。그렇지않었으면 아직聖靈의사람은아니다。五旬節날의 불은 使徒들의人格을 全혀불살러 버렸다。그以後의 그들의 生活은 電燈의瓦斯線처럼 그聖靈의白熱에依하여 빛과熱을發하는 사람들이었다。 思想이變한것아니라 人格의統一主體가、靈魂이、變質을 한것이었다。썩어질것이 썩지아니할것으로、罪의肢體가 義의肢體로、더러운것이 거룩한것으로 變質한것이다。이것이偉大아니고 무엇일까。

그러나 마지막으로 한가지 더 생각할것은 그聖靈은 또 우리가悔改함으로야 臨한다는것이다。이 지금의 나를 罪로否定하고 教授의 부르짖음을 하나님에게 올려 야한다。그러기에 베드로는 『어쩌할고』하는群衆을 보고

『예수그리스도의 이름으로 洗禮를받고 罪赦함을얻으라。그리하면 聖靈을 선물로 받으리라。』

하였다。어느瞬間이나 내가悔改하는때가 聖靈이臨하는 때요、聖靈이臨한때에 예수의證人이 될수밖에없다。그때 나는 스스로偉大해진것을 느낀다。스스로無限의富의所有者요、至極히榮光스러운 나라의百姓이요、끝없는智慧를 가진者요、無窮한生命속에 있는것을 느낀다。

聖朝通信 (續)

各擔任教師에게 點數授受와 計算으로 日沒後까지執務。○들음이 崔榮梁小傳과 舊號의 發送事務。歸途에印刷所에 들려서 校正할것 취심하다。○想覩本 님으락나 달과木星이 어깨를 마주어 걱고、火星이先鋒 土星이後陣을 담당한 天軍의配置光景이 놀랍다。

聖誕과新年을敬祝합니다

이號로써 여러분의 新年의 福을빕니다。恒常그랬거니와 特히 今年은 年末年始에걸처서 特別集會가 있음으로 年賀를 보내주신이에게 對하여도 날날이 答狀드리지못합니다。

一月元日

金　教　臣

一二

참信者는 누구인가? (上)

宋 斗 用

世上에는 갈은사람이면서 善人도있고 惡人도있다. 그와같이 基督敎徒中에도 外部로는 갈은信者이면서 其中에는 참信者도있고 거짓信者도있다. 基督敎도많고 信者도많은것같다. 그러나 其中의 어느敎派 或은 어떤信者가 참信者를갖었는가? 吾人은 이것을 알고저한다. 決코 적은問題가아니다. 等閑히하여서는 될수없다.

그런데 이것을알려면 먼저. 참信仰이 무엇인가를 알어야한다. 참信仰이란것은 아무것도 석기지 아니한信仰만의 純粹한信仰이다.

참信仰、單純한信仰、信仰만의信仰、大體 그것은어떠한 것인가? 그것은 예수의信仰이다. 아들 예수가 아버지이 신 하나님에게對한信仰이다. 이信仰만이 信仰만의 참信仰 이다. 그러면 예수의信仰은 어떠한것인가? 우리는 예 수의態度에서 其信仰을 알어보려한다. 이것이 吾人의生覺하고저하는題目이다.

예수의態度! 예수의態度는 어떠하였나?

(一) 참信者는 누구인가

예수의態度를 살펴 보고저한다.

于先 예수가 曠野에서, 惡魔의試驗을 當하실때의 하나님만을 섬기려고하신것은 結局 靈으로만살며 信仰에

第一、예수는 四十日間 晝夜로禁食하셨다. 勿論 人間 예수는 시장하셨다. 이때에 예수에게는 무엇보다도가장 必要한것은 먹을것이다. 예수가 萬若 참으로 하나님이신 아들이라면 「돌을命하여 떡이되게」할수있을것이다. [예수 는 떡 다섯개로 五千人을、또 일곱개로 四千人을먹이신 일이있다(太一四・一三―二一、一五・三二―三九)] 그러나 예수 는 하나님의許諾이없이는 아무것도아니하였다. 그리고 「사람 의뜻이라면 차라리 飢死하기를覺悟하셨다. 萬若하나님 의 뜻이아니면 오직 하나님의 입으로나오 는 모든 말슴으로살것」을믿으셨다(太四・四).

第二、예수의 使命은 人類의救援과 하나님나라의 建設 이었다. 萬若 全人類의救援을完成하며 地上天國을建設하 려면 아무래도 世上과 安協하는수밖에없었다. 或은 政治 家、或은 富豪、或은 學者等의힘을 빌지아니할수없었다. 其權勢와 其物質과 其學識을. 그러나 그런길을 예수는 取하지아니하였다. 世上과 握手하는일은 結局 사단에게 절하는일인까닭에. 그래서 예수는 人類의救援과 天國建 設의大使命 大事業은 失敗할지라도 決斷코 하나님을 敬拜하고 홀 로 그만을섬기」려고 하셨다(路四・八).

第三、예수가 하나님의 말슴만으로 살려하시고 또 오직 하나님만을 섬기력고하신것은

一二

참信者는누구인가

一四

만살려는일이다。萬若 그렇다면 떡 即肉으로살어서는아니되며 世上即사단을섬겨서는아니된다。그러나 하나님만을믿고섬기며 其아들이신 權能으로 奇蹟을行하여 떡로라도速히 하나님의聖意를完成하실必要가있다。萬若 奇蹟만行하신다면 모든사람은 반듯이 自己를따르며 섬기고 또하나님의아들이신것을믿을것이 分明한일이다。그렇게된다면 天國建設은 아주容易한일이다。（예수는 얼마나여러번 奇蹟을行하셨나? 海上步行「太一四·二五」、病者를고치시며「太八·一-九·三」의多種多樣한奇蹟을보라、죽은者를살리셨다「路七·一一-一七、八·四九-五六、約一一·三八-四四」、또 떡의奇蹟其他 ——히 枚擧할수없다」）。 그러나 예수는 自己를믿게하려고 또는 自己가하나님의아들인가아닌가를證據하려고하는 生覺으로는 한번도 奇蹟을行하신일이없다。그것은 곧 反逆이다。어떠한일이있을지라도。試驗은 不信의態度이다。試驗은 하나님을試驗하여서는아니된다。어찌 아버지에게 反逆할수있으랴? 그럼으로 에수는 設或 世人이自己를하나님의아들 또는 救主로믿지아니한다할지라도 斷然코「主여호와와하나님을試驗하지」아니하셨다（路四·一二）。이것이 아들이신 예수의態度이며信仰이다。 黙黙히 참고기다리며 오직 믿고順從하신자! 그러면 世上의 어느敎派 또는 어떤信者가 主예수

와같이 單純하고 純粹한信仰만의信仰을가졌는가? 舊敎인가、新敎인가? 또는 監理派인가、長老派인가? 或은 聖潔敎會인가、福音敎會인가? 不然이면 敎會信者인가、無敎會信者인가? 敎職者인가、平信徒인가? 아! 敎派가무엇이며 敎會나 無敎會는 무엇이냐? 聖職은 누구이며 牧會者는누구이냐? 主님은 말슴하시지아니하셨나? 「나더러 主여主여하는者마다 모두 天國에 들어갈것이아니요 다만 하늘에계시는 아버지의 뜻대로하는者라야 들어가리라（太七·二一）」고、또 「누구던지 하나님의뜻대로하는者만이 내兄弟요、내姉妹요、내母親이니라（可三·三五）」고。

（二）

다음에 예수의말슴中에서 몇가지를擇하여 其信仰態度를 考察하려한다。

第一、 하나님을禮拜하는일에對하여、

「하나님은 靈이신故로 禮拜하는者는 靈과眞理로禮拜할지니라（約四·二四）」고하셨다。하나님을禮拜하는것은 儀式이나 形式이아니다。組織이나 制度로할것도아니다。勿論事業이나 奇蹟으로하여서도아니된다。하나님은 다만 靈과眞理로서만 禮拜하여야한다。그런데 現代 敎會와信者는 어떻게 하나님을禮拜하는가? 하나님보다도 사람을더기쁘게하려는 하나님을禮拜하는가? 禮拜나祈禱보다는 事業을貴히 여기는일은없는가? 또禮拜를靈과眞理로하기보다는 自己

의感情에 陶醉하는 所謂復興的氣分을 더 기뻐하며 더 求하
는 일은 없는가?

吾人은 깊이 謹愼할必要가있다。 두엇보다도 하나님은
靈이시며 眞理이시니 우리는、 반듯이 靈과眞理로써만 섬기
며 禮拜하여야한다(太二三·二三—二四叅照)。

또 말슴하시기를 「禮物을 祭壇에 드리려고할때에
의兄弟가 너를因하여 怨望하는것이生覺나거던 禮物을祭
壇앞에놓고 먼저가서 兄弟와和睦하고 其后에와서禮物을
드리라(太五·二三—二四)」고하셨다。 하나님은사랑이시다。
우리를 罪에서救援하시려고 其獨生子까지도十字架에죽게
하셨다。 또하나님은公平하시다。 人類를 누구나 다같이
사랑하신다。 하나님앞에는 모든사람이兄弟요、姉妹이다。
서로사랑하며 서로和睦하여야한다。 하나님은 그것을甚히
期待하시며 가장기뻐하신다。

그런데 果然 現代信者들은 이것을아는가? 教派間에
서로 和睦하며 信者끼리 서로사랑하는가? 그러면 모든
信者여、 우리는于先 서로和睦하자、 서로사랑하자! 이것
은 우리의理想이라기보다는 義務이다。 꼭하여야할責任이
다。 이것을하기前에는 참禮拜를 드릴수없는것이다(太二三
一三—一五叅照)。

1、 親子의關係

第二、 對人關係에對하여、

참信者는누구인가

世人은 基督教를가리처 不孝之道라고말한다。 皮相的으
로만 觀察한다면 그렇게말하는것도 無理가없다。 어느때
弟子中의한사람이 「主여 나를容納하사 먼저 내父親을葬
事하게하여주옵소서」하고 예수에게 懇求하니 예수는 「죽
은者를 저의죽은者를 葬事하게하고 너는가서 하나님
의나라의道를傳播하라」고命令하셨다。 또或者가 「主여 내
가追從하겠아오니 다만 나를容納하사 먼저돌아가서 내
집안食口에게 作別을告하러돌아가려하나이다」하니 예수는
「손에 장기를 잡고 뒤를돌아보는者는 하나님의나라에 合當치아니하니라」고訓誡
하셨다。 너무도 意外의말슴에 弟子들은 茫然할뿐이었다
(路九·五九—六二)。

그뿐인가? 于先 예수自身이 十二歲때의 예루살렘에
서(路二·四一—四九) 또 傳道初期에 가나婚姻집에서(約二·
一—一四) 其母親의말슴에對한答은 아무리生覺하여도 理解
하기困難하며 더구나 傳道中에있는自己를 아들사랑하는마
음에 만나서 얼굴이나보려고 不遠千里하고찾어온老母에게
對한態度는 一層더事實에있어서 예수를 놀라게하였다(太一二·四六—五〇)。
그러면 事實에있어서 예수는 不孝이며 基督教는 孝
를無視하는가? 勿論 그렇지않다。 그러면 왜? 예수는
좀더 世人의誤解가 없도록 하지아니하셨나? 예수는
그點이 예수의、예수다운點이다。 예수는 人間中心이아니

一五

참信者는누구인가

시고 하나님本位시었다。肉의父母를 輕視하신것이아니라 鞭의아버지를 一層더尊敬하신까닭이다。아무리 一時는誤解나苦痛이있을지라도 그것을참고 眞理만을行하는것이信仰의길이요 또 그것이 참孝道이다。

우리는 目前에 이와비슷한實例를보고있다。即 出征軍人이 그것이다。一旦 國家의命令이나리면 그들은一切을 呻吟하는妻子가 不顧하고 召集에應한다。집에老父母가계시거나 或은 吟하는妻子가 病席에있었거나 其他 어떠한事情이있을지라도 召集令을 拒逆할수는없다。그러면 이것을不孝라할것인가? 아니다、차라리 第一線에나서서 國家와同胞를爲하여 一命을犧牲하는것을 名譽라하며 榮光이라하지아니하는가? 또이것을 孝中의孝라한다。忠은곧孝인까닭이다。忠과孝의 十字路에서 躊躇하고 彷徨하는것은 結局不忠이요、또不孝이다。

그렇다면 基督信者는 父母를 어떻게 待接할것인가? 예수는 明白히答하셨다。「父母를恭敬하라、父母를詔謗하는者는 반드시죽이리라」한 舊約의말슴으로。누가 이보다더徹底하게 孝道를가리쳤나? 또 當時猶太人들의 父母에對한 그릇된思想을 警戒하시며 責望하셨다 （太一五·三一九）。

그뿐더러 예수는十字架에달려서 未久에運命하시려할때 에 其결에 서있는母親을 自己의가장사랑하시던 弟子요한 에게付託하셨다（約一九·二五一二七）。그리고서야 安心하시고 世上을떠나신듯하다。十字架우에서까지 肉身의父母를잊지 아니하신 예수의心情을 누가不孝라할가? 그런데 現代에 基督者들은 時代의風潮를따르는일에等閑함 은 무슨까닭인가? 設令 不信의父母라할지라도 眞理에 關한일以外에는 恒常 順從하는것이 天則이요人道이다。

그러나 「눈물을흘리면서 씨를뿌리는者는 기쁨으로秋收하 리로다（詩一二六·五）」。

2、 夫婦의關係

다음에는 夫婦의關係이다。이것만은 어떤道德、어떤宗 敎보다도 基督敎가 가장 嚴格하고 가장 바른思想을가 진것은 世人이 모두 是認하는바이다。예수는 「하나님이 짝지어주신것을 사람이 나누지못하나니라（太一九·六）」고 嚴命하셨다。淫行（姦淫）의緣故以外에는 어떠한理由가있을 지라도 離婚하여서는 아니된다고하셨다。淫行은 그일自體 가 夫婦生活의破滅인까닭이다。「누구던지 淫行한緣故外에 안해를버리고 다른데 장가드는者도 姦淫을行함이오 女人에게 장가드는者도 또한 姦淫을行함이니라（太一九·九）」 하심이 곧其말슴이다。그런데 現代人은 離婚을일삼으니 무슨緣故일까? 文化의進步는 道德의退步를意味함인가? 形式上 離婚은 아니하였을지라도 貞操를 지키지못하면

一六

그것은「離婚과一般이다。萬若 離婚을是認한다면 結婚의 意味와價値는 全然 없어지고말지않는가? 無한時代로다。然則 基督者인 우리는 夫婦生活의神聖함을 再認識하사이다。

貞操는 人間의特權이며 名譽인 까닭에。

3、一般의對人關係

끝으로 이웃과의關係를 一言하고 此項을 畢하려한다。이웃이라함은 自己自身以外의相對者 即남을 總稱하는말이다。兄弟 親戚 友人 洞里사람은 勿論이고 이웃나라百姓 結局 人類全體가 모두 나의 이웃이다。그런데 예수는「무엇이던지남（이웃）에게 待接받고저하는대로 너도남（이웃）을 待接하여라（太七·一二）」고하셨고 또「이웃사람（남）사랑하기를네몸과같이하라（太二二·三九）」고하셨다。前者는 所謂黃金律（The Golden Rule）이라하여 基督教 學者들은 聖書全體가 萬若이것만 남으면 體가 없어지는일이있어도 其價値는 不變할것이다라고까지 存在할수있으며 最高의道德律이다。이것을 孔子말슴의「己所不欲 勿施於人」과同等視하거나 或은 그것보다 좀進步된思想쯤으로 生覺한다면 큰誤解이다。認識不足이다。道德的鈍感이다。后者는「네 마음을다하고性品을다하고 뜻을다하여 너의하나님을 사랑하라」는誡命과아울러「律法과先知者의 大綱領이니라（太二二·四〇）」고까지하신 가장 重要한誡命이다。그러니 結局 兩者의內容은하나이다（갈五·一四參照）。아! 이두가지（或은한가지）의精神이全혀 없어지고말지않는가? 아! 世上은 지금보다 좀더 우리에게徹底하다면 世上은 지금보다 좀더살기좋았을것을! 即明朗하고 自由하고 和平하였을것을! 그러나 不幸히 크리스챤까지도 아니 크리스챤끼리도 이말슴을 埋葬하여버리다니? 果然「거룩한것을 개에게」준格이며「眞珠를 도야지앞에」던진 셈이니 可歎可歎이다（太七·六）。

第三、日常生活에對하여、

主님은「삼가 남에게보이라고 사람앞에서 義를行하지 말라（太六·一）고하셨다。凡事에 하나님을相對로하고 사람을相對로 하지말라는뜻이다。特히 自己의 多少의長處美、點을 사람에게보일必要가없다。알려서는 무엇하는가? 隱密한中에계시는 하나님은 一切을아신다。우리의 日常生活을 一一히 鑑察하신다。街路에서 喇叭을「부러서는 무엇하는가? 右手가行하는 것을 左手가모르게하여 可히하지아니한가? 그래도 하늘에 계시는 하나님은 아니신가? 또 그것을 몇倍나하여서 갚어주신다（太六·二一四）。이보다 더른 기쁨과滿足은 다시 없을터인데 -

또「祈禱할때도 會堂에나 거리어구에서하기를좋아하여 서는아니된다。그것도 亦是 골방속에서나 或은 고요한 시내ㅅ가나 山谷같은데서 다만隱密한中에계시는 하나님만

참信者는누구인가

一七

참信者는누구인가

을相對로하고할것이다。

其他 凡事에 예수의精神은 하늘에계시는 하나님만을
相對로하는데 一貫할뿐이다。그것이 하나님의뜻이기때문
이다。그리고 其聖意에만 順從하는일이 곧 永生의길이
다。信仰의態度이다。그러나 예수의말슴을 조금도割引없
이 率直하게 듣는者가 몇이나있는가?「主님의말슴이옳
기는하나 그래도 世上에사는以上 사람과世上을 相對로
하는便이 效果的이고 實際的이여서 成功과出世上의捷徑이
니 하는수있나?」하고말하는가? 이어찌 不信이아닐까?
크게反省하며 깊이悔改하사이다。過去나 現在나 未來나
도무지變하심이없는 우리主님은 끊임없이 우리의마음門
을 두드리신다。가을고 고요한 소리로 그러나 굳세고懇
曲하게 부르신다。

（三）
오! 主예수의사랑은 우리를 삼키고야 말것이다。
우리는 끝으로 예수의取하신 態度에서 배우려한
다。其超人間的이며 超自然的인 態度에서!

우리는 예수의말슴에서나 또는行動에서나 어느것 하나
도 버려서는아니된다。때로는 理解할수없는 말슴이나行
動이있다할지라도 그것은 우리의눈이보지못하며 귀가들
지못하는것뿐이니 다만 우리自身의靈이鈍한것을 嘆息할
뿐이다。其實은 나自身이 信仰生活 十有五年에 今番처
럼 예수의態度에對하여 놀란일이없었다。特히 어느날弟子

一八

들과 갈릴리바다를 건너가시려고 배에 오르사 海上을 進
行中에「狂風이 크게이러나며 怒濤가 뛰여들어와서 배
에가득」하게되는데도不拘하고 예수는 줌으신일이다。이事
實은 나를 다만 놀라게만한것이아니고 차라리 疑心하
게까지하였다。大體이것이 肉身을가진 人間의態度일까?
不然이면 예수는 이때에 生理的故障 即 精神에異常이
生하였던가? 이것을 生覺하여보려는것이 내가 이글을쓰
게된 動機이며 發端이다。이미 쓰기始作하였기로 其他몇
가지를兼하여 項目을 난우어 쓰라고 한것이다。（續）

崔容信孃小傳發刊에關하야

一、誌友의協同의힘이多大하여서 本傳記를 無難히刊行하
게되었음을 깊이感銘합니다。여러분이 눈에 보이는것으로
援助해준것도 大端히 큰것이었음니다마는 짐작컨대 보
이지않는것으로의精誠이 더욱 컸던것입니다。이傳記가發
行됨지 오라지않은데 그頒布되는 形勢를보건대 놀라운
것이있음니다。이는 全혀誌友諸氏의加禱의 結果인줄알고
崔孃의敎主요 우리의主님이신 그리스도께 二重三重의感
謝를 드리는바입니다。앞으로도 이런感激의文字가 우리同
胞들에게 넘어 읽혀지도록 힘써주시기 바라나이다。

聖朝通信

十一月十八日 （土） 晴。東大門病院에
들리고 登校授業。午后一時부터金錫源中
佐의軍事講演이있었었다。滿四時間을지났다
고。○歸途에印刷所에原稿를傳하고 東大
門外家畜市場에열린 肥育牛共進會를瞥見
하다。○저녁에 누가福音工夫。○小鹿島
振替됐음등에『冠省。下送하신十一月號五冊
잘받았습니다。病旅에서달린小生에게唯一
의벗이오 訪問客이요信仰의指針으로 五年
間찾었던 聖書朝鮮이 이제몇날이못하여
폐간된다하오니 아모리生覺하여도事實일
것같지 않습니다。지난날에萬難中에서救
出하시고 길우시든主님이 반드시 길을
열어주실줄믿습니다。十月五日聖朝通信을
읽고 마음이퍽느껴집니다。그래서病中에
受苦하고 엷은돈이오매 獻金하는말이오니
기쁘게받으실줄알고 銅錢한푼이지만 果
한것이라는것을깨달고는 더욱머리가수
그러집니다。이때로말미암아 저는더욱바
닥까지謙遜하야저야 할것을느낍니다。제
受苦하고 엷은돈이오매 獻金하는말이오니
라』라고。實로貴한돈이오 두려운돈 一圓
이다。

十一月十九日 （日） 晴、暖。봄날같이따
뜻한半日을 볕에쪼이면서讀書하는幸福이
컸다。○午后의明倫町集會에서 누가福音

第一講。今日以後로는新入會員을不許하고
無斷缺席者는出席停止를命하야 한사람도
남지않는때에 集會를中止하기로方針을세
우다。이번부터 咸兄의上京을기다리면일
이루어질듯은 이루어진다는것을確實히밀
나이다。저의前路에失敗와困難이많을수록
옛偉人先輩들의 一生과比較하야 스스로慰
勞받음이많사나이다。（下略）』

十一月二十日 （月） 晴。未明에山谷에
올라新禱。○갓난아기
東大門婦人病院으로부터退院。오늘처음北
漢山麓으로 도라오다。아기의命名을하랴
니 도라가신 어룬을 사모함이 一層간
절하지않을수없다。余의臣字와 長男의孫
字가 모다由來깊은名字라고擇해주신 글
자이것마는 漢學에素養없는余로서는 이
제到底히 이런命名學的으로選擇할才操도
없고 時間도없으매 基督敎信仰으로「溫
柔한者가 福이있나니 따물차지하는百姓되
리라」는 뜻을取하고 實務的으로 劃數가
적어서 쓰기速한字로 百姓民字를 주어
「正民」이라고命名하다。내가 저에게願하
는것은 奇拔한天才도아니오 高位高官도

이납니다。처음에 저는 저의작은理性의
尺度로聖意를헤아려보고 疑問을이르켰아
오나。이것의어리석은것을 알었읍니다。
저의人間的小計劃은 水泡로돌아갔아오나
이루어질듯은 이루어진다는것을確實히밀

聖朝通信

아니오 오직平和하고溫柔하야 하나님의 選擇을입은百姓되는일이다。

十一月二十一日 (火) 曇、夜雨。登校하였으나 感氣로咽喉를傷하야授業을못하다。漢藥세첩지어가지고 일즉도라와就床。

十一月二十二日 (水) 時時雨。아침에一時晴天일듯하야 全校가牛耳洞으로遠足出發하다。但 나는感氣不退하야 登校集合所에서 도라와服藥。○저녁에家庭禮拜。이사야第三十五章輪讀。

十一月二十三日 (木) 曇、後晴。○京城市內에所謂馬糞紙가品切되여서 崔容信孃小傳의組版이中止되고있음을알고 體制를多少變改하야 組版工事를進行하기로하다。○午后로부터 저녁까지 殘稿完了하야 어깨가輕快하다。

十一月二十四日 (金) 曇、小雨。早朝에 참께四斗를 自轉車에실어서 敦岩町참기름집까지運搬。○印刷所에 校正을傳하고登校授業。○午后에印刷所——京畿道廳——總督府——印刷所에도라와서校正하고 黃昏에歸宅。밤 늦도록校正하니 崔容信孃小傳의校正까지 엎치고 덮쳐서 常用□紛忙느이라는程度는 될신지났다。○來信一枚에

「節季로서는 日氣溫和하온데 뫼시압고先生님氣體康寧하옵신듯 下情에 기껍사옵나이다。그렇게오시는날을 손꼽아기다리다가 떠나가실제는 전송도 못나가고 후 곧 上書하옵는다는게 於焉두달이지낙갔읍니다。여지껏 뵈옵고자 하였든 한崇嚴하신 權威에눌려 두려워 敢히펜을 들수없는 이罪많고어리석은 靈魂을 下諒하여주시옵기 간절히바라옵나이다。學校도 올가을은 類달리 바빴압고 몸도 고단한中 요지음은 小康을 얻었아오며 新約聖書를 通讀은하였아옵나이다。學事視察出張費가 若干 몼에 돌아오는게있어서 오는 二十三日(木曜)부터 二十六日(日曜)까지 出張申請을해놓았읍니다。聖地貞陵里 先生님宅에 가뵈입고 二十三日절하옴으로 二十三日 午后세시半頃에 宅近處에 가을 豫定이오며、先生님께 妨害되요오면 門밖에서 집구경만하고돌아올수있어도 몹시幸福하겠아옵니다。이번月給엔 若干돈이 손에들어올게있을듯하와 準備해가지고 上京하겠아오니 그機會에 聖朝舊號들 논하주셨으면 더욱感謝하겠아옵니다。○聖朝는 百五號부터當地書店에서 받아보았았고 그前號로는 歷史號가十部있아오나 品切號가많다하시오니 一號부터百四號까지의 殘余號로 一秩을 받고자하옵나이다。二十六日集會에는 더욱최송하오나 敢히 出席을許諾하여주시압기 仰望하옵나이다。上京하야되울날을 苦待하오며 餘느不備上白書하옵나이다。十一月卄日門下生××拜上」사람은自己생긴대로 남을본다。敬虔한사람은 俗物로만判斷하고 俗된사람은 偽善박에모르는사람 偽善者로만보는法이다。

十一月二十五日 (土) 晴。猝寒이시작되다。○먼저印刷所에 들려서校正。登校授業。○추위가甚해저도 石炭乏絶로因하야불피지못하고 벌벌떠는生徒들을 바라보며忍苦銀錬을念佛하면서授業。○歸途에도印刷所에서校正。崔容信孃小傳의組版이完結되니 合이九十五頁。校正의急을報하고授軍을四方에請해보았으나 不時의일이라

二〇

한군데도應함을얻지못하고 校正할것 한
보통이 싸메고 도라오다. ○意外의來信
에 깊이感激하다. 『金先生 前者日曜講話
가 끝난뒤 賀川氏의說敎를 듣는다고 ○敎
가 歸家하였습니다 豫期했든 滿足을얻지못
會堂에갔다가 豫期했든 滿足을얻지못하
고 歸家하였습니다. K氏의演題는「神と
永遠의思慕」라고 했는데 說話는第一段으
로神의定義를 말한다고 天文學과物理學
及生物學의理論을 圖解를해가며 느려놓
았고、第二段으로 自己의貧民窟經驗을이
야기하야 始終 貧者의救濟를主
唱하고 祈願하는것으로 막음을하였습니다.
나는 最初講演題目을보고서 오래동안굼
주렸든 내靈에 많은밥을 넣어줄수있으
리라하고 갔든것이 피었는理智論者나科
學者의機械的說明과 김싼 人道主義者博
愛論者의 宣傳의雄辯을 듣고 말았을뿐입니
다. 이런西洋式、社會事業式、神學校式의
說敎가 全然 無益하다고할수없겠지만 當
夜의 니의주림을 채워주기에는 너머도
無味했었고 至今도「神と永遠の思慕」하고
속삭일때에 내맘은 미칠듯이 무엇을求하
고있는것같습니다. 나는K氏를 이번事實
로써 그의全人格과生涯를 評價하려고하

聖　朝　通　信

다. 더욱宗敎的實物은 大衆的이되기에
너무 어려울것같습니다. 敎會란機關을바
라고 社交的目的으로 乃至好奇心으로
人物求景간다고 모혀드는 人間이야 많
겠지만 眞實로 그무리中에 神의조용
한運動을 맘에 感覺하는者가 얼마나되
릿가. 人類歷史에 예수나釋迦의 이름을
부르고 따든者 幾億萬일지모르지만 正
말로 $Baσιλεία$나 佛의 世界를 맛본者
後半은 오직感謝。

나는 最初講演題目을보고서 오래동안굼
神의 音聲을 어떻거면 들을수있습니까
아마도 내靈은 너머도 흐렸고 罪의써
가 맘속에 가득차있는까닭이아닙니까.
金先生 前番 처음貴下의그룹을恭觀하옵
고 無限한 恩惠를받은後 이것이 좀더
大衆的運動이되어저 公會堂이나 街路의
大集會所으로 나가십이 어떻냐고 提議한
일이있었습니다. 이제와서 나는 이런提議
가 도로혀無義味한것이안인가합니다. 眞
理는 더욱宗敎的實物은 大衆的이되기에

나의飢餓에 우는소리를 들어주지않았는
가고 무념을합니다. 그렇게도 至難합
니까 사람의智識과智慧와 敏捷한辯論을
이 無識한大會場에 내여먼저 더러운빛
에 밤힘이되는것보다도 그至寶의無上價
를 鑑賞할줄아는 다못幾人이라도 모혀
앉어 그보물을 닥고빛내며 그光明世上
이것이야말로 眞理를위하야 이것의廣
布에 큰역사가됨이 아니릿가.

金先生한가지 더貴誌發刊에 對하야 이
것이 廢刊되기 쉽겠다는말을 들었는데
이야말로 遺憾千萬의일이빛임니까 朝鮮
宗敎雜誌中에 外國번새가없고 陳腐한나
리가적은 朝鮮心에서 울어소
는 信仰의告白을 엿불수가있든 貴誌가
없어진다면 참으로 애석하고 痛嘆할바
입니다. 아모러한手段을써서라도 이것의
續刊을 計劃하시면하고 祝願하여마지않
나이다. 誌友들의囑望을 저바리지마시고
萬難을排除하면서라도 이것을 살리시옵
소서」果然 前半은 其服者의觀察이오、

우리의 손가락으로 헤일수있는 程度가
아닙니까 이런 意味에서 나는貴그룹의
적은數를 많은業人以上으로 評價하고싶
습니다. 또한 貴여운靈의寶物을 쓸데없
이 無識한大會場에 내여먼저 더러운빛
에 밤힘이되는것보다도 그至寶의無上價
를 鑑賞할줄아는 다못幾人이라도 모혀
앉어 그보물을 닥고빛내며 그光明世上
이것이야말로 眞理를위하야 이것의廣
布에 큰역사가됨이 아니릿가.

二一

聖朝通信

十一月二十六日 （日） 快晴。午前中은
聖書工夫。午后에明倫町에서路加福音第二
講으로 第一章의下半을講하다。閉會後에
青年들의助力을얻어 崔容信孃小傳의第一
回校正。

十一月二十七日 （月） 晴。아침에 印
刷所에서校正하다가登校授業。○午后에呼
出받고 總督府로。다시印刷所에서 日沒
後까지校正。○이들만에 某氏宅
찾기에 成功하다。○서울서 番地찾기어렵기
로有名하기는 西쪽에硯底町、東쪽에敎岩
町。○저녁에 某專門學校生徒來談。敎授某
氏의「一年열두달을 하루갈이猥談만으로써
坐徒들의人氣를끌려고。○教授하는 마찬가
지로 淫蕩꾼이라고。專攻한學議은발서陳
腐해저서「役に立たず」할수없이猥談講話
로써 男女學生의人氣를保持하려면서
之策을講究하는敎育家！아、世上에저보
다더可憐한存在가있을까。하나 그講話를
傾聽하고앉았는 壇下의青年들은若何乎。

十一月二十八日 （火） 晴、后雨雪。登
校 四時間授業外에는校正。오늘로써十二
月號校了。○開城서抑達永君이校正次로上
京。著者의校正을經하야 한글校正까지畢
하면 곧印刷될터이다。

十一月二十九日 （水） 后晴。雪路에自
轉車가 조심스러웠다。○登校授業。歸途
에 總督府를거처印刷所로。이제는 機械가
當한事理로만判斷되니 實로 고마운일이
다。우리는神經을傷할일이없다。○午后四
時부터滿二時間半職員會。그중에한가지問
題는 女學生에게戀文을보냈다는연고로今
學期末까지停學處分하는件。이렇게彈壓해
놓으면 戀愛가根絶되는줄로確信하면서…

○卒業生의結婚披露宴인데 特히小數를請
한다고해서避할수도없었고 婚姻을親賀하
는뜻도表하고저茶席。主客合하야十人。洋
食인故로比較的節次도있었고時間도덜들었었다

○崔容信孃小傳의 한글校正을 맡어주신
先生來信에「너무지저분하게보아 죄스럽
습니다。主人公의 行跡도 크다하려니와
글쓰신이의 뜻도 가륵하다고하겠습니다。
참으로 感激가운데서읽노라고 徹底한校正이되
지못하였는지도 알수없읍니다。容恕하시
옵소서。培材金炳濟올림 金敎臣스승께」

十一月三十日 （木） 曇。印刷所에 들
렸다가 登校授業。歸途에도印刷所에들려
工程督促。○蘇芬兩國國交가日益險惡
해진다고報道。

十二月一日 （金） 晴。새벽山上新禱。
特히冬季聖書集會를爲하야新願을始作하다
○登校授業。○歸途에印刷所에들러서 十二
月號를推尋해가지고 도라와發送。○肥料
만들기爲하야 흙다섯지게를運搬할새 지

十二月二日 （土） 晴。달빛에反射하는
눈을밟으면서 山谷에올라新禱。特別集會
를爲하야 祈禱하는수밖에別道理없는가하
다。○登校授業

十二月三日 （日） 前晴、后曇。清晨에
山上新禱。○午前中은晴朗하고 따뜻해서

○蘇聯은芬蘭에對하야 드디어空爆을始作
됐다고한다。理由는 無條件하고芬國領土를
割讓하라는要求에降服하라는것。이런消息
을듣고서 米國國民들은 매우憤慨해한다
우리는 憤慨는커녕至當한

三二一

書齋의 半日이 恩惠로웠다。主日學校는 學生
若이 引導해주다。○午后明倫町에서 누가
福音第三講으로 第二章上半을講하다。○
閉會後에 某氏來談『罪란것이무엇인것도알
고 聖書의眞理가 참것인것도 인제알었노
라』는 眞實한告白에 感激하다。

十二月四日 (月) 晴。早朝에山上에새新
禱。간밤 싸락눈에 얽은화장의北漢山이
심히 아름답다。○登校授業。○崔容信小
傳의 한글校正後에 句節떼는데가 넘어
많다고해서 工程이坐礁中임을알고 印刷
所에가서 折衝해보았으나 不得已工程빠
틀길을取하는수밖에없었다。○저녁에 舊
號發送의일로多時間보내다。○寄宿中의學
生君 今夕에市內로移轉。

十二月五日 (火) 晴。새벽에 山谷어
들어가 新禱。○登校授業。○咸鏡線으로旅行
中의兄弟로부터『午前九時半咸興通過。凍
れる大空の中に咸興の姿鮮かに見ゆ。神、
數人の僕を此の地より選びとりし事を考ふ
れば 聖地の如き感ありて モーセの如く
戰はかざるを得ず。神働きを給ふ。十二月四
日 ××」○崔容信嬢傳記의粗版工程이愁
外에遲遲不涉하야 오늘도 하루虛送。冊보
고싶다는督促은 各處에서連接인데。○저
녁에金宗治氏宅에會談。

十二月六日 (水) 一時雨。印刷所에들
려서 督促하고 登校授業。歸途에도 印
刷所。○저녁에 家庭禮拜。이사야第四十
九章輪讀。○저녁에 崔容信嬢小傳의最後
校正。몇번째 읽건마는 눈물이
校正能率을妨害함이甚하다。내가 特히눈물흘은
사람인가 崔嬢의生涯가 特히 눈물자아
냄인가。분간할수없다。첫글目次에서부터
版權欄까지 뒤지고 뒤질수록 또發見도
校正。책 한권 만드는일이 다만事務的
인部分의 일만하여도 實로헐치않은일인
것을 새삼스럽게 느끼다。자정 가까워
서畢하다。○咸兄短信에『옮겨서 함수만
있다면, 옮겨주시오。萬一그렇지않고 結
局은免치못할形便이면, 깨끗이 여기내놓
아서 戰死의 態度를取하는것이 좋을듯
합니다』라고。

十二月七日 (木) 濃霧。새벽기도의동
산이 깊은 안개에 잠겨서 世俗의距離를
더욱 멀게하는듯。○校正을印刷所에傳하
고 雜誌舊號物件을 京城驛荷物係에 托送하
고 登校授業。○歸途에 印刷所에들려서
崔容信小傳을校了。○발서一週日前에發行되
었을豫定이었던것이 이제 겨우校了되었
고 製本되기까지아직도 約一週日을要하
려라고。

十二月八日 (金) 晴。山上에기도。○
印刷所에들리니『信仰과人生』은드디어
世上에 나오지못하게되었다고。○登校授
業。○저녁에 註文書籍發送事務와 편지
四五通쓰는일。

十二月九日 (土) 雨。새벽에 山谷에
新禱。特히感謝에넘쳐서下山하다。○登校執
務。○午后에 門前의道路工事。○아직感
氣떠나지않아서漢藥세첩 지어마시다。○
氣運나는듯하다。

十二月十日 (日) 晴。三寒이 도라옴
인가 추워 시작된다。但 陽地는 따뜻
해서 午前中온 별에 쪼이면서 누가福
音의工夫。實로無盡의寶庫이다。○午后의
市內集會에서 누가福音第四講으로 第二

聖朝通信

聖朝通信

章第二十一節以下를講하다。滿二時間혼자서 말했어도 할말을 半도 다못한感。○저녁엔 精米業하는 朴君이 來訪하야 米穀統制政策에 對한 說明을해주어서 많은 學問을하였다。

十二月十一日 (月) 晴、寒。 새벽에 山上에 祈禱。 장차 서울도 커저서 우리 洞内 一帶에도 나아가 自由롭게 기도할 만한 松林까지 없어지도록 人家調密하게 된다면 그때의 住民들이 심히 가엾어보인다。○原稿를 印刷所에 傳하고 崔容信孃傳記의 印刷工程을 또한번督促하고 登校 授業四時間。

十二月十二日 (火) 晴。 清晨에 山[上]에 ○登校執務。○某女學校生徒들이 學級費中에서 金五圓五十錢을 小鹿島로 보내달라고 送金했다。 ××生徒의 八間五十錢과合하야 特히 小鹿島小學校兒童들에게 學用品선물을 보냈으면 어린 친구들이 기뻐할듯。○午后엔 舊號와 其他書籍發送事務。 저녁엔 原稿쓰기。

十二月十三日 (水) 雪、晴、曇。 꿈결에들리는소리가 넘어도 生生하여 일시 잠을깨다。 未久에 午前二時치는 소리들리다。 무슨前兆일까。○起床하니 白雪이 滿乾坤이다。 通路의 눈을치면서 때때로 北漢의 눈을 처다보면 내몸이 別有天地에 노이는듯。○印刷所에 아침에 들리고 電話로督促하고 ○登校、오늘부터 第二學期考査시작。○監試하면서 新年號를校正。○擔任生徒의 父兄을呼出하여 父兄의生活에 改革하여야 子弟의訓育이 바로될것을 說論하여보내다。○東京山田大佐로부터 「聖書朝鮮十二月、號先づ廢刊なりや否やを檢べたが、それらしい文字が見當らない。感謝感謝。 クリスチャン一人は、全世界よりも貴くあり。 クリスチャンの一日は一生であるべきであるが、又永遠でもあるべきである。聖朝も每號全使命を使ひ盡すであらうが、又永遠に保つべきである」云々。 이런短信은慰勵됨이크다。

十二月十四日 (木) 晴。 早朝에 家庭禮拜。 이사야第五十六章輪讀。 간밤 동안 쌓인 눈을 치다。○道路가 相當히 두꺼운 어름으로 完全히 깔려서 自轉車타는것이 一種曲馬團의 재주부리는것 같이 자미스러웠다。 그러나 市內의 通行이 頻繁한데로 갈수록 더 딴딴하고 미끄러워서 苑南町베거리에서 첫번 顚伏되고 鐘路에서 두번째 미끄러저 드디어 斷念하고 印刷所에 自轉車를맡기고 시로써 겨우試驗監督時間에 닿다。 右脚에 傷處났음을 後에야發見。○擔任班生徒中에 圖書館에서 女學生에게 히야까시한 事件의告發이 校長께 들어와서 擔任教師가被命되여 府立圖書館長에게 謝過하다。 世上엔 일도많다——時間은 적고。○崔容信孃小傳을 七十部만 特히 먼저 製本하여서 今日午后에 市內協成神學校로보내고、남어지는 明日發送하도록約束。 오늘도 三次印刷所로 들리고 一次電話。 저녁엔發送用皮封쓰기。 이젠 待機體制完了。

十二月十五日 (金) 晴。 오늘은 自轉車를斷念하고 떼스電車便으로써登校。○正午까지 된다면 崔容信小傳이 午后四時에야 겨우製本에出來하야 市内에 待機準備하였 時에야 京城驛에出荷하고 市内에 配達 郵便局에 發送等 마치고 나니

날은 저물었고 몸은 極度로 疲勞。最終때스를 간신이 잡어타고 歸宅。聖朝社가 생긴以來로 하루에 이렇게 大量發送해보기는 첫일이었다。○저녁에 二十字식二十行原稿四枚에 쓰인 긴懺悔의 書翰을 읽고(別項第三頁參照)느끼는바 많었다。全身이 疲困해서 아무일도못하고 일즉就床。

十二月十六日 (土) 晴。后曇。새벽에서 아직人跡의 자취없는 積雪을 밟으면서 山에올라 祈禱。아무런 自由가 없을지라도 人間의干涉을 받지않고 하나님앞에 放摩呼訴하는 山林이 남어있는날까지 내가 살리라。聖戀의 큰波動을 혼들리워 나아닌 다른사람으로 下山。○登校監試하면서正月號校正。○崔容信小傳의 처음一千部를 賣盡되고 두번째 一千部의 製本出來하다。그發送과配達事務로 오늘도紛忙。○入院患者 한군데尋訪하고、또病家의問安한집。○擔任生徒의 父兄과 敎育相議한동안。○冬季集合室을塗壁次로 紙類購入○저녁에 舊號發送事務와 누가福音工夫한일。오늘로써 今年度의 終講。○저녁엔○短信一枚如下『오늘아침 보내신 崔容信孃傳記를 받었읍니다。일-감을 집어먼지고 읽기를始作하였으나 눈물이 앞을가리여 저대로 읽을수가 없었읍니다。이런 참된人物을 이따에 보내주신일이나 이런글을 쓸수있는 信仰의人이 있게하신일이나 여러가지 점으로 其生命으로 옴지기신 事實이 感激한 눈물을 흘리게 합니다。많은 사람들이 읽어보았으면 좋겠읍니다。위선二十册만 제게로 더보내 주십시요』

十二月十七日 (日) 晴。간밤에도 엽은 눈이 쌓여서 山길은 또 새길이다。눈길 밟고 올라가 눈우에앉어 새벽의 소원을 사뢰다。○午前中은 舊號의發送으로 多大한 時間을 보내고、유리窓을 射入하는 별에 쪼이면서 누가福音第五講○午后의市內集會로 누가福音第五講을 第三章上半을講하다。○日間은 感氣로 고생中이었으나 日曜集會時間만은 比較的自由롭게 말할힘을얻어 滿二時間十五分을 홀로서 司會及講話함을 얻었으니 感謝한일。오늘도 試驗答案을 採點야다。但 疲困해서 얼마 못하고就床。

十二月十八日 (月) 晴。밤마다 엽은 化粧갈이 눈이 나려서 오늘새벽도 에덴동산을 처음 밟는사람처럼 발자죽을 남기면서 山上에올라祈禱。○登校監試。오늘로써 第二學期考査를畢하다。○監試二時間外의時間은 大部分 崔容信傳記及 聖朝舊號의 發送事務。○某處에서 米國遊學에關한 事情을 듣고、敎派觀念이 여러가지 方面에까지 蔓延하였음에 놀라다。그러나 米國大學에 入學하는 優先에도 獨占權을把握하나 두고 볼일이다。○日間은 넘어紛忙해서 世界政局이 어떻게變했는지 히틀러가 이겼는지 蔣介石이 살어더라보았을뿐이다。○늘저녁 달이 火星에 매우接近하였음을 치어다보는지도 알수없다。○幼兒가 三十五日되어서 처음 웃었다고 집안에歡喜。○늦도록 答案採點。

十二月十九日 (火) 晴。未明에 雪上에 나아가 新願。○간밤은 새다싶이하였어도 答案採點을 未畢하야 午正까지 집에서 採點하여가지고 登校。(第十二頁續)

京城聖書研究會

場　所　市內明倫町四丁目三三三宋斗用氏方

日時　每日曜日午後二時半부터約二時間

會費　一個月五十錢以上、每一回二十錢式

講師　金教臣

市內빼스東崇橋下車、約三分、遲刻謝絕。

一月二十一日（第三日曜日）부터 新年度의始講。餘席이 約干있음으로 新會員을 받을수있음。本來의 會員으로써도 氏名이 記名되였던이라도 全然 入會를 願하는이라도 今年一年間을 無事히 再出發한以上은 적어도 本會에 出席하고저 하는이라야 할것이다。

總繼할 決心으로써 이를 恭席하는것은 臨時會員의 規例로써 承認한다。그러나 地方의 誌友로서 대개 恭席하는者는 一切 拒絕하고저 한다。엿보려는者는 少數의 訓練期이오 完全한 公開集會와 그 性質이 多少다르다。우리는 世上의 舊慣거리되기는 할수있는데까지 忌避하고저하며 좀은門 險한길로써 通하야 다시한번鮮明히케한 快論文이다。

傳道應援出張

誌友數人있는데라도 可하고 敎會나 學校나 其他團體에서 基督教講演을請하면 人中에서 演講을 맡아가고저 한다。世上이 非常時局을 賞했을수록 福音을 强調해야할것을 切感한다。新年부터 特히攻勢로 나아가고저 하는 所以이다。咸錫憲 宋斗用 金教臣 三人

本社의出版物

1、金教臣著　山上垂訓研究　定價一・○○　送料○・九

2、咸錫憲著　푸로테스탄트의精神　定價○・一五　送料○・一五

3、咸錫憲著　無教會　定價○・一三　送料○・○五

4、柳達永著　崔容信小傳　定價○・一三　送料○・○六

（1）은 마태福音 第五─七章을 解釋하야 基督敎眞理를 全般的으로 紹介한것이다。

（2）는 그에게 왜 바른빛까지 向하여야 할것인가、가난한者가 福있다함이 무슨까닭이냐 하는等 基督教의 初入門이 平易하게 解說한 終極인 眞理를 平易하게 解說한

（3）은 無敎會主義가 무릇以前의 天主教로 退化하려함일때에 宗教改革의 眞精神을 明白히한것이다。

（4）는 무릇 感激해본일없는이는 이 高貴한生涯의 實記를 읽어볼必要가있다。小說이 없다。

本誌定價

一冊　貳拾錢

六冊（送料共）前金一圓十錢

十二冊（一年分）前金貳圓貳拾錢

要前金直接注文은 振替貯金口座京城一六五九四番（聖書朝鮮社）로

所賣販次取

和信

北星堂　茂英堂（大邱府）　信一書舘（平壤府）

京城府鍾路二丁目九一文信堂書舘

博文書館　京城府鍾路二丁目八六

東京市麴町區九段坂向山堂書房

昭和十四年十二月二十八日印刷
昭和十五年一月一日發行

編輯兼發行者　金教臣　京城府外崇仁面貞陵里三七八
印刷者　李相五　京城府仁寺町二一九ノ三
印刷所　大東印刷所

發行所　聖書朝鮮社　京城、光化門局私書函第一八號
振替口座京城一六五九四番

昭和五年一月二十八日
一月一日發行（第三種郵便物認可）
十二回一日發行

【本誌定價二十錢】（送料五厘）

金教臣 主筆

聖書朝鮮

第壹百參拾參號

昭和十五年(一九四〇)二月一日發行

昭和五年一月二十八日(第三種郵便物認可)
昭和拾五年二月一日發行(每月一回一日發行)

目次

393

傳道資金

지난 冬季聖書講習會때의 어느날 저녁에 누가 提議한것이라 할것없이 傳道資金에 關하야 다음과같은 議論이 會中에 이러났다。아무도 豫期못했던일인데 일은 即席에 決行되여서 只今은 相當한額數의 資金이 모여들어왔다。實로奇異한일이라고 아니할수없다。節次대로 記述해보면 이러하다。

一、그런데 우리가 天國을爲하야 다한것이 무엇이냐。아까운것을 빼앗긴것이 무엇이냐。福音을爲하야 忍苦鍛鍊을 甘受한일이 있었든가。限없는恩寵을 하나님께서 받었으면서도 우리가萬一 요모냥 이대로만의 放縱하고背恩한生涯를 繼續할진대 우리에게 禍가 없지않을것같다。

二、具體化。그러면 어떻게하랴。天國을爲하야 福音을傳播하기爲하야 傳道의第一線에 나서는이는 나서라。이는 하나님과의直接問題인故로 우리가 議論할領域이아니오、스스로 第一線에 나아가지못하는 우리들은 第一線에 나아간 戰士로하여금 後顧의念慮없도록 지키는일이나 着實히擔負하자。當幸히 우리중에는 世人이 부러워할만한 職任을辭하고 榮譽스러운招聘도固辭하야 귀를 기우리지않으면서 福音證據에 身命을 받히려는先鋒이 이미 나섰으니 우리는 그를助力하야 우리의分까지 싸워주도록 하여보자。今年度豫算의最下를 불一千圓으로定하다。

三、方法。各自가 하나님앞에 負擔額을誓願하는것은無妨하나 金額을 미리 사람앞에約束하는것은不可하다。一種의貸借關係가되는 從來의敎會堂建築費獻金같은式樣은 取하지않기로하다。純粹한信仰의熱이 살어있는때만恭加할것。單한번에 一年分을拂込하여도可하나 달달이分擔할時는 每月二十五日까지 聖書朝鮮社에 到着하도록 其旨를添하야 拂込할일。振替口座利用이便함。

以上과 같이되여 一月中에 이일은 발서出發되었다。十一條云々할世代가 아니라고 無制限無條件으로恭加한이도있어서 이미 相當한巨額이 모였음으로 專任會計 宋斗用、金憲植兩氏를選托하야 이일은 聖書朝鮮社의 다른事業과는全然 獨立하기로하였다。誌友中에도 알지못했든것을 後悔할이가 있을까해서 이에 機會를均等케하는것뿐이다。

394

골로새書 講義 (四)

金　教　臣

그리스도의 人格과 事業 (一·一三—二·四)

一、救主그리스도　　(一·一三—一四)
二、基督論　　(一·一五—二·一〇)

基督論의 前段 即十七節까지는, 前回에 述하였다。第十八節以下의 後段부터 玆에 講하고저한다。

(十八) 그는 몸인 教會의 머리라。그가 根本이오 죽은 者들 가운데서 먼저 나신자니 이는 친히 萬物에 으듬이 되려 하심이오

[그는] 예전 번역에는「저는」이라고 했던것을 改譯에 「그는」이라고 했다。마찬가지다。但原文에는「또」라는 字가 처음에 있음으로「또 그는」kai autos 이다。이代名詞「그」는第一四—二〇節까지에 十二回 나왔고, 「또 그는」이 같이「그」라고 번역했으나 ὅς 라는 字가 따로三次 쓰이었다。「그」字가 자주連續해 나오는것을 누구나 發見할것 이다。文章으로 보아서는 매우 거칠게 보이나 이거 칠々々한 文章속에 바울의 一寸一分도 讓步치않는 그리

는 다 같이「그」라고 이部分을 읽을때는 「그」는「그」가 朝鮮文으로

스도-信仰이 如實히 나타나있다。이 자주 나오는「그」가 번々이 예수그리스도를 가리키는데 예수그리스도 以外의 人間으로서는 누구던지 그의 榮光을 도적하거나 橫領할 수없도록 꽉 짜놓은 文章이다。이節의 大旨는 이러하다。『그는——하나님의 형상이오 宇宙創造가 그 以外의 아무도 안인 그가, 또한同時에 믿는者에게 生命의 源泉이니라』는 것이다。

[몸인 教會의 머리라] 몸은 身體이다。몸과 教會는 同格이다。몸인 教會의 머리라 해서 비로소 그리스도 의 教會에 對한 關係가 머리의 身體에 對한 關係와 같은것 이 確然하여졌다。萬一 몸이라는 字가 없이「教會의 머 리라」고만 하였드면 이는 單只 修辭의 一句에 지나지 못할번 했다。몸의 머리라고 함으로써 有機體의 中樞요 生命의 本部가 그리스도인것이 明白하여졌다。바울이 基 督信徒로써 肢體에 喩譬한것은 고린도前書第十二章一二 —二七節과 로마書第十二章四、五節等々에도 있으나 거 기서는 信徒互相의 關係를 主로 말한 것이오、여기서는 그리스도의 地位와 信徒에게 對한 그리스도의 關係를 밝히 고저 힘썼다。

그리스도를「머리」라고 한것은 고린도前書第十一章第 三、四節에 있는데 거기는 一個人의 머리라고 했으나

一

골로새書講義

二

여기는 敎會의머리라 할뿐더러 모든靈的權威의머리라는 意味로 쓰였다。이와같은用例는 많다(二・一〇、一九,에베一・二二、四・一五、五・二三等)。

[교회] 라고함은 여기 저기 있는 政治的組織을가진 現實敎會들、例컨대 某々長老敎會라던지 某々監理敎會라 던지 云々하는敎會들을 가르킴은 아니다。聖徒의靈的團體가 곧敎會요 그리스도의 恩範이 나타난世界가 곧敎會 다。萬物은 그리스도의 손으로 지은것이라 했고 敎會 는 萬物우에 그리스도를 머리로하고長成한身體라 하 였다 (에베一・二二、二三節參照)。

[그가 근본이오] [그] 라는것은 勿論 그리스도를 가르 침이다。[근본] ἀρχή 이라는字는 始初라던지 原始라는 뜻이었다。죽은자 가운데서 다시살아난 「生命의主」라 (使 (고前一五・二〇、二三) 는 뜻도있으나 또한 「첫열매」라는 三・一三) 는 뜻도 包含되여있음으로 새로 創造된萬有의 「근 본」이라고譯한것은 차라리 잘되였다。

[죽은자 가운데서 먼저 나신자니] 「몬저 나신자」 即 「長子」이다。順序가 처음이랄뿐만아니라 長子에게는 여 러가지 特權이賦與되여있다。『맨 나종에 멸망 받을 원 수는 사망이니라』고 (고前一五・二六)。그리스도는 죽엄 에서 復活하사 敎會와宇宙全體의長子가 되셨다。

(十九) 아바지께서는 모든 충만이 예수・안에 거하고

이節의 뜻을 原文대로 直譯하면 左와 같다。대개 저의 안에 모든 滿全이 居하기를 그(父)가 기뻐하심이라。

[충만] 이라고譯한字는 πλήρωμα 라는字인데 한가지 美德을稱하기보다 모든德의兼全을 이름이다。聖 眞 善 美의滿全이라고하면 本意에 가까울것이다。

[거하고] 는 κατοικῆσαι 即 居住 常住의뜻이다。한 번 그리스도에게 臨居한後에는 永遠히 저에게서 떠나 지않기를 願한다는 뜻이다。

(二十) 그의 십자가의 피로 화평을 일우사 만물 곧 따에있든것들이나 하늘에 있는것들로 그로말미암아 자기 와 화목케 되게하심이라。

[십자가의 피] 人間이 하나님에게 拒逆하였고 萬物이 또한 함께 탄식하며 고통하는故로 (로마八・二二) 完全히 無罪한이의 피를要求하였다。十字架우의 피만이 人 類를 그 어그러진關係에서 다시 바른關係로 恢復할수 있고、宇宙萬有가 또한 復興의 榮光에 參與하게 된다 (고后五・二一、同八・九)

[화평을 일우사] 이字는 原文에는 ε ρηνοποιήσας 라는 單한字로 되였다。新約聖書에는 여기 한번만 쓰인字이다。故로 和平의神이라고 하 하나님은 和平을 좋와하신다。故로 和平케 하는者는 하나님 의 아들이라(마五・九) 하셨고(로마一五・三三、同一六・二〇) 和平케 하는者는 하나님

의 아들이라 稱할것이라고 主예수께서 山上垂訓에 가
르키셨다(마태五·九)。그리고 人間이 하나님께 對한和平
을 恢復할때에 다른 모든 和平——人間對人間、人間對萬
有 萬有對萬有의 和平까지 일워지는것이다。

[만물] 第十六節에 詳細하다。但 本節의 順序가 따
의것을 먼저 말하고 하늘의것을 後에 말한것은 十字
架의 救贖으로 말미아마 救援이 따에서 부터 하늘까지
밋는 順序를 連想케한다。

[화목하게 하기를] 이는 安協은 아니다。人間과萬物이
하나님께 服從하는일이다。

三、榮光의 所望

(一·二一-二三)

榮光의 所望

그 바라는것은 괴조물도 썩어짐의 종노릇한데서 해
방되여 하나님의 子女들의 영광의 자유에 니르는
것이라
고(로마八·二一)하는 참自由에 이르는길은 오직 服從할
데에 服從하는일이다。이 화목함을 얻는때는 「일이가
어린羊과 함께居하고 豹범이 어린염소와 함께 누으며
송아지와 어린獅子와 살쩐 즘생이 함께 있으리니 어
린아이라도 그을며 소와 곰이 함께 먹고……云々하
는(이사야一一·六以下)으로써 宇宙復興의 理想이 實現될것이다。
以上(一·一二○節)으로써 基督論의 後半도 끝났다。

(二一) 전에 악한행실로 멀리떠나 마음으로 원수가
되였던 너희를

以上의 第十五——二十節의 基督論은 重要한眞理를傳
한것이나 그러나 이 편지로서 볼때는 一種의 脫線이었
다。이제 本節에 이르러 편지의本軌道에 돌아와서 하
나님과 골로새사람들의 關係를 말한다。

[악한 행실] 惡한業, 不信의異邦人의 生涯를 말함이다。
한가지 두가지의過失이아니라 全生涯가 惡한 行爲中에
잠겨사는것을 이름이다。

[멀리 떠나] 黑暗이 빛을 꺼리는것처럼 惡의行爲中에
서 먹고 삶으로 하나님을 멀리했다。「그때에 너히는
그리스도 밖에있었고 이스라엘나라 밖에 사람이라 약
속의 언약들에對하여 外人이오 世上에서 所望이 없고
하나님도 없는者더니」라는(에베소二·一二) 門外漢들이었
다。

(二二) 이제는 그의 육체의 죽음으로 말미아마 화목

[마음으로 원수가 되였던] 「원수」라함은 멀어졌어
않고 親하지않으니 敵이 되는것이다。「마음으로」라고함
은 다만 不淨한感情에 끌려서 罪惡에 빠졌다할뿐아
니라 意志와理性의 贊同을얻어 하나님께 反對하는立場을
自取하였다는뜻이다。

캐하사 너히를 거룩하고 흠없고 책망할것이 없는자로 그

三

골로새書講義

앞에 세우고저 하셨으니

[이제는] 매우 强한말이다。一變하는 口調이다。에베소

[그의 육체의 죽음에도 이런用例가 있다。「그」는 그리스도를 말함이다。「말미아마」는 ② 이라는 場所를 가르치는말이다。하나님이 肉體로 나타난것이 그리스도요、十字架우에서 죽으신 그리스도의 肉體에서 하나님과 人間의 和睦이 이루어졌다한다。그리스도가 人間의 形體로 오시지않었더라면 和睦이 있을수없었고、또 設令 그리스도가 誕降하셨다하더라도 十字架우에서 죽으시지않었더면、和睦의 實績을 얻을수없었을것이다。그리스도의 成體와 贖罪가 있어야만 完全한和睦 (하나님과의 和睦 即救援)이 있었음을 이 바울의簡單한一句中에서 알수있다。

[거룩하고] 하나님의 거룩하신것처럼 거룩한것。

[흠없고] 道德的으로 허물 없는것을 말함이다。

[책망할것이 없는자] 하나님의審判자리에서 無罪의宣告를 받음을 말함이다。이러능게 三重으로形容한 完全함에 達하도록 만들려는것이 하나님이 그리스도 안에서 自己와和睦케하려는 目的이다(에베一・四)。「하늘에 계신 너의하버지처럼 너의도完全하라」는것이 聖書의教訓이다。

[세우고저] 는 審制하고저 하여서가 아니다。原文 παραστῆσαι는 앞에 놓는다는 뜻인데、그로써 審判台

四

에 세운다는뜻으로도 쓰이나 犧牲을 獻納한다(로마一二・一)는뜻으로 解釋하는것이 여기는 合當할것이다。

(二十三) 만일 너희가 믿음에 거하고 터 우에 굳게 서서 너희 드른바 복음의 소망에서 흔들리지 아니하면 (그리하리라)。이복음은 천하만민에게 전파된바요 나바울은 이복음의 일군이 되었노라。

[믿음] 十字架의信仰(로마五・八ー一一、同八・三一ー三九)。

[굳게 서서] 單純하면 勤하지 않는다。確立한다。

[복음의 소망] 福音이提供하는 所望、即 復活과天國과 將次오는 모든榮光의所望이다 (本書一・五)。

[흔들리지 아니하면] 近來의流行語로한다면 「轉向」하지 아니하면 이다。他로(福音에서) 移轉하지않으면。

[이 복음] 이 希望을 産出하는福音。이것은 한地方에 局限된宗教가 아니라 넓이 天下萬民에게傳播하여 그眞理性 그救濟의實能을 實驗해본바 「試驗濟」의宗教이다。또 나 바울은 다만傍觀者가 아니라 實로 이所望의福音 能力의福音을 傳播하는責任者인 일군이 노라고。바울은 自己의信仰을 부끄러워 하지않었을뿐더러 「로마一・一六」機會있는때마다 이런偉大한眞理의 使者된것을 자랑함을 마지못하여 하였다(고后四・一)。

참信者는누구인가? (中)

宋　斗　用

第一、 예수의 態度

1. 恐怖心이 없는 예수

于先 聖經本文은 馬可福音 四章三十五節에서 末節까지니 一讀할必要가있다。(太八・二三—二七, 路八・二二—二五參照)。어느날인들 예수의一生에 便하신때가 있었으랴마는 이날도 아침부터 海邊에서 許多한群衆을終日가리치시고(可・四一)夕陽에 무리를 돌려보내신后 바다건너便으로 가시는途中이다。아니、海上이다。아마 前例를따라 요한곳을찾어 心身을休養하기도하시려니와 그보다도 靜諡하시고저하심인듯하다。그런데 弟子들外의몇사람도 「다른배들」을타고 따른듯하다。그들은 무리中에서 가장熱心한者들이였을것이다。마는 예수의 心情을理解하지못하며 事情을洞察하지못한것만도 事實인가한다。이것을 容納하여주신 예수의사랑이여! 果然 寬大하신主님이시로다。

예수의一行은 배에올라 언덕을떠났다。거의갈릴리湖水의 복판쯤온때이다。(바다라기보다는 湖水라함이適當하다) 한 暫時나마 줌으실틈조차 없고나! 氣盡脈盡한 弟子

連日 群衆을 相對로하고 或은 가리치시며 或은 病을 고처주신 예수는 其身體가 鐵石이아닌以上 疲困하셨을것이다。經驗한者만이 알수있는일이다。그래서 예수는 「고물에서 벼개를베고」 멫分동안이나마 줌으시고 저하여 누으셨다。너무도지치신예수는 어느틈에 잠이드셨다。그런데 때마침 一陣狂風이 몰려와서 그들의배를 私情없이 뒤엎으려고하며 「물결이 뛰여 배에가 득하게」 되였다。이것을말하여 靑天霹靂이라고나 할것인지? 이意外의 事變에 누가 아니놀라며 또怯내지아니할者가어더있으랴? 이光景을 누가福音記者는 「甚히危殆

이不意之變을當한 弟子들은 大驚失色하였다。그들의 大部分은 이湖水에서 多年間 고기잡이하던漁夫들이니 웬만한 暴風이나 波濤에는 別로 두려울것이없었다。그러기에 처음에는 自己들의 經驗을通하여 이災難을 避하려고 하였을것이다。그러나 年老한 베드로도 智慧있는 요한도 아무道理가없었 다。그러니 인저는하는수없다。이런출도모르시고 줌으시 기만하시는 철없는 先生님이나 깨워볼수밖에 아! 「여우도 굴이있고 空中에나는새도 집이있으되 오 직 人子는 머리둘곳이없었다(누九・五八)」고 하신 예수는 또

참信者는누구인가

참信者는누구인가

六

들은、그영고 예수를 깨우고야말었다。그뿐인가?「先生님이여、우리가 죽게된것을 도라보지아니하시나이까?」고 크게 怨望하였다。日氣는「저물」고 여러사람이 물에 빠어 죽게되었는데 그것도모르시고 泰然하게 코만골고계시는 先生님! 너무도 딱하였다。아니、밉살스러웠을것이다。人間으로서는 (코로숨쉬는 弱한人間으로서는) 弟子들을 꾸지지시니 곧그처잔잔한게」되었다(누八·二四)。弟子들은 다시한번 놀라섰다。그리고 서로치어다보면서 수군수군하였다。아ー니、大體「저가 누구이기에 바람과 바다라도 順從하느냐?」고。自古及今에 이런말을듣지도못하였거든 이러한事實을 눈으로보다니? 弟子들은 거의 自己들의頭腦를 疑心하였다。

그러나 死境을 벗어난 弟子들의 기쁨은 무엇으로도 形容할수없었다。그리고 그들은 生覺하였다。「아마 先生님은 우리의受苦한것을 고맙게녁이시거나 不然이면 그런것도모르시고 혼자 춤으신것을 未安하게 아실것이라」고。그런데 이것은 또 웬일일까? 예수가 이렇게 말슴하실줄이야?「어찌 너이가 무서워하느냐? 너의가 아직도 믿음이없느냐?」고。예수는 도리혀弟子들의 不信을 責望하셨다。그리고 크게忿怒하시며 甚히슬어하셨다。

아! 弟子들은 이예수의料外의 態度에 얼마동안은 精神을차리지못하고 茫然하였을뿐이다。그들의 놀람、두려움、疑心。그들의 神經은 거의 痲痺된地境이였다。暴風이나 波濤가 무섭지않은것이아니고 예수의 命令一下에 바람과바다가 即時 順從함을보고서 놀라지않은것도아니나 그보다도 저보다도 예수의 이말슴과 이態度만은 果然 너무도 사람의知覺에 뛰여나며 預期에 지나치는까닭이다。

예수는 弟子들의 不信을 責望하셨다。그러면 무엇이 그들의 不信인가? 죽게된者가 살려고한것이 어찌하여 不信일까? 萬若 그것이 不信이라면 주린者가 먹을것을 求하며 벗은者가 입을것을 찾는것도 또한不信인가? 勿論 그러할理가없다。예수는「오늘날 우리에게 日用할 糧食을주옵소서」하고 祈禱하라고 가리치셨다(太六·一一) 그러면 弟子들의 不信은 무엇인가? 그렇다、같은일이라도 不信이있고 信仰이있다。孟子도 부지런하여 일즉 이러나는것은 可하거니와 盜賊질하려고 일즉이러나는것은 不可하다는意味의 말슴을하셨다고 하지않는가? 萬若 이런때에 예수가 같이게시지아니하셨다면 弟子들이「主여! 救援하옵소서、우리들이 죽겠나이다(太八·二五) 하고 祈禱하는것이 當然한 일일것이다。그러나 지금은 生命自體인 예수께서 같이계시지않은가? 아니、그리고

예수는 그래도 安心하시고 줌으시는것을 눈으로 보지않는
가? 보라! 어머니의품에 안겨서 아무 걱정없이 便
히자고있는 어린아이를! 그들에게는 어느곳이나 어
때가 決코 問題되지아니한다。그들에게는 어머니의 품이라면
그것만으로서 充分히 滿足할수있는 것이다。다만 어머니의 품안에
서에서나、汽車속이거니 汽船속이거니。집에서나 들
支配하시는 安全地帶가아닌곳이었다。하나님이 主宰하시며
아! 그런데 우리는 어찌하여 이러한 平安과 安心을
갖지못하는가? 오! 主여、종의不信을 容納하옵소서!

2. 泰然自若하신 예수

바람과바다를 征服하시면서 건너便 거라사地方에가사
「더러운 鬼神들린사람」에게서 「軍隊」라고부르는 多數의
鬼神을 내여쫓으신 예수는 邪鬼의請을드러서 二千머리나
되는 도야지떼에 드러가기를 許諾하시니 도야지떼가 모
주리 「바다로 드러가 沒死하거늘」 其地方 「사람들이 드디
어 其地境에서 떠나시기를 懇求하였다 (可五·一ー二〇参照)
不得已 그곳에서 쫓겨나신 예수는 다시 이便으로건너
오셨다。예수의 謙遜과 溫柔! 그런일은 조금도 念頭에 두

참信者는누구인가

지않으시고 如前히 海邊에서 하나님의말슴을 傳播하고
계시는 예수앞에 學問많고 地位높은 「會堂어른 야이로」
라는사람이와서 「발아래 엎디여 여러번 懇求하여가르되
내어린딸이 죽게되였아오니 오사 그우에 손을대여 나아
서 살게하소서」하니 仁慈하신 예수는 두말없이 같이
가셨다(可五·二一〜四三의本文要一讀)。

그런데 其途中에 또 다른場面이 展開되였다。其內容
은 이러하다。許多한무리가 예수를 擁圍하였는데 其中
에 十二年동안이나 血漏症으로 苦生한 젊은婦人이 하
나있었다。其女人은 「여러醫員에게 甚히 괴로움을받었고
또한 있던것을 다 虛費하였으되 낫음이었고 症勢가 도
리어 重하던次」이다。그리자 마침 예수의 여러가지로
異蹟을行하신 所聞을듣고 예수를 찾어서오기는 하였으나
敢히 正面에서 말슴할勇氣는없어 「다만 其옷단만저도」

完快하리라고 生覺하고 果然 即時 病이낫어버렸다。이女
子는 기쁨에넘처서 安心하고 滿足하여 슬그머니 도라
가라고하였다。아! 그런데 意外에도 예수에께들키고말
었다。滿足도、安心도、또 기쁨도 一場春夢에不過하고 인
제는 羞恥와不安과恐怖가 이女子를 둘러쌓을뿐이였다。
「예수는 其能力이 自己로부터 나간줄을」깨다르셨다。
그래서 뒤를 도라보시면서 「누가 나를만젔느냐?」고하

七

참信者는누구인가

八

셨다。弟子들은「무리가 擁圍한것을보시고 누가 나를 만젔
느냐 무르시나니까?」고 하였다。그러나 當事者는 避할수
없음을알고「두려워하여 떨며 앞에나와업더여 實相을」
말하였다。그러니 예수는 크게 滿足하셔서「딸아、네믿
음이 너를성하게하였으니 平安히가라、네病이 낫을지어
다」하고 稱讚하셨다。女人은 이제야참 平安을얻었다。
우리가 生覺하려는것은 또한 예수의이態度이다。아마
도 결에있는 야이로를 못보셨거나 不然이면 야이로의
집으로 가든것을 잊으신것이 아닐까? 子息사랑하기는
一般이다。그렇지않어도 예수의거름이 너무도 더더여서
참을수없는것을 或時 내딸을 고처주실가하여 억지로 참
는길인데─ 이게무슨妨害일까? 오! 이맙살스러운女人
아! 그보다도 이 生覺없는 아니、無慈悲하고 沒人情
하신 예수로다。야이로의가슴은 불타는듯! 터지는듯!
그러나 아니다。이 悠悠하신態度、이公平하신마음세。
이것이 예수가 하나님의아들이신 무엇보다도 確實한證
據이다。아버지의能力、또其사랑! 예수는 그것을믿으셨
다。急할것이 무엇이며 念慮는 웨할까? 야이로의말도
살려주려너와 血漏症의女人도 아니고처줄수없다。이女人
이나 그게집아이나 하나님은 똑같이 사랑하시는緣故이
다。百머리의羊中에서 단한머리라도 버려서는아니되는것
이다。하나님의사랑은 絶對的이며 完全無缺하다。따려서

其行하시는것은 一切가 徹頭徹尾하지않은것이없다。
이에 우리에게 聯想되는것은 벧아니의 라사로事件이
다。(約 一一・一─四四恭照)。라사로는 예수의사랑을
받던터이다。어느때에 라사로가 病이드니 그누의들
르마와 마리아가 急히 사람을보내여 갈릴리에게서는 信
賴하고 尊敬하는先生님 예수를 請하였다。그러나 急한
것을 모르시는 예수는 또한 드른체만체하시고 계신곳
에 二日間이나 더留하셨다。아마 아버지의榮光을 나타
내시라고 그리하신듯하다。二日後에야 一百餘里길을 徐徐
히 徒步로오셨다。그래서 예수께서 와서보시니 日字는
數三日 遲滯
되었다。그래서 예수께서 와서보시니「라사로가 죽어 무
덤에있는지 이미나흘」이나지내었다。그러니 그누의들이
「主께서 여기계셨더면 내오라비가 죽지아니하였다」울려
때! 하고 예수를 怨望한것은 無理가아니다。그말속에
는「좀더 速히오시기나하셨더면?」」하는 責望도 은근히
包含되었을것이다。

그러나 예수는 決코 虛行하신것이아니다。아니아니、
도리어 예수는 그들의不信을「마음에 痛悒하시고 슬어」
하셨다。오나가나 너무도 사람들이 믿지아니 하는것을
보시고 예수는 우시기까지하셨다。그리고 무덤에 가셔서
「라사로야 나오라」고 부르셔 다시 살리셨다。예수앞에
는 죽엄이었다。그리고 時間에나 空間에도 制限이없다。

「어째나 오늘이날 永遠히 變하심없는（히브리 一三·八）」예수에게는 永遠과 無限이 있을뿐이다。嗚呼라、나의 焦燥함이여。

3. 사랑의化身이신 예수

우리는 끝으로 十字架에 달리신 예수의 態度가 生覺된다。예수는 十字架에서 無變한苦難을 받으시면서도 其老母를 잊지아니하시고 信賴할만한 弟子에게 付托하신 것은 먼저말한바와같다。그러나 그보다도 其苦痛中에서 예수는 祈禱하시기를 잊지아니하셨다。더구나 其內容을 보라。「아버지여 이무리를 赦하여주옵소서、저희가 저희의 하는것을 아지못함이니다」고。아！ 自己를 十字架에 못박으며 嘲弄하고 誣呪하는 其무리들을 爲하여 祈禱하시다니？ 게다가 그들의 一切의罪를 赦하옵소서 하심에야？ 果然「너의怨讎를 사랑하며 너의를 逼迫하는者를 爲하여 祈禱하라（太五·四四）」고 하신말슴의 實現이다。내靈魂아！ 너의救主는 예수뿐、오직사랑이신主 예수뿐！

（續）

社告

本號는 여러가지支障이 겹처서 期日이 遲延되였을뿐더러 編輯의모양도 讀者諸君이 一見하야 짐작할바와같이 例月과는 매우 다른것으로 되여버리고 마렀나이다

罪人만을 爲하야

A、J、럿셀 著

趙 聖 社 譯

序

지난 冬季集會에서 譯者가 옥쓰포드그룹運動에 對한 紹介의 말을 試한바 있었는데 其後 聖朝誌 主筆先生은 이책의 飜譯을 命하셨다。나는 이것이 이미 賀川豊彦氏等의 손으로 飜譯된것이 있고 또 나自身의 無力을 잘알기때문에 躊躇하였다。그러나 聖朝의 要求가 너무 强하였고 또 再考하여보매 朝鮮말로써의 이 서투른 飜譯도 特別히 이것이 聖朝誌에 실린다는데 있어서 意義가 있을것 같었다。

푸랭크뿍만이라고하는 한牧師의 回心으로 起源한 이 運動은 敎理信條를 超越하고 宗派나 敎團을 超越하여 世界의 改變을 目標로 邁進하는 聖靈의 運動이다。新約聖書의 生活을 그대로 實行할려고 하는데에서 初代敎會의 使徒時代의 再現이라고도 불수있었을 것이다。

九

罪人만을 爲하야

이책은 이運動에 對한 가장 널리 알리워진 책이요
著者는 英國의 어떤 큰新聞의 文藝部編輯長이었다. 原著
는 一九三二年七月에 出版되었는데 그해안으로 英國內
에서만 十一萬部以上이 팔리운 名著이다. 론돈監督은 이
책을 읽고 다음과 같이 말하였다.

「나는 이책을 一字一句 빼놓지않고 다읽었다. 누구든
지 반듯이 한번은 이책을 읽기를 바란다.」

庚辰 正月二十八日 譯者

罪人만을 爲하야

숲속으로 내主는 들어가셨다.
疲勞한 몸으로 極히 疲勞한 몸으로
숲속으로 내主는 들어오셨다.
사랑과 恥辱으로 疲勞한 몸으로
그러나 橄欖나무들은 그를 몰르지 않었고
그灰色의 적은 넢들은 그에게 親切하였다.

가시나무는 그를 맞이하였다.

一〇

숲속에서 내主는 나아가셨다.
그리고 그는 充分히 滿足하였다
숲속에서 내主는 나아오셨다.
죽엄과 恥辱으로 滿足하여서
죽엄과 恥辱이 드디어 그를 부를때
나무밑에서부터 저들은 그를 끌어내셨다.
숲속에서 내主가 나왔을때
나무우에다 저들은 그를 죽이였다.

（써드니레이니어作「나무와 主님의노래」에서）

第一章 蒼天으로부터온 音聲

이것은 罪人에 關한 책이요、罪人을 爲한 책이요、그리
고 確實히 큰罪人의 손으로 記錄된 책이다.

諸君은 이책을 좋아하지 않을는지 모르겠다. 아마 싫
어 할것이다. 確實이 이것을 싫어하는 사람이 몇사람
은 있을것이다.

諸君은 그題目을 싫어할것이다. 웨 그러냐하면 비록
이책에 나오는 人物들은 사랑스럽지만 그이야기의 題目
은 사랑스럽지 않기때문에. 그러나 수수꺽기는 풀리워
진다.

諸君은 그 人物들이 書冊에 描寫된것이, 되어서 그다

지 좋아하지 않을지 모른다。 그러나 實際의 生活에서 맞

나본다면 그렇지 않을것이다。 그들은 다 現在 살어있

는 사람들이니까 諸君自身들도 將次 맞나서 그들의 人

格의 優秀한것을 發見할때가 있을는지도 모르겠다。적

어도 그중의 한사람은 이時代가 지나간 後에라도 歷史

的人物로서 살어남어 있을것이다。아니 或 여러사람이

될는지도 모르겠다。

何如間에 누구든지 이책의 內容을 反證하지도 못할

것이요、또 이挑戰을 避하지도 못할것이다。이 이야기는

事實이요、그 挑戰은 諸君에게 向하여 있는것이다。

一九三二年 마지막으로부터 一九二六年 中間까지 나는

론돈에서 아마 第一勇敢하고 進取的인 某日刊新聞의 文

藝部編輯長으로 있었다。그 期間中에 一生에 두번 다시

맞나지 못할만치 놀낼만한 사람들의 團體와 關係를 맺

게한 어떤 事件이 일어났다。今日에 와서는 그들의 많

은 그룹이 이地球우에 퍼져서 自己들이 맞나는 사람

들의 生活을 變化시키며 自己의 所有한 모든것을 아

무 代賞도 要求하지 않으며 난와주는 生活을 하고 있

다。

그들은 組織體는 아니다。아무도 그들의 數는 알지

못한다。그들의 말을 빌면「入會할수도 없고 또 脫退

할수도 없었다。自己生活의 性質如何에 따라서 이團體의

안에도 있었고 밖에도 있는것이다」라고 한다。

저들은 第一世紀以來에 아마 가장 特殊한 基督敎的

冒險家들의 團體일것이다。그들의 運命을 豫測하기는 아

직 너무 일르다。그러나 그들의 運動은 다음의 두가지

形式中의 하나가 되지않을는지 모르겠다。即 오거스틴、

푸랜씨쓰、루ㅣ터、웨슬레이、뿌ㅣ쓰、무ㅣ듸等과 같이 聯

想되는 基督敎界의 새로운 珠玉이 될는지 그렇지 않으

면 全基督敎徒의 再聯合 即 카토릭과 푸로테스탄트의

再聯合까지라도 促成하는것이 될는지 모르겠다。이運動

은 各敎派에 있어서 一世紀의 基督敎를 復活시킬것이

요、名義的 基督敎徒들의 生活에서 安協을 逐出할것이

요、敎會로 하여금 破壞된 家庭의 참된 改造者로 맨

들것이요、目的이 없고 方向을 잃은 生活에 目的과 方

向을 指示해 줄것이요 各事務室과 職場과 機關에 불

길의 十字架를 높이 들며 그리고 基督敎의 千年王國

時代를 이 우리 二十世紀에서 實地로 始作할수 있을것

이다。

文藝部主任記者로써의 나의 職務는 大衆의 興味를 이

르키고 우리 新聞의 配布를 擴張시키기 爲하야 特殊

記事를 供給하는것이었다。나는 異常하게도 나의 目的

을 成就할 두가지 異常한 手段에 부디치게 되었다。

罪人만을 爲하야

一一

罪人만을 爲하야

一二

그 두가지 手段은 알고보니 내가 其後에 맞나게된 놀랠만한 그룹에서 常用하는 두가지 主要한 手段이었다。나는 이것을 靈感과 告白이라고 불렀는데 저들은 이것을 靈導(Guidance)와 分擔(Sharing)이라고 불렀다。

大槪 퀜트에 있는 나의 庭園에서 지내었었다。그것은 土曜日이였다。이날은 나의 쉬는 날이기때문에 나는 내가 園藝를 좋아해서라기 보다도 庭園에서 지내는것은 좋은 運動이 되며 또 그前같으면 休日마다 興奮하여 가지고 費用을 많이 쓰러다니든 競馬場에를 가지 않을수 있기때문이였다。

나는 아무것도 特別히 생각하는것 없이 그냥 일을 繼續하고 있었는데 突然히 異常한 經驗을 하게되었다。나의 周圍의 맑은 空氣中에서 마치 稀微한 電氣의 爆音과 같은것이 들리는것 같었다。庭園에는 確實히 나밖에는 아무것도 없었다。그러나 누가 或은 무엇이 나에게 말을 하였다。表現이 逆說的인것 같지만 그音聲은 귀에 들리긴 하였으나 完全히 소리는 없는 音聲이였다。나는 이것을 超自然的 經驗이라고 믿는데 이밖에는 表現할길이 없다。

나는 空中으로부터 어떤 멧세이지가 나의 腦裡에 부디치는것을 느꼈다。그것은 마치 落葉이 삽분 떠러지듯이 또는 微風이 슬적 거치듯이 가볍게 나려와 앉는것 같었다。그와 同時에 愉快하고 잊어지지 않는 意氣高揚의 感을 느꼈다。

그멧세지에 對해서 말한다면 거기에는 아무런 特別한것은 없었다。그러나 그것을 行動에 옮겨 놓았을 때 나에게 온말을 그대로 明瞭하게 記憶하지는 못한다。그內容은 열두사람의 小說家들에게 自己의 宗敎的 信念을 우리 新聞에 告白시키라는것이였다。確實히 이것은 훌륭한 생각이였다。그러나 그렇다고해서 내가 지금것 내머리로 생각한 다른생각이라든지 或은 다른사람들의 생각과 特別히 區別할만한 特色은 없었다。單只 ── 이생각이 아마 무슨 特殊한 目的을 爲해서인지 外部로부터 내 머리로 들어왔다는 느낌만은 異常한 것이였다。그리고 거기에 따라 愉快한 生理的 及 精神的 反應이 일어난것이 異常한 點이였다。

그後에 곧 이생각과 이事件은 내맘속 깊은 구석에 감추여 있어서 數個月동안 完全히 잊어버리게 되었다。

그러다가 하로는 一九二五年 九月 初旬頃이였는데 나는 秋季部數擴張運動을 爲하여 좋은 連載讀物을 準備하라는 부탁을 받었다。그리고 이宣傳費에 相當히 互額의 돈을 쓸수 있었다。나는 내房에 도라가 생각하기를 始作하였다。그때 지난 봄에 庭園에서 생긴 일이 다시 생각났다. 直覺的으로 나는 여기에 適當한 題目이 이미 準備되어 있다는것을 알었다. 그생각을 지금까지 잊어버리고 있든 것은 오히려 多幸이었다. 新聞에 새連續物을 시작하기에는 一年中에서도 지금이 理想的 時期였다. 夏期休暇에서 도라온 大衆의 關心을 確實히 잡을수 있을것이다.

이일前에나 또는 그後에도 多額의 돈을 드려서 새 일을 計畫할때는 나는 두려운 感이 있었을는지 모른다. 이러이러한 點은 有利하고 저러저러한 點은 危險하다고 망서리군 하였다. 그러나 이번에는 어떠한 神秘的힘이 이計畫을 支持할것이요 아모것도 그成功을 妨害할것이 없으리라고 하는 微妙한 自信을 가지게 되었다. 科學的으로 말한다면 精神病學者들은 이連續物의 超自然的 起源을 믿지 않을것이다. 그리고 나의 經驗을 硬腦膜腺의 感情的 撹亂의 所為로 돌리거나 그렇지 않으면 潛在意識의 發現으로 돌릴것이다. 무어라고 말하든지 네버려 두라. 그러나 나는 언제든지 도움을 要求할때 그들의 힘으로 그腺을 움즉이고 그 潛在意識을 作用시켜 출수가 있기를 바란다.

어떤 좋은 意見을 認定하는것은 比較的 容易한 일이나 이제 有名한 小說家들을 여기에 參加시키는 일은 여간 困難한 일이 아니다. 그들은 自己의 權威와

罪人만을 爲하야

地位에 對하여. 銳敏한 感覺을 가진 사람들이요, 特別히 이일이 自己네의 私生活을 好奇心을 갖인 群衆앞에 열어 놓는다는데에 더욱 困難한 點이 있는것이다. 열명의 優秀한 作家들이 이들은 全部 英國에서 有名한 作家들이요, 또 大部分은 米洲에서도 名聲이 높은 사람들인데 우리의 이特別한 要求에 避하지 못하게 되었고 여기에 寄稿하여 주기로 快諾하였다.

그들의 일홈을 紹介하면 다음과 같다.

아ー놀드ㆍ베네트, 휴ー월폴, 써ー아ー서코ー난도일, 콤튼ㆍ맥켄지, 헨리ㆍ아ー서쫀즈, 제이ㆍ믜ㆍ배레스또ー드, 에ㆍ취ㆍ페뷔ー레스퐄플, 필립스ㆍ오펜하임, 리백카ㆍ웨스트, 이스라엘ㆍ쟁윌, 이

나는 寄稿者의 數가 어째서 내가 처음에 생각한 十二名에서 十名으로 줄어들었는지 잊어버렸으나 이連續物이 나중에 匿名의 寄稿를 하나와 써ー아ー서코ー난도일의 記事를 하나더하고 론돈監督의 特別寄稿 두개를 追加하였는는데도 不拘하고. 너무 빨리 끝났다는것만은 記憶하고 있다.

「一無名人」에게 英國一流의 文士들과 同時에 글을 發表할 機會를 준다는것은 愉快한 생각이었다. (「無名의 勇士」에서 힌트를 얻은것이다.) 그結果도 大端한 人氣였다. 有名한 小說家들과 같이 自己의 宗敎觀을 陳述한다는데에 數千名이 應募하였다. 나는 이中에서 하

一三

罪人만을 爲하야

나를 擇하는데 첫째 우리 讀者와 나自身의 共通되는 缺點에 對하여 啓發的言及을 包含한것과 둘째 大衆의 理解할만한, 單純한 基督的信仰을 明瞭하게 說明하는것을 擇하였다.

無名의 作家는 말하기를「賭博的本能이라는것은 邪道에 利用되고 無價値한 目的에 利用되는 일이 많이 있기는 하지마는, 이것은 人間의 所有한 本能中에 가장 貴重한것의 하나이다. 그리고 이 賭博的本能은 宗敎에서 가장 眞正한 그리고 가장 完全한 發揮를 할수 있으며 成就을 할수 있는것이다」라고 하였으며 또 말하기를「宗敎라는것은 神이 있다 하고 自己의 生涯를 거는것이다. 나는 神이 있다 하는데 나의 生涯를 걸려고 하기만 하면 이實驗의 結果가 나타나는것을 나는 알었다」라고 하였다.

여기에 나는 우리의 親愛한 賭博쟁이 君을 爲하야 아직까지 들어보지못한 반가운 이야기가 있다고 생각하였다. 即 나쁜짓을 한다고 恒常 非難을 받어오든 사람이 自己를 늘 攻擊하든, 便으로부터 稱讚을 받는 것이다. 그의 賭博에 對한 狂氣는 基督敎를 證明하는데 利用될수 있는것이다。하나님께서는 賭博者를 要求하셨든것이다。하나님에게다 걸어 보라 그리고 그가 너의 따—비를 따주는것을 보라。(註、따—비 Derby＝英國에 有名한競馬――譯者) 이것은 敎會안에 있는 一部의 사람들에게는 낡은 생각일는지 모르지만 普通 賭博軍들에게는 確實히 뉴—쓰였다。

나 自身도 賭博性을 타고난 사람으로 나의 賭博的 本能을 滿足시키기 爲하야 『론돈』의 中心地인 商業區에 音樂舞踏場에 耽溺하고 있었다. 나도 다른 사람들처럼 때로는 成功하는적도 있었다. 어떤 때는 이 겼다고 좋아하면 그 다음엔 또 내리 失敗를 보군 하였다. 아무리 知識을 자아내고 아무리 操心해도 그리고 아무리 오래동안 繼續을 해보아도 每勝負의 마지막에는 꼭 오소리감루를 쓰군 하였다. 나중에는 나는 언제든지 내가 賭博을 할때면 어떤 조고만 惡魔가 特別히 내귀에 派遣을 받어와 앉어 가지고 그릇된 훈수를 들려주는것이라고 생각하게 되었다.

異常하게도 나는 내가 지금 說明할려고 하는 그룹의 사람들 사이에에 이 賭博的本能이 아주 顯著한것을 發見하게 되었다. 그들은 모두 賭博者들이다. 大膽하게도 自己네의 生命을 내거는 사람들이다.――하나님에게

一四

거는 賭博이다。열한째의 投稿는 無名氏에게만 限하였
기때문에 揭載된 記事의 著者에게 電話로 알렸더니
電話의 저쪽에서 우슴섞인 女子의 목소리가 自己가 이
제 發刊된 匿名論說의 筆者라고 한다。나는 女子가 썼
다는데 興味를 느꼈다。나는 確證하기 爲하여 그女子
의 筆蹟을 要求하였다。그것은 原稿와 틀림이 없었다。
나는 그女子에게 原稿料를 주겠다고 하였으나 그는 拒
絶하였다。이것으로 더 一層 證明되었다。그後에 그女子
가 訪問하여 왔는데 보기에 키가 좀 크고 三十歲가
령 되어보이는 臨踏한 女子였다。그의 일홈을 公表
였더니 그는 臨踏하였다。絶對로 自己의 일홈을 公表
하지 않는다는 約束을 하라기에 나는 그러겠다고 約
束을 하였다。

이책에 記述되어있는 運動에는 皇室의 女性들도 參
加하여 계시다。그러나 이婦人이 王女이신지 아닌지 말
할수는 없지만 그의 家庭은 英國宮殿의 하나이라는 것
만은 말할수 있다。그러나 그는 거기에서 살고 있지
는 않었었다。그當時 그는 確實히 不治의 病으로 苦
生하고 있었었으나 이미 自己의 生活을 론돈貧民窟에
會事業에 바쳤든 때였다。그는 病때문에 하루의 大部
分을 室內에서 지내게 되는 일이 담기에 나는 그에게
이悲慘한 곳에서 無理한 自己犧牲을 中止하고 村으로

罪人만을 爲하야

가서 日光을 쏘이도록 忠告하였다。그는 나의 認識不
足을 웃어버리고 自己의 社會奉仕의 일자리로 도라갔
다。數年後에 그女子에게서 편지가 한장 왔는데 그속
에는 여기에 說明할려고 하는 사람들의 運動을 賞讚
하며 그前에 나의 그릇된 忠告에 對해서도 云云하였
다。 村에가서 日光治療를 하는 代身에 그는 貧民窟
에서 主님을 爲해서 일을 繼續하였다。그리고 異常하
게도 健康을 恢復하였다고 하는 것이었다。

이「나의 宗敎」라는 原稿를 直接靈導에 依하여 썼노라
고 그女子는 나에게 말하였다。그러나 投稿는 男子에
게만 限한것이라고 생각하였기 때문에 多少 臨踏를 않
한것은 아니라고 하였다。그러나 그는 自己의 姓名을
明記하여 辯明의 편지를 添附하였든 것이다。나는 어찌
된 셈인지 그 일홈에는 注意하지 못하였다。그女子의 原
稿는 山積한 原稿뿐이에 파묻힌채로 나에게 왔는데 原
稿는 原稿紙兩面에다 써있었다。(이것은 新聞쟁이에게는 第一
아찔이었다。) 確乎한 信仰의 精神과 蕩子의 靈魂에 對
한 同情的理解를 가진 이女子의 原稿가 그中에서 第
一 잘되었다고 하는 意見은 여러번 내귀에 들어왔다
。 事實에 있어서 大衆에게 第一有益을 준것은 이原稿라
고 나는 確實히 믿는다。

一五

（續）

聖　朝　通　信

一六

［聖朝通信의 續］

信에 成先生님의 短信 小生의 胸中을 딱치는듯한것이 있었음니다. 世人은 空之空事에도 極히 輕快하게도 戰死의 態度를取하는데도 眞이무엇이고 眞이무엇인것을 알면서도 빈으면서도 鳴戰死의態度를못取하는지요 聖靈의 降臨없이 제스스로히 取하려고하니까 못하는지요. 主님께서는 戰死의態度를못取한弱卒일수록 一層더 불상하게 生覺하시여取하여주실런지 모르겠음니다. 사란의實在를否認한者는 대관절누구일가요? 戰死의態度를取하려는瞬間 번개같이 어느새에알고 「瞥間기다려」 하면서말이 「너그럴것있느냐 이러면좋 저러면좋지않느냐」고. 이벌굴같은 아니갔나구연같은소리 대체그럴듯하거면요. 그래퍽주저않으면 사란은되었하나이 安心하게하여 다. 그러면 사랑이신 하나님 또옆으로 오셔서 하신말슴 「네萬苦이렇게되고 저렇게되드라도 나를따려와야된다」고. 如何한꼴을當하드라도 또다시勇氣었어 당신만을 말아오라는말슴에 또다시人間이란 中性的의存在가아닌가 봐요. 참으로 人間이란 中性的의存在가아닌가 하나님께 붙지않으면 사란에게붙고

하나님께 붙으면 사란의게붙지않을것이. 옛날 아담과래와란人物이實在했든가 안했든가는 나의집이켈바는아니로되 우리가와 같은境遇를 當한것만은 否認할수없는事實인것같습니다. 참으로 時時刻刻로形容할수없읍니다. 몇해나 가고져하면서 이해에는이일로, 저해에는저일로, 恭席할수없었든 제가 오늘 이葉書를 또받자오니 어쩐지 奇異한느낌이 생김니다. 偶然한한곳에모인機會를타서 저의族이 午前五時브터早天禮拜를보았읍니다. 不足한대로 제가馬可福音을이야기 하면서. 이런일은처음이었음니다. 그러나 집에서는 午前五時브터早天禮拜를보았읍니다. 그 洞察力의非常함에 놀라지않을수없습니다. 小生은 이제는 달리祈禱할말 없도록 非는수밖에없을 것을作定입니다. 그저 사란의試誘에만들지 않도록 加禱하시기伏望하나이다. （下畧）

一月二十二日 （月） 晴. 寒氣日甚. 登校授業. 아직旅行의疲勞가不退.

一月二十三日 （火） 晴. 大河汎濫하야 如狂如醉한洪水의 水勢에 草穀과人畜이 모주리 밀려 가고 一望無際로 狂波가 흉용할뿐인데 홀로 헤염치며 용솟음처서 千辛萬苦後에 山麓에上陸하여 保命하고 깨여보니 꿈이었다. 이날에 一身上에 重大한일을 톱明하게되었으니 果然이꿈과 무슨상관이 있었음일가. 慚愧의 情을 禁할수없는同時에 오직 이傳記가 出版된것을 感謝하지 않을 수 없읍니다. 이따의 모든靑年男女에게 이貴한書籍이 읽혀지이다. （下畧）

一月二十四日 （水） 晴. 登校授業. ○ 病床소식에 『先生님 感謝합니다. 오직 그리스도안에 있음으로써 그같은모든의 恩惠를나누고 잊어 주시지않고 이같이慰勞하여주시오니 그작은 一片의葉書를받았을때에 저의마음은얼마나기뻣는지오 참으로形容할수없읍니다. 몇해나 가고져하면 去年十二月二十九日브터 一月三日까지저家族이 前日에보내주신崔容信孃小傳과 또聖書朝鮮이 다잘받아보았읍니다. 小傳은感激에사무처 밤이짚어가는것도 모르고 하로밤에 읽어버렸읍니다. 그같이 아름다운信仰에서 저같이高貴한一 生을 보낸女性이 일즉이 우리따에 있었겠만 저는 이날 이때까지 모르고 있었으니 그리스도안에 있었음으로써 그같은모든의

聖朝通信

十二月二十日 (水) 晴。새벽에 눈에 자복하여 눈과같이 히여지기를 소원하려니 눈우에 눈물。○登校하아 授業과 成績調製와 校正等으로 늣도록 일하고 日沒後에야 市中에서 脫出하다。米穀商店마다 行列를 지어섰기는 昨今 一般이오、想峴우에는 달이 木 土星의 中間에 이르러서 火星까지 넷이 릴레이 選手들처럼 나라니하여 燦爛하게 보이다。○저녁에家庭禮拜。이사야 第六十三章輪讀。자정 넘도록 新年號의일。○오늘로써 冬季集會의叅席者確定。場所가 좁은것이 問題이다。

十二月二十一日 (木) 晴。새벽에 執筆하다가 山우에 올라가 기도。○印刷所에 들리고、登校 授業과 成績調製의事務。歸途에도印刷所에서校正。○想峴우의 달은 土星까지 나아갔다。○崔孃小傳의 讀後感에『……故方愛仁傳과같이「조선성자」라는字句를 冠씨우지않은것이 무엇보다도 기뻤읍니다。內容에있어어는 信者로서의短點도 좀더具體的으로 明記했었드라면 좋을것을……하였읍니다』云云。

十二月二十二日 (金) 曇、夜晴。未明에 山谷에 들어가祈禱。○印刷所에 들린後 登校執務。○總督府—道廳—總督府—印刷所。늣도록校正하고 어둔後에歸路。○冬季集會의場所가 좁아서 오늘까지 數三人을 拒絕하지아니치못하다。저녁에는 家屋改築또는增築의議가 있었다。六間房한데 꽃은것만한것을 지었으면 이번集會만한것은 過히不便치않게 지날수있으련마는 그것도 實現까지는 容易치않을것이다。○崔容信小傳의返響如下。『先生님 요마적에 저는 每日愉快한生活을繼續하옵나이다。제自身이 아직初期信者임으로 偉大하신 하나님의 힘을 제가 맛보앗다함은 아니겠아오나 罪悚하고 주제넘은 말슴으로 近日의 저의生活에서 저는 오직 즐거움만은 깨다렸나이다。每日祈禱속에서살고 聖經보기와 보는것이 聖朝誌。이런것만을보아서 그러하온지 每日每日愉快하게보내나이다。聖朝誌가中斷되오면 누구보다도 아직基礎가確立치못한 저의信仰에 第一걱정이옵나이다。저녁에聖朝誌를보고자면 비록 열두시나 지나서잔다하드라도 翌日午前四、五時에는 確實히起床하도록 저의마음은緊張되고 새로워 마음의티가없이되나이다。요새는 아츰에일즉約一時間半이나그以上、時間이있는대로 冬期集會準備工夫로 요한默示錄을 英語標準으로하옵니다。아츰부터聖經을읽고工夫하다 學校에가면 모—든것이다—樂觀的으로되고 固執된눈으로는 보여지지않습니다。그리고 하루가 다—愉快합니다。이런때 저는 아직맛보지못한感으로、저와같은初期信仰으로는 처음맛보는感으로 기쁨에넘치여 하나님께感謝드리나이다。그와함께 저의 하나님의길、의의길을 일러주신 先生님께도 아울러感謝드립니다。就伏白 제가先生님께좀엿줍고저하옵는것은 卒業期를앞에둔 저의感懷와뜻을 좀엿주어보고자 하옵이옵나이다。저는三學年때「常綠樹」를읽고 不信의마음으로도 農村으로가자고 決心하였나이다。그後늘—農村을—하고있든中 五學年이되면서부터는 農村으로가자—不然하여 就職을해도 農村으로가서하리라고 決心하였나이다。그러는中 저의가슴에는 限없는農村

의 興味와憧憬의마음을 잊지않고있든中
日前崔容信孃小傳을읽고는 저는아주崔容
信孃의 靈의 포개당하고말았습니다。저는
보고울었습니다。目讀하다울음을不禁하여
朗讀하엿으나所用없이 저의목소리는떨엇
나이다。저는決心하엿나이다。農村으로가
리라고。이것을先生님께 좀엿줘 指示를
받고자함이었나이다。崔容信孃小傳을읽고
所感을記錄하였나이다。罪悚하오나 저의
決心이오니 左記하겠나이다。日記에依하
와

聖朝通信

「그는女子이다。나는男子이다。大丈夫로
라。그는實地人요妄想의文學家의 붓끝으
로그려진것이아니다。나는그의生涯를부리
워한다。羨慕한다。그는女子가男子의步調
에 발맞취야한다。그래야社會는開拓되고
改良前進한다고말하였다。그러나結局그는
혼자寂々히걷고말앗다。나는農村으로가리
라 農村은나의準備터이다。地上役事터이
다。朝鮮이興起함은 盲人의눈띠우고 벙어
리말가르처 우리려하나님을뵈입고 입을
여러 新禧드려야한다。이것이나의 天職일가
하오니 主여 許諾하여주소서 하나님은 苦待하
신다。（下略）」

十二月二十三日 （土） 冬至。晴。새벽
에 山上에올라新禱。○印刷所에 들리고
登校。第二學期終業式。學業成績發表。先
學期보다 더욱優良하야 第一學年의三個學
級、一百七十九人인데 首席으로부터 第
六號까지 모다 第一組生徒가占하였고、
第七、九號를 他學級에讓하고는 十號까
지에 八人이一組에서 났다。快하지않은
일이아니다。이번擔任班도 에서하면 볼
만한成績이 나타날것이오、卒業期까지에
는 學力보다도人物——神以外에 아모것
도 두려워하지않는人物 무엇이出現할듯
하매 漸々愛裏心이濃厚해진다。이일도 버
리기는 아까운일이다。할일은 많고 몸
은 하나뿐。오늘은 한學期間의總括的訓
話로 長時間걸려서「士別三日刮目相對」
의秘方을傳授하여보내다。運動競技나武道
에關한指導者에게도 各其秘方이있다
거면 敎師된者에게 學業精進의秘策이없
을수없다。但 이것은 擔任班生徒에게만
公開하는것으로 定해있다。그러나 이것을
이기때문에。그러나 이것을 日曜集會에서
公開하는는秘義에 比較할진대 서문짜리도
못되는것이다。日曜集會의것은 또 그會

一八

員以外의人에게는 말하지않으나 이는 내
가 가진것중에 第一貴한것이기때문이다。
○東京留學生이 도라와서 반가운消息많
은중에 矢內原敎授의渡鮮이具體化된것을
알게됐것 第一큰기쁨이었다。○오늘도總
督府出入。新年號의出版이許可되다。印刷
所에가서 校了하다。○歸宅하니 大學生
君이와서 冬季集會場所인 안방을 塗壁
하고있다。家人全體가 集會期間用의食事
準備로 발서부터連日總動員。三人拒絶하기로
申請한이中에서 缺席者생기면通知하기로
答하더라。○저녁엔 詩篇의研究。

十二月二十四日 （日） 晴。새벽、山上
新禱에 靈感이豊盛하다。○中學生二人의
援助를 더얻어 學生三人이서 塗壁役事
오늘도繼續。主人은 書齋에서 詩篇을工
夫하고 있으나 아마도 마음이 沈着치
못해서 때々로 일터에 나와干涉도하며
밀창도 씻으며 하다。市內로出入없이 하
루終日 洞內에居하는幸福을 크게 느끼다。

十二月二十五日 （月） 晴。淸晨에 山
谷에 올라 新禱。○오늘도 學生軍들의
塗壁工事續行。高工學生하나加하야四人이

되다。未畢。午前中 不得己入市하야 多辨多事。○오늘早朝에도 特別集會恭席의 承諾을었으며고 일부러 紹介者를앞세우고來訪한것을 一旦拒絶해보냈는데「마루에서라도 聽講하겠다는 熱誠있는이들이 이時代에 어듸그리 쉬우냐고 母親님이 걱정하서서一人을承諾한기로하다。그리고 본즉 이보다먼저拒絶했던이들에게도「마루라도 無妨하겠다면恭席하라」는 기별을 안할수없어서 모다公平하게處理한다。通知는해동았으나 期日後에 申請한이들만 果然마루에 앉히고 해낼까。房은 발서 人口超過다。또하나痛痛거린다。○저녁에는 特別集會의 時間配定表作成。

十二月二十六日 （火） 晴。未明에 山林속에서新禱。○오늘도 學生三人이와서 涂壁役事繼行。오늘로써 一旦完結한것으로하다。○卒業生으로부터 敎員免許에 必要하다고 証明書類를調製해달라는 急報를받고 오늘도午后에入市。이런때는 郵便도配達치못하는 山中에 살었으면 하는 생각이 간절하다。証明書類는 꼭 休暇中에必要한것도 不可思議한일이다。알고서는 모른체할수없으니 卽日로執行。이일

聖朝通信

로 俗務整理。余輩에게도 年末까지 있음을未免。○新年號製本出來하야 오늘發送。○저녁에 家庭禮拜。예레미야第四章輪讀。그末節에「女人의解産하는 소리요 또初産하는 女人의苦痛하는 소리라」고 二重으로읽었으므로 解産하는 소리와 初産하는 소리가 다 르냐고 우리집産母에게무든즉 멀리서들 기만하여도 確實히 다르다고한다。그리고 萬代의大豫言者예레미야가 別것 저일로 오늘도 充實치못한 하루이었다。

十二月二十七日 （水） 曇。새벽에 默示錄 폇장 읽고、산골착이에 올라가 기도로서 萬代의大豫言者예레미야가 別겠 까지 다注意해 들었던모양。○自轉車타고 다닌지는 여러해 되었으나 나 스스로 닦어본일없다가 朴昌成君의自轉車店이 廢業되여서 오늘 처음 내손으로掃除해본다。남이 닦어줄때에도 고마운마음 황송한마음 느끼지못한것이 아니었으나 오늘 自轉車에對한 愛憐의情은 끔직한바있었다。解氷의 道路에서 自轉車에 흠물 뛰는것이 곧 내살에 뛰는感이다。自己일을 自己손수할것은 金錢의節約보다도 郞物의眞相、實體에 무닿지는點으로보아서 반드시 래야할일인 듯하다。오늘은 自轉車를再認識한날이다。○午后에満凉里로서 市內까지 다녀오며 있음을未免。

十二月二十八日 （木） 晴。集會期日이 切迫하여짐인가 平素보다 일즉起床。예레미야에게 듣고、默示錄에서 장차올世界를바라보고、詩篇에서 이스라엘詩人의心靈에 나타난 여호와를 우리러볼새 藥師寺S님의 木鐸소리는五時半을 지나서 시작한다。祈禱의山골자기로 向하랴니 달빛이 낮인가 의심케하는데 北漢山은 象牙로삭인듯이 天界線에變調를 주고 우뚝솟았다。서리맺힌이새벽에 이 天地에山麓의 火氣를呼吸하기는 나홀로뿐이 아닐까하면 山등을타서 運步할지음에 女人들의喧嘩한音聲이 고요한空氣를振動시기니、月色을틈타서 山林看守들 잠깨기前에 때일나무를 盜探하여가지고 도라오는 女人의一隊가 山기슭을 지나는것이다。가난은 사람을 부지런하게하고 勇敢하게한다。○午前中은 市內某博士를訪問。友誼에넘치는 接待에感激하다。○午後는 忙中閑을얻어 中央線陶農驛까지始乘。

一九

聖朝通信

보면볼수록 家居地로서는 우리北漢山麓에 比길만한데가 쉽지않은것을 알게되다。

十二月二十九日 （金） 晴。새벽 봉오리에 오르니 西南天에 머므른 달빛은 하고 밝으나 안개에 싸여서 北漢은 바다같이 흐릿하고、서리맺힌 솔잎들은 水晶으로 만들어 붙인듯한데、처랑한 물소리는 하늘 은방울이나 흐름인가 싶다。特別集會가 明日에切迫했으매 所願도 또한懇切하지않을수없다。○午前中에 就職運動과 住宅찾기를兼하여來訪한 친구를 應對하고나니 午正 사이렌 소리 들려오다。○氏는 余의同窓들消息을 묻다가 同窓中에 余輩가 가장出世늦은것을알고 크게 웃고 갔다。

十二月三十日 （土） 午后二時로부터 一月五日 （金） 正午까지 冬季聖書講習會。이동안은 하루가 一週갈고 一週가 하루같이。이 一週間에 듣고 본일을 날人이 記錄할진대 本誌一個年分의紙面으로도 오히려不足할터이매 차라리 아주 畧하여버리고 衆席者의 音信몇장만 以下에 실으려한다。①（前略）三角山麓에 座定한 先生님의 家庭을보고 온것도 한기쁨이었읍니다。

니다。慈堂게옵서며 師母님게서 손手食事의때를따라 사랑으로베푸러주심을感謝히받았었습니다。둘째딸님의女節다운侍從이며 사랑스러운正孫이의얼굴 柔順한무러리의奇寄特性 모다主예수그리스도의恩寵으로 나타나타나는것을보았습니다。先生님이 如實히나타나는것을 靈界의巨刀로 嚴格한約束、眞實한態度는 靈界의巨刀로 갈팡질팡하는 心靈을죄그드는듯이 金宗洽先生의 복音三章十六절을引用하여 사랑하는아들 開會劈頭부터散會時까지 人資格을認識할때 心靈의變化가크하였음 文化와信仰이란題演은 敎會歷史를더듬어 을力說하였습니다。두분을記念하는이時間 興味進進하였아오며 溫柔謙遜한性格인데 에 付托하신말슴 예수를잘믿어라 네이름 手端이없어보이는데 어떻게各校長의이름 과같이 正直하여라 나 할일은다하였으니 由를 듣고있을때에 良心的인態度로 ×××의理 네가할일은다한다하였다。（당신은 예수를證據하시고 誼先生의默示 叙講議는 自由自在로그根本再臨의精神을 하신말슴을回想하면서 反省과悔改하였아 들어넜아오며 最後審判臺에 서기爲하여 오며 이偉大한祝福을 빛나는所望을 우리 先祖와수生들의不信의責任感으로 悲痛한 家庭에 永永保存하잘것을 力說하였습니다。 心情을할때에 感激하지않을수없었습니다。 先生님믿는일이 이렇게偉大한事實인지요 順風에돌을다는格으로 創造의生活을實現 이百姓에게주실것은 하나님의말슴인데 聖 하는金周恒氏宅에서 米國信仰界의消息 朝의役割本意대로 나타나옵기바라나이다。其他 을들으려하였는데 意外에自己改信의紹介 信仰과人生、發刊되옵기를비나이다。其他 를들어 우리信仰에격려됨이있었습니다。先 講演集、聖書槪要等 작고出版하시옵소서 生님勿論 하나님게서 그이를붙잡는줄앎 無識한나에게 붓다리를싸메고 傳道의資 에 握手하여 그리스도의勇兵되음에 料될가하는 생각도 있었아오나 聖靈이 聖朝

二〇

도와주옵소서。其他여러先生님들과 會友들을通하여 主예수그리스도의恩惠와 사랑을充滿히받고 돌아왔습니다。當夜는 예수를잘믿으라는 간곡한付托을하시고 하늘나라로가신 아버님의둘째돌입니다。南岡할머님以下 親族들을되시고 記念祈禱會로 모였습니다。聖經馬太三章十六절以下요한복音三章十六절을引用하여 사랑하는아들인資格을認識할때 心靈의變化가크하였음

先生님의 家庭을보고 온것도 한기쁨이었읍니다만

우에 臨하옵시기를 비옵나이다.

一月七日 ×××들이나이다」

②「만일 입이 내게 있으면 그 입다가지고ー
찬송하겠네를 前에는
사옵고 지금은 心中에서 넘처흐르는것같
읍니다. 우리 集會가 勿論
은데서 되는줄을 이미믿고
더구나 今番은 特別이
證據를 보오니 감사한것뿐이니다。
는다ー발표할수가 없음니다. 主께서하시
고져하시는 뜻이 그대로다ー일우워지기만
을 祈禱하며 聖靈의引導하심대로 絶對順
從할것뿐이라고 生覺하옵니다.(下畧)」

③「(前畧) 집에는 別연고 없었고 學校도 上
京後에 一月二日부터 旅行하고 式에는
반듯이 恭列하라는 指示가 郡에서왔더라
하오나 校長이그대로 눈감아두자고해서
無事히 落着되었읍니다. 집의 어른中에는
추우데 무슨 苦生이나고 걱정하시는분도
게셨으나 그 건問題도되지않사옵고 그外
에도 간절한 다른所望을 다斷絶하고受講
하러간것은 항상混迷하고 항상煩惱하는
靈魂의 安住의 故鄕을 찾아갔것이옵나
다. 一週日가 가까운時日을 思慕하옵면 先

生님을 가깝게모시고 지별수있어서 제
切切한所望이 期待하면보람을 充分이
루어가지고 돌아왔읍나다. 스물빗、偉大
한先人들이 이나이가 되기前에
人生의 眞道를 훌륭히걸어갔는데、나는아
직도 眞흉늪(沼)속에서 허리이었던것을
생각하오니 나이가 어찌도 두려운지모르
겠읍니다. 過去二三年의 怯弱한醜態를
래를맞이한 이해만은 祈禱와 讚美속에
되푸리하지않을고. 主께서하시
繁을發하여 알찬 한해들보낼랴합니다.
五日날밤에 市內에서 갈이 受講한두분을
만났읍니다. 그때 어찌반갑던지 어두운밤
거리가 一瞬 화안한낮과같은 光明이비
침을느꼈습니다. 집에돌아오니、그純一히
한분만우르르면 그比較的淸潔한 생각이
가끔混濁해지음을 느끼웁나다마는 곧默
禱함으로回復되와 아직까지는 큰破綻은
갖지않었었습니다.(下畧)」

一月六日 (土) 午后로부터
一月二十日 (土) 까지 東京과 桑名
市 岐阜市等에 다녀오다. 또한 이동안二
週가 하루 갈고 하루가 二週갈다. 그
으로 多忙中 또밤에는 歲末警戒까지活動
하고보니 沈着하게讀書할수없읍니다. 그

①「(前畧)先生님! 先生님께서
至愛하시는 마음으로 下送하신「聖朝」舊
號二四冊이며 第八十貳號까지도 昨日無
違拜受하였으니 都是感謝 하올뿐이옵니
다。더욱히 第八十貳號는 庫間밑에까지
찾어비시사 應當要求할손 알으시고 함께
下送하시었다시니 참罪悚萬萬이옵나다。
그래萬一不要하게되면 還送하라고말슴하
시었으나 구덕에ー든 고기를 내버릴수있
니까. 此號값은切手二十錢同封하나이다。
先生님! 그舊號二十四冊 대숨에 讀破했으
면한 生覺이懇切하나이다。그러나 마음은
바빠되 눈은 느리다 쌔敎없으므로 李道
슴四書三經읽듯이 表紙 目次만을 대숨에
읽고보니 그만난해도 넉넉히解渴은되었
읍니다. 이갈이읽고나서는 不知中무릎을
딱치면서 잘도나求했다. 이寶貨!하면서
破顏微笑않을수없었읍니다. 이喜劇의一場
面은 小生의 食口以外에 主님밖에는求景못
하였옵나다. 小生의年末年始의事務를處理할랴면
定員이라도 無理랄수가있는데 더구나一
名欠員이되고보니 小生은두둥이나하게됨
으로

聖朝通信

사이의 쌓였던 晋信中에는 이러한 것도
하고보니

二一

聖朝通信

래 晝間執務中에나 夜間警戒中에나 마음
은 聖朝舊號에가 折半은잇게됨으로 自問
自答하엿음니다。今日의職務에全心專力을
傾注하여 忠實할것이냐。信仰書籍耽讀에
結力을集注할것이냐? 어떤것이信仰的態
度이냐고。그런데苦待하엿든『信仰과人生』은
그냥流産을當하고말앗다고요。産母의悲哀
의哀痛은 우리들의想像에 지나치는것이
잇을것입니다마는 左右에서待機體制로
泰觀하든諸者들의失熱도 어지간하나이다。
그래다음에는죽더라리 難産이될지라도 流
産은되지않도록비옵나이다。아마도 그의
빛이 넘우나도强하니까 暗黑世界에서만
살든者들이 눈이부시어서못살것갈으니까
一帶年이未信者이지만 매우小生을敬慕하
는者인데。近日에結婚을하게됨으로 그
結婚을祝함에當하여『推容信小傳』과 『信仰
과人生』을 선물로寄贈하려는것인데 後
者는後日을約하고 于先 前者만을보냇음
니다。그리고今日은 여기의結人養成學校
○××○道에하나인데 各郡에서 後日農村

의中堅婦人될希望을갓인者면 旣婚未婚間
으로 젊은女性이배우는學校)의 先生님을처음
으로 찾어뫼옵고『推容信小傳』一卷을密贈
하면서 全生徒에게『推容信小傳』一卷式購
讀할希望者가 많이잇는게해주라고 要求햇
더니 그先生님初面이면서도 반갑게快諾
해주섯으므로 기뻐하고잇음니다。그래줄
生徒가 最다。希望하드록 성가시게 主님께
빌고저하나이다。어떻게헷으면 그小傳이
좀더이땅의젊은男女들에게 많이읽혀줄수
잇을가하고 이러저리生覺하고잇엇음니다。
小生은年前에村塾在所勤務時 文盲打破로
夜學을指導해본일이잇고 또貧寒한農村에
生於長한까닭에 農村改良에關心을갓고
書生이나오기를 싫어헷겟지요。小生은
道衷心으로同情되나이다。質에잇어서農
村도靈的으로改良시커야 한쪽절름바
린改良만은 不可할것이오。小生은
故로小生이去年에 先生님께 『山上垂訓
研究』二卷을英文으로 直送해주시라고말슴
드린것은 거기가小生의故鄕이므로 後
손을마주잡고 일할在鄕의親友에게 基督
敎를 認識시키려고한것이잇음니다。先生
님! 小生도靈的으로 新生햇다고할것갈

으면 벌서여섯살을먹게되나이다。八歲면
皆入小學校이니 小生도八歲되면 집안에
붙어서 어머님만 섬가시게。할것이아니라
冊보믿고 學校에가야할것인데 主님께서
그렇게되드록 生命을주실런지 모르겟음
니다。弟의冊보믿고 저의故鄕人學校로入
學할날이 잇을런지? 모든것을 主님께
말길뿐입니다。(下畧)

十二月二十九日夜×××再拜

(2) 崔嬢傳記讀後感을 著者에게꼬낸短信은
이렇다。『치위甚하온데 은혜中 귀체만강
하시오며 고무에 많은 자미를 보시옵는
줄하오며나이다。生은 정성감리교신학교
를졸업반에 재학중인 둔재로서 이달중순
애방학하고 귀향하는 기회에 외우 이정
넘군을 통하여 귀하의 저작인 최용신
소전을 읽다가 어찌감격되엇는지요。 단
十三페지에이르러는 사뭇 눈물숲에 단
숨으로 그책을 다읽엇음니다。나는이러
한생명있는 서적을 귀하와같은 하나님께
인을통해 이땅에 내여놓게하신 신앙의
감사의기도를 드러나이다。앞으로 가장
일生을 부르짓는 이땅에서 일해보려는
교생에게 많은지도와 편달을아끼지 마

二二二

려주실줄믿고 수자로감사를표하나이다」

⑶崔㜨의 오빠時恒氏의短信如下。『拜啓 貴體萬安을仰祝이오며 每月發送하와주신 雜誌는 唯一의親友로알고 愛讀합니다。그러고 故妹弟의傳記發刊에對하와 何等貢行이없는그로서 그만치 傳하여주시니 오히려兄된者로서 부끄러울뿐이외다 從此로끈치마시고 指導를바라오며 貴社發展을祈願합니다。 云云」 ④小鹿島의報告如下。『宋先生님前。下送하옵신小包六包와 惠書(ハガキ와封書)는 참고맙습니다 그날이마침「御用仕舞」였고 其後로消毒關係로서 上答이느저저서 참罪悚합니다。그런데참 令息께서는 그동안좀어떠세요 父母되시는 先生님마음 얼마나沓沓하십니까 世上엔어찌그리病도많은지요 그저 上帝님도으사 그동안이라도快하신줄만믿습니다。小生도去十二月三十一日밤에 兩手에火傷을입어 아조不便을느낌니다。가뜩이나不完全한손에 붕대를칭칭감어놓니 봇대가 손가락사이에서 도는形便입니다 참우수운身勢지요、글자그대로막닥이같은 손입니다。이대로進行하면 이렇게나마自手로片紙쓰기는 얼마안가서 그만일것같습니다。이런廢物도 先生님 바리시지않고 아들로삼어주신 主님의놀라운恩惠를生覺하오니 기우하분하질이 肉身그저時間間題안것같습니다。謹伏白 十二月二十八日에小包를拜領하고 그날消毒에 겨우 金先生님께만은 報告했습니다만 그렇게많은 締物을보내주셔 감무에라말슴엿줄기도어렵습니다。진답슴엿줄지않고 全力을다하여 善이處理하기에 努力하겠습니다。아드님께서 그렇게위중한 病患中이심에도 不拘하고 젊은사랑과 끔직한情으로서 撰擇買入荷造니 發送、生覺하면生覺할수록 感激에넘칠뿐입니다。今年에는 多少時日이걸리드라도 可及的여러사람에게미치도록 現在、二十三兄妹와 六十四어린이에게드리고 아직도近半數나남어있습니다。오늘午后에는 昨年에주신꾸뿔로 그라운드에서 뛰노는어린이들을보고感激하와 남어지學習帳몇冊과 鉛筆을난워주었습니다。昨年度에는 어찌심이든지모르겠드니 今年은참기쁨으로 處理할수있음도 이상한일입니다。崔容信小傳 참고맙습니다。그信仰 그사랑은그만두고 超人間的그努働에는 참눈물아니흘릴수없었읍니다。이것이肉體가弱하다고 手足이不具하다고 親力이充分치못하다고 꽤부터든것이참부끄럽습니다。島外로四冊、島内에十三冊못보시는兄姉에게 견선를달아서 난워드리고 아직三冊인가남었읍니다。남은選物과小傳은 차츰處理하겠읍니다。李羅大君잘있읍니다。君의熱誠과心事에는 참으로感激할것뿐입니다。새덕이면山에서가끔만남니다 信仰에關한일 個人에關한일로도 每日한번式은 들러오고 園務로서도 어떤날은 二三次式 닷날때가있읍니다。日前에도先生님께서 葉書가왔다고 한다름에달려왔읍니다。듣나시는대로 틈이겨려와鞭韃해주시기伏望합니다。좀더 仔細이島内形便새해에받은恩惠의 感想을엿숩고싶사오나 손도不便하고 昨年度殘務도많이남었고해서그만上書합니다。金先生님과 島内저이들을生覺해주시는여러先生님、聖書研究會여러분 天恩中康旺하심과、先生님宅에聖恩넘치사 平康하옵시길 우리主님께비오며 來年이나마 選物을보내시기에 努力해주신여러분께 여러兄弟를代하여 感謝합니다。亂筆을 용서하여주십쇼。

昭和十五年一月五日밤

聖 朝 通 信

小鹿島中央里尹一心上 撰

追曰　書冊에 있어서는 많이 生覺하시고 撰擇하라 신즐없읍니다. 前부터 或가지고 있는 것 읽은일있는것도 있었읍니다. 아직한卷도읽어지는못 든冊도몇권있읍니다. 只今歷史上의 크리스도傳을읽는中입 니다. 그렇다고小生個人의所有를만들수도없 고 그冊冊만은 누구個人에게드리밀수도없 고 冊冊만은 小生이가지고있든書籍 鮮文三 十二冊과 和文二十餘冊과 이거회에 顧讀하시는분 못되고하여 下送하신書冊 鮮文三 十二冊과 和文二十餘冊과 이거회에 顧讀하시는분 에게 自由로읽을수있도록하기로 目錄을 作成해보았읍니다. 十日以內로는 빛내다 읽을수있도록 整理하겠읍니다. 昨年에보 내주신 크로므엘傳 이제야겨우다읽었읍 니다.

惡人은 칭찬받고 義人은 비란攻擊을 받는것은 昔수이다름없는것 같읍니다. 似 而非한基督敎를 바로세우는데는 이러한 人物이 간간이 있습은 主의경륜이시라고 믿을밖에 없읍니다. 그리면主안에서 늘ㅡ 겨려하여주시옵소서. 尹一心白」 ⑤同 消 息如下. 「金先生전. 希望의새봄을맞이하 여 先生님 道體더욱萬康하압심을 仰祝함 니다. 去十二月二十八日에 忽忙中올린글 니다.

小傳을읽고 참으로感激함이적지않았아 오나 (우리中에는方先生의 同情을直接받 은兄弟도있읍니다) 崔容信小傳을읽고느는아 니올수는없었읍니다. 方先生님처럼우리同患 에게卽接관게는 없으나 肉的으로볼때 그 一生이너무나不幸하였읍니다. 崔先生의生 涯도그렇거니와 柳先生님의글과 精神에는 아니올수는없었읍니다. 저이들의一生도意味 는다르나 뫽不幸합니다. 그래서잠득곰긴 傷處는건드리기만하면터진다느니. 崔先生은그렇게不幸하 면죽음이나슬거든 하믈며病人인내가 健康하신분도이렇거든 그만슴이터저 하고生體할때 그만큼슴이틀다ㅡ 셨지만 그不幸이그를 참幸으로 슬겠음 니다. 우리도이것이슬거 一時인들살어 있을수있겠읍니까 어떤兄弟는 말하기를 때까지 保管하려합니다. 그다음二 一冊은 아래와같이保管하려합니다. 島內金敏 玉一, 李羅大一, 金今重一, 玉助今一, 金 且東一, 柳一雲一, 有友會(二)少年少女各 一(이것은돌려가며읽습니다) 諸兄弟와 宋 一(金泉), 아직一冊은남에있읍니다. 사람 이없는것은안이나 小生이가진되는데있어기에 이特히사랑하는어린이들)난와주었고三分 一은學院으로보내여 敎員諸君에게處理方 針을 一任했읍니다.

聖朝通信(十二月十

一冊은 六十餘어린이에게(大개로小生 一可量은 學用品으로남었읍니다. 部分이그대로남었읍니다. 適當히쓸자리날 고합니다. 그外에선물中타올과양말은 大 適當한분나서길기다리고있읍니다. 方愛仁.

針을 一任했읍니다.

二四

418

日) 을읽고 그만북바치는울음을견딜수없어울었읍니다。先生、兒童生이라면 그이름까지도 希望이가득한 幸福이넘치겠만 어째서우리섬에어린이들은 이렇게불상합니까! 先生님참녀녀울해못견데겠읍니다。아직아장아장건는어린이로부터 十七八歲少年少女가 아마五百이넘을것같습니다。이들은한平生을 이조고만섬을 自己의世界로 봄도없고 成功도없고 向上도없고 父母의사랑 兄弟의友愛 家庭的滋味를모르고 一平生을지내야하겠으니 이들에게무슨罪가있읍니까 이들中에는 아직病이없는이도있읍니다。그父母가病들었기때문에 그一生을黑暗에서 지낼일을生覺하면 生覺할스록꿍상한것입니다。主예수여 당신만이 이들을불상이여일수있아오며 그크신사랑으로 이들을길워주소서 할뿐입니다。未安하다마는너무기러졌서요 一一히記名었으면 좋겠으나 主指示하는대로 곧處理하겠사오며 선둘에對한報告가充分치못해 罪悚하오나 이로써그만 아뢰려합니다。萬難中에서今年에도敷出하여서 新年號를읽고 또다음號를기다릴수

있게하여주신 우리主님께感謝와 크신榮光을돌려드립니다。우리를利用하여 傳道出張應授輔읽고 마음은불타면서 弱한肉體를 作이며日氣가變해 主의音聲을들으려합니다。갑작이도하며 오날새벽엔 그바람이어데로갔는지 氣候도溫和하고 小生마음도溫和합니다。 新年에는 先生님宅에서每日새벽시만빌며 余不具上書합니다。 감은손으로써놓나 (봉애릴칭칭 읽으시기에 힘도쓰시겠읍니다 용서해주십쇼〕 一月十一日새벽』

읍니다마는 信仰의눈으로 北쪽을向하야 멀리바라볼때 眼前에 방불히展開되온것같었읍니다。 그자리에 會集된 兄弟姉妹諸氏에게는 옛날五旬節다락방과같이 聖靈의降臨을 豊盛히입었을줄도 推想되나이다。예수님을 그리스도로 믿는믿음을 받은小生에게 또한가지의 祈願과慈心이 남어있다면 그明倫町集會에 一回만이라도 衆與할것뿐이올시다。그다음祈願이있다면『聖朝』今月號에 特筆大書된바와같이 咸先生님、宋先生님、金先生님、이세先生님을 어떻게해야 이地方으로모셔다가 單一回만이라도 遺憾없이利用했으면 하는것입니다。이러한끼달만은去年부터서 있었음니다마는 實現될날은 百年河淸을待하는 짝이될른지요。先生님! 新年號의『聖朝』를 이땅에내보내시기에 꼭이나受苦하시었지요? 小生이잘못보았는지는 모릅니다마는 受苦하신形跡이 보여지나이다。어느號라고 受苦안으신것은아니지만 남모受苦 類다른受苦가있으신것같이 生覺됩니다。 남모른受苦를 하시드라도 내보내실수만있으시면 내보내주십소서。 聖朝通

一月二十一日 (日) 晴。氣溫이매우차다。 오늘午后에 市內集會始講。車船의멀미甚해서 누가福音은 쉬고、旅行中의見聞을報告하다。 말보傳할수는있어도 글로쓸수는 없는資料가 많었었다。〇우리官員의來書一枚에 『主님의榮光을돌려읍고 今日午正까지의 冬期聖書講習會도 天父님께 無限의榮光을돌려읍고 마치신出로 觀察되나이다。先生님께서는 피를뽑으시고 살을떼여내시는 氣가맥히고悲壯하신態度로써 이번의講習會를 始終하시었을

(第十六頁續)

【聖書朝鮮】第一百三十三號　昭和十五年二月一日發行
昭和五年一月二十八日　第三種郵便物認可　每月一回一日發行

京城聖書研究會

場所　市內明倫町四丁目三三宋斗用氏方
日時　每日曜日午後二時半早터約二時間
會費　一個月六錢以上、每一回二十錢식
講師　金教臣
市內叭스東崇橋下車、約三分、遲刻謝絕。

本誌第八十二號

右는 오래동안品切中이더먼바、얼마前에庫間
밑에서 몇冊發見되었나이다。
一冊二十錢（送料共）

第八十四、八十五、八十六號도 最近에 品
切되여 註文에應치못하였든데 亦是이번에
몇冊式發見되었나이다。定價同上。

傳道應援出張

우리의提議에應하야 첫一番先이申請한것은
釜山府瀛州町 聖潔敎會이다。因하야來
三月끝으로一週間 同敎會에서 特別集會
가 열릴터이더이다。講師는 大概咸錫憲先生
이擔任할터이나 或은宋斗用、金敎臣二氏
中의一人이 擔當하게될넌지도 모르나
講師配定에關하야는 本社三月號에서
다시한번聲明하겠나이다。詳細는三月號를
講請하야야 할것이나 姓名、年
齡、②本聖朝誌와의關係③敎會와의關係
或은 ④講堂의人員收容量等要項을記
하야 昨二個月前에問議할것。講師配定은
今後에도「應援」에關한여주기로
되었다。

①은 마태福音 第五十七章을 解釋하야
무슨까닭이냐 하는等 基督教의初入門이
오 또한 終極인眞理를 平易하게解說한
것이다。
②는 現代基督教가 무터以前의 天主教
로 退化하려할때에 宗教改革의眞精神을
다시한번鮮明하게한 快論文이다。
③은 無教會主義 곧곳偏普主義인것을 明
白케한 것이다。
④는 무릇 感激해본닐는이는 이高貴
한生涯의寶記를 읽어볼必要가있다。專實
보다 더興味있는 小說이없이라。

社告

本二月號는 不得已한那情으로 發刊이半
期이나 遲滯되었나이다。來三月號부터는
定期대로 되겠나이다。오래
기다리다못해 照會한이에게도 이로써
狀을代身하오니 넓리容恕하시오。

本社의出版物

1、金教臣著　山上垂訓研究　定價一、○○　送料○、九
2、咸錫憲著　푸로테스탄트의精神　定價○、一五　送料○、一五
3、咸錫憲著　無教會　定價○、一五　送料○、○五
4、柳達永著　崔容信小傳　定價○、一○　送料○、○六

本誌定價

一冊　貳拾錢
六冊　前金一圓十錢（送料共）
十二冊（一年分）前金貳圓貳拾錢
要前金直接注文은
振替貯金口座京城一六五九四番（聖書朝鮮社）로

京城府鐘路二丁目八六　博文書舘
京城府鐘路二丁目九一　敎文書舘
東京市麴町區九段坂　向山堂書房
京城府　茂英堂（大邱府）
和信　信一書舘（平壤府）
北星堂（京城府）
所賣版次取

昭和十四年一月二十八日印刷
昭和十五年二月一日發行

編輯兼發行者　金教臣
（京城府外崇仁面貞陵里三七八）

印刷者　李相五
（京城府仁寺町一一九ノ三）

印刷所　大東印刷所
京城府仁寺町一一九ノ三

發行所　聖書朝鮮社
（京城、光化門局私書函第一八號）
振替口座京城一六五九四番

【本誌定價二十錢】（送料五厘）

昭和五年一月二十八日(第三種郵便物認可)
昭和拾五年三月一日發行(每月一回一日發行)

金教臣主筆

聖書朝鮮

第壹百參拾四號

昭和十五年(一九四〇)三月一日發行

目次

唱道할 眞理

崔容信小傳의結尾에 다음과 같은 一節이있었다.

東花야 너는 容信양의 農村게몽의 발자취를 반드시 그대로 모방할 필요는 없는것이다。어느곳에서 무엇을 하든지 튼튼한 믿음안에 발로서의 안해로서의 어머니로서의 직분을 충실히하면 족할것이다。

라고。이에對하야 다음과 같은 뜻의 提言이 있었다고한다。

이結論은 매우穩健하고至當한意見이다。그러나 이러한種類하고平凡한生涯는 더强調하는이없을지라도 모든이들이 通過하는生涯가 아닌가。이왕 崔容信傳記를 썼는바엔 모든女性을向하야 第二第三의崔容信이 꼭 되라고 웨치는것이 傳記執筆의目的에 符合하는 所以가 아니냐。그렇게 崔容信이되라고 强調한대도 千에 하나나 萬에 하나도 崔容信이 안되는데。……

라고。이 提言에依하야 그傳記의再版에는 多少加筆하게되었다한다。그러하다 果然그러냐。强調안하여도·되는일은 한번 더 웨칠까닭이 없으나、아무리 웨처도 듣지않는일은 내가 또한번 웨처볼 義務가 있다。

우리를向하야 生活改善의研究、各自家庭의 살림사리安定、農畜生活의 獎勵로써 衣食住를 넉々케 해주는 일에專心致力하는것이 무엇보다 急先務라고 提言하는이가있다。古人도衣食이足하고야 禮儀를 안다고했는데 라고。

이는 一理있는 말슴이다。다만 우리가 답답하고 遺憾으로 아는것은 이問題를 우리에게 가장熱心히唱道하는이가 昨年에도 今年에도 十年前에도 一樣으로 理想論陣을 베풀따름이오 나아가 實地事績을 보여주지않는일이다。

先進諸國民들도 살림사리問題를 科學的으로研究하며 여러가지施設로써宣傳하여 改良向上시킨다。그러나 이러한衣食住의問題는 亦是 아무나 한번식注意着念해보는問題요、또고致力의結果가 눈에 띠여보이는種類의일이다。故로 우리가 唱道할일은 다음과같다。

지않고라고도 웨치는이도있고 興味가지는人士들도많다。

공충나는새를보라 농사하지아니코 곡식모아곡간안에 드린것이없으되 너회먹을것위하야 근심할것무어냐……

세상추관한신천부 새를먹을것하야 너회먼저주의나라 天부게서너회회에게 모든것을주리라 또고의를구하면 모든것을주리라 내일일을위하여서 넘려하지말지니 내일념려내일하라 오늘고생족하다

라고。이보다 더 人氣없어 보이는일 形跡나타나지 않을일이 世上에 또있으랴。그러나 우리의聲帶가 振動하는날 까지。어보다 더 웨칠것은 이 기별이오、우리에게 印刷할 종이가 配給되는날 까지 特筆大書로써 唱道할것은 이眞理이다。

까지 웨칠것은 이 기별이오、우리에게 印刷할 종이가 配給되는날 까지 特筆大書로써 唱道할것은 이眞理이다。

生命의 橫溢

예수그리스도의生涯의 어느 하루라도 注視해보라。例컨대 故鄕나사렛에서 대접 받지못하시고 떠나 가버리움湖畔을 그닐면서 가르키시며 또한治療해주시든 하루라도 (누가四·三一以下)可하다。거기는 반드시 더러운 귀신이 쫓겨나며, 소경이 눈뜨며、벙어리가 말하며、熱病者가 即時에 이러나 수종드는 等々의 奇異한일이 있었었다。그리고 이런 記事를 읽는이는 반드시 疑訝함을 마지못한다。참말 그럴수도 있을까 하고。왜? 우리의生涯 우리能力 우리의知識으로서는 想像도 할수없는 일이기 때문이다。

우리는 醫術에對하야 全然門外漢이다。그러나 一個患者로서의經驗으로써 이러한事實을 말할수있을것이다。現代의 新醫 即西洋醫術로서는 診斷이 매우 適確한듯 함에 比하야 治癒의率이 거기 不及한듯하며、舊醫 即漢方醫術로서는 診斷은 아주疏忽한듯함에反하야 治癒의率은 相當히 큰것같은感이 있다는것이다。그리고 우리가 만나본 漢醫의大部分은 新醫가 여러가지病名으로診斷하는 여러患者라도 一括하야「속병」이라거나 元氣가不足하니 保元의劑를써야한다고했다。여기가 우리의着眼點이다。洋醫라도 消化器官의健强은 百病退治의始作일것이오 元氣旺盛한者에게 癇疾이 하는데에 一理가 있는듯이 보인다。消化劑를並用하며、漢醫라면 元氣를保함으로써 病을 다스리고저 므룰수 없을것은 自然의勢인 까닭이다。(以上에 洋醫漢醫云云은 主로 廣汎한意味의 內科에 關해서다)。

近來 歐米各國에서 盛行한다는・自然療法의主唱에依하건대 웬만한疾病은 脊椎骨格을 바르잡어주면、退治된다하며 姿勢를 반드시 가져서 內臟의各位置가 바로놓이는同時에 血液循環이 제대로 되게하는것이 百病의豫防이라한다。人間本來의 健康만을享有하고 살면、種痘를 넣지않어도 天然痘에 걸릴念慮없고 其他各種豫防注射를 넣지않고라도 傳染病에 걸릴 걱정이 없다할뿐더러、本然의健康體人은 牛肉、生鮮、野菜等을 生食하여도 거기있던寄生虫이 人體內에서 繁殖加害할수없었다는것이 저들의持論이다。그럴듯한 事理이다。

寒國에 사는 우리들은、特히 지난겨울같은 酷寒을當한때는 天地가凍結이오 萬事가停滯인것 같았으나 이제 立春이 지났고 陽光이山河를 가리운 오늘날을 想像하기도어려웠다。그러나 只今은 天下萬物에 生命의躍動뿐이 아닌가。봄이 도라오매 凍結이 풀렸고 元氣가旺盛하매 癇疾이 물러갔다。타의움같은 한갓鑛物에도 萬病을다스리는 効能이있다거든。萬有의으뜸이오 生命의粹이신 예수의生命이 넘처흐르는곳에 무엇이恢生하지못할것이 있으랴。

生命의 橫溢

一

423

安息日의 百姓

安息日의 百姓

二

福音書를 읽는이는 누구나 예수께서 安息日마다 會堂에 들어가셔서 聖書를 읽으시며 가르키신일이 많었던것을 看過할수없을것이다。福音記者는 거기 簡單한 一句를 添하야 가르되「自己規例대로」라 하였다。한번이나 두번만이 아니라每安息日에 會堂에泰席하셨든것을 알수있으며、公生涯에 나서신後뿐이 아니라 三十以前의私生涯時代에도 實로 十二歲의 少年時代以來로 安息日마다 聖書를 배우며 가르킨것이 예수一生의慣習 이였든것을 이一句節로써 집작하고 남음이있다。예수에게는 安息日에 會堂에出席하는것이 規例였다。

예수當 그랬던것이 아니라 예수의弟子들도 安息日마다 會堂을 찾어가서 새로운福音을傳播했었고、유대人의祖上들이 安息日을 聖別해서 이날에는 俗務에서 떠나 하나님을禮拜함과 하나님의 말슴을 想考함에 반쳤든것은 더 말할必要도 없다。이스라엘民族의生活은 安息日을爲한安息日이었든지 살림을爲한安息日이었든지 分別하기 어려우리만치 安息日을 所重히 알었고 聖別했었다。

平常時는 말할것도 없거니와、다른民族과 戰爭할때까지도 이스라엘百姓들은 安息日을 지켰다。그렇게까지 愚直하게、固執不通하게 安息日을聖別한結果에 저百姓들의所得은 무엇이었든가。부지런한 사람들은 한달에도 四五次식 恰憫한이는 곧對答할것이다。다윗王國이 亡한것밖에 所得이 무엇이였느냐。유대人의歷史가 깊이 배울것이다。

한다하며、忠誠스런爲政者들은 一年에六十回도 넘으려는 安息日을 遵守함은 國家의衰退를 因由케함이라고 念慮한 다。果然그러한가、우리는 오늘날 오히려世界列强의 두려움이 되면서 存續하는 猶太民族의生命은 어디서基因 하게되는가。勿論 첫째로는 人間의 눈에 보이지않는 여호와하나님의 經綸에 있는것이라할것이나、形으로 나타난것으로 다윗王國이 滅裂된지三千年에

는 저들의敎育이 끌고루普及되었든것을 들수밖에없다。그敎育이란 主로 安息日에會堂에서 行한敎育인것은 더말할 必要도없다。短時日로 보아서는 百姓의損失인것갈은일이 도리어 百姓의 生命元氣를 保全하였다。

個人의生活도 마찬가지다。受驗前의學生들처럼 日曜日을蹂躪함으로써 多少의得이不無할것이나 그는 하루살이다。 모름지기 安息日을聖別하여 이날에、永遠한眞理에 몸을 당금으로써 그리스도의 참生命을 넘치게받아 個人의天壽를 完 熟케하며 民族의生命을 無窮하게保持할진저。主그리스도도 고요한곳을찾어 때々로 새生命을 補給하는일을 힘쓰셨다。

히브리書講義 [十]

咸錫憲

第七講　永遠한大祭司예수

（第五章 一—十節）

五、¹그것은、모든大祭司長은 다 사람 가운데서 取하여、낸者로서、사람을 爲하여 하나님에 關한 일에 對하여 세움을 입어 罪를 爲하여 禮物과 犧牲을 들이는者다。²저는 그自身 亦是 軟弱에 싸여있는故로 無知하고 迷惑하는者를 能히 親切히 생각하여 줄수있다。이러기때문에 그는 또 百姓을 爲하여서와같이 ³自己를 爲하여서도 罪를 爲하여 드릴 必要가있다。⁴또 그 尊貴는 누구나 제自身으로 取하는것이아니오 아론과 마찬가지로 하나님으로부터 부르심을 입는것이다。⁵그와같이 또한 그리스도도 大祭司長을 삼으신 榮光을 스스로 取하신것이아니오、도리어 그를向하여

『네가 내아들이라、내가 오늘날 너를 낳았다』

⁶하신이가 이같이 또 다른곳에 말슴하시기를

『네가 永遠히 멜기세덱의 班次를 좇는 大祭⁷司長이라』

하셨다。그는 肉體에 계시는날에 自己를 能히 죽음에서 救援하실者에게 甚한 痛哭과 눈물로 祈禱와 懇願을 올리셨고。그 敬畏하심을 因하여 들어주⁸심을 얻었다。그는 아들이시면서도 그받으신 苦難으로 順從을 배웠고 그리하여 完全하심을 얻으어 自己를 順從하는 ⁹모든者에게 永遠한 救援의 根源이 되시어 ¹⁰하나님으로부터 멜기세덱의 班次를 좇는 大祭司長이라 稱하심을 얻었다。

드디어 本論이다。四章까지에 있어서 著者는 或은 아들과 天使와의 比較로、或은 아들과 모세、아론과의 比較로、예수는 우리의 永遠하신大祭司이신것을 말하였다。그리하여 四章末節에서 「그런고로 우리는 불상히 녀기심을받고 때에 合한 도음이되는 恩惠를 얻기爲하여 膽大히 恩惠의 寶座로 나갈것이다」함으로써 그 하고싶은말의 大體를 一段끝내었다。그리고는 五章에서 다시 語調를 새롭게하여 그 大祭司長이라는 意味를 仔細히 풀어 말하기를 始作한다。이段은 大祭司職의 意味와 그 資格에 對한 說明이다。

三

히브리書講義

1 大祭司職의 意味

四

예수를大祭司長이라하니 大祭司長이란것은 무엇인가.

유대人은 그것을 잘 알았을것이다. 저들은 모세가 律法을세우고 아론이 첫째大祭司長으로 된以來 그制度를 가지고왔다. 國家의主權이 없어진때에도 이것만은 기러 있으리만큼 이것은 저들에게 重要하고 거룩한 傳統이 있었다. 故로그들은 大祭司職의意味가 무엇인지를 充分히 알았을것이었다. 그러나 歷史깊은傳統이 반드시 산意味를 가지는것이아님은 許多한事實이 恒常證言하는바다. 그뿐아니라, 歷史깊을수록、神聖한制度일수록 도리어 속뜻은 다 새어버리고、말라죽은껍질만이 기러있는 法이다. 유대人의境遇도 이例에서 버서나지않았다. 저들은 每年 大祭司長의손을빌어 贖罪祭를들이면서도 그것이 참무엇을意味하는것이냐하는것은 생각하려하지않았다. 그것이 들이萬一 그것을생각하였다면 예수를理解못했을 理없었다. 그것은 古來의祭司職은 그리스도예수를豫表한 것이기때문이다. 예수에게있어서 祭司職의意味는 完全히 實現되었기때문이다. 著者는 그렇게생각하기때문에 예수의 永遠한大祭司임을 說明하려하여서 爲先 祭司儀式곳부러 밝히려하는것이다.

大祭司長은 人間에서取하여내어 人間을爲하여 하나님에關한일에對하여 세운者다. 卽 人間의對神關係에있어서 人間의代表가되는것이다. 祭司制度에있어서 첫째알것은 이 人間의代表라는 事實이다. 大祭司長은 모든人間이 하나님에 對하여 할일을 代表하여 하는者다.

그러나 問題되는것은 왜그러냐 代表制度가 必要하냐 하는것이다. 하나님은 왜 그런制度를 세우셨느냐 하는 것이다. 하나님은 分明이 이制度를세우셨다. 적어도 歷史의 初期에 있어서는 세우셨다. 이것은 유대人의歷史에서 모세의손을通하여 되었을뿐만아니라, 모든民族의歷史에서 다볼수있는일이다. 名稱은 달라도 무슨形式으로나 古代에있어서는 人間이 어떤代表者를通하여 그生命의主가되는 自己네의神에對하려하여였던것이 分明하다. 祭司宗敎는 人類歷史의첫階段에있어서 普遍的인事實이다. 그러면 이것은 하나님의敎育의첫階段인것이 分明하다. 故로 이 第一工課는 왜필요했느냐. 거기對하여는 두가지로생각할 수가있다. 一은 技術的인問題요 二는 道德的인問題다. 即 그것은技術때문이라고 對答할수있다. 모든사람이 하나님에對할權은 다같으나 各사람의 時間과勞力이 이를 다같이 許하지않고, 모든사람이 다같이 接神의能力을가지지못

426

하고 招神의方法을 알지못한다。故로 特定한才能의 稟賦를받은者가必要하다는것이다。二는 人間은道德的不完全때문에、即人格의不備때문에 直接 神에게나가지못하는故로 特別한代表者가 必要하다는것이다。第一의理由는 宗敎를科學的으로 說明하려하는사람들이 흔히하는말이다。事實 幼稚한宗敎에서 이것을事實인듯이 보인다。그러나外樣에 낱아나있는 現象을제치고 本質的인것에드러가면、도리어 第二의理由가 그究極의것임을 알수있다。이것을「거룩」이라는것으로 부른다。사람이 神에直接가지못하고 代表者를通하여 하는것은 그『거룩』때문이다。果然幼稚한宗敎에서 거룩은 技術에依하여 이루어지는듯하다。그러나 그렇다고해서、技術과 거룩 그것을 混同할수는없다。거룩은 언제나 人格에 關한것이다。古來의 許多한宗敎中에 이『거룩』을、따라서 또 그反對인 『不淨』을 가장嚴格하게 問題삼은것은 유대人의宗敎였다。그들의 하나님여호와는 不淨한것을 毫末도容恕하지않았다。따라서 그들에게있어서 가장嚴格한 祭司制度의宗敎가 發達하였다。故로猶大敎의 根本意味는 人間을到底히 神앞에 설수없는것으로 宣言한데있다。그聖殿의至聖所는 모든사람에對하여 언제나 完全히 닫겨진 것이었다。

웨 사람은 하나님앞에설수없이 不淨하나。무엇을먹은때문에、무엇을만진때문에 라고생각하면 잘못이다。먹은飮食에、만진物件에 있는것이아니오 그犯한罪에있다고 律法은對答한다。故로人間이 神에對하여 첫째할일은 罪의處分이다。저들은 生命의主인 神에 들어갈것으로 約束을받으면서도、가까이오면 消滅해버리겠다는 宣言을받은 矛盾된運命에선者들이었다。그때문에 저들은 自己네와神과의 무사이에서서 그所願과 命令을 받아들이는者를 要求하였다。그것이大祭司長이었다。故로그의할일은 罪를爲한祭祀였다。

그러나그들이萬一 이意味를참으로알았다면、祭司制度에서、다시금 그것은自己네의代表가되지못하는것임을 알았을것이다。그것은그들大祭司長들이 하나도그所任인 贖罪祭를 完成한者가 없기때문이다。大祭司長의目的은 贖罪에있다。即人間을거룩케하여 神前에直接설수있게만드는데 있다。大祭司長이、必要치않게되게하는者가 참大祭司長이다。媒介의目的은 新郎과新婦가 直接만나 夫婦가되게하는것이다。媒介로 三年도두고 五年도두고 兩者間에 去來하는者는 아직도媒介가되지못한者다。한번媒介하여 다시媒介노릇하지않는者가 참媒介、永遠히媒介한者다。그와같이 大祭司도 祭司制度를 없게하는것이 目的이다。그런데 猶大敎는 두고두고 數千年을 大祭司가 年年히祭祀를들여온다。그것이저것이가 참永遠한大祭司못되는 證據다。祭司制度의 根本意味를 캐어들어가면 이와같은結論

히브리書講義

五

에 이른다。

2 大祭司의 資格

그와같이 大祭司의 意味는 罪로因하여 不淨하여저서 하나님앞에나 같수없이된人間을 代表하여 贖罪祭를 들이는데있는것이기때문에 거기에는 特別한資格이 要求된다。

第一은 이 無知하고 迷惑하는人間을 잘同情하고 잘理解하여 그弱點이어데있는지를 잘아는者라야한다。모든大祭司長이 人間에서 뽑힌것은 이것을表하는것이다。對神關係가 單히技術的問題라면 天使같은 天的存在者가 더合當하다할것이다。그러나問題는 技術에있지않고 人格에있다 마음에있다。故로 같이 멍에를 멘者이니고는 이 無知莫知한 人間、이道德的虛弱質인人間의 細細한事情을 알수도없고 따뜻한心情으로 同情하여서 呼訴해줄수도없다。故로 人間中에에서 빼었다。即 모든人間이 다 自己네의代表者로 完全히信任할수있는者라야한다。저사람이면 내心中을 나보다도머 잘 말하여 주리라 하는者다。

그러나 雙方에 中保者로는以上 한便의信用만으로는 될수없다。兩便이 다信用하는者라야한다。大祭司長은 人間이信任할수있는同時에 또하나님의信任을받는者가 아니면 안된다。부르심을 입은者라 는것은 이것이다。하나님이 부르시는것은 信任하시기때문이다。代議士모양으로 國民에게 選擧하라는것이 아니오 하나님이 任命하시는것이다。유대의 祭司制度가 選擧制로 되지않고 하나님이아론의子孫을 指定하시게된것은 이것을表함이다。

그런데 그 유대敎의祭司制度에 表示된 두가지資格이 ―個人格우에서 完全히 實現되는날이 드디어왔다、곧 나사렛예수다。저는 人間의모든苦痛、辛酸、모든軟弱을 다맛보아 아신이요、또 하나님의完全히信用하여 세우신이다。그의一生을보면 舊約中에預言됬던 메시야의生涯 그대로 들어맞았는데 其中하나인 詩第百十一篇四節에는 그를가리처『네가永遠히 멜기세덱의班次를좇는 大祭司長이라』하였다。저는 果然 오소서 오소서 永久히 하고 기다리던者가 이제 왔다。그리하여 그祭司制度를 아주所用없이 慶하여 버리셨다。

3 順從에依한救援

그러면 예수는 어떻게하여서 이永遠한祭司職을 完成하셨나。유대敎의大祭司長은 禮物과犧牲으로 祭祀하려하였거니와 그는 무엇을들여 祭祀하였나。順從에依하여서다。그는 우리가 보기에 아버지의榮光을 그대로 들어내는 아

六

돌、아들中에도 외아들이타하고싶은이인데 그自身의사신
일을올으면 祈禱로사셨다。마치 다죽은죽엄이되어버린 우리
나 다름이없으신듯이 生命의아버지께 사실일을爲하여 甚한
痛哭과눈물로 祈禱와懇願을 올리었다。그켓세마네의마지
막저녁만을 말하는말이아니라 원悚 그의生涯가 아버지께
올리는 祈禱였다。눈물로하는 懇願이었다。自己罪를因하
여서냐、人類의罪를爲하여서냐、 그런說明을 우리는 모른
다。다만 다죽었던듯한生命가운데서 한生命이일어나서
하늘을向하여 타올라간것을 볼뿐이다。타올라가면서、全
地를뒤덮은 暗黑과、 싸우지않으면안되었다。그苦難때문에
저는눈물을흘리고、嘆息을하고、怒呼했고、訴冤하는者처럼
고、싸우는사람처럼 怒願했다。그리하여 그것을 하나님을했
으며、어머니처럼 哀願했다。그것을 하나님께
들으시었다。들으시어서 하늘에通하는길은 다시열렸다。
救援의 根源이 되었다。

아버지는 이아들의敬畏하심을 보신것이다。그는그苦難
中에서 完全히順從하였다。네뜻대로마시고 아버지뜻대로
일우시라고 十字架를向하면서 祈禱하였다。이順從이다。
그리스도가 하나님과人間의 兩方의信任을얻어 한便으로
人間을完全히 同情할수있게되고 또한便으로 하나님의嘉
納하심을얻게되것은 이聖意에對한 絕對順從때문이다。頭
腦의明晢도아니오、才能의超出도아니오、神秘로운見神術에

허브리書講義

咸錫憲先生

依함도아니오 다만 아버지께 順從하는 이믿음의謙遜때문
에 저는 永遠한大祭司長의職을 完成하였다。그리고 그
大祭司職의完成은 저에게는 아들로서의人格을完全케하심
이오 우리에게는 救援을完全케함이오 하나님께는 그攝
理를 完成하심이다。

저는 왜 順從을배울必要가있었나。왜 順從이라는 좁은
門을通하여 救援의길을배웠나。우리때문이다。罪때문이다。
開拓者의 연길을 따라가는者는 밟는다。그보다도 따라오는
者의 올것을생각하고 開拓者는 길을연다。예수에게 十字
架가必要했다면 그것은 우리가 十字架를 질必要가있었기
때문이오、예수에게 順從이있었다면 그것은 우리가 그것
을 要求하시기 爲하여서다。우리가 아버지에對한 反逆
으로因하여 至聖所外庭에서 떨고섰게 쫓겨났더면、이제
架로다시들어가 아버지의 얼굴을 對하는것은 絕對順從以
外에 다른길이 없을것이다。그런故로 그가 먼저 順從의本
을보여 우리로 따라가게하셨다。그리고 그길은 참길이오
이로말미아마 人間은 하나님을 아버지라 부르고 直히
나갈수있게되었는故로 저는 永遠한 大祭司長으로서신다。

咸錫憲先生은 三月上旬中에 五山서떠나 平壤府外松山里
로移舍하신다。거기서 松山農事學院을 單獨責任으로 經
營하게된다（詳細는別項第十四頁의紹介參照）。

七

코이노니아

코이노니아

咸錫憲

[1] 太初부터 있었던것, 우리가 들은것, 우리눈으로 본것, 우리가 드려다보고 우리손으로 만진것, 即生命의 말씀에 關해서、——그리고 이生命이 이미 나타나서, 우리가 보고, 證據하고, 너이게 傳하는 永遠한生命인데 이것은 일즉이 아버지와같에 있다 가 우리게 나타난것이다、——우리가 보고 들은 [2]것을 너이게도 傳하는데, 이것은 너이도 우리와 함께 사귐을 가지게하기 爲하여서다。그리고 우리의사귐은 아버지와 그의아들 예수그리스도로더부러 [3]하는것이다。우리가 이것을 쓰는것은 우리 기쁨이 充滿하게 하기爲하여서다。[4]（요한一書一章 一——四節）

1

이것은 사랑의 使徒인가 그片紙 첫머리에 있어서 自己傳道의 目的을 一表明한말이다。그리고 그는 이말을 大端힘들게한다。一節에서 三節上半까지의 말을보면、같은말이 두

八

번세번 反復되고 고처說明되고하여서 一見에 그文脈을 찾기 어려울만큼 되어있다。그와같이 힘들게 하는것은 그말을 緊切히하려력하기때문이다。그는 사람들이 그하는 말을 가장印象깊이 聽者에게 주고저할때에 무거운調子로 같이、거듭하고 거듭해도 不足하다는듯이 무거운 恒常이 말한다。그런데 ·그렇게힘들게한 前句에對한 說明語가되는 後句는무엇이냐하면 三節下半의 極히簡單한말이다。即『너이도 우리와함께 사귐을가지게하기 爲하여서다。』라는것이다。이 一語는 그에게 그렇게 重要했던것이다。그는 이 송곳같이 千斤되는 마치로 두번세번 다진것이다。基督信仰의 目的은 사귐에있다고한다。簡單하고도 깊이 배울만한 眞理다。世上에 무슨主義 무슨敎 하는것이 많은데 주기를 約束하는것이 많은데 基督敎는 아무것도 없고 그저 너와나사이에 사귐만을 있게하자고한다。우리귀에 約束을많이하는것일스록 좋게들리나 그런것中에 眞은 別로없다。참것은 淡淡하기 물같은것이다。淡淡한가운데 眞이 있다。君子之交淡如水라한다。基督敎는 淡淡하기 그렇지않다。그러나世上에流行하는基督敎는 그렇지않다。그들은基督敎를 별수록 달고 진한것으로 宣傳하려애쓴다。農村振興、社會改良、國家隆興、文明進步、人格修養、實로 酸鹹辛甘의 各種맛을 달고 진한것으로 宣傳하려애쓴다. 탄基督敎다。그러나 生命의 샘물을 첫턱에서 마셨던 요한

의 基督敎는 그런것이아니었다。삼삼한、그러나 生命을
蘇生케하는 單純한물이었다。사람을目的하는 宗敎였다。
基督敎의 生命은 그휘둘으는旗幟가 燦爛한때에있는것이
아니오、도리어 아무것도 보잘것없는때에있다。

그러나基督信仰의目的이 單純한 사람에있다할때 우리는
一便訝訝한생각이 不無하다。基督敎는 그렇게값싼것일가
문일가。리빙스톤이 蠻人과猛獸의 暗黑大陸에 헤매면서
一生을맞훈것은 그저黑人親故를 얻기爲하여서만일가。北
氷洋의저짝 어름밖에없는 그린랜드에 에스키모蠻人을相
對로 生을바친 예게르父子의일도 單純한그것外에 아
무것도였을가。其外에 더크고넓은일의이있지않을가。이렇
게疑問이생긴다。그러나 이것은 사람의목의이있는데서 아
나오는 생각이다。近來時俗의 墮落된 友道로말하면 그렇
다。거기서는 物件만한벗사도 곧親友가되고 宴會席上에
서만 한번만나도 곧벗이된다。그런朋友로하면、基督敎는
그것을 目的하기에는 너무도 아까운 가르침이다。그러나
벗이란 決코 그런것이아니다。벗이란손둘는 本來손둘을
그린것이다。即 손과손을 맞우잡은것이 사람이다。即 握
手다。和解다。사람이란것은 사람과사람사이에 敵意가없
어지고 好意가成立되는일이다。벗이란 好意를가지고 서
로對하는사람이다。이것은大端이 허수하게들리나 아니그

코이노니아

一生을맞훈것은……（下略）

렇다。사람의好意쯤은 어데나있는둘아나 그렇지않다。世
上은원통 敵對關係속에있다。身外皆敵이다。사람과사람이
만날때 魂과魂이서로對하는일은 別로없고 大槪는 다武裝
한自我끼리가 만난다。武裝이라해서 日本刀나 피스톨을
가진다는것만아니다。그보다더한武器를가지고서한다。人事
라하되 體面이니。말하자면 잔뜩높은石城을쌓고 그城우에
서 서로손을내밀어잡는것이 世上의 이른바交友요、親分이
다。좋을때는좋으나 一旦일이있을때는 저짝을 그城上에
서 꺼꾸로끌어 떨어트리자는 心理가 속에는 들어있는
사람이다。이런것이 사람은아니다。사람이란 靑天白日下에
平和의大地우에 서서하는 握手다。人格이 同一한平面우
에서는일이다。동무가되는일이다。本來는 共有라 同恭이라
코이노니아（κοινωνια）라는말은。이本文에 사람이라는
提携라 翻譯할만한말은。어떤事物을 같이가지거나 分
擔하거나 하는일 그것을 코이노니아라한다。故로이것
은 동무가되는것이라고 할말이다。

사람이란 그런것이다。그렇게볼때 世上에 가장缺乏된것
은 사람임을 알수있다。이사람 이 코이노니아가 일우어
지지못해서 個人과個人의싸움이요 나라와나라의戰爭이다。
猜忌도、誤解도、陰險도、假裝도、狡猾도、民族의問題도、
階級의問題도 다 이코이노니아의없는데서 나는일이다。
모든사람이、동무가되는날、동무의資格으로서는날、地上에

九

코 이 노 니 아

하늘아버지의뜻이 일우어지는날이있다면 그날이다。天國 온동무의나라다。거기勳章을차고갈수도었고、禮服을입고갈수도었다。모든사람이 다동무로 아버지의무릎下에 설것이다。想像하여보라 그날이 어떻게 될것인가。孔子를 참내동무로對하고 예수를 참내親故로 對하고 씨ー자ー、나폴레온만아니라 阿弗利加의喰人種도 握手하고對하고對하는날이。

基督敎는 아무것도 달콤한것을 約束하지않으면서 도 最大絶大의것을 約束한다。世上에 동무의나라를 가저오는일。四海同胞라한다、億萬의人類가 다한아버지의子女로 서는일 그일에서 더큰일이 어데있으며 그일에서 며緊急한일이 어데있을가。사람사이에 好意가成立되고 사람과사람이 同一平面에서 손을잡지못하고、그리고 精神은무슨精神이고、文明은무슨文明이고、道德은무슨道德일가。兄弟怨望하는맘을 모처럼들이는 祭祀가 아무所用이없었다。이럴것志士義士는 所用없는祭祀를 들여

오지안나。民族의差別을두는政治、階級의差別을두는經濟、賢愚의差別을두는道德、이런것이 우리아버지앞에서 무슨 所用이있나。基督敎는 聖經을解釋하는일이아니오、特別한 時間에 눈물을짜며 禮拜하는일이아니다。그런것이 아버지보시기에 아무반가운것이아니다。저가願하시는것은 싸우던것들이 兄弟가되어 그膝下에모이는일이다。世上에있

一〇

는基督敎、우리들의하고있는基督敎는、믿기는같이믿고 生活을제각기하는宗敎다。禮拜席에서는 兄弟동생이어도 물러서서는 제問題제各其解決하는 他國之間이다。이것이基督敎일가。이것이예수의傳播하신것일가。거짓이다。껍데기다。잘못은 敎會에만 있는것이아니다。所謂敎會의껍질을 벗차는 無敎會라는者에도있다。우리게 信仰의自由는 있

을는지모른다。形式에불잡히지않는 精神은있을는지모른다。是非를判斷하는 날카라움은 있을는지모른다。聖書의말슴을사랑하고 硏究함은 있을는지 모른다。그러나 코이노니아가 果然있는가。하나님앞에 나를바쳤다하나 果然完全히 바쳤나。自我의城壁을 정말完全히 헐어버렸나。어떤行客도 自由로들어올수있게 내門은完全히 開放되었나。우리는果然 이웃사람을가졌나。우리는或은 放蕩하지않았던맛아들이나아닐가。根本的인反省이 必要하다。이웃사랑하기를 네몸과같이하라는 第一誡命과 別物이아니다。이웃사람에게 동무가되지않고 하나님을믿는사람이 될수없다。그리고 이웃에동무가되는것은 말로되는것이아니오、思想으로되는것이아니오、敎會堂이나 硏究會席上에서되는것이아니오 살림에서 되지않으면안된다。어찌하여 寡婦의運命을 된그自身에서 멜지 아니하고 문동病은 들린그自身만이 않고낳고할義務

義務가있으며、문동病은 들린그自身만이 않고낳고할義務

가있었고、浮浪子의 惡名譽는 저自身에만 돌아가야하는것이며、負債는 그 眞者만이 물어야할것인가。

서도 어떠그런일이있을가。나사렛사람의 偉大는 그의 說敎에있었던것도아니오 그의 異蹟奇事에있었던것도아니다。萬人에、더구나 稅吏와罪人과 淫婦와 蕩子에게 完全히 따뜻하게 開放했던 그가슴、그들의 무거운짐을 몸소지는 그어깨에있었다。저는果然 아버지의 맏아들이었다。그리고 그兄弟愛를 이르키기爲하여 이冷冷한、이陰酸한、이殺氣騰々한 世上에 오셨던것이다。基督敎는 동무의宗敎다。

2

그리면 그코이노니아는 어떻게하여서 일우어질수있는것인가。사람이 어떻게하면 동무가될수있을가。이것을人生의 여러가지 實地事實에 비추어서 생각하여보기로하자。

맨먼처는 사람은 物件에依하여 連結이될수있다。내게주는것이있는사람이 내게親한사람이다。어린아이가 어머니를思慕하는것은 孝道때문이아니오 젖을먹기때문이다。젖을먹이지않은은서머니는 사랑을要求하여도 無用이다。그리고 어린이에限한것아니라 一般世人의 交誼도 大概는 돈으로된것이다。『世人結交須黃金 黃金不多交不深』이라고 옛사람은 벌서말했다。돈있으면 門前에 車馬가奔走하고 돈없으면 零落하다。基督敎會에도 이런일은없지않다。富하면오겠다는 、하나님의종이많고 가난하면 돌아보는者가없다。그러나 이것이 사람은아니다。黃金으로사귄동무는 黃金이盡하는날은 他人이오 敵手다。그는 黃金을사귄것이오 사람을사귄것은아니다。管仲、鮑叔의사귐을 稱讚하는것은 그것이 가난할때에 된것이기때문이다。

그답에 사람이 서로가까와지는것은 境遇가같은때다。그處地가같을때에 사람은 서로 보드러운同情의맘을쓴다。그가장알기쉬운實例는 船客의境遇다。배를타고 大洋우에며서 運命을오직 한개엔진의바퀴에붙힐때、平日에는 어름같면사람에게서도 따뜻한맘씨가움직인다。이것은同一한運命에놓였다는 생각의所使다。或은水害、火災를當한때에 前에없던善心을 아주쉽게 쓰게되는것도 그것이다。사람들이萬一 우리地球도 結局茫々無涯한大海에떠가는 한個배인줄을안다면、그리고 우리는 運命을한가지로하는것인줄을알었다면 世上은좀더 따뜻해졌을것이다。그러나 사람들이그렇게는생각지않고、一時같이했던境遇도 未久에지나가고마는故로 友情도 그것과같이 살아지고만다。故로處地로써 맺아진友誼도 참것이 아니다。

그다음에 또友誼에맺어지는것은 思想이共通하는때다。우리는 思想의共鳴者를 發見할때 醉하는듯한 기쁨을느낀다。그리고이것은 利害의떠러운것이 섞이지않는이만치

코 이 노 니 아

一一

코 이 노 니 아

아름다운것이 있는때가많다。靑年의友誼는 때로 親戚兄弟
以上에 오르는것이있다。志氣가相通하는법으로더부러、寒
燈下에 說話하여밝히는 하루저녁은 利慾에奔忙하는 俗
塵속에서 十年을지나는것보다 낫다할수있다。그러나 아무
리嘆美할만한것이있다하여도 이것도 참友誼는아니다。참동
무는아니다。思想으로써 連結됐던誼는 思想이義하는날에
따라義한다。그리고思想中에 마츰내義하지않을思想이 어
데있을가。우리는그一例를、過般의 社會主義者에게서 보
앗다。그들은同志를불러 即 동무라하였다。그
리하여동무를爲하여는 水火를避치않는 熱情이었다。그러
나어떠한가。叛逆者를 가장밉운것으로 辱하던그들은 제
각기彼此에 叛逆者안된것었다。그原因은 그들의思想의凋
落에있다。宗敎의敎派라는것도 大槪이런것이다。그熱心은
思想에對한熱心이다。그리고思想만으로 生活에서
遊離되는限、노리개와같이 한裝飾品에 지나지않는다。女
子는 노리개를爲하여 熱中하는것이니 靑年이思想을爲하여
熱中할수도있다。그러나 그것이 人類에게 아무實된것을
가저오는것이었다。나도 이集會에 一致합니
다。나도 아무先生님의著書를 좋와합니다、——이런따위程度로는
恭與하기를 많이바랍니다、—— 이런따위程度로는 아직
도 아직도 코이노니아는아니다。예수는 그런사람에게 冷
然한態度로 對했다。그런것이 天國에 有何關焉이리오 기때

문이다。元來 思想의共鳴이란것은 自領土의擴張인境遇가
많다。기뻐하는것은 眞理때문에 기뻐하는것이아니오 내
城이넘어지지기때문이다。그리고 제各기 城이넘어가는것을
질거워하는限 아버지의집들은 주먹질과 피흘림으로 더
럽힘을 免할수없었다。

그런것이 참사꾼은아니다。참사꾼 코이노니아는 우리
人格에 根本的인變化가 일어나서만 可能하다。本文의 三
節末이 그것을가리치는말이다。우리사꾼은 아버지와 그
아들 예수그리스도로 더부러합이다。코이노니아는 우리
가 共通한아버지를가짐으로라야、共通한主를가짐으로라야
可能하다。一切를바리고 벌거숭이로 아버지무릎에가면 거
기사꾼이있을수밖에없었다。아버지는 變할이없었고 아버지
로因하여된사꾼은 變할理가없었고 끝날理가없었다。世界恒久
平和의길이여야 다른모든것으로하는交誼에는 恒常所
有主가되려는 私我가있으나 아버지와 예수를 共有하는
사꾼은 私我가없어지고야만된다。사꾼이일우어지지못하는
오 내가 그리 도라갈것이다。사꾼이일우어지지못하는
原因은 私有하려는 自我에있다。人間社會를 一個圓周라
하고 하나님을 그中心이라하면 所有하려는 私我의性質은
中心에서머나려는 遠心的傾向이다。中心에서 갈라저나온
各點의行列이 圓周인데 그各點이 中心에서 멀어지려면
질수록 서사이는 성기어지는것이오、中心에向하여 나오면

一二

나올수록

密하여진다。遠心力이 이기면 人間社會는 亡하는것이오 求心力이 이기면 사람은아버지의가슴이란 一點에 다모여든다。故로 아들信仰만이 코이노니아를 가저올수있다。그리고 예수의하나님은、아버지하며님이었고, 그의信仰은 아들노릇하는 살림이었다。天使의方言을말하고、像言을하고、온가지學問을다알고 내몸까지바릴熱心이있어도 내財産을다버려 救濟事業을다하고 나님을 아버지로사랑하고 모든人間을 갈은아버지의子女로사랑하는 사랑이없으면 그것은 예수의宗教는아니다。우는 팽과리같이 아무實用없는것이다。

3

우리가 코이노니아를가지는 目的은무엇인고。四節의말슴이 그것을가르친다。우리기쁨이 充滿하게하기 爲하여다。기쁨이充滿함! 사람의바랄것은 이以上에이었다。

이世代의特色은 기쁨이없는것이다。어느나라나 근심않는다는나라는없고 어느사람이나 슮을、苦痛없는는사람은없다。文明은날로進步하고、生活은날로便해가고、醫藥은날로發達한다는데 기쁨은漸漸더줄어간다。기쁨이充滿한다는데 돈은 질겁게살자는 근심하고、學問은智慧를 얻자는것이겠는데 學問을하고는 苦惱한다。이矛盾의原因

코 이 노 니 아

은무엇일가。웨庫間안에서 굶어죽나。웨 그많은詩와 小說과、그림과、演劇과、活動寫眞과、公園과、하이킹이 들을 기쁘게못하나。簡單한眞理를 無視했기때문이다。사람은 동무가있어야 기쁜것이다。孤獨은모든快樂을 죽여버린다。天下를所有하여도 나혼자면 질거움이었다。질거움은 그것을 나눌사람이 있어야만 질거운法이다。現世人의 기쁨이없는것은 孤獨하기때문이다。身外는皆敵이라 敵意없는사람이 어린아기는 그저웃는다。동무가많고 기쁨이많고 敵意없어서도 저들은孤獨이다。數百萬의大都市고 少年으로 靑年에、對敵이생겨갈스록 웃음이적어진다。아무게도敵意없는 동무가많은사람은 기쁨이많 人生의競爭場裡에 狂奔하는 壯年男兒는 웃을時間이 거이었다。

이런矛盾이어데있나。人生이 어찌하여 七月장마의흐린날 모양으로 恒常陰沈하고 무거운空氣속에만、살것일가。참새도먹을것을먹는다음에는 첨아끝에 노래를불러거던 사람 만이어찌하여 눈물과한숨으로만 살것일가。기쁨을 얻지않으면안된다。人間의目的은、기쁨의充滿에있다。샘물이 넘처흐르듯이 기쁨이 우리周圍에、철철흘러 넘어야할것이다。太平洋의巨濤같이 억제할수없는 기쁨의讚頌이 靈魂의밀바닥에서부터 밀려 나와야할것이다。基督教로서 萬一이것을 일우지못하면 거짓宗教다。

코아노니아

一四

그것을爲하여　爲先코이노니아를　가져야한다。기쁨의充
滿을얻기爲하여　아버지의집으로　모여들어야한다。아버지
의 입김을말는　그무릅下에모이면　얼굴과얼굴이　서로보여서
너도우리아버지아들이오　너도우리아버지딸인데　空然히
가네主人이될상싶어　家産을 갈러 달려가지고 거친들로나갔
던故로　모두다 나를迷惑하려는　幽靈같어도보이고 나를
잡어먹으려는　猛獸같이도 보여서 서로싸운것이다。
、、、世界에、、다른데는　몰라도 적어도 朝鮮에必要한宗敎는
코이노니아의宗敎다。오늘날우리게 緊急한것은 禮拜도아
니오 讚揚隊도아니오　硏究會도아니다。復興査經도아니다。

兄弟가싸움을하고 怨望하는마음이 心中에 풀리지않는
禮拜는무슨禮拜일가。兄弟끼리 서로陰害하는소리에
의눈이 눈물로흐렸는데 讚揚은무슨讚揚일가。同生은街頭
에彷徨하는데 硏究、査經은무엇일가。우리의집안이란 數
千年來원통 웃어보지못한집안이오 愉快하게 談話하루저녁
못해본집안이아닌가。우리는 이거치러진동산을 다스리는
것이 일이다。이 케케앉은몬지를 쓸어내야겠고 이찢어진
窓門을 다 다시발으고 이冷冷한溫突에 불을 다시넣고
이구석저구석에 或울고앉었고 或웅크리고섰고 或넘어저
있는것을 다오라해서、그꼴안보신다 나가신아버지를 모
셔드려야 할것아닌가。宗敎는模倣이어서는안된다。우리는

우리를살리는 우리信仰이 있어야할것이다。
基督敎는 朝鮮을 果然改造했을가。이식검언피가凝結된
지 千年이나되는 血管에 果然 溫家가돌아 죽엇던脈이
다시뛰게하였나。이시들고마른얼굴에 기쁨의웃음을 가저
왔나、이 다 굶어진心琴의줄을 이어 가늘게나마도 맑은
소리가 나게했나。거기서陰沈한 안개속 幽靈같어도보이는 老
娼女의 어깨위에 따뜻한동생의慰勞하는손을없었나。믿기
는같이믿고 살림사리는 제各기하는 믿음으로는 이것은
不可能하다。이제우리傳道가 묵은밭을 같이갈아주고 막
힌下水道를 같이처주는것인담에 이것은할수있다。그實力
이지금없다、있게하여서 주시기爲하여 빌어야할것이다。

松山農事學院紹介 （社告）

一、位置 平壤府外松山里　平壤서떠나平南線으로 나려가는
첫停車場 趙村驛에서、南으로 約四十分步行의距離에
急한 通信은 平壤府新陽里一七五 松山商會氣付로。

二、目的
正規의工夫를 通信은平壤府新陽里一七五松山商會氣付로。
자는村塾 或은農場에서 師弟가한가지로農事하면
서基督敎的인立場에서 生活을通해 眞理를 배워가

三、入院資格及人員
자는村塾 或은農場이다。
將來農軍生活을가진者六七人。
別로制限된것있고 小學校卒業程度의學力이
있고

四、學資
寄宿舍에서 自炊生活하는 決意들가진者六七人。
農場收入狀態에 따라 補助가있을것이고 費用을自負擔하고 秋期에

五、農場
農場에普通作物과蔬菜栽培、家畜飼養。
五六千坪되는面積에 普通作物과蔬菜栽培、家畜飼養。

六、學課
聖書、農理에對한簡單한知識、家畜飼養、其他實地
賞實餘暇에

七、入院許可 는、面談後에決定。
에必要한 普通人의常識을學修。

罪人만을 爲하야 （二）

A、J、럿셀 著
趙 聖 祉 譯

第一章

蒼空으로부터 온 音聲 （續）

連續物 「나의宗敎」에 寄稿者들은 編輯者側 으로부터 아무런 制限도 받지 않었었다. 그들은 무슨 宗敎든지 맘대로 選擇하여 唱道할수 있었었고 萬若 自己의 가진 宗敎가 없는 境遇에는 潰神의 言辭만 없는限 自己의 記事로써 그理由를 說明할수 있었다. 그들의 記事로 斷하여본다면 그들은 모두 깊은 靈的經驗을 가진 사람들은 아니였다. 或은 基督信者였고 或은 不可知論者들이였다. 그러나 모두 正直만은 하였다. 콤든 맥켄지 （偉大한作家）는 로마카토릭敎에 對한 힘있는 辯解를 하였고 나는 휴 월플의 記事를 재미있게 생각하였다. 그의 記事 는 一例의 奇才를 가지고쓴 리벡카웨스트孃의 記事 처럼 아주 好評이였다. 누구하나도 宗敎라

는 말의 定義를 나리려고한 사람은 없었다. 그러나 이 缺陷은 로날드녹쓰敎父가 補充하여주었다. 그는 이記事 와 그後에 이記事에 刺戟을 받어서 나온 宗敎的刊行 物에 民衆의 關心이 喚起되는것을 보고 一書를 著述 하여 풀리ー토街에 突然히 일어난 宗敎的關心에 對하 여 說明하였다. 그自身이 不親切한것은 아니지만 그책 의 題目은 好感을 주는것은 못되었다. 우리를 그립街 의 怪物들이라고 暗示하였다（그립街＝론돈에서 所謂三 文文士들의 居住하는곳──譯者註） 그러나 우리가 實際的 神秘家가 될런지도 모른다는 點에 對하여는 아모示唆도 없었었다. 녹쓰師는 宗敎라는것은 우리가 萬一에 宗敎가 敢行할만한것을 하지못하게 抑制하여 주는것이 라고 가르켜 주었다. 이것은 마치 지금은 金錢이 正 義로 通하지만 옛날에 權力이 正義의 同意語처럼 되 어있을때. 被征服者가 발에 목을 눌리워 가지고 征服 者에게 抑制를 받고 있든것과 같은것이다.

이代表的小說家들의 自己의 宗敎를 說明하는 記事가 운데는 美文의 句節이 많었다. 그중에서도 聖바 울寺院과 같이 웃둑 뛰여나는것은 저 快活한 劇作家. 헨리아ー서쫀즈의 훌륭한 散文交響樂이였다. 이것은 確 實히 不朽의 運命을 가진 作이였다. 이記事를 읽어볼 때. 그純粹한 美가 뚜렷이 나타났다. 그리고 그때以來

一五

罪人만을 爲하야

罪人만을 爲하야

一六

이 印象은 내마음에서 떠나지 않었다。나는 도라앉어 部員들에게 朗讀하여 들려주었다。이 語句의 幕뒤에 있는 音樂에 귀를 기우려보라。사랑할만한 英國人의 憧憬과 心臟의 鼓動이 있지 않은가?

「무엇이 나를 불러 精靈이 怪異하게도 모여있는 靈域으로 나를 引導하고 或은 極樂의 不凋花피는 들로 引導하여 새로운 義務와 기쁨에 쌓여서 새로운 生存을 하게 하드래도, 或은 또 그 生命을 延長시키고 完成시키라는 부름이 들린다 하여도 萬一에 나의 靈魂이 이 肉身에서 解放을 받는때는 따르려니와 오늘의 이날에는 나의 靈魂이 依賴하며 못넣어하며 熱情的으로 매달리는것은 아무래도 이 大地이로다。내가 아는 모든것과 感觸하는 모든것의, 어머니인 이 大地。내가 살어왔고 罪짓고 苦痛받고 사랑하고 싸움하고 너머지고 힘있게 걷기도 하고 失望도하고 웃고 울고 배불리 먹기도 하고 기쁨과 成功의 盞을 마시기도 하고、悲慘과 敗北과 恥辱의 쓴盞을 마지기도한 이 大地。동이 트는 새벽하늘과 해가 지는 저녁하늘과 多色多樣의 아름다운 景致가 나의 눈을 滿足시켜준 이 大地。그리고 그의 調和音이나 不調和音이 한가지로 나의 귀를 즐겨준 이 大地。살을 비는 바람과 우박나리는 暴風雨는 나를 부닥겨 주었으나 하늘에 해빛이 따뜻이 빛외이고 새파랗게 개인 溫和한 날은 나를 恢復하여준 이 大地。이 大地야말로 나의 발이 든든히 듸듸고 서는곳이요 나의 靈魂이 安逸히 느끼는 唯一한 곳이로다」

써ー아ー서코ー난또일과 헨리아ー서쫀즈와는 知己之間이였다。萬一 그렇지 않었다고 헨리아ー서쫀즈는 이 記事가 그들을 서로親하게 하였을것이다 그理由는 헨리아ー서가 自己의 記事에 萬一 써ー아ー서가 來世의 門깐에서 기다리고 있다가 自己를 맞어준다면 來世라는곳도 自己에게는 그다지 어려운곳은 아닐것이라고 하였기 때문이다。여기에 對한 答辯으로 써ー아ー서는、어떤 公衆演說때에 이「極樂의 不凋花」의 句節을 引用하여、다음과같이 말한적이 있다。

「나는 헨리아ー서쫀즈를 現代의 散文作家中에서 第一人者라고는 못하드래도 적어도・第一位에 屬하는 사람中에 하나라고 생각한다。그는 大藝術家의 特質인 리듬의 天質을 所有하고 있다。이것은 大端히 稀貴한 天禀이다。이것만으로도 그의 글을 잇을수 였을것이다。그러한 散文을 쓸수있는 사람은 現存한 사람으로서는 거이 없을것이다。」

이것은 實로 大家에 對한 大家의 讚辭이다。그리고 그

들은 둘다 以來로 「肉身에서 解放」을 얻었다.

「나의 宗敎」의 連載는 終始一貫 順調롭게 進行되었다.

그리고 部員들이 첫째 大端히 激感하였는데 쩌날리스트로서 新聞記事를 보고 이렇게 激昻하는것을 나는 처음으로 보았다. 그것도 異敎徒들의 群集하여있는 거리에 있어서 單純한 宗敎에 關한 連續物을 보고서 그러는것이였다.

一般大衆은 어드렜느냐하면 그들亦是 熱狂的이였다. 連載期間中 어떤때는 發送部員들은 미처 손이 도라가지 못하는 形便이였다. 이두週日동안 每日아침 英國의 靑年들은 出勤途中에 이朝刊을 書店에서 서로 다토다싶이 하여 사가지고 가곤하였다. 宗敎에 對한 가장 新奇한 무엇을 주기 때문이였다. 아ー놀드뻬네트는 第一日에 卽 自己의 글이 나든날 리버풀의 全市街를 도라다니며 新聞을 사려고 하였으나 어데를가던지 다팔리고 結局 虛事였었다. 그래서 그는 旅舘에 도라와서 編輯者에게 재미있는 편지를 써보냈는데 우리販賣部를 若干 諷刺하는 글이였다. 아마 有名한 小說家들이 宗敎的經驗의 告白을 一般大衆이 이렇게까지 들으려고 하리라고는 그도 亦是 豫想하지 못하였든 模樣이였다.

第一回로 나온 아ー놀드뻬네트의 記事는 敎會에 다니는 讀者들에게 큰 動搖를 주었다. 그것은 當然한 일이였다. 多少甚하게쓴데를 고쳐달라고 請求하였기에 그만하였는지 그렇지 않었든드라면 더큰 衝擊을 주었을 것이다. 나는 우리 어린애기(即新聞)의 生命에 關係된다고 嘆願하여서 겨우 訂正하는 承諾을 얻었다. 나는 敎會에 다니는 讀者들이 우리를 無神論者가 됟줄로 알고 우리新聞을 購讀하지 않을것이라고 말하였다. 그는 우리의 意見과 相異되고 우리의 要求에 不贊成할넌지 모르는 어떤사람에 對해서 多少 不平스럽게 말하고나서 自己의 記事를 若干 削除하기로 作定하였다. 그러나 自己의 생각이 더옳지만 犧牲하여 노라고 몇번이고 거듭말하였다.

筆者自身이 檢閱한 이記事는 英國에서 尊敬할만하고 人望있는 新聞에서 내가 본것中에서는 가장 猛烈히 基督敎를 攻擊한 것이였다.

아ー놀드뻬네트는 말하였다. 「大端히 凡平한 陳述이라도 그것이 有名한 新聞紙上에 活字로 나타날때에는 大端히 膽大스럽게 보인다는것은 異常한 일이다. 나는 그리스도의 神性이나 處女誕生、無垢懷胎라든지 天堂、地獄、靈魂의 不滅性、聖書의 靈感等을 지금도 믿지 않거니와 지금까지 믿어본적이 없다.」 이것이야말로 리ー므즈(佛蘭西의地名)의 大主敎가 맨든 瞻大스런 無信仰의 總目錄이라고도 할만한 것이다.

罪人만을 爲하여

一七

罪人만을 爲하야

英國의 牛數나 그에게 反對하여 일어난것은 當然한 일
이었다. 그리고 많은 사람은 그가 내종에 來世에 依
賴하는 熊度를 容認한 點을 들어서 처음에 無信仰이
라고 陳述한것을 反證하였다. 大英帝國內에 各宗敎新聞
이나 聖壇에서 猛烈한 攻擊을 받은 것도 異常할것은
없었다. 그러나 無名氏（이는 이책에 나오는 人物들과
같은 精神으로 말하였는데）는 이 非難하는 사람들中
에 끼이지 않았다. 그女子는 아―ᄂ놀드베네트의 熊度를
잘 理解하였다. 그가 到達한 現立場이라던지 어째서 그
以上 다르게 말할줄을 몰랐는가하는 理由等을 잘 理
解하고 있었다. 그女子는 말하기를 그가 自己의 속임
없는 意見을 明確하게 發表하였는데 그들 攻擊하는것
은 옳지못하다고 하였다. 神으로 거듭나지못한 사람이
그렇게 안쓰면 어떻게 다르게 쓸수가 있겠느냐고 하
는것이었다.

이特殊한 記事에 依하여 覺醒된 大衆의 關心은 大
端한것이어여 그 反響은 일즉부터 나의 편지주머니에 反
映되었었다. 率直한 文藝的連續物로써 이같은 刺戟을 일
으킨것은 처음 보았다. 이 편지는 開封을 하기는하나
部員들이 元體 少數이기 때문에 充分히 읽지를 못한
다. 편지는 어느새 나의 房 한쪽옆에 山積하여 버렸
다. 그것을 나는 있다금 뒤적거려서 재미있는 材料를

一八

끝낸보군 하였다.

世俗的新聞에 記載된 이 宗敎的記事에 依하여 론돈
社會에는 實로 前無한 衝擊이 喚起되었다. 地方에서도
廣凡히 그리고 熱心이 읽히었다. 監督과 牧師들도 辯論
에 빠지게 되었다. 小說家의 무리가 그들의 領域을 侵
犯하였든 것이다. 그들은 이 小說家들이 云云한 이重要
한 問題에 對하여 論及할 權利를 가진 사람들이었고
캔터베리의 前
大監督（메뷜쓱博士）은 新聞宗敎같은것으로 攪亂을 當하는
데 不滿을 가지고 그의 政治的의 머리를 혼들며 모
든 사람들이 論議하고있는 이連載記事에 對해서 公然
하게 論及하게까지 되었다.

始初부터 나의 意圖는 이 記事에 確實히 基督敎的
인 傾向을 주는것이었다. 그런데 이 記事中의 어떤것
은 말할것도 없거니와 監督들과 牧師나 篤信한 讀者
들의 反應은 이目的을 爲해서는 多少 度를 넘는것이
었었다.

이記事는 其後에 米洲에 購入되어 거기서 몇몇 新
聞에 실리게 되었다. 그리고 英米兩國에서도 單行本으로
되어 나왔다. 또米國에서도 이主題를 採擇하여 가지고
亦是「나의 宗敎」라는 題目下에 十名의 아메리카 小
說家에 依한 새 連載物을 刊行하게 되었다.

最初 론돈에서 일어난 反響은 아직도 그餘響이 남어있다.

리빅카웨스트는 론돈의 어떤 作家들의 雜誌에다 쓰기를 쳐「나의 宗敎」를 着案한 사람은 쩌낼리스트의 特才를 發揮하였다고 하였다. 나亦是 同感이였다. 그리고 나는 웨스트女史에게 그創案者의 이름을 알려주고 싶었다. 그러나 靈界로부터 들려온 神秘的音聲은 아모 아름도 남겨놓지 않고 가버렸다.

이 記事가 이같이 놀랠만한 成功을 얻은 原因은 大體 무엇이였든가? 新聞社主의 賢明한 意見에 依하면 題目에 있는 「나의」라고 하는 말의 特別히 힘을 듸린것이 原因이였다고 한다. 이 意見은 그後에 내가 흑쓰따드그룹과 그들의 常用하는 쉐어링（分擔）의 經驗을 研究해볼때 몇번이고 事實인것이 證明되었다.

우리는 著名한 作家들에게 自己의 宗敎的信念을 告白시켰는데 그렇게 하므로 宗敎가 옛날에 벌서 배워가지고 있었든 單純한 眞理를 再發見한것에 지나지 못하였다. 即 一般大衆에게는 或時 神을 發見하려니 하여 神을 探求하는 個人의 體驗談이라면 언제든지 들고싶어하는 慾求가 있다는것이였다.

이것이 亦是 初代의 使徒들이 異敎徒들의 世界에 基督敎를 傳播한 方法이 아니었든가?（續）

拂はれざりし米粒

拂はれざりし米粒

畏友 政池 仁君主筆「聖書の日本」誌の二月號に 次の様な静岡の米屋さんの記事があった。

○静岡に一人の誌友がある。その人は朝鮮に多くの顧客を持ってゐる。然るに朝鮮の勞働者は多くは一二年すると他に移住し、最後の米代は拂はずに行ってしまふのが常だらうである。そこで多くの米屋は始めから其輩を見越して、朝鮮人には賣らぬ樣にしてゐるさうである。朝鮮人には量目をへらして米を配達するか、あるが神を信ずる此米屋さんにはそれが出來ない。それでいつも最後の米代だけは全く損をして今迄賣って來た。併し昨今の米が不足して來た時代に、そんな慈善は續けては居れない。彼は途に朝鮮人には米を配達すまいと考へた。併し彼の良心はそれを許さなかつた。一晩祈りあかして、苦心して買ひ集めた米を、又朝鮮人にも配達してゐると云ふ。「此世に於ては損をして、惡く言はれるのみです」と彼からの昨年末の手紙にある。

一月十五日静岡に大火があった。晩のラヂオ迄は彼の住んゐる鷹匠町二丁目は安全の様であった。然るに其後延燒して翌朝の新聞には燒けたとあった。此義人を神に見棄て給ったのかと思ふとたまらなかった。併し數日後に彼の家が安全だった事を知った。火は二三軒先まで來て止まり、彼の家は殆ど燒け境になったと云ふ。しかもある人からの通信によれば「風强く、水なく、手のつけ様もなかったのです。燃けるにまかせ、消えるにまかせておきました」とある。火は人力で消えたのではない。自然に消えたのである。之は單なる偶然であらうか。私にはどうもさうは思へない。

一九

拂はれざりし米粒

義しき者が燒け出されたとて私は神を疑はね。神が世の罪なき人の一つ〳〵が悉く拂はれて此の叫び聲が止むまでは　如何なることがあつても我らの救ひは全うされ得ないであらう。

序でに　こういふことも教友から聞かされた。桑名市に於ける或る工場に働く教友は　病氣中に積つた米代を拂ふべく金七拾餘圓を米屋に屆けた所　その米屋さんは一つの帳簿を開いて見て米代四十餘圓しかなつてないからとて三十餘圓は返された。しかし教友は「米屋さんでは多くの取引先があるから計算の間違ひもあるかも知れぬ。自分は一つの米屋さん丈けから取つたので記憶が確かである」とで殘金をその儘殘して置いて尚ほ十分調べて見る様に賴んだ。すると後から米屋さんは別の帳簿により果して合計七十餘圓あることを確かめて殘金三十餘圓も取つたが　特等白米一俵を右教友の宅に屆けて丁寧な御禮までいはれたとのことであつた。

尚ほ大垣市に於いて或る種の工場を經營する教友のことに就いても實に愉快な事實を聞かされて我らは神さまに榮光を歸し奉つた。朝鮮人の性質に實に赤面すべきものがある。しかし主イエスの福音の醱酵作用を經た時には　此れ亦棄てたものでないことを證明させられた。拂はれざりし米の粒々よエホバの聖前に訴えることを暫らく猶豫してくれ給へ。卿等が悉く拂はれるまでは我らは天國への入場權をも猶豫して努めます。主イエスの福音に其の力あることを確信しつつ。

二〇

義しき者が燒け出されたとて私は神を疑はね。神が世の罪なき人に負はせ給ふ事は多くある事だからである。併し夫にも拘らず神は義しき者に災禍を降し給ふに當つて甚だ躊躇し給ふに違ひない。萬やむを得ざるに非ずんば義しき者に災禍を降し給はね。此米屋さん一人の爲に神が鷲匠町二丁目以東を燒く事を思ひ止まり給うたのかも知れぬ。さうして見れば、義しき生活は、それ自身が大きな慈善事業である。

讀んで赤面した。これが我ら朝鮮人の姿であるか、最後の米代を拂はずに逃げてしまふのが常であるといふ。直ちに考へに浮んだのは　早速靜岡の米屋さんにかけつけて　今までの朝鮮人の未拂ひの分丈けでも清算して上げ度いとのことであつたけれども　長年間の取引に積つた未拂金額は　決して私の如きものの拂ひ得る金高のみでは無いであらう。又その一つの米屋さんの分を清算した所で　靜岡市内丈けでも他に又喰ひ逃げられた米屋さんが幾つもあるであらうし關西に渡つて幾多の米屋が同じ事を經驗させられたであらう　私は穴の中にでも入り度くなつたのであつた。どうすれば我々がこの負債を返濟し得るであらうか。

マサカと思つて　桑名市在住の誌友に訊いて見た所全く其の通りで　中には相當の資産をつくりつつ故郷に土地を買ふ位の餘裕ある暮しをし乍らも矢張り最後の米代を拂はずに逃げる同胞が相當に多く、其の爲め正直な人々までも迷惑を蒙ること甚だしいとのことであつた。これでは全く閉口である。

聖朝通信

聖朝通信

一月二十五日 (木) 晴。登校授業。京
城에 歲中學友雜訪。○嶺南短信에『못뵈온사이
先生님道體安寧하시고 仁厚하읍신慈堂께
서와 令閤夫人及令允들 모다泰平하시오니
는사랑과 괴롬을기치고온일 實로抱當치
못하겠읍니다。慈悲하읍신天父께서 모다
잡아주실것을밋사오며 또한豊盛히잡아주
시기를 祈願하는道理밖에없읍니다。歸家
后에도 內者에게 몇번이나 感激한眞狀을
말슴하였고 우리도其와같이살고저 願하
였읍니다。小生 集會后 恩惠 實로至大합니
다。하로하로 生涯가感謝에넘치오며 새벽
生活은如前繼續으로 온一食口가活氣있는
生活이옵시다。讚頌하리로다 그치지않을삶
니다。더욱더욱成長시켜주실것을 밋고
아가겠읍니다。』

一月二十六日 (金) 晴。全校가淸凉里
에 氷上大會로 나가는데、日曜當直을免
하기爲하여 오늘特別當直과交代。宿直室
에서 原稿쓰기。

一月二十七日 (土) 晴。登校授業。午
后는路加福音硏究。

一月二十八日 (日) 晴。午后市內集會
後는路加福音第四章처음을講解하다。○
不潔한이의雜講記企圖에 오며『伏詢沍寒
體度萬重하십伏祝이오며 弟所愼이別無大
替이오나 祈禱를잊고 聖經읽기를게을리
함이憫耳。日前에××兄이來訪 京城소
季集會狀況詳細承하와 三十에가까운兄
弟의面面을 머리속에그려보면서 그後여
레미아第二十九章을輪讀。

러날 이聖潔한集會節次를 혼자서뒤꾸리
나니 ×兄의歸後「雜講記」를써서雜席
못한여러誌友에게 기쁨을같이하고싶으까
지。一時는興奮하셨었으나 「雜講記」를間接
으로쓰려면 不可不×兄을 다시한번逢晤
해야될必要를느낀故로 中止하였나이다。
今月初에S兄便에所送 惠情은無音可報이오
며 再起之誓願이 於是乎倍前이외다。客
此不備復。庚辰一月廿四日××××拜』을고
보면、이 기별을 여러親知에게 알리고싶
은생각이 날것도 無理가 아니다。그러
나 우리는「이번모임에서 聖靈의運動이
어떻게 나타났다。우리가 무엇을工夫했

고 무엇을 보고 들었었다는것을 한부로
傳播하지말라」는 閉會辭로써 解散하였다。

一月二十九日 (月) 晴。寒氣는 날로
더한다。學校와印刷所에 다녀오다。

一月三十日 (火) 晴。擔任班生徒들
에게 地理授業한時間 쉬고서 人生의
目的을 이야기하여주다。저들이야 까닭
을 알리가萬無。○저녁에 家庭禮拜。예

一月三十一日 (水) 曇。○某老人을訪하다。
歸途에 某老人을訪하다。

二月一日 (木) 半晴。새달이 되었으
나 새달號를發送못하니 마음이 무거움
다。

二月二日 (金) 晴。登校授業四時間。
長男의學齡이되여서 入學시길學校를
選擇中이나 信賴하고 보낼만한學校를
찾기가 심히 어렵다。

二月三日 (土) 晴。登校授業。京城師
範學校行。路加福音硏究。

二月四日 (日) 晴。午前中은 고요히
工夫。午后의市內集會에서 누가福音講義。
亦是 聖書工夫처럼 할만한일은 他에없

二一

聖朝通信

는듯 하다。

二月五日 (月) 半晴。立春。간밤 午前一時넘어서 隣家安商英氏宅에火災나서 一棟全燒。人畜에 傷害업는것만이 千萬賞幸이었다。○오늘立春이어서 봄되는날을 記念하다。第五學年地理時間에는 曆의 이야기를하야 科學的으로 正確한太陽曆을 쓰기를 또한 힘力說한다。

二月六日 (火) 晴。登校하야 動物學을 가르키다。오늘날人間에게서보다 뜨기 가루티等의 生活에서 도리어 배울 것이 많음에 놀라다。

二月七日 (水) 晴。아침에 桑名市로 誌友朴允東氏來方。桑名市와岐阜市及大垣市의 여러敎友를 一時에對하는듯하야 기쁨이크다。저녁家庭禮拜에는 宋兄까지來參하야 桑名市其他의 여러敎友들이 勇敢하게 忠實하게 信仰을 지켜씨우는 소식 듣고 깊이 하나님을 찬송하다。

二月八日 (木) 晴。陰曆正月一日이라고 印刷工場이 오늘부터 休業하게되니 그렇지않어도 늦었던二月號가 언제發刊될런지 알수업어 焦燥不禁。○道廳과總督府에往返。○朴允東氏今日午后에 奉天을 向發。

二月九日 (金) 晴。永久히酷寒凍結의 冬節뿐인가 싶더니 立春이 지나고서는 녹기 시작해서 오늘은 道路의 어름도 녹았다는 봄이 도라왔음을 알린다。

二月十日 (土) 晴。二月號의 일이 雪上加霜이랄까 難關또難關으로 아직도 印刷할수없이 있다。

二月十一日 (日) 晴。午前九時에 登校式。午后一時에 某宴會恭席。午后二時半에柳君이來恭하야 崔容信小傳의再版에 關한 이야기。○今日을 지났으니 二月號에對한照會가 성화스럽게 飛來한다。

二月十二日 (月) 曇。日氣매우溫和하야 解氷으로 道路 질고、시내에는 登校授業。志願兵適齡者調査。十日부터 音響管制되었다고 長安에 사일렌소리 없어저서 한결 종용하게되었다。○二月號는 空中에걸린대로 進退없이 오늘하루를 또虛送。

二月十三日 (火) 雪。밤사이에 晩雪이 豐足하게 山野를 덮었더라。봉오리라 골작이라 할것없이、草家라瓦家라洋屋이 均一하게 넉々하게 쌓인 눈이 하나님의恩寵을 聯想케함이 크다。○自轉車를 못타니 登校하기에 몯二時間半을要하다。바람과 눈개비에 小學校一二學年兒童들은 왕수 울고 섰는것이 停

뭘던지 알수업어 焦燥不禁。照會편지만 날려드는데 其中一枚如下。

『先生님氣體候安康하시옵나이까? 二月도 벌서 一旬이지날려하옵는데 쇄消息이없을가요。오늘이나하고 片紙오게될살펴도 보이지않읍니다。先生님께서 東京가셨드랫다는것은 알었읍니다。或聖朝誌일로서 이였는는지요? 聖朝誌의 擡頭가그립습니다。靈魂이 極히混迷해저서 觀念的信仰에서 헤매이며 아직도 完全히 自我를 버리지 못하고 망서립니다。道德的神經衰弱에다 精神異常을 加味한 물건이되었읍니다。先生님의 잔소리 들을때가 살값있은때였읍니다。하로에 세번食卓에서 감사하는외에는 변々한新禱도 못하도록 墮落했읍니다。○이靈魂 救援해 주옵소서。云々』

二二一

聖朝通信

留所마다보이다。벌거벗은 발로 登校하는 小學生도 보이다。電車때쓰의 混雜은 言語道斷。○一旦登校하였다가 總督府―印刷所―學校로도라와서授業하고、다시印刷所에가서 日炎後까지校正。○第三版을 印刷에부탁하다。○歸途에 鐘路五丁目에서 乘客할때에 行列에 서서부터 때쓰에 타기까지 二十分間을 待하다。이것이 現下 서울長安 交通能率이다。

二月十四日 (水) 曇、晴。 때쓰電車라는 솜씨가 늘어서 오늘은 한時間半으로써 登校하다。授業後에 印刷所에가서 二月號를校了。二重三重의 故障이있어서 奇異한 編輯이 되었다。今後로는 紙價의 暴騰을 豫測할수없으므로 印刷料金을 一定하자는 提議를接하다。即 달수이 비싸지겠다는 것이나。最下의紙質이라도 用어느날까지 있을는지가 問題란다。紙없어서 廢刊될날도 멀지않을듯하다。但 二月號부터 一月號以前보다 本文用紙도 좀나은것으로 쓰고 表紙도 今年一年間이나。繼續할수있다는것으로 變更하다。그대신 印刷部數는 先金讀者에게나 配付할程度로 割信 줄이지아니치못하다。

二月十五日 (木) 晴。 이번降雪은 全鮮과九州地方一部까지一樣인듯하야 그 範圍內에는 電信이 通치못함을 알다。○積雪이 짚어서 아직 道路가 매우 危險하다。오늘부터 自轉車로通勤。單한사람이라도 때쓰 電車 안타는것이 國家社會를 爲한 큰奉仕될듯해서 決行。○動物學講義가 거의 說教되여버린듯해서 未安한듯도해스나 또한未安할것도 없었다。매암이 잠자리 하루사리 하나,,,에게! 하나님의 音聲을 듣고 크신 경윤과 사랑을 깨닫는때라야 完全한 動物學이 될것으로 우리는確信하는 까닭이다。

二月十六日 (金) 晴。 長男의學齡이여서 入學詮衡을 받으며 가려는때에 某醫師의 말슴에 虛弱하니 一年 延期하라고 해서 오늘은 赤十字醫院에 다리고가서 X光線까지使用하면서 周密한 健康診斷을 받었다。卒業期가 열마남지 않엇사온데 도라보아 마음것工夫못한 後悔뿐이나 面目이없이오나 何如間모든것이 先生님으로하와 이루워진일입니다。生이基督敎에 들려서 走馬加鞭하게되다。○歸途에 印刷所에 들려서 二月號를 照會의督促·號의原稿가 또 밀렸다。

二月十七日 (土) 晴。 오늘도 長男을 다리고 赤十字醫院行。오늘까지의檢查의 結果로서 念慮하든病은없었고 入學에何等支障이 없을것을 確實히 알어서 安心하다。○登校授業、印刷所行。

二月十八日 (日) 晴、暖。 참으로 봄이 왔다。○山野의解雪이 甚하다。書齋의 겨울동안 쌓인 몬지를 大掃除하고서 마음치는 生命을 생각하고 感激함이 컸다。○咸北鍾城서 牧者金鳳國氏來參하야서 누가福音第四章末을 講了하다。예수의 生命을 생각하면서 쓰이면서 午后의 市內集會에 많은 企圖가 있었다。○來客數組接待。午前中은 누가복음 硏究。○里見兄으로부터 內村鑑三先生十週年紀念講演會에關한相議가 있었다。○東京來信에 (前号)學校라고 그대로順調가 있어라 快히 이일에參加하기로하다。풀리기始作한것도 ××洞있을때 數年間의包圍政畧에서 이젠解放되었음을 생각· 하니 어깨가 가벼운듯하다。但 다음달 入市時마다·博文書舘에서· 聖書朝鮮에異

聖朝通信

常하게 滋味와滿足을늣겨 흠처읽은것에 始作하였으며 工夫라고하여보자고 決心된것도 養正宿直室에서 先生님을初對面한 後읽엇사오며 東京와서 甚히眞實치못하오나 ××先生님聖書硏究會의 末席에參與하옴도 모다先生님 下敎에德이옵니다。大端失禮이오나 今後의方向에對하여 小生의 形便과希望等을 아뢰오니 先生님意向을 一字下敎하여주옵시기를바랍니다。至今까지 別로 重大하게生覺지못하고 形便이되여가는대로하리라 마음먹고있었아오나 亦是 一生이左右되는 重大事임을느끼옵고 또한家庭形便、工夫等 朝鮮을떠나 生覺하기는 困難한듯하와 先生님게 上書하옵나이다。(下略)

二月十九日 (月) 晴。오늘은 반가운 晋信 여러장을接하다。原稿에添한片信에 『金先生님 그동안 主님의 保護下에 健在하셨습니까? 聖朝誌는 받었습니다。序文이 若干 ××模樣이온데 제생각에는 何等에 그럴만한데가 없는 極히 平凡한 陳述한것같은데。그렇게 된것을 보면 그들의 神經은 多少abnormal한것 같습니다。或 제 神經이 그런지。이번에 보내드리는것으

로 第一章은 끝났읍니다。좀 느껴졌습니다。글을 써나지 않어서 요만한것도 힘이 부칩니다。先生님은 참 용하다싫다。先生님의 精力을 生覺할적마다 單純히 人間의 힘만은 아니다 하는것이 느껴집니다。云云는果然그렇게 일은 적음이나 人間의 힘 만으로서 한달도 못해낼것을 깊이 두려워한다。○病床에서 봄을 만난消息에에『伏詢孟春 侍餘體候萬安하시며 第二三日來 順調、밖에나가 봄별을 놀나니 어찌도日氣가稚和한지 細民層과 病者에겐 큰多幸일가하나이다。聖朝誌方今拜受 感荷無比외다。罪悚하오나 八五號申瑢澈氏病床號一冊 下送하옵심切仰이외다。略此不備禮』이처럼하여 第八十五號는 많은患者에게 善한벗이 되었음으로 그筆者가 지난冬季集會에參席하였든 機會에 肺患者에게對한 一書를著作하기에 良心의許可를받고 저녁十時半頃부터 아침七時까지 잡니다。오! 생각하면 罪悚千萬이오며 誌友에對할 面目이없읍니다。日常生活이 如此하니 先生님餘他

二四

十節까지의 實踐道德을 공부하고 歸宅하니 便紙筒에 두책꼽혀있겠지요。그때에고마움은形言못하겠습니다。企堂에까지 가지고가서 沒體面하고 聖朝通信을읽었오며 冬季集會에參席아니햇든고하고 後悔가끔 通信을읽는中 웨 여지는듯。그때에는 무슨口實을自作하여서 逃避하였으나 이제생각하오매 더욱通信을읽으매 무슨 구멍에라도 들어가고 싶도록 自己怠慢에 忿怒와後悔를 합니다。오! 거룩하신부름에 參與아니함、이무슨怠慢인고? 恩惠의招待에 逃避로써對함은 이무슨不信인고? 後悔後悔뿐이로소이다。先生님容赦하옵소서。誌友의日常生活의 緊張함에比하여 門生은 어찌이처럼 解弛한삶을 하는것일까요? 요사이는 學年末試驗前(二十一日부터始作함이는)으로 一般生徒들은 徹夜工夫하는데 門生은 몸을 篤하여라는 自作의口實下에 良心의許可를받고 저녁 저녁 生活의 苦待하다가 絶望까지했었습니다。今日日君과『갈라듸야書』五章十三節부터六章 아침七時까지 잡니다。오! 생각하면 罪悚千萬이오며 誌友에對할 面目이없읍니다。日常生活이 如此하니 先生님餘他 枚如下『惠送하신 聖書朝鮮奉受하였읍니다。苦待하다가 絶望까지했었습니다。今日日君과『갈라듸야書』五章十三節부터六章는 推測에 맛기겠나이다。專門學校生活이

446

바야흐로 滿二個年될라우는데 其間에
한일은 하나도없읍니다。이꼴로살다가는
平生이 後悔의루성이요 아모것도안될것
만갈습니다。先生님의 門下에 있을때가
그립사오나 언제까지든지 依支만할라고
하다가는 죽도아니고 밥도아닌게 될것
같습니다。「내가 언제까지나 너이와같이
하겠느냐」하신말슴을 생각하오매 이것
은 先生님이 門生에게 이다지도 關心하
합니다。靈肉共히 이다지도 弱하다니。×
×大學初에 先生님께서「英語공부를하라」
하신말슴 귀에새롭사오나 英語책은 손에
대지도않고 지냇읍니다。지난二年間은怠
慢의連續입니다。이것은 感激없는 生活!눈물없
는삶! 이것은 犬豚의 삶에
못됩니다。門生의 生活은 犬豚의 삶에

二月二十日 (火)
快晴。昨夜늦게 咸
모시이上京來宿。밤 늦도록 이야기하고,
아침 일즉부터 또 이야기。登校時間되
여서中斷。學校와印刷所에 들리다。○저
녁西天에는 金星木星이 나러니하여 앞섰
고 土星火星이 뒤따라 다름질하는樣 實
로 壯觀이다。

二月二十一日 (水)晴。登校授業。印
刷所에서校正。日氣 도무추어지다。○저
녁。咸先生과 金鳳國氏까지 參席하여
家庭禮拜。에스겔第三章輪讀。오늘이 次
男의百日이어서 약간한 設備로써 記念
하고、그 健康을 感謝하는同時에 將來를
爲하여 祝福의 新禱를 얼었다。

二月二十二日 (木)晴。牧場에 問한
相議次로 上京헀던 金鳳國氏一行은 오
늘午后向北。○印刷所에들리고、登校授業。
다시印刷所에校正。○저녁에 明倫町에모
여 今年度傳道事業議定。內村先生의 十
週年紀念集會件도 相議確定하다。드디어
出發이다。○關北消息도 相議차못하였사
오랜동안。○關北消息一枚如下「先生任!
옥을 寬恕하심바라나이다。其間不順한環境
과 性本怠惰의起因으로 이렇게되었읍니
다。今月號聖朝誌를 甚히기다렸아오며、
或은廢刊되지나않었는가하고 은근히걱정
되옵든次에 今朝 聖朝誌의訪問은 甚히반
가웠읍니다。끝까지 이러에 香氣를뺏고
열매맺는 좋은씨가되여지기를 眞心으로
願하나이다。故兄님의傳記를寫해서 先生
님께서 얼마나 勞心焦思하였아옵은 柳

先生님의 便紙와 聖朝誌를 通하여 잘알고
있읍니다。先生님 眞心으로 머리우에 두
손얹고 感謝드리옵나이다。또는先生님과
같으신 使者를 이마에보내주신 하나님
께 感謝의祈禱를 올렸나이다。柳先生님의
文章은 사람의 눈물을 짜아내는 것하
였읍니다。傳記를 읽고난 저로서는 내형
의일과 갈지않사오며 새로운感激을 받
었음니다。地下의靈도 滿足할줄아옵니다。
형님으로부터 感激과 衝動을 받은 저는
願치않는 現在의生活을떠나서(저는 지금
願之않는 世界에서 살수있는기를)좀더 信仰
과 良心을 삼킬수있는 世界를憧憬합니다。
某私立學校에 視務中입니다」奧谷
學院은 내손으로 문을닫고 어린이들의
우는양을 보지않으려고 미리臭谷을。며
나왔는데、今年三月까지에 급기야 閉鎖되
는모양입니다。寒心합니다。云云」

社告……私書凾使用廢止
本誌主筆은 來四月부터 市內로 다니는
일이 매우 드믈게되는 生活이되겠나이다。
따라서 光化門局私書凾使用은 今三月末
日限으로 廢止하겠나이다。

【聖書朝鮮】第一百三十四號 昭和十五年 三月一日發行 每月一日一回發行

內村鑑三先生十週年紀念講演會

時所、三月十一、二日 午后七時半 釜山府寶永町 日本基督教會
三月十三日 午后七時半 京城府長谷川町 京城基督教青年會

講師 黑崎幸吉先生 金教臣 其他數氏

注意 聖書讚頌歌 持參。

偶然히 恩師內村先生十週年紀念때에 本誌主筆은 十數年來의 教育界에서 몸只를 털고 거즈로, 傳道의 길로 몰려나가는 데에 當到하였다. 이날은 單只 故恩師를 追憶하는 뜻일이아니오 남은 余生自身을 埋葬하는 날이다. 그러나 새旅程出發의 날이기도 하다. 故로 미리 祈禱함으로써 靈力을 도우라. 이번 우리의 靈的白兵戰의 氣勢를 돋우라.

右講演會의 翌日인 三月十四日午前十時부터 市內竹添町三丁目 內村先生關係者들과 黑崎先生님의 聖書講話를 듣겠습니다。神學校關係者 外에 內村先生關係者와 黑崎先生의 聖書에 親炙한이들과 本誌讀者들의 來恭을 期待하나이다. 黑崎先生을 中心으로, 設協成神學校講堂에서 十四日午后六時부터 市內京城호텔에서 「遠遠의 生命」誌讀者、同先生의 註解

備關係로 余席하려는 이는 十三日 講演會끝난때까지 幹事에게 申込하시오。會費二圓、當夜持參。里見安吉(宋斗用)兩氏에게 余席하여도 可하다。누구든지 可하다。

京城聖書研究會

講師 金教臣
會費 一個月五十錢以上、每一回二十錢式
日時 每日曜日午後二時半乃至二時間
場所 市內明倫町四丁目三三宋斗用氏方 市內明仁崇橋下車、約三分、選刻謝絕。

傳道應援出張

先生께서 三月二十四日로 배운이들의 感話를 듣겠다시나, 三月三十一日과 四月七日은 內村先生紀念의 날로 三月三十一日과 四月七日은 臨時로二回休講。四月十四日부터 다시開講할이다.

本誌定價

一冊（送料共） 貳拾錢
六冊（送料共） 前金一圓十錢
十二冊（一年分） 前金貳圓貳拾錢
要前金 直接注文은 振替貯金口座京城一六五九四番（聖書朝鮮社）로

所賣販次取

和信（京城府） 鍾路二丁目八六
博文書舘 京城府鍾路二丁目八六
敎文書舘 東京市麴町區九段坂 京城府鍾路二丁目九一
北星堂（京城府） 耶蘇敎書會
琶英堂（大邱府）
億一書舘（平壤府）
向山堂書房
大東印刷所

昭和十四年 二月二十八日 印刷
昭和十五年 三月一日 發行

編輯兼發行者 金教臣 京城府外崇仁面貞陵里三七八（京城、光化門局私書函第一八號）
印刷者 李相五 京城府仁寺町二一九ノ三
印刷所 大東印刷所 京城府仁寺町二一九ノ三

發行所 聖書朝鮮社 京城府外崇仁面貞陵里三七八（京城、光化門局私書函第一八號） 振替口座京城一六五九四番

【聖書朝鮮】第一百三十四號 昭和十五年 一月二十八日 第三種郵便物認可 昭和十五年 三月一日發行 每月一日一回發行

【本誌定價二十錢】（送料五厘）

昭和五年一月二十八日(第三種郵便物認可)
昭和拾五年四月一日發行(毎月一回一日發行)

金教臣 主筆

聖書朝鮮

第壹百參拾五號

昭和十五年(一九四〇)四月一日發行

皇國臣民の誓詞

一、我等ハ皇國臣民ナリ忠誠以テ君國ニ報セン
二、我等皇國臣民ハ互ニ信愛協力シ以テ團結ヲ固クセン
三、我等皇國臣民ハ忍苦鍛錬力ヲ養ヒ以テ皇道ヲ宣揚セン

目次

449

國家總力の發揮

◇今次支那事變は、實に我が國未曾有の興亞大業にして、之に對する帝國の方針は、儼として堅く炳として昭かである。日支永遠の平和を確立し、東亞新秩序の建設を完成し、以て世界の平和に貢獻することは、今次事變の大目的にして、之が完遂には一層最大の努力を致すべき秋である。

◇事變發生以來將に三年、我が國民は、御稜威の下に一致戮力、前線將士の忠戰と相俟ちて、銃後國民も亦、汎ゆる犧牲を忍び、其の達成に邁進し來つたのである。我等は今や風と潮とに誘はれて、船を大洋の眞中に乘り出してゐる。此の上は如何なる暴風激浪に遭遇するも、後へ引き返すべき術はない。只だ直前勇進、長期難航を續け、以て彼岸に到達すべき一路あるのみである。

◇併しながら、此の空前の鴻業を完全に處理完成することは、前途尚ほ容易の業ではない。外事變の目的を遂行し、內之に應ずる體制を整へ、久しきに互りて一系亂れず、不屈不撓の國民の決意と努力とが、何よりも必要である。

◇果して然らば、一億國民が一人殘らず、事變處理に關する徹底せる理解の下に、戰時意識に徹し堅忍持久、固き信念と不轉退の決意の下に、國策に順應し、法令を遵守し一も間然する所きやと言ふに、遺憾ながら然りと即答する能はざるを憂慮せざるを得ない。

◇由來我が國は世界に其類例なく國民亦優秀にして、忠君愛國の思想に燃え、上の好む所、下之に倣ふ良習あり。故に此の際難複なる法令主義の外に、百尺竿頭更に一步を進むる爲、卑近にして爲せば成る左記事項の實行に力を注ぎ、以て上下一致臥薪嘗膽戰時意識に徹し、苟も國策に背戾するの餘地なからしむるを最も捷徑と信ず。

一、中央地方の官公署の首腦者、貴族富豪等上層階段者に於て、減私奉公率先範を示し一億一樣に足跟を揃へ持てる者は持たざる者に同情し、以て時艱克復に邁進すること。

二、下は部落常會、朝鮮愛國班、各會社其の他集團等の先覺者が中心となり一同に對し克く事變の目的と使命とを理解認識せしめ銃後戰士として、汎く國民の間より盛り上がらしむること。

三、以上の如くにして、尚ほ法令に背き國策に戻り、事變處理方針に順應協力せざる者あらば、國家の爲遠慮なく之を忠告善導して行動を共にせしめ、尚ほ反省せざる者に對しては、斷然其の筋に申告して其の跡を絕つこと。

◇以上實行に方りては、從來の陋習惡弊を一掃し、虛榮無駄を排し、一切の徒勞濫費を避け、貴賤相和し貧富相助け我が半島に於ては、南朝鮮總督閣下の如く眞に滅私奉公、實踐躬行の示範に倣ひ、益々國家總力を集中强化し、殊に先進內地に於ても、我が朝鮮の緊張良績に鑑み、相呼應して一層力を竭され、大に範を示されんことを切望する次第である。

450

送別の感

送別の感

送別の感

感謝と確信。 思ひ起せば今より十三年前の春でした。當時養正中學校の教職員の間には一種特異な慣習がありました。それといふのは各自の父母の誕生日には同僚職員を御馳走に招くことでありました。私の母は陰暦の四月二日生れであるので赴任早々私はこの番に當つたのでした。宴會には勿論酒を出すのが勤かすべからざる鐵則になつてゐたのでしたが、私は勿論酒を飲まないばかりか自分の主催する宴會に於ては酒を用ゆべきでないと信じてゐたので此に難關が差迫つて參つたのでした。宴會の當番から逃れることは許されず それかといつて酒宴を張ることは絶對に出來ない。そこで私は辭職書を懐にして宴會を催したのでありました。事もし意の如くならずば其の場で職を辭する積であつたのだから宴會場には歡樂といふよりは殺氣が漲つてあつたことは當時一緒に居られた方々は御記憶のことゝ存じます。兩來今夜のこの送別會に至るまで一杯の酒をも受け交はさずに非社交的骨頂を徹底的に現はして來ました。それにも拘らず十數年の長い間私のやうな非社交的人間を逐拂はずに其の職に置いて下さつたといふことは偏へに校長先生始め職員各位の際限なき寬容の賜物であると深く感激してゐるのであります。それと同時に私の如き非社交的人物でも養正學校の職員の様な寬大海の如き人々の間に措いて置けば これでも十數年間に亘つて社會の一部分の仕事を擔當し得るものであるとの確信を得たわけであります。常に並々の一個人たり得るか否かを心配して居たものにとつては是に勝る滿足は有り得ないのであります。

辭職と死別。 他の教員と違つて常に私は博物準備室なる一室を與へられて居ました。そこでは受持たされた學課の仕事の他に私自身の仕事場として私室の様にも使つて來ました。主として聖書朝鮮の編輯校正發送などと其の殘本の仕末などでありました。本日その荷物を運搬し且つ今夜この會に臨んで見て私は脅て想像もし得なかつたことを體驗しました。といふのは送別――即ち一つの社會から身を引くといふことは取りも直さず其の社會からの死別を意味するものであつて生別は死別の小演習であるから質に寂さが身に潜むことを覺えるのであります。現在の職を辭する人も辭さない人も共に大なる辭職を一度はした。私は本日荷物を運び乍ら思ひました―この度の荷物は自分の手で仕末も出來るけれども次の辭職即ち此世を去る時に於ては荷造りも出來ず大切な書物も持歸ることが許されないでありませう。何人も一度は去らねばならぬ時が參りますから別れの悲みの彼岸には嫁入りせんとする乙女の胸の如き氣持もないわけではありません。但し私はこれからキリストの爲めに新しい首途を出發するのでありますから別れの其の時の爲めに準備がなければなりません。どうか御安心御聲援の程を。

一

階段的生涯

階段的生涯

二

孔子는 人間의 一生을 다음과같이 階段을 지었다.

十有五而志學　三十而立　四十而不惑　五十而知天命　六十而耳順　七十而從心所欲勿踰規

라고。바루六階段으로 나누었다。果然 어떻한根據로써 如此히區劃지은것인지는 알수없으나 人生事實에 一致하는바가

적지않다。近來의 生理學또는心理學上으로 보아도 人間의成長에確實히 階段이있는것만은 事實인듯하다。個性의差異와

男女의性別에 따라。多少의差異는있으나 身長만 急히 자라는年歲가있고 外的成長은停止한듯하나內部의諸器官이充實

해지는時期도있다。外部의肢體가非常한速度로長大하여지나 內部臟腑의成長이 그比例에 따루지못하는때 即十八九歲

때에。男女의死亡率이 크다함도。共通한階段이다。또한心臟이特히發育하는時期에는 戀慕의情도同時에發動한다고心理學者

가說明하나니 이는 이른바 二八靑春의時期이다。人生이四十에至하면 生理的으로나 心理的으로나 一大變動을 이르키는

모양인데, 四十前後를 俗世에서 厄年이라하야 忌避하고저함은 生理上의難關을通過하는까닭일것이오, 修道의學人들이

自古로不惑의年이라하야 이를一階段으로 더다고 올라서고저하는것은 心靈上의現著한成熟期를體驗한까닭일것이다。

모세의生涯는大概三階段으로 나눌수있다。저가 同族을生각하는情을 깨다랐다는것은 바로四十歲인때의일이다。그때

까지 저는 埃及王室에서 호화로운生活하는 貴人이었다。그동안에 筋骨이成熟하였고 學識이完備하였고 人間社會의

世情風習을 體得하였다。即 人間的인準備는 四十歲까지에 마추어서 第一期의階段을 지었다。第二期의四十歲를 모세

는 미디안들에서 牧者노릇으로 보내었다。이期間은 오로지 하나님의修練을 받으면서 한갓忍從하는階段이었다。그리

고年歲八十에 이르러서 이스라엘百姓을거느리고 埃及을떠나 紅海를건너 시내荒野를通過하는 最後階段四十年을出發

하였다、

早熟早老의百姓인朝鮮사람中에는 四十歲臺에 발서 勤勞의實生活에서 隱退하는風習이 있었음을 우리는 憤慨히 여겼

거니와, 이것도 생각하기에 따러서는 不可하지않은일이다、學者의研究에依하건대 바로된社會에서는 衣食住를爲하야

는 사람마다每日二三時間식勤勞하면足하리라하매 血汗흘려勞働한者가四十歲以後에는 隱退하야衣食住以外의일에獻身할

수있어야할것이다。大學敎授는六十歲로써 停年의制를 두는곳도 있다하거니와 隱退하야 衣食住勞苦의停年을 四十歲에

制限하고 餘生을 온전히 天國役事에 바친다면 어떠할까。

決定함이있으라

柳　永　模

사는날을 거듭할수록 남의 計晉을 듣기와 排行을 보
기는 例事오、죽는이의 덕까부는것을 한式典이나 泰觀
하듯이 거듭하게 되니 이것은 맛당히 안보아도 될것
을 이눈이 薄福하여서 본것일까。

自然的人生의 끝은 滅亡이다。「滅亡」이라는 確定制決
을받고 나온것이 人生이다。우로부터 되는 加恩이 없
이는 滅亡에 근친다。사람에게는 亡하기를 싫여하는 天
性이 있기때문에 亡할놈이라 하면 辱이라고 아조 싫
여 하면서도 執行猶豫的 亡할놈으로의 現實살림에 無
心히도 醉하였으니——兄弟여 저승(他界)엘 가면 어찌
나?가 아니오、이승(此生)이란덴 이렇게 지내나?

이승

이승의 목숨이란
튀여논 줄(絃)
錚錚히 울리우나
머잖어 근칠것!

이승의 목숨이란
決定함이 있으라

피여논 꽃、
姸姸히 곱다가도
깜짝이 시들것!

이승의 목숨이란
방울진 물、
分明히 여무지나
덧없이 꺼질것!

덬

어머니 달래는 말이
제·맘에 들제
우름끝을 삼키며 까딱이든 터도、

동무의 조르는 말이
제 속에 맞 않을때
머리째 대젓던 터도、

먹을것 많이 먹고、
할말은 싫것 하자!
(먹을적에、말할적에)
분주히 움즈기면 턱들도、

이승의 목숨이란
決定함이 있으라

二

決定함이 있으라

젊음과 成熟을
──사랑과 親切을──
그曲線의 綏怠으로
或 重厚케、或 輕快케
나타내이려던 턱들도、

두손 우에 고여젓던 턱도、
팔 굽혀 벼틸 적에
숙어지는 무거운 머리를
시름과 서름이 북밫이어서

남들이 （남의말에、깨가 쏘다저라고）
이야기 하는 결에서와
或은、저혼자서 지향없는 생각에
잠길 때에
먼산바라기로 처들었든 턱들도、

여러 사람을 부리게 될수록
말로보다 더많이
그턱으로 뜻을 보이던 턱들도、

──마지막숨을 질라고

四

하염없이 까부는 턱이어라!

아、턱무한 턱!──。

무슨턱으로?
게정일까、固執일까、저만 읊달까。
무슨턱으로?
먹기만 하자나、자랑만 하려나、찐척 하나、或 저
만 가없다나、또 저는 격정 없다나。
무슨턱으로?
거만하게스리 구나、이승의 덧없음을 모르는척 하
나。

마지막 턱을 까불게 되기 前에
네턱을 다시 만저보고、드려보고、돌려보고、
깊고깊은 너의 속맘과 의론하고、생각한 뒤에
네입을 굳게 다문채、
네턱이 제절로 끗덕끗덕 할만큼 決定함이 있으라。

히부리書講義 【十二】

第八講 長成한者가되라

咸錫憲

(第五章十一節――第六章二十節)

五章一節에서 著者의말은 드디어그 主流에들어와서、祭司職의意味를말하고 그資格을말하여서、十節까지에 이르렀다。 그러나그主流는 문득 여기서、한큰바위를만나 나가지못하고 한바퀴 소용돌이를치지않으면 안되게되었다。그바위란 곧 受信者의良心의純濁이라는것이다。

예수는 大祭司長이라고 우에서말했고、그것을證明하기爲하여、예수도 유대敎의 大祭司司長과같이 人間을同情하는者요 하나님이 任命하신者라고하였다。 그러나 또예수는 저들과 全然같은者가아니다。 크게다른것이있고、 그다른點이 예수의永遠한참大祭司長되는所以다。 그래서그것을說明하기爲하여 詩篇의預言된것을 引用하여다가 그는멜기세덱系統의祭司長이라고하였다。 그러고본즉 自然 멜기세덱에對한說明이 必要하여져서 十一節에서「거기關하여는」하고 말을始作하였다。 그러나 始作해놓고 著者의말은막혔다。 바위돌같이 군은 受信者의良心이 턱 가루막히기때문이다。그리하야

나가던길을내놓고 문득憤怒의거품을 吐하게되었다。그것이 十一節以下의말이다。그리고는 六章에있어서 뒤이어 責望을하고 勸勉을하고 激勵를하게되어 이章全體는 五章에서始作되어 十章十八節에서끝나는 本論과는 直接連續이아니되는 딴말이되었다。

그러나 激勵말까지를畢하여 소용돌이의 한바퀴를 다 들고도라온때는 처음에 가로막혔던바위는 이미부서져서 二十節에서는 다시「멜기세덱」에돌아와 아무일도없었던듯이 悠然한流勢로 七章에들어간다。

1 군은飮食을 먹으라

11 거기關하여는 우리가 할말이많으나、그러나푸러말하기가 어려운것은 너의 가알어듣는힘이 鈍하야젔음이다。果然너이가 때를지난것으로하면 이미先生이되였어야할터인데、 다시누가 너이에게 하나님의 말슴의 初步를가르치지않으면 안되게되었으며、군은 12 음식이못되고 젖이나必要한사람이 되여버렸다。

13 大槪 젖을먹는者는 어린兒孩이니 義의말슴에 經驗이없는者다。 그러나長成한사람、 即、知覺을使用함에依하여 練鍛되어 善惡을分辨할줄아는사람에게는 14 군은飮食이 合하다。

히브리書講義

멜기세덱은　無限히豐富한　그리스도의人格을表하는　한 個象徵이다。그意味를　풀어말하자면　限定이없다。샘물에 나가는사람처럼、太陽光線을　받는사람처럼、그眞理에接하 는사람은、먹고마시고、沐浴하고、全身에그빛을받고　그熱 을吸收하야、먹고마시고、시원하고　기쁨을얻을것이다。 귀를여는것이다。듣는귀를　가지못하면-이는　내게　아무 所用이없었다。眞理는　귀있는者만이받는　糧食이다。著者는 이제　이眞理의門을　열자는것이다。眞理는　귀있는者만이받는 조는　유두고처럼　鈍하여졌다。말해도말해도　알어들을줄을 모르는사람들이다! 저들은믿은年數로한다면　발서쑥쑥進步 하야　眞理의奧殿에　들어갔어야할것이었다。그런데　아직도 첫階段에서서　머뭇거리고있었다。故로著者의맘은　熱하지않 을수없었다。

무엇이　이들은　그들의맘을　그렇게鈍하게하였나。무슨故障이있 어서　이들은　그렇듯　發育不完全이되었나。여러가지말을 할수있을터이나　그主因은　그리스도에對한사랑이　식은까 이라고할것이다。才智는學問에서나오는것아니오　사랑에서 나온다。사랑이있으면　모든것의意味가　스스로환하게보이 고。自己할바를　自然히알게된다。乳兒의喃語를　他人은몰 라도　그사랑하는어머니는　알어듣는다。慈母는　育兒論을 배우지못하고　兒童心理學을배우지못했서도　어떻게하면　제 사랑하는것이　便해하는지　좋와하는지를안다。도리어　이들

學問이야말로　사랑의所産이다。그리스도의羊이　그의목소 리를　알어듣는것은　그에對한信賴때문이다。사랑은　사람 의눈을밝게하고　귀를聰케하고　혀를精確케하고　붓을날카 롭게한다。三日不讀書면　口中生荊棘이라고、學者가學問愛 가없어지면　魯鈍이　얼굴에떠오르고、百姓이國家愛를잃어 버리면　流浪의빛이　그行動에나타나고、제집이그男便을사 랑하기를그만두면　破廉恥의냄새가　그입속에서나온다。信 者가　그리스도를사랑하기를끊치고　그良心이　돌같아지지 않을수없다。어제까지　說敎를하던사람도　오늘에　그리스 도를버리면、聖書의한마디도　알어듣는지를못한다。 그러한사람은　도로　어린兒孩가된것이다。內分泌腺에　故 障이있어　永久히　아해에서　더發育을못하는것처럼　信者 의良心안에　그리스도에對한　愛의分泌가끈칠때　그만乳兒 의狀態에　멈추고만다。乳兒는젖을먹는者다。아직言語를分 明히못하는者다。자라지못하는信者는　義의말슴에對하야　그 러하다。〈여기『義의말슴』이란말은　또　『똑똑한말』이라고도 譯할수있다。아해가　어려서　말을똑똑히　알어듣지못하는것 같이　良心이　어려서　道理를　分辨치못하는것이다。 여기注意할것은　『義의말슴을　分辨하는것이다。 의말슴은　經驗하지않으면　안된다。眞理는　들어서만　되는것아니다。스스로練習하지않으면 眞理는귀로듣는것　아니오　行動으로들을것이다。行動으로 듣는것이아니고는

六

眞理는 알어들을수없었다。어린兒孩가 말을練習해서만 말을배울수있는것같이 信者는 義를行해서만 義를알수있다。現代人의 큰잘못의하나는 眞理는 듣기만하면 되는줄아는일이다。라디오라도 더욱普及이되여 넓이傳道를하기만하면 世界는고처질것인듯이 생각하는것이 現代人의생각이다。그러나 이것이 저들이眞理에對하여 어떻게어린이임을 어떻게無識者임을 證據하는말이다。義는練習하지않으면안된다。兒孩가行步를배우듯이 넘어지고 넘어지면서 實習하지않으면 義의다리힘는 서지않는다。히브리書의受信者도 그러한 나이만먹은 커다란兒孩였다。

눈을들어 世上을보면 커다란乳兒들이 얼마나많음이어! 官廳에도 어린애가 그득하고 學校敎員室에도 어린애가 그득하고 敎會堂에도 젖만먹는。어린애가 그득하다。우리는롱이 眞理에있어서 어린아해다。왜。善惡을分辨하지못하기때문이다。우리神經은 木石같이 鈍한者들이다。試驗삼아 新聞을 들고앉어 거기나타나있는記事를 檢討해보라。거기 時事批評이있고 地方紹介가있고 社說이있고 公職者、事業家、敎育家、宗敎家、文人의 表彰이있고 其他各學問硏究發表가있고 趣味物이있고 善惡의判斷에있어서 우리神經은 木石같이 善惡을分辨하지… 가지것이있으나、果然거기 善惡의眞正精確한判斷으로 된것이 몇개나있나。新聞은 오늘날우리의 거울이다。그리고 우리가 그처럼 道德的으로 어린兒孩인原因은 우

허브리書講義

그리고 우리는언제나 어린이로 있을수없었다。그러기때문에 언

七

리가 義의말슴을 實習하지않는데에있다。實戰한軍人만이 이기는것이 强軍이다。强者는 어떤굳은飮食이라도 삼키고消化하는것이오 군은것을 먹고 消化한者만이 더론싸움을싸와 最后의勝利를 얻을수있었다。

2 信仰에서 자라라

六、그런故로 우리가 그리스도에關한 初步의말을 바리고 完全한데[1] 나가며、죽은行實의悔改와[2] 하나님에對한信仰과、洗禮、按手[3]、죽은者復活[4]、永遠한審判[5]等에對한 敎訓으로 다시터를 곤쳐닦지말것이다。

그리고 하나님이許하시면 우리가이일을 할것이다。그것은、한번빛비침을얻고、하늘의恩賜를맛보고[6]、聖靈에같이恭與한者가되고、하나님의善한말슴과 將次을世界의能力을맛보고、그리고 墮落하는者는、自己自身에다 하나님의아들을 다시못박아 드러내놓고 辱보이는者니 다시새롭게하야 悔改케할수가없다。

땅이그우에 자조나리는비를마시고 그밭가는者에게[7] 쓸만한菜蔬를내여주면、하나님께福을받는것이오、萬一 가시와 엉겅퀴를 내면 바림을當하고 詛呪함[8]에 가까와 그마지막은 불사름을當하는것이다。

히브리書講義

제까지든지 信仰의初步이야기만 하지말고 더욱더完全한
데 나가야한다。初步의것으로 터틀닦는것이 不可한일이어
서 하는말이아니다。터닦는것만으로는 될수없기때문이다。
언제까지자라지못하는兒孩는 어룬이되지못할뿐이니라 終
乃兒孩대로도 있을수없게된다。信仰의初步的인것만을 要
然히 墨守하고있는者는 그基礎的인것도 終乃維持하지못
하게되고만다。있는者는 그에게더주고 없는者에게는 있는것까
지 때앗는것이 天國의法이다。眞理의나라에서는 長成이
나 그렇지않으면 死가있을뿐이다。銀한兩을 地中에安藏
하는者는 天國百姓의資格이없다。

믿는일은 裁制所에 財產登錄을하여두는것같이 한번힌
後에는 맞然히있을수있는것이아니다。時時刻刻으로새로히
戰取하지않으면 안된다。자라지못하는것이 墮落이다。
만이아니다。墮落이란 酒色雜技에 빠지는일 한번들어온
빛이、한번맛본恩惠、한번받은聖靈、한번들어온
拒逆하는일이 나自身안에있기때문이다。故로墮落이다。저
들은 이미믿어 그리스도의肢體가되였던것인則 이제그의
生命의活動力을 스스로 故意로 抹殺하여버리는것은 自己
自身에있어서 그리스도를못박는일이다。이런사람은 悔改
케할수가없다。하나님便에서 미워하셔서라기보다도 스스로
제맘을頑惡케하는 그心的인態度때문이다。하나님이시라도 信

仰을 强制하실수는 없다。雨露를나리고 日光을비쳐담에는
좋은作物을내고못내는것이 땅自己에게있는것같이、사람의
良心우에 聖靈의感動으로 새世界의原理가 啓示된後는 저
가 그나라百姓으로 자라고못자라는것은 그의自由意志에
있다。그런故로 聲醒하지아니할수없다。
이말을듣고 히브리書의受信者는 부르르 떨렸을것이다。

3 熱心을 發하라

9 사랑하는者들아 우리가 말은이렇게하나、그러나이보
다 더나은것이 너이게있고、救援에 10 가까운것이 있
는것을 確信한다。참말하나님은 不義하시지않으시니
너이行한事業과、이미도聖徒를 섬겼고、지금도섬김
으로써、그이름을爲하야나타낸 11 그사랑을 잊으시지
않을것이다。그래 우리가懇切히바라는것은 너이各
사람이그와마찬가지의 부지런을、마지막까지、所望
의豐盛한確信에對하여 나타내여、12 그리하여서 게으
르지아니하고 믿음과 오래견딤으로 約束을 遺業
으로얻은者를 본받는者가 되는일이다。

이제墮落하면 다시悔改할수없다고까지말하는것은 酷毒
하다면 酷毒한말이오、너이가 젖이나먹는 어린兒孩라 하
는말은 人格에對한 侮辱이라면 侮辱이다。그러나이는 決

八

코
미워서하는것도아니오 蔑視해서 하는것도아니다. 속에는 懇切한사랑이 있어서 하는말이다. 저는 決코 一片責望으로만 지나버리고마는 所謂先生이 아니었다. 責望을 하는一便 그長點을드러 勸勉할줄아는 참스승이었다. 사람은 열가지不足의 指摘만을 주는것보다 한가지美點을 처스스로 알게하여 그것을 키워주는때에, 훨신더많이 자라는것이있다. 九節의 「사랑하는者들아……」하는 一節는 거이 慈母의 膏聲같은말이다.

너이는 反省하여라, 아니하면 滅亡이다. 그러나두려워하지는말라, 될可能性이 充分이있다. 그것은 다른사람도아니오 過去에 너이自身들이 實經驗해본일이다. 너이가이날것 信者의살림을 지어왔으니 그것을反省해보아라, 이제생각하면 진저리가나는일이지만 亦是그것을 지나온것 아니냐, 너이가藥徒를爲해 同情을 過去에했고 지금도하지만, 그아무것도없는者들을 너이가와 同情하느냐, 그들을 同情해서 너이게돌가있고 危險이있을지언정 現世的으로 一分의利가 없는것이아니냐, 그런것을너이가 왜하느냐, 亦是 눈에뵈는 福利의世界外에 다른어떤것을 爲하는것이 아니냐. 힘이그렇게 너이게있지않으냐, 이제그熱心을 將次오는世界를爲하여 있어서하는것이아니냐. 이그렇게있었지않으나, 이제그熱心을 將次오는世界를爲하여 끝까지發하고 바리지말라.

히브리書講義

九

4　하나님의約束이 너이를完成하리라

13 왜그런고하니, 하나님이아부라함에게 約束하실때에 가리쳐盟誓할者가, 보다더큰이없음으로, 自己를가리쳐 盟誓하여 14 말슴하시기를 내가반드시 너를福주고 福주며, 너를繁盛케하고 繁盛케하리라 하셨다. 15 그리고 저가 이같이 오래참아 그約束을 얻었다. 16 사람들은 (自己)보다큰것을 가리쳐 盟誓하는法이오, 盟誓는 저이의모든論爭의 最後確定이된다. 17 이런故로하나님이 約束을繼承하는者에게 그뜻의變치아니함을 더充分히 보이시라고 盟誓로써 中間에保하였으므로 18 하나님이거짓말하실수가없으신則, 이變할수없는 두가지事實로因하여, 앞에있는 所望을 잡으려고 逃亡하여온 우리로하여금·군세인 元氣를 가지게하시었다. 이所望은 우리靈魂에 달과같아서 튼튼하여 安全하고 또 안에 들어가니 20 그리로向하여, 우리를爲하여 앞장으로서서 멜기세덱의班次를따라 永遠한大祭司長이되여 예수는 들어가셨다.

責望을받고 自暴自棄할 念慮가있는 受信者에게 元氣를주기爲하여 過去의歷史를 回想시켰다. 過去自己의生涯

히브리書講義

는 分明히 希望에對한 保障이될수있다。지난날에도 이미 이러이러한일이있으니 우리게도 힘이없는것이아니다 할때 弱하다는사람도 強해진다。社會改造를할 使命을질지는 靑年에게 먼저줄것은 先祖들의 빛나는歷史다。

그러나 그것만으로 참保障이될수없다。人間의일인限 아두도 絕對의確信을 줄수는없다。참말保障은 하나님의것이다。여기서著者는 하나님의保障을말한다。너이게힘이있으니 念慮말라、그러나設或 그힘이없다하며라도 念慮할것없었다、너이가 아니고라도 하나님이 自己의眞實때문에 將次오는世界를 期於히 完成하시고야 말것이다。그는그것을 約束했고 約束만으로도 不足하신듯이 다시自己이름을두고 盟誓까지하셨다。하나님의이름이면 이以上더놓고 不變인것은 天地間에없다。하나님은 이以上더크고永久한것이없어서 自己이름으로 하신것이다。그러면 이二重한事實에依하여 하나님이 自己面目때문에 이것을반드시、成就하실것은 疑心없었다。그러면念慮할것이 都是없는 것이니냐。

이보다더억셀論法은 다시없다。우리를因하여서가아니라 하나님이 自己를爲하여 우리믿음을 完全케·하신다는데 다시머 말이있을수없다。아무리背水陣을친우리라도 이한 말슴을 드리면 安穩할수있는 元氣를 가지게된다。믿는者는 將亡城에서 逃亡하여 나온者다。건너온뒤에 橋梁·

一〇

울굳은者다。다시돌아갈수는없다。이意味에서 信者의生涯는 不安을가지는 危期的인것이라할수밖에없다。蒼波에든 배처럼 앉었는밑과 四方에서는 安定할줄모르는 怒濤巨波가 끊임없이 洶湧한다。그러나이 所望이있기만하면、하나님의眞實性에根據하는 이所望이있기만하면 念慮없다。물결이 아무리 흔들려도 그물밑을通하여 밑바닥에 꽉드러박혀있는 배가 든든한것같이 우리믿음이 하나님의眞實性이라는 永遠한磐石에 깊이달춘것이면、어면境遇를當하여도 泰然할수있다。

우리人生이란 이幃帳은밑바닥의磐石을 감추는 흔들리는물결같은것이다。그러나 그것을지나서 저짝에所望을두는 우리믿음이있기만하면 將次오는나라는 우리것이다。예수는 우리를爲하여 앞장을서서 그幃帳을제치고 그저짝世界로 들어가셨다。거기서우리를爲하여 우리도그리들어가게 아버지께交涉하시기爲하여 들어가셨다。大祭司長으로 들어가셨다。그러면永遠한大祭司長이다。

이렇게듣고 受信者의胸中에는 그리스도에對한 식었던 사랑이 一瞬間에 다시불붙지 始作하였을것이오。그것을믿으면서 著者는 次章에서 本論으로 다시 들어간다。

パウロノ性格

黒崎幸吉

内村先生十週年記念講演トシテ 此ノ神學校デモ語ルベク
手紙ガアツテ チョット迷ツタノデアル。唯今申シタ様ニ（金
昌俊先生ノ紹介）私ハ素人デアリ 斯界專門家デモナク神學者
デモナイ。然シ私ナドニモ要求サレルカラニハ 話スニョツ
テ益アルベキヲ思ヒ ソレハ私ノ惡イ點ニョツテ 益スルカ
或ヒハ善キ點ニョツテ益スルカ 何チラニシテモ益スベク思
ツテ大膽ニモ立ツタノデアル。此ノ一ツハドウモ旨クカヌ難物
デ 金持長老ニナルト 私共ノ様ナ聖書研究者ヤ 傳道者ニ對
シテ 優越感ガアル。其ノ理由ハ申スマデモナイガ 極端言
ヘバ 我等ヲ一乞食トデモ思フ様デアル。私ナド金貫ヒナン
カシナイカラ 會ハナイ積リデアル。次ハ神學生デ朝鮮ノ神學
生ハドウカワカラヌガ 内地デミルト彼等ハ毎日ノ様ニ重言
ヲ聞イテキル故ニ 重大ナ真理ヤ言葉ガ平凡ニナリ 真意ヲ
解シ得ズ 神經痲痹症ニ罹ツテキル。感激スベキ言葉ニ感激
セヌノニハ 喰ハヌ所ガアル。如何ナル重大ナル真理モ心ニ
入ラズ免疫性アルタメニカ 通ジナイノヲ度々見得ルノデア
ル故ニ難物デアル。勿論此ノ場ニナル 皆様ハソウデナカ

パウロノ性格

ウト思フ。今朝ハ パウロノ性格ト題シテ 話サントスルガ
取材ノ理由ハ聖書ノ各處ニ記シテアル パウロノ性格ヲヨク
味ハツテミルト非常ニ面白イ現象ガアル。
クリスチャンタルモノハ コウダト考ヘシニ 可ナリ異ツタ印
象ヲ與ヘルモノデアル。私ハ内村先生ニョツテ導
張スルト思フカモ知ラナイ 然シ私ハ聖書ヲ中心トシ 私
ノ主義ヲ主張シナイ積リデアル。然シ知ラズシテ 無教會ノ
ト前ニ ルーテルノガラテヤ書 註解ヲ譯シタ事ガアル。アノ
本ハ 信仰ニョツテ義トセラル、コトヲ分デナク左手デ讀ミ右
手デ譯スルト言フ風ニ 實ニ靈ニ觸レテキタ。其ノ本ガ出ル
ヤ カトリック教會雜誌ニ 滑稽ナ記事ガ載ツタ。ルーテル
ガ パウロヲ引キ出サレテ裁判ヲ受ケル場面ガアル。ルーテ
ルノガラテヤ註解ノコトニツイテノ審問ガアリ ルーテルハ
ソレヲ肯定シ 愛スル妻ト迄言ッタ。スルト パウロハ言フニ
東洋ノ日本ノ黒崎トイフ者ガ ソノ註解ヲ出シタト。其ノ時
ノパウロハ 法皇型ノ裁判官デアツタ。法皇ノ服ハ彼等ノ着
サセタモノデアル。パウロガローマ法皇ニナリシト思ヘナ
イ。法皇廳ニハ 代々ノ法皇ノ色々ナ立派ナ冠ガアルガ ソ
レヲキリストニ冠セテミタラ ドウモ似合ハナイ様ニ私ニハ

一一

461

パウロノ性格

一二

思エル。所ガ舊敎ノ人ハ至當ノ事ト思ッテキル。自分ノ形ニシタガッテ 巣ヲツクル樣ニ 基督信者モ各々自分ノミル所ヲ語ルベク 私モ無敎會主義者ナルダケニ パウロヲ語ルニモ 無敎會主義的ニナルカモ知ラヌガ 割引シテ聞イテ貰ヒタイ。若シ反對デモシタケレバ 私ノ語ルノヲ筆記デモナシテ反對論ヲ出セバヨイ。

第一ニ パウロヲミテ 明ラカニ感ズルコトハ 徹底的ナ人デアッタト言フコトデアル。或ルーツノコトニ徹底シテ 他ヲ顧ミズ一眞理ニ邁進スルト言フコトハ 無敎會主義者デモ敎會主義者デモ認メ得ルモノデ 問題ニナラヌト思フ。彼ハ基督信者トナル前ニ クリスチャンヲ迫害シタ。使徒行傳ノ始メヲ讀メバ知ル事ダガ 多クノ人ガ基督信者ヲ反對シタガ パウロホド徹底シテヰナカッタ。彼ハステパノヲ殺シ 各地ノクリスチャンヲヤッツケヤウトシテ エルサレム公議會ノ許可ヲ得 ダマスコ迄攻メニユカントシタノデアル。其ノ態度ハ非常ニ徹底シタモノデアル。外ノ連中モ 基督敎ヲ間違ッテキルト思ヒシモ パウロホド"デハナカッタガ 此レ等ハナ パウロノ性格ノ然ラシムル所以デアッタ。ソレガダマスコ途上デキリストニマミエ キリストニ召サレテ クリスチャントナリ キリストニ服シ 而ウシテ 生涯ヲ徹底ナル基督信者トシテ 通ツタノデアル。コリント後書十一章ノ如キハ パウロノ苦難記ダガ 使徒行傳ニハ記シテナイ苦難記デアル。

其レ程迄徹底シタ生涯ヲ送ッテキルコトハ 誰モ肯定スル所デアル。人ヲ二種ニ分ケナラバ 徹底シタ人ト然ラザル人トニ分ツコトガ出來ルト思フ。徹底シテキル人ハ 偏短ト同種ノモノニナル。他ノ連中ニ入ラズ思ッタ通リノコトニ 徹底スル人デアル。此ンナ人ハ他ニハ難物デ 自分ノミヲ承知シ社會ニ惡シク 孤立ノ狀態ニ陷リ ・成功覺束ナク 自分ノ思ヒ通リニ進ム人デアル。然シ徹底シナイ人ハ ドンナ說デモ共鳴スル人ダガ ヨキ人ダトハ言ヘルガ アッテモナクテモヨイ人デアル。

第二ニ パウロハ徹底シタ點ガアル反面ニ ヨク共鳴スル點モアッタノデアル。ガラテヤ書二章一節以下ハ 使徒行傳十五章ニナル。エルサレム會議ノコトデアルガ 三ー五節ヲ讀ンデミルト 猶太敎ノクリスチャンドモガ テトスニ割禮ヲ要求シタノデアル。然ルニ パウロハ割禮ヲ施サズ 一步モ讓ラヌベク 頑固ニモ答ヘテキル。ソレハ福音ノ眞理ガ彼等ノ中ニ留ランタメニ 福音ノ眞理ヲ擁護センタメニ 一步モ讓ラナカッタノデアル。所ガソノ パウロガ使徒行傳十六章一ー三節デ・猶太人ノタメニ テモテニ割禮ヲ行ッタノデアル。之レハ 第二宣敎旅行ノ始メニアタル。テトスノ場合ニハ一步モ讓ラナカッタガ テモテニハ割禮ヲ行ッタノデアル。テトスノ場合ニ 人ガ義トセラルヽニハ 信仰ニヨルカ 將亦律法即チ割禮ニヨルカノ エルサレム會議ノ眞最中ナノデソ

ガラテヤ書二章六一十一節ノ　彼自身ノ言葉ニヨッテモ　ペ
テロヲ眼中ニオカナカッタトアル。極端ニ言ヘバ　キリスト
ノ弟子ト言ツタ位ハレル人々ガ問題デナク　又神ハソレニ價値ヅケ
ルノデナイト。二章十一節ニ　ペテロニ責ムベキコトアリシ
トアル。ペテロデサヘ　異邦人ニ對シテ　柔弱不斷デアッタ。
此ンナ事ハ今日モヨクアル事デアル。エルサレムヨリヤコブ
ノ使ガ來ル迄ハ　異邦人ト共ニ食シテヰタガ　猶太人ヲ恐レテ
異邦人ト別レタノデアル。パウロハソノ事ニ關シテ　ペテロ
ヲ面責シテヰル。人ヲ恐レヌ　パウロナルヲ知ルベシ。眞理
デサヘアル時ニハ　誰ヲモ恐レナカッタ事デアル。使徒行傳
十五章三六一四十節ニハ　バルナバト論爭セシコトガ書イテ
アル。バウロハバルナバヲ尊敬シ　又タルソヨリパウロヲ引
ッパリ出シタ恩人トシテ　交ハツタノデアル。彼等ハ第一宣
教旅行ヲ共ニシタノデアル。所ガ第二宣教旅行ノ時　バルナ
バガ　マルコヲモ伴ナヒ連レ　ユカントスルニ　パウロハ第
一旅行ノ時ニ勤勞ノタメニ　パンフリヤヨリ離レタルマルコ
ヲ拒ミシニヨリ　一人ハ爭ヒ終ニ別レタノデアル。此ノ事ハパウ
ロノ頑固ヲ示シ様ダガ　福音ノタメニハ　私情ニ捕ハレズニ
マルコヲ拒ミ　恩人バルナバサヘモ　拒ンダノデアル。コレ
ハクリスチャン　ラシクナイ様ダガ　人ヲ恐レヌ徹底シタパ
ウロノ面影ヲ知ル事ガ出來ル。然シバウロハ　コリント前書
九章二十節ノ如ク　猶太人ニアッテハ　猶太人ノ如ク　異邦人

一三

レガ中心問題トナッテ　議論アリシ時デアル。故ニテトスニ
割禮ヲ施セバ信仰ノミニヨ　救ヒノ宣言ガ　無意義ニナリハ
シマイカト思ツタカラデアル。然シ　テモテノ場合ハ救ヒノ
問題ガ割禮ト直接關係ナク　一人デモ多クノ人ニ　福音ノ眞理
ヲ悟ラシメンタメニ　愛ノ心カラ割禮ヲ施シタノデアル。矛
盾ノ様デアルガソッデハナイ。割禮如何ガ救ヒノ問題ニカ、
ハル場合ニハ反對シタシ　一人デモ多ク得ントスル愛ノ心ア
ル時ハ　割禮ヲ行ツタノデアル。之ハ自由ナ行動デ　凡人
ニハ　ナシ能ハヌ所ノ豊カサガ　アッタノデアル。パウロハ頑
固强直ナ人デナク　又如何ナル場合ニモ　確信ナキ人デナク
第一義的ノ場合ハ　頑固不勤ダガ　第二義的ノ場合ニハ　自由
ニ行動シタノダ見得ルノデアル。使徒行傳二十一章十七一二
六節ハ　最後ノエルサレム上リダガ　其ノ時エルサレムノ人
達ガ反パウロ黨アルヲ告ゲ　反對黨ノ好意ヲ得ンタメニ　誓
願セシ　四人ノタメニ費ヲ出シテ　髮ヲ剃ラスベク言ヒタル
ニ　パウロハ從ツタ。頑固ナパウロハ徹底スベキニ　徹底シ
自由ナ問題ニハ　自由デアッタノデアル。所ガクリスチャン
ニハ　反對ナ現象多ク　大事ナモノニハ案外無節操デ　信仰
ノ根本問題ニハ弱ク　經濟問題　人事問題ハ　頑固ニナル
場合ガアルガ　パウロト異ナルモノダ。第一義的ノナモノ
ニ强ク　第二義的ナモノハデアラネバナラヌノデアル。

第三ニ　パウロハ人間ヲ眼中ニオカナカツタコトデアル。

パウロノ性格

パウロノ性格

ニアツテハ　異邦人ノ如ク二生活シタノデアル。眼中ニ人ヲ恐レズノ　パウロガ一方カラミルト人ノタメニ　自身ヲ犠牲ニシタノデアル。兩方面ヲモツテキタ。今日ノクリスチャンニハ眼中ニ人ナシデハナク　長老　信者　監督ガ　コワクアルノデアル。此レ等ヲ恐ロシガラスニ進ム人デナイト傳道ハ出來ナイ又神以外ニ恐ルモノナク神ノ眞理ヲ逑ベ傳フベキデアル。神ノ眞理ヲ愛スルト同時ニ人ヲ愛シ　總ベテノ人ニ使ヘラレネバナラヌ。私ノ　宣教師達ニ注文スルノハ　如何ニ東洋文化ガ劣ツテ見エヤウトモ　東洋人トナリ　日本人トナラナケレバナラナイシ　又眞理ニ對シテ　恐レザルコトデアル。內村先生ハ　英語ガ上手デアツタガ　此ンナ事ヲ言ツタ。日本ニ來タル宣教師ハ三年ニシテ　日本語ヲ使フベキデアル。日本語ヲ知ラヌト　日本ヲ了解シ得ヌノデアル。三年モシテ日本語ノ出來ヌモノハ　傳道者ノ資格ナシト言ツタガ　之レデ宣教師カラ嫌ハレ　今モ嫌ハレルノデアル。　將來內地ト朝鮮ハ一體トナリ交互ニ傳道スル様ニナルダロウガ　互ニ言葉ヲ知ラナケレバナラヌノデアル。今日ノクリスチャンハ　異ツテ　猶太人トナルベキ場合ニ　猶太人トナラズニ　強クアルベキ眞理ニハ　案外弱クナルノガ　イケナイ所デアル。信者監督　長老ヲ恐レテハナラナイ。パウロノ生涯ニヨツテ深ク察スベキデアル。

第四ニ　パウロハ非常ニ實際的ナ人デ　又神秘的ナ人デア

ツタ。キリスト我ニヨリテ生クト八神秘主義ノ言葉ダガ　コリント後書十二章ノ第三ノ天ニ迄　取リ去レシコトノ如キ經驗ハ　パウロノ神秘主義者ナリヲ語ルモノデアル、東洋人ハ大體神秘的デ　佛教ナドヲミレバワカル。西洋人ニナルト神秘的ナ點ガ尠ナイノデアル。パウロニナルト　神秘的ト實際的ノ兩方ヲモツテオル所ニ偉大サガアル。コリント後書八章一六ー二四節ニ　テトスノエルサレムヘ慈善事業ノタメニ使ハセシヲ知ル。集メタ義捐金ヲ傳ヘルタメニデアル。所ガテトス以外ニ一人ノ人ヲ伴ハセタ。ソレハ醵金ヲ掌ル一人ニ給メナカラシメンガタメダトアル。信用スルクリスチャントアラバ　一人デモヨイワケデアル。然シ實際的ナ　パウロハテトスガ何モ欺カヌコトヲ知リツ、モ氣ニカヽリ　モウ一人ヲ送ツタノデアル。本人モ會社ニ務メシ時ガアル。實際問題ニ當リシ事ガアルガ　此ンナ程度ニハ注意シテ居テモノデアルト思フ。內村先生ハ　本ヲ出版スル每ニ　本屋カラ印稅ナド貰フ時ハ　千部ナラ千部ナルカヲ　確カニ認メルノデアツタ。本屋ナドハ　クリスチャンデモアリナガラ　信用セヌナドト言ハレタガ　疑フ餘地ナカラシメルタメデアツダノデアル。パウロハ實際的ノ神秘

的トノ　兩方ヲ眺メテ此ンナ事ハト往々ニシテ　輕ンジ易イ
コトノ多キ中ニ　過チナキヲ希フノデアル。クリスチャンダ
ト信用シタルコトガ多イモノデアル。内地ニ
於テハ　雜誌發行ヲスル　クリスチャンノ書店ナド多イガ　看
板ハ『キリスト』トカ『十字架』トカ名前ノヨイモノデハア
ルガ　金ヲ拂ツテクレヌ場合ガアル。ソンナ事デ拒ムト
クリスチャン的デナイト言ハレルガ　彼等ヲ罪ニ落スヨリ
イヨイヨ。アカヤト　マケドニヤデ集メタ　義捐金ヲモツテエ
ルサレムニ　上ル時デアル。ギリシヤニテ　猶太人ノパウロ
ヲ害ハントスル者アルヲ知リ　シリヤニ向ツテノ船路ニテ
マケドニヤヲ經ルコトニシタ。又ピリピカラ數名ノ人ト船ヲ
共ニ乘ルベキニ　彼等ヲ先發サセ一人後デ來タ。又トロアス
カラモ船ニ乘ラズ　アソス迄三十キロホド　南方へ歩イタモ
ノデアル。此レ等ノコトハ　皆パウロノ實際的ナルコトヲ示
スモノデ　此ンナ事柄ハ多イ。使徒行傳二十七章九節ノ難船
ノ時ヤ　又二十三章ノパウロヲ殺スベク　陰謀アルヲ告ゲタ
ルニ　若者ヲ千卒長ニ送リ告ゲルベクシタ。斯クノ如キ實際
的ナ　パウロノ態度ガ　今日ノクリスチャンニアルカ。基督
信者ト言ツテ　單純デ唯信仰ヲモツテ　無頓着ニ仕事ヲスル
ハ　或ル意味ニ於テ賞メ得ヌモノデアル。パウロモ最後ノエル
サレム上リデ　捕ヘラルベキヲ知リシモ　勇敢ニ上ツタ。ソ

パウロノ性格

レハ　彼ノ使命感ニヨルノデアル。然シ使命ヲ未ダニ果サヌ
前ニ　巧ミニ處世セズ死ヌコトハ　愚カダト思フノデアル。
唯死ヲ覺悟シテ進ムト言フヨリモ　ソノ上ニ智慧アリゲニシ
タク思フノデアル。パウロノ實際的ヲ又神秘的デアル。今
日ノクリスチャンガ　此レ等ヲ知ラズニ・無能力デアツテハ
ナラナイノデアル。パウロノ無能力ヲ倣フモノアレ。
第五ニ　パウロハ小心デシカモ大膽デアツタコトデアル。
パウロハ信者ガ背クト女々シイ程　戰々兢々シタモノデアル。
コリント後書七章五節ナドヲ見テモ　非常ニ心配シタ。
ソレハ非常ナモノデ　讀ンデミルト　聖書的ダガ　實ハラブ
レターミタイナ文デアル。其レ程　愁腸綿々タルモノデアツ
タ。信仰デハ父ダト語ツテキル　コリント後書ヤテサロニケ
前書ナドヲ讀ムト　私共ナドノ武士ノ子ニ　女々シク思ハ
レ見ラシク　氣持悪シキ點モアルガ　パウロニハ其ンナ點ガ
アツタ。日本デハ女ヲクサツタト言フガ　ハツキリセヌカラ
デアルガ　女ハ悪シク思フ勿レ。所ガパウロハ反面ニ　大膽
サガアツタ。使徒行傳十六章十九ー四十節ニテ　パウロ大
膽サヲ知リ得ル。ピリピデ　パウロハ捕ヘラレ獄ニ入ツタ。所
ガ獄内デ讚美歌ヲ歌ツタ。之レ位ハ普通ノ　クリスチャンデ
モナシ得ルト思フ。我モナシ得ルト思フ。所ガ三十五節ニ
ガ命ヲ受ケタカラノ記事ガ面白イ。三十七節ニ「我等ハ
ローマ人タルニ罪ヲ定メズシテ　公然ト鞭チ獄ニ投ゲ入レタ

一五

パウロノ性格

一六

リ　然ルニ今密ニ我等ヲ出サントスルノカ　然ルベカラズ彼等ミズカラ來テ我等ヲ連レ出スベシ。」ト言フタ。ーマガ　全世界ヲ支配シ　領土ノモノトハ差別待遇ヲシタ。唯ローマ市民權アルモノアリ。之ハ手柄ヤ　多額ノ寄附金ヤ　長年間官吏ニナルニヨッテ　市民權ヲ得ル。パウロハ父ニヨルラシイ。其ノローマノ市民權アルヲ言ハズニ　獄ニ入ッテキルガ　釋シタト言フ時ニ　其ノ事ヲ言ヒ出シタ。默ッテ出テモヨカルベキニ　ローマ人ナルヲ宣言シタノデアル。圖々シイ樣デアルガ　其ノ氣持チノ中ニ大膽サガアル。此ノ時ニ　徒ラヲスルコトハ　餘裕アルモノデナイト出來ヌモノデアル。之レハ　パウロノ特長デアッタ。又使徒行傳二十一章ノ物語リモ面白イノデアル。亞細亞ヨリ來タル連中ガパウロヲ訴ヘ　パウロヲ殺サントシタ。所ガ千卒長ニヨッテ助ケラレタ。二十一章三三節ニ繋ニ繋ガレタトアル。何處デ何事ヲナシタカト尋ネタルニ　群衆ノ騒亂ノタメ　確ナル事ヲ知リ得ズ　陣營ニ曳キ來ラシメ　階段ニ至レルニ群衆ノ手暴クヨッテ兵ガ曳シテ上ラセタ。其ノ時パウロハ「我汝ニ語リテ　ヨキカト言ヘバ「希臘語ヲ知ルカト言ヒテ」刺客ヲ荒野ニ率ヒ出シタル　埃及人デハナイカト問ハサレタ。其ノ時　パウロハタルソノ人郡シカラヌ市民ナルヲ語リ許セット乞ウタ。斯ク民騒ギ　又兩手ハ繋ガレタルニ　一途中演説セント斯カル行動アリシハ實ニ偉イ。神ノ福音ニ徹底シトシテ　昂ウタノデアル。大膽極ハマルコトニシテ　アノ使

徒行傳二十二章ノ辯明演説ヲナシタノデアル。私ノ好キデタ彼等ミズカラ來テ　大丈夫ト思ハレル所ニ立ッテ　滔々語ッタノデアル。ラブレタールノ如キヲ送ル　パウロノ大膽サハ實ニ面白イ。クリスチャントシテ　柔和　平和ハ　大事ダガ之ガ過ギテ　大事ナ時ニ　頑張リ能ハヌ柔和デアッテハナラ氣アッテ慾シイト思フノデアル。パウロノ如何者モ恐レズニ主張ヲ逃ベル位ノ勇尚更面白イ。議會ノ前デ語ルノデアッタ。又使徒行傳二十三章ノ記事ハ今日迄何事モ良心ニ從ヒテ　神ニ事ヘリ」ト言フタ。「兄弟達ヨ　我テロヲ擊タレタ。スルト　パウロハ「白ク塗リタル壁ヨ、神汝ヲ擊チ給ハン。」ト大膽ニモ言ヒ放ッタ。ヨッテ神ノ大祭司ヲ罵シルコトハ　惡シキコトニナッテキル。故ニ大祭司ヲ知ラヌカトパウロニ反問セバ　パウロハ平氣ナ顏デ知ラナカッタト答ヘタ。所ガ　パウロガ祭司ヲ知ラナイ管ナク　圖々シクモ知ラン顏ヲシテ済マシタモノデアル。太腹ガアル。信仰ノ確信アリ　徒ハ半分知ラナカッタト語ッタワケデアル。又面白キハ　議會ニハサドカイ人トパリサイ人アルヲ知リ　自身パリサイ人ダトハ　甦リノ問題ノ對立シテキルヲ知リ　復活ノ問題ヲ投ゲツケタ。之ハ犬ト猫ニ肉ヲ投ゲ宣言シ　ナモノデ　クリスチャン　ゼントルマンラシクナイ徒ヲ夕樣ナモノデアル。彼等ニハ爭ヒガオコッタ。生キルカ死ヌガノ際ニ　斯カル行動アリシハ實ニ偉イ。神ノ福音ニ徹底シ

466

テヰル。パウロヲ知ル事ガ出來ル。此ノ大膽ハ餘裕アッテナ
サレ。命ヲ捨テタ人ニヨッテノミナサレルモノデアリ困苦ノ
中ニテ　徒ラヲセシ餘裕アリシパウロト　イエストヲ比ベレバ
其ノ點ニ至ルト　キリスト八神御自身デアル。パウロニ八人
聞味アリ　眞似テナラヌ點モアルガ　餘裕綽々タルモノガア
ッタ。内地ノクリスチヤンナド　ドウモ意氣地ガナイ。クリス
チヤン教育家ガ返ッテ劣ッテヰル。教役者モソウデアル。パ
ウロノ如ク向フヘ落シタイモノデアル。私ガ實業界ヲ退キ十
年間ホド　東京ニヲッタガ　或ル時朝鮮基督教青年會館ニ呼
バレテ　話シタ事ガアル。演士ニ聽衆ノ靈智ガ感ゼラルルモ
ノデ　向フガ緊張セバ此チラモ緊張スルモノダガ　ドウモ其
ノ時ハ聽衆ガ反應ガナカッタ。ヨッテ禪宗式ノ大喝一聲デ彼
等ノビックリスルヲ見タガ　今ノ皆様ハソウデナイヲ見テ
嬉シク思フノデアル。ドウシテモ太腹アル勇氣ガ慾シイノデ
アル。柔和ヲ感ジ過ギシタメニカ　パウロノ大膽サノ學ブベ
キコトノ多クアルノデアル。　使徒行傳二十六章ノ記錄
モ　パウロノ大膽ヲ示スノデアル。パウロガ語ルコトヲ許サ
レ、辯明ヲシタルニ　アグリッパ曰ク「說クコト　僅カニシテ
我ヲクリスチヤン　タラシメントスルカ」ト。所ガ　パウロノ
答辯ヲミヨ「說クコトノ僅カナルニモセヨ　多キニモセヨ
神ニ希ハ唯ニ汝ノミナラズ凡テ今日我ニ聽ケル者ノ　ココノ纒
綖ナクシテ　我ガ如キ者トナランコトナリ」ト。困難ノ時ニ

パウロノ性格

弱クナラズニ　此ノパウロノ如ク大膽ニナラウデハナイカ。
使徒行傳二十八章ニモ　パウロノ大膽サガアル。ローマニオ
モムク途中　難船シテマルタ島ニ寄リシ事ガアル。雨ト寒氣
ノタメ火ヲ焚キテ　パウロ一行ヲ待遇シタガ　パウロガ柴ヲ束
ネテ火ニクベタナレバ　熱ニヨリテ蝮ガ出テ來テ　パウロノ手ニ
ツヰタガ　死ヌベキ筈ノパウロガ死ナナカッタ。彼等ハパウ
ロヲ恐レテ神ナリト言フタ。皆様モ蜂ナド頭ノ上ヲブン〳〵
飛ビ廻ル時　大騒ギヲスルト必ズ刺スノデアル。所ガ默ッテ
キルト　飛ンデ行ッテ終フノデアル。此ンナ大膽モアッテ慾
シイト思フ。パウロハ非常ニ大膽デ蛇ノ方ガ逃ゲテヰッタ
思ハレ。獨逸ヤ英國ナドデ　其ンナニ解シナイカラ無教會
主義的考ヘナルカモ知ラヌガ　奇蹟トマデ言ヘヌモノデアル
ト思フ。パウロハ小心翼々ナル反面ニ　信仰ノ大膽サガアッ
タノデアル。

第六ニ　パウロハ自分ノ信仰ニ　ハッキリシテヰリ　又他
ノ信仰ニ對シテ寛容デアッタ。使徒行傳十九章ハデメテリオ
事件デ　パウロノ身危クナッタ事ヲ記シテヰル。三十一節ニ
アジヤノ祭リノ司ガ　パウロト親シクパウロヲ劇場ニ入ラヌ
樣ニ注意ヲ與ヘタ。ソレハ地方宗教ノ頭ラシク　異教デアッタ
異教ノ祭司ガ　パウロヲ助ケラレタノデアル。英米ノ宣教師達ニ此ンナ
寛容ナ態度ナク　佛教ニ對シテ殊ニ寛容デナイヲ見受
ケル。内村先生ハ新潟ニアリシ時　其所ノミッションスクール

一七

パウロノ性格

一八

デ學生ト共ニ 日蓮ヲ研究シタラ 異教ヲ教ヘルトサレテルベキデナイ。然シ實際ニハ生活ニ危キヲ感ズルト 多クノ追ヒ出サレタ事ガアル。考ヘ違ヒダト思フ。パウロハ異教徒人ハ 自身ノ信仰ヲ曲ゲテモ 自分ノ生活ヲ 維持セントスニ寛容デアツタノデアル。親シクアツタカラニハ オ茶デモルノデアル。ソレハ幾ラデモ 辯明シ得ルモノデアル。パウ共ニ飲ミ 食事モ共ニシタデアル。其所ニ本當ノ意味ノ異ロハ、恐レズニ傳道シタ。信者ヤ 長老ヲ恐レズ 憎マレヤウ敎ニ對シテノ寛容ガアリ。其レデ信仰ヲ主張シ得ルト思フガ構ハズニ 眞理ヲ主張シタノデアル。傳道者ガ 獻金デ寄デアル。又パウロハ至ル所デ迫害サレタ。ソレハ パウロナ食スルヲ 惡シトハ思ハヌガ 私ノ經驗カラ申セバ 私ナド

時 エルサレムニ上リシ時ニモ パウロノミ迫害サレタ。ペニハ 面倒臭イ事ハナイ。之レ神ノ有難ク思フ所デアル。私テロナドモ 迫害サルベキニ パウロガ斯クモ 困難ニ面セノ友人ニ二三人牧師ヲシテオルガ 信者ニアレコレシハ パウロ自身ニ ハッキリシタモノ アルガタメデアル。ト言ハレテ 苦ルシムノニハ 同情スル所デアル。私ナドニ此ノ事モ大事デ傳道ニ從事スルモノハ 信仰ニ ハッキリシ排斥スベキ人ガナイ 其ノ點又ハ難ク思フノデアル。其タモノヲ モタナケレバナラヌト思フノデアル。イエス樣モノ點ハ パウロニアツテ見逃シ得ヌ 重大ナ一ツ特長トシテ蹟ク石ダト語ッタ。パウロニハ ハッキリシタモノアリ蹟考ヘ得ルモノデアル。純粹ナ福音ノ眞理ヲ 將來擴メ且ツ保石トナリ タニハ ドウシテモ自給傳道ニ ヨラナケレバナラヌト思迫害サレタノデアル。フ。自身ノ手デ 生活シテユカネバナラヌ。パウロ自身之ヲ

第七二 パウロノ自給傳道デアル。使徒行傳十八章一ー三強調シ 實行シタノデアル。参考スベキ事ダト思フ。節 コリント後書九章 テサロニケ前書四章十一節同後書三パウロノ性格ハ 實ニ偉大ナモノデ チョット見テ調和シ得ヌモノガ パウロノ性格内ニアツタノデアル。小人ニナル章十節ヲ通ジテ パウロハナルベク 信者カラ生活費ヲ貰ハヌベクシテキル。之レハ パウロノ信仰ノ絶對性ヲ認メサセト單純デアルガ 性格ノ複雜 且ツ豐富ナル內容アツテ始メンガタメデアル。獨立傳道ハ パウロノ誇テ偉大ナル人間ト言ヘルノデアル。私ハ今ノ私ノ小サキヲ不リシモノニシテ ヨキ方法ナリト我等ニ敎ヘテキル。本人モ平シナイ。親ニモ言ヘズ 神ニ不平スベキダガ 神ニ迄モツ斯ク行フモノダガ 何人ニモ束縛サレヌ自由サガアル。福音テユクベキデナキハ 私ヲ創ッタノハ 神デ 私ニハ私ノナノ眞理ハ 神ニヨルノデ 人ニヨルノデハナイ。何人モ妨ゲスベキ事ガアル ソノタメニ存在スルノデアル。故ニ我等ハ

468

我等ノ性格ヲ 神ニ捧ゲ 其ノ性格ヲ生カシテ 働カスノ
ガヨイト思フ。「若シ パウロガ 神ニ選バレナカッタラ 最
惡ノ人トナリシカモ知ラヌガ 其ノ性格アリシタメニ 斯ク
モ偉大ナル事ガ ナサレタト思フノデアル。故ニ我等ハ型ニ
ハマラズニ 銘々ニ與ヘラレタ性格ヲ變ヘズニ 大膽ニ神ノ
タメニ盡シタイト思フ 從々ニシテ 外界カラノ要求スル型
ニ引キ延バサレタリ 縮マレタリシテ 人形ノ如クナッテハ
ナラナイト思フノデアル。各自ニ與ヘラレタ 本質ヲ認メテ
力一パイニ働ラキタイ。パウロヲ惟フ時 益々考ヘラレルモ
ノデ 内地ノ信者 牧師ニモ要求スルモノダ 皆様ニモ申シ
上グル次第デアル。勇且ツ大膽ニナリテ 神ニヨリ充分用ヒ
ラルル諸子ニナランコトヲ 願ッテ終ル。（文責在筆記者）。

傳道資金募集에關하야　［社告］

傳道資金을募集하게된動機는 이미公告한바와같이、지난
冬季聖書講習會에 모였을때에「누구라고指名할것없이 傳
道의前線에 나서는이를援助하기爲하여」시작된것이다。但
그때에 咸錫憲先生만은 그相議하는座席을 暫時떠나기를
要求하고서 協議를進行한것으로보아서 누구나無言中에
咸先生이 그前線에 나서는이가될것으로 期待한것이었다。
이點에있어서 本誌讀者中에어떤이는 傳道資金募集이本誌主
筆自身을爲하여 計劃된일인것처럼 推測하는이가있는것은事實

을誤解한일인故로 이에 그動機를明白히한다。
그런後에咸先生은 平壤府外松山農事學院을引繼하지아니치
못하게되었고、그것도當初에는 아주輕한責任으로 말었든
것인데 일이進行됨을따라漸漸複雜하고重大한짐인것이發見
되었다。그런즉 咸先生으로하여금 本誌와傳道의일에全心
專力으로擔當하여 最先鋒으로나서게하고 自己自身으로는
될수있는때까지 後陣에 숨겨있으려든 金教臣이 不時에應召
되었다。

咸先生은五山中學校在職滿十年에辭職하고 待機하기滿二
個年에 이번松山農事學院을말었으나 이學院도傳道의 한方
法으로 하는것이매 福音傳道의目的에違反되는것이있을때
는 언제든지 뛰어나올作定이다。
어쨌든지 世上에서多少榮譽스럽게有利하게도 일카르는
地位를 이미一人이辭退하고서「失職者」然하게 지나오는
때에 또一人이 그뒤를따르는것은 人間的所願은아니다。
때마침糧食이甚히窮乏하고 集會는極度로不自由하고 紙類
飢饉이또한絶頂에達하여 本誌來月號의用紙도求해낼까가問
題中이다。前途暗澹하니 空然한企業인가아니었나하는念慮도
없지않다。그러나 때를만나나 못만나나 우리의餘生은 이
미決定한일에 使用되리라──무슨모양으로든지 福音傳播에 專
心하리라──或은 한동안 牧者노릇하면서待機
하는수있을지라도。誌友여 爲하여 빌어주라。

一九

聖朝通信

二月二十三日　(金)　晴。아침에　原稿써가지고　印刷所―道廳―總督府―養正學校。授業畢한後에　다시　印刷所에가서校正。歸途에　明倫町에서　咸、宋、兩兄과鼎座하여　여러가지　企業과相議。咸兄은今夜軍로向五。○오늘　釜山서　××敎會를代表하여　三月末의査經會에關한具體的方針을　協議次로來訪한이가있었는데　敎會가貧弱하고　會堂도없어서　이번一週間集會로써　會堂建築할수있도록　說敎해달라는것이　그具體的要求임이　明確해서나우리는　義捐金據出의手腕이　全無한者인것을率直히告白하고　傳道應援出張을　取消하기로하다。未安하기　짝이없으나　할수없는일이다。

二月二十四日　(土)　晴、夜雨。아침에印刷所에서校正하고、總督府에　들리고、登校執務。午后에　다시印刷所에서　日沒頃까지校正且校正。○히들러下野說이報道되었다고。그것이　現下歐洲政局의唯一의解決策이라云云。저야할사람이　各己自己의責任을　지는날이면　天下가泰平無事할걸.

二月二十五日　(日)　晴。간밤　비에　시내人물이　더욱　많고　맑어졌다。午前中은便所掃淸도하며　누가福音工夫도하다。○午后의市內集會에서　누가福音第五章처음을講解하다。예수가弟子를選擇할때에　발業。○內村先生紀念講演會件으로　오늘도數處에交涉。

二月二十六日　(月)　晴。먼저　印刷所에서校正하고、登校하여授業과　上級學校志願者의證明書類調製。○校正에關한일로彰義門外의柳先生宅까지急行。途中에患家尋訪。印刷所에도라와서　三月號를校了하다。順調로되나　여러誌友의念慮를除할터이므로　오늘도　相當히　無理하면서　일하여끝내다。어두운後에歸宅하니　心身이、모두疲勞했는데　이런疲困을　무엇이라고形容하는지　形容詞를　알수없다。

二月二十七日　(火)　晴。女學校入學試驗날이어서　새벽四時부터準備해서　未明六時半에出門하는大騷動이었다。○登校授業하고　歸途에內村先生十週年紀念講演會의일로　敎友某老人을尋訪하다。

二月二十八日　(水)　晴。印刷所에들려三月號廣告의一部分을訂正하고、登校授業。○內村先生紀念講演會件으로　오늘도數處에交涉。○저녁에家庭禮拜。에스켈第十章輪讀。

二月二十九日　(木)　晴。登校授業과宿直。오늘午后에　三月號製本되어서　준허宋兄께　부탁하여發送。○京城府人口七十七萬餘에急增되었고　昨年一年間에　朝鮮人口의自然增加二十三萬餘라고報道。○저녁西天에　水、木、金、土、火의諸惑星이나타나　하였다。蓬萊丘上最後의　宿直인가하매　宿直室에서도　견딜만하다。

三月一日　(金)　晴。明日의卒業式準備로　授業을　쉬고　大掃淸。○小學兒童用의노트　今年用品은　염녀없다고　報道했으나　近日의情況。○일즉歸宅하여事務의殘務整理。○糧米國勢調査를한다드니　참말　오늘　쌀두지　檢查를　하고　갔다한

聖朝通信

다。米穀商店頭마다 糧米配給에萬全을期하고있으니 安心하라고 政府의告示를볼수있는데 또무슨調査일까。

○저녁 西天의 惑星行列이可觀。

三月二日　（土）　晴。登校하여 第二十四回卒業式에恭列。例에依하여例와같은式이었다。○山麓에 일즉 도라와 福音書工夫。來客두어차례接待하다。그中한사람은 不運에處한젊은姉妹이다。나와 우리家族은 彼女에게對하여 別로 다한바없었는데 彼女自身은 우리眞情이 고마워서 自己兩親에게報告할때는 이야기보다 눈물이 더많더라고 그 어버이가 인사하니、彼女와같이 그 어버이도 크게 고마워하며 두고두고 알어보는 사람이 世上에있음을 볼때는、왜 우리가 사람에게 좀더 끔직하게 待하지못했든고하는 後悔가懇切한同時에 亦是 善을行하여 倦怠하지말것이라는決心이 湧然히 솟아난다。○洞內에 建築起工이 여러군데서 始作된다。山麓의閑寂한맛도 數三年을 지나지못하여 끝날듯하니 걱정이다。

三月三日　（日）　晴。昨夜에 過食해서 오늘 아침까지 컨디슌이 좋지못했으나、終日 聖書研究에 腦의活動이 如意치못하니後悔。午前中 福音書工夫。來客두어차례 接待하다。誌友한분은 自己故鄉인某道內의 聖朝誌讀者를調査해가면서 하는데 調査를 雜考로 쓰겠다고 云云。○午后에 缺席한會員의 缺席届에 『先生님을爲하여 去二十六日부터 每朝登山所禱하나 小鹿島에도 自然히 生각이 밋을수밖에 없었다。○缺席한會員의 缺席届에『先生님을爲하여 去二十六日부터 每朝登山所禱하나이다。今日은 有故欠席하나이다』라고。安心靈은 日夜로 靈肉의職争에 하나님과 余輩의 心靈은 日夜로 靈肉의職争에 하나님과 사란과의 爭奪職사品에서 困疲하지않을수 없다。이미 主예수로通해오늘까지 生活에서의轉換을 當하여 兄姉의加禱를要함이 前에는없이 오늘날보다 더한 經驗이없었고 또한 今日은 여러차 이아니나 兄姉의加禱를要함이 前에는없이 懇切하기 오늘날보다 더한 經驗이없었다。

三月四日　（月）　晴。새벽 山上의 新禱를 始作하다。어머님도山으로 아들도山으로。「눈을들어 산을보니 도음이 어듸서오나。천지지으신 여호와 나를도와주시네」는 무게로 迫頭해 옵니다。先生님 爲해 깨끗한 新禱 晝夜로 울리지않게 끊이지 않게 올릴수있도록 하나님 아버지께 懇求하오며 門下生亦

──에 崔容信小傳을 百二十五冊을 鐵道便으로 元山樓氏高女로 發送하다。○崔孃의母校에서 第二、第三의崔孃이 또 나기를 期待하면서。○山麓의 물맑은곳에 도라오니 다음과같은 편지가 기다린다。

『謹啓　八十二號와 三月號 두卷 반가히 拜受하였읍니다。다달이 初旬께가 되면 및을수밖에 없이 이제 受苦하나없이 親筆로 결봉을 쓰신 봉루를 받으오니 더욱 恩惠롭기 限이 없읍니다。

「코이노니아」「拂はれざりし米粒」등 字珠玉 아님이 없아오나。더욱이 裏面의「거츤든 傳道의 길로 물려나가는」에 이르러는「드듸여 親히 陣頭에 나서시는구나」하는 悲壯한 感慨가 왼몸을 휩싸 興奮속에 아무것도 손에 잡히지 않었읍니다。「靈의 白兵戰의 氣勢를 돋우라 미리新禱함으로써 靈力을 도우라」 하신말슴 懦夫도 진실로 奮起하게 하는 무게로 迫頭해 옵니다。

二一

471

聖朝通信

大賯猛心을 發하여 先陣을 爭하는 마음을 갓도록 懇求 하옵나이다.

三月號를 두卷 보내셨는데 받을만한이가 있거면 주라 하시는 뜻있듯 너머나 貴한 眞珠이기에 몸시 주저하다가 前任 ××邑 ○○○學校 敎頭로 계신 ××先生에게 보내드리고 거기 몇분들에게 回覧하시라 했아옵는데, 하나가 들되는일도 하나도 우선 좀더 알곡이 되도록 힘쓰겠압고 둘되는 일도 積極的으로 努力하겠읍니다.

生의 집에 負債가 ××餘圓 있아옵면中. 去日에 ××餘圓을 償還하게 되었읍니다. 몸이 고단해 遠距離 通勤을 하기어렵고 돈에도 그게 有利하겠고 蔬菜圃 하는것도 재미 있겠고 해서 學務當局에 ××市에 집을 갓을수 있도록 請願中이 옵니다. 三月十三日 講演會에 無斷 缺勤하고 가겠다 하오니 집에서 反對입니다. 請願이 들려진다고요. 肉의 覊絆이 이다지 성가십니다.

그리스도의 平安속에 더욱 康寧하시옵기 新求하오며 亂筆을 놓사오니 微意를 下諒하여 주시옵소서.

三月二日
門下生 ×××拜上

읽은 사람도 悲壯한 感慨에 잠겼다.

三月五日 (火) 牛晴. 새벽, 濃霧中의 山上에서 新禱. 무뜨리前과같이 侍立. (오늘은 全校生徒가 龍山練兵場에서 敎練하는날. 平敎員 하나 둘씩 出勤안해도 大局에 큰影響은 없을러이므로 淸凉里와 面事務所와 小學校等에 私事로 분주히 다니다.) ○湖南晉信 一枚如下 『敎民하옵신 金先生님께 時時刻刻으로 無限하옵신 恩寵을 내려주시온 예수그리스도에게 衷心으로 感謝하나이다. 이땅 아―참으로 生覺할수록 기쁩니다. 이백姓을 사랑하시고 肉에서靈으로 死亡에서生命으로 옮겨 救授하시려고 金先生님께 日益又日益 恩寵을 베풀어주신 主님의 聖愛가. 就伏白 昨日意外로 일 오신것 ! 今日까지의 한個도 지시지 즉히도 今月號의 『아―先生님受苦하셨구나』 한

向者에 黑崎先生의 下書로 말미암아 今月中에 鮮滿 하신다는 喜消息을 살펐더니 더욱마음이 드디어 具體化된것을 알게되니 더욱마음이 드디어 緊張化되나이다. 다음 二月號 『聖朝通信』에서 『傳道資金』의 글과 『聖朝通信』의, 一月二十三日의 꿈이야기를읽고 異常하고도 妙한 느낌이 生起면서 先生께서 主님의 十字架道를 完全히 걸으시고 말것을 豫示하여주신 것으로 生覺하고 主앞에서 무슨大事가 突發될것같은 豫感이 매우强하여 졌읍니다. 그리하옵드니 今月十三日부터서는 先生님께서 새旅程出發을 하신다고하였읍니다그려. 인저는 先生님께서 十字架를 두개 合처지신다고해서 適當할것같습니다. 先生님! 今日까지의 한個도 지시지 오신것 거룩하셨는데, 두個나 어떻게 지실랴니까? 그래 先生님께서는 두個나 지시는데 우리는 빈몸으로 흘릉흘릉 따라단기는것만 할것일가요. 그야 두個도 先生님이 自進해서 지신것이아니옵고 두個지실만한힘을 充分히주신後에 지우시니까 能히 堪賞하실줄로는 믿고있읍니다마는 한個질힘조차 받지못한 이小生

二二二

으로서는 차라리 이길에서 등도라서는
것이 낫지않을가하고 生覺하나이다。先
生님! 先生님과 등도라설지라도 十字架
두個지시고 새旅程出發하시는 그悲壯하
신先生님의 偉容이나 구경하고싶습니다마
는 그偉容의 求景흧는 못할身勢될라는
지요。또黑崎先生은 小生으로서는 分秒
라도忘却할수없는 靈界의恩師이신만큼 더
욱히 이앞에 오시니까 尊顔을 拜하고
싶습니다마는 此亦 妨害부델者 없지않
을란가 걱정 되나이다。萬事가 主님께
달렸으니 오직 빌따름이겠지요。小生에
게、우에서 恩惠배푸웁시면 이物件의願
이 成就될것이요 不然이면 歸虛하고 말
터이겠지요。恩惠로新願成就된다면 또恩
惠로 祈願不成就라도 되겠지요。成不成
實虛가 같이恩惠라면 何必不足을云
云하리요。

聖朝通信

하나이다。先生님! 꿈을잘꾸면 오는十三
日에 옆저뵈을것이오니 부디安寧하시기
伏望不己而余不備上書합니다。
庚辰三年月二日　　×××再拜』

三月六日 (水) 晴。오늘부터 第三學
期考査시작。監試하면서校正。○歸途에京
城基督敎靑年會에 들려서 內村先生記念
講演會의 푸로그람도決定하고 當夜의會
場될 講堂도檢察하다。○저녁에 家庭禮
拜。에스겔第十七章輪讀。다음에 늦도록
原稿쓰기。

三月七日 (木) 晴。오늘도· 監試하면
서 校正。午后에는 原稿쓰기。○石丁安
鍾元先生의 글를얻으니 글씨도 좋거니와
意味도 매우 뜻에맞는다。일렀으되「慎
恭席치못할듯한데、오늘은
또山中何事奇石上多松柏衷險이
라麓多少山中昧年年獨自知
移棹泊燠潚潚江
細雨時此翁有心事只許白鷗知라고。이것을

서二週日間 敎會信者로서 七八人이 敎
會內에서 生命의糧食을 얻을수없다하
여 某長老의私宅에서 聖書工夫를 始作
한다함으로 無敎會信者로서는 비리묵은
小生一人뿐이오니 獨히 듣있는대로 恭
加하여 集會에 나가는 練習을 하려고
書齋에걸고 이스라엘豫言書를 工夫할것

을 생각하기만해도 가슴이 울렁거린다。

三月八日 (金) 晴。試驗監督이면서 校
正하고、늦도록答案探點과成績調製의일。
○近日은意外의人의게서親切한편지
가飛來하는일이많은데 大槪는 入學志願
에關한請託이다。○齋藤秀三郞先生의死後에
開封하지않은 편지가 고리짝 몇개에 들
어찼음을發見하였더니、우리까지도 鈍才
로서도 日間오는 至急親展便紙의內容은 開
封하지않고라도 大槪 짐작할만한것뿐이다

三月九日 (土) 雨風 后晴。간밤 비에
解氷을促進시킨탓인가 시내스물은 점
점 더맑고 많아진다。○學校에서는 監
試와 探點으로分忙。○來十一、二日의釜山
集會에서 만나보기를待한다는消息에 반
가운마음 적지않으나 事情이許치않어서
恭席치못할듯한데、오늘은
또 如下한短信이와서 반가웠다。『近日
의先生님의 心境을 透徹히 알어주신이는
오직 主님한분뿐이실줄로 짐작하나이다。
勿論 近日이아니시지었지요 늘 主님의
기뻐하시는心境으로 生活하셨겠지요마는
近日의그것이야 그庶가 더한층美化되실
줄로 옆저믿나이다。就伏白 小生은突發

一二二

聖朝通信

事件없는限에서 來十三、四兩日間을 先
生님댁에서 살것같습니다。또한 저黑崎
先生의尊顏도 親히뵈올것같습니다。따라서
咸先生님、宋先生님 其外未知의多數의誌
友들도 맛나뵈올것 참으로 기쁘며 이로
말미암아 끝날에 主앞에서 十二使徒며
四方各處에서 雲集하였든 聖徒들의實狀
을多少라도 맛볼수있을것이란것이 기쁩
니다。京城驛着하면 先生님宅을 쉽게찾
어들수 있을가 모르겠나이다。참으로
安寧하시읍소서」。참으로 天國에서 만
날때의 演習인듯 기대려진다。

三月十日 (日) 快晴。오늘은 陸軍記
念日이라고　銃소리　大砲소리 요란하게
들려오는데 나물캐는少女들은 山野에을
굿불굿。○午前中은 별에쪼이면서 누가
福音의工夫。午后二時半부터 明倫町에서
누가第五章의 가운데토막을講解하다。오
늘은　밀리서　珍客 여러분도 參席하여
반가웠다。閉會後에 會場에 來十三、四日의內村
先生紀念集會의　會場에關한일을 우리硏
究會員들에게分擔配定하는會議。저녁에는
里見兄까지合議한結果
里見兄과함께　二人이
不快하시다하여서

明日午后車로 釜山까지出迎하기로 議決
하다。이런일 저런일로 밤十二時가까워서
山麓에도라오다。

三月十一日 (月) 晴。간밤 사이에 엷
은 눈이 쌓여서 北漢山의化粧이 심히
아름답다。○午前中에 內村先生記念講演
會準備의 일을 一段落짓고、釜山集會應援
次로出發。但釜山行 特急卷을 살수없어
저녁車로延期했으나 座席을 얻지못하여
二等寢臺까지 밀려갔으니 이런「호사」
는 生來에 처음이었다。○초저녁 西天에는
木土金火의諸惑星이 燦然히羅列하였다。

三月十二日 (火) 晴。아침에 釜山着。
先着한里見兄의案內로 釜山着。午
后엔 함께 東萊溫泉에 이르러 疲勞를
씻고 저녁엔 梶川吉彦氏의招應에 參席。
○저녁七時半부터 寶水町 日本基督敎會에
臨하야 黑崎幸吉先生과 講壇을 함께하게되
매 余는 內村先生과 우리의關係에對하야
約三十分間 이야기하다。但 어제저녁에는
하야 반가이面談。誌友數人도 參席
陪席。開會後에 會에 黑崎
馬山等地의遠方誌友들까지 來參하였던것인
先生께朝鮮料理대접하기爲하야 少數의敎
友와함께 朝鮮料理店에서 午饗會。○某君의援助

安함을不勝하다。閉會後에 釜山호텔에 一泊
하다。

三月十三日 (水) 雨、雪。閉會後釜山
을 떠나 아침特急車로 京城을向하다。
南鮮은 비오시더니 中鮮에 가까울수록
눈으로化하야 京城에到着한때는 降雪이
甚하여 今夜의集會가念慮되었다。○到着
하자마자 登校하야 第三學期成績採點을
授受하고 저녁七時에 內村鑑三先生十週
年紀念講演會場인京城基督敎靑年會館에臨
하다。이날저녁의崔泰瑢牧師의 開會新禱
의 「內村先生과朝鮮」이라는 講話는 烙印
을받고 말었다。이會合에 서울附近의誌
友는勿論이오 멀리 江原道와咸南과全南
地方에서까지 來參한것은 놀라운일이었
다。자정 가까워 山麓에 도라오며 생
각할수록 四十歲와 머디안荒野가 무슨
關聯이 없지않은듯하다。

三月十四日 (木) 雪、晴。午前十時부
터 市內竹添町 監理敎神學校에서「パウロ
의性格」이라는 黑崎先生의 講演會에
陪席。開會後에 黑崎
先生께 少數의敎
友와 함께 食道園에서 午饗會。

롤엄어 養正學校博物室에서 第三學期成績調製의事務。○저녁에는 京城호텔에서 黑崎先生을中心으로한 懇親會에參席。밤十時車로 黑崎先生의歸路를餞送하니 一週餘에 亘하야 紛走하였든든內村先生紀念集會의 一件도 一段落지었다。자정가까워서 山麓에 도라오니 連日의疲勞가相當하다。

三月十五日 (金) 晴。登校하야 今學年度의成績會議。擔任生徒中에 落第者四五人있음은 遺憾千萬이있었다。

三月十六日 (土) 晴。午前中은 學年度의 進級成績發表와 休業式。午后에는 博物室의荷物整頓。○저녁에 雅叙園에일린李德鳳培花高等女學校長新任祝賀會에參席하다。博物學關係者의會合에參列하기도 앞으로는 드물듯해서 情叙不盡。學校長이되였다고 祝賀하는人士들은 많으나、辭職하고고傳道者된것을 祝賀해주는人士는 皆無일것이다。萬事그대로可하다。

三月十七日 (日) 晴。午前中은 入學試驗關係의來客이頻繁。○午后의市內集會에서 누가福音第五章끝을講了하라。오늘은。 違規의客二人이參席하였다。무슨前兆일까。

三月十八日 (月) 晴。登校하야 新入學試驗의準備。○저녁에 養正學校職員의 送別會에參席하다。○저녁에 趙「徐 두분先生과함께 送別을받는主賓席에앉다。型과같은送別의 辭를 주고받고한後에 나종으로 余罷도 感話一席。듣는이들의評이 「名文」이라는 칭찬한雄辯이라고。일즉이 「名文」이라는 칭찬한雄辯이라고。일즉이 憤慨하였든 藤井武氏를 생각하였다。「없는事實을 美文으로써 꿈꿨든名文이라하지、事實을非事實대로 그렸는데文章을稱讚한다는것은 失禮가 아니냐고」。 귀는 가졌어도、 禮辯하는者답지않게 希望과歡喜의熱辯이 솟아나오는生命體를 看破하는 눈은못가겠으니 또한憤慨할일。

三月十九日 (火) 晴。登校하야 新入學試驗의助力。오늘은 召集하야 諸毅注意。一百五十名募集에 一千三百名의應募!

三月二十日 (水) 晴。午前八時에出勤하야 入學試驗의監督第一日。午前中은學科、午后는體力試驗。

三月二十一日 (木) 春分、晴。入學試驗의第二日。午前午后를通하야 體力檢查。

三月二十二日 (金) 晴。養正學校에出勘合을 오늘로써 끝을 맺고、밤十時車로 南行의旅程에 오르다。次女의入學에關한일로因하야 不時에出發하게되다。

三月二十三日 (土) 晴。아침에 釜山에 着。朴君을 불러내어 棧橋上의 客이되다。딸에게番號를붙인 聯絡船上의 客이되다。딸에게番號를붙인 勞働者群이 多量으로輸出되는모양可憐。

三月二十四日 (日) 晴。午后三時半에 東京驛着。出迎한 두어兄弟에게 入學에 關한일을分擔周旋케하고、旅舍를求하라니 무릇 旅客의宿泊할만한곳마다 招滿員!

三月二十五日 (月) 晴。學校關係의探知에 終日紛忙。

三月二十六日 (火) 晴。如昨。○午后에 矢內原先生을訪問하고 來夏의渡鮮에 關하야相議하다。先生의 朝鮮尋訪의意向이堅固함에 놀라다。

三月二十七日 (水) 晴。汽車도超滿員、男女學校도超滿員、旅舘도超滿員 地球自體가超滿員으로呻吟。오늘本鄕弓町에假宿을移定。○저녁에望星學塾講座에 佐藤敎授參訪。저녁에는 함께 三谷正

三月二十八日 (木) 晴。午前中 一高 陸先生을 郊外에參訪하다。

本誌四月號의發行遲延

本四月號는主筆의旅行과其他意外의支障으로 四月二十五日頃에야發刊하게되여 매우罪悚합니다。照會에도 一々히回答못하고 이紙上으로代身하나이다。

五月號는上旬中으로發行하도록努力하나이며、萬一京城에서나 코用紙를求해낼까問題中이나 紙類飢饉으로用紙를求하지못할時에는、東京으로本社를移轉하고서라도 刊하여도록努力해볼터이다。(二十一日記)

傳道應援出張

專心傳道하게되면 어디서든지請하는데로 傳道應援가고저하였으나、多年來의職業서 轉換하는期를當하여、內外의 요히整齊하여야할것도있고 去月講演會以來로 空然한注視를받게되여서 當分間은 公開講演會갈은일에應치못하나이다。今後四十年은 미디안牧場生活일것갈기도하다。

京城聖書研究會

日時 五月第一日曜日부터午前十時開講
場所 京城府外貞陵里本社에서

時間은午前으로變更하였으며、場所도變更할수있는날까지하여보려는것이다。其他는從前대로。

無代進呈의廢止

極貧者 重患者 其他의極少數에게 無代로本誌를進呈하여온것이있었으나、今後로는印刷部數를極度로緊縮하지아니치못하게됨으로 一樣으로進呈을中止하나이다。

住所變更通告

近來에 本誌와其他本社出版物의未着을照會하는이가 住所不明으로紛失된것은 一々히責任질수없으니 住所變更된때는 至急히新舊住所를通知하라。

感謝와通告

本號에실은「パウロ의性格」은 三月十四日監理教神學校에서하신黑崎先生의講演인데 이貴重한交를揭載하여주신黑崎先生과 筆記의勞를擔當한李君에게 아울러感謝하나이다。十三日夜의講演「內村先生과其의信仰」은 編輯上어찌할수없이 五月號로미루었다。其他「內村鑑三先生」이라는卷頭文도 不得已다음號로밀렸다。

私書函使用의繼續

光化門局私書函使用을中止할터이라고廣告하였으나、急히變更하면郵便物紛失의念慮도不無함으로 當分間은從前대로 使用을繼續하기로한다。

本誌定價

一冊 貳拾錢
六冊 (送料共) 前金一圓十錢
十二冊 (一年分) 前金貳圓貳拾錢

要前金 直接注文은前金貳圓貳拾錢
振替貯金口座京城一六五九四番(聖書朝鮮社)로

取次販賣所

京城府 博文書舘 鍾路二丁目八六
京城府 教文書舘 鍾路二丁目九一
東京市 向山堂書房 麹町區九段坂
北星堂 (大邱府)
和信 (京城府)
茂英堂 (平壤府)
信一書舘 (奈川邑)

昭和十五年 三月二十八日 印刷
昭和十五年 四月一日 發行

編輯兼發行人 (京城、光化門局私書函第一八號)(京城府外崇仁面貞陵里三七八) 金教臣

印刷人 (京城府仁寺町一一九ノ三) 李相五

印刷所 (京城府仁寺町一一九ノ三) 大東印刷所

發行所 聖書朝鮮社 (京城、光化門局私書函第一八號) 振替口座京城一六五九四番

【聖書朝鮮】第一百三十五號 昭和十五年 一月二十八日 第三種郵便物認可 昭和十五年 四月一日發行 每月一日一回發行

【本誌定價二十錢】(送料五厘)

金教臣 主筆

聖書朝鮮

第壹百参拾六號

昭和十五年(一九四〇)五月一日發行

昭和五年一月二十八日第三種郵便物認可
昭和拾五年五月一日發行(毎月一回一日發行)

目次

477

하늘이어 들으며 따이어 귀를 기우리라 대개 여호와께서 말슴
하사대

내가 자식을 양육하야 길렀으나 저의가 나를 거역하였도다.
소는 그 임자를 알고 라귀는 그 주인의 구유를 알되 이스라엘은 알지
못하며 나의 백성은 깨닫지 못하니,
오호라 죄를 범한 나라이며 허물을 질머진 백성이며 악을 행하는 종
류며 스스로 여호와를 버리고 이스라엘의 거룩하신 자를 만홀히 녀기며 배
반하야 물러갔도다.
너의가 어찌하야 또 매를 맞으려고 패역을 더옥 행하느냐. 너의의 온
머리가 압흐고 온 마음이 피곤하야 발바닥부터 머리까지 완전한곳이 없
고 오직 상한데와 터진데와 새로 맞인 흔적뿐인데, 합하게도 아니하고
싸매지도 아니하고 기름으로 유하게하지도 아니 하였도다.
너의 토지는 황무하고 성읍은 불타며 너의전지는 너의 앞에서 이방
사람이 삼키니 황무하여지고 이방사람에게 패한바 되었도다.
이 남어 있는것이 마치 포도원의 망대와 외밭의 상직막 같으며 또 에
워쌓인 성같도다.
만일 만유의 여호와께서 우리를 위하사 조금 남겨두지 아니하셨드면
우리가 소돔과 같고 고모라와 다름이 없었으리로다. (이사야書一·二-九).

内村鑑三先生

内村鑑三先生

内村先生の特異なる深き印象未だ眼の當りに彷彿として去らず　其の咳唾の響未だ耳底に静まらぬ感あるのに先生去られて
既に十週年であるといふ。烏兎忽々といふべきか實に感無量。兹に先生と朝鮮との關係を述べて記念の言とする。

一、友人關係。我らの知れる範圍に於て　内村先生と眞に友人關係に於て交際せられた朝鮮人は　故金貞植先生一人在つた
様に記憶してゐる。當時「非戰論」の故を以つて内村先生は國中に枕する所なく　又その閉された門を訪れる友人も極めて稀で
あつたといはれる時代に　金先生も亦亡命の客として海外に流浪の身となつて居たので　　共通なる救主イエスキリストを主と
して仰ぐ上に　尚ほ境遇の近似は相互に厚き同情を寄せ深き理解を助け强き勵ましを與へて　世にも稀なる敦き友情を結ばし
めたとのことであつた。この二人方の交友の事實を聞かされる度に　若き頃札幌に於てヨナタンなるクリスチヤンネイムを選
ばれし内村先生を思ひ出さずには居られなかつた。故に金貞植先生も今より十年前平壤神學校機關誌に「無敎會主義者内村鑑
三氏に對して」なる惡口が表はれた時に憤然として辯駁せられた。——内村先生は多くの朝鮮基督敎徒に對して「善きサマリヤ
人」であつた。　朝鮮基督敎會の恩人であつたと。

二、讀者關係。内村先生主筆の「聖書之研究」誌の第三百號の時に　京城に於て其の讀者會が催された。その記錄に依ると
四人の朝鮮人讀者が出席して其れ〴〵深き感化を受けたことを告白してあつた。勿論その外にも我らが知つて居る讀者の數も
相當あるから又我らに知られなかつた數も相當なものであつたと思はれる。殊に無敎會主義とは大分緣の遠いやうに見える朝
鮮の長老敎會監理敎會等の指導者の中に於てまでも内村先生の雜誌及び全集などが深く味はれつゝある事實が明らかである
とは驚くべき事である。

三、弟子關係。内村先生の昇天直後　長老敎會の平壤神學校機關誌は無敎會主義攻擊の序でに余輩の名を擧げて朝鮮に於け
る内村鑑三先生の正統直系の弟子なりと指摘論難されたことがあつた。この事に關しては當時直ちに「内村鑑三論に答へて」な
る文を草し（本誌第十九、二十號）この度「内村鑑三先生と朝鮮」なる小册子にその全譯を收めて置いたから兹には畧する。
要するに現代日本に於て最も驚くべき力は内村先生を通して傳へられた信仰と思想であると我らは見てゐる。恰も地帶構造
上南彎北彎の兩山系の上に日本列島が成立つてゐる様に日本魂の底を貫く脊骨ともなるものは此の信仰思想である。我らも此
の信仰により太白小白山系の如き半島の由つて立つべき靈的脊柱と致し度いものと祈願に堪えないものである。

一

건드리지말라

건드리지 말라

二

無敎會主義的인基督敎信仰을가진 우리 친구중 한사람이 敎會가 왕성한地方에서 어떤事業을 引繼하기로 될때에 그일을 周旋하기에 盡力하든이가 매우 염녀하면서 敎會와의 關係는 어떻게하시렵니까 고。그대에 無敎會主義者의 對答은 이렇더라고한다——나를 건드리지만 말라고 牧師께 부탁하여주시오 라고。

그렇다 無敎會主義者는 건드리지만 안하면 아주 無難한存在者이다。건드리지 않는限 저는 決코 남의敎會를 妨害하려고 안할뿐더러 機會있으면 敎會를 도아주려고하며 座席을 빌려주면 남과같이 禮拜에參席하고저한다。그러나 저를向하여 洗禮와 聖餐禮式이 어떻다느니 敎會안에만하나님의 말슴이臨한다느니 敎會外이 救援이없다 느니 日曜日보다 土曜日을 지켜야 되느니云云의 모든 거짓말과 허튼수작으로써 周圍를震動시킬길을 承認을强要할때는 無敎會者는溫順한대로 乖手傍觀하지못한다。저는 非常한爆擊力으로써

우리를向하여 內村弟子니云云하는 半可知한 주제넘은批評이 없었을진대 우리는 누구에게서 배웠노라고 公告할 必要도없이 오직唯一한 스승님 예수만을 나타내고저하였을것이오、敎會外에 救援이 없다 는等 虛無맹랑한主觀으로써 우리에게挑戰하는者 없었을진대 우리는 無敎會라는用語까지 使用할必要없이 오직唯一한福音을 믿었을것이다。우리는 누구보다도 「無敎會」라는文字를 질러하지않는다。마는 混雜되기를 避하기爲하여 不得已使用한다。

우리 친구중에서 새로운 다른 信仰運動에 參加하는것을 우리는是非하지않는다。친구가有益됨을따라 우리도 그益에 리부는대로 장단 마추어 춤추지않는다고 재촉하려는 無敎會的인立場과義務까지 제처놓고서 새로운運動의新奇한맛에피 린것이다。나의無敎會는 思想遊戱로된것이아니오 經濟的미천이 톡톡이 걸린것이오 이것때문에 받은 嘲弄과 핍박과 損失은 때에 맺힌것이다 라고。이 無敎會的인立場에서 容易히遊離할수있을것같이 推測하는이가있다면 그는 아직도 無敎會的의基督信仰의 깊이를 萬分의一도 맛보지못한사람이라고 할수밖에없다。이런때는 오직 「나는無敎會者라」고 다시

버리고아만다。나는 無敎會主義者이다。나의無敎會主義는 두어번會合으로 된것이아니오 相當한年條가 걸 言明하는것밖에 別道理없다。故로 제발 우리를 건드리지 말라!

告白의 效果

罪過를 犯한 者가 或은 홀로 하나님앞에 꿀앞드려、或은 信仰의 同志와 함께 모여서 自己의 罪過를 告白하는일은 確實히 眞實한일이오 아름다운일이다。이로因하여 몸부림치고 罪에서는 멀리 떠나기를 決心하며 善을向하여 斷定코矢進하려는 大勇猛心이 이러나는것도 事實이다。또 信仰의 徑路로 보더라도 먼저 그罪를 告白하여 淸算함이 없이는 聖靈이 臨할수없으며 聖靈이 臨하지않고는 참뜻으로써 예수를 主그리스도로 信從할수없다。

그러나 「告白」에는 여러가지弊害가 따르는것도 否定할수없는事實이다。天主敎徒가 神父앞에서 告白하므로써 社會的弊害까지 이르켰든것은 只今 이에 말할것도 없거니와、新敎中에 公衆會席에서 告白하는일을 主된行事로하는데서도 적지않은 弊害와 過誤가 섞여있다。

告白이라는것은 一種의 眞實에서 나오는 일이기때문에 告白을主된行事로하는敎團에는 그始初가 매우熱烈한것이 特徵인同時에 冷却하는速度도 그比例로 빠르고 冷却된後의 쓴맛이란 形容할수없는것이다。

告白을 尊崇하는이들은 그「赤裸裸」한맛을 賞하다重하다고한다。그러나、赤裸裸의 美德을 讚揚하기로든지 自己들처럼 赤裸裸하지못하고 外飾하는者들이라는 點이다。醉中에 모든醜態를 서로서로 든지、아무런宗敎團體라도 술군(飮酒黨)에게는 멀리 밋지못할것이다。술군들이 예수쟁이를 赤裸裸하게 演出하는者들인故로 슬먹는 친구도 참다운人間노릇도 할수있다고 主唱한다。이에對하여 赤裸裸하게 靑年들의修養을指導하기로 有名했든 新稻戶稻造博士는 言明하였다——友人間에든지 夫婦間에든지 醜態를赤裸裸하게告白하는일은 決코友誼增進의道가 아니나라고。귀있어 들을者는 들을것이오、固執부리는자는 스스로 끝까지 實驗해볼것이다。

또 告白은 宗敎信徒들만의能事인줄로 아는것은 잘못이다。우리의管見으로만하여도 不信 또는背敎의文人들이 自己를告白한 그赤裸裸한 深刻度로 보든지 表現技術로보든지 그膽大한度量으로 보든지 그는確實히 宗敎信徒들을 지나친다。그러나自古及今에 膽大히赤裸裸하게 肉身된自我를告白한小說家가 救援받었다는 소식은 우리가 듣지못했다。聖靈을因하여 告白하고 赤裸裸하게告白한우에 聖靈의祝福을 받은것이라야 쓸데있는 告白이되는것이다。그렇지못한 赤裸裸한告白이란것은 大槪는 魔鬼하나를 쫓아낸後에 일곱鬼가 도루들어와 居하는것과 방불한結果밖에 나타날수 없을것이다。

告白하고

告白의 效果

告白의 效果

三

百二十歲說

告白이란 心靈上行事에 있어서 一種의 外科手術이나 또는 劇藥治療에 比할만한 일이다。이것을 適當한 時期에 適當하게

四

施行하는 것은 有效하나 切開한자리를 날마다 다시切開한듯이 劇藥을常用하듯이한다면 그結果는 推理하기 어렵

지 않을것이다。故로 深刻痛絶해야할告白이 滑石처럼 表面을 미끄러지고 마는것은 벌써 一種의 藝術化한

告白이란 反省의結果로 나타나는일인데 反省이 勿論없을수없는일이다。마는 反省은 倫理道德의 世界에서는 가장

重大한基本的役割을 하는일이었으나 信仰生活에 있어서는 反省이란일은 入門이오 初步요 蒙學先生에 지나지못하는

일이다。反省은 結局 自我를 더려다 보는일인데 「吾日三省吾身」이라고하면 매우 거룩한듯하나 五尺短身의 창자까

지 뚫어지게 더려다본대야 거기서 神通한것이 나올수는 없다。

일즉 —翁의信仰態度는 마치 어린아이가 盆栽를 심어놓고서 얼마식이나 자랐느냐고 每日 그盆栽의 뿌리를 빼여

다——眞摯한青年이 反省의苦悶에서 못견디어 그 괴로움을 呼訴한때에 篤信한某大學總長의 對答은 이러했다고한

보는일과 꼭같다。그렇게해서는 盆栽가 자랄수없을뿐만아니라 살수도 없나니、이제부터는 自我의 창자만 더려다

다。——君의信仰態度는

보지말고 主그리스도를 우러러보라 고。

多數히 모여서 反省과告白을 主로하는行事가 있다면 그는 이大學總長의 말을 빌어할진대 各自의盆栽를 가지

고모여와서 뿌리기 品評會를 하는데 지나지못할것이다。거기에 그만한所得이 없을것이아니나 그것으로써 別로新

奇하라고 할것도 없는일이다。

反省도 좋고 告白도可하다하라。그러나 우리心靈의懇切한欲求는 뿌리내리고 줄기서고 枝葉이豊盛한 落落長松같

은 깊음이있고 安定함이있고 崇高함이있는信仰이아닌가。各自의求하는 目標에따라 아래로 붙이는 아래로보고 우

러려붙이는 우러려붙일것이다。

百二十歲說

누구는 一百二十五歲살것을 豫言한일이있었다。그論據는 모든生物의 壽命이 그成熟期의五倍의年數라는 生物學的根據에

있었었다。사람은 二十五歲에 成熟하는故로 百二十五歲까지 살것이라고했었다。

우리는 道德的信仰的인立場에서 사람은百二十五歲를 살어야할것이라고한다。처음四十까지는 人間的敎育期、第二의

四十歲는 하나님께依한 忍耐訓鍊期、第三의四十歲는 使命遂行期라고。故로 凡事에 焦燥할것이없었다。

골로새書講義 (五)

金 敎 臣

그리스도의役者

하나님의奧義(一·二四—二·三)

바울은 第二章에 들면서부터 골로새敎人들의 迷惑을 책망하려는 것인데、 그보다 먼저 골로새敎會를 爲하야 自己가 얼마나 受苦하는者이며、 그리스도의奧義가 어떻게 나타난것을宣明하야 그리스도와 바울과 골로새敎會의 關係를 두텁게한것이 이部分이다。 이는 바울이 아직 골로새敎人들과 直接親分이 없었든故로 이처럼 恭遜한 禮節을 살피면서 차침차침 本論을 끄집어넌것이다。 바울은 膽大히 或은 無禮한 程度까지 책망 할때는 하면서도 다른한편에 매우 周到綿密하게 神經을 써서 사람의 感情을 空然히傷하지않기에 注意하였다。 로마書第一章八—一五節도 未見의 敎友에對한 같은 마음세가 나타난것이었다。

(二十四) 내가 이제 너이를 위하여 받는 괴로움을 기빼하고 그리스도의 남은 고난을 그의 몸된 교회들 위하여 내 육체에 채우노라。

골로새書講義

[괴로움] παθημα 한 經驗이란 뜻인데、 特히 惡한經驗、 即 마음을 傷한經驗을 가르친다。

[그리스도의 남은 고난] 남은 ὑστέρημα 不足하다 缺乏하다 는 뜻이다。 故로 남은 고난 이라면 그리스도가 채 다하지못한 苦難이 된다。

[고난] θλιψις 은 핍박、患難、壓制등 外的苦難을 말함이다。

[채우노라] ὑνταναπληρόω 다른이의 缺한 자리를 代身補充한다는 뜻이다。 그리스도를 믿는일은 다만 찬송가를 부르며 祈禱드리는일뿐이아니라、그리스도의 不足한苦難을 함께 집으로써(갈六·一七、고后一·五、四·一〇) 그의死와復活까지 함께 體得하는일이다 (갈六·一四、로마六·四、八·一〇、고后一·三·四、빌립三·一〇等)。 쓴잔을 난운者아니고는 榮光의 자리를 함께할수없다。 바울이 골로새敎會를爲하야 괴로움을 받는것을 기뻐하는것은 救援의所望이 더욱確實하여지는 까닭이다。

救援의所望 即生命있는곳에는 반드시危險이 따르며、 危險한故로 겪정스럽지않을수없으나 겪정스런때라야 간절한祈禱가 끊임없이 솟아난다。 그리고 그祈禱는 허人된것이 아닌줄을 아는故로 바울은 心痛한境遇에 處하여서도 오히려 기쁨에 넘쳤다。

五

골로새書 講義

(二十五) 교회일군된것은 하나님이 너이를 위하여 내게 주신 경륜을 따라 하나님의 말슴을 일우려함이니라.

[너이를 위하여] 너이 라함은 單只골로새教人들뿐이아 너라 모든異邦사람을 가르키는 것으로 解함이 可할듯하 다(로마:五・一六)。

[경륜] οικονομια 職、職分、職務라고 譯할수도 였다。

[일우려함] πληρωσαι 채우려함、充當케함이다。여기서 는 充分히傳한다는뜻이다。

바울은 使徒라는 職務의 高貴함을 종종 자랑하였고 또 그職權을主張하였으나 그것은 決코 自己를爲한것이 아니라 남을爲한것 特히異邦人들을爲한職務이었다。 그러 므로 부끄러워 할것이아니오 자랑 할것이었다。

(二十六) 이비밀은 만세와 만대로부터 옴으로 감초였든 것인데 이제는 그의 성도들에게 나타났고

[비밀] μυστηριον 或은「奧義」인데、여기서는 前節의「하 나님의 말슴」과同格이다。 即 福音의 內容을 가르침이다。

[만세 와 만대] 만세 αιων 는 惡魔의 支配하는 世上을意 味하는 때도있다。 또 만세는 만대보다 더긴歲月을意味 한다고도하나 모다 一定한時間을意味하는 말은 아니오 限없이 긴歲月을 이름이다。

本節에 말하는 「비밀」은 人間의 智能으로써 知悉할수 는 없는바인同時에、人間으로서는 全然알수없는神秘한것

六

도 아니다。適當한時期를待하야 하나님편에서 人類에게 現顯하야、알게하시는種類의眞理이다。故로 이「비밀」은 無 識한漁夫나樵夫에게도 알려지되 學識、나富貴를 자랑하 는者에게는 도리어 캄캄하여진다。故로 公開한秘密이다。

(二十七) 하나님이 그들로 하여금 이 비밀의 영광이 이 방인 가운데 어떻게 풍성한것을 알게하려하심이라。이 (비 밀은) 너이안에 계신 그리스도시니 곧 영광의 소망이니라。

[이방인] εθνος는 한民族、 한百姓이라는 뜻인데、유대人 以外의民族을 도다合하야 「이방인」이라고 쓰게되였다。 二十世紀의 오늘날에도 오히려 「하나님의 말슴은 教 會안에만臨하였다。」느니 「教會外에 救援이 없다.」느니하면서 잠 고대를 부리는 偏見者流가 한둘뿐이아닌것을 생각할때 에 距今二千年前에 발서 況且 아브라함의 子孫이오 벤야 민의支派이며 유대人中의유대人인것을 自矜하든 바울이 이眞理——秘義의榮光이異邦人가운데豊盛하다는眞理——를 깨다른것은 첫째로 바울의神經系統이 至極히健全하였다는 것과 둘째로 果然하나님의啓示로 말미암은 깨다름이었 다는것을 否認할수없었다。

이는 異邦人들이 福音으로 말미아마 그리스도예수 안에서 함께 후사가되고 함께 지체가되고 함께 約 束에 참예하는자가됨이라。 하나님의 마음은 너그러우시고 公平 한대로(에베소三・六) 하나님의 마음은 너그러우시고 公平

하시다。하나님은 유대人이 생각하는것처럼 유대人과異邦人사이에 間隔을 두시지않고, 舊敎徒가 생각하는것처럼 舊敎와新敎사이에 墻壁을 세우지않으시며, 敎會人이 생각하듯이 敎會와無敎會사이에 救濟와滅亡의 巨溝를 設하시지않는것이냐。

[비밀의 영광의 풍성] 그리스도는 하나님의 榮光인 故로(요한一·一四、고后四·四) 그리스도를信受한자는 無窮한 榮光에 참여하는것이다(에베一·一八、고前二·七)。

[영광의 소망] ή ἐλπὶς τῆς δόξης 人類 그대로의 結局은 絕望이다。人類에게所望이있다면 그것은 그리스도안에 있어서만 그리스도에게、나는 生命이오 復活이니라는 主예수에게만 所望이라고할만한所望이있다。

榮光은 스스로 높은자리에는 있을수없는性質의것이다。至極히 높은자리에서 至極히 낮은자리까지 下바닥으로 낮어진이에게만 榮光이라고할만한榮光이 賦與되는것이다。故로 참意味의 榮光은 罪過없이 十字架의 慘境에까지 낮어지신 그리스도에게만 合當한內容의것이다。그러므로 우리의所望은 그리스도、우리의榮光은 그리스도、우리의榮光의所望도 그리스도뿐이다。이것은 人類가 가질수있는 希望의 絕頂이다。

골로새書講義

(二八) 우리가 그들 전하여 각사람을 권하고 모든 지혜로 각사람을 가르침은 각사람을 그리스도안에서 완전한자로 세우려함이니

[각사람] πάντα ἄνθρωπον 모든 사람이다。바울이 特히 잘使用하는 「모든」이다。本節에만三回나 썼다。選民만 其使用하는 유대人만아니라 헬라人과其他모든異邦사람들까지 권하며 가르키며 完全케할수있다고 바울은 믿었다。또 그野心은 實로 世界를 삼키는 넘어섰다。바울은 自己의信仰이 이렇게 普遍的眞理인것을 確信하였다。

[권하고] νουθετέω 는惡苦한다는 뜻이있다。

[완전한자] τέλειον 完成이나 成熟이라기보다 하나님의聖靈이 充滿한者를 말함이다(에베소四·一三)。

[그를 전하여] 그는 勿論그리스도이다。그리스도의敎訓을 傳한다거나 福音을 傳播한다거나 十字架의 죽엄을傳한다 云云하기보다 「그를傳播」한다 함이 더욱 全的이오 一層强烈한表現이다。

[그리스도안에서] 傳道의秘訣은 여기 감추여있다。우리의學識이나德行으로써 하려고해서는 一生에一人도 救濟하지못한다。그러나 「그리스도 안에서」할진대 宇宙의智慧를 모여다가 全世界사람을 能히 가르킬수있고、할수없는罪人이라도 눈과같이 潔白하게 씻어서 完全한것으로 하나님앞에 세울수있다。無類의大傳道者바울의 能力과智慧는 恒常이「그리스도의안에서」라는 샘에서 솟아났다。

七

골로새書講義

（二十九） 이를 위하여 나도 내속에서 능력으로 역사하
시는이의 역사를 따라 힘을 다하여 수고하노라。

[능력으로 역사하시는이] 聖靈으로 役事하시는 하나님。

그 聖靈의 힘이 나를 捕虜로하야 나의 利害打算을 無視케하
시고 나의 嗜好의 感情을 制止케만드시고 나自身의 모든
企圖에 뛰어나서 自己뜻대로 나를 부리신다는것이다。
故로 傳道者는 하나님께屬한 一個심부름군에 不過하다。그
래 願치않는일이라도 聖靈이 行하시는대로 그일에 順從
하며 參與하면서 價値없는自己의 生涯에 나타나는 하나님
의 大能의 役事를 우러러 찬송할것뿐이다。

[힘을 다하여] ἀγωνιζόμαι 는 競技者또는 戰鬪兵隊가
이기려고 征服하려고 死力을 다하야 싸우는모양을 이
르는字이다。昨今에 마지노線을 突破한 獨軍의 死鬪를 想像하
면서 읽을때에 傳道者의 役事가 또한 安易한바 아닌것을
집작할수있다。

[수고하노라] κοπιάω 疲勞하야 氣盡脈盡하도록 수고.
하는것이다。 利를 爲해서가아니오 萬人을 그리스도안에 完
全케하기爲해서의 惡戰苦鬪라한다。 丈夫의 싸움이아닌가。

（第二章一節）

[너이] 골로새、히에라볼리、라오듸게아等의 三都市는
루고 江沿岸에 鼎立한 세 고을이었다。다 함께 福音을
받었다가 또한 함께 異端에 빠졌든 모양이다。그二處
에 散在한教徒全部를意味함이다。（本誌 一二一號三頁參照）。

[힘쓰는것] ἀγών 前節에 「힘을 다하야」라는字와
同意義의 字이다。바울은 모든사람을 가르켜서 그리스도
안에서 完全케하야 세우고저 勞心苦鬪하는데 그事實을
골로새地方의 教友들도 알어주기를願한다고 呼訴한다。

（二） 이는 저의로 마음에 위안을받고 사랑안에서 련합
하여 원만한 리해의 모든 부요에 이르러 하나님의 비밀
인 그리스도를 깨닫게 하려함이라。

[련합] 은 一致、連結하는것이다。바울이 수고하는 目
的이 本節에 나타났다。信徒들이 「모든 부요」에 이르기를
願했다。그러나 그富饒는 金錢과田土의 富饒도아니오 · 學
識이나 地位의 富饒를 願한것도아니다。사랑으로 連結하는
일에 富饒할것이며 사랑으로 圓滿하게 理解하는일에。 넉
넉한者되여지다는것이다。

（三） 그안[에]는 지혜와 지식의 모든보화가 감초였느니라

[그] 는 그리스도。하나님의 能力과 智慧는 그리스도요
基督信者의 智慧도 또한 그리스도 안에 있다。그 그리
스도를 깨다름으로因하야 서로充分히 理解하며 一致하는

무릇 내 육신의 얼골을 보지못한자들을 위하여 어떻게
힘쓰는것을 너이가 알기를 원하노니

사랑의 富饒에 이룰것이다。

八

内村先生トソノ信仰

黒崎　幸吉

内村先生トソノ信仰

金様（金教臣先生）ノ話シタ通リ　内村先生ハ　質ニ偉大ナル器デアリ　偉大ナル先生デアツタ。私ノ如キヲ　弟子ダト紹介シタガ　内村先生ノ一生ニハ　弟子ナドノ観念ナク　本人モ　亦遠慮スル次第デアル。然シ私ノ信仰ハ　内村先生ニヨツテ　植エラレ育テラレタノデアル。然シ内村先生ガ私ナドヲ弟子ダト稱スベキカハ死後ノ問題デ　天國ニ行ケバ　知ルベキデアル。内村先生ハ偉大ナル器ナルダケニ　盲人達ノ象ノ泰観記ノ如ク　ナリハシマイカト恐レ　凡ノ點ニ於テ内村先生ヲ語ルト思ハズ　又斯ク理解シテモラヒタイノデアル。内村先生ノ記念會ハ　朝鮮ニアツテ度々ハナカツタト思フガ　今晩ハ内村先生ハドンナ徑路ヲ踏ミシカヲ簡單ニ先ヅ述ベントスル。内村先生個人ノ生活ノ紹介ハ或ヒハ必要ナキガ如ク　却ツテ語ラヌ方ガヨイカモ知ラヌ。然シ過去ノ偉人ヲ誤ルト神ノ如ク仰グ風アリ。人間内村ナルヲ紹介セントスルノデアル。

内村先生ハ　新渡戸稲造ヤ佐藤九三郎ト共ニ　北海道札幌農學校デクラークニ學ンダノデアル。○クラークハ　ワヅカノ日本滞在中ニ偉大ナル人格感化ヲ殘シタ人デアル。監督ハリスョリ洗禮ヲ受ケタ、優秀ナル成績デ學校ヲ卒業シタ、水産ヲ學ビタル科學者デアル。學校卒業後　官吏トシテ仕ヘタガ辭メテ渡米シタ。在米中色々ト信仰問題ニ悩ミ　白痴病院デ働イタリ　慈善事業ヲモナシテミタガ　解決ハナカツタ。所ガアマスト大學ノシーレー先生ニ會フヤ悟ル所ガアツタ。鮎國シテカラ間モナク　不敬事件アリ、困難ト共ニ迫害ガアツタ。『キリスト信徒ノ慰メ』ノ如キハ其ノ時ノ著書デアル。ソレカラ萬朝報ノ英文欄ヲ受ケ持ク所デ強ク所信ヲ述ヒ日露戦争ノ時ハ　平和論執筆ノタメニ追ヒ出サレタ。獨立シテ雑誌ヲ經營シ　政治經濟凡ユル問題ヲ取扱ツタ。又聖書ノ研究誌ヲ經營シ　昭和五年三月二十八日ナクナル日迄　三百五十數號迄ヲ出シタ。聖書ノ研究ニ沒頭スルト共ニ講演ニ以テ　ヒロク傳道シタノデアル。内村鑑三全集二十卷アリ、今伺ソレノ感化ハ偉大ナモノデアル。

此レカラ人間トシテノ内村先生ヲ語ラウ。先程モ申シタ如ク（金教臣先生ノ所感中）内村先生ハ背高ク五尺七寸ト言ハレタ。顔付ハ非常ニ怖ク　ヨク見抜カレテ　強キ特殊ナ印象ヲ與ヘタノデアル。私ナド學生時代ニドヨクデキナカツタ時ハ　先生ノ顔付ガ　怖イモノダト言ヘバ　「赤坊ノ時代モアツタ」ト語ラレタノデアル。ソレハ苦勞ノ結果ダト申シタ今ノヒツトラー　ムツソリニーナドモ非常ナル苦勞ノ結果アンナ顔付ニナツテキルト思フ。何ト言ツテモ　内村先生ハ普

九

内村先生ト其ノ信仰

通人間ニ比ベテ缺點ノ多キ人デアッタ。所謂クリスチャン型ノヤサシミガナカッタ。アッタニシテモ一見シテ嚴肅ナル態度アリ、强直的デアッタ。思ッタ通リノ所信ヲ曲ゲザル人デアッタ。或ル意味ニ於テ嫌ヒナ人デアリ　高振ル人トモ言ヘタ。謙遜ナル態度デアラネバナラヌノニデアル。信者デナイ私ノ親戚ニ海軍ニ務メテ居ル人ガアル、或ル時内村先生ヲ一見シ言フニハ　ドウモ高慢デアッタ。直立ノ儘謙遜ノ態度ガナカッタト言ハレタガ　ホントウデアル。

斯ク言ハレルダケニ　色々ナ點カラ　モット交際的ナ優シサガアレバト批難セラレタノデアル。内村先生ニ敎ヲ乞フ者ノ中反抗デモスル人ガアレバ斷然ト絕交シテ終フノデアッタ斯ク絕交サレタ者カラ　其ンナ意味ノ惡口ガアッタ。然シ内村先生ガ　非强直的ナ人トナリ　極ク普通ナ人間ニナッタナラバ役ニ立タヌ人デアッタロウト思フ。却ッテ其ノ不完全ト見エル性格ノタメニ　絕對ニ眞理ヲ曲ゲズニ　邁進シタト思フノデアル。其ノ意味ニ於テ　人間的ニ批難セラレタ其レ等ノ缺點ヲナクサズニ　ソノ長所ヲ發展サセタ所ニ　内村先生ノ偉大サガアルト思フノデアル。内村先生ハ　愛國者デアリ　豫言者デアリ、信仰ノ人デアッタ。以上四ツ,ノ點ヲ具體的ニ述ベントスルノデアル。

第一ニ、愛國者トシテノ内村先生ヲ述ベヤウ。先生ノ有名ナル言葉トシテ

一〇

「我ハ日本ノタメニ　日本國ハ世界ノタメニ　世界ハ、キリストノタメニ　而ウシテ萬物ハ神ノタメニ」ノ句ガアル。ソレハ錫デ（英文）書カレテキテ敲キ墓標ニ牧メテキタガ近年盜マレタ。ソレハ金物ガ高クナッタタメニ。先生ハ御自身ヲ神ニ捧ゲタ人デアル。先生ガ歸國ノ時船ノ横濱ニツク前ニ　日本ヲシテ神ノ國　正義ノ國タラジメント切ニ祈ッタノデアル。日本ヲ正義ノ國ニナル様祈ッタノデアル。先生ハ日本ヲ愛シタ。故ニ日本ノ短所モ知ルニ至ル。先生ハ日本ノ長所短所ニ敏感デ　短所ヲ見逃ガサナカッタノデアル。先生ハ子ノ短所ヲ知ラヌ親ハ本當ニ子ヲ愛シ得ヌノデアル。先生ハ日本人ニ向ッテハ短所ヲ語リ外國人ニ向ッテハ日本ノ長所ヲ認メサセタノデアル。當時ハ未日本文化ノ幼稚ナル時代ト言ハレ　歐米崇拜熱アリ　クリスチャンガ特ニソウデアッタ。信者間ニ日本文化排斥ノ思想アルヲ見テ　先生ハ憤慨シ　日本ヲ外國ニ示サントシ　『代表的日本人』ヲ題ノモトニ　中江藤樹ヤ西鄕隆盛ノ如キ　崇敬スル立派ナ人物六人ヲ紹介シタ程デアル。英語デ著ハシ　一時ハ愛國心以外ニナイトサヘ言ハレタ。然シ斯カル愛國者ガ非愛國者トモ思ハレタコトガアル。例ニモレヌモノデアル。先生ノ一番嫌ヒシモノハ日本ヲ來テキタル宣敎師達ニ　一身ノ生活ノタメニ日本魂ヲ賣ルコトデアッタ。日本ノ節操ヲ賣ルノヲ慨イタノデアル。私共モ學生時代ニハ宣敎師ノオ金ナド貰フノヲ嫌ハナカッタ。神ニ捧

ゲタ宣教師達ノ手ヲ經テクルオ金ヲモラツテモ ヨイノデハナイカト思ツタ。所ガ世ノ中ニ出テミルトワカツテクルノデアル。人トハ或ル人カラ月給ヲ貰フト 與ヘル人ガ何レカ抑ヘル樣ナ氣ガスル。又勝手ナ事ヲ言ヘヌノデアル。遠慮ノタメニ正義ヲ曲ゲルコトモアリ得ルノデアル。故ニ先生ハ心マデモ奪ハレルノヲ嫌ツタノデアル。先生ハ外國ノオ金マデモ奪ハレルノヲ嫌ツタノデアル。私ノ感ジタモノデアル。

先生ハ日本人トシテノ長所ヲ飽ク迄モ保タントシタル先生ノ心情ニヨル、愛國心ノ顯ハレデアル、ソレ等モ實ニ内村先生ニアラザレバ能ハナカツタモノデアル。勿論當時ノ日本人ノ傳道者ノ中ニモ 立派ナ人ハアツタ、サレド今尚宣教師ノ商前デ頭ヲ上ラヌモノガアルト思フ。其事ヲ逸早ク知リ 斷然トシテ獨立ヲ保チテ雄々シク進ンダノハ 日本ノタメニ有難カツタコトデアル。

私ハ毎年富士ニ登ルガ聞ク所ニヨルト麓ノ村デノ噂サニ黑崎ハ有名ナ人デ 西洋人カラ月三百圓ヲ受ケルトノコトデアル。此ノヤウニクリスチヤントアレバ 西洋カラ金ヲ貰フト思ツテキルノデアル。或ル人カラ聞イタ事ダガ 内村先生ガアマスト大學在學中 野蠻國日本ニ大學ヲ設立スルトノ理由デ寄附金ヲ乞フ者ニ會シタトアルガ 先生ノ愛國心ノ顯ハレデアル。内村先生ハ日本ノ長所ヲ見タ。ソレヲ外國ニ傳ヘタノハ 内村先生ノ特長デアル。彼ハ凡テノ點ニ

内村先生トソノ信仰

於テ 强イ愛國心ノ所有主デアツタ。然ルニゾンナ人ガナゼ誤解サレタカ。ソレハ日本ヲ愛シ過ギタルニヨル。イエスノ人類愛ガ餘リニモ愛シ過ギタタメニ十字架ノ死ヲ遂ゲタ。内村先生ハ愛國心ノ餘リニモ深キガタメニ斥ケラレタノデアル

第二ハ 豫言者内村先生ヲ述ベヤウ。基督教ニ祭司ト豫言者ノ二種アラバ 内村先生ハ豫言者デアツタ。顔ツキカラエレミヤヤイザヤノ感ガアルノデアル。豫言者トハ何時ノ時代ニモ 國ニ對シテ神ニ代ハリ 不義ヲ攻メルノデアル。内村先生モ 國ノ不義ヲ默ツテキラレナカツタ。例ヘバ足尾銅山ノ鑛毒事件ガソレデ。ソノ不義ヲ攻メ 非常ナル憤慨デ直接講演會ナドデ所有主ヲ攻メタノデアル。又一九二四、五年米國ノ移入民制限法ニ憤慨シ ソレヲ攻メタノデアル。不義ヲシテ默ツテキラレヌソレガ先生ノ精神デアツタ。殊ニ自分ノ心ニ正シカラズト思フ時ハ 斷乎トシテ立チ戰ツタ。ソノコトガ 教會攻撃トナツタノデアル。色々ノ間違ヒ 不正不信仰ヲ强ク攻メルノデアル。ソレデ教會ノ牧師ヤ會員ハ嫌ツタノデアル。近頃ハ内村先生ガ 死ンダモノダカラ安心スル樣ダガ 生存時ハ大嫌ヒデアツタノデアル。然シ 教會攻撃モ教會愛カラデアツテ 圖々シク無教會主義ヲ盛ンナラシメンガタメデハナカツタ。愛スル教會ノ不信仰 虛僞ニ默シ得ズ叫ンダノデアル。有リノ儘ヲ語ツタノデアル。預言者イザヤ エレミヤナドガ イスラエルノ民ノ

一一

内村先生トソノ信仰

不信仰ヲ攻メタ時ハ非常ニ嫌ヒ迫害ヲ加ヘタガ　後ニナッテ
ハ正シイ人ト思ヒ　墓ヲ建テルナドシタガ　内村先生モ近頃
ハ生存時ニ比シテ　認メラレルノデアル。斯クナル程近不
正虚偽不信仰ニ耐ヘラレナカッタノデアル。殊ニ先生ハ形式
的ナモノニ耐ヘラレナカッタ。憐ミヲ好ミ　祭リヲ好マザ
ルノ通リ形式ヲ嫌ッタノデアル。先生自身　洗禮式
アヅカルモノ　ソレガ救ノ本質ト思ハナカッタ。パウロガガ
ラテヤ教會ノ儀式的ヤ形式的ナモノニ信仰ノ中心ヲ岀ク傾向
ヲ叱ッタ如グ信仰ノミニヨル救ヒヲ強調シタノデアル。預言
者ノ信仰ヲ完ウシタノデアル。其ノ叫ビハ今日迄生キタ教訓
トシテ吾人ヲ導クノデアル。若シ日本ガ逸早ク内村先生ニ傾
キシナレバハルカニヨコカツタト思フノデアル。預言者トシ
ノ先生ハ闘士デアツタ。攻撃者ノ寫眞ナドヲ前ニオイテ
ラミツケルト言フ風デアッタ。此レ等ガ先生ヲ惡ク言フ材料
ニモナルガ　コノ温厚デナイ先生ノ闘士的性格ガ却ッテ眞理
ノ傳播ニ効アラシメタノデアル。

　第三ハ　詩人的ノ内村先生ヲ逃ベヤウ。先生ハ詩ヤ歌ヲ
ヨク作ラナカツタ。然シ　私ノ詩人ト言フ意味ハ先生ノ性
格ガ詩人的デアツタト言フコトデアル。詩人トカ藝術家トカ
言フモノハ　感覺至ッテ鋭敏デ極ク小サナ事ヲモ大キク考ヘ
ルノデアル。ソウデナイト詩人ニハナレナイ。算盤的ニナツ

テハ詩人ノ資格ガナイ。先生ハ時タマ小サナツマラヌ事ニ心
配シタリシタ。私ナドハ　又ツマラヌモノニ心配サレルノタ
ト思ツタ事モアル。私ナドハ　又ツマラヌモノヲ大ナルモノトシテ
取扱ヒ　ソレガ又果シテ大ナル事柄デアツタト言フ場合モア
ル。ソレハ先生ノ生涯ヲ一貫シタモノデ外國人ノ宣教師牧師
ヤ普通ノ信者ガ感ヅカヌモノヲ大キク感ジテ　ハツキリ顯
ハシタノデアル。若シ内村先生ガ平凡ナ人デアリシナレバ知
リ能ハザリシモノヲ詩人的敏感ノアル先生ニハ見ガシ得タ
モノガ多クアツタノデアル。勿論ツマラヌ問題デ心配シタ事
モアル。ルツターハ内村先生ニ似タル所ガアル。ルツターヲ
助ケタ　メラングトンハ才アリ性格至ツテ温厚デ　ルツター
ガ或ル時　メラングトンニ對シテ言フニ「小事ニハ勇アルト
モ大ナルモノニ勇ナシ」ト。ルツター自身ハ大ナルモノニ勇
アリト語ツタソウデアル。内村先生ニナルト　實ニ大膽デ又
小サキ事ニモ敏感デアツタ。斯カル性分ノタメニ外人ノ金ヲ
オ斷リシタノデアル。詩人的ノ先生ハ其ノ中ニ不純ナルモノ
ヲ知リ　嫌ッタノデアル。我等ノ教ハルベキモノデアル。

　第四ハ　信仰ノ人内村ヲ逃ベヤウ。以上語ツタ愛國者トカ
預言者トカ　詩人ト言フヨリモ　信仰ノ人デアツタノデアル。
先生ハ學生時代ニハリストニヨツテ受洗サレタ。眞ノ後悔ナク
日本ヲ救フニハ　基督教ガョイトノ考ヘニ止ッタモノデアル。
後ニ色々ナ事情アリ　渡米シテ長ラク心ニ惱ミアリタルヤ　解

一二

内村先生トソノ信仰

決スベク新ツタノデアル。學問モ慈善事業モ解決ナク　アマスト大學總長信仰ノ人シーレーニ會フヤ　心ニ悟リタルモノガアツタ。新島ノ紹介デ一貧苦生ガ總長ニ面會ヲ求メタノデアル。意外ニモヨク待遇シ　色々ト談話ヲ交ハス中ニ『君彼ヲ知ル？』ノ問ニ新島ノコトト思ヒ『知ル』ト答ヘタノデアル。スルトシーレーハ否否キリストガ神ダト叫ンダ。ソノ言ガ内村先生ノ心ヲ打ツタノデアル。シーレーノ信仰ニ打タレ　十字架愛ノ信仰ニ觸レタノデアル。

然々ニ敬虔ノ人ト神々シイ風ヲシタ人ヲ聯想スルダロウ然シ内村先生ハ信者クサクナカツタ。一擧手一投足ヲ信者クサクスル者ガアルガ先生ハサウデナカツタ。多クハ否弟子ト言ハレル人ノ中ニモ　先生ノ愛國心ヤ　自然科學ヤ聖書ノ知識又ハ強イ性格ヲ見ルガ　内村先生ヲ先生タラシメタ根本ヲ見逃シテハナラナイ。見ルカラニ傲慢不遜ナル先生デアル。ニテ心ノ奥深ク罪人タルヲ悔ヒ　赦サレテ喜ブト云フ姿ヲ思ハシムルノデアル。之レ先生タラシメタ根本デアル。感謝ノ生活ハ人ニ　見セルベキデナイ。神見給ヘバヨイノデアル。感謝ノ生活ヲ人ニ見センカツタタメニ傲慢ノ様ニ思ヘタ。然シドゞナ人ニモ頭ヲ下ゲナイ先生ガ　絶對ニ下ゲナイコトハナイガ　神ノ御前ニヒレフシタ。ソレハ先生ノ先生タル所以根本ヲ知ラシメテクレルノミナラズ愛國者ダトカ預言者ダトカ詩人ダトカ言フ凡テヲ産ングモノデアル。ソレハ生キタ

信仰デアリ　先生ノ信仰デアツタ。先生ハ何ヲ信ジタカ。大體先生ノ信條ハ傳統的デ使徒信經ニ準ジ　童貞女マリヤヨリノ出世　十字架ノ死　復活　昇天　審判ナド新ラシイモノハナイガ　唯一ツ新ラシイモノハ　先生ノ無教會主義デアル。弟子ト稱スルモノノ中ニ餘リニモ熱烈シ過ギル時ニハ　君達ハサウナツテハナラヌト言ハレタ。無教會主義ト歐洲ニ見ルコトヲデキヌ獨特ナモノデアル。ドンナモノデアルカハ具體的ニ講演ヤ本ナドデ御存ジダロウ。先生ノ性格中著ルシキ一ハ變ハツタコトガ好キデ眞似ルコトガ大嫌ヒデアツタコトデアル。人ノナスノヲ再ビ繰リ返スノヲ嫌ツタノデアル。御靈ニヨツテ獨特ノモノヲナスベキデアルト。然シ我等ハ我等ニ與ヘラレタ性格ヲ通シテ　如何ニ新ラシク變ハツタ風ニシテモ大體似タルモノヲナスノデアル。先生ガ無教會主義ヲ叫ンダノハ、教會ニヨラズシテ救ハルトノコトニヨル。信仰ノミニヨツテ救ハルトノコトニシテ　信仰ニヨツテイエスト連ナリ其所ニ教會ガ存シ得ルノデアル。其ノ教會ハ人間ニヨツテ成立ツタノデナク、信仰ニヨツテ存在スルモノデアル。カトリック教以外ニ救ヒナシトノ　舊教ノ格言ヲ眞向フカラ反對シテ　カトリック教ノ教會デナキヲ指摘シテ分離シタツタ!!ハ福音的ノ教會ヲ形成シタ。然シ此ノルツターノプロテスタントノ福音的ナ教會モ形式的ナモノ人間的ナモノヲ超越デキナカツタ。ソレハ西洋人ノ根本的ノ性格ニヨル。ローマ時代カ

内村先生トソノ信仰

ラ彼等ハ法律的ノ人種デ（ローマ法ハ今尚研究スルガ）總ベテヲ法律的ニ一定メテ終フノガ彼等ノ必然的ノ要求デ東洋人ト比較シテ具體的ニ物ヲ見ルノデアル。有ルガマノ形デ見ルノデアル。『印度途上ノキリスト』ヲ書イタ　スタリン　ジョンス　ガハ印度人ナドガ目ニ見エルモノハ實在デナク目ニ見エヌモノガ實在ダトノ言ヲ西洋人ハ異様ニ考ヘルノデアルト言ッタ。藝術ニシテモ目ニ見エル通リニ西洋人ハ描クガ　東洋人ハ目ニ見エヌ氣持ヲ　描クノデアル。基督敎ニ於テ　イエス　ニアル信仰モ目ニ見エル形ニヨッテ見ルコトガデキルトナスノガ西洋人ノ考ヘ方デアリ特徴デアル。東洋人ト異ナリ　西洋人ハ分析的デ東洋人ハ綜合的デアル。哲學神學ナドニ西洋人ガ勝レルガ神秘的ナ方面デハ東洋人ガ勝ルノデアル。内村先生モ東洋人共通ノモノヲモッテオリ　基督敎信仰ニ入リ　西洋的敎會ニ接スルヤ　詩人的直觀ヲ以テ似合ハヌモノアリト逃ゲダシタノデアル。決シテ東洋的ノトカ世界的ノトカ名譽ヲ欲スルノデハナカッタ。内村先生ハ現敎會ニ留ッテオレバ信仰ヨリ遠ザカルベキヲ思ヒ　無敎會ノ人ニナッタノデアル。強イ獨特ナ性質ト形式ノナ敎會ニ合ハザル其ノ事ハ内村先生御自分ノ性格ニモヨロウガ　ソレハ案外　キリストノ敎會　キリストノ體ノ　本當ニ何モノナルカヲ　示サンタメニ神ノ東洋ニ實ヲ下シ給ツタ思フノデアル。内村先生ハナカリセバ　西洋ノ神學ノ　哲學ガ考ヘル以上ニ附ケ加フルニ難カッタロウ。然ルニ西洋人ノ兄能ハヌ部分ノ　内村先生ハ　正直ニ發表シタノデアル。愛國精神モ　預言者的ノ攻撃モ　詩人的ノ直觀モ

一四

ナ信仰ノミニヨル信仰ガ　斯ク　ナサセタモノデアル。東洋ノタメニ殘サレタ偉大ナ實ヲ發見サセルタメニ内村先生ヲ選ンダト思フノデアル。無敎會ハ敎會妨害者デアッタリ惡口ヲ言フモノデハナイ。本人モ内村先生ノ感化ニモヨロウガ　自分ヲ感ジタマヘヲ思フト　信仰ニ強ク立ツ時ニ　コウシナケレバナラヌト言フ。即チ信仰ノミニヨラネバナラヌ。ソレヲ語レバ惡口サレルノデアル。人間的ナ儀式　規則ヲ第一トシナイト言フコトデアル。飽ク迄實際的ニ　キリストヲ信ジテ　牲カントスルコトデアリ、此レハ將來理解サレルコトト思ヒ　又東洋人ノタメニ　發見シタ實ト言ヘルノデアル。故ニ當派ヲ造ッタリ　團體ヲコシラヘタリシナイノデアル。東洋人ノタメニ　實際的デアルト言フ眞理ヲハッキリ摑ムコトデアル。カール・ハイムガ日本ニ來タ時　内村先生ニ會ヒ　内村先生ノ事業ヲ讃シタモノ　後繼者ヲツクラヌノニ不思議ガッタ。ハイム先生ハ　東洋ヲ理解シ神秘主義ヲ理解セントスル人ナルニモカ、ハラズ　後繼者ヲツクラヌニ不思議ガッタノデアル。西洋人ハ分離スルト自身ノ敎會ヲツクルノデアル。所ガ内村先生ハ　本當ニ他ノ敎會ヲツクラナカッタ。私共ハ弟子ト言ハレルガ　先生ハ弟子ノ命名ヲドシナカッタノデアル。内村先生ノ集會　内村先生ノ死共ニ　ナクナッタノデアル。然シ　今尚ホ集會ハアル。ソレハ見エヌモノヲ見ル能ハヌ西洋人ニ知リ能ハヌモノデアル。内村先生ニヨリマシテ　信仰ニヨッテ東洋人ノタメニ實ヲ發見シタト思フノデアル。而ウシテ神ニヨッテ　建テラレタル敎會ノアランコトヲ信ジ　内村先生逝ケル滿十週年記念ニ際シ　感想ト所信ヲ述ベタ次第デアル。

（文責在筆記者）

罪人만을 爲하야 (三)

A、J、럿셀 著
趙聖社 譯

第二章　三人의 吟遊詩人

一九三二年 正月의 일이였다。「나의 宗敎」의 記事가 發表되어 世上을 놀래게 한지도 이미 七年이 지났다。거이 五年間 나는 우리 新聞社의 日曜新聞支配人의 椅子에 앉아 있었었다。아마 宗敎記事의 成功에 對한 皮肉的 報酬로 昇進하였다고나 할련지。

이 一九三二年 一月에는 우리 新聞은 아주 好景氣였다。不景氣가 全英國을 휩쓸었는데도 不拘하고 優秀한 記事와 奇拔한 뉴―쓰와 膽大하고 獨創的인 廣告術과 過去의 努力의 結晶等이 效果를 낸셈인지 發行部數가 倍加하였다。

이 七年동안에 꼭한번 나는 「나의 宗敎」以前에 經驗한것과 같은 超自然的 靈導의 經驗을 다시한번 하였다。그러나 우리 新聞은 언제든지 超自然的 指示로써만 部數를 擴張하였다고 誤解를 받어서는 안되겠기에 나는 여기에서 그后에 아무런 超自然的 現象도 없이 어떤 妙案이 생겨서 一躍 四十萬部의 增加를 보았고 그中에 十萬以上이 永久讀者가 된 事實도 있었다는것을 말하여둔다。

그러나 이책의 主題는 普通 아무新聞이나 손에 넣을수있는 도꾸다네(特種)가 아니다 아무 新聞도 注意하지 못하는 도꾸다네이다。

나는 우리의 여러가지 新聞中에 어떤것이든지 그部數를 春季에 벗적 늘려보구 싶어서 「나의 宗敎」式의 連載物을 또하나 내여 봤으면 하고 願하고 있었다。어떤 日曜日아침, 나는 켄트州에 있는 어떤 長老敎會에 參席하였었다。이敎會의 牧師인 文學士 J、M、빠가쓴氏는 나중에 英國長老敎會의 大會議長이 된사람인데 옥쓰포드大學에서 始作하였다고 하는 어떤 새로운 宗敎運動에 對해서 몇마디 說明하는 말이 있었다。그것은 옥쓰포드그룹運動이라는 이름으로 알리워져있는것인데 이運動은 急速度로 여러나라로 퍼저가고 있으며 南阿佛利加에까지도 퍼져가고 있다고 하는것이었다。옥쓰포드大學에서 생긴 새宗敎運動! 이것이 그牧師의 說明의 唯一한 要點이라고 나는 記憶하고 있다。여기에 새로운 생각의 실마리가 생겼다。이 英國에서도 學問의 中心地인 이곳에서 이미 여러개의 有力한 宗敎運動이 생겼다고 하는것은 누구나 다 아는바이다。그렇게 생각하고 보면 英國에서 또 새로운 宗敎的 復興

罪人만을 爲하야

運動이 일어날 時期도 되기는 되었다. 요전의 것은 웨
일즈에서 일어났으니 이번에 새運動은 옥쓰포드에서 始
作되었다고 하는것도 그럴듯한 일이다. 첫째 옥쓰포드라
는 이름이 復興運動에 가장 重要한 威嚴을 주게될것이다.
뉴ー쓰的 立場에서 본다면 英國에서 宗敎運動의 出發點
으로서 옥쓰포드보다 더 適當한 곳이 꼭 있다. 即
그것은 캠부릿지인데 캠부릿지에서는 이제까지 眞正한 리
봐이발運動이 일어난적이 한번도 없었다. 以前大統領 루
ㅣ즈벨트가 世界漫遊를 할때 그團員의 하나로서 옥쓰포드
와 캠부릿지를 訪問한 愉快한 記憶이 있는데 나는 캠부
릿지는 스포ー츠의 大學이라고 생각되었고 옥쓰포드는
새로운 宗敎運動의 故鄕이라는 感이 있었다. 이제 萬一 이
顧序가 밧괴인다면 재미있는 뉴ー쓰가 될것이 아니겠는가?
나는 우리 新聞에다 「옥쓰포드의 新宗敎運動」이라는
欄을 맨들어 놓고 아무에게나 公開해서 各自의 意見을
맘대로 發表하도록 하는것을 눈앞에 그려보았다. 그러
나 이 記事를 知慧롭게 操縱만 한다면 큰 反響과 有
益한 宗敎的 敎訓이 될것이다. 이번에도 亦是 信者와
不信者 兩界에서 좋은點만 따서 取해보리라는 생각이
稀微하게ㆍ났다. 그러나 月曜日까지 기다려서 着手할 必
要가 어데 있으랴? 바로 그 日曜日밤으로 나는 그
牧師에게 電話를 걸고 좀더 詳細한 內容을 물었다. 그

는 이運動에 對해서 아는데까지 말해주었다. 이야기가 많
지는 않았으나 그는 이運動의 指導者는 自己의 親友들
에게는 푸랭크라고 알리워저있는 사람으로써 하나님에게
大端히 接近한 生活을 하는 사람이라고 말하였다.
그 이튼날 나는 落望하였다. 新聞舊號室에 部員을 보
내서 푸랭크와 그의 運動에 對해서 스크랩을 해오라고
한 結果 나는 이 옥쓰포드그룹이 벌써 몇해前부터 存
在해 있었다고 하는것을 알었다. 그리고 이 풀리ㅣ트ㆍ
스트리ㅣ트에 漠然하게나마 알려저 있었고 잇다금 우리
日刊新聞에도 記事가 났었던것을 알었다. 그리고 옥쓰포
드의 이 그룹의 發端에 對한 新聞의 報告를 읽은 記
憶이 있기는 있는데 그것은 아주 不親切한 것이어서 그
當時에 나에게 不快한 感을 주었든 記憶도 있다. 그러
나 그后에 著名한 옥쓰포드의 人士들이 連名한 편지를
新聞社에 보내서 이 不正當한 批判에 對해서 抗議를 하
였다는것은 全然 알지못하였다. 結果를 보아 말한다면
그들은 新聞의 이 批評이 誤解와 根據없는 風說에 依해서
이 運動의 精神을 歪曲하였다고 하는것이었다.
何如튼 나는 맥이 탁 풀렸다. 다 낡아빠진 材料를 들
추어내가지고 英國을 覺醒시킬만한 宗敎的記事를 맨들어
볼 希望은 그다지 없게되었다. 이 뉴ー쓰는 벌써옛날에
世上에 나온것이었다. 그리고 이 運動의 方法이 形式을

一六

너무 無視한다는 點과 罪를 너무 强調한다는 點에서 非難을 받어 온것이다. 나는 이제 와서야 이 運動이 생긴지가 벌써 여러해가 지나갔는데도 不拘하고 여기에 손을 대는 쩌ー날리스트가 없는것과 아무 新聞도 이 옥쓰포드그룹을 支持하려고 하지않는 理由를 理解하게 되었다.

그렇지만 나는 亦是 斷念하고 싶지는 않었다. 그運動의 敎理에 큰 잘못은 없을것이다. 萬一 있다고 하면 옥쓰포드大學같은데서 承認되었을理가 萬無하다. 이것이 이運動을 爲해서는 有利한 點이었다. 그리고 그들이 主張하는 生活의 四標準이라는것이 또한 强點이었다. 그들은 自己네의 말하는것이나 行動하는것을 全部 絕對正直, 絕對純潔, 絕對無私, 絕對愛, 이네가지 標準에다 테스트해본다고한다. 이러한 標準에다 마추어나가는 運動이니까 큰 弊害는 없을것이다. 이러한 標準을 全部 絕對正直의 尖端性으로 본다면 多少한 것을 仔細히 調査해보면 新開이긴 하나 이렇게 色彩가 다른 運動이요 그리고 옥쓰포드로부터 全世界로 퍼지는 이 運動에는 무슨 좋은이야기가 어떤가 감초여 있을것이라고 느꼈다. 그리고 新聞에 나기만 한다면 또 큰 人氣일것이다.

이러한 境遇에 大槪 쩌ー날리스트의 取하는 態度는 「支持할수 없는것이면 攻擊해주어라」하는것이다. 어떤 女流小說家 한사람도 날보고 攻擊해 주라고 熱心히 勸하였다. 그러나 옥쓰포드大學의 默認을 받은 宗敎運動을

罪人만을 爲하야

어떻게 攻擊할수 있을것인가? 이 運動의 眞諦를 理解해도 못하며 그저 攻擊만을 한 分別없는 쩌ー날리스트들도 한둘이 아니었다. 讀者에게는 언제나 稱讚보다는 興味있는것이니까. 그러나 大槪 稱讚하는것은 無毒하나 攻擊한다는것은 禍를 입는수가 많은法이다. 英國의 誹謗罪에 對한 法律은 大端히 威脅的인 存在이다. 紙上에서 누구를 조금 掤揚만해도 벌써 告訴를 받고 큰 損害를 입게된다. 그러기에 新聞은 언제나 自己의 생각하는 바를 다 말하지는 못하는 法이다. 잘못했다가는 적지않은 損害를 보게되는때문이다. 그러나 옥쓰포드그룹과 같은것은 좀해 없는 對象이요 그리고 저쪽에서는 決코 返擊해 오지 않기때문에 모두들 맘대로 攻擊을 하는것이다.

나는 옥쓰포드그룹을 攻擊할 意思는 조금도 없었다. 나는 基督敎를 믿는 사람이다. 그리고 新聞의 스크랩한것을 仔細히 調査해보면 그指導者들도 設或 그方法이 좀 新奇하다던지 不愉快하다던지 하는 點은 있더래도 基督敎를 믿는 사람들임에는 틀림이 없었다. 그뿐만 아니라 나는 基督敎의 形式을 現代化하는것이 必要하고 또 可能하다고 믿어왔었고 또 이미 옥쓰포드에서 큰 地盤을 닦아가지고있는 푸랭크의 獨特한 方法과 敎訓이 바로 그方法이 될런지도 모르는것이다. 些少한 反對나 嘲笑가 있다고하여서 눈이 멀어서는 안

一七

罪人만을 爲하야

一八

된다。反對나 嘲笑는 새運動에는（宗敎的이건 世俗的이
건）依例히 있는것으로써 때로는 이것이 오히려 勝利
의 機會가 되는수도 있는것이다。루—터도 많이 받었
고 聖푸란씨쓰、웨슬레이도 充分히 받었다。뿌—쓰는 嘲
笑를 받었을뿐만 아니라 돌로 맞기까지 하였다。그러
고보면 이 그룹은 宗敎運動의 正道를 밟고 있는것이
라고 할것이다。그리고 아무도 歪曲하지못할 事實은 이
運動은 英國의 智的中心地요 文化的中心地인 옥쓰포드
에다 뿌리를 밝고 있다는 것이다。

나는 遲滯하지말고 푸랭크를 만나보기로 하였다。그
러나 그가 어디서 사는지 아무도 아는것같지 않었
다。여러가지로 調査해본 結果 론돈、도—뷔街에 뿌라
운즈호텔에 있다는것을 겨우 알게되었다。지난번에 내
가 뿌라운즈호텔에 갔을때는 興味있는 競馬懷古錄을 나
와 合作하기로한 어떤 競馬練習敎師의 손님으로 갔었
다。「나의 宗敎」에 寄稿한 「無名人」의 말에 依하면 先
天的賭博軍이라도 信仰心은 나면서부터 가지고 있는것
이라고 한다。이번에는 競馬의 練習師代身에 하나님의
사람을 맞나보러 뿌라운즈호텔에 간다는것은 나의 靈
的成長의 自然的進步라고 볼수 있을것이다。푸랭크가 뿌
라운즈호텔에 산다는것은 나에게 조곰 異常한 感을 주
었다。그 호텔은 大槪 貴族들이나 地方에서도 一流人

士들이 入京하였을때 흔히 留宿하는 곳이기때문에、現
代엘리야에게는 適當치 못하다고 나는 생각하였다。그
러나 어느 神의人이든지 英國의 空氣를 마시며 사는
限 어디서든지 집속에서 살지않으면 안될것이다。시골
담밑에서 소에게다 自己의 멧셰이지를 傳할수도 없는
것이며 聖푸랭씨쓰와 같이 새에게다 傳道를 할수도없
는것이다。

뿌라운즈호텔周圍의 피카딜리（론돈의 市街名—譯
者）地域이 시골보다도 靈的振興을 더 要한다는것은 아
무도 疑心할수없는 바이다。또 그뿐만아니라、푸랭크는
靈魂의 監督인데 監督의 邸宅은 고사하고 牧師舘하나
도 없었다。그리고 호텔은 所謂 上層遊民階級과 接觸
할수있는 唯一한 場所이다。이사람들은 흔히 救靈事業
에는 等閑視되는 사람들이였다。그러나 한번 變化되기
만하면 그들이 二十世紀 英國貴族이건 로마皇帝 콘스
탄틴이건 大端히 有要한 人物들이 될수있는 사람들이
다。그리고 뿌라운즈호텔에서도 푸랭크에게는 宿泊料도
特別히 取扱해주고 있었다。이것은 나종에 알게된것이
지만 푸랭크는 不遇한 下層貧民사이에서도 晝夜로 活
動하는일이 드물지 않으며 또 宮殿이나 貰房이나 區
別없이 어느사람에게든지 맞나고 어느사람하고든지 親
하는 사람인것이었다。（續）

舊號를읽고서

여호와 아버지의 無限하옵신 能力下에서 春色은 日復
日濃厚하여가온 春三月好時節을當하시와 主恩中氣體候一
向萬安하시옵고 尊堂諸節께옵서도 萬萬均安하시온지 伏
祝不已하나이다。就伏白、昨夜에사 계우 昨冬에 下送하
시온 聖朝誌舊號（自八四號至一〇七號）二十四卷을 讀了하
였음니다。半分은 去三月十日內로 讀破해놓고 殘餘半分
은 今路에사 走讀으로써 末하였음니다。그도 三日間臥病한德
澤으로 讀了하고보니 世所謂幸福인健康보다도 天與의祝
福인 不健康이 더욱有益한것을 又復切感하였음니다。

先生님！ 小生이 그舊號를 읽으면서 聖人君子도되여
보고 또는 兩袖을 불끈쥐여보기도하고 또는 感淚로兩
眼을흐리게도해보고 배人살을쥐고 웃다가 獨笑하
기가 可惜해서 內子까지 불러놓고 다시그句節읽으면서
共笑를 마지아니한적도 있었음니다。小生이 배人살쥐고
웃었다는 句節도 先生님께서는 讀者에게 一場의웃음노
리를 이르키시기爲해서 决코아니신것은 깨달
을때에 그웃었다는것은 大端罪悚千萬한일입니다마는
直히告白한것뿐입니다。若此寬恕之地伏望千。그래勿論何號
하고 모주리 靈糧의 寶庫이였음니다。그寶庫를所有한者
福스럽도다고합니다。

舊號를읽고서

就中三四事項을 든다면 第八五號의『病床에서의消息』이
남과같은 健康못가진者로서 慰安답이되고 同號『無敎會
信仰問或은朝鮮』이란글月은 참으로 반가웠슴니다。小生이入
信後開或은중얼거리기를『他人은몰라도 余는余니까 故 學識不
足、德性缺乏、五尺餘의肉塊一個와三寸未滿의舌一個를 左
右치못하는余니까 예수님을 信仰한다。또余는 하고많은
나라에 하고많은民族中에 特別히 저의나라에 이런百姓
으로 亨生效으니 他國他民族은 몰라도 余만은 예수
님을 信仰한다고하면서 小生의 現職을通하여서 보고들
고 接觸해본 우리百姓을 生覺해볼때에 恨嘆落心아니할
수없으니 그런만큼 우리百姓은 믿어야겠다고 중얼거
립니다。저咸先生님의 말슴과같이 曰、우리는世界의不義
를 지기爲함입니다。우리는世界사람의게 바림을當한者들
이기때문입니다。이句節을읽을때에『옳다、이것이다』하고
왜쳤슴니다。다음에 第九九號의『聖書朝鮮을받으라』는先生
님의 글월을읽고 冊을 손에서 때놓고 內心先生님을 그
리면서 『그先生님이！』하고있는瞬間 小生의낯에는 불찌
르린것같고 心靈은悔改의 催促을하였음니다。痛感한바있
었슴니다。이는 實行後 알겠음니다。何時라도 現職生
活이出末되면 알외겠나이다。다음엔 第一〇六號의『堀井而
飮이라』는글月에 一老人의漢詩또한一驚하였음니다。漢學의
素養을가지신 小生의生養兩祖考를 想起하기도했음니다。

一九

聖朝通信

『閃光같이 흘러가는 淸想쪼각을모여서 能히 友人의靈臺

를慰勞할수있을것을 배운다고 하읍신 先生님의 말슴을、참

으로點頭하여지나이다。또同號聖朝通信九月二十九日끝五行

은 近日의小生을참으로慰勞해주셨읍니다。職業上으로心情이끌어나서

情이나서 못살겠읍니다。그바울先生의말슴 그말슴에對해서『果然그렇다

하든판에 그바울先生의말슴 그말슴으로 心情이끌어나서 傷心

……傷心할必要없다』고하신 先生님의말슴 참으로 小生을살

리웠읍니다。都是感謝뿐입니다。就中異彩를 放射하고있는

것은 무엇보다도 우리의자랑인『聖書的立場에서본 世界歷

史』란 글이였읍니다。無識한 小生의게는 좀 어려운節

이 있었읍니다마는 大體의意味만은 知得하였읍니다。（下界）

本誌의舊號

一、聖書的立場에서본朝鮮歷史號 （六一~六三六~八三）
　全部가本誌第六十一號以下十九號에 　亙하여發表되였든것인
　대 거의모다品切되었고 只今은 其中의四、五號만남어있다。

二、聖書的立場에서본世界歷史號 （六八~二一〇）合計二十一册
　이것은全部남어있다。

三、히브리書講義號 （二二三~二三五號）合計十一册。
　이것은全部남어있다。但이것은定價대로 一册二十錢식。

四、南岡李昇薰先生紀念號 （先生님의晩年寫眞一枚附）
　李先生昇天하신지滿十週年에、別로紀念集會도 있었다고傳하는
　때에、아직紀念號 若干部남어있다。特價期間中에는一册十六錢。

以上모다特價期間中에는一册十六錢。

聖朝通信의續　　二〇

四月二十五日 （木） 曇。오늘은發送되리라든四月號가 어찌면
永久히未發送으로 끝일넌지 모르게 되여있다。○小鹿島消息에
行。새로卷頭文一枚組版하다。○午后에印刷所
『拜啓。○벗서붙도짚
었읍니다그동안 先生님道體聖恩中錦安하신지요。三月號를拜讀할
때 벗서四月號를기다리는마음과、더욱이 三月號에있어 현저히
面目이새로워진것으로미루어 四月號를읽고싶은마음 간절
하드니、四月도 이미벗꽃이 지건만 기다리든聖朝는아니옵니다。
時勢가時勢인만큼 미루어自覺할수는있어 오나 하도궁금하옵기
今것을 들었읍니다。（下畧）』?

四月二十六日 （金） 雨。家事에屬한일로終日紛忙。○四月號의
原稿追加提出。○呂慶苑櫻花로因하야 附近一帶의交通이遮斷되여
서 自轉車通行에不便。但夜櫻의德分에 구경차로上
城한親戚知人들이 이山麓에까지 찾어와留宿하여주니 情誼를 따
뜻하게하는 絶好의機인것이感謝々々。

四月二十七日 （土） 晴。午前中 面事務所에다녀오다。○戶口調
査하여갔으니 糧米對策은如前々々。○午後에印所에가서校正。
다。○四月號는 어찌되며 宋兄은어떱니까。제각기 제일인지 今年
은異常합니다。弟도 이렇게 豫想못했읍니다。바쁠줄은
勿論不成이고 今後도 當分間은 붓들수없고 못쓴다는 말슴좇아
못한것은 金현意慢의罪입니다。校正은 보법니다。（下畧）』

聖朝通信

三月二十九日 (金) 晴。女兒의 入學에
關한일 아직도 未決中。(東京에서)

三月三十日 (土) 時。저녁에 赤羽에
松尾秦雄技師宅來訪。信仰精進의 談不盡。

三月三十一日 (日) 小雨、晴。午前中
〔滿洲소식 一枚如何「발서 先生님
은 淺野猪三郎先生宅禮拜에 恭席。午后에
女兒入學件으로 芝區 澁谷區로 도라다
니다。

전人郡의 말슴을드려야할것을 밋처드리지
못하야 참으로未安하옵니다。낯은비옵지
못하얏사오나 오래전부터 先生님의 이름
도들엇습니다。이는 다름이아니옵고 五山咸
先生님을通하와 先生님을알엇습니다。只
今은 貴筆聖朝紙들붙들고 先生님을맞
나 말슴을듣는것처럼 생각하옵고 기다리
고기다리다가않될것같아 참
주옵소서。이렇게絲頭없이 말슴을드려 참
未安합니다。저는 ×州 ××面이란農村에서
拾餘年동안 農事를하다가 밎해後에五山
咸先生님을찾어가뵈옵고 咸先生의가르침

라고하며　敎授이라할가요。義를爲하야苦

先生님을通하와 先生님을알엇습니다「只
今은 貴筆聖朝紙들붙들고 先生님을맞
나 말슴을듣는것처럼 생각하옵고 기다리
고기다리다가않될것같아 참。先生님을맞
나 말슴을듣는것처럼 생각하옵고 기다리

牧師兩班 눈을부르뜰것같아 말도못내엿읍
니다。先生님, 이것을어찌하리오。이사슬
上으로보았사오니 去番 萬若 先生님을講한다면
는 한숨을길게쉬고살게되엿으니 自由들읿고
답하옵니다。去番 先生傳道應援말슴을誌
는 무겁고도굳은쇠사슬에얽매여서 가구
지남모르게우는것은 다름이아니라올시다。
本來도짐작은大槪하여왓거니와、이敎會라
는 福音을爲하야 이滿洲에와서當하는苦
生은 未來부터 저의所願이엿거니 한가
다。福音을爲하야 이 悔改들웨치고있읍니
이쓸쓸한벌판에혜매이는 우리同胞들을爲
福音을爲하야 이
의많은感化로 오늘것 先生님의 한同志로
弟子로있었습니다。平生에 所願이 이貴한

들어도 얼마나기쁜일인지 저는 불상하게
黑崎先生의 內村鑑三先生紀念講演會말만
는참으로 神仙이부러울것없읍니다。
인지 農事를하면서 聖經을研究한다면, 이
咸先生님의 農事를하면서 聖經을研究하는
다。한機械요 한종사리가된것같읍니다。
다。牧師、傳道師、말만하여도 끔즉합니
갈이지고 나가기만을 참으로바랍니
줄압니다。저도×××의指示는 十字架를
이 우리朝鮮江山에나심을 世界에자랑인
架이면 十字架도十字架윤十字
모리보와도 主님의十字架는 아닌것같은
假十字架에둘려워 달련을받음은 寃로나
의一生이可惜한것같읍니다。저는 ×××
理이문分明하나 基督敎가 勿論十字架의道
모리生覺해도
꼬리같이노래하여 살아볼수없을가요。아
에라도한번 참自由를얻어 저봄동산에피
先生님 저는잘못생각인지는모르오나 꿈
하야 苦生함은 아모래도헛된것같읍니다。
生當함은 기쁜일이어니와 敎會規則을爲

쓰게 아모걸릴것없이 좋날셀몸으로 예
을 좀쯤어바랄라면어찌하여야하겠소 좀기
게 이것을어찌찌하리오。이사슬
도 이敎會사슬이 나들結縛하야 가불생각
도 없이 저의마음이어떠하오니
까。너무길게말슴을하야 얼마나未安합니다。

二一

聖朝通信

先生님 앞으로 사랑하여주시고 바루나아 갈길을가르치주옵소서。꿈에라도 先生님의 聖書講義令에恭席해보고싶어 못견대겠읍니다。내々年康寧합니다。오래々々참을것。

四月一日 （月） 曇。電車의乘替卷에4/1 이라고 박혔으니 드디어 紀念할新年度이 되였다。蕟히自由로옴을 느끼다。○午前中은 下宿찾기、午后는 女學校入學件으로紛忙。

四月二日 （火） 曇、夜雨。午前中에 常磐松高等女學校에 就하야 女兒의入學許可를얻다。松山校長先生은 일즉少年期에서 壤서長成하야朝鮮語를能解하며 崇專教授도 지났고 內村先生의感化도 깊이받었고 現在에는 聖書知識과嘉信兩誌의讀者라하매 스스로意氣相通하는바 있어서 愉快하였다。○途次에 探本虎二先生을尋訪하야 東京있는 朝鮮人基督教會에關하야 많은情報를듣다。

四月三日 （水） 雨、暴風。近日의東京氣候는 매우憲冷하야 外套準備못했든것을後悔할形便이다。○午前中은 宿舍에서 原稿若干쓰고、저녁에는 有隣學舍에 모이는 家庭禮拜에恭席하다。어떻게 알고서 한일인지 余輩가 온것을알고서 이미 지난主日의神田教會禮拜時間에 廣告까지하였었다고해서 不得已오늘저녁禮拜引導의任務를擔當하게된것이다。閉會後에도 歡談不盡하야 十一時가까워서歸宿。

四月四日 （木） 晴。午前中은 澁谷常磐松高等女學校에가서 女兒의入學手續을 畢하고、午后에 寄宿舍尋訪。

四月五日 （金） 晴、后雨。午前九時에 常磐松高女始業式에恭列。이로써 入學에 關한일은 一段落되였다。午后는 雨中의 銀座街구경。停留所、삐쓰、電車、食堂、百貨店、모다 超滿員。

四月六日 （土） 曇、小雨。午前中에原稿의整理를하고있은즉 某靑年이來訪하야 自己의所願에贊同을求하였으나 거의全部에 反對를表明하여 보내 青雲의志를逃하고 自己의所願에 이 談論이 드디어 數三時間에 亘하다。

四月七日 （日） 晴。午前十時에 淺野猶三郎先生의集會에恭席하야 辭職後의質問에關하야述하다。○午后에 永井翁宅로부터伊藤兄宅까지 沿線知友先生들 一巡으로四五處尋訪하였으나 그대로 時間不足으로未畢하고 午后十一時近하야 本鄕에歸宿하다。

四月八日 （月） 晴。午前中은 原稿整理。午后에逗子까지暫時往返。○宗敎法案通過後로 前科者는 傳道할資格이없이되였은즉 天路歷程의著者번연이갈은이도傳道할수없을것이니 누가傳道할것인가。

四月九日 （火） 晴。航空郵便의去來頻繁하야 몸은 멀리떠나있으나 精神과俗事의繁雜에서 脫出함을不得。電信과郵便이全無하였든 미디안 뜰이 그리웁다。○原稿整理。

四月十日 （水） 晴。三時間半으로써獨軍이丁抹全土를占領하였다고

內心에 去年 全南光州東小學校 講堂에서 賀川豊彦氏의 講演時와 같은 順序가 되지않을가하고 多少念慮하였더니 入口에서받은 「푸로그람」을본즉 念慮는 安心과기쁨으로 突變해버리는同時 당국의態度도 서울과시골이 雲泥之差가있는것을 깨달었읍니다。그래 內心에 이 하로밤의此席集會가 萬有의아버지앞에 榮光돌리옵소서하고 비는마음으로 着席하여 「푸로그람」을 다시한번 仔詳히살피고 聽講의마음準備를하였읍니다。첫재 宋先生님의 朗讀하신 聖書 이사야書(第一章二一九)는 참으로今日의 人間으로서 信者非信者를勿論하고 刻骨銘心해야될聖句로 깨달었읍니다。當夜의 任員中 誰某人이 그聖句를拔記했는지 알바없었으나 內心 아·그는福받은者이로다하고 生覺하였나이다。다음 黑崎先生님의 「內村先生과그의信仰」에對하신 講演을拜聽하옵고 其翌日 協聖神學校에서 바울의性格에對한말슴을 謹聽하고보니 內村先生을擴大化한것이 바울先生이요 바울先生을縮少化한것이 內村先生이로구나 한것을 느꼈읍니다。眼中無人의 徹底한 態度를 十二分發揮하신이가 우리의主님이었으므로 바리새教人들의게 채이든바가되신것같이 바울先生亦然이게 內村先生 또한 그러한境偶를當하신줄알었읍니다。우리朝鮮의信仰界에서는 現在××× 님外數人이 또한그러한待接을받으신줄로 믿습니다。참 聖朝誌를通하여 間々히珍貴한 金先生님게서 協聖神學校에가시어서 說教하신다는말슴은 들었다가 今番은 實地로 그마운協聖神學校를訪問하게되여 內心感謝하였나이다。여기서 眞理工夫하신여러兄姉가 全部이것도되지말고 저것도되지말고 그저眼中無人의信仰의人만이되여집소서하고 願하는마음深切하였읍니다。金先生님을問或招聘하와 多角多形의 靈과眞理에 請하여 또今番에 저黑崎先生님에對한 可解의人物인 바울性格에對해서 오직信仰中心으로 證據를하게해주신 協聖神學校當局諸氏에게 眞心의感謝를 올렸나이다。반드시 이學校에서 第二第三의바울

學生下宿에留宿하더니 每日每夜에靜肅할수없거니와 오늘저녁은 特히 요란하다。개야 길이야 하고 떠드는 朝鮮學生들이 더욱野暴한것은 否定할수없습니다。消息에 「前日 拜退之後로 主恩中氣體候 益々康學하시오며 尊堂諸節게옵서도 均安하시온지 伏祝不已로소이다。小生은德澤으로 其十六日밤汽車로 離京하였음니다。하야 視務中이올시다。上京에對해서는 生覺할수록 始終이죄와 恩惠之所致이었으므로 衷心感謝하였읍니다。그래 上京所感의論이라도 사무고저 하오니 눌러짐작하시기伏望하나이다。去 十三日夜 京城基督教青年會에當到하면서

聖朝通信

○原稿整理。저녁에 納戶町YWCA寄宿舍尋訪。○서울과의連絡이 아마도如意치못하여 여기있으면서 雜誌의續刊은 無望할듯하다。

四月十一日 (木) 晴。午前中은原稿整理。

四月十二日 (金) 晴。終日原稿整理。○湖南

聖朝通信

과 內村갈은이가 아니 ×××님갈은이가 繼々承々하여、저成先生님의말슴대로 世界를救授하기篤하여、이조고마한 이땅을 聖化하고救授할날이 到來하기를深願不已 하였나이다。우리땅에 이러한神學校가 한 개라도存在하는限 眞理의 숨이繼續될줄로믿고 譬喩不良이나마 眞理의 上京等 萬事如意했으나 한가지不如意한 것은 ×××宅을 親히尋訪못하온것이며 따라서 ×××을모시고 조용히말슴사룹 지못한것이었음니다。實은 十五日밤에서 올을떠나야되겠는데 十六日이土曜日이므 로 ○○님께서 平日보다 일즉이歸家하실 것이다生覺하고 一夜를 더지냈든것이 구 만○○님의多忙하심으로 所用없이되었었 나이다。그래 서울을 다녀왔어도 시원치 나이다。아마도 이렇게된것이 小 生의게 有益한點이될넌지도알수없다고고生 覺하면서 後日을期하며 自慰하나이다。 ×××宅을 後日必코尋訪、면것은 心思였읍 니다。그래 結局 ×××님을求景하려는 것이다生覺하고 一夜를 더지냈든것이 구 만○○님의多忙하심으로 所用없이되었었 나이다。그래 서울을 다녀왔어도 시원치 못하였나이다。저A先生님의信仰의「홈」은 親히 求景할수있으나 저A先生님의 信仰의家庭만은 못뵈왔으나 그래 結局 ×××님의信仰의家庭만은 못보였으므로 親히 求景할수있게되여서 一面매우기뿐마

小生은 저혼자날뛰여보았자 別것이없읍 니다。別것이없더라도 主님께서許諾하실 때까지는 혼저라도 뛰여볼달나이다。先生님 歸廳則 上司께서 四日間休暇를 出張의形 式을取해놓았다고하므로 참不可思議이었 읍니다。小生이决코 如此히好意를받을物 件으로 안보였을것인데 千萬意外의待接이 므로 一驚하였나이다。(中略)그리하면 先 生님 來々安息하시사 저成先生님과 宋× 先生님과三位一體가되시여서 信仰의陣營을 앞으로 더욱强하게하시도록伏望하옵고餘 不備上書하나이다。三月二十一日朝再拜」

四月十三日 (土) 小雨。고요한宿所를 찾고싶어고 午前午后로 雜司谷、巢鴨附近 을徘徊하였으나 虛事였다。○西城舘의歸 省中學生이 도라왔으므로 저녁에 花岡 莊으로옮기다。但 안밖에 개가妨害하여서 기다리는것이 오늘의일인故로 郊外散策等

몸으로도라왔나이다。참으로 A先生의大 夫人과 令夫人의信仰안에서 平和스럽고 달큼한家庭을아무시고게신것 참으로內心 羨望不已하였나이다。그래 切實히느낀것 은 家庭이란 첫재에 信仰의어머님이게 란하야 和文譯의原稿整理에 本格的으로着手 시고 信仰의안해가 함께있는때에 비로 소 참다운家庭이建設될줄을깨달었읍니다。

四月十四日 (日) 雨、後曇。旅舘이요 란하야 다시 西荻窪의黎明塾으로 옮기 고、和文譯의原稿整理에 本格的으로着手 하다。○오늘 陰佺한日氣임에도不拘하고 新宿驛附近의 人山人海는 夏節의 모기떵어리가 夏節의 모기떵어리보다 사람의·떵어리가 더한듯。

安眠不得。飲食은 맞지않고 寢所는安靜 을 얻지못하고 空氣는濕濁하매 北漢山 麓이 그리움지않을수없다。

四月十五日 (月) 晴。찌꼬리 소리에 起床하니 맑고 고요한環境이 고마우다。 ○最近四個年間의聖朝誌卷頭短交을 和課 한것을 編輯整理되여서 오늘저녁을 佐 藤敎授에게 말기다。○意外에 某大官에 게面會하도록周旋해놓은이가있어서 旅程 을延期하고 이好意를 받기로하다。

四月十六日 (火) 晴。氣候의冷暖이아 직도不順하다。찌꼬리노래如昨。기쁨으로 起床。○午前中에 遞信省 厚生省友人雜 訪。途次에 三越구경。사람의數많은것이第 一구경。

四月十七日 (水) 快晴。明日의面會를 기다리는것이 오늘의일인故로 郊外散策等

二四

으로 하루를 지나다。○英國軍이 諸處
上陸의 報가 있으나 北歐의 戰況은 亦是 一
進一退인모양。

四月十八日 (木) 晴。午前中은 校正과
下宿찾기。東京의 住宅難、 想像以上인것을
깨닫다。○午后二時에 約束대로 關屋貞
三郎翁을 訪問。甚히 親切한 老人이었다。余
의 이야기를 手帖에 筆記하는데는 恐縮하
였고、自己一流의 宗敎觀을 談論하는것은
愉快하였다。○第一四二四七日。

四月十九日 (金) 雨、后晴。가는비 오
시는中에 西萩窪出發。一高에 佐藤先生
을尋訪하고 午后車로歸鞭。

四月二十日 (土) 晴。아침에下關着。
聯絡船은亦是超滿員이어서 二等切符로써
三等에 타는等 야단들이었다。午后六時
에釜山上陸。朴君의 案內로 旅舘에 짐을
버리고 一泊。

四月二十一日 (日) 晴。午前七時五分
特急車로出發。沿道의 보리農事가 또凶
作을 難免인듯하고 사구라꽃만 處々에
滿開。午后一時四十五分에京城驛에下車하
니 눈앞에展開되는 별々것이 많다。市
內락시를待合하는데 二三百名이 順次로

或은섯고或은앉아서 두어時間식 기다려
야 車를타는데 그大陸性인偉大한根氣들이
놀라웁고、急行電車의出現도 새로웁것。
來日曜日까지一週間 昌慶苑夜櫻의週間이
라고해서 서울장안이 人山人海로 뒤죽
박죽이다。釜山서京城까지오는三分之一의
時間을要하야 겨우市街를通過、北漢山麓
에 도라오니 지금 바야으로 진달래꽃
이滿發이다。山높고 물맑은곳、여기는 또
다른趣興이 있지않다。

四月二十二日 (月) 晴。할일이 많은
中에 우선 印刷所에가서 四月號校正。
總督府往返。○小鹿島를尋訪한이의 短信에
『初春日氣는冷하온대 先生님氣體候萬安
하옵시기를伏祝이옵나이다。小生은三月二
十五日 京城을떠나 慶州、閔慶水道를거
처 小鹿島에와 親히 患者에接하와 同
情합을마지못합니다。今日하루、滯留하
고四月四日夕頭에는、光州로가려고합니다。
小生이 先生님을뵈온以後 一二三年間많이
紙上으로 敎訓을받었읍니다。어찌甘實利
說로 輕率히말合의밀수가 있겠읍니까。다만
感動하고있었을따름입니다。小鹿島에온것
도 亦是先生님의말合을듣자옵고 온것입

너다。其後機會를얻어 先生님께을라가볼
고자하였읍니다마는 더구나 豫科三年이
된後로는 너머나意外라고할까요 여러가
지로 마음의安定이없어 여지껏 마음은切
實하였으나 꾀려고라가지 못하였읍니다。余
가 歸京하면 한번을라가볼거라고합니다。余
不俱上白』 小鹿島尋訪은고맙고부러운일。

四月二十三日 (火) 晴。分秒를 다투
어 誌友의손에 보내려든 聖朝誌우에 一
大難關이突發하다。○저녁에 明倫町에모
여서 四人會議。자정 가까워서歸蘆。

四月二十四日 (水) 小雨。걱정되는일
이 겹처서 校正을조곰한外에 아무일도
손에 잡히지않다。저녁에市內某氏尋訪。
○關北短信에『消息을傳치못한지오맀읍니
다。그間 主의恩惠가 兄님과宅內諸節의
게豊盛하시기를伏願합니다。들은즉 이번
敎職을辭退하시고 顧晉傳播에獻身하시기
로하셨다니 그勇斷에 致賀합「엑스프」에
쉽늘을 찾기困難합니다。今後 主께서 强
하게 兄님을붓잡아 自身의使者로 쓰시
기를 비나이다。(下畧)』라고。願컨대主
예수의 完全捕虜되기를 誌友에加禱하여
지이다。

(以下第二十頁에續)

本誌舊號의 特價販賣

今般 主筆의 生涯의 轉換紀念이라기 보다 分散되었든 舊號를 集合하여 一大 整理를 하는 機會에 左記에 依하여 特價販賣하고저 한다。

期間　六月一日부터 六月末日까지。

舊號　第一號로부터 第一一九號까지

註文　本社로 直接註文함에 限함。

割引　舊號의 每一冊에 十六錢식(送料並)。但 一時의 註文이 五十冊以上에 達할 時는 每一冊十四錢식、同百冊以上에 達할 時는 每一冊十二錢으로 計算함。

「一時의 註文」이라함은 반드시 「一人의 一時」가 아니라도 可하다。例컨대 敎會나 學校나 其他團體에서 여러시 合하여 註文하되 「同時에 同所로 同一人의 名義로 送荷 發送」하도록하면 그 合計의 數量을 「一時의 註文」으로 計算한다。

本誌六月號 는 主께서 許하시면 六月中旬頃에 發刊하고저 한다。

京城聖書研究會 는 貞陵里本社에 서 每主日 午前十時에 開講。

金敎臣 著

1 山上垂訓研究 全

예수의 山上實訓을 解說하여 基督敎의 根本眞理를 簡明하게 알린 것이다

四六判二七○頁 定價一圓 送料九錢

咸錫憲 著

2 푸로테스탄트의 精神

基督敎가 生命을 잃고 形式化 死殼化한 때 야에루터의 宗敎改革의 眞意를 다시 闡明하야 生生한 福音에 도라서게 한것이다

送(價十五錢十三錢)

咸錫憲 著

3 無 敎 會

無敎會主義(卽 福音主義)의 理論과 實際를 가장 簡潔하게 說明한 것이다

送(價十五錢十三錢)

咸錫憲、金敎臣 共著

4 內村鑑三先生과 朝鮮

內村鑑三先生의 昇天十週年紀念에 際하여 無敎會主義의 信仰의 由來와 內村을 알릴만한 論文들을 和譯하야 出版한 것이다

送(價三十錢二六錢)

柳達永 著

5 崔容信小傳

自己를 爲한 것이 아니라 여、燦爛한 都市에서가 아니라 村과 村의 興을 일으려 으며 味한 農의 實을 爲하야 爛漫한 아니라 싸늘한 이 싀골 人生에 對하야 生아의 一生을 爲하야 一生을 犧牲한、그리스도의 活力의 文字이다

送(價五十錢六錢)

本誌定價

一冊　貳拾錢（送料共）

六冊　前金一圓十錢

十二冊（一年分）前金貳圓貳拾錢

要前金 直接注文은 振替貯金口座京城 一六五九四番（聖書朝鮮社）로

取次販賣所

和信（京城）

北星堂（京城、光化門局私書函第一八號）

向山堂書房　東京市麴町區九段坂

博文書館　京城府鐘路二丁目八六

敎文書館　京城府鐘路二丁目九一

茂英堂（大邱府）　京城府外崇仁面貞陵里三七八

信一書館（平壤府）　京城府仁寺町一九ノ三

發編　金 敎 臣　京城府仁寺町一九ノ三

印刷者　李 相 五　京城府仁寺町一九ノ三

印刷所　大東印刷所　京城府外崇仁面貞陵里三七八

昭和十五年五月 印刷　昭和十五年四月二十八日 印刷

發行所 聖書朝鮮社

（京城、光化門局私書函第一八號）

振替口座京城 一六五九四番

【本誌定價二十錢】（送料五圓）

昭和五年一月二十八日（第三種郵便物認可）
昭和五年六月一日發行（毎月一回一日發行）

金教臣 主筆

聖書朝鮮

第壹百參拾七號

昭和十五年（一九四〇）六月一日發行

―――――――❖―――――――

目次

皇國臣民の誓詞

一、我等ハ皇國臣民ナリ忠誠以テ君國ニ報セン

二、我等皇國臣民ハ互ニ信愛協力シ以テ團結ヲ固クセン

三、我等皇國臣民ハ忍苦鍛錬力ヲ養ヒ以テ皇道ヲ宣揚セン

505

銃後國民生活

今次支那事變は、實に我が國未曾有の興亞大業にして、之に對する帝國の方針は、儼として堅く炳として昭かである。日支永遠の平和を確立し、東亞新秩序の建設を完成し、以て世界の平和に貢獻することは、今次事變の大目的にして、之が完遂には一層最大の努力を致すべき秋である。

事變發生以來將に三年、我が國民は、御稜威の下に一致戮力、前線將士の忠戰と相俟ちて、銃後國民も亦、汎ゆる犠牲を忍び、其の達成に邁進し來つたのである。我等は今や風と潮とに誘はれて、船を大洋の眞中に乗り出してゐる。此の上は如何なる暴風激浪に遭遇するも、後へ引き返すべき術はない。只だ直前勇進、長期難航を續け、以て彼岸に到達すべき一路あるのみである。

併しながら、此の空前の鴻業を完全に處理完成することは、前途尚ほ容易の業ではない。外事變の目的を遂行し、内之に應ずる體制を整へ、久しきに互りて一系亂れず、不屈不撓の國民の決意と努力とが、何よりも必要である。果して然らば、一億國民が一人殘らず、事變處理に關する徹底せる理解の下に、戰時意識に徹し堅忍持久、固き信念と不轉退の決意の下に、國策に順應し、法令を遵守し一も間然する所なきやと言ふに、遺憾ながら然りと即答する能はざるを得ない。

由來我國は世界に其類例なく國民亦優秀にして、忠君愛國の思想に燃え、上の好む所、下之に倣ふ良習あり、故に此の際複なる法令主義の外に、百尺竿頭更に一歩を進むる為、卑近にして為せば成る左記事項の實行に力を注ぎ、以て上下一致臥薪嘗膽戰時意識に徹し、苟も國策に背戻するの餘地なからしむるを最も捷徑と信ず。

一、中央地方の官公署の首腦者、貴族富豪等上層階級者に於て、滅私奉公率先範を示し一億一樣に足竝に持へ持たざる者に同情し、以て時艱克復に邁進すること。

二、下は部落常會、朝鮮愛國班、各會社其の他集團等の先覺者が中心となり一同に對し克く事變の目的と使命とを理解認識せしめ銃後戰士として、汎く國民の間より自治的に下より盛り上がらしむること。

三、以上の如くにして、尚ほ法令に背き國策に反するの者あらば、國家の為遠慮なく之を忠告善導して行動を共にせしめ、尚ほ反省せざる者に對しては、斷然其の筋に申告して其の跡を絶つこと。

以上實行に方りては、從來の陋習惡弊を一掃し、虚榮無駄を排し、一切の徒勞濫費を避け、貴賤相和し貧富相助け我が半島に於ては、南朝鮮總督閣下の如く眞に滅私奉公、實踐躬行の示範に倣ひ、益々國家總力を集々中强化し、殊に先進内地に於ても我が朝鮮の緊張良績に鑑み、相呼應して一層力を竭され、大に範を示されんことを切望する次第である。

非常なる常識

平安北道に　崔傳道なる人が居るといふ。崔はその姓にして「傳道」とは此の人が餘りに傳道に熱心なる故に何時とはなしに付けられた綽名であるとのことである。なんと名譽ある綽名であらう。この人の傳道に關する逸話は數限りなくあるとのことであるが我らの耳にした一二の例を記せば次のやうなこともあつたさうである。

或る年の盛夏のこと　崔傳道は鴨綠江沿岸の或る都市の郊外を通りかゝつた。程遠くない所に大きな垂楊が一本あつてその樹蔭には中年の紳士一人が凉を求めて憩ふてゐた。崔傳道は機を逸せずこの紳士に進み寄つて基督を信仰するやうに勸めて見た。すると紳士は其の餘りの熱誠に動かされてか耳を傾けて聞いた擧句一つの質問を傳道者に向つて發した「一體キリストを信ずるとどうなるのか」と。これに對して崔翁は即刻眞面目に答へた「キリストを信仰すると苦しく嘔吐下痢をする」と。紳士は更に聞かうともせず自分の召使を呼んで何かを耳に囁いた。すると間もなく警察官が來て崔傳道を檢擧して往つた。當の紳士とはその地方の郡守であつて國境附近に流言蜚語を流布する者であると睨んだからであつた。

警察の審問に對して崔傳道は右の語葉を說明した「普通のありふれた語葉では傳道に耳を傾けないから先づ注意を引く爲めに意外なことを聞かせることが理由の一つ。又キリスト教の性質として生れつきの性格とか地位學問などに依る高慢等凡て人間的なものを悉く否定し　即ち吐出したり下痢をさせてしまふやうに奇麗に掃除をして置かないとキリストの聖靈が宿り給はないからさう言つたのである」と。審問してゐる中にこれが有名な崔傳道であることが警察當局にも分りその意圖する所はキリスト教傳道より外に何ものでもないことが諒解出來たので崔翁は再び自由な身となつた。

朝鮮に於ては今尙定期市が盛んに行はれてゐる。その市場に集まつて來た無統制不規律の群衆の間を縱橫に走り乍ら狂者の如く「兄弟らよイエスを信ぜよ」と叫び廻る人がゐる。これ勿論崔傳道氏である。交通整理の巡查はその餘りの狂氣の沙汰を見るに見兼ねてか之れを咎めた「何故の叫びであるか」と。すると崔傳道は問に對するに問を以て答へた「今こゝを通つた自動車が警笛を鳴らして通つたのは何故であるか」と。「それは車に敷かれて人々が怪我をしたり死んだりしてはいけないからである」との答に對して崔傳道はこゝぞとばかりに威容を正して說敎を始めるのであつた「自動車に敷かれて死ぬやうなことがあつたにしてもそれは肉體丈の死であえ脚の一本や腕の一本を取られても尙生命は保ち得る。よし敷かれて死ぬやうなことがあつたにしてもそれは肉體丈の死でつて靈魂は尙救はれ得るであらう。然るにこの市場に集つてゐる群衆はその靈魂までも死滅すべき永遠の滅亡の淵に今さしか

　　　　非常なる常識　　　　　　　　　　　　　　一

김
매
기

～つてゐる人々ばかりである。その危險なる程度はタクシーやトラックに敷かれる比較ではありません。之をみすゝ＼どうし

二

て私が警笛を鳴らさないで居られるか」と。

傳へらるる所によると崔傳道は大した學問をした人でもなく有給傳道者として職務上の傳道をしてゐる人でもないとのことである。だから世間の人々から──所謂基督教徒とその教職者の人々からまでも彼は無學の故に卑下され餘計な世話をやくものとして嘲笑はれてゐる。

でも彼れ一人を非常識者として公認して置いて更に彼の叫びに耳を傾けやうともせずに只管「飮み食ひすること、嫁ぐこと」

朝鮮の人口は二千四百萬人を算するとのことであるが其の二千三百九十九萬九千九百九十九人ま

に忙殺されてゐる。併し何れが果して常識に適ふことであり何れの神經が健全であつたか主イエスキリストの來り給ふ日に明

らかにされることであらう。

ヨナがニネベの町を叫び通つたやうに今日も崔傳道は何處かの市場を警鐘を鳴らし乍ら走るであらう。ニネベの町の人人は

貴者より賤者に至るまで富者と言はず悉く麻を纒ひ灰を被つてその罪を悔いた。而して救はれた。然るに我が同

胞は何故に今尚崔傳道の叫びを嘲ふのであるか。

김매기（除草）

무릇世上勞役中에 曝陽에 쪼이면서 김매는일보다 더괴로운일은 없을것이다。工場일이 어렵다 土木工事가 괴롭다

其他무슨일 무슨일이 괴롭다하기로서 아담을詛呪한때부터 시작된 김매기일은 아마도 勞役中의勞役이오 勞役의王

일것이다。特히 먹을것을 끼마다 充分하게먹지못하고 잠자리平安함을 언지못한農夫의勞役이 그렇다。

그러나 保健運動의意味로할때는 또 김매는일처럼 效果크고 愉快한일은 다시없다。武道나庭球나野球나 또는 하이

킹 水泳等々의 健强增進의法이많으나 大地를밟고앉어서 雜草를 뽑아 禾穀을 가꾸는일처럼 健康增進에 效果的인

일은 天地開闢以來로 다시없을것이다。特히 神經系統의病과 消化器官의疾患에 有效한데、이두가지病을治療하는일은

곧萬病通治라고해도 過言이아니다。

雜草란 目的한作物以外의것이 모다雜草이다。故로 마늘밭에 아욱이 났어도雜草요 감자밭에 보리가 섰어도雜草다。甚히愉快하다。主예수께서再臨하실때에 제자리

即自己의 섰어야할자리에 서지않은것은 모두雜草로 뽑아제차는일이니 에섰지않고、주제넘게빌어가는

모든雜草를뽑어버리실것을 생각하면서 김매라 心身이 아울러健全해질것은 定한일이다。

골로새書講義 (六)

金教臣

골로새書講義

巧言令色鮮矣仁—異端排擊의 發端(二·四〜七)

바울이 골로새敎人들께 書翰을 보내는 直接緊急한 問題는 골로새人들이 異端에서 떠나 바른信仰의 자리로 돌아오라는 督促이었다。故로 異端을 排擊하여 깨우치는 것이 이書翰의 中心인데 그것은 第二章의 거의 全部에 亙하여 累累히 일러주었다。只今 이部分은(四〜七節) 異端排擊의 發端이다。

（四） 내가 이것을 말함은 아모도 공교한 말로 너이들 속이지 못하게 하려 함이니

[이것을] 原文에는 이字가 初頭에 있다。「이것」이라 함은 前節 即第三節을 意味할뿐만아니라 第一〜三節을 全部 받는字이다。다른 거즛敎師들처럼 自己들의 배만 섬기면서 (로마一六·一八) 單只입설로써 宣傳하고 다니는것이아니라 바울은 골로새地方敎人들을 爲하여 晝夜로 努力하며 損害를 놓지못하는 어버이같은者인것을 먼저 알어야 근심 걱정을 以下에 일러주는 귀에 거슬리는말도 그 眞價대로 理解될것인 까닭이다。

[공교한말] πιθανολογία 는 聖書中에 여기 한번만 쓰인字이다。로마書第十六章十八節에도 「……공교하고 아첨하는말로 순진한자들의 마음을 미혹하나니라」고 하였으나 原文은 각기 다른字이다。

이節의 「공교한말」은 남을 「說服시키는言辭」이다。納得시키는 힘을 가진 言辭를 말함이다。그러므로 理智的이오 辯證的이오 哲學的 또는 神學的으로 되는것이 그 特色이다。

例컨대 基督이나 釋迦나 孔子나 마찬가지로 聖賢으로 치고 그敎訓을 배우면可하고 그眞理를 내生活에 攝取하면足한것이지、何必 나사렛木手의 아들 예수를 救主로 崇拜하며 特히 그十字架上의 피의 贖罪라느니 復活이니 再臨이니 하는 奇恠한일을 말할것은 무엇이냐고 하는것이다。即 人間固有의 傲慢心을 利用하여 그리스도에게 從屬하는일없이 理性의 無限發展과 人格의 修養完成을 示唆하려는것이니 이것도 「공교한말」의 하나이다。

그 나라와 그民族의 社會實情에 合하도록 基督敎를 改裝 될수있는대로 摩擦을 避하려는생각으로 가르되 一天地를 主宰하시는 神은 오직 한분이시니 그名詞를 무엇으로 불렀든지 그體拜形式이 어떻게되었든지 우리가禮拜하고 祈禱하면 그것을 받는神은 여호와 하나님이다。비

三

골로새書講義

四

이다。

록 異邦人들이 다른名詞로 부른다하였드라도 그것은 「알
지못하는神」에 不過한것이니 何의名詞나神位같은것으로써
싸울것은 무엇이냐 고。 이것도 勿論 「공교한말」의 하나

只今은 全體主義의 時代이니 神學思想도 이 時代思潮에
追從하여야한다。 大戰以前의 思想으로써 聖書를 解하며 基
督信仰을維支하려고하는일은 벌서時代遲의人間이라云云하면
서 時代를따라 聖書의眞理도 豹變하는것처럼 時代主唱하며 波
濤와같이起伏無常한社會風潮에順應하여야만 時代의尖端을
걷는 神學體係인듯이 라떨부르는것도 「공교한말」의하나이다。

要컨대 아담 에화를 誘惑한 배암이처럼 人間의理性
이나德性을 높이고 그리스도나 하나님을 제쳐놓자는 생
각으로 모든 「공교한말」이 發端한다。 바울은 信徒들로
하여금 이可恐할誘惑에 빠지지 않도록 防備하기爲하여、間
接的으로 迂廻하여 暗示하는等 모든智慧로운言辭를 弄絡
하지않고서 오직直接的으로 그리스도自身을 露出하였고
그十字架外에 다른것은 알지않기로作定하였다（고前二·二）。

（五） 이는 내가 육신으로는 떠나 있으나 심령으로는
너이와 함께 있어 너이의 규모와 그리스도를 믿는 너
이 믿음의 굳은것을 기뻐게 봄이라。

[심령으로] πνεύματι 는 肉身에對한心靈
自身의靈으로 라고, 解할수도있었고、 또聖靈안에서、 라고解

할수도 있었다。 그러나 바울의 글월에 이字가 純全히 肉
身에對한 心靈의뜻으로 쓰인것은 고린도前書第二章十一
節밖에없는故로、 여기도 바울의一般的用例와같이 宗教的
인意義 即聖靈으로 解하는것이 穩當할것이다。

[규모와 굳은것] τήν τάξιν καὶ τὸ στερέωμα 朝鮮文에
는 「너이의 규모와 그리스도를 믿는 너이 믿음의 굳
은것」이라고譯하여 「규모」와 「굳은것」이 分離되었으나、
原文대로直譯하면 그順序가 左와같이되어 意義도 明白
하여진다。

너이의 그리스도를 믿는 너이의 규모와 또 그 굳
은것

이라고 된다。 即 규모 나 굳은것이 모다 그리스도를
믿는 믿음을形容한것임이 確然하다。

[규모] τάξις 는 整齊한順列、 바른班列이라는뜻으로부
터 軍隊의行進 戰陣等을意味한다。 基督信徒에게 이러한
秩序가 있었고 先後가 있어야한다。 그런데 一般教會信徒
는 이 「규모」가 넘어形式에 치우치고 內容에貧弱하기
쉬울고、 所謂 無教會信者 또는自由信徒라는者中에는 아
무 「규모」도 「秩序」도 모르고 秩序도없는것이可笑로운일이다。 저
들은 儒教國에 生長하였으나 儒教的秩序도없고 佛教의影
響이 적지않은空氣에서 呼吸하였으나 佛教의法度도 본
이 없고 基督教傳來의歷史가 길지못한百姓인故로 數

朝或은數年間 예수쟁이·노릇한즉 제각기 제멋대로 軌道없이 行動함으로써 가장 基督教的인人物로 自信하나、이와같은常놈中에도 低劣한常놈 無識쟁이 中에도 可憐한無識쟁이를 基督의 이름 진者中에서 發見하는것은 痛嘆事이다。

「굳은것」 στερέωμα 는 天空 蒼天이라는 뜻도 있는 字인데、그것은 永久히 確固 不變한다는 뜻이 通하는 까닭이다。이字의 本意는 堅固하다는것이다。그로부터 可히 侵奪할수없는 軍隊의 「密集方陣」이라는 陣形을 이르는 때도 있고、難攻不落의 要塞陣地를 意味하는 때도 있다。

바울이 이와같이 隊伍整然한 「規模」와 堅忍不退의 陣形等 軍隊用語까지 빌어서 表現하려는것은 루고河畔에 鼎立한 세敎會의 信徒들이 混沌한것같은中에도 사랑으로써 連結되어 그리스도 안에서 一致協助하여 先後上下의 秩序를 깨트리지 안하며、外形으로粒粒分散한듯이 보이는 中에도 各其말은立場을 嚴히 지켜서 進退에相扶相助함으로써 一絲不亂하는堅固한陣地를 形成하여 火箭으로 侵犯하려는 惡魔의「레긴」이라도 擊退하면서 天城을向하여 進軍하려는 意圖이었다。

[기쁘게 봄이라] Xaípωv kaì βλέπων, rejoicing and beholding. 譯하기는 어려우나 意味는 기뻐함과 보는일이 同時의 일인것을表示한것뿐이다。오늘날基督教、特히 그新敎徒들과 마찬가지로 當時의 골로새地方의 敎徒들도 決코「그리스도를 믿는일에 規模있었고 굳은」 알人들한者들이 못되었다。그것은 本章第八節以下에 本格的으로 責望한것을보면 當時의 敎徒들의 眞相을 看取할수있다。그러나 바울은 먼저 「規模와 굳은것」으로써 골로새人들을 훨신 稱讚하여주었다。이렇게하는것이 장차 가르키는課題를 가장效果的으로 가르키는 敎授法이었다。

(六) 그러므로 너이가 그리스도예수를 主로 받었으니 그 안에서 行하되

[그러므로] 내가 이처럼 너이의를一致한 規模와 堅陣을 切望함으로……

[받었으니] παρελάβετε 敎授언기를所願해서 그리스도를 救主로承認했다는것이다。이 받는일은 瞬間에라도 될수있는 일이다。

[주로 받었다] 하였으니 主는 하나밖에없다(누가一六一三)。忠臣은不事二君。

[그안에서 行하되] περιπατέω 인데 漢文의 行字와 곧같아서 本來의意味는 걷는다는것인데 生涯를 生活한다는뜻으로 쓰인다。

[그안에서]는 勿論「그리스도안에서」이다。예수를 救主로 받는것이 瞬間的行事인데對하여 行하는것은 連續的이다。信仰은 敎義를 思想的으로 承認하는것으로만은 完全한것이 아니다。日常生活化하고 平生의 體驗化하여야

골로새書講義

五

골로새書講義

六

할것이다。理解하는程度로만 보아도 基督敎는 思想的體系로만은 아무리聰明한者라도 完全한理解에達할수없고 實踐함으로써만 더욱 더 깊은理解에達할수있다。

또基督敎는 無意識中에라도 南無阿彌陀佛을 한번만 불렀으면 救援받는다는思想과는 달라서 恒常그리스도를믿고行하여 最後까지 견디는者라야 救援받는다고한다。

[그안에서] 라함은 生來의自我를 죽이고 그리스도의生命에 사는일이다。『내가 그리스도와 함께 십자가에 못박혔나니 그런즉 이제는 내가 산것이아니오 오직 나안에 그리스도께서 사신것이라。이제 내가 육체가운데 사는것은 나를 사랑하사 나를위하여 자기몸을 버리신 하나님의 아들을 믿는믿음안에서 사는것이라』는 (갈二・二〇) 바울의生涯는 [그안에서] 행하는生活이다。

(七) 그안에 뿌리를 박으며 세움을 입어 교훈을 받은

[그안에] 前節에 나온것을 이節에서 다시한번强調하였다。바울의信仰의性質을 엿볼수있다。

[뿌리를 박으며] ἐρριζωμένοι 말뚝은 아무리 깊게 든든하게 박어도 未久에 흔들리며 썩을運命을 가진것이다。그러나 뿌리 네리는일은 그와 다르다。植物의 뿌리의 作用이 두가지었었나니 하나는 줄기가 흔들리지않게하는 것이오 또하나는 水分과養分等을 吸收하여 더욱長成케하는일이다。

基督者의信仰은 落落長松의 直根이 깊게네려 地軸에까지 닿듯이 그리스도의十字架에까지 꽉박혀야할것이오、그細根과根毛들은 岩隙과土粒의 사이사이에 엉크러저서 蔓延하듯이 그리스도의 말씀과 삶과 피로써 一體를 일우도록 박혀야할것이다。

[세움을입어] ἐποικοδομούμενοι 建築한다는字이다。堅固한基礎우에 建立한다는字인故로 特히近代式「빌딩」을聯想케한다。磐石우에 세운 雄壯하고動搖없는大빌딩처럼 우뚝하게 서라는것인데、이것은 스스로 서라는것이 아니라 그리스도안에 세움을 입으라는것이다。人工的으로 方一二尺되는 礎石우에 기둥을 세우라는것이아니라 天成의地磐까지 네리파고서 그우에 그리스도가 세워주신 天然 스러운 믿음이 되라는것이다。

[감사함을 넘치게하라] 넘치게 περισσεύοντες 라는字는 바울이 질겨 쓰는字이다。感謝하되 때로 생각나는것이아니라 거나 마지못해 하는것이아니라 噴泉이 콸콸넘쳐흐르듯이 感謝에 북바처 살라는것이다。信仰이 뿌리를박으며 세움을 입는길은 오직 이感謝에 넘치는生活이 있을따름이다。怨恨과不滿속에 살고서는 信仰이 萎縮하지않을수없고、感謝에 넘처살면 不知不識間에 信仰이 長大하여진다。마치 모든生物이 日光에 쪼이고 大氣를 따시면 健壯하듯이 信仰은 感謝의春風속에서라야만 뿌리가 네리고 줄기가커진다。

너는 그래두 나야

一

또 눈은 눈으로 너는 너로 갚으라 하였다는것을 너의가 들었으나 나는 너의게 이르노니 악한자를 대적지 말라 하는 (마태五·三八、三九) 聖句를 읽으면 信者는 누구나 그만한敎訓은 普通으로 알며 「내가 벌서 어려서부터다 行하였노라」는듯이(마가一〇·二〇)스스로 許하고저 한다。 저들은 左와같은句節도 잘記憶하는 까닭에 別로 새롭게 녀기지않는다。

내 사랑하는者들아 너이가 친히 원수를 갚지말고 진노하심에 맡기라、 기록하였으대 원수갚는것이 내게있으니 내가 갚으리라고 주께서 말슴하시니라。「네 원수가 주리거든 먹이고 목마르거든 마시우라。 그리함으로 네가 숯불을 그 머리에 쌓어 놓으리라。 악으로 지지말고 선으로 악을 이기라

라고(로마一二·一九~二一)。 또 일렀으되

報讐는 내것이라 갚을것임이어 저이의 失足할 그때로다。

저이 患難의날이 가까움이어 當할 그일이 速히臨하리로다。 라고(신명기三二·三五) 하였음이다。其他 데살로니가前書 第五章十五節、同後書第一章六~九節、箴言第二十五章二十一、二節等도 같은趣旨의 말슴이오、其他에도 每擧하기 어렵다。이렇게 舊約으로부터 新約에까지 特히新約에至하여는 「원수를 갚지말라」고 할뿐만아니라 한거름 더 나아가 「원수를 사랑하라」는것을 사랑의敎訓의絶頂으로 하였고、主예수의生涯自體가 그敎訓의 體現이었다。그러므로 원수를 사랑하라 는것쯤은 聖書읽은이면 누구나 아는 소식이오 원수 갚지말것쯤은 예수敎徒이면 누구나 實行하고 있는듯이 생각하기 쉽다。

그러나 果然그런가。 우리는 가슴에 손을 얹고 고요히反省해볼必要가 있다。果然우리는 너는 너로갚지않고 눈은 눈으로 갚지않는다。이는 聖書가 아니고라도 法治國民으로서 이미 其域을超脫하였다。마는 우리가 까닭없이 侮辱當할때에、더욱이 親近하던者가 背叛할때에 우리가 비록 오른뺨을맞으면 다시 왼뺨을 둘러대면서라도 우리의 마음속에 「내가 그럴바엔 나도……」라는 생각이 이러나는것을 經驗한일은 없는가。이生각이 있는날까지 비록 눈에 보이는 주먹으로써 원수의 너를 부르터리지않고 눈을 뽑지않었다 할지라도 그는 벌서 「너는 나로 갚고 눈은 눈으로 갚은」者이다。兄弟를

너는 그래두나야

八

미워하는 마음을 숨긴者는 벌서 殺人한者요、女人을 보

고 淫慾을품는者는 의 미姦淫을行한者라는것이 (마태五·二

一一三二) 옳은 말슴이라면 兄弟를向하야「네가 그런다

면 나도……」하는 마음을 감추인사람은 틀림없이 너는

너로 갚은者이다。

二

사람은 누구나 偉大하기를 소원하나. 偉大란 스모도

리(相撲取)처럼 한갓 體軀가 長大한것을 일카르는것은

아니다。短身瘠軀라도 偉大한사람이 있다。

옛날에는 力拔山氣蓋世로써 偉大한사람을 잘形容하였

으나 오늘날 當해서는 泰山을 끼고 北海를 뛸지라도

腕力만 가지고서는 偉大라는 稱號에 價値하지못하는것은

다시 論할必要도없다。

氣蓋世는 確實히 力拔山보다 優位의要素이다。廉頗는

힘센將帥였으나 能히國家의寶玉을 지킬수없었는데 藺相

如는 怒할때에 毛髮이 衝天하는「氣」로써 能히國寶를

지켰을뿐더러 力의功勞를 자랑하든 廉將軍으로 하여금

드디어 그門前에 屈伏하게 하였다。

力士中에도力士였으나 삼손은 後世에傳할만한 偉大性이란것이

殺人한것外에 저의게는 이에反하야 曠野에 쒜치는「소리」밖에 아무것

없었다。도 가진것이 없었든 洗禮요한은 當代의千萬사람의心靈

이 그소리에戰慄하였을뿐더러 世代가 지나가고 歷史가

進展할수록 그 몇마디 못되는 웨침이 全人類의良心을

支配하지않고는 마지안한다。

氣는 確實히 力보다 더큰것이다。그러나 世上을 덮

을만한 偉大한氣라는것은 누구나 저마다 가질수 있는

것도 아니오 또 가장偉大한것도 못된다。이보다 더크

고도 누구나 저마다 가질수있는것이있으니 그것은 心

蓋世의 넓이다。마음세가 偉大해서 世上을 누르고 宇

宙를 삼키는 地境이다。

사람은 金錢이나 地位나 學識같은것을 所有함으로써

偉大해질수는없다。自己가 所有할수있는것을 所有한者보다

自己를 所有하는 偉大한者에게占領될때가、더욱偉大하다는

것은(本誌第一三二號의「聖靈이臨하시면」恭照)至言이다。即聖靈

이臨하야·사람을占領할때에 베드로같은 無識하고 怯한

者도 至極히偉大한人物이되었다。사람이 聖靈을 받은때

에 여러가지모양으로 그偉大함이 나타나나 特히顯著한

것은 마음이 커지는일、心臓이 偉大한包容力을 가지게

되는일이다。한地方과 한世代에 局限하지않고 萬代에亘하

야 참으로偉大한이는 모다 이 心蓋世의人이었다。

三

聖書에서 참으로 마음의偉大한 例를 두어곳 찾어보고

저한다。

가, 엔게듸荒蕪地에서 사울王과 다윗이 만났을 때의 일이 그一例이다。本文대로가 簡明하고 感激시킨다。

「보소서 다윗이 엔게듸荒蕪地에있더이다。」사울이 온이스라엘에서 擇한사람三千을 거느리고 다윗과 그 사람들을 찾으려 들 염소바위 올라가 길가 羊의 우리에 이른즉 窟이있거늘 사울이 그 窟 들어가니 때에 다윗과 그 사람들이 窟 깊은곳에있었더라。다윗의 사람들이 이르되 「보소서 여호와 당신의게 일아시기를 내가 네怨讐를 네손에 붙치리니 네所見에 善한대로 저에게行하라하신날이니이다。」

다윗이 이러나 사울의 옷자락 버힘을 因하여 後에 自己 마음이 찔려 저는 여호와의 기름받은者 내主를 치면 이러나 사울의 두루막이자락을 가만히 버히더니 그後에 다윗도 이러나 窟에서 나가 사울 뒤에서 웨쳐 가르되 「내主王이어」하니 사울이 도라보거늘 다윗이 따에 엎대여 절하고 사울에게 이르되 「사람들의 말에 이르기를 다윗이 당신을 害하려한다 함을 어찌하여 들으시나이까。오늘 窟에서 여호와ㅣ당신을 내손에 붙치셨던것을

너는 그래두야 나

當身을 아껴 말하기를 나는 내손을 펴서 내主를害치아니하리니 저는 여호와의 기름받은者라 하였나이다。나의아버지여 살펴서 내손에있는 당신의 옷자락을 보소서。내가 죽이지아니하고 두루막이 자락만 버힘으로 나의손에 惡이나 罪過가 없는줄 아실지니 당신은 내生命을 찾어 害하려하나 나는 당신에게 犯罪한일이 없나이다。여호와와ㅣ나와 당신 사이를 判斷하사 나의報復을當身身에게行하시려니와 내손으로 당신을 害하지 않겠나이다。……○다윗이 사울에게하는 이말을 맞치니 사울이 가르되 「내아들 다윗아 이것이 네소리냐」하고 소리를 높여 울며 다윗다려 이르되 「너는 나보다 義로운지라。네가 나를 善待한것을 오늘 나타내었나니 여호와께서 나를 네손에 붙쳤으나 네가 나를 죽이지 아니하였도다。사람이 그怨讐를 만나면 平安히 놓아보내겠느냐 네가 오늘날 내게 行한일을 因하여 여호와께서 네게善으로 갚으시리라……」

고(삼우엘二四·一一一九)。사울은 千人을 滅하고 다윗은 萬人을 滅했다고 이스러엘의 말들이 노래하였으나 다윗의 偉大는 그 腕力에있기보다 그心臟의 無限한彈力性에 있었다。우리 東洋의 옛사람들은 「귀에 듣기는 늘을지라도 참아 내입으로 다시 옮길수는 없다」는 君子다운德을 가졌었다。그와마찬가지로、그보다 한걸음 나아가 다윗은 自己의 生命을 害하려는者에게對하여서도 「너는 그래도 나야……」하면서 참아 손을 대지않었었다。

九

너는 그래두나야

나、
弟子는 스승보다 낫지못하다는 말과같이、子女
가 아무리偉大하여도 그 어버이보다 클수없다는 말도
大槪는 그 心臟의度量으로써 하는말이다。弟子를 가르킬
바엔 自己보다 낫게 가르쳐야 教師다 운教師요、子女를
養育할바엔 自己보다 큰人物로 키워야 父母다운父母라
할것이다。事實 學識으로나 智畧으로나 乃至德行으로나
先生보다 超越하여 보는이로 하여금 靑勝於藍의 嘆辭
를發케하는弟子도 적지않고、父母보다 드물지않다。그럼
으로 부러워하는弟子는 그先生보다 子女는 그父母보다 크지못하
들로 弟子는 그先生보다 官
고
함이 萬古에 通하는 眞理인것은 무슨까닭인가。說明보다
다윈과 그아들 암살롬의 事實에 注意해보자。

다윈의 第三王子압살롬이 그父王다윈을 對하여叛亂을 일
으켰으니 그 可憎한罪過로 말하면 다른外敵보다도 더하
다할수있었고、事實上 다윈에게加한 모든危險과 苦痛으로
말하여도 모든外敵이 平生토록加한것보다 그아들 압살롬
이 홀로 加한것이 深刻하였다고 할수있다。
그런데도 不拘하고 암살롬의 叛軍을 迎擊하려나가는將卒에게
다윈이 부탁하기를「나를爲하여 少年압살롬을 너그러이
待接하라」고(삼下 一八・五)하였다。即 叛亂軍의戰鬪力은 꺾
으되 그主謀者인 압살롬은 오히려 愛情으로 收拔하라
는命令이었다。

一〇

그러나 戰爭勝負의 責任者의立場에 세움을받은 司令官
의게는 그러한愛情을 考慮할餘地가 없었다。戰爭은 이
기어야하는것이오 이기려면 完全히徹底히 이기려면 敵
意의中樞를「殲滅」하여야 한다고 생각하기는 當時의將
軍이나 오늘날歐洲交戰國의首腦者들이나 古今東西가
마찬가지다。故로 압살롬이 상수리나무에 걸렸다
는報告를 들었을때에 요압은「나는 너의와같이 遲滯할
수없다」하여 손수「적은槍 셋을 가지
고가서 상수리나무 가운데서 아직 살어있는 압살롬의
心臟을 찔렀다」고한다。戰爭하려나선 장수로서는 의례
이 할일이다。거기까지 해야 戰勝을 決定的으로 만드
는것이다。

그러나 이決定的戰勝의 報導를接한때의 다윈의心情은
全然딴판이었다。王은 報導兵이 到着할때마다 第一먼저
듣고싶은것이「少年압살롬이 잘있느냐」는安否였었다。마는
마종에「내主王의怨讐와 일어나서 王을 對敵하는者들은
다 그少年과같이 되기를願하나이다」라는 구스사람의分
明한對答을 들었을때에「王의 마음이 甚히 아퍼 門樓
로 올라가서 우니라。저가 올라갈때에 말하기를 내아
들 압살롬아 내아들 압살롬아 내가 너를代身하여 죽
었드면……압살롬 내아들아 내아들아!하였더라」고
(삼下一八章末)하였다。이는 한갓 다윈이라는 一個英雄의

特徵이아니라。 萬古를通貫하는 어버이의 心情이 如實히 드러났다。

암살롬이란人物은「온 이스라엘 가운데 암살롬같이 아름다움으로 크게稱讚받는 者가 없었으니 저는 발바닥부터 頂수리까지 欠이없음이라」는 (삼下一四·二五)傑出한사락이오、또政治的手腕이非凡하여 萬古의大君 다윗王같은 治下에서도 能히 그百姓의 마음을盜賊하여 叛亂을 일으켰을뿐더러 一時는 그勢力이 王軍보다 훨신優勢하여 다윗王으로 하여금 一時는 그勢力이 慘酷한形便으로沒落하여 밤낮 僅僅히 목숨을保全코저 逃避하게까지 하여도 그 父王의心情의 偉大한人物이다。그러나 암살롬의 大로써 比길때엔 太平洋上에 좁쌀 한알이 떨어진 無邊大합에 比길때엔 太平洋上에 좁쌀 한알이 떨어진 것만도 같지못한것을 누구나 是認할수밖에없을것이다。 悖子逆臣인 암살롬에게對한 다윗의心情에는 惡心이라는 그림자도 없었다。그心臟은 한울이 큰것처럼 크고 바다가 깊은것처럼 깊다。「너는 그래도 나야⋯⋯」함으로써 삼켜버렸다。

다、路加福音第十五章에있는 有名한 蕩子의譬喩에서도「너는 그래두 나야⋯⋯」하는 어버이의 마음에 우리가 感激한다。그때에 잔치 차린것을 兄은「제가 그럴바엔 나도⋯⋯」하는 對立的世界에사는 義人이오、「너는 아들 노릇 못했어도 나야⋯⋯」하는 心情으로

너는 그래두나야

蕩子의 全身全靈을抱容해 준것은 超絶한世界에 呼吸하는것이다。

라、十字架上에서 主예수가「아버지여 저이를 사하여 주옵소서 자기의 하는것을 아지못함이니이다」하시면서 (누가二三·三四) 凶惡한宗敎專門家와 無智한群衆을容恕하신것과、또 이들 본받어서「主여 이罪를 저이에게 돌리지 마옵소서」하고(使七·六○) 처음殉敎者된스데반의心志가 모다「너는 그래도 나야⋯⋯」하는 限없이 넓고 깊고 높고 크고 거룩한心臟에서 나온것이다。

四

海星이라는動物은 貝類를 잘 잡어먹기로有名하다。自己몸둥이보다 적은것을 잘먹기는勿論이오 自己몸의直徑보다 더큰 조개를 잡을때에는 自己의胃袋를 끄집어내어 그물처럼 둘러씨워놓고서 그內容만 녹여먹는다。兄長이란 반드시 나많은것이아니오 그 마음세를 兄長답게 거느리면 兄長이다。偉人이란 반드시 키큰것이 아니오 그心臟의包容力이 큰사람이다。

눈은 눈으로 이는 이로 갚지않고저 눈과 입을 操心하는 이는 그것도 現實하기 어렵다。마음의 出發點을 바로잡아야 그것까지도 實現할것이다。그리하여「너는그래두나야⋯⋯」하는 君子의 마음세、어버이의 마음세、殉敎者의 마음세 로부터 드디어 主그리스도의 十字架上의心臟에까지 到達하고야말도록 祈願하기를 게을리하지말어야 할것이다。

罪人만을 爲하야

罪人만을 爲하야 (第四回)

A、J、럿셀 著

趙 聖 祉 譯

第二章　三人의 吟遊詩人 (續)

뿌라운즈호텔에 갔더니 푸랭크는 南米에 가고 없었다. 그러나 론돈에는 다른 세사람의 그룹의 指導者들이 남어있었다고 하는것이었다. 나는 그들을 그翌日午後에 내事務室에 招待하여 茶를 대접하였다. 나는 어떻게해서든지 이사람들을 잘調査해볼 생각이였다. 나는 秘書에게 命하여 그의 女性獨特한 敏捷한 觀察力을 갖이고 그들을 觀察하여 설마 그들은 이눈치를 채이지는 못할것이니 그들의 面前에서 다記錄해두라고 하였다. 秘書는 그대로 하였다.

그後에 나는 이秘書의 記錄한것을 紛失하였다. 그러나 그內容의 要點만은 大槪다 記憶하고 있다. 即 하나님이나 그리스도에 對한 이야기를 할때 다른사람들은 大槪 躊躇한다던지 어색해 보이는것이 普通인데 이들은 異常하리만치 그態度가 自然스럽다는것이었다. 이三人의 訪問客이라는 이들은 깨러트스리얼리와 쪈루ー츠(둘 다 英國國敎의 牧師요 監督의 아들이다)와 해별에 꺼슬어 赤銅色얼골을한 젊은 運動家요 쮀이커敎徒인 챌즈헤인즈君等인데 세사람은 모다 平服을 입었었다.

이들 세사람은 웃입은것도 스마ー트하고 親切하고 沈着해보이며 사람에게 좋은 印象과 好感을주는 靑年들이였다.

確實히 푸랭크는 사람을 選擇할줄 아는사람이였다. 우리는 約두세時間동안 서로 얘기하였다. 그들은 自己네의 運動에 對해서 說明해주었는데 大端히 나의 興味를 일으키었다. 그들은 學識도 있고 熱心도 있고 敎養도 있고 또 얼골도 美男子들이였다. 나는 그들의 明朗한 態度와 率直한 點이 좋았다. 깨러트스리얼리의 角테眼鏡속으로 나를 내다보는 모양이라던지 (鋼鐵의 人인) 챌즈헤인즈君의 팍째인 體格이라던지 中國漢口의 監督의 아들인 쪈루ー츠君의 어린아이와 같은 熱誠等이 나는 좋았다. 내종에 나는 쪈루ー츠君이 相當히 手腕있는 쩌ー날리스트요 才操있는 作家라는것을 알었었다. 그들이 여기에 단여간것만으로도 벌서 이ー피ー트街의 墮落된 雰圍氣에다 平素에 맛보지못하든 淸新한 氣分과 平和를 招來한 感이 있다.

이 異常하게 만난 처음會合에서 얻은 印象은 이사

一二

람들은 世界를 改變시키기 爲해서 自發的으로 自己의 世界를 喪失한 사람들이라는 것이었다。그들은 商業界에서 흔히 보는바와같이 自己의 所得을 爲해서 奔走히 活動하는 型의 사람들과는 正反對의 사람들이었다。그들은 이제는 自己의 運命을 自己의 맘대로 開拓할려고하는 사람들이 아니요、또 自己의 靈魂을 支配하는 사람은 아니라할지라도 조용한 힘과 이미 놀랄만한 結果를 내고있는 確乎한 目的을 갖이고 있었다。

그들에게는 偶然한 일이라고는 없었다。하나님께서는 모든일에 計劃을 갖이고 계시는 것이요、그들은 이計劃에 調和하도록 努力하고 있는 것이다。그計劃을 아는 知識이라던지 神의 靈導、神의 能力等은 누구나 이計劃대로 살려고하는 사람이라면 다얻을수 있는 것이라고한다。그리고 이靈導나 神의 能力은 모든形式의 人間的 決心을 超越하는 것이요 또 누구든지 또 언제든지 普通으로 經驗할수 있는 것이라고 그들은 斷言하였다。이 三人의 文學士가、나의 招待를 받어 왔을때 그들은 이 招待에 應하도록 까이단스를 받었노라고 하였다。그들의 말을 믿고 안믿는것은 둘째로 하고라도 그들의 訪問은 好意로 생각하지 않으면 안될것이다。

지금까지 나의 事務室을 訪問한 사람들中에는 特別한 사람들도 많이 있었다。英國에서 가장 쎈쎄이슌을

罪人만을 爲하야

일으킨 殺人事件때문에 死刑宣告를 받었다가 윈스톤·취칠의 힘으로 赦免을 받은 사람、또한사람은 풀리트 街의 用語로 말한다면 「華한 殺人」罪로 내종에 絞首 臺에 올은사람、有名한 殺人犯은 거이다 붓잡었다고 하는 探偵들、有名한 政治家、戰爭에서 凱旋한 勇士、拳 鬪選手、人氣小說家、有名한 歌手와 俳優들、世界記錄을 가진 自動車選手、映畫스타ー、스포ー츠만、競馬士等 其 外에도 미처 記憶할수없는 名士들이 數없이 訪問왔었 다。한번은 英國의 皇太子께옵서 오시었는데 階段을 걸어올라 오셔서 바로 내房밖에 階段턱에 서서 門番에 게 무엇을 물어보시구는 그대로 네려가신적이 있었다。거리로 다 나가신後에야 모두 알고 야단들이였다고 한 다。그러나 하나님의 靈導（Guidance）로 나의 事務室을 訪問하였다고 公言하는 사람들은 이明朗한 三人組가 비 로소 처음이었다。

나는 이옥쓰포드그룹의 指導者의 한사람에게 이運動 의 創始者가 누구냐고 물었더니 그는 서슴지않고 한 마디로 對答하였다。

［聖靈입니다。］

이것은 풀리ー트街에서 미처 注意하지는 못하였지마는 이것은 참으로 놀라운 宣言이었다。人間이 아니고、聖靈이 新 宗敎運動을 옥쓰포드大學에서 始作하였고 지금 그의（聖

一三

罪人만을 爲하야

靈) 代表者 세사람이 여기 와있는것이다。이것은 大戰 以後에 일어난 여러가지 濟神行爲中에 가장 사나운것 이 되거나 그렇지 않으면 무엇이고 큰일을 成就할 運 動일것이다。그렇지 多少 時期가 늦은 感이 있기는 하 지만 調査해볼 價値는 確實히 있는것이다。何如튼 나 로서는 새로운 事實을 發掘해 낸것이다。그리고 이것 은 確實히 뉴ㅡ쓰이다。

×　　　×　　　×

이三人의 吟遊詩人의 自己네의 立場을 說明하는것을 들어보면 何等의 狂信的態度는 보이지 않었다。自己네 는 말하기를 嚴正한 正統이라고 主張한다。事實에 있 어서 비록 그들의 新約을 보는 方法이 나에게는 새 롭게 보이긴 하였지마는 그들은 모든 細密한 點에 있 어서 까지 新約聖書에 忠實하다고 하는것이다。그들은 聖書를 갖다가 單純한 規則이나 敎理를 모아둥은 책으 로써 이것을 떨며 잘지키기만하면 天國에서 安全한자 리를 얻을수있는것으로 생각하는것보다는 사람들이 絕 對로 그리스도에게 服從하기만하면 어느時代에서든지 또 누구에게든지 일어날수있는 事實의 啓示요 繪畵 또는 映畵라고 보는것이다。

萬一 그들도 初代의 使徒들과 같이 自己生活의 모 든것을 다 바치고 徹底하게 그리스도에게 服從(Surr ander)

一四

을 하기만한다면 그리고 다른사람에게도 感化를 주어 自己네와 同樣으로 써렌더하도록 한다면 類似한 結果 가 일어남에 틀림이 없을것이다。쭌루ㅡ츠는 콜릿지의 한말을 引用하여 自己들은 平凡한 眞理를 갖다가 그 것을 行動으로 飜譯함으로써 그眞理가 最初에 包含하 였던 特殊한 價値를 恢復시키기 爲하여 나서서 活動하 는것이라고 한다。그들은 聖經대로 生活함으로써 第一 世紀 基督敎의 필림을 맨들어 내고 있는것이다。따라 서 그들은 理論보다 實行이 없는 說敎는 즐겨하지 않는것이다。即 이 證 言이라는것은 내가 以前에 十名의 小說家의 도움을 얻 어가지고 「나의 宗敎記事를 낸 方法과 同一한것이라 고 할수 있겠다。

以上과같이 生活을 所重히 생각하는 見解는 何等 新 奇한것은 아니다。그러나 世上에는 남의 罪를 告白하 는것이 마치 自己의 罪에 對한 辯明이나 되는듯이 基 督敎信者들은 말은 잘하고 說敎도 잘하지만 그것을 實 行하지는 않는다고 하는 낡어빠진 口實을 내세우고 自 己네의 異敎徒的生活을 辯護하고있는 사람들이 많이 있 는데 이러한 不信者의 大軍에게는 好感을 줄만한 見 解이다。

그런데 그들의 證言에 對한 見解는 적어도 이것이

大學卒業生에 關係되는限、새귀에는 새롭게 들렸다。그들은 小說家들을 誘導하여 告白陣을 맨들어본적이 있지만 그들은 모두가 반듯이 大學卒業生들은 아니였다。이제 이사람들의 分擔에 對한 定義를 들어 보면 무한번 證言을 分擔(Sharing)이라고 불른다。事實은 나도가지 意味를 가지고 있다고 한다。即 告白과 證據인데 前者는 必然的으로 後者로 轉化하는 連帶關係를 가진것이다。告白을 意味하는 分擔은 하나님에게 對한 告白을 意味하는 同時에 聖靈의 命令이 있을때에는 自身의 解放을 爲해서 누구에게든지 사람에게도 分擔을 하는 것이다。即 信賴할만한 사람、秘密을 지켜줄뿐만아니라、自己를 도와줄수 있으리라고 믿을만한 信仰있는 男子나 婦人에게 率直하게 가리움없이 말하는 것을 意味한다고 할수있을것이다。서로 自己의 罪를 告白한다는것은 聖야고보의 唱道한바요、바울이 에베소에 갔을때에 에베소사람들이 實行한것이다。그것은 또 쭌웨슬레이의 神聖同盟(Holy Club)과 愛餐會에서도 實行한것이다。自己自身의 過失에 對해서 率直하다는것은、世上에 對한 좋은 證據가 되는것이다。웨그러냐하면 基督敎人이 告白할때 異敎徒가 믿게되는 것이니까。

이 分擔의 終極의 目的은 神과의 關係를 바르게하는것이다。이 三人의 訪問客의 말에・依하면 우리는 무엇보다도 「罪의 赦함」을 切實히 要求한다는것이다。그리고 거기에 到達하는데 最後의 手段으로써 어떠한 힘을 빌던지 우리는 하나님과 直面하여 우리의 罪를 告하는데까지 나가지 않으면 안되며 그리고 하나님께서 얼마던지 거저 주시는 「赦함」을 받지 않으면 안된다는것이다。生의 充實을 爲하여는 이밖에 다른길은 없다。그리고 우리는 이것을 맘속으로는 잘 알고있다。

이제 理想的으로 말한다면 이러한 告白은 다른 人間的인 도움을 빌지 말고 直接 하나님에게 할것이며 그 자리에서 하나님의 赦罪함을 받을것이다。그러나 事實에 있어서 이것은 몇번이고 몇번이고 反覆하게 되는 것이다。

그렇지만 實際的 經驗에 있어서 본다면 人間이란 元來 完全하지 못하기 때문에 하나님과 直接으로 面對하는데까지 나가기 爲해서는 그準備로 相互間의 分擔을 必要로하는 사람이 大多數이라는 것은 많은 實例가 보여주는 바이다。그들에게 있어서는 分擔이라는것은 實際的 要求이다。이렇게 함으로써 그들은 告白의 眞實性과 告白의 對象이 되여있는 神의、實在를 把握하게 되며 하나님께서 주시는 赦罪의 眞味를 맛보게 되는 것이다。그렇다고 해서 赦罪그自體가 分擔을 通해서 온다는것은 勿論 아니지만 個人이 赦罪함을 얻는것은 分

罪人만을 爲하여

罪人만을 爲하야

擔함으로써 經驗하는수가 많은것이다.

聖書的意味로서의 相互間告白이라는것이 信者相互間의 도움과 힘이 되며 眞正한 友情에 達하는 唯一한 方途이라는것은 實際의 事實을 보아서 잘알수 있는것이다. 그것은 基督敎그自體가 眞理인것과 마찬가지로 人生의 根本眞理의 하나이다. 그러나 自己가 實際로 直接 實行해보기 前에는 決코 充分히 理解하지못하는 性質의것이다. 基督敎는 初代敎會時代부터 이러한 告白의 價値를 잘알고 있었었다. 웨슬레이와 近代英國캐들릭도 이點에 있어서는 一致하였다. 그리고 어떤 意味에서보면 精神分析學者도 綿密周到한 實驗의 結果를 基礎로 하여가지고 敎會가 옛날에 聖靈의 靈導下에 배운것에對하여 科學的證明을 하여주었다고 할수있다. 그러나 敎會는 그後에 이敎訓을 實行하는것을 종종 忘却하여오기는 하였지마는.

그다음에 이分擔이라는것은 證據를 意味하는 一面이 있다. 自身이 靈的으로 治癒를 받은 사람은 그좋은 消息을 다른 사람에게 傳해줄 義務가 있는것이다. 그것은 「어떻게 해서든지 몇사람은 救援해야할」 모든 基督敎人의 義務이다. 레스터의 監督은 말하기를 宣傳的基督敎人(卽自己의 體驗한 福音을 남에게 傳하여 사람들을 信者로 맨들어 나가는 基督敎人──譯者註) 이참 基督敎人이라고 하였다. 그러나 不幸하게도 오늘날에와서는 이러한 基督敎人이 오히려 變態的基督敎人처럼되여있다. 나는 또다시 懷疑的으로 되였다. 생각컨대 世上에는 天國에 가서 그렇게 特別하게 만나고 싶지 않은 사람들이 더러 있기때문에 그런것이다. （續）

聖朝通信의 續

十六

深刻한體驗談을 듣고 有益한날이 많었다.

五月二十日 （月） 晴. 아침에印刷所에가서校正. 午后에原稿쓰기와 除草약간. ○破竹之勢로서, 獨軍이 마지노線을突破하고 佛領으로 侵入云々. 할바엔左右間 決斷해볼일.

五月二十一日 （火） 晴. 마음을傷하는듯한일이 一週日만에 平和롭게되어 主그리스도께感謝. 오직主예수때문에恢復되다.

五月二十二日 （水） 晴. 오늘은 서울장안이 제요란한날인 모양이었으나 여기는別有天地. ○豫防注射맞고서 本格的으로四十度以上身熱로呻吟하는이 今春엔特히많다고. ○저녁에家庭禮拜.

五月二十三日 （木） 晴. 天候도 長期戰體制가 된까닭인가 가물기 시작하면 언제까지든지 膚懸을 中止하지않는듯. 草木禽獸가 모다渴症에 시달린다. ○印刷所에往返.

五月二十四日 （金） 曇. 여러날만에新聞을본즉 英國首相에 취-칠이라고있다. 언제 갈렸는지 모르나 그人相만하여도 히틀러를相對할 戰時首相답다. ○終日印刷所에서校正. 히도往返. ○「內村鑑三先生과朝鮮」의 製本이出來하다. 總督府에

綠陰의 宴

綠陰의宴

지난四月以來로 余輩의 身邊에 關하여 많은 誌友들로부터
慰勞와 激勵와 念慮의 情을 寄托한이가 한둘뿐이아니었으며。나
는 그러한 文句나 情誼를 敢當하기에 넘어도 無價値한者인
것을 自覺함으로 어떤때는 箇이라도있으면 도망하여드
러갈생각이좋아 읽지않았다。그러든中에도特히 余輩를感激케
하여 마지않은 兄弟자매의 사람이있다。그一人은現役警察官員이
오 다른一人은小鹿島의 癩患者이다。그들의最近消息은 이
러하다。

(一)
聖恩中 氣體候萬々康安하시옵니까 伏祝不已로소이
다。今日「嘉信」은
就伏白 去十二日主日에 松山農事學院단겨오셨읍니까
요。今日「嘉信」은 받었읍니다마는 五月中旬頃에 나온다
는 聖朝誌는 아직 오지않으니 이 또 무슨曲折이 生起었
는지 念慮하나이다。近日엔 어쩐일인지 聖朝社의消息알
고자우며 따라서 궁금한마음禁할수없읍니다。더욱히 養正
先生님이『辭職と死別』는 펴느낀바많았읍니다마는特히『即ち
一つの社會から身を引く』ということは取りも直さず其の社會
よりの死別を意味するのであって『하신句節에는 어쩐지비장
한맘이生감니다。하여잔 先生님의 장염하신 새出發엔 큰
기쁨이없을수없읍니다。한便으로 朝鮮敎育界로서는 莫大한
損失이였으나 너무나形式化한 朝鮮의靈界에는 그야말로

如何한일이 이러나지않을것을가하는 念慮없지않은님
니다。참으로 主님의 特別하신 聖護있으시기를 빌뿐입
니다。(中畧)
宇宙의主宰者께옵서는 사랑하시는마음으로 旱災、天然痘

各處에 頻發한 火災等으로 頑惡한人間들을 悔改시켜 救
援하시려고하지만 秋毫도 그를理解못하고 神을無視하는
態度는 去々益甚할따름입니다。아무리生覺해도 全世界를通하야 去
또다시 旱災들어야만 할것같읍니다。今年一年
年以上의酷甚한旱災가들어야만 쓸것같이 生覺되나이다。
先生님! 우에서 넘치시게 내리신 恩惠와能力을 量때
로받으시사 福音을爲하야 最善을다하시기만 伏望이옵고
余不備白하나이다。(또 聖朝通信五月十三日、日記參照)
五月二十七日 　　× 　× 　×

(二) 拜啓 謹未審暮春에
先生님 道體候錦安하심과 福音傳道에 늘—勝利하옵심을
慶祝합니다。下送하옵신 聖朝(四月號五冊) 只今拜領하야
한숨에一讀했습니다。남은四冊은 前과같이配付했습니다。
기다리던벗을맞나면 더욱반가운것이 當然한心情이겠지만
장에잔어머님 기다리는듯하든마음으로 開封할때 마음은
퍽기쁘고 반가웠읍니다。그리구黑崎先生의『バウロの性格』

一七

綠陰의 宴

福音이라고 · 아니할수없읍니다。 아버지하나님께서는 自己
의아들을 그대로 저들에게만말까실理가없읍니다。先生님
이第一線에나서신다고 그것이小生에게 무슨 그리奇特한일
이겠읍니까만 어쩐지 마음에 · 큰기쁨을禁할수없읍니다。小
生은信仰六年에 說敎다 운說敎한번을 들어보지못한 集
會다 운集會에 한번을出席해보지못한만큼 事實形言할수없
는충동을 안받을수없읍니다。아모리病弱은할지라도 · 癲病만
안인들 不遠千里하고 달려가고싶은맘 없지않읍니다。聖朝
를읽기始作한後로도 二回나上京했고 또年內로 또한번上京
할豫定은하면서도 病이病인만큼 生覺하면 쓸쓸한感이없지
않읍다。그러나『이世上엔肉體가完全이健全한者는 뜨드물
겠지만 心靈이健全한사람은 더욱드물겠지。더구나靈肉이
兩全한者야 몇이나될라구요!』이렇게自己慰安에서사는 小生
으로는 事實 聖朝나마 못읽고는 어떻게 이마음을달래
겠읍니까。東京으로本社를옮기고라도 出刊하시겠다는 말
슴이 어찌반가운지요。表紙裏面을읽고 이섬에도 비록한
卷이나마 하는맘으로 一部誌代半年分을 振替로 보냅니
다。이와같은行動을 小生으로는 참으로
先生님께 罪悚함을禁할수없고 無禮인줄은 모르는바이나오
나 이렇게아니하고는 내마음便할길이없사와 先生님께
다。『內村先生と其の信仰』어서읽고싶읍니다。第一線에活躍
어찌生覺하시든지 하고싶은대로 그리구 할수있는대로합니

하시는 先生님戰果도 어서보고싶읍니다。꼭기러저서未安
합니다。언제나亂年이되여 罪悚합니다 主의祝福하시는中
으로 勝利하시기만 우리主님께 멀리서 긔도합니다。

五月十七日

小鹿島 中央里 ×××上。

一八

이 무분兄弟가 약소하다고하면서 보내준金額約干이있
다。이金額의處分을 두고々々 생각하여도 參考書한책購
得하기에는 넘어적고 그냥誌代의一部分으로 充當하기에
는 넘어 무려읍고 해서 이것으로써 左記要項대로『綠陰
의宴』을設하고서 그誠意를 兄弟들과함께 나누고저하였
다。보내주신이들은勿論이오 參列하는이 못하는이 모다
산祭物드리는目的을達하도록祈願해주시기를、바란다。

時、 七月七日午前十一時부터約二時間
所、 北漢山麓林間。但午前十時까지 本社에集合하야同時
에出發함。
注意。 恭席은 本誌讀者에限함。茶果의準備等있겠으므로
聖書硏究會員以外의人으로出席하려는이는 葉書通知라도있
었으면 더욱便할것。雨天인時는 本社에서室內集會로함。
른說敎를 듣고 가졌다기보다 爲하여眞心으로祈禱를合成
하려는心地로 泰加하기를期待함。

聖朝通信

四月二十八日 （日） 快晴。午前十時에 家庭식구끼리 禮拜。○某中學生君의 振替됨 등에『우리할머님께서 學費를 넉々히주 셔서 傳道費金으로보내오니 우리할머님 께서 내시는것입니다』라고。

四月二十九日 （月） 晴、強風。印刷所 에나가校正。○養正中學校에가서 事務引 繼의 남어지일을 밝히고오다。第二學年 一組生徒들에게 送別의 이야기 暫時。○ 私書函앞에서 편지읽고 感激。일렀으되 『惠函받자왔읍니다。그런데 일이 그리어려 워진줄은 참 몰랐읍니다。얼마나 勞心 하시었읍니까。그러나 아버지들믿는 음안에서 安心하시옵기비옵니다。발서數 日이되었으니 이글이 가는때는 발서 決 定을하시었을때일줄 아오나 弟의 意見 으론。정말 그렇게 어렵거구면 戰死하는 것이 좋은줄압니다。이미關係가 그리된 담에 設或이번에 어떻게하야 發行을한

四月二十八日 다기로 其後에 너여々々 또있을趾文을 다 치뤄나같수가 어찌있었읍니까。온世上이 다 어두어저도 聖經이없어질理는없고 말을못하는기로 主의말슴이 어찌 죽는일이 있으랴 하는 믿음으로 安心합니다。路邊 의石塊로하여금 부르짓게합니다。問題는 우리맘에 있을것입니다。정말 내가。內省 하는대 있을것입니다。정말 내가。內省 不疚면 하나님은 自己經綸대로 하시는것 이 있겠지요。期於히 내가말하지못해서 섭々해하고 念慮할것은 없지않을가요。 四十年間을 羊치타면 치지요。아무려나 꺼리낄것없이 맘이 쑥 가시는대로 決하시 요。左顧右眄하기에 우리는 歲月을 虛 費합니다。

다決定하신後 오십시오 기다립니다。여기 亦是 첨에알든것과는大異、豫期와는거이 判異한 感이있읍니다。이제겨우 業輪이 제자리를 찾으려든듯합니다。그러기까지는 그저 奔忙이었읍니다。（中略）主께서 兄 의右便에서 제시기 懇切히々々바랍니다。 四月二十八日에 咸弟再拜』웨 傳道集會할 수없다고恨했으며 雜誌發行못할가고 念 慮했든고。친구들아 『懇切히々々々』빌지

村에 들렀더니 揭示가『愛國日に付き本日休業仕 候』라는揭示가 戶々에 붙었고、洞內가 매우閑寂하야 法堂이 멀지않은地域갈있 다。日曜日마다愛國日로定한다면 國民 의風紀도 훨신改善되면서와 主日이 一層 嚴肅해질듯하다。○印刷所──總督府 印刷所。오늘出版許可받고（四月號）오늘製 本이되다。

五月一日 （水） 晴。볼일있어 新興寺 （佛法僧）의 소리 들리다。

五月二日 （木） 曇、后雨。이미 昨日 에發送되었을터이었든四月號가『停電』이 된대로 印刷所에 있어서、여러가지모양 으로加工한後에 市內書店에配達하고 明 倫町에서發送事務。○生死의岐路를 건너 는 大手術받은後의感想如下『김선생님前 上書。만입이 내게있어도 그입다가지고 내구주주신 은혜를 늘 感謝하겠에란 말

四月三十日 （火） 晴。昨日의 적은勞 働이 큰疲勞를 남겼다○午前中에 印刷 所 道廳 總督府 銀行으로 다녀오다。 ○저녁에는 例와같이 밤새도록「솔적다」 어다。○午后에 除草剪枝等 農場의勞働 을 약간하다。

一九

聖朝通信

숨이 여기 두고 한 말슴같읍니다。
手術은아주 드문良好한成績을 나타냈
읍니다。苦痛은 하나두 없었아오며 의
사、간호부들의 말에
「Sさんは 鈍感な人ね!」하였으니 정말
ト、カン인지? 아닌지오?
그들은 主의힘을 모르오니 그랬지오
제가 對答하기를
「イーへ あなたは わからない偉大なる
力が 私に 存在して居ます」했드니
「は― そうかな」해요。
先生님 이번 이機會는 主님이 제게주
신 간호부로서의 患者의心理와 좀더 철
저한간호부를 만드시기 위한 일이였다
고 믿습니다。
아무리 생각해도 「感謝」두말없이는 아
무말도 안나옵니다。
主님 쓰시고자 하시는대로 가게 하소서
主님의 일 안하려면 꼭 요나와 같
이될줄 믿습니다。
오늘 發米 했습니다。잘 아뢸었어요。
이機會는 主님이 내게주는 肉의쉽과
아울러 靈의 양식을 풍부히 주시고 또
主의일을 計劃할時間을 주셨을 다름입
니다。
선생님 감사의긔도 올리웁니다。

시기만 主의 종 主의×× 만드
시기에 힘써 긔도하옵니다。선생님이 이
글보실때는 벌서 걸어다니게될것입니다。
늘 主의恩惠 先生님게 나리시오며 하시
는일에 感謝의生活되옵기만 아멘! 四
月二十七日아츰 病床에서 주의적은간호
부 「××上書」믿음있는 사람에게는 아
무것도 害할수있고、 모든것이 합동하야
益을成하는도다。○저녁에家庭禮拜。호세
아書의 글章을 輪讀하다。

五月三日 (金) 曇風。午前中에苗木移
植。午后에 近日疏隔해지는感이있는 友
人을尋訪하고서 느낀바를率直히吐露하여
본結果 亦是心靈上에互溝가 생겼음을發
見한다。悲哀많은것이人生이라 하는수없
이 各其獨立獨行할것을 覺悟하면서謝退。
○就職決定하려는 同議書一枚如下 「(前
略)三學年이되고보니 就職에對하야 多
少精神을 쓰게됩니다。左에××出身의就
職에對해서 적고서 先生님의下示를 기
다리겠나이다。銀行、會社方面에가는者를

二一〇

第一로칩니다。日、月給이많고、質與金어
답다고。그러나 이方面에進出해가지고
農業專門智識은 死藏되고맙니다。農業技
術者로 同胞에게奉仕하는道理는 아닐가
합니다。이點으로보아門生은 斷念했읍니
다。
滿洲國高等官試驗이있는데 身體虛弱과
家庭의反對로 할수없읍니다。
金融組合理事試驗이있는데 若冠에 남의
웃사람노릇함은 門生이 사람노릇하는데
支障이 있어야온대 斷念합니다。
道廳과 郡廳에 不無할가합니다。斷念합니다。
로 活用함에 는가장適當한길이외다。그러
나 門生같은 性質을가지고는 到底히 하나
갈수없을것갈습니다。다음農業學校敎員이
있음니다。못있는 바른良心가진이들이 통
이 敎育界에對해서 失望하는 이즈음 世
波에떠군다나 實業學校敎員으로서 무슨
일을 一할수있아오리까마는 門生의갈길은
오직 이方面밖에 없는것갈습니다。所
謂社交性이 없어도 어느程度까지 해나갈
수있을것 갈습니다。그리고 農校出身者
는 異口同聲으로 農業學校에가면 入間

을 못쓰게버려버린다고 합니다。아！戰慄할바입니다。全鮮農校에 同胞의子弟가 얼마나 많이籍을두고 있읍니까？ 그들의靈魂이 제대로 눈터보지못하고말믄 이무슨詛呪입니가？ 이런點으로 門生은農校에 가구싶읍니다。弱하고 無識한門生이 무슨일을해내오리까마는 힘빛는데까지 해보구싶읍니다。하나님의 引導하심에따라 예수님의 보내시는 보혜사의힘을 힘닙어 저들의靈에 불을부처주고싶읍니다。이어찌 「할만한일」이아니오리가？ 農業教員에對한 一般의評은 日甚하다。月給이적다。일이힘든다。」云々이올시다。이런點도 考慮할바이오나 前記의理由에加하야 規則的生活을 할수있는것은 身體特히、胃腸이弱한 門生젠 무엇보다 取할바인가하옵니다。大略以上과같사오니 諒察하시고 바쁘신데 罪悚千萬이오나 下示해주옵소서。兼하야 教育學、心理學等 適當한叅考書를 가르처주소서。主恩中 先生님氣體내々萬康하시옵소서。바쁘신데 길게느려놓아 罪悚합니다。餘不備禮上。四月三十日 門下生 ×××拜上』。여기서 또 남들이 시기할만한教師하나가 出現하려한다。어서가라 그도 「해볼만한일」이다。

五月四日（土）晴、强風。午前．午后에 걸처서 側柏苗木移植과 楊子江버드나무四本을 다리ㅅ가에移植하는일。百年大計를 세우고 이집에 背水之陣을 치기로 家議一決하다。○開城柳君이來訪하였기에 옥스포드그룹運動에關한余의見解를 말했드니 大概贊同을얻어서 安心하였고、水原郡泉谷學院消息을듣고 ××某의所行에憤慨함을 마지못했으나 學院으로使用못되여도 崔容信記念禮拜堂으로保管된다하니 一安。

五月五日（日）晴、强風。午前九時에 主日學校。同十時부터 聖書研究會를 本社에서 열다。使徒行傳第七章十七－四十三節과 出애굽記第一、二章에依하야 모세의 前半生을 배우다。오늘이 辭職後의 첫모임인데 나 홀로서 司會하고講義하다。아무에게서도助力을 받지않고 신세지지말고 獨立獨行하게된 첫걸음이 可謂祝福받은것이라할것이다。人間은 아무리儒夫라도 홀로서면勇敢하여지니 人物節約에 가장必要한일이오、모든人間의支持를 잃을때라야 오직 그리스도께만 依支하게되니 信仰生活에不可避의徑路이다。

○無名讀者의短信一枚에『先生님道體萬康하옵심을 祈禱합니다。肉身으로 뵈옵지못한 先生님께 붓을들어 감히 先生님의 安候를묻게되오니 一便罪悚한마음 禁치못하겠아오나 先生님을通하야 받은바 恩惠가 生으로하여금 붓을들지않고는 견딜수없어서 이렇게 외람이 붓을들었아오니 널리容恕하시고 읽어주심바랍니다。生은 幼時로붙어 聖朝誌를 읽어왔읍니다。生이直接注文은 하지않었사오나 내親舊를通해서 읽었고 ××神學三年間 ××○○氏를通하야 聖誌를보는 同窓生이有하야 늘 읽어 받은바 恩惠많아서 創刊號로 昨年十二月號까지 내親舊를通해서 ○○○氏를通해 注文해서 모조리 읽는中입니다。一生을 無名讀者로 지내려했으나 只今 새삼스럽게붓을 들어 알외게됨도 主님의뜻입니다』云々。

五月六日（月）晴。복숭아 배 오야지 꽃들이 동네를 빛으로 물디리고 향기로 무르녹인다。新芽의 松林속에는 진달래를 대신하야 함박꽃이 全盛을 일

聖朝通信

우섰는데 평의 나래치는 소리 매소로靈感의 電波를 이르킨다. 主의 殿에 있는 하루가 千年보다 낫은것을 感謝하면서 午前中은 原稿쓰기○午后는 側柏을 울타리에 移植하는 勞役○湖南誌友의 舊號讀後感을 읽고(前月號十九頁參照)本誌의 發刊이 然無意味한것이아니었든것을알어安心이 金演을出帆하려는 金周恒氏의 消息에 『金先生 東京와서 이리저리 알어본結果 先生께서 歸鮮하섰다는 寄別을 듣고 서운하였습니다. 더욱 渡米를 斷念하섰다니 참 섭섭이올시다. 그러나 主宰의 慈悲로 우리에게 呼吸할空氣가있고 聖朝의 일과 信仰의人을 尊重하는態度에는 歉 産苦가 아직 허락되여있으니 幸이겠지 요. 이以上 最惡이없이 立場이保全되기 까지는 차라리 잘된것이라고 生覺하섰겠지요.(後略) 이리하야 그 先生께 書面을 올리려 할 즈음에 金先生으로부터 詳細한報 에 마즈막 日本郵便을 利用하야 先生께 하나이다. (우리배는 去一日에 埠頭에나가는次 이延期가되었슴) 지금막 埠頭에나가는次

五月四日
晴、風。每日西風이强 하다. ○午前에 原稿쓰고, 午后에 印刷所에 서校正. 平壤短信에 『聖朝받고 安心하옵

五月七日 (火)
와 더브러 잘싸우시고 作別의 人事를 올리나이다. 부대 聖朝 차한일이 닭쿠려. 오늘이야 겨우 乘船準 備가 다되어 午后三時에 出帆하게 됩 니다. (우리배는 去一日에 埠頭에나가는次

五月八日 (水)
晴。새벽山上의 닭고
○오늘은 기쁜일도 많었다. 그중에 信

히 보라하심！願하오니 主께로 오시는 豊盛하신慰勞가 恒常게시옵소서。先生님 聖朝四月號은 몇일전 ××堂에서 發見하고 뛸것같이 반가워하였읍니다。今番은 ××堂에 到着된 部數가 좀 적어보입디다。四部假量더ー購入하려고 付送할맘 懇切하오나 꿈에時々로보는 京城旅行갑니다。五月八日에 아이들다리고 두었읍니다。그때 時間연으면 先生님을 或이나 있을가하야 그만 만지다는이가 或이나 있을가하야 그만 만지다 聖顔과 寬容하여주시옵소서。（下略）五月 家를 비오려면 萬一先生님 못뵈올지라도 門生××上書」。果然 질그릇이다 七日 門生××上書」。 文字대로 土器이다。破片이다。

五月九日（木）。晴。印刷所와 其他에 도라다니며 數日間旅行에도 準備가 바뿌다。〇어떤 看護員의 奉仕의 生活如下 『（前略）聖書朝鮮의消息듣고 그리놀라지는 않았읍니다。 리읽는 分子들의 것을사모하듯 목말라하듯이 만드시려는 主님의 計劃이나 아니신가？도 하여저 기도하는中에 있읍니다。많은 信者들의 마음대로 올틸수 하는것을 보았답니다。患者들의 몸을닦

聖 朝 通 信

하는中에 患者인데 발이 넘우도 껍데기가 있고 老人의 발이라 바삭〜하길래 더운물에 오래담거두었다가 다ー밀고 다 씨슨다음 오리ー브오일로 잘문질러 주었드니 老人이 늘ー 患者와 滿足으로 가득쌓였답 니다。늘 患者의 발을 따뜻한물에 닥거주며 손수 잘 때를밀어준다。예수님 저녁 생각하오며 예수님과 같은듯은 아니 그발씩 기시든 예수님」「집섥 이니 그발씩 기시든 예수님——아츰 발때 마음은、 울었습니다。（下略）」이도 또한 「할만한일」임에 틀림없다。

어두는中 그들이 第一氣分좋와 하는同 時、또未安하는곳은 발씻어줄 적이랍니다。이번에 小生이 入院하였을 적에 철저히 느끼는 몸과 마음全部 받어 뜻있는 참된마음 主의사랑으로부 터의 看護가 患者에게 第一必要하다는 것을 철저히 깨달었습니다。看護員中에 義務로하는者가 始作이나되는것을 볼때 마음은、 울었습니다。（下略）」이도 또한 「할만한일」임에 틀림없다。

五月十日（金）晴。일직이 서둘어서 午前八時發京義線列車에 몸을 실니다。 宋斗用兄同途。午后三時지나서 平壤驛頭 에成錫憲兄을만나 함께趙村驛에下車。夕 陽에 松山學院에着。想像했든대로 松林 이 아름답고 平和스런洞內다。農事學院 과 小學校와 禮拜堂의 配置도 그럴듯하 게 되였다。大同江가에 까지 散策하면 서 쌓였든 情談淸話이 끝없다。

五月十一日（土）晴。午前五時半의 起 床종소리에 松山學院生徒들과함께 세수 하고、同六時부터 早天禮拜。平素에는 生 徒들이 번갈아司會하든것을 오늘은宋兄 司會。七時에 朝飯、八時半부터 約二時間學

二三一

聖朝通信

課授業。다음에 農場實習。土曜日이어서
午后는 선다고。夕陽에 五山誌友들數人
이 所聞듣고 來叅하다。

五月十二日 (日) 曇、小雨。새벽에五
山、博川等地의 兄弟들이
더욱盛會를 이루다。○清晨祈禱會는 學
院뒤의 林間에 열리니 더욱天然스럽다。
生徒十三四名外에 自然히 모여온이들約
二十名。司會李贊甲氏는 한敎室에五六十名
식 全校에六七百名되는 큰學校를 떠나
서 한敎室에六七人式 合하야 十二使徒
보다 一人이許한農家子弟를 다듬어내는學院
뒤마당에서新禱하랴니、主그리스도의臨現
을確然히知覺하지않을수없어서 우리의新
禱는 스스로切實하여질수밖에 없었다。
○午前十一時에 松山里禮拜堂(昆老敎)에
서說敎하다。「너는 그래도 나야……」라
는題로。聽衆約五百云。이敎會의 擔任牧
師는 學生時代로부터의誌友요、이번機會
를 놓칠수없다는懇請을 물리칠수없어서
이大禮拜의說敎를 不時에助力하게된것이
다。男女信徒의 얼굴이 陽光과大氣에遭
懊없이 쪼여서 健實한氣風이 堂內에香
氣처럼 넘치매 說敎하는者도 매우愉快

하였다。○松山學院設立者인金斗爀氏宅에
서 여러兄弟들과함께、午餐의待接을받는
金氏宅도 金周恒氏住宅과같이 自手로設
計建築한것인데 考案이 매우興味있었다。
○大同江岸의望景臺까지 散步하면서 故
李先生의理想村建設豫定地等을踏査。附近
一帶의 景槪도可賞하거니와 農作도豊盛
해보이다。Rev Robert Jermain Thomas
의 記念碑 섰다는敎會堂은 大同江저편上
流쪽으로 바라보이다。○午后三時半부터
우리끼리(無敎會)만 모이
는會를 열다。司會咸先生、說敎宋先生。
○저녁後에大部分散退하는데 나도 明日
의 일을爲하여出發。平壤驛에서十一時二
十分發南行車를 타니 列車內에 사람이 사
람우에 덥치는超滿員。

五月十三日 (月) 晴。京義道沿線
어서부터 車窓外의景槪로보아도 昨日降
雨量이 平安道쪽보다。좀더많었든모양이
다。○午前七時半에京城驛에歸着。印刷所
에들려서 急한校正을 해놓고 北漢山
麓에 도라오니 午前十時餘。시내의水量
이 多少불었다。朝飯後에 來信整理하고
낮잠자다。○湖南소식이待命하고있다。「(前

號) 三月十三日夜 先生님께서 所感을말
슴하신 그效果가 나타났읍니다구며! 그래아
마도 그効力이 長久히繼續될것같이보이
니 그奏効의 速습과、永續性의强습에는
小生은
一驚치않을수없었읍니다。따라서 小生은
從來에「聖朝誌」와 其外
宗敎雜誌에對하야
諸卑之心을갖고 取한態度를 訂正해야
쓰겠구나한 生覺이나니이다。先生님! 어
느號라고 難產아니신바는 아니었지마는
特히 四月號의
難產의 難產이야말로 그苦와痛
의極甚합이 얼마나하시었든가는 實로第
三者의 想像밖에있었을을 믿습니다。그리
고「送別의感」을읽어보신즉 喜悲交々한것
이있었읍니다。一見弱한中에도 一見悲哀之
中에도 堅强力이充溢하여있고 萬難을排
除할 測量할수없는 希望과歎喜가 湧
出하고있음을 見失할수없었읍니다。「社
告」에 말슴하신것과같이 事實에있어서 우
리의處地로 大榮職이신 中學敎師의地位
를弊履갈이버리시고 苦海의激浪中일에도
能히 彼岸에 到達하실確信을 갖이시고
勇敢히도 一片小舟를 띠우신다는것은 더
욱히 今日의世態에있어서 아무리生覺해

二四

도 人間新願之都는 아닐것입니다。誌友
둘께서도 先生님을爲해서 何時라고 거
첫新禱를받는바는 아니었겠지오마는 今後
로는 特히 마음을다하야 新禱해야될줄
로 믿습니다。

先生님! 부끄럽습니다마는 小生은 아
직 그社會그자리에 남어있겠읍니다。갈
은社會에서 先生님을 送別하게되오니 그
惜別의情 難禁한바 全無하지는 않습니
다마는 그도 將來에 저이들을 爲하시사
前程을開拓해주시며고 떠나신것이니 섭
섭한가운데도 기쁨을 느끼나이다。

그惜別의衷情 及거룩하신 새旅程出
發을하신 先生님의前途를 謹祝하옵는表
적으로서 別途小額을 伏呈하오니 某條
록 笑納하시기 바라옵나이다。

앞으로 倍前의聖恩과 祝禰이 無時로
先生님과及貴家庭에 내리시기만 빌면서
餘不備伏白하나이다。庚辰年五月七日 ×
××再拜』 이사람같을진대 別로 廣告
함이 없을지라도 本誌編輯의 內容의內
容까지 透視한다。智慧는智慧의아들에
게 알틴다함이 이런일인가하노다。또 이
小額의선물、 唯一의선물을 어떻게쓸까가

一大問題。

五月十四日 (火) 晴。印刷所에校正。
雜誌의用紙問題가 기어이絕望인듯하다。
○저녁에絕食。○어떤面書記로부터 〔(前
畧〕 五、六日前에 上京하였다가 先生任
消息을무르니 學校에안이계시다하야 實
로놀랐습니다。나는 農村으로 돌아간다
하시든 그말슴이 머리에떠올랐었습니다。
同時에 늘 말슴이 머리에떠올랐었습니다。
생각도났었읍니다。士別三日 刮目
相對! 이것도 門下生머리에는 이제것
남어 있습니다。

이제는 養正生徒들입에서 boys be am
bitious! 소리는 안이나오겠군요。門下
生과같은 生徒는 退學만 되겠지요。
말(馬)은 사나운말이 탐만하다고하시든
先生任께서 養正을떠나섰아오니 이제는
사나운말 탈사람도 없겠군요。門下生도 요
새는 自然을 스승으로 修養을하고있읍니
다。農村의中堅人物되여 先生任께서 받
은敎訓의 萬分之一이라도 發揮하겠다 片
紙로서 約束하오니 우습다마시옵소서!
農村의 實情을알고저 農民生活을 理解한

읍니다。多幸이 農村振興保護任으로 農家
更生에 힘쓰기 쉽웁게 되었읍니다。(下
畧)。 다만罪人의 魁首인故로 如何한 惡
人이라도 나의心腸속에 包容할수있었다
는것뿐이었다。學力優等品行方正하드든生徒
보다 말성많든者가 오래 있지않으며는
일도 奇異한일。

五月十五 (水) 雨。詩篇第二十七篇節
十節의뜻을 처음으로 깨다른날。獨軍은
和、白國을蹂躪하고 巴里로 進軍한다고
報道。

五月十六日 (木) 半晴。午前中에總督
府에 다녀오고、山에 올라 구름을 우
러러보다。

五月十七日 (金) 晴。오늘도 總督府
印刷所等 다녀오다。○저녁이되며 아침이
되니 셋째날이러라。天地가 모다 荒無한
듯하다。

五月十八日 (土) 晴。午前中에印刷所
에서校正。○午后에 詩篇을 곳부하다。

五月十九日 (日) 晴。午前十時부터滿
二時間 누가복음第六章一〔十十節會講
하다。이部分을解得하면 基督敎를能解한
다는말이果然事實인듯하다。(十六頁에續)

531

【聖書朝鮮】第百三十七號　昭和十五年 六月一日發行
一月二十八日　第三種郵便物認可
〈每月一日一回發行〉

【本誌定價二十錢】（送料五厘）

矢內原忠雄氏의 來鮮

「嘉信」主筆矢內原氏는　八月二十六、
七日頃에、釜山上陸、九月十六、七日頃에 退鮮 豫定으로 朝鮮을 尋訪할豫定이라한다。 그 期間中에 京城에서 約五日間 聖書講習會（로마書）가 열릴터 인데 大暑左記要項대로이다。

時、九月九日부터五日間（每夕）
所、京城府長谷川町京城基督敎靑年會

其外에、京城府內 中等以上學校에서 數次 講演會있겠고、咸興府內에서 小規模의 家庭集會 한두번있을듯하다。

무릇、참사람이는 이番 機會를 놓지지 말것이다。（詳細한것은 七月號에 發表할수 있을듯하다。）

本社의 東京移轉

主예수께서 許하시면 本社를 東京으로 移轉하고저한다。따라서 貞陵里所在의 本社建物과 宅地等은 一旦 放賣하여야할것이니 誌友中에、그것을 願買하시는 이는 直接提議하라。可成的 當利익이 目的안인 이에게 讓渡하고저한다。

金教臣著

1　山上垂訓研究　全
四六判二七〇頁　定價一圓　送料九錢
예수의 山上寶訓을 解說하여 基督敎의 根本眞理를 簡明하게 알린것이다。

咸錫憲著

2　푸로테스탄트의 精神　（價十五錢　送料九錢）
基督敎가 生命을 잃고 形式化 死殼化한때 야에루터의 宗敎改革의 眞意를 다시 闡明하야 生生한 福音에 도라서게 한것이다。

咸錫憲著

3　無敎會　（價十五錢　送三錢）
無敎會主義（即참福音主義）의 理論과 實際를 가장簡潔하게 說明한것이다。

4　內村鑑三先生と朝鮮　（價三十錢　送六錢）
內村鑑三先生의 昇天十週年紀念에 際하야 우리 無敎論文을 編한 由來와 內容에 關한 出版한 것이며 和譯한 것

柳達永著

5　崔容信小傳　（價六十錢　送...）
自己를 爲한것이 아니라 平生을 남을 爲하여 都市에서가 아니라 農村에서、朦昧한 農民과 病든 同胞를 爲하야 一生을 犧牲한 그리스도의 實證이며、그本人에 對한 記錄이라느니、그 生涯의 實記는 이는 이들 반드시 對한 한生의 活力의 文字이다。

本誌定價

一冊　（送料共）　貳拾錢
六冊　（送料共）前金一圓十錢
十二冊（一年分）前金貳圓貳拾錢
要前金　直接注文은 振替貯金口座京城一六五九四番（聖書朝鮮社）로

所賣版次取（取次販賣所）

和信
北星堂（京城府　春川邑）
信一書館（平壤府）
茂英堂（大邱府）
博文書館　京城府鍾路二丁目八六
敎文館　京城府鍾路二丁目九一
向山堂書房　東京市麹町區九段坂

昭和十五年 五月二十八日印刷
昭和十五年 五月二十八日發行

編輯兼發行者　金教臣
　京城府仁寺町一九ノ三
　（京城、光化門局私書函第一八號）
印刷者　李相五
　京城府仁寺町一九ノ三
印刷所　大東印刷所
　京城府仁寺町二九ノ三

發行所　聖書朝鮮社
　京城府外崇仁面貞陵里三七八
　（京城、光化門局私書函第一八號）
　振替口座京城一六五九四番

昭和五年一月二十八日第三種郵便物認可
昭和十五年七月一日發行(每月一回一日發行)

金教臣 主筆

聖書朝鮮

第壹百參拾八號

昭和十五年(一九四○)七月一日發行

皇國臣民の誓詞

一、我等ハ皇國臣民ナリ忠誠以テ君國ニ報ゼン
二、我等皇國臣民ハ互ニ信愛協力シ以テ團結ヲ固クセン
三、我等皇國臣民ハ忍苦鍛錬力ヲ養ヒ以テ皇道ヲ宣揚セン

目次

貯蓄報國

政府는 昭和十四年의 國民貯蓄實績이 豫定計畫인 百億을 突破하고도 二億二千圓의 好成績을 얻어 昭和十五年度는 百二十億을 目標로 貯蓄組合의 强化 其他公私團體訓練으로 國民時局認識昂揚에 依하야 이것의 達成에 遵進하기도되엿다。

朝鮮도 中央政府에 順應하야 새로 貯蓄增大를 期하라고 案을 硏究하는中이며 지난五月二日에 開催된 貯蓄委員會에서 其大綱을 決定하야 卽時實施에 들어가기로하엿다。昭和十五年度貯蓄目標는 此를 五億으로 引上하야 實行其具體對策의 强化를 圖하여 法的制度를 避하고 專혀半島大衆의 時局認識에 의지하는方針으로 進行한다。昨年의 貯蓄獎勵의 實績을 回顧하면 貯蓄目標인 三億을 突破하고도 二千四百萬圓餘의 好成績을얻고 一面으로 또有價證券投資가 六億五千萬圓의 增加를보이고있다。本年度는 此成績을 基調로하야 半島經濟力의 膨脹力을 推定하야 純貯蓄目標를 四億卽一億圓을 增加시키고 私人有價證券投資를 一億目標로하야 都合五億으로하였다。그런데 本年度本府豫算額은 前年에比하야 約七千萬圓弱이膨脹되여 三割弱의增加 八億六千萬圓의 急激한膨脹이있고 또公共團體의 總豫算도 總額三億一千萬圓으로 前年에比하야 異常히膨脹됨은 必然한事라 이걸로因하여 國費、事業會社의 新設 龐大한數字가推算된다。

여기에따러서 民營工事 事業會社의 新設또는 擴張 資源開發의進涉 鮮銀의金員入等 實로多方面으로 할수있는데까지 手段과努力을 다하여서吸收하야 國民貯蓄의增加를圖하는一方 惡性「인플레」를防止하고 他面消費部面을抑制하여 國民精神의振作을圖함은 刻下의急務일것이다。貯蓄에對한國民의覺悟는 官에對한一種의協力이아니라 國民이自進하야 自己힘이 盡하는데까지 貯蓄에努力함이 銃後國民의依例한義務라는것을 自覺하지않으면안된다。本府에서 此運動에對하여 決定한大綱을말하면 事業會社、産業團體에對한天引貯蓄、股賑産業方面의消費規定의貯蓄强制、能力에應하야 貯蓄시키는應能貯蓄、紀元二千六百年紀念貯蓄作業의獎勵方策에對한 强化等等의各方面의熱烈한運動으로 目標인五億을達成하라는것이나 半島經濟界의實勢卽通貨流通量、事業擴張計畫의實際、龐大한 國費支出等을推算하고 一方消費部面에서의 旺盛한購買力 그것은單只一百貨店의數字로보더래도 如何히購買力이轉轉하고있는것인가 立證되는것으로 如斯히仔細히檢討하면 五億圓目標는 適當하다고生覺된다。最近의購買力의旺盛함은 참으로 寒心할諸現象을 露呈하고있는것이다。이제는 貯蓄運動을 官廳에만一任할것이아니라 銃後에있는 國民訓練으로 絶好必然한題目으로 내세움이 當然라고生覺되는것이다。此際에官廳은 勿論 事業經營者 民間識者들은 奮然而起하야 貯蓄에對한國民運動組織化에進出할것이다。

534

我らの安堵

紙類飢饉その他の統制やなにやらで雑誌の續刊が甚だおぼつかなくなりつゝある。如何なることがあつてもこれ丈はと思ひ立つたものにとつてこれ程の不安はない。その不安の度は日に月に増し加はるのみであつた。時に聲あつて曰く「全世界が暗くなるとも聖書はなくならない――なくなり得ない」と。さうだ聖書は既に一千の言語に譯されて世界にひろまりつゝある。いかなる工夫も統制もこの書を無くすることは出來ないであらう。而して聖書が存續する限り我が雑誌の廢續も氣にすることではない。我らが筆を練つて述べやうとするところの正も義も美も自由も眞理もこの書の中に溢れてゐるからである。我らが壇上に立つて眞理を證することの甚だ窮窗になりつゝあることを憂鬱に感ずることがある。しかし「路邊の石塊をして叫ばしめる」エホバの神さまの在し給ふことを我らは忘れてゐたのである。人間の唇が封鎖されてしまつた時に、そのひゞきは全地にあまねくその川も星も月も潑剌な聲で叫び出すであらう。而して「語らずいはずその聲きこえざるに、そのことばは地のはてにまで及ぶ」であらう。こゝに我らの安堵がある。

やりなほし

四つになつたばかりの可愛い盛りの愛嬢をその腕からもぎ取られてその「葬るの辭」を聞かされつゝあつた我らの一人の友は後から親としての感想を一言述べて言ふた「私は此度限り信仰を棄ててしまふかそれども始からやり直すか何れかの途を選ばねばならなくなりました。今まで通りの生ぬるい信仰では立たれなくなつてしまひました」云々。

生は瞬間の現象であつて死は永久の事實のやうに我らの目の前に横はる。死に直面しては如何なる人も眞劍にならざるを得ないのである。殊に無垢の小兒の死に出逢つた時がさうである。決してどうでもよい問題として延引することを我らに許さない。信じて死を征服し救ひに與かるべきかそれども最初からアツサリ降伏して諦めてしまふかである。

今では濁された信仰、ボカされた信心ではなにもならない事が既に試驗濟みとなつた。要は純眞な信仰である――雖へ芥子の種子程のものであらうども。凡て疲れたる兄弟らよ　いま一度やりなほさうではないか――純眞に。

生命의 途

靈의일을 생각함은 生命이오 肉의일을 생각함은 死이다。하늘일을 생각함은 生命이오 따의일을 생각함은 死으로 이다。肉의일에 아름다운것이 없지않으나 要컨대 뛰여지 며려지는 한포기 꽃에 지나는것이었다。肉身의 생각함은 死 는 아무리高貴하여도 하나님께 平和를 연을수없고 하나님의 法에 伏從할수도없다。

故로 오늘까지 貴엽게 重하게 養育發展시켜오든 肉身에屬한 모든 知識과思想을 十字架에 못박으라、그리고 예수그리스도의靈을 우리안에 居하게하라。그리스도의靈이 우리속에 있으면 우리가 그리스도人이오 하나님 의人이라 몸은罪로困하야 죽으되 靈은 하나님의義를 因하야 살리라。靈에 삶이 참生命의途인저。

榮譽와 恥辱

하나님께만依支하여야할사람이 하나님以外의것에依支할때는 반드시恥辱이 그사람에게臨한다。우리의 일에 通하지 않는것이있고 부끄러움이 따르는 우리가 하나님만을信賴한다고하면서 어느듯 人間또는世上의 勢力을 하나님地 位에 박구어놓고 依支한것을 發見하고야만다。이世代에서 하나님만을依支하고 살기는 말하기섭고 行하기極히 어려 움다。반드시 苦難이 따른다。그러나 『무릇 그리스도를 믿는자는 羞恥를 보지아니할것이니라』는約束을 을 우리가 믿을것이오,『나의 생각에 只今받는苦難과 장래 우리에게 나타날榮光을 比較하면 足히比較할수없나니라』 는(同八・一八)法則에 우리가安定을 연을것이다。

우리의 憂慮

그리스도를 믿는者에게는 격정 근심이 全無한줄로 推測하는이가없지않다。或은 憂慮가 全無한 基督者가 있을 런지 모른다。그러나 우리에게는 격정 근심이 世上사람보다 못하지않게 各種격정이 있을뿐더러 한가지 憂慮가 더있다。그것은 主그리스도를 爲하야 입은 傷處가 없는것이다。

바울은 「나를 건드리지말라」고 웨쳤다。自己몸에 예수를 爲하야받은傷處를 지니었든까닭이다。그것이있은즉 現世 에서 誘惑이 물려가고 來世의 勳牌가된다。主님을爲하야받은傷處없이 主예수의迎接을받을날을 생각하매 우리마음이 스스로 무거웁지 않을수없다。

536

골로새 書講義 (六)

金敎臣

因習과律法의支配에서釋放되라

異端排擊의本論 (一) (二・八ー一五)

바울이 本書翰을 쓰게된 主要目的인 異端排擊의本論
이 展開된다。때는 二千年前이었고、받는이들은 골로새
地方敎人들이었으나、바울의 날카로운筆端은 오늘날 우
리들의心靈에도 처마끝에 다다른 불꽃처럼 緊迫하게 굴
지않고는 마지안하며、실실이 쪼개지않고는 두지안한다。
異端을排擊하는것은 單只 痛快한論陣을 배풀었다고해
서 장하다는것이 아니라、異端을 異端으로 추려내는同
時에 어떤것이 眞正한福音인가를 分明히 드러냈기때문
에 이部分이 貴한文字가 되는것이다。

(八) 누가 철학과 헛된사기로 너이를 로략할가 주의하
라。이것이 사람의 유전과 세상의 초등학문을 좇음이오
그리스도를 좇음이 아니너라。

[철학] φιλοσοφία 은 知識을 사랑하는者라는 뜻으로
부터 우리가一般的으로理解하는 希臘的哲學의意로 쓰였
는메、여기서는 그러한一般的意味가아니라 特殊한意義로
쓰였다。即 天文的 自然的인神秘를 意味하였다。또 이
자는 新約聖書에 오직一回만使用되었다。

[헛된 사기] κενῆς ἀπάτης 空虛한 어리석고 無價値
한 欺瞞 詐僞。

[로략] συλαγωγῶν 戰利品을掠奪하여運搬하듯이 그리
스도의對敵되는者가 信徒를 도적하여 가는것을 이름이다。
이자도 新約聖書中에 여기 한번만 쓰였다。

[사람의 유전] παράδοσις 유전이란 입에서 입으로 손에
서 손으로、祖上으로부터 子子孫孫에 이르기까지 끊임없
이 傳해가는 口傳이오 規模이다。이것은 어느民族 어
느國民에게나 없지않은것이지마는 유대民族에게는 特히
遺傳이많었고 그勢力이 컸다。舊家에 規模가 많은것처럼
오란民族에게는 遺傳이 많었고 또 그뿌리가 깊었다。
한家門으로나 한民族으로나 그집안 그民族의遺傳自體
에는 貴한것도 있고 惡한것도 있다。그러나 貴한遺傳이라
도 이것을 惡用하면 여러가지 弊害가 생겨난다。特히
惑世巫民하는宗敎家가 그本體를隱蔽하는 常用手段은 이
遺傳이라는 煙幕속에 보금자리를들고 들어앉는일이다。
한번 들고 들어앉기만하면 그城이 甚히 높고 그없이
우 단단하고 그煙幕이 아주濃厚해서 外의攻擊이 容易히
뚫어벌수없으며 그속에 잠긴 夢昧가 좀처럼 깨여지지

골로새書講義

四

못하는것이 遺傳의 特色이다。
예수의 一生을 大觀하라。 바리새敎人과 其他유대敎人들을
向하여 平生을 싸웠고 내종 十字架우에 肉彈으로 自爆하
기까지 싸운싸움이 全혀 이遺傳이라는 城廓을 爆壞하기
爲한것이 아니었든가。

使徒바울、유대人中의 猶太人이오 유대人을 사랑하기爲
해서는 主그리스도에게서 저바림을當함도 오이려自願하
면서도 도리어異邦人의 使徒로 쫓겨나지않을수없었고 로마
의獄舍에까지 囚禁되지아니치못한것은 무슨까닭이었든가。

오로지 人間의遺傳、特히 長久한歷史를 자랑하는 猶太
民族의遺傳、그中에도 固執不通하는 猶太宗敎家들의 遺
傳의 殼을、깨트리기爲한것이었다。

루터—의宗敎改革이 로마天主敎의遺傳의煙幕을向한 싸
움이었든것은 더말할것도없고、오늘날無敎會者가 敎會主
義者에게 對한抗議도 亦是 사람의遺傳보다 聖書의 明
文에 權威를 두라는 푸로테스트이다。

바울의傳한福音을받은 골로새敎友들中에도 벌서「사람
의遺傳」에 捕虜되려는念慮가 적지않었든事實을 알고 우
리는 이「사람의遺傳」에對한 警戒를 다시한번 嚴하게
할必要를 切感하지않을수없다。

[세상의 초등학문] στοιχεῖα 初等學問、初步、蒙學이라고
譯하는데 新約聖書에 七回쓰였다(갈四·三、九、골二·八、二○、

허브五·一二、베드後三·一○、一二)。 그뜻이 매우複雜한字이
다。

• 本來의字意는 「線」「一列」이라는뜻인데 太陽時計의線、
影의 뜻으로도 使用되었다。

또言語의 가장 單純한 組成分子인 알파벳(字母) 即
「ＡＢＣ」「가나다」의뜻으로 쓰였고、轉하여 科學의「分
子」「元素」의意로부터 天體의構成分子、또 日月星辰의모
든天體를意味하게되였다。 哲學上術語로는 「原理」라는 뜻
도 된다。

따라서 이字의解釋이 學者間에 意見이區區하나 여기
에는 「元素禮拜說」로 解하는것이 가장穩當한듯하다。即
當時의東邦異敎徒中에는 宇宙와人生을 가장合理的으로說
明하여、火水風土의四原素로써 世界와人間이組織되였다고
主張하며、그原素들을 人格化하며 靈化하여禮拜하는 思
想과風習이 流行하였었다。 바울은 이러한 가장科學的이
오 合理的인것같은 迷信을排擊하고저 한것이다。

×

以上 바울의말을 이렇게要約할수있을것이다。 地上敎會
의神聖을主唱하며 모든儀式과規例를 崇高하게 꾸미려고
애쓰면서 「敎會外에救援이없나니라」는等의 잠고대를 치
는것은 「사람의遺傳」에 잡힌것이니 異端이다。(比較的
純眞하나 無識하고 軟弱한敎徒는 혼히 이런異端에 흐

르는 傾向이 많다)。

諸原素라 哲學的 理論이라 云謂해서 가장合理的信念을主唱하는듯하나 그言語가 幽玄美調일뿐이오 그內容은卑近하고 野俗할뿐아니라 基督者의 그主그리스도께對한 淳朴함과 貞潔함(고後一一·三)에서 掠奪하려는것밖에 아무것도 아니니 警戒하라。(比較的 學識있고 思辯의才質을具備했다고 自信하는 인테리信徒는 혼히 이런異端에 뛰어든다)。

이리하여 本格的으로 異端을排擊하기 시작한 初頭에 바울은 먼저 「그리스도를 좋음이아니라」는것이 무엇인것을 本節에서宣明케하되 無識한사람의境偶와 有識한사람의境偶를 통터러넣어서 하나도 빠질수없이 핑게할수없이 警告하였다。

그다음 이에對照하여 「그리스도를 좋는길」은 어떤것인가를 第九――十五節까지의 넉넉히 周密히 가르치고. 첫節은 否定으로써、다음七個節은 肯定으로써 敎示하였다。

（九） 그 안에는 신성의 모든 충만이 육체로 거하시고.

이九節의 첫머리에 原文대로는 ὅτι 라는字가 있는데 大譯文에는 나타나지못하였다。그러나 없어서는 안될 大端重要한字이다。ὅτι 는 「왜……까닭이다」라는 뜻을가졌다。第八節에 僧侶輩의 人間的인遺傳과 規例에 依支할것도 없다 또俗人들의 知識과 理論에 惑할것도없다고 異端을排擊하였는데 「그것은 왜 그런고하니」 하는 理由가 第九節以下에 展開된다。그 理由를表示하는字가 이ὅτι이다。

왜 그런遺傳과哲學이 모다 「헛된 詐欺」에 不過한고 하니 우리가 救援받는根據는 거기있지않고 하나님의神性의 모든充滿이 나타난 그리스도에게 있는까닭이라고 以下에 累述한다。

[그 안에] 그리스도의 안에。

[신성의 모든 충만] 第一章十九節參照。「신성」이라함은 하나님을 하나님답게하는 性格 要素이다。「충만」은 「豊足」、「總量」이라고도 譯할수있다。그런즉 神을神답게하는 모든德性 即 「神性」은 天使群에게分屬할것이아니라 그모든德性을 그리스도에게 限量없이 橫溢하다。그리스도의生涯、그生과活勤과死가 오로지眞理自體요 神性이 눈에 보이도록 具現된形象이다。그리스도가 世上에 오신것은 하나님自身을 如實히 보이시기爲함이니、우리가 救援받는길은 直接그리스도에게 오면 足하다。하나님과 우리의 사이에 人間的階段을 만들거나 便法을制作하며 또는 하나님自顯이신 그리스도以外에 辯證推理等의術策을 弄絡할必要는 조금도 없다。

[육체로] σωματικῶς 라는原語가 微妙한意味를 傳하는 字이나 譯해낼수없는字이다。그뜻은 神性을 形體中에 局限하지도않고、또 그리스도의受肉을 否認하지도않으면서

골로새書講義

五

골로새書講義

六

「形體化」라고 하였다。이 用意周到한 바울의 用語가 當時의 自然力을 形體化한 天使禮拜의 異端을 排擊하는 同時에、깨닫지못한바에 있었다。故로 當時의 思潮이든 諸元素禮拜 또는 天使禮拜같은일을 그리스도信仰과 混沌하면서도 何等矛盾을 느끼지안하였다。이런 信仰의 不純과 危險을 洞察한 바울은 特히本書에서 그리스도의 充滿한神性을、따라서 宇宙萬有에 뛰여나는 그地位를 明白히하였다。

後世의 그리스도의 完全受肉을 否認하려는 異端도 豫防하였다。

（十） 너이도 그안에서 충만하여졌으니 그는 모든 정사와 권세의 머리시라。

［그 안에서 충만하여졌으니］ 「充滿」이신 그리스도를 받는 者는 그와같이 充滿하여진다。그리스도는 「滿全」이오 其他의 天使나 僧侶나 權勢나 制度는 모다 片片이다。그리스도는 머리오 其他의 것은 아무리 큰것같애도 不過한것이다。故로 하나님이 完全하신것처럼 完全하신길은 오직 그리스도를 힘입는수밖에 없다。

（十一） 또 그안에서 너이가 손으로 하지아니한 할례를 받았으니 곧 육적몸을 벗는것이오 그리스도의 할례니라。

바울은 本節以下에 信者가 그리스도안에서 받는 儀式몇가지의意義를 闡明하려고한다。

［할례］ 創世紀第十七章十一~十四節에 割禮의 紀元과 意義가 있다。只今 여기서 突然히 割禮問題를 끄집어낸것을보면 當時에 福音의 生命內容은 把持하지못하고 儀式과 其他律法主義的儀式을 强要하므로 바울은 割禮와 洗禮와 尊崇하는 거짓敎義가있어서 福音主義의 基礎를 動搖케하였든모양이다。유대人들은 割禮의 儀式으로써 選民된것을 자랑하며 神과合一하는데 不可缺할行事로 알었었다。

［그는 모든 정사와 권세의 머리시라］ 그리스도는 天下의 모든 權威를 超越한다。그리스도와 宇宙와의 關係는 『萬物이 그의게 創造되대 하늘과 따에서 보이는것들과 或은 寶座들이나 주관들이나 政事들이나 權勢들이나 萬物이 다 그로 말미암고 그를 위하여 創造되었고 또한 그가 萬物보다 먼저계시고 萬物이 그 안에 함께 섰느니라』라는(一•一六、一七) 대로이다。

이에對하여 바울은 「손으로하지아니한割禮」即靈的割禮를 主唱하였다。이主唱은 바울이 처음唱導한것이아니오 實로舊約時代로부터있는 敎訓이다。『그러므로 너이는 마음에 割禮를 行하고』(申命一○•一六) 라든지、『너이 유다人과 예루살렘居民아 여호와앞에 스스로割禮를 行하여 너이 마음의 더러운것을 ·버리라」라는（예레미야四·四） 것이 모다 마음의 割禮를 가르킨것이다。옛날 이스라엘先知者들도 발서 이처럼 儀式의 속에있는 靈的意義를 드러내여 가르쳤다。하물며 예수以後에랴。예수는 모든帳幕을 헤치고 本體를 드러내며 死殼을 깨르리고 속生命實體를 現顯하셨다。

[육적 몸을 벗은것] 옛날 割禮는 皮膚의 一部分을 切斷하는데 지나지못하였지마는 이제는 肉의全部 肉的으로 생겨나는 생각까지도 모다 除去하는 割禮、이것이 곧「그리스도의 割禮」이다。

그런즉 그리스도를 믿음으로 因하여 이미 마음속에서 罪의根源을 除去하는 참割禮를받아 眞正한 아브라함의子孫된者들이니 다시 在來의遺傳이라거나 世上의元則이라거나 모든形骸의律法에 拘束받을必要없을것은 自明한理致이다。

（十二） 너이가 세례로 그리스도와 함께 장사한바되고 죽은者들 가운데서 그를 이르키신 하나님의 역사를 믿음으로 말미아마 그안에서 함께 이르키심을 받었느니라。

割禮는 유대人의 聖潔의儀式이었고 洗禮는基督信者들의 悔改更生의 式이었다。初代의洗禮는 물속에 全身을 잠겼다가 나온모양이였고, 그것은 그리스도가 죽어 장사한지三日만에 무덤을 뚫고 復活해나오신것처럼 基督信者

도 예수를 믿음으로 因하여 從來의肉대로의 生命에서는 一旦죽어 장사하고 그리스도의 靈的新生命으로 復活한 信仰經驗을 表現한것이다。

바울은 골로새信徒들의 스스로의信仰經驗을 記憶케하여 救援에恭與한것은 저들의心靈속에 役事하시는 하나님의 참生命의能力에依한것이오 外的遺傳이나 儀式等에 말미아마 된것이 아닌것을 깨우치려 하였다。

（十三） 또 너이의 범죄와 육체의 무할례로 너이를 하나님이 그와함께 살리시고 우리에게 모든 죄를 사하시고。

[범죄] $\pi\alpha\rho\alpha\pi\tau\omega\mu\alpha$ 는 墮落이다。한가지 두가지의 過失이라기보다 全的으로 淪倫한者를 이름이다。그리스도로 말미아마 새로救援받지못한 生來의人間은 모다·이 [범죄]의 狀態에서 죽었던者들이다（에베二·一）

本節읍에는 「너이······우리······」라고해서 [너이······우리······] 라고 골로새人들을 가르치다가 어느듯 「우리에게······」라고 變하였다。罪에는 유대人이나 異邦人의別이없고、또新生의經驗에도 差異가있으나 · 故로 바울은 골로새信徒들의經驗을 말하는동안에 어느듯自身의 經驗을述하며·따라서 彼我의區別을超脫한 基督信徒共通의 經驗을述하였다。

[사하시고] $\chi\alpha\rho\iota\zeta\omega\mu\epsilon\nu\circ\varsigma$ 赦한다는字自體가 好意로써 寬大히容恕해준다는意義가있지마는 · 原文의 「하리사메노스」

골로새書講義

七

골로새書講義

에는 特히 「恩惠로써 사함」이라는듯이 確然하다。罪를 赦하심은 우리行爲의 義때문에도아니오、 오로지 하나님의 自發的恩寵의 發動에 因하여서다。

例에依한特赦도아니오、오로지 하나님의 自發的恩寵의 發動에 因하여서다。

[모든 罪를] 우리의 罪를 赦하시되 그 一部分만을 赦하셨다는것이아니오 「모든 罪」를 다 씻어버리셨다한다。하나님의 恩惠의 無邊大함을 여기서도 看過할수없다。

（十四） 우리를 거스리고 우리를 대적하는 의문에 쓴 중서를 도말 하시고 제하여 버리사 십자가에 못박으시고。

[의문에 쓴 중서] Χειρόγραφον τοῖς δόγμασιν 「쓴」이라 함은 내 손수쓴것、即 署名捺印한儀文、내가 責任을 避할수없는證書라는 뜻이다。여기서는 모세律法은 勿論이오 一般道德律의內容을 가르친다。人間의 마음의肉碑에 삭여저서 善惡을 判別케하는 良心의 소리이다。人間은 恒常 이소리에 壓迫을받으며 反對를當하여 괴로움을 깨닫는다。故로 「우리를 거스리고 우리를對敵하는」 것이다。하나님께 拒逆한 우리는 이렇게 內的外的의 敵에게 눌리며 잡혀서 呻吟할때에 하나님은 그證書를塗抹하여 버리시고 우리를自由롭게釋放하여 주셨다。

[십자가에 못박으시고] 그리스도를 十字架에 걸으심으로써 律法의 儀文을 無効하게 하셨다。이로因하여 良心의 소리대로 儀文을行하지못하여 苦悶하던靈魂들이 十字架우의羔羊을 우러러봄으로써 良心의苛責에서 解放을얻었다。종이 主人에게對함같은 떨며 두려움으로써 아니오 아바 아버지라고 부르면서 하나님膝下에 나아가는 길이 열린것이다。

（十五） 政事와 權勢를 벗어버려 밝히 드러내시고 십자가로 승리하셨나이다。

[버서바리고] ἀπεκδυσάμενος 解脫하는것。武裝을解除하는뜻이있다。政事와 權勢는 大槪 魔鬼와 그從屬한무리들이다（요한一四·三O） 그런것들의 武裝을解除하라 한다。

[밝히 드러내시고] παρρησία 인데 ἐδειγμάτισεν 인데 「公然하게」라는뜻이다。드러내시고 示威行든지 「凱旋將軍이 捕虜와戰利品을 公衆에게誇示하듯이 보이는것이다。

[십자가로 승리하셨나니라」 이것은意譯이다。原文에는 十字架라는字가없다。勝利라는字도 亦是 凱旋將軍이 示威行列한다는뜻의字이다。

그리스도는 人類에게敵되는 모든暗黑의權勢의 武裝을 解除하여 그無能力한實體를 公然히 群衆에게 回示시기고 하나님의新王國建設의 凱歌를提唱하셨다。

八

나 라 는 사 람

나 라 는 사 람

어떤 親切한 兄弟가 聖靈의 引導를받고 찾어왔다면서 일러주는 直言은 이러하였다.

兄의 集會樣式도 까드럽고 個人的으로接觸해보아도『兄弟여』하면서 親近할수없는 靈的으로 至極히思慕하면서 가까히 해보고저 애쓰든 尊敬할만한 敎友들에까지도 異口同調로 그런말하면서 물러가니 缺點이 너안테 있지않느냐. 云々. 들으면서 余輩는 冷汗이 등에 흐름을 깨다렀다.

어떻게하면 이 缺陷을 고칠수있을까 하는欲望이 湧然히 솟아나지않을수없었다. 今夏季에 松山學院에서 特別集會를 開催한다면 『그樣式을 어떻게할려이나』고 咸錫憲兄께 새삼스럽게 照會해본것도 이苦言을 들은後 깊이反省하였고 크게勤搖되게까지 兄弟의 말을 내가 고맙게 받었든까닭이다. 그러나 咸兄의 回答도 『從前대로可하다』하여 「나라는 사람」의 本體를 容易히 造作하기 어려운것을 스스로 認識하지 아니치못하였다.

一, 兄弟의 忠告를 들으면서 閃光같이 내머리속에 생각키는것은 內村鑑三先生이었다. 무릇 世上에 「친구여 크리찬兄弟여!』하고 부를맞이없는人物이 크리찬中에 存在하였다면 그는 틀림없이 內村鑑三이라는 사람이었다. 한번식面談해본이는 스스로 머을 끄덕거려서 肯定의同意를表示할것이다. 이런때에·恩師內村先生을 끄집어다가 自我를辯明하는듯해서 罪悚千萬인마음 둘데없으나 이자리에서 이마음이 솟아난것은 『어찌면 天罰이 다지 恋하게臨하느냐』 는 떨리고 두려움에서다. 恩師에對하여 내가 내임으로써 慢忽히 고대로가 나의信賴하는 兄弟의입을通하여 批評하든語句가 떠러지다니! 先生의心靈을 섭々하게굴었든 不肖의弟子이었든것을 이제야 비로소 百拜謝罪하려는 眞情밖에없었다.

二, 그러나 이처럼 交友에 圓滑치못한 性格은 예수믿은 後에 內村先生의 影響을받어서 變化한것이아니오 나의 生來의 天性이었다. 일직이 東京에서 受驗準備하고있든 時代의 일이었다. 故鄕친구들 數十人이 모여서 忘年會한끝에 例와같이 餘興의 돌림소리가 시작되였다. 余輩도 座席의一員이니 빠질수없을뿐아니라 남의興趣를 깨트리지말고 한曲調불렀다. 그것은 當時에 流行하든 「저달은 떳다 大將이되고 牽牛織女後軍이되여······」라는 노래 써 余輩도 될수있으면 그趣興을 돋우어주라는 至誠으로 였다. 그런데 그때에同席하였든 余의 가장信賴하며 尊敬

九

543

하는友人——그는 小學校以來의同窓이오 同日同時에同車
룰타고 同樣한靑年다운靑雲의志를품고 東京가서 같은下
宿의 한房에起居하여 가장

나 라 는 사 람

「나라는 사람」을 지
人——이 余의 노래부르는 樣姿를보고 抱腹絶倒하면서
웃었다。그것은 模樣으로써 反射하여 判斷건대 내가 歌曲을 부르는
람」을 잘아는 그君으로서 보건대 내가 平素의 生活과 어울리
지못하는 모양이었다。그날以後로 나는社交에致誠하기를
斷念하였다。

同時代 同下宿에서의 일이었다。우리는同室의 친구와
協議한後에 每週水曜日午后를 面會時間으로定하고 其他
의日은 工夫하기로하였었다。그러나 面會日以外에라도 玄
關에와서 探知한結果에 余輩가없다면 友人들은 自由로
올라와놀았고、내가있었다면 멀리서 왔든이라도 두말못하고
逃亡하듯이 도루갔다는 內情을 後日에야 알었다。若冠의
少年時代부터 基督敎나內村先生의影響을 받기前부터 余
輩는 「친구여 兄弟여」하고 꿀같은 단맛으로써 사괴일
수없는 天性이었든事實이 大槪如此하였다。
내가 부러워하는것중에 친구가 서로 「이사람 자네」
하면서 莫逆하게 지나는光景처럼 부러운것이없으나 나
自身에게는 오늘날까지 聯絡船에서 取調하는 警官에게
「오이 기미」라는 소리를 들어본外에는 「이사람 자네」

하고 부르는 가벼운사괴임을 가져본일이없다。敎育界라
는 社會의 한모퉁이에서 數十名職員과함께 十數年을지
나보았으나 나에게는 「농을하는이가 없다」는것이 定評
이었다。때로는 젊은先生이 늙은先生敎師를 對해서까지
헛혼수작으로 弄談을 주고받고하면서도 內心에願하고있는
余輩에게는 늙은이로 부러도 농지거리 한마디 받어보지
못했고 同年輩의職員으로부러도 한마디交換을 못하고지
났다。事勢이러하였으매 靑少年期의 친구나 社會의一員
으로서의 同僚中에 余輩에게 달큼한友情을 가졌든이가
萬無했을것은 定한일이다。「친구여 兄弟여……」하고 사
괴을 맛이었기는 近來에始作된일이아니라 實로 나의生
來의天性이오 못생긴 버릇、또 곳칠수도없는 固疾인것을
告白하지아니할수없는 所以이다。

三、 내가 內村先生께서 非社交的性格을 본받은것이아
닌것은、上述한事實대로이다。다만 한가지 얻은것은 「安
心」이었다。나의 偏僻된性格을 스스로嘆息하든次에 內村先
生을發見하고서는 「옳다 이런사람도 世上에있고나、이
런性格으로도 예수의救援에 參與하는고나」하는 安定이었
다。그後로는 人爲的으로 사람의 비위를 맞후려는努力
을 어느程度까지 放念하고도 安心을 얻었다。그럼으로 聖
書를 읽다가도 「이제 내가 사람들에게 좋게하랴 하나님

一〇

께 좋게하랴。 사람들에게 기쁨을 주하랴。 내가 지금까지 사
람들에게 기쁘게하면 그리스도의 종이 아니니라』는 (갈一・
一〇) 句에 이르면 特히 救濟받는듯한感을 禁치못하였다。

聖書朝鮮과 그主催하는集會를 通하여 모여왔든이들중에
서 甲과丙 乙과丁이 서로々々 달콤한友誼를 맺어가지
고 가는因緣을 지었다면 그媒介의役割을 다하는所任만이
라도 余輩로서는 分에넘치는榮光이라고 感謝할수밖에없
으나、 그러나 『친구여 兄弟여……』 할맛이없어 섭々히
물러서는 그勞를 豫妨하가爲하여 우리는 어떤肺患者의
慧를빌어 미리廣告할수밖에없다。 어떤肺患者의病室에는 如
左한揭示가 붙었드라고한다。 (本誌第八十五號七頁參照)、

> 오는이 보시오。
> 볼일없이 오지마시오。
> 病에對해 묻지말고 말하지마시오。
> 볼일 끝나면 곧가시오。
> 오고 가는데 인사마시오。

라고。 余輩도 이患者처럼 統히 人間이 귀찮다。 特히 눈
동자라도 빼여줄것처럼 濃厚하게 사랑하며、 이편에서 願
하지도않는때에 聖人처럼崇拜하려고 무릎꿇고 찾는사람、
그런이들에게 余輩가弄絡當하기 몇번이었든가。 亦是『淡
如水』라는것이 東洋的이오 儒教로成長한 우리의性味에

나 라 는 사 람

맞는듯하다。
故로 우리房에는 이렇게 써붙이려고한다。
1 한사람以上 친구있는이는 오지마시오。
2 문둥이만 오시오。
라고。 元來 本誌를 읽는다든지 우리集會에 參加하는이
는 世上에서 孤寂하고 없우이녀김을 받는이들이 ?울터
이다。 그런데 차참 친구가 많어지고본즉 배불러저서 이
것도 생각하고 저겼도 要求되였다。

어떤兄弟가 家庭을버리고 홀로城北町에서 自炊하면서
多年間 傳道者生活을 하였을때에 저가 비로소 金魚를
机上에 養하는心理를 깨달렀노라고 告白하였다。 그렇다 寂
寞하여서 金魚라도 養하고싶게된 處地의사람、 그런사람에
게는 우리같은 拙劣한人間이라도 아직 多少의友情의效果
를 保有할것이다。 病있는者라야 醫師를求한다。

「친구여 兄弟여」하면서 부를수있는 圓滿한人格者여
서 크게 넓게傳道하는者되랴」는附托은 고마우나 이것은
過分의註文이다。 우리에게取할것 하나만이라도있거든 그것으로足
히녀기라。 現在 小鹿島의癩患者는 내가 예수를 믿는다는
그條件만으로써 友誼를許하는터이다。 이것도 그리스도의
生命으로써 救贖한것이라는外의 許多한要件을 余輩에게
期待하지말라。 전달수없다。

一一

罪人만을爲하야 (第五回)

A、J、럿셀 著

趙聖祉 譯

第二章 三人의 吟遊詩人 (續)

있다。그러나 不幸하게도 우리人間은 거이다 하나님의 計劃을 깨다를때에도 그것을 따르려고 하지않으며 또 그計劃을 모른다 할지라도 하나님에게 自己에게 對한 그計劃을 啓示하여 주시기를 祈禱하지도 않는다。그럼으로 우리의 罪中의 罪라고도 할만한것은 하나님을 떠나 獨立하여 있는것이다。이것은 다른 모든罪를 다 包含하고 있는것이라고도 할수있는것이다。即 하나님은 우리 人間에。對해서 關心을 갖이고 계시다는것을。疑心하며 우리에게 計劃을 갖이고 계시다는것을 疑心하며 그計劃을 우리에게 啓示하여주신다는것을 疑心하며 이 計劃은 우리生活에 對한 唯一한 滿足한 計劃이라는것과 이것을 實行하는데 하나님께서 힘을주시고 도와주신다는것을 疑心하는것이다。

여기에 그들의 敎理의 有力한 点이 있는것이다。이뿐만 아니라 그들의 말에는 興味있는点이 많이 있었다。그러나 하나님의 確實한 計劃이 있는것 갈지 않은 사람이나 또는 어떤사람에게는 計劃이 있다고 할지라도 그사람이 그計劃을 確實히 깨닷기前에 그計劃이 失敗되였다던지 하는 境遇에는 어떠케 되는것일까? 또는 自己집 近處에 거리를 橫斷할줄도 모르는 어린아이가 아모것도 모르는 幼兒時代에 거리에서 치여죽었다면。이 不幸한 어린아이의 境遇는 어떠케 되는가?

「하나님은 各人의 生活에 計劃을 가지고 계시다」고 하는 이 三人의 吟遊詩人의 印象깊은 말은 그날 午后에도 작구 머리에 떠올랐다。나는 어느책에서인가 이런것을 읽은 記憶이 있다。即 사람이 各々 世上에 날 때에 그가 將次 어떠케 되리라는 計劃이 다을 世上에서 맨들어진다고 하는것인데 마침내 그世上에 가게 되면 그의 過去에 지나온것하고 처음에 豫定하였든 原計劃하고 一々히 比較를 當하게될때 一喜一悲하게 된 다는것이었다。

이 三人組의 한사람은 또 말하기를 「하나님은 各人의 生活에 計劃을 가지고 계실뿐만 아니라 우리가 自己의 罪로 因하여 그計劃을 망처놓는 境遇에는 하나님은 또 다른 計劃을 恒常 準備하여가지고 계신다」고 하는것이었다。이것도 亦是 나에게는 새로운 見解

이것도 亦是 그아이에 對한 하나님의 計劃의 一部分
일까? 여기에 對한 그들의 對答은 「그것은 하나님에
게 맞겨둘것이다。하나님은 우리보다 더 잘아시는 분
이시니까」라고 하는것이였다。

여기에 對한 新約聖書의 對答은 어드러냐 하면 베
드로와 요한에게 예수께서 하신 말슴 「그것이 너와 무
슨 相關이 있느냐? 너는 다만 나를 따르라」고 하는
것이다。이 어린아이에 對한 하나님의 計劃이 무엇인
지 또는 하나님의 計劃이 이 어린아이나 運轉手側의 人
間的意志로 말미암아서 깨트려젓는지 아모도 알수없는
것이다。그러나 축엄이라는것은 비록 그것이 무서운 事
件이긴 하나 이世上에서 始作하여가지고 저世上에서 繼
續되는 生의 途中에서 일어나는 한날 事件에 지나지
못하는것이다。

이 三人의 吟遊詩人은 斷言하여 말하기를 聖靈이 啓
示하여주시는 하나님의 플랜을 無視하고 살려고 하는
사람은 반듯이 災難을 받는것이요 每日 하나님의 指
導대로 사는 사람은 確實히 모든일에 成功을 한다고
하는것이다。이 成功이라는것은 그들의 活動의 純全히
物質的인 結果로만 測定해서는 안되는것은 勿論이다。
이 理論에 對해서 나로서 承認하지못할点은 聖靈의
靈導가 있다고 할지라도 人間의 本性은 오래동안 罪

에 젖어있어 慢性的으로 麻痺되여있기때문에 그것을 알
수가 없을것이라고 하는것이다。여기에 對해서 이세사
람은 往復의 祈禱라는것이 있다고 對答하였다。即 하
나님에게 歡願하는 同時에 하나님의 對答을 기다리며
조용히 듣는다는것이다。特別히 아침에 모든 活動을 始
作하기前에 그날의 푸로그람을 準備하는時間에 한다고
한다。

그들은 이렇게 일은아침에 하나님의 音聲을 듣는것
을 「靜聽」이라고 부른다。옥쓰포드그룹에서는 사람이 언
제든지 하나님의 靈導를 要求할때면 하나님께서는 그
들에게 말슴하시는것이라고 믿는다。옛날에 사람들이 하
나님의 音聲을 들은것처럼 現代에 있어서도 主님께서 말
슴하시는 사람이 있을수있다는것은 나도 믿는바이다。

그러나 이런 사람은 드물것이라고 생각되였다。그뿐
만아니라 어떤 그룹의 男女들이 每日아침 그날을 어
떠케지낼것인가 하는데 對해서 하나님의 明瞭한 멧세
이지를 들으려고하드래도 그것은 事實에 있어서 自己
네의 期待하는데 比하여 얻는것은 훨신 적으리라고 생
각하였다。그러나 靜聽에 對한 나의 이같은 생각도 그
룹에 對한 나의 知識이 늘어감을 따라 많이 修正을
하지않으면 안되게되었다。

明瞭한 靈導를 받는데 必要한 條件은 自己의 가진

罪人만을 爲하야

二二

罪人만을 爲하야

모든것을 卽 自己의 意志、時間、所有 家族 慾望等을 全部 밧치는것(Surrender)이라고 그들은 强調하였다。그리스도께서도 萬一 自己의 가장 重하게 여기는것을 徹底하게 밧칠생각이 없는사람은 당신의 弟子가 될수 없었다고 말슴하신것이다。그렇다고해서 그리스도께서는 우리의 가장 좋와와하는것을 때서갈려고 하시거나 或은 우리의 가장 싫여하는것만을 하려고 要求하시는것은 아니다。大槪보면 우리에게 要求하시는것은 우리가 敢當할 만한 꼭 알맞은 일이다。또 降服(Surrender)이라는것은 반듯이 屈辱的인것은 아니다 그것은 하나님께서 우리에게 모든것을 充分히 채워 주시는데 對해서 우리의 極히 僅少한것을 바친다는것을 意味하는 것이다。每日 아침 우리는 短時의 秩序없는 生活을 하나님께 밧치고 그대신 참生活 調和된 生活을 終日토록 얻게되는 것이다。하나님의 訓練에 徹底하게 服從하는것은 自己들을 束縛하는것이 아니라 自己의 願하는바를 할수있는 가장 完全한 自由를 가져오는것이다。——그리고 이것이 언제나 하나님의 뜻이다。

그룹에서는 靜聽錄이라는것을 갖이고 아침에 하나님의 音聲을 조용히 듣는 時間 卽 靜聽時間에 떠올으는 생각을 모두 그안에 記錄한다고 한다。여기에 關聯하여 英國聖公會의 監督한사람은 中國의 格言을 引用한일이 있었다。卽「가장 强한 記憶力도 가장 엷은 筆보다는 弱하다」는것이다。이렇게 靜聽을 해서 그것을 적어둔다면지 하는것은 講義室의 方法을 實際的基督敎에 適用한한것으로써 이것은 新奇한 생각이긴 하다。그러나 確實한 結果를 보기前에는 肯定할수는 없는것이다。萬一 適當한 結果를 내지못한다면 이것은 한 喜劇에 가까운것이 되고말것이다。그러나 監督들도 實際로 靜聽錄을 記入하고있고 나도 亦是 以前에 超自然的(이라고 나는 생각하는)方法으로 훌륭히 成功한 宗敎的連載記事를 얻었든 일이 있었다。이 이야기를 햇더니 그 세사람은 「까이단쓰(靈導)입니다」라고 하였다。

× × ×

나는 이렇게 이야기해나가는 동안에 이 運動에 對해서 더興味있는 点을 잡어내었다。쩌―날리스트라는 것은 언제나 비록 宗敎的問題를 調査할때에라도 이같은 新奇한 것을 찾어낼려고하는 버릇은 어쩔수 없는것이다。이들은 信徒의 交際의 標準을 求하기 爲하여 第一世紀에까지 도라가가지고 그以後에 생긴 모든 方法中에 쓸데없는것이라든지 舊式이라고 생각는것이면 아낌없이 내여버리고 그代身에 第一처음에 使徒들의 實行하든 方法 또는 現代의 要求에 맞을만한것으로써 代用하든 할 果斷性을 가지고 있는것이다。그들의 活動은 大部

一四

分家庭集會(House-Party)를 通해서 하게된다. 여기에오
는 사람들은 自己의 宗教的經驗을 서로 分擔하고 그
럼으로써 하나님에게 接近하게 나가는것이다.

이것은 新聞의 標題로써도 좋을것이라고 나는 생각하
였다.

「하우쓰파ー틔의 宗教」

나는 意識的으로 그랫던지 안그랫던지간에 이들은 純
粹한 쩌ー날리즘과 서로 通하는点이 있다는것을 나는
直覺的으로 알게되었다. 한가지 例를 들면 그들은 가
장 옛것과 가장 새로운것의 價値를 適確히 알고있는
것이다. 그러나 그들은 또 놀랄만치 正統的이었다. 그리
면서도 어떤때는 逆說的으로 들릴넌지 모르지만 非正
統派의 사람들까지라도 關心을 일으키게 하는일이 있
다. 그런데 이제까지 이들의 眞精神을 完全히 밝힌 쩌ー
날리스트는 하나도 없엇다. 나는 어째서 그렇게 없엇
느지 異常하게 생각하였다.

이들은 極히 正統的이여서 모든 사람은 即 蕩子는
勿論이려니와 牧師까지라도 自己의 正體를 率直하게 認
定하고 예수그리스도를 通해서 하나님의 赦罪를 經驗
하지않으면 안된다고 믿는다. 要컨대 그들의 敎理의 中
心은 十字架이다 누구든지 自己의 人間的 標準으로 살
려고 하든 代身에 하나님의 支配하시는대로 살려고 決
心할때에는 十字架는 그에게 人生의 轉換点이 되는것
이다. 在來의 信者들은 이것을 悔改라고 불러왔다. 그
러나 이 用語는 濫用되여왔기 때문에 大部分의 사람들에
게는 그 本來의 效能을 잃어버리게되였다. 그래서 이
들은 보다 單純한 「變化」라는 말을 쓰게되었다. 휴·
레드우드가 말한것 같이 그들은 「大規模로 사람들의 生
活을 改變시키기 위하여」 나서서 活動하고 있는것이며
또 이것은 「모든 世界問題에 對한 唯一한 解決」이 되
는것이라고 믿는것이다.

남을 改變시키려고 하는 사람들을 福音傳道者라고 하
는 代身에 「生活改變者」라고 불는다. 이들은 過去의 傳
道者들의 業績에 對하여는 讚辭를 不惜하는 바이지마
는 새時代에 있어서는 사람들의 宗教的關心을 일으키
는데는 좀더 새로운 述語를 要求하며 그다지
들어낼 必要는 없는것이라고 생각하고 있다. 「당신은 救
援을 받었읍니까?」라고 하는것같은말은 普通사람에게는
理解하지못할 말이며 이같은 말의 效能은 過去의 죽
은時代와 같이 消失되여 버린것이라고 그들은 믿는
다도 亦是 여기에는 同感이다. 그들은 또 在來의 復
興會처럼 群衆的으로 움즉이는것을 싫여한다. 옛날처럼
感情에 흐르거나 떠들어대지 않고라도 男女 누구든지
確實히 變化할수있다고 그들은 確信하고 있다.

罪人만을 爲하야

一五

罪人만을爲하야

事實에 있어서 이들은 現代의 새情勢에 適應한 그
리고 새生命이 蘇生한 正統的基督敎를 믿는것이다。即
옛날 初代의 基督敎와 꼭 같은것이다。그러나 이것은
理解하기쉬운 말로 表現되었고 또 常識的으로 (그러나
非妥協的으로) 提示된것이기때무에 아직도 使徒時代에서
보다 조금도 낮은것이없이 하나님과 멀리 떠러져있는 異
敎徒의 世界에 對하여 새로운 挑戰이 되는것이다。
基督敎는 지금도 亦是 少數者運動임을 免치못하고 있
기때무에 現世에서 惡과 恒常 싸워나가는것을 그 本領
으로 하고있는 地上敎會는 眞正한 戰鬪性을 多少發輝
하지않으면 안될時期가 이르렀다고 그들은 믿고있는것
이다。나의 三人組의 訪問客은 말하기를 自己네의 使
命은 非妥協的이요 따라서 挑戰的으로 되지않을수 없
으며 그리고 不可知論者들도 自己들을 通해서 다시 한
번 하나님에게로 도라올수 있도록 說服(식)힐수 있으리
만침 確乎한것이 되지않으면 안된다는것이다。그들은 반
듯이 反對가 오리라는것을 알고 거기에 對한 覺悟를 하
고있다。世上사람들은 이러한 挑戰을 順々히 받어 되
리지는 않을것이다。挑戰은 어떤會에서 前會錄을 接受
하듯이 愼重한 考慮도 없이 無責任하게 받어되릴수는
到底히 없는것이다。그리스도를 맥써〈멈〉으로 經驗하기 爲하여 나서

거나 그렇지않으면 그것을 避하던지 或은 處置해버리
든지 하지않으면 안된다。挑戰的이었든 그리스도가 十
字架에 달리신것도 이때무너다。옥쓰포드그룹은 十字架
에 못박히기 까지는 안하겠지만 恐怖를 느끼는 사람
이나 挑戰에 應하지 않으려고 하는 사람들은 있는힘
을 다해서 反對하리라고는 豫想하고 있다。그것은 不
可避한일이다。그들은 初代의 使徒들이 世上에 挑戰한
것과 꼭 같이 지금도 世上에 向하여 하나님에게 도
라오고 罪를 끊어버리고 過去의 罪에 對해서 賠償을
하고 生活의 구석구석까지 하나님이 支配하시도록 하
라고 挑戰하는것이다。
이렇한 挑戰은 良心을 쩌름에 틀림이 없을것이다。
이렇게 찔리운 良心은 降服하거나 도루 찔을뗘고 하
거나 하는것이다。罪를 깨다른 사람은 가만있지는 못
한다。挑戰은 異敎徒만 아니라 信者들도 찔르며 蕩子
는 勿論 牧師들도 찔는다。이미 信者된 사람에게는 聖
靈의 充滿함을 얻고 兄弟에게 對한 사랑이 넘처 흘러
그들까지도 變化시키도록 挑戰을 하는것이다。그리스도
를 따라서 그리스도의 잃어버린 羊을 찾을뗘고 하는
것은 모든 하나님의 子女의 普通義務요 또 特權이런
만 大部分의 基督敎人은 이것을 할려고 하지않는다。
지금 其督敎人은 大槪 사람의 靈魂을 救援하는일 보

一六

다는 社會事業같은것을 더좋와한다。社會事業은 個人的으로 接觸하는일이 적고 賣名的이긴 하지마는 社會的으로는 더適切한것이다。그룹에서는 社會奉仕를 實行하는 동안에 사람의 가장 깊은 要求는 金錢이 아니라 하나님이라는것을 알었다。웨그러냐하면 眞正으로 먼저 하나님나라를 求하는 사람은 다른 모든 必要한것은 하나님께서 다 더하여주시기 때문이다。이것은 그들自身의 經驗이다。男女의 사람들은 眞正한 神에 對하여 참으로 飢渴을 느끼고 있는것이다。그리고 한편 하나님께서는 사람들이 自己를 찾는것보다 더 熱心히 自己를 사람들에게 나타내실려고하고 계신것이다。참으로 지금처럼 生活改變의 運動을 必要로하는 時代는 또 없을것이다。누구던지 하나님 보시기에 純潔한 사람이면 生活改變者가 될수 있는것이다。그리스도에게로 사람을 引導하는것처럼 世上에 愉快한일은 없다。하나님 아버지께서는 잃어버렸든 蕩子를 맞나시려고 恒常 中路까지 나아서 기다리고 계신것이다。참으로 하나님의 神이 마음속에 살어계시는 사람은 生活改變者가 되라고 勸할 必要가 없다。그들은 제절로 기쁨이 넘처흐르기때문에 그 기쁨을 밖에 表現하지않을수 없으며 이렇게 기쁨을 밖에 나타내면 自然히 다른사람을 變化시키게 되는것이다。그리고 그

罪人만을 爲하야

것은 過去에 어느時代보다도 現代에있어서 가장 效果的인일일것이다。한 個人으로서 自己生前에 할수있는 社會奉仕中에 가장 偉大한것은 사람을 生活改變者로 變化시키는 일이다。그러나 그 方法은 如何?——여기서도 亦是 少數者運動이라는것을 생각하지 않으면 안된다。그룹은 이方法에 對하여 過去에 어느 時代가 알었든것보다 또 알어야할 必要를 느꼈든것보다 훨신 더많이 알고있다。그들은「人生의 學校」(School of Life=그룹의 指導者訓練修養會——譯者註) 같은데서 예수께서 弟子들에게 가르치신것처럼 拙劣한 말과 行動을 避하는 方法을 가르친다。그리고 거기에는 반듯이 聖靈이 臨在하셔서 그訓練을 指導하시며 支配하신다。罪人이 改變하는 方法은 무엇이며 有力한 生活改變者는 어떠게 생기게되는가? 여기에 對한 解答은 그룹에서 實行하는 分擔이라는것이다。改變한 사람이 萬一 理論을 가지고 남을 改變시키려고 한다면 그것은 잘못이다。그러나 使徒들이 自己네의 經驗을 말한것처럼 自己의 經驗만을 말하는것은 無難한일이다。그리고 이렇게 하는것이 또 훨신 더많은 結果를 얻는것이다。바울이 처음에 敎會를 세운 方法도 自己自身의 變化에對한 經驗談을 함으로 始作한것이다。그룹도 亦是 同一한것을 行하고 있는것이다。生活改變은 傳染性을 가지고 있는것이다。그리고 그

一七

罪人만을 爲하야

特別히 놀랄만한 事實은 내가 아는限 敎會안에는 새
信者가 생기는일이 實質에 있어서 全無하다고 할만한
이時代에 옥쓰포드그룹에서는 날마다 男女의 사람들이
活力있는 크리쓰챤으로 變化하고 있다는것을 不斷히 證
據하고 있는것이다. 그變化의 어떤것은 實로 現代의 奇
蹟이라고 할만한것이다. 그中에는 큰罪人도 있고 盜
賊도 있고 知識階級도 있고 貴族도 있고 平民도 있
다. 그러나 이것은 在來의 復興會같은데서 干證하는것
과 같은 感情的 決心이 아니라 마음에서 마음으로 通
하는 조용한 談話中에서되는 決心이다. 이사람들은 大
槪 敎養있는 사람들이요 談話라는것은 一種의 巧妙한
個人的 福音傳道의 表現이다. 그리하여 이사람들은 二
千年前에 使徒들처럼 이 높은 標準의 挑戰을 받어드
려 가지고 自己自身을 徹底하게 그리스도에게 밧치며
自己맘속에 살어계시는 主님을 親히 自身이 體驗한經
驗談을 말할수 있게되는것이다.

湖南의 穀雨

焦燥와念慮로 苦待하든次에 받은만큼「六月號聖朝誌」特別히
사랑스러웠습니다. 따라서 우리主님의 거룩하신열에 꼭잡히셨어
계신 先生님을生覺하니 安慰의大息 저절로 끊어나오나이다. 꼭
한달 늦게나온聖朝誌 들고보니 그頭上에받은敵彈의傷處 甚히吾人
의마음을 아프게하였읍니다. 비오듯한敵彈下에서 그傷處받어가면

서 七顚八起 드디어 勝利를獲得케해주신 主님의恩惠 無限感謝하온
同時 主님함께하시오면 무엇이念慮가 라하는 힘찬마음生起나이다
이렇듯 險難의苦境을헤쳐나온만큼 殼없이 갈린玉같이 우리땅의傳道界에
서 看過默殺할수없는 한가지의 자랑이 되것이며 「非常한常識」에서
生하는活人之靈糧으로生覺하나이다. 「너는 그래도 나야」하신말슴
참으로生命의槽度에 빠진 제의
靈이지라도 대번에 살찐것갈습니다.

그리고 聖朝通信의「咸先生님의便紙」며 「就職決定하려는問議
」며 「어떤看護員의奉仕의生活」等々 「참으로 깐바닯으며 깨달
은바많습니다. 다음詩篇第二十七篇第十節의뜻을 처음으로깨다르
시었다는 先生님의心境을推測도해봤으며 누가福音第六章一–十
一節도읽어보고 아멘-했습니다. 다음엔 얼을 뜨거워짐을느끼
것은 「綠陰의宴」을읽고난때에 였습니다. 그러나 그一面에 기뿐
것은 先生님께서 그많은信誌友中에서
「두사람」까지도 함께生
覺하신다는말씀이 였습니다. 그 二人인저는 世人日「하고많은官
吏에 웨巡査질을해야고」 또「하고많은男子에 웨巡査를한테로시집가
야고」 이같이 男女가共同賤視하는것은 다른一人은 눈
에보이는것인지 全部요 唯一經對라고信憑하는世人은 모도가一見 눈
에마를찌푸리고마는 所謂天刑病患者이나 如此한두사람까지
도 先生님의心情의一隅를占領할수있는 우리主예수의福音이야 반
갑습니다. 先生님께서 萬一主안에 不居하신다면 何有何
關이랴하는 그點에 對한感謝와 來七日午前十一時부터어디
어가와 綠陰의宴에 있는는 近日 無限의恩寵을（逆境을）찾는
산祭物드리고저 하나이다.

先生님! 저때가 갓가워지니까 이때가 막지며고하는가 사란들
은 虎視耽耽하는 저때가 올습니다. 穀倉三南에예喜雨知時來한즉 邑村을
勿論하고 料理店酒幕의 歲月이 좋담니다. 昌日 雨來하는즉 酒味며特
別하다고하면서 詠歌對酌하는모양 보시는 하나님 비추신것을 後
悔하다실것 갈습니다. （下略）

聖朝通信

五月二十五日 (土) 晴。어제 흐림도 한일없이 개이고 말었다。비를 기다리는 마음이 사람々々의 가슴속에 간절하듯이 여호와 하나님을 찾는 날이 어서 오기를。〇午前午后로 印刷所에서 校正。본 나오기를 기다리는時間에 三越吳服店을 구경하고 나오면서 絲瓜苗十五錢짜리를 購入하고 나오면서 생각할수록 울과 우리의 關係는 오직印刷所와의 關係는 오직印刷所에 있고、大百貨店과의 關係는 絲瓜苗를 求하는 것의 程度。〇小鹿島의 振替뒤등에「할렐루야! 聖號를 讚頌하는바에 先生님의 第一線進出을 어떻게 도모지 기뻐할道理가 없읍니다。聖朝誌半年分誌代로 小生이 할수있는 기쁨입니다。先生님 道體萬康하시기를 늘 기도하겠읍니다云々」。小鹿島친구의 이한장꿈이라도 나의 잔이 넘친다。

五月二十六日 (日) 晴。午前十時에 누가羅馬第六章十二──十九節의 講話。예수께서 十二使徒를 選任할때에 발서 基督教가 가까워져서 散退하다。

聖朝通信

五月二十七日 (月) 晴。아침부터 印刷所行。五月號의 出版許可를 받고 校正。〇午后에 김매기 若干。〇오늘 또 小鹿島의 긴通信(先月號十七頁參照)에 接하고 깊이感激하다。나의 舉措가 癩患者한사람에게 이만한慰勞가 된다면 世上의 嘲笑도 견딜만한일이다。〇저녁에 洞來일의 無秩序無企劃을 來告하는이 있다。

五月二十八日 (火) 晴。아침에 印刷所에가서 工程督促。〇午后에 發送準備와 舊號의 整理等。〇저녁에 洞內일로 數人來談。雜干하지않으면 洞內일이 억만이오 叅涉하려면 無數한時間을 要하니 이것도 큰「딜레마」이다。十時를 지났는데 今夜는 자정

五月二十九日 (水) 曇、小雨。오늘은降雨로因하야 暫時쉬外에 거의滿二時間司 거의完全한 하루를 감저밭을 김매다。勞働에 침적應하여 매우 자미있게 보인다。〇黃昏에 印刷所까지 督促가보았으나 五月號의製本이未畢하야 明日午前中發送을期約하고 도라오다。

의性質이 作定되였든 것을 알고 나自身 부터 慰安됨이 많었다。거의滿二時間 會로부터講話까지 한外에 來客과談話까지 쉴새되여서 疲勞함이 甚했다。桑名市로부터 奉天으로 旅行途次인 朴允東氏來訪 傳道의 具體的案을 協議하다。〇體의變化가 甚히 매우 자미있게 보인다。

五月三十日 (木) 曇、時々小雨。간밤에 雷雨있었으나 아직도 〇午前中은、김매기와 食用人蔘 大根 白菜等의 播種。午后에入市하야 書店에五月號配達하다。〇저녁에 産母를 태우기爲하야 通過하는自動車를 暴力으로停止시키고 暴力으로 빼앗어타기를試驗하고보니 어느덧 余輩도 히틀러總統의 獨逸哲學에 살고 있는것을 깨달어 內心에苦微笑。그러나 다시 생각해볼수록 히틀러 總統을待하지않고라도 來하는遊興客보다 臨産한産婦를 天香園別莊으로往來하는 時急히 太우는것이。國家的으로보나 人類的으로보나 正義인것같다。午后十時三十五分 東

聖朝通信

二〇

大門婦人病院에서 長女가 男兒를 낳았으
니 이로써 祖父의 稱號를 받게되다。그
러나 相當히 亂暴한 祖父다。오늘저녁經
驗으로 보매 運轉手까지 三四人타고가
는自動車를 余輩單獨의 腕力으로써 顛
伏시킬수있는것、近來의自動車란、모주리
輕金屬으로 製造된것인듯 하였다。

五月三十一日 (金) 雨、後晴。밤새도
록 오시는 비에 앞 시내 물도 매우
불었다。아모리不信者라도 오늘비를 고
마워하지않을수人間은 없을것이다。○午后
에 市內에서 雜務數件處理하고、途次에
東大門病院에 들리다。

六月一日 (土) 晴。東쪽松林에서는 쓰
르 울고 南쪽山麓에서는 꿩의 나래
치는 소리。甘雨에蘇生한 감저싹 호박모
等의生氣! 어느것 하나도 生命이躍動
치않는것이없고 讚頌을 돋우지않는것없다
○牛乳牧場에關한 일로 警察署와其他數
處에 交涉하다。

六月二日 (日) 晴。主日學校는 學生君
이引導。午前十時부터 누가福音第六章二
十節以下의 山上垂訓講話。○新刊의 返響如
下『……「內村鑑三先生と朝鮮」多大の 興味
を以て拜讀致しました。大兄の 反駁文も銳
いと思ひましたが咸錫憲氏の 論文は理論と
歷史的意義とを闡明したる名論文だと思ひ
ました。××中學の××先生を×部欲しい
と云ふことで代金は後途致しますから取敢
ず×冊御送り願上ます」云々。果せるかな
さすがに讀みやちが違ふものであると敬服
す。

六月三日 (月) 雨。하나님이 생각을
도리키셨음인가 오늘도 아침부터 비가
나리옵시다。비오시는날은 安息의날같다。
○想像으로 그려본때와 面對한때의 差異
如下云『……오늘부터는 先生님의 著書인
「山上垂訓研究」를 熟讀하는中입니다。其
美廳平凡하게보이는聖句節節이 全部生命
의血脈이 맺혀있어 어느句나 어느節을 베
여도 피가 날것같이 生々함을感하였읍
니다。小生이 先生님의 著書를 耽讀하고
先生님의 가르킴을받어 (다만 한時間이
라도) 切感한것은 聖經이、이렇게貴하고
重한것이었구나 하는것과 크리스찬은 적
어도 社會一員으로 떼여놓고 評價한데도
無欠 誠實 正直하고 模範的이어야한다
는것、입 끝으로 믿는 現代流行信者말
고 生活化 體驗化하는信仰者되여야하겠
다는것을 깨닫렀읍니다。三、四年前에 聖
朝誌를 보고서 이글쓰신 양반은 재날
카롭고 嚴하고 무섭고 또 아주 때마
른 모습을 가지신이로구나……하며 只
今까지 그런先入觀念으로 先生님을想像
하여 그리고 있었읍니다。그러나 先生
님을拜面하고보선…… 글과 딴판、아주 溫和
해보이고(모습이)어쩐지 道人앞에 앉은
것같이 嚴肅하였고……말슴은 퍽부드럽
고 힘있었읍니다』云々。但 반드시「道人」
도아닌걸.

六月四日 (火) 晴。校正을印刷所에傳
하고、午后에 과밭整理。○燈火管制 어저
께부터 시작되었다고해서 팽게々々 오
늘밤도 일즉 쉬다。고마운일。

六月五日 (水) 晴。午前中은 綠豆밭
을 뚜지고、午后에는 暫時市內往返後 堆
肥製作의役事。○저녁에 家庭禮拜。학개
書第一章輪讀。○佛國당키르크 드디어陷
落되여 英佛軍側이 매우窮地에 빠졌다고
報導。

六月六日 (木) 晴。午前中은原稿쓰기
○午后에、 婦人病院에가서 産母의退院手

聖朝通信

績。外孫까지 한집에 起居하게되니 별안간에 地位가 높아진것 같기도하고 世上불일은 거의 다보았다는 感도 없지않다。○近來에「세파드狂夫하나가北쪽아이도 물고 西쪽·어른도 찢어서 야단인데、또「불독」하나가 마지々々 미치기 시작한다고해서 이웃들이 매우不安中에 있다고한다。

六月七日 （金）晴。○오늘도原稿쓰기。틈々이 고구마밭도 김 매고、茶蔬配達도 하다。○山麓에 起居하고있으면 아직 겹옷도 추워서 夏節이 늦게오는것을異常히 녀겼드니、오늘 市内에 내려가보니 발서盛夏가 分明한것을 깨달다。○朝鮮語學會로부터 ①外來語表記法 ②國語音表記法 ③朝鮮語音羅馬字表記法 ④朝鮮語音萬國記號表示法等의 謄寫를 보내주어서 有益하게읽었다。十年을두고 四十五人의 委員이 調査研究한結果라하니 받기황송々々。

六月八日 （土） 晴、后雹。淸晨에 꾀꼬리 소리 南窓으로 들리다。아마도 미워하라는 命令下에 있을때에 이것도 亦是 貪類中의王者か 분명하다。〇어떤兄弟가 來訪하야 余의集會도 規則이 까다럽고 「皮肉」의일이라할것이나 聖書를研究하려

六月九日 （日） 晴。昨日의 大雨雹으로因하야 가지 도마도 호박 생치 옥수수等과 其他花草果樹等의 잎사귀가 職鬪機의兩親裂처럼 쯨겨지고 새쌌이 꺾어진慘狀은 참아볼수없는情況이다。午前十時부터 누가偏音에依하야 敵을 사랑하라는 敎訓을 工夫하다。온世上이 敵을

面 避けつ得ざる課程である。○東京山田中佐의 來信如下『内村鑑三先生と朝鮮をありがたう、多く教へられます。和人が朝鮮人の方に頭をさげます。勿論です、咸さん、金さんが偉いので無い、咸に宿り給ふ主イエスが偉いからです、信者は御互に其衷に居ます如き御方を拜し、愛し奉ります。生れつきのまゝの人である咸さん、金さんと私とは何の關係もありませんが、其人の衷にイエスが宿り給ふならば、それがどんなに低い地位の人でも喰人種であつても乞食であつても私は輕ばずには居られません。内村先生が朝鮮の信者の爲に盡され、又崔泰瑢さんが朝鮮主幹される「靈と眞理」中の記事を見て「偉大」と言はれたのも、それであります。昔は？内村先生が朝鮮の人に頭を下げられたのです。信者としてはそうあるべきで、御互に尊敬します。キリストの前には和人も朝鮮人も無い、皆同じ主にある兄弟です。若し人が悔改めてキリストの十字架の救にあづかるならば、そしてキリストの靈をいただくならばそれで兄弟です。年齡別、國籍別、學問地位等々、そんな

二二一

聖朝通信

地上のものに關係無く、奴隷は奴隷である
まに、奴隷なら奴隷でよいじやないか、
それて結構、忠實な奴隷であれ　不平を言
ふな、でも御前の心は世にも尊きキリスト
のものとなつてゐるじやないか。
御前の靈魂が神の子とされてゐるなら、
身は奴隷で結構、もつと低い者であれば尙
更結構、心が天國のものとなつてゐるなら
身體なぞ、どんな低くても苦にするな。こ
の世で低ければ低い程、天國では高い處に
やつてゐたゞける可能性がある。この世で
高い地位に居ると、ついそんな處に眼が移
つてしまつて天國を視そこなう危險がある
低い方が安全だよと、神様はをつしやつて
居らつしやるにちがいない。神様の御眼か
らは萬事を公平に、取扱つていらつしやる
御つもりでしよう。地上だけを見て、和
人だとか鮮人だとか無敎會とか言
しく、國籍が天にある人らしく無い。
要はキリストの十字架だけが其人の只一
つの償となつてゐるか否やです。
籍の問題じやない、ましていがみあつち
やいけない、それよりは反對する者の爲に
心より新りましよう。

然し、人の救はれるのは只十字架だけで
他の何をも必要としない、敎養も資格も組
織も敎會も、洗體もどんな儀式も人の救に
は何も關係も無い、否そんな附屬物は何一
つ不必要である、決して必要としてはなら
ない、只十字架だけで救はれる事を證する
爲には全力をあげて戰ひましよう、然も十
字架の救の愛を以て。
益々、御憤鬪を祈る』。

六月十日（月）　快晴。アサ早ヨリ終日原
稿ツゞキ。○東京ヨリ獨立傳道者ノ短信ニ
『貴兄もいよ〳〵ルビコンを渡られし由、
御苦戰ノ程御察し申上げます、併しそれだ
けに私は大なる力を添へられた心地がしま
す。最後ノ勝利ハ吾らのものです。お互に
鞭れる逆境ひませう。獨立傳道者한
사람에게　힘이된다면』云々。全然헛된일은　아
니었다。

六月十一日（火）晴。昨夜　市內에서
暫時郵便局에　들렀다。나온즉　自轉車가
잃어젓다。이로써　自轉車二臺재　盜難當햇
다。○通學할必要는　없게되였어도　雜誌校
正과　配達等에相當한役割을　해야할自轉
車가　잃어저서　다리를잃은格이되였다。

六月十二日（水）晴。午前中은原稿。
○終日終夜로　原稿만　쓰고　앉었으면　相
當한能率이　나타날줄로　생각했드니　事
實은　그렇지못하다。오늘도　終日걸여서
겨우原稿四五枚를成하다。
울장안을縱橫通貫하여도　만나　인사할사
람이　別로없드니　오늘　電車패스에는
반듯이　한두사람의知人이　없지않은것을
發見하고。서울의　좁은것에　놀라다。○
伊太利도　드디어參戰。獨軍의　優勢함이
거의決定的으로　判明된때에　獨逸에加擔하
야　敗退하는佛軍을　攻略하는일이니　뭇
솔리니首相의凱旋도　明若觀火。

六月十三日（木）晴。午前에　京城驛
까지　舊號의托送。이런일　當할때일수록
誠意를踞躝當하고　好意를怨恨으로갚
는일을　몸소當함은　古今偉人들의心情을
多少라도　理解하기에　有助한일인것을經
驗하다。○六月號의校正시작。

六月十四日（金）晴。午前中은　原稿
와校正。午后에印刷所로　다녀오다。崔容

二二一

信小傳의第三版校了。

六月十五日 (土) 晴。아침부터 印刷所에서 校正。工場內는 벌서 暑氣甚하다。〇獨軍이 十三日深夜에 巴里入城됐다고 報導。〇東小門警察官派出所에는 狂犬이 橫行하니 注意하라고告示。特히 세파드와 부르독 이 미친모양이다。

六月十六日 (日) 曇、后小雨。午前十時에 누가복음第六章의 末端을 工夫하다。午后엔 入市하야 남의 說敎를 들어보다。蘇聯軍이 리과니아國에 侵入하였다고 報導。一旦巴里에入城하고 벨사이유宮에까지 나치스旗를 세웠든 獨軍의 今後態度가 可觀이다。

六月十七日 (月) 晴、雹。아침부터印刷所에서 校正。第一三七號의 編輯을 完了해 놓고、午后三時四十分車로 咸興向發。成百庸氏와함께 牧場用地路査次로。〇車密에 보이는 北漢山과 道峰山一帶의 높은 디는 雨雹이 積雪같이 하게보이다。降席의 老할머님 말슴이 「하나님이 웨 이......」라고。금년도 안먹이실 작정이신게야 러실까。古人은 두려움을 아신다。

靈馬臺로부터 우의 馳馬臺까지 踏査하다。〇午后에 市內의 銀月堂에서 여러 친구들 만나보고、저녁에 某宅의 請함을받은 後 農業學校長小久保豊吉先生宅訪。

六月十九日 (水) 晴。午前中에 떠나 三平往返。大旱中인데도 不拘하고 水利組合의 完備나 下端의 小區域을 除하고는 거의 全域이 移秧된것 개와집 多數한外에 電燈이 架設되였고 푸로펠라爆音이 성가시게 되었다。今昔의 感을 難制。〇저녁에 韓林兄。兄은 本來M宅에 부름을 받어 快談數刻。

L黨事件의 巨頭요 只今도 勿論唯物論者이지마는 余輩近來의 心境이 가장 잊이洞 察하야 逍巡할때 간곡히 力說하며 實 望하다싫이 督促함을받었다。主義와思想은 그 목숨을 걸어본經驗을가진 그心地가卑劣하지않음이 可敬사람인지라 基督信徒가 안한다면 自己가 後悔납니다。

六月二十日 (木) 晴。아침에 떠나 加平에서 省墓。汽車도있고 뻐스도있어서 甚히便하다。〇楊平에省墓。〇저녁에 朴君宅에被招。〇楊의世界와는 別天地에 意氣의世界가 따로 있음을 發見하다。

六月二十一日 (金) 晴。午前八時에떠나 市外에 崔錫 李圭樂兄의 案內를얻어 牛心農場을 見學하다。牛心農場이라는 이 仁氏農場을 仁氏는 이미立志傳中의 人物이라 初面인데도 舊面같이快談。가장特色있는 딸기栽培에 關하야 딸기 食慾의 泡和狀態에 達하도록 먹고 辭退。〇歸路에、結核病으로 八年남어 누어 사는 少女를 그病室에尋訪하다。彼女曰「前날에 서서 걷는일만 感謝할줄 몰랐든일이 後悔납니다」라고。行步의感謝! 時間가는줄도 모르고 病床의 하소연도 들으며 新願도하고 別。病者라야 醫員을 求하느니라는 主님의 말슴이 생각키다。亦是病者라야 情이야기等들。이야기를 돌보아줄데이니 前進하라고。信仰다운 이야기도 할수있다。事들。

六月十八日 (火) 晴。午前中은 아래 러실까。......」라고。금년도 古人은 두려움을 아신다。안먹이실 작정이신게야 可愛。基督信徒가 안한다면 自己가 後

聖朝通信

聖朝通信

六月二十二日 (土) 晴。午前까지에 用務를舉하고、午后에 咸興을떠나 夕陽에 元山着。銘石洞에 一泊。

六月二十三日 (日) 晴。아침에 元山發。午后三時에 서울 도라와 곧印刷所에서校正。○그동안에 푸러리妙娘。앓것二頭 죽것八頭 合計十頭의豊產이다。

六月二十四日 (月) 雨。이미發送되었을줄 알었든 一三七號가 아직「停電」中일뿐이니라 새로운原稿를 써야하게되는가 하고생각하다。故로 모든冊이 없어저도 聖書만 남으면足하다。

六月二十五日 (火) 雨。岩波文庫의「基督者의自由」를읽다。이만한冊이 名著라면 (事實名著) 聖書自體는 어떻다고形容할까。

六月二十六日 (水) 晴。旬日에亘하야 周旋해오든 牧場의일은 그用地와賞金兩便이 모다 順調롭지못하게되다。

六月二十七日 (木) 晴。呼出받고 總督府에往返。第一三七號의編輯을다시고치다。○岩波新書 天野貞祐著「學生に與ふる書」는 有益한冊이었다。好奇心으로 名士를歷訪할것이 아니라는것을 배우기도 有益할뿐더러 軍國組織이 또한有益한點을 말하다。絶對命令을모르는 國民과家庭과個人은 編있을런저。○된다든 一三七號의製本이 오늘도못되다。印刷所往返。○諾、丁、白、蘭諸國이 준지에뻐지고、드디어 佛蘭西가 獨逸軍門에 無條件降服함으로써 世紀의悲劇을 演케한六月도 지나가다。

六月二十八日 (金) 晴。印刷所往返外에 집매기若干。○舊號의撤出로 읽어버린 自轉車의功勞만 커저보이다。○歸鄉短信에……시골로 도라오니 喜범새 그옥하고 蛙향기 호젔하여 뙤으나 마음도 그밤새를 지닐게 되였습니다。몹시 마음이 가벼워젔읍니다。낮에는 때서로 앞들로 나가고 밤이면 하늘의 神秘를 우러러보고 있읍니다。무척鄕土의情을 情에 한끗 느끼고있읍니다늣々。

六月二十九日 (土) 晴。오늘도 印刷所에 督促行。누가복음의工夫。○矢內原忠雄氏의新著「余の尊敬する人物」(岩波新書・價五〇錢)을읽고 前에靑年들과함께暗誦하였든 링컨大統領의 게티스뻑演說과 大統領再就任就演說을 朗讀하여보다。사람을感激시키는 平凡한말슴、그것이 雄辯이오創作이다。

六月三十日 (日) 曇。午前十時부터누가福音第七章의前半을講하다。軍隊生活이 業없는사람들이 피로운것은 먹을것 입을것을 因한것보다도「消日」건이없어서 煩勞하는 일이라고한다。그러나 우리는 지난九十日동안에 하루라도「時間은 많고 할일없어」피로운날은 없었고、짐작건대 장차六十年을 살든지 百年을 살든지「소일거리」없다고 煩惱하는일은 絶無할듯하다——다른걱정이야 없지않겠지마는。그리스도안에 無盡藏의 鑛脈이 있음을 깨다라 感謝不已。조고마한書齋의 저冊을만讀破하기에 不食不昧로한대도 나의一生만으로서는 不足할터이인데

七月一日 (月) 雨。六月號를 오늘에야 겨우發送하게되다。市內書店에도 配達하다。○辭職한後로 심今하여서 하루하루를 어떻게 보내느냐고 同情하는이가 오늘까지 한둘뿐이아니었다。실상職業없는사람들이 피로운것은 입

金容天君의 病床消息

장수갈든 蹴球選手金容天君이 오래前부터 病魔에 시
달리고 있는줄은 알었으나 療養으로 入院으로 이곳저곳
轉轉하여서 그居所를 알수없었드니 이제는 箇筒의 활
살이 끝난武人처럼 下記故鄕에 돌아와 있다한
다。養正同窓들과 其他에 金君을 記憶하면서도 그居處를 몰
라서 慰問편지한장 못하였든이들이 없지않을듯해서 이
에 最近消息을 알린다。書信으로써 或은物資로써 이 大志
를 품고서 空然히 病席에서 呻吟하지아니치못하는青年을
위로 할수있는이는 아끼지말고 하라。

　　　　住所　黃海道鳳山郡西鍾面大閑里

『先生님 氣力이 平康하옵시고 宅內諸節이 均安하심을
伏祝하옵나이다。其後 二三次 上書하려다 마음이昻奮하여
病勢가惡化하는것같아서 不可不得 今日까지 밀어왔읍니
다。그러나 今日에도 門生의 所感을 上書못하겠아오며 簡
單이 經過를報告하겠읍니다。

門生은 肋膜炎（左邊）이란 名目下에 入院하였었으나
意外에도 무서운 많은病을가지고 있었읍니다。左邊濕性의
풀이없어지자 兩邊이乾性으로變하고 神經衰弱、肋間神經
痛、류마치스、尿病、動悸 그리고 肋膜이肺에密着한 模樣

이라고합니다。門生은 여기에 應戰함을 甘受하게되었읍니
다。悲觀、失望、恐怖、不滿 그것은 病의侵略의好機會를
준다니깐 雪上加霜 連日數次의大咯血과함께 五月十五日
餘地없이 退院하게되었읍니다。
無心도하다、世上은 無心도하다。暗黑한世上이 眼前에
가로놓인것같읍니다。「웃어라！ 웃어라！」 웃으면 네病은擊退한
上書하오리까。天時를悲觀함은 미련함이限없다」이것이 兄님의激勵
입니다。只今은 돈도 다써버려서 飮食物못사 변변이못먹
겠으니 한숨이 났읍니다。

其後 神經痛、류마치스、尿病은 차차差度가있는것같으
나 頑固한强敵과는 아직逐鹿戰을演出하고있읍니다。원天
下의 病患에苦悶하는者의 快癒를 빌면서。

追上 先生님 한때健康을 자랑하든門生의몸에 이病이侵
入할줄을! 그原因은 煩悶（心勞）、여기에 찾아다니는 不寢
症、食慾不振이 最大原因이라고斷言하여도 過言이아니겠음
니다。그러나 天時에 어찌할수없겠지요。저는 여기서 더當
수가없읍니다。全身에 熱이나고 숨이막히고 …片紙로는
到底히 쓸수가 없읍니다。

聖朝社빛나라、先生님의 健康을
七月十四日 아침
霖雨를 보면서
門下生金容天上書』

【聖書朝鮮】　第二百三十八號

昭和十五年一月二十八日
昭和十五年七月一日發行

第三種郵便物認可
月一日一回發行

新約聖書概要

題目	號數
マタイ福音の大旨	六
マコ福音書の大旨	七
ルカ福音書の大旨	九
ヨハネ福音書の大旨	一
共觀福音書問題	三
使徒行傳の大旨	四
ロマ書の大旨	五
ゴロサイ書の大旨	六
ビリピ書の大旨	七
エペソ書の大旨	八
ガラテヤ書の大旨	九
コリント前書の大旨（値品切）	一〇
コリント後書の大旨	一〇
テサロニケ前書の大旨	一〇
テモテ前書の大旨	一〇

プロ새書講義號（續）
一二三、一二五、（旣刊七册）
一二八。
一二三、一二五、一二三、一三三、一三六

ヒブリ書講義號（續）
一三三、一三四、一三五（十一册）

舊約聖書大旨號（完）
三八、三二、三四、五四、五六、五八、一六
〇〇、六二、八、九、一一、九三、九、五、一
〇、一〇四（以上二十三册殘在、其他六册
品切）

시내 원산생집회

詳細히알고저하는이는
本社로照會하라。本誌
返信
機會를添附하야야
料를添附하지말고泰席하기를勸한다。

이에關한것이니이는
興味와性하과
自己를爲한사람이아니라平生남여
우리의昇天十週年紀念에際して內村
無敎會主義（即参福音主義）の理論と實
咸錫憲、金教臣共著
咸錫憲著
咸錫憲著

金教臣著

1 山上垂訓研究　全
イエスの山上寶訓を解說して、基督敎の
根本眞理を簡明に知らせたものである。
四六判二七〇頁　定價一圓　送料九錢

2 咸錫憲著　プロテスタントの精神
基督敎が生命を失ひ、形式化死殼化した
際、ルーテルの宗敎改革の眞意を明かにし、
やがて生れんとする新らしき福音に對して
도라서게한것이다。
定價十五錢　送料三錢

3 無敎會
無敎會主義（即参福音主義）の理論と實
際を、最も簡潔に說明したものである。
定價十五錢　送料三錢

4 內村鑑三先生と朝鮮
우리의昇天十週年紀念に際し、內村
鑑三先生の信仰の由來と內村無敎會主
義的信仰のことなどを和譯して出版し
たものである。
定價三十六錢　送料六錢

5 柳達永著　崔容信小傳
自己を爲した都市人ではなく、平生農民
の爲めに燦爛たるクリスドの寶を興へ、
興味と性と所生涯の實記の記であり、本
村에서소읽어여對한그한人生세上에
活力의이의文字다。
定價五十六錢　送料六錢

本誌定價

一冊（送料共）貳拾錢
六冊（送料共）前金一圓十錢
十二冊（一年分）前金貳圓貳拾錢
直接注文は前金貳圓貳拾錢
要前金　振替貯金口座京城一六五九四番（聖書朝鮮社）へ

所賣販次取

京城府鍾路二丁目八六　博文書舘
京城府鍾路二丁目九一　敎文書舘
東京市麴町區九段坂　向山堂書房
京城府　茂英堂（大邱府）
北星堂（森川邑）
信一書舘（平壤府）

發行所　聖書朝鮮社
振替口座京城一六五九四番

編輯兼發行者　金教臣
京城府外崇仁面貞陵里三七八
（京城、光化門局私書函第一八號）

印刷者　李相五
京城府仁寺町二九ノ三

印刷所　大東印刷所
京城府仁寺町二九ノ三

昭和十五年六月二十八日印刷
昭和十五年七月一日發行

【本誌定價二十錢】（送料五厘）

昭和五年一月二十八日（第三種郵便物認可）
昭和拾五年八月一日發行（每月一回一日發行）

筆 主 臣 敎 金

鮮 朝 書 聖

號 九 拾 參 百 壹 第

行 發 日 一 月 八 （〇四九一） 年 五 十 和 昭

皇國臣民の誓詞

一、我等ハ皇國臣民ナリ忠誠以テ君國ニ報ゼン

二、我等皇國臣民ハ互ニ信愛協力シ以テ團結ヲ固クセン

三、我等皇國臣民ハ忍苦鍛錬力ヲ養ヒ以テ皇道ヲ宣揚セン

目 次

奢侈品等製造販賣制限

七月七日支那事變勃發三周年を期して、內地に於ては奢侈品等の製造販賣制限規則が實施され、我が朝鮮に於ても內地に呼應して七月二十四日府令第一七九號を以て發布せられ即日より施行された。

新國民生活體制を確立し舉國一體國家の總力を發揮し國體の本義に基く國防國家建設には、大に國民生活の刷新、戰時生活の確立の聲は既に久しいが、都會生活の消費者等を見るときは、必ずしも十分の效果を舉げてゐるとはいへない。今迄の生活の自由の夢を追つて、統制への不平不滿を衷心懷く者も絶無ではない。然しながら戰へる世界のどの國も生活の戰時態勢化が斷行されてゐない所があらうか。獨逸の大勝利の蔭には吾人の想像だにも及ばない犧牲的不自由な生活に甘んじてゐる事實を見逃してはなるまい。凡そ奢侈逸樂を事とし て興隆せる國家は未だ曾て之を見ないのである。

惟ふに我が銃後國民生活の現狀を顧みると通貨の膨脹が購買力の增大を誘發し、殊に股販產業方面に於ては生活樣式の奢侈化に拍車をかけた事實は否めない。一方に於て物資の一

大消耗が行はれて居る場合、日常生活に於て平時と同じ質と量との物を欲求することは許さるべきでない。戰時には戰時に相應しい生活樣式がなければならぬわけで、銃後の國民としては最少限度の生活に甘んずべき責務があるのである。

茲に於て政府は生活必需品等の消費規定に關し不急不要品又は奢侈贅澤品の生產、製造及販賣を制限又は禁止すること或る程度の必要性あるものと雖其の物の原材料が重要生產資材又は生活必需品資材なる場合に於ては右に準ずることゝなつた。

本規則の目的とするところは戰時經濟の運營に緊要なる資材・動力・勞力・燃料等が戰時國民生活上不急不要奢侈贅澤品等の生產、製造、販賣を抑制して之を直に戰時國民生活に必要なる物品の生產供給の維持確保に活用し、斯種物品の購買をも抑制し、これによる餘剩購買力を貯蓄の强化、公債消化に轉換させ、且戰時國民生活の刷新緊張を圖り、併せて規格外品の販賣を禁止することにより公定價格の維持勵行を圖らうとすることにあるのである。

恐怖の心理

従來余輩は郊外の自宅に於て日曜の聖書研究會を持つた。自宅では餘りに交通が不便である爲めに時には市内の友人の宅に集つたこともあつた。併し今春以來職も辭めて集會と雜誌に專心することも出來るやうになつたのであるから來る新秋からは市內に適當な場所——私宅でなく公の場所——を借りて一つ本格的にやつて見る氣になつて大分前からその場所を探し廻つた

曾つて或る人は「我に支點を與へよ我地球を動かさん……」との叫びが張り裂けんばかりであるからである。今や余輩の胸には「我に適當な講義所を與へよ……我にフェヤープレイをやらせて見よ……」と叫んだ。從來ども我ら無敎會者とは餘り好意の間柄ではなかつたことを萬々承知し乍らこの度多少の新しい希望を持ちつゝ申込んだのには次のやうな理由を考へたからであつた。

試みとして朝鮮基督敎各派聯合の或る會館に一室を申込んで見た。探しても探しても與へられないので最後の

1. この困難なる時代にも拘らず一人の博物敎師がその職を打ち棄てゝ專ら屬香宣傳に從事せんとするのであるから基督敎聯合機關の如きは誰よりも率先して斯の如き趣旨のものを激勵助成するに違ひないこと。

2. 殊にその聯合機關の主要事業である日曜の傳道集會も最近は殆んど有名無實になり果てた際である。これは時局の困難にもよることであらうがその困難をこちらが買つて出るのであるから喜んで場所を提供するに定つてゐると思はれたこと。

3. 我らの集會には既成敎會の信者は殆んど皆無であり常に荒馬の如き未信者の靑年學生達を相手とすること。

然るに理由の有無を問はず我らの申込は單なる無敎會者の故に見事に斷られて了つた。而してその交渉報告の一節に『無敎會なるが故に敎會の聯合機關と手を握ることは不可能とのことであり、その語彙の中からは一種の恐怖心を發見することが出來ました。私はこの恐怖心は非眞理が眞理に對する態度なることを疑ふことが出來ませんでした』とある。

恐怖心！何故の恐怖心であらう。朝鮮の五十萬と言はれる基督敎徒はこれ殆んど悉く敎會信者である。無敎會者は隈なく狩り集めてもトラック一臺に充たない有様であるから數から言ふ勢力への恐怖では萬々あり得ない管である。唯一つの理由がある。凡ゆる營利商買にも競技娛樂にも反基督敎的公私集會にも貸しつぱなしてあり乍ら獨り基督敎聖書講義にのみ斷はらねばならぬ虚に恐怖の理由が無ければならぬ。彼らもキリストを恐れる！

恐怖の心理

曾つてヘロデ大王はキリストの誕生を聞いた時に大なる恐怖心に襲はれた。海軍の演習に於てはそのスタートに於て勝負が決せられるとのことである。而して凡ゆる戰は恐怖心の支配如何によつてその勝敗が決せられるのである。

強く捕へよ恐怖心よ總て暗きにつげるものゝ共の心臟を。而して追ふものもなきに彼らをして逃げ惑はしめよ。

一

眞珠를 探求하라

眞珠를 探求하라

二

眞珠장사는 참 좋은 眞珠를 求하기爲하여는 千里를 멀다하지않고 찾어다니며、찾을즉 自己의 全資産을 競賣하여가지고라도 그 眞珠를 사고야만다고(마태二·三·四五、四六)한다。 眞珠의 價値를 참으로 評價할能力이 있는者인故이며 利를取할만한 算段의 成案이 確實한까닭이다。 趣與과利益만으로도 몸을 멀다안하며 苦를苦로 안녀긴다。

어떤農夫의 告白이였다『利나는일인以上 잠을 못자도 疲困치않고 끼니를 잊었어도 배푸은줄 모르지요。 利慾에對한 人間의緊張力이란것은 참 놀랄만한것입니다』云々。 彼自身으로도 놀랄것이라고 余輩는 더욱 그더없서 同意를表하였다。 저農夫는 單只口腹을爲하는程度는 훨신 지난 사람이다。 일직이 哲學을硏究하다가 모진神經衰弱症으로서 自殺을決心하고 그自殺의手段으로 勤勞生活을 始作하여 父兄에게寄生해서 먹고 자라난血肉筋骨은 한點한덩이도 보기싫었다고 惡을發했든사람이다。 社會主義共産主義等의 造詣깊으되 流行하는淺薄한所謂主義者들과는 決코 떼를 함께 짓지안하며、또한 宗教信徒들의 僞善에 憤懣을 참지못하는 넋이를 가진人物이다。 저가 오늘날 産을 다스리는것은 決코 저自身만을爲한것이아니라는것은 저自身도 믿는바요 그友人들도 認識하는일이다。 그런데도不拘하고 利에當해서는 水火를不顧하고 황소처럼突進하고있는그自我에 놀라。 깨다。

利를貪하는 眞珠商과農夫도 이러하거든、하물며 眞理와生命을探求하려는者의態度가 이보다 못해서야 되랴。

너이가 차라리 銀보다 나의訓戒를받으며 精金보다 知識을 얻을지라。 大概智慧는 眞珠보다 낫으니 모든願하는것을 이에比較할수 없도다(箴言八·一〇、一一)。

라고 가르쳤다。 朝間道而夕死可矣라고 東洋의大教師도 일즉이道破하였다。

距今十餘年前에 우리의 친구 한사람은 某集會에 參加하기爲하여 自己의唯一의職業과生産이오生産이 一時에消散되였다고해서 이웃의嘲笑를免치못한바있었으나 果然누가怜憫한者라고稱讚받을것은 主예수앞에 最後의決算時에라야 判定될것이다。 팔어가지고 咸鏡道—全羅道間을往返한일이있었다。 集會에 다녀온後로 저는 職業과生産이든 養豚數十羽를 모주리

우리冬季集會에每年恭列하는貧窮한農夫一人은 秋收打作때에 集會恭席旅費를 따로제처놓는다고하였다。 即生活費의 가장必要한部分으로 먼저計上한다하였다。 참懇切한要求있다면 實現이길이 반듯이 열릴것이다。 우리는 今秋以後로 別項갈은集會를計劃한다。 무릇眞珠를求하는者는 찾으라。 萬難을排除하라。 그렇다萬難을排除한者만 모이랴。

골로새書講義 (八)

金 教 臣

世上의 蒙學과 自由信仰

異端排擊의 本論(二)　　(二・一六－二三)

第二章의 거의 全部가 異端을 摘發하여 참信仰을 明快하게 들어낸것이라함은 前述한바와 같거니와、그中에도 前回에 解說한部分(二・八－一五)을 抽象的으로 되었다면 今回의 部分(二・一六－二三)은 具體的으로 個個의 異端을 指摘하여 바른信仰을 敎導하였다。前者가 高遠한思想의 問題라면 後者는 卑近한日常生活에 關한것이다。故로 이 두部分을 아울러理解하여야 異端의 크고 적은것 높고 낮은것을 골고루警戒하여 救援을 完全케 할수있을것이다。

(一六) 그림으로 먹고 마시는것과 절기나、월삭이나、안식일을 因하야 누구든지 너이를 評論하지 못하게하라。

[그럼으로] 은 는 文章으로는 第八節에 連結되는것이 아니、內容으로는 特히 第十四、五節을 받는다。卽 그리스도가 우리의 罪를 지고 十字架우에 걸려서 儀文이나 規例에서 釋放하여 우리를 自由롭게하여주신까닭에……。

[먹고 마시는것] 먹는것에 關하여는 例컨대 도야지는

蒙學과 自由信仰

不淨한것이니 먹지말라(레위 一一・七)하며、偶像에 바쳤든 祭物은 먹지말라는것等(로마 一四・一四。고后 一○・二五－二七參照)。

마시는것은 特히 飮酒에 關한可否論이다(레위 一○・九、민수六・三等)。옛날부터 適當한分量은 關係었다느니 絶對로禁해야 할것이라느니 해서 論議가 쉬지않는 問題이다。

[절기] 는 主로 年祭이다。年年이 드리는 祭事이다。例컨대 『新年祭』 『逾越祭』 같은것이나 現代敎會에서는 聖誕節、復活節、꽃主日、어머니主日等等 히는 일들이다。이런것을 一一히 잘 直혀야만 유대人되며 基督敎人되느냐 하는것이 問題이다。

[월삭] νεομηνίας 은 새달의 뜻인데 달달이 初하루에 드리는 祭事를 意味한다(에스겔四六・六參照)。

[안식일] σαββάτων 複數形으로 되었으나 單數의 意味로 쓰이는字이다(但使徒行傳一七・二만은 單一의 例外로 複數의意로 使用되었다)。

安息日을 거룩하게 직히는일은 모세의十誡命以前에도 있었든일인데、이것을 本然의 意義대로 善用하면 信仰生活에 有益함이많으나 惡用할때는 空然히 남을 是非하는 材料에 不過하였다。故로 主예수는 『安息日의 主人』노라고 웨처서 모든有閑者들을 물리치신일도 있었다。

[누구든지 너이를 評論하지 못하게하라」 그리스도를 믿

三

골로새書講義

四

옵으로써 自由를얻은者는 如上列舉한五種目같은 細小한 일에關하여 가장 옳은척하고 是非하는者들을 容許할것 이아니다。비록 牧師나監督이나 法王이라할지라도 이런 細則을 가지고 우리의 그리스도안에있는 自由의領域을 侵犯하게하여둘것이 아니라한다。

（一七）이것들은 장래일의 그림자나 몸은 그리스도의것 이니라。

[이것들] 前節에 列舉한 『먹는것……안식일』까지의 다 섯가지規則들。

[그림자] σκιὰ 各種規律과 모세의律法까지도 더 놓 고 밝은것의 出現까지의 準備에不過한것이다。그러므로 本體에對한 影子의 意義밖에 지나는것이없다。

[몸] σῶμα 은 그림자에對한 實體라는 뜻이다。

[그리스도의것이니라] 그리스도만이 모든 참된것의 實 體를 우리에게 주신다。참 길이오 眞理오 生命이시다。 其他의 모든先知者와聖賢들은 準備요 部分이오 影像에 지나지못했다。그러므로 이제 그리스도에게屬한者는 다 시 影像을 思慕할 必要없이되었다。

（一八）누구든지 일부러 겸손함과 천사 숭배함을 인하 야 너의 상을 빼앗지못하게하라。저가 그 본것을 의지하 야 그 육체의 마음을 좇아 헛되히 과장하고。

[일부러 겸손함] 謙遜이란것은 아름다운德이라고 우리 의在來의 敎訓에서도 배웠다。그러나 맛있는飮食일수록 썩기쉽고 高貴한眞理일수록 誤解 惡用되기 쉬운것처 럼、아름다운德行일수록 僞善者에게 利用되는法인데 이 謙遜이란德이 가장 그런危險性이 많은故로 우리는 警 戒하여야한다。

孔子님은 그렇게 가르킨것이 아닌지 알수없으나 우 리在來의儒敎的 東洋的雰圍氣中에서 理解한謙遜이란것을 말하면 對人關係의 景像이오 따라서 外面的인 눈 에보이는 謙遜이다。좀더 지나치게 말한다면 낮어질수록 謙遜인줄알았고 또 낮어만지면 謙遜인줄 알았다。故로 속 에는 목구멍까지 驕慢이 넘치고 그惡臭가 傍人의 코 를 움추리게하되 外形만으로는 謙遜한듯이 꾸며대이는 紳士淑女가 우리 서울장안만하여도 數十萬名이 더글 글하다。

그런데 基督敎는 凡事가 一에서부터十까지 對神關係 가 基本인것이매 謙遜의德도 하나님께對한謙遜으로부터 시작된다。自己를 낮후어서 謙遜하라는 東洋的謙遜은 벌서 自己가 낮지않다는것이 前提되어있었다。故로 그謙遜에는 造作이있었고 僞飾이 따르기쉽다。基督敎의謙遜은 낮후 는것이아니라。自己의實體를 아는데서 시작된다。여호와 앞에서 흙으로 빛어진 自己의本體를 如實히認識하는일 이곧 謙遜의 시작이다。始原代 古生代 中生代 新生

代로 進化造成되어오는 地質年代에、人類의 興亡史五六千年

는感懷、또는 넓은太平洋과 높은亞細亞洲가 있으므로써 크다하는地球덩어리 그것이百餘個가 一直線으로 나타나하여 야 太陽의直徑에達한다는太陽과 그眷屬을合한 體만한것이 數億을넘게모였다는 銀河系며 그 별과 별사이 로 一秒間에 地球를七週하고도남는 急速度를가진 光線의힘 으로도 百萬年도 더걸려서到達한다는 헤아릴수없이 廣大 한宇宙를 우러러볼때에、心情、이것이 萬有의主와호와앞에서 如實한自我 微塵같은自我를 認識하는것이오 곧 참된謙遜 이다。칼-라일先生이 基督敎가 아무것을 世上에 남기 지못할지라도 徹底한謙遜만은 가르킨다고評한것은 이까 닭이다。이러한 根本的인謙遜에서 對人關係의謙遜의德이 나오는것이다。이런謙遜을 果實이 때를따라 속⋯

언어서 하나님의恩寵에 參與할것이라하며、使徒나或은敎會 의聖徒의靈에哀願하여 救濟받는것처럼 가르키는僞敎師가 옛날에도 있었고 오는날도 없지않다。그러나 大祭司長 인 그리스도外에 아무中保者도 쓸데없다는것이 히브리 書의中心이오 『하나님은 한분이시오 또 하나님과사람 사이에 中保도 한분이시니 곧 사람이신 그리스도예수 라』는(디모데前二・五)것이 聖書를 通貫하는 大旨이다。 故로 우리는 謙遜할메는 하드라도 救援에關하여는 直接그 리스도에게 올것이다。牧師나 監督이나 法王이나 죽은聖 徒의靈이나 天使나 救援에關하여는 우리보다 털끝만치 도 有能할것이 없었다。매우 倨慢한 생각인듯하나 이것이 自我의實體를 아는同時에 牧師 監督 法王等等의 實體 도 잘아는 까닭이다。

[너의 상을 빼앗지못하게하라] 賞을 빼앗는다는 원語 καταβραβεύω 는 『不利한判決을 네린다』는뜻이다。또本 節처음에 있는 『일부러』라는字 θέλων 은 『마음대로』『所 願대로』라는뜻도있다。이 두字를連結하여 譯하면

謙遜함과 天使崇拜함을因하여 누구든지所願대로 너이 에게 不利한判決을 못하게하라。

고 된다。主그리스도外에 天使를崇拜하여 그힘을 依支 하라함은 얼른보기에 極度에까지 自己를 낮후는일이오 매우謙遜한 德같이보이나 其實은 그리스도에게向한 信

닭이다。이러한 根本的인謙遜에서 對人關係의謙遜의德이 이다。칼-라일先生이 이러한 쪽여저 나오는것이다。이런謙遜은 表皮의彩色에까지 成熟하여지듯한것이라면 從 來이 所謂謙遜은 鍍金한것이다。『일부러 謙遜함』이란 곧 鍍金한謙遜이다。

[천사 숭배할] 原文에依하면 謙遜과天使崇拜가 同格이 로 알었든 모양이다。勿論 虛僞의謙遜이다。溫柔하고純 다。當時의敎徒中에는 天使를崇拜하는일이 곧 謙遜인줄 박한 信徒들의弱點을利用하여 人間은卑賤한것이니 直接하 나님앞에 설수없다。먼저天使를崇拜하여 그援助와紹介를

蒙學과自由信仰

五

골로새書講義

仰을 騙取하는 詐欺行爲이다。信仰을 빼앗기면 우리에게約束하신 生命의 冕琉冠도(야고보一‧一二)빼앗길것은 定한 일이다。故로 이보다 더큰 不利한 判決이 世上에 없다。

[저가]는 ㅇ 또는 關係代名詞의 譯인즉『謙遜함과 天使禮拜함』을 意味한것이니『이들은』이라고 複數로 譯할것이다。

[그 본것을 의지하야] 元來 意味不明하여 修正도 해보며 여러가지解釋도 갈라진다。ἃ ἑόρακεν 인데 本意는『들어온다』더디고 선다는뜻 인데 거기서轉用되어『詳細히探求한다』는 意味도 가지게되었다。또 이字는 神秘敎에서 啓示받기爲하여 그神殿에 들어가는뜻에 使用된일도 있었다。

『그 본것』은 一種의恍惚狀態에서본것、幻想이다。즉 이一節의意味는『이들은 偶像의神殿에 들어가 恍惚狀態에서본 幻想에不過한것』이다。하나님에게對한 啓示에依한것도아니오 聖書的根據있는 研究의結論도아니오、오직 恍惚狀態의主觀的想像에 지나지못하는것、이것은 거짓된敎師들의 尊崇하는바요 참된信徒들의 唾棄해야할바이다。

[그 육체의 마음을 좇아 헛되히 과장하고] 自古及今에 거짓된宗敎家의 最後의逃避城은 恍惚狀態中에 무엇을 보았다 무엇을 들었다——例컨대 죽은某某聖徒의 靈에接했다거나 그리스도의心臟을 보았다——는 神秘의城이다。

時代의思潮가 變할때는 思潮에따라、政局의形勢가變할때는 形勢에따라서 說을 달리하며 主張을 뒤집으면서 愚夫愚婦들을 五里霧中에 彷徨케하다가 그種子가 끊나고 術策이 다한뒤에는 神秘의煙幕을 둘러치고 그속에 깊이 들어앉는것이 異端者의常軌이다。이러한徒輩일수록 自己를 자랑함이 絶大하다。

『헛되히 과장하고』라함은 今에 넘치게、言語道斷으로 傲慢한것이다。참啓示를 하나님께서 받은 先知者와 聖書的根據있는 研究를 꾸준하게하여 動搖와突變을 茶飯事로 가볍게反覆하지않는者는 받은使命이있고 깨다른 眞理가있어도 그것을 크게 자랑하지못하되、恍惚狀態에서 그리스도의 傷處를 만졌다 新禱하는中에 聖靈의火柱가 머리우에 박힌것을 信徒가보고 證據한다는等 神秘를 主唱하는者들은 그權威를主張함이 甚히猛烈하다。그러나 이런것이 모다 肉의慾心과知慧에 靈이라는 鍍金을입힌 可憎한異端인것은 말할것이 없다。

(一九) 머리를 붙들지아니하는지라。온 몸이 머리로 말미암아 마디와 힘줄로 공급함을 얻고 련합하야 하나님이 자라게하심으로 자라나니라。

[머리] 그리스도는 宇宙萬有의首長이다(一‧一○參照)。

[온 몸] 몸은 體、σῶμα인데、그리스도를 敎會의 머리로解할때는 몸은 敎會가되며(에베一‧二三、四‧一五、一

六

六、五・二三、골로새 一・一八、二四、三・一五等)、 그리스도를世
界勢力의 머리로 解할때는 몸은 宇宙가된다(二・一〇・一九)。

[마디와 힘줄] 關節 靭帶 ἀφῶν καὶ συνδέσμων 은 古代生理學의
用語이다。關節 靭帶 腱等을 意味한다。이것을 通하여 營
養을 供給하며 이것으로써 體軀를 支持한다。 그러나 마디・
와 힘줄自體가 生命體가아니라. 生命의 根源은 『머리』이
신 그리스도다。 그가 生命을 供給하신다。

[하나님으로 자라게하심으로 자라나니라] 直譯하면 『하나님
의 生長을 生長하나니라』고 된다。 人工的의 貧弱하고 淺
短한生長과 달라서 하나님의 保育안에서 無限히進步生長
하는 生長이다。 이에 反하여 人爲的修道 或은 天使崇拜의
邪道에 依함은 一時는效果的인듯하고便宜한듯하나 結局은
根幹이없는 나무와 같아서 未久에凋落하고야만다。 예수
말슴에 『사람이 내안에居하지아니하면 가지처럼 밖에 바
리워 말러지나니 사람이 이것을 몰와다가 불에 던저
사루나니라』고(요한一五・六)하신대로이다。

(二〇) 너이가 세상의 초등학문에서. 그리스도와함께 죽었
거든 어찌하야 세상에 사는것과 같이 의문을 순종하느냐。

[세상의 초등학문] 『世上의諸元素』라고 譯할것이라함은

蒙學과自由信仰

七

第二章八節에서도 詳述하였다。 諸元素의威力 即世界를支
配하는靈的勢力을 두려워함은 不信時代의일이오 信者의
할일은아니다。 그리스도를 믿는者는 그리스도와함께 죽
은者이니 右와같은 世上의勢力이나 禁制나 慣習 規模에서는 解
放되었어야할것이다。 規則이나 禁制나 敎條等으로써 얽
매지않고서는 그 信仰을 維持해나갈수없는者는 아직 그
리스도와는 죽지못한者요、따라서 그리스도의 사랑의
王國에 轉籍을完了하지 못한者이다。

(二一) 곧 붙잡지도 말고 맛보지도 말고 만지지도 말
라 하는것이니。

무릇 生命이었고 참됨이없는世界에는 『하지말라 말라
말라』는 消極的拘束뿐이다。 한社會가沈滯하고 暗黑이 가리
울때에는 검속과 탄압이 盛行하는것처럼、한宗敎에生命
力이없어 진즉 『붓잡지도말고 맛보지도말고 만지지도말라』
하는 잔소리만 많어진다。 猶太敎에生命이褪色된때에 저
의들은 安息日에 하지말라는일 三十九個條를 制定하고
그밑에 또 細則一千五百二十一條를 規定하였다。 그런故로
主예수께서 『安息日에 善을行할것이냐 惡을行할것이냐』
反問하실때에 저들은 對答못하였다。

그리스도의宗敎는、이것을 하지말라、저일을 하지말라
하는것이아니오 善을行하라는것이다。 惡을除하라고만 힘
서 惡이 除해지는法이없으나 善을行하려고한즉 惡은自然

골로새書 講義

히 除却되어버린다。世上異端의 特色은 그消極性에있고
그리스도의福音生命의特性은 그積極性에있다。

（二二）（이 모든것은 쓰는대로 부패에 돌아가리라）사

[쓰는대로 부패에 돌아가리라] 붓잡지도말라 云云의일들
은 一時의일이오 永遠에關한바아니며、肉에關한일이오 內
容에關한 問題가아니며、表面의일이오. 心靈에屬한問題
는아니다。그러므로 『무엇이든지 밖에서 사람에게로 들
어가는것은 능히 사람을 더럽게하지못하나니라』는 그
리스도의 말슴에(마가七·一-二三)通하는것이오、로마書第
十四章一-十三節과 同二十·二十一節等의 바울自身의말을
補充하여 읽을것이다。

[사람의 명과 가르침을 좇느냐] 명은 ἐντάλματα 一層權
威있는規律이오、가르침은 διδασκαλίας 命을演繹한것
理論 說明等이다。그리스도를 믿는者는 이미 그리스도와
함께 죽었으니 人間的인 『命令과敎訓』을 좇으라도 不
可能한일이아니냐는 强한뜻이다。

（二三）이런것들은 자의적 숭배와 겸손과 몸을괴롭게하
는데 지혜있는모양이나 오직 육체 좇는것을 금하는데는
유익이 조금도 없나니라。

[자의적 숭배] ἐθελθρησκίᾳ 는 新約聖書中에 唯一한用
例인데 『自作的宗敎』라는意味이다。여기서는 天使崇拜를

八

指稱한다。

[몸을 괴롭게하는데] 難業苦行을修練하야 慾을制止하며
情을絕斷하야 몸의淨潔을 도모하는일。彼等에게는 心身
의 鍛鍊으로 생각키엿슬것이나 바울에게는 有害無益한虛
待로밖에 보이지않았든것이다。

[지혜 있는 모양이나] 直譯하면 『智慧있다는 評判을가
지나』이다。智者의行爲처럼 보이기는하나 事實은 그렇
지않다는 反語的用法인것은 勿論이다。

[육체 좇는것을 금하는데 유익이 조금도 없나니라] 이것
은 매우意譯이다。直譯하면 『아무價値도없다。肉의滿足에
對抗해서는』이다。肉의滿足을制止하는데는 何等實效가었다는 뜻이다。

慾을 規法이나敎條等으로써 外的으로制止하면 一時는
制止된듯하나 未久에 그것이 여러가지모양으로 變形하
야 蘇生跋扈함은 조금이라도人生을注視한사람은 잘아는
事實이다。利慾 情慾 嫉妬 傲慢等의 모든惡行의根底에
罪라는根塊가 남아있는 까닭이다。惡鬼하나를 쫓아내고
淸潔하게해놓으면 일곱惡鬼가 도루占據하는것은 比喩가
아니오 人生의活事實이다。故로 이러한 人工的인 헛된
異端에 빠지지말고 가지를 그리스도의葡萄나무에 붙여
머리와肢體가聯結되게하고 그리스도의靈이 우리肉體의行
爲를滅하도록하여야 우리가 살림을 얻을것이다。

저녁 讚頌

柳 永 模

이뜻을 먼저 咸兄께 드리고저 합니다。近二十年前
에、그때도 여름비에 길에 물이 넘치고 밤이 어
둔데 五山서 古邑驛까지 兄이 나를 넘어 줄
제、弟、허방을 빠이며 너야기하였였읍니다。「어둠이
分明빛보다크다」고。그러나 膽大하게 斷定치는 못하
고、이때까지 왔면 問題입니다。오늘 當하여 보니
弟、어둠을 스려하기보다도 빛에 惑함이 많었던 탓
이었읍니다。無私만 하고보면 黑暗이나 死亡의 두
려움이 없음을 알었읍니다。빛을 忌함은 사람의 것
(物貨)를 盜賊하는者이지만、어둠을 忌함은 하나님
의것을 盜賊하랴는者(生命을 私有하랴는者)입니다。

一、어 둠

하나님은 사랑이시나 사랑이 하나님 될수 없을 갈
이 하나님은 빛이시나 빛이 하나님은 안이니라。
혼한 사랑이 癡迷를 너르키고、여러가지 빛은 虛榮
을 꿈이로다。
暗黑을 타는 小賊이 있지만 光色을쓰는 大姦이많도다。

저 녁 讚 頌

二、쉼

일을 하다가 쉬는것과 코로 숨을 쉬는것이 같은 말
로 되고・休息과 氣息이 같은 息字요、イキフ는 イキ
ツグ의 뜻이라하니 이말에서 사람의 本分을 알패라。
숨은 피를 돌리기、피는 養分을 옴기고、養分은 일

불을 위하고、해에 절한 일이 있다지만 히브리집을
일가로 갖인 人類라 그云임을 알도다。
太陽界에서 美와力의大本이 太陽이지만 太陽도 物質이
어니 宇宙의 한 작은火爐이니라。(光은宇宙波動의小部分)。
精神은 物質보다 크다。物質而上이다。
功을 감추는 美와力은 燈盞속의 기름이오、賞을 타
는 光榮은 심지끝의 불이니라。
기름은 隱密한中에 계신 아바지의 永遠하신 指示매
로 감이오、불은 바려진 世上의一한때 자랑이다。
創世記에 「(먼저)저녁이 아침이 있다」하엿고、
默示錄에 「새하늘과 새따에는 다시해빛이 쓸데 없다」하
였으니 첨도 저녁이오 나종도 저녁이다。
박어떠려도 하루살이의 빛이다。저녁은 永遠하다。첨과 나종이
한가지 저녁이로다。낮이란 萬年을 깜
아 永遠한 저녁이 그립도소이다——波動아닌 빛속에
서 쉼이 없는 셈에 살리로다。

九

저녁讚頌

할 힘을 내기、힘은 養分을 얻는것과 목숨을 도라보는 모든일을 하기 爲함이니 숨을 爲한 일이오 일을 爲한 숨이로다。

그러므로 일을 避하는 숨도 없고 숨을 害하는 일도 못쓰겠으니 일을하다가 숨이 갑버지면 숨을 돌려 쉬겠다는 뜻이오、일을 슬여바림이 아니로다。

숨쉬는것이 맨첨일이오 또 내종까지 같일이니 숨도 일로 녁여서 사람삶이 統히 일이라고 보아도 可하고 모든일이 목숨을 爲한것이니 일도 숨으로 녁여서 統히 숨이라고 보아도 可치 안한가。

도리켜 생각하니 쉬느란일이 일쯕지 못하고、일쯕게 섬이 참섬이 아니로다。姑息苟安하는 人生아 쉴랴도 쉴수없는 숨 너머편에서 섬이 없는 숨을 찾어라、쉬지 말고 찾어라· 새로 쉬는데까지 찾어라。섬이 없는 섬과 섬이없는 숨의 수수꺼끼를 이에서 다 풀것으로는 녁이지안함이 맛당할진저。

息　觀

本來安息　　无鼻无心　　今息叵息　　生滅自心
究竟消息　　離鼻即心　　日終夕宿　　命終夕休
世終夕信　　誰子遲疑　　多多要息　　永夕不息

「罪人만을爲하야」의 續

一○

가르친다。眞正한 基督敎人은 共産主義와 合致되는것이냐。

그리고 이것은 내가 「뿔쉬뷔즘은 남의 所有를 주라고 하신다」고 말하든때의 내생각 보다도 一層더 完全해 보인다。다시말하여둔다마는 이運動의 敎理는 健全해 보인다。다시말하여둔다마는 이運動의 敎理에 있어서는 새로운것이 있는것이냐。오직 實行하라는데 새로운것이 있는것이냐。그러나 한家庭안에서 財産에 直接 責任을 가진사람이 하나님의 所有物의 管理人이라는 口實로써 모든 財物을 막없이할 때、그것을 보는 안해나 男便이나 子女들 또는 父母는 무어라고 할것인가? 그룹은 말하기를 남에게 줄 때는 반듯이 까이단쓰에 依해서 줄것이라고 한다。그리고 하나님께서는 우리가 關心을 가지고 있는 모든 사람의 要求에 對해서 우리보다 더 關心을 가지고 있는데 한다。그리고 이러기에 스튜워드쉽의 原理가 必要하다는 것이다。그리고 改變된 男子 或은 女子는 大槪 改變된 안해와 男便을 가지고 있을것이다。何如튼 한 쪽이 改變되면 이쪽사람의 생각도 따러가게 될것이다。

나는 이 여러가지 原理를 默考하고있는동안에 나의 생각은 以前에 新宗敎刊行物──그것은 確實히 赤貧한 英國大衆에게 慰勞가 되었을것이다──을 計劃하든때로만 돌아가고있는것같이 생각되었다。同時에 나는 나自身도 어느사이에 이非妥協的 그룹에게서 確實히 挑戰을 받고있는것을 느꼈다。(續)

罪人만을爲하야 （第六回）

A、J、럿셀 著

趙聖祉 譯

第三章 性慾과金錢

나의 訪問客 이 三人의 吟遊詩人은 이번에는 더ー層 뉴ー쓰的 興味가 있는 問題를 披露하였다。그들은 斷言하여 말하기를 사람들은 누구나 할것없이 거이다 ——牧師이건 蕩子이건——두가지 重大한 問題에 直面하고 있다고 한다。即 그것은 性問題와 金錢問題인데 自己들은 이問題에 對한 解決을 가지고 있다는것이다。이들은 지금 론돈에서도 큰新聞의 支配人室에 앉어서 이같은 말을 泰然하게 하고 있는것이다。이같은 말을 듣고도 가만있을수있는 쩌ー날리스트가 어데 있으랴? 더구나 쩌ー날리스트란것은 大衆的興味를 發見하기 爲하여 恒常 귀를 크게드고 다니는것인데。

이두가지 問題에 對해서 解答을 提供할수 있는 사람들、아니 解答을 提供할수 있다고 생각만이라도 하는 사람들、이들은 뉴ー쓰的 興味같은것에 關해서는 無關

心이다。

그解決方法은 大體 어드런것인가? 여기에 對한 그들의 對答은 처음듣기에는 多少 神通치 않은것 같었으나 점점 듣는동안에 나중에는 興味있어지고 또 認定할수밖에 없으리만큼 되었다。나의 訪問客들은 性的本能은 하나님이 주신것이라는것을 認定하고 있다。그들은 생각이나 말이나 行動을 不純潔하게 惡用하는것을 容許하지 않는다。그리면서도 참問題는 抑制가 아니라 醇化에 있는것이라고 알고 있는것이다。

『醇化라는것은 正確히 말한다면 무엇을 意味하는것입니까?』

그것은 性的에에르기를 보다 高尙한 目的을 爲해서 使用하는것이며 同時에 完全한 滿足을 주는것을 意味하는것이라고 한다。해드뛰ー르드博士의 定義에 依하면 醇化라는것은 本能的 感情이 그本來의 目的을 떠나서 個人에게는 滿足을 주면서 社會에 有益을 주는 目的으로 方向을 轉換한것이라고 하는것이었다。

性問題든지 무릇 무슨 問題든지 그것을 하나님에게 써레며든한때에는 벌서 問題가 아니라고 그들은 確言하였다。하나님에게 服從하려고하는 意志가 있을때 罪에 對한 慾求는 사라져 버린다。純潔은 眞正한 改變에 뒤따르는 信仰生活의 淨化力을 通하여서 可能한것이다。

一一

性慾과金錢

罪人만을 爲하야

그리스도 도 참이요 그리스도의 神도 참인 以上 聖神 안에 거를때에는 肉의 情慾을 못이기거나 하는 危險은 없는것이다。이것은 新感情의 放逐力이라고 하여서 心理學的으로도 說明할수 있는것이다。神學的 及心理學的인 좋은 材料이다。그러나 그렇다면 性的 飢渴은 어떻게 滿足시킬수 있는것인가? 여기에 對한 對答은 차츰 듣기로 하였다。

그다음에 우리는 모든 家庭의 恒久的問題인 金錢問題를 論議하게 되었다。大體 그룹에서는 어떻게 이金錢問題를 解決한다고。提議하는것인가? 卽 편지가 오면 그속에 또 請求書나 들어있지 않은가 하고 開封하기를 두려워하는 主婦들의 不安을 어떻게 除去해 줄 것인가? 三人의 吟遊詩人은 微笑로써 自己네의 自信을 表하였다。그들은 이런 問題를 每日每日 解決하고 있기 때문이다。

『그方法은?』

『信仰과 祈禱의 힘으로』

옥쓰포드에서부터 全世界로 퍼져나가는 이 新宗教運動 이밖에는 方法이 없는가? 그들은 그렇노라고 서슴지 않고 對答하였다。그러나 信仰과 祈禱만으로써는 請求書를 淸算할수는 없지않은가? 그들은 그렇지 않다는것이였다。그들은 自己네의 말하는 內容을 따로 알

고 있기때문이다。卽 그룹의 三十名 或은 四十名은 이같은 基礎우에서 生活하고 있는것을 알고 있기때문이다。

『무엇! 그러면 하나님만 信賴하고 아무것도 하지는 않는다는 말인가?』

千萬에! 怠惰는 罪이다。그룹에서 가르키기는 하나님은 사람을 引導하여 주시며 그리고 準備하여 주시기라고 指示하시지는 않는다고 한다。改變한 사람들은 改變前보다 일을 더 잘한다。卽 그들은 에네르기를 浪費하지 않게되고. 또 聖靈에게서 特別한 힘을 받게되는것이다。뿐만아니라. 그룹에서는 비록 다른 모든 사람들도 때가 이르면 언제든지 이같이 生活을 하지안으면 안될때가 오기는 하겠지마는 그렇다고 해서 누구에게든지 이같이 信仰과 祈禱를 土臺한 生活을 하라고 勸하지는 않는다。

나는 山上垂訓이 恒常 그렇지만 特別히 今日에 와서 實際的敎條가 되었다고 하는것을 再認識하지않으면 않되게 되었다。이것은 새로운 信仰은 아니나 行動에 있어서 非妥協的인 信仰이다。이點에 있어서 나는 옥쓰포드에서 생긴 뉴一쓰를 또하나 얻었다。必要한 모든것은 하나님께서 다 더하여 주실줄 믿으며 山上垂訓을 그대로 믿으며 그대로 生活해 나가는 忠實한 그

一二

리쓰찬 勇敢한 크리쓰찬을 맞나보았으면하고 나는 오래동안 願하여 왔었다.

언젠가 한번 나는 어떤 百萬長者의 要求에 應하여 新味있는 · 宗敎的 위−클리를 發刊하기로하고 結局 流産되기는 하였지만는 그 創刊號를 案出해본적이 있다. 即 이것은 모든 主婦의 主要問題−! 어떻게하면 食料品庫房을 늘 가득 채워둘수 있을가하는 問題에 對한 解決을 提供하여서 全英國을 떠들석하게 하자는 것이었다. 그 編輯方策의 基礎는 山上垂訓에 두기로하였었다. 우리는 讀者들에게 이 單純한 眞理를 即 그들이 먼저 하나님의 나라와 그의 義를 求하면 모든 다른 것은 그들에게 더욱 더하여지리라고 하는것. 그리고 이렇게하면 그들의 집은 盤石우에 세운집이 되기때문에 바람이 불고 비가 와도 믄어지지 않으리라고하는 眞理를 每週々々 新味와 尖端性으로 變化있는 記事로써 傳하여 줄려고 하였든것이다.

이 宗敎的刊行物의 新形態에 對하여는 여러가지 다른意見이 많이 있기는 하였으나 結局 前記方針대로 刊行하기로 되었다. 나의 後援者인 百萬長者는 나에게 이 計劃에 對한 나의 意見을 率直히 그리고 詳細하게 說明해주기를 請하였다. 우리는 둘이서 뻑킹감宮殿을 한쪽으로 보며 한쪽으로는 피카딜리를 바라보며 그린파

−ㅋ를 걷게되었다. 그리면서 새宗敎新聞의 前途의 計劃을 짜내였다. 即 한쪽은 百萬長者요 한쪽은 實際的 쩌−날리스트가 어떻게하면 『먼저 하나님의 나라와 그 義를 求하라 그러면 이모든것은 다 너에게 더 하여 주시리라』를 가지고 英國大衆에게 安全感을 줄수가 있을가 하고 論議하는것이었다.

『萬一 이 新聞을 빵問題에 對한 唯一한 包括的解決로서 내세울수 있다면 (事實 唯一한 解決인데) 우리는 누른 成功을 할것입니다』라고 나는 論하였다. 나는 누구든지 山上垂訓을 實行할 勇氣를 가진사람이면 반듯이 이敎訓이 理論만이 아니고 놀랄만참 實際的이라는 것을 알게되리라고 確信하였기 때문이다. 이 百萬長者는 그可能性을 理解하는듯 하였다. 오히려 이意見을 좋와하였다. 그는 이 週刊의 名稱에 더욱 感服하였다. 그러나 조곰있드니 疑心하기 始作하였다.

『基督敎는 事實에 있어서 빵쉬뷔즘이 아닌가?』
『빵쉬뷔즘은 남의 所有를 빼앗는것이지마는 그리스도는 너의 所有를 남에게 주라고 하시는것입니다』
나는 어째서 이말을 했는지·나도 모른다.
그는 놀래인 表情으로, 발을 멈추고 나에게 正面으로 돌아서서『事實 그런것인가?』하고 묻는것이었다. 나는 그렇노라고 對答하였다. 또 事實 나는 그렇게 생

性慾 과 金錢

一三

罪人을 爲하야

各하였다。우리는 論議를 繼續하였다。그러나 이宗教的 刊行物은 도무지 具體化되지 않었다。우리는 이미 決定되었든것 까지도 다시들추어내가지고 再吟味하게 되였다。그리고보니 이 宗教的위·클리 刊行의 冒險의 前途는 그리 탐탁해 보이지 않게되였다。나의 提議는 고만에 도루 걷어넣지 안으면 안되게 되였다。아마 그의 생각이 옳을지도 모르겠다。그러나 나는 不景氣에도 繁榮할수 있는 新聞은 이런種類의 新聞이 아니고는 없다고 確信하는 바이다。나는 지금도 그 新宗教的 刊行物을 내어보구싶은 생각이 간절하다。나는 그것은 다면·名稱을『安全』(security)이라고 할련다。萬一에 百萬長者의 後援者가 出現하지 않는다면 나는 信仰과 祈禱의 힘으로 發刊하지 않으면 안되게 될는지도 모르겠다。

그런데 지금 여기에는 이와 同一한 思想을 가진 三人의 젊은 宗教的冒險家가 와있으며 自己네의 무사람은 벌서 오랜동안을 아무에게도 金錢을 要求하거나하는일은 없이 信仰과 祈禱로 살어왔다고 말하였다。이것은 나의 두가지 所信의 確證이 된다。卽 信仰과 祈禱에 依한 生活이 事實로 可能하다는것과 이 그룹에는 興味있는 뉴―쓰가 많다는것이다。나는 이 信仰과 祈禱의 사람들에게 그들의 經驗談을 請하였다。몇번이

나 배가 골아본적이 있느냐고 물었드니 그런일은 한번도 없었노라고 깨러트·스틔얼리가 말하였다。그리고 나의 質問은 新聞家의 獨特한 質問이라고 添附하였다。그리고 쫀·루―츠는 南아푸리카에서 마즈막 一쉴링만 남었을 때도 있었으나 形勢가 絕望的으로 되어갈때 自己兄에게서 要求하지도 않었는데 돈이 왔다고한다。그리고 그룹의 한 女性 엘리―너·포―드는 마즈막 一페니에까지 나려가본적이 있었다고한다。그러나 그는 祈禱하였다。그랬드니 그 이튼날아침 그에게온 편지속에 小切手가 들어있었드란다。

疑心할 餘地도 없이 이것은 篤信한 크리쓰챤의 理想的生活이다。그러나 自己가 먹여 살려야할 妻子가 있는 結婚한 사람에게 對해서는 多少 不安스런 生活일 것이다。나는 비록 山上垂訓에 依하여 生活을 維持하는 方法을 英國民衆에게 가르쳐주는 新聞을 벌리고 하였든 사람이긴 하지마는 그래도 銀行에 多少 預金의 殘額이 있는것이 安心이 될것이며 그것이 적어두 神經을 爲해서라도 좋을것이라고 생각하였다。그러나 나의 訪問客들은 信仰과 祈禱로 살수있는것은 家族이나 個人이나 마찬가지라고 添加하였다。그 原理는 同一한것이다。깨러트·스틔얼리와 그婦人은 둘다 이렇게 살어가고 있었다고 하는것이다。그리고 勿論 저 不滅의 뿌리스돌

의 쬬ー지·물러는 二千名이나되는 大家族을 하로에 세 끼를 缺함이 없이 그리고 한사람에게 옷 두벌식 五十 年間을 維持해 나간것이다. 이것은 아 가지고 시작하였으며 그리고 一퍼니도 남에게 要求한 일이 없었든 것이다.

『당신들은 金錢을 남에게 要求하는 일은 조곰도 없음 니까?』하고 나는 물어보았다.

이三人組는 돈을 남에게 要求하는것은 까이단쓰에 背 馳되는 것이라고 對答하였다. 萬一 누가 묻는 境遇에는 自己네의 生活原理를 正直하게 말하여주고 누가 金錢 을 提供하면 感謝한맘으로 받는다. 그룹의 사람들은 自 己네의 宗敎的經驗과 物質을 서로 分擔하는것과 마찬 가지로 어떤때는 自己의 窮乏도 서로 分擔한다. 그것 은 그들이 一大精神的家族이기 때문이다. 萬一에 하나 가 苦痛을 당하면 그들全部가 苦痛을 당한다.

主張하는것은 비록 初代의 基督敎以上의 것은 아모것 도 없어지마는 이들의 말을 들을수록 나는 이 사람들에게는 무슨 새로운것이 있다는 確信을 더하게 되었다. 그들의 運動은 第一世紀의 것일는지는 몰라도 거기에는 話題가 가득차있다. 그들은 會員이라는게 없 으니 組織體는 아니다. 한 宗派도 아니다. 그들은 모 든 宗派를 網羅하였기때문에. 事實에 있어서 新運動도아

性慾과 金錢

니다. 初代基督敎徒들의 生活의 連續에 지나지못하니까 한 敎會도 아니다. 그러나 모든 敎會안에 있어가지고 內部的 靈的交際를 目標로하고 있는것이다. 그들은 아 무래도 내맘속에서는 어떤 名詞로써 理解하여 지지는 않는다. 그들은 動詞이다. 그들은 『to be』라는 動詞이다.

한 行動이요 참으로 生活이다. 그들은 第一世紀에서 始 作한것과 같은 生活樣式으로 이 二十世紀를 마추기爲 하여 나선 사람들이다. 即 上記와 같은 生活을 하며 또 同樣의 生活을 하는 다른사람들, 이야기를 傳하 며 다니는 것이다. 마치 基督敎가 처음으로 異敎徒文化 의 暗黑속에 비최이게 될때 使徒들이 行한것과 같이.

그들은 또 論爭을 싫여한다. 『우리는 理論을 하지않 습니다. 判斷은 聖靈에게 맡겨 버립니다』라고 깨르르 스희열리는 말하였다.

이들은 自己의 立場을 빌라도앞에서 辨明하지않은 그 리스도나 또 아그립파앞과 같이 自己들의 確 信하고 있는 眞理를 理論으로써 說服시키려고 하지않는 學士들의 한 軍隊이다. 처음 보구서는 이들의 態度에 나는 不贊成하였다. 그러나 聖靈이 證據하신다는것을 생 각할때 이 自己의 見解를 理論하지 않는다는 그룹의 方法이 옳겠다는것을 理解하게되었다. 마치 빌라도 앞 에선 그리스도의 沈默이 옳은것 처럼. 그러나 世俗的

一五

罪人만을 爲하야

의일은 勿論、宗敎的일에 있어서도 말을 해야할때가 있고 沈默을 지켜야할 때가 있는것이라고 나는 생각한다。그리고 나는 多少라도 疑心이 있는限에는 그래도 理論을 하고야 마는 사람이다。「沈默은 黃金이라」고 하나 어떤때는 鍍金도 되고 어떤때는 罪도 되는것이다。

이들은 新約을 고대로 받어드려가지고 고대로 살어나간다던가 或은 그렇게 努力한다고 말하는것은 適當한 表現은 아니다。나의 三人의 吟遊詩人은 그리스도와 배울도 다르게 생각하였다고 對答하였다。그뿐만 아니라 그들의 行하는것이 融通性이 없는 꼭 완에 박어낸것같은것은 아니다。바울도 어떤때는 聖靈에게 처음方針을 變하여 다른 方向으로 再指導를 받은일이 있는것처럼 이들도 聖靈께서 支配하시고 그 計劃을 變更하시는일이 있는것이다。

「그러나 新約聖書를 믿지않는 사람에게는 어떠한 方法으로 理解를 시키십니까?」

나는 여기에 對해서 이러이러하게 對答하리라고 미리 推測하고 있었다。그것은 懷疑論者에게 對한 나自身의 對答이였든것이다。나는 그對答을 요한福音과 나自身의 宗敎的經驗에서 연은것이였다。나의 三人의 訪問客은 만일에 누구든지 聖經의 敎訓을 正直하게 實行할려고 할때에는 그는 그道理가 하나님에게 屬한것인지 사람에게 屬한것인지 알게되는것이라고 말하였다。

聖靈이 가르쳐 주신다는것이다。나自身도 이것을 믿는다。나는 信仰的自慢心일는지 모르나 現代에 있어서 이런것을 믿고 또 「聖靈의 證據」를 實際的으로 體驗한사람은 나하나쯤밖에 남어있지 않었으리라고 생각 하였다。

그러나 理論하는點에 있어서만은 나는 아직도 自己의 信仰의 옳은 理由를 할수있는데까지 理論할 覺悟를 언제든지 하고있는것이다。討論할 點이 있는데 잠잠하고 있지는 못한다。그들은 날더러 말하기를 自己自身의 經驗만을 말하고 거기에 對한 理論은 第一世紀에 그리스도께서 하신것처럼 그들는 사람의 마음속에서 聖靈이 하시도록 말겨두는것이 좋다고 하였다。萬一 基督敎가 참이라면 이런 理論은 無用한것일것이다。

實行을 通하여 理解하게된다는 그들의 強調點은 나의 興味를 大端히 일으켰다。아닌게아니라 나는 「너도 가게되리라」라는 題目으로 宗敎小說을 하나 써볼려고 計劃한적이 있었다。여기에서 나는 旣知의 眞理에 服從함으로써 確信이 奇蹟的으로 發見된다고하는 聖書의 平凡한 敎訓을 神秘에 對한 解決로써 主題를 삼을려고 하였었다。이것은 確實이 科學的이다。그룹에서는 말

問客은 … 理論은 決코 사람의 靈魂을 救援하지 못한다고 한다。어떤 神學敎授한사람은 말하기를、知的理論은

一六

神을 辯護하는 理論이나 神을 反對하는 理論이나 結局 마찬가지라고 하셨다。神學的 證明으로서는 사람을 움즉여서 實踐에까지 이르게하는데는 到底히 不充分하다。證明은 自己맘속에서 求해야한다。그리고 이 證明을 얻는 科學的方法은 實驗을 하는것이다。그리고 그리스도의 敎訓을 服從하는 사람은 聖靈의 證據하심으로 奇蹟的으로 道理를 깨닫게 된다。

戀愛를 모르는 小學校兒童에게 靑年期가 되면 그의 心理가 變한다는것을 理解시키는일은 大端히 困難한 일이다。그것과 꼭마찬가지로 不信者에게 그리스도의 敎訓을 服從하면 그리스도가 하나님의 形象이요 하나님의 말슴이라는 證據를 自己맘속에 얻게된다는것을 믿게하는것은 어려운일이다。

故아-놀드•베메트와 그의 投稿한 不可知論的記事에 對해서 論談끝에 나는 萬一 그가 할려고만 한다면 이 單純한 方法으로 基督敎의 眞理를 獨力으로 發見할수 있으리라고 말하였다。萬一、二週間만 山上垂訓을 熱心으로 實行한다면 充分한 證明이 생길것이라고 말한것 같이 생각된다。그는 마치 意外의 方向에서 새생각이 나 떠을은것처럼 깜짝 놀래였다。그리고는 그의 食指를 그의 獨特한 模樣으로 異常스럽게 꾸부렸다가 무슨 決定이나 지은듯이 그것을 내저으면서

性慾과 金錢

「아니야! 나에게는 適當치 않어!」하였다。

그의 宗敎는 慈愛이었다。

그런데 나는 지금 다시 이問題를 三人의 現代靑年들하고 論議하고 있는것이다。이들은 나와 同一한 思想을 主張하는 사람들이다。그러나 이들은 이 單純한 實踐的方法을 가지고 世上을 信服시키는 運動을 指導하고 있는 사람들이다。그들이 그날午後에 나의 事務室에 앉어있었을때 그들의 얼굴에는 多大한 證據가 뚜렷이 나타나 있는것같이 나는 느꼈다。나도 론돈의 重要한 二大新聞社에서는 그래도 宗敎問題에 關해서는 專門家의 取扱을 받는、사람인데 이 自己의 信仰의 正當한것을 立證하기 爲한 理論같은것은 하지않고 單只 生活만 해나가는 이사람들은 나보다도 훨신 더 크리스찬의 確信과 크리스챤의 光彩를 所有하고 있는것 같었다。나는 다시 그理由를 생각해보았다。그들은 이른競技에 이기려고 徹底하게 발벗고 나섰기때문일까? 그렇지않으면 나처럼 防害되는 사소한일이 없어서 그럴가? 아마도 그들은 거츠른 世事에서 떤나서 恒常 正路를 곧게 다르는 秘法이 있는가부다。그렇다면 그秘策이란 무엇일가? 그들은 對答하기를 「生活의 모든 部門을 하나님에게 徹底하게 바치는것」이라고 하였다。그러면 나는 모든것을 써렌더 하였는가? 안한것이 確實하다。

一七

罪人만을 爲하야

나는 自己房에 와 앉어있는 이사람들을 評價하는데 있어서 正直하지 않으면 안된다。나는 그들을 聖徒라고 그러든지 冒險家라든지 狂信者라든지 時代錯誤者라든지 맘대로 생각해도 無關하다。그러나 한가지 다루지못할 事實은 이사람들은 普通의 敎養있는 人間들을 보다 훨씬많이 다른무엇을 所有하고 있다는것이다。나는 지금까지 改心하지않은 사람들을 無數히 만나보았다。그리고 나는 누구든지 처음만나면 反對의 經驗도 많이 하였기때문에 나는 누구든지 證明될때까지 依例히 疑心하는 버릇이 되였다。그런데 이사람들에게는 그들의 主張을 疑心하지 못할만한 어드런힘이 그얼골에 있다。그것은 大體 무엇일까? 이對答은 틀림없이 또 뉴―쓰일것이다。나의 三人의 吟遊詩人은 徹底한 分擔을 包含한 이舍한 眞正한 交際의 副産物이라고 하였다。이미 쩨렌녀한 크리쓰챤 相互間에 하는 正直한 分擔은 그리스도께서 그弟子들의 얼골에 남겨놓신것과 같은 使徒的光彩를 그얼골에 나게 맨드는것이다。

이 얼골빛을 持續하는데는 스튜워드섵(Stewardship=管理、執事職의意)의 原理를 또 忠實하게 지켜야 한다。即 時間이나、土地 金錢 家屋 物品 家族問題 性問題 等 實로 自己의 所有하고있는 모든것은 自己의 所有가 아니라 하나님의 所有요。自己는 單只 그것을 맡어 管理하는 執事職으로 생각하는것이다。그것은 具體的으로말하면 自己의 時間을 主日學校에 使用한다거나

또는 이웃집의 男子가 萬一 病들었거나 或은 人夫를 실만침 넉넉한 집이 못될때 그집의 庭園일 같은것을 보아주는것을 意味한다고도 할수있을것이다。또는 自己 服裝이나 飮食에 對한 態度를 곳치는것이나 或은 수도 있다。또는 어떤 戱曲이나 著書의 印稅를 全部 바치는것을 意味하는것이다。휴・레드우드가 自己의 名作小說 「貧民窟에계신 하나님」(God in the Slums)의 印稅를 全部 바쳤다。그 印稅는 莫大한 金額이였었다。그책에 關한것으로써 한가지 놓지못하는 것은 그책의 卓越한 題目이다。그것은 本人의 말에 依하여 救世軍의 指導者의 靈感에서 나온것이라한다。그러나 「어두운 그들에 계신 하나님」(God in the Shadows) 이란 더 名作의 題目인데 이것이 그뒤에 이여서 나온 더 名作의 題目인데 이것은 自己自身의 着想한것이라한다。

나의 訪向客은 說明해 말하기를 스튜워드섵은 現在 盛行되고있는 두가지 物質主義哲學에 對한 決定的 解答이라고 하였다。그 두가지라는것은 첫째 繁榮은 人生의 最高價値라고 하는것이요 둘째는 富는 必然的으로 惡이요 貧은 德이라고 하는것이다。福音書의 가르치는 것은 이두가지 哲學의 어느것도 아니다。그것은 모든것은 하나님에게 屬하는 것이요 하나님께서는 그의 子女들에게 自己의 所有를 自己의 所願과 指示를 따라서 知慧롭게 取扱하기를 要求하신다고。

(第十頁에 續함)

一八

聖朝通信

聖
朝
通
信

七月二日 （火） 小雨。무더운날。發送
과配達의 未畢한것이있어서 오늘도市內往
返。○午後에原稿。○書齋의周圍에百合花
七、八송이 피었는데 窓을열면 그香氣에
할것도없고、地下室浸水、부엌에 몰나는 것、집용 새는것、○書齋全體가 꽃송이에 있는듯하다。꽃송이에 코를
대고 열번이고스무번이고 深呼吸을한즉
香氣가 五臟과 머리털부터 발톱끝까지
숨어드는듯하다。

七月三日 （水） 豪雨。오늘도豪雨에 앞
시내가 前例없이增水하였다。울타리의鐵
條網이 말둑이채 한덩어리로流失되다。
河川敷地에지은 小屋들은 全潰半潰되어
避難民二三家率을 臨時로 收容하게되
엿다。

七月四日 （木） 雨。오늘도 때々로 쏟
아붓듯한豪雨에 시내의물은一增一減。우
리의正門交通은 昨日來로杜絶되엿다。避
難民如昨留宿。○雜誌와書籍發送次로 雨
中에市內往返하고나니 身熱이나서 原稿
의붓을停止하고 一時臥床。

七月五日 （金） 雨。아침부터 저녁까
지 治水工作으로 분주하다。오늘 水準이
前에는 ××이라 ×××이라하더니 오
늘은 한格낮추어서 博物敎師이라는
것이었다。後日에 좀더窮色갈터이라는 이편
에서 請託하여갈터이라는 言約으로써 于
務에 就職함이없은즉 「請職」交涉이 相
當히 성가실뿐아니라 誘惑的이다。얼마
最高記錄인듯하다。

七月六日 （土） 雨。드디여 地下室에
서 오늘은 一段落。

七月七日 （日） 半晴。오늘도 때々로
驟雨있었으나 大體로 아침부터 개여서 一
週間만에 小安을얻다。○오늘은 支那事變
紀念行事로因하야 學生들이集會에出席할
수없고 連日의水害로因하야 아무도 出席
키어려울줄 알었든中에 孫君이홀로 雨水
를不顧하고 來參하였기에 로마書第八章
에依하야 「綠陰의宴」의 感想을述하고 함
께新禱하였다。○未婚者에게는 請婚이라
고、寡婦는 중이 메어간다는것처럼 聖書
朝鮮主筆이라는 小任外에 아무現著한職
務에 就職함이없은즉 「請職」交涉이 相

七月八日 （月） 半晴。時々小雨。水災
로因하야 三日만에 郵便을받으니 感激
할만한 消息이많다。特히 滿洲某國民學
校消息。반가웠다。○終日 治水工事等。
○讀者의소리『下送하야주신聖書朝鮮 今日
奉受하였다하니라。곧「非常なる常識」와「너
는그래도 나아」들읽고 感銘不已이었아
오며 感謝하였아옵고 門下生이 쉽사리
읽을수있는 이冊은、우리의靈糧을 도울
기爲하야 보내주시는 이冊한卷이 이루
어지기에 先生님께서 얼마나勞心하였을
까 生覺하야보옵고 悚懼感謝하야 마지
못하였아옵나이라。聖書朝鮮裏面을보옵고
『矢內原忠雄氏의 來鮮』이라는 標題를發
見하였아올때 반가운下情 限量이없었고
『本社의東京移轉』을보옵고 聖書朝
鮮發刊上의 不自由들 離脫하시기爲한 企
圖이신줄은 十分伏察하면서도 어쩐지寂
寞한下情을 難禁이었었아옵나이다云々。

聖朝通信

七月九日　(火)　晴、後雨。午前中에印刷所行、校正시작。○京城基督敎靑年會에서先生을尋訪하고　矢內原先生의　聖書講習會에關한　細目을　協議하다。矢內原氏私信의一節에「……貴兄に主催をお願ひ出來ぬことは遺憾ですが止むを得ざることでありす」라고。形便上할수없이主催者名義와場所를　靑年會에빌렸으니　實質的으로는　全혀　우리일이　안일수없다。

○午前十一時에　約束대로　某專門學校學生이　來訪하야功利主義에　눌려서　信仰의일을　等閑히하였든　過去生活을告白함을　들으며。係에　養正出身이　새로赴任하여서　매우便히게된것을　發見하엿다。

七月十日　(水)　雨。밤　낮　連하야降雨甚하였다。地下室은　河馬를養하기　알맞게되었다。○治水工事에　心身이疲勞하야　낮잠도자며……깨며。○北滿某公立小學校先生이主日學校를　시작하고　兒童과　婦女들모아聖書를　가르킨다는消息에　뛰어가　祝辭라도　하고싶다。

七月十一日　(木)　雨。이번洪水에　우리專用暗渠는　첫날부터　넘처서　通行不能이　되었거니와　洞內中央으로通行하는松亭橋까지　오늘은　危險하게되여서　孫哥場안의住民은　交通이杜絶할念慮가　濃厚하게되엿다。○雨中에　印刷所에가서校正。敦岩町一帶의道路도　모주리河川化하였다。龍宮이란　꿰것이아니라　오늘의　서울장안이　곧　그것이다。뻐스　電車等은潛水艇인듯。비오신다기보다　水層이　地上에…… 그처럼　아껴하시든雨水를　웨　이다지濫用하실까　알수없다。

七月十二日　(金)　雨。終日書齋。○시내某先生集會에關하야「……極히非廣告的에催す樣に御傳へ致し置き候。大凡の雜誌に於ける廣告を此の點出來る支け御注意下され度く會員を一つのる爲めには多少費用と手間がかかるともハガキ等を用ひ度く存候。」라고來書。世上사람들은　모다逆行지못해서　애쓰는데　우리는　넓리廣告하또이集會뿐아니라　우리의主催하는　모든集會가　漸次　더　이모양으로　될터이니參加하기를　願하는이는　正式讀者로　本社에記名되여　있을것이　必要해진다。

○短信一枚에「六月號받잡고　感懷無量합니다。平壤서　말슴하신「너는그래도나아야」의記錄은　마침　삼우엘書工夫中이라　더욱　깊은感銘으로　받었읍니다。지난主日에는　工巧히　事變記念行事로　出席못하였읍니다。多難하온時代에　先生님의善한싸움을偽하야　新禱를게을르지않도록努力하겠읍니다。」云云。

七月十三日　(土)　晴、後雨。午前中書籍發送次로　京城驛까지往返。小荷物發送

七月十四日　(日)　曇、時々雨。東京으로부터　K君이　歸省途次에來訪。Y先生의　來鮮日程에關하야　좀더　具體的으로알수있어서　반가웠다。○洞內　金宗洽氏의次女　恩順(四歲)이　오늘別世하였음을듣고　놀라다。助力오신B先生과　事務分擔할때에。診斷書、埋葬許可、墓地交涉、

其他雜務는　모다B先生께로、그리고　余에게는　明日의葬禮式說敎를　準備하라는　指令이었다。나의希望과는　正反對의決裁이었다。嗚呼라　차침　「牧師」님이　되는모양! 도라와　늦도록　聖書를　뒤지며　死에對하야　생각하다。

七月十五日 (月) 晴。午前中은　原稿丛기。○午後一時頃부터　金宗洽兄宅에서　어린이의葬禮式。마가福音第十章十三一十六節과　데살로니가前書第四章十三節以下에依하야　感想을述하다。金兄은　이聖句에依하야　新約聖書한책을　아기의　품에품겨　入棺시기다。「잔치집보다　초상집으로」라는　敎訓을實踐하는일도　아니지마는　結婚式主禮는　能히固辭해오면서도　葬禮式說敎는　쪽　세번째　避치못하고　擔當하였다。그중에　두번은　어린이葬事였든것이　奇異한因緣。그러니우리는能히　主禮할일도없고　能치못하고　또願치도않는者이다。苽一두가지中에하나를　擇하여　말지않으면　안될境偶가닥친다면　亦是葬禮式을　擔當할까몰라。그러나　願하기는　儀式에使用되는者　되지말기를。

七月十六日 (火) 晴、夜曇。終日書齋。○未見의某中等實業學校生徒로부터「……先生님을通하야　죽어가든　이子息도　다시살길을　찾었고　落心에서　勇氣를確持하였읍니다。先生님　果然의길이　世上모든名書에서　超越한　最高의길이고　眞理의길이고　正々常々한길이며　生命의길인것을　聖書朝鮮을通하야　다시한번　切實히　느끼게되었읍니다。……저는只今×校×科×年在學中인、어린것이로소이다。얼마前부터　聖朝誌의말은　들었으나　읽을마음도아니먹었다가　主의引導로　愛讀하게된것을　感謝합니다。特히先月號에　많은恩惠를　받었읍니다」云云。이편지에는　獻金若干이　胎封되여있었다。中學程度의　生徒의일인것도　奇異하고、가장　不足한줄알었든　六月號의反響이　他號보다　더한것도　奇異하다。

同道。다　잘있었읍니다。우리일군들은　아직先生님의　마음성에　너머멀고서　罪悚함과　걱정됨도　있아옵니다。農作物은　昨年보다　倍나　잘되였다고하는데　아직十圓收入뿐이올시다。그래도大地는　우리素人들을　容納하는일을　感謝합니다。世上은技術者아닌者를　容納지　않는데　大地는어찌나　寬大함을　느낍니다。恩하고　苦生의명어리인　이世上에서　사는　나는가운데　서로　기뻐하며　사는것이　얼마나貴합니까」云云。

七月十七日 (水) 雨。終日　印刷所에서校正。○東京서米內內閣　辭職의外號돌다。余輩의辭職때에도　號外돌렸든가하고생각난다。○松山學院소식에도

七月十八日 (木) 晴。오늘도　늦도록校正。○東京서　近衛文麿公에게　後繼內閣組織大命降下라고報。○短信하나「聖誌六月號는　받었읍니다。微賤한　生과如한人生도　主의　넓으신恩惠와　先生님의　愛護하심을　입사와　聖誌의　一讀者가　되었아오니感慨無量합니다。今號의　恩惠를　先生님의恩惠를　可히　讚頌하리로다。할렐루야　主예수그리스도의恩惠와　先生님의恩惠를　可히　讚頌하리로다。今號의　全幅의　恩惠를　나리였읍니다。「非常なる常識」한恩惠들　生에게　無限히恩惠들　禁치못햇습니다。에는　눈물을　禁치못햇습니다。神學者로서의　傳道體面과　假飾의說敎보다　無님은　늘　그의품안에서　기쁜가운데　일하시고　계섭니다。우리　서툰文字리일군一名의　傳道者崔兄弟가　부럽습니다。이江山

聖朝通信

二一

聖朝通信

…에 어서서 이런 傳道者가 많이 出現하기를 新禱합니다。 또한 先生님 說敎「너는 그래도 낫야」네는 頑惡한 罪人의 가슴에 眞理의

七月十九日 (金)。雨。오늘도 印刷所에서 校正。○어떤이가 매우 丁重하게 懇切하게 부탁하면서 面會할 機會를 許諾해달라고하나, 甚한 장마에 道路도 橋梁도 끊어진 山麓으로 어찌 올수있느냐고 再三謝絶하면서 市內에서 面談에 應하겠다고하여도 듣지않고 오늘저녁에 來訪。 이렇게까지 精誠스러운 訪問客이니 무슨 所請일까하고 面會前부터 推測해보았다。 聖書解釋에 關해서일까, 人生問題일까, 또는 붙잡고 울음이니, 한바탕 데처보랴고해서 이 山谷까지 이 豪雨를 무릅쓰고 오는것일까……하면서。 當面하야 用件을 무른즉 姓字는 이字를쓰냐 이름字는 저字를놓으랴는 相談이었다。 그이에게는 그 일이 第一큰일임에 틀림없는 故로 또한 親切히 아는데까지 答하여보았다。

七月二十日 (土) 雨。午前中에 七月號 校了。○午後에 河川의 治水工事로써 保健運動。○昨日前新聞에 東京서 大命을 拜受한 近衛公이 陸海兩相과 協議하야「憲見不合境遇에 大命을 拜辭乎」라는 文字가 神妙하게 記憶에서 사라지지않는다。

七月二十一日 (日) 雨。午前中에 日記整理。○午後에 治水工事。또 빨리 水가 大端하다。急流 흐르는것을 治水하기는 困難하나 그 水勢를 바라보는일은 快하다。

七月二十二日 (月) 雨。아침 저녁 二回 治水役事하다。○午後에 暫時 入市하야 本町通 書店 구경하엿다。○六日만에 오늘이야 郵便配達되어서 回答에 失期한것도 있었다。霖雨로 交通杜絶된 까닭인데 配達夫가 평게받을 發見한것도 한가지 原因乎。○原稿에 添한 消息如下『草稿보내는 말습입니다。간 七日에 八時半頃 出發、中間 遞車에 時間이 드티며너 東小門內에서 滿員 빠쓰만 六七度를 連迎送하기에 「実에는 無錢生이다」하고 거러나아가 敎岩에 한 老師를 찾엇더니 때 午頃이였읍니다。지난 六月二十四日(生의 第一八〇〇日)에 비가많이 오고는 그 큰가물이 드럿섯는데、을 六月 二十四日(生의 一八三六六日)에는 그가 物을 풀어주는 비가오되 七月들며 近年 稀有의 장마로됨이 奇異도합니다。「말려도 죽겠고、적셔도 죽겠읍니다」고。告할 수밖에 없는 一年工夫였읍니다。지난해에 여러분 兄妹께서 尋問하셨음이 너무 컸었음로 生의 宿舍이 남고남었읍니다。三百八十밤을 머묵히(宿)시는 中에 이러케 보이옵기로 적은것입니다。第一八三八五日 이므로 적은것입니다。(七、一三)』

七月二十三日 (火) 雨。印刷所에 가보아스나 活字에 곰팡이 생기도록 校了된 지는 오랐으면서「停電」된대로이다。○예전 날 친구에게 속임을 當한다。이리하야 이 세상과 이세상친구들께서 날로·멀어지고 하늘나라만 사모하게된다면 고마운일。

七月二十四日 (水) 晴。○印刷所에 浸濕한 것의 曝陽도 하며 자두收穫도 하면서 終日을 山麓에 보내다。

七月二十五日 (木) 雨。오늘은 製本되었을줄알고 皮封쓴것을 携帶하고 印刷所에 가보아도 虛事였읍니다。道廳 總督府로 다녀보았으나 聖朝誌의 刊行은 드디어 終局에 達했음을 알다。○歸宅하니

二二一

開城서 來客이 있었으며 午前 一時頃까지 이야
기하다.

七月二十六日 （金） 雨. 오늘도 留宿
손님과 이야기繼續. 此滿旅行의 議가 매
우 遷涉된다.

七月二十七日 （土） 雨. 雜誌續刊의 일
로 분주히 다니다. 이런일은 우리에게
만 지워진일일 것이다. ○歸省學生의 通信
如下.「（前略） 歸鄕途中 ○○에 昨年卒業
生인 ××君宅에들렀다가 二日에야
×× 에 到着하였습니다. ○○에도 敎會
에서 分離하여 個人集會를 하는이들이
四五人이 있다고합니다. 門下生으로서 이
말을들을적에 眞理를 배우자는이들의 誠
意力이란 如何한 難關이라도 突破할수있
다는 느낌이 치밀어 올랐습니다. ○○에
도 聖朝誌를 읽어가면서 眞正한 살림을
하여가자는 靑年들이 있었습니다. 놀란것
은 그靑年들의 熱情이란 眞理를 爲하여
萬華을 除쳐놓고 突破하여 가자는 精
神이었읍니다. 眞理의 烽火가 이곳에도 이
러났으니 先生님 누가 妨害하여 별리요.
그이들의 前途를 빌뿐이였읍니다. 此地
에서도 聖朝誌의 出刊에關한 先生님의 愛

朝通信

苦에對하여 形容못할 心情을품고있는 이
들이 많았습니다. ○○들린 門下生의 所得
으로선 各處에 眞理의 불이 이러나고있
다는것을 보았읍니다. 云云」

七月二十八日 （日） 晴. 午前中에 R
牧師來訪하여 함께 禮拜하다. 敎役者로서
第四章朝讀. 敎役者로서 하나님만을 마
러살라는 苦難談에 말하는이와 듣는이
모다. 눈물이 있었다. ○午後에 來訪한손님
을 뿌리치고 入市하야 雜誌出版의 件으
로 數處訪問하고 자정넘어서歸宅. 오래간
만에 별있든하늘을 우러러보니 반갑기는하
나 그동안에 별들이 낯설어 하는듯하다.

七月二十九日 （月） 晴. 午前中은 滿
洲로가려는 滿洲小學校先生으로서 休
暇歸省한이等의 來訪이있어서 宛然히「滿
洲대이」를 이루었다. 五族和協이라고하나
그중에도 고약한놈은 朝鮮人이더라고 한
다. ○午後에市內로 出發하려는때에 또
來客의 電擊을받아서 오늘은 아침부터
저녁까지 接待하는것이 일이었더라. 그려
나 月曜日을 訪問日로 使用하는것이 常

一定한規定이없으면 모든時間이
부스러기時間이 되고마는 危險이있다.

七月三十日 （火） 晴. 午前中에印刷所
──總督府──印刷所로 도라다니다. 七月
號가 오늘 許可되여서 다시 校了하야
말기다. ○오늘 某先聖를 만난즉「新
京의 建國大學豫科에 就任되였다더
어느날 赴任하겠느냐」고 묻는다. 저와
같은 現職高官에게 누가 이런流言蜚
語를傳햇는가 奇怪한일이다. 누가. 우리
에게 集會場所를 빌려주지않았으나 近
來에는 그度量이 매우넓어져서 基督敎
以外의 가지各色會合에도 그講堂或은附
屬室들을 잘빌려준다는 소문이기로 아
무리보아도 基督敎徒임는 우
○은秋季부터의 集會場所를 貸
貸로 빌고저한바 某氏을通하야 又한번交
涉해보았으니. 그報告書如下『先生任, 恩
惠中 其間도 無故하옵심을 빌옵니다. 昨
日도라오는걸로 無故히 基督靑年會宗敎部長을 찾
어갔었었으나 오히려 가지않었든것이 낫
을번하였읍니다. 暗黑이 빛을 알리가 만
무합니다. 無敎會라는까닭에 敎會聯合機

우리와같이 時間이 自由로운사람에게는

二二三

聖朝通信

關인 基督靑年會에서는 손을잡을수없다는것이며 그의말에서는 一種의恐怖心을發見할수있었읍니다。 저는 이恐怖가 非眞理가 眞理에對한 態度인것을 疑心할수없었읍니다。 人間들의 無理由로말미암아 더욱 그리스도에게 가까히갈수있으니 이것까지도 感謝할수밖에 없읍니다。生命과 道理의 事業의길이 主안에서 자랄수있기를 祝願하옵나이다。」云々。無敎會者一人의 存在가 全敎會聯合機關의 中樞를 威脅함이 大槪如此하다하거늘。

七月三十一日 (水) 晴。昨夜에 市內中央호텔과 明倫町에 舊友두어분을 尋訪하고 자정가까워 歸宅한즉 바로 뒤꽃아오는 過客하나가 市內茶屋町에서사는 金剛山으로가는 途中이라하면서 하루밤쉬고가겠다。또는 돈五十錢만 달라 단배하날 달라하는등 그수작이 殊常하야 一擊에 「電擊作戰」으로써 擊退하려하였으나 家人의 挽留에못이겨 請求金額을주고 단배는 事實 全無한것을告하야 諒解를얻어 보내다。보낸後에 생각하니 溫柔함이옳었다。○旬日來로 四十度에닿이든 乳兒의 身熱이 드디어

게되여서 밤을새고 今朝에 赤十字病院에受診、 午後에入院手續。病室이 超滿員이라고 特等室에 들게되니 마치 避暑或은 新婚旅行이나 떠난듯해서 흝로苦微笑。○注文書의一部分 如下『拜啓 善한牧者되신 主님恩護中에 道體萬康하시옵고 實潭渾健이심은 聖誕을읽어 略探이옵고 仰主深謝입니다。 這間爲主受難이심은 同情不禁이오나 主님이 사러계셔서、親히일하심을배워 慰勵도不少입니다。貴社東京移轉計劃의報를 拜接하옵고 며오든寸感은 事情上略할수 밖에없읍니다。狂風怒濤가 아모리强할지라도 途中이옵고 結局은 生命의光榮으로 회갑 二七篇)。安心하소서 (로八・三〇―三九詩

니라。淸凉里와 蓮島附近을 連結하는 堤防이 決潰되여 瞬息間에 淸凉里와 城東驛間一帶는 浸水로 水國化하고 交通은 遮斷되여 沿道佳民들은 감광질광하는것을 目擊하였읍니다。果然 한치(一寸)앞을 分辨치못하는 弱한者입니다。이時間까지 살아 있는것은 아버지의 恩惠이오、지금 이時間을 眞實하게 살라는 偉大한敎訓을 가르쳐 주시는것갈었읍니다。그러나 思易行難은 때々로 門下生을 絕望시키옵나이다。思가 따로지않는 行이 무엇하오리까。오직 다만 「오늘하루를 主의뜻과갈이 引導하야 주소서」하고 祈

八月一日 (木) 晴。午前中은原稿。午后에病院行。○七月號의 發送과市內配達。○歸省學生行。○七月號의 消息에 『……先生님! 去二十一日 午後 突然、果然 突然이였음니다。

者이고 信仰至薄한 저에게、또 흝고 잠바리시고 나가시는일은 世上으로 못난이 榮光으로 볼만한자리를 弊履와갈이든듯한 이때에 크다란 刺戟을 주심고맙습니다」云々。

까。모든 尊貴와榮光은 世々에 主께돌리사이다。어느兄弟의 上書와갈이 世上

求하는데　所望을부칠　뿐이옵나이다。

先生님!　去二十二日　새벽 동이 트면

서부터　車窓으로　바라보이는　萬景平野

가　渺々茫々　오직　草綠色으로　물들어

있는것을 보옵고　門下生은　眞情기쁘고

安心되었읍나이다。아마　今年은　日用의 糧

食을 豐穰하게하야 주실것갈으옵나이다。

先生님!　門下生은　서울(京城)을　싫

어하는者이면서　또한　思慕하는者이옵나

이다。其 汚穢한 空氣와 輕薄한人心과 隣

人不顧의　驟音을發하야。恬然　無關心하

는것에　厭症이　아니날수　없으니까요。

그러나　放學에　歸省하야　이 시골村落

에들 와보면　어떠합니까。民可使由之 不

可使知之　그대로입나이다。모든것에　都會

보담　훨신　귀찮케굴어　마지않는　橫樣

이 目不忍見이오며　차라리　都會가 그

리워지는것을。이것을 打開하는 方針은

이망의百姓이 覺醒하는것밖에 없는줄 아

옵나이다。嗚呼 이망에 Renaissance 가

오는날은 언제일까요。躁急이 넉이는바

는 아니오나 聖朝誌 七月號 아즉 到着

되지 않습니다。云云。

集會案內【社告】

지난夏季에松山學院에서 午前과雨天에는聖書研究를하고 午后에는茶菓을 함께 가꾸면

서하는 勤勞의合宿을企圖하야 거의實現되려하든 一步앞에서 挫折되여서 우리는 明年을

기다리지아니치 못하게되었다。其他에도 公開傳道集會의・所願은가졌어도 不成됐다。

그런데 主예수의 限量없는恩惠로말미아마 新秋에들면서부터 以下의諸集會가許諾될

듯하다。그중에 京城聖書研究會는交通便利한市內에 場所를얻고서 講師의全力을傾注하야

積極的傳道集會를 開催하고저해보았으나 넓은 서울장안에서도 集會場所를얻지못하고

「여우도 굴이 있고 새도 깃드리되 人子는天下에 머리둘곳이 없다」고嘆息하신 主예수

를 다시한번 우러러보았다。故로 場所는從前대로 北漢山麓에서하나 心氣도一新하고

規定에도改定을加하야 새出發을企圖하고있다。

矢內原聖書講習會에는 우리誌友가大部分의座席을占할것을 期待하고있다。이에關하야

는 많은말슴을할수없으나 誌友에게如下한附托을하고저한다。誌友中에京城府內外의 自

己本宅或은下宿에있어서 右講習會期間中(九月八ー十三日) 自宅或은自己房에 한두분의

客을留宿케할수있는이는 其旨를本社로通知하여주고、地方誌友는 이런宿所를希望하는이

도 미리申込하는기를勸한다。그리하야旅舘보다 節約되는實費(會計計算은本社에一任해도

可)를負擔케하는同時에 友誼를맺는善한機會되는기를新願한다。또去春의內村先生紀念講演

會때에는 太半이나우리誌友요 먼地方에서도 모인이도多數이었든故로

誌友서로서로親睦을圖謀할機會를 얻지못한것이 遺憾이었다。來番은約一週間이나 時日이

있는故로 其間에誌友사이의友誼를 充分히두텁게하고저하는바이니 올수있는이는 이

것을 우리모임으로알고 오라。이왕參加할바엔 九月八日의京城聖書研究會(本社)에 參列

하기를권한다。但이研究會에는 九月一日日曜日까지에會員으로 正式入會한이와 一個年

以上直接讀者로서 本誌主筆의承諾을받은이만이 參席할수있다。

第九回冬季聖書講習會는十二月三十日午后二時부터 正月五日午正까지의豫定。

京城聖書硏究會

時 九月一日(第一日曜)午前十時부터約
一時間半 (每日曜日)

所 京城府外貞陵里三七八番地(本社)

會費 (改正)每月一圓以上。臨時聽講料每
一回三十錢。(但前學期末까지의會員
은從前대로의會費로可함。)

지난七月末까지에는 本社를東京으로移
轉한다 其他의動搖가없지않었으나 提願
해본結果 그것은 主께서許諾없는듯이보인
다。故로 이번은 비록明日에 다른指令에
服하는수있드라도 于先 京城에서의일을
本格的으로 始作하기로한다。

집會場所의交通이 아직便하다할수는없
으나 이만한距離를 멀다고녀겨기안하는
이만期待하며、山넘고江건너서라도 들을
만한福音의眞理가 터져나오기를 彼此에
新願하고고저한다。內容이貧弱해서 그렇지
實相生命의福音이 홀러네린다면 北漢山
狼林山을넘고 白頭山을돌아 半島안
뿐이아니라
슬지라도 眞理를渴求하는靑年이
우리集會의規定에 까드러우냐하나 亦是
에七千이라도 남어있을것을確信한다。
只今은聖神々々하야 一種의聖神時代를이
루었으나 우리는從前대로 聖書의硏究를爲
萬掃來恭하라。

矢內原聖書講習會

講師 矢內原忠雄先生

日時 九月九日(月曜)―十三日(金曜)
의五日間。每夕七時半부터의時間。

場所 京城長谷川町京城基督敎靑年會

主催 同上

會費 一圓(單一回의參席만이라도全
期五日間參席과同額)

注意
讀하고 泰席할것이勿論이나、舊新約聖書와
讚頌歌 (共히朝鮮文이라도可) 와筆記帳은
어떻든지 必携할것。敬意를
表할만한 端正한衣冠으로써恭會할것。會
費를定한精神으로도 推測할수있는것처럼
少數일지라도 誠實한이들의 來會를企圖
하였다。其他本頁裏面廣告와 本誌先月號
本欄廣告恭照。

平壤集會 八月二十八日(水)에本誌讀者
의 小集會를 開催함。本誌主筆恭席함。時
間과場所는 市外松山學院咸錫憲先生宅과
基督病院張起呂氏께照會하든지 市內及
附近誌友는 本社로 照會하여도됨。但本社
直接讀者에限함。

（主로한다。九月第一日曜부터十二月第四日
曜까지를一期로하고 第一回集會까지의入
會者外에 中途入會는拒絕한다。但 地方
讀者의 臨時恭席은 此限不在이나九月八
日만은 讀者라도 미리承諾받기를要한다。）

【聖書朝鮮】 第二百三十九號 昭和十五年 一月二十八日 昭和十五年 八月一日發行 第三種郵便物認可 毎月一日一回發行

本誌定價

一冊 (送料共) 貳拾錢
六冊 前金一圓十錢
十二冊(一年分) 前金貳圓貳拾錢
要前金 直接注文은 前金貳圓貳拾錢으로
振替貯金口座京城一六五九四番
(聖書朝鮮社)로

所賣販次取

和信 (京城府)
北星堂信 (京城府)

博文書館 京城府鍾路二丁目八六書舘
茂英堂 京城府鍾路二丁目九一書舘
信一書舘 春川邑
向山堂 東京市麴町區九段坂書房
大邱府
平壤府

昭和十五年 七月二十八日 印刷
昭和十五年 八月一日 發行

編輯兼發行者 金敎臣
京城府外崇仁面貞陵里三七八
(京城, 光化門局私書函第一八號)

印刷者 李相五
京城府仁寺町二一九ノ三

印刷所 大東印刷所
京城府仁寺町二一九ノ三

發行所 聖書朝鮮社

京城府外崇仁面貞陵里三七八
(京城, 光化門局私書函第一八號)
振替口座京城一六五九四番

【本誌定價二十錢】 (送料五厘)

昭和五年一月二十八日（第三種郵便物認可）
昭和拾五年九月一日發行（○毎月一回一日發行）

金教臣 主筆

聖書朝鮮

第壹百四拾號

昭和十五年（一九四〇）九月一日發行

目次

589

銃後의 貯蓄

政府는 昭和十四年의 國民貯蓄實績이 豫定計畫인 百億을 突破하고도 二億二千圓의 好成績을얻어 昭和十五年度는 百二十億을 目標로 貯蓄組合의 强化 其他公私團體訓練으로 國民時局認識의揚에依하야 이것의達成에 邁進하기도 되였다한다。朝鮮도 中央政府에 順應하야 새로 貯蓄增大를 期하랴고 案을 硏究中이며 지난五月二日에 開催한 貯蓄委員會에서 其大綱을 決定하야 即時實施에 들어가기로하였다。昭和十五年度貯蓄目標는 此를五億으로 引上하야 實行其體對策의 强化를 圖하여 法的制度를 避하고 專혀半島大衆의 時局認識에 依持하는方針으로 進行한다。昨年의 貯蓄獎勵의 實績을 回顧하면 貯蓄目標인 三億을突破하고도 二千四百萬圓餘의 好成績을얻고 一面으로 또有價證券投資가 六億五千萬圓의 增加를보이고있다。本年度는 此成績을基調로하야 半島經濟力의 膨脹力을 推定하야 純貯蓄目標를 四億即一億圓을 增加시키고 私人有價證券投資를 一億目標로하야 都合五億으로하였다。그런데 本年度本府總豫算額은 前年에比하야 三割弱의 增加 八億六千萬圓의 急激한膨脹이있고 또公共團體의 總豫算도 總額三億一千萬圓餘로 前年에比하야 約七千萬圓弱이膨脹되여있다。여기에따러서 民營工事 事業會社의 新設又는 資源開發의進涉 鮮銀의金買入等 實로多方面으로 異常히膨脹된은 必然한事라 이걸로因하여 國費 民間資本金等이 尨大한數字가 推算된다。할수있는데까지 手段과努力을 다하여서吸收하야 國民貯蓄의 增加를圖하는一方 惡性「인플레」를防止하고 他面消費面을抑制하여 國民精神의振作을圖함은 刻下의急務일것이다。貯蓄에對한國民의覺悟는 官에對한一種의協力이아니라 國民이自進하야 自己힘이盡하는데까지 貯蓄에努力함이 銃後國民의依例한義務라는것을 自覺하지않으면안된다。本府에서 此運動에對하여 決定한 大綱을말하면 事業會社 産業團體에對한天引貯蓄、殷販産業方面의消費規定의貯蓄强制、能力에應하야 貯蓄시키는應能貯蓄、紀元二千六百年紀念貯蓄作業의獎勵方策에對한 强化等等의各方面의熱熱한運動으로 目標인五億을達成하랴는것이니 半島經濟界의實勢즉通貨流通量、事業擴張計畫의實際、尨大한 國費支出等을推算하고 一方消費部面에서의 旺盛한購買力 그것은單只一百貨店의數字로보더래도 如何히購買力이轉轉하고있는것인가 立證되는것으로 如斯히仔細히檢討하면 五億圓目標는 適當하다고生覺된다。最近의購買力의旺盛함은 참으로 寒心할諸現象을 露呈하고있는것이니 此際에官廳은勿論 事業經營者는 民間識者들은 奮然而起하야 貯蓄에對한國民運動組織化에進出할것이다。이제는 貯蓄運動을官廳에만一任할것이아니라 銃後에있는 國民訓練으로 絶好必然한題目으로 내세움이 當然타고生覺되는것이다。

キリストを唱へん

流線型の流行する世の中になつた爲ででもあらう、近來の基督者はキリストとかイエスとかは口にせずにキリスト教を信じ且つ傳へやうと目論んでゐるものが少なくない。エホバの神といはずに單なる神と稱しモーセの十誡の第一條の如く「汝わがまへに我のほか神ありと爲べからず」といふが如きは窮窿極まるとて如何なる神でも不問に附せんとする。彼等は斯くすることを以つて進步せる思想となし、徒らに門を狹くして人々を寄りつけなくするよりも門を廣くして教へを汎く傳へた方が神に對してより忠實であるといふ。然し果してさうであらうか。

最近朝鮮に於て燎原の火の如き勢を以つて擴まりつゝあると稱せらるゝ宗教人の運動がある。それには四大綱領はあつてもキリストもなくエホバもなく、十字架の贖罪とか復活とか再臨などは勿論その四大綱領には入るべくもない。それにも拘らず、否それが爲にこの運動に參加する善男善女は甘きに集まる蟻の如く蝟集するとのことである。最近は『無教會主義で毅然としてキリスト教の爲に立つてゐた方が「十五年間私は誤つた考の下に立つて他の教會を非難し他の宗派に對して輕蔑を持つてゐた」といふことを大勢の人の前であかしされた」とて、恰も無教會主義を全的に否定せる如く書き立てゝある。「余の宗教は十字架教である」とまで極言せられた内村鑑三先生の信條に比較せば、正直、無私、謙遜、愛等に「絕對」を冠らせた道德運動位の方が餘程時代向であり肩幅が廣く感ぜられることであらう。

他のことなら知らず、こと基督教に關する限り我らは内村先生の窮窿な信仰に立つて動かず古きパウロの教に戻つて恥じない。キリストの名を現はさずエホバの神に局限せず共、その眞理を傳へ又行ひ得ると言つたのは全體主義の今日に始まつたことではない。パウロの時代にも既に流行つた思想であつた。パウロはその輩を「巧なる言をもて汝らを欺く」ものとして之を排擊した（コロサイ二・四）而してパウロ自身は明けても暮れてもキリスト又キリストであつた。

試みにコロサイ書第三章の初めを見よ。第四節までの間に「キリスト」が四回も繰返されてゐる。これはパウロの書翰中に決して稀な例ではない。雖へ不人氣な名前であらう共、パウロには唱へ度きはキリスト、知り度きもキリストとその十字架であつた。故に景氣のよいことは人々をして唱へしめよ我らは古きパウロと共に一にもキリスト二にもキリスト三にもキリスト然り四にもキリストの十字架の外は知るまじと心を据えるであらう。これが我らの綱領である。

キリストを唱へん

一

그대여 膽大하라

그대여 膽大하라

二

君이여 좀 膽大하라 君도 丈夫가 아닌가。世上에는 惡을行하면서도 膽大한사람이 많은데 웨 善을行하려는사람

이 그다지 용졸한가 小心한가。善이란 무엇인가 예수믿는일이 곧善이며 善中의善인저。

君의 친구中에도 일즉이 失業無職者로 指名받었을때에 無爲徒食하느냐고 責하는警告者에게 對하여「예수믿는故로

먹을權利가 있다」고 答한事實을 君도 잘記憶할것이다。事業中에第一큰事業을「하나님의 보내신이를 믿는일」이것이

分明하다면 世上에 衣食할權利있는 사람도 亦是예수믿는 사람인것이 分明하다。果然옳다 예수쟁이에게는 이만한

배ㅅ심이있어야한다。예수믿는일은 이렇게 의젓한일이오 當當한일인것을 意識하여야한다。

君도 基督敎徒의 한사람이라고 自他가認識하는 사람이아닌가。率先하여 나서서 우리救主예수를 와보라고 웨치

고 싶은 생각이 君의 가슴을 터칠듯하였을터인데 只今 그리스도를 證據하려는 會合에 參席까지 回避하려는것

은 무슨 일인고。君의地位가 얼마나 높아서 그렇게까지 保存하고저 애쓰며 君의財産이 얼마나 많어서 그다지

벌벌 떨고있는가。君의 있다는것이나 나의 없다는것이 一般이라면 君은 웃을터이겠지마는 五十步百步인것은 알라

그리고 우리와 鍾路에流離하는 거지 무리가 또한 五十步百步인것을 알라。통이 마찬가지 流乞임을 免치못한다。

그렇다면「거지 괜찬네없다」는 俗談을 君은 記憶할것이다。미쩌야本錢이다。무엇이 그렇게무려운고。君이여 일즉이

우리가 마가福音第十四章끝에서 베드로가 닭 두번울기前에 세번主예수를 否定한記事를 함께 읽었을때에 痛恨을

같이하지 않었든가。그런데 只今 君의取하는 態度가 當時의베드로보다 다른것이있다고 君은 스스로 辯明하고저

하는가。決斷코 아니다。오늘날 主예수께 忠實한 ×先生을 모른다는것은 꼭 그리스도를 否定하는일이다。

다소人非을이 가는곳마다 壓制와迫害를 받었을때에 빌립보에서 傳道받은 두아되라

危險을 무릅쓰고 비울一行을 强勷히自己집에 留宿시켰고、그때에 비울은 治安妨害罪로 商人무듸아는 女人이면서도

釋放될때에「로마人인 우리를 罪도定치아니하고 公衆앞에서 獄에 가두었다가 이제는 가만히 우리를 내여보 實로와 함께 拘禁되었다가

내고저하느냐。아니라 저이가 親히 와서서 우리를다리고 나가야하리라」고 官員을向하여 익살을부렸다。사람은 이만한

膽力이있었고 餘裕가 있어야 世上에 살맛이있다。可憐한君이여 생각해보라 忠誠極盡한 傳道者에게서 福音듣는일이

君의身邊에 무슨危害가 될까하여 그렇게 벌벌떨고있는고！

冷水摩擦과 宗敎

冷水摩擦로써 健康을增進하려든이가 뜻대로增進되지 않을뿐더러 도리어損하는 傾向이있으니 어떻게 할것이냐고

質疑하는 이에게對하여 余輩는答하였다 그렇거든 冷水에 溫湯을加하든지 또는 室內에서 하여보라고。 그러나 물

든이는 매우不服하는 態度였다——冷水摩擦이라는것은 차디찬天然冷水로써 찬바람에 쓰이면서 한데야 冷水摩擦이

지 溫湯이라 室內라하니 大體그게 무슨놈의 冷水摩擦이오 하는것이다。 故로 다시 說明하되 零下八度의 추이는 八

年만에라 十年만에라고 야단들하는 東京서 배운 冷水摩擦을 零下二十餘度로 降下하는것이 年中行事인 年中

고대로 天然冷水에 寒風에 쓰이면서 해야만 冷水摩擦에 忠誠하다는法은없다。 臺灣南部는 年中 零下의 물을 만저

불수없거니와 우리中江鎭은 零下三十五六度로 쑥쑥 네려가며 新京이나 哈爾濱은 더춥지안소。 그린地方에 가서도 外

風에 쓰이면서 天然冷水에 한다면 그 다을瞬間에는 埋葬許可가 必要하게 될것이다 云云。 때에 「그럴듯도」 하다고

크게 納得함이있는 모양이였다。

冷水摩擦의要領은 體溫과冷水와의 溫度의差를 利用하여 心身에 刺戟을 주는것이니 南北의地方에 따라 夏冬의季節

에따라 老少强弱의體質에따라 加減도하며 變化도 할수있는것이오、 또 그렇게 應用했어야만 그期待하는

效果를 收穫할것인데、 그原理原則을 把握하지못하고 外形만을 固執한즉 可笑로울뿐아니라 冷水摩擦十餘年에 도리

어健康을 完全히 傷하였다는實例도 있지않다。 冷水摩擦같이 簡單한行事에있어서도 그核心을 붙잡지못하고 外型

만을 본보기한즉 如此한滑稽를 演出한다。 하물며 以心傳心하는 宗敎的眞理에 關하여서야 더 말해 무엇하랴。

內村先生의初期의 弟子中에 A라는靑年이있었다。 一年間의 聖書硏究會도 無事히 끝나고 年末이가까운때에 聖誕祝

賀會가열렸다。 이會에出席한 A靑年의 눈에 한가지 놀랄만하고 憤慨할만한일이 띠였다。 그것은 嚴格한內村先生門下

에 眞理만을渴求하여 모인會合인데 그座席의中央에 茶菓의床이 陣設되어 있는일이었다。 A靑年은 內心에 搖動하

면서 생각하기를 이것은 硏究會靑年들委員中에 茶菓를 질기는 雜流輩가 쥐여서 그랬을레지、 大多數의靑年들이야

설마 이것을 願했으랴。 또 다른 사람들은 몰라도 內村先生님이야 茶菓같은것을 입에 대이실리가 萬無하려니 하

면서 着席하였다。 會가 進行됨을따라 靑年들은 이구석 저구석에서 쑥쑥 팔을 내밀어 躊躇없이 茶菓를 집어가

三

冷水摩擦과 宗敎

四

기 시작했다。 오직 A靑年만은 한개도 집어오지 않었을뿐인가 威儀를 돋우고 端座하야 內村先生만을 注視하였다。

그러나 內村先生도 茶菓를 집어 잡수실뿐아니라 蜜柑두어개로써 天井을向하여 공기치기까지 하면서 靑年들과 다름없이──라기보다 도리어 靑年들보다 더 興이 넘처서 自由롭게 快活하게 談笑喜樂하는光景을 본 A靑年은 自己의期待가 虛地에 돌아갔음에 크게 失望하였다。旗直하시고 嚴肅하신 大先生님이, 입을 열면 여호와 하나님의 秋霜같은 義를 說敎하시고 붓을 들면 그리스도의 宇宙救濟를 證據하여 마지않는 大先生님이 茶菓床을 對하여서는 普通世上人間들과 다름없으니 그럴道理가 있으랴고。A靑年은 한동안 눈을 감고 自己의取할態度를 考慮하였다고한다──座席을 蹴하고 이런俗된 무리에서 脫退할것이냐 아니냐 하고。그러는 동안에 一條의光明이 이靑年에게臨하여 大悟一番 드디어 팔을 내밀어 막판이 가까운때의 남어지茶菓를 飽食하였다 한다。

當時의 A靑年도 只今은 回甲紀念會를 지나보낸지 數年、自己의偏狹을 悔恨하며 眞理體得의 困難을 會衆앞에서 告白看證하기 幾十次라고 한다。

右와 꼭 같은 茶菓問題가 余輩에게도 있었다。年前에 南鮮地方讀者를 찾어 巡廻하든途次에 鳥嶺넘어 어떤小邑에서의 일이였었다。余輩가 茶菓를 辭讓치않고 잘먹는것을 보고서야 余輩의속에 人間味를 發見하였든지 한靑年은 甚히 놀라며 반가워하면서 온갖情話로써 밤을 새운일이 있었다。생각하면 우수운일이지마는 人間은 事物을 存在한 그대로 보지않고 반듯이 自己自身의傾向과 趣味에맞도록 型像을 만드러 써워놓고 보라는 까닭이다。

無敎會主義 十數年에 그것이 옳지않은줄깨달고 「轉向」하노라는 宗敎天才가 種種뛰어나오나 이것도 要컨대冷水摩擦患者나 茶菓會靑年의類에 不過한것이다。內村先生의門을 두드리기 數十次이였으되 本然의內村先生은 한번도보지못하고 自己內心에 그려가지고갔든, 壽像內村先生만을 보고 다녀온者요、無敎主義를 生活하며 宣傳해온줄로 自信하였으나 亦是 盲人의 코길이 구경같이 外形의一片만을 만젔든것이 判明되었을뿐이다。

無敎會主義를 버리고 가는이는 大槪例外없이 「남을批判攻擊하는것이 無敎會主義인줄로」 알었든 사람들이다。이것도 冷水摩擦이라고하면 恒春에서도 꼭같이 外風에 쏘이면서 天然冷水에 할것이오、남의師長된사람은 의례 茶菓같은것은 먹지않을것이냐라고 斷定하는것과 마찬가지이다。世上에 可憐한것이 많으나 形만보고 心을 把握할줄모르는 宗敎指導者같이 가엾은存在도 드물다。마는 色盲처럼 이것도 一種의病身이라면 고만일것이다。

批判攻擊의 祖宗

無敎會主義를 버리고 轉向하려거나 또는 是非해보려고 하는이들은 異口同調로 「無敎會主義는 남을 批判하며 攻擊하는것을」 일삼는것이 不可하다」고한다。이런이들을稱하여 우리는 그腦細胞가 甚히簡單한 動物이오 그理解力이 아주低能하고 偏狹하고 暗愚한所以라고 指摘하여 우리의見解를 累累히說明하였다。故로 只今은 無敎會主義의解說은 다시 되푸리하기를 中止하고 다만 여기서는 批判攻擊은 그렇게 不可한것이냐는것을 생각해보고저한다。

批判攻擊의祖宗으로 예수그리스도를 들기를 우리는 조곰도躊躇하지않는다。現代의 우리들은 小亞細亞와極東이라는 相距를 두고 그우에 二千年이라는 時間의煙幕을 가리웠기때문에 예수라고하면 想像하기쉬우나 무릇圓滿하고 柔順하고 圓滿하였으며 强硬하지않고 柔順하였으며 批判하지않고 沈默하였을것같이 想像하기쉬우나 決코 아니다。決코 아니다。

하고 沈默하였으며 君子가 十字架의 極刑에 處함을 받은例가 어느나라 歷史에 있었든가。아니다 決코 아니다。사람과 사람이 深刻한怨恨이 맺혀지기는 利害關係도아니오 權力橫暴도아니오 實로 銳利한批判을 받은때이다。

헤롯이 헤로디아의일로因하야 洗禮요한의批判을 받았을때에 一身決心이 생겼든것이다。예수는 모든社會 모든階級을 批判하지않은것이 없었다。故로 모든 사람의怨恨이 죽일決心이 생겼든것이다。예수는 馬太福音第二十三章을 보라

보랴 아니 福音書全篇이 그렇다。예수에게接近하고서 骨髓에 박히는 批判을 免한사람은 없지않었는가。

그러나 富者라는것은 人生에있어서 批判받을만한 幽内에도 容易히 泰興할수없는것이다。그래도 道德이니 信仰이니 思想이니 律法이니 하는者들이라야 參意味의批判에 價值한者들이었다。보라 安息日을 지키노라든 篤信家들

이「安息日에 善을行하랴、惡을行하랴、살리랴 죽이랴。……人子는安息日의 主人이니라」는 批判을 받었고、라팔불며 救濟事業하든 慈善家輩들이「옳은손 하는일을 왼손도 몰래하라」는 批評을 받고 肝膽을 서늘케했으며、食事때에 손을씻으라든道學者들이「입에 드러가는것이 사람을 더럽게하는것이 아니라 입에서 나오는 그것이 사

으라。食器를 씻으라든道學者들이「입에 드러가는것이 사람을 더럽게하는것이 아니라。입에서 나오는 그것이 사

五

批判攻擊의 祖宗

六

酷評을 받고 憤慨하였으며, 路傍에서 길게 新禱하며 定한日字대로 禁食祈禱하노라든

宗教家들이 「重言復言하지말며 기름바르고 禁食하라」는 批判에 接하고는 그怨恨이 千秋에 맺혀졌다. 劍術家의 一伸

一縮히 平凡하고 無力한듯이 보이면서도 반듯이 致命的인 人力量을 그속에 들어있는것처럼 예수의 批判攻擊은 크게

며들지않는듯하였으되 반듯이 致命的인 急所를 割斷하였었다. 故로 境遇가 옳은以上 當場에 예수를 어떻게 處置할

수는 없었으나 어쩐지 예수라는者는 잡어 죽이고싶은것이 모든 批判받은者들의 共通한 心情이었다. 十字架우의

民亂殺人犯 바라바는 오히려 釋放하기를 請하면서도 無罪한줄 번연히 알면서도 예수는 十字架에걸라고 喊聲을지른

것은 이 가슴에 맺혔든 怨恨의 復讐였었다.

使徒 바울이 로마 獄舍에까지 잡혀다닌것도 다른過失이있어서도 아니오 政治나社會問題에 큰欲望을 가졌든 연고

도아니었다. 오직 참새처럼 지키러는 입설로써 批判을 잘한까닭이었다.

宗教改革者말틴·루터도 오늘날에야 世界的偉人으로 稱頌을받으나 生存當時에는 彼亦是 躊躇없이 正鵠하게批

判하는 一個無教會主義者에 지나지않었었다. 唯一의無教會人줄 알었든 羅馬天主教會를 批判攻擊하였으니 이보다더

한 無教會主義者가 없었었다. 뿐만아니라 오늘날 無教會主義者가 아무리 紳士답지못한惡評을 教會에加하였다할지라

도 그것은 루터!가 法王에게 加한데比하면 그것은 十分之一 百分之一에도 不及하는程度이다. 惡談辱說을 뼈에

박히게 퍼부은 點으로서도 루터는 確實히 稀代의 英雄이라 할것이다.

批判을 斷念하는일로써 큰德行이나 이룬것같이 생각하는것은 確實히 적지않은 錯覺이다. 明確한標準이 있는곳에는

반듯이 對照가있다. 即批判이 생긴다. 依據할標準이없으는 批判하랴해도 할수없다. 基督教徒가 個人으로나 團體로

나 한洞內 한社會 한나라에서 적으나 크나 恒常 미움을받고 警戒를받고 逼迫을받는것은 多少間에 基

督徒에게는 이 批判的의準則 即예수 바울 루터의 넋이가 감초여있기때문이다. 白白教나 天道教나 佛教徒에게는 基督

教徒에게 對한것과 同性質의 憎惡 警戒 迫逼은 全無하다. 저들은 周圍 環境에따러 風向대로 물결대로 動할수있는

까닭이다. 오직 참基督徒에게는 風浪이甚하여 船體가 뒤집힐듯한 때에라도 南北을 確固히 가르치고 變하지않는

標準이 內在하기때문에 그存在가 곧批判이오 攻擊이된다.

批判과攻擊은 無教會主義의 本領은 아니다. 그러나 이것으로써 非德을責한다면 또한 우리는 그榮譽를 甘受하리라.

골로새書講義 (九)

新生活의 根據 (三·一~四)

金　敎　臣

第三章에 들면서부터 바울의 論旨가 一轉하였음을 알 수있다。即第二章末까지에는 異端을 矯正하려는 消極的 잔소리였는데 이제부터는 天的新生活을 指示하는福音의 積極的 主唱이다。바울의 가슴에는 어서 速히 이 部分을 골로새人들에게 提示하고 싶은생각이 넘쳤을터이나 그보다 먼저 그릇된것을 是正하야 眞理를 받어드릴基礎 工事가 必要하였을것이다。그準備의 괴로운것과 구찮은 것도 지나갔으니 이제부터는 가슴속에 물밀듯이 밀려 찾었든 天國生活의 기쁜消息이 堤防을 터친 물결처럼 흐르기 始作한다。그中에 第一──四節은 天的新生活의 根據 原理를 述한것이다。

(三·一) 그런고로 너이가 그리스도와 함께 다시 살리심을 받었으면 우엣것을 찾으라。거기는 그리스도께서 하나님 우편에 앉어 계시나니라。

[그런고] εἰ οὖν 萬一 如此如此한것이 事實이라면…… …하는 條件을 提示하는字이다。그것은 第二章二十節로

新生活의 根據

부터 二十三節까지의 內容을 意味한가。基督信徒는 地上에 살면서도 世上慣例대로 살것이아니라 天的原理에 依한 新生活을 할것이라한다。그렇게 變化한生活을 하여야 할理由는 어디있으며 또 그런新生活이 可能한根據는 어디있는가。그것은 우리가 體驗한事實에 있다。即二章末端에 記錄된것은 基督信徒의 共通한 體驗事實이다。우리는 그리스도에게 잡힌後로는 舊生命에서는 막다른 골목에 當하여 一旦十字架에서 自決한 者이다。世上살림에서는 끊어진者이오 죽은者이다。그리고 오늘날 살고있을은 그리스도로 말미암아 오는 새生命의 精氣로因하여 새로 創造받은 復活의 生命에 사는것이다。그런故로 舊態依然한 醉生을 살것이아니라 天的原則의 生活을 하여야하며 또 可能하다는것이다。

[함께 다시살리심을 받었으면] 이라는 原文은 單한字 συνηγέρθητε이다。 이러는데 누구나 惡臭를 發하든 屍體가 突然히 回生動作하는 奇蹟을 몸소 體驗한 者이다。그러한 激變을 겪었으니 그後의 生命은 거기合當한 生活을 나타내어야 할것이다。

[우엣것] τὰ ἄνω은 아랫것에 對한말이다。우은 그리스도의 居하시는 곳이오 아래는 人間들의 居하는 곳이다(요한傳八·二三)。아랫것 即 따의것은「음란과 부정

七

골로새書講義

八

과 사욕과 악한情慾과 탐심」이니 우엣것은 스스로 制斷할수 있을것이다。

[찾으라] ζητεῖτε는 마음에 要求하는 程度를 지나서 勤作에까지 이르러 强烈히 찾는 뜻이다。例컨대 銀錢잃은 女人이 燈불을 켜가지고 집안 밖을 찾듯이。羊잃은 牧者가 九十九頭를 두고서 한마리 찾기爲하야 山등을 넘으며 끌자기로 헤매듯이。또는 사랑하는 者를 찾는 域을 끌끌이 로렌스河畔을、流離할때의少女가 밋싯피河流 밤에도 깨여도 夢中에도 그이를 찾어 天下를 遍歷하듯이 찾는것이다。이字와 第二節의「생각하라」는 字가 서로 應하는字이다。人間의 一生은 그 찾는것에 따러서 世界가 갈라진다。사람의職業에 따러서 人相까지 달러지는것은 우리周圍에 數多하게보이는 事實이다。남의 소매만 엿보는 「소매치기」、犯罪者만 찾고사는 刑事等은 各其 그 눈초리부러 다르며。高利만貪하고 사는 市井의 貸金業者가 도야지같은 外容을 나타냄으로 反하여 寂滅의 世界만 念佛하고사는 深山의 高僧이 上簇하려는 五齡蠶처럼 光彩를 發하는 透明體를、이루는것도 現著한對照이다。同一한人物이라도 學界의象牙塔에 居하여 밤낮 學理만 찾을때와 後日에 一攫千金을 꿈꾸면서 米豆와 株式取引所로 出入하게된後의 相貌는 全然달라지며、敎育界에서 天然純眞한 少年少女들만 갈르든先生이 一朝에 鑛脈을 찾어다니게된 後로는 그風彩부러 別世界의 사람이된다。人生은 찾는일이 곧 사는일이다。故로 우엣것을 찾으러 하였고 또 찾으러 했지 願하랴고 하지 않었다。그렇다 찾으라 찾고 또 찾으러 우엣것을。

[거기는] 우엣것을 찾으리라고 하였으나、우이라고하여서는 다만 天空이 아님은 勿論이다。또 當時의 골로새人들 中에는 天使가 하늘에 있는것으로만 알고 그天使들을 禮拜하였으므로 오직 우엣것이라고만 하여서는 漠然한 뜻이오 또 危險한일이다。故로 바울은 여기서 間髮을 不지않고 우이라는것을 定義하였다。거기는「그리스도가 하나님 우편에 앉어계신곳」이다。

一國의 우이라는것은 그나라領域안에서 最高峯을 일카름이아니라 그首都가 있는곳이 우인것처럼、온世界全宇宙의 우이라는것은 에베레스트上峯도 아니오 銀河도 아니오 오직 그리스도의臨居하시는데가 우이다。그리스도가 居하시되 가시冠을 써워서 十字架에 다라맨 惡하고 어두운世上이 아니오、하나님 右편에 앉으셔서 도든怨讐를 발등상되게 勝捷하신자리 即하나님의뜻이 하늘에서 일우어진것처럼 따에서도 完全히 일우어진곳 거기가 우이다。거기、하나님의뜻이 이루어졌고 그리스도

가 榮光의 자리를 차지한 거기、거기에 있을 것이 무엇
일까。거기에 屬한것이 무엇일까。거기에 邪淫이 있을
수있을까 不淨과 私慾과 惡한 情慾과 貪心이 있을수 없을
까。勿論있을수없다。日光조이는 곳에 꼼팽이 자랄수없
는것처럼。이런것들은 거기서 存在할수없다。거기屬한것
은 狺恤과 慈悲와 謙遜과 溫柔와 忍耐와 寬容과 사랑이다。

(二) 우엣것을 생각하고 따엣것을 생각지말나。

[생각하고] φρονεῖτε 는 恒常마음에 생각하는、마음을
두는 模樣、卽마음의 常態이다。암닭이 알을 품듯이 밤낮
마음에 품고있는 것이다。數學의 難題를 當한 學徒가 食飮
夢寐에 몇일이고 두고두고 생각하다가 꿈절에 解答을 얻
그려 놓는수가 있는 것도 이 생각하는 일의 一種이다。바둑
에 熱中한 少年이 書案을 對하고 앉었어도 漢字와 諺文이 黑
白의 바둑말처럼 보여저서 바둑을 보게
되는 것도 바둑을 생각하는 敎科書를
하고 平壤개명이나 東京市에 遠征가보면 景槪風流의 都 平
壤이나 歷史 商工의 都 平壤은 보이지않고 오직 室內運動場
이 完備한 籠球界의 에루살렘平壤만 뚜렷하게 나타나 보
이는 것이든지、數多한 大學과 名聲높은 學者들도 보이지않
고 尊敬하는 宗敎家들과 부러워하든 古本屋街도 보이지않
고 屋上과 室內에 合理的으로 設計한 籠球場을 所有
한 籠球의 大東京만이 視野를 가루막는것은 籠球를 생
각하는 때의 생각이다。마찬가지로 風水說에 信依하여 名
墓를 探求하는이가 金剛山에 들어선다면 一萬二千峯이

新生活의 根據

全혀 墓地로 보일것이오、遊興을 일삼는 不良靑年이 京
城이나 東京같은 大都市에 들어서면 다른 아무것보다
도 料亭이나 카페 딴스홀 等等의 遊興世界로만 꿈여진
大都市가 眼前에 가로 놓일것이다。생각하
면 世界가 그렇게 보일것이다。

故로 唯物論的인 생각이 속에 가득찬즉 正直한사람
도 低劣한 文學이나 耽讀하며 邪詞淫談에나 귀를기
우리어서 思想의 根源을 더렵히고서는 아무리 努力하려
여도 高潔한生涯가 거기서 솟아날수는 없다。먼저 우엣
것을 생각하는 생각으로써 생각이 充滿하여야 새로운
生活이 配胎한다。思惟는 모든行動의 源泉이오 母胎이다。
너이는 먼저 그나라와 그의 義를 求하라 그리하
면 이 모든것을 너이에게 더하시리라

는것이 (마태六·三三) 곧 우엣것을 생각하고 따엣것을 생
각지않는 生涯이다。그 나라는 곧 하나님나라이다。
하나님의 나라는、먹는것과 마시는것이아니오 오직
성령안에서 의와 평강과 희락이니라。(로마一四·一七)

(三) 이는 너이가 죽었고 너의 생명이 그리스도와합께
하나님안에 감초였음이니라。

[그리스도와 함께] σὺν τῷ Χριστῷ는 永遠히 結合한
다는 뜻이었다。이와近似한것으로 ἐν Χριστῷ라는 것도
[그리스도와 함께]라고 譯할수있으나 이는 地上에서 一
時的으로 結合함을 意味하여 前者와는 區別이있다。

九

골로새書講義

또 「함께」라고 하여도 그리스도와 마찬가지의 同等의
生命을 信者도 하나님안에서 가진다는뜻은 아니다。生
命은 하나님안에서 그리스도가 가지는것이오、信者는 그
리스도와 結合함으로 因하여 生命의 分配에 參與하는것
이다。그리스도가 먼저 살었으니 信者도 사는것이다。

대로하면 本來의生命을 改造變化發展시키는것이 아니라
前엣것은 죽고 아주 새生命새世界에 사는일을 信仰이라
고하였다(로마六・二)。

[감초여] (로마六・二)。

(四) 우리 생명이신 그리스도께서 나타나실 그때에 너이

[죽었고] 近來에 무슨 運動에 參加하여 분주히 날뛰는
靑年들은 回改라고도 안하고 回心 改宗이라고도 안하
고서 「改變生活」이라고 한것은 아주 徹底한 表現이오 新奇
한 譯語라고해서 고마워하지마는、하늘아래에 새것이어디
있으랴。「……해 아래는 새것이 없나니 무엇을 가리처
일으기를 보라、이것이 새것이라 할것이있으랴。오래前
世代에도 이미있었나니라」는(傳道一・九、一〇) 대로이다。
좋아 없는 者이다。聖書는 不信者가 入信하는것을 表現하
을曝露하는者이오 아직 한번도 그리스도를 믿은經驗
고마워서 훅々 느끼는 무리는 聖書에 關한 甚한 無識
改變生活쯤으로써 새로워하며 徹底하다고 新奇하다고
기를 改變生活쯤으로써 하지않었다。죽였다고 하였다。
이는 곧로새書에 累累히 나오는文字요 바울書翰은勿論新
約聖書全體를 貫通하는 現著한思想이다。그리스도를 믿
는體驗을 가진者는 그 어느편이 더徹底하며 더事實에
符合한것을 判斷하기에 困難하지않는다。聖書의 가르키는

[그리스도」라고 나타나실 第一 —— 四節동안에 발서 四回
째返復하였다。읽는者의心靈을 우으로 向케하고저함이다
나타나지못한다。우리의 生命은 곧 그리스도인데 그
全히 하나님안에 감초여 계시기 때문이다。그러나 언
제까지 그模樣이 繼續되는것이아니라。나타날때가왔다。
그때에 우리의 生命도 完全히 나타난다고 하였다。

바울은 「그리스도」라고

도 그와 함께 영광중에 나타나리라。

人生을 拔取한다고 註釋家벵겔이 말했다。그렇다 希望
없는곳에는 生活도 動作도없다。여기 人類最高의 希望
이確然히 提示되었으매 新生活의 調子는 活潑하지않
을수 없이되었다。

바울은 新生活을 敎導하려할때에 이것이라 저것이라
小規細則을 設하지않었다。크게原理를 提唱하였을 뿐
이다。우엣것을 찾으라고。얼마나 가벼운 명에인가。그
新生活의 原動力은 그리스도의 再臨所望에무렸다。그根據가
얼마나 確固한가。찾을진저 希望에 넘치면서 우엣것을。

一〇

罪人만을 爲하야 (第七回)

A·J·럿셀 著

趙聖祉 譯

고 勿論 이우에 賠償이란 問題가 붙는다. 多少 後에 나는 그룹에 모든 原理中에서도 아마 가장 强한 原理라고도 할만한것을 알게되었다. 그것은 罪에 對한 膽大한 取扱이다. 그리고 그다음에는 多少 理解하기 쉬

예수도 림워-크를 實行하셨다고 나의 訪問客은 말하였다. 그와 그의 弟子들은 한 림이였다. 그는 그의 代表者들을 보내는데 하나식 보내시지 않으시고 둘식이나 셋식 보내셨다. 그가 昇天하신 後에도 그의 弟子들은 조고만 그림이 되여가지고 로마帝國을 도라단였다. 그러고보면 그룹도 그와 꼭같은것을 實行하고 있는것이다. 過去의 여러가지 偉大한 運動들이 그推進力을 喪失하게되는 것은 이 림워-크의 原理를 잘理解하지 못하였기때문이다. 그創始者들은 모든 勢力을 自己手中에 集中시켜가지고 그것을 오래 保有할려고만 하였지 「聖神의 바람은 任意로 분다」고 하는 眞理를 忘却하였든것이다. 아무도 聖靈을 獨占할 權利는 없다.

第三章 性慾과 金錢 (續)

確實히 나는 옥쓰포드그룹에서 實行하는 諸原理를 접接理解해가고있었다. 첫째로 絕對降服(Surrender)이라는 것이 있는데 이것은 그리스도의 十字架에 對한 信仰을 包含한것이며 이것은 完全히 實行하여야지만 聖神의 靈導를 받을수있는것이다. 그다음에는 分擔이라는것이 있는데 이것은 眞正한 友情과 明朗한 얼골을 가저온다. 그다음에 이것은 그罪人과 그를저온다. 그다음에 이것은 그罪人과 그를 救도와준 生活改變者에게, 天國과 기쁨을 가저오며 하나님에게도 기쁨을 돌리게 되는것이다. 그다음에는 信仰과 祈禱인데 이것은 우리에게 必要한 모든것을 가저오며 各人을 爲하여 準備하시는 하나님의 計劃을 達다. 어떤때는 恩惠가 자라나 어떤때는 恩惠가 衰退할 때가있다. 림워-크의 訓練은 個人의 人間的 奇癖을 없이 해준다. 眞理는 한사람의 個人을 通해서보다는 림을 通해서 더 適切하게 表現되는것이다. 한사람이 理

과 正直과 純潔과 無私의 四標準이 있는데 이것은 그리스도께서 絕對로 非妥協的으로 實行하신바이다. 그리

一一

罪人만을 爲하야

論的으로 基督教를 傳道하는것 보다는 五六人이 自己의 宗敎的 經驗을 말하는것이 듣는 사람에게 自己의 마음속을 探索하는것과 罪의 認識을 더 일으킬수 있는것이다。

即 理論보다 事實이 앞서는것이요、頭腦의 興味보다는 生命의 興味가 앞서는것이다。풀리ㅣ트街의 말로 한다면「뉴ㅣ쓰가 意見보다 앞선다」는것이다。

그다음에는 忠誠의 原理이다。첫째로는 예수그리스도에게 對한 最高의 忠誠이 있어야한다。그러나 이것은 同時에 보다적은 忠誠도·包含한것이다。그리스도에게 쓰임을 받는사람들은 그리스도를 믿는다고 公言하는사람들에게 忠誠된 支持를 받을만 한 資格이 相當히 있는것이다。이眞理는 理論으로서는 大端히 歡迎을하나 實行에있어서는 그다지·기쁘게 받어듸리지 안는것이다。自己는 그리스찬이라고 公言하면서도 그리스도에게 忠誠된 生活을 할라고하는 사람에게 對해서 不忠誠하는 사람이 大端히 많다고하는것은 異常한 現象이다。

要컨대 그롭이라는것은 한 交際이다。即 聖靈이 統制하시는 第一世紀의 그리쓰찬의 交際이다。그리고 그롭의 여러사람들이 各々 받은 한쪼각한쪼각식의 까이단쓰를 한데도아놓면 훌륭한 完全한것이 된다는것은 놀랄만한 일이다。이것은 聖靈께서 確實히 그롭으로 모

二一

여있을때만 아니라 어듸서든지 聖靈에게 들어오실 餘裕만 맨들어더리는곳이면 幕後에서 活潑하게 일하신다는것을 보여주는것이다。이絕妙한 聖靈의 交際라는것은 말로는 많이 하나 事實로 理解는 하지못하는 것인데 이것이 여기에서는 實地로 實現되고 있는것이다。이러한 交際에 있어서는 서로 사랑으로 理解함으로써 모든 間隔이 다 허물어지게 되는것이며 人間的 經驗의 보다 깊은곳으로 들어가게되며 다른 人間的交際로서는 到底히 獲得할수없는 幸福과 平和를 얻게되는것이다。이것으로 그들의 얼골이 光彩가 나는理由를 알수있었다。

이 交際의 참 머리는 聖神이기 때문에 푸랭크는 自己가 全部·主掌할려고 하지는 안는다。靈導가 있으면 그롭의 集會를 司會하기로하고 靈導가 있으면 指導를 다른사람에게 맡기기도한다。어떤때는 원뒤에 서서 指導者로 訓練하고있는 同僚의 司會하는것을 듣고있다가 어려운 問題가 일어나면 簡單明瞭한 說明을 添加한다。例를 들면 옥쓰포드에서 어떤 婦人이 그롭의 指導者에게 묻기를 自己의 罪를 全部 누구에게 告白해야하느냐고 물었다。푸랭크는「반듯이 그렇지는 않습니다。그러나 聖神의 靈導가 있으면 언제든지 躊躇없이 그렇게할 覺悟를 가지고있어야합니다」라고 中間에 對答하였다。結局 最後의 決定은 恒常 個人에게 달린

것이다。

이 그로써 强調하는 忠誠이라는것을 생각할때 나는 젊었을때 지은 한가지 過失이 생각났었다。그것은 다른것이 아니라 어떤 敎會모임에 參席하였을때 나는 진방지게도 나보다 훨신 年長者인 牧師를 批評하였든 것이다。勿論좋은말로 하였을 理가없다。그로써 말하는것은 自己보다 크리스찬生活의 經驗이 많은 사람에게는 特別히 誠實해야할 必要가 있다고 하는것이다。그러니 그들은 이點을 굳게 是認하면서도 그反面에서로 잘못을 첵크(Check)해주는것을 獎勵한다。(Check=그로써는 大槪두가지 意味로 使用된다。하나는 自己의 意見或은 靈導가 남의 그것과 같다는것을 意味하고 하나는 남의잘못을 사랑으로 忠告、訂正해주는意。)그러나 이 첵크는 언제나 交友의 禮儀를 잃어서는 안되며 서로 사랑하는 交友의 精神으로 表現되지 많으면 안된다。그리고 잘못하면 남의 誤點만을 찾어 낼려고하는 罪에 빠지기 쉬운데 이렇게 退化하여서는 안된다。基督敎에 처음 들어온 사람도 基督敎에 오래있는 사람에는 이미 歷然한 缺點이 보이는 수가 있을것이다。이런데 아직 特別한 사랑의 交際의 經驗을 하기도 前에 남의 缺點을 體面없이 非難한다는것은 完全히 厚顔의 所致라고 할것이다。

性慾과 金錢

男便의 안해에게 對한 不當한 所有意識 或은 안해의 男便에게 對한 不當한 所有意識을 그로써는 罪라고 認定한다。어느쪽이든지 自己의 옳다고 느끼는대로 自由로 行할수 있어야 한다。웨 그러냐하면 結婚關係는 두 사람사이의 關係가 아니라 세사람사이의 關係이기 때문이다。人間의 競爭者로서의 第三者가 出現할때에는 結婚을 破壞하는 三角關係가 생기지마는 非競爭的 指導者로서의 예수그리스도가 第三者로서 家庭에 들어오시게 되면 서로 相對者에게 對해서는 하나님의 標準에 依해서 行動하도록 要求하시며 따라서 結婚을 破滅에서 救援하며 地上에서의 理想的 作侶關係를 確立하는 새로운 三角關係가 成立되는것이다。

이런것은 理論으로서는 훌륭하다。그러나 事實에 있어서 이러한 모든 理論이 實踐될수있을가? 三人은 斷言하여 말하기를 될수있을뿐만아니라 事實에 있어서 實行되고 있다는것이었다。그로써 여러나라의 여러地方에 생겨지고있다。英國、스콧트란드、和蘭、獨逸、印度、南阿弗利加、中國、埃及、瑞西、南北亞米利加等이다。南阿 같은데서는 그로써 國家的運動으로까지 擴大되었다。그로써는 敎會를 通해서 挑戰을한다。그리고 수있는대로 그로써 敎會를 通해서 挑戰을한다。그리고 大監督들이나 國敎、非國敎의 高職者들의 同情的關心을 얻게되었다。그로써 敎人들에게 (會衆이전 牧師이전) 使

一二三

罪人만을 爲하야

徒들도 實行한것처럼 自己의 心中에서 罪를 放逐하라고 捉迫한다。그리고 하나님에게 完全히 써렌더할 必要를 强調하며 어떤 境遇에서든지 어떤 運命에서든지 하나님의 까이단쓰와 하나님의 支持를 信賴할 必要를 强調한다。그들은 다른 宗敎團體를 맨든다든지 다른 禮拜形式이라든지 다른 宗派나 組織을 맨든다고하는것은 斷然코 反對한다。그들은 모든 敎會안에 있어서 속敎會가 되려고하는 것이다。그들은 그리스도의 肢體안에 靈的生活을 깊게하며 基督敎를 論理的으로나 實踐的으로나 極限點까지 成就시키려고하는 것이다。事實에 있어서 그들은 敎會안에서나 敎會밖에서나 모든사람에게 그리스도를 最大限度로 體驗하도록 激勵하는 힘의 發電所라고도 할만한것이다。

그들은 世界의 여러군데서 敎會안이나 大學이나 또는 多數의 個人家庭에서 모이고있었다。요한베스뿌르크에서는 消防署에서 敎會의 禮拜時間外에 어데서든지 모이기도 하였다。一定한 規定이 있는것이 아니라 宗敎에 關心은 갖었으나 正式敎會禮拜時間에 參席할수가 없는사람까지도 接觸할수있게 되는것이다。그들의 하우쓰파-티는 언제든지 開催하기만하면 거기에 그 모였든 사람들은 새힘을 얻게되고 또 놀라운 宗敎的 進步를 하게되는 것이다。여기저기 各處에서 일어나는

그룹을 갔다가 組織化할려는 企圖는 全然없다。또 以後에도 없을것이다。各各 分離되여있는것으로 다른 그룹들과는 單只 聖靈을 通하여서만 連絡되여있는것이다。그들의 唯一한 組織이라는것은 歷史的大敎會이다。聖靈의 指示가 있어 언제든지 그룹이 들어가 禮拜할려면 이敎會로만해도 充分하다。여기에서 그들은 自己네의 神學도 發見하고 說敎도 듣게된다。

特別나게 그룹이 敎會라는것은 絶對로 있을수없는것이다。萬一에 한 그룹이 隆盛하면 그近方에 있는 敎會가 有益을 얻는다。그러나 萬一 그 그룹이 死滅한다면 그것은 確實히 不幸이나 그것은 初代基督敎에서 있었든 일어난일의 反復에 지나지 못하는것이다。이 三人의 하나님의 吟遊詩人은 나의 房을 떠나기 前에 말하기를 自己들은 그이른날 뉴욕으로 出帆하는 유로바號의 배표를 삿노라고 하였다。그들은 航海中에 쓸雜費와 目的地에 갈때까지의 雜費밖에는 남지않었었다。萬一 未來에 對하여서는 그들은 아무 두려움도 없는것이었다。萬一 祈禱와 服從하는일을 繼續하기만하면 金錢은 過去에도 생긴것처럼 반듯이 생길것이다。

나의 招待를 받었든 記念으로 그들은 내 책장에서 책을 한卷식 가져갔는데 슬기롭게도 내가쓴 小說中의 하나와 뿌러스들의 쪼-지물러傳을 撰擇하였다。떠날때

一四

그들은 나에게다 해롤드·백베ー著인 「生活改變者」한卷
을 주고 갔다。그책속에는 푸랭크의 努力에 依하여 變
化된 生活의 놀랄만한 이야기가 많이 있었다。

×　　×　　×

내가 바로 내방에 도라왔을때 그들의 한사람이 다
시 뛰어들어와 그날밤 되카톨리네거리에 있는 中國料
理店에서 自己네들과 그날밤 英國을 떠나는 送別會가 있는데
나의 안해와 나를 거기에 와달라고 招待하여주었다。

거기에서 우리는 처음으로 이미 中國에가서 살었든 일
도 있고 東洋의 習慣도 多少 배운 옥쓰포드그룹의
멤버들에게서 절까락의 使用法도 배우게 되었다。그것은
愉快한 食事였었다。이 「하나님의 靈導로 움즉이는」生活
改變者들은 있다금 우스운 소리도 하며 좋은 自己들
의 冒險談도하며 珍奇한 料理도 紹介하며 우리들에게
재미있는 하로밤을 提供하여 주었다。

사람을 疑心하는 버릇이 있는 풀러ー트街의 雰圍氣
에 깊이 젖은 나는 이들을 接觸할때 그들의 友情은
普通사람의 友情보다 한옥타ー브높다는것을 느꼈다。너
무 좋기때문에 오래 繼續되지 못할것같었다。아마 얼
마안가서 使徒的交際의 天上의 狀態에서 物質主義와 相
互間의 不信으로 다시 떠러질넌지 모르겠다。이때마침
料理店의 뿌리가 간쬬를 가저왔다。나는 여기에서 그

性慾과 金錢

들이 어떻게 하는가를 注意해보았다。信仰과 祈禱云々
하지만 이 새運動도 여기에서 걸리게 되지나 않을가
하고 생각하였다。世上의 사람들은 大概 돈問題에가서
걸리게 되는것이다。그런데 깨러트·스티얼리가 이請求
書를 뻬아서가지고 支拂하였다。여기에서 나는 그들의
信仰과 祈禱의 힘은 自己네들만 아니라 두사람의 손
님까지도 멕일만한 餘裕가 있는것을 알게되었다。

×　　×　　×

뿌라운즈호텔에 가는길에 나는 먼저 그들의
術策이 어데있는지 探知할려고 하였다。나는 깨러트·
스티얼리와 여러가지 宗教的經驗을 서로 이야기하게되
였다。그때 나는 多少 苦心한끝에 내生活에도
異常하게 喜悅을 느낀 經驗이 몇가지 있었다는것을 말
하였다。한번은 聖經을 硏究하다가 얻은 經驗이요 그
後에도 몇번 危機의 期間中에 經驗한것이다。그다음에
나는 말하기를 이러한 「기쁜 經驗이 그後에는 中絶되
어버렸는데 그理由는 나도 알수없노라고 말한것으로記
憶하고 있다。그는 이機會를 놓지지않고 이렇게 물었다
即 罪가 나의 周圍에 城壁을 싸서 하나님과 떠러지
게된것이 아니었을가 하는것이었다。그리고 「는 나에
게 무슨 도음이 될만한 忠告를 해줄수있게될려면 우
리는 서로 깊은데까지 理解하는 交際를 할必要가 있

一五

罪人만을 爲하야

一六

다고 暗示하였다。

「옳지! 그러면 여기에 이 運動의 術策이 있는것이구나 이사람은 내가 인제 안지 十分밖에 안되는 사람인데 나의 靈的內面에 故障이 있다고 暗示를 주며 나에게 그事實을 告白시킬려고 하는것이 아닌가?! 그러나 좀 빠르다 얘!」하고 나는 생각하였다。

分擔은 그날午後에 大略說明을 들을때에는 理論으로서는 퍽 좋았다。그러나 實行하는데 있어서는 大端히 달르다。언젠가 스콧트란드의 한女子가 나에게 「너의아이 있는것을 지금도 記憶하고 있다。나는 警戒的態度를 取하기로 決心하였다。저들이 알게 무어냐! 우리는 繼續해서 걸었다。그새 나는 多少 警戒하는 語調로 나의 過去의 生活中에는 이 하나님과 間隔이 생긴것을 說明할만한것은 特別히 없다고 말하였다。깨러트스티얼리는 내말을 信用하는 빛은 조곰도 보이지 않었다。그反面에 그는 말은 하지않지만 나의 말을 좀처럼 믿지못해하는 樣을 나는 그의 얼굴에서 볼수있었다。「그것은 結局 지금도 나의 모든 잘못을 나이는 나의 三分之二 밖에 안되는 너에게 告白하기를 願하는것이로구나! 너는 나의 그때의 還境을 理解하지 못하기때

문에 때때로 失手로 저질는 過失까지도 모두 無慈悲하게도 罪라고 렛텔을 붙이는 모양인데 그것까지도 告白하라는 것이지。」그래서 나는 잘못한것은 아무것도 없다고 勿論아니요 또 그런말을 할必要도 없었다。

이렇게 내가 分擔을 안한때는 이보다도 또다른 理由가 하나 있었다。나는 萬一 푸랭크가 南米에서 도라오면 한 基督敎人 對 한基督敎人의 立場에서 그와 서로 이야기해보고 싶었다。이會見에는 懺悔者 對牧師의 態度같은것은 있을必要가 없을것이다。二三의 過去의 罪를 그의 友人에게 펴놓는다는것은 알지도못하는 푸랭크를 優越한 地位에 세우는것이 되는것이라고밖에 그당시에 나는 생각하지 못하였다。設或 나의 生活이 百퍼센트로 完全하지는 못하다 할지라도 나는 多年間 以前보다 훨신 높은 水準으로 살어왔고 또 普通基督敎人보다 훨신 높은 水準으로 살어온것이라고 생각하였다。이것은 自慢만은 아니다。單純한 事實이라고 생각한다。몇가지 過失이 있기는 있었지마는 그것은 辯明할수있는것이며 容恕할수 있는것이다。그러나 이것도 亦是 나의 確信은 없다。如何튼 이들이 아무리 깨끗하고 魅力이 있다고 하드래도 또 이運動과 우리 新聞과를 相互의 利益을 爲하여 連結시킬생각이 있었지마는 그렇다고

해서 나의 過失은 이젊은 친구들과는 何等의 關係가
없는것이다.

그리고 大體 完全한 사람이라는게 어데있는가? 나
는 自問하였다. 그러면서도 나는 나의 過去의 不完全
하든 時代와 이傳說에 나오는 聖者와 같은 푸랭크와
의 面談과의 距離가 멀었으면 좋을것 같았다. 그러면
그가 萬一 나에게 挑戰을 한다 하드라도 나는 거리
낌없이 나도 그의 生活과 近似한 生活을 하여왔다
고 말할수 있을것이다. 이것이 正直한 말이전 아니전
勿論 나는 언제든지 이렇게 말할수는 있었다. 나는 나
이 젊었을때 좋은 記事를 얻기위해서 거
줏말을 한것도 한두번이 아니였다. 그러나 이렇게 거
줏말을 하는것도 그다지 重大한 罪도 아닐뿐 더러
그것은 벌서 끊어버린지 오래다.

×　　×　　×

그後에도 다른 다른 誘惑도 問題없이 이길수있었다.
例히 지든 푸랭크를 맞날때까지 나는 그前같으면 依
그러나 分擔을 안할려고 이렇게 저렇게 理由를 불저
보았으나 이러한 良心의 트리크가 얼마나 無效하게 되
였다는것은 나종에 말할려고 한다.

×　　×　　×

새 性問題가 나제처럼 다시 突發하였다. 나는 絶對純
깨러트와 나와 걸으며 이야기해나가는 사이에 어느

性慾과 金錢

潔에 對해서 그롯에서 생각하는 定義를 알고싶었다.
境遇에 對해서 道德에 어그러지는 일도 容恕할수가
있다고 . 論議하는것을 나는 들은적이 있다. 萬一 서로
사랑하는 關係에있든 두사람이 不幸이도 다른 사람에
게로 그도 貞操觀念에 不誠實한 사람에게로 結婚을 하
여간 사람들에게 對해서는 어떻게 생각하는가? 또는
한쪽이 不道德的行爲를 하나 自己는 離婚을 믿을수없
는 사람은 어드런가? 또 科學的으로 어드러 어드러
한 사람은 結婚할수 없다고하는 理論이 있는데 그러
면 萬一 어떤 사람이 몰르고 잘못 結婚한 境遇에는
질정하지 못하고 여기저기로 情慾을 發展시킬수 밖에
없이되는데 이런 科學論은 어드런가? 血液檢査도 두
사람은 絶對로 合할수없다고 證明할넌지도 모른다. 萬
一에 어떤 사람이 사랑에 눈이멀어 또는 一時의 感
情을 抑制하지 못해서 이같이 結婚해서는 안될사람하
고 結婚을 했다고하면 어드런 手段을 가지고라도 이
結婚을 圓滿하게 融合시킬수는 없는것이다. 이러한 境
遇에도 基督敎는 亦是「꾹 참으라」고 하는 敎訓을 가지
고있는限 이두사람은 平生동안 不調和의 運命을 가지
고 있는것이다. 이무사람은 亦是 平生동안 不調和의
할것이다. 내마음에는 常識과 人間性이라고 이
間性을 無視한 敎理에 反抗하는것이다라고 생각이되었다.
깨러트스의 얼리는 말하기를 性問題도 하나님에게 바

一七

罪人만을 爲하야

처야한다고 하였다。참써려머를 테스트하는 條件의 하나는 이러하다。「나는 그리스도께서 나의 性生活을 完전히 支配하시도록 準備가 되여있는가？」하는것이였다 풀리ㅣ트街의 사람들이 이말을 들으면 기가 막힐것이다。

그는 醇化의 思想을 다시 紹介하였다。그는 사람을 水보다높은 思想水準으로 올려줄려고 애썼다。即이높은 水準이라는것은 本能과 良心의 싸움이 아무런 無理도없이 아주 自由스러운 調和를 보게되며 同時에 完全한 滿足을 얻게되는 水準이다。이것은 基督敎에서 普通으로 가르켜온것이지마는 나는 믿지않었던 恩惠의 水準이였다。

그는 어떤 男便과 안해가 大端히 이기기힘든 夫婦問題가 있었는데 그룹의 힘으로 이問題가 完全히 解決되었다는 놀랄만한 이야기를 들려주었다。그男便은 어떤 傷處로 因하여 性機能을 一生동안 完全히 喪失하게 되었다。그안해는 젊은 사람인데다가 快活하고 精力的인사람이었다。그는 家庭에서의 荒蕪한 生活을 補充하기爲하여 여러가지 生氣있는 享樂的인 娛樂會같은데만 다니게 되었다。그들의 家庭生活이 거이 終幕을 나릴려고할때 마침 그룹의 影響을 받게되었다。

내생각에는 離婚을 하는것이 當然한것같이 생각되었으나 그룹에서는 離婚을 勸하는 代身에 그問題를 하나님의 指示下에 完全히 맞겨버리라고 忠告하였다。그들은 이忠告를 받어되렸다。그리고 그안해는 이環境을 갓다가 한 犧牲으로 斷念하는 態度로 받어되는것이아니라 하나님의 計劃에 一致하는 恩惠의 方途로서 이뿐만으로 받을것이라는 明確한 靈導를 받게되었다。그의 男便은 勿論、그女子에게서도 이問題는 完全히 除去되여 버렸다。그러나 이제는 喪失感은 없었다。웨그러냐하면 性本能은 보다 高尙한 滿足의 水準으로 醇化되었고 이水準에서 眞正으로 幸福된 靈魂들이 全生을 살어나가게 되었기 때문이다。高度의 愛情의 放逐力에 依하여 性的不滿은 사라저 버렸다。

나는 이야기를 들을때 大端히 懷疑를 일으키게되었기때문에 몇가지 答辭을 할려면 할데가 더러 있었으나 그만두었다。나는 그女子가 眞正으로 幸福을 느끼는데對해서 疑問을 表하였다。깨러트는「아니요、完全히 幸福입니다。둘다 完全히 幸福입니다。」하고 確言하였다。이 男便에 對해서는 아무도 疑心을 두지 안는다。이 醇化의 思想은 그에게 모든 男便의 難問題를 解決해 주었다。即 어떻게하면 바랄에 들뜬 안해를 아무 不平없이 집에 머물러있게 할수있을가하는 問題이다。이것은 男便의 立場으로 본다면 利己的인일년지는 몰라도 滿足한 解決이었다。내생각에는 그男便으로서는 그안해

一八

에게 離婚을 求하도록 勸하는것은 옳았을것이라고 생
각이되었다。그렇게 하는것이 眞正한 無私의 精神을 發
揮하는것이 되었을것이다。

깨러트는 말하기를 「그女子는 그男便을 사랑하게되었
읍니다。그리고 하나님의 까이단스와 그女子의 사랑과
基督敎의 敎訓 이 모든것은 다 離婚에는 背馳되는것입
니다。」라고 하였다。

「그러나 사람은 亦是 사람입니다。안해라는것은 언제
나 어린아이를 갖기를 渴望하는것입니다。」

以上의 우리의 會話는 우리의 表現한 思想、或은 우리
마음속에 있는 생각을 傳達하는것이었다。그리고 이렇게
말하는 동안에도 이젊은 吟遊詩人은 自己의 높은 標
準에서 조곰도 讓步하지 않었다。萬一에 性慾의 醇化
라는것이 實際的으로 可能性이 있다는것을 참으로 믿
는사람이 自己만이 아니라 다른사람도 그것을 믿는다는것
을 大端히 單純하게 그리고 自信있게 公告하는 사람
이있다면 性에 미친 이世上에 어드런일이 일어날가하
고 누구나 疑心할것이다。모든 都市의 거리거리에서 誘
惑하는일과 지나가는 機會를 놓치지않을려고 노리고있
는 男子들이 없어질것이다。女子들도 男子들의 지긋지
굿한 請을 拒絕하노라고 恒常 애쓰는일도 없어질것이

다。最後에는 男女間에 眞正한 友情이 생길것이다。모
든 社交的모임에서도 性的策略이 除去될것이다。女子의
뒤를 尾行하는 男子와 尾行을 當하는 男子의 永遠한
喜劇도 끝이 날것이다。

勿論 敎會에서도 적어도 性問題을 말하게 될때에는
性慾의 醇化를 가르킨다。그러나 그것을 기쁘게 實行
하며 始終이 一貫하게 實行하는 사람은 아마없을것
이라고 생각하였다。性問題를 이렇게 弱하게 取扱하는것은 나
면서부터 禁慾的으로 되었거나 虛弱者라면 無關할것이
다。그러나 그룹에서 사로잡을려고 하는 붉은피가있
고 生命이있는 男女에게는 좀 問題이다。뿐만 아니라
나는 깨러트의 말한 婦人에게 對해서 오히려 同情의
感을 禁치못하였다。웨그러냐하면 그는 大端히 荒凉한
結婚生活에 滿足하지 않으면 안되겠기에。

하나님의 吟遊詩人은、여기에서도 또 異議를 가졌다
그는 結婚한 男子였다。따라서 이問題에 理解를 가진
사람이다。그는 또 어떤 辯護士의 이야기를 했다。이
辯護士는 自己에게 訴訟을 依賴해온 사람에게 그들의
不和를 解決하는 하나님의 方法을 個人的으로 紹
介해줄려고 努力하고있다。그럼으로써 以前에 法庭에서
離婚件으로 많은 돈을 벌어왔든 사람이었는
데 이제는 離婚으로 많은 돈을 벌어왔든 사람이

性慾과 金錢

離婚問題를 取扱할때로다。問題의 解決에는 더많은 成

一九

聖朝通信 의 續

功을 엇엇다。

法律的職業으로 본다면 나빨런지 물리도 天國을 爲
하여서는 조은것이다。그리고 그는 사람의 뜻대로 하
는것이 아니라 하나님의 뜻을 實行하고 있는것이니까
비록 經濟問題에 있어서는 多少 損害를 본다고 하드
래도 眞正한 利益에 있어서는 아무 損失이 없는것이
다。그것은 사람에게 對한 하나님의 意圖는 恒常最善
의것이기 때문이다。이렇게 깨드르는 頑强하게 主張하
는것이었다。果然훌륭한 敎訓이요 高潔한 敎訓이다。理
想主義的이요、사람의 好奇心을 일으키는것이며 그리고
確實히 挑戰的이였다。

나는 도라가서 생각하였다。이 特別한 그룹運動을 가
지고 어떻게 새宗敎的連續記事를 맨들어 볼가? 萬一
에 이사람들이 옳을것일진대 우리 新聞은 그들의 活
動을 世上에 報道해야 할것이다。이렇게 그당시에 나
는 생각하고 있었다。나는 조용히 앉어서「生活改變者」
를 읽기 始作하였다。그리고 이 놀라운 運動의 起源
과 理論과 實例等을 파기 始作하였다。

聖朝通信의 續

내가『褰床에서 主를 記憶하며 밤中에 主를 默想함』이 （詩六三
篇第六節） 내것이못됨을 昨日까지었는데 오늘아침
에 突然히 이일을 내게 許하셨도다。내가『不思而自思』하게
되여 밤낮戀慕不已하는 相對者가 하나님── 곧에수、나의 不忠
不實함을 생각할때에 아 이게 무슨 龍愛이신고！主그리스도의
誠命의 第一條를 制定한 모세는 헛수고뿐이었든고！嗚呼라 十

지난날의 모든 情誼를 곰곰 생각할수록「骨髓와 기름진것을 먹
음과같이 내靈魂이 滿足하다」는 （同五節） 것이 정말이로구나。
主님은 나에게서 愛之重之하든것을 때앗어 失望과 困苦한자
리로 모라넣으시고서는 結局 自己自身을 주시는도다。이보다
더 有利하고 暴利的인 取引이 어디있으랴。○MRA運動의 機
關誌「改變生活」八月號에 이런句節이 보이고『그래서 京城에 於
ては一つの集會が七十人位の方達が集つて非常に熱烈な集會が三日
間續きました。その中で先輩も相馬さんがお話になつたやうに無敎
會主義に毅然としてキリスト敎の爲に立つてゐた方が「十五年間私
は誤つた考の下に立つてゐた」といふことを大勢の人の前であかしされました。…』と

고。정말 이런 事實이있었을가。그이들은 絶對正直하다니까 거짓
말이야 안썼을테지。옥스포드 그룹人員이라도 十五年間이나 되
는 無敎會主義者로서의 經歷을 携帶하고가서 그師長과 親友와 後輩
까지 倂세에「裏切」하고「改變」한즉 그런「改變」이 매우 人氣있
는모양。여러사람들의 話題되었든듯하다。또「毅然としてキリスト
敎の爲に立つた方が…」하고서 아래에 否定이붙었으니「改
變」後로는 基督敎와는 關係안한다는뜻일가。「十五年間私が誤つ
た考の下に立つて……」覺으니 無敎會主義에 그릇된것이 무엇일
고？ MRA의 四大綱領以外의 것을 意味함일가。例컨대 十字架
의 贖罪、復活、再臨等等의 根本敎理가 모다 틀린것이라는뜻일
가。아니 그리스도라 하나님이라 云云하는것부터 틀이 집어
치우라는것인가 몰라、四大綱領에는 없는것들이니까。嗚呼라 十

二〇

聖朝通信

八月二日 （金）　晴、後曇。새벽에 叢林中에서 新禱。모기가 매 성가시다。○病院에 入院한 乳兒를 尋訪、少差。○昨日發送되도록 分秒를 다투어 製本시켰든 七月號가 고대로 積置되였음을 發見하고 나自身을 責怖하다。世上에 몸소 내손으로 하는 일보다 確實한 일이 없다。○저녁에 河川通路工事若干。○照會의 短信에 『就者는 非他이옵고 聖誌七月號를 蓋夜企待하였아오나 子今것에 到치안사와 甚히 궁금합니다。今日도 聖誌舊號를 再三 讀하면서 恩惠의 句節에는 赤線을 表하면서 連發하였읍니다。이렇듯 小生의 先生님인 聖誌가 오지않사와 꽃을들 못진가 하오니 可否를 回敎하심 바라나이다』云云。

八月三日 （土）　晴、後雨。피꼬리노래 소리가 날로 높아진다。○赤十字病院에 들려서 次男의 退院手續하고 總督府에 暫時들리고 도라와 고추와가지에 施肥하다。○北京消息에

이곳은 여름동안 비도 別로없이 더위만 繼續하더니 요즘에야 가을이 들기 始作하와 좀 선선한듯 하옵니다。北京이란 이른봄으로 이른여름까지는 바람과 몬지가 半島에서는 볼수없는 程度로 甚하옵고 여름은 더웁고하와 견디기 어렵사오나 가을만은 바람도 몬지 도없는 맑은하늘이 날마다 繼續되옵고 그리 춥지도 더웁지도 아니하와 大端 히 좋다고 하옵니다。大陸의 無智한 百姓들에게도 하로바삐

本國은 그후 비가 많이와서 水害도 적지않은 모양이온데 先生님께는 川邊이 지않으시면 被害나 없으신지요？ 一般的으로는 豊作이라하오니 主께 謝하오며 一般農民들도 主께서 주시지 않으시면 먹을수없다는 것을 알어 感謝 하는데까지 아르게되었으면 하고 願하옵니다。

『더운여름동안 聖役에 얼마나 受苦하시 오며 그간 宅內諸節이 均安이옵기 비옵 나이다。小生은 京城에서 先生님을 뵈옵고 數日後歸家하였아오며 그동안 일이 좀 바 빠서 上書치 못하였읍니다。

八月四日 （日）　晴、時時驟雨。午前부터 河川과 通路修理하다。於間에 暫時 來助하여 주어서 工程大涉。靑年四五人이 함께 禮拜。○感謝의 消息如下『思慕하고 企待하든 聖朝誌는 無比의 반가움으로 拜領하여 읽고 感激에 넘친바 特히 八 年間 듭어오시는 少女의 記者와 장수같은 蹴球選手의 病報를 보고 敎生은 體弱極 甚하오나 걸어단니며 活動할수있고 또 食慾이 있어 먹을수있고 睡眠慾이 있어 잘수있음을 感謝하고 勇氣얻었었나이다。

主께 謝하옵고 主께서 許諾하시면 不忠하고 無資格 한 讀者이지마는 矢內原先生集會에 恭席 하고저 하오니 널리 容納하시고 詳細 한것을 下示하여 주시옵기를 伏望하나 이다。餘不備上書』

八月五日 （月）　晴、小雨。午前中에 受 信負債約十枚 갚다。○入市途中에 滿員안 된 뻐쓰인데 停留場에서 待하고 섯는 客을 보면서도 停車시키지않고 通過하 는 車掌을 向하여 此責을 試하다。兼하여

主를 알어 感謝할수있게되기를 은은히 新禱하옵니다』云云。

聖朝通信

聖朝通信

돈받는일에는「표찌으시오」하면서 停留場이틈은 반드시「쿄-호꾸쪼-이리구찌ㄴ」라느니「도-쇼-몬」이라느니 해서 할머니들이 네탈메를 지나치고 아우성치게하니 그게 무슨 心術이냐고 다꺼부시매 一三七號女車掌이 그래도 自己責任만은아니라고 辯明이었다. ①시골할머니들만 앉었어도 停留所名은 國語로부르고 ②「표찌으시오」는 朝鮮語로하고 ③스ㅅ흡, 오-라이는 英語로쓰며 ④빠스도 外來語대로使用하니 統制時代인 이때에 무슨統制가 이런統制인고. ○午後에 胡白菜를播種하다.

八月六日 (火) 曇, 小雨. 午前中은執筆하고 午後에는 무배추의 播種도하며 鷄舍修理도하다. 特히後者에關하여 어머님께서 매우 잘되었다는 칭찬을받고 기쁨을 禁치못했드니 아이들이 評日 어린애들처럼 칭찬받고 좋아하시네! 라고. 四十이 넘어도 어머님앞에는 어린이오 還甲이지나도 하나님앞에는 모든基督者가 어린이인것을 저들은 알지못하는까닭이다. 그리고 世上칭찬과 權者의칭찬은 안받을지라도 父母의칭찬과 하나님의 청찬만은 받고싶은것이 實情이다.

八月七日 (水) 半晴. 지난 겨울의類例드문酷寒에 우리庭園의 被害두가지있었다. 하나는故崔容信孃이 손수接木했다는 柿苗十餘株가 거의全部 어린죽은것, 또하나는 嶺南誌友가 精誠껏 接붙여준 無窮花가 亦是同樣으로 凍枯한것이다. 前者는 그中에서 두어株가 春暖을 따러漸漸回生하였으므로 九十九頭보다 一頭가 더貴여운 心理로 保護하여 날마다 午後 두고두고 봤드니 그枯幹에서 새싹이 피어난것을 오늘發見하였으매 기뿐지않을수없었다. 우리地下室에까지 充水한 모진장마에 異形의恵澤인가하매 장마도 고마워진다. 一旦枯死하였다가 今春에 蘇生한것과함께 우리庭內의 二大奇蹟이다. 一은鎮海灣을 南海岸에서왔고 二는白頭山麓二千五百米突의 上峰에서 온것이다. ○저녁 家庭禮拜. 마가福音 第十四章輪讀.

八月八日 (木) 曇, 夜雨. 立秋. 아침부터 자정까지 原稿쓰기. ○歸省學生의 消息如下『......門下生의 歸省以來膝下에 無故하오니 伏幸이오나 豫定대로 讀書도 進捗하지 못하옵고 安逸한가운데 날이가는것을 深愧不已이옵니다. 勞働으로써 家事를 도우고 밤의 貴한 맛을 맛보며 아울러 身體와 鍛鍊을할야고 하였든 計劃도 歸省後十餘日이되는 오늘토록 오직 約三時間 김을 매보옵고 平凡히보이든 이러한일에도 熟鍊된 婦人들에게 不及하는것을 깨다라 보았을뿐 도아지깔(草餠)를 비라고,하였든 計劃等은 아즉 한번도 實行하지 못하였읍니다. 可嘆可嘆이옵니다. 聖朝誌昨夕에 奉受하였읍니다. 이렇게 일우어주신 主님께 榮光을 돌리고 先生님의 勞苦를 살펴生覺하여 보았읍니다. 한달늦게 나와도 아무 相關없는것 갈습니다. 오히려 産母의 苦를 살피게되옵고 主의 榮光이 더욱 빛날뿐입니다.』

八月九日 (金) 晴. 原稿를 印刷所에 傳하고 一部分校正시작. ○矢內原先生의 旅程에 關하여 京城基督靑年會에 會議

하다。오늘로써 日時가 確定되여서 照會에 答할수있게되다。○乳兒二七○日만에 마로서고 엄마 맘마의 두마디말한다고 집안이 야단들。○오늘은 먼곳 通信이많다。松花江畔과 鴨綠江畔에서는 憂患의 편지、錦江畔과 北米밋싯피 河流에서는 기쁜기별이들리다。最後者如下『敬愛하는 金先生 그間 宅內가 다 平安하시고 聖朝誌도 無難히 잘되여 가나이까。우리는 去五月頃 米洲에 無事히 上陸하여 六月은 加州와 콜로라도의 親族訪問에 費하고 七月에야 妻의 故鄕인 미조리州에 到着하였나이다。지금 暴暑中이라 아직은 妻家에 있기로 하나 九月에는 뉴욕 어느學府에 工夫하려갈 心算을 가지고 있읍니다。요사이 丈人의 自動車를 비리 運轉을 練習中인데 이곳은 男女 勿論하고 車를 몰아단깁니다。하기는 輝發油한 초동에 五十錢이니 (石油한초롱은四十錢이니) 아모리 貧寒한 사람이라도 車를 所有할수 있게 되었읍니다。(中古車一臺에 七十弗乃至百弗주면 흘륭합니다。』

[中略] 近者 서울서 보낸 동생의 片紙에 年事가 昨年보다도 매우 감을다

여기서 보고드른것을 더쓸수 없읍니다。배울것도 많고 朝鮮에 가저가고 싶은 機械도 많읍니다。日前에도 郊外에 車를 몰아가다가 數百에카의 밀밭을 단 두사람이 打作하는것을 보았습니다。(버이면서 打作까지하는 機械)。우리도 永興벌이나 順安벌이나 江景벌 乃至滿洲벌판에 이러한 機械를 드리대여 農事를 지을수 있다면 오죽 좋겠어요。다음에 또 쓰기로 하고 아직 이만 둘렵니다。七月十一日 金周恒』

八月十日 (土) 晴。새벽東南天에。火木兩星이 甚히 接近하였고 金星은 조금 燦然하다。○原稿쓰기와 印刷所往返等 數日來의 日氣秋節갈아서 執筆者에게는 좋으나 農事에는 損害적지 않을듯、念慮不己。

八月十一日 (日) 晴。아침에 絲瓜苗

하였으니 果然 그렇다면 農民들의 將來에 施肥。○午前中에 主日學校兼家庭禮拜。누가福音 第三章輪讀。○午後三時半車로 母親님 北滿佳木斯로向發。○午票사며 電報치노라고 佳木斯의 發音이 奇異한것을 처음알다。○저녁에 午前一時넘어서 東天에 惑星群이 찬란한때가 校正과原稿。○照會편지 一枚如下『每月기달려 聖書朝鮮을 손에들때마다 먼저 通信欄을 읽어서 先生님의 身況을 늘살피었읍니다。마참내 先生이 계실 世界를 完全히 占領하심을보고 中心으로 感謝를 드렸나이다。어찌되든지 聖書朝鮮이 죽으면 이땅은 너무도 불상합니다。죽엄의 世界로 될것이 아니옵니까。끝까지 고요하고 끝없이 쓸쓸할것이 아니옵니까。想像만 하여도 진저리가 나는 世界입니다。先生님 부대 부대 邁進精進하여 주시옵소서。

○矢内原先生님의 來鮮을 生覺할수록 感激합니다。聖朝의 紹介로 先生님의 通信誌를 읽음으로써 비로소 先生님을 알게 된 小生은 사람마다 다 갖이지못하는 「좋은 先生을든 幸福」을 때때로 느끼나이다。달마다 嘉信誌를 通하여 배우고 있

聖朝通信

二二三

聖朝通信

었나이다。어떤때 그의 著書를 읽을때 너무 貴합을 느끼과 「칼스主義와 基督敎、로마書五講」等은 小生의 손으로써 우리말로 옴겨 敎會의 불만한 同僚에게 傳하였읍니다。滿洲의 어떤 牧師님은 읽으시고 無限히 기뻐하며 「지금까지 自己의 讀書經驗에서 처음얻는 寶貝」라고 함도 들었읍니다。이 참사람을보고 싶어 가슴이 뜁니다。그때에 하루저녁만이라도 반드시 參與하려고 하오니 集會內容을 付送해주옵소서。餘不備上書」

八月十二日 (月) 晴、午前中에 印刷所에들린즉 밤새면서 時刻을 다투어써간 原稿가 누구의 無心한 失手로 四五日채 그냥机上에 놓여있음을 發見하고 놀라며 憤내다。때마침 校正室에 있으랴니 國民精勤에서 出張온모양、工場一隅에 職工全員을 모이고 皇國臣民誓詞齊唱、精神總動員講話等 있는듯하다。이제後로는 顧컨대 오늘과같은 失策이 絶無하기를。印刷所에서 工程이不涉함으로 일즉 도라와、午匯。○精進의 消息에 「學이되면서는 多幸히 틈을 얻어 新約聖書의 再讀과 聖書朝鮮의 精讀을 할수있었고 專攻學問도 進步가 있었옵니다。「我らの安堵」「やりなほし」「生命の途」「榮譽와恥辱」「우리의憂慮」「나라는사람」모다 아멘 입니다。舊號는 되푸리 할수록 재미있는것이、그前에 크게 느끼지 않던것에 感激을 禁하기 어려움을 만날때는 제 自身의 進步를 생각하고 歡喜에 넘치는 까닭、「보는눈、듣는귀」의 眞理를 體得할수 있다。모든것은 하나님의 聖意대로 이루어질 것이니 安堵하고 있을것이나 또한 哀心으로 당신의 代言者 우리의 등불 聖書朝鮮의 保護를 간절히 祈禱 아니하지 못하겠나이다……」

八月十三日 (火) 雨。午前中은비맞으면서 通路修築하노라고 매우 疲勞하였다。○午後에 印刷所에가서 校正。未畢한것을 가지고 도라와서 저녁에도 늦도록 校正。○街路에서만난 某氏가 「病患이었다냐」고 親切히 무르나 病患이 아니라」고 疲勞다。原稿쓰며 校正할동안은 얼굴이 축하고 體重이 減해진다。달달이 週期的으로 오는「病患」이오、宗敎雜誌記者에게 獨特한 病患이다。

八月十四日 (水) 曇、時時雨。우선校正을 印刷所에 傳하고、午前八時半京城驛着列車에 咸興府外의牛心農場에서 보내는 딸기앗 받으려 出驛。지게에 지워보내고 印刷所에서 한참 校正後에 다시印刷所에 나가 工程을 督勵하여 八月號의 許可願提出。校正이未畢이나 오늘로 섬어야한다는딸기앗섬우기爲하야 또山麓으로 가다。校正도뒷집 老人의 助力을입으면서 定植하니 總히三百餘苗이다。日沒後에 獨軍飛行機도 이럴가싶이 總攻擊하는 모기떼와 싸우면서 하루勞働을 畢하다。오늘같으면 일은아침부터 늦게까지 부끄럽지않게 緊張한일을 하였다。○家庭禮拜에는、누가福音 第六章輪讀。

八月十五日 (木) 雨。아침에 편지答狀約十餘枚쓰고、印刷所에서 八月號를校了하다。○午後四時頃에 歸宅하니 連日의 雜誌의일과 庭園土木工事等의 疲困이 一時에 爆發하여 아무일도못하고 臥床。

八月十六日 (金) 雨、後晴。昨夜의 아…… 債를 報償하다。○精進의 消息에 「……放

禮캐 됩니다。우리 主를 崇할者 天上天
下에 잇슴을 生覺하고 우리가 그안에있
음을 記憶할때 힘이되옵고 찬송이 흐
르게 됩니다。山田氏말슴과 같이 益益
舊鬪하사이다。우리의 大將은 예수시니 얼
마나 든든합니까。云々。

八月十八日 (日) 晴。새벽에는 찬송
가로써 起床라말을 代身하다。午前中에
家庭禮拜。누가福音 第十章輪讀。○舊號
의 註文을 接하고 이것을 찾어모우기에
여러時間걸리다。아무리 整頓하노라고해
도 藥房에서 調製하듯이 簡便하게는 안
된다。時間과 努力의 節約을 爲해서라
도 舊號의 取扱은 一定한 期間을 定할必
要가 있을듯하다。○地方 어떤 友人이
矢內原先生 오시는 消息을 알고서 自己
네들도 기여코 小集會를 열기를 願하
며、余亦是 그地方兄弟들에게 이런有力
한 先生의 援助가必要함을 느껴서 特
請하여 先生의 承諾까지 얻었다。

八月十九日 (月) 曇。잠을깨니 閃光같
이意識世界의第一念으로 솟아오르는생각、
그것은「하나님만이……」라는것、쉬지않고
흘러가는 시내의 돌소리와 藥師寺스님의

스윗린 一篙가 有效하여 새로운 元氣
로起床。午前中은 道路修築。○午後에 印
刷所에갓다가 呼出받고 總督府行。○嶺南
消息에『拜啓、先生님 氣體候萬安하시오며
宅內諸節이 均吉하심을 伏祝하옵나이다
待望하옵든 聖朝는 이곳故鄕와서 맞이
하여 孤獨한 罪人에게 無限한 慰安과
새로운 希望을 딴여주어서 全身에 靈
感이 넘치나이다。聖朝를 爲하서서 受苦하
실때에 背後에 이런 앉은방이가 일어
서는 光景을 想像하시기를 바랍니다。』

八月十七日 (土) 半晴、後雨。아침에
아이들 잠깨우는대신에 찬송가를 불러보
니 一種妙案인듯하다。第四、四十一、三五
○章等을 힘껏부르다。아이들도 하나식 들
식 깨여나는대로 合唱에 加하다。○誌友의
消息에『…難産中에서出生된 貴誌一三八號는
今日에야 入手되여 一氣讀畢에 더욱반가
웠고 慰勵도 많었읍니다。『我らの安堵』는
短文句中에 힘을 두심 많었아오며、山
田中佐의 書信은 實로感激에 넘치셨나이
다。果然 主안에는 彼此 此도 없음을
배워 고마웠읍니다。그러한 階級中에도
主를 깊이 맛본분이 있음을 더욱 謝

京城聖書研究會

日時 九月一日(第一日曜)午前十時부터約一時間半 (每日曜日)

場所 京城府外貞陵里三七八番地(本社)

會費 (改正)每月一圓以上. 臨時聽講料每一回三十錢.(但前學期末까지의會員은從前대로의會費可함.)

道順案內 京城驛에서本社까지 올라면 驛前에서 東大門行電車를타고 鍾路五丁目에서 敦岩町行뻐스에乘替, 敦岩町뻐스 終點下車(以上路四十分間). 北漢山白雲台 正面으로向하야 徒歩約十分에 岐路를 맞난다. 右便길로行하면, 左便에는 旭町採石場이있고 조고마한 고개를넘는다. 이고개의 이름이 「아리랑고개」, 우리는 貞陵觀또는「想觀」이라고부르며 京城府의 境界요 本社까지徒步行程의 約拆半. 想觀을 넘어오면 貞陵入口인데,二層商店、理髮所、支那料理店等이있다. 直路로더오면 萬歲橋 조금 못미처서 또한번岐路. 左便을 行하야 山기슭으로 돌아들면 藥師寺가있다. 藥師寺앞으로 帶山臨水의 쿄코레트色집웅의 집이本社. 電燈線의 最終點이다. 貞陵里 안에서도 우리洞內는 俗稱「孫哥場」이라 한다. 想觀넘어 二層商店이나 理髮所나 孫哥場區內에들어서 무르면 아니더라도 알으나 養正學校敎師 또는 矯風會長이라고 하면 通하여도 알지못한다. 이옷집에서도, 알지못한다.

注意. 聖書를研究하는것을 目的하는者로, 長老、監理敎會員이나 「옥스포드그룹」員이나 佛敎徒나天道敎徒나 參席無妨하다.(九月一日까지에承諾받고參席할것). 반드시 基督敎徒인가 아니더라도 無關하다. 그러나 多年間 聖書를 배우기만하면足하다고 無敎會主義者로 自處하다가 公席에서 이를否定한이들、또는 無敎會主義의 讃仰者로 오래동안 嬌態를보이다가 風潮에따러「轉向」한 輕薄한무리들은 우리研究會에, 參席할수없을것은 勿論이오 모든 無敎會主義者의 會合에도 參關치 말어야할것은 聖神의降臨을 待하지않고마 人間의常識이 命하는일인줄로안다.

過 告 ① 옥스포드그룹에 關한 主筆의 意見은 編輯上關係로 次號에 揭載되겠다. ② 平壤府 信一書舘에서 本誌를 取次販賣하든일은 지난 八月號으로 今後中止하게되었다.

取次販賣所

和信 (京城府鍾路二丁目一八六)
博文書舘 (京城府鍾路二丁目)
教文書舘 (京城府鍾路二丁目九一)
向山堂書房 (東京市麴町區九段坂)
茂英堂 (大邱府)
北星堂信 (春川邑)

本誌定價

一冊 貳 拾 錢
 (送料共) 前金一圓十錢
六冊 (半年分)
十二冊 (一年分) 前金貳圓貳拾錢
要前金 直接注文은 前金貳圓貳拾錢
振替貯金口座京城一六五九四番 (聖書朝鮮社)로

昭和十五年 八月二十八日 印刷
昭和十五年 九月一日 發行

編輯兼發行者 金教臣
 (京城府外崇仁面貞陵里三七八)
 (京城、光化門局私書函第一八號)

印刷者 李相五
 (京城府仁寺町一一九ノ三)

印刷所 大東印刷所

發行所 聖書朝鮮社
 (京城府外崇仁面貞陵里三七八)
 (京城、光化門局私書函第一八號)

振替口座京城一六五九四番

【本誌定價二十錢】(送料五厘)

昭和五年一月二十八日（第三種郵便物認可）
昭和拾五年十月一日發行（毎月一回一日發行）

金教臣 主筆

聖書朝鮮

第壹百四拾壹號

昭和十五年（一九四〇）十月一日發行

目 次

銃後生活と奢侈品

七月七日支那事變勃發三周年を期して、內地に於ては奢侈品等の製造販賣制限規則が實施され、我が朝鮮に於ても內地に呼應して七月二十四日府令第一七九號を以て發布せられ即日より施行された。

新國民生活體制を確立し擧國一體國家の總力を發揮し國體の本義に基く國防國家建設には、大に國民生活の刷新、戰時生活の確立の聲は既に久しいが、都會生活の消費者等を見るときは、必ずしも十分の效果を擧げてゐるとはいへない。今迄の生活の自由の夢を追つて、統制への不平不滿を更心懷く者も絶無ではない。然しながら戰へる世界のどの國も生活の戰時態勢化が斷行されてゐない所があらうか。獨逸の大勝利の蔭には吾人の想像だにも及ばない犧牲的不自由な生活に甘んじてゐる事實を見逃してはなるまい。凡そ奢侈逸樂を事として興隆せる國家は未だ曾て之を見ないのである。

惟ふに我が銃後國民生活の現狀を顧みると通貨の膨脹が購買力の增大を誘發し、殊に殷賑産業方面に於ては生活樣式の奢侈化に拍車をかけた事實は否めない。一方に於て物資の一

大消耗が行はれて居る場合、日常生活に於て平時と同じ質と量との物を欲求することは許さるべきでない。戰時には戰時に相應しい生活樣式がなければならぬわけで、銃後の國民としては最少限度の生活に甘んずべき責務があるのである。

玆に於て政府は生活必需品等の消費規定に關し不急不要品又は奢侈贅澤品の生産、製造及販賣を制限又は禁止すること或る程度の必要性あるものと雖其の物の原材料が重要生産資材又は生活必需品資材なる場合に於ては右に準ずることゝなつた。

我は福音を恥とせず

使徒パウロはその昔ローマの人々に書翰を送るに際して先づ「我は福音を恥とせず」と書き出してゐる。この語葉程信者を力づけるものもないが又同時にこの語葉程我らを惑はしめるものもない。少くとも私にはさう思はれた――福音恥かしとの經驗がむら〳〵と思ひ浮ばされるからである。

何故に福音恥べきか。恥べき理由は山程ある。余輩の不信を詰る人々は蓋らく已が胸に手を置いて考へよ。

我らは目に見えざるエホバの神さまに語り且つ求めるのであるが目に見えるもののみを確かなものとする世の人々からは食前の感謝も恥かしめを招いたのであつた。自からの徳を修めることによつて人格完成へと勇躍して人生の旅路を出立した若者が只管キリストの十字架の蔭に救を希願ふものとなつて凡ゆる武裝（道德的）を解除され絶對降服の經驗をなめ盡したものとなつたのであるから意志人として道德人としての恥は骨髓に徹せしめられてゐる十字架の血に已が罪の贖はれること、一度死して復活するとのこと、終の日にキリスト再び來り給ふとのこと等々これ凡て現代科學敎育を受けたるものの凡ての恥べき理由を悉く知り盡し乍ら福音を信じて憚らないのみか之が爲には何時でも生命をも獻げん、しかしながら此等の凡ての恥べき理由をもつ福音を信じて憚らない信條ばかりである。福音は實に恥とすべきである。福音は理論でもなく學問でもなく修飾でもなく生命それ自身であり能力そのものとする待機體制であるから不思議である。これ福音は理論でもなく學問でもなく修飾でもなく生命それ自身であり能力そのものであるからである。

この福音はユダヤ人を始めギリシヤ人にも、凡て信ずる者に救を得さする神の力たればなりである。この力を體驗した者には「我は福音を恥とせず」とのパウロの言が決して女々しい語葉でないことが解るのである。この一語の中に基督敎をして一躍世界人類の宗敎たらしめた所の稀代の英傑タルソの人パウロの偉大なる氣魄が潜められて居るのである。彼の全人格全生涯が此の一語に賭けられてあるのだ。

我が字典の中には「不可能」なる語がなしと大言壯語した英雄は遂に不可能の中に鎖されて憂愁の中に消え去つた。然るに一見内氣な靑年の如く臆病な若者の如く無學を恥ずる者の如く「我は福音を恥とせず」と漸く言ひ切つた男は遂に「誰か我らに敵せんや」と挑戰し「然れど凡てこれらの事の中にありても、我らを愛したまふ者に頼り勝ち得て餘あり」と（ロマ書八・三一以下）凱歌を上げたのである。

願はくは我らに於ても彼のこの一句が彼の塲合の如くハチ切れる程の內容を持たされんことを。

　　我は福音を恥とせず

　　　　　　　　　　　　　　一

친구를要함·그리스도의것을分離하라

친 구 를 要 함

二

내가 내 친구 너이게、말하노니 몸을 죽이고 그 후에는 能히 더 못하는 者들을 두려워하지말라。마땅이 두려워할者를 내가 너이게 보이머니 곧 죽인後에 또한 地獄에 덨여 넣는 權勢있는 ㄱ를 두려워하라。

내가 참으로 이르노니 그를 두려워하라。

고(누가一二·四-五)。荊棘의道가 臨迫한것을 그弟子들에게 일러주실때에 예수는 그弟子들을 特히 친구 라고 불렀다。

平和한時節에는 先生도 좋고 弟子도 可하였다。그러나 生死의岐路에 臨하여서는 先生도 弟子도 쓸데없고 오직 「몸을 죽이고 그후에는 能히 더못하는者를 두려워하진않는者」만이必要하니 그가 곧 親舊다。年齡의差 學識의程度 階級의上下 性別의差異도 關係할바가아니다。두려워 안할것을 두려워안하고 참말 두려워할이를 두려워 하면서 險路難關을 突進하며 肉彈으로 連다라爆擊하는者、그들이 친구이다。

그대여 듣는가 그러스도가 只今 그대를 친구라고부르신다。그리스도의친구들아 모다合하여 친구되라。

그리스도의것을分離하라

내가 또한 너이게 말하노니 누구든지 사람앞에서 나를 시인하면 인자도 하나님의 사자들앞에서 저를 시인할것이오、사람앞에서 나를 부인하는자는 하나님의 사자들 앞에서 부인함을 받으리라

고(누가一二·八-九)。信仰生活의 알파요 오메가이며 出發點이오 決勝點인것을 指摘하셨다。

信仰生活은 世上싸움과같이 一朝 或은 一夕의 合戰에 爀々한武動을 세운다기보다、오래오래 길실길이 그리스 도의 旗ㅅ발 하나를 守直하고 젔는일에 더큰功勳이 있는듯하다。血氣의人間으로서는 할수없었다할만한 偉大한信仰告白으로써 主예수의稱讚을받었던 베드로도 닭울기前에 세번 主를否認했으면 敗將이오、그리스도의再現 같다는 當代의 불명어리같은復興牧師라도 晩節을 지키지못하면 虛事이다。

主를是認하는秘訣이 무엇인가。첫째로 그리스드의것을世俗의것과分離하는일이다。아무리崇高한듯이 보여도 가이사 에게屬한것、一時있다가 肉體와함께 없어질것은 할메까지讓步하라。讓步할것을 모주리讓步하는것은 讓步못할것을 굳게 지키는 唯一의途인저、

골로새書講義（十）

新生活의消極面

（三·五—一一）

金　敎　臣

第三章의 첫머리에 新生活의原則을 簡明하게述하여 地的生活에對한 天的生活이란것은 이렇게까지 根本的相違가있다는 大綱을提示한後에、第五節以下에는 實踐道德即天的生活의具體的內容을 例示하였다。

그中에도 第五——十一節은 天的新生活의 消極面이오 第十二——十七節은 그積極面을 본보인것이다。이 消極과 積極兩面을合한것이 勸告의第一이오、第二、第三의 勸告는 다음에 連한다。

（五）그러므로 따에 있는 지체를 죽이라。곧 음란과 부정과 사욕과 악한정욕과 탐심이니 탐심은 우상 숭배 니라。

［그러므로］ 는 바울의書翰에 種種 重要한 意義를 가지는字이다。實踐道德을 單只 社會生活의便宜나 慣習에 붙이지않고、人類救援의永遠不變하는原理——即 敎義에連結시키는文字이다（로마一二·一、에베四·一參照）。

本節初頭의 「그러므로」는 本書翰을 上下로 兩斷하여 以上과같은信條를把持하였으면 以下와같은生活이 스스로 나타날것이라고、敎義와實踐을 區分하는同時에 또한 連結하였다。더 詳細히 指摘하면 「그러므로」는 第二章二十節로부터 第三章四節까지를 壓縮한意味를 가젔다。좀 簡略하게 말하면 第三章四節의 下半 「너이도 그와 함께 영광중에 나타나리라」는句를 받었다。그런榮光스러운 希望에 넘친者가 舊態依然한 罪惡의生活을 繼續할소인 가? 도무지 可合하지않다 함이다。

「따에 있는 지체」 τὰ μέλη τὰ ἐπὶ τῆς γῆς 原文에는 「죽이라 그러므로 따에있는 지체를」 이렇게 本節初頭가 시작되었다。그러므로 따에있는 지체를」 같은 글字라도 그排列의順序에마려 語勢가 다르며 迫力이 더한것은 말할必要도 없거니와、이 人生의善한싸움을 싸우고 남은 老將 바울의 勇姿가 보이는듯 呼令이 들리는듯한 單句이다。

第二節에 「우엣것을 생각하라」하여서 天的新生活의 向方을明確히指針하였고、이제 「죽이라……따에있는 지체를」하여서 毒蛇의頭骨을擊破하였으니 이로써 天的新生活의 向程里길은 벌서 發程된것이다。

［지체］는 文字대로는 손 발 等 身體의一部分을 意味하는字이나 여기서는 以下에列記한 罪惡을意味한것임이 틀림없었다。故로 「肢體를 죽이라」했다고 異敎에서서 혼

二三

골로새書講義

四

이 보듯이 難業苦行으로써 肉體를 괴롭게 굴기만하면
된다는 뜻이 아닌것은 바울이 累累히 一警告한 바이다
(三·二三)。 肉體를 참으로 죽이며 옳게 죽이는것은 聖
靈뿐이다。

너이가 육신대로 살면 반드시 죽을것이로되 靈
으로써 몸의 행실을 죽이면 살리라
고(로마八·一三)。

[탐심은 우상숭배니라] 他人의 權利나 幸福은 全然돌보지
않고 自身의 慾心만 채우랴는것이 탐심이다。貪心은 그
性質上、金錢에 關한貪心이거나 其他에 對한貪心이거나 사
람의 마음을 하나님께서 떼여서 貪하는 그속에集注시
켜버린다。故로『……너이가 하나님과、財物을 兼하여 섬
기지못하나니라』고 (마태六·二四)하신대로이다。

(六) 이것들을 因하여 하나님의 진노가 임하나니라。
[하나님의 진노] 聖憤 義憤의 發露하심이다。하나님은 사
랑이시라고해서 憤내시며 怒하시지 않는줄로 아는것은
淺薄한 생각이다。아직 한번도 깊이 사랑해보지못했고
크게信賴해보지못한者의 觀念이다。。
姪亂한結果로 한家庭이紊亂해지며 放縱한 뒤에 肉體
가爛漫해지며 貪婪한結果로 國家가 衰退해지는것等等은
우리가 目睹하는일이오 歷史가證明하는事實이다。하나님
은 決코 없우이여김을 받지않으신다。

[이것들] 따에屬한貪心等。에베소書第五章六節은 本節
과相通한다。但 本節에는 「순종치 아니하는자식들에게」
라는句가 없는것이 옳은듯하다。

(七) 너이도 전에 그가운데 살때에는 그가운데서 행하
였으나

너이도 前에는 順從치않는者、即不信者였다。不信者時
代에는 이런 모든惡한일을 行하였고、自己가 行하면서
惡한줄로 깨닫지못했을뿐더러 도리어 他人의行惡하는것
까지도 贊同하며 기뻐하였느니라(로마一·三二)고。
「그가운데 산다」는것은 그런行惡에 興味를 느끼며 精
力과時間을 그일에 消費하는것이다。

(八) 이제는 너이가 이모든것을 버서버리라 곧 분과
악의와 훼방과 너의입의 부끄러운말이라。
[이제는] ηηη ον 前에는 惡한行實로因하여 그리스도와
는 멀리 떠난者요 원수된者였거니와、이제는 그리스도
의肉體의 죽음으로말미아마 하나님께 和睦함을얻고 거
룩하고 흠없고 책망할것이없는者로 되었으니、이제는
라야 한다(一·二一―二二參照)。
[아모든것을] τα παντα 罪惡은 表面에 나타날때에 여
러가지 모양으로 나타나나、그根本에 들어가서는 한가
지두가지로 分別하기 어려운故로 바울은 혼이 이와
같이 통트러서 일카른다。

[벗어 버리라] ἀποθέσθε 本來의뜻은 옷을벗는다는 字 인데(使七·五八) 象徵的意義로 쓰이는때가 많다。(로마一·三·二二、에베소四·二二、히브리一二·一、야고보一·二一)。遂巡하지말고 猶豫할것없이 一擧에 決斷하라는意味가 包含되어있다。

[분] 朝鮮語에는 [분]이라고譯한字가 ὀργή, θυμός의 두자로되어있다。大體로意譯을 하려면 [분]이라는 한자로 譯해버려도 無妨하다할수있겠으나 細密히 말하면 두자가 各其 固有의뜻을 가진字요、聖書의文字가 任意로 縮略되는 結果가 되고만다。

原文에는 [분과 惡意와 誹謗과] 云云하였으나 [분]이라고譯한中의 ὀργή 는 比較的 思慮한우에 固한意志로써 忿怒함이오、θυμός는 一時的感情으로 爆發的으로 閃光같이發怒하는데 쓰이는字이다。

[악의] κακία 忿怒가 좀더 常習的으로 固定化한 心理이다。忿怒하는일에關해서도 『……성내기도 (ὀργή)하라。사람의 성내는것이 (ὀργή) 하나님의 의를 일우지 못함이니라』고 야고보가(一·一九-二二) 가르쳤다。하물며

[훼방] βλασφημία 原意는 神을冒瀆하는데 쓰이었는데 여기서는 他人을 誹謗하는뜻으로 쓰이었다。忿怒의 惡意를 품는것이 옳지못한일인것은 더 말할것도 없는 일이다。

新生活의 消極面

程度가 여기까지 이르면 그人間은 極度로 惡化한것이다。

[너의입의 부끄러운말] 옛날 우리祖上들은 可히 입에 담지못할말도 있었고·부끄러못할 노래도 있었다。그러나 現代人들은 아무런 말이라도 그입에서 나올수있으며 어떠한 노래라도 부를수있다는것을 自由라고 하며 자랑할뿐만아니라、그自由를 行使하지않는이들을 向하여 僞善者라고 詰難한다。督基敎徒가 僞善者라는 烙印을 받는理由의 九割以上은 저들의입에서 [부끄러운말]을 吐하는 勇氣가 缺乏한까닭이다。

말은 思惟와信念의發露요 또 더러운言辭는 惡한思惟를 偶發한다。우타가 배人속까지 淨潔치못하다는 非難을 받는수있었을지라도、부끄러운말은 우리입에서 斷絶하기를 힘쓸것이다。空中으로 날려지나는 새는 禁치못하더라도 머리우에 깃드리는것은 禁할것이다。

(九) 너이가 서로 거짓말을 말라。넷 사람과 그행위를 벗어바리고

[거짓말을 말라] 고 하면 現代人은 이것이 참말로 거짓말 말라는것인가 或은 무슨修辭나 아닌가고 疑心하지않을수없을것이다。現代人은 크나 적으나 利로動하고 利로終局을 삼는데 거짓말은 確實히 利로운때가 많고

五

꼴로새書講義

正直함은 不利할뿐더러 危險한때가 많다。그럼 왜 거짓
말을 버려야하나。

眞實하기爲하여서나。世上살림에는 거짓말도 方便이라
는 俗談이通用될런지 모르나 하나님앞에 사는살림에는
方便도手段도 쓸데없다。오직眞實하기만하면足하고 眞實
만으 있어야 聖前에 나아갈수있는故이다。

거짓말없이 手腕부리지않고서 眞實과眞實이交流하므로
써 살수있는나라。그나라가 하늘나라라고하매 어찌戀慕
하지안할소인가。

(十) 새 사람을 입었으니 이는 자기를 창조하신자의
형상을 좇아 지식에까지 새롭게하심을 받는자니라。

[새사람] 前節의 「녯사람」과 對照하는말이다。아담人
에對한 그리스도人이 새사람이다(갈三・二七參照)。前者는
不淨함과 邪慾과 自我固執의 덩어리였으니 마땅이 十
字架우에 죽어야할것이오、後者는 그리스도를 받어드림으
로 말미아마 全然새롭게 創造된存在이다。그는 그리스
도 안에있는 新生命에 넘처 躍動한다。

[창조하신자] 即 하나님。一章第十五、六節註釋參照。
[지식에까지] εἰς ἐπίγνωσιν。知識은 하나님의聖意를感
應하는 知覺。神學이나哲學의類가 아니다(一・九、빌립一・
九、十節參照)。그러한分別하는能力을 가지게되는것이 새
로워진者의 最終의 目的이다。

六

(一一)。거기는 헬라인과 유대인이나 할례당과 무할례당
이나 야인이나 구스듸아인이나 종이나 자유인이 분별이
있을수없나니 오직 그리스도는 만유시오 만유 안에 계
시니라。

[거기는] ὅπου 하나님의 形象을 좇아 知識에까지 새롭
게하심을받은 新人들의 나라에서는 사람

[헬라인과 유대인] 헬라人 即希臘人이라는것으로써 유
대人以外의異邦人을統括하여 이른것이다。이렇게對照하여
일카른데는 他에도 類例가 많다(로마一・一六、고前一二・
一三、갈三・二八)。

[할례당과 무할례당]
[야인이나 스구듸아인] 希臘人中에도 割禮받은者가 있었다。
野人中野人으로 알렸다(에스겔二八・六一十、예레미야一
・一三以下、六・一以下參照)。

스구듸아人은 北方夷狄의 總稱인
데 野人中野人으로 알렸다

이리하여 따에있는肢體를 죽이고 모든不潔한生涯를離
脫하여야할消極的方面의新生活의根據가 確然하여졌다。이
로써 新生活의 積極的方面으로의 展開가準備되었다。

信仰의 時 （大正四年四月）

神은사랑이시다。그러나只今은 그는 사랑이신것이 보이시지안는다。그러나 우리는 그가 사랑이신줄을 믿고있다。그리스도가 날아나실때 그가 사랑이시라는事實이 明白히될것이다。只今은 信仰의때다。참고 기대리는때다。只今은 사랑이신것같이 보이시지안는그를 사랑이시라고믿고 이信念의實現을 待望할때다。
主예수여 速히臨하옵소서! （默示二二・二〇節）

信仰은 무엇이냐 （大正七年六月）

信仰은、理智的行爲가아니다。또는、綿密한研究의結果도아니다。信仰은、우리의 生命全部를가지고할 眞理의解得이다。그러므로 信仰은瞬間的으로 이러난다。心理的으로말하면 信仰은 異性이 서로사랑하게되는 動作에恰似하다。그는보고 곧 믿는다。하나님이 말슴하시매 사람은 곧 그의말슴을 듣고믿는다。하나님이 부르시매 사람은 그의부르심에 곧 應하여 對答한다 『네가여기있아오니 나를보내움소서』라고。우리는 所有하는 모든議論을 가지고도 「한사람을 說服하여 그를 信者로할수없었다。다만 우리가 할수있는것은 信者의 信仰을 굳게 할수있는것뿐이다。信仰연기爲하여 우리는 議論의說服을 받을必要가없다。吾人은 바랄수없는中에 바라는것같이 믿을수없는中에 믿을수있다（로마四・一八）。信仰은 기쁘고 아름다운論證이다。信仰은 하나님과 그의眞理에對하여 戀愛에 빠지는일이다。

神의 愛 （大正八年五月）

使徒요한이 말하대 「우리가 하나님을 사랑한것이아니오 오직 하나님이 우리를 사랑하사 우리죄를위하여 화목제로 그아들을 보내셨음이라。이것이 곳 사랑이니라。」라고（요한一書四・十）。우리가 하나님을 사랑한다하여야 決코 놀라울일이아니다。하나님은 사랑스러우신故로。그러나 놀라울일은 하나님이 사랑스럽지못한 우리를 사랑하신다는것이다。사랑스러우신분이 사랑스럽지못한 우리를 사랑하시고 그의아들—그의獨生子를 보내사 우리로하여금 그들通하여 生命을 얻을수있게하신것 이것이 곧 사랑이다。하나님의 사랑은 決코 이와같이 사랑하지않는다。진실로 예수께서 말슴하신 「내가 너이를 사랑한것같이 너이도 서로 사랑하라」는 계명은 새계명이라（요한一三・三四）。그들通하여 가르치시고 날아내신 사랑은 熱情이아니고、사랑하지못할것을 사랑하려는 善良한意志의 自由發動이다。하나님이 불상하고 賤하며 罪가

信仰의 時

七

운데 빠진 우리를찾어 사랑하시는 그사랑은 純全히 그
의恩惠로우신 聖善한 意志에서나온것이다。

生命과光과愛 （大正三年二月）

神은生命이시라。또 그는빛이시라。生命이신 同時에
이신故로 그는사랑이시라。生命은 活力이다。빛은 四方
으로 放散하여 自身을 아낌없이 남에게 주는것이다。
재않는빛이 여호와의 使者가 가시덤불 불꽃가온떼서 모
세에게 날아나보이실때 가시덤불에 불이붙었으나 가시는
살아지지아니하였다。그때、모세는 그앞에서 사랑의그리
스도를본것이다。불은붙었으나 가시덤불은、살아지지않었
다。그때의불（光）은 生命이였기때문이다。（出埃及三：二、三）。

요한思想의 精髓 （大正六年九月）

萬若聖요한의思想을要約하여본다면 左와같이될것이다。
사랑은하나님으로부터 나오나니 하나님은사랑이시다。
사랑이善行으로서 날아난것은義라。이反對는罪라。
知識的으로본사랑은 빛이라。이反對는 어두움이라。
德性으로본 사랑은 眞實이라。이反對는 虛僞라。

예수는 하나님의愛子다。그는 하나님의빛이시다。그는
眞實그自體이시다。即善
그리스찬은 하나님의子女이므로 사랑하여야된다。即善
行을 行하여야된다。어두운世上에 있어 빛우어야된다。
永遠히 眞實하여야된다。사랑은 요한思想의 中心이라。
法律의全部라。

信仰과救援 （大正五年十一月）

余는 하나님의 말슴을 믿으나 余의救援의經驗은 믿지
않는다。余의 經驗은 幻想일지도 모르나 하나님의 말슴
은 永遠히 서있어서 움직임이 없다。말슴하시매 「나를 처다
보라。그리면 救援을 얻으리라」고 余는信仰을가지고 못박히
신 主를 처다본다。그리고 나는 確實히 救援되였다는것을
믿는다。余는 異蹟과奇事를 보지않는다。救援의體驗은、救援의
엔기爲하여 必要하지않다。救援의保證을
리의 한사람이 되기싫지않다。十字架가 救援의證據다。아직罪
가 余에게 남어있는지없는지 余는 余의罪를 돌아보라고 안
하고 다만 十字架만을 처다볼뿐이다。十字架는 余의罪를
淨潔케한다。——이것을 余는 믿는다。余가 淨潔케되는
것을 기다려 余가 救援되였는것을 確信하라고안한다。
리그보다 余를爲하여 十字架에 달려주섰다는것을 믿으면
充分하다。人間의모든 理解를超越하는平安은 나의것이다。

八

罪人만을 爲하야 (第八回)

A、J、럿셀 著

趙聖祉 譯

第四章　生活改變者 (I)

푸랭크는 獨特한 人物이다。해롤드·뻑때가「生活改變者」에 記錄한 푸랭크의 生活改變記는 참으로 興味있고 靈感的인記錄이다。푸랭크는 책에서 보든지 實地로 사괴여보든지 接々 親密해지는 사람이다。첫章을 읽고 나면 대번에 그를 맞나보고싶은 생각이 난다。그러나 事實 맞나고 보면 차라리 맞나지않었든 드라면 좋았을걸 하는 생각이 날넌지 모른다。그러나 그原因은 除去해 버리면 亦是 푸랭크요 變함없는 푸랭크다。

그때는 벌서 精神的의 敗北에서 解放을 얻고있는때이다。「生活改變者」(Mills and Boons社刊行)는 푸른 表紙를 한책으로 英國에서는 牛크라운에 팔고있는 책이다。지금은 벌서 十四版이나 나왔다。이렇게 잘팔리는데에 아주滿足해하는 發行者에게서 나는 이運動은 지금 强하

生活改變者

게 成長해나가고 있다는것을 알었다。나는 著者인 해롤드·뻑때ㅣ를 맞나본적은 없지만 훌륭한 人格의 所有者라는것을 알었다。그리고 그文章을 보아서 그는 才操있는 쩌ㅣ날리스트라는것도 알수있었다。그는 우리의 强敵인 어떤 競爭者에게 請을 받어가지고「나의 宗敎」에 對抗할만한 連續記事를 쓴일이있었다。그記事는 그다지 興味있는 記事는 못되었다。옥쓰포드의 新宗敎運動에 對해서 쓴것이 아니라 現代人의 神에 對한 態度를 를 說明하는 記事였었다。우리의 競爭者는 그事務室안에「나의 宗敎」에 對抗해서 쓸만한 材料가 이렇게 좋은 것이 있었는데도 그것을 알지못하고 그냥 내버려두었구나 하는 생각이 났다。그런데 이제 七年後에 이運動이 내게로 온것이다。

해롤드·뻑때ㅣ는 이「生活改變者」를 쓰기前에도 몇가지 成功을 獲得하였다。그中에는「따우닝街의 거울」이라고 하는 책이 있는데 이것은 大戰中에 쪼ㅣ지五世陛下를 싸고 도는 人物들의 峻刻한 스켓취集인데 著者의 이름은「몬지럴개를 손에든 사나히」라는 匿名으로 되어있었다。멫々 名士들은 이「럴개를든 사나히」에게 특々히 럴리웟는데 아마 全部 至當하다고는 할수 없었다。그中에는 나의 아는 사람도 멫사람 있었다。

그러나 옥쓰포드·그룹의 人間側의 創始者에게對해져

九

罪人만을 爲하야

一〇

는 그렇게하지 않었다。 뺑삐는 푸랭크의 要求에 依해
서 그 主人公의 이름을 그머릿字만 따서 「F·B·」라고
略하였다。 그런데 그 描寫는 아주 大家의 手法이였다。
뺑삐는 푸랭크와 描寫를 다음과 같이 하였다。「外觀
으로 말하면 F·B·는 아주 젊어보이는 中年紳士인데
키가 크고 體格이 곧고 좀 뚱々한편이며 언제든지 깨
끗이 面刀를 하고 그리고 眼鏡을 썼다。 그리고 머리
는 恒常 빨어서 깨끗하고 거의 醫學的淸潔이라고 할
년지 衛生的米國人의 特徵인 淸新味가 있었다。」
그러나 나는 여기에다 이렇게 添加하였더라면 좋았
으리라고 생각하였다。 即 「이것은 옥쓰포드그룹의 모
든사람의 特徵이다」라고。 한번 옥쓰포드그룹의 모
같이 旅行을 할때 보니까 그들은 모두 우에 말한바와
같이 옷입은것 같은것도 깨끗하고 端正하였다。 그리고
그들의 指導者되는 사람은 언제나 우리가 그의 視線
圈內에 들어가기만하면 每番 鑑定的視線이라고 할년지
或은 批判的視線으로 한사람〈식 보군 하였다。
푸행크는 지금도 亦是 如前히 外樣을 端正히 하고
다닌다。 그는 天性이 端正하여서 端正치 못
한것은 언제든지 싫여한다。 뺑삐는 또 다음과 같이 말
하였다。「그의 態度와 動作은 언제나 變함없이 敏活
한것으로 有名하다。 고개를 숙으리고 다니거나 억개를

축 느러트리거나 하는때는 絶對로 없다。 아침에 조고
만 頃々한 時間에라도 마찬가지로 恒常 敏捷한 눈동자
와 體育家와같은 끔々한 體格을 하고있기때무에 朝飯
을 그가드러오면 微風이 도는듯한 感이 있다。 이
같이 조용하고 沈着한 사람으로서 그렇게 傳染的 健
全性을 發散하는 사람은 드믈것이다。
그가 말할때는 똑々한 抑揚어·特別히 表가난다。 그
리고 俗語를 쓸때 더욱 特徵이였다。 그의 목소리는 低
音이자만 힘이 있으며 그口調는 그의 態度와 마찬가
지로 信質하면서 親切과 愉快한 明朗性을 띄고
있었다。 그는 처음 맞나는 사람에게 溫情이 있는 사람
이요 大端히 愉快한 사람이라는 感을 준다。 그리고 肉
體的으로나 精神的으로 疲勞할줄을 모르는 사람이라는
感을 준다。」
그다음에 著者는 푸랭크에게 對해서 가장 愉快한 描
寫를 하였다。 무어라고 하느냐하면 「萬一에 피크위크氏
(촬즈띄킨즈의 小說의 主人公——譯者註) 가 아들을 낳
었다고 하고 그아들이 어려서 米國으로 移民을 하였
다고하면 이 상냥하고 親切한 靈魂의 外科醫와 비슷
하게되지나 않었을가 하는 생각이 낫다。F·B·와 접々
깊이 사괴이게 되면 그가 어린아이와 같이 快活한데
도 不拘하고 그는 푸로틔누쓰로부터 틀스토이에 이르

기까지 모든 正統的神秘家의 血統을 받은사람이라는 것

을 알게될것이다.」

以前에 깨러르·스트얼리에게도 말한것처럼 나도 몇가지 異常한 經驗을 한일이 있기때무에 나도 多少 神秘家의 素質이 있는것같이 생각되었다. 即「나의 宗敎」는 事實 神秘的 方法으로 着案된것이었다. 이렇게 생각하니 더욱 푸랭크를 맞나보고 싶어젓다.

푸랭크는 幼兒때에 洗禮를 받고 그後에 堅信禮를, 받었다. 그러나 이런 機會를 特別히 잊지못하게할만한 何等의 特別한 宗敎體驗을 한것은 없었다. 그러나 神學校에 다닐때부터 人生의 分岐點이 될만한 重要한 經驗이 일어나게되었다. 그는 마음에는 많은 사람을 悔改시기려고 하는 熱情이 있었으나 才操가 不足해서 겨정이었다. 그리고 그後에 牧師의 體面으로는 恥辱的이라고 할만한 改變의 經驗도 있었고 또 神秘的 指示의 힘으로 英國에서 第一 取扱하기 困難한 材料인 옥쓰포드와 켐부릿지의 學生들사이에서 大成功을하였다.

푸랭크의 生涯에 있어서 第一 첫재의 큰危機는 필라델퓌야에 있는 마운트·에어리神學校에 있을때 同僚學生에게서 野心이 있다고 非難을 받었을때였다. 이 非難은 그에게 큰 打擊을 주었다. 그래서 그는 처음으로 敎會를 맡을때 필러·델퓌야에서 가장 困難한 地區를 스

生活 改變 者

스로 選擇하였다. 그가 처음으로 赴任하는 敎會에서 받은 招聘狀은 多少 익살이었다. 曰,「俸給問題는 當分間未定으로함」이라는것이었다. 이것은 一定한 月給은 벌수없다는 말이었다. 웨 그러냐하면 敎會라고해도 아직 確實히 存在해있는것도 아니요, 이 未存在의 敎會를 위해서 돈을 收集한것이 都合 十七딸러이었는데 그것도 거이全部가 銅錢이었다. 그러나·마침 어떤 有志가 새로이 提供해주어서 敎會를 해나갓는데 이것이 푸랭크의 熱心있는 指導下에 急速度로 成長하여「善한 牧者의 敎會」가 되었다. 이地方은 本來 住宅地였다. 푸랭크가 와보니 上部階級들은 떠나라지는 사람들을 相對로하고 그들의 靈的要求를 채워주기로 決心하였다. 그는 大邸宅의 呼人鐘을 눌르고 도라다니며, 給仕長과 食母들을 맞나 그들과 精神的交通을 하며 會衆을 모으기 始作하였다. 이것은 大成功이었다. 그證據로는 푸랭크를 招待한 食卓에서 主人이 푸랭크에게 말하기를 푸랭크하고 사이가 나빠젓가는 食母가 부러나지를 않으니 食母를 붓잡어둘려면 싫여도 푸랭크하고 親해두어야 하겠다고 하는 雇主가 한둘이 아니었다.

「善한 牧者의 敎會」는 繁盛하였다. 그리고 거기에서

一一

罪人만을 爲하야

青年寄宿舍가 하나 생겨나게되었고 그것이 漸漸 發展하여 寄宿舍의 한 部落을 일우어가지고 다른 都市에까지 퍼져드러가게되었다. 그後에 푸랭크는 토인비홀의 方針을 따라 쎌틀멘트·하우쓰를 하나 세웟다. 여기에는 純全한 基督敎人만 收容하였으나 그數가 數百名·이 達하였다. 푸랭크는 지금도 米國에 가면 언제든지 이 집으로 찾어가게 된다고한다.

푸랭크는 寄宿舍에서 靑年들을 指導한 經驗으로 壯年들을 取扱하는 方法을 배우게되었다. 特別히 어떤 것은 어떤 境遇에든지 決코 성을내지 않는다는 것이다. 푸랭크는 또 조고마한 어린아이에게서 다른사람의 過失을 보고 決코 우서서는 안된다는것을 배우게되었다. 日曜日 아침에 아이들을 일즉 일어나게하는 푸랭크의 秘訣은 꾸짓는것이 아니라 아홉時 正刻에는 食卓에 菓子가 놓여있다고 廣告하는 것이였다. 그後부터는 全部 時間에 食堂에 나려와 앉게되었다. 그리고 어떤아이들은 時間前에 나려오는 아이들도 있었다.

거리에서 주서온 아이들은 어떤때는 다시 貧民窟로 도라가기도하고 또는 몇칠동안식 없어지군 하는데 이런아이들은 흔히 어떤 下流劇場같은데 몰래드러가서 도적구경을 할려고 기다리고 있는것을 發見하는수가 많다. 그러나 이런 蕩子들도 도라오면 新約聖書式으로 맞어듸린다.

그런데 이제 푸랭크에게도 問題가 일어나게되었다. 그것은 이 寄宿舍와 쎌틀멘트는 둘다 牧師와 平信徒로 組織되여있는 委員會의 支配를 받게되여있었다. 그런데 五年後 푸랭크에 일으러 드듸어 衝突이 생긴 것이다. 이것은 푸랭크의 生涯에 있어서 두번째의 大危機를 招來하였다. 그리고 이것이 根源이 되여가지고 바야흐로 옥쓰포드그룹運動이 일어나게되었다. 實行委員들은——實行委員이란 언제나 그런것이지만 豫算의 收支가 맞도록 하라고 主張하는 것이다. 事實 젊은 親舊들이 數가많고 시장할때는 어떤때는 收支가 均衡되지않을때가 더려 있었다. 그래서 委員會에서는 푸랭크에게 每日의 食糧을 조곰식 주리라고 要求하였다. 푸랭크의맘속에서는 올리버트위쓰트의 精神이 가만있을리 없었다. 푸랭크는 이 要求에 斷然憤慨하였다. 그리고 經費問題를 支配하고 있는 六名의 委員에게 對해서 惡意를 품게되었다.

「나는 確實히 失敗하였다」하고 푸랭크는 率直하게 認定하였다. 「나는 委員들의 行動이 나쁘다고만 말해왔다. 그러나 나의 事業은 어느새 나의 偶像이 되여있었든것이다. 이때에 나로서 할수있는것은 斷念하고 손을 끊는수밖에 없었다. 나의 信念은 옳았다. 그러나 남에게 惡意를 품은것은 나의 잘못이였다. 나는 過勞로

二一

因하여 健康도 나빠졌고해서 辭免하고 海外로 떠낫다。
途中에 나는 호레이쓰의 詩에 나오는 「근심」(Care)이
軍馬를 타고 뒤를 따러오는 幻想을 보았다。말발굽소
리가 곧 뒤에서 들리는것 같고 목뒤에서 그들의 숨
소리를、늦기는것 같었다。

伊太利를 거처 大陸의 몇々곳의 旅行을 맛치고 英
國으로 갔다。그리고 英國北쪽에 케직크에까지 갔었다。
여기에서는 마침 어떤 集會가 열리고있는中이었다。그
리고 바로 여기에서 어떤 重大한 事實이 發生하였다。
그리고 이事實을 나는 記憶할적마다 恒常 感謝한 생
각이난다。

이經驗은 奇蹟이었다。푸랭크의 生活目標를 變하여주
고 반드시 어떤무엇을 成就하고야말 新宗教運動을 일
으킨奇蹟이었다。奇蹟이라는것은 언제나 大集會 라든가
有名한 牧師가 說教하는 重要한 教會禮拜 같은데서는
일어나지 않는法이다。다메석의 아바나江이나 바ー발江
에 보라。는듯이 풍덩 뛰여드는것보다는 亦是 요단江에
조용히 잠겼다 나오는것이 참洗禮가 되는數가 많다。
푸랭크는 그동안 教會에만은 꼭々 參席하였으나 그는
오히려 조고마한 모임에서 滿足을 언군하였다。그리고
주드른 說教에 引用된 말 같은데서 慰安을 언군하는
것이었다。例를 들면「그대로 서서 기다리는 者도 奉

仕하는것이라。」(They also serve who only stand and wait 밀톤
의 自己의 失明에 對한 詩의 마즈막 句——譯者) 過去의
그의 生活은「自我」라는것이 大端히 커가지고 모든일
에 自我가 恒常 中心이 되어있었다。이것은 그사람의
周圍를 둘러싸가지고 그사람을 無能하게 맨드는 罪이
지마는 普通사람은 罪라고 생각지도 않는 이를테면 精
鍊된 罪이다。한 조고마한 村教會였다。午後의 特別集會
로모인 會衆은 조고마한 會衆이었다。말하는 사람은 한婦人이었
다。會衆은 푸랭크까지 너어서 겨우 十七名밖에 안되
는데 이婦人의 말에는 雷鳴도 없었고 번개도 없고 구
름도 없고 超自然的音聲도 없었다。單只 單純하고 率直
한 會話的語調로 말하는것이었다。그婦人은 그리스도의
十字架에 對해서 말하였다。即、罪人과 世上의 罪값을
다 갚어주신 분에 對해서 말하였다。
푸랭크는 여기에 對해서 다음과 같이 말하였다。

「이것은 내가 어린아이때부터 알고 있든 教理요 나의
教會가 믿는 教理요 내가 이때까지 배와온 나의
教理였다。그러나 이때까지는 槪念이었으나 이날 처음
으로 나에게 實體化한 教理였다。(이같이 하야 옥쓰포드
그룹은 賠償으로써 始作되다。——A·J·R·)나는 이적
은 教會에 들어갈때 自慢心과 利己心과 惡意를 가득
품은 分裂된 意志를 가지고 들어갔었다。이런것이 基

生活改變者

一二

罪人만을 爲하야

督敎의 牧師로 해야할 機能을 못하게 障害하였든것이다。그婦人의 單純한 談話가 그날 나에게 十字架를 人格化하여 주었다。그리고 突然히 나는 十字架에 못박히신 그리스도의 痛烈한 幻想을 보았다。그리고 主님의 얼골에는 無限한 苦痛의 빛이 있었다。그리고 나는 나와 主님과의 사이를 分離식히고 있는 크다란 深淵이 있는것을 이때 처음으로 깨달었다。나의 본것은 이뿐이었다。그러나 이때 마치 强한 生命의 電流를 마음속에 부은것처럼 나는 부르트리하고 흔들리는것을 느꼈다。그리고 그다음에는 내靈魂이 크게 흔들리우고 意識이 땡해졌다。그러자 이제는 아까와같이 分裂된 意志나 스스로 헤아려보거나 理論할려는 意識은 벌서 없어졌다。그리고 남에게 壓迫을 받고있다는 感이나 自己는 할수없다고 斷念하는 생각도 이제는 없어졌다。이렇게 그리스도에게 服從할려고 決心하자 强한感情의 물결이 疎遠하였든 信仰生活의 깊은 밑바닥에서부터 밀려올라왔다。그리고 그물결이 利己主義가 닷을 밖은곳에서 나의 靈魂을 끌어올려서 그리스도와 나사이를 갈러놓았든 深淵을 건너서 十字架의 밑에까지 가저다 주는것 같었다。

는 깊은 經驗과 또 그때 새롭게 느낀 喜悅感等을 가지고 나는 이經驗을 누구에게 分擔하고싶은 强한 衝動을 느끼며 집으로 도라왔다。그래서 卽時로 나는 이제까지 惡意를 품고있었든 米國에 있는 六名의 委員들에게 편지를 쓰고 나의 經驗을 말하였다。그리고 十字架의 밑에서만 나는 나自身의 罪를 깨다를수 있었다는것을 말하였다。그리고 各편지의 첫머리마다 다음과같은 찬송가의 一節을 적어보냈다。

主 달려죽은 十字架
우리가 생각할때에
세상에 붉은 慾心을
헛된줄 알고 바리네

그리고 나는 이렇게 썼다。
「나의 敬愛하는 親舊여!
나는 그대에게 惡意를 품고 있었읍니다。
未安합니까。 容恕해 주십시요
　　　　　푸랭크로 부러。」

나는 아모에게서도 答狀의 편지를 받지못하였다。그러나 이갈이 謝過를 한것은 無意味한것은 아니었다。나는 後日에 그들을 맞났을때 새롭고 完全한 友情을 가질수 있었다。그中에 더러는・지금 天國에 가있는사람도 있다。그리고 남어있는 우리도 오라지않어 그리

이 그리스도안에 있는 하나님의 사랑이 나와 그리스도의 사이를 갈러놓았든 間隔을 連結식히려주었다고하

一四

이 되였다。그리고 나중에 辯護士로 成功하였다。나는 이제 다시 사람을 그리스도에게로 引導하는 기쁨을 맛

「이 새經驗을 또한번 試驗해보게된것은 얼마後에 米國에 도라갔을때였다。聖誕日 아침에 敎會에 恭席했을때 누구보다도 나에게 對해서 第一 感情이 異常하게도 以前에 … 게 되었다。그는 머리가 가운데에 대머리된 사람의 바로뒤에 앉았었다。나는 그前에는 委員會같은데서 그 대머리 벗겨진데를 마주보고 앉게될때는 언제든지 그點全面에「我」字가 써여있는것처럼 생각이되었었다。그러나 이날아침에는 대머리 벗겨진데가 있다는 그것까지도 나는 잊어버렸었다。「따에는 平和와 모든사람에게는 기쁨」이라는 참基督敎精神이 나의 맘을 支配하고있었다。나는 以前에 委員會의 敵手였든 사람에게 自然스럽게 聖誕祝賀의 인사를 하였다。나는 事實 中心으로 하였든것이다。그러나 내가 인사를 할때 그는 마치 잃어버린 핀이나 찾는듯이 마루바닥만 보고 있었었다。그러나 그도 亦是 나중에는、메릭크리쓰마쓰의 인사를 하기는 하였다。그리고 그는 내가 十字架에서 큰 眞理를 배운것을 알게 되었다。即 누구에게든지 勿論 委員들에게까지도 絶對로 怒氣를 가저서는 안된다고하는 偉大한 眞理를 배

로 갈것이다。」

푸랭크는 또 繼續해서 말하였다。「나의 留學하고 있든 집은 最近까지 世俗人이었든것이 改變한 친구였다。그들에게는 아들이 하나 있었는데 마음이 도무지 父母와는 딴판이었다。지금 퀨부렛지의 一年生이었다。요새는 新禱會가 잔뜩 싫여졌다는것이었다。이 아들을 어떻게 하면 이 아들을 基督敎에 關心을 갖도록 할수 있을가하고 늘 걱정이었다。하로는 그가 茶를 마시려 들어왔을때 나는 그를 붓들고 나의 經驗을 分擔하기 始作하였다。그리고 以前에는 惡意를 품었든 代身에 지금은 말할수없는 기쁨이 생겼다는것과 이 惡意를 품었었기때문에 잃어버렸었다는것을 이야기하였다。나는 그前 옛날의 묵은걱정은 모두 깊은 바다물에 떠여버렸노라고 말하였다。이靑年은 直時 興味를 일으키였다。大體 그런일이 모두 어떻게 일어났느냐고 물었다。그리고 날보고 더 이야기해달라고 하는… 같이 걸으며 거기 對해서 좀더 이야기해달라고 하는 것이었다。나는 그 기뿌게 承諾하였다。나는 벌서 滿一年 동안이나 이런 이야기를 해달라고 請을 받어본일이 없었기때무니다。집으로 도라오기前에 그도 亦是 自己의 意志를 그리스도의 意志에 服從식히기로 決心하였다。그는 그날밤에 敎會에 나갔다。그리고 좋은 그리쓰찬으

生活改變者

一五

罪人만을 爲하야

왔다는 事實을 認定하게되였다.

以上에 말한 푸랭크의 生活에 일어난、變化에 對한 이야기는 삑쎄ー의「生活改變者」에서 大略 읽기는 하였지마는 얼마後에 푸랭크 自身에게서도 들었다. 처음에 나는 푸랭크가・自己편지의 答狀을 아모에게서도 받지 못하였다는것을 듣고서 그다지 놀라지는 않었다. 웨그러냐하면 그의 宗敎的 熱情이 常識을 버서난것이라고 나에게는 생각이되었다. 아마 편지를 받은 사람들도 그렇게 생각하였을 것이다. 그렇지않으면 그들은 아직도 푸랭크가 얼마前까지 품고 있든것같은 不愉快한 記憶을 가지고 있었을 것이다. 그러나 이런것은 그의 信念을 움즉이지못하였다. 하나님이 恒常 自己와 같이 계시다는 感과 自己는 그렇게밖에 할수없었으며 또 自己의 한 일이 옳다고하는 確信은 變하지않었었다. 그러나 여기에 한가지 깨달른것은 高遠한 마음을 가진者는「사랑의 나라」에 드러가기 不可能하다는것이었다.

即 드듸어 빛과 指示가 그에게 왔다. 푸랭크는 그것을 이렇게 說明하였다. 我(Self)를 意味하는(I)를 너머트려 橫으로・노았다. 그렛드니(I)와같은 마이너쓰의 記號가 되었다. 그리고 이것을 갖다가・힘있는 풀러쓰(十)를 맨들려면 그리스도가 곤「我」가 되여 그(I)를 그우에 세워놓지 않으면 안된다는것을 알었다. 그리고

그리스도의 線을 조곰 延長하면(十)十字架의 記號가 되였다. 自己의 意志를 이제부터는 完全히 하나님의 意志에 服從시키려고하는 決心을 할때 푸랭크의 괴롭든 마음은・即時로 나어버렸다. 그의 危機는 感情의 危機가 아니라 意志의 危機였었다. 한번 意志를 써렌더하자 感情은 自然히 거기에 따렀다. 意志는 뿌리요 感情은 열매다. 푸랭크는 이제 무슨일이든지 成功할려면 自己의 全意志를 바치지 않으면 안된다는것을 確實히 깨달었다. 不道德的生活을 하는사람이 一方으로는 良心의 苛責을 늣기는限 決코 幸福된 生活을 할수없다. 그리고 이와 反對로 道德的 生活을 하는사람은 決코 一方으로 罪와 安協을 하는限 또 決코 幸福될수는 없었다. 結局 兩쪽 世界의 命하는바는 同一한것이라는것을 푸랭크는 알었다. 即 어느쪽에든지 한가지에만 忠實하게 온마음을 바치라는것이었다. 이렇게 깨달자 그는 自己의 全意志를 精神世界의 實在이신 하나님에게만 바처 그의 事業에 盡力하기로 決心하고서는 큰 기쁨을 發見하게되였다. 그리고 그는 唯物主義의 內容은 虛妄한것이라고 宣言하였다. 이제 그는 벌서 이런 決心을 해야했을것인데 이것을 못하게 막은것은 罪였다는것과 이罪는 하나님의 子女의 生活에서는 徹底하게 驅逐을 해야할것이라는것을 完全히 理解하게되였다. (續)

一六

聖朝通信

八月二十日 (火) 曇。昨夜에 자정넘
으니 또 눈물。밤과 낮으로 生覺섬。

八月二十日 (火) 曇。昨夜에 자정넘
도록 航空郵便三、四通을 써가지고 오
늘午前十時에 本局을 接受시키다。○印
刷所에 들려서 八月號를 發送하고 市
內書店에 配達하다。發行日字를 約十餘
日短縮시긴것이 큰 일이었다。九月號는
初하루에 發送되도록 努力中。六、七、
八月號는 原稿도 大部分 獨擔이었거니
와、校正 發送 配達 收金까지 또意外
의 受苦까지 더욱 두터워지는듯하다。○病床消息如下「拜啓。先
生남氣力이 平康하옵시고 宅內諸節이均
安하심을 伏祝하옵나이다。今月三日에 聖朝
誌를 拜受하고 저는 뜨거운눈물을 禁치못
하였읍니다。바쁘신時間 貴重한紙面을 世
上에서 버림된者가 橫領하였으니 저는 四
十年八月三日을 잊지못하겠읍니다。先生님의
健康하심을 빌며 붓을 놓습
니다。八月十九日門下生金容天上書」。우리
蹴球選手에게 冷水한잔 머주는慰勞를 딴
여준이는 곧나에게주신것을알어 나도깊

聖
朝
通
信

信과 新の友、病友等의 書類를 下送하였
으니 또 눈물。未知의 兄님의 이같은 慰
편지 두어장쓰고나니 자정가까워지다。想
은構成되여 原稿의붓을 달려야할텐데 連
日편지쓰기로 時間流失이 甚하다 째! 째!

八月二十一日 (水) 晴。午前은原稿쓰
기。但來客이있어서 中斷되고 ○八月號의
發送남은것을 가지고 入市。○午後에도
來客。矢內原先生을 出迎하는學生은 오
늘 釜山을 向하고 떠나다。○平壤集會의
面目躍如라 할것인가。

受苦 두러워지는듯하다——受苦
의 受苦까지 더욱 홀로서 當한즉 讀者와의
親分은 더욱
요새第一苦痛받는것은 胸痛과呼吸困難
기。○病氣는 달밤과같이 먹을적이많
고 저녁에는 귀뚜리音樂 눈에보
이고 귀에들리는것도 모다 尋常치않게 보
이고 저녁에는 달밤에 귀뚜리音樂 눈에보
生覺할때는 上書할말 限量없읍니다。(中略)

八月二十二日 (木) 晴。酷暑如昨。午
前中에 河川工事약간하고 原稿쓰기 ○
午後에 矢先生의 日程에 關한일로入市。
○努力이不足하야 書籍曝陽을 한꺼번에
못하고 하루에 조금식 하기로하여 오늘 一
百三十一册을 曝陽하다。

도록 發送되도록 努力中。○九月號는
다。때때로 小量의血痰이 납니다。늘
이每日나고 熱은 四分或八分의 열
發送남은것을 가지고 出迎하는學生은 오
食事할때는 嚴然한 事實앞에서 生活
이오 귀에들리는것도 모다 尋常치않게 보
이고 저녁에는 달밤에 귀뚜리音樂 눈에보

安하심을 伏祝하옵나이다。今月三日에 聖朝
誌를 拜受하고 저는 뜨거운눈물을 禁치못
하였읍니다。바쁘신時間 貴重한紙面을 世
上에서 버림된者가 橫領하였으니 저는 四
十年八月三日을 잊지못하겠읍니다。先生님의
안의 片紙들은 눈물 흘리지 않고는 읽을
수없었읍니다。더구나 全南×邑의×氏의書
를通하여 門生의 消息을본 同窓生들의 慰
安의 片紙들은 눈물 흘리지 않고는 읽을

○英國서오는 新聞雜誌는 紙質도低落하
지않은대로 定期대로 配達되는대 獨逸
것은 今年에 들어서 아직 한권도不着。
軍國獨逸과 商利의 英國이 이런點에도
面目躍如라 할것인가。

八月二十三日 (金) 曇。골로새書講義

一七

635

聖朝通信

의原稿를쓰랴니 생각은짧고 文章은壓縮
해야하겠고해서 이摩擦에서 이러나는것
은頭痛이다。○午前中은執筆。午後에書籍
曝陽의第二日。오늘은一百二十八册。오늘
날까지 몇册인지도確然치못하든것을 統
制時代인故로 이번은書齋의書籍을 徹底
히調査分類하야 언제든지 有漢的으로動
員할수있도록「新體制」를編成하고저한다。

八月二十四日 (土) 曇。새벽에起床하
야 洗面까지의準備를畢하고 書案을對하
여한즉 밤사이에 電燈故障난것을發見하
야 하는수없이 書籍의글字가 보일때까지
지。河川工事。願컨대 富裕한데도處하고 어
두움에도處하며 平和에도處하고 貧困에
도處하며 能히 善處할수있는靈을
야 모든境遇에。

하나님께서 豊富히주시옵기를。○午前中

다 몇갑절溫柔하게 周到하게 손잡어 이
끌며 붙잡어주시는 하늘에계신 永遠한
아버지 생각이다。主예수안에있는 내
가決코 薄福하지않은것이 생각나서 主
님앞에 悔改의눈물 또感激의눈물。○罪
人만을爲하여」의譯者 趙先生의短信에
『…日前에藥書를받고 原稿를만들려고
力中이오나 또期限을 넘겠음니다。元來
힘이부치는 일이되고보니 힘만들고 能
率이 안남니다。그렇게 飜譯하는것도 創
作보다 더힘드는것같습니다。二十六、七
日頃에나 될것같사오니 너무늦을것갈으
면 그대로하시든지 適當하하십시오。참
未安함니다」云云。이렇게하는 飜譯은 原
著者와 한呼吸 한脈搏이되여서 하는것

이매 참飜譯이오 創作以上의 飜譯이다。
이러한譯者를通하여 읽을수있는일을 感
謝해야할것이다。○朝鮮總督府에 照會한
일도 끝났음인가 新京政府의某高官으로
부터 航空郵便이飛來。매우有利한條件으
로滿洲로오라는것이매 또한가지試惑이다。
이것이試惑일가 내게무디어도록 오라는 指
示일가하면서 생각도하며祈禱도하며。

八月二十五日 (日) 晴。아침後에 아

이들이 떠들어 몹시 때려주고 생각하니
이들이 主日이오、또 程度를 지났어라。悔
恨또痛悔。嗚呼、언제나 아비노릇 할터
인고。○午前中은原稿。午後에印刷所。○
讀者의소리如下『昨日 聖書朝鮮(二十八)拜受
하야 읽었음니다。곧새講義(二十八—一)
들읽고 謙遜에對하야 再認識하게되었음
니다。지금까지 저의謙遜은 東洋的觀念
에서 發展한 對人關係의 謙遜이여서 外
面의눈에보이는 謙遜이었음니다。그리고
謙遜의德이 하나님에게對한 謙遜에서始
作되어야하는것을 몰랐었음니다。이제再
認識시켜주신것을 感謝하옵니다……』

八月二十六日 (月) 晴。새벽 東南天이
實로壯觀이오 驚嘆이로다。오리온座의一
行만하여도 星辰의粹를 모은것인데 달
과三大惑星까지 添彩하였으니 形容할 말
도 글도 없다。○午前六時에떠나 次女
를더브리고 進明高女에 첫날登校。朝禮
하는光景을見學할새 女學校에는 唱歌가
많어서 男學校처럼 殺風景은아니었다。
○某友人의일로因하야總督府에某局長과某

나는 내가 나의子女에게 다하는일보
신세와 따라서 내아버지 생각이오、또
깨달다。하나는 早失父親하여 薄福한새
해구먼서 여러번 눈 굽이 뜨거워짐을
려기기든것、電車回數券사는일等 적은일까지
轉學手續을完了하다。큰일로부터 時間表
에、市內遊明高等女學校에就하야 次女의

一八

高官尋訪。事實을알리고 善意의諒解들請
하다。○印刷所에들러서 工程을督促하고
歸宅하야 낮잠자고、聖書硏究會에 恭席
承諾언으려고 靑年들과 談笑數刻。○저
녁엔 九月號의廣告 其他雜務處理等。○
湖南通信一枚如下『반가운 聖書朝鮮八月
號를。昨日退廳後 奉讀하였읍니다。九月
初에나 받어볼줄알고 있었든만큼 意外
로 일직이 찾아온것 참으로 기뻤읍니
다。무엇보다도 첫째로 矢內原聖書講習會
에對한 案內文이 揭載되지않었느냐하고
忙手披見한後 不知中 胸中은 두근두근
하여지고 말었읍니다。內心單二、三日이
라도 恭席할運數가 있을것이냐 없을것
이냐하고 이리저리 生覺해보았읍니다。
따라서 翌日 上司의承認을 左右間에 받
아볼 決意들하고는 옆에서 新禱했읍니
다。新禱時에 小生의 恭不恭이 一大問
題가아니고 聖意의成不成이며 合不合이
重大問題이다는點에 留意되였으므로 聖
意대로하십소서 했읍니다。그래서 今日
來月九日부터서 三日
間의承認을 얻고나니 氣運이 昇天이나
×主任及×僚에게
할것같었읍니다。左右間 突發事件만 없

는限 無違恭席되겠으니 그렇게作定하고
몇가지를 先生님께 問議하고저하오니 惶
悚千萬이오나 下敎之地伏望不已하나이다。
一、小生이 來月七日 午後七時三十
××驛發車로出發 翌八日 午前七時三十
分 京城驛着後 先生님宅을 直行할
라면 電車나 띄스를 乘換할場所及所要時
間如何들 알고저하옵니다。
先生님！ 八月號聖朝誌에서「恐怖の心
理」들읽고 彼들爲해서는 恨嘆莫甚이었
으되 此들爲해서는 欣喜無比이었읍니다。
二、先生님께서「端
正한衣冠으로 恭合하라」고하셨으니 小
生亦是 同感이올시다。그런데 小生은 衣
冠이 不如意함이 遺憾이올시다。夏節洋
服으로는 白色뿌링쓰메에리한벌뿐이오
니 朝鮮服을 한벌 가지고가서 가라입고
恭席해도 無關하올가요。또는 官服을 私
服으로 染色改造한것이있으니 그라도 着
用해도 無關할가요。三、宿所에對해서는
京城府內外間에 誌友의自宅 或은下宿을
希望하여 사랑스러운 誌友들과 友誼들
맺는것도 勿論所願이지요마는 小生은 앞
으로 入城의機會 難得일것같으니 單
일어나지 않었읍니다。

옆에 있기가 두려움을 極히 操心스럽
기는 합니다마는 아조大叱責을 甘受할
覺悟이니까요。萬一各種의形便이 不許하
신다면 誌友의宿所에서 身勢끼치겠읍니
다。四、京城驛着後 先生님宅을 直行할
라면 電車나 띄스를 乘換할場所及所要時
間如何들 알고저하옵니다。
八月號聖朝誌에서「恐怖の心
理」들읽고 彼들爲해서는 恨嘆莫甚이었
으되 此들爲해서는 欣喜無比이었읍니다。
小生은 日前에 一信友와歡談時 臨言했
읍니다。往時에 內地에서 內村氏들 排
斥한敎會가 그罪로 今日과如한 腐敗와
墮落을 招한것처럼 今日의 우리朝鮮
內敎會가 聖徒×××、咸錫憲其外의諸
氏들을 排斥함은 中止하지않는限 前者
의以上으로 腐敗暗落을 하고말것이라고。
다음에는「眞珠들探求하라」들읽고 짚이
反省해봤읍니다。너는 至於今日것 그러
한誠意와 熱心을가지고 참死力을다하야
眞珠를 探求해봤느냐고。죽어진머리
서 眞珠를 探求해봤느냐고。

聖朝通信

意대로하십소서 했읍니다。그래서 今日
녘에 新禱時에 小生의 恭不恭이 ……
來月九日부터서 三日
×主任及×僚에게 氣運이 昇天이나
할것같었읍니다。左右間 突發事件만 없
일것같었읍니다。先生님의옆에 있어보고자하나
間의承認을 얻고나니 來月九日부터서 三日
一時라도 先生님의옆에 있어보고자하나
으로 入城의機會 難得일것같으니 單
去春의 內村先生紀念講演會때에도 二、
三의 魔鬼가 番을가라들면서 不恭하도

一九

聖朝通信

록 뛰이드니 今番에도 亦是二、三의魔鬼가 피일랴고함을 보았읍니다。아니一時는 아조降服을 하였었읍니다。然이나 奇蹟의하나님은 奇蹟的으로 勝利를 나타내시고 말었읍니다。(下略)」

八月二十七日 (火) 半晴。午前中은 印刷所에서校正。未畢한대로 두고 平壤으로向하다。午後四時半發車로。○驛으로나가는途中에 某校理事에게 붙잡혀서 한참동안 博物敎師노릇 다시하라는 성화를받고 간신이 車時間에 닿다。○列車가超滿員식이어서 서서가다니 걷기보다곰便한듯하다。開城지나서부터 요행으로 座席을얻어 걸앉고、平壤驛에 下車한대는 防空演習이어서 黑暗中에 一步도움지길수없었다。驛頭에서 咸兄을만나 某誌友宅에 함께留宿하다。

八月二十八日 (水) 曇、小雨。午前八時에 矢內原先生一行이着平。博物館과古塚等 視察하시는틈에 新陽里禮拜堂에서 우리誌友들께 에베소書第二章의講話。托兒所二階에서 午餐을共卓하고 座談數刻。○信一書舘에 들려보니 그동안 主主人이 變動되여서 計算도 不明함으로 今後로는 取次販賣中止決定。○오늘 모인 일로因하야 무르러오는이 불려가는이들時는 未安千萬。○防空演習第二夜라고해서 감감하여 外出도 不自由함으로 今夜十一時半車로 京城을向發。

八月二十九日 (木) 曇、後雨。午前八時近하야歸着。곧印刷所에가서校正。○一旦山麓에 歸宅하였다가 午後一時五十分着列車로 矢內原先生一行을出迎。某官舍에同車暫休。午後三時半에 다시咸興行列車에餞送하다。○오늘午後에 北滿旅行도 모주리歸國하였으매『親舊는 無時로사랑하고 兄弟는 危急한대를爲하야 낫나니』라는 (箴 一七・一七)句가 생각 안날수없다。○余輩의 辭職을 契機로 多數의友人이 離散하고 隣家洞民의 輕蔑이 不少한때에 오직 하나뿐인 骨肉의同生이 遠方으로부터 도라오다。내가 人間을向하여는 人間처럼 憤怒할理由가 없음이아니나 主께서 나를 달래시는 솜씨가 하도 巧妙周到하시매 또다시 알면서도 主님게 속을수밖에 없는듯하다。○무러리새

八月三十日 (金) 雨。午前九時부터 午後七時까지 印刷所에서校正。그동안에多種雜務도 處理하다。○某博士로부터 敎師就職의 勸告이있으므로 率直히 萬을 披露하다。이렇고야 就職될理가 萬無한것은 勿論이다。○矢內原先生聖書講習會申込用紙 五十枚가不足하여 다시請求했드니 이以上 더宜傳하면、座席이없다고 靑年會當局者에게 매우 꾸지람을들다。우리의熱誠이 드디어 主催者側을怒發케하였다。

八月三十一日 (土) 雨、後晴。아침八時부터 午後五時까지 印刷所에서校正。○讀者의소리 ①『八月號』 감격속에 읽습니다。『眞珠를採求하라는』는 一文은 어찌 그힘이强한지요。魯鈍한저를 鞭韃함이있읍니다。萬難을排除하고 集會에參加하라고요。감사합니다。②『보배주신 聖朝誌는 반가히받어 읽었읍니다。모든말슴이 小生一人을놓고 하시는말슴같이 보여졌읍니다。銘心당습니다。一直線으로 나아가기를 힘쓰겠읍니다。云云。

九月一日 (日) 半晴。午前十時에 新秋의第一回集會。우리모임의 精神 規約等 기 牝牡二頭를平北五山村으로附送하다。

二〇

을述하고、누가福音第二十二章三五―三八
節에依하야 今後信仰生活의覺悟를새롭
게하다。○오늘은 李昌﨎牧師가 司會하고
簡單한感想을 述하여주어서 一同이有益
함이많었다。○午後에 會員一同의協力
으로써 橋梁과通路의修築、室內塗壁等을
하여 來賓接待의準備를始作하다。○恭
合者의소식에『謹啓 秋風이 爽凉하온데
先生님 氣體康學하시오며 宅內諸節이 均
安하시온줄로 問安하와뢰옵나이다。下書와
聖書朝鮮八月號는 반가이받아 읽었었읍니
다。「眞珠를探求하라」와「七千의靑年」을
읽사오니 萬難을排除할 힘이나서 우선
誌代와申込金을 振替에써 놓은後 校
長先生에게 以實直告하였더니 若干의懇
切한注意와함께 多分의激勵와同情으로
內諾을 하여주셨읍니다。生이 出生하기
三年前부터 敎壇을맡은이로 오히려 校
化되지않은 小學校長을 우러러볼때 그
高潔한魂에 感動이 몹시깊었고、이不遇
의 校長先生우에 祝福을祈願하지않을
수없었읍니다。誌友의宅에 留宿하게되면
友誼도맺게 되겠않고 배울게 많이있을
것같아서、希望하오며、그런데가 不足되

聖朝通信

오면 生은 會館에서 實費로 留할수있
나、이것 기뻐하다。家族이 至極한接待
하다。그러나 그들은 北漢山麓의 精神이있
기에 나를 찾아온것이다。健全한（心身）그들
은 조금도 나를 두려워하지 않는다。다만
印刷物을 시작못하고있는中。

九月二日 （月）雨。夜來의降雨에서 시
내스물이 漸漸불기시작하다。○午後에暫
時印刷所에 가보았으나 아직九月號의
印刷를 시작못하고있는中。○病床消息一
枚如下『聖書朝鮮四·五·八月號는 感謝하
2 불일보고는 가라、이것이다。아마 나
를 至極히慰安하랴고 이같이 長時間있
었나보다。（下略）』。甚히衰弱한 重患者의
問病에는 醫師以上의 細心한注意가 必
要한듯하다。

九月三日 （火）豪雨。새벽에起床하니
시내의 물소리 怒濤소리같다。드디어 지
난여름 增水만치나 河川도 增水되고 地
下室에도 充水되다。午前中은 治水役事。
○北滿서온 小學生의轉入學을 周旋키爲
하야 市內某小學校에 交涉次往返。그途
次에 印刷所에서 九月號校了。

九月四日 （水）雨。雨勢가多少弱해졌
으나 天氣豫報대로 개이지는않았다。淸
凉里에 開催中이라는 大博覽會場이 浸
水되여서 來九日까지 休場整理할지경이
라고。○印刷所에 가보니 발서 發送되

그런데 兩友人은 내病原因、症勢、其他
라고。○印刷所에 가보니 발서 發送되

病과 갑작놀랐읍니다。읽고『次의辭職에賞
面하야 拜讀하였읍니다。읽고『次의辭職에賞
面하야 나타나는 悲劇을보고 울지마는 一泊
하다、잠든後 또울음。오늘은不眠、翌日
朝飯後 그들앞에서 또 크게운다。「내
목숨이 아깝지않다、내영이 異常하게도
刺戟을받아서、工夫보다 身體、身體보다
더重한것이있다。그것은 崔偦道氏의 말
대로」라고 말하다。午後三時에 그들은
出發하다。나는 굳세게 싸우라고하다。
그런데 兩友人은 내病原因、症勢、其他

山麓消息、同窓向方、저들은 스크린
에 나타나는 悲劇을보고 울지마는 一泊
山麓消息、同窓向方、저들은 往橫合을不禁。
三日三時頃、金東臣、崔燦順、兩友人이問
病하고 時時 뜨거운눈물 往橫合을不禁。
웃음으로 接하였
으나 時時 뜨거운눈물 往橫合을不禁。
誰가祝賀合을하는것이아
라う』하고生覺中 意外에도 旅途次二十
枚如下『聖書朝鮮四·五·八月號는 感謝하

聖朝通信

였을러이든 九月號가 「停電」中이다。○
總督府에서 某先輩들 邂逅하야 무엇하
고 있느냐고 뭇는데對해서 聖朝誌들發
刊하고 있다는것뿐으로서는 그이에게 通
할수없는故로 「끌고있노라」고 答한것이
잘못이어서 기영고 自己學校의 缺員中
인 時間을 臨時로補充하라는 勸誘었다。
이일로 저녁에도 늣도록會談하고 자정
가까워서 山麓시내ㅅ가에 도라오다。○
昨三日에 誌友某氏가 來九月부터十三까
지열리는 矢內原聖書講座 申込次로가본즉
벌서定員超過라고 拒絕當했다해서 오늘
그誌友들爲하야 特請하고 申込手續을 接
受케하다。接受番號가 겨우第六五號인데
놀라다。電話로써 突然히 申込한때는 「아
直接受中이라고」 答했다가 누구냐고 무
를때에 「金敎臣」이라고 答합을듣고서야
「벌서定員超過라」云云하는 等 어린아이들
작난같은 滑稽도 많었다。

九月五日 （木） 晴。 식구중에 第一먼
저 깨인탓으로 朝飯솥에 불때인것으로
부터、온終日雜務의 一日이었다。①崇仁
小學校에 友人의子弟들 轉入學시킨것으로
出發하여 ②崇仁面事務所에 隣家의 不

當稅 金徵收를 抗議하야 面長의 理解納得
을 연고 ③印刷所 ── 總督府 ──
學校 ── 府廳 ── 培材中學校 ── 府廳
郵便局 ── 鍾路警察署 ── 精米所에 糧米
이다。○矢內原 聖書講習會件으로 某官
舍訪問。또 咸興에서의 集會報告를 接하
야 安心하다。○慶南進永故趙錫學氏의 未
이 모여와서 洪水後에 破裂된通路들 修
築하는 「勤勞奉仕」가 主人不在中에 進行
되고있었으매 다시한번奮發하야 土木工
事에 協力하다。○學生을과함께 夕餐을
共卓하면서 놀으니 九月二日에 矢內原
先生聖書講習會에 申込하려 갔을때에도
벌서 滿員이라고 拒絕當했다고。

九月六日 （金） 晴。 次女가 遲刻안하
고 登校하기爲하여서는 午前六時인 컴
컴한때에 出發하여야하는데 그朝飯을짓
기爲하여서는 집안식구中에서 第一먼저
起床하는이가 솔에 불을이르켜야한다。
오늘도 이役割을當하면서 세살에 아버
지를 잃은 나自身과 아버지 불땐 솔
의 朝飯을 먹고 登校하는 딸의八字를
比較하여 자못 부려운마음도 안나지않

었다。○午前中은 菜圃와苗圃의 除草도하
며 河川의 修理도하다。○午後에 印刷所
에 가보니 九月號가 아직도 「停電」中
이다。○矢內原 聖書講習會件으로 某官
舍訪問。또 咸興에서의 集會報告를 接하
야 安心하다。○慶南進永故趙錫學氏의 未
亡人으로부터 그夫君別世의 詳報를받고
痛惜不禁하다。또한 그렇게까지 矢內原
先生의渡鮮을 기다리다가 쪽十日을 못
기다리고 別世한것도 恨스러운일。그片
紙의 一節에『……矢內原先生님이 釜山
서 講演하시면서 朝鮮와서 進永驛前 趙
錫學이를 맞나불것을 큰希望으로 했드
니 죽었다는 電報받고 섭섭하였다고 하
시면서 趙錫學弟氏佳所들 무르셨다고하
시는말을 들었읍니다。故趙錫學、矢內原
先生을 너무도 思慕했읍니다。그先生님
이 朝鮮에 오셨다니 妻된 저로서는 一
層 더 슬픕니다。그닥지 苦待하든 先
生을 맞나뵈옵지못하고 애석하게도 先
生이 마렀음을 限없이 슬퍼하옵니다。
내아버님 떠나실때 金敎臣先生님을 뜹
시도 그리워하시면서 한번 뵈옵기를 苦
待苦待하시다가 그만 못뵈옵고가시드

二二一

男便된이는　矢內原先生을　너무도　사모
트니　또　못뵈옵고　가시다니——先生님
이번九月九日부터　몇일간　矢內原先生의
모임이　계신다지요。産母의몸만　아니라
면　萬里의길이라도　뛰여가서　男便이　사
모하든　大先生을　한번뵈옵고　답답하고
애타며　시달리는　이가슴의　라는불을　信
仰의　大先生님을앞에　解決을　받고싶으
면　平生에　유감이　없겠사오나　罪人된
이몸은　용납할形便도　어찌하
오리까?　탄식하며　애끓을뿐이올시다。
만있아오면　어쩌해서라도　그모임에　참
석하고싶은마음　불같이　이러나옵니다…」

聖朝通信

九月七日（土） 晴。午前中에　印刷所
와總督府。九月號의　許可나오다。○北鮮地
方으로부터　歸來하시는　矢內原先生을　맞
우기爲하야　午後二時二十分에出屑。某官
舍까지　伴行한後에　印刷所에들러　九月
號의　製本이다는瞬間으로　攜帶歸宅하야　發
送事務。市內書店配達을　번개같이　畢하
고、다시　某官舍에가서　矢內原先生을　中
心한　晩餐에陪席하다。甚히疲勞한몸으로
歸蠶。○本誌專用의　原稿用紙八千枚를　千
辛萬苦로써　入手케되다。

九月八日（日） 晴。乳兒의第三百日。
○矢內原先生이　오늘　우리集會에　參席
고。講義도譬喩요　雜誌도譬喩로써서　아
는者에게만　알게하는世代를　當하였다。
○오늘부터　臨時로　京畿公立中學校에　助
力하야야　몸을依托하다。
時에開會。먼저余는　누가福音第八章一九
一二一節의感想을　簡單히述하다。矢內原
先生은　詩篇第八十四篇을講解。이는　서울
서의　첫째번講話요　매우　힘있는　貴重
한　證言이었다。閉會後에、音樂과함께　午
餐을共卓하면서　自己紹介。北은　吉林의
一人을例外로　하고서도　鴨綠江畔에서부
터　南은　慶南과全南에서도　參席하였음
을알다。紀念撮影後에　다시　參席感話
等　赤裸裸한　問答의時間을　가지고서　午
後四時頃散退。○저녁八時부터　市內組合
敎會에서、矢內原先生의「基督敎の倫理と
講演」라는　講演이있어서　敎友들과함께
恭聽하다。○地方敎友中　下宿希望者를　서
울紹介하고、其中數人은　기영
고本社에留宿키를願함으로도라가다。

九月九日（月） 晴。오늘저녁　七時半
부터　市內長谷川町青年會에서　矢內原忠
雄先生의　羅馬書講座가開講되다。開講劈
頭에　마태福音第十三章을　朗讀하게하고

九月十日（火） 晴。로마書講座의　第
二日도　無事히　끝나다。南은　釜山에서
부터　北은　江界에서까지　모여온　參席
者約一百四十餘名。豫定했든定員의　倍數
에達했고、或은辭職을覺悟하고서　上司의
承諾받아　參席한이、或은職務를　缺할수
없어　二時間걸리는距離를　汽車「通學」하
는이等　近來에　드문光景이라　안할수없
다。滿二時間의　連續講義를　微動도없이
傾聽하며　筆記하는것도　可觀이었다。○
母親님　咸興向發。

九月十一日（水） 晴。今期兩日은　防
空練習이어서　聖書講習會의　時間을　午
後四時半부터　二時間으로　臨時變更하다。
三日로써　로마書第八章까지　畢하다。教
材를取據하는方針에　賞로「國寶」的教
師임에　틀림없다。來日부터　矢內原教授
得意의　課程에　들려하매　더욱緊張하다。
서　先生日「로마書講義는　一種의譬喩를

二二三

"聖" 朝 通 信

○저녁에留宿中의 講習會員四人까지合하야 家庭禮拜。요한屬音第十章輪讀。○平北短信에『前日 글월보내섯지요。今日集會를。靈의指導下에 지났으며 明日부터의 講習도 如意하게됩니까。弟 其後 藥水에가서 二夜를 家嚴側에지나고 지금平壤으로向하는 車中입니다。가면 무엇이 기다리는지 모르겠읍니다。豫定은 無事하면 다시 玉蠶洞藥水에가서 아버지를看護할가하나 일이 그렇지못하게 될지도 未知입니다。그러된다면。아버지를 生前에보기는 하나님의特許가아니면 어려울듯합니다。지금 아버지의胃는 돌갈습니다。이런생각하며 下直하고 떠나려니 自然心中의 슬픔을 不禁이요、郭山 定州지나며 淸漢山 獨獐山이며、五山親舊들과갈이 가을로 봄으로 다니며 新禱하던곳을 바라보니「무거운짐을 나홀로지고견대다못해 쓸어질때』하는노래가 스스로입에나음을 不覺하엿읍니다。朴君의일을 다시알어通知할터이니 講習畢後곧運動을 始作케하시오。兄 저가 우리집에 忠實합시다.』도록 우리가 우리집에

九月十二日 (木) 晴。새벽에 오늘矢

內原先生의 午前午後二回講演을 爲하야 特히 新禱會를연다。○防空練習으로因하야 오늘도 午後四時半부터 聖書講座始作하다。로마書第九十一章의 難解한데가 徐理整然하게 解釋되는것은 可親이섯다。○陰會後에 聖朝讀者有志者의 提議에依하야 市內某處에서懇談會。매우有益하다고해서 明日午前부터 市外에 모이기로하고 空襲警戒가 解除된後 午後十一時餘에 解散하다。○平壤短信一枚如下『前日글월 보섯지요。○平壤도 마지막이될됩니까。지금 아마 마지막이될 이글을 씁니다。明朝에오라는 命令을 지금 들었읍니다。今日 다리러왔다가 弟가 不在로 그저갔다니다。그럼、가면 勿論열마동안은 못나오는것인데 서로 彼此間마즈막이될 들어내기爲하야 힘씁니다。

交渉을 해주실길있으면 그것도하야 아버지가 臨終하시는날 볼수있게 힘써주시오。언제 또 쓸지는連하야 電報一枚飛來하다。드디어 接戰이로다。

九月十三日 (金) 晴。朝飯술에 불때고 새벽新禱會如昨。咸先生을爲하야、또 矢內原先生의 最終講義를爲하야。모다白兵戰인까닭이다。○少數의 誌友가 모여와서 벤또 싸메고 山中으로 新禱하려가고、余는 總督府에가서 이모저모로交渉。도라와 낮잠자고나니 蘇生한듯하다。이렇게 달게 자보기도 드문일。○저녁七時半부터 矢內原聖書講座의 終講에恭席。第十二章以下의講義에 賃坐活의原理·特히 社會 國家의一員으로서의 生活原理를 確然히 明言함은 快事였다。듣는귀를 가진者는 들으라고。몸소窮行하는이인故로 그解釋이 千金의重量을 가진다。十時近하야 無事히 閉會함을본때는 堂內에 感謝가 넘첫다。이번集會에는 大連·林·東京에서 恭席한이들이 있음을할때 釜山·江界等에서 온이는 隣家에서 온

날것이 實演홈의 우에세우고 學藝를가르처서 한번 들어내보자는 一種興奮의 어에세우고 學藝를 너것인기쁨니다。그러나 아버지의 마지막 얼굴을 아마도 못볼것 생각하면 天地가 아득합니다。兄님 날爲해 新禱해주시고 십이섯다。

二四

九月十四日（土） 晴。正午부터 京城호텔에서 矢內原先生을 中心으로 午餐會열리다。參席者約三十名。紀念撮影과感話會等意味깊은 時間을보내고 午後三時에閉會。同四時發特急車로退去。驛頭에多數餞送하다。同日의睡眠不足을 恢復하고저 일즉이就床。

九月十五日（日） 雨、後晴。午前十時부터 聖書朝鮮의 사명에 관하야 述하다。所要時間이 滿二時間十五分。閉會하고보니 精力의消耗가 甚한것을 깨달다。生命의割讓이란 이런것인가하다。

九月十六日（月） 晴。某事件으로 總督府에往返。○徒步通學件으로 某校當局者에게 進言하여 보았으나 通牒依文의解釋이 甚히偏狹한데 놀라다。同一한官廳의 同一한通牒이라도 地位確固한公立學校校長은 그精神만을把持하야 自由롭게 潤達하게 處理하는데, 小規模의私立學校校長은 薄氷을 건너는것처럼 조심조심하지 아니치못하는듯하였다。○저녁에는 中秋明月에 山野가 玉으로삭인듯。여러번 잠깨여 溪邊을 그닐다。

九月十七日（火） 曇。九月號에는 批判攻擊의 文句가 많었으니 앞으로는 그것만은 考慮하여 쓰시라는 匿名投書가 一枚飛來하다。自己自身이 또한번 批判攻擊을 當할가 두려워서 匿名으로한모양이나、그筆跡과 用紙와 發信局「消印」으로써 누구인것을 짐작하기 어렵지안하대、머리만 물숲에 박고 숨는 정기가聯想되여서 快者의智慧에苦笑를禁制。

九月十八日（水） 晴。오늘은 如下한同情의書信을 接하다。○先生님 聖朝誌拜受하였음니다。先生님 聖朝誌들읽고나니「그대여膽大하라」「冷水摩擦과宗敎」「聖朝通信八月十九日」 最後의글을읽으니 말할수없는 悲憤의 눈물이 흘읍니다。先生님의마음 얼마나 悲痛하실가 生覺되나이다。이번만이 안이면는 많은사람을對하니 사람은 언제나 不完全하니 늘눈물과 悲憤의感情이 있을줄압니다。先生님 容恕하여주세요。나도 그와같이 背反의길에 있지않은지 再三返省하야 봄니다。（下略）」무릇 짐이 사랑해본 友誼가없었든 人間들두렵게 信賴해본 經驗이없고 人間들과는 辯論이 쓸데없었다。牛耳誦經에 지나지못한다。○同生을爲하야 晩餐을共卓。

九月十九日（木） 晴。오늘午後에 同生이 滿洲로向發。大鵬의飛躍할 舞臺로서는 滿洲벌판만큼이나해야 되는모양이매 彼의前程을爲하야 祝福을新願할뿐。○中秋明月과高潮를利用하여 英國本土의上陸作戰이 計劃되려라든推測은 아마抑測에 지나지못하고 만것인가 오늘까지別消息이 없다。○市內에는 博覽會구경군으로 매우 복잡하다。

九月二十日（金） 曇。○印刷所에 들려서 十月號의 工程을督促。○明二十一日부터 兩日間 市內各學校（中等以上）의聯合大演習及分列式이 擧行되여서 集會도 臨時休講되겠는故로 이機會에 平壤友人을 尋訪하기로하고 午後三時半車로京義線急行列車의 客이되다。博覽會때문인가 乘客의混雜은 一層甚하다。午后九時頃에平壤에서下車하니 降雨있었든 모양이다。巡管里 某旅館에投宿하니 예전에李承薰先生께서留宿하시든 旅館으로서 그墮落이甚한데 一驚。勿論主人도變했다。

本誌定價
一冊 貳拾錢
六冊(送料共) 前金一圓十錢
十二冊(一年分) 前金貳圓貳拾錢
要前金 直接注文은 前金貳圓貳拾錢
振替貯金口座京城一六五九四番
(聖書朝鮮社)로

取次販賣所
和信
北星堂(春川邑)
博文書館 京城府鍾路二丁目八六
中央書房(平壤府) 京城府鍾路二丁目九一
茂英堂書房(大邱府) 京城府鍾路二丁目
向山堂書店 東京市麴町區九段坂

昭和十五年 九月二十八日 印刷
昭和十五年 十月一日 發行
編輯兼發行者 金教臣 京城府外崇仁面貞陵里三七八
　(京城、光化門局私書函第一八號)
印刷者 李相五 京城府仁寺町一一九ノ三
印刷所 大東印刷所 京城府仁寺町一一九ノ三
發行所 聖書朝鮮社 京城府外崇仁面貞陵里三七八
　(京城、光化門局私書函第一八號)
振替口座京城一六五九四番

【聖書朝鮮】第二百四十一號
昭和十五年 一月二十八日 第三種郵便物認可
昭和十五年 十月一日發行 每月一日一回發行
【本誌定價二十錢】(送料五厘)

金教臣 主筆

聖書朝鮮

第壹百四拾貳號

昭和十五年（一九四〇）十一月一日發行

昭和五年一月二十八日（第三種郵便物認可）
昭和拾五年十一月一日發行（每月一回一日發行）

目 次

銃後生活と奢侈品

七月七日支那事變勃發三周年を期して、內地に於ては奢侈品等の製造販賣制限規則が實施され、我が朝鮮に於ても內地に呼應して七月二十四日府令第一七九號を以て發布せられ即日より施行された。

新國民生活體制を確立し舉國一體國家の總力を發揮し國體の本義に基く國防國家建設には、大に國民生活の刷新、戰時生活の確立の聲は既に久しいが、都會生活の消費者等を見るときは、必ずしも十分の效果を舉げてゐるとはいへない。今迄の生活の自由の夢を追つて、統制への不平不滿を衷心懷く者も絕無ではない。然しながら戰へる世界のどの國も生活の戰時態勢化が斷行されてゐない所があらうか。獨逸の大勝利の蔭には吾人の想像だにも及ばない犧牲的不自由な生活に甘んじてゐる事實を見逃してはなるまい。凡そ奢侈逸樂を事として興隆せる國家は未だ曾て之を見ないのである。

惟ふに我が銃後國民生活の現狀を顧みると通貨の膨脹が購買力の增大を誘發し、殊に股賑產業方面に於ては生活樣式の奢侈化に拍車をかけた事實は否めない。一方に於て物資の一

大消耗が行はれて居る場合、日常生活に於て平時と同じ質と量との物を欲求することは許さるべきでない。戰時には戰時に相應しい生活樣式がなければならぬわけで、銃後の國民としては最少限度の生活に甘んずべき責務があるのである。

茲に於て政府は生活必需品等の消費規定に關し不急不要品又は奢侈贅澤品の生產、製造及販賣を制限又は禁止すること或る程度の必要性あるものと雖其の物の原材料が重要生產資材又は生活必需品資材なる場合に於ては右に準ずることゝなつた。

宗教の目的

宗教を信ずることにより個人の徳を修め品性を高めることも出來るであらう。又國家社會を利することも出來るであらう。從つて如何にその思想體系の深遠なしかし何んと言つても眞の宗教の終極の目的は死に對しての挑戰と征服にあるであらう。又假令その教義に獨斷が多いやうに見えてもその信仰により死を呑み勝ち得て餘りある實力の宗教ならばそれこそ我らの渇望してゐる福音でなることを以つて誇る宗教であつても死を征服する能力が缺けて居れば價値ある宗教とは言へない筈であり、又我らの渇望してゐる福音でなければならない。

使徒パウロの宗教は一言でいへばそれは「死に勝てる宗教」であつた。故に彼自身は自分の宗教を福音と呼び能力と稱したのである。

理論ではなく事實であり直に役立つ能力であつた。彼は凱歌を唱へた。

兄弟よ　われ之を言はん、血肉は神の國を嗣ぐこと能はず、朽つるものは朽ちぬものを嗣ぐことなし

此の朽つるものは朽ちぬものを著、この死ぬる者は死なぬものを著んとき『死は勝に呑まれたり』と録されたる言は成就すべし。死よ　なんぢの勝は何處にかある。死よ　なんぢの刺は何處にかある。死の刺は罪なり、罪の力は律法なり。されど感謝すべきかな、神は我らの主イエス・キリストによりて勝を與へたまふ。

と(コリント前一五・五〇節以下)。

これは誇張でも虚飾でもない。又パウロ一個人の特異な思想でもない。實に聖書、殊に新約聖書全體は生命が死を呑み盡す記録である。この能力ある信仰により死に對する仕末が出來てゐた人々であつた爲に彼らは「肉體を殺してもその上何等なす能はざるもの共を恐れずに答へた。神に聽くよりも汝らに聽くは　神の前に正しきか　汝ら之を審け。我らは見しこと聽きしことを語らざるを得ず。」生涯を送つたのであつた。彼らは迫害を加へるものに對しても恐れと(使四・一九、二〇)言ひ張つた。實に潑剌たる生命ではないか。何故であつたか　既に死の問題が解決濟みの魂であつたからである。

宗教の目的

一

最近我らの誌友の中に　南よりも北よりも若きものも年寄も天に召されるとの報に相次で接するので人生の寂しみに打れないのではないが　しかし詳報に接する度にその何れもが凱旋ニュースでないものはない。死を思ふことに『疑ふものは「來りて見よ」我らが戰友の實狀を』と言はざるを得ない。

疑惑 三 題

二

하나님이 계시다는것은 우리 少數의基督信者들만 믿는일이아니라. 많은 敬虔한異敎徒들도 믿는일이오 적지않은 智者와碩學들도 是認하는일이다. 우리現在의 삶은 信仰에基因함이오 信仰은 하나님이 계시다는基磐우에 선것이다. 그런데도不拘하고 世上 動態의變顔을 보며 들을수록、또한 自我 內生의虛弱함을 살피며 생각할수록「너의 하나님이 어디 있느냐」는、때로 우렁찬 抗議 嘲弄의 웨침이 옛날詩人의 (詩第四十二篇三節) 鼓膜을 울리든 그대로 나의鼓膜을 성가시게 구니 무슨까닭인가. 義로운者 義로운報果를 받지못해도 하나님은 계시다는 말인가고. 이것이 첫째疑惑이오.

그렇지않어도 하루바삐 이肉體의拘束을 벗어나서、거울로써 보는것이아니오 얼굴과 얼굴을 對面하여 그리스도께서 나를 아신것처럼 나도 그리스도를 確然히 알고지고 보고지고 하는것이 우리의 渴急한所願인데、이렇게까지 구차한 살림이라도 存續하는것이 果然 聖意에合할까. 차라리 交通機關의 한자리를 뷔여들이 는것이 社會의便이아니며 糧米配給의一人分을 除해들이 는것이 國家의益이아닐까고. 生存에對한疑惑 이것이 둘째疑惑.

聖書朝鮮誌를發刊하는일은 우리信仰의 自然스러운發露요 또한兄弟와世界人類와 救主그리스도에게對한 至當한義務를 다하는 일인줄로 確信하였었다. 創刊以來로 第一百四十餘號에達하기까지 缺損의連續이였으나 利를貪하지않고서 하는일인故로 이것은純粹한일이오 聖意에合하지않을수없는일이거니 確信하여왔다. 未久에 創刊第十四週年을 맞우게되는동안 別別苦難과波瀾이많었으나 이雜誌로因하여 原稿料한푼도 생기는것이없는代身에 꾸준하게 缺損하면서도 發刊한다는意識이 續刊하는 가장큰原動力이였다. 그러나 近日에至하여는「創刊第十四週年、第一百五十號에達하려는때까지 自立──그것도 印刷實費만의自立──못하거든 그는 하나님이 이따에存立시키시려는祝福을許하시지않는다는證據니라」 했는데 漸漸疑惑이 깊어감이 如此하니 嗚呼라 나야말로 괴로운者이로다.

四十而不惑이라.

故李種根君

故李種根君

年前 어느 봄날이었든듯記憶되는 하루夕陽에 서울鍾路街頭에서 金昶濟先生을 뵈였을때에 先生은 突然히 李種根君의 入信에 對한感謝을 惠懃히 表하셔서 들는者로 하여금 놀라게한일이 있었다. 넘어 가까운 骨肉之親으로서는 도리어 예수믿게해주었으니 고맙다는 뜻이었는 그集會를 通하여서 예수믿게한것을 聖書朝鮮과 다. 李君이 金昶濟先生님의 甥侄인것을 이날 처음 알고 놀랐거니와、李君이 自己의 信仰을 公言한일이 있었으며 그信仰이 聖書朝鮮에 由來한것을 明言한事實을 알고서 시금 놀랐다.

距今約四半世紀前에 두근거리는 가슴을 鎭靜하면서 두려움과 조심스러움으로써 金昶濟先生의 書齋를 尋訪한 少年이 있었다. 基督敎의 敎訓은 좋으나 祈禱드리는것은 迷信같아서 理解할수없읍니다 하는 少年들의 質疑에 對하여 金先生님은 親切히解答하셨다. 當時의 懷疑少年中의 一人을 通하여 오늘날 金先生의 甥侄李種根君에게 福音을 傳하게되였으니 이것이 하나님의하시는 役事가아니고 무엇일까. 鍾路네거리에서 나는 불붙는 가시덤불 우에섰던 모세처럼 하나님의 嚴存에 威壓되었었다.

우리의 親愛한子女와 弟侄에게 주고싶은것 傳해야할것이 무엇인가. 金銀田土보다도 예수믿는信仰인것은 우리의 共通한所願이다. 그러나 우리의 사랑하는 무리들이 받지 않할때는 어찌할까. 멀사랑하는者 即外人에게 주고 傳하라. 그리하면 異邦人에게 바울을 보낸後에 이스라엘全族을 救濟하려는 여호와의 限없는 智慧와 攝理를 그속에서 찾어볼것이다.

李種根君은 容貌도端正하고 글씨도 端正그것이었다. 넘어端正하고 아렀답고 부드러웠던故로 男性이라기보다 女性을 聯想하게하는일이 많었고、따러서 마음속에 信仰을 包藏하였을지라도 입밖에 公言하기는 어려우리라는 念慮가 없지않었을지도 그러나 이것은 李君에關한限 한갓杞憂에 지나지 못하였다. 그 잔잔한 外容의 속에는 獅子같은 鬪志의火焰이 恒常움지기고 있었다. 그家庭으로부터 親知들에게까지 저에게接近하고서는 그積極的인信仰態度에 놀라지 않을수없었다.

李君은 昨年度에、某校入學準備로 晝夜兼行하는工夫中이었고 連하여病席의人이 되었을에도不拘하고 그聖書硏究는 日課表를定해놓고 하였든것이 그遺品에依하여 判明되였다. 例컨대 一月十日에는 갈라듸아書를畢하고、同十三日에는 에베소書를、同十五日에는 빌립보書를、同十七日에는 골로새書를畢하고 （中略）同二十八日에 히브리

三

故　李　種　根　君

四

書시작　二月三日에同書를畢하고、同十三日에
同二十三日에畢、同二十四日에、마태福音시작
同書를畢하고、그翌日에　마가福音시작　三月七日에同書를
畢하는等々으로　配定되였다。

今年三月十一日　日記에는　駐在所에서取調받은記錄이있
는데、 먼저　共産主義에關한것을否定한後에　問答如下。

どんな書物を讀んでゐるか。
宗敎方面の本を主に讀んでゐます。
朝鮮の在來の宗敎かね。
基督敎です。
キリスト敎は何故信ずるか。
それが最上の宗敎と思つて信じてゐます。
キリスト敎を最上の宗敎と思つて信ずるに到つた動機は
何か。
友達の勸誘と雜誌を讀んだのに依る。
どんな雜誌を讀んだか。
聖書朝鮮と言つて京城で發行されてゐます。
云云したれた。 生存時代에　書信去來도 적지않았고 또한起
居를　함께하기를　願한다고해서　聖朝社에　寄宿
한일도있었으나　이런일들은　靑年期에　흔이보는　一時的
熱情에　지나지못하는　凡常事로만看做하고　나편으로서는
別로　掛念도안하고 , 버려두었었다。　聖書朝鮮에對하여　이

처럼　簡單明瞭한見解를把持하고　있었든줄은　君의遺品이
余의机上에運搬된後에야　알었다。　생각건대　李君은　心中
깊은곳의　情懷를　함부로　입밖에　吐하는　近代的輕薄漢이
아니었고　드디어　輕薄浮虛한時代의　時代의犧牲이되었다。
李君의入信勸機의一을　親子의勸誘라고했다。李種根君에
게　親子　하나가있나니　그이름이閔炯來요、閔炯來君에게
親구　하나가있나니　그이름이李種根이다。다윗과요나단의
옛날이라면　모르겠고、管仲과鮑叔의　仁厚한古人들이라면
알수없거니와、오늘날　이世態、이朝鮮에서　李　閔　兩君
의　友情을傍觀하는일은　實로　一大奇觀이오　慰勞요　美
望이오　讚頌이였다。　한거름　앞서　聖書硏究會에　恭席한
閔君이　同行하기를　勸誘했을때에　李君은　一旦不肯했으나
나종入信後로는　눈물로써　이일을悔恨했고　목숨을　바쳐
信仰의　값을　支拂코저　願했었다。
世上에　나서서　一人의　親子의　信賴에價値하는者　저는　天
下를　얻은者인저。
어느날　李君은　結婚問題와就職問題를結合한問題를　가
지고　來訪한일이있었다。　無男獨女를　가진　某富豪가　小
學校를　經營하는것이있는데　그딸과結婚하면　數十萬圓으로
經營하는學校도　맡기고　全財産도　주겠다는것이였다。　들
萬人의信賴에價値할者、　一人의　親子를　얻은者　저는　天
는데로는　別로　反對할理由도　없는듯을　表하여보냈드니

後日에 듣건대 李君은 저편의 禮儀에 不備한 點으로 이提議를 一蹴하고 某校入學試驗準備를 決心하였다。每事에 自己를 自持함이 如此하였다。

李種根君은 二一家門中이 남보다 못한것이아니었고 世上친구를 사괴일수없었든것이 아니었으나 信仰의緣故로 말미아마 저의臨終의枕頭는 매우寂々하였든모양이다。金昶濟先生으로부터의 十月十九日附葉書는 如下하였다。

除煩하옵고 鄒甥佺李種根이 宿患으로 今日午前十時에、主人에 잠들었습니다。平素에 聖朝誌愛讀者、貴講義所에도 昨夏에는 늘 出席하든줄을알고 敢히數字로 仰告합니다。저에게는 現今 訃告를 發送할만한 人이 없기에 代行합니다。

라고。이보다 먼저 李君의姉氏로부터 電報가 있었으나 要컨대。李君의枕邊은 人間的으로 보아서는 寂寞한感이 없지 않었든듯하다。信仰을 가치못한千萬人이 둘러쌓던 그것은 患者에게 慰安의資料가 될수없었을뿐더러 그것마나 한두사람 接近하거나 말거나한形便이었다하며、唯一의信仰의親友인閔君은 訃告받고서야 다름질하여 가보았고、余自身은 主日集會있는우에 마침腫氣로因하여 起動을 自由롭게 못하는때였어 訃告를받고도 다다라. 參列치 못하였던故로、李君은 예수믿는 사람이면서 入棺時에나 火葬時에도 讚頌歌한曲調 듣지못하고 說敎한마디 없이

그리스도의 品으로 들어갔다。

생각할수록 李君의最後는 李君다운最後인듯해서 우리는 하나님의 마련하심이 人間의念慮에 넘치는바있음을 驚嘆하였다。그日記에依하건대 李君은 病苦가 極甚할때마다 더한苦痛을推想하면서 現在의苦痛을 견디었다。李君의日記는 今年九月二十八日로써 끝났는데 그날日記가 이러하다。

前에는 지금보다 苦痛이 더한때도 있었다。지금와서는 그때가 부러웁다。그렇게 생각하면 지금보다 더괴로운때다比하면。부러워해야한다。苦痛이란 限이없다。제가 지금當하고있는것이 決코 最高의것은 아니다。

이것이 勇士의絶筆이다。苦痛의絶頂에處해서도 더한苦痛이 있을것을 생각하고 스스로慰安을 받었으니 이는 天下의。모든重患者에게對하여 口舌로써가아니오 生涯로써하는慰問이되고저함이었다。基督信徒로서 有爲한靑年이 世上을떠났으되 讚頌歌도說敎도없이 며났으니 交通不便한山村僻地에서 또는大都市의陋巷一隅에서 친구도 없이 孤獨하게 世上을떠나는 無數한孤客들은 넘치는無數한慰勞를받을 天下에李種根君이있었던것을 記憶하고 넘치는 無數한慰勞를받을 것이다。人間의說敎를 못들을 李君의靈魂은 主그리스도의 直接抱擁을받기에 急했을것이다。그리고 그것이야말로

故李種根君

五

나의 信愛하는 友人을 잃고

閔　炯　來

種根이가 죽었다고요？ 아니리외다。種根이가 죽을理 있읍니까？ 나는 믿을수 없읍니다。그레도 죽었다고 합니까。種根이, 種根이 정말이오？ 種根이 죽엄, 그것이 내앞에 떨어질줄이야、어찌 想像이나했 겠오。죽엄이 있을이라는것과 죽엄에 對한 解釋은 듣고 알었으나 우리앞에 이렇듯이 여질줄은 믿기싫였든것이외다。

種根이, 그대가 죽었다면、나는 모―든것을 빼앗기엇오。 이世上을 잃었오。눈이 캄캄하여지며、모―든것이 懷疑에 빠지고 마오。하나님이 보이지 않읍듸다。그리고 긔도할힘 도 없었나이다。

오오、나의唯一의 友人을 빼앗어감은 웬일이실가요。 하나님은 많은恩惠로 나를無限기뿍게·하셨것만、웨、또 이렇게도 몹시 치실가요。나는 울어도 울수없읍니다。 눈물도 말렀읍니다。차라리 아버지께 매달려 몸부림 처 보

아도 그의뜻은 嚴然하였읍니다。별은 亦是빛나고 있것만。

六

그러나 나는 일술을깨물고 그를爲하여 나自身을爲하여 빌고자 하나이다。

우리가萬一 다만 肉으로서만의 人生이라면、이런 고비에 살길이 없읍니다。그러나、많은先人은 나를慰勞합니다。 나는「롱·휄로―」의 「人生의詩」를읊어 힘차게빌며、다 시 하나님께 더욱 나가려합니다。

Life is real! Life is earnest!
And the grave is not its goal.

그렇읍니다。그의生涯는 이로써 끝난것이아니외다。진실 로 이로부터 始作되는것입니다。예수께서 돌아가신지、 三日만에 復活하신것처럼、그도復活할것이며 더욱 그의 生이― 燦爛하여질것입니다。그렇다면 나는 希望으로써 다

"Dust thou art, to Dust returnest"
Was not spoken of the soul.

그의몸은 산산히 흘어저서、虛空으로 돌아갔읍니다。그 러나、그의生은 끠끝이안이였읍니다。꿈도 안이였읍니다。 眞實한 存在였고、지금도 그렇읍니다。그리고 그는、다음 句節을 아―멘으로써 읽게합니다。

Lives of great men all remind us

We can make our lives sublime.
A'd departing, leave behind us
Footprints on the sands of time!

발자취！ 나는 바다가 물결이 씻고간 잔잔한 白
沙우에 홀로걸어 뒤에 남는발자취를 세이며 질긴매가있
읍니다。一聯의 발자취는 神秘롭기까지 하였든것입니다。
그러나 그발자취가 價値있는것이라면 우리는 그를 어찌
느낄가요。

Footprints, that perhaps another,
Sailing o'er life's solemn main,
A forlorn and shipwrecked brother,
Seeing shall take heart again.

그는우리의 힘이됩니다。弱한者를 일으키고 人生의 苦
海에서 破船된 兄弟를 일으키십니다。

種根이의 발자취는 길지못하였읍니다。그러나 힘젔읍니
다。또壯大하지 못했읍니다。그러나 價値있었읍니다。그
는 벗꽃같이 華麗하지못했으나、五月의 百合花같이 피
였든 百合花를 남겼읍니다。그렇읍니다。그는 솔로몬의榮華
로도 當치못한 百合花였읍니다。그같이 淸楚했고、그같이
高尙했으며、그처럼 아름다웠고 그처럼 외롭기도 하였읍니
다。또、五月의 비에 시달리는 百合花처럼 勇敢했읍니다。
이에나는 또힘을얻습니다。그리하여 그의生涯의 價値

나의信愛하는 友人을잃고

를 證明하는 말슴을 記憶하거니 그는 內村鑑三先生의
「後世への最大遺物」입니다。
「それならば、何人にも遺すことの出來る本當の最大遺物
は何であるか。それは勇しい高尙なる生涯である。」
나는 다음機會에 그의남긴 많은日記中에서 價値있는
그의 生涯의 香氣를 찾고저합니다。
오히려 種根이의 生涯를 노래한 詩를 記憶하고자합니다。
끝으로 種根이의 生涯를 證明하고 讚美하고도 남은、안이

A Short life

It is not growing like a tree
In bulk, doth make man better be;
Or standing long an oak, three hundred years,
To fall a log, at last dry, bald, and sere!

A lily of a day
Is fairer far in May,——

Although it fall and die that night,
It was the plant and flower of light.
In small proportions we just beauties see;
And in short measures life may perfect be.
——Ben Johnson.

七

653

李種根君畧傳

李種根君은 大正六年十一月七日에 京畿道振威郡에서나서 始興郡西面梧里山밑에서 자랐다。늙은 父母의 외아들로서 세분 누님밑에 귀엽게 자랐을것이다。늙은면 淸白하기로 이름있었다는、梧里李政丞의 嫡流이다。梧里의 피가 오래흘르다가 오늘날 種根君에게 피었나 싶게 淸廉하였다。더구나 金錢에는 絕對淸廉하였다고한다。

그는 어려서부터 自然을 좋아했다고한다。어려서 홀로 山으로 들로 돌아단이며 나무보다 따고 폐꼬리소리도 듣고、뻐국새도 쫓아단였다고 말한것을 記憶한다。이 天性이 後日에 그로 하여금 永遠을찾고 永遠안에 살게하였든것인가한다。그의 最後의 筆蹟을 引用하면、

「兄이여、어렸을때나 이같이 젊은때나、하늘을 울얼어 보는것이 왜이렇게 좋을까요?……그리고 하늘을 對할때에 느끼는 그感조차도 어쩌면 그렇게도 變함이없을가요。思想도變하고 意見도 變하였것만 이느낌만은 언제나 同一하구려。……잡을곳없으면서도 限없이 그리운느낌。이것이 아마 有限한것이 對한까닭이겠지오。無限과 永遠에對해서는 우리人間에게 成長이 없나봐요。어린애가 感하는 하나님과、어른이 느끼는 하나님이 그本質에있어서 얼마나 다르냐고 생각하십니까。꼭매한가지여요。

끝도없이 푸른 하늘을 보고 一種의 그리운을 느끼는것은 어쩐까닭일가요。나는 이렇게生覺해요。그하늘이 가진 永遠性과 無限性이 우리人間의 本故鄕에通하는關係가 있기때문이라고。다시말하면、우리人間은 永遠性과 無限性을 이五尺不過의 短軀에 품고 있다는것이지오。兄이여、弟는 永遠과 分離한 人間의 存在의 意義도 價值도 想像할수없읍니다。……云云」

그는고히자랐다。

昭和六年봄에는 永登浦公立普通學校를卒業하고 同年四月에 京城師範學校에 入學하였다。入學當時는 몸이 조고맣고 얼굴공은 明朗한少年이였다。그의信仰은 이學校를 맞이고자 할때에 뿌리가 박히고 있었던듯하다。

昭和十二年봄에 師範學校를 卒業하고 慶尙北道慶山郡 慈仁面西林公立尋常小學校로赴任。이곳에서 그의靈은 자랐고、싸웠고、일됐든것이다。

昭和十四年初前後하여 믿음과 職業과 生活에 關하여 深刻히 生覺하는바있었다。그러자、同年二月二十日突然咯

八

血。病勢는 大端치않았으나、此際에 退職하고歸鄕。
歸鄕後의 日記를들어 그의片貌를 엿보고자한다。

三月二十九日
아침에 羅馬書工夫。
患難과身病이 있을지라도 來日일을 걱정안하고 平安히
있을수있음은 信仰의힘이다。

四月六日
아버지山所에가서 어머님과같이 祈禱하였다。발은 길
을 걸어가면서 貧寒과 迫害로 不幸히 그生을지나신
아버지는 반듯이 예수님의 동모가 되신것으로믿는다。
지난날 不孝한것과 아버지의 불상하신 一生을 追憶
하여 눈물을 흘리다。

四月八日
××에게서 편지가왔다。그러나「나의 마음과 行動이
宗敎的立場에서 볼때에 모도가 罪에 屬한것일진대
이以上긴 말을쓰지않으련다」고 한데에는 不快하였다。
宗敎的으로만罪고、이世上的으로하면 罪가안이니까、宗
敎만 떠나면 괜찮단말인가。그러면 果然 世上的으로하
면 罪가없단말인가、罪는無條件하고罪다。어떻든 내마
음은 쓰라리다。힘써서 한傳道는 이같이 부서졌다。
亦是 어느程度의 責任은 나에게있다。
山하나를 넘어서 바위에 엎드려 소리처 祈禱하다。

李種根君署傳

果然 내靈魂이 主안에 居하지않으면 平安할곳이없다。

이리하여 療病漸次快했다。同年五月에는 일터를찾어滿
洲로갈가하다가中止。同六月에는 좀더意義있고 좀더眞實
하게 일하겠다고 貞陵里로가서 夜學을하고자하였다。그
러나 모ー든事情은 그를막났다。일과 일터를 잃은者의心
懷야 如何했을야。그는다시 뜻을일으켜 더배우기라도하
고자하였다。다시 故鄕에가서 弱한몸으로 晝夜를 재촉했
다。某校入試數日을 남기고 發熱臥床。
今年봄에小快。그러나 그는 때때로 試鍊을받었다。不
完全한 身體이였으나 다시 일어 京城府內某私立小學校
에서 敎鞭을잡다。
病勢加重하여歸鄕。

七月五日
또그의日記를 빌어 그後의消息을 듣고자한다。

아직 머리가 무겁고 기운이 없어서 寢具를 떠나지못
하고있다。누가보고 悲觀하지말라고 慰勞의말을한다면
나는정말 悲觀할것이다。그런이는 적어도 나를몰라주
는이다。나는 決코 悲觀하고 있지않다。되려 感謝에
넘처있을다름이다。나는「그때 그렇게했드라면 至今은
나었을것을。」하는 後悔의念은 秋毫도없다。萬事가 다
지금있는대로 可한줄안다。그렇다。모ー든것이 나에겐

九

李·種根君畧傳

有益하다。

나의病은 틀림없이 내게는 적지않은 患難이다。
그러나 이것을 患難이라고 하기에는 아직도 너무가
벼운것같다。하나님이 自己에게 매여달리는 者를 박
차고갔다고까지 생각할수가없다。나는 하나님이 나를 박
의잔은 너무나 넘치지안나、이는 果然恩惠의 變形이
다。確實히 이때를 通하여 하나님은 나에게 더욱 가
까운 存在가되였다。그에게 모─든것을 말길수있을것
갈다。또 말길만한 믿음성을 하나님에게 느끼지 않을
수없다。아아、絕對信賴란 얼마나 平安한것인가、主여
온전히 모─든것을 아버지께 말길수있게 하소서。

七月六日

쉬지않고 한결같이 비가온다。노아의 洪水를 생각하
다。……오々 不信한者들아。하늘의 하는일에 對하
여 不平을 품지말고、오즉 默默히 忍耐할줄을 어찌
모르는가。너의가 念慮함으로 비한방울이라도 能히오
게하고 못오게할수있는가。그렇다면 오직 모─든것을
하나님께 말기어라。하나님은 사랑이고 能치못하신바
가 없는것이다。所謂 信者라고 하면서 急한일을 當
할때에 보기싫게도 周章狼狽하는樣은 實로 無能한
그에게는 神이란 實로 無能한 存在에 不過한다。

朝鮮사람의 입에서 하늘을 咀呪하고 不平을 쓸는일
이 끊어질때까지 그들은 더鍛鍊을 받어야한다。장마
도좋다。가믐도좋다。

一〇

그의日記帳에는 또다음과같은 글이있었다。

I know not how this languid life,

May life's vast ends fulfill,

He knows──and that life

is not last

That answers best His will.

病勢危篤한때에도 그는 믿음으로써 작렸다。그慈親이 나
종에 「다른사람은 病들면 悲觀도하고 自暴自棄도한다며
면、이것은 그렇게 굳은것은 처음보았오」하시며 되히
려 슲어하셨다。

그는 氣盡하여 말을못하드니 十月十九日아침에는 어디
서 솟는힘인지 우렁차게 祈禱의렸다고한다。그리고 二
十四歲를 一期로하고 平安히 至極히 平安히 그날午前十
時에 昇天하였다。

지금은 榮光나라에서 예수님옆에 앉어있었을것이다。

學生と基督教

矢　内　原　忠　雄

私は東京から來た一人の學者にして基督教信徒であります。今此處に居る皆樣は京城府内の各學校からお集りになつてゐること、思ひます。そして、皆樣は又朝鮮各地から撰ばれてこゝに勉強して居られる方々ですから私は皆樣の背後に朝鮮全體を見ます。

皆樣は學問をしてゐる學生であり、且既に基督教を信じてをられるか或ひは勘とも基督教に對する理解を持たうとして此處に集つてをられる事と思ひますから、「學生と基督教」といふ題でお話しをして見ようと思ひます。

今日は學問が餘り盛んである樣には思へません。「教學」とか、「學術」とか、云ふ言葉は盛んに用ひられますけれども、教學の時は「學」よりも教。ることを主眼としてゐるのであり學術と云ふ時は「學」よりも術の方を主んじてゐるのであつて、學問を學問の故に重んずることは今日餘り盛んである樣には思へません。

抑て然らば、學問とは何かと申しますと、事物に就ての本質的の智識換言すれば眞理であります。應用を主とする技術

學生と基督教

とは異り、技術の根源となるべきものでありますが、此本質的なるべき智識、即ち眞理を認め重んじ眞理の本體を明にせんとするのが學問することであります。政治家實業家が學問に付て何を要求しやうとそれは論外で、學問に從事する者は其從事する所のものをそのもの、故に重じて行かねばなりません。勿論學問も全然歴史より超越するものではありませんが然りとして時代に附從するものであつてはなりません。時代の中にあつて時代のものをそのもの、であつてはなりません。時代を理解するためには其時代の中にあるのみではなく、時代を完全に理解することは出來ないのであつて、時代の中にあつて前にあつて後にあつて見なければなりません。學問は此の樣に中にあつて上にあつて時代にあつて前にあつて後にあつて時代を見るものでなければなりません。學問は時代に制約されつゝも時代を導くことが其本質であります。

滿洲事變及支那事變の本質が何であるかに付私の抱いてゐる見解が不可といふので私は大學を辭める樣になつた者ですが當時或一部の人々からは非常な非難を受けましたが、又誤解もせられました。或ひは又私の立塲に同情するものもありました。所が當時私の言論を不當なりとした政治家も今日は其の樣な事を感じ、その通りにしてゐる樣であります。先日私は名古屋に居る一學生から手紙を受取りましたがその手紙には或陸軍將校がその地に於てなした講演の中にその樣な話が

一一

學生と基督教

あつたと言ふ事であります。これは學問の權威であります。
私の傲慢ではありません。非難されやうと、何も拘ひませんが、眞理の權
られやうと、非難されやうと、何も拘ひませんが、眞理の權
威學問の權威は立つて世を裁くのです。時局の制約はあるに
しても時局に追隨する者が決して時局を導くことは出來ませ
ん。

第二に諸君は青年であります。學問に從事する者に學者と
學生とがありますが、學者と學生との相違は一には程度の差
であり二には學者は大人であり學生は青年であることです。
青年としての學生の特色は、謂はゞ未成品でありますけれ
ども私は未成品といふ語を不完全といふ意味に取り度くはあ
りません。青年の可能性として含んでゐるもの、青年は實に
可能性 Possibilities であると言ふべきです。學生は學問をす
る青年として如何なる長所に具體的に伸びて行くか未知數で
あります。青年には自分も知らないけれども何か秘んでゐる
ものがあるのです。私は人間の持つ Possibilities は無限なり
と信じます。科學的な證明は出來ないけれども此の人間は役
に立たないといふやうな事はない。凡て人である以上あらゆ
る可能性があると信じます。而して青年の可能性は良き方面
のみならず惡き方面への可能性をも持つてゐるのであつて青
年に善への可能性及惡への可能性があるといふことは實に嚴
粛な事實であります。多くの場合には善に對する可能性と惡

に對する可能性とが程よくバランスが取れてゐるがさうでな
い場合もあるのであります。而して惡の可能性の方が善に對
する可能性よりも勝つてゐる所謂惡人でも其人の心に何か觸
れるものがあれば其人も善い方向に伸びて實に立派な人間と
なることが出來るのです。此善に對する可能性を引伸ばして
行くこと人に秘んでゐる可能性を引出して行くことが即ち教
育であつて獨逸語で教育の事を Erziehung (Ziehen＝引出ら
とゐふ譯から出たもの)といふのも此意味に外なりません。
善に對する可能性を引伸ばし惡に對する可能性を取去るこ
とは道德的にも智的にも妥當するのであつて人間の持つ可能
性を引出して行くことが眞個の教育であり眞個の教育者であ
ります。此の樣に青年には善への可能性即ち善に對する傾向
と惡への可能性即ち惡に對する傾向とがあるのですが惡に對
する可能性が發達すれば社會は益々害となるのです。さうし
て青年のこの可能性がどの方面に伸びて行くかと言ふことは
一に人生の目的の如何に依るのであつて人生の目的が惡に向つ
てゐるならば其人の能力は惡に向つて發達して行くのであり
ます。然らば如何なる生活の目標が善であり如何なる生活の
目標が惡であるかをキリスト教の立場から極一般的に言ふな
らば「神を愛し人を愛することにある」と言ふことが出來ま
す。

次に申し度い事は學者と學生との相違は學生は青年であ

一二

に對し學者は大人であることだと前に言つて置きましたが青年即ち若い者は次の時代を擔當するものであるといふことです。若いといふことは次の時代を擔當する者であります。即ち學生は次の時代を擔ふべきものであり次の時代のために準備をしてゐる者であります。學生は可能性であり其善惡は生活の目的に依つて決るのでありますから生活の目的觀を立てねばなりません。も少し砕けて申しますと青年は次の時代を擔當する自負心、即ち自ら任ずる公の精神に生きねばならないのです。學生は非常な特權を持つてゐるのであつて經濟生活に心配が要らない事等は其最も重要なるものでありませう。尤も苦學する人は別ですが。其特權を餘り濫用する事には私は贊成しません。學生は學問の性質を良く考へ自負心を持つことが必要であります。

以上私は學生に付て學生は學問をする人であること可能性であること次の時代を擔當する者であることの三を申しましたが然らば此等の三點に付てキリスト教は如何なる關係があり如何に結付くかを考へて見ませう。

學生と基督教

若いといふことは生理的年齡と一致するのでありますけれども必ずしもさうとは限りません。年齡を取つてゐても希望に燃えて潑剌とした人があるかと思ふと年齡からすれば青年であつても惰氣持んだ老人の氣持を有つてゐる人もありま す。言葉を換へて申しますとPossibilitiesの少い人は老人であるといふことが出來ます。Possibilitiesの多い人が青年で其善惡は

第一にキリスト教と學問との關係に付て多くの學者はキリスト教と學問とは相容れないもの、如く誤解する向きが多いのですけれどもキリスト教と學問とは決して水と油の樣なものではありまん。第一に學問に從事することを申しましたが諸君でも何か論文を書かねばならぬ時にはテーマを見出すことに苦心します。學生は如何なる問題を研究すべきか、問題を捉へることに苦心します。社會科學を研究する者は殊更其他の學問を研究するものでも只それを漠然と眺めてゐるのでは學問にはなりません。二には發見したテーマを研究する方法に苦心します。正しき方法は所期の效果を收めることは出來ません。然らば此等の發見は如何にしてするか。問題の發見及方法の發見はその事物に對する深い智識に依ることは勿論であるが結局Inspirationであると學者自身言つて居ります。

近頃法則に付て學者達は議論する樣でありますが私自身の習つた頃と今とは法則に付ての考方は異る樣であります。私等の習つた頃には法則には主觀は挾まれないとしてゐました けれども今は法則も主觀的であると言つてゐる樣であります。實に法則は主觀に依らねば不可能であります。法則には客觀性と絕對性とがあるけれども歷史性と個人の主觀とを挾むのであります。曾て京大と慶大とが生理學上の激しき論爭をしたことがあります。傳導體に付ての議論であつたのです

一二

學生と基督教

が何れの方法に依ても結果が出たのです。問題其物を發見し最も良き方法を發見するのは Inspiration 平凡な言葉で言へば「思ひ付き」であります。

然らばこの靈感を何處から得るか、既に故人になられた我が國の地球物理學者寺田寅彦氏は又一面非常な歌人でですが氏の著書の中に藝術の思付き和歌と俳句に長けてゐられた方と學問との關係を述べてゐる所に於て藝術は學問研究の思付きと學問に從事する苦しみに耐へる力とを與へると言つてをります。又社會的正義の感覺の鋭敏な人を社會科學者の中に見るのですが此等の人は彼の研究する學問のテーマの取り方と研究の方法に付靈感が與へられてゐるのであります。學問研究の力は單なる智識慾や過去からの智識の蓄積から來るのではありません。藝術にして其力あり社會的正義感にして其力ありとすればキリスト教に何故其力が無いと言へませうか。キリスト教は靈感の宗教であります。聖靈は凡て汝等に降ることを約束し給ひ聖靈の言葉や敎へが、キリスト教の生命でありますから學問研究に付てもキリスト教から受ける力と言ふものは蓋し言ひ盡されぬものがあるのです。

神は造主にして萬物を支配する方であり斯る神の聖靈が注がれることは學問研究の力であります。勿論キリスト教徒でなくても學問は出來ます。然しキリスト教は學問を出來ないやうにするとか　相

反するとかは言へないのであります。古來自然科學者の中にも社會科學者の中にもキリスト教信者は無數にあります。ニユートンや、ファラデー、キリスト教の敵とさへ言はれたダーウインもキリスト教信者であり、メンデルも僧侶であつたのです。私の如き微々たるものも自分の學問を靈感に依りて導かれたことは數へるに餘るものがあります。

寺田寅彦氏や或ひは其他の社會科學者がキリスト信徒であつたならばもつと偉大な仕事をなされたかも知りません。勿論靈感だけでは學問は出來ないけれども最高の知識を有する・ものが最高の信仰を有つならば實に鬼に金棒です。キリスト教と共に學問が進步するならばこれこそ天國になることでせう。

學問は眞理の權威を認めるのです。眞理の存否を疑ふ者が學問は出來ません。學問することは既に眞理が存在することを前提とするのです。然らば眞理とは何か。眞理とは、絕對的のものか相對的のものか永遠的のものか歷史的のものかに付ては多く議論せられてをりますけれども論じ盡すことはありません。

或立場から見れば眞理は相對的であるやうに見えます。私數學の事は良くわかりませんが精密科學と言はれる數學に於てさへ又物理學の精髄と言はれる量子物理學に於てさへ相對的な所があると言ふことを其方面の學者達から聞きました。

一四

けれども眞理が相對的であるならば學問は不可能であつて眞理は絶對的であるけれども相對的に表現せられる。永遠的の眞理が歴史的に把握せられるのであります。

そこで眞理の存在の確信はキリスト教が豊かに呉れるのでありまして、キリストが「我は眞理なり」と言はれた言葉がヨハネ傳にあります。キリストを信じ神を信ずれば眞理の存在を確信するのであります。キリスト教の眞理観は絶對的永遠的眞理を主張するけれども相對的歴史的眞理の存在を否定するものではありません。キリスト教の歴史的相對的眞理の存在を否定するものではありません。キリスト教は歴史の相對的眞理を主張し永遠的絶對的眞理を否定すると言へば間違ですけれども永遠的絶對的眞理を歴史的相對的に把握することは拒絶しないのであります。又眞理探求の熱心を與へることに於てキリスト教は實に大なるものがあります。神への人格的熱心は

リスト教は實に大なるものがあります。眞理探求の喜びを與へられ神様の智慧を慕ふ者でありますから苦しみと迫害に耐へ研究の途中で斃れてもそれでも満足するのであります。彼には後世の者が受繼いてなしてくれるだらうと言ふ希望のみならず復活して後自分の仕事を受繼いた者と共に研究せんとの希望があり神の助け給ふ所であるから必ず成就するといふ確信があります。實にキリスト教は學問に從事する熱心と喜びと希望とを豊に與へてくれるのであります。歴史上に於てキリスト教會が學問を迫害したのはキリスト教會の間違であつて其中に非なるものありしに依るので

學生と基督教

すがこれを以てキリスト教を斷じてはなりません。第二には前に學生に付て可能性のことを申しましたが可能性を引張る力はキリスト教が豊に與へるのであつて惡に對する反撃力も豊に與へてくれるのであります。キリスト教では罪に死することを申しますが罪に對する傾向永遠のものに向つての傾向に生きることを言ふのであります。戰々兢々としてゐた人間が信仰に入つて如何に進歩的な者となるかは歴史が證明する所であります。信仰は神の知識に至る所以であつて道德的には神の義に至り知識的には神の知に至るのであります。これ我等の上に與へられる神の榮光であります。キリスト教はこのことを教へての力を與へるのです。前にも申しましたやうに可能性を發見し可能性を引伸ばして行くことは信仰に依て得られるのでありますがこのことは私自身證明します。私は初め大學を出て約三年間實業界に就いてゐてから後大學に轉じて植民政策の講座を擔當することになりましたがどのやうにして勉強して良いか一向わかりませんでした。外國に留學して見ても一向見當が附きませんでした。然し信仰に依て學問への能力を與へられた者です。信仰が私に如何に働いたかは言葉では言ひ得ませんが食物が私共の活動の力になるやうに信仰が私の力となつたものと思ひます。私の學問のスタートが足らなかつただけに一層このことを感じました。

一五

生と基督教

第三にはキリスト教は生活の目標を與へるのです。神を愛し人を愛するために生活すべきものであることを教へるのです。正しき生活の目標を與へるものはキリスト教を措いて他にありません。次には前に諸君は次の時代の擔當者であることを申しましたが學者は時代にあつて過去の知識の蓄積を受繼いで將來に與へるもの學生は之に依つて次の時代を準備し開拓するものであつて時代から一歩先に出なければならない即ち新しい時代の指導原理を學び之を發揮するものでなければならない。即ち新時代の擔當者たるものであります。所が新時代は突然來るものではなく現代から生れるものであります學問をするものは現代に制約されるけれども現代に捉はれてはなりません。然らばこのやうな力は何處から得るか、この時代の轉換期にやうな力と原理をキリスト教は與へ得るか、時代の轉換期に於て新しき時代を指導する原理をキリスト教は與へ得るか、この力がキリスト教に無いとすればキリスト教は現代に終るのであります。現代は正に時代の轉換期であつて個人主義から全體主義に移つて行くのであります。何故にこのやうな轉換が行はれて行くかは學問の仕事であります。然し兎に角個人主義から全體主義に移つて行くことは事實であります。漠然ながら全體主義と云ふ方向へ時勢が流れるのでありますが全體的政治的指導者の仕事ではあるにしても好むと好まざると

に不拘全體主義を學問的仕事に取入れることは要求されてゐます。眞理の上から見て意味のある内容を全體主義の内容の中に盛ることは學問の仕事であります。政治的全體主義は政治的力のみでは次の時代を背負ふ力となり得ないのです。政治としての全體主義とは別に思想として社會生活社會思想としての全體主義を把握せねばならないのであつて現代はそれを要求してゐます。

然らばキリスト教徒はこの問題に付て發言權があるか否か發言權があるとすればそれは如何なる内容であるか、斯る問題はキリスト教徒にして學問に從事する者が其柔軟な Flexible な頭で考へ出すべき指導精神であつてキリスト教徒にして學問に從事するものはこれを發見せねばなりません。

こゝに私は京都帝大の教授にして日本哲學界の泰斗である田邊元博士の「歷史的現實」といふ本を持つて參りました。非常に Suggestive な良い本で僅か六十錢ですから御一讀を希望して置きます。これは田邊博士が學内に於て六回に亙てなされた講演を纏めたものださうですが、此時代の苦しみ新時代が生れ出やうとする苦しみの中に田邊博士は自分自身跳び込んで時代の苦しみを自分の苦しみとする博士の姿その哲學される姿に我々は打たれるのであります。キリスト教徒も亦時代の苦しみを自分の苦しみとせねばなりません。所が田邊博士はキリスト教は今までには時代を指導する力

一六

があつたけれども今後に於てはキリスト教は指導力を失つて無力となり今後の時代を建設する原理は日本化せられた大乘佛教の精神であると言つてをられ、又人類的個人的人間の救濟解放を目的とする基督教思想は個人解放の自由主義時代の原動力たり得ても今日の集團的生產技術の立場とは背離する傾向を免れないと言つて居ります。次に博士はキリスト教の終末觀思想の哲學的意味を認め哲學的根據ありとしてゐます所がこの終末觀を如何に解してゐるかと言ふに終末觀は現實が都合よく調和的に統一されてゐる間は極めて有力な思想であるけれども時代の轉換期に於て喰違ひのある時卽ち時代の轉換期に於て矛盾を包藏する時には適合しない而して歷史は一方的にだんだん文化の發展に向つて直線的にのみ進むものにあらずして矛盾を包藏するものであると言ひ又キリスト教は國家の救ひに對して無力であると言つて居ります。

然らば果して博士の言ふが如くキリスト教に愛國心なきか。國を淸め義しくし眞に國を强くする原動力たることは歷史に於て證明せられます（ルターの獨逸やカルビンの瑞西やクロムウェルの英國を想起せよ）。キリスト教は世界的であるから國を救ふ力なしと言ふ者があるならば斯く言ふ人の間違であり或ひは斯く言はれる人の間違ではありません。キリスト教自體の間違ではありません。

學生と基督教

キリスト教に眞に國を救ふ力ありとは私の現在及未來に證明せんとする所であります。次に博士がキリスト教は集團的生產技術と背馳する傾向を免れないと言はれたのに對して考へて見るに眞個の人間の統制を來らすものがあればそれはキリスト教であります。キリスト教で言ふ神の國とは將來のものであつて現實のものであり現實のものであつて將來のものであります。現實肯定現實に永遠の意味を置くのは佛教よりもキリスト教に多く眞に今後の社會を救ふ力たり得るものは現實を否定して深山幽谷に隱遁する佛教よりも現實肯定に足場を置いて立つてゐるキリスト教であります。

扨て積極的にキリスト教は新時代を構成する力ありや。產業革命の時代に於てルターや、カルビンの宗教改革が行はれ互に因となり果となつて近世文化のために貢獻したのです。實に中世から近世に轉回するときにキリスト教は如何なる力を果したか果さなかつたか。中世から近世に入る時の時代の要求は一には科學の發達であり二には個人の解放だつたのです。さうしてキリスト教はこれらの事をなし得たのです。キリスト教は新時代の轉換に於て相容れないものであるとのみ考へるならば間違でありまして其一例のために申すならば中世に於ては金を貸して利子を取ることを否定してゐたのですが近世に入るに及んで之が議論せられキリスト教會は反對の立場を取つてゐましたけれども遂にキリスト教會も之を認める樣になりました。キリスト教は當時の國民主義の勃興を喜

一七

學生と基督教

びませんでしたけれども新時代の社會倫理を提供して來たのです。

今日要求せられるものは第一に科學であり（然し科學の行過はいけないのであつて今日の科學は宗教に接近してゐます）第二には國家主義であります。國を正義の國たらしむることが愛國であるといふことはルツターの時より以上に今日叫ばれねばなりません。眞個の愛國は救はれた個人に依る神の國とすることであつて個人を沒却した全體はないのです。個人の救ひがあつて救はれた個人が自由に作るのが神の國であり神の統制でありまます。キリスト教の聖書の中には各時代の要求する指導原理が歷史的に秩序整然と入れられてゐるのであるから其必要に應じて取出せばよいのです。今日教會の合同が論議せられて居りますけれども教會が合同しても新しき指導精神は出て來ないのです只時代に附従するだけです。制度的教會の合同に依るにあらずして信仰を純粹にすることに依る合同であるならば神の國は來ることでせう。

正義の中に國を立てねばなりません。時局に追隨するものをも時局に反對するものをも要求せず時代を指導すべき時代を率ひて行くべき原理を要求するのであります。さうして我々基督教信者は我々自身の信仰を純粹なものに置かねばなりません。さうするならば時代に置去りにもならないし時代に遲れまいとして追隨するものにもならないのです。今日は實

に學問の暗黑時代でありますし信仰も眞に正義に立つ純粹な信仰が繁榮しない時代でありますけれども此の時代こそ眞偽が明白に認識され區別さるべき時であります。時代が苦しみ惱んでをる時眞理を求め純粹の信仰を守る者がなければ個人にも國家にも希望は無い。私はこれを今日諸君に言つて置きます。諸君は大きな考へを持たねばならない神の惠みと導きとがあるならば諸君が次の時代を指導する原理を基督教に依て發見出來ないと誰が斷言し得ませうか。この指導原理を發見する任務のある基督信徒學生諸君であるから私は私の精神を披瀝してこれらのことを申上げて置きます

（挿入）　田邊博士の終末觀批評に對する矢内原先生の左の様な反駁意見を筆記の途中漏らしたから末尾ながら挿入して置く。

『田邊博士は終末觀思想を以て現實が都合よく調和的に統一されてゐる間は極めて有力であるけれども一度其調和が破れ現實に喰違がある時には此思想では收拾することが出來ないと言つてをられますけれども斯の如きは終末觀思想が如何なる時代を背景として生れて來たかを察しないから言ふ言葉であつて實に終末觀思想は時代の轉換期矛盾包藏の時に生れて來たのであります。田邊博士にして此の通りですから他は推して知るべきです。』［文責在筆記者］

［編者曰］　これは昭和十五年九月十三日　京城基督教青年會に於て　京城府内各専門大學生の聯合集會に於てなされた講演の要綱を或る學生が筆記せるものである。講演二時間。

一八

聖朝通信

九月二十一日 (土) 雷雨 後晴。일즉이
나서서 咸先生에關한 消息알만한곳 두어
군데 尋訪하고、助力받을수 있을가해서
有力者두어분 訪問하고、助力받을수
을 面會하다。別効없이辭退。歸途에 博
物館을 구경하고 楊秉祉先生을通하야 江
西古墳觀覽의 許可를 얻어두다。○全鮮에
亘하야 基督敎徒 多量檢擧라는 報導가
紙上에 보이다。

九月二十二日 (日) 快晴。溫暖。來平
의表面上用件인 江西古墳見學의途에 就
하기爲하야 午前九時發乘合車에 타다。
楊先生이同途。江西까지의 沿道에는 並木
이佳賞할만큼많아서 快走의味가 各別하다。
江西邑에 下車하니 마침市내 那邇에 道
學務課長의 許可書를傳하니 案内人이 先
導하다。○約二키로 西로徒步하야 三墓里
에達하매 慶州의 大墳같은墓가 大中小
셋이 나타나하였다。中간것과 第一 큰
무덤은 石窟庵처럼 通路를 만들고 드
러가 구경하게 만들어놓았다。入口마다

든든한 門이있고 花岡岩으로만든 무덤
內의 壁薔의 精巧優秀함은 可驚可嘆。
○歸途에 江西青年學校長、張俊鍵氏宅에
서少憩。삐스로써 岐陽驛까지、夕陽에 平
壤歸着。저녁 열한時車로써 平壤을 떠
나다。

九月二十三日 (月) 晴。博覽會구경군
으로 因하야 列車의混沌은 形容해 말
할수없다。午前七時半 京城歸着。印刷所
에 들렀으나 組版된것이 없으므로 歸
宅하야 午睡。○矢内原先生으로부터 無
事歸東의報에 添하야 咸先生家族慰問을
보내주어서感激。同時에 某警官의 慰問
金도到着。

九月二十四日 (火) 晴。佛印進駐의報
가 들다。○오늘 鍾路署에 召喚되여 여
러가지審問에 答하다。○永遠의生命誌가
第百七十四號로서 廢刊되였다는 通知에接
하니 남의일 같지않다。○湖南消息의 一
節에『(前略) 서울서 所感의 一端으로는
무엇보다도 기쁜것은 참된사람인 矢內
原先生을 맞나뵈옵고 眞心에서 湧出하
시고 重量있는 말슴을 拜聽하온것이며、

入信後로의 新願이든 우리님의 참된兄
任들을 主안에서 相逢케된것이며、侍下
를 떠나서 十餘年間 마치 넘은벌판에
서 放牧된 굴레벗은 망아지같이 自行
自止의 生活을해온 小生으로서 狂然히
先生님의 側近에서 極히操心스럽고 緊張된
마음으로 一週日間生活을 未及한 그대
로라도 하였다는 것이였읍니다。

實에 있어서는 每日每時를 여호와하
나님 앞에서 보내는 사람으로서는 恒時
如何한處所에서든지 極히操心스럽고 緊
張되은 態度로써 一貫을해야 할것인데
어쩐지 不知不識間에 버릇없이 되여질
때가 많이 있는것이 甚히 可嘆스럽
니다。九日午前中엔 大夫人을 모시고 各
種 이야기를 듣고 여러가지點에 對하
야 感歎한바 많았읍니다。여기에 煩거
럽게 사람기를 避하옵는것은 저 矢內
原先生의 말슴과같이 百의 感歎보다도
一의 實行을 重大히 여겨지는點에
에 同感이기 때문입니다。한가지 生後
에 羞恥하고 사뭇고저한것은 小生의 生
原先生을 맞나뵈옵고 眞心에서 湧出하
처음으로 이마에 生땀을 번 일이
시다。그것은 八日 主日에 當한것이온

聖朝通信

대 그 前夜 車中에서 不得安眠한 所致
임인지 八日午前 先生님宅에서 矢內原
先生의 詩篇講義時에 잠이와서 못견단
일이있습니다. 房은 따숩고 몸은 困하
고 아무리 안조라고해도 잠이오지요.
內心에 들리는 소래는 네가 잠자우기
爲해서 此席에 參加했느냐고 한것이며
小生도 자운대야 될말이냐 하고 이를
갈면서 눈겁덕이를 안불이려고 애를써
도 瞬間 끄뻑 할때가 二、三次 있었음
니다。古人은 송곳으로 허벅다리를 찌
르면서 오는잠을 쫓고 工夫를 했다는
데 하는 生覺을 하면서 그講義를 듣는
참으로 이마에 식은땀이 흘렀읍니다。
도 그날밤에 組合敎會堂에서「基督敎의
論理와 倫理」에對하야 講演會실때에 小
生은 先生님의 바로 옆에 앉었었는데
其時에도 中間에 잠이와서 上記同榜의
몸부림을치면서 듣다가 한번은 萬年筆
을 자올다가 걸床밑으로 내리쳤는데 그
넘머진소리에 눈이 판닥 깨였읍니다。
그때에도 이마에 식은땀은 흘으고 있
었는데 참으로 生後 처음當한 쓰라림
이였었읍니다。이와같이 첫날 이러한꼴

일이있습니다。房은 따숩고 몸은 困하
참으로 기가 막혔으며 小生일어나기前
에 先生님은 발서 朝飯을 잡수심을 알
고 참으로 부그러워서 先生님을 뵈을
낯이 없었읍니다。여기서 小生이 切實
히 深刻하게 痛感하온것은 나의弱한것
이며 이를通해서 하나님의 强하심을 알
고 마음으로는 願이로되 肉이 弱하다
하는 말슴을 되生覺하면서 嗚呼라、나
는 피로운 사람이로다……하고 바울의
嘆息을 小生이 하였습니다。【下略】

九月二十五日 （水） 晴。旅行의疲勢가
容易히 낫지 안한다。○來信一枚如下。
『謹啓
拜退하온지가 어제갈아온데 어
느덧 一週일이 되였읍니다。그후 뫼시압
고 主안에 平康하시온지 삼가 問安드
리옵나이다。

門下生은 그익일 午前十一시께 歸×
登校하였읍니다。너무深醉는 하지말라는
校長先生 말슴에 安協하여 사흘만듣고
가겠노라 한일 운동회人일등 不安과焦
燥가 없지않았으나、第五日날 閉會新禱

에 마리를 숙으리오니 분명히 내잔이
넘처흐르고 호틈을 깨달아 깊은 幸
感속에 잠기지 않을수 없었읍니다。
낮에는 先生님을 뵈일수 없는듯하와
主로 終日 圖書館에서 內村先生全集과
藤井先生全集을 督讀하였읍니다。藤井先
生의 純潔眞實한 生涯는 非常히 高貴
한 興奮을 자아내지 않고는 마지 않
았읍니다。傳道의 고단함을 읽고 여러
번 눈물이 돌돌 거기보다
더 荒凉한 땅에서 일하시는 先生님을
생각하오니 몇사람에게 솟아
을믔읍니다。맞나는
內心을 吐露하여 基督을 宣傳하다가 대
개가 虛空을치는 感이 많을제 나亦是
얼마前에는 그랬더니 하는 생각도 回憶
하게되는 同時에 先生이 쓰신 글도
며 깊은 感激을 가지고 읽게됩니다。
咸先生님의 身上에 일어난 事實을 들
사오니 靈魂의 支柱하나가 痛擊을 맞
은 感이여서 悲壯하였읍니다。十字架를
默想하되 別로 떠아픈 슬픔 사랑을 느
끼지 못하겠더니 얼마간이라도 뵈입고
理解할수있든 글을 써 주신 先生님의

二〇

聖朝通信

受苦하심을 느낄때 十字架의 苦實을 얼마간 想像할수 있는듯합니다. 多少의 不快는 甘受하리라는 覺悟를 하고 登校하였더니 意外에 校長先生은 매우 반겨하시며 路毒이나 없었느냐 慰勞하여 주시었고 運動會도 無事히 오늘 擧行하게 되였읍니다. 어제×××이를·맞났더니 (××의弟) 가라다가 못갔다고 몹시 애석하였읍니다. 득별한 恩寵을 생각하오니 감사하오며 그지없아옵니다. 총총히 대강 사뢰오며 先生님의 康寧하심을 기구 하옵나이다.
　九月二十日 門下生 ○○○ 拜上』

公立小學校校長先生으로서는 쉬울지못한 어룬인듯하옵나이다. 저와같은教育家에게、또고 子子孫孫에게까지 큰福될이 있을진저。

矢内原先生과 先生님으로부터 小生의 그息에『其間 先生님與渾室 安寧하십니까 今番모임에

九月二十六日 (木) 晴。疲勞로 因하야 發汗後의全身을 씻었드니 疲勞少快하였다. 니 다시冷水로 發汗하였드니 ○集會恭席者의 消

九月二十七日 (金) 晴。疲勞少快하였다。冷水로 服用했드니 多少發汗。마─린濟 한첩

九月二十八日 (土) 晴。午前中에 養正學校의 秋季大運動會를 暫時구경。○感氣再發하야 漢藥三帖服用。○日炎頃에 朴東鎬君의 叔父님平壤途次에 來訪。其他 來客一組。

九月二十九日 (日) 曇。말렀든 無窮花가 蘇生한것만해도 고마운데 또 癸이 피였다。○短信一枚로『主안에서。如前히 平康하시온줄로 믿습니다. 就伏白 去二十日 新聞紙上으로 알으신바와같이 未明을 期하야 全鮮的으로 檢擧된 所謂 不良耶蘇敎徒件 新聞紙上에依하면 確實하여 秘密結社를 探知하고 國體變革、不敬罪、造言蜚語等의 確證을 把握했다고 하니 참다운 信者로써 그런따우 일이 있을가요。小生은 生覺하기를 共産主義者나 그릇된 社會主義者나 그릇된 民族主義者等이 自己네들의 依支할곳을 基督教會에다 두고 所謂 羊皮를 무릅쓴 狸狼이가 되여가지고 暗躍을한것이 發露된것 아닐가요. 그래가지고 無罪한信徒들에게까지 苦生을 끼치지않는가 生覺되나이다. 여호와하나님을 믿는者가 무슨秘密結社며 國體變革일가요. 이것 참 徒들로서는 고지 않들것것、갈습니다. 참 小生있는 署에도 五名검거되였으나 不良分子의 影響을받은것 같습니다. 참으로 秘密結社가있고 國體變革者가 있다면 微底的排鑿을 加해야 쓸줄로 生覺되나이다.』참 基督信徒에게는 그런種類의 結社等 萬無하리라고 우리도 同感이다。

九月三十日 (月) 晴。모진 장마에 끔어진道路를 修築할때에 洞民中에 一人도 助力하는者 없든것이 數日來로 들 馬車를 몰고와서 門前通路를 傷하는故로 크게 是非하다. 亡한百姓을 教導하기는 힘드는일이다。○할수없이 某中學

二一

聖朝通信

校에서 退學시켰다는 靑年을 面談하니 會談約一時間에 매우 사랑할만한 人物 인것이 發見되여서 아까웠다。말을 養할 랴면 물고 차는놈이라야 養할맛이 있 너니라고 하시든 어른이 생각하다。

十月一日 (火) 晴。○國勢調查 있었다。○오늘 부터 五日間、全國的 防空演習이 시작 되다。○感氣기침이 不退하야 피튭다。

十月二日 (水) 曇。晝夜의 別도없이 서울장안 全體가 防空으로 들는다。

十月三日 (木) 晴。學生들과 함께 防 空演習에 恭加해보다。演習인즉 實戰처럼 하는데에 배운바 많었다。

十月四日 (金) 晴。誌友의 消息을 듣 느 것은 奇異한, 對照인듯하다。『(前 略) 日前 意外에 生覺하오니 놀라웁고 민망하였으 나/다시 처음에는 놀라웁고 민망하였으 시고 어계셔서 우리들의 生活全部를 攝理하 며 外로웠읍니까? 傳道者에게 그누가 救靈使命에 應招되기 將近二十年間 얼마나 고되시 며 外로웠읍니까? 慰勞하여드렸을가、 오직 「主」 그였을뿐 이었을터입니다。어제 愚弟× 때마다 기침하는 情況을 보다못해서인

十月五日 (土) 曇、後晴。오늘로써 防 空訓練이 끝나다。듣건대 某々中等校에서 는 今番防空演習에도 連日 學課를 廢하 고 訓練했고、博覽會에도 全校生徒들引率 하였다는데、京畿公立中學은 前者에는 하 루 午後時間만 消費했고、後者에는 在 學生徒一千數百人中에서 志願者로 一百 六十名만 觀覽케하였다。每樣 이런일 當 할때마다 私立學校편이 空然히 날뛰는 것은 奇異한, 對照인듯하다。○關北來信 에『이山村에 가을이 늦어갑니다。늦국 화만이 찬바람에 산들거리고 있읍니다。

十月六日 (日) 晴。좋은日氣에 室内 에 앉었을수없는 衝動을 못이겨서 山腹 큰 골까지 올라가 野外禮拜。누가福音第十 二章一─二二節의 感想을 逃하다。아직 기침이 甚하여 말하는일이 가장 피튭다。

十月七日 (月) 晴。입을 열어 말할 때마다 기침하는 情況을 보다못해서인

신듯 보이시며라고 저윽이 걱정하는事 務이 있었읍니다。只今 兄任事情을 아 는 弟로서는 慰勞드릴힘이 全然 없읍 니다。靈으로 가난하고 말로 貧寒 한者임에 兄任을向하여 敢히 아모慰勞 드릴것이 없읍니다。다만 主를向하여 兄 任께서 그恩賜에 감당할수있는 能力과 그의事業을、그의遺業을 이조선에 세우 시며 그의 榮光이 即兄任으로 顯現하시 도록 即 당신事業을 爲하여서 하로速 히 健康과安息을 下賜하시며 그의聖靈 이 貴堂을 占領하시기를 빌뿐이외다。 「아멘」 十月三日 弟×××拜上』 弱한매는 亦是 慰勞의글도 말도 고맙다。 過分의辭는 勿論辭退할것이나 피도 돌고 情도있는 人間의交通이 그리웁다。

그리하오나 肉의人 間인만큼 不安한 마음이 없지안사오며 요 새 또다시 消息을 들으셨는지 궁금하 와 수자 上書하옵니다。』 咸先生을 爲 하야 모다 마음을 合하야 祈禱하기를 바 라지 않을수없다。

나 할뿐이옵나이다。그리하오나 肉의人 間인만큼 不安한 마음이 없지안사오며 요 는 弟로서는 慰勞드릴힘이 全然 없읍 니다。靈으로 가난하고 말로 貧寒 한者임에 兄任을向하여 敢히 아모慰勞

應招되기 將近二十年間 얼마나 고되시 며 外로웠읍니까? 慰勞하여드렸을가、 오직 「主」 그였을뿐 이었을터입니다。어제 愚弟× 때마다 기침하는 情況을 보다못해서인 가 우리의 「누가」가 製藥하여 주어서

실을 민사옵고 不足한 誠意오나 기도 로 지키시고 아버지품안에 保護하여주 님의 뜻만이 成就될줄 민사오며 어데 를 가든지 무슨일을 當하든지 能力의딸 시고 支配하시오니 凡事를 通하여 하나 을 奬勵하며 慰勞하여드렸을가、 어제 愚弟× 獎招되기 將近二十年間 얼마나 고되시 × 便에 依한즉 兄任께서 臥病呻吟中이

二二一

前後의 寫眞들을 現像시켜보니 알어볼만치나 되여서 安心하다。藥餅을 차고서 授業。○矢內原先生來訪하실듯했다。

十月八日 (火) 晴。라듸오는 듣지않은지 數年・新聞은 請하라도「配給」안해주는 故로 或時 商品皮封으로 온것이 便所에 달린때에나 읽는 情況이매 世上形便이・얼마나 轉變되였는지 알수없다。오늘도 古書中古書인 聖經을 工夫하다。張子問十世可知也。子曰殷因於夏禮所損益可知也。周因於殷禮所損益可知也。其或繼周者雖百世可知也라고。

十月九日 (水) 晴。少年의第二五○○日。○日獨伊의三國同盟이 于先 天下를 二分한것만은 事實인듯하다。다음은 如何乎。

十月十日 (木) 晴。米國 政府로부터 極東在留의 米國臣民에對하야 總退却의命令을 發하였다고報道。○저녁에 家庭禮拜、使徒行傳第十八章輪讀。來日이면 第三三三日되는 乳兒 正民이도 아ー하는單聲으로써 찬송가에 合唱하여 온 식구를 기뿌게했고、필경 하늘에서도 가장 기뻐

聖朝通信

十月十一日 (金) 晴。本町通의書店구경。文庫版 두어冊 사오다。○今年天候로써 生出하였든 김장 무 배추는 이번 가물에 드디어 金滅되여서、오늘 萬歲를 三唱하고 斷念해 버리다。

十月十二日 (土) 晴。午後에 印刷所에서 校正。○夕陽에 來客 세차례 接待하다。그中에 一組는 今番에 中學을 卒業한靑年 三人인데 各其 人生의煩勞를 告白하면서 聖書硏究會에 入叅하고저 願하는것이었다。拒絶해도 안듣는故로 그 熱誠에 못이겨서、드디어 열리는모양이다。문을 두드리면 열리는모양。○새로운 企圖하나 如下『謹啓 聖恩中에 先生님 氣體 康寧하옵신줄로 問安아뢰옵나이다。門下生은 去月二十日에 運動會를 無事히 마치고 二十七日 兒童을 引率하고 京城修學旅行을 갔었읍니다。純山村 아이들이라 落伍者 찾으리 다니느라고 몹시 疲困하고。先生님도 가뵈옵지 못했읍니다。但 아이들을 다리고 鍾路夜市와 本町書店에서 先生님을 따르고있는 두兩志를 맞나 先生님을 뵈인거나 다름없이 반가웠읍니다。旅程을 마치고 二十九日 終列車로 ××驛에 歸착하니 어머님病患이 危篤하며 自動車로 歸家하라는 기별이 기달리고있어 놀랩과 슬픔으로 어찌할바를 몰랐읍니다。그후 一週日은 學校는 事務缺勤 早退 遲刻을 하고 이번 主日부터는 어머니께서 차차 回復하시는듯해서 愁眉를 열고 天父鴻恩에 感泣하고 있읍니다。 聖書朝鮮이 올때마다 몸시 苦待되오며 또 困難이나 받으시지않나 하고 민망하옵니다。閔君이 京師 在學時부터 門下에 受敎하였다는 말을듣고「나도좀 勸해 봐줬더면!」하는 悔恨이깊어 이번엔 門下生이 그런 請願을(?)듣지않도록 積極的으로 勸告하기로 決心하고 及親知의 諒知를 求해놓았읍니다。今月號부터 五部式 더 (生의것까지 合六冊) 보내주시면 代金을 收集하여 月末안으로 送金하겠읍니다。이번에는 崔容信小傳三冊、無敎會、프로테스탄트의精神 各二册도 同送하여 주시옵소서。 모든사람의 눈과귀가 바로보고 드를

二二三

聖朝通信

수있도록 열리여지기를 祈願하고 穀食
이 누렇게 들든 田園을 바라보고 너
自身 먼저 더 眞實하라고 反求하고 있
읍니다.

聖書朝鮮과 聖役을지고 애쓰시는先生님
우에 主恩惠 더욱豊饒하게 네리시옵기新
求하옵니다. 十月八日門下生××× 拜上』
누구나入信後에는 이筆者와 꼭같은 晩時
의嘆이 없지않는法이다. 친구를爲하야
各其 그稱冤들지 않도록 도모할진저.

十月十三日 （日） 晴. 印刷所에 들렀
다가 午前八時에 朝鮮神宮廣場에集合。
京畿道敎育會主催의 皇紀二千六百年祝賀
式에 參列。○南山에서 貞陵里까지三十分
에 快走하야、貞陵里라는 靑年들과
함께 道峯山登山出發。清水洞으로서華

溪寺를지나 元山街道에 나서서 望月寺
入口에 이르러 다시 山길에 들다。山
의中腹에서 점심을 먹고、望月寺에 올
라 撮影數枚。歸路에山麓의溪邊에서 禮
拜。누가福音第十二章十三—二十一節을 說
話하다。望月寺는 서울附近에서는 가장
짚고 그윽한맛이있는 寺刹임을 알다.
오란 가물에 시내가 마른것이 遺憾이

十月十四日 （月） 晴。아침에 洞內사
람 하나가 路上의細砂를 긁어 모으는
故로 奇特하게도 治道하는줄로만 알고
市內에『다녀와』본즉 그細砂를 체로처서
自己집 洋灰役事에 使用하고 길바닥은
여기저기 웅덩이지게 만들어버리고 갔
다。길닭으랄때에 助力하기를 不肯할뿐
아니라 若干의勞力이 路上의것을 꽤 細
砂를 파서 쓰지않고 路上의細
서도 何等 未安스러운顔色도『없는 百
姓、이百姓이 우리同胞요 이사람들이 우
리隣人이매 長嘆息이 從々하다。○저
月色이 유난스럽게 皎々하다。이런
天地에 하루 사는일만해도 憧悚無至。

十月十五日 （火） 曇、後雨. 道廳과總
督府에 다녀오다. ○某事件의進涉이 甚히
놀라다. 歸路에 오래만에
에降雨. 但少量。○湖南소식에『就伏白 今
日은 主日이며 十月十三日이을시다。即
一個月前의 今日을 追憶하오니 感慨無
量한바 없지않읍니다. 先生님宅의 앞山

었다。午前十五分前十時에 떠나 午後七
時에歸宅。往復路程이 約三十二粁。오래
간만에 遠距離步行이어서 疲勞太甚.

藥師寺入口 大松木下에서 드린 祈禱며、先
生님과함께 보든 아침禮拜도 마지막이
였었고、白晝에는、天高快晴하고 清涼한
秋風裡에서 補土艦松林下로 찾어가 天
父님께 禮拜하옵고 이江山의 聖徒、咸
先生을爲하여 新禱하든일이며、天來의福
音을 질머지고 보듬고 바다를 건느고
山을넘어서 우리골에오신 矢內原先生의
로마書講義도 소的 聖護안에서 有終의
美를 修得한 그날、우리에게는 歷史的
의 一大事實을 남겨놓았다고해도 過言
이아닐 그날이 을시다。날이갈수록 矢內
原先生의 聖朝社에서 主日禮拜時에 하
신말슴이며、組合敎會堂、培花高女校、梨
花高女校에서 하시든 말슴이며 五日間
로마書講義에서 意味深長하고 重量있는
말슴이 새로워저 갈쏘룩 小生은
빌고있읍니다。決코 矢內原先生의 主안
에서의 朝鮮訪問이 徒勞에끝이지 말기
만을.

先生님! 前日C兄께서 先生님의 身
邊에 異狀없으시다는 寄別듣고 감사했
읍니다. 저 咸先生님은 들아가신지 一
個月이 經過했지마는 亦然한 모양이시지

오。 얼마나 肉의 苦痛을 느끼실지 우리의 想像에 지나치는 것이 있을줄로 確信합니다。(下略)云云.

十月十六日 (水) 晴。○印刷所에가서 校가 되었든 十月號를 다시校了하다。○저녁에 家庭禮拜。使徒行傳第二十四章輪讀。閔君도 參席하다。○오늘저녁에 洞內處女를 보인다고 映畵를 보인다고 老幼를 모르는 映畵는 이는데 아이들이 갔다오더니 「보인다」든 映畵는 나종에 조금만 보여주려고 羊頭狗肉이거니 不平없는 演說만 長時間떠들더라고 不平없는 演說만 長時間떠들더라고 모든일이 알수 없는데 佛徒까지 그럴가 그일 안하고는 로 못가서 그럴가.

十月十七日 (木) 快晴。午前에는 十月號의 發送皮封을 쓰고、午後에 말기 발 김매고 걸음 주다。時期 늦었으나 안하기보다 낫을듯해서。○옳은발은 지난 日曜日에 부르튼것이 化膿할듯 쑤시고、왼발목에는 惡性腫氣나서 運動이困難하고 준全身이피로우나 저녁엔 일즉就床。

쓰며 原惱도쓰는 좀늘이 側栢나무의 採種도하다。側栢에도 그樣麥가 아름다워 오늘 받었으니 一難去에 一難來로다。紙類에는 種子가 맺개 맺지지않었고、모양이 숭해서 찍어 없이고싶은 나무에 맺치고 더 맺치었다。○저는 種子가 맺치고 더 맺치었다。○中學生두엇이 찾어와서 日曜集會에 웬일일고。○中學生두엇이 찾어와서 日曜集會에 參하기를 許하다고 懇請하였으나 우리 集會도 何等자미스러운 일이 없는데 까지 어린것들이니、친구가 알키보다 마음은 아주便하다。내가常해야할罪報를他人이길 어할일이 아니라고 일러보내다。道를求하는 靑少年처럼 貴여운것이 世上에다시 없으되 不遠한將來에 「失戀」의悲嘆을 드러운親律이많으나 그런發願은 自進하여 시났으되 不遠한將來에 「失戀」의悲嘆을 그 스승의가슴에 남기고 背叛하는것도 저들이매 될수록 아이에 接近하지않는 것이 苦痛을輕減하는 唯一의道人것을 近來에알어야 겨우發見하고 實施하는터 이다。○왼발목腫氣가漸漸惡化하는듯、명 울까지 들어서 起動이甚히不自由한듯.

十月十八日 (金) 雯、晴。發送皮封도 畢하니 來月은 休業이오 二十一日午前에나 製本未畢하니 來日은 休業이오 二十一日午前에나.

十月十九日 (土) 晴。아침에 먼저 印刷所에들려서 工程을督勵하고 登校授業。○歸途에 다시 들려서 走馬加鞭해보았어도 조금한差異로써 오늘로는 기어이 製本되기로 延引되고 말다。○印刷料가飛躍的으로 騰貴하게 되어야겠다는 交涉을 오늘 받었으니 一難去에 一難來로다。紙類飢饉과物價貴金等의 騰貴에 基因한일인데 結局 本誌에對하야는 經濟的破綻의形式으로 나타날모양이다。○膽泰으로 발다닥까지 全身의起動이甚히피로우나 어린것들이니、친구가 알키보다 마음은 아주便하다。내가常해야할罪報를他人이길 報를듣고 閔君來談。○저녁에 李種根君別世의 訃를듣고 閔君來談。嗚呼 벌써 늦었도다！

成錫憲先生의父親 咸亨澤長老께서 重患에 계시든中 지난十一月五日午后十時半에 永眠하셨읍니다。咸先生의 弟氏錫彰氏와長男國用君이 臨終의枕邊에 모셨고、나는 七日에 京城을出發하야 咸先生께 引히려고 마련하였든 喪服을 입고 九日의葬禮式을 마춘後 十日저녁에 서울 돌아왔나이다。五山서諸女四人이 來慕하여 도움이 컸읍니다。咸先生은 아직도 前月 病과마찬가지境偶에 處하였음으로 訃告도 節次있게 못하였다.

本誌定價引上豫告

今日까지缺損出版이었으나今般또印刷料金의飛躍的引上을當面하였다。今般物價에停止의點이있으나印刷料金만은底止할바를不知하는듯하다。多種多樣의難關을通過했으나 이번은經濟的難關이다。이機會에本誌의印刷費는本誌讀者가負擔할것을決定하였다。即今後로印刷料金이引上되는대로 또한讀者의數가減少되는대로그比例에應하여定價를引上하다가 印刷實費를讀者가 自擔할能力이없는것이 判明될때는 廢刊하기로하겠다。

但 先月以來로 誌友中에서 自進하야積極的으로讀者擴張을 企圖하는일이일어나只今그成績이現著한바있다。所謂倍加運動을 하는것은아니나大略現在의倍數에達하면 定價를引上하지않고견딜수있겠고 또될수있는限까지 現定價以上으로 引上하기는願치않는다。

本誌舊號의特價販賣

近來에새로운讀者의增加에따라舊號의要求가現著한데 舊號의取扱에는多大한時間과勞力을要하여 全혀主筆의손으로해야된다。故로左記要項대로註文하는이에게限하야特價로販賣한다。

期限‖今年聖誕節(十二月二十五日)까지註文到着할것。但現品發送은冬季休暇中에함。

特價‖舊號一册에十二錢식。但一時에五十册以上註文에對하야는一册에十錢식(郵送을要할時는二十册까지郵料十錢、五十册까지二十錢、百册까지三十錢을따로要함。)

舊號‖創刊號로부터第一三一號까지를舊號로取扱함。

注意‖右期限以後에는舊號라도定價二十錢으로復舊할뿐더러 舊號의取扱을全然願치안하나니 이는主筆의時間과勞力이極히制限된까닭이다。

金教臣著

1 **山上垂訓研究** 全
四六判二七〇頁 定價一圓 送料九錢
예수의山上寶訓을解說하여 基督教의根本眞理를簡明하게 알린것이다。

咸錫憲著

2 **푸로테스탄트의精神** (價十五錢 送三錢)
基督教가生命을잃고形式化死殺化한때에루터의宗教改革의眞意를다시闡明하야生生한福音에 도라서게한것이다。

咸錫憲著

3 **無教會** (價十五錢 送三錢)
無教會主義(即참福音主義)의理論과實際를 가장簡潔하게說明한것이다。

咸錫憲、金教臣共著

4 **內村鑑三先生と朝鮮** (價三十錢 送六錢)
內村鑑三先生의昇天十週年紀念에際하야우리無教會主義的信仰의由來와內容을알릴만한論文을和譯하야出版한것

柳達永著

5 **崔容信小傳** (價五十錢 送六錢)
自己를爲한것이아니라平生남을爲하여、燦爛한都市에서가아니라曚昧한農村에서、그리스도를본받어그一生을犧牲한生涯의實記이다。人生에對한興味와所望을잃은이는반드시한번읽으라。이번에第三版出來。

本誌定價

一册 貳拾錢
六册(送料共) 前金一圓十錢
十二册(一年分) 前金貳圓貳拾錢
要前金 直接注文은
振替貯金口座京城一六五九四番
(聖書朝鮮社)로

取次販賣所

京城府鍾路二丁目八六 博文書館
京城府鍾路二丁目九一 教文書館
東京市麴町區九段坂 向山堂書房
和信(京城府) 茂英堂(大邱府)
北星堂(宣川邑) 中央書房(平壤府)

昭和十五年十月二十八日 印刷
昭和十五年十一月一日 發行
京城府外崇仁面貞陵里三七八
(京城、光化門局私書函第一八號)
編輯兼發行者 金教臣
京城府仁寺町一九ノ三
印刷者 李相五
京城府仁寺町一九ノ三
印刷所 大東印刷所

京城府外崇仁面貞陵里三七八
(京城、光化門局私書函第一八號)
發行所 聖書朝鮮社
振替口座京城一六五九四番

昭和五年一月二十八日 第三種郵便物認可
昭和十五年十一月一日發行 每月一日一回發行
【本誌定價二十錢】(送料五厘)

昭和五年一月二十八日(第三種郵便物認可)
昭和拾五年十二月一日發行(每月一回一日發行)

金教臣主筆

聖書朝鮮

第壹百四拾參號

昭和十五年(一九四〇)十二月一日發行

目次

銃後生活と奢侈品

七月七日支那事變勃發三周年を期して、內地に於ては奢侈品等の製造販賣制限規則が實施され、我が朝鮮に於ても內地に呼應して七月二十四日府令第一七九號を以て發布せられ即日より施行された。

新國民生活體制を確立し舉國一體國家の總力を發揮し國體の本義に基く國防國家建設には、大に國民生活の刷新、戰時生活の確立の聲は既に久しいが、都會生活の消費者等を見るときは、必ずしも十分の效果を舉げてゐるとはいへない。今迄の生活の自由の夢を追つて、統制への不平不滿を衷心懷く者も絶無ではない。然しながら戰へる世界のどの國も生活の戰時態勢化が斷行されてゐない所があらうか。獨逸の大勝利の蔭には吾人の想像だにも及ばない犠牲的の不自由な生活に甘んじてゐる事實を見逃してはなるまい。凡そ奢侈逸樂を事として興隆せる國家は未だ曾て之を見ないのである。

惟ふに我が銃後國民生活の現狀を顧みると通貨の膨脹が購買力の增大を誘發し、殊に殷賑產業方面に於ては生活樣式の奢侈化に拍車をかけた事實は否めない。一方に於て物資の一

大消耗が行はれて居る場合、日常生活に於て平時と同じ質と量との物を欲求することは許さるべきでない。戰時には戰時に相應しい生活樣式がなければならぬわけで、銃後の國民としては最少限度の生活に甘んずべき責務があるのである。

玆に於て政府は生活必需品等の消費規定に關し不急不要品又は奢侈贅澤品の生產、製造及販賣を制限又は禁止することや或る程度の必要性あるものと雖其の物の原材料が重要生產資材又は生活必需品資材なる場合に於ては右に準ずることゝなつた。

皇國臣民の誓詞

一、我等ハ皇國臣民ナリ
　忠誠以テ君國ニ報セン

二、我等皇國臣民ハ互ニ信愛協力シ
　以テ團結ヲ固クセン

三、我等皇國臣民ハ忍苦鍜鍊力ヲ養と
　以テ皇道ヲ宣揚セン

偉　人　の　要　素

偉人の「要」素

使徒パウロは　天的新しき生活人の標準として
ふて、その上に愛を以つて帯の如く結ぶべきことをコロサイ教會の人々に勸めてゐる（コロサイ三・一二―一四）
現代の吾々がこれを讀んで甚だ不可思議な感に堪えないことは此等五つの德行なるものは一つの例外もなく悉くが所謂女性
的であることである。人間は果してこれらの德性を修得して、生存に堪え得るかとの懸念がなきにしも非ずである。

① 慈悲の心
② 仁慈（ナサケ）
③ 謙遜
④ 柔和
⑤ 寛容等の五の德性を衣の如く纏

しかして不可思議なるモ一つのことは我ら朝鮮人の修德の理想が甚しくもパウロの提示せる德性に近似してゐたことである。
それは我らの名前がよくそれを證明してゐる。朝鮮人の名前に最も普通に用ひられてゐる字は――仁、義、禮、信、順、淳、
和、德、明　等の字である（戚錫憲君の「聖書的立場より見たる朝鮮歷史」第七講「朝鮮人」、本誌第六十七號五頁參照）。しかも
儒教の影響よりも遙かに遡つた古代よりこれらの字に依つて表はされた德性が我らの祖先の理想であつたとのことである（詳
細は同上歷史に讓る）。

人々の理想はよくその名に現はされるものである。イザヤ、エレミヤ、ダニエル、ヤコブ、イエス、等は唯一神エホバを信
仰するイスラエル人の命名法であつた。同様に、仁、義、禮、順、和……等の名をつけたる我らの祖先達の德行の目標は正に
その字義通りのものであつたのである。偶然なる一致ではあらずが誠に有難い一致であると言はざるを得ない。

偉人とはどんな人であるか。ナポレオンやアレキサンダー大王や成吉斯汗等を偉人であると思ふのは前世紀の人々なら別と
して現代に於ては恐らく少年倶樂部の讀者くらひのものであらう。偉人とは人間らしい人間男
パウロは新人の德性として五つの要素を擧げたのであるがこれ取りも直さず偉人の要素である。偉人とは人間らしい人間男
らしい男のことである。但し男らしいとは必ずしも闘犬闘難の類を言ふのではない。その胸に慈悲の心即ち熔鑛爐の如き憐悶
同情の心臓を所有せる人間こそ眞の男らしき男であると稱されるべきである。モーセがその人であつた。釋迦がその人であつ
た。イザヤ、エレミヤ等がその人々であつた。
來るべき社會に於ては慈悲の心、仁慈、謙遜、柔和、寛容の德を備へたもののみが眞の人間であり從つて眞の意味の偉人と
なるといふ。何んと喜ばしき音づれではないか。この新しき標準の行はれる社會に於ては柔和なるもの〻幸を彼も我も必ずし
みじみと實驗することであらう。

一

信實하신하나님

信實하신 하나님

信徒에게도 試鍊이 없지않다。때로는 더 많은듯하다。

그러나 그 試鍊은 「世上사람들도 當하는」것。 아닌것이 었다。하나님은 우리에게 敢當할수업⋯⋯을만한試鍊을

서 우리를 꺼꾸러뜨리기를 질겨하시지않는다。우리에게

試鍊이 重할때는 반드시 避할길을 豫備하여 주신다。우리에게

송하리로다 하나님의 周到하신 사랑！ 무릇 試鍊에서

避할을 입은者는 찬송하리라 하나님의 信實하신處理를

（고前一〇・一三節）。

스스로 선 者

自主獨立은 凡事에 必要한것이나 오직 하나님께對한

信仰態度만은 그렇지못하다。이만하면 相當하다고 스스

로 滿足하는때、 그때는 信仰의生長이中止되는때요 靈的生

命이 죽는때요。따라서 惡魔의侵犯이 始作되는때이다。

故로 오늘도 우리는 스스로 선줄로 알지말고 乳兒가

어머니乳房에 매달리듯이 主예수를向하야 「主여 우리를

試驗에 들지말게 하옵시고 다만惡에서 救하여주옵소서」

라고 祈願할것인저（고前一〇・一二）。

落膽하지 않는다

二

우리는 土器같은 그릇이오 破片같은 存在이다。學에

깊지못하고 德에 놓치못한것은 勿論이다。그러나、우리

가 傳達하려 는것은 自我가 아니오 오직 그리스도예수⋯

가 救主인것과 우리가 예수의緣故로 모든사람에게 종

노릇하여 섬기려고하는일뿐이다。

傳達하는일이 막힐때에는 예수그리스도의 얼굴에 나

타난 하나님의榮光을 아는 知識에만 日就月將하기를 祈

願하여 마지못하나니、이는 우리의 本職이 雜誌發刊도

아니오 集會開催도 아닌까닭이다。우리는 오직 믿음에

居하야 살고있으면足하다。그것이 傳道도되고 事業도될

것이다。四方에서 患難이臨하되 窮하지않고 進退維谷인

듯하되 希望을 버리지 안하며 逼迫받어도 主님의 저바

림이되지않고 攻擊받어도 아주 滅亡되지않고 견디어나

가는것은 질그릇에서 예수의 生命이 나타나기爲함인줄로

確信한다。

우리의所有物은 消盡되고 우리의外樣은 날로 후패하되

우리가 예수를 아는知識에 날로豊饒해지고 속사람이 날

로 새로워질진대 只今받는患難은 도리어 輕하도다 將次

나타날永遠한榮光에比하야。故로 우리에게 落望이없다。

골로새 書講義 (十一)

金 敎 臣

新生活의 積極面

(三·一二―一七)

肢體를 죽여서 姪亂과 邪慾과 貪心에서 떠나라云々하는 消極面도 緊要하지않은것이아니다。반드시 實踐하여야할 일이다。그러나 『如此々々히 하지말라、죽이라、버리라』고 制壓하는것만으로서는 決코 制壓이 되지않는것은 아이들이나 어른들이나 마찬가지로 經驗하는바이다。消極面을 完全히 實踐하기爲하여는、한걸음 나아가 積極面에注力하여야 所期의目的을 達할수있나니、이는 道德生活의秘義요 또眞相이다。惡習을 制止하고저하되、善을 行하려는 慾望에 넘친즉 惡習까지도 自然히 根絶되고마는 것을 혼히 經驗한다。마치 瓶속에 든 空氣를 뽑어내려는者가 空氣自體를 直接 뽑으려고 애쓰기보다 병속에 물을 채우면 空氣는 스스로 쫓겨 나가게 되듯이 人間의 속에 뿌리박은 惡의勢力을 除去하기爲하여는 온갖 善함을 옷입듯이 돌려쓰면 된다。惡은依據할基地를잃고 쫓겨나지않을수없게된다。新生活의消極面에連하여 積極面을指示하는 老練한使徒의敎案에 驚嘆하지않을수없다。

新生活의 積極面

(一二) 그러므로 너이는 하나님의택하시고 거룩하고 사랑하신자처럼 궁휼과 자비와 겸손과 온유와 오래참음을 옷입고

[그러므로] οὖν 는 第五節 첫머리字와 같다。여기서 [그러므로] 는 積極的으로 道德生活의結實이 있어야할 理由를 提示한다。이미 새사람을 입었으며 그리스도의 形像을 조차 合一한者인故로 거기相當한 內的生活이 없어서는 道理에合當치 못하다는 것이다(第十、十一節參照)。

[옷입고] ἐνδύσασθε 는 原文順序로보면 本節 初頭에 있었다。文字配列의順位에 따라 그意味의强弱이 表現되는 것은 더 말할것이 없다。本節 꼬리에 [옷입고]라고 붙처 놓기보다、첫머리에 [옷입으라 그러므로……]라고 읽으면 힘이 倍加함을 깨다를것이다。그리고 事實로 이 字가 여기註解하려는 數節에互하여 가장힘주는字이다。第十節에서 이미 새사람을 옷입었는데、여기서 다시 [옷입으라]함은 重復되는듯하나 그렇지도않다。回心하고 그리스도를 믿은때에 새사람을 옷입은것이다。그러나 새사람의 品性은 온갖德性을 慣習的으로 날마다 實踐하므로써 完備하여진다。새사람은 一時에 實踐하것이나 새사람의 品性은 繼續的으로 모든德性을 行하므로써만 所有하게된다。故로 以下에 列擧하는 온갖德行을 옷입으라고한다。

[하나님의 택하신 거룩하고 사랑하신자처럼] [하나님의 택

三

골로새書講義

四

하신자」 라는것이 主語요、「거룩하고 사랑하신者」라는
것은 述語이다。하나님이 自己의所用으로 選別하셨으니
그는 거룩한 聖徒요、사랑받는者이다。

「처럼」이라고하면 事實은 하나님의 選別한 聖徒가 아
닌데 一時的으로 外貌만으로 聖別된者처럼行世하라는듯
이 들려서 不快하다。처럼이라기보다 답게 聖徒요 사랑받는자가
可한것이다。이미 하나님의選別을 입어 聖徒요 사랑함
을입은자되었으니 그런聖徒답게 相應하게、以下에列記한
德性을 具備하라는것이다。그러므로、이一句를「하나님의
택함을입어 거룩하고 사랑받는자되었으니……」라고譯
하면 誤解를除할것이다。

[긍휼] σπλάγχνα οἰκτιρμοῦ 긍휼의心臟、即 긍휼이
넘치는心臟이다。다만「긍휼」이라고意譯하기보다心臟이라
는字를 原文대로 붙쳐서譯하는것이强하다。舊譯에「긍휼
한 마음」이라고譯한것도 오히려弱하다。그리고心臟은感
情의發動하는源泉이라고 생각하기는 東西古今이一般이다。

[자비] Χρηστότητα 는 現代의 쉬운말로하면「親切」
이라고譯해도 可하다。英語에는 kindness라고譯했다。
表面에 나타난것이다。故로

[겸손] ταπεινοφροσύνην 교만한것의 反對의뜻인데 여
긔서는 하나님께 對해서라기보다 主로 對人關係의뜻이
다。스스로 낮게處하는듯이나 아무리하여도 朝鮮이나 或

은 東洋的「謙遜」이라는字는 表裏가 聯想되어서 聖書의
「겸손」이라는字를 譯出하기에 合當치못한듯하다。하나님
을 믿는者의 겸손、잘익은 참외가 속으로부터 익어서
겉 껍질까지 퍼여나게익은것같이、表裏一樣으로된 天然
스러운 겸손、이것은 數三代의 信仰生活의結實로 야만
볼수있는듯하다。homeo을 家庭으로、gentleman을 紳士로
譯하여도 本意를通하지못하는것처럼 ταπεινοφροσύνην를 겸
손이라고譯하여도 本意를通하지못한다。머리속에 聯想되지
못한다。이에反하여 英語의 meekness, lowliness, humble
ness, humility等々 譯出할字가 어찌豊富한지알수없다。
이는 저들이 長久한歲月을 信仰生活한百姓인 까닭이다。

우리는只今부터 福音을傳播하여 將次數百年後에 本節을
註釋하는이에게 豊富하고 適切한語彙를提供할수있도록 基
礎工事에 힘쓸수밖에없다。

以上에 다섯가지德을 列擧하여 웃입으라고 하였는데
[온유] πραΰτητα 부드러운것 점잖은것이다。
[오래 참음] μακροθυμίαν 不法、不道德한者를 對해서
도 참고 견디는 참음이다。다음 第十三節은 特히 이
句를說明한듯이 되었다。

그중에 긍휼을 第一먼저 헤인데에 注意할것이다 긍휼을
곧同情에 넘치는心臟 속 깊은곳에서 發動機처럼 뛰
놀진대 親切、謙遜、溫柔、忍耐等의 모든德性이 스스로

마를수있는 까닭이다。故로 五德을列擧하였으나 이것은
矜恤하나로歸一할수도있고、矜恤의心臟이展開되면 五德乃
至十德으로도 現實할수있는것이다。

（一三） 누가뉘게 힘의가있거든 서로용납하야 피차용서
하대 주께서 너이를 용서하신것과같이 너이도 그리하고

[용납] ἀνεχόμενοι 이라는字가 初頭에있다。참는다는
뜻이다。前節에列記하였던 五德中의 最後로二德을 實行
하라고 具體的으로要求한다。

[용서] χαριζόμενοι「용납」은 受動的으로 참고、견디
는일이였으나「용서」는 한걸음 나아가 能動的으로 解
決짓는일이다。

[서로……피차] 朝鮮語에 「서로」와「피차」가 어떻게
다른지 알수없으나 原文에는 용납하라할때는（피차） ἀλ-
λήλων을 쓰고、용서하라할때는（서로） 即「너이
끼리 서로서로」라는字를 使用하여 區別했다。너이信者
들은 그리스도께서 용서받은體驗을 갖인者들이니 너이
끼리는 서로 용서할수도있고 할義務도있다는 新生活에
相應한 德性의標準이 이字로써 表示되였다。

[혐의] μομφή; 責할것、허물。舊新約聖書中에 오직 여
기 한번만使用되였다는 히한한字이다。

（一四） 이 모든것 우에 사랑을 더하라。이는 온전하게

新生活의積極面

때는。떠나라。

[이 모든것우에] 列擧한五德을 가르친다。속옷 바지 저
고리等々 여러部分의衣服을 想像하면서 하는말이다。이
러한 모든德을 입은우에 두루마기 처럼 사랑을 우에
입어서 個々의德을 有機的으로結合하며 完全하려한다。
五德의 하나하나가 部分的으로도 完全한것이나 그것이
크리스도 道德의完全에 達함에는 반듯이 사랑의 띠로
써連結하여야한다。그理由의解說은 고린도前書第十三章이
第一簡明하다。사랑은 모든德을 完備保持하며 諸德性의
實踐力을 안에充實케하는 結晶體인 까닭이다。

（一五） 그리스도의 평강이 너이 마음을 主張하게하라。
평강을 위하여 너이가 한몸으로 부르심을받었나니 또한
너이는 감사하는자가 되라。

[그리스도의 평강] εἰρήνη τοῦ Χριστοῦ 聖靈을 말미아
마 그리스도가 주시는 거룩한 心靈的滿足이다。祝福받
은 內的安定이다。이는 그리스도의十字架를 믿는믿음에
따라오는 體驗인故로（로마五・一）基督信徒만이 經驗할수있는
平康이다。平穩無事하며 心中깊은곳을 支配하는平安이아니라
患難風波中에도 多福興盛할때만있는平安이다（빌립四・七）

[주장하게] βραβεύετω 싸움의
로부터、庭球같은試合을 암피어가한다 는뜻도있고、轉하여 支
配한다는뜻으로 使用되였다。그리스도의平康이 너이의心
靈을 強力으로 支配하며 統治하여야한다는뜻이다。

五

골로새書 講義

六

[평강을 위하야] 原文대로 忠實히 譯하려면 「그것을 위
하여] 라고 譯할것이다。여기 조심할것은 그리스도를 믿
는 目的은 마음의平和를 얻는일인듯이 들리나 決코 그
렇지않다。心靈上平和를 얻는는 일은終極的目標는 아니다。이
것은 從屬的으로 間接的으로 생기는 恩賜에 不過한것이다。

[감사하는者 되라] εὐχάριστοι γίνεσθε [감사하라]던지
[감사하는 생각으로 있으라」하지않고 되라고한데에 最高
의德性을向하여 不絕히努力하여야할것을 가르쳤다。

[그리스도의 평강]이 心靈의大勢를支配하며 그리스도
의게서 받은救援을 感謝하는者 된다면 이는 新生活의
完成이다。모든德性을 사랑의 띠로써 結合하였으나 그
우에 다시 그리스도의 평강이 心靈을 주장하는中에서 그
사는 깊은生活根據가 있어야 人爲的인造作의道德이아니
오 天成의德行이 된다。나라에平和가 누린즉 百姓이 살
지며、心靈에平康이 支配한즉 온갖德行이 뿌리네리어 깊
고 든든히 선다。

（一六） 그리스도의 말슴이 너이 속에 풍성히 거하여 모
든 지혜로 피차 가르치며 권면하고 시와 찬미와 신령한 노
래를(부르며) 마음에 감사함으로 하나님을 찬양하고

[그리스도의 말슴] 곧 福音이다。十五節로써 新生의德
性을 勸勉할것은 一旦完結하였다。그러나 周到綿密한大
實際指針으로 新生活의積極面을 指示하려던 끝에 敬虔한生活의
바을은 第十八節以下의 새로운題目을 講論하기前에
또한번 細心한注意를添述하여 敬虔한者의日常生活에關하
여 恩惠에서恩惠로 자라나가는 方法을 가르쳤나니 그
라는것이다。이는日常生活에 반듯이 銘心하여야할일들이다。

[시와 찬미와 신령한노래] 서로 가르치는 材料와 方法
을 具體的으로 提示한것이다。그리하여 特定한敎師없이
素人平信徒끼리 서로 가르키며 研鑽한것이 初代信徒들
의 特色이오 또 그活氣있었든所以다。

（一七） 또 무엇을 하든지 말에나 일에나 다 주 예수
의 이름으로하고 그를 힘입어 하나님 아바지께 감사하라

[주 예수의 이름으로] 新生活을型成하는信仰의總量을表
示하는것이 그 이름이다。말에나 일에나 예수自身의 親
히 하실듯이、적어도 예수의承認을 얻도록 行動하라는
뜻이다。이 範圍外에서는 아무일도 할수없다。

[그를 힘입어……감사하라] 그리스도의十字架로써 救濟
연었으니 또、그리스도를通하여 感謝하라야한다。果然 그
렇다 예수를通하여서 할진대 어떤일을對하여서던지 能
히感謝할수있다(로마一・八、七・二五、에베五・二〇)。못할것
도 能히 할수있음을經驗한다。

680

創世記一章第一節　（大正八年一月）

『太初에 하나님이 천지를 창조하시다』라고 말하셨다。
宇宙에 太初가 있었다。여기에 마즈막이 있어야될것이다。
하나님이 宇宙를 創造하신것이다。宇宙는 그 스스로가 進化
하여된것이 아니다。하나님이 宇宙를 지으신것이다。
이것은 偶然히 된것이 아니다。하나님이 宇宙를 지으신것이다。即
造化라함은 어떠한的確한目
的下에서 成立되는 最大努力의 事業이다。하나님이 宇宙
를 지으신것이다。그럼으로 그것이 失敗로 마치을 理가없
다。天界는 完全한 機械이다。그와같이 地球도 亦是義者
와眞人의 住所가되여야될것이다。하나님이 創造하신것은
完全히 이루어저야 될것이다。새하늘과 새따가 날아나
義가 그안에서 이루어저야될것이다。聖經劈頭의 처음말
슴에 其모든約束과 人類의 모든希望이 包含되여있다。

하나님은 계시다　（大正十年十二月）

創世記一章第一節

하나님은 계시다。祝福하리로다 이思想이 하나님、사랑
의 아버지、사랑그自體、그가계시다한다。그가 계시고、
그가 다스리시고、그가 世界와、人類와、우리나라와、우
리집과 우리自身을 모도 삶이신다한다。이以上 더말할
必要가 무엇이 있으랴。永遠의平和는 나의것이다。그러나
하나님은 계시다。問題는 이한일로써 解決된다。萬事는
可해진다。우리는 安心하여쉬며 잘수가있다。마치 宇宙
의大權을 그손에 잡으신 예수가 바다물 큰놀우에 그弟
子들을 태운 배우에서 편히 주무신것같이 우리도 亦是
편히 잘수가있다。

하나님은 믿브시다　（大正八年九月）

하나님은 믿브시다。아 祝福하리로다 이말슴！ 하나
님은 믿브심으로 變할이 없나니라。그는 그計劃하신일
을 반드시 實行하신다。그가 우리들로 하여금 그의 아들
예수그리스도와의 사괴임에 부르신것이다。眞實로 그이
시다。우리自身도 아니다。우리의意志나 決心이나 努力

七

八

도아니다。그러함으로 우리는 安全하다。우리의 救援은
保證되었다。「너」를 부르시는 이는 믿브시니 그가 또한
일우시리라「고」말슴한대로니(데살로니가前五章卄四)。또「너
이 속에 착한일을 시작한이가 예수 그리스도의날까지
그 일을 일우시리라」(빌립보一章六節)。그러함으로 사람도
惡魔도 政府도 敎會도 全宇宙 그自身도、하나님의사랑에서
우리를 능히 끊으며、우리의 救援에關한 그의 計劃을 失
敗無效로 돌아가게할자가없다。하나님은 믿브시다。그러
함으로 우리가 救援받을希望은 確實하다。우리의 不信、
誤謬、不完全、때때로犯하는罪와 빠지는 墮落、이모든것이
있을지라도 우리가 救援되는것은 確實하다。

宗教는 個人的이다 (大正十一年一月)

宗教는 個人的이고、全般的이아니다。宗教는「우리가」
아니고「나」다。複數가아니고 單數다。第一稱의單數이
다。人類 또는 人道의 일이아니다。나自身의 일이다。
『나의하나님이어 나의하나님이어 ─어찌 나를 바리시나이
까」는 예수自身의宗教이었다。『오호라 나는 괴로운사
람이로다。누가 이 사망의 몸에서 나를 구원하랴」라고
한것은 ──바울의 宗教이었다。神學者들은 宗教의 全般的

眞理를 찾음으로 언제든지 宗教를 찾어내지못한다。하나
님은 사람의 第一깊은 靈안에서만 發見된다。自己를 宗
敎의實驗物로써 提供할수없는者는 決코 其說敎者가 될수
없다。近代的基督敎가 無味하고 無能할은 主로 그것이
全般的이며 또社會的이며、個人的이아니고 또一身的이아
니기때문이다。天下에 無用한者로서 所謂宗敎的專門家─
같은者가 또있으랴。그는 宗敎를 모르고 宗敎를 말하
는者니라。

余의 宗教 (大正八年四月)

余는 일하지않고、다만 믿을뿐이다。余는 祈禱하지않
고、다만 믿을뿐이다。余는 스스로가 天國에 들어가려
準備하지않는다。다만 믿을뿐이다。하나님의 사랑과 其
聖子의 代贖의죽음을 믿을信仰……其信仰이 余로하여금
일하게하며、祈禱하게하며、淨潔케하며、天國에 들어갈準
備를 하게한다。余의宗敎의 全部가 信仰이다。그안에는
努力이없다。萬一있다하면 믿음의努力이 있을뿐이다。主
그리스도는 하나님으로부터 나오는 나의全部이시다。그는 나의知慧며 義며 거
룩함이며 贖罪이시다。그는 나의全部이시다。참으로 余
에게있어서는 시는것。그리스도이시다。余는 余의信仰
으로써 그가 余안에있어 일하시게하며、余自身은 信仰

的機械가되여 그의 손안에 있어서 義를行하는 善한 그
릇이되여 일한다。이리하여 萬事는 甚히簡單하고 또 甚
히 善하다(고린도前書一章一節)。

余의信仰 (大正八年三月)

余의信仰은 本來 日本的 敬神愛國으로부터 始作되였다。
그것이 余로하여금 예수그리스도의 아버지인 참된 하
나님에게 引導한것이다。其하나님을 섬기려할때 余에게
贖罪의信仰이 生起되였다。그리하여 贖罪의信仰이 余로하
여금 基督再臨信仰을 가지게하였다。이와같이 余의信仰은
本來부터 日本的이고 猶太的이다。그럼으로 余
의信仰에 抵觸되는것으로서 羅馬的敎會主義와 希臘的純理
主義같은것이었다。敎會와神學者、바리새人과學者……余의
信仰의素質에 맞지않는자로서 그들과같은者가없었다。余는
猶太先知者의본을배워 바리새敎人의 儀式과 사도개인의
智略을 싫여한다。余는單純을 사랑하고 複雜에 견디지
못한다。그리스도의十字架에 余의義와 거룩함과 贖罪함
을 認定하며、그가再臨할때에 其實現을 期待한다。十字
架의믿음、再臨의소망、그리하여 이 믿음과 소망에서 나
오는사랑、이것이 余의信仰이다。

時代의犧牲

主　筆

李種根君의生涯를記錄할때에 余는 「時代의犧牲」이란文
字를使用하였다(本誌先月號第四頁)。이는 李君의爲人을 몰
라보았든 나自身의 悔恨、다할바를 다하지못했든 나의怨
痛을 含蓄시긴文字였다。
「變하는것은 女子의 마음이라」고 俗人들이 노래하거
니와 우리로써 말하라면 「變하는것은 靑年의 마음이
라」고 하고싶다。
純眞 熱烈한 告白과約束으로 信仰의길에登程하려는靑
年의決心처럼 듣기에 귀엽고 보기에 아름답고 생각하
기에高貴한것이。다시 있으랴。그러나 저들의決心이란것
은 數月을 繼續하기 어렵고、저들의信仰이란것은 大概
卒業或은就職까지요、저들의信賴와友誼란것은 天候의變함
같이 不安한것이 거의通則이다。
이런時代인故로 우리는 一種의免疫性이라할까 靑年들의
言行에는 前日의百分之一千分之一도感覺하지않게되였을뿐
아니라。차라리冷情이 오輕蔑로써對하게되였다。이런中에서
最後까지 友誼와信賴를變改하지않은사람 하나를發見한때
에 우리는 왜 睡氣난 다리 한쪽을 꺼어메고라도 그
臨終의枕頭를 盛히하게못했든고하는悔恨이。깊지않을수없었다。

九

나의 生活을 記錄하되

李　種　根

（昭和十三年─一九三八─度　日記帳卷頭文）

나의 生活을 記錄하되 거짓됨이 없이 할지어다。

스스로 苦生하고、스스로 생각하여、스스로 풀어가되、

오로지 하나님 아버지의 뜻이니라。

지난 一年을 回想함

歲月이 如流하다는말은 果然거짓말이 아니었다。내가 教員이라는 職業으로 慈仁으로 간때에는、새울고 새쌌 드기始作하는 봄이었었다。그동안에 宇宙는 돌고돌아、꽃이피었다가 다시紅葉에 옥어졌다가 물들이고、이제는 영성한 나무가지에 白雪이 紛紛할다름이다。世上은 끊임없이 造化의巧를 나타내고 있다。나도 이 一年동안에 적지않은 變化가 있었음을 自覺한다。

昭和十二年（一九三七年）은 그 어느點으로 보든지、나의 一生中에서 가장 큰 變動期라고 아니할수없다。

나의 外的生活로 보드라도 그것은 確實히 큰 變化였었다。六年間이라는 師範의 學窓生活을떠나 社會의 一人으로 뛰어들어온것도 이해되었었다。그러나 溫室속에서 본 밖앝의 景致는 現實과 隔함이 너무나 멀었다。學生 時代에 想像하든바와 아조 딴판인것에、저윽히 失望도 하고 놀라기도 하였으나、깨달은바도 적지않았다는것을 알겠다。보면볼수록 사람의 現實生活은 醜한것이 많었다。醜한것은 어른들의 生活이다。自覺도 있고、理性도 發達하였을 저들의 生活이 어찌 그리도 속임이 많은가 이社會에 眞實이 있다면、그것은 이社會는 더러운것으로 가득찼다는 그事實일것이다。

이와같이 더러운世上에도 惡에 물들지않고、깨끗한것이 있으니 그것은 純眞한 兒童들의 生活이다。그들은 마치 雜草에 나부끼는 百合花같은 存在이다。萬一 이世上에서 그 어린이들의 아름다운 世上을 除去한다면、우리는 가장 아름답고 純粹한 實物을 잃은것이다。그들의 生活에는 表裏가없고 속임이없다。그들은 참다운意味에서 自由로운生活을 한다는것을 알었다。그럼으로 깨끗하다。나는 이 어린아이들을 教育하는 職務를 맡게되었다。그것은 쓰라린일이었으나、즐거움도 주었다。患難속에도 기쁨이 있었으며、失望속에서도 勇氣를 주었으며、苦痛속에서도 오히려 希望을 주었고、사랑 이라는 거룩한 德을 體驗하였다。나는 이같이 意義깊은職業을 맡기신 하나님께 感謝한다。

一〇

그러나 그實際의活動에 있어서는 보잘것이 아모것도 없었었다。마음에 하고저하는바는 많았으나、정말 한것은 없었으니 果然 恨歎한일이다。하나님은 敎育이라는 職務로 말미암어 五十餘名의 귀여운 딸들을 맡기시었다。그러나 나의 모든 實地敎育은 하나님의 뜻에 合當치못한것 뿐이었다。나는 가르키지말어야할것을 알면서도 어찌할 수없어서 가르키었다。거짓말도 가르키었다。나는 그들에게 나쁜影響을 끼치었을른지도 모른다。나는 그들에게 있어서는 徹底한 二重生活을 하여왔다。敎務에 對하여서도 게을렀다。그方面에限하여서는 다만 속여왔다。校務에 對하여서도 게을렀다。그러나 나는 그런것이 兒童을 敎育하는本質에는 아모關係가 없었다는것을 믿었기때문이었으며、至今도 또 그렇게 믿어서 마지않는다。公務에 忠實한者가 반드시 敎育에 도 熱心이라고 斷言할수는 없다。公務와敎育을 兼하여 完全케할에 갈을이없었으나、公立學校에 있어서는 敎育에 無關係한 職責이 너무나 煩雜하다。

環境과世代의 如何를 勿論하고 二重生活은 避하여야 할것이다。예수께서는 死를裁判하는 官司앞에서 一賤吏에 이르기까지、決코 두個의人格을 갖지않으셨다。안이 主께서는 二라는것을 갖일수없었든것이다。끝고다의 언덕 十字架에 못박힐 그瞬間까지도、예수는 自己를 爲하여 하나님을 속이지않었다。그에게는 오직 하나님의

나의生活을記錄하되

뜻이 있을뿐이었다。孔子는 吾道는 一以貫之라고 하였으니 그것과속이 一致하였을때에 비로소 나오는 말이었다。나는 이와같이 속임이많았으나、五十二名의 可憐한 아이들을 無偏視의 사랑으로 사랑하려고 努力하여왔다。나에게는 이努力이있을뿐이다。어떻게 하여서、저네들이 世上을 등지고 일어날만한 굳센 어머니가 되고、힘센 안해가 될가를 生覺하고 硏究하여보았다。그리하여 나는 참다운人間이 決코知에서生活할수없다는것을 깨닫는同時에、人格에 依하여敎化와 感化가아니면 모든것이 能히 되지 못한다는것을 切實히 느끼게 되었다。그럼에는 나의知識을 더 넓힐必要가 있었다。이리하여 나의人格을 더닦고、나의靈魂은 큰임군을 要求하였으며、나의精神은 힘센敎導者를 求하여 마지않었다。

나의精神에는 一大動向이 일어났다。그것은 큰轉向이다。이때까지 現實만을 믿고좇든 저나라는 永遠히 아름답고、生枯盛衰가있으나、보이지않는 現世에는 富貴와貧賤이 있었고、그것만을 좇기에는 너무나不滿足하였고、그것만을 좇기에는 너무나不滿足하였고、끝끝내 사라짐이었다。나에게는 現實은 能히 믿기에 足하지못하였고、그것만을 좇기에는 너무나不滿足하였다。나의 마음은 永遠의眞理를찾고、永遠의實在를 探索하기에 焦燥하였다。오오 그럴 때에 하나님은 나를 불르셨다。그래서 나는 하나님의 擇

一一

나의 生活을 記錄하되

하심을 받았다。나는 이에對하여서는 親友閔兄에게 感謝를 들이기에 말할바를 모른다。兄은 나를 그方面으로 引導하셨든것이다。예수그리스도의 道德만을 믿는 나는 道

德을 참으로 아름답게하고、우리를 罪에서救하는 머른사랑이 있다는것을 깨달었다。우리는 아모리하여도 예수가 걸어가신 그길을 그대로 걸어갈수는 없었다。그와같이 完全한 實行者는 別수

가없다。萬一 하나님께서 오로지 그義로만 審判하신다면 우리는 하나라도 하나님나라에 들어갈사람이 없을것이 나、하나님에게는 사랑이 있는것이다。그러나 나의信仰

은 알고、危殆하기가 風前의 燈불과같고、엷은어름을 걸어 가는것같이 危險하다。겨우 붙기始作한 나의信仰의 뿌리 는、强風이 일어나고 波濤가일을적마다、뽑혀 없어질가를 두려워한다。主여 저에게 願하오니 어떠한境遇가 다다

르지라도、꺼지지않을만한 堅固한信仰을 주시옵소서。

나는 예수의 사랑속에있으니 모든것이 무렵지않다。이 世上의 富貴와享樂은 水上의浮泡와같고、모든苦樂은 하 나님나라에 들어가는 準備에不過한다。모든試練을 겪은 後에야 비로소 나의 몸과 마음은 깨끗함을 얻으며、하나님 은 自己의 마음을 우리들의 마음속에서 비처보시고 웃으 실것이다。

이해에 ×××先生님께 敎訓을받을수있게된것은 크나

론 幸福이다。그러나 聖書朝鮮이 發刊中止當한것은 분 한일이다。나는 ×先生님의 人格에接함으로써 많은것을 배웠다。그平和롭고 慈悲많은 얼굴만비여도、누구나 다

느낄바가 있을것이다。아아 이따의 弱한 뿌리는 이런사람 들로 말미암아、점점 굵어가고、成長하고 强하여지는가 하 니 든든하기 이우에 비할배없다。나는 이世上을 사랑할

것을 배웠으며 식어가는 마음에 熱을 부어두었다。×先生 온 우리가 참으로 이世上을 사랑하는사람이 되여주기를 빌었다。아아、아모것도 안남어도 좋다。名譽와 地位는

안개같이 사려지고、나의肉體는 塵土가되여 썩어질때라 도、우리가 참으로 이世上을 사랑하였다는것만이・남는다 면、고만이다。可憐한것도 이世上이어니와 祝수받은것도

亦是 이世上이니、하나님의 이름을 可히讚頌하리로다。

지난一年은 果然變化많은 一年이었다。그러나 나는 지금 하나님께 感謝할것이 하도많으니 記錄할수가없다。다만 하나님이 病으로 눕게된것은 딱한일이다。뜻이 있는者이 늘 하나님께서 看過하실理가 있을가。

（十二月三十一日밤에씀）

一月一日 土曜日 晴

밤사이에 눈이나린듯、밖앝을보니 온갓 물건은 白雪로 덮이어서 아름다웠다。오늘이 一月一日이다。

一二

一年之計는 在元旦 이라하나、形式만으로도 計畫을 세워야할터인데 別난 計畫은 있을것같지도않다。어머님을 모시고 새살림을 始作하려든꿈은 발서 사려졌으니 生活形式에 있어서는 다를것이 없을것。다만 昨年부터 沒頭하게된 聖書工夫를 더着實히 하여서、하나님의 眞理를 더욱깊게 깨달을것이 그하나요。둘째는 이世上을 사랑하는마을의 發露로서 將來 農村에 돌아왔을때에 如何히 일할가를 計畫할것。셋째는 나의말으고있는 ·저어린아이들이 더욱忠實하고 참된 子女가되도록 研究와 努力할을 아끼지말것이다。計畫은 많음을 要求치않는다。必要한것은、그必要는 實行이라는것이다。

밤에는 敦이와 英이에게 이야기하였다。나는 이 墮落하여가는 部落民들에게 第一必要한것은、돈도아니오 糧食도아니오 實로精神의糧食이라고 生覺하였다。萬一할수 있어서 이洞里사람들에게 하나님의福音을 傳한다면 그 얼마나 아름답고 平和로운 마을이될가。그러나 나는 이 故鄕에 돌아온다 할지라도、充分한活動을 할수가 없을것같다。그것은 마치 예수가 故鄕에서 待接을 받지못한것과 같은것이라고 할가。

一月八日 土曜日 晴

工夫하고싶은것은 많고、時間이 넉넉지못한것을 슬퍼한다。그러나 나의 이 聖書工夫는 一生을두고하는것이니

나의生活을記錄하되

까 조금도 빨리할려고 애쓸것은 없을것이다。갈라되아 一·二章을 工夫하야 律法으로 義를얻는것이 아니오、福音 하나님의 말슴으로 말미암어 義롭게된다는것과、福音과律法을 明白히區別하여야 한다는것을 배우다。韓先生이 다시 悔改하여、主를 섬기게된것을 저윽이 기뻐한다。徹底한 信仰을 가진사람의 心境은 또 다른것이다。

一月九日 日曜日 晴

아침에 洗濯을 하랴하였드니 靑年團例會가 있다고하여、많은 빨래를 또 그대로 얼려버렸다。그럭저럭 점심을 다넘기고、午後에는 週案을 세우기에 冊한卷 못읽었다。밤에 敎會에 갔었으나 佛敎를 辱하는 그것은 자못 귀에 거슬리어 不快하였다。

「우리로서는 天堂이라는 觀念을 어떻게 解釋하여야겠는가。」나는 이런疑問을 품게되었으나 그것은 普通사람들이 가지고있는 그것으로는 滿足하기가 어려운 까닭이다。敎會에서 도라와、福音과律法이라는것을 區別에對하야 韓氏에게 말하였다。福音은 하나님의 말슴인고로 良心의 糧食이오 律法은 따의것임으로 肉體에關한것이다。그럼으로 우리는 律法은알고 福音을잊는일이 있어서는 안될것이다。

一月十日 月曜日 晴

밤 일곱時부터 夜學生의 募集을 하였다。男女合하여서 百餘名의兒童들이 추운밤을 向學心에 타올으는눈을 반짝

一二三

나의 生活을 記錄하되

어리며 모여들었다。아아, 그렇게熱心으로 배우기를願하는 可憐한兒童들에게 教育을 주지못하는것이야말로 悲痛한일이다。언제나 그들에게 正當한教育으로 밝은빛을 줄수가있을가。夜學에도 人員이 넘어서서 다 가르키지를못하여 太半을 떨어버리게되니 果然 奇現象이다。남의 집에서 사는 아이들에겐 夜學에도 못오게된다니、그들의마음은 惻憶之至이다。

一月十七日 月曜日 晴

午後두時부터 青年團入團式이있었다。그래서 아이들에게 算術問題를내주고、어둡도록 기달리게하여서 마음이 겨정되었다。結局 그렇게까지 기달리고 있었는데、가르치지도못하고 그저 보냈다。

夜學後에 英語로馬太五章、四章을 工夫하다、다음의句에 感動한바가 있었다。

Man shall not live by bread alone, but by every
word that proceedeth out of the mouth of God.
(Mt.4:4.)

Ye are the salt of the earth (Mt.5.13.)
Ye are the light of the world (Mt.5.14)

이로보건대 基督教는 決코 自我完成에지나지못하는 消極的道德이아니다。自己만義로워저 하늘에 들어가면 된다는 利己主義的道德이아니다。그것은 어듸까지 積極的道德이、며 따라서 언제든지 他人에게 能動的으로 움즈기는것이다。우리가「따의소금」이고、「世上의빛」일진대는、반드시 이世上사람을 소금으로 맛드리고 빛으로 引導하여야할것이다。(十一時四十五分記)。

一月二十四日 月曜日 晴

修身時間에는 靈魂의永遠이라는것에對하여、그것을 알려주기에 苦心하셨다。얼마나 알어주었는지 모르나、나는 知의教育보다는 感의教育을 主張하고싶다。이것은、몇번이나 말한적이 있으나、한마디 가르치는이보다는 한번 느끼게하는것이 教育的으로 價値가 있지않을가。그럼으로 안것은 잊어버릴수가 있으나 느낀것은 終身토록 사라지는 法이없다。

一月二十七日 木曜日 晴:

理髪하면서 이런것을生覺하다。그것은 오一거、、、의自叙傳에서 나는 惡은 어듸서오며、그것은 무엇이냐、라는것이었다。누구에게 묻고싶었으나、묻기前에 爲先 내가解決하여야할것이다。그러나 아모런解決도 얻지못하였다。하나님은 善이시고全知全能하시거늘 이世上에 어찌하야 惡이라는것을 두셨을가。일부러 惡이라는것을 善과함께 두었는가。또는 惡을 빌지않으면 善이 있을수없었든가。그려면 存在하는 모든것은 善이안이고、惡도있는가。이런問題는 果然 나에게는 困難한 問題였다。

一四

罪人만을 爲하야 （第九回）

A、J、럿셀 著

趙聖祉 譯

第四章 生活改變者 （2）

罪라는것은 新約聖書에 나타난바나 또는 直接 깐이단쓰로 指示하시는바와같이 하나님의 意志에 反對되는 行爲를 이름이다。그러나 누구에게든지 適應할만한 罪의 總目錄같은것은 있을수 없다。한사람에게 罪가되는 것이 반드시 다른사람에게도 罪가되는것은 아니다。술醉하는것이나 驕慢한것이 罪가 될수도 있고 殺人이나 不正直 利己主義 或은 하나님이나 隣人을 사랑하지 않는것 남의 안해를 貪내는것이나 다른 女子의 男便을 사랑하는것이나 罪가 될수도 있다。또는 過食을 한다든지 怠惰나 허탄한 자랑을한다든지 意惰나 뿌릿지（로란푸의 一種）를할때에 너무많이 불르는것같은것도 罪가 될수 있다。루—렛트（一種의 賭博） 같은것 또는 夜會같은데서 金錢을 虛費하는것도 罪요、하나님을 依支하되 어드런 境遇에든지 늘 依支하려고는 하지않는것도 罪가 된다。襤褸한 옷을 입은 사람을 輕蔑하는것、退勤時間을 속이는것 소고기집에 외상을 진것이나 가루다에 잃은 돈에 對해서 거짓말을 하는것等이 罪가 될런지도 모른다。또는 自動車에 故障을 일으켜가지고 절절매고있는 運轉手를 보고도 善한 사마리아人의 役割을 할려고들지 않는것이라든지 地下鐵道같은데서 앉을일을 할려 다니는 婦人네가 疲勞하여있는것을 보고도 자리를 내여주기를 부끄러워 하는것이 罪가 되는수도 있을것이다。聖壇에서 驕慢한 생각을 갖는것 即 聖壇에 서서 그리스도를 나타낼려고 하는것이 아니라、한번 自己가 훌륭한 設敎를 하여서 會衆에게 歡迎을 받을려고 맘 먹는것도 罪가 될것이다。또는 貪慾이나 不當한 利得을 取하는것 或은 恐怖心이나 싸우기를 질기는것 物件을 浪費하는것이나、卑劣한 行動을 하는것 嫌惡 或은 曲解等이 罪가 되는수도 있을것이다。以上에 말한 여러 가지 罪와 또 其外에도 다른 모든 罪는 「하나님을 信賴하지 않는다」고하는 한가지 큰罪에 모다 包含시킬 수 있는것이다。그리고 이하나님은 十誡命과 新約聖書에 가르친바와 같이 처음이요 나종이요 그리고 恒常 이신 분이시다。

푸랭크의 말하는 生活改變은 이같은 罪와 絶對로 安

生活改變者

一五

罪人만을 爲하야

協하지않는 生活이다。即 다시 말하면 푸랭크는 四絕

對의 生活標準을 絕對嚴守하는 十字軍을 發起한것이라

고 할수있는것이다。即 모든 크리쓰찬이 다 좋다고는

생각하나 아무도 即時로 實行할려고는 하지않는 生活

을 最大限度로 實踐하는 生活이다。이같이 하나님께서

어드런때든지 또 어데서든지 自己와 同行하실수있게 하

기爲하여 自己의 罪를 徹底하게 淸算할려고 決心한다

는것은 普通사람에게 對해서는 果然 두려운 생각일것

이다。그러나 푸랭크에게 있어서는 이것은 唯一한 合

理的 階段이었던것이다。아무라함과 바울과 푸란씨쓰와

뿌ー쓰와 물러와 무듸의 그밖에도 많은 宗敎的指導

者들이 大成果를 일우게된것도 그出發點은 여기에서부

터 始作한것이다。푸랭크와 그友人들은 自己와 하나님

사이에 있는 모든것을 無條件으로 바친다고 하는것은

모든 時代를 通하여 最大의 冒險이라고 생각하였다。

確實이 이것은 非冒險的인 이 憂鬱한 貧困과 不景氣

의 時代 不信仰과 放縱의 時代에 있어서는 이以上 더

있을수없는 最大의 冒險이다。그것은 마치 콜럼부쓰의

航海와도 같은것이다。그것은 未知의 새나라를 開拓하

는것이요 危險을 무릅쓰며 絕頂에 올라서는것이요 豐

裕한 還境에 있으면서도 꾸준이 貧寒한 生活을 하는것

이요 敎會의 內部及 外部로부터 嘲笑와 誤解와 不斷

의 曲評을 받어가면서도 時間時間을 信仰과 祈禱로써

살어나가는것이다。또 그것은 過去의 모든時代에 있어

서 高尙한 뜻을 품은者와 勇敢한 冒險家들을 成功하

게도하며 慘敗하게도한 挑戰的障碍物을 自發的으로 直

面하는것이다。

뿐만아니라 그것은 다른 男女의 사람들을갖다가

勝利의 生活의 可能性을 믿게하는것만이 아니라 그生

活을 하도록 誘導하는 私情없는 十字軍이다。언제든지

그리스도를 爲하여서라면 어드런 侮辱이든지 甘受할覺

悟를 가지고 있으며 이 空虛하고 盲目的인 唯物主義

의 時代에 있으면서도 恒常 아무 근심걱정 없이있는

聖徒들의 새會社를 建設할려고하는 十字軍이다。이十字

軍은 聖靈의 引導와 支配를 하는것으로써 이렇게 應

別이 없이 한데 統合할려고 하는 사람들을 宗派의 區

別를 當한 素人宗敎家들은 온世上을 돌아다니되 눈에

보이는 固定한 收入의 方途도 없이 하나님의 戰士로

서 하나님의 만나를 받어먹으며 살어나가는 사람들이

다。그러나 이들은 이 奢侈를 좋아하고 自己一身의 安

全만을 追求하는 感覺的文化의 여러가지 誘惑에서 이

世上을 救援할려고하는 榮譽의 新十字軍에 參加하여 나

서서 生活하며 사랑하여 기뻐하며 다니는것이다。

이 푀크위크氏流의 生活改變者（푸랭크）는 自己의 企

一六

圖한일이 大端히 困難한일이며 따라서 이것을 成就할려면 賢明한 슬로간과 그보다도 더賢明한 方法을 要한다는것을 잘알고있었다。그는 이時代의 問題인 罪에 對해서 오래동안 熟考하였다。即 어떻게하면 暗黑의 都市에서 異敎徒의 世界에서 또는 基督敎徒들에게서 이 罪를 除去해버릴수있을가 하는것이었다。罪는 無所不在하다는것을 그는 알고 있었다。事務所안에 工場안에 家庭안에 聖壇에 大學에 神學校講堂에、어느곳하나 罪없는곳은 없었다。푸랭크는 罪問題에 있어서는 누구를 勿論하고 一律로 取扱하였다。웨 그러냐하면 罪라는것은 모르는사이에 潛入하는것이기때문이다。罪라는것은 牧師들이 攻迫은 하지마는 大槪는 牧師自身들도 征服은 하지못하고 있는것이며 異敎徒들은 마치 氣分좋은 藥이나 먹듯이 例事로이 하는것이며 이것을 보는 基督敎徒는 웃기도하고 또 나는 相關없다는듯이 冷談한 態度를 갖기도하고 또는 公々然하게 非難하기도한다。그러나 知慧롭게 警告를 해주는 사람은 거이없었고 異敎徒及基督敎徒에게 罪를 征服하는 方法을 가르쳐주는 들이 더욱이나 없다。푸랭크는 熟考한끝에 이 永久的問題인 罪問題에 對한 解決을 생각해냈다。即

「우리가 罪에서 解放을 받는度는 解放을 받을려고하는 ・慾望에 正比例한다。萬一 우리가 우리는 罪의 奴隸라고 不平만을 말하고있었다고 하면 그것은 우리는 罪를 사랑하고 罪를 願하고있다고 말하는것이된다。罪는 全力을 다해서 善을 사랑하지않는 맘속에서만 살수있는것이다。單只 하나님을 慾求하는 맘이 微弱하다는것만으로도 罪를 暴君이 되게맨드는것이다。그러나 우리가 全心으로 義를 渴望할때 罪는 即時로 全然 있지도 않었던듯이 사라저버린다。」

罪는 눈과 맘사이에서 생기는 것이다。먼저 눈으로 보고 그 다음에 맘으로 생각하고 그다음에는 거기에 精神을 빼앗기게되고 그다음에는 너머지게되는것이다。그러나 너머진다는것은 우리의 마음이 罪에 陷落을 당하는것이다。그래서 푸랭크는 「마음이 淸潔한 사람이 하나님을 볼수있다」는것을 잘알기때문에 사람들이 罪를 미워하되 아주 때어버리기까지 미워하고 善을 사랑하되 善을 따르게까지 ・사랑하도록 맨드는 이 聖靈에게서 받은 任務를 遂行하기 爲하여 出發한것이다。따라서 모든 合理的 機會는 있는데로 다 罪를 끄집어내는데 使用하지않으면 안된다。이罪라는것은 사람의 生活에 있어서 癌과 같은것이다。이것으로써 사람의 自己完成을 妨害하며 그사람이 奇蹟도 ・行할수있을것을 못하게한다。그러기에 푸랭크의 主張하는바는 우리는 罪를 미워해야하고 罪를 告白해야하고 罪를 때여버려야한다고 하는。

生活 改變者

一七

罪人만을爲하야

는것이다。告白은 세가지 效能이 있다。첫째는 告白은 罪를 反復하지못하게하는 效能이 있다。萬一 또

罪를 짓다가는 不愉快한 告白을 또해야되겠기때문이다。

둘째는 다른사람에게 警告와 指針이되며 셋째는 罪에

서 解放되었다는 感과 마음이 깨끗하여진感을 얻게된

다。그러나 罪가 깨끗하게되는것은 告白했다고 되는것

이 아니라 그리스도의 十字架에 依해서 되는것이다。

또 그는 믿기를 어데서든지 理知的으로 생각해보아

서 可能한 境遇이면 單只 自己가 罪를진 사람에게 罪

를 告白할뿐만아니라 賠償까지해야 할것이라고 하는것

이었다。이것은 누구나 싫어하는 敎訓이긴하다。그러나

가장 高潔한 마음을 가진 사람에게는 大端히 強한 衝

動을 준다。그리고 이렇게 分擔을하면 分擔을 한사람은

勿論이려니와 告白을 받은사람의 生活까지도 變化를 일

으키게 되는것이다。勿論 罪를 謝過해주시는이는 그리스

도이시지마는 自己의 잘못한바를 修繕하는것은 그悔改者

만이 할수있는것이다。

여기에서 나는 그前에 깨러트·스티얼리가 날보고 或

時 하나님과 나 사이에 城壁을 쌓고있는 罪가 있지나

않느냐고 물어본 理由를 알게되었다。그때 萬一 내가

그것을 認定했드라면 그는 나에게 告白과 賠償을하도

록 勸했을런지도 모르겠다。그러나 나는 直覺的으로 그

敎理에는 反對하였다。그敎理에는 危險性이 많이包含되

어있는것에는 反對하였다。特히 自尊心이있는 나에게는 그렇게비

였다。그러면서도 다른사람은누구든지, 自己의진 罪에對

해서 告白을하든지 自己의잘못한데 對해서 賠償을 하든

지하는데는 何等의 反對할 條件이 없었다——그러나 나自

身만은 例外였다。

이제는 푸랭크의 友人의 한사람이요 最初에 사로잡

힌 한사람 以前에 이—톤學校의 敎師였었고 現

在는 스콧트란드에 옥쓰포드그룹의 指導者인 루돈·해

밀톤에게서 푸랭크가 英國의 知的中心地에서 自己의挑

戰的信念을 實踐하기爲하여 聖靈의 指示를 받어 옥쓰

포드로 오게된 이야기를 들어보기로하자。누가 그에게

「켐부릿지에서온 米國人敎授를 만나보지 않겠느냐?」고

물을때 그는 多少 好奇心의 빛을 若干 띠우긴 하였

으나 그다지 興味를 느끼지않던 모양을 나는 지

금도 特別이 記憶하고 있다。（푸랭크는 두사람의 監督

의 請을 받어가지고 켐부릿지에서 얼마동안 지내고지

금은 세번째의 監督의 要求에 依하여 옥쓰포드로 오

게된것이다。）이章（第四章）의 남어지 部分은 루돈·해

밀톤의 한말 가운데서 探錄한것이다。

（續）

一八

聖朝通信

서는 말하지않고 살듯해서 甚히 거기
가 그리웁다。

十月二十一日 (月) 晴。 올림피아映畵
를 올리지 않을수 없읍니다。
妻의 轉送한 賞信을받고、新學期의入學
手續도 終了되었으니、이제 한마디音信
을 올리지 않을수 없읍니다。
보내주신 寫眞 고맙게보고 간수합니
다。今次 冬期集會에도 參加하여 같이
노래부르고 같이 슬퍼할 身數였으면 하
나 不幸히 天涯地角에 流淚하는몸이라
사랑하는 兄妹를 보지못함을恨하야 마
지 안나이다。좋은 消息이건 그른 消
息이건 書面으로 종종 알려주시면 매
우 고맙겠나이다。

×

今番 畜産을 工夫해본다고 이곳 農
科에 置籍하였으나 本來 農에 門外漢
이라 어느程度까지 收穫을 얻을지 알수
없읍니다。또한 學費豫算도 없이 터문이
없는일을 한것잘으나 무슨道理가 생길터
이지오。方今 科外에 적만한「일」을求하
는中입니다。神이 도으시겠지오(下略)

十月二十二日 (火) 晴。陳氣낮잠못
長時間서서있는 일에 어려워 授業
時間을 치켜올려 일즉畢하고 歸宅静養。
○歸途에 赤十字病院에 들려 腎臟炎으

十月二十日 (日) 晴。 아침에 왼발목
腫氣가 스스로 破腫되었음으로 民間藥
이라는 비누砂糖濟를 붙치다。○午前十
時에 聖書研究會。新參會員도 있으므로 學
究의態度부터 먼저 잔소리하고 누가福
音第十二章二十二節以下에 依하야 基督敎
的「觀點」을 講解하다。예수민으면「한장한
사람」이라 物說解하다。「皮肉家」라는 評을 받게되는 理
由를 說解하다。○午後에 青年四五人이 來
訪하야 聖書朝鮮같은것을 出版하는 趣旨
가。무엇이냐는 質疑와 個人의心靈問題
삼어서는 社會의改造라는 企望할수없다는
持論이었으나, 乃終은 自己마음속에 甚
히罪悚스런생각이 이러남을 告白하면서
日曜集會에 參席을許諾해달라는 請이었다。
但 輕率히한일이아니라고 反論하고 出席
은 拒絶하여보내다。○夕陽에 도한번入
會를請하는 다른學生이來訪。그態度를보
아 이번은 許諾하다。이로써 午前十時
부터 約六七時間을 中涉없이 이야기하
고나니 눈이 휘두러가도록疲勞。天國에

大學所在地 린콘市에 到着한後 片紙를
七百五十里길을 突破、 此魔메크라스카州立
八時에 自動車를 못아 同日午後四時에
에서「聖朝誌」를 받고 그이튿날 午前
北滿에서來信。前者如下 ○前週 미조리캐
나니 記를 發刊하고저 企圖中。○北米와
玉갈은 文章을多量携帶하였으매 文集이
아니치못하다。李君의日誌와 感想文等
凱旋한信仰生活에 할렐루야를 連唱하지
君이 李種根君臨終의光景을來報하여 그
까지 맞추고 黃昏에歸宅。○저녁에 閔
에야 겨우製本되여서 準備되었든皮封을
印刷所에 가지고가서發送。市內書店配達
錢이오 普通은 一圓이라는入場料인데·立
雜의地도없이 밀려드는觀客의 盛況에도
놀랄만하였다。○今月號가 오늘午後五時
南 兩君의姿態에 觀衆의興味가 沸騰하
後二時부터 黃金町京寶舘에서 구경。孫
生徒가 가게되었으므로 監督兼하야 午
구경을 志願者로하게되었으나 거의全校

聖
朝
通
信

一九

聖朝通信

二〇

로 入院한 姪女를 尋訪. 알으면 大患을 發하는일이 웬일이냐고 서로 답답한問答을하다. ○亦是 도라오는途次에 聖朝의 舊號와 山上垂訓硏究와 權容信小傳等을 市內書店두어군데 配達하다. 이렇게 自

韓東의 荷板에 잔뜩 실고 配達하며 다니는樣을 보는이는 다라알는사람갈지않다고 할듯해서 마음 피로우나 本人은 落馬折骨한 李舜臣이 柳皮돌벗겨 스스로 싸매고 또타고 行한일을 생각하면서 죽도록 行한일. ○李種根君에게 關한 눈물이 오늘夕陽에야 쏟아지다. 亦是 開寂한듬을 찾어야 눈물도 도라서 는모양. ○무러러 曇내 내어서 天下의 모든 수캐는 다모이는듯. 저녁에 며요란하다. 딸기발 죄걸단나다.

十月二十三日（水） 晴、夕曇。姪女가 數日來로 醫院에다 入院中이오 第五女가 또 니는中인데 오늘아침에第四女가 또 熱이九度內外되매 나自身의 脆傷점은 飛散하여버리고말었다. 病患은 마음을 씻는 재물과 갈다. 때로 있으면 恩惠롭기도하나. 넘어重한즉 숙으러진 머리를 처들힘이 없다. ○事故있어 淸凉里로 往渺

하려니 朝鮮大博覽會의 終幕光景이 보이다. 最終日인 오늘도 「大鬮引」을 뽑으려는男女가 相當히 混雜을 일우었다. 서울있으면 드디어 博覽會場에 進步하지않고 지 났다. 눈에 보이는것 귀에 들리는것은 안 보고 안들어도 견딜만한것을 이번에드 試驗된심. 보이지않는것을 보는일과 들 리지않는音聲을 듣는일 이것이 나의 힘 씀課程이다.

十月二十四日（木） 雨。昨夜자정넘도 록 枕邊에서 冷水로 머리를 시켜주면 서 밤중에라도 업고 病院에가볼까 말 까하든 正玉이 快差한 모양으로 起床하 였으매 歡喜와 讚頌이 山蕗를 振動하다. 三十九度四五分까지 오르는身熱이 모다 流行性感氣菌의 작란인것이判明되여 安 心. ○허틀라유—젠트一行이 京畿中學에 來訪한다고 나치스旗까지 玄關에 달고 歡迎送하였는데 평끠롭게 授業中이어서 그一行의 來應도 구경못하고말다. ○十一 月號의 校正시작되다. ○赤十字病院에 姪 女寺訪. 只今醫師들은 血液反應을 待해보 는 形生의 病勢가 突發的이듯이 滿足에서 不足으로 希望에서 失望으로 變할때에 바람과 비에부스러지는 古城처럼된 小

어린이들診察에 血液부터 뽑는일은 우 리는贊同할수없다. 舊醫들의 診察法이 도 리어 뽑어보고 아는것은 殘忍至極해서 못보겠다.

十月二十五日（金） 晴。午前은 校正 으로 往來하고、午後에 本町通百貨店구경. 封筒二十錢得。○病床消息에 『拜啓 先生님 其間常體萬安하옵시고 宅內諸節 이 均安하심을 仰祝하옵나이다. 非夢似 夢갈은 歲月을 九個月間 지내였읍니다. 뜻은 四方으로 馳驅할수있아오나 몸은 한갓 자리에서 머나지못하겠고、萬事는 어머니에게 시키면서 憎惡는 어머니게 로가고、病에 慰安은 마음껏받고도 不 肺結核患者는 間病人에게로가고、이게야마 快한言詞는 問病人가보다 嘆息의숨을 설때에 눈 물로 벼개를 적시고 一層더甚 한・處地에있는 兄姉들을 생각케됩니다. 鹿島 兄姉들을 生覺하면 무슨 不足함이

있아오리오, 苦痛이 무슨 苦痛이있아
리오。淸潔등으로 나갈밥을먹고 옷을입
는 兄弟들의 唯一한집은 다리밑 추녀
끝 망간……等。加之에、癩、肺……等의病
과 추위와 싸우다가 路傍 다리밑……等
에서 慘酷한 兄弟들의 末路를 生覺하면

門生은 오히려 지나처 가면서도
마음은 如此하면서도。上蒼해서 무엇하
오리까, 世上에 造化가凡事에 이르러서
如此하오나。門生은 餘財를賣却하여 西
海岸으로 더욱 複雜한
家政이 龍宮의生活을 지여불까하는
生覺하고 近處에草幕을 지여불까하는
念하고

門生은 오히려
生覺하면 龍宮의世情은
리오、요사이의 世情은 用紙難뿐이겠아
오리까、豫測못하는일이 또한 無限한줄아
옵나이다。因하야 誌代를올리고저 하였으
나 萬邪가如意치 못하와 小學校를 卒
업한 父親없는 五寸足下로하여금 ×圓
을 郵送케하오니 四月分부러 明春三月

○十月二十六日 （土） 快晴。北漢山遠足
太古寺에서午仮。輔國門으로서 貞陵里에
歸來。日氣매우溫和하다。○小鹿島로부터

分까지 換算하시고 ×十錢은 聖朝誌八
十五號를「內村鑑三先生と朝鮮」과를 下
送하옵심 仰望이옵나이다。萬一 不幸廢
刊되오면 殘金은 小鹿島兄姉其他 處分
하여주십시오、門生이나、大地를 潤步하
는者나 하루사리되기야 一般인데 어찌
慘酷한 兄弟들을 생각하고 피로움에 견
리만하다。故李種根君도 自己보다 더慘
酷한 사람들을 생각하고 피로움에 견
디였다한다。自己의處地에 感謝할能地를
發見할줄아는사람 그가賢者요 勇者이다。

病席에 눕었으나 心靈의 健全은 부러우
다。이번學會에는 이렇게 경건한 하나
님을 두려워하는 學者가 단한분이라도
계신것이 꼭 기뻣읍니다。「イヤ未だ若い
にほんとうに感心な先生だ ネ
居ると僕も信者になり度く成ってね
アンナ先生と一週間も一緒に居れば耶蘇に
成るね」。不信者인 內地人職員한분의 말
이였읍니다。歸宅하신뒤로는 몸 健康하
시고 마음도 平安하신中 主와同行의生
活을 하시고 계시는줄 믿읍니다。이곳
오셨을때엔 꼭 失禮를했는데 가신後로
라도 書字토나마 謝意를表치못해 未安
하옵기 先生님께나마 感謝의一端을 알
외옵나이다。就白 日前에 基督新聞을보니
이땅에 아니 二十世紀의 基督敎에（勿論
이것이 眞正한基督敎는 아니겠지만）動
向이 꼭 불만한것같읍니다。이렇게라도

지난 學會때엔 일부러 孫禎均先生이 下
問하시도록 해주신 先生님사랑을、안이
크리스도의 넓은사랑이 갚이 感謝했읍
니다。꼭 김손하시고 溫후하신 兄弟였
읍니다。그럴읍니다 피곽스러운 大學校
學者라기보담은 主안에서 누구나 사피일
수있는 따뜻한 氣分을주는 兄弟였읍니
다。이번學會에는 이렇게 경건한 하나

聖
朝
通
信

聖朝通信

教會를 지키는것은 奇特한일이라고 하
겠으나, 불갈은 혀를가지고 祭司長을 論
駁하든 바울先生이 只今 계시다면 어
떻게 批判하실는지요. 左右間 이땅의 어
린羊들을 爲하여 可嘆可惜한일이올시다.

스데반에게 役事하신 聖神의 權能이 우리
에게 臨하여주겠읍니까. 基督敎는 곧 크
리스도 自體이신이 크리스도의 當하신
受難을避하고는 믿음을 完全히 세울길없
을것갈습니다. 果然 末世가된 모양입니
다. 어서 警鍾을 울려 眞正한 基督敎의
動向을 밝히보여 어린羊의 갈길을 가르
처 주시옵소서. 十月號를 기다리든 마
음에 오래만에 든펜이 自然 길어진데다
惡筆이되여 罪悚합니다. 末筆이나마 聖
經研究會 여러분 主안에 平康하시여 늘
勝利하옵시기 新禱하는 맘으로 問安여쭙
니다. 餘不備上白. 十月十三日朝 小鹿島
中央里 ×××拜』

十月二十七日 (日) 晴。어제 下山後
에 맘난몸을 急히 차게한것이 失手여
서 夜來로 終日 惡寒이甚하다。〇午前十
時에 누가福音第十三章三五一四八節을簡
單히解釋하다。〇昨夜에 書齋의書架하나

顚伏되였는데 當幸히 暴殺은免했으
나 그整理에 午後時間을 모다드리되 未
畢하다。〇讀者의소리『悚懼하온 萬有의
아버지 하나님의 聖恩中 先生님께서 無
事히계신줄을 十月號 聖書朝鮮나온것보
아 알게될때에 主님께 感謝하였읍니다。
첫장에 『我는 福音을恥とせず』라는 글
만을 가지고도・小生에게는 一個月間靈
의糧食 아니 地上에서 最後의한숨을 걷
을때까지의 糧食이될줄로 압니다。小生
은 가슴에 손을 대고 生覺할것도없이
아멘아멘 連發하면서 읽었읍니다。적어
도 眞實하온 讀者치고는 擧皆勿論일줄
압니다마는 小生만은 何如間 聖朝誌를
特愛하고 또 主筆이시온 先生님을 主
안에서 崇敬하옵는것은 다른것없읍니다
오직 小人이요 弱한者를 辯護해주시고
親故가 되여주시기때문입니다。참으로 莫
大한慰安을 받습니다。聖書朝鮮通信을通
하여 赤裸裸하게 나타나신 先生님의 眞
行上 君子다운點보다도 小人다운點 强
大하고 勇往邁進의 氣慨보다도 弱하신
그대로 참으로 赤手空拳인채 十字架밑
에 나어가시어 全혀 依支하시는 一見

二一二

庸劣하신 그態度에 커다란힘을얻고 있
는바이올시다。그래 弱하고 不足하고 小
人인 小生으로서 安心하고 自信이 生起
되옵니다。因하야 十月號 聖朝通信에서
一例를든다면 八月二十五日 家
庭에서 子女에게 對하신 態度이실것입
니다。小生은 內心에 萬一 先生님께서
눈에보이지않는 하나님을 믿지않으신다
면 이런말슴 決코 못하실줄로 生覺했
읍니다。

生先님! 六年前에 人生의 絶頂에서
헤매든 小生을 「來世」라는 一句二字로
써 主앞에 引導한 大恩人이요 唯一한
親友가 그동안 自己의 日常의思念上又
는言行上 秋毫도 悔恨과痛悔없는 完全
聖潔의生涯를 마음의願대로 못보내게됨
으로 말미암아 信仰上一大危機에處해있
음을 日前에相逢歡談時에 비로소 알었
으므로 鄙地 文華商舍에서 十月號 聖朝
誌를求하여 그親友에게 寄贈했읍니다。
黑崎先生著「潔めの敎理の誤
謬」라는 册을 寄贈하려고 注文했으
나 完全聖潔의 生涯를 못보냄을 苦痛히여
이는者는 一面 믿으면 그만이니 日常生

696

活의 音行같은것 아무케해도 無關타 生覺하고 不信者보다도 더못하는 似而非의 信者보다는 勝할것입니다마는 背信한다면 結局 十字架를 못치어다보고 背信한다면 最後의 落着點은 兩者가 同一하지않을가 生覺되나이다。

先生님! 저咸先生님은 그저 그렇게 게시지요。小生있는 곳도 別別調査를 해바짜 그네들의 期待하는 뭐 神通스러운것은 나오지않는 모양입니다。그러나 님의 親患은其後經過가 如何하신지요。저咸先生 庶手는 뭣을 把握하려고 하는것같습니다。平南北과 慶南과 全南北과 即 全鮮的으로 큰 무슨움직인것이 있을줄알었으나。至今껏 캐보아도 없는것을 안모양같습니다。그러나 당하는 여들 참으로 未安하나이다。저 咸先生 惶悚합니다만은 或 보내시는便이 있으시거든 同封한 小篤者卷을 함께 보내주시기 바라옵나이다。

그러면 主安에서 來來平康하시사 善鬪하시기를 바라옵고 餘不備白하나이다。

十月二十四日朝 ×××再拜"。聖朝通信은 이렇게 읽는것이 健全한줄 안다。

聖朝通信

十月二十八日 (月) 半晴。平北서 반가운 소식 오다。朴東錫君의 葉書도 오다。○銀行과 運送店等에 雜務紛忙。銀行員이나 運送店員이나 家氣等을하기가 이야 貨物의 製本이나出來하다。왕날 憲兵補助員의 서슬보다 더하다。孔雀이 긴꼬리 떨처펴는것이나 수닭의 나래를 펴처 끄는것은 異性에게對한끄示威의 必要느上하는 일이었마는 今世의 人間들은 必要도없이 꼬리를 펼처려들고 나래를 풀려고 덤비니 奇特한 잡새들인저。

十月二十九日 (火) 曇。第一四四一日。○感氣와 기침이 不退하야 昨日來로 自我流의加療를 試驗해보았드니 現著히差度있었는데, 오늘은 市內에서 午後十時까지 다하야할任務가 있어서 저녁十一時에야 歸麓하게되여 身體를 다시虐待하고야 말았다。○참나무 장재기三馬車사드릴새 그高價한것과 車夫들의 威勢堂々한데 壓倒될번하다。

十月三十日 (水) 晴。來客이 없었다。平北서 咸先生 소식을 가지고온兄弟있어서 반가웠다。○글라이더——(滑空機)도 처음보고 그實演도 오늘처음보다。○十月號에 廣告한 寫眞注文이 殺到하야 저녁은 그 整理。○집에서는 두고두고 별러오든 下水道工事完了。○崔容信小傳의 第三版이 豫定보다 延引延引되여 오늘에야 實物의 製本이 出來하다。

十月三十一日 (木) 曇。咽喉를傷한것이 漸漸慢性化하는 모양이나 醫院에 가보일時間을 엇지못하야 此日彼日하는中이다。○電報註文까지 있어서 寫眞技師가 千萬意外의 盛況에 당황하기 짝이없다。○滿洲에 黑死病이 流行한다고 新京으로 가는 醫師來訪。出征軍人처럼 遂別하다。

十一月一日 (金) 晴。第一四四四日。○오늘 京畿中學校에서는 創立第四十週年紀念、新築落成、中等敎育發祥地紀念碑의 除幕式等의 意味를 包含한 盛大한祝賀式과 學藝會가 열렸다。○矢內原先生으로부터 寫眞이 잘됐다는 稱讚이와서安心。○茶學園소식은 日間先生님 氣體候大安하십니까? 門生의 挑戰은 完全히 勝利를 獲得했읍니다。感謝와 榮光을 우으로 돌릴진저。即 去二十八日××晝나자 罪다모여놓고 聖書朝鮮을 紹介하겠읍니다。그랬드니 그反應은 큰바있어 今朝까지

二三

聖　朝　通　信

關해서는　新體制下에遲刻嚴禁이라는　분
부에　怯을먹고　正刻대로出席했다가　半
時間以上　에누리　當하고서　憤懣을　먼
르시기에　애를쓰시는데　참　기막힌　現
實이며　不祥한事實입니다。　저　먹을것과、勸杯返杯의應酬할자미가
어리처럼　또거워진것과、先天的固疾을　어
쩔수없어서　開宴不過半時에　슬그머니
早退한것밖에는　何等興味도　滿足도　없
었다고　○山麓에　도라와　冷水摩擦을畢하
고　郵便을　헤치니　如下한音信이　기다
리고　있다。　이　어찌　반갑지　않으랴。

들게　찬송가와　聖書를　가르켜불러인데
父兄들의　態度가　問題라는內容입니다。
아！고마운일인저。儒風에젖은　우리洞里
에　하나님의　빛이빛외이는　壯觀이여！

오즉　하나님께　감사감사！』

十一月二日（土）　晴。저녁에
町　喫良喜라는　料亭에서。四十餘名이
이는　大宴會에恭席하여보다。近隣에　다
른料亭도　많은데、南山밑에　이런　料亭
은　말슴이을시다。信者가아니면　行世못
하든때는　언제든고？가을에　오구라드
는　베풀이처럼　氣를못피는　現狀이올시
다。福音의能力을　體驗없으니　부고리울
수밖에　있읍니까。「크리스도의것을　分離

에　×卷쥐다　팔렸읍니다。　이로써　○○
에　同誌讀者　都合×人이　되었읍니다。

이밖에도　個別的으로　面對해서　勸하면
사볼사람（體面上）이　있을듯하오나　或眞
珠를　도야지게턴임이나　아닐가　두려워
勇氣를　못냅니다。　代金은　來月號도　×卷보내주
시옵소서。　××讀者우에　近日中에　뜻아보내겠
나이다。　祝福있기를　先生
님　新禱해주세요。　眞理를　밝혀주시기를
다。　꺼림없이　眞理를　밝혀불러인데
×兄弟의　佳信來。　門生의
故鄕洞里兒孩

가르되「몸시도　기다려지든　聖書朝鮮十
月號×冊　어제拜領하옵고　聖號를　높이
높이　讚頌하였읍니다。　眞理는　如前이
材料難經難信仰難
難難中에도　眞理는　如前이　빛을發하고
하나님의　音聲은　如前이　힘있게　高音으
로　날아나고있으니　하나님의　놀라운能
力을　어찌讚頌치않겠읍니까。「我는福音을
恥とせず」小鹿島兄弟에게　꼭　읽기고싶
은　말슴이을시다。

聖書朝鮮十
月號×冊　어제拜領하옵고
日의　通信읽을때마다　이런일도있겠지　生覺
으次하면서도　퍽　놀랐읍니다。嚴丈의病患
快癒하시기와함께　咸先生님의　勝利를篤
하여　오늘새벽부터　山에올라　新禱하겠
읍니다。咸先生님께서는　八福中에　마지
막福을받으시고　계시읍니다。　小生은　언
제　이福을받는는지요。矢內原先生님集
會勝利中에進行된것仰祝합니다。」

우리　門弟가　한사람이　읽고慰勞받었다
면　모든困苦와　嘲弄과損害도　甘受甘受
하리라。

○오래동안　情誼좋게　나라나하여가든　木
土兩君이　차침　離別하려고　버러지는듯。

하는게　아니라　크리스도에서　分離해가
고　있다오니、크리스도게서는　친구를부
르시며　불상한事實입니다。　참　기막힌
事勢이럴때에　불붙는內
頁들　들칠수록　適切한題目에　불붙지
않을수　있겠읍니까。아마도「세리들과창
녀들이　너희보다　먼저　하나님나라에드
러가리라」하신말슴이　이루어지랴
는것인가　봅니다。九月十一日十二日　雨

十一月三日 （日） 曇。會員의 多大數
가 午前中에 明治節祝賀式에 參列하였는
故로 오늘은 午後二時에 모이다。누가
顧音第十二章글을 解說하야 그리스도를
따르려는者의 覺悟를 새롭게하다。○顯伏
되였든든 書架를 오늘까지 겨우 整理。但 冊
數를 「國勢調査」해서 科別로新體制를確
立하려든든 今夏의 企圖는 드디어 抛棄하고
말었다。좀더 閑暇한時節의 到來를 待하는
수밖에 없는듯하다。○誌友의 短信에 「…
…就悚矢內原先生 講義時에는 多方으로 愛
勞하여주셨음을 鳴謝不禁이옵고「我는顧
音을恥とせず」에서는 嚴肅하신 訓戒甚大
을시다。 生命을獻げんとする待機體制であ
るラ고 立場을 明白히하심은 나는 이
것뿐이니 하고싶은대로하라는 戰布와도
如한 悲壯한驚呼를들고 어린靈도 氣척을
하고 니러서게됩니다。徐는新禱」。

十一月四日 （月） 晴、暖。關北某公立
小學校訓導가 敎會없는 部落에서 主日
學校를 시작할터인데 敎案을指示해달라
는 請인故로 答하다。但 넘어 興味가 솟
아나서 後日 躬接尋訪가리라는 約束까지
하고보니 조금 熱이 지나친듯。그러나

그地方은 내가 學生時代의 한夏季休暇
를 땀흘려 傳道했든곳인故로 敎會이름
만 들어도 長老의 姓名等이 내가슴을 울렁거
리게않을수 는 마지않으니 神奇한일! 또
여기저기 薄氷이 보이다。南市에서 松
賞然한일! 二十年만에 蘇生한심。

十一月五日 （火） 曇、後雨。저녁에 어
떤酒宴에參列。새로운親面인故로 勸酒에
꽤 성가시게군다。例에依하야 早退。○오
래만에 저녁부터 부슬부슬降雨시작。

十一月六日 （水） 雨。雨中에는 市內
交通機關의 混亂이 言語道斷。빠스 電車
의停留所마다 長蛇陣을 이루어서 한번
乘車하려면 반드시 三十分以上은 整列
하고서서 待하여야하니 時下都市生活의
苦悶相이如實。○저녁에 늦게 歸宅하니 電。

十一月七日 （木） 晴。書架가 顯伏되였
든 書籍 用具의 一部分의 位置가變更
되어서 일의能率이 얼마나 碍害받는지 알
수없다。各各本然의位置대로 現狀維持의
便益이 多大한것을切感。○校正과其他모든
일을中斷하고 平北龍川으로向發하기를次
弟氏錫彭氏名義로電報렀으니二重의憂患!
咸先生의父親님이昨日永眠하였다고來電。

十一月八日 （金） 快晴。車中에서 잠
깨니 大同江을 건너는때이었다。日氣晴
快하야 各別히 車窓展望이可賞。五山中學校와禮
拜堂이 눈에띠어보이다。南市에서 松
市로鐵道開通（今月一日부터라고）된줄은
모르고 新義州에서 多獅島行으로乘替。
午後四時頃에 龍岩浦驛에 下車하니 先
着한五山敎友들이 맞우어 주어서 함께
中興洞에 到着하다。西北으로 丘陵을등지
고 東南에 展開된 龍川平野를 向하야
鎭坐한 큰기와집 一戶가 찾어오는喪家宅
이다。璩測대로 맛喪主는 보이지않코그
カレユルシテクレトクニハハウエチナグ
サメ口」라는 電文一枚판。黃昏에 뒤果園
을 지나 小丘에 올라서니 鴨綠江이 黃
海에合하는 모퉁이가 이곳인것을알다。
太陽은 江海가天空에接하는 저편에 떠러
저 西天을 붉빛으로 물드려 장차 큰
寂寞의幕을 地上에 덮으려는듯、龍川平野
와 東편山岳一帶는 ·灰色에 잠겼고、西
北風은限없이 東南으로 불어친
다。때에 東天에는 벌서 木星이 土星을
끝고 솟었다.

京城聖書研究會

場所　京城府外貞陵里三七八(本社)。

日時　每日曜日午前十時半約二時間。

講師　金敎臣

會費　一個月一圓、每一回三十錢式。

只今은 누가福音을 研究中。今年度는 十二月二十二日(第四回日曜日)까지 하고、十二月二十九日、一月五日同十二日의 三回는 休講。主의 今게서 許하시면 一月十九日부터 다시 新年度를 開講할터이다。

本誌舊號의 特價販賣

새해를 맞이함에 當하야 배움의 뜻과가 現著者의 熱誠에 協力하기 要하는 今年 聖誕節을 期하여 舊號를 特價로 左記대로 販賣한다。但 現品은 發送이 되는손이므로 多少 大號 差지라도 冬季休지

舊號 한冊以上 舊號에 對하야는 一冊에 十二錢式。但 十二冊까지는 一冊에 二十錢、百冊까지 三十錢식

第一一九號까지를 要할때는 一時에 一冊五厘式을 加算하야야 한다。(但 一時에 二十冊以上 三十冊까지 三十錢十錢式을 加算)

本社出版物割引

右特價期間中의 註文에 限하야 本社出版物 二割引으로 販賣한다。但 註文은 單行本 二割引이으로 單行本에 限하야 接受와 現品發送은 右와 同條件일것。

注舊

이然하나 十錢式 舊號를 右로 取扱함은 創刊號로부터 第一一九號까지를

第九回 本誌讀者 冬季聖書講習會

日時　自明年一月二日(木)午后二時 至同一月八日(水)正午까지

場所　京城府外貞陵里三七八(本社)

會費　聽講料一圓 宿泊費料九圓(一回以上要全額)

(題講)

고린도書研究 …… 金敎臣

단데講話 …… 里見安吉

本誌定價

一冊　　貳拾錢
六冊　　(送料共)前金一圓十錢
十二冊　(一年分)前金貳圓貳拾錢

要前金　直接注文은 前金貳圓貳拾錢
振替貯金口座京城一六五九四番(聖書朝鮮社)로

【聖書朝鮮】第二百四十三號
昭和十三年一月二十八日 第三種郵便物認可
昭和十五年十二月一日發行　每月一回一日發行

【本誌定價二十錢】(送料五厘)

發行所　聖書朝鮮社
振替口座京城一六五九四番

京城府外崇仁面貞陵里三七八
(京城、光化門局私書函第一八號)

發編輯
行者　金敎臣
(京城府外崇仁面貞陵里三七八)
(京城、光化門局私書函第一八號)

印刷人　李相五
(京城府仁寺町一九ノ三)

印刷所　大東印刷所
(京城府仁寺町一九ノ三)

성서조선(聖書朝鮮) 6/ 1939-1940
Sungseo Chosun 6/ 1939-1940

엮은이 김교신선생기념사업회
펴낸곳 주식회사 홍성사
펴낸이 정애주
국효숙 김기민 김서현 김의연 김준표 김진원 송승호 오민택 오형탁
윤진숙 임승철 임진아 임영주 정성혜 차길환 최선경 허은

2019. 1. 17 초판 1쇄 인쇄 2019. 1. 31 초판 1쇄 발행

등록번호 제1-499호 1977. 8. 1
주소 (04084) 서울시 마포구 양화진4길 3 **전화** 02) 333-5161 **팩스** 02) 333-5165
홈페이지 hongsungsa.com **이메일** hsbooks@hsbooks.com **페이스북** facebook.com/hongsungsa
양화진책방 02) 333-5163

ⓒ 김교신선생기념사업회, 2019

• 잘못된 책은 바꿔 드립니다. • 책값은 뒷표지에 있습니다.
• 이 도서의 국립중앙도서관 출판예정도서목록(CIP)은 서지정보유통지원시스템 홈페이지(http://seoji.nl.go.kr)와
  국가자료공동목록시스템(http://www.nl.go.kr/kolisnet)에서 이용하실 수 있습니다.(CIP제어번호: CIP2019001484)

ISBN 978-89-365-1341-2 (04230)
ISBN 978-89-365-0555-4 (세트)